地方志人物傳記資料叢刊·華東卷上編

人名索引

上册

王恒柱　李迎　編著

國家圖書館出版社

圖書在版編目(CIP)數據

地方志人物傳記資料叢刊·華東卷上編人名索引:全二册 / 王恒柱,李迎編著.—北京:國家圖書館出版社,2020.8

ISBN 978-7-5013-6068-0

Ⅰ.①地… Ⅱ.①王… ②李… Ⅲ.①歷史人物—列傳—華東地區 ②姓名—索引—華東地區 Ⅳ.①K820.8

中國版本圖書館 CIP 數據核字(2017)第 069712 號

書　　名	地方志人物傳記資料叢刊·華東卷上編人名索引(全二册)
著　　者	王恒柱　李　迎　編著
責任編輯	李精一　張愛芳
出版發行	國家圖書館出版社(北京市西城區文津街 7 號　100034) (原書目文獻出版社　北京圖書館出版社) 010-66114536　63802249　nlcpress@ nlc.cn(郵購)
網　　址	http://www.nlcpress.com
印　　裝	北京華藝齋古籍印務有限公司
版次印次	2020 年 8 月第 1 版　2020 年 8 月第 1 次印刷
開　　本	787×1092(毫米)　1/16
印　　張	100
字　　數	1638 千字
書　　號	ISBN 978-7-5013-6068-0
定　　價	1200.00 圓(全二册)

凡　　例

本索引是爲我社2007年出版的《地方志人物傳記資料叢刊・華東卷上編》編纂的人物姓名索引，收録山東、江西、福建、臺灣300餘種方志。

一、本索引所收條目限於傳記資料較詳細的人物，如名宦、宦迹、鄉賢、文學、藝術、方技、流寓、仙釋等類，以及藝文中的墓誌、碑銘、傳誄等。

二、孝友、義行中的人物，事迹較詳者收録；烈女中的人物，酌情收録有具體姓名的具有學術研究價值的著名人物。

三、因各書體例不同，各種表、志，如職官表、選舉志中的人物，除事迹較詳者予以收録，事迹簡單者，不收録。

四、僧人法名前的“釋”字予以去除。

五、原方志中人物姓名使用俗體字者，本索引一律改爲現行規範字；異體字者均據原書録入，不做統一。

六、同姓名者，爲便於區分，在姓名後加以朝代；如朝代相同，則兼以籍貫或官職、字號區分。

七、有些人物的姓名，或因輾轉抄刻而致誤，如雷啟東寫作“雷起東”、鄧萬斛寫作“鄭萬斛”；或因避帝王之諱而更改，如房玄齡改爲“房元齡”，馬胤卿改寫“馬允卿”之類。經考證查對無誤，一律予以回改。

八、對於同一人，姓名有異而又無考者，合并録之，一姓名後標以見某某，如袁宗燿，一作“袁宗耀”，“袁宗耀”條録作“袁宗耀（見袁宗燿）”。

九、一人多名并行，合并至常見名，其餘名後標以見某某。如“八大山人（見朱耷）”。菏澤劉玉麟乾隆年奉旨改名劉藻，則合并入劉玉麟條，“劉藻”標作（見劉玉麟）。

十、本索引姓名後的數字，前者表示册數，後者表示頁碼。如“王懿榮26・622”，表明“王懿榮”在第26册第622頁。

十一、本索引按筆畫順序排列，如遇同筆畫者，則按横、豎、撇、點、折順序依次排列。

凡 例

目　録

凡例 …………………………… (1)
字頭筆畫索引 ……………… (1)
一畫 …………………………… (1)
二畫 …………………………… (1)
三畫 …………………………… (10)
四畫 …………………………… (21)
五畫 …………………………… (171)
六畫 …………………………… (199)
七畫 …………………………… (267)
八畫 …………………………… (478)
九畫 …………………………… (573)
十畫 …………………………… (658)
十一畫 ………………………… (868)
十二畫 ………………………… (1052)
十三畫 ………………………… (1178)
十四畫 ………………………… (1235)
十五畫 ………………………… (1342)
十六畫 ………………………… (1455)
十七畫 ………………………… (1500)
十八畫 ………………………… (1551)
十九畫 ………………………… (1562)
二十畫 ………………………… (1587)
二十一畫 ……………………… (1592)
二十二畫 ……………………… (1594)
二十三畫 ……………………… (1594)
二十四畫 ……………………… (1599)
二十五畫 ……………………… (1599)
二十九畫 ……………………… (1599)

字頭筆畫索引

一畫

一…………（1）
乙…………（1）

二畫

丁…………（1）
卜…………（8）
八…………（9）
九…………（9）
刁…………（9）
力………（10）
乃………（10）
了………（10）
乜………（10）

三畫

三………（10）
干………（10）
于………（11）
大………（19）
兀………（20）
才………（20）
弋………（20）
上………（20）
山………（21）
千………（21）
乞………（21）
川………（21）
也………（21）
女………（21）
小………（21）
子………（21）

四畫

王………（21）
井………（136）
亓………（136）
天………（136）
元………（137）
云………（137）
木………（137）
支………（138）
太………（138）
尤………（138）
巨………（138）
戈………（138）
少………（138）
牛………（139）
毛………（140）
仇………（144）
化………（145）
仉………（145）
介………（145）
公………（145）
月………（147）
勾………（147）
殳………（147）
卞………（147）
文………（147）
亢………（150）
方………（150）
火………（158）
心………（158）
尹………（158）
引………（162）
丑………（162）
巴………（162）
以………（162）
孔………（162）
冊………（171）
毋………（171）
水………（171）

五畫

玉………（171）
末………（171）
正………（171）
邛………（171）
去………（171）
甘………（171）
世………（174）
艾………（174）
古………（176）
本………（177）
术………（177）
朮………（177）
可………（177）
丙………（177）
左………（177）
石………（179）
右………（183）
布………（184）
平………（184）
北………（184）
占………（184）
甲………（184）
申………（184）
田………（185）
由………（190）
史………（190）
冉………（193）
四………（194）
生………（194）
丘………（194）
仙………（195）
白………（195）
仝………（196）
令………（196）
尒………（196）
用………（196）
印………（196）
句………（196）
包………（196）
主………（197）
立………（197）
玄………（197）
半………（197）
必………（197）
永………（197）
司………（197）
尼………（198）
弗………（198）
弘………（199）
召………（199）
皮………（199）
幼………（199）

六畫

匡………（199）
邢………（200）
戎………（202）
吉………（202）
老………（203）
共………（203）
亘………（203）
西………（203）
百………（203）
有………（203）
存………（203）
匠………（203）
成………（203）
扣………（205）
夷………（205）
至………（205）
光………（205）
吁………（205）
吐………（205）
曲………（206）
吕………（207）
同………（214）
因………（214）
回………（214）
年………（214）
朱………（214）
竹………（237）
休………（237）
伍………（237）
伏………（239）
延………（240）
仲………（240）
仵………（240）
任………（241）
自………（245）
伊………（245）
向………（246）
后………（246）
行………（247）
全………（247）
合………（247）
夙………（247）
危………（247）
旬………（248）
多………（248）
交………（248）
衣………（248）
充………（248）
忙………（248）
羊………（248）
米………（250）
州………（250）
江………（251）
汲………（261）
汜………（261）
池………（261）
汝………（262）
宇………（262）
守………（262）
安………（262）
祁………（263）
阮………（264）
那………（265）
朵………（265）
如………（265）
牟………（265）

七畫

戒………（267）
赤………（267）
志………（267）
芮………（267）
花………（267）
克………（268）
杜………（268）
杌………（274）
巫………（274）
杞………（274）
李………（274）
孛………（368）
車………（368）
束………（368）
邴………（368）
夾………（369）
扶………（369）
折………（369）
抗………（369）
步………（369）
里………（369）
貝………（369）
吳………（369）
助………（404）
岐………（404）
岑………（404）
利………（404）
邱………（404）
何………（409）
但………（422）
伯………（422）
佟………（422）
位………（422）
佀………（422）
佛………（423）
余………（423）
佘………（437）
希………（438）
谷………（438）
邸………（438）
狂………（438）
狄………（438）
系………（439）
言………（439）
庅………（439）
辛………（439）
忻………（441）
冷………（441）
汪………（442）
沐………（457）
沙………（457）
沖………（457）
沃………（457）
汾………（457）
沈………（457）
完………（462）
宋………（463）
宏………（475）
冶………（475）
初………（475）
罕………（475）
即………（475）
阿………（475）
妙………（475）
邵………（475）
郜………（478）

八畫

武………（478）
青………（480）
長………（480）
邽………（480）
幸………（480）
耶………（481）
茂………（481）
苗………（481）
英………（482）
苻………（482）

苟………（482）
茆………（482）
苑………（482）
范………（483）
直………（489）
茅………（489）
林………（489）
杵………（517）
來………（517）
松………（517）
杭………（517）
東………（517）
臥………（518）
郁………（518）
抹………（518）
拓………（518）
拈………（518）
抱………（519）
招………（519）
披………（519）
拗………（519）
到………（519）
郅………（519）
叔………（519）
卓………（519）
尚………（520）
盱………（520）
果………（520）
昌………（520）
門………（520）
明………（521）
易………（521）
迪………（523）
忠………（523）
呼………（523）
垂………（523）
制………（523）
知………（523）
迭………（523）
迮………（524）
牧………（524）
和………（524）
季………（524）
竺………（525）
侍………（525）
岳………（525）
兒………（526）
所………（526）
金………（527）
郄………（532）
服………（532）
周………（532）
郇………（560）
狐………（560）
忽………（560）
京………（560）
郊………（560）
効………（560）
於………（561）
性………（561）
怏………（561）
净………（561）
法………（561）
況………（562）
波………（562）
治………（562）
宗………（562）
定………（563）
宜………（563）
官………（563）
宛………（564）
宓………（564）
郎………（564）
房………（565）
祈………（568）
居………（568）
屈………（568）
弦………（568）
承………（568）
孟………（568）
孤………（573）

九畫

封………（573）
垣………（573）
郝………（573）
荆………（576）
草………（576）
莒………（576）
茶………（576）
荀………（576）
胡………（577）
茹………（601）
南………（601）
玆………（601）
柯………（602）
查………（603）
相………（605）
柏………（606）
柳………（606）
柱………（607）
厙………（607）
咸………（607）
威………（608）
研………（608）
厚………（608）
奎………（608）
郟………（608）
拱………（608）
省………（608）
是………（608）
盼………（608）
昭………（608）
韋………（608）
哈………（609）
咬………（609）
迴………（609）
幽………（609）
郜………（609）
香………（609）
种………（609）
秋………（609）
重………（609）
段………（610）
修………（612）
保………（612）
信………（612）
皇………（612）
皈………（612）
泉………（612）
禹………（612）
侯………（612）
帥………（616）
衍………（616）
俞………（616）
郗………（627）
俎………（627）
郤………（627）
爰………（627）
胸………（628）
風………（628）
逄………（628）
昝………（628）
計………（628）
亮………（628）
度………（628）
施………（628）
音………（633）

恒………（633）
恆………（633）
恍………（633）
姜………（633）
逆………（639）
洪………（639）
洗………（646）
宣………（646）
宮………（646）
扁………（647）
祖………（647）
神………（647）
祝………（647）
祕………（650）
弭………（650）
眉………（650）
胥………（650）
姚………（650）
飛………（656）
勇………（656）
癸………（656）
紇………（656）
約………（656）
紀………（656）

十畫

馬………（658）
秦………（670）
泰………（673）
敖………（673）
班………（673）
埋………（673）
貢………（674）
袁………（674）
都………（681）
耿………（681）
耽………（684）
華………（684）
莢………（685）
莽………（685）
莫………（685）
莊………（685）
真………（687）
桂………（688）
桓………（689）
梃………（689）
索………（689）
軒………（689）
連………（689）
栗………（690）
夏………（690）
原………（695）
晉………（695）
柴………（695）
党………（696）
時………（696）
畢………（697）
晁………（701）
晏………（701）
員………（702）
恩………（703）
乘………（703）
笑………（703）
倶………（703）
倪………（703）
倫………（704）
師………（704）
徒………（705）
徐………（705）
殷………（731）
奚………（732）
倉………（732）
翁………（732）
脩………（734）
烏………（734）
逢………（734）
留………（735）
衷………（735）
高………（735）
郭………（750）
席………（767）
离………（767）
唐………（767）
旅………（772）
悟………（772）
益………（772）
凌………（772）
浦………（772）
涓………（773）
浩………（773）
海………（773）
涂………（773）
浮………（777）
流………（777）
家………（777）
窈………（777）
宰………（777）
朗………（777）
祥………（777）
冥………（777）
書………（777）
展………（777）
陸………（777）
陳………（780）
陰………（842）
陶………（842）
姬………（845）
通………（845）
能………（845）
桑………（845）
務………（846）
孫………（846）
純………（868）
納………（868）

十一畫

球………（868）
理………（868）
堵………（868）
教………（868）
著………（868）
萊………（868）
勒………（868）
黄………（868）
菅………（908）
梅………（908）
麥………（909）
梓………（909）
曹………（909）
區………（918）
堅………（918）
戚………（918）
帶………（918）
盛………（918）
雪………（919）
接………（919）
探………（919）
虚………（920）
處………（920）
敝………（920）
常………（920）
眭………（921）
野………（921）
閆………（921）
晦………（921）
異………（921）
蚳………（922）
鄂………（922）

婁………（922）
國………（922）
啖………（923）
罘………（923）
崔………（923）
崇………（930）
過………（930）
犁………（931）
移………（931）
笪………（931）
符………（931）
第………（932）
偰………（932）
進………（932）
皎………（932）
得………（932）
從………（932）
脱………（932）
魚………（932）
斛………（932）
祭………（932）
訥………（932）
許………（932）
麻………（943）
庾………（944）
庸………（944）
康………（944）
鹿………（946）
章………（947）
商………（950）
惟………（951）
粘………（951）
清………（951）
淩………（951）
渠………（952）
淖………（952）
淦………（952）
涼………（952）
淳………（952）
淡………（952）
深………（952）
梁………（952）
寇………（958）
寂………（958）
宿………（958）
窑………（958）
密………（958）
扈………（958）
逮………（959）
逯………（959）
尉………（959）
屠………（959）
張………（959）
隋……（1050）
陽……（1051）
隗……（1051）
隆……（1051）
習……（1051）
參……（1052）
終……（1052）
紹……（1052）
巢……（1052）

十二畫

琴……（1052）
堯……（1052）
塔……（1052）
項……（1052）
越……（1053）
超……（1053）
博……（1053）
彭……（1054）
達……（1066）
斯……（1067）
葉……（1067）
萬……（1076）
葛……（1080）
董……（1082）
葆……（1092）
朝……（1092）
辜……（1092）
棲……（1093）
惠……（1093）
覃……（1093）
粟……（1093）
棗……（1093）
殖……（1093）
雲……（1094）
揚……（1094）
揭……（1094）
斐……（1095）
紫……（1095）
最……（1095）
開……（1095）
閒……（1095）
閔……（1095）
遇……（1096）
景……（1096）
跋……（1096）
貴……（1097）
單……（1097）
喻……（1099）
喀……（1101）
買……（1101）
黑……（1101）
無……（1101）
智……（1101）
嵇……（1102）
程……（1102）
犂……（1120）
喬……（1120）
答……（1121）
傅……（1121）
雋……（1130）
焦……（1130）
皓……（1132）
須……（1132）
舒……（1132）
鈔……（1135）
鈎……（1135）
鈕……（1135）
禽……（1135）
爲……（1135）
舜……（1135）
貂……（1135）
鄔……（1135）
然……（1136）
鄒……（1136）
童……（1143）
惲……（1145）
善……（1145）
普……（1146）
道……（1146）
曾……（1146）
勞……（1159）
馮……（1159）
湛……（1165）
湯……（1165）
温……（1168）
淵……（1169）
游……（1169）
寒……（1173）
富……（1173）
寓……（1173）
甯……（1173）
尋……（1175）
强……（1175）
費……（1175）

疎 …… (1176)
疏 …… (1176)
賀 …… (1176)
發 …… (1178)

十三畫

瑞 …… (1178)
載 …… (1178)
鄢 …… (1178)
聖 …… (1179)
蓋 …… (1179)
蓮 …… (1180)
靳 …… (1180)
夢 …… (1180)
蒯 …… (1180)
蒲 …… (1180)
蒙 …… (1181)
幹 …… (1181)
椿 …… (1181)
楚 …… (1181)
楊 …… (1181)
甄 …… (1211)
賈 …… (1212)
雷 …… (1216)
裘 …… (1218)
訾 …… (1219)
虞 …… (1219)
業 …… (1220)
愚 …… (1220)
暗 …… (1220)
照 …… (1220)
路 …… (1220)
園 …… (1222)
圓 …… (1222)
筦 …… (1222)
奥 …… (1222)
微 …… (1222)
鉉 …… (1222)
愈 …… (1222)
會 …… (1222)
愛 …… (1222)
鄔 …… (1223)
詹 …… (1223)
解 …… (1231)
詩 …… (1232)
誠 …… (1232)
廉 …… (1232)
靖 …… (1233)
雍 …… (1233)
慎 …… (1233)
義 …… (1233)
羨 …… (1233)
豢 …… (1233)
慈 …… (1233)
溥 …… (1233)
源 …… (1233)
準 …… (1233)
塗 …… (1233)
褚 …… (1233)
福 …… (1234)
辟 …… (1235)
經 …… (1235)

十四畫

碧 …… (1235)
趙 …… (1235)
嘉 …… (1263)
赫 …… (1263)
臺 …… (1263)
壽 …… (1263)
綦 …… (1263)
慕 …… (1264)
蔣 …… (1264)
蔡 …… (1269)
蔚 …… (1279)
厲 …… (1279)
碩 …… (1279)
爾 …… (1279)
臧 …… (1279)
需 …… (1281)
裴 …… (1281)
聞 …… (1282)
閭 …… (1283)
種 …… (1283)
管 …… (1283)
僖 …… (1284)
僊 …… (1284)
僕 …… (1284)
僧 …… (1284)
銚 …… (1284)
雒 …… (1284)
廣 …… (1284)
廖 …… (1285)
端 …… (1291)
齊 …… (1291)
鄭 …… (1295)
榮 …… (1316)
滿 …… (1316)
漆 …… (1317)
賓 …… (1318)
察 …… (1318)
實 …… (1318)
褚 …… (1319)
暨 …… (1319)
隨 …… (1319)
熊 …… (1319)
鄧 …… (1330)
翟 …… (1340)
綿 …… (1342)

十五畫

慧 …… (1342)
髮 …… (1342)
駟 …… (1342)
頡 …… (1342)
鞏 …… (1342)
穀 …… (1343)
蔄 …… (1343)
樓 …… (1343)
樊 …… (1343)
樟 …… (1344)
敷 …… (1344)
輪 …… (1344)
歐 …… (1344)
豎 …… (1350)
醉 …… (1350)
撒 …… (1350)
噶 …… (1350)
墨 …… (1350)
稽 …… (1350)
稷 …… (1350)
黎 …… (1350)
儀 …… (1352)
德 …… (1352)
徵 …… (1353)
盤 …… (1353)
鋭 …… (1353)
虢 …… (1353)
餘 …… (1353)
滕 …… (1353)
魯 …… (1355)
劉 …… (1358)
請 …… (1440)
諸 …… (1440)
談 …… (1442)
慶 …… (1442)
遵 …… (1442)
瑩 …… (1442)
潛 …… (1442)

澓 ……（1442）
潘 ……（1442）
澄 ……（1453）
審 ……（1453）
遲 ……（1453）
豫 ……（1454）
樂 ……（1454）
練 ……（1455）
緹 ……（1455）
線 ……（1455）

十六畫

駱 ……（1455）
操 ……（1456）
燕 ……（1456）
薛 ……（1457）
薊 ……（1461）
薄 ……（1461）
蕭 ……（1461）
翰 ……（1474）
薩 ……（1474）
橋 ……（1474）
樵 ……（1474）
機 ……（1474）
賴 ……（1474）
霍 ……（1479）
冀 ……（1479）
盧 ……（1480）
縣 ……（1488）
曉 ……（1488）
曇 ……（1488）
戰 ……（1488）
黔 ……（1489）
穆 ……（1489）
篤 ……（1489）
舉 ……（1490）
興 ……（1490）
衡 ……（1490）
衞 ……（1490）
錢 ……（1490）
鮑 ……（1492）
獨 ……（1494）
諶 ……（1494）
鄺 ……（1494）
辨 ……（1495）
龍 ……（1495）
嬴 ……（1497）
澹 ……（1497）
禧 ……（1497）
閻 ……（1497）
隰 ……（1500）
隱 ……（1500）

十七畫

璩 ……（1500）
環 ……（1500）
戴 ……（1500）
鞠 ……（1510）
藍 ……（1511）
韓 ……（1512）
檀 ……（1521）
臨 ……（1521）
闇 ……（1521）
闊 ……（1521）
矯 ……（1521）
黏 ……（1521）
魏 ……（1522）
儲 ……（1529）
鍾 ……（1529）
謝 ……（1535）
襄 ……（1549）
糜 ……（1549）
應 ……（1549）
濮 ……（1549）
賽 ……（1549）
蹇 ……（1550）
禮 ……（1550）
繆 ……（1550）

十八畫

聶 ……（1551）
藥 ……（1553）
轉 ……（1553）
豐 ……（1553）
叢 ……（1553）
題 ……（1553）
瞿 ……（1554）
闕 ……（1554）
曠 ……（1554）
顓 ……（1554）
簡 ……（1554）
雙 ……（1555）
邊 ……（1555）
皦 ……（1556）
鎮 ……（1556）
鎦 ……（1556）
顏 ……（1556）
禰 ……（1562）

十九畫

蘧 ……（1562）
藺 ……（1562）
蘇 ……（1562）
藻 ……（1568）
顛 ……（1568）
麴 ……（1568）
嚴 ……（1568）
闞 ……（1568）
關 ……（1568）
巖 ……（1569）
羅 ……（1572）
鏡 ……（1584）
譚 ……（1584）
識 ……（1586）
龐 ……（1586）
懷 ……（1587）
類 ……（1587）
繩 ……（1587）

二十畫

騶 ……（1587）
壤 ……（1587）
蘭 ……（1587）
酆 ……（1588）
黨 ……（1588）
籍 ……（1588）
覺 ……（1588）
鐔 ……（1588）
釋 ……（1588）
饒 ……（1588）
寶 ……（1591）
騫 ……（1591）
竇 ……（1591）
繼 ……（1592）

二十一畫

權 ……（1592）
酈 ……（1592）
鐵 ……（1592）
鐸 ……（1592）
顧 ……（1593）
鶴 ……（1594）
續 ……（1594）

二十二畫

籜 ……（1594）

二十三畫

龔 ……（1594）

一畫

一

一　元　77・417
一本禪師　77・667
一　拙　78・349
78・401
一　庵　23・666

乙

乙邦才　4・219
17・575
18・354
21・796
乙佛弘禮　4・262
39・771
42・569
乙帝山　39・726
乙　逸　5・23
乙　瑛　39・555

二畫

丁

丁人彦　80・545
丁九齡　4・431
丁又顯　77・537
丁士一　4・356
32・137
丁士可　32・137
丁士嘉　34・440
丁士闇　32・138
丁大成　76・180
丁大訓　21・684
丁大魁　77・566
丁大猷　71・247
丁大經　77・193
丁大穀　4・227
17・572
20・554
丁勺曾　32・138
丁之煉　53・139
丁之箕　13・421
丁之焞　53・127
丁之賢　80・532
丁子午　46・28
丁子卿　36・735
丁天漢　72・11
丁　元　72・11
丁元印　25・643
27・99
丁元復　1・805
43・19
丁元鵬　26・122
丁日近　79・167
丁日造　79・235
丁日章　80・542
丁日照　77・557
丁日耀　77・554
丁　中　46・467
丁　午　43・94
丁仁安　45・69
丁仁宜　45・69
丁　化　71・625
丁　介　20・773
丁公坤　13・142
丁月桂　62・458
丁文正　71・324
丁文泮　12・143
丁文盛　2・5
丁文紳　32・145

丁文湜　77・551
丁文蓮　27・815
丁文煜　38・550
丁文煥　29・619
丁文蔚　76・211
丁文禮　32・586
丁文顯　39・345
丁文麟　79・185
丁方成　68・433
丁方鎮　68・433
丁以忠　45・508
丁允元　4・355
31・285
32・134
丁正奇　77・554
丁正昌　77・554
丁正彥　77・553
丁正浩　62・292
丁正强　77・556
丁正義　45・158
丁正模　68・374
丁世芳　6・491
丁世幹　12・308
丁世誠　62・612
丁世馥　49・91
丁世璧　70・605
丁　本　7・281
7・420
7・497
丁仕沫　62・529
丁仕信　77・534
丁　仙　18・578
丁白雲　21・142
29・342
丁用之　77・538
丁必瑞　62・375
丁永祚　44・284
丁永盛　18・526
丁永鼎　7・380
丁　汜　21・505
丁召保　21・747
丁孕乾　48・115
丁式邦　77・533
77・542
丁吉祥　63・166
丁共功　72・7
丁在卯　21・454
丁有嚴　13・398
丁　存　66・359
丁成吉　30・693
丁成明　18・375
丁成犨　77・578
丁此召　45・558
丁此吕　45・550
丁光國　48・237
丁光琛　79・213
丁光曾　32・140
丁光煒　70・609
丁光劍　13・377
丁光蟾　13・423
丁　同　77・53
丁　屺　79・274
丁先正　77・554
丁先揆　71・575
丁先聘　77・533
丁先覺　53・174
丁廷秀　21・601
丁廷珍　21・511
丁廷華　21・514
丁廷振　20・565
丁廷琛　21・446
丁廷植　17・631
20・512
丁廷楷　46・243

丁廷模　4・458
　21・510
丁廷舉　21・511
丁廷鯉　77・575
丁　竹　18・524
丁延禾　32・141
丁延吉　6・565
　17・635
丁延禧　31・832
丁延穗　32・143
丁仲麟　21・747
丁任俊　77・534
丁　价　18・516
丁自昌　71・132
丁自勸　4・160
　17・557
　20・513
丁向明　52・583
丁似穀　17・595
　20・512
丁行儒　18・575
丁兆德　18・699
丁　旭　13・398
丁名陞　77・555
丁名揚　77・555
丁名震　77・564
丁汝恭　76・478
丁汝夔　13・371
　13・504
丁宇泰　48・331
丁守方　32・145
丁守正　61・534
丁守存　4・358
　32・148
丁守孚　32・145
丁守忠　70・501
丁守恪　28・215
丁守真　21・691
丁守偉　32・148
丁　玘　75・713
丁志方　38・564
丁志芳　4・215
丁　芸　76・103
丁芸亭　43・102
丁芸圃　70・502
丁克成　21・507
丁克紹　17・655
　18・522
丁扶昌　42・795
丁步曾　72・21
丁步瀛　18・552
丁步蘭　48・414
丁作聖　13・406
丁作霖　23・281
丁伯桂　78・73
丁伯爕　63・138
丁豸佳　20・543
丁　含　17・659
　20・787
丁序珙　68・234
丁序琨　68・222
丁灼奎　77・557
丁沛霖　2・41
丁宏誨　45・71
丁良俊　6・184
丁良幹　21・465
丁良翰　21・464
丁附青　21・587
丁劭經　68・284
丁　奉　69・637
丁長仲　13・736
丁長伸　13・403
丁坤成　53・173
丁其茂　34・349

丁其乾　13·393
丁其榮　7·442
丁若沫　69·624
丁茂桂　17·554
　18·570
丁　松　53·132
丁　杰　65·313
丁奇崐　79·259
丁　果　68·559
丁昌平　17·632
　20·772
丁昌齡　26·108
丁旼照　13·381
丁　忠　13·385
丁垂嘉　77·553
丁知幾　77·688
丁知微　77·688
丁　和　60·421
丁季勳　17·667
　20·788
丁　秉　79·177
丁秉直　32·25
丁秉善　32·148
丁秉彝　18·557
丁　侃　68·55
丁佩珩　38·268
丁金綬　13·425
丁念祖　26·115
丁於鼎　20·564
丁法曾　32·140
丁法祿　11·441
丁建全　79·234
丁建初　21·536
丁居善　21·695
丁　旹　4·360
　32·136
丁承立　62·671
丁春融　71·131
丁南一　76·206
　78·141
丁　柱　52·528
丁　映　46·587
丁星輝　66·388
丁　昱　32·136
丁　泉　5·290
丁昭義　62·526
丁　峙　68·236
丁重新　11·443
丁　勄　13·393
丁　泉　4·216
　77·98
　80·152
丁　俊(明)　68·72
　75·365
丁　俊(清)　53·120
丁衍夏　79·281
丁衍普　6·488
丁亮疇　77·566
丁　度　11·80
丁彥信　74·360
丁恒壽　77·204
丁　炳　79·233
丁　洪　52·459
丁　衵　21·326
丁紀彪　20·794
丁　泰　4·356
　32·136
丁泰臨　13·413
丁　珙　77·549
丁　珩(明)　31·280
　31·282
　32·133
丁　珩(清)　9·437
丁　珝　4·124

丁　華　76・282
丁　恭　4・15
4・168
37・96
丁桂模　6・468
丁　桐(明莆田)　78・204
丁　桐(明濰縣)　21・719
丁　桐(清)　76・157
丁　振　5・122
丁振岱　12・131
丁　桌　32・145
丁時習　77・188
77・191
丁時魁　46・33
68・409
丁時選　68・488
丁時舉　29・27
丁　峻　44・553
丁　倬　68・73
丁　倪　79・243
丁訓順　45・389
丁　勍　13・401
丁　烓　77・383
丁家梅　80・545
丁　袍　68・137
丁能實　76・180
丁　球　65・481
丁　理　13・399
丁琨基　32・149
丁培仁　26・117
丁培栽　53・20
丁培紳　26・117
丁培鎰　26・125
丁培蘭　26・116
丁基進　53・132
丁盛世　42・748
丁　晨　36・208
丁　崐　77・531
丁　崇　74・70
74・77
丁敏行　13・421
丁偉文　48・343
丁得輿　77・548
丁象儀　21・531
丁康義　53・173
丁堃玉　32・146
丁　翊　13・117
丁望齡　13・392
丁率祖　13・421
丁惟性　17・643
20・778
丁惟寧　17・540
20・511
丁　寅　32・586
丁啓汴　79・195
丁啓益　43・68
丁啓喆　21・756
丁啓蒙　43・92
丁啓震　4・327
43・91
丁啓豫　43・92
丁啓濬　79・126
丁　隆　45・495
丁紹本　72・30
丁紹姜　7・423
丁紹誠　10・394
丁　瑛　43・64
丁　琳(明)　71・263
丁　琳(清)　43・125
丁　琰　11・43
丁　琛　26・113
丁超五　77・182
丁萬清　32・144
丁　敬(清杞縣)　13・104

姓名	卷·頁
丁　敬(清瀘溪)	72·30
丁敬祖	26·115
丁朝立	77·544
丁朝陽	42·792
丁朝棟	69·457
丁　棟	13·412
丁雲華	9·434
丁雲翰	11·44
丁開相	46·490
丁開泰	72·11
丁　景(清日照)	32·136
丁　景(清霑化)	13·391
丁貴弼	70·631
丁策勳	77·590
丁　傑(明興國)	74·12
丁　傑(明豐城)	68·545
丁　傑(清諸城)	20·788
丁　傑(清臨川)	69·407
丁　雋	66·356
丁　復(清)	51·430
丁　復(漢)	15·493
	30·372
丁詠淑	32·144
丁　斌	76·146
丁善亭	53·150
丁善寶	4·459
	21·621
丁　遂	30·62
丁　湛	49·6
丁裕彥	21·623
丁裕慶	13·374
丁登墀	77·578
丁　絪	62·9
丁　瑀	20·555
丁　載	13·384
丁　塏	21·427
丁　塘	20·789
丁聖作	72·11
丁聖潤	18·740
丁　蓮(清晉江)	79·187
丁　蓮(清彭澤)	49·75
丁夢松	51·705
丁夢陽	68·327
丁　幹	27·173
丁　蔭	38·222
丁椿年	76·180
丁　楷	36·517
丁　概	32·145
丁　輅	13·393
丁揩祖	26·101
丁　暐	13·398
丁暉照	13·381
丁嗣淋	46·191
丁　節	43·195
丁　鈺(清侯官)	76·157
丁　鈺(清霑化)	13·411
丁　鉞	25·262
	25·417
丁　鉉	68·403
丁誠叔	74·503
丁　裔	77·556
丁愷曾	4·360
	32·139
丁　義(明諸城)	17·523
	20·560
丁　義(明霑化)	13·385
丁猷駿	68·259
丁　慈	76·385
丁　煉	20·773
丁　煜	21·741
丁　煒(明)	79·240
丁　煒(清)	78·607
	79·275
丁煒然	13·387

丁 煥 68·719
丁煥明 62·379
丁湝鎣 17·659
20·773
丁 漣 20·772
丁源淇 20·781
丁 溪 65·426
丁 福 13·141
丁福培 21·451
丁殿祥 18·334
丁際隆(清益都) 17·639
丁際隆(清鄒平) 13·810
丁綏祖 26·179
丁 璉(民國) 9·436
丁 璉(明) 38·535
丁 熙 13·497
丁 模 53·142
丁爾常 18·740
42·466
丁 曄 80·140
丁鳴陛(明) 13·373
13·499
丁鳴陛(清) 62·433
丁毓庚 21·534
丁 僎 17·626
20·512
丁 僟 68·360
丁 鳳 17·563
18·343
丁 誌 21·687
丁 廣 42·194
丁 廙 7·24
丁榮祖 77·193
丁榮祚 20·773
丁漢奎 77·557
丁 寬 35·456
丁維南 68·55
丁綸恩 11·396
丁綸書 28·54
丁 璋 14·734
丁慤宜 43·68
丁 蕙 2·29
23·624
24·274
68·234
75·387
丁 醇 68·328
丁 奭 68·372
丁 儀(明) 79·195
丁 儀(漢) 7·24
丁 德 79·226
丁德孫 75·421
78·462
丁德純 62·290
丁德嘉 62·165
丁 徵 13·412
丁慶楫 46·286
丁澄爵 36·619
丁 樹 32·143
丁樹奇 34·150
丁樹馨 26·119
丁 整 25·84
丁 積 74·150
丁 勳 13·401
丁篤慶 6·650
丁興宗 14·297
丁學荆 12·143
丁學度 52·299
丁學洙 36·736
丁學海 48·420
丁學敬 36·776
丁學淵 20·787
丁學溥 20·786
丁學謙 52·256

丁儒杭　36・533
丁　錡　77・547
丁錫祜　21・451
丁錫輅　36・208
丁錫福　19・85
丁錫羣　20・773
丁　錞　76・180
丁　錟　46・309
丁穎璞　32・147
丁龍曜　32・141
丁　懌　79・230
丁　燧　79・287
丁　璐　68・73
丁聲繼　80・545
丁懋孝　20・563
　　17・568
丁懋良　13・380
丁懋遜　4・112
　　13・371
丁　曙　48・340
丁　鍊　45・497
　　68・56
丁應三　80・131
丁應奇　12・115
丁應荃　20・790
丁應乾　47・561
丁應璧　4・162
　　17・538
　　18・496
丁鴻標　76・167
丁鴻聲　21・701
丁　濬　49・110
丁　颺　79・259
丁彝厚　21・523
丁彝綬　21・450
丁彝龍　21・522
丁　鵬　71・246
丁鵬冲　62・463
丁懷可　79・242
丁蘭皋　36・606
丁耀亢　4・411
　　17・588
　　20・543
丁耀心　17・573
丁耀青　52・579
丁寶楨　2・16
丁繼志　13・408
丁繼祖　77・548
丁　儼　46・313
丁鶴雲　28・215
丁續曾　32・138
丁　瓌　20・773
丁　鑄　76・180
丁　鑑　21・687
丁　鑴　4・419
　　17・616
　　20・512
丁　瓚(清長汀)　80・17
丁　瓚(清益都)　18・375
丁　瓚(清蒲城)　76・642
丁　顯(明建陽)　76・396
丁　顯(明南豐)　71・534
丁顯詔　73・382
丁顯閩　80・16
丁顯瓊　58・551
丁　巘　13・400
丁麟生　13・411
丁麟光　77・556
丁靈長　68・328
丁　灝　63・120

卜

卜之才　39・186
卜元英　1・764

	16・412
	20・484
卜　仁	39・186
卜允中	18・535
卜世隆	39・186
卜令演	39・186
卜　式	1・684
	7・68
	15・517
	16・392
	39・186
卜并吉	39・186
卜汝隨	17・564
	18・323
卜希顔	17・566
卜秉義	39・186
卜　咸	39・186
卜則聖	39・186
卜則魏	73・403
卜祚光	32・142
卜　珩	4・310
	31・805
卜　釗	1・843
	16・417
卜逢吉	6・451
	39・295
	39・439
卜　彪	39・186
卜崇高	39・186
卜　商	15・483
	30・638
	35・601
卜　階	39・186
卜彭壽	51・337
卜尊賢	39・187
卜甯一	4・357
	32・139
卜祺光	32・143
卜夢弼	10・569
	30・309
卜楚邱父	35・726
卜　煥	4・363
	32・138
卜憲周	19・393
卜　顔	73・4
卜　鏡	31・830
卜　懷	27・296
	27・540
	28・170
卜鑑呈	32・146

八

八十四	80・515
八大山人(見朱耷)	
八不居士	4・254
	14・360
	17・498

九

九一和尚	80・170
九九野人	7・208
九何君	78・211
九鯉湖仙	45・346

刁

刁士敬	29・11
刁之裔	47・345
刁文煥	40・581
刁文龍	40・169
刁　冲	12・133
刁克成	14・729
刁　良	1・794
刁苓碩	40・285
刁秉照	36・766

刁承典 36·734
刁思卓 77·213
刁修翼 40·138
刁　洽 40·165
刁　柔 12·134
刁振聲 74·348
刁　通 25·654
29·8
刁淩雲 40·580
刁　堪 14·731
刁　間 7·211
刁　嵎 40·156
刁　嶸 40·164
刁　雍 1·711
刁　福 13·753
刁碧鳳 40·171
40·497
40·511
刁　毅 32·26
刁　臻 33·817
刁　駿 40·158
刁鴻舉 40·165
刁鴻謨 36·764
刁　藪 15·587
刁　韙 1·693
7·342
刁　雙 1·710
37·801
41·58
刁　鯨 40·533
刁蘭祥 40·584
刁蘩碩 40·333

力

力大懋 78·365
力　燮 78·356
力繩武 78·364

乃

乃　熾 77·597

了

了心和尚 21·831
了　他 78·629
了　明 78·326
了性禪師 79·299
了　容 57·525
了　證 80·75

乜

乜承盛 5·226
乜承聖 5·226
乜春貴 5·226

三畫

三

三元禪師(宋,見何讓)
三　梅 77·732
三　善 78·567

干

干廷㬙 49·444
干建邦 49·423
干承博 39·325
干　城 73·233
干　特 49·449
干從濂 49·425
干運恒 49·424
干　鳳 73·249
干　魯 49·469
干顯偲 73·248

于

于一貫　5·198
于九重　43·450
于九峯　14·724
于九皋　7·162
　17·565
于又法　4·413
　7·182
　17·650
于三元　7·192
于三綱　15·163
于士英　10·154
于大本　4·214
　15·561
　17·507
　20·553
于大有　39·95
于大茂　46·272
于大節　1·777
　72·38
于大經　28·231
于大勳　10·81
于之昌　19·73
　27·142
于之鳳　27·142
于之璧　24·550
于　子　15·485
于子仁　15·531
　16·416
　19·2
于天經　4·159
　18·735
　42·463
于天澤　29·261
于元芳　27·141
于元賓　70·624
于五美　39·459
于　友　25·520
于中行　24·335
　24·526
于仁忠　19·107
于化龍(明)　7·192
于化龍(清高唐)　39·679
于化龍(清鉅野)　39·190
于化鵬　19·8
于公槐　4·431
　26·618
于月清　40·584
于　文　32·382
　33·251
于文中　21·628
于文英　27·159
于文法　24·771
于文海　27·153
于文蔚　29·333
于文震　21·627
于方穎　42·624
于　尹　25·611
　27·55
　27·325
　27·791
于允中(清昌樂)　19·95
于允中(清新城)　5·333
　43·290
于允宏　43·615
于允玠　29·330
于允昱　5·328
　43·282
于允暲　5·331
　43·284
于允瞵　5·332
　43·284
于　正　16·416

20・486
于正朝 7・175
于世效 68・564
于世浩 9・497
于世能 29・18
于世敬 68・565
于世塽 9・447
于世銘 24・702
于世鑫 24・703
于可宗 8・420
于可建 10・52
于可託 4・420
29・134
于可舉 75・420
77・502
于丕郡 5・334
43・292
于占雲 26・132
于占鼇 21・530
于旦暘 43・277
于四周 4・383
39・697
于令涝 4・442
29・191
于令儀 41・137
37・829
于　立 48・114
于永清 43・441
43・493
43・494
于邦基 72・107
于式敷 29・132
于在泗 5・356
于在渭 28・208
于在瀛 5・176
43・268
于有本 27・54
于有光 28・708
29・538
于有年 14・704
42・950
于有信 68・48
于有富 36・683
于成龍(清永寧) 75・387
于成龍(清漢軍鑲黄旗) 2・2
于至善 7・192
于　光 50・69
58・90
于光圖 39・762
于　早 24・572
于同升 27・160
于先登 5・316
43・275
于　廷 19・106
于廷采 4・159
27・88
于廷春 50・44
于廷陛 34・252
于廷欽 39・188
于廷瑞 29・315
于廷輔 7・168
17・665
于廷璋 27・164
于廷璠 29・315
于延杲 27・429
28・6
于延挺 27・300
27・429
28・7
于延紹 27・300
27・429
28・6
于延遂 27・429
28・6

于延襲　27・300
　27・429
　28・7
于仲文　1・716
于仲良　32・389
　33・266
于　全　27・147
于全誨　41・789
于兆遇　68・332
于旭鍾　72・32
于　衣　22・287
　22・571
于次坡　39・697
于汝周　43・303
于汝理　43・303
于汝楚　43・303
于守業　5・377
于守緒　29・310
于守禮　25・613
　27・57
　27・207
于　安　5・215
　8・705
于安邦　18・744
于好昇　34・286
于好謀　21・682
于均福　35・189
于志湘　23・443
于志澄　72・10
于志瀛（清平度）　23・439
于志瀛（清湯陰）　11・209
于　芒　26・617
于　芳（清天津）　7・389
于　芳（清濰縣）　21・507
于克明（元）　4・145
　5・97
　13・753
　42・2
　42・8
于克明（清）　39・765
于克恭　21・584
于克襄　29・262
于　利　5・176
　43・262
于　佑　72・11
于作霖　4・449
　19・598
于沛霖　19・600
　23・644
于　沔　17・497
　19・433
　19・568
于　汴　27・53
于宏度　42・798
于宏道　29・73
于良佐　29・18
于良弼　29・18
于壯圖　39・769
于　邵　21・754
于奉沼　43・276
于　玭　4・157
　31・787
于青林　21・530
于青雲　27・164
于　玠　25・610
　27・52
　27・274
于長吉　14・715
于長達　14・710
于長裕　70・581
于長發　36・752
于長齡（清莒縣）　30・747
于長齡（清海陽）　29・819
　29・854

于坤甫	70·607
于其珝	29·180
于其珣	29·183
于其珓	29·187
于若愚	29·619
于若瀛	4·131
	39·182
	39·458
于　茂	27·293
	27·442
	28·19
于茂光	5·362
于　英	19·625
于來鳳	19·87
于松齡	30·605
	30·726
于東川	29·334
于東成	32·5
于東齊	29·81
于協寅	9·408
于卓午	11·446
于　旺	12·104
于　昊	29·824
于果行	72·29
于　杲	8·331
于昌遂	29·291
于昌運	29·291
于昌緒	29·264
于明仁	19·21
于　迪	26·328
于忠漢	29·8
于　和	24·344
于秉元	39·189
于秉信	32·614
于秉亮	39·188
于秉純	31·837
	35·350
于秉雍	43·643
于秉義	8·332
于金五	39·310
于金門	7·209
于命世	5·332
于　周	21·325
于性篤	29·133
于　河	27·155
于　沼(清都昌)	50·36
于　沼(清益都)	17·600
	18·370
于宗亮	79·269
于定國	4·21
于　祉	4·453
	21·489
于承基	39·190
于承森	39·205
于承業	7·188
于承福	29·2
于承學	39·315
于春華	11·296
于春海	21·724
于　珊	16·439
于　革	68·293
于　拯	24·716
	24·752
于貞復	29·298
于貞裕	29·822
于則先	35·141
于思翀	5·161
	43·635
于思睿	43·439
	43·489
于思賢	18·740
于　适	21·586
于科振	68·600
于重華	43·441

于重富　19・621
于泉清　34・308
于風調　8・716
于庭彥　27・173
于恆太　21・527
于美仁　17・656
于　洵　22・304
22・639
于冠儒　7・187
于　祐　43・271
于　耕　29・310
于華平　35・182
于　恭　21・326
于　真　43・438
于桂齡　25・519
于　桐　8・626
于連春　34・225
于配功　5・353
10・635
于振太　14・399
于振甲　17・657
19・35
于振邦　39・765
于振舉　21・527
于振聲　7・173
于振翼　5・316
43・273
于振鐸　21・538
于致和　50・125
于晉甲　14・385
于　時　4・238
31・825
于時掄　27・159
于時清　77・200
于蚖虛　32・484
33・558
于　甡　37・5
于逢吉　20・777
于　訓　25・615
27・66
于　剡　27・47
于凌雲　9・405
于凌霄　12・200
于　涓　18・17
于　海　43・438
于家銘　28・49
于　容　29・316
于恕堂　7・188
于　通（明文登）　29・65
于　通（明臨淄）　4・242
17・584
于通堯　7・173
于純吉　29・17
于執射　7・173
17・565
于　乾　27・540
28・171
于國仕　21・599
于國章　70・628
于國輔　18・540
于國賢　21・696
于　崙　34・318
于崇文　7・209
于崇尚　50・113
于崇勅　5・328
43・281
于崇慶　38・683
于崇嶽　39・762
于崇禮　39・652
于　悠　77・521
于偉烈　8・332
于　進　39・191
于進仁　12・331
于進忠　2・59

于進卿	30・298	于斯隆	12・330
于進海	6・663	于敬祖	29・7
于從政	22・252	于敬勝	18・527
	23・640	于葵午	14・380
于翎魁	58・255	于雲升	7・186
于逸辯	29・310	于雲峯	27・169
于　庸	27・58	于雲梯	4・330
于惟誠	29・263	于雲輝	30・621
于　焜	28・214	于雲翼	43・643
于清泮	28・48	于　棠	7・186
于清宜	4・441	于鼎圖	39・767
于清漢	9・415	于景汶	28・214
于清機	7・195	于景信	30・688
于淩辰	21・785	于景洙	14・395
于淩奎	21・784	于景師	9・696
于淑執	29・327	于景輝	32・408
于淑繹	7・187		33・281
于　淮	32・140	于　鈐	29・315
于　淳	39・638	于　欽	4・197
于　深	25・610		15・576
	27・53		17・507
于啓金	14・731		18・340
于啓智	9・429	于爲儀	26・636
于啓緒	32・146	于　斌	29・7
于隆章	70・630	于　翔	72・21
于貫一	6・642	于　湛	1・767
于貫甲	8・332	于湘浦	30・609
于紹舜	5・362		30・729
于　琬	72・34	于　湜	43・617
于　琛	27・300	于　淵(元)	27・53
	27・429	于　淵(明)	19・44
	27・600	于　甯	4・238
	28・6	于畫一	27・173
于超然	9・416	于疏枚	7・170
于　喆	37・5	于登雲	25・537
于斯力	75・429	于登蘭	29・303
	77・586	于　發	32・400

33・275
于統業　7・188
于瑞香　19・131
于　瑄(明)　5・194
10・632
于　瑄(清)　32・384
33・253
于勤學　5・316
43・273
于夢斗　43・276
于夢菊　7・184
于　鏊　5・177
43・266
于　蒙　70・562
于蔭霖　21・786
于椿齡　30・726
于　禁　35・75
于　楷　30・721
于嗣賢　7・189
于　誠　25・611
27・54
于誕登　29・328
于新科　72・31
于新燕　27・159
于愼行　4・109
31・793
于愼言　31・817
于愼思　31・816
于　漣　29・126
于源汶　27・153
于　準(明)　60・6
于　準(清)　2・87
14・694
42・876
于　福　18・512
于殿俊　27・163
于殿選　23・264
于際清　25・358
于際隆　21・586
于　瑢　21・653
于熙學　29・188
于熙爕　29・316
于爾直　26・595
于睿由　12・308
于鳴鐸　12・500
于　銅　9・413
于　鋗　39・425
于銘和　12・382
于銘訓　27・139
27・233
于銘書　21・630
于鳳池　29・338
于鳳來　11・462
于鳳喈　25・614
27・64
27・236
于鳳魁　35・130
于　廣(元)　70・462
于　廣(清)　22・275
22・523
于廣恩　42・793
于端學　19・107
于　瀅　21・614
于　寧　25・647
27・162
于肇春　29・332
于維世　5・316
43・277
于維永　7・194
17・621
于維哲　29・95
于維精　29・95
于維翰　7・196
于　璀　32・408

33·281
于增超　28·210
于　賢　43·447
于醇儒　23·439
于　震(明萊陽)　27·166
于　震(明餘姚)　77·447
于墨林　5·354
于　範　40·76
40·155
于　質　29·18
于　德　27·54
于德文　1·756
16·414
于德敏　27·136
于德鄰　12·117
于德輿　4·418
7·174
17·633
于徵矩　29·328
于　諒　25·610
27·53
于　誼　26·640
于慶舉　29·311
于養盛　21·738
于遵龍　4·329
于　潛(元)　15·576
于　潛(明)　1·842
15·532
16·416
19·2
于潤光　7·209
于履坤　5·328
43·278
于樂泮　19·128
于樂善　19·85
于　璥　9·430
于　璞　1·798
40·10
40·183
于　翰(明井陘)　1·809
18·694
42·433
于　翰(明章邱)　32·642
于　翰(清)　58·201
于翰翊　79·366
于樹聲　27·159
于　樸(清萊陽)　27·163
于　樸(清寧陽)　35·196
于奮翼　29·81
于學謐　30·745
于　錦　39·182
39·426
39·460
于　錞　25·54
于　諮　4·343
42·798
于　澤(元)　27·53
于　澤(明)　25·647
27·166
于澤長　21·389
于　濂　43·277
于濂芳　21·640
于聰生　72·31
于聯英　21·639
于藍田　8·335
于　黼　30·721
于　橿　26·641
于　懋　4·123
25·613
27·62
27·235
于懋祖　70·630
于臨貞　19·87
于鍾塊　29·842

	33・275
于統業	7・188
于瑞香	19・131
于　瑄(明)	5・194
	10・632
于　瑄(清)	32・384
	33・253
于勤學	5・316
	43・273
于夢斗	43・276
于夢菊	7・184
于　鋆	5・177
	43・266
于　蒙	70・562
于蔭霖	21・786
于椿齡	30・726
于　禁	35・75
于　楷	30・721
于嗣賢	7・189
于　誠	25・611
	27・54
于誕登	29・328
于新科	72・31
于新燕	27・159
于慎行	4・109
	31・793
于慎言	31・817
于慎思	31・816
于　漣	29・126
于源汶	27・153
于　準(明)	60・6
于　準(清)	2・87
	14・694
	42・876
于　福	18・512
于殿俊	27・163
于殿選	23・264
于際清	25・358
于際隆	21・586
于　瑢	21・653
于熙學	29・188
于熙燮	29・316
于爾直	26・595
于睿由	12・308
于鳴鐸	12・500
于　銅	9・413
于　鋕	39・425
于銘和	12・382
于銘訓	27・139
	27・233
于銘書	21・630
于鳳池	29・338
于鳳來	11・462
于鳳喈	25・614
	27・64
	27・236
于鳳魁	35・130
于　廣(元)	70・462
于　廣(清)	22・275
	22・523
于廣恩	42・793
于端學	19・107
于　瀅	21・614
于　寧	25・647
	27・162
于肇春	29・332
于維世	5・316
	43・277
于維永	7・194
	17・621
于維哲	29・95
于維精	29・95
于維翰	7・196
于　璀	32・408

	33·281
于增超	28·210
于　賢	43·447
于醇儒	23·439
于　震(明萊陽)	27·166
于　震(明餘姚)	77·447
于墨林	5·354
于　範	40·76
	40·155
于　質	29·18
于　德	27·54
于德文	1·756
	16·414
于德敏	27·136
于德鄰	12·117
于德輿	4·418
	7·174
	17·633
于徵矩	29·328
于　諒	25·610
	27·53
于　誼	26·640
于慶舉	29·311
于養盛	21·738
于遵龍	4·329
于　潛(元)	15·576
于　潛(明)	1·842
	15·532
	16·416
	19·2
于潤光	7·209
于履坤	5·328
	43·278
于樂泮	19·128
于樂善	19·85
于　璥	9·430
于　璞	1·798
	40·10
	40·183
于　翰(明井陘)	1·809
	18·694
	42·433
于　翰(明章邱)	32·642
于　翰(清)	58·201
于翰翊	79·366
于樹聲	27·159
于　樸(清萊陽)	27·163
于　樸(清寧陽)	35·196
于奮翼	29·81
于學謐	30·745
于　錦	39·182
	39·426
	39·460
于　錞	25·54
于　諮	4·343
	42·798
于　澤(元)	27·53
于　澤(明)	25·647
	27·166
于澤長	21·389
于　濂	43·277
于濂芳	21·640
于聰生	72·31
于聯英	21·639
于藍田	8·335
于　繖	30·721
于　櫺	26·641
于　懋	4·123
	25·613
	27·62
	27·235
于懋祖	70·630
于臨貞	19·87
于鍾塊	29·842

于謙益　26・618
于應祥　21・600
于應第　29・124
于應進　29・300
于應雷　70・562
于應震　31・841
　35・348
于　鴻　27・300
于　濠　43・439
　43・489
于　濟　27・54
于　禮　39・95
于　燾　15・546
　17・496
　18・491
于　鎕　29・315
于　鎰　4・458
于謹言　42・793
于　璧　4・152
　5・176
　43・262
于　蘇　72・20
于鵬翀　29・126
于鵬翬　29・125
于鵬翰　4・428
　29・125
于騰雲　9・813
于　鯤　43・444
于　鯨　5・115
于瀨然　43・275
于　瀛　21・698
于　濾　27・464
　28・25
于　蘭　9・418
于覺世　4・277
　5・316
　43・276
于　寶　29・17
于繼善　4・308
　31・802
于繼業　27・160
于繼徽　17・497
于躍淵　5・191
　10・635
于　儼　29・17
于鶴年　9・400
于　鑑(清利津)　13・234
于　鑑(清商河)　8・346
于　鑑(清新城)　5・325
　43・286
于　璽　12・122
于　瓚　39・460
于麟貞　7・194
于麟閣　20・110
于變龍　2・28
于觀貞　29・251

大

大　方　71・638
大　圭　79・300
大圭止璋禪師　76・499
大　行　31・843
　32・485
　33・559
大珠慧海禪師　76・497
大乘禪師　77・597
大　訢　45・372
大　智(唐)　61・757
大　智(清)　80・296
大道巖　79・291
大　雷　45・390
大愚禪師　73・118
大腹子　71・363
大機禪師　80・595

大禮普化 7·374
大闡慧通禪師 76·500
77·72

兀

兀林答禧 18·299
21·126
兀顏畏可 18·37

才

才春吉 11·96
才　寬 1·810
9·138

弋

弋　正 1·847

上

上官止定 72·555
上官公穎 77·217
上官必克 77·178
上官有儀 2·38
10·41
上官行 77·257
上官安 15·494
上官均 18·33
77·201
77·282
上官芬 77·233
上官伯達 77·199
上官希稷 77·258
上官迎郊 77·250
上官若農 77·250
上官明茲 70·510
上官周 80·53
上官怡 77·194
上官承祐 77·228
上官拯 77·257
上官昞 77·250
上官俊 72·533
上官恢 77·177
上官洎 77·201
上官祜 77·188
上官捐 77·178
上官尋 70·595
上官倬 77·235
上官悟 77·201
上官浩 59·143
上官祥仁 77·272
上官基(宋光澤) 77·257
上官基(宋邵武) 77·178
上官常明 45·379
上官偉長 77·186
上官超 77·234
上官賁 77·178
上官喜 77·277
上官雲廷 9·264
上官雲明 9·280
上官雲相 9·277
上官愔 77·173
上官道人 77·136
上官渙西 77·202
上官渙然 77·178
上官瑗 77·222
上官塏 77·176
上官楨 77·276
上官廉 71·525
上官雍 71·270
上官愷 77·177
上官肅 72·533
上官模 77·177
上官榜 71·495
上官毓萬 77·250
上官銓 77·275

上官端義　76・464
　77・177
上官粹中　77・177
上官維　9・407
　9・551
上官邁　6・226
上官儀　80・383
上官德培　77・250
上官凝　77・173
上官懋本　77・260
上官臨　77・220
上官謐　77・185
上官燦　77・276
上官燾　70・493
上官曦　77・224
上官寶甫　70・510

山

山之環　26・127
山斗北　42・295
山永峻　18・694
　26・128
　42・433
山仲甫　42・397
山堂禪師　77・405
山　琮　42・260
山景瞻　58・154
山應瑞　43・540
山　曜　1・702

千

千　一　72・33
千　石　77・73
千　靈　78・215

乞

乞伏慧　1・716
　37・801
　41・59

川

川岳解(見伯岳解)

也

也　速　1・756
也孫台　37・38

女

女奚烈守愚　1・752
　15・528
　30・60

小

小臣稷　7・197
　15・582

子

子　奇　15・539
子　思(見孔伋)
子家羈　35・635
子　崎　78・598
子　琦　79・299
子　舜　47・474
子淵捷　7・136
子淵棲　7・145
子　臧(見公子欣時)
子　襄　37・407
　39・172

四畫

王

王一之　42・583

王一元(明)　5・194
　10・632
王一元(清)　6・356
王一化　43・124
王一心　57・473
王一材　76・640
王一言(明南城)　71・269
王一言(明福清)　75・555
　79・34
王一范　78・643
王一岳　75・536
　77・492
王一周　9・441
　9・488
王一泗　56・89
王一信　55・567
王一洸　56・471
王一宦　74・37
王一峯　30・122
王一得　56・619
王一清　55・405
王一琄　55・584
王一新　30・120
王一經　30・687
　31・222
王一翥　48・283
　49・527
　58・276
王一鳴　5・184
　15・145
王一輪　72・698
王一龍(清成武)　39・71
王一龍(清曹縣)　41・229
王一鵬　72・588
王一鶚　76・466
王一夔(明)　72・590
王一夔(清大興)　2・45
　28・693
　32・452
　33・76
王一夔(清無棣)　13・154
王一夔(清婺源)　55・22
王一鶴　38・583
王一體　39・70
　39・81
王乙中　27・409
　27・803
王十朋　49・521
　50・550
　77・357
　77・401
　77・443
王丁巇　56・665
王卜年　9・420
　9・440
　9・508
王人文　53・319
王人代　71・473
王人佐　80・486
王人球　80・223
王人偉　55・155
王人貴　74・379
王人勛　23・253
王人聘　80・477
王人鳳　80・222
王人鑒　80・532
　80・585
王九成　4・238
　25・48
王九苞　14・133
王九思　39・713
　42・559
王九純　16・421
　20・487

王九逵 47·591
王九韶 77·428
王九寧 80·761
王九儀 1·789
6·302
王九徵 75·602
76·98
王九畿 11·95
王九錫 80·557
王九蘭 2·114
王九齡 9·448
王力行 76·296
王乃文 14·142
王乃光 75·680
王乃祿 6·459
王乃繹 28·160
王又光 4·289
10·158
王又瑞 13·812
王又鐸 39·773
王三才 43·16
王三元(清山陰) 2·44
8·318
王三元(清江西東鄉) 71·193
王三元(清滕縣) 36·524
王三台 74·21
王三近 6·383
王三省 50·493
王三重(明) 74·363
王三重(清肥城) 33·819
王三重(清曹縣) 41·201
王三重(清單縣) 38·226
王三洲 6·462
王三接(明) 76·284
王三接(清莒州) 30·688
31·223
王三接(清曹縣) 41·72
王三陽 79·269
王三曾 9·440
王三聘(明同安) 76·323
王三聘(明黃縣) 26·111
王三聘(明費縣) 30·297
31·182
王三聘(明德化) 78·615
王三遷 5·195
王三慶 56·504
王三樂 76·333
王三錫(明内江) 1·845
16·426
20·488
王三錫(明菏澤) 37·832
王三錫(明商南) 11·204
王三錫(明福山) 26·594
王三錫(清永春) 79·334
王三錫(清金谿) 70·624
王三韜 78·536
王三顧 58·150
王于民 27·4
王于浩 40·546
王士元(元) 1·761
4·213
11·81
11·89
12·94
王士元(明) 37·840
王士元(清) 9·894
王士中 21·325
王士正(見王士禛)
王士甲 54·531
王士立 67·243
王士戎 10·149
王士成 6·409
王士任 29·544
王士芹 55·20

王士芳　5·322
　43·279
王士佑　71·202
王士伸　1·832
王士序　43·276
王士宏(清廣豐)　53·573
王士宏(清濟陽)　5·351
　10·372
　10·487
王士武　54·589
王士英　74·58
王士杰　54·180
王士奇　77·421
王士果　26·123
王士昉　55·35
王士和(明金谿)　69·462
　70·482
　77·94
王士和(明新城)　5·175
王士治　55·19
王士型　57·238
王士貞　6·369
王士修　35·491
王士信　67·211
王士俊(明)　72·590
王士俊(清)　2·1
王士炳　24·523
王士祜　4·291
　5·320
　43·276
王士珠　14·146
王士晃　54·569
王士倩　9·434
王士倬　9·434
王士高　53·574
王士純　5·175
　43·271
王士理　55·170
王士逵　6·397
王士莪　8·325
王士敏(宋)　72·269
王士敏(清)　70·505
王士進　51·642
王士階　54·539
王士陽　72·639
王士琪　5·351
　10·385
王士瑛　18·694
　42·432
王士琦　5·175
　43·268
王士琛　38·275
王士敬　34·285
王士棟　22·307
王士雲　51·217
王士揚　78·436
王士斐　30·309
王士景　55·619
王士祿　4·291
　5·319
　24·293
　43·274
王士瑜　10·386
王士楨　36·207
王士試　70·624
王士誠　34·306
王士煌　54·593
王士源　57·216
王士禎(見王士禛)
王士璉　57·331
王士瑤　19·571
王士嘉(明)　4·149
王士嘉(清)　77·394
王士熙　4·265

王士僎 54·554
王士銑 55·19
王士豪 40·319
王士滿 62·423
王士禛 4·290
5·320
43·280
73·277
王士綜 57·65
王士璡 40·274
王士璜 71·247
王士賢 13·154
王士霄 54·566
王士範 20·788
王士儀 19·620
23·662
王士徹 38·275
王士毅 43·518
王士豫 76·326
王士錦 54·557
王士龍(明) 41·77
王士龍(清) 11·441
王士禧 4·291
5·320
43·285
王士璿 5·175
43·269
王士翹 72·574
王士瞻 5·175
43·268
王士鵠 5·322
43·274
王士騠 5·322
43·277
王士鏞 55·641
王士鏡 55·609
王士麒 62·401
王士鶚 38·287
王士譽 5·321
43·276
王士鶴 41·172
王士鑑 54·160
王士鑛 79·334
王士讓 79·388
王士驥 5·321
43·275
王士驪 5·321
16·446
20·492
43·285
王大士 15·153
王大山 14·130
王大元 26·113
王大中 29·271
王大化 1·834
39·799
42·546
王大本 12·502
王大用(明永平) 36·429
王大用(明莆田) 78·46
王大用(明濟陽) 5·188
10·382
王大有(清武進) 2·102
王大有(清婺源) 55·83
王大成 54·246
王大年(字惕若) 72·141
王大年(弟大翔) 72·202
王大年(明) 42·751
王大任(明安福) 72·613
王大任(清安福) 72·692
王大任(清青陽) 42·587
王大任(清南城) 71·241
王大材 56·653
王大武 10·148

王大受(清玉山)　50・243
王大受(清婺源)　55・308
王大炎　56・669
王大珏　80・543
王大要　29・819
　29・861
王大俊　7・289
　7・429
王大晃　55・202
王大恩　37・419
王大高　10・145
王大理　55・203
王大著　57・213
王大國　45・305
王大偁　73・78
王大章(清奉新)　67・133
王大章(清霑化)　13・390
王大啓　55・314
王大琨　74・131
王大堦　6・198
王大傑　51・598
王大復　55・333
王大勝　70・546
　73・348
王大椿(清高密)　23・269
　23・346
王大椿(清婺源)　57・427
王大煦　57・336
王大猷　14・371
　17・585
王大經(明)　35・84
王大經(清)　76・110
王大壽　79・198
王大賓　40・137
　40・339
王大緒　55・418
王大綱　35・84
王大綸　35・84
王大儒(民國)　19・406
王大儒(明)　5・115
王大憲　73・62
王大聰　57・336
王大臨　72・527
王大謨　56・161
王大豐　57・334
王大韜　70・625
王大鏞　51・702
王大鵬　48・529
王大寶　75・357
王大鑑　14・132
王大鼇　57・137
王才安　13・413
王上治　76・387
王上聞　1・792
　15・31
　15・134
王上儒　55・449
王上謀　72・243
王　山　23・277
　23・662
王山輝　56・449
王　屮　30・132
王川榮　9・449
王及甲　72・629
王及雁　70・307
王及淵　70・328
王及瀧　70・414
王及鴻　70・241
王久任　26・593
王久慕　6・465
王之士　5・137
　13・760
王之夫　77・31
王之允　36・505

姓名	卷・頁
王之臣(明蒙陰)	31・331
	32・3
王之臣(明潼關)	1・808
	13・495
王之芳	71・203
王之杞	9・199
王之佐(清廣饒)	14・375
王之佐(清嶧縣)	7・443
王之孚	5・363
王之茂	72・225
王之典	60・239
王之春	56・563
王之珂	79・258
	79・563
王之垣(明新城)	4・129
	5・167
	43・263
王之垣(明德化)	48・39
王之城	5・168
	43・264
王之相	72・686
王之柱	25・541
王之律	9・408
王之度	9・408
王之彥	9・408
王之屏	30・96
王之都	5・169
	43・264
王之基	67・409
王之萃	14・126
	17・621
王之乾	54・597
王之章	56・320
王之宷	11・386
王之埴	17・579
	20・554
王之敬	80・615
王之植	72・694
王之棟	72・657
王之棠(明)	54・511
王之棠(清)	58・236
王之瑞	19・21
王之幹	40・200
王之楨	9・830
王之楫	72・666
王之鉉	11・10
	11・84
王之猷	5・169
	43・264
王之滙	58・169
王之福	72・364
王之經	78・672
王之璉	53・552
王之輔	4・157
	5・168
	43・263
王之誥	60・491
王之熉	72・685
王之賓	77・285
王之墀	20・564
王之樞(清安福)	72・625
王之樞(清高密)	23・253
王之範	72・200
王之儀	27・336
	27・806
	75・404
王之翰(明)	31・331
王之翰(清長清)	34・177
王之翰(清齊河)	10・146
王之翰(清濰縣)	4・447
	21・618
王之勳	55・227
王之錡	2・66
	37・54

王之璨	62・476
王之爵	72・602
王之謨	36・525
王之禮	72・655
王之翹	80・204
王之璧	72・677
王之勷	56・591
王之爚	1・852
	23・616
	24・283
王之麟	12・311
王之驥	74・257
王巳山	59・612
王女士	19・427
王小十	53・6
王小衢	13・142
王子文(元)	36・196
王子文(宋)	74・358
王子宇	74・35
王子均	63・321
王子芬	19・79
王子邳	68・397
王子孚	39・297
王子罕	80・383
王子玢	14・136
王子明	48・245
王子朋	72・375
王子珍	35・146
王子城父	7・135
	15・578
王子挺	60・428
王子俊	72・181
	72・476
王子柔	41・816
王子通	43・67
王子虚	14・146
王子章	1・825
	40・6
	40・243
王子清	34・283
王子陽	9・403
王子琛	72・668
王子敬	36・774
王子森	5・351
王子雲	45・171
王子温	13・120
王子登	17・623
	19・19
王子端	18・743
	42・469
王子榮	58・566
王子敷	31・63
王子賢	74・36
王子魯	39・570
	42・554
王子潔	39・80
王子薪	36・741
王子融	4・141
	18・33
	18・286
王子龍	45・232
王子聰	75・463
	76・136
王子輿	4・76
	15・546
	21・120
	30・675
	31・219
王子應	72・668
王子翼	45・118
王子顛	76・416
王天鏴	56・469
王天一	9・433
王天伋	56・22

王天充 54·577
王天芳 54·498
王天秀 2·67
37·55
王天佑 9·861
王天庚 54·582
王天泮 56·663
王天相 17·624
王天貞 11·293
王天祐 18·749
42·473
王天紀 54·161
王天華 78·655
王天根 13·388
王天倫 26·646
王天祥 7·375
王天球 72·480
王天基 36·129
王天梧 56·577
王天凰 58·547
王天眷 4·344
王天組 54·572
王天貴(清同安) 76·300
王天貴(清惠民) 12·126
王天策 79·315
王天統 54·571
王天絳 54·600
王天瑜 57·93
王天煥 55·8
王天漢 56·383
王天綸 55·609
王天綬 54·581
王天德(清南靖) 75·733
王天德(清婺源) 54·568
王天慶 79·189
王天緘 54·585
王天璠 57·168
王天樹 56·566
王天錫(清皋蘭) 21·152
王天錫(清銅山) 75·663
王天錬 56·493
王天爵 41·178
王天燦 44·507
王天簡 79·184
王天織 54·601
王天鏻 56·471
王天鑑 2·86
11·43
王　元(清商河) 9·415
王　元(清瑞昌) 48·324
王元山 28·196
王元之(民國) 27·141
王元之(宋) 39·216
王元正 24·545
王元功 31·60
王元白 53·552
王元吉(清莒縣) 30·681
王元吉(清鄱陽) 58·159
王元吉(清霑化) 13·403
王元吉(清濟陽) 10·482
王元安 9·406
王元孝 55·297
王元芳 79·277
王元佑 31·184
王元亨 10·145
王元社 57·198
王元坤 32·613
王元者 30·115
王元直 71·142
王元杰(民國) 10·392
王元杰(清) 13·422
王元治 19·71
王元相 2·53
王元厚 20·788

王元奐 20・787
王元度 31・60
王元祚 10・385
王元耿 20・781
王元烈 17・619
 20・765
王元卿 79・242
王元羔 13・421
王元浩 22・279
 22・540
王元書 6・453
王元孫 72・487
王元培(清章邱) 5・261
 32・639
王元培(清滕縣) 36・535
王元第(清婺源) 55・298
王元第(清壽光) 18・526
王元烺 20・766
王元參 72・619
王元達(清金谿) 70・561
王元達(清樂陵) 9・73
王元雅 17・616
 20・118
王元鼎(宋) 77・481
王元鼎(清) 60・424
王元煛 56・473
王元策 6・453
王元復 4・182
 5・121
王元善(明) 70・578
王元善(清) 19・71
王元焜 20・521
王元祿 14・131
王元弼 78・688
王元登 41・156
王元統 72・652
王元勛 58・548
王元瑞(民國) 37・4
王元瑞(清) 55・391
 70・614
王元遠 51・320
王元楷 20・782
王元輅 70・399
王元感 4・176
王元暄 57・58
王元節 20・484
王元會 72・237
王元愷 10・152
王元煜 53・557
王元煌 56・301
王元煥 17・637
王元溥 55・385
王元福 5・364
王元壽 14・130
 17・654
王元熏 6・453
王元賓 36・460
王元樞 4・350
王元樑 74・262
王元醇 26・180
王元德 56・450
王元魯 5・269
 13・779
王元默 20・781
王元學 59・515
王元鋼 14・144
王元龍 62・575
王元熾 79・334
王元禧 5・268
王元璐 37・4
王元點 20・765
王元謨 18・3
王元襄 38・268
王元濤 6・121

	10・311
王元禮	56・528
王元璸	13・811
王元曦	24・521
王元鶚	20・767
王元續	57・158
王元鑄	41・183
王元麟	78・528
王元鷺	20・765
王元讓	38・277
王木宗	19・574
王五教	42・758
王五福	41・218
王不誇	18・519
王太及	71・193
王太白	25・191
王太沖	78・140
王太和(清壽張)	42・771
王太和(清廣豐)	53・627
王太清	13・424
王　友	28・478
王友元	9・432
王友仁(明)	65・188
王友仁(清)	54・187
王友直(宋)	4・81
王友直(清)	19・136
王友迪	55・395
王友奎	20・118
王友俊	75・410
	77・582
王友亮	54・111
王友詢	7・140
	17・618
王友端(清婺源)	54・329
王友端(清臨朐)	19・310
王友譚	7・182
王巨卿	12・492
王少元	4・233
	38・571
王日助	48・442
王日含	56・420
王日亨	47・220
王日昇	19・313
王日知	26・104
王日欣	70・626
王日奎	54・558
王日宣	55・63
王日校	72・365
王日祥	57・59
王日盛	60・494
王日新(明僊遊)	78・269
王日新(明寧海)	4・201
	27・458
	27・605
	28・22
	28・383
王日資	55・638
王日璉	72・363
王曰光	5・355
	10・631
王曰貞	4・441
	25・493
王曰高	4・376
王曰純	58・174
王曰琅	19・135
王曰琳	19・121
王曰然	21・136
王曰瑄	71・176
王曰賡	7・166
	17・642
	43・210
王曰璐	30・133
王曰謹	5・205
	8・345

王曰曦	26・114
王　中	4・15
	15・569
	17・458
王中山	9・425
王中正	80・55
王中立	70・579
王中李	39・335
王中孚	4・413
	17・645
	20・546
王中庭	36・737
王中夏	79・396
王中涥	31・60
王中逵	1・847
	26・8
王中溥	30・133
王中敷	40・543
王中興(清壽光)	18・529
王中興(清齊東)	15・42
王中籛	27・160
王壬垣	25・44
王升廊	60・246
王　仁(明上虞)	76・352
王　仁(明南昌)	44・101
王　仁(明樂安)	71・124
王　仁(清)	71・475
王仁化	66・602
王仁東	76・150
王仁政(明)	74・19
王仁政(清)	55・226
王仁洽	5・342
	10・133
王仁堪	76・149
王仁傑	70・333
王仁義	27・435
王仁輔	57・72
王仁榮	66・500
王仁鎬	18・22
王仁纘	75・640
	79・86
王　化(明長山)	5・161
	43・635
王　化(明蕭縣)	14・217
	16・425
王　化(清黃縣)	26・119
王　化(清彭澤)	49・112
王化久	9・406
王化臣	34・269
王化成(清建陽)	76・405
王化成(清壽光)	18・573
王化光	18・531
王化行(清上饒)	51・645
王化行(清夏津)	9・855
王化行(清高密)	23・280
王化宇	36・607
王化孚	42・347
王化昌	2・98
	16・453
	19・5
王化南(清武威)	2・109
	30・647
王化南(清陽信)	43・113
王化美	40・171
王化洽	17・637
	18・560
王化原	72・267
王化豹	13・141
王化遠	5・158
	43・612
王化新	5・385
王化源	10・390
王化隆	72・640
王化醇	70・628

王化澄(明金谿)　70・486
王化澄(明商河)　9・399
王化鴻　72・635
王化鵬(明)　14・255
王化鵬(清)　72・635
王仍業　72・656
王　介(宋)　72・478
王　介(明天長)　39・148
王　介(明侯官)　75・490
76・139
王介眉　11・299
王介祺　55・460
王介雍　77・282
王介福　30・311
王介慶　67・227
王介錫　42・957
王介禧　5・351
10・378
10・489
王公大　75・459
王公正　7・187
王公甫　73・46
王公佐　36・523
王公哲　77・387
王公達　19・618
23・652
王公爲　39・351
王公遠　61・682
王公鳳　5・350
10・377
王公懋　14・217
15・562
16・415
王公麟　10・384
王　月　80・16
王月恆　13・426
王丹山　80・233
王丹桂　70・617
王　文　79・357
王文山　55・349
王文元　79・259
王文中　26・637
王文化　57・466
王文田(清黄縣)　4・433
26・103
王文田(清淄川)　6・473
王文光(明)　80・71
王文光(清上饒)　51・341
王文光(清婺源)　54・575
王文仲　58・161
王文秀　30・131
王文佐　71・567
王文青　47・447
王文林　9・406
王文昇　79・209
王文明(清廈門)　76・261
王文明(清龍南)　61・472
王文怡　57・193
王文建　18・694
42・433
63・24
王文奎(清奉新)　67・390
王文奎(清婺源)　56・178
王文泉　26・637
王文俊　56・386
王文炤　4・467
23・642
王文洽　72・362
王文洵　6・485
王文祚　80・462
王文泰　30・714
王文珪　35・60
王文起　57・395
王文耿　13・136

王文華(元)　15・106
王文華(清)　7・175
王文烈　51・207
王文卿　71・362
　71・635
　73・266
　80・595
王文烜　70・604
王文海　7・196
王文彬(民國東光)　34・152
王文彬(民國徐水)　14・301
王文彬(清)　72・238
王文堅　58・201
王文進　54・263
王文章　4・454
　24・538
王文惕　55・112
王文清　11・88
王文尉　50・81
王文隆　9・444
王文紱　54・604
王文域　6・449
王文傑(清金谿)　70・613
王文傑(清魚臺)　37・722
王文焞　56・616
王文淵　4・223
　31・820
王文富　80・230
王文棨　13・124
王文發　48・385
王文統　15・621
　17・700
　18・483
王文瑞　56・501
王文楷　13・137
王文槐　58・539
王文暄　55・348
王文照　55・352
王文魁　62・371
王文新　72・626
王文煜　5・98
王文煌　23・247
王文煥(民國長清)　34・286
王文煥(民國莒縣)　30・695
王文煥(清固安)　2・51
　12・98
王文煥(清淄川)　6・465
王文煥(清壽張)　42・773
王文源　43・439
王文經　80・694
王文翥　56・383
王文穀　55・109
王文蔚　70・623
王文監　55・136
王文塾　55・136
王文燁　15・141
王文榮　55・46
王文漳　57・120
王文演　56・185
王文綱　54・506
王文璜　56・630
王文輝　74・137
王文篆　79・266
王文德　54・247
王文論　51・58
王文翰　1・783
　16・425
　23・614
　24・268
王文樹　54・180
王文學　37・42
王文衡　74・131
王文錦　13・788
王文熾　55・335

王文聲 12・492
王文檀 53・162
王文謨(清鉅野) 39・202
王文謨(清婺源) 55・460
王文謨(清濰縣) 21・462
王文謙 5・278
13・788
王文燦 70・592
王文燭 16・442
19・4
王文濤(清婺源) 55・104
王文濤(清臨朐) 19・402
王文禮 26・636
王文燾 2・103
25・88
29・687
王文簡 39・66
王文爊 71・202
王文獻(宋) 79・252
王文獻(清) 13・149
王文爖 55・54
王文鐸 71・131
王文顯 37・693
王文麟 80・543
王文瓛 51・479
王文驤 20・771
王亢宗 54・563
王　方 70・529
王方允 13・805
王方正 69・555
王方平 72・481
王方田(清惠民) 12・118
王方田(清齊東) 4・298
13・800
王方永 13・810
王方佐 13・798
王方玲 39・323
王方珊 5・269
13・786
王方俳 18・2
王方崑 37・418
王方貴 71・120
王方瑚 5・269
13・786
29・598
王方義 5・269
13・788
王方穀 13・138
王方濂 13・798
王方韓 13・811
王方讓 13・801
王　斗 7・198
15・582
王斗維 17・606
20・561
王斗樞 4・401
17・594
20・519
74・442
王　心(明安福) 72・651
王　心(明新泰) 31・794
34・468
王　心(清) 54・528
王心一(清吉安) 72・186
王心一(清陽信) 43・87
王心一(清婺源) 55・236
王心同 40・170
王心定 60・356
王心康 9・424
王心清 7・168
王心廣 9・423
王心學 1・799
34・47
王心聲 38・275

王　尹　72・615
王引之　2・18
王引杰　20・770
王引楷　20・770
王引楩　22・239
王巴顏　4・213
王以仁(明)　1・851
　27・334
　27・797
王以仁(清)　50・311
王以旦　57・169
王以南　71・445
王以俊　9・404
王以通　78・669
王以旌　1・801
王以智　80・757
王以詠　76・428
　77・282
王以道　72・375
王以烱　22・303
　22・635
王以焠　41・210
王以蒙　77・85
王以誠　37・701
王以遜　42・300
王以稼　74・381
王以德　72・226
王以諭　22・311
王以纁　1・847
王　允　4・151
　4・238
　5・103
王允之　30・80
王允元　37・420
王允中(清泰和)　72・374
王允中(清黄縣)　4・432
　26・101
王允中(清陽信)　43・94
王允中(清滋陽)　35・496
王允中(清壽光)　17・639
　18・541
王允升(明鄆城)　40・122
　40・267
王允升(明諸城)　17・579
王允文　68・292
王允功　15・561
王允成　30・725
王允芳　80・50
王允佐　70・528
王允尚　60・504
王允昌　16・430
王允适　43・300
王允信　5・243
　6・205
王允前　5・122
王允洪　58・57
王允振　5・324
　43・289
王允效　71・471
王允深　58・58
王允欽　50・281
王允楚　43・292
王允傳　14・391
王允會　12・103
王允璉　53・567
王允瑲　53・570
王允熙　5・324
　43・292
王允輝　4・271
　5・243
　6・134
王允璣　53・354
王允諧　26・596
王允憺　20・558

王允聰 50·300
王允懋 4·229
17·573
王允璿 53·355
王允灌 43·298
王允麟 70·525
王予森 10·384
王孔占 5·280
13·792
王孔楨 72·542
王孔碩 75·445
王孔彰 77·621
79·186
王孔範 6·363
王　玉 72·196
王玉生 18·328
王玉汝(元) 4·91
31·778
33·683
40·64
40·160
王玉汝(明) 7·383
王玉珂 23·249
王玉映 26·112
王玉泉 9·449
王玉亭(清鄆城) 40·568
王玉亭(清慶云) 11·439
王玉亭(清濟陽) 10·374
王玉美 30·731
王玉珠 34·351
王玉振 11·460
王玉書 80·249
王玉琅 9·855
王玉符 34·267
王玉陽 27·301
王玉琪 18·522
王玉琢 18·580
王玉輅 71·181
王玉鉉 43·68
王玉輝 9·405
王玉德 43·295
王玉臨 21·488
王玉瓚 14·441
王玉麟 30·313
王　正 5·288
6·480
王正邦 53·132
王正芳 73·98
王正言(五代) 18·20
王正言(民國) 19·409
王正珊 57·137
王正軒(民國) 36·754
王正軒(清) 39·333
39·430
王正倫 33·288
王正容 35·101
王正國 51·298
王正雅 72·599
王正輔 41·163
王正熾 56·610
王　功 78·537
王功成 4·379
38·545
王功後 23·276
王功清 22·300
22·623
王功啓 54·504
王去非 4·246
31·812
35·330
35·380
王去執 31·812
35·381
王甘敷 26·732

王甘霖 43·112
王世才 60·236
王世元 13·799
王世仁 67·74
王世化 11·438
王世文(明安福) 72·572
王世文(明新泰) 31·827
34·468
王世功 29·543
王世仕 57·70
王世臣(明昌邑) 19·599
23·637
王世臣(明夏津) 9·809
王世臣(明薊縣) 42·237
王世臣(清) 2·84
王世安 72·656
王世芳(清曲阜) 36·30
王世芳(清安福) 72·643
王世芳(清掖縣) 24·561
王世芳(清滕縣) 36·500
王世坤 57·92
王世茂 79·188
王世英 6·464
王世昌(明) 4·266
王世昌(金) 29·6
王世昌(清婺源) 56·490
王世昌(清瑞昌) 48·393
王世昌(清廣豐) 53·617
王世昂 48·415
王世佶 17·608
18·520
王世定 72·581
王世奏 72·655
王世珂 79·351
王世珍 7·182
王世政 43·396
王世奎 57·362
王世貞 1·782
6·541
15·537
16·424
18·49
王世俊(清武城) 9·621
王世俊(清南城) 71·328
王世美 1·850
27·5
王世紉 57·121
王世泰(明) 37·837
王世泰(清吉安) 72·244
王世泰(清壽光) 18·529
王世桐 13·798
王世恩(清永定) 80·229
王世恩(清無棣) 13·147
王世基 10·146
王世國 27·159
王世偕 59·592
王世章 48·352
49·403
王世隆 56·384
王世琛 2·17
王世貴 57·335
王世傑(明) 76·356
王世傑(清) 9·621
王世敦 56·89
王世道(明萬年) 60·207
80·513
王世道(明膠州) 22·263
22·475
王世祿(明蓬萊) 25·38
王世祿(明樂陵) 9·65
王世祿(清威海) 29·543
王世祿(清婺源) 56·499
王世祿(清德平) 5·380
王世業 72·178

王世嵩 5・291
王世銜 55・224
王世義 56・123
王世福 9・58
王世構 72・632
王世睿 5・259
32・634
王世銓(清鄆城) 40・533
王世銓(清婺源) 54・274
王世滏 13・135
王世寧 14・713
14・786
王世實 79・220
王世醇 77・117
王世德(明) 76・350
王世德(清吉安) 72・206
王世德(清齊河) 5・342
10・147
王世勳 56・243
王世衡 54・284
王世憲 13・799
王世壂 51・529
王世藎 1・819
37・557
王世爕 75・379
王世爵 78・603
王世藩 29・244
王世寵 56・548
王世繩 55・442
王世馨 2・36
43・542
王世蘭 13・805
王世纓 80・245
王世衢 54・341
王　本 20・523
王本仁 34・267
王本亨 55・330
王本坦 56・271
王本固 14・298
王本忠 62・488
王本庚 55・109
王本祥 72・242
王本堅 55・427
王本善 9・439
王本誠 55・97
王本廉 56・644
王本端 25・174
26・105
王本魯 13・134
王本燦 72・681
王　札 65・74
王可中 5・280
13・792
王可玩 57・336
王可俊 74・22
王可庸 55・127
王可傑 9・411
王可意 57・474
王可源 57・336
王可嘉 6・402
王可澤 43・268
王可講 74・40
王丙田 42・394
王丙運 34・283
王丙照 54・337
王　戸 35・448
王丕杰 27・153
王丕承 10・472
王丕修 27・96
王丕烈 13・419
13・505
王丕烜 54・535
王丕煦 27・141
王丕猷 72・368

王丕熙　9・435
王丕勳　9・405
王丕臨　9・415
王丕襄　13・421
王丕藩　9・435
王丕鑑　9・405
王丕顯(民國)　14・740
王丕顯(清)　59・610
王石經　21・751
王　右　71・473
王右水　50・63
王右民　21・741
王右弼(清萊陽)　27・119
王右弼(清齊東)　15・147
王右賓　27・118
王　平(宋侯官)　75・475
　76・14
王　平(宋莆田)　75・395
王　平(清)　39・765
王平東　63・92
王平格　6・459
王占一　36・742
王占元　9・851
王占魁(民國)　34・268
王占魁(清)　13・395
王　旦　4・67
王　甲　26・627
王甲干　43・84
王甲祺　20・769
王申年　39・68
王　田(明)　4・201
　5・113
王　田(清)　56・510
王　由　1・713
　23・612
王由道　59・384
王由義　72・637
王四教　80・221
王四維　26・112
王四德　38・282
王四聰　37・667
王　生　76・332
王生周　32・651
王生焠　43・131
王生衡　72・675
王仕京　4・225
王仕政　73・46
王仕常　20・790
王仕敬　72・649
王仕榮　75・640
　79・86
王仕舉　79・81
王仕錫　71・264
王仕顯　1・790
　43・537
王仙姑　25・602
王仙嶠　9・445
王　仔　29・839
王仔昔　45・298
　46・554
王　令　20・525
王令甲　20・778
王令典　20・788
王　用(元)　15・590
　17・680
　25・654
　27・143
王　用(明安邱)　4・124
　17・520
王　用(明泰和)　72・310
王　用(明真定)　16・438
王　用(明萊陽)　27・155
王用九　30・722
王用之　13・154

王用予　38・688
王用汲(明晉江)　79・119
王用汲(明萬安)　73・73
王用安(清)　14・698
王用安(清安福)　72・663
王用言　7・162
王用亨　78・552
王用宏　13・144
王用明　38・550
王用彬　57・191
王用瑜　48・60
王用賢(明建寧)　80・580
王用賢(明宿州)　7・282
　7・498
王用霖(清榆社)　14・301
王用霖(清廣寧)　2・20
王用龍　72・70
王用體　2・37
　10・40
王　印(明)　30・364
王　印(清同安)　76・360
　77・663
王　印(清鄒平)　5・279
　13・794
王印懋　14・401
王　立　22・230
王立中　26・117
王立文　6・200
王立功(清諸城)　20・791
王立功(清霑化)　13・403
王立本(民國)　34・286
王立本(清)　30・706
王立志　10・138
王立命　42・169
王立性　20・794
　23・271
王立相　20・785
王立恆　14・399
王立貴　79・429
王立善　11・442
王立楹　34・307
王立誠　35・511
王立邁　9・491
王立德　11・291
王立韓　80・762
王立藹　56・29
王立鏜　71・475
王必中　60・186
王必先　58・345
王必任　67・476
王必昌　78・608
王必迪　72・470
王必逑　48・599
王必照　50・116
王必彰　72・611
王必遵　72・470
王　永　18・569
　19・24
王永吉(明)　80・513
王永吉(清)　39・90
王永在　39・196
王永年　58・154
王永安　38・580
王永芬　57・334
王永昇　56・137
王永和　7・450
王永貞　14・396
王永祐　39・627
王永祚　19・571
王永泰　57・334
王永華　56・470
王永振　5・269
王永釗　26・642
王永盛　25・530

王永庸　56・470
王永清(清江西東鄉)　71・180
王永清(清南城)　71・242
王永富　57・199
王永棟　43・450
王永嗣　10・149
王永誠　61・711
王永綏　15・149
王永壽　11・444
王永熙　40・126
　40・281
王永寧　17・625
　20・561
王永德　39・92
王永選　74・385
王永積　1・804
　12・97
王永興　34・272
王永錫(清永春)　79・349
王永錫(清寧陽)　35・157
王永禧　39・640
王永曙　13・788
王永籙　38・246
王永鑽　48・385
王　尼　15・583
　30・660
　31・216
王民正　9・717
王民望(元)　38・159
王民望(清)　10・126
王民順　70・520
王民皞　69・256
王　弘　30・82
　30・85
王弘猷　20・518
王加封　76・477
王　召　5・251
　6・210
王召南　18・503
王　弁(明吉水)　72・446
王　弁(明安福)　72・632
王　弁(明南城)　71・265
王幼孫　72・188
王　匡　32・385
　33・262
王邦大　57・4
王邦直(明即墨)　4・200
　23・639
王邦直(明臨朐)　17・532
　19・294
王邦杰　55・467
王邦昌　72・636
王邦彥　47・363
王邦通　72・206
王邦棟　56・459
王邦傑　55・123
王邦裕　38・686
王邦瑞　1・807
王邦翰　71・271
王邦憲　23・244
王邦禮　5・158
　43・635
王邦燮　56・162
王邦寵　21・498
王邦耀　47・441
王　式　4・11
　4・165
　31・809
　37・30
　37・543
　39・137
王式金(清安福)　72・676
王式金(清曹縣)　41・200
王式軾　4・386

	18・731
	42・460
王　戎	4・35
	30・78
王　圭(元)	60・179
王　圭(宋)	72・266
王　圭(明)	31・781
	32・376
	33・246
王　吉(明吉水)	72・443
王　吉(明建甌)	76・440
王　吉(明商水)	39・147
王　吉(清)	77・284
王　吉(清吉安)	72・141
王　吉(清安福)	72・596
王　吉(清霑化)	13・390
王　吉(清嶧縣)	7・421
王　吉(漢)	4・13
	4・17
	4・21
	23・628
	30・74
	37・30
	37・544
	39・138
王吉人	55・393
王吉士(明)	42・292
王吉士(清)	7・436
王吉才	77・691
王吉甫	1・735
王吉亭	4・300
王吉發	54・471
王吉嗣	26・106
王吉裔	26・113
王　考	42・786
王考祥(清淄川)	6・353
王考祥(清婺源)	56・187
王考獻	6・389
王老志	4・264
王　芑	14・134
王芑旃	36・493
王芝玉	8・421
王芝田	37・849
王芝生	54・277
王芝榮	31・184
王芝蘭	4・286
	34・165
	34・335
王　朴(五代)	4・65
	31・761
王　朴(明無棣)	13・141
王　朴(明諸城)	4・240
王　亘	75・480
	76・134
王　臣(明吉水)	72・445
王　臣(明奉新)	67・127
王　臣(明南昌)	44・150
王　臣(明陝西)	1・779
王　臣(明聊城)	38・536
王　臣(明堂邑)	38・687
王　臣(明德興)	58・423
王　臣(清新昌)	63・499
王　臣(清臨沂)	30・110
王　臣(清臨清)	14・743
王臣鵠	77・190
	77・291
王再門	25・30
王再雪	9・400
王再聘	5・196
王再新	40・590
王　在	72・282
王在公	1・840
	16・433
王在文	55・309

王在芬　36・740
王在岐　14・133
王在勃　43・128
王在約　9・857
王在璣　36・744
王在錦　73・81
王在諧　28・220
王在鎬(明)　27・537
　28・166
王在鎬(清峽江)　73・309
王在鎬(清商河)　9・426
王百平　38・289
王百朋　20・782
王百穀　67・137
王百藻　67・314
王有仁　57・258
王有吉　32・8
王有成　9・847
王有年(清金谿)　70・555
王有年(清城武)　39・67
王有位(清浮梁)　47・165
王有位(清婺源)　56・561
王有周　77・279
王有後　52・523
王有恒(清恩縣)　11・97
王有恒(清婺源)　56・313
王有恬　75・517
　78・509
王有勇　57・167
王有真　71・201
王有訓　56・194
王有容(清奉新)　67・428
王有容(清麻城)　78・698
王有常　53・316
王有康　13・808
王有章　54・335
王有富　57・257
王有弼　56・527
王有瑞　55・531
王有楠　72・594
王有嘉　77・726
王有瑾　56・40
王有勳　57・374
王有聲　26・113
王有禮　5・264
　32・647
王有鎮　56・250
王有齡　76・72
王有覺　70・621
王而上　73・382
王　存　1・746
　15・526
　16・405
王存仁(清利津)　13・363
王存仁(清長清)　34・226
王存常　32・407
　33・281
王存廉　6・210
王存義　20・566
王存寬　56・597
王　成(元章邱)　5・84
　32・624
王　成(元懷遠大將軍)　7・374
王　成(清昌樂)　19・136
王　成(清婺源)　57・140
王　成(漢山陽)　4・249
　39・217
　37・96
王　成(漢膠東相)　1・689
　23・610
王成平　74・129
王成甲　57・431
王成甫　41・79
　41・196

王成林　9・448
王成柱　9・623
王成修　6・216
王成貢　54・595
王成章　57・218
王成淞　57・375
王成業　13・473
王成德(明)　14・705
　42・952
王成德(清)　40・536
王成憲　20・110
王成輿　47・283
王成謙　2・71
　30・236
　32・2
王至化　1・832
王光化　31・57
王光甲　55・403
王光立　57・63
王光秀　57・22
王光佐　63・366
王光亨(宋)　75・444
王光亨(清)　76・235
王光表　60・423
王光昇　72・206
王光明　12・125
王光典　72・699
王光岳　35・491
王光庚　10・374
王光宗　60・350
王光春(明)　70・565
王光春(清)　77・388
王光珍　40・579
王光柏　55・617
王光星　72・206
王光昱　4・370
　42・112
　42・159
王光庭　55・288
王光恂　55・190
王光前(清婺源)　54・564
王光前(清臨淄)　7・194
王光烔　35・153
王光祖(宋)　65・245
王光祖(明)　9・829
王光祖(清永定)　80・223
王光祖(清安福)　72・683
王光祖(清婺源)　55・11
王光珮　55・458
王光晉　72・195
王光乾　34・252
王光啓　72・614
王光隆　42・111
王光琳　10・391
王光賁　42・57
　42・107
王光嶀　57・179
王光詔　57・205
王光裕　56・649
王光弼(清萬年)　60・281
王光弼(清婺源)　55・480
王光楣　34・253
王光新　61・709
王光緒　25・229
　36・200
王光儀　57・471
王光德　57・2
王光魯　54・593
王光調　56・525
王光熹　56・506
王光嶽　72・680
王光鍔　79・367
王光禮　72・682
王光鎮　34・272

王光鑒　77·250
王　同(清)　9·445
王　同(漢)　4·7
15·568
17·457
20·537
王同之　13·134
13·733
王同吉　6·490
王同春　9·439
9·501
王同寅　9·856
王　吸　11·20
王　回(宋侯官)　75·572
76·14
王　回(宋僊遊)　78·236
王　先　1·792
15·34
15·135
王先孚　38·287
王先明　72·473
王先基　38·285
王　廷(明)　1·804
43·17
王　廷(清)　34·439
王廷元　57·274
王廷正　67·428
王廷甲　32·25
王廷圭　55·236
王廷臣(明)　30·233
王廷臣(清)　72·617
王廷光　41·201
王廷芳　14·137
王廷佐(清婺源城鄉)　57·43
王廷佐(清婺源詞源)　57·432
王廷言　54·253
王廷取　54·249
王廷英(清婺源)　56·613
王廷英(清臨淄)　7·181
王廷林　43·106
王廷枋　58·548
王廷杰　43·131
王廷侃　47·569
王廷受　56·660
王廷亨　55·48
王廷珍　9·860
王廷垣　71·160
王廷相(明儀封)　1·780
王廷相(明龍溪)　77·717
王廷柏　55·575
王廷柱(清淄川)　6·481
王廷柱(清壽張)　42·799
王廷俊(明)　9·810
王廷俊(清長山)　43·636
王廷俊(清興國)　74·38
王廷彥　72·128
王廷陞　54·324
王廷泰　70·442
王廷珪　14·726
王廷栻　29·312
王廷桂(清淄川)　6·480
王廷桂(清婺源)　54·165
王廷桓　56·89
王廷栢　41·176
王廷保　55·632
王廷梅　7·407
王廷梓　5·291
6·453
王廷掄(明)　79·170
王廷掄(清)　2·23
王廷將　54·523
王廷瑛(清安福)　72·678
王廷瑛(清婺源)　55·82
王廷植　72·144

王廷瀚(清婺源) 56・599
王廷驊 42・167
王廷蘭 1・790
43・539
王廷獻 30・298
31・175
王廷耀 74・441
王廷鐘 58・594
王廷寶 66・573
王廷鑑(清婺源) 54・565
王廷鑑(清廣豐) 53・322
王竹亭 41・207
王竹逸 73・357
王　休 68・348
王　伍 5・166
43・261
王　延 45・332
72・187
王延士 48・200
王延之 30・85
王延世 1・685
王延年(清城武) 39・68
王延年(清陵縣) 8・331
王延年(清諸城) 20・779
王延年(清歷城) 6・201
王延年(清濟陽) 5・351
10・386
王延年(清濰縣) 21・603
王延芳 57・286
王延政 75・12
王延桂 13・150
王延釗(宋) 54・476
王延釗(清) 37・6
王延弼 55・385
王延詢 55・261
56・400
王延福 54・283
王延熙 13・156
王延閣 77・141
王延慶 18・78
26・642
王延翰 75・8
王延錫 1・826
王延羲 75・11
王延禮 20・520
王延鎬 55・389
王　仲(元) 9・808
王　仲(清) 32・8
王　仲(漢) 4・249
23・657
王仲子 7・476
王仲友 49・221
王仲玉 76・349
王仲成 35・183
王仲邱 4・176
30・92
王仲和 74・360
王仲昭 4・234
25・46
王仲陞 51・666
王仲桂 42・756
王仲倫 42・142
王仲常 14・702
42・945
王仲舒 47・5
王仲源 71・338
王仲壽 59・285
王仲謨 77・724
王仲實 4・73
23・250
23・660
32・583
王　任(明) 30・364
王　任(清) 53・562

王任重　79・120
王任遠　37・848
王　价　9・415
王价人　26・638
王　份　14・734
王自功　73・33
王自成　80・761
王自行　32・603
王自亨　56・525
王自牧　51・184
王自佳　57・335
王自省(明)　37・838
王自省(清)　36・209
王自思　54・536
王自修　43・86
王自强　5・359
王自新　14・731
王自毅　56・500
王自謙　56・485
王　伊　43・94
王　向　75・573
　76・15
王向文　46・291
王　劭　6・411
王行端　18・563
王行諫　5・350
　10・365
王　舟　5・184
　15・107
　15・145
王　全　4・149
王全仁　73・431
王全源　51・95
王全福　57・417
王　企　70・563
王企歐　40・83
　40・165
王兆芳　53・517
王兆灶　57・362
王兆郯　5・330
　43・290
王兆英　56・575
王兆松　42・395
王兆杲　5・330
　43・288
王兆昌　26・133
王兆注　5・322
　43・282
王兆祉　54・567
王兆奎　56・633
王兆秋　57・161
王兆信　5・332
　43・278
王兆哲　30・298
　31・183
王兆郟　5・322
　43・278
王兆祥(清安福)　72・681
王兆祥(清婺源)　54・572
王兆祥(清瀘谿)　72・31
王兆淑　54・471
王兆隆　5・330
　43・293
王兆琛　4・424
　26・619
王兆萬　5・322
　43・283
王兆曾(清淄川)　6・476
王兆曾(清鄒平)　13・801
王兆祿　26・117
王兆鳳(清寧津)　11・299
王兆鳳(清德興)　58・600
王兆鳳(清霑化)　13・410
王兆熊　77・387

王兆綸　55・31
王兆曙　57・135
王兆豊　26・178
王兆鏞　53・246
王兆鵬　29・225
王兆瀾　43・112
王兆鄺　5・322
　43・288
王兆麟　80・223
王夙朗　6・373
王　旭(宋)　4・67
王　旭(明)　26・111
王　旭(清)　17・630
王旭載　7・388
王旭齡　31・60
王名佐　80・314
王名遠　30・327
王名魁　66・593
王名慎　66・592
王名標　55・305
王名嚚　56・63
王名簜　11・448
　11・471
王　衣　4・81
　5・65
王亦厚　50・435
王亦祥　12・333
王亦純　32・139
王亦寬　39・344
王充耘　72・489
王　冲　43・81
王次翁　4・142
王次傳　79・252
王江湄　9・421
王汝仁　22・309
王汝正　49・221
王汝舟(宋)　54・76
王汝舟(清)　13・415
　13・501
王汝安　20・769
王汝孝　31・787
王汝秀　12・120
王汝來　20・565
王汝昇　34・299
王汝垣　19・86
王汝勉　37・687
王汝桐　30・326
王汝栒　26・119
王汝師　19・119
王汝訓　4・110
　38・537
王汝梅　16・427
　18・66
王汝琦　28・216
王汝琨　9・423
王汝超　56・171
王汝爲　22・305
　22・641
王汝爲　7・175
王汝富　8・716
王汝弼(元)　18・303
王汝弼(清)　67・160
王汝勤　39・769
王汝楠　19・83
王汝魁　9・420
王汝瑤　20・780
王汝鳳　18・526
王汝儉　39・758
王汝璞　9・854
王汝翰　14・123
王汝霖(清安福)　72・628
王汝霖(清齊東)　15・154
王汝霖(清霑化)　13・395
王汝翼　29・300

29・576
王汝績 70・471
77・39
王汝礪 9・736
王汝嚴 20・516
27・815
王汝巖 43・82
王　宇(明祥符) 1・775
王　宇(明閩縣) 75・597
王宇泰 5・379
王宇偉 9・411
王宇涵 9・411
王宇熙 9・400
王守中(宋) 74・439
王守中(明) 49・69
王守仁 47・357
74・441
78・703
王守分 13・154
王守心 55・121
王守正(明) 30・96
王守正(清) 55・319
王守甫 13・805
王守坤 76・417
王守典 13・803
王守軌 48・405
王守貞 72・133
王守亮 13・814
王守紀 63・530
王守桐 39・738
王守基 10・81
王守訥 19・107
王守紱 13・802
王守勝 58・405
王守道 10・552
王守楷 15・155
王守業 7・192
王守源 13・812
王守德 7・425
王守謙 10・142
王守禮 24・717
王守藩 38・285
王守轍 26・105
王　安(元) 58・420
王　安(明) 60・206
王安中 79・622
王安仁(元) 7・280
7・496
王安仁(宋) 69・295
71・166
王安仁(清) 17・656
18・525
王安石 69・8
71・145
77・25
王安民 72・611
王安邦 9・851
王安岡 73・321
王安國(宋) 69・37
71・153
王安國(清) 48・242
王安庸 67・230
王安雅 7・373
王安誨 9・263
王安器 72・557
王安禮 18・29
69・39
71・151
王安瀾 80・663
王　艮 72・506
王　阮 47・485
49・526
王　收 26・6
王如川 72・192

王如升 30·102
王如芝 37·691
王如辰 4·465
22·270
22·503
23·643
王如松 72·642
王如春 22·270
22·504
王如柏(清掖縣) 24·719
王如柏(清單縣) 38·263
王如庠 37·140
王如堅 72·575
王如堃 9·696
王如彭 41·208
王如絲 17·630
18·540
王如楫 40·311
王如愚 5·343
10·147
王如綸 61·683
王如霖 60·212
王如瓚 72·323
王好古 10·145
王好書 5·181
43·268
王好善(明) 16·430
18·60
王好善(清) 60·379
王好遜 27·436
王羽儀 56·20
王　丞 70·576
王　玘 5·194
10·632
王戒游 42·793
王　址(明) 58·96
王　址(清) 10·149
王　圻 1·824
41·62
王赤龍 48·382
王　均(明) 1·807
王　均(清) 10·149
王均一 38·276
王均玉 57·446
王均治 74·36
王　孝 5·158
43·635
王孝友 68·303
王孝先 30·692
王孝州 12·121
王孝紀 70·594
王孝籍 4·175
5·45
王　坊(清萍鄉) 47·441
王　坊(清齊河) 10·149
王　志(宋) 79·292
王　志(明) 71·158
王　志(南北朝) 4·45
30·84
王　志(清) 76·219
王志友 30·128
王志玉 35·141
35·512
王志臣 66·587
66·617
王志全 26·188
王志沖 38·724
王志奇 72·204
王志南 33·289
王志信 9·413
王志恭 80·50
王志皋 25·181
26·105
王志堅(清安福西園) 72·683

王志堅(清安福蒙岡)　72・659
王志敏　42・164
王志淳　30・333
王志超　20・108
王志愔　4・56
　38・533
王志道　76・732
王志曾　2・100
　16・448
　20・492
王志遠(明)　76・732
王志遠(清)　71・216
王志誠(清建寧)　80・522
王志誠(清萍鄉)　47・395
王志寧　13・119
王志範　15・154
王志摩　11・303
王志勳　18・535
王志禮　56・554
王志鷹　50・288
王　芺　70・584
王　芸(清安福)　72・602
王　芸(清嶧縣)　7・445
王芸經　21・751
王　芹　80・224
王芬露　80・176
王　芳(清安福)　72・683
王　芳(清海陽)　29・816
　29・856
王芳田　15・149
王芳林　25・492
王芳雲　23・252
王芳蓀　72・583
王芳標　38・235
王芳蘭　70・495
王克仁　7・182
王克正　37・425
王克生(清掖縣)　24・364
王克生(清陽城)　2・96
　16・441
王克立　78・355
王克臣　1・737
王克孝　13・132
　16・446
王克序　42・757
王克昌　7・153
　7・164
王克明　59・625
王克貞　72・126
王克思　51・625
王克信　18・519
王克恭(元)　15・576
　17・509
　19・38
王克恭(宋)　79・499
王克振　30・303
　31・183
王克剛　7・161
　17・512
王克掞　4・468
　22・295
　22・604
王克清　72・649
王克敬　9・398
王克順　4・444
王克復　75・552
　79・6
王克勤(宋)　69・361
王克勤(清永定)　80・250
王克勤(清聊城)　38・575
王克勤(清壽光)　18・581
王克預　4・431
　26・99
王克廣　39・760

王克寬 7·174
王克醇 26·98
王克震 24·572
24·574
王克儉 7·187
王克穆 10·366
王克篤 19·568
王克謹 5·201
34·65
王克讓 7·153
7·164
王　杜(清高密) 23·251
王　杜(清惠民) 12·125
王　杜(清無棣) 13·137
王　材(明) 71·413
王　材(清) 30·329
王杏林 11·96
王西堂 6·460
王　扶 4·12
4·25
17·457
23·629
24·509
王　抑 36·549
王求寧 54·575
王蚪生 5·161
43·606
王步行 71·193
王步昇 72·683
王步曾 30·113
王步榮 70·634
王步墀 52·342
王步蟾 76·318
王步衢 42·403
王　卣 4·363
30·107
王呈麟 32·614
王見川 80·185
王見唐 13·391
王見賓 5·118
王見龍 32·24
王　虬 79·558
王岐瑞 72·617
王岐毓 22·275
22·524
王　冏 76·15
王　利 43·59
王利用 18·46
王利成 9·448
王利孚 9·417
王利清 9·422
王　秀(明安福) 72·651
王　秀(明萊陽) 4·154
27·68
王秀之 4·44
30·84
75·394
王秀升 37·419
王秀文 14·714
王秀廷 46·296
王秀池 46·262
王秀嵌 9·435
王秀然 32·7
王我康 6·352
王我聘 4·255
5·153
王我錫 6·362
王　佐(元) 18·45
王　佐(明吉水) 72·443
王　佐(明同安) 76·283
77·606
王　佐(明海豐) 4·216
王　佐(明黃巖) 12·195
王　佐(明陽信) 43·125

王　佐(明新城)　80·759
王　佐(明閩侯)　75·487
76·35
王　佐(明嶧縣)　7·281
7·439
王　佐(明瓊州)　77·211
王　佐(清安溪)　79·419
王　佐(清瑞昌)　48·354
王　佐(清閩清)　78·424
王　佐(清漢軍正黄旗)　2·84
王佐才(明)　17·558
19·299
王佐才(清)　76·406
王佐清　10·391
王　佑(元)　35·559
王　佑(明金鄉)　37·118
王　佑(明肥城)　31·783
33·589
33·802
王　佑(明建陽)　76·412
王　佑(明臨清)　14·726
42·966
王　佑(清)　55·77
王佑治　57·191
王　伸(宋)　76·460
王　伸(清鄱陽)　58·171
王　伸(清諸城)　17·619
20·768
王　佃　18·376
王　作(清大興)　2·103
王　作(清蒙陰)　32·7
王作人　72·634
王作仁　7·196
王作求　57·154
王作茗　50·296
王作柱　72·538
王作亮　6·466
王作屏　54·594
王作珮　18·525
王作桂　6·463
王作哲(清海陽)　4·429
29·867
王作哲(清魚臺)　37·677
王作楝　52·340
王作善　42·755
王作楷　29·839
王作楫　18·372
王作猷　9·409
王作賓(明)　13·727
王作賓(清鉅野)　39·199
王作賓(清福山)　26·633
王作賓(清廣豐)　53·618
王作霈　43·131
王作霖(清安陽)　77·589
王作霖(清惠民)　12·120
王作霖(清婺源)　54·155
王作霖(清蓬萊)　25·135
王作興　80·608
王作礪　41·187
王作鵬　55·459
王作鰲　57·426
王伯大　75·483
77·371
王伯川　13·371
王伯子　10·153
王伯正　53·553
王伯英　30·303
王伯虎　75·544
76·463
79·30
王伯忠　5·250
6·209
王伯昭　71·232
71·353

王伯起　79・86
王伯連　53・241
王伯芻　72・181
王伯祥　53・649
王伯脩　57・500
王伯康　72・578
王伯達　42・105
王伯温　72・436
王伯楫　33・799
王伯愚　19・47
21・782
王伯禎　53・253
王伯龍　18・35
王伯駿　41・83
王伯顔　13・379
77・361
77・386
王　位　47・141
王佛生　76・399
王　伽　1・716
王近思　41・74
王　希　36・557
王希孔（清文登）　29・301
王希孔（清商河）　9・442
王希孔（清博興）　14・131
王希旦（元）　58・387
王希旦（明）　75・487
王希旦（清）　26・616
王希冉　28・221
王希夷　4・252
31・838
32・413
33・295
王希仲　10・390
王希枚　72・693
王希周　75・464
76・139
王希孟　14・129
17・654
王希俊　43・109
王希烈　44・178
王希淑　74・37
王希閔　10・268
王希翔　57・532
王希曾（清商河）　9・429
王希曾（清臨淄）　7・188
王希聖　78・364
王希雍　80・229
王希軾　72・676
王希賢　6・479
王希彝　36・546
王希聰　13・153
王谷瑞　59・635
王豸良　79・603
王　孚（明）　73・30
王　孚（南朝宋）　72・607
王　孚（清高浮）　77・503
王　孚（清鉅野）　39・295
王孚祐　72・651
王孚遠　71・128
王　甸　38・684
王彤一　14・137
王　迎　27・48
王迎仁　51・700
王迎春　20・120
王　言（宋）　74・24
王　言（明章邱）　32・602
王　言（明蓬萊）　4・128
25・8
25・17
王　言（清新淦）　73・214
王　言（清德化）　48・252
王　言（清霞浦）　77・398
王言書　42・111

王言從	5·350
	10·376
王言雅	80·477
王言綸	58·224
王亨遠	7·176
王亨題	57·182
王 序(宋)	79·145
王 序(明)	70·525
王 序(清)	39·87
王 忻	4·275
王 忱	20·784
王 汧	18·376
王 沅	7·168
王 沐	57·336
王 沛(明)	74·32
王 沛(唐)	1·723
王沛生	25·41
王沛思	17·613
	20·546
王沛恂	20·524
	75·710
王沛深	24·721
王沛遠	77·272
王沛聞	2·94
	14·111
	16·446
王沛憬	20·520
王沛憻	4·394
	17·614
	20·522
王沛懋	17·625
	20·521
王 沔	4·72
	5·58
王 沖	30·82
王 沂(明泰和)	72·281
王 沂(明滋陽)	35·465
王沂之	79·145
王沂源	11·306
王 汾	29·861
王 沉(見王沈)	
王 沈	4·186
	37·105
	39·180
王完真	9·433
王 宏(明)	72·457
王 宏(金)	5·72
	32·640
王 宏(南北朝,見王弘)	
王 宏(晉)	4·136
	37·104
	39·180
王 宏(唐)	4·252
	5·56
王 宏(清)	39·78
王 宏	4·41
王宏之	4·251
王宏仁	39·731
王宏臣	27·163
王宏祖	55·592
王宏訓	36·526
王宏基	79·247
王宏道	13·382
王宏遠	72·544
王宏嗣	40·536
王宏緒	5·325
	43·281
王宏縉	76·387
王宏濟(明)	72·133
王宏濟(清)	58·193
王宏禮	10·234
王宏璧	74·383
王 良(明侯官)	76·35
王 良(明曹縣)	41·115

王　良(清)　76·326
王　良(漢)　4·9
4·25
4·168
7·252
7·477
30·76
王良臣(明)　58·390
王良臣(金)　29·7
王良佐(明)　75·724
王良佐(清)　54·579
王良昉　55·594
王良相(明諸城)　17·568
20·548
王良相(明濟陽)　5·187
10·360
10·443
10·486
王良炤　56·22
王良桂　77·378
王良貨　55·572
王良焀　55·162
王良貴　11·145
11·284
王良弼(明安福)　72·615
王良弼(明壽張)　42·742
王良弼(明鄱陽)　58·152
王良愛　54·511
王良輔　39·147
王良曜　56·553
王良曦　55·617
王祀先　9·849
王君公　5·16
王君先　48·217
王君榮　17·536
18·312
王君賞　5·144
6·342
王君操　4·234
23·651
王君寵　7·192
王壯圖　24·522
王　劭　30·80
王劭銓　70·539
王　郃　70·601
王奉玠　49·96
王奉海　35·493
王奉琳　43·99
王奉毅　7·434
王　玨　73·108
王　玭　75·722
王武子　68·35
王武仲　54·202
王武庫　9·439
王武曾　2·55
13·496
王　青(明)　27·538
28·166
王　青(漢)　4·202
王青田　12·390
王青鶴　30·320
王　玫(清壽光)　18·522
王　玫(清霑化)　13·420
王　玠(元)　1·765
15·530
16·414
王　玠(明)　43·444
王　玠(清陽信)　43·97
王　玠(清諸城)　20·790
王　玜　32·451
33·75
王　表　2·42
10·564
王　玟　30·293

王　長　8・334
王長申　39・624
王長青　71・87
王長松　41・182
王長春(清平原)　5・390
　12・499
王長春(清福安)　77・378
王長海　12・496
王長敬　39・767
王長甯　42・772
王長發　50・255
王長義　5・352
　10・386
王長德　9・440
王長慶　10・82
王　坪　23・261
王　坦(明平原)　5・217
王　坦(明鄆城)　40・73
　40・154
王　坦(清安福)　72・601
王　坦(清海陽)　4・429
王　坦(清萊陽)　27・113
王　坤　70・532
王　劼　40・256
王者士　39・628
王者臣(清東平)　4・313
　31・831
王者臣(清高唐)　39・618
王者臣(清臨沂)　30・107
王者任　30・309
王者佐(清齊河)　10・150
王者佐(清臨沂)　30・107
王者政(清文登)　4・432
　29・277
王者相(清商河)　9・421
王者相(清霑化)　13・392
王者香　2・99
　16・446
　19・551
王者堂　30・713
王者棟(民國)　34・287
王者棟(清)　30・107
王者詔　10・366
王者弼(清滕縣)　36・524
王者弼(清臨沂)　30・107
王者瑞　30・325
王者聘　30・305
王者輔　10・133
王者寬　12・143
王者賓　30・683
王者選(清齊河)　10・158
王者選(清臨沂)　30・107
王亞夫　78・452
王其山　33・798
王其芸　29・823
王其位　5・312
王其宏　72・580
王其昌　6・461
王其恕　13・151
王其淦　72・146
王其鈁　56・539
王其慎　14・696
　30・64
王其鋭　55・164
王取善　25・181
　26・105
王　若　80・319
王若之　4・229
　17・562
　18・322
王若生　72・636
王若昊　61・541
王若棟　61・543
王若愚　9・423

王　茂(元)　37・828
41・136
王　茂(明)　72・634
王茂才　9・813
王茂任　56・485
王茂苓　43・304
王茂林(明)　78・369
王茂林(清)　17・657
19・21
王茂怡　56・506
王茂炳　62・442
王茂峻　43・304
王茂盛　58・106
王茂楝　56・503
王茂勛　5・354
10・633
王茂熯　62・294
王茂椿(清高安)　62・450
王茂椿(清淄川)　6・464
王茂煥　62・157
王茂嶺　11・96
王　苹　4・292
5・229
29・596
29・641
王　英(元安福)　72・617
王　英(元益都)　4・213
15・562
17・505
18・303
30・642
王　英(元黄縣尹)　1・765
25・161
26・4
王　英(明金谿)　70・466
王　英(明泗水)　36・206
王　英(明建甌)　76・439
王　英(明侯官)　75・486
76・25
王　英(明陽曲)　1・814
36・426
王　英(清)　34・225
王英堂　9・421
王英庶　25・533
王英琳　9・891
王英傑　72・686
王　苞　15・161
王　直(明泰和)　72・298
王　直(明鉛山)　52・557
王　茀　58・244
王　林　22・307
王　枚　30・313
王枚吉　55・235
王來丹　78・708
王來西　20・789
王來春　71・181
王來祜　22・238
王來素　6・673
王來善　68・364
王來聘　14・705
42・953
王來鳳　34・439
王來舉　2・35
43・541
王　松(清都昌)　50・112
王　松(清詔安)　80・646
王　松(清婺源)　55・393
王松年　54・427
王松榮　56・386
王　杰(明)　71・215
王　杰(清)　77・401
王　述　73・80
王述宗　30・721
王述祖　36・490

王述善　25・19
王　杼　1・842
　16・433
王東臣　58・173
王東江　10・143
王東林　38・416
王東枝　17・567
王東洋　9・435
王東崑　9・436
王東槐　4・340
　36・595
王東照　54・385
王東興　10・373
王東嶽　9・416
王　事　61・552
王兩洲　72・686
王雨畦　43・300
王廼常　40・358
王　協(晉)　30・79
王　協(清)　80・328
王協恭　9・420
王協夢　45・651
　48・69
王協燦　14・694
王　郁(明)　27・297
王　郁(清)　70・581
王　奇(宋)　73・356
　74・24
王　奇(清)　37・848
王奇七　80・231
王奇生　72・602
王奇雲　72・600
王奇猷　4・395
王奇橙　78・597
王奇謀　31・820
　35・348
王拓基　20・556
王拔元　79・608
王拐子　53・33
王　拙　30・311
王叔振　70・565
王叔穎　37・417
王叔繼　70・573
王叔鑑　74・35
王叔瓚　74・35
王　卓　41・197
王卓吾　10・234
王尚功　56・39
王尚玘　55・634
王尚志　41・212
王尚忠　56・474
王尚威　54・509
王尚貞　72・651
王尚信　9・444
王尚恒　56・338
王尚桐　56・524
王尚景　32・602
王尚槐　56・425
王尚源　56・256
王尚榮　71・338
王尚賢(明化州)　76・352
王尚賢(明龍巖)　78・669
王尚諏　79・257
王尚潮　56・250
王尚壆　56・596
王尚學　75・403
王尚儒　57・330
王尚錫　72・193
王尚錦　48・445
王尚澤　55・613
王尚權　55・529
王　果(清内江)　2・50
　12・98
王　果(清安邱)　17・657

	19·572
王　杲(宋)	4·83
	5·57
王　杲(明)	4·105
王　杲(清)	26·613
王　昌(明)	71·157
王　昌(清黄縣)	26·131
王　昌(清章邱)	5·262
	32·603
王昌仁	61·601
王昌宏	23·253
王昌南	79·526
王昌祜	55·459
王昌祚	12·389
王昌時	30·101
王昌基	31·829
	33·794
王昌期	31·834
	32·418
	33·307
王昌廱	6·347
王昌猷	11·294
王昌熙	56·200
王昌箕	40·311
王昌緒	55·426
王昌熾	56·666
王昌灝	56·385
王　昇	77·702
王　昕(明)	71·201
王　昕(南北朝)	4·51
	15·543
	18·536
	19·24
	23·612
	24·277
王　昕(唐)	15·523
王　昑	72·617
王　明(明)	79·163
王　明(清)	37·844
王明正	72·678
王明用	74·35
王明重	13·386
王明時	1·821
	30·643
王明庫	76·556
王明眷	74·365
王明尊	28·44
	28·402
王明道	74·26
王明遠	41·211
王明照	70·602
王明頒	49·260
王明德	19·87
王明徹	7·281
	7·497
王易簡	74·379
王　昂(明吉水)	72·452
王　昂(明吉安)	72·248
王　昉	80·53
王昉英	70·607
王　迪	45·367
王迪吉	72·282
王　典(明)	13·372
王　典(清福山)	26·628
王　典(清樂平)	59·609
王　固	30·91
王固祚	18·515
王　忠(元)	4·146
王　忠(明上海)	79·365
王　忠(明吉水)	72·472
王　忠(明金谿)	70·518
王　忠(清)	55·405
王忠臣	73·22
王忠孝	76·255

76・270
77・668
80・614
王忠清 9・412
王忠順 79・197
王忠鉅 56・519
王忠輔 79・425
王忠憲 72・603
王咏彪 47・396
王咏璜 47・441
王　岸 39・759
王　岩 70・639
王垂芳 20・765
王垂重 4・414
17・660
20・783
王垂裕 70・626
王　牧 11・83
王牧夫 70・633
王　和 58・345
王和平 4・259
15・613
17・669
18・578
21・814
23・665
王和秬 22・263
22・474
王和軒 9・888
王季友 68・5
王季立 1・800
王季寅 26・731
王季槐 18・562
王季雍 72・131
王秉枝 19・326
王秉政 11・95
王秉哲 32・25
王秉乾 69・238
王秉陽 71・237
王秉敬 8・335
王秉瑞 53・325
王秉節 73・250
王秉鉞 39・81
王秉義（清無棣） 13・132
王秉義（清膠州） 22・300
22・622
王秉銓 39・62
王秉懃 6・448
王秉衡 30・98
王秉龍 72・683
王秉爵 38・280
王秉禮 7・175
王秉耀 28・705
王佳賓 6・485
王佳鴻 6・448
王侍臣 66・587
66・617
王　岳（明） 77・187
王　岳（清） 14・395
王　侃 79・499
王　佺 6・210
王　佾 5・66
王佩文 18・505
王佩芳 55・80
王佩玿 30・107
王佩珩 30・302
王佩恭 55・224
王佩琦 43・609
王佩琚 30・107
王佩瑀 30・106
王佩璠 30・302
王佩蘇 55・315
王佩蘭 54・172
王依仁 9・423

	9・519
王皁田	10・139
王皁祥	71・250
王欣然(清永春)	79・334
王欣然(清章邱)	5・266
王　所(明)	75・411
	77・585
王　所(清)	29・597
王所州	6・324
王所依	2・46
	32・453
	33・77
王所性	7・186
王所師	13・141
	13・202
王所須	5・144
	6・362
王所欽	13・394
王所賓	37・783
王所諮	17・573
王　金	22・238
王金山	34・261
王金斗	67・373
王金甲	34・324
王金皿	57・364
王金芝	11・90
王金坡	9・409
王金城(民國)	23・255
王金城(清)	32・155
王金相(清莒縣)	30・708
王金相(清廣饒)	14・388
王金奎	13・405
王金祥	70・500
王金章	55・591
	56・570
王金策	20・768
王金槐	63・520
王金魁	36・769
王金臺	57・107
王金誥	7・169
王金範	18・554
王金龍	18・745
王金嶽	19・73
王金韜	39・247
王金鏞(清武城)	9・696
王金鏞(清齊河)	10・83
王命召	80・191
王命岳	79・134
	79・374
王命球	78・688
王命新	37・772
王命選	9・60
王命頤	48・483
王命機	78・680
王命爵(明吉安)	72・138
王命爵(明南靖)	75・724
王命璿	78・669
王命藩	79・427
王命寵	9・71
王　采(宋)	65・74
王　采(清)	2・38
	10・41
王采泮	9・420
王采珍	4・323
王　受	50・184
王受肜	6・473
王受祉	37・695
王受璋	9・436
王念永	72・655
王念修	71・208
王念孫	2・27
王　攽	39・181
王　肱(五代)	79・263
王　肱(宋)	19・287

王服經　4・301
5・367
8・330
王　朋　31・830
王　周(明)　12・308
王　周(清)　17・637
王周正　70・576
王周鳴　56・26
王　京(明上高)　63・17
王　京(明信豐)　73・410
王　京(清)　71・475
王底貢　60・243
王底綏　60・271
王底績(清商河)　9・258
王底績(清萬年)　60・242
王　育　30・232
王育仁　72・137
王育良　2・47
王　性　72・670
王　怡　9・401
王　炬　44・184
王　炘　4・323
9・400
王炌文　55・3
王　炎(宋吉安)　72・192
王　炎(宋婺源)　54・40
王　炎(明)　1・815
1・855
22・230
王　炎(金)　4・143
王炎午　72・577
王法湯　37・680
王　沿　4・74
王注東　9・426
王泳淳　5・251
6・210
王　波　74・529
王　治(明)　65・95
王　治(清安福)　72・683
王　治(清長清)　5・364
王治中　53・618
王治心　4・225
王治世　38・689
王治邦　9・395
9・510
王治岐　9・441
王治甯　41・159
王治雍　75・443
王治馨　27・141
王治觀　75・635
77・521
王宗已　77・371
王宗元　21・454
王宗仁　77・83
王宗尹　72・322
王宗古　8・716
王宗沐　1・775
王宗杰　72・655
王宗受　55・67
王宗周　75・620
79・82
王宗河　56・88
王宗孟　47・178
王宗禹　9・448
王宗哲　80・36
王宗徐　72・323
74・277
王宗陶　72・638
王宗淮　6・668
王宗啓　30・128
王宗堯　37・666
王宗貴　12・509
王宗舜　72・612
王宗善　54・203

王宗瑞　54・176
王宗粲　70・601
王宗傳　77・293
王宗會　79・156
王宗漢(清益都)　18・378
王宗漢(清博山)　6・641
王宗震　79・171
王宗褒　5・305
　43・602
王宗澄　79・195
王宗翰　70・611
王宗錦　43・446
王宗徽　77・41
王宗濬　79・112
王宗騄　37・5
王宗藩　70・633
王宗獻　20・782
王宗儼　79・327
王宗麟　21・692
王宗纓　56・476
王　定　77・179
王定夫　72・440
王定元　67・326
王定民　24・555
王定光　10・148
王定保　44・33
　46・387
王定恒　61・769
王定孫　68・44
　72・36
王定國(宋)　77・448
王定國(清江西東鄉)　71・215
王定國(清無棣)　13・133
王定符　71・162
王定遠　58・71
王宜申　13・780
王宜劼　36・607
王宜桂　55・185
王宜振　72・634
王宜清　39・310
王宜棆　36・217
王宜銘　36・218
王官雲　9・144
　34・336
王官僑　11・451
王官禱　70・588
王肩吾　56・448
王　祉　9・64
王建元　38・271
王建中(明上饒)　51・165
王建中(明涇陽)　1・810
　43・430
　43・499
王建中(明閩縣)　75・645
　76・193
王建中(清臨淄)　7・153
　7・164
王建本　6・456
王建立　18・21
　18・22
王建和　73・7
王建拱　60・242
王建侯(明)　29・108
王建侯(清)　80・53
王建泰　43・62
王建旌　9・439
王建章　70・587
王建極(明)　36・202
王建極(清)　58・99
王建煐　56・24
王建瑜　57・29
王建傳　54・602
王建賢　56・304
王建德　9・279

王建勳 20・792
王建夔 55・33
王　居 14・143
王居仁(元金谿) 70・620
王居仁(元陽穀) 12・307
王居正 51・437
王居安 75・400
王居孜 27・540
28・171
王居易 17・566
19・301
王居政 24・514
王居卿 4・141
18・28
25・2
王居敏 5・100
43・611
王居敬(元長山) 5・100
王居敬(元萊陽) 27・52
王居敬(明) 27・540
28・171
王居微 27・540
28・171
王居毅 79・238
王居瓚 79・161
王　承 1・702
4・137
7・346
30・83
王承元 1・722
15・523
16・400
18・16
王承旭 73・398
王承彥 55・460
王承訓 35・678
王承高 5・338
王承基 18・351
王承乾 9・68
王承鈞 56・325
王承裕(明三原) 1・772
王承裕(明婺源) 55・577
王承業 6・470
王承箕 79・505
王承僎 56・534
王承語 74・268
王承廣 43・210
王承寬 11・460
王承標 79・239
王承德 36・208
王承憲 11・436
王承禮 33・694
王承露 4・403
17・609
18・330
王　孟 75・551
79・32
王孟冬 35・171
王孟常 72・584
王孟載 4・395
王孟聖 74・173
王孟煦 4・200
17・551
王孟慈 13・145
13・213
王孟賢 25・83
王孟震 5・145
6・344
王奏績 70・608
王　春(明萊陽) 27・167
王　春(明陽穀) 12・350
王　春(明蓬萊) 25・47
王春山 34・268
王春元(明) 69・460

王春元(清)　24·718
王春生　34·265
王春永　18·534
王春光　57·465
王春芳　30·123
王春杏　72·627
王春華　58·176
王春復　79·115
王春源　34·256
王春榜(清婺源)　57·139
王春榜(清閩侯)　76·191
王春錦　55·205
王　珏(宋)　69·135
王　珏(明章邱)　32·602
王　珏(明淄川)　6·397
王　珏(清陝西)　22·238
　23·627
王　珏(清崇仁)　70·236
王　珏(清滕縣)　36·525
王　珂　35·469
　35·565
王　玶　11·146
　11·302
王　珀　72·597
王　珍(元文登)　29·13
王　珍(元滋陽)　35·558
王　珍(明)　14·726
　42·967
王　珍(清)　41·197
王珍田　75·662
王　珊(明文登)　29·73
王　珊(明浮梁)　47·177
王　玹　22·244
王　珉(宋)　50·180
王　珉(明)　27·802
王　珉(晉)　4·186
　30·79
王　封　50·121
王垣琮　7·148
王垣軫　30·327
王　政(宋山東)　4·210
王　政(明烏江)　28·494
王　政(明高唐)　39·570
王　政(明淄川)　5·152
王　政(明睢州)　1·802
王　政(清商河)　9·412
王　政(清陽信)　4·321
　43·63
王　政(清臨清)　14·714
王政中　47·395
王政光　47·384
王政岐　69·216
王政敏　30·299
　31·183
王政新(明)　75·427
王政新(清)　4·389
　9·814
王政煥　47·363
王政舉　59·466
王　垓　4·464
　22·342
　23·643
王　荃　7·150
王荃可　4·414
　17·590
　18·355
王　荀　43·69
王　南　72·444
王南一　76·275
王南金　20·790
王南圖　11·439
王　柯　20·764
王　柭　26·604
王　相(元吉水)　72·434

王　相(元霑化)　13・379
王　相(明大興)　7・380
王　相(明光山)　1・772
王　相(明建陽)　76・396
　77・171
王　相(明泰和)　72・353
王　相(明新昌)　64・186
王　相(明漳德)　25・201
王　相(清)　17・618
　20・764
王相珏　29・837
王相符　6・463
王相鼎　24・559
王相齋　34・273
王相權　47・396
王　柏　72・446
王　柱(明)　42・106
王　柱(清)　49・84
王柱峯　37・851
王柱國(明)　31・337
　32・8
王柱國(清)　48・353
王　軌　1・716
王　彧　4・42
　30・87
王　亜　33・694
王　迺　6・285
王咸奇　20・545
王咸炤　20・545
王咸斌　17・580
　20・556
王咸道　36・217
王威遠　60・284
王厚保　72・510
王厚階　38・556
王厚慶　26・618
王　奎(宋)　77・139
王　奎(明安福)　72・587
王　奎(明彭澤)　49・4
王奎光　36・512
王奎武　21・591
王奎照　56・393
王持經　24・714
王拱斗　55・571
王拱辰(明福清)　79・49
王拱辰(明龍泉)　73・27
王拱盤　70・578
　72・6
王　挺(明長樂)　78・539
王　挺(明龍南)　74・259
王　挺(清)　17・624
　20・113
王　拯　77・212
王　貞(明)　54・203
王　貞(漢)　1・687
　43・17
王貞一　39・721
王貞白　51・135
　53・301
王貞吉(明)　72・315
王貞吉(清城武)　39・87
王貞吉(清慶雲)　11・440
王貞善　72・319
王　省　1・793
　10・312
　10・484
　72・506
王省行　72・680
王省身　5・159
　43・611
王省真　71・637
王　郢　39・737
王　昺(宋)　54・79
王　昺(明侯官)　75・487

王　昺(明章邱)　5・125
　32・628
王　昺(清)　70・633
王則虎　55・499
王　映　5・185
　15・111
王映旭　37・847
王映東　70・494
王　星　58・565
王星一　38・282
王星辰　30・330
王星炯　72・617
王星華　2・111
　22・234
王星淩　14・134
王星照　72・598
王星衡　72・637
王星齋　9・258
　9・404
　9・500
王星燦　59・623
王　昱(明)　7・380
王　昱(隋)　21・119
王　昭(明吉安)　72・134
王　昭(明淄川)　6・358
王　昭(南北朝)　19・25
王昭佑　10・381
王昭序　7・194
王昭華　43・99
王昭復　79・544
王　冑(宋)　79・326
王　冑(隋)　4・192
王　思(三國)　4・245
王　思(明)　72・317
王思大　10・145
王思友　10・145
王思仁　40・171
王思文(清南城)　71・327
王思文(清壽光)　18・523
王思古　10・146
王思全　38・260
王思沂　78・672
王思明　12・394
王思忠　41・187
王思泰　71・177
王思理　10・145
王思琅　6・470
王思崇　36・495
王思敬(清江西東鄉)　71・203
王思敬(清昌樂)　19・102
王思惠　6・468
王思傑　36・209
王思舜　21・377
王思曾　29・770
王思遠　4・44
王思楷　45・275
王思軾　74・5
王思誠　4・91
　35・460
王思猷　78・527
王思誥　71・217
王思榮　72・205
王思樞　6・463
王思賢　39・61
王思輝　6・466
王思諶　72・578
王思禮　36・179
王思簡　32・651
王思顔　8・715
王思儼　73・82
王　晛　6・401
　6・402
王品三　56・310
王幽亭　11・450

王拜昌　53・618
王　矩　75・423
78・388
王　适(清費縣)　30・301
王　适(清婺源)　54・349
王　秬　71・351
79・141
79・288
王秬香　7・169
王　香　12・336
王秋平　70・450
王　科　71・124
王　重　72・585
王重光(明高密)　23・253
23・648
王重光(明新城)　4・156
5・166
43・263
王重光(清)　19・129
王重明　5・158
43・629
王重度　22・318
王重華　79・334
王重師　16・401
18・18
王重球　51・485
王重望　10・152
王重陽　27・301
27・613
27・614
王重賢　10・545
王重燮　13・144
王　竮　26・628
王筊流　42・292
王　俅　72・346
王　修　4・29
15・506
17・465
19・17
21・113
23・125
23・611
31・209
王修地　74・443
王修通　72・337
王保仁　63・483
王保民　36・530
王保泰　19・618
王保訓　26・643
王保清　6・669
王　信(元)　43・437
王　信(宋)　1・742
11・41
王　信(明泰和)　72・377
王　信(明臨清)　14・692
42・941
王　信(清)　43・94
王　信(漢)　15・494
王信芳　71・163
王信盛　55・629
王信隆　79・142
王信熾　55・144
王　泉　5・67
王禹昉　80・230
王禹偁　4・74
37・411
38・157
39・175
39・216
王禹疇　70・608
王侯聘　75・598
76・108
王　帥　7・182
王　俟　4・278

	5・299
	43・583
王　俊(明城武)	4・237
	39・70
王　俊(明閩縣)	75・454
	76・135
王　俊(清太倉)	2・87
	14・694
王　俊(清蓋州)	42・203
王　俊(清齊河)	5・337
	10・47
	10・262
王　俊(清餘干)	59・71
王俊乂	11・296
王俊民	25・577
	25・591
王俊傑	58・561
王俊儒	37・688
王　逅	39・61
王　衍	30・78
王衍世	29・772
王衍宏	56・659
王衍來	32・5
王衍祚	5・306
	43・624
王衍惇	38・263
王衍福	17・650
	20・767
王衍緒	26・614
王衍綸	6・449
王衍慶(明)	13・385
王衍慶(清)	38・551
王衍霖	5・306
	43・609
王衍績	47・426
王爰瀚	13・136
王　勉	13・142
王勉仁	9・416
王　奐(元)	75・410
	77・581
王　奐(明)	75・598
王　奐(清)	11・379
王風榮	8・716
王胤昌	18・60
王訂百	72・243
王　亮(明)	72・609
王　亮(南北朝)	30・86
王亮采	2・63
	6・447
王亮弼	60・256
王亮圖	15・154
王　度(宋)	67・540
王　度(明吉水)	72・445
王　度(明深澤)	1・838
	6・400
	16・425
	18・53
	18・66
王　度(清昌樂)	19・109
王　度(清泰安)	4・306
	31・802
	32・357
	33・221
王　度(清高密)	23・261
王　度(清德興)	58・412
王度昭	4・395
	17・615
	20・517
王　庭(明肥城)	13・383
王　庭(明霑化)	33・594
王庭老	72・174
王庭芝	62・81
王庭芳	23・438
王庭侯	23・271

人名	卷·頁
王庭珪	72·563
王庭槐	71·176
王庭筠	1·753
	11·42
	31·840
王　彦	72·584
王彦士	10·378
	10·459
王彦臣(明)	72·322
王彦臣(清)	70·600
王彦芹	1·791
	43·192
王彦秀	59·621
王彦英	79·149
王彦昌	28·197
王彦明	29·79
	29·572
王彦忠	55·551
王彦侃	20·101
王彦威	18·17
王彦陶	72·663
王彦章	4·207
	42·786
	42·814
王彦超	4·82
	14·702
	42·944
王彦德	72·671
王　庠	55·417
王　奕	50·305
王奕章	71·86
王奕源	69·546
王　竑	80·53
王　恒(清郯城)	30·146
	30·159
王　恒(清商河)	9·405
王恒京	79·282
王恒振	5·261
	32·612
王恒詔	70·615
王恒豫	18·316
王恆豫	17·549
王恆嶽	19·316
王恢基	4·228
王　恬	30·79
王　恂(明)	30·297
	31·182
王　恂(晉)	4·36
	7·480
王　恪(明)	48·461
王　恪(清)	7·150
王美卿	70·585
王美海	6·653
王美璋	36·782
王　炳(字虎臣)	70·491
王　炳(字嘯堂)	70·582
王　炳(宋南安)	79·498
王　炳(宋龍泉)	73·24
王　炳(清高安)	62·396
王　炳(清瑞昌)	48·325
	48·393
王炳圻	35·139
王炳昆	4·449
	24·521
王炳炘	30·131
王炳照	55·428
王炳蕖	7·187
王炳輝	8·718
王炳勳	72·601
王炳燇	13·472
王炳樾	54·338
王炳蘇	47·471
王炳燮	54·181
王　炤	79·504

王　洪　77・121
王洪之　76・435
王洪任　77・521
王洪洲　57・81
王洪謙　70・618
王　洧　38・225
王　洞(明)　74・26
王　洞(清)　38・244
王洞庭　18・562
王洞章　52・388
王　洙　24・329
王　洤　4・234
5・63
王　洽(明)　4・115
5・195
王　洽(晉)　30・79
王　洽(清)　70・594
王洽遠　5・340
王　洵(明)　77・180
王　洵(清)　21・379
23・643
王洵才　28・53
王　洛　62・281
王洛瑞　72・144
王　洋(宋楚州)　51・690
77・208
王　洋(宋龍泉)　73・40
王　津　9・443
王　宣(元)　5・85
43・597
王　宣(明内鄉)　1・807
38・682
王　宣(明玉田)　43・538
王　宣(明吉水)　72・444
王　宣(明金壇)　27・801
王　宣(明金谿)　70・465
王　宣(明泰和)　72・303
王　宣(明晉江)　79・109
王　宣(清政和)　77・48
王　宣(清益都)　18・372
王宣化　6・342
王宣美　37・36
王宣惠　40・125
40・287
王宣猷　11・302
王室輔　5・337
10・125
王室藩　80・142
王　宫　80・557
王宫材　5・342
10・146
王宫桂　10・54
王宫臻　4・162
5・181
10・118
10・232
王宫櫳　10・146
王　客　39・100
王客仙　61・433
王冠石　7・184
王冠成　35・105
王冠羣　14・387
王　祜　72・197
王祜光　54・324
王　祐　73・25
王祐慶　26・621
王祖仁　51・703
王祖昌　4・294
5・323
43・290
王祖珏　5・323
43・286
王祖甡　5・323
王祖朓　5・324

王祖望　79・371
王祖道　76・5
王祖槐　5・330
王祖源　26・731
王祖肅　5・323
　43・282
王祖熙　5・323
　43・286
王祖嫡　5・210
　8・605
王祖璽　5・323
　43・278
王祖蘭　10・394
王神念　15・521
王　祝　26・631
王　祚　11・386
王祚昌(明)　47・179
王祚昌(清沂水令)　32・26
王祚昌(清壽光)　18・540
王祚熙　11・448
王祗台　72・595
王　昶(明)　79・150
王　昶(魏)　1・699
王　郡　80・603
王郡綱　21・695
王　陛　9・71
王　陞(明)　33・693
王　陞(明晉江)　79・230
王陞階　42・354
王飛熊　60・238
王　勇(唐)　77・672
王　勇(清)　12・331
王　柔　26・608
王　彖　27・784
王　約　69・174
王　紀(明)　1・834
　39・801
　42・546
王　紀(清南城)　71・324
王　紀(清福山)　26・629
王　紉　20・107
王　耕　4・150
王耕舉　31・183
王　泰(元)　58・657
王　泰(明)　72・282
王　泰(南北朝)　30・84
王　泰(清)　54・550
王泰永　77・192
王泰亨　27・52
王泰來　72・182
王泰昇　72・679
王泰甡　73・215
王　珪　67・326
王珪蘭　61・716
王　珙　42・141
王珙璋　39・637
王　珠(宋)　73・35
王　珠(清)　60・250
王　珽(清商河)　9・398
　9・481
王　珽(清無棣)　13・130
王　珩　1・751
　35・57
王　珣(元)　29・11
王　珣(明)　4・198
　41・143
王　珣(晉)　4・186
　30・79
王敖道人　63・186
王　素(宋)　4・67
　18・32
王　素(南北朝)　4・251
　30・86
王素節　71・127

王起化　56・475
王起生　54・549
王起安　35・496
王起秀　56・475
王起昌　53・537
王起泰　29・151
王起琇　78・518
王起萗　56・581
王起陽　17・671
　18・426
王起雲　77・669
王起遇　56・525
王起蛟(明鄆城)　40・108
　40・253
王起蛟(明朝城)　42・315
王起蛟(清)　53・351
王起湖　50・280
王起運(清婺源)　56・6
王起運(清齊河)　10・152
王起鳳　80・192
王起寧　30・746
王起輝　59・468
王起潛　39・99
王起龍(清江西新城)　71・442
王起龍(清婺源)　57・496
王起鍾　55・124
王貢魁　72・618
王　都(明掖縣)　24・528
王　都(明德州)　5・212
　8・607
王都中　77・372
王都建　61・585
王都亳　61・585
王都會　61・586
王　埈　27・138
　27・172
　27・259
王耿光　5・167
　43・269
王耿如　40・228
王　華(元)　4・197
王　華(明安福)　72・631
王　華(明南城)　71・266
王　華(南北朝)　4・41
　30・86
王　華(清)　56・199
王華玉　72・593
王華年　5・351
　10・385
王華宇　80・225
王華祀　56・33
王華國　54・587
王華翰　7・174
王　鄚　72・457
王　恭(明閩縣)　75・588
　76・94
　78・525
王　恭(明濠州)　75・363
王　恭(清)　12・316
王恭天　72・602
王恭臨　36・553
王　莊(明)　60・305
王　莊(清)　8・327
王　真(宋)　79・140
王　真(明)　23・622
王真賞　70・639
王　栻　10・137
王　桂(清侯官令)　76・205
王　桂(清婺源)　55・73
王　桂(清諸城)　20・764
王桂元　55・363
王桂芳　5・365
王桂林(明)　67・208
王桂林(清鄆城)　40・584

王桂林(清臨淄)　7·194
王桂岱　36·744
王桂彬　57·78
王桂裕　57·79
王桂嶺　9·695
王桐初　13·111
王　格(宋)　80·43
王　格(明)　1·834
39·801
42·546
王　格(清)　35·476
王格平　26·733
王　校　71·379
王　根　54·178
王　軒(明牟平)　27·442
28·19
王　軒(明臨清)　14·703
王　連(明黄縣)　26·89
王　連(明新建)　45·475
王連元　42·394
王連甲　26·637
王連舟　25·28
王連茹　7·209
王連奎　39·775
王連桂　27·165
王連峯(清高唐)　39·687
王連峯(清陽信)　43·106
王連魁　31·64
王連璧　43·100
王速化　10·145
王配京　39·634
王破腦　80·74
王破頭　80·169
王　原　73·357
王原獻　29·858
王　烈(明)　71·127
王　烈(清)　5·390
12·499
王　烈(漢)　4·250
15·583
王　振　55·81
王振山(清陽信)　43·108
王振山(清臨清)　14·715
王振六　77·277
王振羽　36·536
王振英　41·177
王振東　19·128
王振奇　72·576
王振昇　27·159
王振宗(明)　22·229
23·621
王振宗(清魚臺)　37·723
王振宗(清濟陽)　5·352
10·384
王振南　43·132
王振渠　14·142
王振魁　67·249
王振熙　79·549
王振畿　36·608
王振藻　41·83
王振鐸　56·385
王振籙　14·113
王振纓　71·181
王哲臣　34·266
34·270
王致中　34·264
王致位　36·531
王致和(清弋陽)　50·481
王致和(清安福)　72·679
王致和(清泗水)　36·218
王致祥　9·436
王致堯　72·340
王致翔　21·531
王致遠　78·628

王致徵　4・237
王　晉（清掖縣）　24・333
王　晉（清棲霞）　25・524
王晉伯　41・220
王晉亨　77・396
王晉明　70・515
王晉康　70・593
王晉儒　41・179
王虔裕　4・61
王時中（明侯官）　75・494
王時中（明黄縣）　4・103
　25・174
　26・90
王時中（清）　36・535
王時正　25・173
　26・104
王時英（明江西東鄉）　71・158
王時英（明章邱）　5・132
　32・650
王時和　1・789
　6・305
王時性　49・387
王時柯　73・52
王時厚　57・451
王時拱　76・284
　77・610
王時亮　7・166
　17・643
王時美　63・142
王時泰　77・434
王時敏　51・143
王時習　74・380
王時翔　77・40
王時發　7・168
王時聘　48・49
王時槐　72・606
王時慥　72・626
王時禎　80・204
王時熙（明）　44・316
王時熙（清）　76・140
王時賓　79・255
王時邁　79・418
王時儉　79・115
王時質　71・121
王時潛　50・7
王時憲　41・82
王時顯　57・335
王　晅　23・271
王財元　57・217
王　晟（明）　4・216
　40・74
　40・155
　40・496
王　晟（清）　77・394
王　峽　31・350
王　晁　60・494
王　晏（宋）　36・476
　36・589
王　晏（明）　72・443
王晏球　1・729
　18・21
王　恩　5・359
王恩及　78・534
王恩臣　34・254
王恩注　54・248
王恩俊　72・205
王恩浩　55・320
王恩培（清太湖）　2・66
王恩培（清婺源）　54・276
王恩惠　55・235
王恩詔　55・362
王恩普　9・449
王恩溥（清萊陽）　27・173
王恩溥（清婺源）　55・329

王恩銓　9·422
王恩榮(清長寧)　74·136
王恩榮(清蓬萊)　4·441
　25·52
王恩錫(清商河)　9·404
王恩錫(清婺源)　57·45
王恩澤　55·187
王恩鴻　78·542
王　豈　56·495
王　峩　8·328
王峰立　37·709
王　峯　80·231
王　峻　30·85
王峻峰　26·115
王　剛　5·202
王剛中　59·215
　60·186
王特逢　36·489
王特掄　36·528
王特達　36·489
王特選　36·488
王　造　58·189
王乘龍　36·485
王乘燮　26·637
王乘籙　17·579
　20·543
王秩宗　39·63
王秩南　30·732
王　笏　80·544
王倩恩　12·329
王　倚　4·92
　23·633
　24·514
王　倫　4·209
王倫善　39·99
王　倓　27·536
　28·164
王　健　13·811
王健堂　9·421
王射斗　9·419
王皋伯　75·645
　78·408
王皋門　4·225
　25·182
　26·127
王躬正　51·438
王師仁　72·651
王師南　9·61
王師威　11·118
王師道　4·210
　35·499
王師曾　20·111
王師範　15·560
　18·17
　18·418
王師夔　71·271
王　釗(宋)　57·440
王　釗(明)　72·610
王　釗(清婺源)　57·416
王　釗(清膠州)　22·299
　22·619
王　翁　38·564
王　卿　4·17
王　逢　59·347
王逢元　77·210
王逢甲　57·188
王逢炎　33·261
王逢瑞　59·73
王逢藻　55·453
王留孫　72·631
王　託(明泰和)　72·323
王　託(明觀城)　42·109
王　訓(宋)　4·264
王　訓(明吉安)　72·184

王　訓(明南昌)　44·292
王　訓(明陽信)　43·57
王　訓(清安邱)　4·409
　17·593
　19·561
王　訓(清霑化)　13·381
王　訓(清臨清)　14·743
王訓庭　42·791
王　訒　20·778
王　高　44·105
王高立　76·324
王高賢　79·258
王高儼　74·451
王席正　5·157
　43·579
王效廷　31·65
王效虞　51·204
王唐均　56·642
王唐欽　71·199
王唐銓　56·13
王　悅(宋)　78·137
王　悅(明合水)　28·663
王　悅(明威海)　29·30
　29·573
王　悅(晉)　30·79
王　悅(清)　53·563
王悅之　4·42
　30·85
王悅栻　39·647
王悅峯　39·200
王悅崑　39·198
王悅選　9·409
王　益(宋江西東鄉)　69·126
　71·145
王　益(宋崇仁)　70·205
王　益(明)　71·377
王　益(清)　32·612
王益三　14·139
王益子　77·93
王益祥　75·513
　76·118
　78·506
王益謙　79·367
王　兼　57·443
王　烜　30·324
王　烻　38·418
王　凌　38·680
王准之　30·85
王涇緒　67·323
王　涓　23·349
王　浩　5·195
王浩翁　57·441
王　海(清永春)　79·360
王　海(清廣豐)　53·324
王海山　14·144
王海晏　7·209
王海清　9·439
王海澄　32·155
王海鏡　24·724
王浴源　13·392
王　涉　26·630
王　浣　17·663
王浸鳳　56·84
王浚明　34·466
王　宸　20·769
王宸仔　5·324
　43·291
王宸恪　5·330
王宸桂　40·599
王宸俸　5·324
　43·291
王宸僡　5·330
王宸樞　56·655
王家士　1·843

	16・423
王家杰	57・331
王家昇	42・111
王家佩	54・275
王家珍	57・138
王家相(明平鄉)	1・842
	16・428
	19・3
王家相(明新昌)	63・422
王家相(清)	40・290
王家修	18・380
王家彦(明莆田)	78・65
王家彦(明新城)	5・175
王家屏	66・604
王家珣	48・358
王家栲	9・439
王家校	57・30
王家祥	71・345
王家啓	66・616
王家琪	74・382
王家植	4・201
王家棟(明諸城)	17・558
	20・515
王家棟(明歷城)	6・179
王家棟(清)	10・133
王家鈞	57・329
王家瑞(明)	71・356
王家瑞(清)	62・274
王家楨	6・179
王家槐	53・145
王家福	15・148
王家禎	74・500
王家榕	4・339
	36・201
	36・226
王家塾	61・570
王家賓(明)	1・837
	16・432
	18・53
王家賓(清)	19・426
王家璋	71・475
王家靦	9・399
王家奬	76・332
王家徵	14・373
王家慶	13・418
王家翰	66・587
王家衡	66・574
王家録	78・328
王家營	56・400
王家澤	57・417
王家濱	56・581
王家簡	57・368
王家讓	42・110
王　容	9・418
王容伸	20・788
王　宰	74・442
王　朗	4・29
	7・478
王朗先	30・106
王　祥	4・34
	30・77
王祥珙	60・268
王祥開	60・268
王祥疇	60・238
王祥麟(清商河)	9・557
王祥麟(清濟陽)	10・389
	10・472
王書山	28・702
王書田	6・467
王書堂	43・103
王書雲	76・55
王書勳	41・214
王　陶	4・234
	15・565

	20·555
王　恕(明長清)	4·150
	5·198
	34·60
王　恕(明湖口)	48·462
	48·495
王　恕(清)	75·391
王　通(明)	11·147
	11·294
王　通(南北朝)	30·91
王通元	74·276
王　能(宋)	4·71
	39·138
	41·382
王　能(明)	72·225
王能周	71·194
王逡之	4·173
	30·86
王翀一	11·117
王務本	27·56
王務業	27·173
王務儉	5·351
	10·371
王孫氏	7·24
王孫延	39·62
王孫枝	4·302
	5·301
	43·614
	43·794
王孫恭	77·41
王孫菁	13·387
王孫紹	39·99
王孫賈	7·145
	15·515
王孫蕃	1·817
	77·135
王　紘(明陵縣)	8·342
王　紘(明歷城)	6·179
王　紘(清膠州)	4·461
	22·278
	22·535
王　純(宋)	75·441
	76·133
王　純(明)	73·362
	73·403
王　純(清南陵)	2·114
王　純(清婺源)	56·266
王　純(清臺灣)	80·608
王純玉	9·422
王純臣	77·40
王純熙	20·771
王　納	1·834
	39·791
	42·545
王納言(明冠縣)	18·735
	42·464
王納言(明淄川)	5·150
	6·342
王納諫	31·795
	33·792
王　紡	9·419
王　烝	55·206
王　球(宋)	72·263
王　球(南北朝)	4·41
	30·87
王　理	72·565
王　珵	17·573
	20·519
王　琇	27·155
王　琅	21·512
王　珺	30·133
王　規	4·45
	4·189
	30·83

王　域　6・406
王　逵(宋)　31・838
王　逵(明)　5・143
王逵九　9・280
王逵立　43・97
王　埰　4・464
22・340
王　教　5・143
6・343
王教玉　29・839
王　培　43・67
王培之　42・402
42・405
王培元　43・94
王培永　18・523
王培均　20・121
王培芸　41・209
王培佑　4・448
王培宗　17・617
20・525
王培荀　6・455
王培俊　54・353
王培書　57・330
王培基　31・828
王培楧　54・150
王培瑜　55・221
王培槐　51・363
王培源　55・158
王培瑾　55・132
王培賡　6・470
王培潤　6・471
王執中　39・85
王執玉　9・443
王　基(三國)　4・30
7・73
15・519
16・395
23・630
24・513
25・589
王　基(明長汀)　80・27
王　基(明益都)　4・129
17・539
18・312
王　基(清金谿)　70・537
王　基(清齊河)　5・337
王　著(宋單州)　4・193
38・216
王　著(清益都)　15・562
17・506
18・353
王著名　17・586
19・307
王　菉　14・732
王萃元　9・402
王　乾(明)　62・380
王　乾(清益都)　18・427
王　乾(清膠州)　22・299
22・618
王乾元　37・419
王　埜　76・462
77・208
77・212
王埜翁　54・47
王　彬(元)　15・593
17・510
18・507
王　彬(明)　4・215
31・820
王　彬(南北朝)　4・45
30・84
王　彬(晉)　4・38
30・80
76・459

王　彬(清)　37·567
王　梅　9·403
王梅峰　43·432
王梅調　80·290
王　梓(清博山)　6·663
王　梓(清費縣)　30·312
王梓材(字養卿)　55·459
王梓材(號心田)　55·530
王梯雲　72·685
王專聖　74·381
王　敕(明金谿)　70·576
王　敕(明歷城)　4·181
王　堅　75·515
　78·508
王　爽　55·355
王盛明　39·758
王盛德　13·811
王捷甲　73·434
王捷生　72·622
王捷通　9·441
王掄英　9·434
王採珍　70·299
王授位　77·211
王接武　72·149
王接寶　56·387
王　掞　76·210
王虛之　72·199
　72·257
　72·526
王虛白　37·774
王　彪　73·83
王彪之　4·38
　7·359
　30·80
王處一　27·617
王處敬　72·132
王　堂(明)　77·192
王　堂(清金谿)　70·623
王　堂(清陵縣)　8·330
王　堂(清貴溪)　52·322
王　堂(漢)　1·691
王堂楷　56·152
王　常(明江西東鄉)　69·169
　71·157
王　常(明金谿)　70·517
王　常(明臨淄)　7·174
王　常(漢)　25·588
王　野　73·404
王　勖　71·333
王勖陛　4·429
　27·107
王朂陛(見王勖陛)
王問之　30·725
王問臣　77·394
王問卿　29·77
王問禮　17·604
　19·328
王　曼　73·48
王　晞　4·51
　15·543
　18·489
　19·18
王晞亮　75·356
　78·71
王　冕　14·742
　42·988
王冕南　77·367
王　異　72·192
王婁光　34·266
王　國　32·586
王國仁　70·622
王國正　19·587
王國本　55·339
王國生　5·130

	32・629
王國圭	55・366
王國成	72・348
王國成	7・176
王國光	68・175
王國安(明)	9・395
王國安(清)	32・410
	33・283
王國芬	55・436
王國佐	80・307
王國迎	67・426
王國英	80・234
王國昌(元)	4・96
	22・227
	23・250
	23・660
王國昌(明)	1・808
王國昌(清)	2・7
王國昇	55・559
王國昂	80・542
王國金	57・258
王國治(民國)	34・272
王國治(清)	57・256
王國珍	77・662
王國政(明山西)	1・842
	16・429
王國政(明費縣)	30・298
	31・175
王國相(明晉江)	79・155
王國相(明高陵)	1・842
	16・431
王國柱(清益都)	34・439
王國柱(清鉛山)	52・626
王國重	70・581
王國風	57・256
王國炳	57・257
王國洙	57・220
王國秦	4・386
王國泰(清登州)	27・539
	28・168
王國泰(清蓋平)	75・385
王國泰(清齊河)	10・138
王國珽	49・196
王國華(清金谿)	70・602
王國華(清清源)	56・664
王國桂	29・332
王國烈	55・127
王國晁	54・520
	56・570
王國卿	53・547
王國祥(明)	53・526
王國祥(清)	72・202
王國偉	56・273
王國章	55・166
王國梁	7・425
王國紳	26・125
王國琛	79・607
王國棟(清吉安)	72・208
王國棟(清昌邑)	19・620
王國棟(清婺源)	55・361
王國軸	36・514
王國鼎	72・194
王國弼	1・831
	24・257
王國瑜	42・320
王國椿	57・69
王國楷	80・440
王國楨(明)	1・780
	39・149
王國楨(清,見王國禎)	
王國魁	53・575
王國靖	74・264
王國禎(明,見王國楨)	
王國禎(清)	5・336

10・47
王國輔(明)　79・255
王國輔(清)　48・496
王國對　9・402
王國銓　77・398
王國賓　42・140
王國寧　40・125
40・287
王國標　56・661
王國賢　9・408
王國慶(清掖縣)　4・456
24・540
王國慶(清博興)　14・138
王國澄　57・353
王國勳(清南安)　79・536
王國勳(清諸城)　20・770
王國興　74・359
王國錩　57・350
王國憲　28・706
29・345
王國鴻　80・234
王國翼　1・841
14・298
16・429
18・53
王國璿　57・335
王國璽(清北京)　42・905
王國璽(清閩縣)　2・90
王國瀚　53・271
王國鑒　43・208
王國鑅　57・24
王國瓚　55・119
王國瓛　76・386
王國讓　19・391
王　崧　21・581
王崧辰　76・148
王崧駿　55・427
王　眾　51・111
王崑山(清永定)　80・222
王崑山(清海陽)　29・832
王崑玉　9・444
王　崇　23・629
王崇仁　4・125
41・145
王崇文　4・125
41・146
王崇正　40・308
王崇松　57・190
王崇烈　26・728
26・734
王崇達　48・574
王崇棶　57・77
王崇智　41・147
王崇弼　80・522
王崇瑚　74・384
王崇幹　55・227
王崇業　33・593
王崇愷　10・467
王崇義　4・155
5・143
6・342
王崇賢　34・265
王崇範　74・384
王崇儉　41・147
王崇德　9・437
王崇燕　26・644
王崇儒　41・145
王崇擢　48・313
王崇獻　4・125
41・146
王崇瀾　22・230
王崇顯　1・820
30・62
王　過　58・376

王　筀　72・640
王　符　70・593
王第堃　70・319
王　敏　26・186
王敏入　5・289
王敏奇　73・28
王敏齋　14・145
王　偃　8・310
王　偕　41・112
王悠熾　56・96
王　偉(元)　22・244
王　偉(明安福)　72・632
王　偉(明莆田)　78・144
王　偉(清南城)　71・248
王　偉(清無棣)　13・156
王　偉(清滕縣)　36・551
王偉生　72・651
王偉堂　78・557
王　偁(元)　54・47
王　偁(明)　75・587
　78・362
王　進(明萊蕪)　31・827
王　進(明崇仁)　70・61
王　進(清泰安)　32・404
　33・278
　75・433
王進成　37・843
王進忠　42・774
王進魁　2・93
　7・37
　7・87
　16・442
王進解　35・146
王進賢　5・208
　8・603
王　得　28・491
王得仁　45・477
王得成　1・791
　10・39
王得兒　5・159
　43・611
王得彪　70・491
王得勝(民國)　34・268
王得勝(清)　30・124
王得祿　76・304
　80・598
王得霖　24・551
王從之　32・483
　33・558
王從言　67・10
王從禧　23・274
王從禮　5・95
　10・123
王從繩　26・609
王　釴　75・494
王　彩　21・328
　23・637
王彩臣　38・720
王彩光　4・391
王彩仲　70・614
王彩桂　40・360
王彩鳳　79・611
王象元　43・94
王象斗　5・173
　43・264
王象艮　5・173
　43・270
王象兑　5・173
　43・265
王象坤　4・129
　5・170
　43・263
王象明　5・174
　43・271

王象春 43・265
王象咸 5・174
13・871
43・271
王象恒 4・130
5・172
43・265
王象泰 5・170
43・270
王象晉 4・160
5・172
43・265
王象晟 72・642
王象益 5・174
14・111
16・436
43・270
王象乾(明) 4・130
5・171
43・263
王象乾(清) 5・250
6・209
王象隆 7・189
王象雲 4・133
5・173
43・265
王象復 4・227
5・173
43・267
王象巽 4・201
王象蒙 4・158
5・173
43・264
王象節 5・173
43・264
王 猛(春秋) 7・136
王 猛(南北朝) 30・86
王 猛(晉) 4・40
15・507
17・683
18・487
19・24
王 訥 43・129
王 許 76・635
王許之 62・64
王 訢(清) 9・852
王 訢(漢) 5・12
43・187
王訢然 77・503
王 衺 43・635
王 庶 48・311
王 袞(明益都) 17・563
王 袞(明曹縣) 4・247
41・151
王 袞(清邵武) 77・189
王 袞(清淄川) 6・461
王 庸 26・644
王 康(南北朝) 30・87
王 康(清) 2・35
王康之 13・413
王 旋(明太康) 35・448
王 旋(明將樂) 80・460
王 旒 43・116
王 章(字樹亭) 56・129
王 章(字耀之) 55・510
王 章(清萊陽) 27・101
75・420
77・502
王 章(清滎成) 29・619
王 章(漢泰安) 4・23
32・362
33・227
35・70
王章梧 57・155

王章錫　73・447
王　翊(宋)　72・241
王　翊(明德州)　8・466
王　翊(明樂安)　71・127
王　翊(南北朝)　4・139
王　望　4・25
7・70
15・515
16・393
王惟一　14・133
王惟忠　51・464
王惟祇　1・822
31・320
32・1
王惟健　42・111
王惟恕　78・647
王惟寅　60・419
王惟甯　1・805
43・19
王惟幾　1・841
14・298
16・426
王惟誠　4・316
王惟詢　4・326
王惟廉　13・148
王惟精　1・804
33・578
33・692
王惟賢　51・248
王惟儉　1・771
1・854
21・137
23・619
王惟諶　13・137
王惟澧　78・394
王　惇　18・519
王惇庸　60・272
王　翦　18・740
王烺崑　23・643
24・521
王　清(明龍泉)　73・30
王　清(明濟寧)　4・223
王　清(清無棣)　4・314
13・204
王　清(清婺源)　56・28
王清泉　9・403
王清浦　7・194
王清哏　23・271
王清梅　30・323
王清發　51・316
王清源　55・307
王清衛　54・598
王清蘭　23・283
王清鐸　51・570
王　淩　1・700
15・518
17・693
王淩雲　42・762
王　淇(宋)　46・464
王　淇(清安福)　72・678
王　淇(清諸城)　23・273
王淇助　56・187
王淇蔚　56・15
王淇蘧　55・38
王渠源　80・248
王　淑(明)　1・809
王　淑(清)　38・244
王淑元　39・329
王淑艾　40・578
王淑均　18・504
王淑和　51・560
王淑宜　6・491
王淑躬　22・234
王淑朗　38・253

王淑凱 35・351
王淑箴 33・226
王淑龍 30・309
王　淮(元) 27・293
27・351
27・435
28・16
王　淮(明) 77・372
王　淮(清) 53・286
王淮之 4・42
王淮四 70・324
王　淦(清婺源) 55・420
王　淦(清臨淄) 7・168
王淦吉 62・192
王　淘 7・186
王　淳 8・318
王　深 37・679
王深佩 6・457
王深培 80・240
王　梁(元) 71・126
王　梁(明) 4・157
17・544
20・515
王　梁(漢) 1・692
37・33
37・544
王梁材 77・679
王　涵(民國) 14・145
王　涵(清福山) 9・756
王　涵(清嶧縣) 7・442
王　涵(清臨淄) 7・209
王涵芬 57・329
王　宻 73・258
王　寅(宋) 48・113
王　寅(明) 72・133
王寅角 72・470
王寅祚 30・301
31・175
王　窓 77・30
王　密(明) 21・135
王　密(漢) 37・34
王　啓(清南豐) 71・563
王　啓(清章邱) 5・262
32・603
王啓大 5・330
43・288
王啓元 11・461
王啓仁 54・536
王啓文 13・816
王啓正 19・389
王啓汧 43・300
王啓沃 43・286
王啓坤 56・418
王啓東 79・330
王啓卓 5・268
13・779
王啓迴 5・269
13・778
王啓治 5・269
13・779
王啓俊 25・104
王啓炳 25・125
25・152
王啓祚 19・310
王啓涑 5・322
43・286
王啓逵 5・269
13・778
王啓渠 78・455
王啓深 43・300
王啓貴 57・52
王啓蛟 47・392
王啓順 25・313
王啓曾 4・433

25・102
25・126
25・153
王啓運　13・795
王啓瑞　29・151
29・575
王啓煥　70・628
王啓瑩　57・374
王啓溶　5・330
王啓璉　73・81
王啓睿　5・151
王啓銘　56・370
王啓緒　4・423
26・615
王啓樟　26・733
王啓磊　5・322
43・286
王啓樾　26・638
王視遠　10・376
王　階(明)　32・643
王　階(清)　24・363
王階陛　55・11
王　陽　20・792
王陽春　80・17
王陽開　78・364
王陽輝　32・484
33・558
王　隆　40・80
40・118
40・156
王隆陞　36・219
王隆桂　48・421
王隆熙　4・276
5・336
10・119
王　參　30・234
王　貫　77・91
王貫一　12・496
王貫之　69・125
王　紝　15・41
王紱疆　20・766
王組緒　67・426
王　紳(清金谿)　70・607
王　紳(清無棣)　13・148
王紳旦　20・782
王　紹(明)　4・125
37・831
王　紹(清)　9・862
王紹元　70・470
王紹文　80・634
王紹功　56・358
王紹臣　67・477
王紹先　19・312
王紹衣　23・259
王紹坦　53・568
王紹昌　59・639
王紹典　23・266
王紹宗(明)　25・190
王紹宗(清)　6・470
王紹奎　30・116
王紹庭　19・400
王紹烜　66・595
王紹康　53・458
王紹堯　42・12
王紹貴　13・379
王紹智　12・117
王紹復　25・102
25・125
王紹曾　34・311
王紹統　80・349
王紹槐　80・293
王紹虞　30・116
王紹嵩　30・117
王紹經　80・182

王紹緒(明)　16・434
王紹緒(清)　23・266
王紹賢(明)　22・231
王紹賢(清貴溪)　52・243
王紹賢(清瑞昌)　48・393
王紹德　6・459
王紹羲　53・563
王紹壎　55・453
王紹徽　13・726
王紹謨　57・413
王紹鑛　36・219
王　絜　27・547
28・184
王馭超　4・406
17・651
19・559
王　琹　20・767
王琴堂　15・164
王　瑛(明長汀)　80・36
王　瑛(明冠縣)　18・727
42・456
王　瑛(清萍鄉)　47・412
王　瑛(清諸城)　20・790
王　琳(宋)　72・130
王　琳(明吉水)　72・444
王　琳(明安丘)　15・552
17・521
王　琳(明龍泉)　73・28
王　琳(清)　31・833
王　琦(民國)　37・5
王　琦(清)　25・66
王琦祥　9・814
王琦慶　17・663
王　琢　52・241
王琢元　72・617
王琢璞　5・188
10・360
10・449
王　琨(明)　9・395
9・480
王　琨(南北朝)　30・86
王　琨(清)　71・341
王　琣　20・115
王　琰　7・381
23・621
王　琮(明長樂)　1・788
王　琮(明掖縣)　24・536
王　琮(明堂邑)　38・685
王　琮(清日照)　32・146
王　琮(清齊河)　10・126
王　琯　13・425
王　琬(明永泰)　78・368
王　琬(明華亭)　76・348
王　琊　58・559
王　琛(明)　58・216
王　琛(清)　13・134
王　琚　4・144
王　堯　14・299
王堯仁　58・52
王堯弼　18・692
42・431
王　堪　77・188
王　堰　10・148
王　越(明)　1・777
王　越(清)　70・601
王　超(宋)　18・24
王　超(清)　80・186
王超然　32・7
王超福　54・334
王超羣　48・421
王　賁　5・137
13・756
王博文(元)　4・197
王博文(宋)　1・744

	4・71
	15・526
	16・404
	20・482
	41・131
王博厚	26・97
王博懃	38・578
王　喜(清山東)	80・159
王　喜(清臺灣)	80・610
王喜叢	41・216
王喜齡	14・734
王彭年	35・336
王裁成	25・52
王　達(明江西新城)	71・448
王　達(明奉新)	67・207
王　達(明廣宗)	1・826
王達士	71・454
王達邦	55・499
王斯惠	6・465
王斯謀	13・739
王斯蘭	57・198
王期中	56・89
王　萬	79・282
王萬邦(清恩縣)	11・118
王萬邦(清湘鄉)	72・197
王萬年(清長樂)	75・633
	78・542
王萬年(清高安)	62・493
王萬行	61・717
王萬安	19・106
王萬里	23・266
王萬金	79・172
	79・512
王萬春	29・771
王萬軍	34・267
王萬祥	74・228
王萬象	24・331
王萬椿	74・137
王萬福	24・539
王萬禩	72・191
王萬齡	9・445
王葆辰	76・59
王葆修	57・322
王葆源	36・540
王　敬(明平原)	5・220
王　敬(明南陽)	28・495
王　敬(明威海)	29・27
王　敬(明淄川)	6・401
王　敬(明單縣)	38・218
王　敬(明澤州)	40・15
	40・185
王敬五	12・315
王敬公	9・399
	9・484
王敬年	27・163
王敬求	67・551
王敬武	15・544
	17・698
	18・17
王敬典	38・267
王敬忞	20・122
王敬南	26・590
王敬修	70・537
王敬庭	36・736
王敬連	72・625
王敬蒲	20・771
王敬銜(清萍鄉)	47・464
王敬銜(清淄川)	6・456
王敬銘	6・463
王敬敷	9・59
王敬賢	5・122
王敬德	53・533
王敬勳	10・42
王敬儒	42・395

王敬謨　38·267
　38·351
王敬瀚　74·272
王敬鐸　6·463
王　萱　70·468
王戟垣　25·77
王　朝　72·225
王朝元(明)　62·377
王朝元(清)　58·672
王朝旭　40·583
王朝玗　55·601
王朝佐(明晉江)　79·286
王朝佐(明福安)　77·445
王朝佐(明臨清)　4·248
　14·713
　42·968
王朝佐(清宛平)　2·39
　8·468
王朝佐(清萬年)　60·254
王朝玥　54·150
王朝昌　55·104
王朝金　57·275
王朝珊　56·491
王朝相　38·573
王朝俊(明)　40·137
王朝俊(清吉安)　72·203
王朝俊(清同安)　76·326
王朝屏　35·333
王朝珝　54·539
王朝晁　56·256
王朝恩　2·81
　39·151
王朝卿　78·454
王朝紱　7·183
王朝琛　60·280
王朝渠　60·217
　60·258
王朝棟(民國)　12·493
王朝棟(清膠州)　22·344
王朝棟(清霞浦)　77·385
王朝湞　57·258
王朝瑞(清長山)　5·300
　43·586
王朝瑞(清曹縣)　41·77
王朝瑞(清萬年)　60·255
王朝瑄　55·584
王朝幹　2·30
　38·164
王朝靖　51·682
王朝煥　51·570
王朝肅　72·640
王朝輔　71·208
王朝綱　74·19
王朝駒　37·147
王朝選(明)　72·38
王朝選(清金谿)　70·581
王朝選(清婺源)　57·413
王朝選(清德縣)　8·468
王朝翰　60·214
王朝霖　72·663
王朝勳(清江西東鄉)　71·202
王朝勳(清諸城)　20·770
王朝舉　11·88
王朝憲　74·453
王朝檄　51·504
王朝翼　2·75
　37·814
王朝藩　60·286
王朝櫸　58·589
王朝麟(清長山)　43·644
王朝麟(清商河)　9·499
王　棱　4·39
　30·80
王　植(清深澤)　2·70

王　植(清諸城)　17・629
　20・520
王植元　72・678
王植宗　18・577
王植珪　79・491
王植槐(清弋陽)　50・434
王植槐(清江西東鄉)　71・217
王　森(清青城)　43・448
王　森(清臨淄)　7・149
王森文　17・663
　20・770
王森英　55・458
王森烈　58・597
王　棟(明南充)　1・824
王　棟(明泰州)　32・444
　33・70
王　棟(明臨邑)　5・197
王　棟(清曹縣)　41・209
王　棟(清壽張)　42・772
王棟臣　41・809
王棟隆　39・772
　42・570
王　楺　27・541
　28・173
王　棣　69・417
　71・184
王棣園　79・607
王　極　51・590
王　惠(明)　6・397
王　惠(南北朝)　4・41
　30・86
王惠文　5・249
王惠陽　4・245
王惠鈞　57・119
王惠遠　19・401
王惠疇　66・543
王厥修　80・250
王　雄(明文登)　28・472
王　雄(明夏津)　9・808
王　雄(明朝城)　42・344
王　雄(明臨朐)　19・321
王　雄(清)　11・448
王雄誕　4・205
　41・129
　41・381
王　雲(明大田)　80・518
王　雲(明東平)　31・824
王　雲(明諸城)　20・515
王　雲(南北朝)　19・24
王　雲(清)　14・731
王雲岩　37・714
王雲岫　7・168
　17・663
王雲陛　34・249
王雲莪　7・185
王雲峯(清無棣)　13・151
王雲峯(清濰縣)　21・507
王雲崧　7・176
王雲從　9・422
王雲程(清婺源)　56・386
王雲程(清瀘溪)　72・11
王雲翔(清婺源)　56・387
王雲翔(清新淦)　73・217
王雲湘　18・554
王雲瑞(清安福)　72・694
王雲瑞(清鉅野)　39・342
王雲煥　73・216
王雲閣　13・152
王雲鳳　32・642
王雲漢　5・346
　15・164
王雲樞　9・273
王雲舉　77・396
王雲錦　57・343

王雲龍(明)　1・843
　16・430
王雲龍(清)　40・290
王雲嶽　9・272
王雲鴻　43・540
王雲鵬(明)　13・408
王雲鵬(清)　41・394
王雲巖　4・255
王　雯　9・419
王　雱　69・26
　71・173
王揚芳　7・93
王揚金　73・7
王揚烈　58・179
王揄善　31・164
王　雅(明吉水)　72・441
王　雅(明建陽)　76・390
王雅量　30・293
　31・173
王　棐　4・295
　5・301
　43・605
王紫峯　9・403
王紫紳　80・14
王　敞　20・110
王　棠　17・620
　20・523
王棠蔭　79・258
王掌綍　70・630
王貽永　1・736
　38・157
王　鼎(宋)　76・460
王　鼎(明邵武)　77・179
王　鼎(明閩縣)　75・457
　76・43
王　鼎(清江西東鄉)　71・209
王　鼎(清錢塘)　68・566
王鼎元　42・772
王鼎白　77・406
王鼎臣　1・765
王鼎任　26・640
王鼎亨　72・133
王鼎相　74・6
王鼎乾　62・370
王鼎魁　72・535
王鼎應　5・285
　6・349
王鼎新(明)　70・577
王鼎新(清)　72・687
王鼎銘(清瑞昌)　48・358
王鼎銘(清嶧縣)　4・340
　7・449
　7・500
王鼎熾　55・148
王鼎豐　2・50
　33・698
王　閏　4・235
　31・823
王開天　36・522
王開元　72・670
王開文　28・185
王開俊　79・371
王開泰　72・194
王開基(民國)　9・865
王開基(明)　4・248
　17・588
　20・520
王開期　1・847
王開勳　20・787
王　閎　1・688
　20・480
王　遇　75・415
　75・729
　77・684

	78・462
王遇明	22・288
	22・574
王遇喜	72・647
王　景(五代)	23・660
	24・479
	24・570
王　景(明)	32・26
王　景(清)	76・114
王　景(漢)	1・689
王景元	41・195
王景吕	11・290
王景佃	59・517
王景灼	78・548
王景周	10・313
王景荃	76・191
王景威	56・472
王景亮	71・200
王景華	10・498
王景卿	52・632
王景祥	71・176
王景崧	27・172
王景堯	21・624
王景運(清安邱)	20・109
王景運(清瑞昌)	48・420
王景裕	54・545
王景祺	20・782
王景聖(清曹縣)	41・209
王景聖(清滕縣)	36・539
王景蓉	58・244
王景新	55・194
王景焕	58・198
王景銘	34・269
王景緒	26・641
王景賢	76・124
王景熯	41・195
王景龍	72・194
王景濂	41・215
王景輿	5・261
	32・640
王景爵	30・680
王景謨(清高安)	62・447
王景謨(清諸城)	20・787
王景顔	58・206
王景鑑	4・341
王　喈	6・490
王　貴(宋)	1・735
	6・288
王　貴(明)	65・91
王貴莊	72・584
王貴卿	74・27
王　勛	14・726
	42・967
王勛庸	60・351
王　尌	7・149
王　凱	79・206
王　嵎	21・582
	23・659
王　嵐	11・304
王　嵋	42・790
王　黑	7・136
王黑兒	23・652
王無咎	71・221
	71・411
王無竟	22・259
王無悶	32・390
	33・266
王無競	4・192
	23・631
	24・514
	24・676
王智深	4・187
	30・91
王智興	30・59

王喬年(明)　23・244
王喬年(清)　5・350
　10・377
王喬選　74・448
王　策　6・362
王筆巘　54・175
王　傅(宋)　51・690
王　傅(明)　56・448
王　傅(清)　5・364
王傅薪　13・802
王順祥　6・621
　10・313
王順祺　72・41
王　傑(明安仁)　60・29
王　傑(明無棣)　13・130
王　傑(明潁上)　1・806
　9・23
　9・74
王　傑(清婺源)　55・199
王　傑(清鄱陽)　58・163
王　雋(宋)　79・252
王　雋(清)　57・191
王　皓(元)　37・38
王　皓(南北朝)　19・25
王　復(宋)　4・209
　5・65
王　復(明)　7・162
王復元(明泰和)　72・294
王復元(明滿城)　34・437
王復元(清)　43・114
王復吉　79・399
王復成　34・222
王復亨　45・6
王復振　20・565
王復善　5・206
　8・601
王復道　54・202
王復興(明)　40・109
　40・254
王復興(清)　38・687
王復顯　40・165
王循南　18・550
王　舒　4・38
　30・80
王　鉅　54・215
王　鈍　75・363
王　欽(元)　43・437
王　欽(明)　75・493
王欽中　9・431
王欽占　13・413
王欽臣　51・692
王欽若　66・94
王欽釗　78・575
王欽乾　57・64
王欽捧　54・580
王欽庸　60・388
王欽誥　80・358
王欽廣　55・66
王欽禮　7・377
王欽璽　6・410
王　鈞(清博興)　14・131
王　鈞(清婺源)　57・221
王　鈞(清濟寧)　4・353
王　鈁　77・210
王　銃　25・191
王爲泮　48・205
王爲章　37・850
王爲熯　20・778
王舜年　23・643
　24・521
　24・663
王舜耕　38・219
王舜道　73・250
王舜舉　74・359

王舜鵬　73・67
王　勝(明合肥)　75・431
王　勝(明城武)　39・60
王　勝(明黄縣)　25・181
26・111
王　勝(明鄒平)　5・142
13・768
王　勝(明新泰)　34・470
王　勝(清)　5・354
10・633
王勝彪　73・367
王勝籌　70・585
王猶龍　37・415
王　評　30・114
王　詠　74・475
王　詔(宋)　1・743
王　詔(明歷城)　4・155
5・113
王　詔(明觀城)　42・107
王詔詔　25・306
王敦仁　13・412
王敦善　26・97
王敦瑩　45・96
王　裒　4・232
15・564
17・470
19・7
19・75
31・215
王　斌(元)　21・648
王　斌(明)　22・263
22・474
王　斌(清登州)　4・441
29・865
王　斌(清婺源)　55・461
王　斌(清齊河)　5・343
10・146
10・237
王竣源　54・322
王　愉　71・319
王　惲　1・760
75・361
王　善(元)　39・711
王　善(明)　75・484
76・35
王　善(清)　7・449
王善昌　31・66
王善從　42・106
王善塏　26・617
王善福　31・63
王善慶　26・115
王善璧　26・618
王　普　75・575
76・83
王普光　10・148
王　尊　1・686
王尊五　48・191
王尊陽　72・618
王　道(明文登)　29・26
王　道(明武城)　4・181
王　道(明武涉)　42・228
王　道(明曹縣)　41・145
王　道(清連城)　80・694
王　道(清婺源)　57・417
王　道(清鄱陽)　58・170
王道一　4・159
25・165
25・175
26・94
王道元　73・107
王道正　13・373
王道平　57・337
王道玄　30・334
王道成　79・201

王道光　5・337
　10・125
王道同　26・94
王道先　60・715
王道行　25・174
　26・94
王道亨　2・64
　8・469
　16・453
　18・82
王道明(明海陽)　29・824
王道明(明黄縣)　25・174
　26・92
王道定　5・186
　10・363
　10・490
王道祉　72・354
王道南(清婺源)　57・337
王道南(清齊東)　5・346
　15・151
王道炷　24・560
王道軒　72・366
王道翁　70・280
王道純　1・773
王道盛　32・642
王道清　79・334
王道淳　13・793
王道隆(清山陰)　2・84
王道隆(清浦城)　76・556
王道隆(清廣豐)　53・508
王道貫　72・506
王道然　5・323
　43・286
王道焜　77・92
　77・283
王道瑞　36・779
王道蓋　4・245
　15・593
　30・715
　31・226
王道楫　7・279
　7・496
王道照　76・314
王道新　9・814
王道歆　58・193
王道模　60・270
王道輔　54・212
王道璁　72・367
王道增(明福山)　4・248
　26・625
王道增(明穎州)　16・427
　18・60
王道蕩　5・288
　6・453
王道凝　39・293
王道鏜　72・365
王道顯　18・50
　76・287
王　遂　76・462
　77・208
王遂初　45・130
王　曾　4・69
　15・508
　17・486
　18・25
　18・280
　39・140
王曾裕　21・633
王　焯　56・385
王焯孫　72・657
王　焞　5・259
王　焨　4・462
　23・243
王焱華　55・403

王　湛(明) 75·596
王　湛(清金谿) 70·636
王　湛(清濟陽) 10·386
王　湘(明) 4·130
王　湘(清山陰) 2·110
王　湘(清萊陽) 27·173
王湘圃 6·218
王　渤 21·744
王湯臣(明安義) 66·615
王湯臣(明招遠) 4·223
25·598
王　温(明,知高唐州) 1·834
39·792
42·545
王　温(明長清) 5·199
34·62
王渭仁 55·36
王渭偉 57·332
王　湫 25·644
王　淵(明) 79·364
王　淵(清) 8·325
王淵美 30·687
王　渙 1·692
王　渡 43·97
王　游(清吉安) 72·186
王　游(清商河) 9·443
王　滋 13·130
王　湋 43·618
王　富 30·308
王富年 8·335
王　寓 48·22
王　運(明) 9·447
王　運(清) 47·193
王運升 37·128
王運光 10·146
王運昌(清安邱) 20·110
王運昌(清南城) 71·246
王運泰 11·295
王運晟 32·8
王運隆 29·537
王運暎 60·363
王運新 10·385
王運暲 31·335
32·6
王　棨 75·579
79·56
王　裕 70·517
王裕之 30·84
王裕春 25·540
王裕國 27·148
王裕經 39·245
39·410
王裕增 77·95
王裕璸 75·408
76·204
王　祺 54·160
王　禄(明江西新城) 4·147
71·379
王　禄(明聊城) 38·537
王禄一 25·32
王禄長 9·435
王畫一 2·105
27·337
27·807
王　遐 56·519
王　弼(三國) 4·171
37·103
39·216
王　弼(明泰和) 1·808
13·494
王　弼(明晉江) 79·285
王　弼(明鄱陽) 58·40
王　弼(清) 71·181
王　巽(明安福) 72·618

王　巽(明南豐)　71・527
王媚川　7・209
王　賀　5・13
　32・615
王登三(清長樂)　78・530
王登三(清婺源)　54・142
王登明　60・375
王登奎　15・168
王登洲　7・84
王登庸　1・806
　9・25
王登聯　4・376
王發志　34・269
王發祥　11・448
王發硎　11・292
王發增　56・641
王喬生　76・747
王　絛　1・821
王　結　1・763
王結綬　10・153
王　統　71・158
王統業　30・109
王幾坤　38・411
王馴超　20・118
王　瑚　70・602
王　瑒　30・82
王　瑁　13・142
王　瑋　74・20
王瑋慶　4・398
王　瑞(明江西東鄉)　71・214
王　瑞(明安福)　72・632
王　瑞(明晉江)　79・230
王　瑞(明齊河)　5・182
　10・50
王　瑞(清安福)　72・581
王　瑞(清汶上)　37・777
王瑞田　12・397
王瑞生　37・684
王瑞年　39・74
王瑞廷　9・448
王瑞金　20・765
王瑞泉　12・394
王瑞鼎　49・344
王瑞龍　29・770
王瑞麟(明)　74・171
王瑞麟(清)　19・137
王　瑀　39・314
王　瑜(宋江西新城)　71・465
王　瑜(宋興國)　73・402
　74・31
王　瑜(金)　1・754
　28・660
王　瑜(唐)　57・532
王　瑜(清長山)　5・306
　43・597
王　瑜(清夏津)　9・855
王　瑜(清臨朐)　19・401
王　瑗　70・595
王　瑍　35・553
王　遨　68・583
王　瑄　4・370
　38・279
王載光　79・330
王載揚　5・151
王　塤　42・238
王　遠　10・145
王遠知　4・263
　15・616
　30・135
王遠宜　40・19
　40・188
　40・499
王遠熾　55・96
王　趚　59・426

王　塏	41・388
王聖時	75・720
王聖符	21・725
王聖清	9・430
王聖琪	57・236
王聖寶	55・193
王　聘(清奉新)	67・216
王　聘(清夏津)	9・812
王　聘(清壽光)	18・539
王聘珍	71・247
王　蓁	62・75
王　勤	4・419
	17・609
王勤民	2・30
王夢卜(清冠縣)	18・743
	42・469
王夢卜(清德州)	5・376
	8・642
王夢尹	1・839
	7・82
	16・433
	18・67
王夢旭	43・68
王夢求	26・123
王夢秀	64・401
王夢牧	9・852
王夢虺	71・216
王夢亮	35・148
王夢悅	76・236
王夢祥(明)	77・69
王夢祥(清)	57・416
王夢弼(明代州)	1・852
	23・617
	24・245
王夢弼(明安溪)	79・398
王夢弼(清)	13・132
王夢瑞	11・445
王夢暘	51・167
王夢禩	78・289
王夢溪	14・134
王夢輔	13・132
王夢說	36・505
王夢熊	78・366
王夢賚	43・102
王夢賢	9・808
王夢鯉	24・328
王夢鰲	72・677
王夢鶴	9・859
王夢麟(明)	75・628
王夢麟(清)	79・258
王蒨孟	17・601
	18・329
王蒼亭	13・808
王　蒙(明商河)	9・398
王　蒙(明湖州)	32・441
	33・67
王蒙貞	13・424
王蒙道人	63・187
王　蓂	70・463
	71・354
	72・33
王蔭陵	57・507
王蔭棠(民國)	28・205
王蔭棠(清)	20・120
王蔭遠	19・400
王蔭樾	53・518
王　椿(清鄱陽)	58・63
王　椿(清輝縣)	2・96
	16・449
王　椿(清諸城)	20・764
王椿林	11・452
王　楠(清曹縣)	41・200
王　楠(清費縣)	30・312
王楠村	20・789

王　楷(清安福)　72・647
王　楷(清青州)　17・625
　20・558
王　楷(清費縣)　30・312
王楷民　55・235
王　楨(元)　13・379
王　楨(明)　42・432
王　楨(清長山)　4・267
　5・298
　43・581
　43・776
　43・793
王　楨(清泰和)　72・365
王　楫(明泰安)　31・799
　32・367
　33・231
王　楫(明濰縣)　21・662
　23・653
王　楫(清上饒)　51・576
王　楫(清光澤)　77・267
王　楫(清城武)　39・63
王　楫(清婺源)　55・297
王　楫(清膠州)　4・467
　22・336
王　楫(號翊舟)　72・246
王　楫(號濟臣)　72・197
王　槐　6・210
王槐森　76・164
王　楟　30・115
王　楙(宋)　75・585
王　楙(清)　10・52
王　概　72・134
王　楹(清棲霞)　25・493
王　楹(清膠州)　22・297
　22・609
王　椽(明)　70・422
王　椽(清)　29・597
王　軾　71・400
王　輅(明)　60・206
王　輅(清慈溪)　2・91
王　輅(清諸城)　20・518
王　輅　17・627
王　碶　7・182
王搢珽　41・201
王　摛　4・187
王　粲　4・184
　37・101
　39・173
王虞衡　13・425
王　業(明金壇)　1・778
王　業(明鉅野)　39・176
王　業(清)　72・191
王業宏　4・132
　17・551
王業倬　6・455
王業深　79・257
王業博　70・623
王業葆　36・202
王業熿　78・620
王業縉　36・209
王業燦　19・571
王業豐　27・537
　28・166
王當召　62・576
王　睹　6・382
王　睞　30・83
王　暘　1・778
　12・95
王　愚　9・398
　9・441
王　煦　74・385
王　暄(明)　72・635
王　暄(清)　2・78
　40・199

	40・524
王　暉	19・25
王　照(明)	18・693
	42・432
王　照(清)	20・786
王嗣文	71・636
王嗣立	61・577
王嗣佺	28・24
王嗣周	26・121
王嗣珣	36・523
王嗣烈	36・538
王嗣哲	10・391
王嗣經	51・221
王嗣緐	20・767
王嗣儼	27・541
	28・172
王　置	34・354
王　嵩(明)	1・809
	43・429
王　嵩(清萍鄉)	47・395
王　嵩(清婺源)	55・310
王嵩一	70・605
王嵩峯	37・851
王嵩傑	56・474
王　筠(宋)	35・242
王　筠(南北朝)	4・190
	30・84
王　筠(清安邱)	4・410
	17・664
	20・100
王　筠(清邵武)	77・193
王　節(明)	31・826
	34・469
王　節(清)	77・182
王與才	5・175
	43・268
王與允	4・227
	5・174
王與坐	36・520
王與玫	4・227
王與玟	5・174
	43・271
王與朋	5・175
	43・268
王與耔	5・175
	43・261
王與珍	43・276
王與勑	4・300
王與胤	43・267
王與美	43・271
王與能	5・175
	43・269
王與敕	5・319
	43・273
王與盛	5・175
	43・271
王與階	5・319
	43・273
王與斌	5・175
王與試	5・175
	43・269
王與禎	5・175
	43・269
王與廣	5・175
	43・268
王與端	5・175
	43・271
王與慧	4・242
	5・174
	43・270
王與鼒	9・487
王與論	36・485
王與緯	5・175
	43・268

王與藎　5·175
　43·268
王與襄　43·280
王與韻　5·359
王與夔　5·174
　43·267
王與權　58·303
王與纓　5·175
王　傳(明)　1·826
王　傳(清晉江)　79·283
王　傳(清鄱陽)　58·26
王傳芳　1·810
　9·141
王傳達　34·273
王傳薪　41·197
王傳鎬　13·812
王魁五　45·172
王魁林　9·414
王　微(明)　74·278
王　微(南北朝)　4·186
　30·82
王　鈺(明)　4·226
王　鈺(清平原)　12·508
王　鈺(清掖縣)　24·568
王　鈉　32·409
　33·282
王　鉞　17·597
　20·522
王鉞都　79·327
王　鉉(明吉水)　72·457
王　鉉(明魚臺)　37·661
王　鉉(明順天)　1·797
　8·315
　35·60
王鉉同　72·698
王　愈　54·76
王愈堂　60·495
王愈融　72·331
王愈擴　72·330
王僉吉　2·36
　43·204
王　會　76·732
王會英　13·336
王會卿　24·721
王會隆　36·173
王　頒　1·717
王頌三　74·13
王詹巽　51·78
王試功　72·642
王試琦　61·728
王試勳　61·549
王　詩　35·387
王　誠　72·618
王　詵　54·319
王　誕　4·136
　30·86
王　詮　31·336
　32·6
王　詢　31·332
　32·4
王　詡　4·374
　37·842
王　廉(明)　13·117
王　廉(清)　70·570
王廉芳　14·130
王　鄘　51·193
王　靖(宋)　4·141
王　靖(清)　79·607
王靖東　13·126
王新之　15·111
　15·169
王新生　80·331
王新命　43·68
王新桂　10·367

王新馳　70・617
王　雍(民國)　9・261
王　雍(明)　78・606
王雍中　6・227
王雍茂　80・224
王　慎(明費縣)　30・293
王　慎(明臨淄)　7・174
王　慎(清)　9・428
　9・485
王慎友　35・512
王慎中　79・112
王慎交　36・536
王慎德　80・148
王　愷(明)　29・522
王　愷(清)　43・98
王義方　1・729
　19・46
王義本　6・464
王義昌　11・91
王義信　43・105
王義恒　9・411
王義美　30・292
王義章　36・768
王義童　77・672
王義端　68・40
王　猷(宋)　67・206
　67・540
王　猷(清上饒)　51・240
王　猷(清永定)　80・226
王　猷(清婺源)　55・71
王猷定　45・70
　67・615
　71・630
王猷遠　42・294
王　慈　30・84
王　煜　9・421
王煜文　54・159
王　煒　71・276
王　煥(清奉新)　67・583
王　煥(清婺源)　55・595
王煥文(字從野)　54・566
王煥文(字璧奎)　55・167
王煥英　57・337
王煥林　57・70
王煥奎　54・178
王煥庭　51・360
王煥章　7・150
王煥瑄　49・108
王煥然(清吉安)　72・243
王煥然(清蒙陰)　32・7
王煥肇　56・393
王　煊(清上饒)　51・528
王　煊(清善化)　2・94
　14・112
王　煊(清婺源)　56・200
王　煇(民國)　28・54
王　煇(明)　50・188
王　煇(清萊蕪)　31・828
王　煇(清鉛山)　52・529
王　溱　78・529
王　溥(明安仁)　60・136
　60・145
王　溥(明萊陽)　25・644
　27・155
王　溥(明清流)　80・304
王　溥(明貴溪)　52・283
王　溥(明觀城)　42・109
王　溥(清山陽)　2・32
　6・120
　14・111
　16・450
　18・696
　32・455
　33・78

	42・435
王　溥(清江西東鄉)	71・211
王　溥(清單縣)	18・696
	38・252
	42・435
王　溥(清鄱陽)	58・57
王　溥(清諸城)	20・563
王溥霖	74・380
王　滙	71・181
王　源(元)	72・618
王　源(明)	78・660
王　源(清)	18・559
王源中	1・723
王源台	55・302
王源洛	6・464
王源浙	5・292
	6・489
王源湧	5・292
	6・463
王源澧	18・542
王　潅	17・577
	19・567
王　滌	4・142
王　溵	75・511
	78・408
王　滄	76・389
王　溶(清福山)	26・638
王　溶(清漢軍鑲紅旗)	24・295
王　福	26・6
王福田	19・401
王福延	35・340
王福東	18・378
王福厚	43・451
王福鈞	48・407
王福運	34・282
王福祿	10・157
王福德	26・180
王福慶	70・552
王　禎(明大名)	18・694
王　禎(明吉水)	72・507
王　禎(明黄縣)	25・172
	26・104
王　肅(三國)	4・171
	7・479
王　肅(明滑縣)	1・824
	41・61
王　肅(明新喻)	66・143
王　肅(南北朝)	4・48
	30・87
王　肅(清)	39・760
王肅五	11・437
王肅常	38・247
王肅章	38・246
	38・333
王肅綱	38・252
王　殿(明)	80・401
王　殿(清)	36・536
王殿中	72・208
王殿甲(清聊城)	38・580
王殿甲(清臨淄)	7・150
王殿芳	36・767
王殿英	18・550
王殿奏	60・283
王殿楷	76・405
王殿魁	7・195
王殿爵	42・772
王殿黼	26・643
王殿鰲	21・745
王殿鼇	59・516
王殿麟	4・359
	30・317
王辟疆	37・778
王際正	10・131
王際辰	36・766

王際泰　80・72
王際祥　6・462
王際逵　79・374
王際康　70・509
王際隆　39・89
王際虞　36・742
王際會　78・566
王際熙　77・577
王遜修　71・204
王　經(明)　70・462
王　經(清)　41・194
王　經(漢)　29・620
王經世　22・259
王經袖　37・851
王經國(清泗水)　36・216
王經國(清歷城)　5・245
王經綸　76・247
王經燦　72・687
王　綏　30・679
王綏之　30・727
王　彙　79・289
王　瑧　9・482
王　瑨　21・360
王　瑱　70・554
王　璉(明長山)　5・153
43・606
王　璉(明金谿)　70・578
王　璉(明孟縣)　75・363
王　璉(明黄縣)　25・172
王碧瑩　43・788
王　瑤(明)　39・571
王　瑤(清)　77・285
王瑤碧　70・636
王　瑢　22・284
22・558
王趙敘　56・306
王　嘉　58・421
王嘉匡　60・429
王嘉臣　60・429
王嘉光　72・614
王嘉行　28・220
王嘉杏　57・329
王嘉言　7・162
王嘉昇　55・27
王嘉祈　56・647
王嘉亮　33・806
王嘉根　10・470
王嘉逢　57・496
王嘉棻　10・379
王嘉棟　70・630
王嘉善　72・238
王嘉祿　72・596
王嘉聖　32・401
33・276
王嘉楠　24・517
王嘉魁　72・614
王嘉愈　60・490
王嘉會(清泰安)　33・255
王嘉會(清德興)　58・430
王嘉猷　74・524
王嘉模　71・201
王嘉誥　9・890
王嘉端　50・256
王嘉賓(明泰安)　4・182
31・813
32・376
33・246
王嘉賓(明萍鄉)　47・466
王嘉賓(明滕縣)　4・129
36・459
王嘉賓(清長樂)　78・556
王嘉賓(清廣豐)　53・554
王嘉賓(清臨朐)　19・318
王嘉樹　55・405

王嘉璐　29·250
王嘉瓛　55·330
王嘉謨　55·137
王嘉禮　55·217
王嘉鶴　50·70
王嘉麟　4·358
30·314
王　翥　30·137
王　墉　47·373
王　臺　14·705
王　壽(明文登)　29·27
王　壽(明婺源)　54·86
王　壽(明寧德)　77·346
王　壽(清)　30·114
王壽先　20·108
王壽長　4·418
17·629
19·429
19·578
王壽昌(清婺源)　55·99
王壽昌(清閩侯)　76·116
王壽彭　21·624
王壽祺　7·168
王壽椿(清長清)　34·209
王壽椿(清崇仁)　70·324
王壽嶽　37·10
王壽鵬　20·785
王聚斗　14·727
王聚有　50·295
王慕麟　4·357
30·313
王　勱　4·137
30·91
王　熙(清永春)　79·361
王　熙(清婺源)　54·578
王熙光　10·130
王熙恩　56·384
王熙綬　55·393
王　蔚　35·448
王蔚青　17·648
20·107
王　蓼　79·287
王　榛　56·383
王　構(元)　4·89
21·768
31·778
王　構(清)　72·622
王　模(宋)　77·383
王　模(清)　20·764
王　槤　1·792
10·309
王榕吉　4·273
王　檻　7·437
王　棖　7·437
王　輔(元)　4·145
王　輔(明平定)　11·202
王　輔(明單縣)　38·224
王　輔(清)　73·16
王　輔(漢)　4·250
王輔坤　14·708
王輔春　80·50
王　遭　6·285
王　厲　29·107
王爾英　25·178
26·105
王爾昌　41·214
王爾恂　19·135
王爾宣　74·22
王爾梅　13·131
王爾進　18·573
王爾康　72·190
王爾極　72·633
王爾慎　18·526
王爾膂　4·452

	24・554
	24・564
王爾德	13・151
王爾錞	27・172
王爾藩	9・749
王爾鑑	2・61
	36・144
	36・434
王奪標	38・228
王　臧	4・11
	7・248
	7・475
王霆震(元)	59・156
王霆震(宋)	72・182
王戩穀	13・123
王　睿	41・187
王對山	21・680
王　暢	4・26
	7・72
	37・97
王　誾	4・233
	15・565
	21・661
王　闓(明)	41・155
王　闓(清)	56・541
王　嶠	72・630
王鳴岐	55・458
王鳴岡(清江西東鄉)	71・217
王鳴岡(清壽張)	42・799
王鳴和	55・115
王鳴盛(字德兼)	56・90
王鳴盛(字錦如)	56・642
王鳴鳳	55・72
王鳴謙	62・318
王鳴鴻	13・234
王幔坡	39・775
王圖甯	70・532
王圖鴻	43・276
王圖濟	70・556
王　箖	17・619
	19・328
王毓生	29・576
王毓芝	37・5
王毓芳	15・148
王毓秀	49・270
王毓珍(清無棣)	13・127
王毓珍(清壽光)	18・520
王毓俊	80・48
王毓美(明)	36・516
王毓美(清)	13・420
王毓珠	13・137
王毓珩	13・138
王毓菴	9・861
王毓琪	13・137
	13・149
王毓葵	9・258
王毓幹	37・5
王毓蓴	9・258
王毓鳳	10・391
王毓璜	32・648
王毓德	75・596
王毓履	36・733
王毓樸	32・651
王毓謙	36・736
王毓璽	13・156
王毓蘭	39・335
王毓賓	4・329
	13・127
王毓麟	71・202
王　僖	54・488
王僧祐	30・82
王僧虔	4・43
	30・84
王僧綽	4・41

	30・83
王僧慧(清直隸)	2・49
	34・438
王僧慧(清壽張)	42・789
王僧孺	4・188
	7・368
	75・394
王　槩	4・394
	17・634
王　僎	61・450
王銜恩	28・55
王　槼(清泰安)	32・392
	33・268
王　槼(清諸城)	20・764
王　鉽	18・525
王　鋌	27・120
王　銑(清費縣)	30・309
王　銑(清樂平)	59・639
王　銓(元)	60・85
王　銓(明六安)	79・219
王　銓(明諸城)	17・543
	20・515
王　銓(清平度)	23・435
王　銓(清掖縣)	24・569
王銓賢	43・304
王銓爵	80・222
王　銘(明永泰)	78・354
王　銘(明吉水)	72・472
王　銘(明建甌)	76・436
王銘修	53・412
王銘恩	28・51
王銘新(清高密)	23・261
王銘新(清商河)	9・429
	9・517
王銘盤	5・262
	32・643
王　鳳	5・220
王鳳九	78・291
王鳳文(清費縣)	30・311
王鳳文(清諸城)	20・770
王鳳生	54・264
王鳳竹	1・822
	32・25
王鳳池(清商河)	9・444
王鳳池(清惠民)	12・124
王鳳英	28・49
王鳳來	76・219
	80・608
王鳳岡	30・311
王鳳城	59・449
王鳳侶	18・519
王鳳起	55・477
王鳳祥	56・385
王鳳書	9・445
王鳳梧(清費縣)	30・310
王鳳梧(清婺源)	55・460
王鳳彩	13・146
王鳳章	21・639
王鳳喈	71・431
王鳳詔(清鄒平)	13・816
王鳳詔(清廣豐)	53・601
王鳳翔(清鉛山)	53・68
王鳳翔(清鄱陽)	58・202
王鳳翥(清費縣)	30・309
王鳳翥(清壽光)	18・529
王鳳鳴(清三楚)	80・761
王鳳鳴(清曹縣)	41・211
王鳳鳴(清齊河)	10・82
王鳳肇	25・67
王鳳儀(清安仁)	60・96
王鳳儀(清萬年)	60・412
王鳳翺	18・529
王鳳靈	78・111
王鳳衢	54・335

王　誌　70・566
王　誥(清江西新城)　71・387
王　誥(清金谿)　70・535
王　誥(清齊河)　5・336
　10・50
王　誥(清樂安)　71・137
王　誨　4・134
王　誦　74・9
王誦三　9・501
王誦芬　70・494
王誦謨　66・606
王　塾　27・138
　27・258
王　廣(明)　70・545
王　廣(清歷城)　5・243
　6・204
王　廣(清霞浦)　77・374
王廣心　5・329
　43・289
王廣信　19・390
王廣倫　72・543
王廣寅　33・798
王廣順　20・118
王廣斌　38・563
王廣寒　42・659
　42・758
王廣富　18・521
王廣運　41・200
王廣業(清壽光)　18・540
王廣業(清濟南)　4・299
王廣微　23・268
王廣福　70・572
王廣漢　7・450
王廣興　72・687
王　彰　70・563
王　韶(元)　74・35
王　韶(明)　72・290
王　韶(清金谿)　70・560
王　韶(清高密)　23・281
王韶之　30・85
王　端(宋山東)　4・264
王　端(宋南平)　77・116
王　端(清)　34・231
王端履　71・445
王端禮　72・474
王　適　50・323
王　齊　72・585
王齊祥　74・317
王　熇　10・372
　10・466
王　榮(明)　75・630
　79・77
王　榮(清莒縣)　30・722
王　榮(清婺源)　55・182
王榮元　9・416
王榮升　70・495
王榮世　4・205
　18・733
　42・461
王榮吉(民國長清)　34・337
王榮吉(民國臨沂)　31・65
王榮先　9・404
王榮松　59・469
王榮宗　47・392
王榮科　57・10
王榮烈　4・329
王榮卿　19・404
王榮國　2・67
　37・561
王榮第　4・319
王榮萱　55・513
王榮煒　26・114
王榮綬　36・225
王　漢(明掖縣)　4・219

	23·649
	24·510
	24·661
王　漢(明贛縣)	73·336
王漢生	23·263
王漢光	9·433
王漢如	42·789
王漢東	9·435
王　潢	56·129
王　漸	21·339
王漸鴻	4·436
王漱玉	32·7
王潡浦	14·379
王　演	14·742
王演疇	49·13
王　滳	4·422
	26·605
王　寬(明沁州)	9·140
王　寬(明萊陽)	27·155
王寬盛	64·583
王　賓(宋晉江)	79·252
王　賓(宋許州)	1·732
	11·40
王　賓(明城武)	39·60
王　賓(明新昌)	63·534
王　賓(清)	32·397
	33·272
王賓臣	72·8
王賓國	74·38
王賓賢	74·163
王察言	42·263
王　寧(明高苑)	14·250
王　寧(明巢縣)	78·396
王　寧(清)	7·183
王寧炘	23·272
王寧烶	23·272
王寧遠	6·469
王實之	23·268
王肇生	23·640
	24·519
王肇修	70·624
王肇彥	13·812
王肇祚	23·655
王肇珩	70·534
王肇基(清莒縣)	30·725
王肇基(清高唐)	39·735
王肇棟	70·567
王肇鼎	4·361
	30·328
王肇鈐	56·615
王肇禎	76·331
王肇對	71·159
王肇賜	4·358
王肇慶	60·284
王肇謙	80·160
王肇豐	18·375
王　鼐	21·669
王　誾	23·651
王盡美(民國)	30·620
王盡美(清)	62·603
王　鼒(明東明)	41·735
王　鼒(明棲霞)	25·266
	25·308
王　鼒(清)	6·124
王鄧林	57·330
王翠光	34·273
王翠巒	41·205
王　緒(明華陰)	1·845
	16·420
	20·487
王　緒(明貴溪)	52·104
王　緒(明樂平)	59·305
	60·204
王　緒(清)	5·389

王緒承　72・679
王緒曾　7・169
王　綎　27・159
王綽如　36・736
王　綱(明上高)　63・10
王　綱(明黄縣)　25・171
　26・88
王　綱(明鄢陵)　25・190
王　綱(明樂平)　59・391
王　綱(清)　40・350
　40・497
王綱燦　72・614
王　維　77・383
王維文　79・327
王維斗　78・608
王維光　80・17
王維宇　76・262
王維垣(明)　75・723
王維垣(清婺源)　57・467
王維垣(清諸城)　20・766
王維貞　42・107
王維秬　51・245
王維度　43・295
王維烈　36・528
王維倫　73・252
王維訓　10・369
王維崧　6・462
王維章　39・635
　42・561
王維寅　4・298
　43・300
王維塘　6・465
　6・486
王維幹　28・696
王維新(明)　1・781
　6・417
王維新(清奉天)　2・101
王維新(清商河)　9・422
王維煥　71・449
王維禎　60・345
王維綱　55・111
王維綸　73・99
王維墧　7・194
　17・665
王維盤　41・218
王維翰(明晉江)　30・234
王維翰(明曹縣)　41・154
王維翰(金鉅野)　39・181
王維翰(金龍山)　24・278
王維翰(清高唐)　39・698
王維翰(清婺源)　55・458
王維禧　5・343
　10・147
王維壁　6・490
王維藩(明)　1・797
王維藩(清奉新)　67・132
　67・393
王維藩(清陽信)　43・101
王綿昂　38・275
王綿泰　55・313
王綿儁　55・314
王綿翰　55・317
王綸章　27・165
王綸禮　79・598
王　綵　53・477
王　綬　24・525
王　綜　2・92
　16・440
　18・81
王　綜(南北朝)　44・30
　45・423
王　綜(清)　56・522
王　慧　72・133
王　瑾(元)　5・83

	32・622
王　瑾(清)	51・568
王　璜(清聊城)	38・547
王　璜(清蒙陰)	32・8
王　璜(清霑化)	13・418
王　璜(漢)	4・9
	17・691
王　璀	74・20
王　璡(元)	39・711
王　璡(明)	4・215
	15・551
	19・623
	23・633
	31・284
	32・130
王　璋(清鳳山)	80・607
	80・655
王　璋(清齊河)	10・148
王　璋(漢)	24・549
	25・589
王　璇	1・812
王　鞏	72・669
王　增	71・264
王增立	7・450
王增勉	77・250
王增祐	52・11
王增祿	5・376
	8・615
王　穀	32・598
王　慤	11・93
王　墀	37・5
王墀京	79・238
王蕢實	39・757
王蕙蘭(清長清)	34・165
	34・335
王蕙蘭(清陽信)	43・84
王　邁(宋)	77・208
	78・231
王　邁(清)	58・409
王邁人	53・359
王　蕃	76・459
王　蕣	36・490
王　樞(宋)	68・24
王　樞(明吉安)	72・135
王　樞(明泰和)	1・804
	12・94
王　樞(金)	4・179
王　樞(清)	27・465
	28・26
王　標	28・22
王　樓	51・585
王　樊(明安義)	66・569
王　樊(明龍南)	74・278
王　賚	74・260
王賚翼	9・413
王　櫟	14・715
王　樛	5・281
	6・411
王敷政	6・411
王敷保	4・444
王敷睿	26・118
王　賢(明文登)	29・25
王　賢(明鄞縣)	4・225
王　賢(明滎成)	29・617
王　賢(明寧陽)	4・149
	35・83
王　賢(明德化)	48・230
	48・281
王賢卿	70・525
王賢望	70・558
王賢喈	70・537
王賢輝	70・340
王賢儀	6・144
王　遷	31・822

王遷奇　72・632
王　奭(唐)　75・618
王　奭(清)　51・547
王　震(金)　4・235
27・292
29・5
王　震(清)　14・695
王震一　29・338
王震吉　14・144
王震廷　53・654
王震東　34・211
王震亭　55・477
王震起　21・384
王　霈(清費縣)　30・308
王　霈(清臨清)　14・744
王霈霖　56・370
王　輝　4・210
15・561
17・495
18・353
王輝如　9・403
王輝祖　43・95
王輝章　78・365
王輝琳　9・422
王賜良　79・232
王賜命　30・299
31・183
王賜信　18・375
王賜穀　26・600
王賜鋕　13・786
王賜鏞　5・269
13・779
王賜鑰　5・269
13・785
王閲道　58・157
王　暹(明吉水)　72・493
王　暹(明將樂)　80・459
王　暹(清)　55・319
王　獎　11・41
王　嶠　7・149
王　嶙(清霑化)　13・397
王　嶙(清濟陽)　10・366
王墨林　11・301
王墨莊　36・39
王　稽　70・518
王稷廷　79・158
王　稼(宋)　79・194
79・544
王　稼(明)　72・632
王　範(明開州)　1・799
王　範(明新昌)　63・534
王　範(清)　4・410
20・100
王牖民　57・322
王　儉　4・43
30・83
王　億(宋泰和)　72・260
王　億(宋德興)　58・656
王　儀(三國)　15・542
19・13
31・215
王　儀(元)　54・117
王　儀(明新城)　5・180
王　儀(明漢陽)　43・430
王　儀(清)　66・527
王儀亭　11・450
王儀鳳　5・129
32・629
王儀鴻　70・569
王　皞(民國)　9・262
王　皞(宋)　15・547
王　皞(明)　72・589
王　皞(清)　9・418
王　質(宋莘縣)　4・67

王　質(宋興國)　74・24
王　質(明太和)　1・774
王　質(明餘干)　28・491
王　質(南北朝)　30・91
王質誠　56・383
王　德(明永嘉)　1・828
王　德(明江西東鄉)　71・212
王　德(明厦門)　76・231
王　德(明樂平)　59・580
王　德(清)　25・52
王德一　9・812
王德元　55・453
王德玉　40・582
王德本　40・202
王德用(宋)　1・741
18・26
37・802
王德用(清夏津)　9・812
王德用(清壽光)　17・585
18・512
王德圭　56・650
王德光　49・289
王德延　41・732
王德全　42・757
王德芳　39・92
王德我　5・352
10・386
王德佑　54・157
王德孚　77・199
王德言　54・562
57・184
王德良　79・44
王德茂　55・556
王德昌　43・608
43・782
王德明(民國)　34・349
王德明(清)　15・152
王德昂　58・348
王德威　33・694
王德修　1・762
王德俊　55・605
王德恒(清鉅野)　39・343
王德恒(清臨清)　14・734
王德洪　78・618
王德泰　71・126
王德振　72・364
王德容　6・173
王德純　12・509
王德堂　56・505
王德瑛　26・618
王德勛　78・551
王德欽　80・16
王德善　5・292
6・479
王德湯　72・359
王德裕　78・656
王德瑚　74・274
王德新(元)　4・236
王德新(明安福)　72・575
王德新(明牟平)　28・19
王德新(清)　39・642
王德溢　75・534
77・488
王德漢　48・407
王德慧　14・391
王德瑺　48・389
王德徵　55・604
王德慶　57・508
王德潘　51・419
王德聰　54・476
王德懋　40・572
王德輿　71・126
王德鍠　54・471
王德瓊　56・384

王德馨(清武城) 9・695
王德馨(清商河) 9・258
9・434
王德瓚 48・439
王德驥 24・545
王　衛 70・586
王徵賢 2・79
王徵蘊 36・536
王　磐(元) 1・755
15・529
16・411
王　磐(清) 14・733
王　盤(明汶上) 7・378
王　盤(明鄆城) 40・156
王　盤(清) 70・567
王　鋭(元) 1・763
王　鋭(明) 43・188
王　鋭(清) 56・387
王劍堂 47・581
王餘吉 32・7
32・8
王餘芊 26・641
王餘英 26・619
王餘厚 26・109
王餘莒 18・696
42・435
王餘慶(宋) 7・278
7・494
王餘慶(明江西東鄉) 71・176
王餘慶(明金谿) 70・528
王餘慶(清) 55・76
王　滕 4・239
15・567
17・523
王魯復 75・578
77・508
王穎灝 35・117
王調鼎 21・371
王調燮 51・77
王　誼 75・575
王　褒(明) 75・587
76・94
王　褒(南北朝) 4・191
王　褒(清) 74・264
王褒泰 40・512
王　賡 77・400
王賡言 4・406
17・652
20・779
王賡颺 79・611
王　慶(明建陽) 76・399
王　慶(明鄒平) 5・135
王　慶(明婺源) 55・548
王　慶(清) 76・262
王慶成 5・135
王慶長(清順天) 6・446
王慶長(清福山) 26・617
王慶來 31・66
王慶恩 2・94
14・112
王慶祥 34・274
王慶隆 56・604
王慶雲(清閩侯) 76・53
王慶雲(清鄱陽) 58・153
王慶詒 18・506
王慶寧 6・466
王慶霖 14・738
王　毅(金) 41・692
王　毅(清膠州) 22・296
22・605
王　毅(清嶧縣令) 7・387
王毅之 13・146
王養民 7・447
王養珍 14・732

王養賢　32・644
王遵古　1・753
王遵企　72・242
王遵坦　4・410
17・584
18・346
王遵度　42・586
王遵道　75・416
78・462
王遵路　57・135
王遵職　40・169
王　導　4・37
7・348
30・79
王　熿　24・560
王　瑩(明)　5・184
15・107
15・144
王　瑩(南北朝)　30・86
王瑩之　78・647
王　熠　21・668
王　熠　26・106
王　潔　5・355
10・634
王　澍(清鄆城)　40・566
王　澍(清無棣)　13・119
王澍田　34・284
王　潤　1・832
18・692
42・431
王潤世　25・534
王潤生　25・41
王澗啉　55・308
王漭長　17・649
20・114
王　潺　31・791
王　澄(明)　25・597
王　澄(晉)　30・78
王　澄(清)　4・332
35・719
36・125
39・204
王澄淵　72・583
王　寯(清永泰)　78・372
王　寯(清膠州)　22・280
22・544
王審知　75・6
王履五　9・414
王履中　14・731
王履吉　5・307
43・636
王履亨　4・407
王　選(宋)　65・272
王　選(明)　66・288
王選寶　72・602
王適祖　35・195
王　豫　79・374
王樂天　30・607
王樂孟　72・440
王樂國　29・837
王　練　30・709
王　緘　7・424
王　緬　1・841
14・298
16・418
王緝祖　25・70
王　緯　25・653
王　畿(明山陰)　72・249
王　畿(明晉江)　79・128
王　璞　70・576
王靜宇　35・192
王靜波　9・407
王靜軒　8・717
39・764

王　璟(明沂水)　4・102
　30・95
王　璟(明陽曲)　1・785
王　璠　1・763
　41・280
王　璘(元)　12・307
王　璘(明武平)　80・69
王　璘(明棲霞)　25・266
　25・307
王　璘(清定陶)　41・392
王　璘(清鉅野)　39・195
王　璲　7・182
王　璣(明西安)　1・778
　12・96
王　璣(明東明)　41・737
王　璣(清商河)　9・430
王　璣(清齊東)　5・344
　15・109
　15・153
王　壇　17・589
　20・556
王　熹　79・207
王擇善　27・2
王　燕　72・617
王燕翔　40・514
王燕緒　26・615
王燕龍　80・191
王　薈　30・80
王　薪　23・278
王　翰(元盧州)　79・289
王　翰(元靈武)　75・362
　78・388
王　翰(明魚臺)　37・664
王　翰(明新昌)　63・536
王　翰(清)　39・65
王翰甲　18・528
王翰英(明)　29・110
王翰英(清)　72・666
王翰東　9・409
王頤貞　70・462
王　樹　6・184
王樹人　77・404
王樹令　56・595
王樹孝　20・782
王樹坊　13・813
王樹芾　50・201
王樹英　50・429
王樹荀　50・200
王樹屏　77・190
王樹桂　54・258
王樹基　32・384
　33・253
王樹渠　57・332
王樹森　53・402
王樹滋　25・114
王樹德　72・546
王樹翰　76・162
王樹勳　25・182
　26・127
王樹聲　21・807
王樹藩　50・245
王樹寶　34・222
王　橝　72・611
王　樸　17・543
　20・556
王　橋　37・701
王　樵(宋)　4・254
　5・60
王　樵(清)　51・469
王　樽(清惠民)　4・327
王　樽(清嶧縣)　7・437
王　機　26・610
王輯昌　26・120
王　勵　57・443

王勵業　41・173
王　霖(明)　1・794
王　霖(清江西新城)　71・473
王　霖(清滕縣)　36・497
王霖龍　75・444
王　霟　13・411
王　臻(宋)　1・739
75・395
王　臻(明)　9・410
王　暾　26・101
王　曉(宋)　4・264
王　曉(明)　6・343
王曉山　9・426
王曉榮　30・115
王曉巖　9・499
王曇首　4・41
30・82
王嶼似　20・571
王嶼孫　72・636
王　默　39・803
王默臨　21・488
王積光　10・567
王積翁　69・569
王　勳(宋)　75・444
王　勳(清上饒)　51・195
王　勳(清永定)　80・251
王　勳(清奉新)　67・426
王　勳(清青州)　17・642
王　勳(清瑞昌)　48・424
王　勳(清臨淄)　7・165
王　勳(清贛縣)　73・399
王勳朝　42・395
王　篤(清曹縣)　41・186
王　篤(清婺源)　56・511
王篤生　22・299
22・618
王篤敬　19・101
王篤慶(清聊城)　38・551
王篤慶(清惠民)　12・107
王　舉(見王矩)
王舉元　18・27
王　興(明文登)　28・480
王　興(明江西東鄉)　71・201
王　興(清)　31・828
33・794
王興邦　77・378
王興芹　23・260
王興宗　11・98
王興禹　77・210
王興祚　23・257
王興陛　7・189
王興桃　72・370
王興家　4・385
王興基　26・107
王興國　29・837
王興隆　19・98
王興瑜　48・394
王興照　39・75
王興傳　74・540
王興福(明)　66・615
王興福(清)　71・204
王興賓　36・743
王興賢　60・322
王興翹　80・254
王興麟　30・318
王　畱　27・170
27・226
王學方　43・508
王學孔　72・589
王學本　72・622
王學旦(明)　73・169
王學旦(清)　72・243
王學成　72・203
王學朱　19・99

王學孝　77・707
王學良　72・193
王學英　21・502
王學适　23・253
王學益　72・590
王學植　72・237
王學聖　47・440
王學誠　27・168
王學煒　56・199
王學遜　51・529
王學熙　51・664
王學稼　5・187
　10・363
王學懋　79・186
王學謙　77・193
王學襄　10・158
王學禮　70・464
王學顏　9・849
王學轍　78・310
王學夔　72・573
王　儒　4・449
　21・379
王儒行　37・693
王儒烈　9・442
王　儐　72・664
王　翱（清建寧）　80・543
王　翱（清新城）　43・299
王　衡　74・481
王衡仲　68・28
王　衞　4・361
　30・681
王　鍈（清諸城）　4・401
　17・594
　20・521
王　鍈（清霞浦）　77・384
王　錡（清城武）　39・72
王　錡（清無棣）　13・133
王　錩　72・544
王　錫（明婺源）　55・576
王　錫（明新建）　46・48
王　錫（清吉安）　72・196
王　錫（清長山）　5・158
　43・611
王　錫（清諸城）　20・564
王錫弓　48・346
王錫元　30・689
王錫玉　69・619
王錫田　19・401
王錫圭　55・193
王錫成　43・131
王錫芾　20・782
王錫昌　56・163
王錫命（清永安）　80・440
王錫命（清夏津）　4・391
　9・816
王錫朋（清高安）　62・312
王錫朋（清海陽）　29・826
王錫宗　19・568
王錫祉　10・149
王錫侯（明）　79・39
王錫侯（清）　10・159
王錫桐　78・519
王錫純　57・68
王錫珵　72・321
王錫培　43・208
王錫鹵　79・214
王錫隆　2・105
　27・805
王錫瑛　36・733
王錫瑞（清高安）　62・437
王錫瑞（清臨朐）　19・399
王錫蒲　14・142
王錫蔭　38・573
王錫蝦　43・295

王錫輔　40·170
王錫熊　57·148
王錫綸　13·154
王錫璁　26·99
王錫熾　57·170
王錫燮　56·222
王錫騏　62·361
王錫麒　57·332
王錫齡(清吉安)　72·254
王錫齡(清安福)　72·662
王錫齡(清金谿)　70·495
王錫齡(清南城)　71·296
王錫齡(清祥符)　33·307
王錫瓚　72·626
王錫麟(清孝感)　2·66
13·736
王錫麟(清婺源)　55·511
王錫纓　55·307
王　錦(明福山)　26·623
王　錦(明寧津)　11·146
11·283
王　錦(明蕭山)　60·307
王　錦(清)　56·585
王錦青　48·340
王錦亭　11·451
王錦堂　57·174
王錦園　14·136
王錦齡　66·544
王　錞(清永泰)　78·371
王　錞(清奉新)　67·323
王　鍵　75·485
王　録　42·749
王　穎　72·185
王穎士　7·153
7·164
17·612
王穎如　75·599
78·526
王穎芳　14·710
王　謀　43·104
王　諶　4·42
王　謣　76·389
王　諫(宋)　41·131
王　諫(清)　43·69
王　諭　14·123
17·565
王　憑　5·197
王凝芬　41·123
王凝命(明)　75·404
王凝命(清)　43·63
王凝熙　5·336
10·126
王　龍(明長清)　34·225
王　龍(明龍溪)　77·704
王　龍(清)　9·436
王龍才　51·493
王龍光(明)　52·238
王龍光(清閩清)　78·422
王龍光(清霑化)　13·394
王龍池　9·503
王龍見　40·586
王龍章　9·419
王龍賁　79·513
王龍震　79·457
王　壅　9·441
王羲之　4·39
30·81
49·512
王羲叔　71·350
王羲書　13·415
王　熇　51·193
王　燃　56·674
王熾昌　14·113
王燧周　55·13

王縈緒　4·405
17·645
20·769
王　濩　53·336
王　濃　72·620
王　澤(明)　77·706
王　澤(清)　55·356
王澤永　6·346
王澤民　16·439
王澤泩　25·70
王澤深(清商河)　9·419
王澤深(清臨清)　14·734
王澤溥(清吉安)　72·194
王澤溥(清海陽)　29·816
王澤霈　5·181
10·118
王澤霖　57·231
王澤臨　2·108
24·298
王　濂(清玉山)　50·266
王　濂(清章邱)　5·258
32·632
王　濂(清商河)　9·448
王　憲(明江西)　11·381
王　憲(明東平)　4·104
31·784
王　憲(明開封)　1·835
王　憲(南北朝)　4·48
15·543
17·471
18·489
19·24
王　憲(清)　22·345
王憲武　13·392
王憲英　72·634
王憲福　5·249
王　禧　25·178
26·104
王　隣　26·597
75·387
王　縉(明大同)　1·796
王　縉(明邢臺)　1·793
8·466
王　縉(清)　71·299
王縉玿　17·650
20·768
36·438
王　駿(清)　74·525
王　駿(漢)　4·8
4·21
23·629
王駿烈　15·151
王　璐　36·525
王　環(明平陰)　31·783
35·309
王　環(明泰和)　72·284
王　環(明新昌)　80·194
王環芳　4·299
王璵似　17·600
王　壎(元)　54·320
王　壎(清齊河)　10·148
王　壎(清臨沂)　4·363
30·106
30·365
王　轂　60·608
王聲亮　74·42
王聲榮　72·646
王聲顯　72·646
王　聰(明掖縣)　23·662
24·549
王　聰(明朝城)　42·284
王　聰(明蓬萊)　25·34
王　聰(清)　10·151
王聯甲　57·326

人名	卷・頁
王聯光	56・483
王聯陞	50・113
王聯達	56・624
王聯輝	56・149
王聯璧(清高密)	23・248
王聯璧(清曹縣)	41・216
王聯馨	5・390
	12・505
王　藎	21・327
	23・637
王藎臣(明)	36・459
王藎臣(清)	6・449
王藎卿	30・123
王樫林	5・309
	43・619
王　櫃	27・536
	28・164
王槐年	5・351
	10・371
	10・452
王　檄	68・210
王　檢(清福山)	26・611
王　檢(清德化)	78・614
王檜年	5・351
	10・377
王　檀	15・524
	16・402
王　懋(明安福)	72・618
王　懋(明修武)	1・806
	13・99
王　懋(清齊東)	15・111
	15・169
王　懋(清臨沂)	31・60
王懋中	72・570
王懋申	5・268
王懋建	19・551
王懋昭	21・679
王懋逢	56・382
王懋森	25・135
王懋勛	31・61
王懋魁	9・422
王懋誠	70・530
王懋賞(明)	71・200
王懋賞(清)	4・438
	26・617
王懋德(元)	4・145
	39・567
	39・826
	42・554
	43・536
王懋德(明)	69・195
	70・553
王懋德(清)	9・443
王懋勳	4・471
王懋擢	9・404
	9・443
王懋簡	67・553
王臨川	5・367
	8・333
王臨元	4・383
	38・567
王臨如	9・486
王臨策	71・179
王　邇	39・71
王霞蘭	79・609
王　擴	1・749
	8・314
	8・465
王　黻(明)	7・379
王　黻(清)	50・210
王　曙	21・743
王曙斗	71・210
王　嶷(南北朝)	19・37
王　嶷(清)	70・567

王　嶽　24・556
王　點　13・726
王穗書　17・668
王償麟　30・318
王　儲　32・583
王龜年　72・481
王　徽(五代)　4・208
王　徽(宋)　73・2
王　徽(清)　63・119
王徽之　30・81
王徽典　13・156
王　鍊　71・245
王　鍇　25・70
王　鍔　27・128
王　鍾(清奉新)　67・327
王　鍾(清南城)　71・247
王鍾吉　17・662
　20・767
王鍾沄　26・644
王鍾玫　6・352
王鍾松　57・331
王鍾泰　26・641
王鍾連　20・766
王鍾崙　5・196
王鍾瑞　20・768
王鍾會　72・243
王鍾湝　26・621
王　鎡　80・477
王斂福　17・620
　20・516
王　爵　72・586
王爵賓　72・636
王　翺　72・631
王　講　42・44
王　謨(明棲霞)　25・267
　25・309
王　謨(明德平)　5・215
王　謨(清金谿)　70・558
王　謨(清婺源)　54・411
王　謙(宋)　47・336
　69・139
王　謙(明南昌)　44・114
王　謙(明高安)　62・41
王　謙(明朝城)　42・343
王　謙(清金谿)　70・581
王　謙(清費縣)　31・183
王謙先　77・284
王謙志　6・638
　37・565
王謙言　72・596
王謙益　79・320
王謙祥　42・791
王謙道　69・652
王　謐　30・80
王　襄(明)　60・376
王　襄(清安福)　72・616
王　襄(清瑞昌)　48・413
王　褒　30・83
王膺符　33・259
王膺祺　78・512
王　應(元)　72・241
王　應(明)　4・126
　42・269
　42・378
王應山　75・596
　76・106
王應天　72・360
王應元(清玉山)　50・279
王應元(清長樂)　78・553
王應中　27・124
王應斗(明奉新)　67・53
王應斗(明彭澤)　49・104
王應斗(清)　24・713
王應正　14・727

王應仕 4·363
王應召(明) 33·593
王應召(清) 26·629
王應台 11·449
王應吉 16·425
王應汝 47·318
王應巡 76·139
王應芬 20·768
王應豸 23·641
24·520
王應亨 57·54
王應序 72·613
王應灼 56·654
王應初 78·653
王應拔 71·128
王應昌(明) 77·212
王應昌(清) 49·97
王應金 56·636
王應宜 56·487
王應官 80·16
王應春 63·169
王應珍 35·181
王應垣 20·769
王應奎(元) 58·419
王應奎(清婺源中雲) 55·152
王應奎(清婺源閬山) 57·88
王應奎(清諸城) 20·768
王應奎(清濰縣) 21·501
王應虹 67·125
王應科 55·300
王應修 1·802
34·436
王應祚 77·212
79·146
王應烋 56·70
王應祥 5·120
王應球 55·312
王應基 79·434
王應乾(明南昌) 44·350
王應乾(明睢寧) 1·829
38·683
王應哲 67·354
王應掄 40·158
王應第 17·590
20·557
王應超 54·108
王應達 56·51
王應期(明侯官) 75·626
76·184
王應期(明蓬萊) 25·27
王應植 5·264
32·613
王應軫 10·379
王應蛟 57·202
王應詔 54·519
王應統 5·301
43·598
王應瑜 54·109
王應瑄 56·590
王應聘 7·429
王應槐 75·463
王應電 72·384
王應節 43·607
王應旒 55·430
王應煥 50·278
王應禎 42·969
王應箕 13·153
王應銜 23·416
王應蕃 70·563
王應樞 73·219
王應選(民國) 13·473
王應選(明) 36·207
王應選(清) 35·476
王應霖 42·12

王應篤 79・579
王應諫 14・374
王應龍(清婺源) 56・24
王應龍(清遼東) 26・645
王應鍾 44・428
王應鐘 75・496
76・38
王應鶴 54・592
王應麟(明) 76・706
王應麟(清) 12・394
王　燦(清萍鄉) 47・440
王　燦(清壽光) 18・529
王　燦(清滎成) 29・619
王燦仁 72・537
王燦廷 60・293
王燦垣 78・307
王燦南 72・152
王燦信 72・537
王燦智 72・537
王燦義 72・537
王燦禮 72・537
王　燮 43・96
王燮元 1・832
王燮堂 26・635
王　鴻(民國) 37・4
王　鴻(清) 71・202
王鴻文 13・405
王鴻岦 54・553
王鴻岸 54・542
王鴻春 55・403
王鴻恩(清博興) 14・140
王鴻恩(清新昌) 64・420
王鴻陸 31・3
王鴻基(清婺源) 56・167
王鴻基(清壽光) 18・542
王鴻基(清嶧縣) 7・444
王鴻崗 54・599
王鴻崟 54・541
王鴻達 47・465
王鴻發 26・621
王鴻遠 7・190
王鴻蔭 54・555
王鴻業(清威海) 29・560
王鴻業(清陽信) 43・101
王鴻業(清婺源) 55・397
王鴻嵩 55・292
王鴻圖(民國長清) 34・264
王鴻圖(民國夏邑) 13・498
王鴻漸 40・343
王鴻賓 54・56
王鴻蕃 54・599
王鴻嶠 56・47
王鴻舉(宋) 72・485
王鴻舉(清) 54・498
王鴻儒 57・145
王鴻錫 57・330
王鴻錧 56・538
王鴻聲 5・300
43・636
王鴻嶷 54・540
王鴻鑛 55・295
王　濤(清安溪) 79・428
王　濤(清淄川) 6・410
王　濤(清諸城) 20・789
王　濬 23・622
王　濟(元) 72・478
王　濟(明城武) 39・58
王　濟(明保定) 7・380
王濟美 37・46
王濟普 72・615
王濟勳 38・558
王　禮(元吉安) 72・184
王　禮(元淮州) 37・421
王　禮(明朝城) 42・361

王　禮(明鳳縣)　27・5
王　禮(明諸城)　17・514
　20・515
王　禮(清)　77・133
王禮本　60・375
王禮永　13・399
王禮臣　66・618
王禮瑚　23・435
王禮質　38・573
王　彌　17・694
王　翼(明)　4・247
王　翼(清)　13・147
王翼周　22・297
　22・611
王　嚮　71・227
　71・423
王嚮明　13・408
王　績(清平原)　5・389
王　績(清海陽)　29・832
王績著　2・106
　29・597
王績燦　72・592
王　騏　71・207
王　璿　22・317
王　瓊　80・69
王瓊林　76・242
　76・327
王　鏊　25・59
王　鼇　58・215
王鼇土　42・265
王　贊　72・259
王藝園　18・737
王　覲　76・324
王覲宸　72・225
王　藩　29・757
王藩臣　60・344
王　礎(明)　5・176
　43・265
王　礎(清)　26・614
王　豐　9・495
王　瞻(南北朝)　30・82
王　瞻(清)　21・743
王瞻辰　41・204
王曜廷　57・218
王曜南　54・73
王曜桂　55・376
王曜槐　54・188
王蹟懋　71・175
王　壘　39・338
王　顒　79・362
王　穫　6・152
王　簡(明光澤)　77・265
王　簡(明壽張)　42・581
王　簡(清安邱)　4・406
　17・664
　20・1
　20・101
王　簡(清費縣)　30・302
王簡伯　76・259
王簡楫　62・191
王　皦　72・669
王　鎮(明政和)　77・30
王　鎮(明登封)　37・558
王　鎮(清大興)　2・65
　19・552
王　鎮(清長汀)　80・50
王　鎮(清臨沂)　30・111
王鎮之　4・42
　30・85
王鎮江　43・114
王鎮乾　13・368
王鎮常　29・321
王鎮惡　4・42
　15・580

	17・684
	18・488
	19・42
王鎮遠	41・176
王鎧之	40・291
王　鎬	70・560
王　鎔(宋)	75・400
王　鎔(清商河)	9・403
王　鎔(清霞浦)	77・380
王颺昌	4・460
	23・270
	23・644
王颺銓	67・175
王　謹(清膠州)	22・331
王　謹(清臨朐)	19・400
王謹之	41・75
王　翶	43・303
王燿文	55・299
王　璧	42・195
王彝鼎	40・578
王　繢	30・87
王　繕(宋)	21・309
王　繕(清)	12・330
王邋遢	80・291
王　騤	70・583
王難得	4・60
王　蘋	75・567
	79・1
王蘧亭	11・473
王蘄灝	27・98
王　勸	17・593
	20・516
王　蘇	43・68
王　藹	13・392
王藹吉(字廷銓)	56・657
王藹吉(字穎南)	55・15
王　藻	55・348
王攀元	55・352
王攀桂	31・64
王　櫧	6・405
王　轍	25・201
王麗有	59・588
王　礪	1・822
	31・319
	32・1
王　願	56・476
王　璽(明吉水)	72・558
王　璽(明南豐)	71・536
王　璽(清鄱陽)	58・165
王　璽(清寧海)	27・547
	28・213
王　璽(清諸城)	17・626
	20・558
王　霦	70・601
王　翟	73・25
王　黼	1・814
王黼曾	24・722
王贈芳	72・179
王　疇(宋)	41・131
王　疇(明)	79・545
王　蠋	5・3
	7・20
	7・30
	7・145
	15・559
	32・41
	43・258
王嚴龍	79・413
王　贇(宋)	4・83
	42・102
王　贇(唐)	21・119
王　贇(清)	36・176
王贇元	76・148
王贇槐	76・332

王穩基　5・278
　13・790
王　鐙(明諸城)　17・543
　20・563
王　鐙(明營州)　1・794
王　鏞(明)　79・256
王　鏞(清房山)　2・78
　38・163
王　鏞(清廣豐)　53・628
王　鏃　79・151
王　鏡　78・738
王　鵬　56・651
王鵬南　54・254
王鵬程　37・780
王鵬翥　30・114
王騰甲　28・228
王騰輝(清商河)　9・444
王騰輝(清婺源)　55・420
王　鯤　55・384
王　鯨　77・383
王　譚　1・695
王　識　79・326
王　勷　9・622
王　麒　37・829
　41・139
王　懷(元)　45・7
王　懷(清)　22・308
王懷忠　1・728
王懷宗　11・40
王懷智　29・835
王懷曾(清大竹)　30・64
王懷曾(清臨淄)　7・170
王懷瑜　5・350
　10・377
王懷義　25・644
王懷濟　77・267
王類正　51・555
王　瀚(明)　37・829
　41・140
王　瀚(清東阿)　31・830
王　瀚(清金谿)　70・543
王　瀚(清鄆城)　40・336
王瀘淵　72・584
王瀘澐　72・631
王　瀛(明)　28・472
王　瀛(清高唐)　39・623
王　瀛(清臨淄)　7・165
　24・294
王瀛洲　13・725
王瀛濱　35・141
王　瀠　18・343
王　騭　4・420
王繩先　13・232
王繩武　10・130
王繩矩　26・617
王　繹(宋)　73・1
王　繹(清曹縣)　41・191
王　繹(清蘭山)　30・134
王繹曾　7・188
王　繪(明)　41・83
王　繪(金)　5・69
王繪堂　7・189
王　繡　43・439
王繡亭　11・435
王　蘭(明奉新)　67・122
王　蘭(明曹縣)　4・247
　37・839
　41・140
王蘭如　10・149
王蘭芬(民國)　18・569
王蘭芬(清高密)　23・268
王蘭芬(清婺源)　56・399
王蘭芳(清夏津)　9・849
王蘭芳(清壽光)　18・506

王蘭昇 4·437
27·172
27·257
王蘭亭(清夏津) 9·860
王蘭亭(清陽信) 43·132
王　齡 56·118
王齡昌 26·126
王　獻 24·267
王獻之 30·81
王獻吉 22·232
王獻臣(宋) 78·590
王獻臣(明) 80·152
王獻琛 30·747
王獻策 14·141
王耀先 9·445
王耀廷 53·618
王耀宗 43·634
王耀奎 30·119
王耀亮 44·552
王耀珽 72·675
王耀時 26·96
王耀乾 74·268
王耀曾(清婺源) 55·459
王耀曾(清閩侯) 76·150
王耀德 70·565
王耀選 62·456
王闓之 7·180
15·576
17·497
王曦如 4·230
23·650
王　鶚 41·734
王　巍 11·433
11·474
王　籍 20·115
王　譽 6·459
王覺圖 69·336
王　鑅 78·177
王　鍢 72·698
王　鏻 75·8
王夔龍 13·390
王寶山 39·708
王寶仁 13·427
王寶甲 14·385
王寶金 12·117
王寶琳 57·331
王寶森 30·134
王　鶩 72·199
72·257
72·527
王　繻 41·699
王繽之 19·3
王　繼 75·368
王繼文 4·388
14·709
王繼光 25·175
26·93
王繼先(明) 4·131
王繼先(清) 19·78
王繼芳 75·464
王繼良(清武城) 9·698
王繼良(清昌樂) 19·79
王繼祀 75·411
77·585
王繼周 5·366
王繼思 25·178
26·106
王繼庭 18·75
王繼美(明) 77·140
王繼美(清) 79·318
王繼恩 4·443
王繼堯 42·774
王繼策 19·618
王繼善 13·130

王繼曾(明南安)　79・455
王繼曾(明聊城)　18・458
王繼曾(清奉新)　67・236
王繼曾(清長山)　43・608
王繼遠　72・578
王繼賢　34・262
王繼暹　79・533
王繼學　13・403
王繼鵬　75・10
王繼瀛　26・645
王　瀠　73・3
王　驂　17・544
20・560
王　瓘　38・718
王鰲永　5・281
6・347
王　歡　4・173
9・66
15・571
王歡謨　70・619
王　權　49・397
王權中　77・377
王權奇　80・319
王權賢　48・420
王　覽　4・34
11・37
30・77
王　霸　76・208
王　顥　42・939
王躍鱗　80・351
王　儼(明泰和)　11・202
72・308
77・283
王　儼(清濟陽)　10・387
王　儼(清濰縣)　21・503
王　鑞　30・128
王　鐸(明陝西)　1・841
15・532
16・415
王　鐸(明鉅野)　39・182
王　鐸(清)　57・171
王　爟　41・407
王　鶴　20・111
王鶴成　9・865
王鶴臯　49・324
王鶴鳴　40・581
王鶴齡　70・630
王續藩　24・760
王　覿　60・755
65・308
王　懿(民國)　28・54
王　懿(清)　4・461
22・276
22・527
23・645
王懿榮　4・440
26・622
26・728
王　鑒(明吉安)　72・150
王　鑒(明長子)　37・558
王　鑒(晉)　38・705
王鑒明　24・771
王霽南　56・602
王霽雲　17・651
王巖叟　4・76
王體元(清泰安)　32・401
33・276
王體元(清臨淄)　7・189
王體節　30・298
31・175
王體翰　55・553
王　籙　32・377
33・247
王籙永　6・405

王　鑄(明)　72・616
王　鑄(清)　13・497
王　鑑(元)　14・702
王　鑑(明長汀)　80・11
王　鑑(明無錫)　1・804
12・96
王　鑑(清南昌)　45・263
王　鑑(清萊陽)　27・151
王　鑑(清婺源)　57・468
王　龔　4・26
7・71
15・516
16・394
37・97
39・173
王　襲　5・202
王　爔　18・334
王　瓚(明都昌)　50・108
王　瓚(明萬全)　1・855
23・622
王　瓚(明翼城)　9・140
王　鼇　70・556
王鼇永　4・294
王　顯(北魏)　4・261
38・722
王　顯(明江西東鄉)　71・157
王　顯(明南平)　77・83
王　顯(清永定)　80・230
王　顯(清齊東)　15・160
王顯仁　49・339
王顯世　79・499
王顯立　33・836
王顯光　67・289
王顯任　67・377
王顯吾　5・377
8・642
王顯昌　74・270
王顯忠　31・823
34・470
王顯烈　56・656
王顯緒　26・615
王顯謨　71・485
王顯鐸　26・110
王　巘　59・152
王　麟(元)　31・813
王　麟(明魚臺)　4・148
37・657
王　麟(明新城)　4・182
5・166
43・261
王麟之　19・108
王麟生　55・384
王麟昭　72・618
王麟度　2・67
37・422
王麟洲　12・492
王麟書　35・478
王麟趾　5・215
王麟瑞(清南靖)　75・725
王麟瑞(清福山)　26・620
王麟禎　37・842
王麟閣　40・582
王　瓛　25・596
王　觀　4・29
39・780
40・55
40・159
42・542
王觀光(明)　79・132
王觀光(清)　43・67
王觀晉　78・566
王觀國(清鄱陽)　58・104
王觀國(清寧津)　11・291
王靈侑　4・235

	38・217
王　衢	54・284
王　鑨	5・292
王　讓(明上饒)	51・176
王　讓(明安福)	72・584
王　讓(明益都)	4・122
	6・542
	15・551
	17・513
王　讓(明魚臺)	37・659
王　讓(明廈門)	76・214
王　讓(清歷城)	6・216
王　讓(清嶧縣)	7・444
王　灝(明吉安)	72・185
王　灝(明江西新城)	71・447
王　灝(明贛縣)	73・378
王　鑰(明)	37・770
王　鑰(清)	38・228
王　纘(明)	14・124
王　纘(清)	19・112
王纘業	26・614
	30・647
王　驥(明)	72・442
王　驥(清淄川)	6・455
王　驥(清婺源)	55・376
王　讚	32・7
王驤龍	80・255
王　鑽	25・172
	26・90
王　鑾(明)	74・362
王　鑾(清)	77・380
王　驪	9・816
王籲俊	9・856

井

井其洵	37・813
井面先生	31・333
	32・5
井盛林	36・770
井蔭甫	13・498
井錫琨	19・406
井　濟	39・150

亓

亓九功	35・321
亓九敘	35・322
亓士錦	35・342
亓　才	31・797
亓之偉	4・226
亓斗南	31・827
亓世順	9・442
亓必迪	31・831
亓汝霖	19・108
亓祈年	4・455
	21・721
亓　厚	5・250
	6・209
亓　保	9・401
亓恆言	9・409
亓萬年	35・342
亓　瑋	21・362
亓經倫	31・827
亓鴻琯	35・347

天

天山上人	80・169
天成禪師	43・133
天真道覺禪師	76・501
天　然	45・362
天圓禪師	74・64
天嶠遊人	71・349
天　憨	74・49
天　闢	79・641

元

元三佺　71・142
元　玉　32・486
　33・559
元世儁　18・6
元　匡　18・5
元　成　4・21
元至樂　71・125
元延明　1・709
元安壽　18・5
元好問　18・749
　38・581
　42・472
元　羽　18・4
元孝友　1・707
元克中　78・699
元　邵　1・711
　16・398
　18・5
元　表　77・359
元　欣　1・706
　18・6
元宗孔　70・77
元定濟　71・135
元泉達　71・130
元　衍　1・709
元恆泰　71・134
元　衲　79・639
元　飛　76・263
　79・302
元脩伯　1・715
　24・266
元　章　70・219
元　悰　18・6
元陽子　32・659
元陽真人　73・117
元　雲　1・709
元遇文　71・135
元貴平　1・711
　18・6
元集虛　49・516
元欽達　70・291
元　普　79・376
元　結　48・447
元　絳　75・396
元　楷　71・572
元　愷　72・27
元　端　1・711
　18・5
元　賢　76・421
元德昭　71・259
　71・375
元　徹　77・596
元　褒　1・716
元　融　18・5
元　謐　71・365
元　應(五代)　78・398
元　應(宋)　79・297
元　羅　18・5
元　籌　74・142
元　繼　18・5
元體中　77・202
元　鑑　18・5
元顯和　1・709
元　鸞　18・5

云

云　敞　1・687

木

木天駿　76・203
木蛇禪師　77・360
木　棠　28・226

木　楹　5・67
木當敏　77・477

支

支文烈　35・678
支國弼　72・101
支喬望　72・108
支喬楚　72・108
支　機　59・161
支曇蘭　15・614
支　錦　72・97
支　黼　72・84

太

太公望　31・284
32・129
太　心　78・218
太　平　18・46
太史敫　15・591
31・208
太史慈　4・32
19・625
25・170
26・33
26・86
50・133
太　初　79・299
太倉公　17・669
太　積　79・301

尤

尤士魁　75・636
77・468
尤　台　79・398
尤光被　77・462
尤　芳　31・59
尤克登　30・128
尤其潛　9・693
尤則籲　36・226
尤　泰　79・350
尤　珪　79・599
尤時熙　32・585
尤峻峯　36・33
尤　彬　78・284
尤捷鰲　79・565
尤清泰　31・56
尤淑孝　2・114
尤葆辰　31・61
尤　璉　1・803
33・588
33・687
尤　槤(見尤璉)
尤　端　77・474
尤　默　79・255
尤錫觀　79・318
尤穉章　79・177
尤謐亭　7・434
尤鑑清　79・616
尤麟兒　79・337

巨

巨　然　46・555

戈

戈　直　69・314
戈相臣　37・11
戈　模　45・95
戈衛民　14・730

少

少林崧禪師　77・24
少　翁　7・211
17・672

牛

牛士範　34・472
牛大緯　80・759
牛山木　1・850
　27・4
牛天宿　5・257
　32・632
牛天麟(元)　37・38
牛天麟(明)　38・537
牛元佐　32・651
牛元弼　5・257
牛友月　2・44
　34・48
牛中開　5・257
　32・637
牛中瀚　5・257
　32・638
牛化麟　14・373
牛　文　31・821
　34・471
牛文仔　6・470
牛文份　6・454
　5・288
牛文明　1・819
　37・556
牛文魁　5・333
　43・290
牛永盈　43・279
牛邦光　7・372
牛存節　4・61
　14・118
　15・545
　17・480
牛成龍　32・586
牛光斗　41・395
牛同人　32・613
牛好信　38・226
牛扶霄　23・69
牛作棟　6・455
牛希儒　1・791
　43・190
牛青霄　13・343
牛松年　35・476
牛尚文　43・99
牛牧民　43・540
牛秉謙　24・714
牛宗文　2・82
　30・195
　43・205
牛拱辰　9・698
牛思凝　2・100
　16・449
　20・492
　33・696
牛炳璿　13・142
牛　起　11・306
牛　峽　31・805
　34・469
牛卿雲　24・716
牛盛霖　43・294
牛敏夫　35・493
牛滋蒲　6・464
牛滋藍　6・464
牛運震　4・337
　35・457
　35・565
牛夢英　4・335
　35・474
　35・554
牛　蒿　4・313
　31・803
　34・472
牛蒙祖　32・613

牛會詩　16・453
牛會賢　35・494
牛嘉琛　6・184
牛僧孺　73・191
牛漢文　20・789
牛肇隆　34・469
牛肇統　9・448
牛德貞　31・838
牛德隆　31・803
　34・467
牛　諒　4・97
　31・780
牛慶祥　36・751
牛履祥　11・306
牛頤志　35・479
牛頤原　35・478
牛學詩　39・65
牛　濩　31・794
　34・468
牛　寵　35・349
牛蘭芳　13・343
牛鑒章　6・484
牛　釁　35・487
牛　鸞　1・838
　15・535
　16・420
　18・49
　18・65
　39・147

毛

毛一森　79・77
毛一遠　64・563
毛一夔　78・626
毛二南　51・588
毛九苞　60・68
毛九華　24・520
毛三省　24・425
毛士元　74・540
毛士奇　24・550
毛士鵬(清弋陽)　50・505
毛士鵬(清興安)　74・536
毛大任　64・361
毛大業　63・588
毛大節　72・436
毛大勳　63・447
毛子毅　71・451
毛子翼　74・441
毛元吉　78・408
毛元慶　72・435
毛化鵬　52・350
毛　公　4・13
毛文思　62・195
毛文魁　72・547
毛文煥　64・413
毛文耀　63・437
毛孔墀　79・36
毛玉成　6・183
毛立中　43・103
毛立本　43・122
毛立政　43・73
毛必祿　53・402
毛必强　52・407
毛永柏　18・75
毛永齡　2・93
　7・85
　16・440
毛邦正　53・545
毛邦琦　53・460
毛邦暹　73・325
毛式玉　24・335
　24・564
毛式郇　4・271
　6・127

毛　在 1・773
毛在梧 24・565
毛有華 50・541
毛有爲 30・715
毛先智 8・716
毛廷芳 24・581
毛廷明 63・141
毛廷弼 23・259
毛廷瑞 63・443
毛廷樑 53・643
毛廷錦 60・42
毛廷籍 43・102
毛　休 72・561
毛伏宗 52・250
毛似徐 24・556
毛似蘇 24・351
毛兆唐 53・543
毛充學 43・91
毛汝亮 51・226
毛汝舃 10・156
毛汝翼 63・488
毛宇衡 68・560
毛如珍 24・559
毛如瑜 4・255
43・92
毛羽皇 27・814
毛　玘 1・822
毛　圻 5・237
6・127
毛志尹 44・321
毛　芬 1・820
毛克生 11・475
毛克舉 74・530
毛克豐 74・526
毛步雲 72・244
毛呈珮 66・568
毛　邑 2・32
13・223
32・587
毛佐臣 72・558
毛伯英 67・105
毛伯温 72・411
75・373
毛　豸 66・617
毛豸繡 62・109
毛　亨 35・640
毛　沇 68・561
毛良梓 24・425
毛君卿 72・429
毛若櫛 73・326
毛　英 23・650
24・534
毛英梅 74・226
毛直方 76・489
毛松齡 68・101
毛　杰 24・517
毛東昭 46・155
毛協恭 75・408
76・205
毛奇齡 72・250
毛卓然 64・502
毛尚勇 76・582
毛明志 64・339
毛　迪 63・579
毛　忠 24・515
毛忠吾 64・375
毛　岡 63・544
毛秉正 24・537
毛秉鐸 79・34
毛　佺 4・212
11・81
毛佩璜 72・547
毛命揕 64・418
毛受拱 64・413

毛雲鵬　60・34
毛斐世　64・565
毛紫登　24・545
毛開泰　29・598
毛遇昇　48・207
毛　智　1・855
22・229
23・621
毛　循　24・450
毛　舒　51・585
毛　欽　1・698
毛舜選　46・468
毛　童　58・263
毛　翔　63・545
毛普聖　74・482
毛　焯　16・431
18・69
毛　湟　53・460
毛　渾　64・351
毛　載　52・358
毛夢麟　63・469
毛　雷　4・343
35・231
毛當時　76・347
毛暉遠　63・486
毛　節　74・505
毛　誠　60・265
毛　裹　60・160
毛　溥(宋)　72・527
毛　溥(明)　43・541
毛福臣　51・247
毛福綏　51・623
毛　禎　10・638
毛殿楣　53・477
毛殿臺　53・419
毛壽永　77・269
毛　聚　4・239
23・652
24・542
27・548
28・232
毛　碩　1・752
37・803
毛搏九　76・475
毛搏霄　35・677
毛　曄　43・130
毛鳴岡　74・537
毛鳴鹿　74・536
毛鳴鸞　53・542
毛　槩　24・326
毛鳳江　72・535
毛鳳林　63・464
毛鳳鳴(明)　7・379
毛鳳鳴(清)　64・593
毛鳳舞　23・278
毛鳳雛　68・251
毛鳳騰　60・172
毛韶芳　21・147
42・587
毛　適　63・495
毛榮椿　72・244
毛滎洙　53・643
毛漪秀　24・522
24・646
毛熊夢　64・358
毛維騶　1・838
16・430
18・66
毛　璋　21・452
毛增彩　52・248
毛輝祖　4・270
5・236
6・127
毛輝鳳　68・334

毛德汪　74・438
毛德暘　64・401
毛德輝　64・568
毛遵昶　24・424
毛遵謙　24・522
毛　澂　18・84
33・81
41・295
毛　熹　78・627
毛　翰　68・507
毛學賢　66・615
毛　衡　63・541
毛　錦　52・296
毛錦生　77・248
毛錦江　50・514
毛　憲　40・32
40・246
毛懋諫　64・338
毛應佺　72・428
毛應龍　45・6
毛燦芝　63・464
毛鴻遠　64・356
毛鴻賓　4・272
6・142
毛　瓊　68・82
毛　贄　24・563
毛覲文　18・696
42・435
毛　翻　63・580
毛　霦　24・559
毛　鏜　20・487
毛　騰　63・571
毛騰芳　63・440
毛騰蛟　63・591
毛　繡　4・223
30・678
31・220
毛獻珍　63・456
毛耀金　64・586
毛耀南　64・39
毛　鐸　45・119
46・27
毛鶴齡　52・248
毛　纘　30・735
毛　驥　1・828

仇

仇文玉　22・299
22・619
仇先登　37・722
仇廷梁　37・708
仇言慎　36・617
仇良仕　63・164
仇　相　5・145
仇　科（清德安）　47・570
仇　科（清歷城）　5・248
6・208
仇恩注　2・101
仇陳錫　15・166
仇敏達　63・174
仇　悆　4・80
15・548
17・491
18・290
23・126
23・613
仇期高　63・163
仇　惠　77・141
仇雲慶　30・198
仇　源　1・729
23・612
仇毓藻　15・163
仇維楨　18・324
仇賡言　29・821

仇興詩 32·8
仇　儒 42·234
仇儒楷 4·363
仇應婁 37·680
仇　鎮 1·854
22·229
23·620

化

化之行 1·818
37·421
化　清 77·406

仉

仉　江 18·509
仉　經 14·221
17·513

介

介山真人 73·117
介　琰 76·208
介　勝 79·640

公

公一鳴 31·330
公子欣時 41·399
公玉帶 5·10
公西赤 4·4
35·602
41·814
公西蒧 4·5
35·603
公西輿如 4·5
35·603
公光國 32·4
公羊高 4·6
7·133
公守敬 31·334
32·5
公　安 32·8
公　甸 31·332
32·4
公沙穆 4·13
4·15
4·258
7·339
23·629
26·187
公冶長 4·3
15·483
20·494
35·601
公良孺 27·282
35·602
公明宣 31·170
37·406
39·172
公明高 31·170
37·406
39·172
公明儀 4·6
31·170
37·406
39·172
公肩定 4·4
35·602
公　咸 32·8
公厚斌 30·125
公勉仁 4·125
15·554
31·322
31·330
32·3
公祖句玆 4·5

	35・603
公都子	4・6
	7・133
公夏首	4・4
	35・602
公乘陽慶	4・258
	7・23
	15・610
公　海	32・8
公家臣	31・330
	31・345
	32・3
公家枋	31・336
	32・6
公家珍	4・356
	31・332
	32・4
公家鄰	31・324
公孫文	4・15
	7・476
公孫丑	4・6
	7・133
	15・484
公孫弘	4・14
	4・20
	5・10
	7・203
	21・792
	23・664
	36・412
公孫臣	4・258
	35・727
公孫戍	7・204
公孫青	7・159
公孫桂	6・340
公孫夏	7・20
公孫捷	7・210
	15・591
公孫閈	7・201
公孫閎	1・689
	15・516
	16・393
	20・480
公孫景茂	1・717
	6・284
	39・781
	42・542
公孫無知	15・618
公孫賀	7・321
公孫會	41・126
公孫詭	15・619
公孫爾甯	36・527
公孫龍	35・602
公孫邃	1・711
	18・4
公孫蘯	7・144
公孫竈	7・144
公　쀢	31・321
公　詠	32・7
公　綖	31・336
	32・6
公晳哀	4・3
	5・2
	7・133
	15・484
公毓楶	32・5
公賓就	7・477
公　鼐	4・114
	31・322
	31・331
	32・4
公　鼒	31・332
	32・4
公儀休	35・638

公儀僭 35·682
公輸般 35·727
公戴東 32·8
公戴聲 32·5
公斂處父 35·56
公躋奎 31·330
32·3

月

月世光 73·362
月邦覲 74·278
月光禪師 80·368
月　波 73·118
月　空 74·252
月　華 74·255
月朗和尚 21·835
月　慧 78·717
月　輝 73·378
月　潭 74·513
月潭禪師 30·333

勾

勾復華 41·812

殳

殳恩煦 2·77

卞

卞一卜 14·140
卞元成 30·690
卞文明 35·509
卞坦綸 61·472
卞杰三 13·362
卞　秉 30·77
卞咸和 43·542
卞　俊 4·37
37·822
41·711
卞　洵 39·209
卞　華 4·174
37·823
41·127
卞莊子 36·206
卞　彬 4·187
37·823
41·127
41·714
卞進之 22·227
卞　壼 4·39
7·457
37·821
41·127
41·712
卞循大 19·109
卞　敦 37·822
卞敦本 39·313
卞　粹 4·203
37·823
41·127
41·711
卞德猷 39·185
39·191
卞澍棻 14·136
卞樹梅 14·140
卞　穎 2·100
16·443
20·491
卞謨正 2·56
卞　蘭 30·77

文

文三俊 75·657
文士宏 48·95
文士恭 48·45

文士智 48·440
文子悱 74·58
文天祐 72·147
文天祥 39·216
40·173
71·142
71·353
72·119
72·383
72·394
73·115
73·272
74·512
77·443
77·728
78·714
80·321
文天禎 72·188
72·551
文不識 7·252
文　斤 45·351
文公行 73·189
文玉先 39·340
文世松 47·368
文世奇 48·417
文本敏 62·657
文本然 62·656
文可紀 68·220
文占麟 47·451
文　立 1·702
37·801
41·58
文邦衛 73·164
文存恕 48·390
文存篆 48·120
文成才 76·308
77·627
文成章 62·476
文光爔 47·448
文同升 48·356
文名遠 48·364
文守元 47·400
文伯達 74·55
文　忳 21·110
文茂選 47·451
文　林 1·830
文昌時 1·839
7·83
16·435
文　明 43·83
文制書 48·390
文和元 47·366
文　周 73·157
文治光 48·323
文宗今 62·657
文宗棠 62·657
文宗聖 62·558
文相府 48·196
文　柱 48·325
文映朝 2·105
27·337
27·806
文思炳 72·89
文思雄 72·102
文　矩 76·207
76·752
78·214
79·296
文律遠 48·118
文風堂 48·353
文彥昇 48·412
文彥真 47·361
文彥博 1·733
18·27

文炳漢　68・384
文炳澐　68・278
文　陛　65・315
　　72・183
文華國　42・112
文華章　72・153
文殊奴　10・39
文殊海涯　44・70
文振鶴　48・370
文　時　73・192
文　晟　47・422
文　峯　79・376
文師大　48・322
文　悦　45・369
文　烜　47・373
文　祥　1・797
文　展　79・297
文　彬　30・63
文國楨　80・158
文　敏　22・229
文　偁　78・327
　　79・296
文　琳　73・30
文　超　79・296
文萬飛　48・400
文　森　1・825
　　11・383
　　40・9
　　40・243
文　惠　78・389
文斐光　73・186
文智揚　62・474
文傑儒　48・417
文集樫　47・443
文　皓　1・797
文翔鳳　27・4
文道長　43・126
文　淵　23・349
文運隆　48・324
文　瑞(一作史文瑞)　1・772
文嗣發　47・400
文　義　78・327
文煥卿　72・100
文經遠　48・390
文綏遠　48・368
文慕道　72・333
文　熙　2・113
　　23・135
文　爾　74・49
文　廣　1・820
文　翠　76・262
　　76・365
文維敦　62・591
文　璋　72・188
文　儀　72・182
　　72・486
文　德　78・570
文德孚　48・439
文德昌　48・438
文德恆　48・381
文德章　48・440
文德隆　48・381
文德翼　48・45
　　48・321
　　51・127
　　71・357
文調元　47・367
文履嵩　48・407
文　學　47・443
文學昭　73・365
文　穎　2・63
　　9・139
　　12・204
文澤長　43・74

文　謨　48・332
文應舉　77・627
文應麟　72・188
　72・551
文濟昌　73・184
文　鵠　47・465

亢

亢起德　42・402
亢霖雨　33・694
亢懋修　38・581
亢　懷　30・136

方

方一沾　57・429
方一準　57・327
方一樂　56・488
方二川　55・398
方九疇　77・384
方又勝　50・541
方　干　73・269
方　士　78・209
方士宏　74・525
方士衍　74・544
方士㭬　56・390
方士進　56・261
方士焯　57・206
方士煥　56・260
方士端　76・348
方士選　56・261
方士繇　76・414
　78・6
方士燾　56・38
方士鑾　57・429
方大壯　78・3
方大教　78・543
方大彪　78・565
方大密　57・415
方大琮　75・422
　78・28
　78・388
方大遠　50・495
方大猷　1・793
　2・5
方大漢　56・560
方寸田　79・623
方千里　71・347
方之北　51・190
方之芬　55・627
方之宗　57・4
方之恒　55・357
方之泰　77・361
　78・141
方之華　57・20
方之海　74・525
方之崧　55・443
方之衡　55・109
方之燡　60・384
方之璧　13・731
方子明　11・205
方天斗　55・311
方天玉　55・311
方天然　1・842
　16・418
　19・2
方元圭　56・299
方元臣　70・392
方元昌　47・284
方元昇　60・496
方元明　59・629
方元章　51・331
方元寀　78・1
　78・563
方元煥　14・742

	42·949
方友楨	23·137
方日治	54·527
方日洪	50·440
方日陞	53·408
方日乾	75·554
	79·17
方日清	56·672
方日添	56·99
方中誠	74·546
方　壬	78·6
方　升	54·207
方升之	78·71
方　仁(明)	50·383
方　仁(清)	50·545
方仁規	75·701
	76·764
方化新	60·280
方今泰	78·620
方公袞	78·67
	78·250
方　文	52·561
方文中	9·862
方文明	50·491
方文炎	55·331
方文治	57·382
方文柱	76·302
方文冕	57·133
方文溥	57·5
方文銘	56·211
方文顯	6·446
方以長	60·321
方以知	72·51
方以智	70·641
	71·117
	71·357
	71·499
	72·250
	72·384
方以漣	74·542
方以鎮	78·614
方孔炤	77·365
方玉桂	70·333
方玉蘊	45·223
方正和(清莆田)	78·202
方正和(清萬年)	60·313
方正雲	57·24
方正熺	56·656
方功有	54·583
方功宏	55·41
方世平	5·246
方世兆	56·607
方世沂	57·28
方世壯	32·453
	33·77
方世奇	56·489
方世昌	60·378
方世振	6·174
方世豪	80·143
方世禮	50·489
方本正	50·460
方木第	46·448
方可銘	57·18
方丙桂	57·166
方　丕	59·598
方　冊	58·318
方　印	46·34
	60·304
方永澄	2·57
	35·451
方永燔	56·660
方弘持	73·39
方　召	77·374
方　末	78·6

方邦台　57・180
方邦沐　56・373
方邦彥　50・436
方邦烈　55・227
方邦傑　55・210
方邦榜　57・327
方邦聰　57・429
方　圭　50・472
方　圯　41・288
方西園　52・635
方在南　50・516
方百里　73・86
方有若　58・208
方有貴　56・657
方　成　54・560
方成美　56・532
方成章　53・50
方光昭　54・203
方同仁　56・323
方　年　54・132
方廷月　56・510
方廷位　50・490
方廷涓　47・99
方廷揚　12・336
方廷傑　57・104
方廷舞　12・336
方廷實　47・24
　75・357
　78・70
方廷簡　7・84
方延彬　74・542
方　仲　54・584
方仲梓　30・235
方仲誥　55・544
方仲諧　57・494
方仲夔　75・598
方自越　60・389
方自創　54・573
方自越　60・413
方　向　55・602
方似桀　74・20
方　舟　54・213
方兆及　2・25
方兆光　70・303
方兆蛟　58・604
方兆滁　55・171
方旭之　59・605
方　旬　76・464
方名世　50・538
方多吉　56・260
方次彭　78・130
　78・257
方次靜　78・461
方　江　57・422
方汝一　78・108
方　守　78・86
方守田　25・67
方　安　74・359
方　冰　79・71
方如琮　74・525
方　玘　77・39
方芹之　78・139
方克勤　1・816
方步瀛　49・143
方秀規　74・35
方伯載　75・641
　76・94
方伯齊　79・48
方伯騫　75・407
　76・205
方伯鑑　56・447
方亨衢　49・31
　77・589
　78・455

方沛霖 6·447
方　沂 47·82
方　沆 78·113
方宏基 14·729
方宏撫 47·195
方良永 1·775
78·44
方君仕 73·392
方君賞 58·195
方武子 78·84
方長生 76·300
方長興 48·508
方亞夫 78·107
78·287
方其道 47·320
方其鳳 56·621
方茂榴 56·48
方　英 77·267
方英愉 54·552
方英穎 78·544
方　直 60·633
方林書 57·333
方　來 50·462
方來崇 45·502
方　述 70·68
方東省 5·120
方叔完 75·406
76·205
76·461
方叔廣 78·300
方尚來 79·327
方尚恂 76·466
方尚賜 56·36
方旺山 51·417
方　昇 78·421
方明揚 54·127
方易來 57·34
方　昂 4·281
5·235
6·129
方秉白 78·171
方秉垗 57·215
方秉埁 56·105
方秉鈞 14·732
方秉祿 56·54
方秉墉 57·327
方　岳(宋) 77·209
方　岳(明弋陽) 50·400
方　岳(明萊州) 24·327
24·528
方　岱 77·384
方佩璜 50·421
方阜鳴 78·84
方金琮 56·598
方周晊 56·367
方周鈴 57·95
方周澄 57·189
方周鐵 57·97
方郊祥 57·227
57·347
方治平 57·322
方宗仁 78·624
方宗尚 60·344
方宗周 73·38
方宗城 57·126
方　定 58·350
方定遠 66·530
方建仁 51·328
方建劭 77·403
方居敬 73·31
方承德 57·209
方承鑾 74·422
方承鸞 50·463
方孟卿 58·291

方孟縉	49・165
方　春(清婺源)	55・434
方　春(清閩清)	78・451
方　城	60・389
方南一	52・58
方南卿	58・339
	61・448
方星垣	56・309
方星朗	56・260
方思尹	50・376
方思永	50・520
方思伍	57・347
方思佑	57・120
方思訓	70・296
方思偶	55・172
方思棠	57・512
方思廣	51・183
方　矩(明)	70・67
方　矩(清)	56・612
方　适	78・68
方重朗	14・713
	42・957
方　信	54・598
方信孺	65・310
	78・26
方　俊	25・62
方俊烈	55・265
方庭實(見方廷實)	
方庭禮	60・493
方　庠	50・452
方首振	60・513
方　冠	60・253
方　祐	78・176
方祚隆	77・534
方　昶	1・797
方飛熊	56・381
方　珪(明)	78・148
方　珪(清)	55・466
方　珣	47・264
方起英	5・235
方起油	57・208
方起煜	57・500
方原用	55・523
方　振	44・514
方振文	57・446
方振揚	35・138
方振寰	1・848
	25・193
	26・574
方致榮	47・141
方時化	39・150
	42・201
方時熙	54・579
方時鎮	54・593
方　員	75・543
	78・354
方　峻	78・1
方　剛	50・503
方師皐	56・456
方逢吉	56・260
方逢堯	59・311
方高容	74・420
方高寬	74・420
方　悅	70・75
方　烜	78・593
方家禎	75・698
	76・764
方家澍	76・163
方朗鎔	51・442
方祥儀	70・328
方書僑	55・442
方　翀	79・277
方純仁	54・118
方培銑	56・647

方　基　51・465
方堅詩　57・162
方　盛　32・408
33・281
方盛年　56・438
方　略　78・69
方國棪　57・214
方國錀　56・298
方國鐸　55・206
方崧卿　78・138
方　崙　51・219
方　崇　51・186
方　偕　75・424
76・463
78・128
方　進（明婺源）　54・214
方　進（明龍溪）　77・718
方從義　52・390
方敍煦　51・490
方脱脱木兒　1・762
方　庸　48・495
方　堃　58・196
方章麟　70・333
方惟正　76・332
方惟信　60・679
方惟深　78・106
方　烱　78・176
方　清（明）　16・439
47・241
方　清（清）　50・492
方淩雲　47・471
方淩翰　70・103
方　淇　51・198
方　梁　50・387
方啓楹　56・307
方啓醽　56・541
方隆弼　59・473
方　紳　57・43
方紹侯　57・69
方　貳　60・179
方琪司　60・501
方　瑛　75・661
方琢璞　29・317
方　琰　78・244
方　琮　56・305
方　琚　54・133
方　喜　78・60
方斯大　60・290
方斯綸　60・291
方期星　73・33
方朝燮　57・328
方　棣（清弋陽）　50・404
方　棣（清婺源）　56・373
方　軫（宋）　45・448
78・68
方　軫（清）　47・232
方惠整　28・428
方　雲（元）　31・337
32・8
方　雲（明）　50・387
方雲蔭　55・480
方雲溪　9・424
方　棠　50・461
方開鐸　75・470
方遇熙　77・180
方景雲　80・665
方景暘　73・37
方貴興　59・352
方喬植　75・602
76・108
方　策　57・193
方順喜　54・351
方　欽（明）　47・87
方　欽（清）　51・432

方爲治　76・188
方敦復　51・215
方斌池　78・623
方　竦　50・374
方　翔　55・465
方道中　51・360
方道炎　50・465
方　渙(清上饒)　51・639
方　渙(清婺源)　56・261
方運景　18・564
方　棨　70・68
方補堂　55・389
方　裕　79・77
方　祿　58・251
方　絢　78・107
方　瑍　49・313
方　塘　50・493
方夢旭　60・353
方夢泰　60・497
方夢龍　77・93
方蒙仲　78・75
方　楷　53・505
方　輅　59・308
方　嵩　70・70
方　榘　1・801
方傳植　2・104
25・355
方傳燧　77・366
方　鈺(清上饒)　51・552
方　鈺(清婺源)　56・231
方　會(宋宜春)　47・477
方　會(宋莆田)　78・131
方慎言　78・129
方慎從　78・129
方　義　58・609
方義臣　60・504
方義壯　72・51
方煥宇　50・478
方　溥(宋)　59・352
方　溥(清)　70・305
方　寘　75・476
76・16
方殿元　2・70
方際輝　59・622
方　璥　1・841
15・534
16・418
方碧忻　56・235
57・389
方嘉渭　45・385
46・612
方　翥　75・415
78・3
78・462
方　臺　51・279
方　熙(明)　78・110
方　熙(清)　2・110
方　輔　60・222
方　鳴　47・273
方鳴皋　42・595
方鳴球　7・387
方鳴鶱　76・451
方　僖　57・193
方　銓　76・206
方銘鐘　55・332
方　鳳　2・56
43・431
方鳳池　60・295
方鳳洵　60・413
方鳳儀　57・70
方鳳濟　60・318
方　廣　77・360
方榮華　57・80
方漢炤　57・129

方漢瀘　57·28
方漢璇　57·389
方　漸　78·98
方演孫　77·209
方肇元　60·496
方肇坤　48·221
方肇苑　73·68
方肇涇　56·254
方肇基　56·307
方　綱　57·76
方維綸　56·593
方維藩　42·12
方　瑾　77·593
方　邁　75·604
　　　　76·83
方賢育　57·168
方　震　47·74
方震亨　47·164
方震初　21·149
方　嶠　75·395
　　　　78·130
方儀仁　78·98
方　質　74·545
方質初　50·541
方　德　76·458
方德侃　55·42
方德萬　47·217
方德瑗　55·573
方德新　77·437
方　徵　78·75
方　鋭　50·386
方　餘　78·341
　　　　78·385
方劉進　76·300
方調鼎　72·6
方賡廷　51·499
方慶孫　51·350
方　潤(明)　76·199
方　潤(清)　56·247
方澄孫　77·209
方審權　78·107
方　選　47·75
方　樸　78·142
方霖熙　9·862
方　篔　51·545
方　興　46·533
方興之　55·593
方興邦　78·113
方學孔　50·468
方學成　2·89
　　　　9·725
方學裘　50·401
方　衡　55·103
方錫芬　57·142
方錫榮　56·374
方錫賢　70·301
方錫勳　57·278
方錦堂　51·238
方龍囦　47·211
方龍藻　56·293
方　熾　55·401
方　澥　78·101
方　縉　57·11
方　璐　74·528
方　壎　50·474
方聲炯　50·544
方聲烺　50·512
方　懋(明)　78·509
方　懋(清)　52·617
方懋正　56·553
方懋言　56·590
方懋學　79·26
方鍾升　57·212
方鍾美　56·243

方鍾純 58・176
方謙吉 52・102
方應元 79・289
79・622
方應庚 59・303
方應桂 47・265
方應傳 47・193
方應圖 76・492
方應聰 47・187
方應璧 60・356
方應瀚 51・191
方應鐘 66・606
方　燦 54・401
方燦國 51・564
方鴻藻 56・381
方濟業 47・254
方　翼 45・433
方覲文 55・427
方豐學 56・261
方　鎮 77・384
方　鯉 78・144
方　璽 60・248
方　疇 50・354
方　鏡 57・328
方鵬程 9・854
方騰雲 80・503
方癡仙 77・199
方　瀚 49・337
方瀛第 57・328
方繩祖 47・182
方譽炤 50・504
方繼赤 55・299
方　瓘 54・48
方　鑛 1・810
43・430
方　龢 15・140
方麟鈞 60・261
方麟録 60・402
方觀本 2・114
方觀承 2・9
11・380

火

火你赤 21・128

心

心　明 77・360
心　齋 70・639
心　璧 45・390

尹

尹一仁 72・612
尹十朋 72・668
尹八俊 72・617
尹三省 19・324
尹士瑞 35・188
尹大川 12・500
尹大本 33・811
尹大祥 60・682
尹子奇 43・54
尹子源 72・302
尹子銘 13・347
尹天民(宋) 74・53
尹天民(明) 33・802
尹天民(清) 12・137
尹天麟 25・648
27・162
尹　元 35・132
尹元櫓 73・169
尹曰才 72・370
尹　化 17・566
18・512
尹　介 53・12
尹六有 37・151

尹文子	7・22	尹有仙	74・322
	7・154	尹存仁	72・274
尹文恆	33・819	尹存義	14・132
尹文炳	2・94	尹　成	17・509
	14・111	尹成立	72・273
	16・450	尹同仁	5・102
	50・195	尹先覺	73・172
尹文浦	5・247	尹廷高	80・31
	6・207	尹廷蘭	6・169
尹文純	50・317	尹　任(清棗强)	2・49
尹文德	32・149		33・579
尹文翰	30・115		33・696
尹文澤	33・807	尹　任(清贛縣)	73・358
尹文麒	33・806	尹行鐸	33・807
尹方平	73・174	尹兆祿	32・149
尹玉素	74・158	尹名選	50・197
尹玉璇	36・208	尹汝郊	31・832
尹世封	77・55		33・795
尹世植	72・370	尹　志	12・198
尹世熙	4・329	尹志平	21・821
	12・116		23・666
尹可謨	18・503		24・581
尹　平	72・437	尹志登	35・487
尹四聰	72・607	尹克成	33・82
尹必和	74・455	尹克銘	60・179
尹必政	74・451	尹杞泰	14・388
尹弘詞	73・177		14・441
尹邦奇	31・837	尹見知	73・160
	34・472	尹足法	4・308
尹邦梅	19・393		31・801
尹邦麒	41・147		33・590
尹邦麟	41・147		33・805
尹式芳	4・284	尹利用	39・786
	6・145	尹作孚	77・50
尹　吉	77・582	尹希善	72・434
尹考盤	14・127	尹希聖	12・494
	17・602	尹序誥	6・450

尹　宏　4·151
5·102
尹良相　74·319
尹良輔　19·301
尹　直　72·309
尹東周　33·590
33·792
尹尚志　19·326
尹　昌(明吉水)　72·507
尹　昌(明泰和)　72·346
尹　昌(金)　12·111
尹昌隆　72·292
77·362
尹　旻　4·122
尹和龍　18·540
尹秉衡　10·54
10·258
尹所遴　19·311
尹受曾　9·426
尹宗芳　50·242
尹承謨　73·136
尹　珏　73·190
尹　相　73·161
尹相序　33·811
尹　奎　73·166
尹是瑚　73·180
尹昭聖　74·416
尹　思　73·379
尹思貞　1·728
15·523
16·399
18·13
尹　庭　4·157
33·589
33·792
尹炳忠　51·313
尹　洽　5·352
10·384
尹祖懋　73·148
尹泰恭　24·718
尹　珩　41·82
尹　桂　10·54
尹　校　35·61
尹　烈　18·574
尹振彪　12·116
尹　時　77·140
尹　倬　41·76
尹　躬　73·139
尹翁歸　1·687
7·332
尹　衮　73·148
尹　恕　72·585
尹　純　72·287
尹　珴　18·695
32·136
42·434
尹　堅　73·158
尹　爽　73·165
尹國賓　74·434
尹崇仁　72·683
尹崇珂　1·735
6·287
尹崇高　72·301
尹　偘　35·132
尹從王　14·372
17·594
尹商老　72·607
尹惟謙　4·314
33·812
尹　清　53·4
尹淑元　74·402
尹啓殷　73·176
尹　琪　5·350
10·376

尹開甲　27・160
尹開勳　30・115
尹　貴　78・674
尹　勛　77・211
尹　焵　73・177
尹就湯(明遼陽)　34・439
尹就湯(明興縣)　37・555
尹湯弼　74・417
尹　統　33・817
尹匯瀛　33・822
尹　新　32・139
尹　煜　43・617
尹羣龍　18・527
尹　绛　72・259
尹嘉棟　5・355
尹嘉顯　73・168
尹　臺　73・150
尹　熙　37・36
尹　銓　69・131
尹鳳岐　72・492
尹肇秀　35・337
尹肇竺　33・799
尹肇烜　35・338
尹肇曾　35・337
尹肇桀　33・815
尹肇湘　33・797
尹肇錦　35・349
尹　綸(明齊河)　5・181
10・117
10・255
尹　綸(明德州)　5・212
8・642
尹　瑾　4・159
30・697
尹　墺　69・131
69・645
尹　醇　72・608
尹　諒　72・618
尹養精　18・518
尹樂羣　72・364
尹　勳　33・816
尹學孔　73・167
尹　諧　19・324
尹　龍　5・103
尹懍恪　4・363
尹　爆　73・175
尹　璐　22・344
尹懋川　74・400
尹　襄　73・148
尹膺聘　73・174
尹應元　72・139
尹鴻榆　33・808
尹鴻儒　23・133
尹鴻璐　33・807
尹鴻擴　4・312
33・809
尹濟源　4・272
5・252
6・137
尹　濯　73・192
尹　禮　73・145
尹　穡　51・689
尹謹言　72・348
尹　彝　31・783
35・309
35・383
尹攀龍　41・199
41・233
尹　轍　72・455
尹　鏡　35・344
尹獻謨　19・310
尹繼美　2・103
39・249
尹顯商　74・451

引

引　空　72・700

丑

丑學讓　34・283

巴

巴廷梅　50・228
巴　茂　4・10
　4・169
巴柱朝　2・44
巴思明　4・126
　5・177
　43・263
巴彥隆　26・589
巴啓昌　73・186
巴　肅　12・113

以

以正禪師　76・367
　77・666

孔

孔　乂　4・136
孔士份　35・676
孔大德　70・563
孔之載　35・709
孔之儁　71・470

孔之謹　35・709
孔小九　13・380
孔天允　70・576
孔　元　35・646
孔元敬　35・703
孔元龍　4・179
　35・709
孔少霑　36・134
孔仁玉　35・57
孔化鳳　11・9
　11・83
孔公才　35・703
孔公田　35・686
孔公郁　35・686
孔公易　14・217
　16・418
孔公怡　35・686
孔公珏　1・812
　35・722
孔公俊　4・146
　76・348
　77・212
孔公恂　4・101
　35・692
孔公恪　35・710
孔公華　11・202
孔公珋　35・683
孔公朝　4・147
　35・60
孔公鉉　35・677
孔公璜　35・725
孔公輢　35・683
孔公鏜　35・721
孔文仲　66・31
　73・222
　73・279
孔文貞(元曲阜)　25・161
　26・4
孔文貞(元東平)　4・143
孔文俊　67・251
孔允秀　71・462
孔允麟　71・469
孔　邛　35・646
孔世榮　70・565

孔平仲　48・23
58・269
66・36
73・223
73・285
孔　丘　7・200
15・482
35・595
孔　白　35・605
孔令春　36・30
孔令勳　36・17
孔令燦　36・17
孔　立　35・646
孔弘實　35・677
孔弘轉　35・677
孔　光　4・9
4・24
35・651
孔光嗣　4・140
孔休源　35・696
孔延之　48・308
49・521
66・105
73・221
73・284
73・300
73・406
孔　伋　4・1
35・597
孔安國　4・10
4・11
4・17
4・164
35・645
孔如梓　80・211
孔　志　35・341
孔克中　1・812
35・721
孔克任　4・146
孔克伸　1・812
35・676
孔克旻　35・725
孔克忠　4・148
孔克晏　35・724
孔克紹　15・531
孔克欽　35・721
孔　扶　35・653
孔　求　35・605
孔希永　35・710
72・697
孔希恭　35・714
孔希島　79・293
79・641
孔希禎　41・139
孔希範　35・721
孔　汭　35・692
孔　沆　7・279
7・496
孔宏晏　71・487
孔宏復　1・812
35・722
孔宏頡　35・714
孔宏蘊　35・686
孔奉訓　38・160
孔武仲　66・35
73・222
73・285
孔　坦　35・688
孔若思　35・708
孔述睿　35・682
孔　奇　35・653
孔叔賢　67・615
孔尚先　27・469
27・607

28・30
28・388
孔尚任　4・338
35・711
孔尚行　31・835
孔尚忻　36・34
孔尚表　71・470
孔尚松　40・578
孔尚典　71・427
孔尚則　35・703
孔尚恪　36・34
孔尚珥　35・710
孔尚基　35・705
孔尚惇　35・704
孔尚奞　41・402
孔尚愉　2・58
35・722
孔尚節　41・392
孔尚鉞　4・344
35・683
孔尚舉　71・451
孔尚鋔　4・343
35・678
孔尚巖　12・442
孔尚鑄　35・679
孔昌寓　35・702
孔　昕　42・11
孔　旼　4・253
35・676
孔　固　27・293
27・433
孔　忠　4・5
35・603
孔知濬　36・588
孔季氏　36・31
孔季彥　35・647
孔念厚　80・207
孔　治　4・146
15・530
16・412
20・484
孔宗旦　4・208
35・680
孔宗愿　21・123
孔宗翰　16・407
35・691
孔　宜　4・176
孔　宙　4・15
35・655
孔　建　35・646
孔承厚　35・677
孔承恭　35・702
孔承夏　35・677
孔承倜　35・710
孔承浦　4・223
35・680
孔承璧　31・280
孔承懿　35・677
孔孟皮　4・1
孔　括　35・702
73・224
73・286
孔　拯　35・717
孔貞大　17・671
18・580
孔貞文　69・618
孔貞灼　35・683
孔貞良　35・686
孔貞來　35・704
孔貞晦　38・296
孔貞堪　35・722
孔貞敬　37・837
孔貞棟　16・429
孔貞瑄　4・334

32・450
33・74
35・710
孔貞遠 41・184
孔貞稔 35・677
孔貞鋐 35・678
孔貞璞 4・221
35・681
孔貞璠 35・686
孔貞燦 4・344
35・678
孔貞叢 35・722
孔貞麗 36・39
孔 昱 4・10
4・170
35・655
孔昭玉 36・675
孔昭光 36・29
孔昭任 36・35
孔昭杰 36・33
孔昭昂 36・545
孔昭格 41・217
孔昭虔 4・338
36・35
孔昭烜 36・35
孔昭許 26・731
孔昭參 36・29
孔昭棠 36・46
孔昭焜 36・35
孔昭義 36・16
孔昭慈 4・340
36・28
36・131
77・590
孔昭煊 36・33
36・36
孔昭蕖 12・289
孔昭墀 36・29
孔昭薪 36・35
孔昭錕 36・37
孔昭穎 4・341
36・29
孔昭諤 28・49
孔昭熾 36・34
孔昭薰 36・35
孔思友 35・686
孔思立 35・692
孔思迪 35・692
孔思晦 4・179
35・58
孔思逮 35・724
孔思義 38・581
孔思睿 35・709
孔 修 17・522
18・495
孔 信 35・677
孔 衍 4・172
35・707
孔衍似 27・472
28・32
孔衍劭 35・678
孔衍佳 4・343
36・27
孔衍洪 4・334
35・704
孔衍栻 35・714
孔衍振 35・677
36・542
孔衍淳 2・58
35・722
孔衍琮 69・548
孔衍欽 36・34
孔衍弼 6・334
孔衍鈺 4・342

	35・679
	37・784
孔衍樟	35・710
孔衍僑	35・681
孔衍樾	14・706
孔衍澤	35・722
孔衍璐	36・34
孔衍譜	36・139
孔 奐	35・689
孔庭訓	80・173
孔庭詔	80・174
孔彥臣	35・714
孔彥明	71・465
孔彥昂	71・487
孔彥侔	35・710
孔彥祿	35・703
孔彥輔	35・676
孔 恂	65・57
	73・195
孔 穿	35・605
孔 祐	35・682
孔 祇	35・684
孔 珪	35・713
孔 振	35・717
孔 豹	20・786
孔 勍	36・587
孔祥吉	36・30
孔祥柯	36・31
孔祥桐	36・38
	36・134
孔祥梓	36・17
孔祥森	36・17
孔祥楝	36・17
孔祥霖	36・43
孔孫辰	7・436
孔琇之	35・684
孔 彪	1・800
	12・196
孔 勖	4・141
	35・703
孔崑猷	80・209
孔敏行	35・717
孔象燦	4・343
孔 猛	35・707
孔淑成	36・39
孔淳之	4・250
	35・682
孔紹安	35・713
孔巢父	32・415
	33・304
	35・670
孔 琳	35・643
孔琳之	35・689
孔 超	4・279
孔斯誠	67・386
孔 惠	67・246
孔惠宣	4・173
孔 鼎	71・492
孔 戢	35・697
孔 策	35・716
孔 順	35・605
孔 復	4・149
	14・120
	17・514
孔勝茂	70・628
孔 註	41・140
孔 愉	35・672
孔道輔	4・74
	15・509
	18・25
	35・691
孔道徽	35・682
孔道鴻	70・553
孔 湞	21・127

孔温業　35・716
孔　瑄　7・373
孔　戡　35・690
孔　楨　35・690
孔嗣之　4・251
35・682
孔　傳　35・709
孔傳三　12・335
孔傳中　33・820
孔傳立　36・27
孔傳松　35・722
孔傳祉　35・491
孔傳相　35・687
孔傳炣　4・335
36・41
36・126
孔傳珩　36・28
孔傳梅　35・686
孔傳堂　4・335
35・706
孔傳烺　36・173
孔傳習　36・542
孔傳鉦　35・679
36・139
孔傳鉞　36・34
孔傳經　36・34
孔傳樅　36・36
孔傳德　12・315
12・365
孔傳鋕　36・34
孔傳澐　41・408
孔傳熹　35・705
孔傳橿　35・705
孔傳禮　8・718
孔傳藤　28・42
孔傳鏞　36・34
孔傳鐸　36・139
孔傳鑄　53・50
孔傳驂　40・326
孔會心　73・238
73・312
孔　誠　37・840
41・140
孔　靖　35・696
孔煌猷　80・174
孔　煇　22・243
孔　源　7・374
30・641
孔　群　35・684
孔　戣　35・696
孔　蕆　40・495
孔　臧　4・164
35・643
孔　揔　35・682
孔聞式　23・131
孔聞定　35・703
孔聞教　42・45
孔聞訥　35・710
孔聞詩　4・162
35・693
35・714
孔聞舉　35・686
孔聞諭　35・677
孔聞檀　35・686
孔聞簡　35・722
孔聞譓　35・698
孔聞籍　35・680
孔　箕　35・605
孔毓中　27・544
28・178
孔毓圻　36・138
孔毓芹　36・27
孔毓伯　41・408
孔毓茂　41・384

孔毓佶　36・36
孔毓珍　21・670
　35・678
　37・784
孔毓埏　36・138
孔毓珣　4・331
　35・699
孔毓琮　35・678
孔毓琚　35・722
孔毓喬　23・626
　24・294
　43・26
孔毓鈊　35・715
孔毓餉　71・472
孔毓鳳　12・314
孔毓璋　37・782
孔毓璠　27・479
孔毓璘　36・36
孔毓穎　35・678
孔毓檀　36・176
孔毓禮　71・496
孔毓瓊　71・428
孔毓麟　70・587
孔　僖　4・11
　4・169
　35・646
孔　銓　80・224
孔　鳳　27・294
　27・437
　28・17
孔廣化　41・396
孔廣心　6・654
孔廣沐　12・260
　12・369
孔廣林　36・32
孔廣居　71・477
孔廣珂　39・767
孔廣約　12・333
孔廣珪　36・545
孔廣栻　36・33
孔廣根　36・36
孔廣海　12・259
　12・368
孔廣彬　36・46
孔廣敏　36・29
孔廣從　71・477
孔廣淑　36・27
孔廣琳　41・449
孔廣達　36・45
孔廣森　4・338
　36・32
　36・120
孔廣然　36・544
孔廣詁　36・40
孔廣桀　36・139
孔廣裕　28・223
孔廣電　36・42
孔廣誂　36・28
孔廣震　39・307
孔廣錦　36・33
孔廣凝　12・334
孔廣聯　41・406
孔廣謇　36・27
孔廣警　36・28
孔廣璽　36・29
孔廣贊　36・618
孔廣疆　36・544
孔廣籍　41・397
孔廣譯　36・31
孔廣權　36・35
孔　彰(一作璋)　1・814
孔端甫　4・179
　35・709
孔端直　80・557

孔端隱　35・685
孔齊卿　15・523
孔　維　41・689
孔標青　80・222
孔　賢(明)　4・222
31・820
35・348
孔　賢(唐)　35・708
孔德紹　35・680
孔　論　35・709
孔　褒　35・655
孔慶旺　34・268
孔慶盛　80・148
孔慶塘　36・674
36・717
孔慶雷　36・30
孔慶鉽　36・43
孔慶銈　4・340
36・29
孔慶鋤　4・336
36・41
孔慶鎔　36・27
孔慶蘭　34・252
孔　緯　4・60
35・717
孔　樹　35・643
孔　融　4・28
7・73
15・516
16・394
21・112
23・611
35・655
孔　奮　35・653
孔曉林　36・216
孔興永　35・678
36・34
孔興治　36・36
孔興洪　35・698
37・785
孔興浩　35・679
孔興釪　35・694
36・138
孔興紹　36・36
孔興聖　35・681
孔興倬　71・473
孔興詢　35・704
孔興義　37・782
孔興璉　35・698
孔興誥　4・335
36・40
孔興認　2・58
35・722
孔興榮　37・785
孔興璋　80・548
孔興範　4・335
36・40
37・782
孔興燮　36・138
孔　鮒　35・605
孔穎達　35・661
孔　諤　4・122
35・709
孔　濂　52・413
孔憲圭　36・35
孔憲典　36・30
孔憲庚　36・33
孔憲奎　36・35
孔憲紀　8・718
孔憲泰　39・293
孔憲唐　42・397
孔憲逵(清曲阜)　36・33
孔憲逵(清德平)　8・718
孔憲培　36・35

孔憲堃　36・35
孔憲紳　36・16
孔憲斌　36・46
孔憲轂　33・308
　36・37
孔憲璜　36・36
孔憲錕　36・27
孔憲彝　36・36
孔憲濤　12・333
孔憲禮　36・46
孔緼輝　36・40
孔　蘩　35・643
孔　覬　35・702
孔繁沛　36・39
孔繁純　36・28
孔繁潔　36・45
孔繁樸　36・44
　36・135
孔繁譜　36・45
孔繁灝　36・36
孔　燮　35・721
孔　豐　35・646
孔　鯉　4・1
孔　鏞　4・122
孔　譔　35・721
孔　騰　35・605
孔　纁　35・717
孔繼元　36・16
孔繼尹　2・58
　13・107
　35・452
孔繼平　36・30
孔繼存　12・335
孔繼圻　28・230
孔繼伸　39・75
孔繼灼　12・335
孔繼汾　4・337
　36・32
　36・34
孔繼武　40・351
孔繼枋　36・542
孔繼昇　36・29
孔繼昂　36・29
孔繼往　41・409
孔繼炘　36・46
孔繼洞　35・700
孔繼春　4・341
孔繼埏　28・227
孔繼柱　36・216
孔繼洙　36・38
孔繼洛　12・295
孔繼涑　4・339
　36・34
　36・127
孔繼堋　36・39
孔繼莢　36・543
孔繼堂　28・227
孔繼袞　36・33
孔繼涵　4・337
　36・32
孔繼堠　36・41
孔繼椿　36・618
孔繼楷　33・800
孔繼模　41・405
孔繼睿　36・40
孔繼銓　36・37
孔繼緒　27・482
　28・42
孔繼壎　36・39
孔繼榦　36・39
　36・543
孔繼鋤　36・36
孔繼謨　39・325
孔繼鴻　36・41

36・543
孔　霸　4・9
35・606
孔聽斯　12・366
孔　鑑　65・165
孔　龢　35・653
孔靈符　35・702
孔　驩　35・646
孔　灛　7・374

毌

毌丘長　15・564

毋

毋　印　4・235
15・565
17・498
毋　志　42・229
毋將永　4・9
7・252
7・475
30・75
毋將隆　4・24
7・251
7・473
38・406

水

水甦民　77・212
水潦和尚　45・363

五畫

玉

玉峯長老　53・192
玉　棟　2・33
32・588
玉　鉢　43・133
玉　德　2・13

末

末山尼了然　63・200

正

正　映　79・300
正　派　79・301
正　淳　76・208
正　森　79・301
正　幹　78・215
79・90
正慧明德禪師　63・197
正輿子　25・177
25・588
25・644
26・127
正　寶　43・647
正　鑑　42・988

邛

邛　聯　80・405

去

去留馨　22・320

甘

甘一躍　72・345
甘一驥　1・779
44・224
甘九疇　77・586
78・611
甘士价　73・411
甘士教　70・293
甘士淳　70・389

甘士煒　67·463
甘士穀　60·637
甘士調　8·468
甘士橙　62·522
甘大受　71·592
甘大修　71·569
甘大美　60·621
甘大綬　68·224
甘大橀　67·561
甘大霖　67·263
甘　山　67·77
甘天民　45·56
甘天運　47·438
甘天鐸　67·354
甘元奎　44·225
甘元雋　1·798
　8·316
甘元龍　80·541
甘日景　47·449
甘　仁　36·482
甘仁健　65·497
甘　公　4·258
甘公亮　73·149
甘文奎　68·418
甘文焜　68·419
甘文蓮　62·523
甘文會　67·226
甘文翰　67·121
甘孔章　67·429
甘孔超　67·429
甘正頤　67·126
甘正曦　47·463
甘世烈　80·542
甘本芳　67·485
甘本埱　67·325
　67·436
甘可怡　78·612
甘　禾　67·149
　67·400
甘立功　67·74
甘立言　67·157
甘立忠　70·309
甘立浩　67·372
甘立淞　67·185
甘立朝　67·324
甘立鉅　67·327
甘立瑚　67·304
甘立暘　67·176
甘立猷　67·86
甘立豪　67·493
甘立懋　70·395
甘在文　67·556
甘同叔　68·347
甘廷仕　67·393
甘廷珪　67·11
　73·193
甘延宗　35·493
甘自琦　71·544
甘汝舟　67·553
甘汝亨　68·366
甘汝來　67·56
　67·394
甘汝和　78·624
甘汝逢　67·148
甘汝霖　70·406
甘志達　67·235
甘志道　67·70
甘克義　72·361
甘我鍾　62·431
甘宏淦　67·296
甘武緒　45·185
甘　表　71·559
甘茂叔　59·164
甘茂富　80·556

甘茂榮　68·350
甘　來　71·541
甘松齡　67·403
甘　杰　67·103
甘　雨(明永新)　73·153
甘　雨(明靖安)　65·343
甘　卓　7·355
甘忠超　62·574
甘忠塑　73·435
甘　采　67·426
甘　京　71·554
甘　怡　67·403
甘　炘　67·463
甘　泳　70·250
甘　治　71·540
甘定廷　67·318
　67·404
甘定國　70·320
甘定進　67·322
甘定遇　67·316
甘定道　67·317
甘定魁　67·176
甘定遷　67·318
甘定蘧　67·302
甘宜鵾　73·415
甘春魁　78·624
甘映楷　67·174
甘　泉　71·583
甘　俊　67·549
甘　彥　73·189
甘彥齡　67·463
甘炳祖　67·190
甘　華　1·832
　18·691
　42·430
甘　晉　67·101
甘時若　67·274
甘師盤　68·329
甘逢年　44·524
甘逢泰　60·656
甘　悅　67·181
甘　祥　71·529
甘純霑　62·192
甘常俊　67·104
甘國垓　40·194
甘國恒　62·588
甘國闢　62·578
甘國寶　77·535
甘崇敬　35·502
甘惟寅　68·545
甘惟燦　76·702
甘啓運　67·103
甘　紱　68·331
甘紹烈　67·179
　67·433
甘紹曾　67·239
　67·434
甘　瑛　68·70
　77·209
甘朝舉　68·47
甘揚聲　70·115
甘　棠(宋)　59·135
甘　棠(清奉新)　67·229
甘　棠(清崇仁)　70·232
甘　棠(清鉛山)　53·147
甘　復(元)　59·79
甘　復(清)　44·408
甘爲仁　67·71
甘爲洪　70·407
甘敦行　67·330
甘敦炯　67·485
甘敦復　67·441
甘敦煥　67·336
甘道延　70·347

甘湛斯　71・592
甘　淵　71・524
甘富元　60・98
甘遐齡　67・427
甘瑞龍　76・228
甘聖齡　67・429
甘夢英　59・36
甘楚枋　48・24
甘　節　36・490
甘義生　70・342
甘　煜　67・410
甘煒功　47・470
甘福盛　23・134
甘　禔　61・750
甘　肅　74・454
甘爾翼　74・442
甘　廣　67・394
甘　瑾　69・369
甘輝玉　74・452
甘賜書　45・185
甘調鼎　51・88
甘　澍　67・436
甘豫亨　68・548
甘　頤　67・441
甘樹棠　67・330
甘樹勛　67・330
甘樹滋　67・441
甘　霖(明)　71・525
甘　霖(清)　35・487
甘興仁　68・244
甘學益　60・687
甘　凝　71・635
甘澤長　67・448
甘懋德　67・123
甘曙暄　67・443
甘應俊　67・393
甘鴻圖　70・325
甘鴻樹　67・332
甘鴻舉　47・457
甘　燾　67・232
甘　鏞　27・785
甘懷和　45・276
甘繼益　68・502
甘繼達　70・292
甘　露　67・312
甘體元　65・520
甘體垣　75・412
　　77・586
甘顯祖　67・147
　　67・394

世

世拱顯　79・275

艾

艾九俊　5・187
艾九熊　5・187
艾元烈　5・348
艾元彩　5・347
　　10・371
艾元彭　5・347
　　10・384
艾元徵　4・267
　　5・347
　　10・364
　　10・451
艾元衡　5・347
　　10・376
　　10・488
艾元燾　5・347
　　10・371
艾友竹　80・556
艾公榆　80・542
艾文郁　50・498

艾方彥　5・348
艾方顯　5・348
10・378
艾允迪　10・390
艾允業　10・389
艾世泰　5・352
10・384
艾世資　12・350
艾可叔　71・185
艾可翁　71・185
艾邦倚　80・541
艾光佩　71・191
艾光紱　4・280
5・347
10・365
10・453
艾廷珍　80・541
艾汝楠　5・347
10・384
艾汝霖　5・347
艾如芝　80・581
艾如芸　80・557
艾如藻　80・551
艾如蘭　14・736
艾　芬　49・387
艾芳春　80・542
艾作霖　80・542
艾　汪　33・301
艾長林　52・601
艾　坡　66・346
艾叔可　69・364
艾　易　59・136
艾依塘　10・394
艾　金　50・475
艾於鄂　10・367
艾性夫　71・174
艾承芳　5・347
10・387
艾承露　60・95
艾春華　70・321
艾南英　71・168
73・406
77・135
艾南枝　14・730
艾保民　16・448
艾　垈　32・399
33・274
艾逢節　77・21
艾　恂　5・347
10・365
艾　洪　4・104
艾連占　71・193
艾時愷　80・542
艾　倓　10・385
艾　釗　71・188
艾　翁　45・359
艾　祥　45・224
艾書綸　71・181
艾　梅　1・807
艾啞子　71・206
艾國泗　32・422
33・300
艾崇僑　10・379
艾象恆　34・315
艾象連　71・201
艾象豫　34・315
艾象豐　34・176
艾添俚　71・189
艾　淑　76・492
艾啓源　5・352
10・385
10・454
艾陽春　71・193
艾紹洵　10・379

	33·80
艾紹濂	10·367
艾　琳	49·5
艾　彭	72·438
艾朝錦	5·351
	10·384
艾朝謨	70·392
艾紫東	10·361
艾景開	70·616
艾景槐	80·550
艾景賢	42·746
艾黑子	49·80
艾　詔	5·187
	10·364
艾善立	5·353
艾　蓮	71·206
艾愈烺	5·348
艾　試	5·187
	10·360
艾　慎	5·351
	10·372
艾際鈞	80·541
艾壽泉	34·317
艾　暢	71·179
艾鳳翔(明)	72·442
艾鳳翔(清)	5·350
	10·366
艾鳳翽	5·350
	10·366
艾榮祺	10·374
艾　實	72·553
艾肇坤	34·254
艾肇銓	10·390
艾維祺	10·374
艾　綸	5·353
艾賜瓚	10·386
艾慶琛	10·388
艾慶璥	34·174
	34·337
艾慶璇	10·388
艾慶鏞	34·175
	34·248
艾　璞	44·127
艾樹滋	5·348
艾學登	71·483
艾　禧	50·509
艾豐祺	10·374
艾　馥	5·347
	10·361
	10·376
艾藹蘭	50·430
艾騰霖	31·825
	32·389
	33·265
艾　瀛	71·192
艾繼仁	5·352
	10·385
艾繼侃	5·352
	10·385
艾　龕	45·503
艾　馪	5·347
艾　鑲	5·351
	10·384

古

古化淳	67·184
古今礜	2·95
	16·445
古月和尚	78·460
古朴德智禪師	76·421
古冶子	15·591
古　拙	32·660
古秉健	31·225
古音浄琴禪師	76·500

古　梅　76・420
古雪禪師　76・501
古嘉會　80・635
古　銘　37・715
古震宇　38・295
古　薰　74・455

本

本　昇　18・430
本　然　79・301
本　源　75・734
77・731
79・300
本　權　76・752
77・731
本觀禪師　79・298

术

术虎通(見朮虎通)
术翼宗　32・612

朮

朮甲辰弼　1・753
15・527
16・409
朮虎通　5・71
32・658
朮　潔　5・129

可

可　遵(宋南安)　79・299
79・639
可　遵(宋南城)　71・365
可勳禪師　76・498
可　瞻　78・569

丙

丙　吉　4・21
35・648
丙　倩　15・493

左

左一士　63・137
左一頎　63・143
左人子郢(見左人郢)
左人郢　4・4
35・603
左士先　63・135
左士麟　72・193
左川雲　27・172
左之武　27・148
27・156
左之宜　25・636
27・78
27・241
左之龍　25・637
27・78
27・170
27・210
左天墉　77・351
左日柱　49・466
左文昇　25・649
27・166
左文明　63・116
左文球　49・466
左文麟　71・268
左正崑　27・130
左右明　73・177
左丘明　4・5
33・791
35・603
左仕可　27・168
左　尼　48・350
左吉臨　27・164
左有言　58・56

左光斗　67・615
左兆科　42・403
左江祖　69・554
左汝翼　14・714
左守訓　70・495
左守惠　77・347
左守諶　70・494
左守謙　72・369
左　收　73・165
左　芬　4・475
7・216
17・702
左克明　45・372
左克勤　48・179
左束震　58・170
左邱子(見左丘明)
左　伯　23・664
24・578
左希顏　42・198
左彤九　27・168
左序生　73・177
左良玉　14・705
左良輔　25・642
左君籲　72・200
左其人　27・96
左昌時　58・30
左　侍　68・223
左侍君　72・682
左宗郢　71・234
左　宜(清上高)　63・125
左　宜(清臨川)　69・268
左宜似　2・47
43・208
左承位　9・815
左　垣　62・176
左柱明　48・586
左　咸　4・15
17・458
左　思　4・185
7・178
15・574
17・470
左思忠　27・3
左　峴　78・699
左師召　73・138
左衷煒　27・172
左　海　71・233
左　祥　71・412
左書言　73・137
左　基　2・71
左國檞　73・170
左　旋　72・584
左啓榮　72・679
左　敢　49・465
左　鼎　73・145
左景清　73・185
左敦生　27・163
左道元　7・279
7・495
左運璜　49・470
左祿慶　27・173
左　瑞　39・649
左嗣穎　73・177
左　經　1・815
左　輔(明永豐)　78・453
左　輔(明進賢)　72・39
左　榮　60・148
左漢章　62・198
左　熊　45・82
左　蕙　72・202
左　鄰　73・193
左慶延　73・137
左積璋　72・683
左興兒　73・161

左　穎　70・588
左懋泰　27・98
左懋第　4・220
25・650
27・93
27・156
27・215
左懋賞　25・651
27・92
27・167
左　蕃　73・138
左　濬　77・335
左禮俊　62・569
左禮徽　62・556
左　璿　39・804
42・545
左瓊芳　63・129
左鎮海　27・165
左彝勗　4・430
27・120
左　贊　71・233
左　麒　59・167
左　譽　73・156
左寶貴　4・361
30・330

石

石一枝　59・459
石一麟　5・311
43・634
石三郎　71・319
石山倜　9・145
石之仍　56・5
石之芳　41・200
石之珂　2・40
8・469
16・450
石之祥　55・598
石之紛如　7・143
石之璿　56・44
石天祿　7・278
7・495
31・777
34・466
石天爵　43・619
石天麟　5・205
8・344
石　元　76・275
石元珪　72・24
石友賢　9・57
石曰琮　4・279
5・300
43・585
75・405
石曰瑗　5・300
43・602
石曰幹　18・372
石曰璔　43・618
石中玉　55・186
石中嵩　38・241
石升階　72・25
石　介　4・178
31・811
32・338
33・204
33・562
石介木　78・707
石文炳　75・433
石文珩　72・6
石文器　72・5
石方寵　5・310
43・626
石予遵　43・620
石玉珍　77・725

石玉湖　72・371
石玉禄　14・249
　15・567
　17・542
石　正　78・661
石世芳　56・24
石世桴　57・8
石世爵　59・489
石世燾　56・297
石可琮　26・632
石平淮　59・459
石　田　77・525
石永昌　38・227
石永命　38・223
石　亘　76・274
石存禮　15・555
　17・521
　18・341
石成珪　56・421
石光前　57・190
石光海　56・191
石光敏　55・345
石光達　56・259
石光裕　57・159
石光臺　56・207
石光輔　56・117
石光曉　38・290
石廷臣　9・436
石廷柱　4・276
　5・358
　34・67
石廷奎　56・260
石廷銓　57・195
石延年　1・740
　37・36
石延岐　12・331
石自勗　79・266
石　向　77・730
石向離　35・115
石行如　50・123
石行萬　5・310
　43・624
石全貴　9・404
石兆明　56・549
石州牧　41・175
石　安　7・279
　7・495
石　阯　4・156
　43・439
石如山　13・346
石如金　79・366
石如琇　9・70
石孝友　45・53
石志温　24・580
石志甯　41・174
石作蜀　35・602
石佗人　7・20
　7・145
　15・558
石希璋　5・311
　43・634
石希賢　8・328
石　言　50・128
石青碧　8・329
石坧之　39・775
石　坦　15・613
石若磐　43・636
石　茂　5・178
　43・267
石茂華　4・128
　17・531
　18・308
石英年　9・416
石英魁　9・439

石　苞(清)　9・633
石　苞(魏)　1・700
　23・611
石　松　71・261
　72・1
石抹元　1・749
　6・292
石抹宜孫　76・495
石抹榮　18・35
石明鑾　41・217
石　昂　4・253
　7・75
　15・545
　17・688
石　昉　59・424
石和陽　49・529
石佳秀　9・72
石　岱(明)　38・292
石　岱(清)　39・726
石　金　8・344
石金和　79・413
石　庚　42・399
石刻勳　38・227
石净意　37・416
石建方(見石建芳)
石建芳　17・541
　18・313
石　珂　72・8
石　垣　4・250
　17・670
　18・578
　19・43
　43・132
石　厚　80・70
石映奎　72・16
石　星　41・738
　41・825
石星章　34・188
石迴瀾　72・18
石　俊　8・328
石衍興　35・511
石庭翕　5・354
石　音　41・200
石美玉　2・60
　36・431
石洪祉　50・129
石　宣　4・149
石　珪　4・212
　31・820
　32・352
　33・217
　34・466
　39・144
石　珠　39・148
石起宗　76・296
　79・99
石原灝　41・191
石振文　54・597
石振聲　31・62
石振燮　59・374
石致平　71・262
　72・2
石晉文　13・811
石晉老　79・205
石　盎　76・366
石　倫　5・208
　8・602
石　浩　5・366
石　浚　38・282
石祥瑞　12・386
石祥義　70・509
石　堅　43・443
石國任　76・155
石國偁　76・156

石國富　29・296
石　崑　56・578
石　崇　7・24
　7・211
石崇芬　49・247
石得質　22・230
石　渠　55・163
石　梁　78・510
石紹宗　43・438
石　瑛(明)　15・593
　17・518
　18・367
石　瑛(清)　19・72
石　琳　80・17
石琢玉　4・162
石　瑯　72・6
石　琚　15・578
　17・528
　18・341
石萬魁　23・439
石朝柱(明)　24・259
石朝柱(清)　2・67
　37・561
石雲峯　13・339
石雲倬　5・374
　8・615
石雲樓　59・610
石揚清　13・809
石開際　38・241
石景周　5・374
石景荀　59・468
石景濂　56・55
石　愔　4・162
　17・541
石　湛　72・22
石　温　14・249
石裕民　12・357
石裕謙　32・7
石登震　9・445
石瑞熊　56・437
石瑞麟　56・437
石　暄　78・548
石　鉞　14・735
石　誠　72・29
石新鑾　59・519
石　愫　13・233
石　福　39・644
石殿安　12・386
石遜行　72・29
石　臺　55・383
石壽民　59・593
石鳴鳳　72・7
石　銑　14・735
石鳳宗　72・23
石廣韜　32・7
　32・9
石　韶　38・245
石齊素　72・23
石　榮　7・278
　7・495
石　漢　1・817
　37・41
石漱玉　55・452
石維屏　5・205
　8・344
石維萃　38・235
石維巖　4・311
　31・800
　32・379
　33・249
石　璡　43・438
石　蕡　76・319
　76・684
石槿堂　36・740

石　磐　75・521
78・494
石　調　72・20
石　贅　76・347
石　賡　76・275
石　慶　1・684
7・68
15・517
石　璞　1・766
石　壇　38・251
石　嶧　13・230
石興祖　31・777
34・466
石學坦　59・468
石錫瓚　72・25
石龍章　12・386
石　聲(字仲和)　55・512
石　聲(字既和)　55・451
石聲聞　5・301
43・587
石聲勳　5・309
43・618
石聲諧　1・795
10・561
石　皤　14・249
石鍾珠　59・366
石應岳　78・663
石應拱　59・505
石應椿　41・152
石應麒　54・274
石應鰲　57・277
石應麟　57・304
石鴻漸　58・224
石濱貢　55・118
石　璿　43・540
石覲岱　30・123
石韞珩　36・538
石韞璧　41・200
石　鵠　72・9
石　簡　4・156
石鎮邦　72・14
石　顏　5・300
43・636
石　璽(明)　1・808
13・495
石　璽(清)　13・496
石　鏡　75・642
石　鯨　17・531
石獻忠　8・344
石　巍　41・144
石繼芳　17・535
石繼楨　57・33
石繼節　17・535
18・310
石繼嶷　57・40
石繼繩　57・15
石　鐸　78・543
石　續　41・157
石　鑒　4・34
5・23
8・340
9・55
12・102
43・55
石　巖(明)　8・316
石　巖(清)　77・601
石顯宗　29・620
石　麟　59・605
石　瓛　5・221
石　靈　57・427

右

右　岸　77・732

布

布延布哈(元色目,見普顔不花)
布延布哈(元蒙古,見普顔不花)
布薩安貞 16·409

平

平士奇 77·140
平　丰 71·625
平　安 1·784
平康裕 1·785
平勝才 70·635
平　當 1·685
平　鑒 1·713

北

北郭騷 7·172
15·591

占

占　鰲 38·577

甲

甲　振 33·702

申

申一琴 18·739
申一攀 18·739
申九峯 4·157
11·82
申士秀 4·293
5·235
6·167
申大成 2·27
申玉才 19·324
申去疾 26·8
申世寧 53·5
申申培 4·11
申永泰 4·391
14·731
申有才 40·169
申延齡 38·225
申兆敏 12·313
申汝剛 29·342
申　安 31·282
32·132
申克敬 31·280
申　良 1·845
1·849
16·420
20·487
25·568
25·604
申其學 4·159
申岳翠 38·239
申　咸 7·474
申　修 25·194
申　恬 1·704
15·520
16·396
18·2
申　恪 18·746
42·471
申　培 4·164
35·640
申國輔 75·425
申進剛 39·75
申屠致遠 4·90
31·839
42·739
申屠剛 1·691
申屠嘉 4·19
申　陽 35·482
申朝選 39·329

申　根　4・5
　35・603
申鼎鉉　38・666
申畫一　43・99
申　蒯　7・20
　7・144
　15・558
申傳芳　80・198
申際清　4・359
　32・147
申壽同　18・744
申　榮　1・764
申　錫　75・427
申　憲　1・794
申鮮虞　7・143
申　懷　31・280
申繹芳　80・33
申　黨　6・471
申　纂　1・704
申　繻　35・633

田

田一仁　80・495
田一儁　80・490
田一藝　80・496
田九齡　39・328
田士佑　31・225
田士選　39・198
田大有　31・790
田大茂　39・62
田子春　7・207
田子楷　19・130
田元休　38・572
田日炳　73・164
田日煥　73・163
田中正　19・79
田升麟　19・135
田化龍　48・24
田公田　39・307
田月桂　37・156
田　文　7・160
　15・539
田文軒　39・325
田文振　14・387
田文釗　39・297
田文高　19・615
田文海　14・391
田文鏡　2・1
田　巴　7・22
　7・204
田以人　39・330
田以耕　39・348
田允中(清鉅野)　39・200
田允中(清壽張)　42・791
田玉田　39・302
田玉華　5・366
田玉峰　43・99
田玉堂　19・108
田玉琢　19・130
田玉潤　4・372
　41・384
田本欽　30・753
田可行　21・663
田可教　11・447
田可滋　32・43
田可鳴　19・129
田　布　1・722
田北滸　14・385
田生玉　80・761
田生槐　39・347
田用中　19・113
田　永　1・830
田永泰　9・438
田永發　34・262

田永錫　19・87
田弘正　1・721
　14・691
　42・940
田　吉　40・24
　40・189
田在田　39・298
田百昌　35・190
田有豸　39・197
田有郃　41・391
田有相　41・400
田光忠　39・200
田光鈊　39・189
田光鈺　5・334
　43・292
田光螢　74・403
田光鏄　39・296
田　同　17・656
　18・524
田同之　5・372
田同茂　48・366
田先志　23・349
田廷琳　21・506
田仲伊　80・500
田　仰　18・66
田兆芹　39・341
田兆達　34・262
田兆斌　34・286
田兆麒　36・737
田名佐　21・524
田名林　21・743
田名撰　21・613
田亦琮　43・298
田汝成　75・376
田汝長　33・821
田汝穎　43・59
田守成　9・417
田守初　39・200
田守醇　43・114
田如鼈　74・378
田志松　13・813
田志隆　2・66
　37・54
田志超　48・421
田志温　12・126
田志謙　39・199
田芸叡　21・688
田芸馥　39・649
田克爲　7・445
田克賓　39・649
田　何　4・7
　5・6
　7・135
　15・568
田　佚　7・158
田希舜　33・795
田　完　7・152
田　宏　37・114
　39・180
田　壯　39・66
田改住　4・235
田　忌　7・137
田武魁　37・850
田　玥　19・31
田　坤　42・111
田其珺　19・121
田若楨　15・170
田述古　4・178
　17・495
　20・100
田東明　19・104
田　叔　1・684
田明琦　31・803
　33・806

田明鑑	36・754
田　易	33・589
	33・805
田　昂	8・630
田忠信	14・699
田　和(春秋)	15・619
田　和(清)	39・107
田所賦	19・26
田　京	1・733
	20・482
田育民	39・81
田育璋	27・819
田法周	9・850
田河光	42・397
田河清	39・344
田居保	29・341
田孟淳	80・502
田　珍	18・693
	42・432
田　垣	39・97
田荆元	77・270
田　奎	80・489
田　貞	9・398
田則直	1・825
	38・161
	38・314
田映蘭	39・200
田保硯	48・423
田保誠	17・653
	18・373
田　信	6・199
田俊臣	14・377
田庭芳	8・315
田彦生	80・508
田　恒	15・619
田　炳	5・332
	43・291
田洪禮	7・435
田　洫	43・78
田冠東	19・129
田神功	1・721
田　祚	11・118
田既庭	43・192
田耕心	42・794
田起之	19・107
田起英	5・176
	43・269
田起嵋	21・517
田起龍	74・264
田起巖	21・403
田　埗	19・114
田華立	39・199
田華先	37・691
田華基	39・185
田華墉	39・187
田華墺	39・184
田　恭	4・144
	15・531
	16・413
田　莘	39・81
田　真	41・399
	42・297
田　栶	39・294
田振邦	36・776
田振清	39・322
田　致	8・633
田　晉	8・625
田時耕	31・790
	32・356
	33・220
田時潤	48・408
田　峨	39・176
田　倬	5・330
	43・272

田殷實 80・506
田高阜 39・193
田效曾 39・341
田　浩 17・564
18・354
田　祥 22・304
22・636
田恕聰 21・516
田翀鳳 19・589
田務本 39・293
田　琅 39・696
田　萊 23・281
田常安 36・768
田國福 49・111
田　崙 41・409
田符節 37・708
田　敏 4・176
5・56
13・744
田進廷 39・432
田進陛 39・184
田得勝 19・137
田象孚 12・492
田逸民 4・264
田惟珵 39・203
39・215
田惟瑗 39・203
田　焵 21・395
田啓光 43・63
田啓昌 43・68
田啓封 19・108
田紹祖 48・423
田　瑛 8・622
田　琢 1・753
15・527
16・411
18・36
田　琯 80・490
田　琚 39・696
田萬鐘 49・256
田硯池 18・568
田雲路 31・833
田雲翼 41・387
田　雯 4・291
5・372
8・611
田貽麗 8・643
田開疆 15・591
田景泗 18・736
42・465
田景清 19・129
田　單 7・138
15・579
田　嵩 79・106
田智禐 21・755
田智縉 21・753
田集蘭 17・577
19・14
田　鈞 4・368
田詠書 39・308
田遊巖 32・412
33・295
田　竣 22・248
田　翔 9・738
田渭清 19・86
田富昌 48・373
田富問 48・372
田　登(明) 39・60
田　登(清) 74・434
田　頊 80・489
田瑞年(清陽穀) 12・361
田瑞年(清鉅野) 39・200
田　瑜 1・744
15・525

16・405
18・27
田　瑄　39・732
田　塤　39・94
田　楊　79・155
田　業　39・193
田　稔　39・572
42・557
田魁東　19・41
田慎修　39・317
田義農　19・129
田福全　80・508
田殿三　39・442
田殿臣　14・377
田殿珍　39・319
田際春　19・128
田際虞　19・114
田　壽　1・759
田爾易　2・69
30・63
田　需　4・291
5・372
田鳴岐　80・507
田種玉　48・422
田種璜　47・574
田毓昌　43・294
田毓珍　23・280
田毓珩　8・633
田毓藍　11・437
田毓鬮　43・297
田鳳洲　39・331
田鳳翔　36・619
田鳳圖　39・344
田鳳嶺　34・230
田　誥　4・253
5・58
32・658
田端年　12・249
田粹中　5・325
43・285
田　榮（秦）　15・619
田　榮（清）　18・531
田　實　39・737
田實栗　4・302
5・212
田肇開　18・564
田肇麗　5・372
8・617
田緒宗　5・371
8・609
田　綽　30・723
田　瑾　19・21
田蕙田　39・307
田邁訓　14・399
田　蕃　42・792
田震陽　11・437
田震龍　6・576
6・656
田　賦　76・490
田　嶠　39・191
田墨林　34・285
田德滋　46・530
田德寬　48・363
田德懋　48・377
田徵輿　8・619
田　諒　42・191
田　賡　31・321
32・1
田　慶　39・77
田慶祥　36・765
田慶曾　19・91
田　潤　39・103
田潤之　13・809
田潤沾　26・125

田　豫　17・692
田　駢　7・24
15・573
36・414
田樹枂　39・293
田　横　7・134
14・246
14・258
15・559
田勵清　39・344
田篤叡　21・688
田錦山　41・203
田錦生　39・631
田　墾　41・156
田　獲　39・289
田　龍　43・261
田懔範　39・317
田　澤　39・71
田藍田　39・307
田磻溪　39・295
39・454
田　霦　5・372
田　嬰　7・160
15・539
田鍾俊　8・718
田鍾貴　8・717
田應晴　26・179
田應聘　41・390
田　濡(明大田)　80・489
田　濡(明聊城)　4・129
38・537
田　濟　35・341
田豐碩　43・107
田　疇(明交城)　32・584
田　疇(明南陽)　7・392
田　疇(明單縣)　4・216
38・220
田　疇(明寧州)　18・691
42・430
田蟾春　49・87
田嚴恭　39・715
田鵬魁　48・369
田　獻　42・743
田耀祖　14・380
田　闢　74・378
田寶蓉　39・812
田懿年　49・231
田顯吉　2・62
7・385
田　鑰　41・220
田　鑾　18・532
田　鸞　11・304

由

由升堂　24・723
由丕貞　29・813
由吾道榮　30・135
30・332
由　金　29・835
由　根　73・119
由　晉　29・821
由學顏　24・718

史

史二酉　6・228
史九元　37・5
史三垣　60・361
史于光　79・111
史大有　58・265
史大成　59・174
61・754
史元中　1・819
37・552
史元奎　28・218

史元美 59·36
60·200
史　中 48·26
史公祖師 79·300
史　丹 4·23
31·171
35·648
史文耀 60·302
史以明 9·67
史正治 76·353
史　本 59·134
史可甦 58·204
59·164
史可彰 58·189
史　白 58·211
史必大 77·41
史永安 4·226
5·160
12·105
43·580
史邦直 4·158
9·58
9·93
史　臣 60·252
史臣贇 5·121
史在篇 2·32
32·587
史有猷 58·180
史存篇 58·232
史存禮 58·108
史存鏞 58·174
史光代 31·279
史光國 60·387
史廷偉 43·100
史延祜 19·72
史延晌 79·242
史延齡 4·198
12·104
史仲偉 58·148
史兆麟 8·627
史汝明 45·227
史　安 68·402
史克信 41·388
史佐清 18·506
史希顏 42·210
史谷蟾 72·699
史宏璉 79·158
史良珍 30·691
史　玢 5·375
8·18
8·640
史長昆 4·321
9·61
史長清 8·19
8·640
史長興 9·274
史　英 42·303
史叔明 48·301
史垂萬 68·563
史垂譽 68·416
史秉正 35·146
史秉直 47·182
史性良 4·197
史　泳 59·56
60·231
史宗周 60·493
史承德 7·187
史孟俊 44·113
史　珍 48·29
史　垣 58·182
史俊卿 12·399
史彥斌 37·678
史　恢 37·34
史炳南 60·351

史炳銓	43・65
史　珥	58・135
史　班	58・63
史起貞	2・31
史起欽	77・365
史起煥	60・288
史　耿	29・295
史華元	60・381
史桂芳	58・125
史桐林	8・328
史夏隆	71・356
史　振	76・547
史振鏞	43・434
	43・500
史恩綰	6・448
史乘古	58・54
史　卿	19・618
史　訓	73・173
史高印	9・60
史高先	9・60
史流芳	42・111
史書昌	58・132
史能仁	1・789
	6・307
	43・192
史培植	60・397
史梓芳	58・131
史虛白	4・253
	18・422
	19・125
	48・307
	49・518
史彪古	58・25
史　常	76・465
史國璋	51・633
史悠瑨	48・139
史得金	34・343

史惟良	40・70
	40・154
史寅仲	59・95
	60・297
史　超	30・119
史敬典	9・73
史敬勝	9・68
史朝佐	5・160
	43・630
史朝定	79・212
史朝宜	79・117
史朝賓	79・115
史　惠	79・210
史欽明	19・598
	19・615
	23・648
史　評	4・316
史　焜	58・239
史　温	75・412
	78・452
史　弼	1・690
	8・463
史瑞儀	32・647
史載筆	43・304
史載道	19・619
史載勳	4・200
	19・624
	23・640
史　虞	58・134
史嗣貞	1・754
	28・659
史傳心	39・190
史傳事	58・226
史魁英	4・329
史　誠	76・150
史誠祖	1・815
史誠儀	5・260

32・637
史　詢　58・227
史　詡　73・151
史　廉　9・852
史　煌　58・183
史資教　1・801
史資德　42・199
史　福　79・148
史殿功　6・664
史　綉　49・446
史　愿　60・343
史銘鏞　2・56
史鳳翔　43・101
史彰美　47・182
史榮忠　73・162
史盡善　19・625
史　樞　1・754
18・44
史輝宗　5・266
史稽古　58・222
史　篆　9・141
史　儀　42・193
史德年　27・161
史褒明　19・625
史潑立　27・318
史履庸　60・67
史　壇　58・232
史燕翔　43・132
史　圜　80・159
史學義　43・108
史　錦(清順天)　2・64
史　錦(清餘姚)　32・454
33・78
史憲洛　31・58
史縉書　30・693
史　邈　47・20
史彌堅　76・461
史　簡　58・133
史雙興　9・274
史颺廷　2・44
8・318
史　譜　4・316
史　蘭　42・298
史耀宗　32・604
史　護　23・416
史繼民　1・765
25・567
史繼佃　79・269
史繼倬　79・236
史繼倫　79・159
史繼偕　79・126
史繼經　9・62
22・238
史繼蕃　79・239
史　囂　7・21
史鶴九　4・441
27・157
史鶴齡　7・171

冉

冉　求　4・2
35・600
40・495
40・502
冉希舜　42・14
冉　季　4・4
35・602
40・495
冉季載　41・379
冉昭重　33・815
冉　耕　4・2
33・791
35・600
40・495

冉　雍　4・2
35・600
40・495
41・126
42・521
冉學詩　41・192
冉　櫝　37・822
冉　孺　4・4
35・602
40・495

四

四　知　74・143

生

生永錫　35・323
生　圻　13・388
生克中　36・619
生裕恂　36・614
生錫麟　10・389

丘

丘大成　80・760
丘之麟　80・142
丘子瞻　80・77
丘天培　80・208
丘巨源　30・90
丘六成　80・113
80・188
丘　方　80・673
丘正元　80・149
丘四教　72・16
丘　弘　80・78
丘志廣　34・51
丘佐時　80・83
丘宏濬　72・16
丘和盛　80・148
丘　金　80・128
丘命三　80・124
丘泮林　80・148
丘思齊　33・587
33・687
丘衍箕　80・119
丘　栲　72・19
丘原高　76・744
丘振芳　80・167
丘　哲　80・578
丘　晉　42・204
42・384
丘逢甲　80・168
丘書光　80・137
丘處機(見邱處機)
丘偉卿　80・126
丘　隅　80・92
丘紹庭　72・22
丘　琠　72・11
丘　達　80・125
丘斯耀　80・138
丘程雲　31・320
32・1
丘欽若　80・758
丘敦信　80・141
丘　翔　80・585
丘道允　80・83
丘道明　80・83
丘道隆　80・80
丘聘珍　80・108
丘夢彩　80・89
丘夢鯉　80・119
丘嘉周　80・117
丘嘉穗　80・120
丘　銘　80・142
丘鳳岡　80・126
丘維盛　72・22

丘維敘 72・17
丘　綸 80・145
丘　儀 7・420
丘　璟 72・9
丘　勳 80・136
丘　聰 80・117
丘鍾靈 80・123
丘濟寬 80・144
丘　鎮 42・563
丘　鎔 72・15
丘　鐫 72・15
丘　鑑 72・17
丘　鱗 80・673

仙

仙鶴林 4・333
35・464
42・647

白

白三奇 9・431
白士昌 38・274
白之雋 30・109
白子友 4・166
5・13
32・649
白天民 52・520
白天祥 14・250
白元錫 41・215
白升嶺 9・433
白　仁 78・203
白允升 8・317
白玉蟾 47・325
71・362
77・358
78・456
白可任 9・411
白　生 35・640
白永清 13・419
白西成 9・858
白　光 4・7
白仲仁 24・534
白行順 1・785
白汝舟 31・277
白克敏 4・458
白希繡 37・554
白　英 4・148
白　杲 39・734
白昌裕 73・343
白　旻 1・805
43・18
白所見(清定陶) 41・390
白所見(清磁州) 37・561
白受采 77・387
白兔公 32・659
白法琮 51・718
白宗清 39・673
白居易 31・338
32・9
51・124
71・349
白相黼 9・428
白拱薇 75・715
白衍吉 42・395
白美振 79・429
白冠玉 76・353
白連慶 14・137
白振魯 5・356
白　清 43・57
白紹芳 79・428
白琳玉 11・298
白　琚 14・251
白　賁 38・682
白朝亡 74・501

白　雲　72・700
白雲章　59・86
白雲輝　25・141
白善實　14・139
白　楹　4・226
38・565
42・989
白　慈　9・414
白　潢　2・29
23・625
24・275
白　震　38・687
白龍采　79・424
白聯芳　6・306
白擴田　37・172
白鍾山　2・10
白應乾　14・121
17・544
白　曜　25・78
白　璧　52・438
白　鯤　1・792
15・32
15・134
白　麒　32・584
白　鏻　38・546
白鶴真人　47・472
72・699
白　瓚　34・439
白　顯　17・633
白　麟　1・813
35・60
白　灝　79・418

仝

仝文蔚　40・270
仝　松　40・336
仝宗慶　13・127
仝　寅　30・298
仝雲集　40・173
仝濟淵　40・125
40・281
仝　續　13・154

令

令　言　79・296
令狐楚　1・722
令狐熙　1・717
令國威　63・343
令超禪師　45・364
61・759
63・193

佘

佘朱敞　1・720

用

用　平　79・300

印

印　空　76・366

句

句井疆　35・603

包

包一璧　71・340
包文禮　77・570
77・601
包世傑　71・592
包有暉　47・46
包守曾　26・632
包希魯　72・63
包　宏　72・63
包君鵬　67・495

包育華　80·147
包承祚　78·699
包　咸　7·478
包　拯　1·732
32·438
33·66
73·405
包　衎　72·100
包　恢　71·253
75·360
76·462
77·282
包　桂　2·106
29·680
包國英　67·495
包國治　77·599
包　堃　71·298
包　淮　71·232
包朝魁　42·651
包　揚　52·403
71·230
包鼎臣　71·380
包　瑜　7·81
7·85
16·431
76·471
包聖訓　38·278
包　節　1·828
包　溥　1·801
34·435
包　聚　31·337
32·8
包蔚華　80·181
包實夫　72·84
包敷政　71·609
包翰容　77·127
包　鐸　32·1

主

主父偃　4·7
7·135
15·574
17·691

立

立忍居　26·3

玄

玄　奘　77·72

半

半石堂頭　80·170

必

必里海　1·765
27·323
27·790
必蘭阿魯帶　18·36

永

永林上人　29·512
永　福　51·117
永壽真人　30·753
31·247
永　濟　36·422

司

司天秩　5·355
10·634
司天開　6·460
司元直　31·800
35·331
司丹榮　51·96
司允德　31·823

司仲可　1・764
7・77
15・530
16・412
司　玠　4・223
42・799
司　迪　1・850
司秉文　43・126
司秉禮　43・109
司空圖　7・147
司居政　4・143
司居敬　11・81
司承禎　34・314
司　荔　12・498
司恒心　36・501
司馬天助　18・7
司馬芝　1・690
32・583
司馬延義　51・83
司馬池　8・465
司馬宅相　49・513
51・122
司馬均　4・250
23・629
24・513
25・589
司馬攸　7・135
司馬伷　15・495
司馬武子　59・167
司馬祉　77・210
司馬承貞　77・358
司馬恬　18・1
司馬耕　35・602
司馬泰　22・226
司馬倫　15・495
司馬朗　1・699
司馬道　18・1
司馬湘　77・358
司馬遐　11・21
司馬暠　51・81
司馬遷　7・456
36・414
司馬駿　27・280
27・307
司馬曦　46・551
司馬穰苴　7・136
15・578
司徒珍　2・39
10・310
司徒緒　80・201
司清洛　12・334
司　視　42・34
司　軻　43・129
司　蒞　7・381
司　福　4・224
31・287
32・131
司嘉賓　41・213
司德潤　36・739
司德馨　51・96
司龍元　14・384
14・441
司　鐸　31・288

尼

尼養德　17・512
18・341
72・108
尼　澄　1・812
35・449
35・556

弗

弗需山人　72・698

弘

弘　恩　77・25
弘　誠　30・135
弘濟禪師　72・699

召

召　平　1・684
7・21
16・391
召　忽　7・20
7・143
召　歐　15・493
18・432

皮

皮大椿　71・486
皮　元　73・233
皮日休　51・124
皮日廉　74・226
皮正芬　62・459
皮守焜　62・531
皮　芳　62・430
皮希牧　62・302
皮秉粹　66・306
皮家駒　62・334
皮　容　4・12
17・458
皮　野　65・274
皮國祐　62・454
皮　湑　65・168
皮維藩　51・31
皮增淇　62・635
皮　儀　65・262

幼

幼　安　76・420

六畫

匡

匡大有　72・185
匡　才　7・278
7・495
匡元滾　72・327
匡文炅　4・467
匡文昱　4・467
匡文壇　22・296
22・608
匡心燦　72・146
匡允中　22・229
匡邦楫　72・153
匡　圮　22・313
匡存穀　72・138
匡光珠　72・358
匡光堯　72・226
匡廷元　72・356
匡廷謙　72・368
匡延年　22・249
匡自天　72・353
匡汝諧　72・144
匡如桐　22・264
22・478
匡克繩　72・236
匡辛成　32・144
匡宏聲　72・195
匡若訥　22・327
匡尚卿　73・83
匡　昕　72・199
72・258
匡　昂　73・72
匡　炎　22・299
22・619

匡相倓　73・74
匡　咸　7・251
匡貞壹　72・368
匡思堯　73・92
匡晉定　68・375
匡晉祜　72・370
匡　峻　72・152
匡　培　22・303
22・634
匡國治　72・152
匡國祜　73・68
匡國瑞　72・363
匡崇敬　73・96
匡從先　22・329
匡　章　7・138
15・592
匡淑拔　72・242
匡淑烈　22・295
22・604
匡　喆　36・176
匡開先　73・111
匡道士　29・844
匡運昌　72・242
匡　裕　49・511
匡裕湍　72・185
匡聖時　4・467
22・293
22・594
匡暉吉　22・310
匡　源　4・462
匡　福　23・622
匡　璜　22・326
匡　璝　23・654
匡　衡　4・12
4・22
7・251
7・471
8・463
15・494
匡錫暇　41・297
匡親善　72・369
匡　熺　22・307
匡　謐　22・300
22・623
匡翼之　22・248
23・636
匡蘭兆　4・470
22・299
22・616
23・651
匡蘭馨　4・459
22・267
22・492
匡　護　79・296
匡　鐸　22・249

邢

邢九齡　12・393
邢士吉　48・233
邢士俊　48・94
邢大任　5・246
邢王佐　5・356
21・143
邢元醇　13・148
邢友齊　11・295
邢曰泰　33・258
邢化成　34・250
34・333
邢化鵬　5・379
邢文芳　34・223
邢文津　38・576
邢文彬　42・394
邢文舉　31・791
邢以忠　49・183

邢允吉　5・361
邢允貴　5・361
邢允襄　5・361
邢　本　29・838
邢本端　6・200
邢　邦　14・704
邢邦彦　1・790
43・540
邢光縉　80・440
邢同泰　9・145
37・5
42・394
邢廷楨　61・455
邢汝烈　5・333
43・292
邢如約　5・196
邢如默　5・195
邢　邵　1・714
16・398
18・8
37・801
41・58
邢奉天　42・321
邢　玠　4・130
17・546
18・315
邢　表　5・189
10・630
邢長春　34・220
邢長麟　34・231
邢其任　42・952
邢其諫　5・186
10・364
邢　奇　4・199
5・202
34・60
邢尚簡　19・623
邢　固　5・357
邢秉善　1・757
邢　侗　4・198
5・196
邢宗苞　80・441
邢　玿　5・357
邢　政　5・195
邢　奎　1・793
8・466
邢　昺　4・176
41・130
邢　禺　1・699
邢思欒　42・11
邢　峙　1・714
邢俊三　8・346
邢洪照　13・149
邢洛書　29・767
29・813
邢　宥　75・365
邢　祐　1・707
邢泰吉　4・132
邢素位　41・172
邢起龍　5・245
邢桂馨　63・479
邢振緯　5・357
邢　晏　1・707
邢師長　5・357
邢　釗　4・234
12・119
邢家屛　49・310
邢　恕　18・29
邢　通　25・163
邢國傑　34・289
邢國瑞　29・767
邢國璽　1・779
1・854
21・140

23・620
邢　第　1・796
邢敏政　9・852
邢從禮　12・208
邢　訪　63・510
邢清源　37・855
邢啓明　29・315
邢　琦　1・847
25・87
邢　琠　49・353
邢萬林　7・209
邢　凱　49・160
邢　嵲　5・357
邢　智　29・25
邢循庸　10・371
邢欽詔　49・205
邢敦彝　37・841
邢　裕　42・44
邢發才　8・332
邢夢韶　63・560
邢蒯聵　7・20
7・144
15・558
邢慎言　17・558
邢　義　5・186
10・363
10・457
邢福山　64・368
邢福元　43・294
邢　臺　64・347
邢　臧　1・712
27・280
27・313
27・781
邢毓馨　63・488
邢鳳林　34・348
邢　端　5・206
8・341
邢寧昌　5・366
邢　維　29・767
邢維垣　12・382
邢維楨　48・201
邢增捷　64・607
邢　儉　6・185
邢　質　63・547
邢德元　13・147
邢　潤　17・513
20・553
邢審容　1・726
邢聯慶　40・202
邢懋學　48・231
邢　藻　63・505
邢繩祖　63・455
邢耀祖　30・722
邢　鏸　42・235
邢繼焯　49・286
邢　瓘　19・623
23・636
邢　鑾　29・837

戎

戎體元　7・302
7・462

吉

吉士安　1・763
39・787
42・544
吉士瑛　2・37
18・696
42・435
43・208
吉天祐　47・339
吉中孚　58・213

吉　孔　11・206
吉永貞　30・101
吉芳蘭　21・520
吉奉彥　17・604
　19・327
吉　思　37・548
吉逢吾　34・252
吉　祥　77・41
吉　慶　1・830

老

老萊子　30・334
　31・185
　31・338
　32・9
　66・354
老陽子　6・225

共

共　公　30・635

亘

亘　信　77・732

西

西竺本來禪師　77・280
西　舫　75・682
西勒塔　8・468
西堂智藏禪師　74・181
西渚子　58・264

百

百丈大智禪師　78・569
百里嵩　1・693
百家奴　75・361

有

有　安　76・207
有安成　34・294
有希孔　18・375
有　若　4・2
　33・791
　35・601
有杰道者　79・293
有朋禪師　79・299
　79・640
有　南　78・217
有　誠　71・364
有　諫　78・569

存

存　真　76・420
　76・499

匠

匠師慶　35・726

成

成大成　37・854
成大年　6・480
成　已　5・142
　13・761
成元濟　43・303
成太清　37・855
成公敞　7・476
成公蕙　13・811
成公興　4・261
　23・664
成　文　38・161
成文選　1・794
成方田　14・389
成心中　77・369
成　功　31・781
　34・467
成可久　6・488

成永健　2・112
16・446
18・81
22・238
23・627
成　全　13・784
成兆壯　5・272
13・782
成兆振　5・272
13・782
成兆豫　4・280
5・272
13・781
成兆豐　5・272
13・782
36・437
39・809
成亦樸　5・272
成汝洲　15・168
成守泰　36・415
成守節　37・833
成聿炌　5・331
43・285
成　芸　5・271
13・776
成　芳　72・187
成芳澤　14・382
成伯龍　41・63
成希忠　14・381
成　汭　15・620
17・478
18・270
成其愿　14・373
成其範　4・394
14・372
17・598
成其懋　14・372
成其謙　14・373
成若闕　6・462
成茂桂　15・168
成昇運　5・142
13・765
成明樞　4・132
37・836
成和徵　5・271
13・775
成季友　31・169
成秉睿　5・346
15・151
成　珍　1・827
39・149
成映庚　5・331
43・277
成思泰　14・380
成衍祚　43・284
成後松　62・512
成　勇　4・118
14・367
17・571
27・549
28・234
成原大　10・310
成晉徵　4・276
13・775
成　琅　13・797
成野賢　37・38
成象乾　14・382
成翊世　4・26
5・16
9・30
9・54
成　淹　4・50
15・587
17・678

成淑協　5・346
15・151
成啓洸　5・273
13・783
成啓恩　5・273
13・783
成啓瀹　5・272
13・782
成朝珍　5・272
13・781
成　楝　43・261
成開蔭　5・332
43・290
成　斌　5・176
43・269
成　湯　41・3
成瑞石　5・271
13・776
成　楚　18・430
成嗣孝　15・162
成微仙　79・642
成　解　74・253
成嘉運　5・142
13・765
成毓屺　15・169
15・220
成鳳岐　13・808
成端徵　5・143
成漸逵　49・380
成　德　1・812
35・449
成潤芳　49・363
成　儒　5・180
43・266
成龍泉　15・161
成聯琨　14・395
成聯璞　14・395
成　覵　15・582
成　巖　12・104
成　瓘　4・289
13・797
成鶴立　49・239
成　鑰　37・859

扣

扣冰禪師　77・405

夷

夷　逸　7・197

至

至道禪師　80・170
至　聰　79・298

光

光　山　73・118
光若愚　6・578
6・657
17・635
光岳奇　4・230
43・111
光浚明　43・91
光　逸　4・38
14・117
14・359
17・470
光　懋　43・59
光　廬　43・90
光霽寰　32・650

吁

吁　子　31・744

吐

吐萬緒　1・717

	16·399
	18·10

曲

曲士選	27·542
	28·213
曲大成	26·110
曲大擢	27·541
	28·172
曲及時	28·189
曲元明	9·815
曲日詠	28·195
曲升吉	29·334
曲月揚	27·538
	28·167
曲文德	28·51
曲世淳	24·565
曲丕謨	28·190
曲永文	27·475
	28·36
曲永勝	11·398
曲　出	77·209
曲光聯	5·305
	43·588
曲廷甲	28·215
曲自明	9·813
曲名揚	26·129
曲　江	24·364
曲克弘	27·542
	28·213
曲　伸	43·277
曲　英	43·539
曲卓新	28·47
曲　昇	9·816
曲和聲	24·331
曲居士	24·581
曲逌偉	27·526
曲洪瀾	4·256
	27·536
	28·167
曲　宧	12·198
曲倬章	28·53
曲　倫	28·204
曲　容	26·119
曲祥吉	27·545
	28·180
曲　唱	25·268
	25·311
曲國俊	9·813
曲　庶	29·621
	29·834
曲清雅	28·188
曲寅畏	43·633
曲寅燾	4·441
曲彭生	28·214
曲萬松	6·201
曲萬森	28·54
曲　森	28·230
曲復一	27·543
	28·175
曲　舜	10·137
	10·282
曲聖琬	27·543
	28·176
曲聖凝	28·24
曲愈卓	39·177
曲　廉	4·151
曲鳳祥	18·732
曲鳳翼	28·212
曲遷喬	4·131
	5·154
	43·576
曲德樹	28·212
曲　鋭	25·621

	27・65
	27・236
曲慶錫	28・53
曲澐海	24・722
曲潯潮	24・707
曲　興	29・26
曲　諧	27・541
	28・172
曲龍章	14・397
曲　橚	27・470
	28・32
曲觀光	28・225

吕

吕八音	11・285
吕　九	29・336
吕九官	27・167
吕九貢	43・125
吕九圍	27・98
吕又新	29・164
吕三才	4・158
	17・547
	19・296
吕士立	56・19
吕士吉	9・623
吕士夜	27・175
吕士美	79・606
吕士登	79・428
吕　土	29・544
吕大成	4・225
吕大咸	53・311
吕大奎	76・296
	79・465
吕大夏	74・9
吕大堆	56・506
吕大漢	25・270
	25・301
吕大器	80・33
吕大濩	1・819
	37・555
吕　才	4・192
吕山誠	1・738
吕之柏	26・632
吕之桂	65・257
吕子彬	50・501
吕子登	49・170
吕天貺	76・493
	77・444
吕天會	2・46
吕　元	42・197
吕元夫	53・298
吕元文	24・579
吕元和	25・304
吕元勳(清浦城)	76・641
吕元勳(清寧津)	11・301
吕元龍	53・620
吕元膺	4・58
	31・760
吕元簡	4・234
	15・565
	21・661
吕太素	74・21
吕尤仙	76・361
吕日登	79・188
吕曰正	29・544
吕　中	79・102
吕　升	75・364
吕升蕃	14・697
吕仁仲	67・386
吕化蛟	12・328
吕化龍	43・108
吕　公	4・258
	38・295
吕公烈	5・268

13・770
吕公著　37・547
38・157
吕公普　36・179
吕丹書　79・609
吕　文(明)　29・548
吕　文(清)　5・377
吕文旦　54・554
吕文光　68・590
吕文志　56・558
吕文宏　13・805
吕文岩　56・633
吕文定　55・602
吕文炳　53・451
吕文庶　54・604
吕文遇　76・327
吕文遠　6・464
吕文質　71・6
吕文緯　76・283
77・607
吕文穎　32・612
吕文龍　13・234
吕文贇　39・180
吕文瓚　56・539
吕　亢　29・2
吕以求　57・100
吕以埔　53・490
吕孔良　24・519
吕玉珩　79・568
吕　正　5・141
吕正音(清新昌)　16・441
19・3
吕正音(清滎河)　2・68
37・562
吕正訓　5・388
吕世宜　76・317
77・658
吕世信　56・617
吕世埴　54・407
吕世曉　56・599
吕世端　39・345
吕世璜　74・34
吕世誼　54・469
吕本一　6・200
吕本中　41・60
51・685
69・640
70・640
吕本端　8・417
吕丕問　50・336
吕占建　8・620
吕仕桂　68・566
吕仕麟　68・564
吕　它　9・715
吕永通　6・225
吕永清　55・466
吕民望　31・827
吕邦仁　74・36
吕式古　68・269
吕西峯　35・497
吕存禮　53・239
吕成大　53・370
吕成名　5・143
吕成林　56・516
吕成和　55・16
吕成建　56・517
吕成家　80・663
吕成稔　55・5
吕成槃　56・536
吕成榮　55・596
吕成機　56・504
吕成龍　41・222
吕夷簡　1・739
吕光昈　27・428

吕光春　51・456
吕光敏　27・429
吕光煥　68・382
吕光冀　27・428
吕廷鑄　29・157
吕延年　65・323
吕延慶　4・451
　24・529
吕仲誥　76・235
　76・334
　77・651
吕自忠　79・610
吕自恭　6・464
吕自嶽　29・544
吕行中　26・2
吕兆寶　53・550
吕　安　4・185
　31・753
吕好問　39・216
吕　均　53・380
吕坊之　35・705
吕志伊　57・62
吕志義　48・221
吕志遜　53・338
吕志熊　74・29
吕　芳　21・670
吕芳楷　6・447
吕克儀　68・281
吕杞昌　53・490
吕　抗　9・57
吕肖翁　79・252
吕　佑　5・213
吕伯玉　79・615
吕伯宗　79・492
吕伯梓　31・817
吕希哲　1・742
　37・802
吕希舜　32・652
吕希說　76・383
吕宏信　56・388
吕良才　53・219
吕良夫　53・299
吕良棟　80・668
吕武峯　47・174
吕青雲　8・633
吕　玥　26・129
吕　長　56・667
吕長治　11・93
吕　坤　1・775
吕林鍾　47・247
吕林鐘　36・520
吕　杰　55・334
吕東表　8・2
　8・619
吕東昌　9・634
吕東籓　32・602
吕非虎　2・98
　16・444
吕叔素　74・19
吕　尚　7・133
　15・486
　30・650
吕　昌　79・86
吕　昇　4・234
　23・652
　24・542
吕　昂　29・316
吕　旻　77・717
吕忠稷　68・575
吕　和　1・777
　10・39
吕秉文　53・58
吕秉彝　1・787
　32・584

吕岳瑚　74·34
吕佩玉　18·378
吕金臺　41·210
吕金聲　13·413
吕朋錫　8·627
吕周輔　26·632
吕　炎　51·50
吕炎輝　76·579
吕泮林　43·122
吕宗江　39·308
吕宗洛　57·112
吕宗健　79·570
吕宗照　57·343
吕宗賢　50·463
吕　祉(宋)　76·371
吕　祉(清)　9·624
吕居簡　18·32
吕承廣　74·19
吕孟烈　36·37
吕孟堅　9·447
吕　珏　55·325
吕　珍　55·388
吕封岳　9·756
吕封齊　39·176
吕　城　55·69
吕南公　71·222
　71·411
吕思忠　68·529
吕思高　55·603
吕思禮　4·191
　42·737
吕　品　36·199
吕重熙　6·664
吕　信(明)　42·237
吕　信(清)　36·550
吕　律　74·29
吕爰正　67·117
吕　訂　26·115
吕彦能　8·685
吕音正　8·3
吕恆安　4·378
吕　恂　5·212
　8·607
吕　炯　6·556
　6·649
吕　洸　55·444
吕　宫　5·331
　43·276
吕　祐　79·206
吕祐之　39·174
吕祖泰　62·696
吕祖慤　77·38
吕祖儉　62·695
吕祖謙　50·336
　53·199
　76·414
吕　泰(明)　77·582
吕　泰(清蓬萊)　25·108
吕　泰(清新建)　46·491
吕起音　56·62
吕起謙　47·224
吕　華　79·340
吕華池　37·418
吕夏卿　79·264
　79·498
　79·559
吕振森　65·290
吕振壽　9·259
吕　哲　79·612
吕晉夫　77·580
吕　虔　4·30
　15·519
　36·420
　37·545

呂　晟　53・224
呂　倚　73・405
呂　倉　32・586
呂逢卜　53・316
呂效歧　39・331
呂　烜　4・453
24・563
呂　烶　43・303
呂　浦　56・271
呂海寰　24・711
呂　祥　53・345
呂　翀　53・214
呂純如　1・771
呂培田　6・653
呂黄鍾(見呂黄鐘)
呂黄鐘　1・786
37・556
37・805
呂　乾　53・318
呂乾機　74・36
呂盛鳴　49・376
呂國珍　48・183
呂國儻　48・256
呂崇秋　53・408
呂崇修　8・9
8・623
呂　進　53・381
呂從嶽　29・544
呂從謙　73・262
呂　翎　53・298
呂　望(見呂尚)
呂惟恕　37・714
呂清江　9・854
呂　淇　5・377
8・643
呂啓述　57・113
呂啓昌　34・257
呂啓昨　56・388
呂啓祥　57・343
呂啓書　57・270
呂啓運　57・53
呂啓源　36・549
呂紹升　53・650
呂紹正　74・36
呂紹淛　53・245
呂紹熇　53・649
呂　琪　26・6
呂　琨　29・154
呂　琛　53・240
呂　越　32・651
呂越生　79・493
呂達士　53・41
呂萬禄　13・391
呂敬夫　53・298
呂朝勳　74・21
呂葵陽　42・758
呂　椒　79・252
呂　惠　18・575
呂　雲　74・32
呂雲山　14・383
呂雲仲　58・213
呂雲棟　77・725
呂雲程　47・273
呂雲龍　26・132
呂鼎元　8・637
呂鼎祚　2・52
43・23
呂　開　1・741
呂　閔　8・643
呂景尚　41・395
呂景新　27・166
呂景鳴　77・716
呂智壽　10・165
10・227

吕喬齡　8・634
吕　復(元)　75・415
　78・462
吕　復(明)　74・4
吕翕如　43・277
吕勝己　76・395
　77・185
吕道貞　48・256
吕道源　6・671
吕　湘　13・807
吕　淵　56・104
吕滋漣　6・490
吕補袞　2・73
　31・279
吕　弼　53・231
吕登雲　56・85
吕　瑚　53・234
吕　瑋　29・153
吕瑞青　79・606
吕瑞麟　78・584
吕遠植　48・145
吕蓮峯　11・475
吕夢卜　26・122
吕夢奇　24・514
吕夢飛　48・77
吕夢瑄　53・361
吕夢熊　76・642
吕　椿　79・265
吕　崧　48・247
吕　鈴　68・498
吕　誠　54・202
吕誠源　76・321
　77・649
吕　癊　43・90
吕　溶　68・267
吕福如　36・530
吕福星　76・334
吕福廣　39・218
吕　禎(宋)　74・31
吕　禎(明)　73・402
吕殿揚　13・788
吕　遜　21・361
吕　瑤　29・225
吕嘉問　18・29
吕嘉猷　56・53
吕　臺　74・9
吕　壽　1・792
　15・29
　15・133
吕壽山　27・164
吕碩秀　5・248
吕　摭　5・65
吕鳴純　78・465
吕鳴清　27・168
吕鳴鳳　5・268
　13・770
吕鳴鍾　74・33
吕鳴鑾　57・342
吕圖南　79・453
吕毓奇　24・551
吕　銅　6・639
吕廣問　57・535
吕　韶　5・213
吕　端　4・181
吕　榮(清黄縣)　26・186
吕　榮(清博山)　6・640
吕榮生　55・640
吕　漢　49・483
吕漢雲　27・159
吕肇堂　70・113
吕肇齡　29・162
吕熊濱　24・561
吕維政　55・643
吕維則　56・547

呂維奎	57·194
呂維桂	56·606
呂維逢	56·655
呂維球	55·38
呂維淮	57·9
呂維祺	1·812
呂維椿	57·13
呂維橒	6·554
	6·648
	17·590
呂維學	55·642
呂維熾	56·560
呂維榦	6·555
	6·649
呂維璽	57·124
呂　璜	26·122
呂敷三	6·460
呂　賢	53·427
呂　奭	53·310
呂　震	4·214
	31·820
呂　嶠	25·532
呂　箴	24·714
呂儀畏	74·21
呂　德	1·795
	10·557
呂德孝	56·388
呂德佐	57·228
呂德和	17·671
呂德楚	56·153
呂德銘(清婺源)	57·343
呂德銘(清濟寧)	37·5
	43·435
呂德録	37·5
呂諒卿	79·498
呂　誼	56·12
呂慶圻	37·10
呂慶坡	37·11
呂潤蕃	29·159
呂　澄	2·98
呂　選	43·773
呂頤浩	4·79
	5·64
	9·56
呂　樵	73·266
呂　默	55·294
呂　錫	67·309
呂凝德	6·454
呂　憲	43·607
呂憲和	35·454
呂聯芳	24·482
呂藍田	8·714
呂懋修	5·130
	32·597
呂　嶽	79·365
呂　鍾	53·379
呂應川	49·472
呂應本	39·75
呂應科	21·134
呂應夏	4·454
	23·650
	24·537
呂應祥	1·834
	11·43
	11·120
	23·620
呂應期	32·628
呂應銘	53·474
呂應魯	5·133
	32·643
呂應選	74·30
呂　鴻	53·368
呂　濤	48·207
呂　燾	51·50

呂　顗　1・827
　38・635
呂　疇　79・442
呂　羅　42・737
呂鵬雲　1・827
　39・149
呂　懷　53・304
呂　瀚　4・448
　24・568
呂　繹　79・315
呂繹如　5・268
　13・769
呂獻沂　57・501
呂獻京　55・656
呂獻柱　57・154
呂獻烈　56・77
呂獻庸　55・204
呂獻瑛　56・22
呂獻廉　55・208
呂獻溱　56・650
呂獻潤　56・120
呂耀翼　8・714
呂　夔　53・231
呂繼華　68・511
呂　鐸　48・29
呂體復　29・319
呂　顯　24・544
呂顯文　53・186
呂觀我　79・566
呂　讓(明永寧)　39・146
呂　讓(明即墨)　4・121
　23・633
呂　鑾　55・415

同

同拱辰　80・201
同　興　2・14
同　蠡　77・212

因

因　齊　7・134

回

回回翁　32・480
　33・557

年

年　富　1・768

朱

朱一六　78・339
　78・368
朱一泮　79・209
朱一桂　47・90
朱一隆　7・196
朱八士　62・636
朱九如　34・319
朱九拔　79・186
朱九錫　38・253
朱乃鉞　41・205
朱乃廣　7・196
朱　干　68・243
朱于訓　79・162
朱士先　49・215
朱士見　47・259
朱士秀　5・387
　12・505
朱士含　4・301
　5・388
朱士良　59・363
朱士忠　72・589
朱士俊　73・75
朱士華　72・504
朱士根　57・333

朱士倌	5・244
	6・136
朱士乾	56・26
朱士遠	59・588
朱士魁	21・739
朱士廉(明)	9・727
朱士廉(清保德)	37・422
朱士廉(清單縣)	38・240
	38・345
朱士錦	56・563
朱士燮	47・183
朱大中	71・413
朱大用	1・809
	43・429
	43・498
朱大成	56・578
朱大年	62・435
朱大典	1・771
	32・586
	80・154
朱大奎	73・73
朱大紀	1・805
	43・19
朱大夏	73・68
朱大從	55・646
朱大綬	78・269
朱大椿	47・283
朱大猷	18・743
	42・469
朱大綸	74・397
朱大德	58・151
朱大器	71・266
朱大嶺	34・304
朱才光	35・349
朱才柱	45・259
朱上達	45・230
朱之士	7・192
朱之才	35・514
朱之元	62・125
朱之玉	37・668
朱之生	32・42
朱之良	29・672
朱之玫	53・550
朱之屏	78・386
朱之珮	38・252
朱之能	43・107
朱之納	47・268
朱之問	62・266
朱之馮	1・776
	16・436
	18・50
朱之裔(見朱之馮)	
朱之瑤	72・577
朱之璡	38・231
朱之蕃	4・200
朱之諍	72・615
朱之儒	7・162
	17・555
朱之錫	2・2
朱之辨	62・248
朱之龍	5・213
	8・642
朱之鐸	62・117
朱子忠	47・177
朱子洒	62・587
朱子謨	63・170
朱王佐	38・227
朱王造	75・695
朱天安	19・325
朱天球	76・733
朱天眷	56・518
朱天貴	78・206
朱天街	72・633
朱天鳳	26・179

朱天寧　72・88
朱天賢　79・287
朱天慶　18・738
朱天錫　47・21
朱天鍾　55・172
朱天應　79・163
朱天寵　72・494
朱元旭　9・55
朱元英　11・394
朱元春　78・185
朱元奎　55・426
朱元貞　54・204
朱元侯　45・184
朱元律　47・55
朱元炳　72・559
朱元飛　78・283
朱元孫　59・135
朱元義　47・280
朱元增　59・443
朱元儀　77・189
朱元錀　73・117
朱元耀　55・113
朱　木　1・842
16・422
19・3
朱友襄　30・133
朱日暄　62・406
朱日高　76・555
朱日祥　62・190
朱日堂　47・168
朱日暉　62・520
朱日輝　57・496
朱曰俊　62・265
朱曰璉　33・806
朱曰鳳　62・267
朱曰鄰　56・517
朱中繡　57・344
朱仁二　65・473
朱仁烝　44・552
朱仁俊　80・547
朱仁揚　43・209
朱仁榮　62・425
朱仁寶　74・205
朱化鈞　35・512
朱公珮　35・172
朱公遷　59・346
朱公奭　49・528
朱　文(明)　75・370
朱　文(清)　79・534
朱文玉　55・406
朱文印　5・216
朱文臣　62・524
朱文光　53・148
朱文安　66・617
朱文佑　80・535
朱文星　62・524
朱文科　41・897
朱文清　55・514
57・517
朱文紹　74・205
朱文煜　71・424
朱文煒　56・235
朱文煥　56・273
朱文煊　56・188
朱文榜　55・302
朱文霆　78・109
朱文震　4・293
6・169
朱文輝　57・344
朱文瑩　80・533
朱文翰　6・290
43・575
朱文興　77・180
朱文龍　43・63

朱文熾	56・259
朱文燦(明)	77・159
朱文燦(清)	56・262
朱文藻	63・321
朱文鵬	43・69
朱文麟	25・76
朱方乾	44・370
朱　尹	47・21
朱以化	47・102
朱以恪	41・202
朱以海	76・265
	77・401
	77・668
朱以範	62・354
朱允升	38・240
	38・328
朱允侶	49・76
朱允泰	38・331
朱允恭(明分宜)	61・323
朱允恭(明保安)	1・844
	15・532
	16・415
	20・486
朱允萃	38・240
朱允清	61・357
朱予昇	38・566
朱予楝	4・383
	38・543
朱孔時	77・380
朱孔陽	23・268
朱孔陽	75・688
朱孔揚	47・278
朱孔道	49・90
朱孔彰	62・686
朱玉林	11・84
朱玉真	75・700
	77・716
朱玉章	71・69
朱玉藻	5・387
	12・505
朱　正	42・237
朱正己	10・83
朱正木	38・576
朱正旭	75・661
朱正色	1・789
	6・304
朱正榮	62・586
朱正誼(清南昌)	44・470
朱正誼(清聊城)	38・564
朱正誼(清順天)	43・134
朱世平	72・59
朱世用	48・437
朱世光	43・607
朱世守	72・576
朱世忠	44・138
朱世官(清瑞金)	74・213
朱世官(清德平)	5・379
朱世貞	70・570
朱世則	5・389
朱世俊	2・56
	9・143
朱世胖	62・662
朱世哲	11・15
	11・95
朱世倫	38・286
朱世卿	52・374
朱世家	7・149
朱世盛	56・655
朱世清	56・600
朱世楚	41・203
朱世榮	50・313
朱世賓	72・612
朱世德(清單縣)	38・286
朱世德(清德平)	8・716

朱世潤 54・182
朱世澤 56・586
朱世鋤 47・264
朱世瀠 57・41
朱世歡 62・678
朱世灝 73・68
朱 本 68・311
朱可羽 71・476
朱丙元 80・201
朱丙書 33・822
朱平格 9・28
朱 申 38・279
朱申仍 73・84
朱由棫 46・82
71・294
朱由榴 75・423
78・390
朱由檍 71・295
朱四喜 50・443
朱仕玠 80・534
朱仕琇 80・534
朱仕琪 2・36
43・205
朱仕墩 80・544
朱仕霖 80・558
朱仕翱 80・558
朱令昭 4・383
5・225
朱用圭 76・393
朱用行 46・354
朱用增 77・193
朱 印 47・141
朱包蒙 31・841
朱 立 30・681
朱立逵 51・349
朱立誠 47・272
朱立儒 57・46
朱必考 62・139
62・269
朱必坊 62・139
朱必坦 62・117
朱必堦 62・119
朱必塲 62・127
朱必墩 62・140
朱必壎 62・140
朱 永 65・341
朱永元 30・321
朱永盛 80・17
朱永膺 35・132
朱永齡 38・231
38・330
朱民鮮 58・565
朱 召 78・720
朱 弁 54・306
朱台元 54・600
朱台符 18・30
朱邦式 76・389
朱邦臣 7・380
26・8
朱邦定 80・542
朱邦城 57・388
朱邦彥 55・534
朱邦喜 69・204
朱邦楠 55・588
朱邦楷 51・655
朱邦橋 57・367
朱 在 76・392
朱在庭 50・435
朱有方 56・318
朱有治 57・508
朱存德 16・426
朱成元 43・431
朱成文 77・111
朱成武 77・84

朱成佩　36·524
朱成雲　46·182
朱成燃　57·85
朱　光　31·800
朱光斗(清安仁)　60·156
朱光斗(清城武)　39·72
朱光斗(清南城)　71·279
朱光宇　65·146
朱光宗　2·94
14·111
16·446
朱光昞　35·325
朱光祜　60·707
朱光陛　58·537
朱光烈　18·551
朱光烓　57·317
朱光球　80·68
朱光啓　12·328
朱光雯　38·562
朱光詔　68·577
朱光裔　60·593
朱光煋　54·262
朱光煜　55·234
57·139
朱光熙　35·466
朱光碞　38·552
朱光輝(清奉天)　2·60
36·432
朱光輝(清泰和)　72·359
朱光謀　73·367
朱光燈　56·111
朱光燦　37·664
朱光燿　56·110
朱光爖　57·344
朱　同　58·565
朱同科　14·745
朱先之　52·622
朱廷臣　59·583
朱廷佐　6·154
朱廷茂　7·150
朱廷杰　55·423
朱廷忠　71·356
朱廷炳　38·230
朱廷基　17·647
18·333
朱廷望　56·668
朱廷梁　59·607
朱廷棕　5·310
43·631
朱廷善　57·165
朱廷瑁　41·175
朱廷瑞(清婺源)　54·579
朱廷瑞(清歙縣)　75·427
朱廷楨　2·24
8·468
朱廷暘　15·112
15·135
朱廷魁　57·343
朱廷煥　4·218
38·227
38·324
38·362
朱廷誥　56·426
朱廷璋　58·175
朱廷選　12·314
朱廷聲　72·40
朱廷謨　75·663
朱廷鴻　78·724
朱廷壤　56·541
朱廷鑑　9·736
朱廷鑾　57·514
朱延瑛　58·234
朱延禧　4·132
38·540

朱　仲　14・715
朱仲恭　74・8
朱仲舒　51・523
朱仲綬　47・284
朱　任　60・587
朱自牧　12・135
朱伊琇　38・275
朱兆怡　47・296
朱兆堂　46・253
朱兆焰　57・118
朱兆湖　57・55
朱兆發　77・193
朱兆魁　75・699
朱兆綸　79・215
朱兆澐　57・27
朱名洋　74・417
朱多炡　44・339
46・472
49・402
50・551
朱多煃　44・339
46・406
朱多煌　44・340
朱多熕　44・339
46・406
朱　衣(明)　1・803
7・80
33・577
33・692
朱　衣(清費縣)　30・303
朱　衣(清婺源)　55・474
朱衣點　7・454
朱次雲　73・170
朱汝桐　15・167
朱汝賢　38・580
朱汝霖(清紹興)　77・142
朱汝霖(清婺源)　57・46
朱汝諧　4・236
朱守仁　1・834
39・791
42・544
朱守田　30・738
朱守貞　30・753
朱守詔　62・267
朱守誼(清南昌)　45・133
朱守誼(清高安)　62・259
朱守謨(清金谿)　70・506
朱守謨(清南昌)　45・133
朱安義　55・514
朱聿鍵　75・15
朱如初　73・102
朱如璧　51・84
朱羽庭　72・668
朱　圻　77・193
朱孝述　78・432
朱孝祖　21・118
朱　志　60・552
朱志尹　39・733
朱志鳳　42・320
朱志學　74・372
朱志濬　34・297
朱志麟　42・320
朱　邯　45・296
46・549
朱　芾　18・294
朱克昌　15・150
朱克配　4・334
35・94
朱克家　52・404
70・461
朱克纘　14・732
朱吾菁　62・362
朱吾進　72・438
朱吾弼　62・76

朱吾瞻　62・362
朱　辰　74・204
朱辰昭　35・155
朱見龍　41・397
朱　邑　1・689
16・392
21・109
23・610
朱　秀　76・491
朱　何　71・412
朱　佐　5・81
朱　攸　6・128
朱伸林　45・203
朱作元　4・309
31・806
35・318
朱作忠　7・192
朱作肅　7・182
朱作霖　72・196
朱伯辰　44・165
朱伯琴　41・212
朱伯琛　38・230
朱伯雄　47・43
朱伯魯　7・175
朱身修　72・55
朱希孔　55・456
朱希召　48・464
朱希孟　60・64
朱希祖　73・95
朱希陞　34・285
朱希萊　79・173
朱希閔　19・104
朱希聖　79・258
朱　孚　50・326
朱孚吉　28・709
29・540
朱　彤　5・239
6・128
朱亨覲　80・550
朱　沛　38・240
38・350
朱　沂　76・396
朱　汶　79・269
朱　宏　47・146
朱宏仁　2・97
16・447
19・4
朱宏明　74・447
朱宏祚　4・376
5・223
39・615
朱宏振　41・403
朱宏謀　37・696
朱　良(明夏邑)　38・406
朱　良(明新淦)　1・797
朱良玉　78・435
朱良佐　46・78
朱良杭　57・339
朱良知　59・603
朱良沼　47・226
朱良楫　55・72
朱良顯　57・338
朱　祀　72・587
朱君順　53・413
朱青選　55・312
朱長泰　4・276
5・379
朱長發(民國)　34・264
朱長發(清)　59・593
朱　坤　2・83
朱坤剛　12・494
朱其鏡　33・819
朱若杜　21・519
朱若炳　2・31

	8・469
	22・240
朱若賓	21・588
朱　英(清安福)	72・599
朱　英(清婺源)	55・479
朱英千	74・447
朱　直	72・473
朱林祖	56・127
朱來宣	11・400
朱來繡	47・160
朱　松(宋)	76・414
	76・495
	76・643
	77・37
	77・357
	77・443
	80・516
朱　松(清)	19・328
朱松翹	49・81
朱東光	69・191
	76・443
	76・552
朱東園	14・130
	17・665
朱　奇	44・347
朱奇珍	76・353
朱叔琪	38・230
朱卓然	55・479
朱虎臣	47・37
朱尚才	29・321
朱尚文	68・330
朱尚台	74・383
朱尚流	57・16
朱尚啓	55・635
朱尚斌	5・351
	10・385
朱尚賓	58・353
朱尚澤	57・28
朱尚禮	73・252
朱　杲	12・508
	77・204
朱　昌	73・233
朱昌竹	79・159
朱昌孝	56・268
朱昌祚	4・375
	5・223
	6・124
	35・63
	39・608
	42・561
朱昌基	33・815
朱昌運	37・841
朱昌蕃	72・361
朱昌灌	73・93
朱　明	48・550
朱明善	37・680
朱明淵	47・105
朱明繼	47・274
朱　昂(明)	77・192
朱　昂(清)	38・279
朱　忠	41・140
朱忠能	73・260
朱迥添	1・788
朱　牧	75・608
	76・165
朱　和	5・81
朱季方	4・415
	7・147
朱季迪	72・361
朱季琬	38・230
朱秉忠	70・627
朱秉善	62・687
朱秉潤	56・75
朱秉錞	76・574

朱秉鑑　76・573
朱　侑　77・522
朱佩玉　35・180
朱佩芬　71・626
朱佩湘　55・479
朱佩瑢　5・368
　　8・329
朱金印　5・216
朱金發　75・584
　　79・57
朱金榜　56・340
朱金聲　34・250
朱　京　71・508
朱　庚　79・149
朱庚辛　39・647
朱　性　71・424
朱　卷　78・187
朱　法　72・151
朱法健　42・790
朱　泗(明建甌)　76・438
朱　泗(明新淦)　73・226
朱泗宗　79・189
朱泗濱　5・385
朱泮魁　56・674
朱　泌　38・241
朱　泳　78・261
朱　宗　78・241
朱宗文　47・209
朱宗孔　71・134
朱宗明　75・646
　　78・564
　　79・89
朱宗周　71・136
朱宗祐　47・281
朱宗時　35・102
朱宗壽　59・583
朱宗廣　47・213
朱宗澤　55・515
朱　定　75・418
　　77・500
朱定元　2・8
朱建平　14・395
朱建勳　39・334
朱居士　46・235
朱承功　47・230
朱承旭　43・64
朱承煦　18・347
　　50・338
朱承銓　57・271
朱孟可　13・385
朱孟常　77・91
朱孟崇　75・700
朱孟淵　75・646
　　76・194
朱孟震　73・210
朱　函　77・191
朱　春　72・687
朱　珏　47・260
朱　珍　1・730
朱　珊(清建寧)　80・533
朱　珊(清高安)　62・98
朱　垗　77・181
朱茹青　34・285
朱南山　50・305
朱　相　5・165
　　43・265
朱　柟　38・252
朱厚炳　15・500
朱厚烴　15・498
朱厚烘　15・499
朱厚烓　15・500
朱厚燆　15・498
朱厚熲　15・501
朱厚熑　15・499

朱　奎(明建陽)　76·385
朱　奎(明南昌)　44·194
　76·466
朱　奞　45·37
　46·484
　52·415
　67·616
　70·641
　71·358
　71·500
　71·631
　72·107
朱拱枘　45·157
　46·147
朱拱樋　44·339
朱　挺　75·443
　76·134
朱昺初(見朱景初)
朱則文　79·210
朱映晨　61·642
朱星然　37·711
朱星耀　40·17
　40·187
朱　昫　62·213
朱　昭　47·237
朱思忠　72·272
朱思訪　35·129
朱思琪　5·310
朱思瑗　43·603
朱思義　27·814
朱思榜　41·768
　41·887
朱重光　47·317
朱重智　74·229
朱俣思　77·384
朱　信　72·225
朱　泉　80·557
朱　俊(明)　4·237
　5·216
朱　俊(清)　43·435
朱　衎　74·217
朱衍藎　35·338
朱衍蠡　35·388
朱　勉　15·141
朱庭傑　75·606
　78·332
　78·383
朱　彥(宋)　71·509
朱　彥(明)　74·225
朱彥昌　69·369
朱彥俊　47·237
朱彥華　2·62
　7·389
朱彥博　47·360
朱彥源　56·137
朱彥璋　55·233
朱　恒　37·829
　41·139
朱美先　5·223
　39·716
　42·560
朱首諒　78·263
朱炳炎　56·357
朱炳勳　57·368
朱　烔　43·71
朱洪遠　5·311
　43·631
朱洪範　57·480
朱洪鐔　76·401
朱　洧　76·386
朱　染　48·525
朱　洵　76·407
朱洛臣　62·140
朱冠臣　10·83

朱　祜　49・463
朱祜櫆　31・355
朱　祐　77・178
朱祐樿　15・497
15・504
18・433
朱祖陽　72・635
朱祖貴　73・96
朱祖盟　59・612
朱祚昌(明永新)　73・168
朱祚昌(明魚臺)　37・696
朱飛卿　77・685
朱飛鵬　73・95
朱　約(明)　77・192
朱　約(清泰安)　33・303
朱　約(清寶應)　2・70
30・234
朱約禮　46・339
朱紀雲　41・147
朱紉蘭　44・468
朱秦檃　31・355
朱　泰　1・811
朱泰年　77・148
朱泰祥　10・83
朱泰禎　78・698
朱泰增　39・214
朱　珪(五代)　18・20
朱　珪(宋)　32・354
33・219
朱　珫(見朱琁)
朱　珽　62・562
朱　素　72・668
朱素菴　9・74
朱起欽　55・63
朱起楨　56・253
朱起潛　55・552
朱起録　57・344
朱華元　80・549
朱華月　57・368
朱華國　16・449
19・551
朱華臨　71・248
朱　桂　35・139
朱桂丹　4・382
38・558
朱桂林　56・318
朱桂華　56・89
朱桂楨　2・1
朱　連　58・340
朱連溱　36・31
朱　夏　70・549
朱　烈　55・583
朱　振(元)　58・261
朱　振(宋)　73・102
朱振本　62・327
朱振采　62・326
朱振煒　35・487
朱振聲　62・153
朱致中　14・143
朱致蕃　56・545
朱晉麟　62・177
朱　時　22・309
朱時中　58・153
朱時吉　75・663
朱時泰　74・212
朱時夏　62・297
朱時顯　5・379
朱晟彰　38・283
朱恩照　70・491
朱恩煌　55・262
朱　剛　27・166
朱　笏　80・223
朱笏臣　62・143
朱　倬(元)　71・439

朱　倬(宋)　75·439
76·6
朱　倫　43·70
朱　健　72·94
朱師李　72·654
朱師聖　72·88
朱師締　62·412
朱　豹　75·402
朱脩敬　42·347
朱脈延　5·158
43·604
朱卿雲　33·301
朱逢吉　11·201
朱逢昇　38·272
朱逢標　62·496
朱逢鍾　57·246
朱　衮(明上虞)　30·61
朱　衮(明德化)　48·37
朱　益　62·35
朱益采　77·135
朱　烒　11·98
朱　浩　62·311
朱浩瀚　63·525
朱　浚　54·316
76·404
76·476
朱宸亨　73·441
朱　家　4·243
朱家定　58·659
朱家垣　74·114
朱家相　71·125
朱家紀　62·231
朱家駿　55·401
朱家繩　62·221
朱容重　46·475
朱容極　2·80
13·224
39·150
朱　朗　78·196
朱朗鑅　18·694
42·433
朱　扆　2·114
朱　祥　35·313
朱祥譜　59·520
朱書田　77·190
朱能恕　58·228
朱　純(明)　5·201
34·65
朱　純(清)　56·314
朱純嘏　46·561
朱　紋(明)　37·119
朱　紋(清)　39·617
朱　球(清浮梁)　47·227
朱　球(清婺源)　56·283
朱　理　55·191
朱　珵　38·236
朱　現　14·360
朱培灕　54·401
朱　基(元)　58·205
朱　基(清)　77·578
朱　著　76·7
朱菘生　59·597
朱黄石　78·184
朱乾柯　55·184
朱　埜　76·392
朱　彬(元江西新城)　71·412
朱　彬(元建陽)　76·385
朱　梧　79·268
朱　桴　70·461
朱　梓　15·496
朱盛清　57·322
朱盛遠　72·370
朱　虚　4·367
37·841

朱常洄　5·121
　27·309
朱常洙　71·345
朱　琏　1·813
　77·702
朱　冕(明大興)　1·794
朱　冕(明豐城)　68·142
朱國材　58·425
朱國泰　35·493
朱國卿(明將樂)　80·461
朱國卿(明瑞金)　74·185
朱國祥　2·89
朱國梓　1·848
　25·193
　26·572
朱國琛　62·149
朱國塤　56·70
朱國幹　68·573
朱國楷　62·567
朱國楨　57·339
朱國楹　72·614
朱國漢　80·551
朱國橋　62·644
朱國鏌　37·727
朱國璦　26·633
朱國聲　56·150
朱國藩　74·364
朱國璧　56·544
朱國賓　62·666
朱　崔　47·161
朱崇利　48·575
朱崇沐　55·549
朱崇英　43·130
朱崇典　70·615
朱崇道　31·173
朱崇遂　62·355
朱崇義(明)　74·224
朱崇義(清)　62·451
朱崇慶　38·553
朱崇勳　4·382
朱敏修　75·440
朱進修　34·348
朱術桂　76·265
　80·612
　80·660
朱得禹　31·183
朱象升　80·209
朱康侯　74·206
朱康興　77·146
朱康熺　36·30
朱　章　57·107
朱惟元　72·204
朱惟吉　7·187
朱惟肖　41·153
朱　烱　62·255
朱清晟　49·135
朱添才　60·315
朱添瑞　72·637
朱　淩　76·385
朱淇湛　10·163
朱　漢　77·191
朱淑相　72·611
朱　潮　78·49
朱　淮　62·481
朱淮昌　56·180
朱　淳　62·429
朱　宿　77·188
朱啓椿　56·84
朱啓橋　57·115
朱啓繪　72·615
朱　陽　78·724
朱隆元　73·69
朱習之　72·603
朱習存　72·248

朱　紱(宋)　78・222
朱　紱(清上猶)　74・420
朱　紱(清進賢)　72・60
朱　紱(清單縣)　38・230
朱　紱(清新建)　46・436
朱　紱(清德平)　5・380
朱組綬　74・442
朱　紳　30・293
31・173
朱　絃　71・524
朱紹功　62・140
朱紹周　37・696
朱紹蓮　58・584
朱　琪　1・798
朱　瑛　60・174
朱　琦(清萬安)　73・69
朱　琦(清歷城)　5・239
6・166
朱琢元　73・404
朱　瑄　76・744
朱堯臣　12・327
朱超臣　62・663
朱超敬　62・242
朱　博　1・688
15・516
16・392
20・480
37・32
朱喜祿　18・739
朱達善　62・358
朱萬年(明)　1・852
23・616
24・284
24・657
41・286
朱萬年(清)　5・247
6・205
朱萬春(明)　1・789
6・305
朱萬春(清)　24・717
朱萬貢　57・49
朱萬慶　5・247
朱萬錡　9・27
朱　萼　37・854
朱　敬　74・452
朱敬禮　46・339
朱朝聘　14・704
42・950
朱朝璉　47・257
朱朝綬　62・234
朱　森　77・70
朱　棟　56・532
朱極光　62・383
朱　軫(明)　79・254
朱　軫(漢)　19・583
朱　雄　4・238
朱　雲(清建寧)　80・549
朱　雲(清婺源)　57・214
朱　雲(漢)　4・8
4・17
4・22
35・650
朱雲映　74・219
朱雲孫　72・630
朱雲會(清高安)　62・516
朱雲會(清單縣)　38・241
朱雲鳳　71・574
朱雲濩　72・641
朱雲驪　73・102
朱紫貴　72・359
朱　棠　62・420
朱鼎臣　72・51
朱鼎延　4・306
31・802

35・313
38・542
朱鼎昊 55・439
朱鼎昌 79・213
朱鼎盛 31・183
朱鼎熙 35・341
朱鼎鼐 35・316
35・393
朱閏章 78・196
朱　開 70・628
朱景山 62・644
朱景文 65・270
朱景伊 44・550
朱景初 14・361
15・566
17・510
朱景英 76・205
朱景岫 38・578
朱景祚 72・90
朱景華 62・154
朱景益 59・597
朱景紋 59・609
朱景淮 62・622
朱景雲 4・306
35・316
38・647
朱景暘 47・360
朱景雍 4・310
31・814
朱景頤 35・334
朱景夔 35・334
朱景灌 62・622
朱　貴 43・538
朱　嵒 35・188
朱尌璧 38・288
朱　凱 6・177
朱嵐山 72・244
朱　智 58・216
朱　嵇 38・254
朱　策 14・732
朱　臯 77・70
朱復心 69・165
朱復宗 13・413
朱　鉄 37・662
朱　欽 1・769
77・176
朱欽相 69・213
朱欽烈 57・338
朱欽倫 57・338
朱欽熺 56・282
朱欽裕 57・338
朱欽煌 57・338
朱欽爵 55・641
朱舜民 5・185
15・142
朱勝非 39・216
朱詠香 49・54
朱詔爵 62・148
朱敦厚(清高安) 62・629
朱敦厚(清順天) 21・145
朱　裒 72・320
朱　善 68・311
朱善卿 74・204
朱翔迢 69・470
朱道大 73・67
朱道相 73・59
朱道幹 78・422
朱曾武 5・239
6・169
朱曾喆 5・239
6・169
朱曾傳 5・225
32・659
朱　焜(清高安) 62・115

朱　焜(清婺源)　54・530
朱　焯　77・188
朱渭川　46・182
朱　淵　72・553
朱　渙　72・182
朱運用　73・103
朱運昌　2・81
　39・249
朱　祿　37・662
朱祿銜　74・390
朱　登　9・66
朱登明　73・74
朱　絳　5・224
　39・639
朱　統　72・595
朱統鈂　46・474
朱統鈒　44・344
朱統鉦　44・342
　45・566
朱統鉓　44・343
　46・337
朱統銍　44・341
　46・51
朱統鎗　44・343
　46・407
朱統鐨　44・345
　46・30
朱統鐩　44・342
朱統鑯　44・344
朱　彀　74・359
朱　勣　38・562
朱　瑀　5・225
　6・207
朱載塥　15・503
朱載圭　15・501
朱載埛　15・502
朱載封　15・502
朱載埣　15・502
朱載堪　15・503
朱載堭　15・503
朱載賡　67・182
朱聖志　55・227
朱聖詩　38・279
朱聖緒　56・382
　57・188
朱聘甫　80・548
朱　蓋　77・546
朱夢元　52・145
朱夢甲　43・626
朱夢吉　71・513
朱夢炎　72・91
朱夢槐　73・256
朱夢蘭　59・608
朱夢鰲　23・663
朱夢麟　72・203
朱蒙正　77・177
朱蒙聖　72・551
朱幹臣　53・192
朱幹隆　80・763
朱　蔭　7・81
朱蔭昌　38・227
朱　椿　50・297
朱　楷　57・469
朱　楙　76・386
朱楙森　72・197
朱　軾(宋)　71・508
朱　軾(清)　47・328
　62・101
朱　輅　71・249
朱　業　39・84
朱當滋　35・510
朱　暄　55・446
朱　照(清金鄉)　37・150
朱　照(清歷城)　5・225

	6・166
朱　晼	6・171
朱嗣孟	59・425
朱嗣榮	70・549
朱嗣韓	70・558
	72・385
朱　筠	72・687
朱　節	1・772
朱與文	73・77
朱與言	73・47
朱　僅	71・449
朱　傳	5・379
朱　鈺	12・137
	43・92
朱　鉦	58・274
朱　會	77・398
朱　試	45・14
朱　詩	38・252
朱誠也	74・449
朱誠初	56・308
朱　靖	74・204
朱　意	72・632
朱　愷	9・859
朱　熚	56・506
朱　煜	78・176
朱煥圭	54・71
朱　煊	76・385
朱　源	73・378
朱源淳	78・188
朱　溟	62・216
朱　寘	78・238
朱　福	43・539
朱殿元	55・467
朱殿魁	55・467
朱際曦	58・560
朱　經(明)	77・122
朱　經(清)	72・595
朱　璉(明新淦)	73・211
朱　璉(明臨淄)	7・162
朱碧山	36・178
朱嘉言	71・514
朱　境	47・157
朱　臺	80・539
	80・591
朱　壽	75・661
朱壽命	59・141
朱壽隆	4・142
	15・547
	17・489
	20・496
朱熙孝	74・420
朱熙河	74・432
朱熙敬	74・415
朱　榑	18・432
朱輔臣	62・158
朱爾介	38・237
朱爾融	38・237
朱爾禧	38・237
朱　裳	1・772
朱鬲順	57・514
朱鳴陽	78・78
朱　製	71・193
朱　箎	76・578
朱　檗	68・130
朱僎世	36・217
朱　慇	77・140
朱　錤	62・696
朱　銑	18・747
	42・471
朱　銓	71・534
朱　銘	62・643
朱鳳英	44・441
朱鳳章	57・321
朱鳳舞	10・369

朱　語	74・416
朱　誥	74・399
朱說詩	33・815
朱　塾	57・478
	76・395
朱　廣(明建寧)	71・628
	80・551
	80・584
朱廣明	27・801
	62・219
朱齊諒	73・104
朱齊觀	73・74
朱　榮	4・119
	30・95
朱榮光	63・465
朱榮先	39・716
朱　漢	62・41
朱　演	70・630
朱　寬(明安福)	72・633
朱　寬(明莆田)	78・76
朱　實	5・241
朱實昌	62・49
朱肇東	41・202
朱肇璜	80・534
	80・549
朱肇燦	80・549
朱　鼐	53・259
朱鼐臣	73・107
朱熊光	35・321
朱　綱(明)	4・157
	41・151
朱　綱(清)	4・377
	5・224
	39・639
朱　維	39・725
朱維京	73・58
朱維華	77・189
朱維增	43・107
朱維緯	46・163
朱　綸	71・119
朱　綵	4・379
	5・224
	39・613
朱　綬(宋)	58・339
朱　綬(清)	58・181
朱緇衣	32・358
	33・222
朱　瑧	62・121
朱　璜(清高安)	62・645
朱　璜(清歷城)	5・239
	6・128
朱　璜(清霑化)	13・414
朱　璡	19・597
朱　鋆	10・43
朱增炎	31・184
朱邁燿	70・509
朱敷煥	56・518
朱敷談	56・568
朱　輪(清南昌)	45・133
朱　輪(清婺源)	56・294
朱　賢(明六安)	75・367
朱　賢(明高安)	62・367
朱　震(宋邵武)	77・184
朱　震(宋浮梁)	47・240
朱　震(清高安)	62・424
朱　震(清膠州)	22・325
朱　震(漢)	1・693
朱　輝	72・622
朱輝文	67・325
朱輝珏	35・335
	38・561
朱輝然	77・597
朱輝璘	35・318
朱　頲	74・398

朱　稷　72・642
朱　儁　1・694
7・342
30・58
朱德允　56・562
朱德和　57・478
朱德宗　47・179
朱德輔　62・142
朱德槺　56・552
朱德醇　56・482
朱　銳(元)　41・136
朱　銳(明)　5・182
10・123
朱　論　74・421
朱　調　72・610
朱　諒　9・26
朱誼立　65・293
朱　褒(宋)　71・509
朱　褒(明)　78・468
朱賡駒　36・607
朱慶元　13・335
朱慶宜　35・327
朱慶通　58・572
朱慶梁　35・345
朱　毅　78・453
朱養源　15・159
朱遵度　4・194
18・337
朱　瑩(明南豐)　71・527
朱　瑩(明鄞縣)　30・643
朱　濆　80・598
朱　潤　15・556
17・528
18・341
朱潑元　70・336
朱　履　43・643
朱履恒　70・561
朱履泰(清曹縣)　41・210
朱履泰(清新昌)　63・590
朱履慶　5・379
朱　緗　5・224
39・639
朱　緯　5・225
朱　靜　78・526
朱　璣(明)　75・432
朱　璣(清泰安)　32・421
33・298
朱　璣(清瑞金)　74・227
朱　熹　47・325
47・355
50・336
50・549
51・691
52・402
53・198
54・2
58・679
59・173
60・757
61・440
66・647
70・640
71・351
71・499
71・627
73・115
73・271
75・649
76・347
76・375
76・431
77・4
77・26
77・70

77・110
77・357
77・401
77・443
77・523
77・593
78・455
78・563
78・701
79・373
79・622
80・31
朱　翰 72・637
朱翰春 2・95
16・443
78・183
朱樹桂 56・661
朱　整 7・192
朱曇嘉 79・179
朱　默 76・410
朱　舉 38・571
朱興邦(清長寧) 74・137
朱興邦(清費縣) 30・329
朱　學 52・326
朱學林 57・317
朱學彬 55・49
朱學閔 59・593
朱學淵 73・292
朱學楷 55・97
朱學義 34・284
朱學源 57・345
朱學韶 36・734
朱學漳 35・347
朱學質 35・337
朱學篤 4・382
38・557
38・658
朱儒褒 74・227
朱　衡 1・767
37・560
73・54
75・376
朱錫珍 54・180
朱錫㽞 73・62
朱　錍 77・189
朱　錦(明) 1・832
朱　錦(清金谿) 70・629
朱　錦(清南昌) 45・254
朱　錦(清菏澤) 37・852
朱錦堂 62・594
朱謀敖 44・342
朱謀堺 44・341
朱謀㙉 44・340
46・328
朱謀堚 44・339
朱謀晉 44・341
朱謀覲 45・532
朱　辨 62・405
朱龍光(清長山) 5・298
43・607
朱龍光(清高安) 62・607
朱龍翔 75・698
朱　燧 46・516
朱　滿 72・657
朱　濂 72・108
朱　憲(明山陰) 61・456
朱　憲(明宜春) 60・679
朱隱老 68・310
朱　璵 36・39
朱聲援 72・597
朱聯五 54・384
朱　懋 80・597
朱懋官 62・580
朱懋德 2・44

34・145
朱　臨　72・586
朱　霞(清安仁)　60・159
朱　霞(清建寧)　80・519
80・534
朱　霞(清鄱陽)　58・236
朱霞光　62・300
朱　黻(明瑞金)　74・226
朱　黻(明臨清)　14・702
42・947
朱　徽(明)　71・377
76・348
77・284
朱　徽(清)　72・60
朱　鍾　16・454
朱鍾元　57・139
朱鍾俊　57・344
朱鍾彥　56・382
朱　爵　1・831
朱貔孫　47・48
朱　謨(明)　59・599
朱　謨(清)　2・41
75・471
朱　襄　71・509
朱應文　2・105
28・689
朱應斗　60・635
朱應甲　50・451
朱應冬　75・630
朱應吉　32・584
朱應昌　9・808
朱應庚　58・192
朱應星　60・598
朱應洪　62・356
朱應熊　47・98
朱應轂　1・800
朱應麟　4・372
38・236
朱　燦(明)　72・200
朱　燦(清)　55・619
朱燦然　37・698
朱　燮(明)　71・468
朱　燮(清)　59・406
朱鴻儒　62・645
朱鴻謨　4・111
17・546
18・316
朱鴻翮　38・291
朱　濬(明邵武)　77・179
朱　濬(明晉江)　79・228
朱　濬(清)　62・315
朱　禮(明南陽)　1・809
43・430
朱　禮(明新淦)　73・255
朱　禮(清)　71・389
朱禮陶　62・141
朱　翼　1・796
朱　縱　7・480
朱　燾　47・229
朱　藩(明)　79・151
朱　藩(清)　72・598
朱　檼　54・237
朱韞珉　58・217
朱雙慶　35・327
朱　鎮　73・401
朱　爌　62・413
朱　璧　38・236
朱彝尊　76・210
朱　蹕　80・534
朱蘊輝　12・316
朱　轍　46・355
朱　璽　74・446
朱　霦　80・541
朱　黼　72・455

	72・589
朱　鏡	14・733
朱鏡蓉	77・190
朱鵬祥	43・114
朱鵬孫	30・234
朱鵬衢	73・404
朱懷泗	35・159
朱懷栻	4・380
	39・607
朱懷德	71・332
朱懷樸	5・225
朱　瀚(明)	41・142
朱　瀚(清峽江)	73・325
朱　瀚(清高安)	62・178
朱　鶂	10・570
朱　繡	5・216
朱繡衣	30・130
朱騶衍	55・426
朱蘭春	38・562
朱　齡	58・535
朱獻廷	36・479
朱鶚祥	43・114
朱籍田	34・287
朱　鐔	75・501
	76・139
朱議汸	44・347
	45・124
朱議沌	44・344
朱議汴	44・344
	67・615
朱議泏	44・344
朱議洞	44・347
	45・124
朱議渧	44・346
朱議滙	44・346
朱　夔(清奉天)	77・94
朱　夔(清南昌)	45・139
朱瀾慶	35・336
朱寶書	56・438
朱　襮	38・219
朱　纁	4・374
	38・231
朱繼才	12・383
朱繼立	36・604
朱繼忠	59・299
朱繼祖	62・44
朱繼祚	78・126
朱繼通	62・357
朱繼榮	19・392
朱繼德	62・360
朱繼韓	37・832
朱　鐸	79・267
朱　爚	77・188
朱鶴立	30・325
朱鶴年	36・31
朱鶴鳴	47・224
朱續志	38・549
朱續孜	4・309
	35・323
朱續京	38・561
	38・649
朱續胄	38・562
朱續乾	35・335
朱續晫	35・319
朱續焞	35・342
朱續罩	38・562
朱續經	35・319
朱續綸	35・342
朱　巖	12・499
朱體仁(元)	70・549
朱體仁(清)	70・629
朱體巽	35・112
朱　鑑(宋)	76・395
朱　鑑(明)	79・104

朱　鑑(清)　62·313
朱　瓚　73·209
朱　鼇　58·230
朱　顯　77·83
朱顯仁　74·451
朱顯文　78·267
朱　麟　73·73
朱麟兆　2·46
32·450
33·74
朱麟符　5·310
42·624
43·603
朱觀海　43·101
朱　靈　9·716
11·73
朱　讓　49·421
朱　鑾　60·615
朱　鸞　43·620

竹

竹　源　76·498

休

休　祐　75·5
休　復　21·817

伍

伍一翰　80·327
伍于伊　46·515
伍士望　44·224
伍之奇　74·513
伍子孝　48·525
伍子英　61·765
伍子惠　72·633
伍元旭　79·227
伍元如　77·132
伍日望　80·351
伍文仲　80·336
伍文運　80·329
伍心學　80·314
伍正巳　80·333
伍世廉　72·624
伍可受　80·298
伍可爰　80·327
伍可愛　80·303
伍可愿　80·302
伍可慶　80·302
伍可縉　80·362
伍立承　72·647
伍必勝　80·300
伍永述　46·528
伍民憲　79·210
伍廷宰　80·301
伍廷鳴　72·646
伍廷錫　72·624
伍仲休　80·336
伍　行　80·351
伍　全(宋)　80·10
80·365
伍　全(明)　72·588
伍守陽　45·376
伍安之　80·315
伍志厚　80·339
伍　杞　80·337
伍伯遜　45·333
80·347
伍希閔　75·369
80·152
伍希淵　72·569
伍希儒　72·589
伍良臣　62·215
72·106
伍　拔　80·328

伍叔輝　80・300
伍昌時　80・364
伍昌惠　53・51
伍明偉　80・198
伍明善　72・637
伍　典(明)　72・137
伍　典(清安福)　72・627
伍　典(清清流)　80・329
伍典學　80・314
伍金祚　79・285
伍性中　72・670
伍宗堯　80・306
伍宗源　80・339
伍承風　4・353
伍承參　72・613
伍承鈞　72・618
伍承載　72・593
伍春滋　72・626
伍　柳　72・595
伍星奎　78・696
伍星聚　63・439
伍思永　76・408
伍思召　80・301
伍思韶　72・612
伍思轍　80・463
伍　洪　72・631
伍　祐(宋)　80・335
伍　祐(明)　80・302
伍飛翰　80・360
伍振芳　80・329
伍致達　80・299
伍晉錫　80・310
伍時可　80・299
伍　晏　80・325
伍　訓　48・524
伍　益　80・365
伍　祥　61・504
伍祥生　72・663
伍國楝　62・661
伍崇熙　46・94
伍　符　72・571
伍　偉　77・91
伍　訥　80・462
伍惟善　72・592
伍　清(宋)　80・365
伍　清(清)　72・685
伍　超　80・304
伍　堣　80・299
伍達生　80・331
伍達行　44・402
　74・320
伍達德　46・488
伍斯琳　45・591
伍斯璸　45・579
伍朝屏　80・477
伍朝賓　72・618
伍朝翰　80・477
伍　惠　72・135
伍　喬　48・113
　49・518
伍傑夫　64・378
伍　鈍　80・309
伍就湯　80・362
伍曾慶　72・670
伍運心　52・254
伍　弼　66・419
伍瑞昭　46・83
伍夢熊　61・721
伍　煃　72・622
伍　煒　2・103
　26・19
　72・598
　77・588
伍　煥　72・616

伍　福　69・168
伍福合　80・361
伍福霑　80・313
伍經正　72・580
伍嘉謀　80・331
伍壽高　80・309
伍　闓　1・828
38・407
伍圖勳　72・684
伍　箕　72・588
伍　誥　72・607
伍　塾　72・132
伍端厚　72・630
伍　漢　80・329
伍寧之　80・328
伍　樣　80・309
伍　儀　80・304
伍　質　72・596
伍德洪　72・666
伍擇之　75・414
78・461
80・335
伍儒珍　72・510
伍　衡　78・110
伍聲拔　72・599
伍　禮(明清流)　80・308
伍　禮(明臨川)　1・802
1・823
37・806
69・167
伍　謹　80・314
伍顯宗　80・327
伍觀成　80・328
伍　驥　72・579
75・366

伏

伏虎禪師(五代)　80・368
伏虎禪師(唐)　77・24
伏知命　17・696
伏柱玖　30・132
伏　挺　4・173
伏　恭　4・12
4・169
15・569
17・461
19・1
20・539
伏書勳　30・118
伏　理　4・12
15・570
20・539
伏曼容　4・173
15・571
17・686
伏　隆　4・24
15・559
20・551
伏無忌　4・12
20・540
伏　勝　4・9
5・6
5・7
13・743
15・165
15・218
15・219
伏　湛　1・690
4・12
4・24
8・463
15・495
15・569
17・458
20・495

伏　晅　4·173
15·521
伏　滔　4·186
15·574
17·471
伏　壽　17·702
伏　黯　4·12
20·539

延

延良玉　14·396
延定之　37·806
延居安　14·390
延壽椿　14·397
延　廣　1·689
23·610

仲

仲三才　26·179
仲于陛　36·205
仲山甫　15·505
仲　子　36·205
仲子崔　30·258
31·170
仲　由　4·2
30·258
31·170
35·600
36·223
仲永檀　4·345
仲延明　10·135
仲延宗　27·159
仲宏道　2·62
7·384
35·514
仲長統　4·184
37·100
39·173
仲　杭　76·110
仲秉貞　36·205
仲承述　36·205
仲振宗　36·205
仲時譽　35·672
仲孫它　35·631
仲孫湫　7·158
15·513
仲純信　27·119
仲貽桂　27·125
仲貽棨　27·125
仲貽熙　36·205
仲貽範　35·163
仲綂岐　35·131
仲綂嵐　36·205
仲綂幹　10·122
仲綂範　39·334
仲　璉（見仲槤）
仲　嘉　16·434
19·3
仲　槤　2·87
39·808
仲　廣　26·88
仲緒堃　36·205
仲　謙　25·171
26·88
仲　濬　36·176
仲蘊錦　36·205
仲耀清　36·205

仵

仵士魁　41·211
仵仁潔　32·37
仵正臣　14·361
15·565
17·510

任

任一進 40・325
任士理 38・549
任士審 5・221
任士憑 5・219
任大文 23・266
任大奉 41・812
任大凱 4・311
32・370
33・233
任大經 37・665
任　川 23・250
23・344
任之杰 23・256
任之琦 2・107
23・626
24・251
任之森 53・123
任天桂 23・248
任天桐 23・271
任天琛 23・248
任天瑞 25・201
任天寵 4・211
41・382
任元相 35・156
任元衷 76・458
任元逵 80・597
任元善 35・159
任元蕃 68・569
任元勳 9・622
任不齊 35・602
任友田 9・854
任曰光 10・444
任曰琚 12・508
任中元 23・258
任中正 4・78
41・132
任中師 4・78
41・132
41・221
任中麟 25・162
26・10
任今才 12・493
任今哲 12・495
任今第 12・492
任　公 4・15
6・471
任文炳 35・157
任文溥 63・37
任文薦 76・83
任文學 63・433
任方同 27・817
任心清 18・528
任以銘 76・634
任　允 7・279
7・495
任孔當 4・256
4・354
任孔禮 6・224
任玉玲 36・218
任玉桂 36・738
任世職 37・676
任可大 78・577
任可受 76・443
任可容 76・487
任仕璜 77・512
任用仁 74・348
任立本 53・167
任立志 5・246
任立柚 34・318
任立勳 9・622
任永祿 5・267
任永標 74・349

任永繼　23·260
任民育　4·220
任有剛　5·384
任有鑑　5·384
任　光　5·186
10·363
任光統　1·822
32·25
任廷文　12·497
任廷貴　76·271
任廷瑄　39·196
任廷槐　35·123
任廷榮　6·227
任廷樟　23·266
任廷璽　12·497
任兆松　77·503
任兆炯　38·550
任兆堅　4·463
23·244
任兆熙　38·550
任兆嶽　23·261
任兆鯤　38·547
任　汲　63·96
任守三　37·725
任安世　71·631
74·179
任安邦　68·260
任如斗　5·343
10·130
任如春　17·624
19·578
任圻興　38·563
任志道　7·278
任　芹　27·76
任　芳　1·831
任芳林　6·201
任克測　23·276
任克溥　4·375
38·545
任步月　14·743
任　佑　16·416
20·486
任作乂　5·387
12·505
任希夷　77·185
任希德　5·366
任宏烈　32·448
33·73
任良金　23·249
任　玥　4·465
23·245
23·644
任　坪　23·246
23·646
任坤載　63·159
任茂令　17·681
20·570
任　直　5·389
任東觀　78·270
任叔琳　64·41
任肯艧　17·633
18·522
任尚才　6·483
任尚德　10·378
10·458
任　易　30·133
任　昉(南北朝)　4·188
14·118
14·359
15·575
17·685
18·555
任　昉(漢)　1·696
任迪柏　68·720

任　忠　25·5
　25·16
任周鼎　2·99
　16·441
任　治　45·237
任　宗　1·740
　30·59
任宗美　10·557
任宗湯　26·8
任建準　40·581
任居敬　36·454
任　玾　5·251
　6·209
任　城　74·49
任　垓　23·275
任南峯　43·129
任　相　6·126
任　柏　28·702
任柱鼇　78·577
任星煒　23·271
任昭先　15·541
任昭晅　35·138
任思義　5·265
　32·649
任科聯　39·194
任俊昉　38·547
任風子　25·684
　27·175
任宣錫　38·562
任祖光　28·57
任祖虞　15·153
任祖瀾　23·249
任　昶　1·825
　40·7
　40·243
任起鵬　63·47
任耿昉　38·547
任　恭　14·374
　17·603
任連哥　12·103
任師耀　45·245
任逢運　38·550
任逢聖　10·371
任唐臣　24·557
任　浩　52·554
任家珍　53·35
任　彬　63·139
任　梓　4·235
任　堅　53·109
任國柱(清鉛山)　53·26
任國柱(清齊東)　5·344
　15·109
　15·166
任國棟　53·19
任國選　9·854
任象益　18·568
任象賢　15·164
任　情　5·249
任惟梁　63·80
任　淳　38·577
　38·719
任　啓　23·661
　24·568
任鄘祐　38·551
任　琪　23·245
任　琳　5·388
任萬民　1·826
任萬里　4·241
　23·637
　24·516
任萬清　35·134
任萬鏞　28·217
任敬臣　4·234
　12·119

任　楝　1・852
24・291
任　惠　1・819
37・551
任　敞　4・381
38・553
任貽杰　36・531
任貽模　36・532
任　鼎　11・401
任鼎炎　53・158
任鼎銓　53・41
任景唐　37・724
任貴春　9・849
任　傑(明)　25・230
任　傑(清)　78・577
任　復　23・275
任　欽　37・702
任爲熻　45・177
任　詔　65・311
任　旐　4・244
15・582
任善廉　12・493
任道遠　13・347
任富春　9・849
任　遐　14・117
15・544
任登雲　30・695
任發祥　15・166
任　瑋　78・577
任　瑗　23・278
任　載　41・130
任嗣章　6・166
任　稜　13・494
任　筠(清高密)　23・258
任　筠(清新昌)　64・590
任　詢　18・38
任　愷　4・36
14・116
15・542
17・469
任　煥　77・210
任源貴　59・484
任福東　35・141
任福臻　18・527
任際虞　63・30
任　經　23・617
24・291
任　墉　23・259
任　穀　75・369
任　熙　2・79
38・162
任　瑕　4・31
14・115
17・468
任　榛　40・171
任毓秀　30・321
任毓桂　30・320
任鳳元　12・383
任漢櫂　1・731
任肇元　36・438
任熊祥　18・37
任　綱　75・647
76・197
任維秀　5・365
任　綸　22・229
23・621
任　增　2・42
10・568
任德鴻　30・320
任　諒　1・734
18・33
任賡唐　37・726
任毅夫　63・131
任　璣　2・60

36・432
任蕭亭　12・496
任樹德　64・590
任樨逸叟叟　78・459
任　勱　37・118
任學成　74・348
任學金　23・280
任學魁　12・117
任學詩　48・200
任學豐　74・349
任　儐　24・560
任穎眉　76・271
任　燠　4・136
15・519
任駿聲　23・274
任　爵　5・120
任　燦　77・145
任燦英　68・605
任　濤　62・207
63・60
任　濬(明博山)　6・550
6・645
任　濬(明蒙陰)　31・338
32・9
任　蟠　61・189
任　顓　4・77
15・548
17・488
18・491
任　簡　16・431
任歸一道人　30・753
任　鎧　23・244
任騰蛟　2・77
任　譓　7・374
任　瀛　35・461
任繡春　18・529
18・581
任蘭祐　4・381
38・551
任寶昌　53・79
任寶書　24・722
任繼文　37・724
任躋莘　34・300
任鶴舉　39・629
任　瓚(明)　63・136
任　瓚(清)　36・537
任　舋　52・579
任　讓　14・298
16・427

自

自　永　78・216
78・327
自知禪師　77・73
自華和尚　29・507
自　超　78・630
自　然　61・763
自　慧　80・171

伊

伊天佑　80・340
伊　尹　41・125
伊允楨　43・299
伊予任　80・353
伊用昌　45・360
71・361
伊光前　5・314
43・273
伊光華　77・232
伊光啓　5・315
43・273
伊江阿　2・13
伊作楫　5・315
43・289

伊若棠　15·168

伊拉齊　24·303

伊秉綬　76·362

伊　矩　5·315
43·278

伊彦忠　80·354

伊彦謙　80·354

伊洪袞　6·671

伊　陟　41·125

伊　桂　4·281
5·315
43·281

伊敏生　1·782
37·805

伊　奝　5·335
43·291

伊　慎　4·58
35·482

伊　廣　4·207

伊　勳　80·351

伊應泰　35·195

伊應鼎　43·282

伊　闢　4·268
5·315
43·274

伊　籍　4·29
37·100
39·173

伊覺民　5·179
43·262

伊　鐸　5·335
43·293

伊　巘　4·268
5·315
43·280

向

向士虎　65·261

向士璧　77·728

向　上　28·479

向子韶　1·733

向子諲　65·22

向天衢　39·201

向日美　39·204

向　化　4·241
29·74

向文璽　1·779

向君化　22·232

向　茂　28·479

向宗道　1·736
6·288

向　挺　39·203

向　浯　65·163

向　程　76·204

向　靖　15·580
16·396
18·1

向　經　18·28

向慕閔　2·37
43·210

向　緯　39·205

向　學　42·234

向　澹　65·63

向　燾　79·368

向　璽　27·288
27·355
27·798

向　寶　72·37

后

后　倉　4·12

后　處　4·4
7·133
15·484
19·37

35・602

行

行　中　73・118
行　全　32・482
33・559
行　修　79・296
行　保　71・365
行　通　79・297
行　雲　76・207
行傳禪師　79・435
79・639
行　端　78・629
行　霖　77・595

全

全二戴　80・761
全士錡　6・121
8・472
37・422
全大成　70・577
全　化　70・634
全文昌　76・625
全世臣　5・211
全民寬　70・636
全守初　30・102
全克載　30・319
全作賓　76・583
全良範　30・96
全庭訓　70・471
全　晏　71・337
全　紘　30・133
全乾象　30・110
全紹年　30・133
全　欽　77・467
全瑞榮　70・596
全楚賢　42・202
全　楷　70・573
全徵蘭　76・641
全龕禪師　79・638
全應心　30・319
全應旂　30・319

合

合剌普華(一作哈喇布哈)　1・758
4・212
15・590
17・681
27・283
27・321
27・790

夙

夙希達　77・23
夙　清　77・22
夙道暹　77・14

危

危　一　77・247
危士亨　77・230
危大用　74・224
危上鏞　77・272
危元瑤　78・622
危正位　77・234
危世美　77・88
危仔昌　71・313
71・375
危必昌　77・394
危必昭　70・629
危永俚　71・193
危台宿　80・71
危　行　77・179
危全諷　71・313
71・375

危亦林 71·624
危守志 80·71
危守星 77·268
危　佑 71·376
危　孚 77·234
危　言 80·200
危昂霄 77·275
危迪哲 45·178
71·339
危　固 71·314
71·490
72·3
危建侯 77·177
危拱辰 71·319
71·447
危昭德 77·178
危思瑞 60·377
危奐章 70·639
危　祐 71·260
危　素 70·453
70·550
危　莘 77·193
危　彬 71·568
危國謨 77·265
危習生 45·162
危復之 69·613
71·185
危　湘 77·257
危祿泰 77·249
危鳳先 71·335
危　稹 69·144
危德華 77·230
危　澄 43·538
危履亨 77·88
危　整 71·331
危龍光 71·561
危聯奎 77·230
危聯捷 77·268
危聯箕 77·277
危應宗 77·265
危鷩肇 69·598

旬

旬　公 10·165
10·253

多

多　仁 6·447
多　瑞 43·24

交

交　子 32·411
33·294

衣

衣守信 25·267
25·310
衣　桐 25·302
衣惟敬 25·268
25·312

充

充　虞 15·485

忙

忙兀台 75·361
忙　哥 31·354

羊

羊士諤 32·374
33·244
羊　元 34·464
羊元羣 21·112
羊不疑 34·461

羊　冉　34·457
羊玄之　30·266
31·753
34·461
羊玄保　4·46
30·269
31·171
31·755
32·420
33·298
34·462
羊　伊　34·460
羊　希　34·462
羊　忱　32·419
33·297
34·461
羊　茂　1·700
44·12
45·399
羊松齡　34·461
羊明節　70·485
羊　固　32·419
33·297
羊季祿　48·393
羊使君　1·731
羊　侃　4·46
31·756
32·348
33·214
34·463
35·78
羊　欣　4·45
30·271
31·171
31·755
32·419
33·297
34·461
羊　祉　34·463
羊　亮　34·460
羊　祜　4·34
30·259
31·171
31·352
31·749
32·334
33·202
33·568
34·457
34·489
羊　陟　4·27
31·745
32·363
33·228
羊　耽　34·457
羊　烈　32·386
33·263
34·468
35·78
羊　秘　34·457
羊　倫　34·460
羊　陶　34·460
羊　琇　4·36
30·266
31·752
32·346
33·213
34·460
羊　彪　34·465
羊　曼　4·203
30·267
31·818
32·364
33·228

34・460
羊　崇　4・233
羊　深　4・50
31・758
32・365
33・229
34・464
35・76
羊　晣　31・841
34・475
羊　敦　4・138
34・465
35・78
羊　發　34・457
羊　給　34・464
羊　肅　34・465
35・77
羊　綏　34・461
羊　暨　1・702
16・396
18・1
34・460
羊　瑾　34・460
羊鴉仁　4・46
32・364
33・229
35・82
羊　篇　34・460
羊　曇　31・754
32・385
33・262
34・461
羊穆之　16・396
18・1
34・461
羊　衜　34・457
羊　鷗　31・757
34・465
35・81
羊　齡　34・464
羊　權　31・842
32・479
33・557
34・461
34・475
羊　續　4・27
31・745
32・363
33・228
34・454
羊　鑒　32・347
33・213

米

米元珍　77・189
米巨宏　80・758
米　仙　77・594
米延二　70・606
米　芾　77・443
米希伊　32・423
33・300
米　惇　25・531
米賁園　71・314
米揚芳　70・631
米　腹　77・189
米嘉珠　5・122
米嘉穗　40・25
40・190
77・180
米　榮　77・186
米應元　9・733

州

州　泰　1・700

江

江一川 50・46
江一柱 55・296
江一桂 54・208
江一皋 55・542
江一紳 71・492
江一道 57・490
江一輪 59・138
江一舉 55・293
江一鴻 54・167
江一鯉 79・268
江一蘭 56・480
江一麟 54・94
江八斗 52・384
江人鏡 54・112
江九逵 60・211
江三音 78・544
江于岷 56・481
江于郊 45・259
江士元 78・630
江士梅 56・484
江士傑 50・464
江士寬 71・447
江士瑩 55・284
江士潤 47・266
江大楢 57・529
江大儀 73・429
江大瀾 60・343
江大儼 73・444
江上青 54・469
江上梅 70・627
江上琴 56・237
江上楫 70・602
江上選 73・368
江上錦 70・627
江　山(明朝城) 42・344
江　山(明新昌) 63・542
江之永(清金谿) 70・627
江之永(清婺源) 54・240
江之紀 54・268
江之琛 60・514
江之煒 79・184
江之濱 59・81
江之瀛 57・255
江子一 41・128
江子大 57・481
江子紹 71・470
江子璜 75・633
78・542
江天泰 71・569
江天淯 52・107
江天照 55・625
江天嶼 32・417
33・306
江天錫 55・154
江天鑌 57・162
江　元 41・61
江元林 55・83
江元庭 56・138
江元釗 57・244
江元熙 56・344
江元輔 54・211
江元標 55・10
江元燠 56・345
江元璐 61・470
江元燮 54・511
江元鎰 57・399
江不空 76・168
江友直 54・316
江友益 70・629
江巨詩 57・400
江巨源 80・231
江巨榮 56・173

江巨璧　55・250
江巨鵬　71・454
江巨鯤　59・467
江日照　80・178
江中柱　50・411
江中信　14・704
　42・951
江中桂　73・180
江中清　51・88
江仁甫　71・229
江　公　4・11
　4・15
　4・17
　35・457
江公望　74・374
　79・362
江月魁　80・222
江文式　54・216
江文池　78・356
江文沛　76・96
江文枚　56・145
江文杰　59・467
江文郁　59・157
江文叔　76・17
江文拱　57・365
江文炳　56・74
江文卿　73・161
江文海　71・232
江文彬　57・234
江文崧　55・316
江文達(字孚萬)　56・33
江文達(字進賢)　56・364
江文瑋　54・267
江文瑞　55・437
江文魁　55・475
江文遙　1・706
江文蔚(南唐)　76・370
江文蔚(清)　55・651
江文銘　55・188
江文標　56・411
江文鋐　78・373
江文燠　76・720
江文邇　56・37
江文藻　57・313
江心筠　77・190
江心鏡　71・397
江心鑑　53・181
江以成　80・178
江以清　71・469
江以達　52・45
江以朝　52・87
江以蘭　80・680
江孔殷　73・177
江孔燧　32・42
江玉琳　73・144
江正月　57・529
江正迎　55・563
江正晴　57・237
江正誼　8・15
　8・632
江正權　71・459
江世大　54・522
江世安　52・336
江世茂　42・274
江世英　42・308
江世育　54・130
江世春　80・177
江世美　57・91
江世泰　32・389
　33・266
江世卿　54・217
江世帶　42・350
江世雷　57・187
江世魁　71・615

江世煥　55・233
江世經　57・116
江世標　56・42
江世樹　56・329
江　本　80・244
江本立　57・494
江本訒　57・116
江可烈　56・31
江可弼　55・586
江可榮　55・612
江可觀(明)　57・459
江可觀(唐)　15・589
江石泉　74・36
江仕任　56・21
江仕英　72・88
江代十　69・548
江代舉　80・522
江　白　71・319
江用卿　57・494
江印樾　60・270
江　立　76・394
江立貢　74・21
江　永　54・64
江永年　56・128
江永昌　58・223
58・264
江永洪　52・65
江永泰　77・622
江永譽　32・383
33・252
江幼光　70・571
江邦奎　56・373
江邦銑　56・57
江邦霂　57・38
江邦鑺　56・633
江考卿　57・504
江　西　42・346
江百老　56・544
江百瑜　55・616
江有林　55・216
江有來　57・213
江有柳　56・589
江有梧　56・33
江有珷　56・30
江有楧　56・590
江有璵　54・558
江有聲　55・461
江有權　56・652
江列治　55・211
江成政　49・250
江成德　51・340
江至迵　42・349
江至順　42・346
42・349
江至道　42・349
江至靜　42・349
江　光　2・105
江光斗　58・53
江光良　54・513
江光香　57・68
江光啓　56・447
江光熙　6・216
江光綵　56・666
江光綬　56・2
江光綜　55・15
江光鋐　57・71
江　帆　70・571
江廷仲　56・361
江廷兆　71・570
江廷京　56・524
江廷烑　56・573
江廷家　57・425
江廷球　56・152
江廷琦　57・117

江廷魁 63·29
江廷璋 80·243
江廷輝 57·316
江廷選 55·475
江廷勳 56·297
江廷燎 63·134
江廷燦 55·340
江廷藻 1·827
39·148
江廷嚴 56·364
江廷鏞 55·624
江廷鐫 55·278
江廷爐 56·565
江休復 1·739
32·439
33·66
江仲才 56·530
江仲京 57·493
江仲海 71·424
江 任 76·394
江兆遠 57·414
江兆鳳 80·228
江旭奇 54·131
江名恬 57·399
江亦褒 56·7
江 汜 57·493
江汝元 55·570
江汝生 56·9
江汝舟 76·391
江汝修 76·174
江汝真 72·543
江汝師 29·597
江汝靖 70·582
江汝龍 42·315
42·344
江汝璧 52·86
江安止 76·430
江如松(字熼堂) 56·622
江如松(號流雲) 57·471
江 杞 76·391
江孝伯 76·394
江孝彰 56·361
江志洪 57·498
江志羣 80·729
江志勳 55·589
江 芬 55·377
江芳山 56·544
江芳時 55·645
江步青 57·431
江步華 57·234
江步蟾 74·42
江呈奇 55·566
江呈輝 80·183
江秀敏 74·29
江 佑 50·256
江伯元 55·614
江近光 57·200
江近思 54·514
江 彤 72·444
江 沂 80·174
江 沁 71·519
江 宏 55·542
江宏海 80·244
江宏陽 48·251
江良芳 56·59
江良俊 56·77
江良貴 77·91
江其陵 58·201
江若練 29·82
江茂才 52·306
江茂昇 57·440
江茂裕 55·565
江來順 57·46
江 松 55·163

江松林 57·83
江　杰 57·29
江　東(明朝城) 4·127
42·260
江　東(明霸州) 42·11
江東周 52·317
江　奇 50·114
江尚炘 56·567
江尚燧 55·612
江　昆 70·492
江昌祿 57·84
江　明 76·391
江明月 80·211
江明坤 57·237
江忠章 54·290
江咏唐 70·637
江　岸 52·131
江　岷 9·737
江　和 58·127
江和棠 57·194
江季祥 56·26
江　佩 71·450
江金華 55·592
江金龍 52·629
江　河 80·224
江河清 2·103
江　沱 77·141
江　泌 80·221
江　治 72·45
江宗振 56·361
江宗海 73·435
江宗望 41·153
江宗源 4·299
6·185
江建勳 56·265
江　姑 77·601
江承啓 57·37
江承儁 76·493
江孟化 80·294
江孟昕 56·571
江孟懿 55·605
江　春(明) 58·249
江　春(清) 57·82
江　珏 70·516
江　城(字大年) 55·225
江　城(字有孚) 55·504
江　城(清) 71·445
江荆金 37·125
江　革 4·231
7·172
15·563
17·460
江南春(字華美) 56·70
江南春(字根榮) 57·275
江南春(號梅嶼) 55·402
江南俊 77·546
江南紀 59·151
江南錦 58·222
江拱斗 55·650
江　貞 76·438
江貞夫 56·483
江映奎 70·493
江映彩 70·605
江映極 71·561
江星河 56·561
江星柱 55·643
江星奎 56·563
江星燦 53·105
江思以 80·205
江思智 54·509
江秋時 72·59
江重滿 57·50
江　信 50·433
江信純 56·62

江禹緒　54·548
江庭曜　57·207
江彦明　54·134
江彦鈞　57·430
江彦璋　52·235
江恒先　50·511
江美中　54·497
江　炳(字其玉)　55·286
江　炳(字耀庭)　57·244
江　炯　51·69
江炫干　54·513
江洪杰　6·449
江洪琯　79·69
江　洽　5·376
8·614
江　祖　75·401
江祚錫　55·596
江既入　52·124
江　紀　56·319
江秦川　74·36
江　泰　72·59
江泰開　57·148
江起元(清曹縣)　41·72
江起元(清婺源)　55·652
江起辛　56·502
江起相　54·559
江起奎　56·627
江起連　56·46
江起望　55·65
江起琦　67·488
江起焯　56·603
江起預　56·628
江起澄　60·236
江起龍　57·115
江起鵬　54·227
江起鱗　58·157
江　華(明)　70·577
江　華(清)　56·119
江恭先　4·471
江恭壎　56·64
江桂蘭　80·192
江　校　54·214
江　砢　56·446
江原旻　42·228
江　翃　76·383
江振甲　58·243
江振亨　57·382
江振茂　57·235
江振杰　54·186
江振宗　56·503
江振鏜　57·135
江致恭　54·473
江致堯　78·591
江　晉　57·112
江　逌　77·282
江時垠　55·158
江時途　57·489
江時逢　57·453
江時喜　55·573
江　皋　52·130
江　航　37·136
江逢辰　56·611
江逢葉　67·488
江　海　60·307
江浴日　43·540
江家瑞　54·472
55·251
江家駒　70·603
江家錦　55·595
江宰鑑　56·568
江祥德　56·443
江　能　41·145
江純對　54·413
江　球(清永新)　73·182

江　球(清金谿)　70・473
江培芳　57・198
江　基　56・134
江乾芬　57・243
江乾達　80・97
江乾璇　57・62
江乾璣　57・243
江盛元　57・430
江捷能　71・481
江捷登　71・481
江接宗　60・527
江　常(宋)　75・397
78・591
79・140
江　常(明)　52・63
江國邠　55・546
江國珍(清平潭)　78・576
江國珍(清婺源)　57・234
江國祚　55・34
江國華　55・250
江國銘　55・565
江國錕　56・170
江國藩　56・496
江　崖　1・831
江　符　57・440
江　側　76・382
江　偉　73・246
江得兆　55・212
江得泮　57・491
江得時　56・582
江　魚　68・120
江　產　35・334
江翊甫　78・366
江惟堅　57・205
江　烱　52・399
江　清(清婺源)　55・143
江　清(清新昌)　63・515
江清徵　54・143
江　淇　80・189
江淇澐　55・618
江　涯　54・208
江　淑　60・376
江　淮　52・74
江　淙　68・119
江　涵　70・602
江啓元　57・79
江啓芳　54・373
江啓科　57・243
江啓緒　67・494
江啓綱　56・588
江啓璜　73・447
江啓賢　54・158
江啓錦　55・504
江隆賢　57・72
江紱儁　56・551
江紳考　80・243
江　琳　70・579
江琨美　55・255
江喜茂　54・532
江萬丈　80・146
江萬里　50・18
58・271
75・360
江萬頃　50・20
58・273
江朝宗　70・494
江朝陽　54・218
江朝燮　56・301
江棟材　78・622
江棟選　78・622
江　雲　59・74
江雲龍(清弋陽)　50・443
江雲龍(清婺源)　57・139
江雲龍(清福清)　79・27

江雲巖　57・230
江　雯　75・525
　78・514
江紫賓　57・238
江鼎金　2・95
　16・444
江開文　55・174
江開仕　57・316
江開封　57・88
江　景　76・385
江景祥　42・403
江景陽　78・356
江景雲　80・211
江　貴　70・516
江程清　80・190
江復禮　56・469
江　爲　49・519
　76・394
江爲光　80・223
江　勝　70・515
江勝祥　54・335
江竣實　73・185
江翔雲　56・175
江道行　69・552
江道判　76・420
江道福　78・537
江道籙　76・420
江煐泰　57・189
江　湖　70・624
江　湘　64・291
江　湜(明婺源)　56・454
江　湜(明歙縣)　35・724
江　湜(清)　76・211
江　祿　10・359
江　登　55・386
江登明　60・502
江　統　1・702
江瑞圖　71・459
江瑞麟　71・481
江　瑗　52・385
江遠青　76・397
江夢花　55・426
江夢孫　47・555
江　軾　54・212
江　匯(明)　72・43
江　匯(清)　78・357
江　暐　73・170
江嗣淹　54・576
江與權　78・593
江　鈿　76・383
　76・409
江　靖　76・390
江　愷　57・439
江義福　50・71
江煥藻　57・351
江　煊　54・185
江　溥(明)　63・539
江　溥(清)　18・578
江　源　73・430
江源進　55・622
江源遠　80・174
江滌源　78・431
江　滔　60・272
江　溢　72・101
江　溶　80・549
江　福　50・85
江福津　6・184
江碧雲　57・493
江　瑢　70・517
江嘉生　54・517
江嘉奐　57・313
江嘉烇　57・243
江嘉賓　56・462
江　墉(明)　75・525

78・512
江　墉(清) 75・634
78・343
78・371
江　壽(明) 50・85
江　壽(清) 70・547
江壽卿 57・135
江蔚青 55・250
江爾莊 35・336
江爾海 73・168
江毓奇 70・622
江　慇 55・627
江　銓 57・448
江鳳山 56・446
江鳳林 57・235
江鳳昌 57・235
江鳳翔 56・558
江鳳儀 56・439
江鳳翱 56・159
江鳳藻 71・487
江　廣 72・86
江廣仕 55・101
江廣金 55・94
江廣煋 55・649
江　韶 80・724
江端本 68・16
江　榮 77・86
江榮祖 54・141
江　潢 52・353
江　滿 72・45
江滿庭 57・211
江寬山 80・203
江寬位 55・112
江寬倫 55・103
江寧魁 55・282
江肇褕 57・156
江維申 58・234
江維桓 56・128
江維槤 56・645
江維樹 56・670
江　增 14・726
42・954
江　蕃 55・282
江蕃子 70・628
江震川 80・223
江　輝(明) 79・49
江　輝(清) 55・290
江　遲 55・602
江　德(清婺源) 57・255
江　德(清鄱陽) 58・158
江德珊 55・552
江德魁 56・631
江德凝 56・80
江魯珩 70・629
江　慶 80・187
江慶同 54・513
江慶角 54・518
江養圻 57・220
江　潮(明信豐) 73・411
江　潮(明貴溪) 52・16
江　潮(清) 76・402
江　潭 68・119
江濳龍 80・549
江潤身 55・271
江　瀓 71・265
江　澄 56・344
江　豫 50・86
江　緯 35・515
江　璞 52・74
江　靜 53・120
江　磬 55・206
江樹立 71・301
江樹峯 57・73
江樹德 52・127

江　霖 54・537
江縣生 60・352
江　曉 57・493
江積智 71・328
江篤貞 56・575
江學庭 71・232
江學訓 63・35
江學海 55・78
江　翱 76・382
江　錡 76・391
江錫虎 55・654
江錫恩 57・383
江錫榮 57・213
江錫增 53・512
江錫疇 57・234
江錦春 56・151
江錦城 76・412
江　龍 76・386
江龍光(清永定) 80・225
江龍光(清婺源) 55・318
江龍池 80・190
江澤有 54・508
江澤楠 54・179
江澤溥 73・431
江　憲 29・74
江　環 76・760
江聲若 57・313
江聲霄 57・312
江聯芬 71・459
江聯輝 80・175
江　檀 73・156
江懋芹 52・206
江懋奇 55・279
江懋瀣 56・574
江　曙 35・497
江應光 55・630
江應枋 56・615
江應和 50・492
江應奎 78・357
江應宣 73・446
江應萃 54・571
江應晨 56・458
江應寀 73・430
江應隆 76・455
江應瑞 56・83
江應義 50・495
江應熊 54・565
江應謙 54・588
江鴻汀 78・386
江鴻翊 57・433
江鴻緒 56・589
江鴻慶 77・212
江　濬(明) 4・154
5・109
江　濬(清) 61・671
江　禮 80・304
80・365
江禮儒 56・583
江　鏊 52・236
江　嚞 57・486
江　聶 71・515
江　鎬 50・68
江　鎔 58・164
江　顔 17・585
18・514
江　藻 78・699
江藻輝 77・191
江　礪 57・87
江　鏡 55・504
江鏡川 78・419
江鵬高 55・600
江騰彩 56・537
江騰蛟 5・184
15・108

	15・142
江騰鯨	76・396
江　鯤	73・433
江　鯨	57・469
江懷玉	50・443
江懷珍	77・558
江　瀚	80・134
江蘭荃	80・192
江耀歡	74・39
江　瀾(清婺源)	56・373
江　瀾(清興國)	74・41
江繼芸	78・574
江繼爽	13・109
江繼新	47・255
江　鰲	56・83
江　鐵	76・438
江　鐸	50・68
江　巒	54・569
江　靁	54・117
江　顯(宋)	51・708
江　顯(明)	77・39
江顯樸	56・90
江　麟	50・510
江　觀	54・480
江靈裕	56・241
江　衢	56・320
江　灝(明)	76・699
江　灝(清)	45・250
江纘緒	56・236
江　驥	57・454
江　鸞	52・354

汲

汲　桑	34・59
汲　黯	7・330
	35・603

汜

汜　毓	4・172
	5・23
	15・564
	31・809
	33・791
	34・68

池

池六玉	78・440
池文龍	77・394
池光遠	79・259
池兆銘	76・219
池其繩	76・245
	76・315
池法師	78・459
池拱星	77・560
池皋聲	76・233
	76・334
池浴沂	76・240
	76・323
池浴雲	76・239
	76・321
池浴德	76・216
	76・285
	77・428
池進瑞	74・14
池貴遠	77・393
池源瀚	78・586
池劍波	76・167
	78・536
池繼善	76・218
	76・292
池繼溥	76・217
池顯方	76・245
	76・314

池顯京　76·217
　76·289

汝

汝　郁　1·689

宇

宇文昌齡　1·745
　15·525
　18·29
宇文洛生　30·383
宇文逌　36·420
宇文虚中　18·30
宇文景　42·575
宇文愷　1·719
宇清真人　43·133

守

守　志　32·659
守卓禪師　79·299
守　真　61·762
守　息　79·297
守　淨　79·300
　79·640
守　惠　78·217

安

安又民　30·136
安于拙　6·479
安士傑　10·393
安大觀　32·135
安天申　13·403
安　仁　39·60
安仁甫　4·255
安文昇　43·607
安文亮　39·186
安允中　31·280
安玉魁　8·20
　8·640
安玉衡　18·568
安永憘　32·143
安邦憲　32·146
安　臣　16·423
　20·487
安　同　18·7
安　仲　6·346
安　行　77·133
安全義　2·96
　16·447
安汝明　11·283
安守忠　1·740
安守緒　32·146
安　宅　18·731
　42·460
　42·515
安　宅　5·96
安如山　1·835
　39·802
　42·547
安赤紱　4·222
　38·564
安　佑　21·133
安　伸　5·144
　6·362
安宏慶　10·389
安茂遠　45·619
安　忠　1·742
　11·40
安　岧　43·608
安受善　1·793
　8·467
安承訓　25·192
　26·571
安　思　5·158

43・606
安思善　33・293
安　科　32・356
33・220
安　重　4・241
31・280
31・282
32・133
安　恆　17・576
18・536
安　祐　23・619
安致遠　4・411
17・595
18・557
安峻山　35・140
安　崈　43・644
安萃梧　41・191
安國珍　33・816
安國賢　75・595
安　偉　6・419
安惟恒　43・429
安惟洪　43・537
安　筠　18・521
安　紱　43・627
安紹先　1・816
安期生　7・456
15・612
20・568
25・602
31・842
安厥修　43・608
安景伊　5・312
43・638
安答兒禿　77・212
安　傅　6・361
安順禮　6・401
安　欽　78・389
安　然　1・768
安嘉會　43・607
安壽椿　14・141
安毓慤　43・643
安　鳳　34・475
安維洪　4・143
安塔哈　7・328
安德裕　39・139
安　盤　14・217
16・417
安　鋭　6・349
安慶瀾(清聊城)　4・381
38・556
安慶瀾(清博興)　14・139
安慶瀾(清濟陽)　10・391
安審琦　18・24
安錫祚　5・258
32・632
安錫齡　38・655
安　篔　18・558
安　嶽　6・368
安嶽雲　11・292
安穫曾　32・145
安　曦　4・161
5・156
43・577
安繼振　6・421
安躍拔　4・378
38・546
安　鑌　32・147

祁

祁師淳　73・440
祁國祚　2・46
32・451
33・75
祁　順　75・370

祁　暐　4·234
21·120
23·652
祁壽麐　23·137
祁熊佳　77·92
祁徵祥　76·411
祁　鯤　1·850
27·4

阮

阮士藻　46·246
阮大成(宋)　77·301
阮大成(清)　53·458
阮大英　75·630
阮　元　2·18
阮友彰　72·132
阮中度　76·382
阮升基　77·464
阮文中　45·512
阮文錫　76·249
阮文藻　72·600
阮正衍　77·352
阮　北　76·202
阮仕篤　75·675
阮立青　72·624
阮廷俊　25·141
阮自華　8·467
阮兆麒　70·88
阮汝琴　72·673
阮汝暻　2·85
阮如霖　77·576
阮　玘　72·586
阮伯宗　76·249
76·324
阮宏正　53·653
阮良章　80·236
阮長之　15·521
阮述芳　29·149
29·573
阮昌齡　76·382
阮明武　77·555
阮旻錫　76·324
阮　和　45·637
阮秉政　77·472
阮法先　77·567
阮法謙　34·262
阮宗澤　77·299
77·386
阮　珂　46·177
阮思道　76·382
阮　种　1·701
8·464
阮　恆　23·409
39·813
阮炳輝　72·601
阮　貢　77·450
阮　華　63·541
阮振英　72·510
阮　哲　78·254
阮時達　72·676
阮時懋　37·558
75·490
76·139
阮　剛　72·638
阮烜輝　43·208
72·600
阮　恕　62·30
63·302
阮純如　63·419
阮琇林　77·578
阮　基　46·185
阮國信　37·555
阮　逸　76·391
阮　寅　64·180

阮雲漢　63・546
阮貽昆　45・638
阮遇春　77・345
阮　貴　77・377
阮傅義　80・291
阮復祖　72・624
阮復與　77・461
阮爲昺　46・197
阮　湖　46・440
阮瑞廣　77・599
阮　嗣　75・531
　　　　77・485
阮嗣中　46・161
阮　愈　64・326
阮　鳶　64・325
阮　漣　72・676
阮福興　80・245
阮嘉美　72・673
阮壽松　45・701
阮蔡文　66・209
阮　愿　63・302
阮廣興　80・248
阮榮光　80・237
阮維泰　5・361
阮　德　53・417
阮　誼　75・719
阮瑩暹　45・655
阮燕伯　80・248
阮　鏌　46・185
阮錫璜　52・244
阮龍光　45・611
阮　駿　78・58
阮聲煥　72・672
阮鞠廷　2・77
　　　　42・203
阮謙光　77・575
阮應鏞　46・195
阮燦輝　72・625
阮題塔　80・237
阮　韜　78・265
阮　鑛　77・333
阮　鏡　72・676
阮　鵬　78・311
阮蘭珍　5・361
阮　籍　1・699

那

那　紱　78・700

朶

朶　落　1・762
　　　　37・420
朶羅歹　1・762
　　　　37・548

如

如　松　47・480
如　是　80・352
如　珣　77・360
如　照　79・300
如　默　72・34
如　學　42・999
如　鏡　57・524

牟

牟之珂　32・144
牟之琬　32・146
牟之儀　25・317
牟巨川　26・733
牟曰旦　25・306
牟曰第　25・524
牟曰箴　25・316
牟心仰　25・305
牟心海　25・535

牟孔教　14・122
　17・575
牟永澄　25・490
牟成功　32・147
牟廷楹　29・308
牟仲山　25・523
牟　全　25・264
　25・429
牟作孚　4・443
　25・319
　25・325
　25・328
牟作梓　43・303
牟希古　21・378
牟希睿　32・144
牟其棜　25・528
牟　協　25・527
牟昌裕　4・424
　25・436
　25・487
　25・542
牟昌衡　14・300
牟　岱　25・489
牟　所　25・518
牟　周　14・382
牟　房　25・489
牟春曦　25・521
牟相翼　25・534
牟貞相　4・431
　25・487
　25・547
牟　昱　26・634
牟思戢　32・137
牟　适　34・439
牟　庭　4・435
　25・518
　25・546
牟庭芸　19・83
牟　恒　25・234
　25・320
　25・423
牟　紆　5・17
　14・253
　43・258
牟　珙　31・280
牟華野　5・133
　32・600
牟　俸　1・769
牟　倩　10・312
牟　卿　4・9
　4・167
牟逢泰　25・521
牟　悌　25・315
牟　宸　25・313
牟　萇(一作牟長)　4・10
　4・168
　5・17
　14・220
　14・358
　15・570
　17・461
　43・258
牟　畧　25・519
牟國有　26・615
牟國琛　25・304
牟國衡　32・134
牟國瓏　25・234
　25・422
牟崇賜　32・147
牟　偉　32・138
牟惇儒　26・618
牟　清　13・408
牟敬祖　25・224
　25・294

牟朝立 32·140
牟朝泗 32·140
牟朝型 32·139
牟　雯 25·488
牟　㬎 25·490
牟　嵒 25·530
牟爲鵬 25·494
牟道立 25·262
25·419
牟道行 25·262
25·420
牟　慉 25·306
牟蔭喬 4·435
26·621
牟　綏 25·523
牟爾恭 19·79
牟　慥 25·305
牟　榮(宋) 79·145
牟　榮(清) 25·302
牟漢南 7·150
牟　綧 25·528
牟　慤 4·429
25·423
牟　魯 1·821
15·562
30·642
牟　融 4·10
4·25
4·168
15·540
17·459
牟　寰 25·529
牟　檖 25·313
牟應震 4·435
25·517
25·543
牟鴻舉 14·145
牟鴻騫 32·142
牟豐烈 26·634
牟顧相 4·437
25·516
牟　鐣 25·268
25·311

七畫

戒

戒　文 77·133
戒環禪師 79·298

赤

赤肚子 18·579
赤松子 80·487
赤琖顯忠 37·729
赤盞暉 24·524
24·576
赤腳王仙 25·602
27·619

志

志　昂 21·827
志　忠 78·327
志道禪師 80·765
志　愿 80·616

芮

芮子煒 37·172
芮　葙 41·393
芮　麟 76·465

花

花士鈁 50·409
花天球 50·493

花中茗　50・506
花光榮　48・254
花自達　48・288
花秀廷　13・426
花和仔　50・453
　53・11
花　盛　50・539
花雅各　26・646
花詠春　30・63
花富春　13・426
花壽山　6・172
花潤生　75・410
　77・186
　77・582
花錦堂　48・293
花　繡　48・291

克

克　条　77・133

杜

杜一岸　1・822
　31・279
杜一瀾　78・672
杜三策　4・133
　31・799
杜士希　68・559
杜士晉　80・761
杜士盛　23・260
杜士顯　79・248
杜大生　39・644
杜大勇　34・221
杜之棟　4・361
　30・157
杜之煥　74・71
杜子野　71・33
杜子章　50・108
杜子楙　42・393
杜子麟　68・158
杜元吉　50・45
杜元凱　35・148
杜元勳　39・638
杜友直　40・588
杜日榮　63・171
杜曰菝　74・71
杜中毓　49・374
杜仁傑　5・80
　34・68
杜　文　72・472
杜文艮　76・358
杜文明　11・84
杜文命　71・579
杜文亮　71・589
杜方詩　45・260
杜方詵　45・262
杜允中　2・52
　13・104
杜允升　35・133
杜予美　23・257
杜孔祿　14・110
　16・423
杜玉柱　13・157
杜世文　66・583
杜世昌　1・759
　34・42
　34・72
杜世威　32・650
杜世禎　36・549
杜　本　65・263
杜丕城　24・771
杜丕謨　27・13
杜平勳　37・417
杜申錫　26・126
杜　句　9・66

杜必擢　2・94
14・111
16・443
杜永修　18・547
杜永期　71・635
杜永敬　15・153
杜永濟　77・583
杜邦浚　72・239
杜邦楨　78・675
杜有俊　12・503
杜存仁　21・668
杜成才　15・152
杜成林　29・314
杜成基　31・66
杜光宗　24・544
杜廷椿　19・316
杜廷熿　74・349
杜伏威　4・60
32・619
杜延文　23・273
杜行敏　1・724
杜兆麟　14・395
杜名世　68・242
杜汝深　9・849
杜守忠　12・502
杜守貞　36・177
杜守常　9・864
杜安詩　2・44
8・319
杜如杜　39・418
杜　圻　65・187
杜芳田　12・397
杜克筠　35・182
杜克義　37・423
杜克賢　34・333
杜克勵　36・175
杜克舉　5・311
43・609
杜　杞　76・409
杜　李　30・679
杜　甫　35・514
杜甫成　5・220
杜　扶　24・703
杜抑之　70・253
杜足仁　18・743
杜佐商　49・309
杜　佑　1・724
杜伯璘　37・37
杜　住　79・364
杜希忠　6・467
杜谷老人　47・326
杜谷珍　47・340
杜　忱　5・71
34・59
杜　宏　4・232
杜良祚　2・52
13・103
杜　表(明平和)　75・687
杜　表(明南靖)　75・731
杜　玧　4・152
11・384
36・457
杜長煇　36・174
杜　坦　18・2
杜　坰　36・507
杜其泰　6・473
杜其萌　31・336
32・6
杜其漸　2・39
10・309
杜若楝　18・748
杜若蘭　37・779
杜茂官　49・308
杜　英　31・781

	32・355
	33・219
杜　林	7・335
杜松年	10・283
杜松賓	4・205
	15・560
	21・702
	23・646
杜　尚	24・697
杜尚志	37・704
杜　果	45・571
	49・403
杜　杲(宋)	75・406
	76・203
	77・175
杜　杲(明)	74・70
杜昌丁	79・366
杜昌言	36・415
杜　明	1・759
	8・465
杜　忠	1・791
	43・189
杜和泰	43・209
杜秉寅	14・698
杜岱元	35・188
杜侗初	9・888
杜金錫	23・262
杜金聲	72・152
杜受田	4・316
杜怡和	80・604
杜　河	10・557
杜　泮	45・11
杜宗華	35・351
杜宗順	54・206
杜宗嶽	26・620
杜建封	26・109
杜承芳	1・831
杜承美	36・172
杜承啓	36・177
杜承森	31・60
杜　珏	21・584
	23・636
杜　垢	50・108
杜荀鶴	49・524
杜相生	34・324
杜挺秀	39・309
杜　拯	68・154
杜　思	1・837
	16・424
	18・53
杜思夔	79・234
杜适珎	47・357
杜重光	18・729
	42・458
杜　衎	1・740
杜衎禧	18・740
	42・466
杜勉初	9・856
杜彦卿	46・508
杜　炳	5・307
	43・604
杜炳文	9・891
杜洪懋	56・474
杜　洽	1・822
	31・320
	32・1
杜屏巒	40・332
杜　珝	21・327
杜華先	4・159
	18・728
	42・457
杜　桂	26・99
杜　桓	72・447
杜　桐	74・70

杜　格　74・70
杜連湘　36・577
杜烈常　9・864
杜振常　9・849
杜振翮　10・162
杜時禧　71・122
杜時騰　1・847
25・162
26・8
杜恩榮　24・456
24・757
杜恩澤　28・221
杜　峨　14・133
杜　峯　50・104
杜逢春　8・606
杜高邵　74・91
杜　祥　36・519
杜能忠　9・68
杜　紘　4・77
杜　純　4・77
杜培芸　36・173
杜培熮　36・178
杜　彬　77・142
杜梅健　76・334
杜　常　1・737
杜　晦　32・25
杜國成　80・604
杜國卿　28・230
杜崇禮　36・173
杜得臣　37・653
杜　庶　77・175
杜章卿　46・79
61・464
杜望泰　15・151
杜　悰　25・535
杜清和　36・174
杜清華　24・754
杜　淇　22・304
22・637
杜　密　1・698
15・517
16・394
21・112
23・611
杜　陽　78・661
杜　隆　39・147
杜紹琦　34・284
杜　琪　39・733
杜　琮(明)　76・437
杜　琮(清)　45・617
杜　堮　4・316
杜彭年　56・502
杜葆蒸　9・862
杜　萱　31・782
杜　雄　11・203
杜雲程　23・261
杜雲禎　78・698
杜雲際　74・87
杜雲漢　24・749
杜　雯　73・310
杜　開　46・522
杜閒奎　10・282
杜景衍　4・440
杜景渭　24・716
杜景詩　35・147
杜無黨　5・377
8・643
杜　喬　7・340
杜喬挺　74・69
杜喬揚　74・71
杜　傑　11・120
杜復大　39・724
杜欽殿　74・75
杜欽德　65・93

杜道儁　1·708
杜　渭　4·380
　39·620
杜　弼　1·712
　23·612
　24·242
　25·567
杜登第　9·854
杜　瑞　21·386
杜　瑗　19·104
杜　瑄(元)　26·6
杜　瑄(清)　71·577
杜　聘　35·348
杜　勤　36·513
杜蔭溥　24·750
杜　楷(明)　72·448
杜　楷(清)　14·132
　17·666
杜　楨　42·504
杜　輅　4·157
　36·199
　36·206
杜搢(見杜縉)
杜　業　79·157
杜　筠　34·249
杜筠昌　22·229
杜與芳　11·15
　11·92
杜與李　37·417
杜傳榮　21·692
杜　魁　72·473
杜義山　36·174
杜　煥　76·143
杜煥沂　26·124
杜　溱　9·74
杜　溥(元)　4·143
　10·309
　10·439
杜　溥(清)　5·228
杜殿芳　31·58
杜殿常　9·862
杜　經　37·714
杜　瑢　14·726
　42·947
杜嘉慶　37·414
　37·459
杜　臺　45·80
杜　壽　31·782
杜爾梅　36·521
杜鳴謙　43·605
杜毓玕　23·261
杜毓堂　9·850
杜毓瑞　6·571
　6·661
杜　銓　34·439
　34·475
杜鳳山　13·156
杜鳳岐　41·412
杜鳳舉　24·702
杜　豪　74·85
杜廣仁　24·702
杜廣居　31·61
杜廣乾　24·702
杜廣運　31·61
杜廣瑞　24·703
杜廣載　74·71
杜廣聖　74·77
杜廣濂　24·703
杜榮申　10·53
　10·250
杜　漢(清滕縣)　36·496
杜　漢(清濰縣)　4·457
　21·678
杜　漸(明)　15·30

15・133
杜 漸(清) 71・550
杜 湊 4・320
杜維屏 39・768
杜 綸 30・715
31・226
杜 璋 1・813
杜邁倫 72・233
杜 蕭 4・322
杜 輝 76・346
杜墨林 11・303
杜魯賓 45・358
杜養性 2・74
37・812
杜 澐 43・210
杜 潛 39・572
39・836
杜 潤 40・66
40・160
杜履端 4・320
13・119
杜 璟 1・823
杜璘光 77・190
杜燕駒 24・723
杜 翰 4・316
杜翰三 10・368
杜 默 32・374
33・245
杜學莊 23・260
杜學詩 36・202
杜學德 39・683
杜儒恩 11・459
杜 翱 1・758
43・537
杜錫俊 12・396
杜 濩 13・494
杜 澤(明大庾) 74・360
杜 澤(明沂水) 4・121
4・181
15・551
32・45
杜 闇 4・144
杜 縉 1・835
14・692
42・937
68・155
杜 環 72・241
杜臨之 39・651
杜應奎 69・321
杜應碩 79・239
杜鴻洙 34・345
杜鴻洲 34・327
杜鴻達 31・61
杜鴻漢 34・335
杜鴻謨 12・315
杜濬川 8・637
杜 禮 68・113
杜翹林 51・87
杜 鎮 2・51
43・21
杜鎮華 21・654
杜 翮 4・316
杜蘊璣 35・468
杜 鏞 14・216
16・422
杜 鏡 24・750
杜鵬雲 5・251
6・210
杜懷瑛 36・174
杜 瀛 39・643
杜繩春 11・95
杜蘭芳 14・142
杜蘭茂 34・272
杜 籌 5・311

43・634
杜　纂 1・711
11・37
杜鐘秀 77・180
杜　夔 46・437
杜寶桂 24・703
杜繼唐 39・761
杜繼凱 71・577
杜壽遠 2・72
32・26
杜　巖 43・449
43・504
杜籛齡 15・137
杜　鑌 34・470
杜襲禮 79・288
杜　觀 65・279
杜　鑲 24・716
杜　驥(明) 39・594
杜　驥(南朝宋) 1・704
15・520
18・2

杌

杌　汜 35・638

巫

巫山澤 80・174
巫子良 80・310
巫四九郎 80・239
巫存鍼 50・293
巫　炎 17・672
21・814
巫宜禊 80・179
巫宜福 80・193
巫宜耀 80・192
巫官變 35・726
巫　相 80・30
巫馬施 35・602
38・155
巫能敏 80・213
巫章瑤 80・301
巫鼎川 80・242
巫詔期 80・17
巫夢庚 76・636
巫綿咸 80・192
巫履端 80・330
巫應秋 80・189
巫應瑜 80・243
巫繩咸 80・178

杞

杞　梁 7・20
7・143
15・558

李

李一元 60・639
李一甲 35・469
李一色 69・198
李一柱 80・609
李一恆 48・600
李一軒 75・429
77・585
李一培 74・529
李一偉 72・495
李一清 71・496
李一壺 29・621
李一敬 1・856
23・622
李一雲 57・440
李一鳳 72・139
李一廣 4・229
7・447
李一騏 69・563

李一叢 80・441
李一鏞 80・45
李一鯨 42・295
李一驥 61・108
李一鑰 80・13
李十臣 38・235
李十朋 41・213
李卜之 20・526
李人鳳 80・27
李人龍 47・263
李九官 31・798
李九華 64・264
李九容 52・394
李九渼 45・227
李九韶(明貴溪) 52・156
李九韶(明臨淄) 7・162
李九標 37・154
李九賦 40・599
李九疇 73・27
李九齡 58・196
李九鶴 39・332
李乃沛 10・374
李乃果 43・608
李乃實 5・266
32・611
李乃蘭 25・577
李又白 71・333
李又存 9・420
9・486
李又适 9・413
李又靖 38・263
李又馩 7・189
李三友 39・197
李三仕 20・563
李三春 55・622
李三畏 5・157
43・580
李三重 10・382
10・458
李三陽 58・581
李三綱 30・730
李三樂 40・330
李于上 39・328
李于沆 13・122
李于京 17・647
19・565
李于垣 17・650
19・559
李于茜 39・450
39・451
李于保 42・625
李于洵 39・313
李于培 17・661
19・559
李于堅 80・326
李于涵 39・328
李于堦 80・314
李于絳 13・135
李于蕃 78・350
78・396
李于敷 39・328
李于縉 37・166
李于鍇 31・3
李于麓 20・122
李士才 1・819
37・550
李士元(明) 37・123
李士元(清) 16・437
李士文 75・534
77・490
李士田 14・140
李士安 60・610
61・351
李士志 73・27

李士玫 73・33
李士英(清平原) 5・390
12・498
李士英(清永定) 80・245
李士英(清鄱陽) 58・164
李士林(明) 63・110
李士林(清) 72・186
李士宗 73・43
李士茹 7・162
李士奎 9・889
李士挺 71・565
李士俊 7・209
李士亮(清福清) 75・637
79・84
李士祚 79・358
李士珠 5・238
6・126
李士桂 41・187
李士健 20・788
李士悅 9・860
李士祥 19・288
李士純 24・720
李士菜 45・338
李士康 12・502
李士琪(清歷城) 5・238
6・126
李士琪(清龍泉) 73・32
李士琳 5・238
6・126
李士琛 5・238
6・126
李士達(明) 77・132
李士達(清) 48・199
李士開 72・532
李士閑 80・43
李士翔 4・127
李士絢 79・155
李士瑜(清鉅野) 39・193
李士瑜(清歷城) 5・238
6・126
李士載 65・282
李士楨 19・624
李士魁 72・81
李士會 59・351
李士義 37・844
李士璉 73・32
李士模 4・464
23・269
23・643
李士睿 54・173
李士箕 63・151
李士端 12・502
李士榮(民國) 36・732
李士榮(清) 9・860
李士瑾 39・197
李士璜 73・33
李士璋(明) 12・324
李士璋(清) 18・545
李士標(明) 27・359
27・800
李士標(清) 73・187
李士賡 14・132
李士篤 9・403
李士翱 5・154
43・576
李士衡 79・340
李士鍵 43・633
李士龍 37・664
李士澤 2・96
16・442
李士徽 71・595
李士燮 60・546
李士濟 79・401
李士騄 37・129

李士轍 45·62
李士鑌 15·147
李大山 37·158
李大川 63·524
李大木 17·627
20·113
李大方 12·509
李大正 76·433
李大本(清吉安) 72·236
李大本(清安邱) 4·404
17·632
19·558
李大生 19·571
李大用 39·95
李大有(宋浮梁) 47·46
李大有(宋新喻) 66·317
李大成(金) 28·660
李大成(清) 72·679
李大同 63·335
李大年 63·429
李大任 80·548
李大全 55·549
李大合 80·548
李大利 57·175
李大位 80·548
李大宏 74·167
李大受(明) 70·578
李大受(清) 32·45
李大性 44·59
45·451
李大宗 32·643
李大定 47·211
李大春 69·382
李大則 70·486
李大昭 68·327
李大盈 4·384
39·698
李大起 56·619
李大華 5·211
李大晟 7·436
李大訓 73·3
75·445
76·133
李大乾 5·263
32·645
李大堂 57·154
李大崧 30·131
李大堃 77·398
李大章(明臨川) 69·617
71·169
李大章(明豐城) 68·147
李大塊 57·215
李大開 72·7
李大順 7·174
17·607
李大集 74·170
李大欽 47·88
李大載(明) 76·477
李大載(清) 31·55
李大椿 41·134
李大魁 51·568
李大鈺 57·158
李大猷(明) 50·400
李大猷(清) 32·647
李大經(明) 44·196
李大經(清) 80·543
李大韶 37·144
李大端 62·483
李大寬 11·117
李大綸 74·266
李大德 42·403
李大儒 80·534
李大縉 48·138
李大聲 7·434

李大嶽　72・238
李大鴻(清連城)　80・743
李大鴻(清婺源)　57・393
李大蘇　80・743
李大鵬(清南昌)　44・456
李大鵬(清臨清)　14・732
李大鯤　80・743
李大覺　70・481
李大觀(清吉安)　72・243
李大觀(清安仁)　60・73
李　才　51・97
李才望　12・120
李才魁　12・128
李上林(明如皋)　1・801
34・436
李上林(明長樂)　78・535
李上林(清)　17・595
李上掄　57・111
李上達　4・143
41・134
李上葆　56・167
李上誥　55・153
李上鋒　55・190
李上録　57・179
李上謙　74・383
李上贈　56・152
李　山(元萊陽)　27・145
李　山(元陽信)　4・265
43・129
李　山(宋)　32・583
李山甫　71・261
72・1
李　千　73・168
李川寶　73・175
李　及　1・741
37・802
李及之　4・69
李之才　4・177
15・572
17・493
18・339
李之用　12・331
李之在　1・806
13・101
李之均　43・615
李之芬(清婺源)　54・141
李之芬(清德平)　5・380
李之芳(清武定)　4・314
12・106
12・170
12・174
12・178
李之芳(清婺源)　56・195
李之秀(清長清)　5・358
李之秀(清婺源)　54・519
李之邵　76・476
李之茂(明屯留)　1・812
35・448
李之茂(明掖縣)　24・330
24・524
李之英(元)　4・180
李之英(清)　74・59
李之庚　35・61
李之房　7・500
李之珂　18・696
42・434
李之品　52・531
李之矩　4・378
38・688
李之重　55・629
李之音　66・455
李之炤　37・125
李之莊　4・314
12・128

	12・183
李之純	4・76
	11・351
	11・431
李之彬	19・572
李之冕	7・162
	17・565
李之庚	1・813
李之清	72・150
李之梁	72・329
李之紳	5・262
	32・603
李之紹	4・196
	31・779
	35・309
李之琨	56・501
李之森	54・272
李之傑	13・387
李之溉	64・345
李之幹	48・368
李之楟	31・833
李之魁	48・551
李之碩	13・153
李之榮	50・487
李之實(清泰安)	4・313
	31・803
	32・377
	33・247
李之實(清豐城)	68・720
李之賁	12・128
李之蕚	71・590
李之儀	11・432
李之毅	42・294
李之翰	5・68
李之濱	11・442
李之藻	12・107
李之麟	5・265
	32・644
李小羣	23・350
李子才	45・55
李子元	79・340
李子方	13・110
李子全	9・279
李子長	72・248
	72・559
李子英	15・567
	17・543
李子春	77・38
李子昱	63・148
李子能	62・438
李子章	77・258
李子清	80・675
李子淳	77・560
李子鈞	64・377
李子園	80・753
李子穆	80・67
李子馨	13・157
李天本	56・324
李天民	52・367
李天材	72・242
李天秀	2・31
李天和	73・266
李天美	80・681
李天祐	59・169
李天勇	69・420
李天華	77・388
李天桂	2・55
李天秩	50・464
李天倫	1・854
	19・585
	19・631
	23・619
李天培	41・391
李天敘	42・13

李天章　77·440
李天植(明)　1·782
　37·805
李天植(清)　73·295
李天傑　73·384
李天鈞　56·151
李天愛　73·43
李天經　30·133
李天篪　72·487
李天賦　55·188
李天德　77·236
李天錫　2·73
　12·98
　14·695
　23·408
　37·813
李天叢　80·695
李天贇　45·67
李天寵　79·387
李　元(元)　36·477
李　元(明安福)　72·593
李　元(明莆田)　78·86
李　元(清長清)　34·217
李　元(清萬安)　73·84
李元士　40·170
李元升　63·522
李元方　74·273
李元甲　8·332
李元白　80·336
李元吉(宋)　75·424
李元吉(明堂邑)　38·706
李元吉(明嶧縣)　7·285
　7·439
李元芳　22·250
李元佐　55·599
李元奉　77·264
李元直　4·461
　23·243
李元忠(北魏)　1·713
　24·265
李元忠(明)　13·382
李元春(明)　50·536
李元春(清長汀)　80·44
李元春(清婺源)　55·654
李元軌　18·13
李元亮　51·62
李元泰　80·679
李元素　9·850
李元華　44·402
李元烈　79·532
李元晌　56·593
李元澎　23·270
李元祥　80·676
李元紘　37·801
　41·59
李元敏　47·399
李元偉　2·94
　14·111
　16·446
　18·81
　72·593
李元啓　23·259
李元琳　4·334
　12·310
李元琛　40·226
李元達　79·285
李元棋　73·416
李元鼎　71·356
　72·425
李元凱(明)　68·66
李元凱(清)　6·215
李元復　70·571
李元斌　61·383
李元善(明)　25·18

	25・37
李元善(清)	35・147
李元裕	73・444
李元發	73・365
李元瑞	55・474
李元楫	56・135
李元資	47・351
李元瑫	80・677
李元鳳	14・131
	17・654
李元綸	72・15
李元堪	4・280
	8・616
李元德(清武寧)	49・301
李元德(清鄒平)	13・796
李元履	7・255
	7・489
李元緗	4・289
李元璞	11・460
李元勳(清平度)	23・435
李元勳(清瀘溪)	72・13
李元録	75・701
李元熺	8・628
李元憲	80・747
李元鴻	30・119
李元豐	80・753
李元譽	75・508
李元護	1・706
	15・588
	17・679
李元爔	55・386
李元懿	36・421
李元顯	74・32
李　木	37・830
	41・142
李木彝	73・38
李五行	73・440
李五材	13・228
李五京	13・228
李五倫	38・637
李五惇	76・717
李五達	76・717
李五福	76・717
李五爵	13・233
李支揚	41・64
李不矜	18・497
李太阿	35・117
李太栢	37・449
李友文	78・300
李友杜	72・374
李友直(元)	27・325
	27・791
李友直(明)	75・620
	77・562
李友松	78・364
李友和	23・277
李友度	77・250
李友桂	11・88
李友桃	67・185
李友梅	72・644
李友參	37・840
李友棠	69・265
李友輔	77・265
李友驥	12・122
李　止	13・796
李少君	7・23
	7・211
	15・612
	17・672
	20・568
李少英	40・353
李少康	18・13
李日升(明)	5・205
李日升(清)	79・396

李日文　70・521
李日旦　47・194
李日池　72・58
李日芳　77・92
李日更　4・429
25・321
25・423
李日杭　80・135
李日昇　17・621
李日修　47・95
李日炳　63・450
李日宣　72・424
李日煋　79・416
李日望　78・278
李日舒　25・264
25・429
李日滋　47・92
李日登　30・134
李日蓁　47・571
李日新(明分宜)　61・172
李日新(明晉江)　79・231
李日新(清峽江)　73・303
李日新(清樂平)　59・584
李日彩　72・11
李日曄　79・408
李日賓　74・390
李日璋　72・13
李日熺　79・396
李日爆　79・385
李日曜(清玉山)　50・244
李日曜(清新昌)　63・571
李日爍　75・632
79・84
李日韜　80・684
李日躋　44・418
李曰成　25・577
李曰池　69・240
李曰芳　29・620
李曰良　50・381
李曰星　68・512
李曰炳　51・549
李曰桂　29・620
李曰球　53・27
李曰商　15・166
李曰琯　72・464
李曰棆　20・107
李曰瑞　72・463
李曰嵩　51・436
李曰詩　74・386
李曰雍　50・385
李曰滌　69・622
李曰輔　44・276
李曰鍼　48・117
李曰銑　74・33
李曰謙　8・636
李曰顏　41・775
李　中(宋)　65・162
李　中(明吉水)　1・769
72・414
李　中(明閩縣)　75・467
李中正　79・252
李中白　48・599
49・145
李中立　73・446
李中行　4・161
14・366
17・559
李中明　77・199
李中和(明)　79・339
李中和(清)　35・477
李中亭　80・243
李中美　77・399
李中泰　9・437
李中捷　24・561

李中掄　24·563
李中賓　71·157
李中履　39·333
李中龍　58·233
李中隱　62·685
李　午　47·52
李壬林　27·545
　28·181
李　升　5·373
　8·616
李升吉　1·849
　25·218
　25·294
　25·295
李　仁(明東阿)　4·154
　31·787
李　仁(明晉江)　79·154
李　仁(明鄜城)　43·538
李　仁(明曹縣)　41·142
李　仁(唐)　14·214
　14·259
　16·400
李　仁(清曹縣)　41·207
李仁也　45·267
李仁元　59·408
李仁心　70·419
李仁全　27·536
　28·164
李仁和　5·266
　32·607
李仁季　80·738
李仁貴　23·250
李仁禮　45·251
李化文　10·137
李化成　43·445
李化京　43·130
李化湛　37·135
李化熙　4·267
　5·294
　43·580
李化龍(明長垣)　1·768
　1·780
李化龍(明嶧縣)　7·285
　7·424
　7·499
李化龍(清廣饒)　14·376
李化龍(清齊東)　4·295
　5·345
　15·148
　15·224
李　仍　45·307
李反覲　13·408
李　介　4·102
　23·241
　23·635
李公信　61·100
李公彥　69·133
李公培　78·621
李公諒　4·154
　23·634
李公懋　51·7
李公爵　70·591
李公麟　13·137
李氏鯉　39·351
李　丹　64·175
李丹桂　79·275
李丹暉　70·617
李丹墀　53·33
李六龍　72·142
李　文(元)　76·487
李　文(明上高)　63·14
李　文(明堂邑)　38·719
李　文(清)　80·442
李文子　77·257

李文玉 34・284
李文田(民國) 6・670
李文田(清) 30・730
李文芝 31・787
李文成 5・362
李文芳 46・234
李文利 78・102
李文秀(明) 4・237
19・618
23・652
24・542
李文秀(清) 21・526
李文亨 80・728
李文社 55・574
李文茂 39・202
李文英 55・577
李文奇 80・611
李文忠 79・417
李文周 6・482
李文泳 72・628
李文貞 7・189
李文昭 14・128
李文科 5・376
8・612
李文炯 14・126
李文炤 80・514
李文耕 2・22
13・734
18・697
22・241
42・435
李文華 14・126
李文連 14・442
李文殊 80・454
李文高 17・635
19・20
李文玆 20・780
李文祥 13・415
李文通(明光澤) 77・264
李文通(明廣昌) 74・495
李文通(清) 56・155
李文彬 72・196
李文盛 80・710
李文彪(清上饒) 51・277
李文彪(清安仁) 60・91
李文崇 51・108
李文敏 1・819
37・551
李文偉 56・510
李文清 36・767
李文琴 35・490
李文瑛 39・650
李文達 56・422
李文斐 30・302
李文鼎 37・4
李文開 70・605
李文程 62・670
李文喬 62・502
李文湜 48・266
李文淵(元) 73・25
李文淵(清) 4・418
17・653
李文富 56・154
李文遠 5・328
43・281
李文魁 77・192
李文源 19・123
李文熙 5・294
43・581
李文漢 70・535
李文察(明) 75・687
李文察(清) 79・523
李文綬(清利津) 4・328
李文綬(清無棣) 13・152

李文駒(清永安)　80・439
李文駒(清青州)　17・629
　20・527
李文範(明)　62・373
李文範(清)　30・720
李文質　11・298
李文德(宋)　74・358
李文德(明)　30・102
李文德(清)　19・137
李文餘　75・688
李文慶(元)　80・674
李文慶(明)　5・133
　32・602
李文選　10・389
李文翰　4・353
　37・175
李文舉　38・579
李文學(清奉天)　2・80
李文學(清莒縣)　30・717
李文龍(清長清)　34・223
李文龍(清霑化)　13・400
李文謨　74・546
李文濬　72・4
李文燾　80・742
李文曜　14・128
李文簡　76・286
李文鎔　77・279
李文藻(清長清)　34・320
李文藻(清益都)　4・409
　17・646
　18・331
李文藻(清商河)　9・409
李文瀛　71・608
李文齡　23・259
李文耀(清上饒)　51・468
李文耀(清建寧)　80・549
李文瀾(清連城)　80・744
李文瀾(清鉛山)　53・36
李文寶　73・62
李文鑑　40・337
李文顯　35・168
李文麟　2・55
　13・496
　75・470
　76・140
李文灝　72・601
李文纘　79・548
李文驥　20・774
李　亢　68・8
李亢宗　79・543
李方子　77・218
李方叔　74・177
李方明　37・780
李方泌　5・259
　32・635
李方彔　29・828
李方振　12・501
李方堃　34・189
李方朝　45・166
李方遠　44・108
李方蓮　77・573
李方鉦　56・155
李方熊　45・270
李方膺　2・69
　14・299
　30・63
　30・646
李方璽　13・806
李斗北　56・471
李斗垣　57・459
李斗煥　55・568
李斗熙　56・497
李心田　18・534
李心原　72・478

李心量　1·808
　13·495
李尹耕　17·531
　18·308
李丑父　78·141
李以正　61·628
李以成　36·539
李以忠　72·340
李以咸　44·487
李以菁　13·109
李以謙　37·666
李以禮　37·136
李允中　19·47
李允升　29·254
李允吉　17·635
　19·20
李允佐　79·43
李允昌　79·328
李允迪　72·2
李允則　40·3
　40·177
李允恭　4·153
　5·218
李允高　17·574
　18·514
李允執　37·153
李允禎　4·275
　5·369
　8·609
李允樟　41·785
　41·835
李允德　68·535
李允徵　4·334
　35·704
李允錫　62·517
李予之　5·295
　43·582
　43·795
李予瑋　68·366
李予軾　72·637
李孔地　53·358
李孔均　51·200
李孔朋　53·77
李孔堂（清商河）　9·439
李孔堂（清廣豐）　53·459
李孔堡　51·461
李孔煌　42·110
李孔曦　7·380
李　玉（元）　5·79
　32·625
李　玉（清）　5·309
　43·624
李玉斗　72·692
李玉田　34·271
李玉芳　71·619
李玉法　34·262
李玉珍　19·71
李玉亭　18·554
李玉華（清弋陽）　50·432
李玉華（清鄒平）　13·809
李玉華（清瀘溪）　72·30
李玉堂（清建昌）　51·31
李玉堂（清陽信）　43·114
李玉章　14·369
李玉瑛　41·395
李玉琳（宋）　57·521
李玉琳（清）　79·335
李玉樞　73·26
李玉璞　72·684
李　正　47·528
李正己　17·697
　18·15
　18·471
李正夫　30·232

李正有 72・510
李正芳 61・531
李正春 31・288
32・131
李正封 56・395
李正俊 56・395
李正素 74・36
李正華(明) 63・19
李正華(清) 2・103
25・193
26・575
李正晉 72・469
李正倬 17・658
20・114
李正倍 79・240
李正姚 57・206
李正基 37・174
李正捷 76・246
76・316
李正陽 70・623
李正森 79・240
李正鼎 72・469
李正瑜 58・135
李正愷 55・210
李正煜 79・599
李正榮 51・322
李正漾 57・112
李正儀 38・417
李正誼 70・596
李正曜 79・402
李去垢 32・602
李甘棠 9・406
李世用 13・792
李世臣(明) 80・746
李世臣(清上饒) 51・501
李世臣(清廣饒) 14・375
李世名 7・447
李世芳(明萬安) 73・60
李世芳(明瑞昌) 48・437
李世芳(清) 67・292
67・428
李世良 30・321
李世奇 76・700
李世昌(清閩清) 78・437
李世昌(清鐵嶺) 2・108
李世昇 80・521
李世忠 5・311
43・632
李世和 11・200
李世治 18・561
李世珍(明) 59・101
李世珍(清) 60・693
李世垣 5・373
李世威 4・378
李世奎 80・146
李世則 73・26
李世昫 37・167
李世保 8・618
李世炳 72・226
李世洵 74・22
李世珣 79・627
李世華 73・445
李世卿 47・180
李世浩 75・687
李世清 9・412
李世敬 2・57
李世傑(明) 36・548
李世傑(清淄川) 6・464
李世傑(清新建) 46・240
李世弼 12・253
李世嵩 47・406
李世鈿 22・287
22・570
李世鉉 57・202

李世熙　43・614
李世模　19・315
李世輔(明)　80・346
李世輔(清)　66・263
李世熊　71・357
李世賢　44・135
李世鉉　56・96
李世選　80・710
李世勳　28・703
　29・538
李世儒　31・835
李世錫　22・287
　22・569
李世龍　77・182
李世璐　29・812
李世鍾　55・146
李世鎬　22・287
　22・569
李世燻　47・193
李世藻　27・541
　28・171
李世鐸　22・267
　22・491
李世鑑　55・160
李世顯　80・696
李　艾(明上饒)　51・188
李　艾(明興安)　74・523
李　本　69・314
李本固　14・705
　42・952
李本枸　12・138
李本素　60・150
李本桂　12・138
李本根(清惠民)　12・139
李本根(清德縣)　8・628
李本盛　41・390
李本淳　29・841
李本樑　4・322
　12・109
李本渥　27・167
李本聘　7・381
李本楑　12・139
李本緒　13・147
李本樟　4・322
　12・109
李本瀓　29・755
李本檍　12・142
李　可　10・369
李可大　27・542
　28・171
李可及　79・425
李可久　47・189
李可托　43・620
李可芳　39・724
李可杜　43・619
李可汾　43・626
李可淳　43・591
李可道　43・623
李可湘　66・424
李可愛　2・62
　12・248
李可模　5・297
　43・623
李可薦　10・140
李可舉　14・192
李可濟　43・617
李可觀　13・424
李丙辛　41・405
李丙祥　36・29
李　左　80・466
李左泉　6・672
李丕先　5・299
　43・582
李丕珩　72・508

李丕振 42·794
李丕基(清莒縣) 30·746
李丕基(清德州) 8·10
8·33
8·643
李丕顯 75·521
78·510
李右諫 68·164
李右讜 68·165
李　布 51·61
李平西 77·175
李北川 80·224
李占元(清長清) 34·229
李占元(清新昌) 63·512
李占先 73·445
李占星 71·205
李占鼇 42·800
李　旦(明連城) 80·678
李　旦(明晉江) 79·230
李　旦(明詔安) 75·672
李　旦(明諸城) 4·158
17·548
20·526
李　甲(清信豐) 73·425
李　甲(清臨淄) 7·182
17·616
李甲芸 71·299
李甲東 13·802
李甲聲 42·585
李　申(明) 66·168
李　申(清) 40·277
李　田 74·12
李由中(清邵武) 77·181
李由中(清萬年) 60·503
李由信 47·222
李由讓 77·190
李四勿 41·287
李四維 14·218
16·427
李生之 43·635
李生光 77·93
李生春(明吉水) 72·481
李生春(明無棣) 13·130
李生華 5·216
李生祥 63·142
李生楷 25·305
李生煥 19·48
李生蕚 33·239
李生麟 10·378
15·147
李　仕 11·350
11·447
李仕亨 79·384
李仕英 80·693
李仕昌 54·480
李仕春 47·569
李仕華 70·207
李仕莊 80·694
李仕琇 77·401
李仕彬 62·375
李仕弼 79·255
李仕楨 55·241
李仕管 13·147
李仕魯 4·215
李仕衡 1·733
12·93
15·525
16·404
18·25
李仕鼒 78·561
李仕觀 79·407
李仙如 33·797
李仙春 60·352
李仙洲 34·256

李仙客　69・249
李仙根　80・548
李仙植　13・796
李仙喦　13・796
李　白　7・460
31・838
32・415
33・304
35・513
38・295
41・219
48・303
49・514
77・357
李仔宏　32・583
李　仝　39・565
39・817
李用才　72・361
李用中　14・363
17・525
李用初　45・333
李用和　17・529
18・307
李用梅　74・384
李用敬　4・127
17・530
李用賢　45・120
李用禮　7・194
李印芳　74・481
李印泰　34・311
李印興　71・474
李冬佑　50・264
李　立　71・526
李立夫　45・191
李立身　38・563
李立偉　80・225
李半千　71・30
李　汀　80・708
李必申　25・295
李必昂　76・550
李必泰　50・319
李必貴　44・576
李必翔　73・294
李　永(明)　27・405
27・802
李　永(清)　31・225
李永年　71・264
李永芳(明)　5・216
李永芳(清南平)　77・88
李永芳(清新城)　43・300
李永芳(清臨清)　14・715
李永昌(明)　55・543
李永昌(清奉新)　67・374
67・427
李永昌(清朝城)　42・296
李永固(明)　6・615
李永固(清)　6・206
李永祚　38・574
李永泰(清商河)　9・428
李永泰(清德平)　8・715
李永烈　57・144
李永教　9・852
李永培　32・133
李永紹　4・421
27・468
28・28
李永達　80・49
李永裕　12・109
李永祺　20・121
李永稠　80・242
李永新　22・326
李永福　12・330
李永壽　13・117
李永譽　6・425

李　民(明益都)　17·519
18·305
李　民(明魚臺)　37·679
李民源　48·217
李加生　20·564
李加儒　48·389
李孕禧　79·413
李　弁　59·100
69·421
李台星　80·49
李台蓮　68·253
李幼武　72·174
李幼廉　15·522
李幼勳　18·514
李匡然　44·445
李邦臣　9·25
李邦英　72·458
李邦直　4·152
李邦定　70·494
李邦珍　31·791
33·589
33·792
李邦彥　4·413
17·581
18·355
李邦華　65·534
72·421
李邦祥(明高要)　25·227
李邦祥(明婺源)　57·489
李邦達　66·342
李邦彝　77·203
李邦魁　23·244
李邦模　71·571
李邦潢　5·154
43·579
李邦慶(清上饒)　51·635
李邦慶(清分宜)　61·313
李邦器　23·252
李邦憲　9·859
李邦鎮　4·236
36·548
李　式　70·614
李式金　72·680
李式靖　71·575
李刑寬　60·155
李　吉(明)　72·473
李　吉(清信豐)　73·434
李　吉(清德化)　78·609
李吉士　13·384
李吉生　29·619
李吉言　61·476
李吉清　6·673
李吉敬　10·383
李芃之　17·624
20·528
李　芝(明霑化)　13·386
李　芝(明臨邑)　5·198
李　芝(清四川)　2·104
李　芝(清南安)　79·605
李　芝(清德安)　47·534
李　芝(清嶧縣)　7·454
李芝才　47·44
李芝庭(清夏津)　9·848
李芝庭(清高密)　23·273
李芝桂　2·46
李芝蔚　62·461
李　朴(宋)　74·2
李　朴(明)　74·479
李　亘(宋)　4·210
31·819
32·366
33·231
李　亘(清)　17·617
李　臣　25·644

27·155
李臣之 1·787
32·585
李再白 27·94
李再亨 56·230
李再華 58·196
李再新 17·577
19·19
李再膺 17·586
18·515
李　在 78·210
李在子 40·271
李在廷 19·327
李在坊 32·141
李在泮 26·121
李在修 72·442
李在郛 32·140
李在黄 32·143
李在璇 30·321
李在戀 32·139
李百芳 77·280
李百沐 13·398
李百沆 13·406
李百浹 13·398
李百浩 13·410
李百涵 13·406
李百涜 13·398
李百源 13·421
李百濬 13·397
李百豐 20·116
李有才 13·150
李有年 31·833
李有朋 77·447
李有則 76·385
李有洪 71·602
李有基 8·6
8·621
李有崙 47·269
李有遇 80·695
李有愉 68·438
李有禄 56·495
李有誠(清黄縣) 26·98
李有誠(清婺源) 56·422
李有實 26·93
李有輝 66·264
李有藩 80·695
李有繼 13·150
李　存(元) 52·410
60·79
李　存(宋) 73·402
74·31
李　存(明) 73·27
李存住 19·621
23·655
李存忠 9·442
李存珍(民國) 34·344
李存珍(清) 80·544
李存信 74·479
李存倫 63·139
李存義 40·566
李存輔 74·35
李存禮(明) 76·568
李存禮(後唐) 77·134
李　成(元) 5·91
10·370
李　成(宋) 4·195
15·611
17·670
19·48
李　成(明) 25·87
李成大 51·71
李成沅 47·263
李成柱 72·546
李成章 44·305

李成隆 4・378
38・552
38・622
李成喆 27・171
李成蛟 22・235
李成集 58・68
李成業 14・740
李成熙 72・494
李成德 13・112
李成龍(明) 72・169
李成龍(清) 35・112
李成蹊 58・191
李成翼 35・147
李成簡 71・133
李成鵬 32・381
33・251
李　至 80・26
李至公 19・129
李至剛 62・472
李至清 71・355
李光及 71・193
李光元 72・51
李光斗 79・419
李光北 79・399
李光甲 71・187
李光申 72・205
李光地 79・380
李光先(明代州) 27・287
27・331
李光先(明孟縣) 43・541
李光先(明鄆城) 40・291
李光坊 79・399
李光坡 79・381
李光忠 79・427
李光岳 40・158
李光郊 73・445
李光育 17・579
19・577
李光珍 77・513
李光型 79・411
李光垤 79・419
李光柳 56・672
李光俊 5・363
李光度 80・670
李光前 80・439
李光宬 61・770
李光祜 71・617
李光祖(明) 44・322
李光祖(清) 5・305
43・595
李光祝 56・569
李光祚(明) 68・326
李光祚(清) 63・67
李光陛 4・373
40・158
李光袁 79・399
李光埌 79・420
李光華(民國) 34・263
李光華(明) 32・650
李光華(清) 79・414
李光時 4・351
李光倬 72・95
李光益 79・420
李光晙 56・77
李光國 60・44
李光第 48・417
李光琳 27・820
李光達 67・312
李光朝(清宜春) 60・738
李光朝(清浮梁) 47・259
李光棟 54・581
李光焯 57・31
李光裕 56・618
李光弼 1・728

李光遠(明)　63·109
李光遠(清)　6·221
李光榆　67·195
李光業(清沙縣)　80·401
李光業(清齊東)　15·148
李光裔　75·697
李光熙　75·691
李光漢　10·394
李光滿　54·487
李光綬　79·164
李光墺　79·399
李光儀　31·29
李光德　70·522
李光徵　79·420
李光潤　73·434
李光龍　79·385
李光縉　79·124
李光霞　35·193
李光璽　37·115
李光瀛　29·598
李光鐸　48·576
李光襲　4·234
李光顯　76·303
　77·624
李光讓　79·414
李曲成　63·510
李　吕　77·218
李　同　14·112
李同仁　72·443
李同倫　37·413
李同高　5·339
　10·124
李同捷　8·395
李同雲　42·395
李同富　68·499
李同節　39·63
李　因　56·148
李因之　4·295
　5·295
　43·605
李因時　79·324
李　屺　60·149
李年豐　50·470
李先文　18·581
李先甲　80·543
李先芳　4·199
李先春(明)　28·164
李先春(清)　79·395
李先素　43·92
李先現　13·408
李先發　72·14
李先誠　70·586
李先榮　15·136
李先蕃　72·546
李先聲　10·85
李廷止　68·326
李廷仁　6·475
李廷本　77·265
李廷用　51·546
李廷圭　57·516
李廷芝(宋)　78·314
李廷芝(清恩縣)　11·11
李廷芝(清魚臺)　37·700
李廷江　57·171
李廷芬　79·610
李廷芳(清單縣)　38·229
李廷芳(清歷城)　5·241
　6·132
李廷秀　80·742
李廷佑　5·275
　13·785
李廷良　20·121
李廷杰　56·82
李廷昌　80·710

李廷珍　5・241
李廷相　4・125
李廷柏(明)　14・369
李廷柏(清)　80・747
李廷柱(明)　79・237
李廷柱(清)　13・157
李廷厚　31・798
　34・475
李廷奎　60・101
李廷香　72・510
李廷俊　5・275
　13・785
李廷美　75・454
李廷屏　5・275
　13・785
李廷珪　51・673
李廷桂(明)　47・178
李廷桂(清肥城)　33・820
李廷桂(清鄒平)　5・276
　13・786
李廷宰　5・275
李廷梧　78・111
李廷敘　13・785
李廷階　13・414
李廷棟(清安仁)　60・161
李廷棟(清長山)　5・306
　43・591
李廷棟(清掖縣)　24・546
李廷棟(清瀘溪)　72・10
李廷揚(民國)　34・348
李廷揚(清)　4・463
李廷遇　55・57
李廷傑　63・387
李廷滋　80・710
李廷棨(清南昌)　44・517
李廷棨(清章邱)　4・283
李廷祺　30・752
李廷瑞　68・483
李廷瑗　20・506
李廷幹(清淄川)　6・465
李廷幹(清單縣)　38・283
李廷楫　55・457
李廷照　56・603
李廷鈺　76・306
李廷試　2・106
　29・682
李廷禎　42・45
李廷趙　56・30
李廷輔　77・258
李廷彰　80・729
李廷榮　68・434
李廷璜　74・342
李廷璋　68・136
李廷蕁　47・156
李廷樞(清章邱)　32・606
李廷樞(清廣饒)　14・386
李廷樞(清臨朐)　19・317
李廷儀(明)　75・458
　76・136
李廷儀(清)　23・442
李廷鍈　56・413
李廷賡　30・107
李廷璠　48・61
李廷機　78・627
　79・123
　79・373
　80・163
李廷霖　5・278
　13・791
李廷勳　56・84
　56・311
李廷舉　72・205
李廷謀　60・731
李廷諫　72・482

李廷龍　72・415
李廷燮　51・612
李廷檳　79・170
李廷燿　71・297
李廷璧　23・69
李廷贇　30・108
李廷鏞(字秀千)　57・400
李廷鏞(字震遠)　56・413
李廷蘭　5・246
李廷獻　5・364
李廷瓚(清博興)　14・132
李廷瓚(清臨朐)　19・328
李廷顯　61・712
李廷鱗　73・417
李廷觀　68・178
李伍渼　69・387
李　延　68・117
李延芳　6・541
　16・432
　18・58
李延昌　36・765
李延鄒　58・86
李延壽(元)　25・163
　26・6
李延壽(明)　5・163
　43・262
李延實　18・6
　42・939
李延賞　23・269
李延燾　27・90
李延齡(明)　5・163
　43・266
李延齡(清)　19・115
李延灝　10・142
李　仲　72・531
李仲芳　11・80
李仲甫　80・746
李仲良　50・192
李仲和(清昌樂)　19・114
李仲和(清寧都)　74・176
李仲春　79・238
李仲訓　45・57
李仲通(宋古田)　77・560
李仲通(宋濮州)　4・179
李仲略　1・748
李仲喬　74・324
李仲傑　11・201
李仲發　73・247
李仲璇　1・707
李仲賢　42・192
李仲德　63・90
李仲穎　74・524
李仲興　76・570
李仲騄　42・397
李仲麟　34・282
李　任(清萍鄉)　47・458
李　任(清棲霞)　25・320
　25・514
李任師　44・484
李任祿　76・703
李自仁　12・128
李自正　48・333
李自芳(明)　76・471
李自芳(清)　79・360
李自良　4・58
　36・224
李自拔　61・374
李自明　60・179
李自牧　1・753
李自華　80・154
李自振　43・196
李自盛　48・394
李自博　43・104
李自遂　29・673

李自登　74・493
李自澄　53・10
李自謙　61・372
李伊晉　39・190
李伊堂　39・336
李向春　42・403
李向梧　36・619
李向暉　70・509
李似蘭　37・150
李　行　66・144
李行志　1・781
　1・783
　12・97
李行簡(明弋陽)　50・535
李行簡(明福安)　77・435
李　舟　80・534
李　全　18・474
李全才　72・621
李全昌　48・181
李全修　37・152
李全略　8・395
李全義　57・165
李合成　76・304
　76・343
　77・641
李企契　27・545
　28・181
李　兆(清武寧)　49・316
李　兆(清嶧縣)　7・424
李兆三　27・161
李兆元　24・565
李兆庚　76・443
李兆梅　4・274
　6・154
李兆盛　80・743
李兆隆　39・192
李兆順　57・82
李兆煜　71・544
李兆鳳　12・499
李兆熊　53・39
李兆蕡　80・38
李兆儀　75・699
李兆慶　79・395
李兆霖　2・58
　35・455
　43・209
李兆錦　68・550
李兆蘭　9・144
李兆齡　78・454
李兆麟　67・424
李兆鑰　50・464
李　旭(明豐城)　68・313
李　旭(明贛縣)　73・333
李名芳(清奉新)　67・427
李名芳(清南豐)　71・550
李名第　21・698
李名儒　20・121
李色潤　14・728
李　交　80・52
李亦科　56・97
李　充　76・534
李充符　12・314
李充嗣　1・782
　14・692
　42・936
李次辰　78・137
李次魚　72・474
李次蓮　72・484
李汝安　64・297
李汝材　5・210
李汝英　17・569
李汝明　57・210
李汝泗　30・327
李汝治　22・308

李汝珏　12·139
李汝相　5·196
李汝桂　4·182
31·813
32·341
33·207
李汝祥　48·319
李汝梅　70·593
李汝崇　6·465
李汝訥　37·5
李汝清　31·826
32·388
33·264
李汝瑛　29·840
李汝善　68·486
李汝楫　63·522
李汝榮(明莒縣)　30·680
李汝榮(明涇陽)　7·84
李汝駒　72·535
李汝樞　63·587
李汝霖(清聊城)　4·382
38·556
李汝霖(清婺源)　56·426
李汝霖(清德縣)　8·629
李汝霖(清濟陽)　9·143
10·380
李汝謀　13·135
李汝羲　72·226
李汝璨　44·360
李汝懋　38·257
李汝謙　37·4
李汝翼　38·283
李汝霦　38·556
李宇同　13·402
李守一　72·560
李守中　6·640
李守文　12·398
李守正　4·181
5·191
10·626
李守松　14·142
李守忠　14·374
李守貞　32·24
李守道　76·640
李守富　9·144
34·218
李守誠(清肥城)　33·795
李守誠(清宜黃)　71·60
李守義　4·149
李守經(明汝陽)　1·852
23·617
24·244
李守經(明金鄉)　37·124
李守德　39·309
李　安　67·337
李安人(又名李安民)　4·45
7·254
李安民(南北朝)　7·487
李安民(清)　69·260
李安邦(清鄆城)　40·578
李安邦(清新昌)　63·518
李安宅　9·407
李安都　37·151
李安國(宋)　44·59
45·450
李安國(清)　9·428
李安期　80·532
80·551
80·583
李安善　80·634
李　祁　73·193
李如山　39·660
李如川　9·859
李如玉(明同安)　76·313

李　芹　25・519
李　芬(明)　69・218
李　芬(清)　72・525
李　芳(明利津)　4・123
李　芳(明晉江)　79・256
李　芳(明霑化)　13・372
李　芳(清)　6・470
李芳芭　9・276
李芳成　56・371
李芳杞　51・34
李芳妍　80・439
李芳若　15・157
李芳林　10・381
李芳春(明昌樂)　17・555
　19・29
李芳春(明金谿)　70・488
李芳時　63・152
李芳梅　44・423
李芳塘　6・306
李芳椿　15・160
李芳園(清婺源)　55・342
李芳園(清濟陽)　10・381
李芳煥　59・150
李芳廣　2・96
　16・444
李芳橙　55・593
李　克　73・24
李克升　58・188
李克仁　37・150
李克成　7・176
李克忠　36・592
李克封　47・427
李克貞　72・132
李克省　20・790
李克信　32・605
李克宣　13・338
李克恭(明)　35・465
李克恭(清)　13・791
李克家(元)　68・357
李克家(明)　46・412
李克敏　35・117
李克敬　7・453
　7・500
李克順　7・175
李克勤　14・132
李克廣　32・652
李克寬　40・548
李克輝　68・129
李克璽　5・332
　43・279
李　杜(宋)　80・532
　80・551
　80・583
李　杜(明)　79・269
李　杜(清巴縣)　38・167
李　杜(清南豐)　71・583
李　杜(清高密)　23・276
李　杜(清費縣)　30・311
李杜才　77・190
李　材　68・318
　75・730
　76・495
　76・722
　76・747
　77・729
李杏村　13・472
李甫餘　68・572
李　邴　4・80
　39・181
　39・215
　79・288
　79・622
李　扶(宋)　77・12
李　扶(明)　11・386

李求智　63・532
李求簡　71・133
李　步　50・275
李步圭　78・624
李步均　59・609
李步雲(清南安)　79・631
李步雲(清無棣)　13・150
李步雲(清新昌)　63・523
李步塘　70・585
李步魯　13・393
李步瀛(清淄川)　6・462
李步瀛(清豐城)　68・436
李肖白　32・369
　33・233
李肖筠　58・67
李呈祥(清新昌)　63・507
李呈祥(清霑化)　4・330
　13・374
李呈菓　49・327
李呈睿　6・206
李見心　69・269
李見龍(清上高)　63・162
李見龍(清蒙陰)　4・356
李足發　5・203
　34・69
李　岐(明鄱陽)　58・152
李　岐(明德州)　5・213
　8・642
李岑陞　80・684
李秀文(清婺源)　57・182
李秀文(清齊東)　15・150
李秀芳　72・2
李秀章　49・216
李秀楷　45・197
李秀筠　72・673
李秀蘭　15・150
李　佐　27・89
李佐清　13・126
李佐聖　17・593
　20・533
李佐賢　4・327
李佐慶　71・193
李佑泗　53・127
李佑啓　39・737
李　伸　44・179
李作乂　1・793
　10・309
李作士　4・328
　12・110
李作功　23・441
李作臣　19・106
李作舟　37・134
李作朋　76・399
李作相　73・235
李作柱　13・422
李作桐　13・423
李作哲(清壽穀)　18・542
李作哲(清諸城)　20・780
李作楨　32・141
李作禎　12・334
李作賓　37・726
李作霖　37・5
李作謀　11・87
李伯川　4・443
　28・189
李伯玉　59・25
　60・191
李伯平　41・220
李伯臣　41・175
李伯直　79・606
李伯尚　73・142
李伯昂　72・375
李伯忠　32・149
李伯貞　34・474

李伯美　69・573
李伯華(明)　24・329
李伯華(清)　18・548
李伯魚　7・179
　17・479
李伯越　42・795
李伯遇　79・207
李伯順　9・863
李伯廉　70・520
　72・33
李伯豪　4・145
　15・530
　16・413
李伯驥　14・739
李　位　10・138
李位清　70・605
李　佐　78・724
李身誠　80・702
李近光　74・162
李彷楠　47・449
李希孔　19・618
李希沆(明)　76・313
李希沆(清)　32・379
　33・249
李希武　19・395
李希周(宋)　64・599
李希周(清)　23・273
李希郊　70・489
李希孟　34・347
李希禹　42・793
李希哲(明宜黄)　71・9
李希哲(明鄭州)　1・833
　11・42
李希倩　79・427
李希通　12・176
李希彩　72・108
李希閔　72・628
李希曾(清南安)　79・616
李希曾(清齊河)　10・51
李希曾(清諸城)　20・565
李希曾(清臨淄)　7・192
李希歐　12・197
李希賢　30・63
李希顔(元)　36・593
李希顔(清)　7・153
　7・164
李　兑　1・735
李　豸　72・2
李孚祉　75・699
李孚格　27・546
　28・182
李含章　14・369
李　甸　32・8
李甸長　6・613
　6・663
李狄門　7・287
　7・453
李　角　75・514
　78・506
李　言　80・303
李　亨(元)　58・36
李　亨(明)　72・436
李　亨(唐)　6・285
李亨伯　77・678
李　序　70・569
李　辛(宋)　30・335
　31・183
李　辛(清)　67・194
李　忱　13・400
李　灯　65・489
李　灼　80・326
李　汧　5・300
　43・614
李沐民　35・61

李沛霖　4·428
　25·487
李　沔(明)　80·43
李　沔(清)　37·129
李　沖(五代)　18·21
李　沖(宋侯官)　76·18
李　沖(宋將樂)　80·476
李　沖(清)　7·431
李　沂　79·542
李　汶　37·142
李　沆　71·126
李　沁　17·586
　19·577
李完珍　4·226
李　宋　11·384
李　宏(宋侯官)　75·619
　76·184
李　宏(宋莆田)　78·174
李　宏(宋萬年)　59·37
　60·199
李　宏(明分宜)　28·493
李　宏(明廣昌)　74·478
李　宏(清安福)　72·672
李　宏(清漢軍)　2·4
李宏三　50·269
李宏春　50·456
李宏道　5·279
　13·794
李宏霄　40·314
李宏毅　60·178
李宏養　57·420
李宏霆　40·313
李宏勳　56·79
李宏鏡　32·408
　33·281
李　良(明山東)　4·152
李　良(明長清)　5·199
　34·61
李　良(明新昌)　63·534
李良苑　56·292
李良卿　67·430
李良著　45·19
李良欽　76·360
李良模　38·250
李良德　75·701
李良潛　57·508
李良選　14·398
李良翰　71·537
李良鎮　67·430
李初仲　55·583
李初妍　4·444
　27·465
　28·26
李初侃　54·530
李初放　49·257
李初俊　56·498
李初倫　55·587
李　君　41·812
李君球　4·139
　5·45
　32·617
李君紹　49·265
李君瑞　58·584
李君聘　18·537
李君樂　30·324
李壯祖　77·218
李　孜　75·715
李奉先　34·301
李奉選　39·306
李奉翰　22·240
李武年　39·343
李武發　73·419
李　青　49·310
李青雲　80·439

李青震　76・570
李青選　57・45
李　玫　80・70
李　玠　20・528
李　玧　80・585
李長日　80・37
李長世　72・495
李長生　73・173
李長白　80・746
李長秀　80・37
李長茂(明)　32・631
李長茂(清海澄)　76・715
李長茂(清鄆城)　40・312
李長昂　40・288
李長忠　11・306
李長庚(宋)　64・245
李長庚(明)　1・770
李長庚(清)　76・340
77・366
李長春(明安福)　72・593
李長春(明魚臺)　37・679
李長春(明興濟)　1・839
7・81
7・382
16・432
李長春(清)　4・299
李長城　80・558
李長祚　71・557
李長泰　43・638
李長華　78・307
李長卿　49・187
李長祥　14・734
李長孫　75・622
78・550
李長達　71・63
李長植　40・312
李長發(清安仁)　60・70
李長發(清膠州)　22・308
李長瑢　46・250
李長熙　80・441
李長榮(清高唐)　39・766
李長榮(清博山)　6・668
李長慶　4・367
40・157
李長霞　21・811
李長疄　23・258
李長豐　21・691
李　坪　15・170
李　坫　1・823
31・279
李　坦(民國)　18・582
李　坦(明)　72・650
李坦之　5・295
43・584
李　坤　80・486
李坤文　67・463
李亞荀　75・526
77・479
李其元　68・519
李其旦　17・604
20・118
李其松(明)　39・582
李其松(清)　5・279
13・792
李其昌(明)　73・176
李其昌(清長山)　5・300
43・584
李其昌(清龍巖)　78・673
李其昂　17・613
19・556
李其桐　32・604
李其倫　9・865
李其祥(清商河)　9・417
李其祥(清壽光)　18・552

李其堪　19・400
李其彭　39・188
李其棠　34・265
李其羨　80・320
李其蔚　76・314
李其賢　9・858
李其舉　9・854
李其聰　71・558
李若水(宋永福)　75・542
76・134
78・353
李若水(宋曲周)　1・735
李若谷(宋河北)　48・311
李若谷(宋徐州)　1・732
李若英　43・188
李若桃　25・527
李若虛　10・157
李若訥　5・197
李若琳　10・311
李若楠　43・116
李若愚　63・124
李若璉　4・229
5・179
43・268
李若瑤　49・345
李若衡　6・462
李若蘭　25・268
25・312
李　茂(明吉水)　72・443
李　茂(明萊陽)　27・166
李　茂(明新昌)　63・542
李　茂(明廣昌)　74・477
李茂一　71・420
李茂先　79・144
李茂材　54・157
李茂林(明黄縣)　25・178
26・105
李茂林(明萍鄉)　47・393
李茂林(清)　31・58
李茂春　76・254
80・614
80・661
李茂南　70・618
李茂泰　69・581
李茂時　2・111
22・234
李茂盛　18・580
李茂貴　74・20
李茂遠　62・588
李茂榜　51・511
李茂賓　61・430
李茂實(明)　1・838
6・541
16・436
18・59
李茂實(清)　23・274
李茂齡　37・174
李　英(金)　4・211
15・550
17・502
18・296
李　英(清鉛山)　53・169
李　英(清滎成)　29・619
李英文　5・311
李英技　63・439
李英林　19・102
李英杰　58・588
李英思　64・399
李英華(清上杭)　80・126
李英華(清上高)　63・161
李英捷　64・15
李　苒　38・225
43・194
李　苞　14・731

李苞露　35・115
李　范　13・227
李　苾　48・192
李　直　52・71
李直三　80・657
李　林(宋)　4・140
14・297
16・403
李　林(明)　5・187
10・370
李　林(清)　17・644
20・776
李林清　55・87
李林喬　55・326
李枝秀　35・480
李枝青　77・442
77・452
李枝茂(清單縣)　38・284
李枝茂(清婺源)　56・587
李枝春　78・431
李枝美　69・549
李枝炯　73・163
李枝馡　47・574
李　枅　5・160
43・629
李　枚　63・580
李枚卜　38・277
李來生　79・492
李來周　39・192
李來泰　69・385
李來陽　18・694
42・433
李來綱　36・685
李　松(明)　36・428
李　松(清閩縣)　76・167
李　松(清興安)　2・84
32・453
33・77
39・807
李松生　61・111
李松如　55・647
李松柏　41・134
李松雲(民國)　28・217
李松雲(清)　78・627
李松蔭　30・319
李　枬　52・399
李　杰　56・448
李杰龍　4・333
李　述(明武邑)　1・840
14・110
16・433
李　述(明豐城)　68・101
李述芳　67・462
李述曾　41・199
李　東　77・178
李東成　69・319
李東先　31・793
李東苹　68・163
李東苑　77・190
李東明　69・316
李東泉　79・591
李東華　68・162
李東章　20・120
李東嵒　31・59
李東順　57・219
李東儒　25・268
25・311
李東壁　18・427
李東瀛　11・85
李雨霑　32・358
33・222
李　郁(宋)　77・217
80・484
李　郁(明)　71・323

李　郁(清博興) 14・127
李　郁(清豐城) 68・229
李郁華 23・268
李　奇(宋) 60・676
李　奇(明) 46・505
李　奇(清) 77・228
李奇生 5・352
10・386
李奇珍 75・417
78・464
李奇祚 80・540
80・590
李奇濤 37・857
李奇藝 73・35
李　拔 77・366
李　拊 74・20
李非潛 72・602
李叔元 79・127
李叔玉 78・525
李叔正 46・605
65・328
李叔佐 18・19
李叔虎 1・707
李叔珍 47・251
李叔義 75・452
李　卓 60・79
李　虎 79・361
李　尚 76・356
李尚仁 18・746
42・470
李尚文(明) 72・553
李尚文(清) 43・64
李尚年 6・470
李尚坰 56・609
李尚和 10・388
李尚珍 2・68
37・563
48・334
李尚垠 57・131
李尚思 14・365
17・542
李尚華 76・225
76・305
李尚哲 48・379
李尚祗 57・179
李尚彬 33・799
李尚清 48・348
李尚棣 56・645
李尚惠 72・556
李尚智 16・424
18・53
李尚賓 23・129
李尚賢(明) 54・487
李尚賢(清) 11・438
李尚質 38・718
李尚德 72・456
李尚餘 56・233
李尚薇 78・558
李尚樸 73・97
李尚橙 56・632
李尚錦 48・336
李尚禮 72・471
李尚鑑 15・154
李具慶 67・543
李　昊 78・696
李　果(明) 38・706
李　果(清海陽) 29・810
李　果(清霑化) 13・399
李果嘉 1・809
李　杲 30・681
李　昆 23・241
23・636
李　昌 1・831
李昌元 74・359

李昌文　43・609
李昌年(明)　1・818
　37・422
李昌年(清)　80・542
李昌芹　74・236
李昌期　1・812
李昌葵　74・236
李昌祺　72・133
　72・440
李昌會　13・797
李昌齡(宋)　41・131
李昌齡(清菏澤)　37・850
李昌齡(清新泰)　34・440
李　昇(明長清)　5・202
　34・60
李　昇(明鈞州)　1・800
李　昇(明廣昌)　74・476
李　昇(明蘄水)　28・498
李　明(元)　76・416
李　明(宋)　72・540
李　明(清安福)　72・682
李　明(清金谿)　70・546
李明元　5・120
李明坤　9・862
李明忠　46・58
李明奎　55・606
李明珠　71・84
李明造　61・323
　66・358
李明海　30・693
李明喬　47・413
李明祺　71・571
李明遠　34・475
李明煥　62・581
李明睿　44・405
　71・356
李明緒　27・545
　28・180
李明賢　80・591
李明德　63・108
李明選　12・118
李明豫　56・509
李明壎　48・148
李明燦　37・151
李明藻　4・371
　40・360
李　昂(宋)　69・152
李　昂(明仁和)　1・837
　15・533
　16・417
　18・51
李　昂(明信豐)　73・430
李　昂(清)　13・792
李　旻(明長清)　5・203
　34・69
李　旻(明益都)　15・594
李　旼　73・23
李　昉(明吉水)　72・506
李　昉(明昌黎)　13・723
李炅舜　41・75
　41・190
李　迪(宋)　4・68
　15・508
　16・404
　18・25
李　迪(明嘉祥)　37・412
李　迪(明興國)　74・8
李　迪(清信豐)　73・444
李　迪(清壽光)　18・521
李迪修　64・369
李　典　4・31
　39・174
李典緒　32・148
李　固　1・691

李　忠　4・25
25・170
26・85
李忠仁　34・286
李忠信　33・569
李忠誼　36・618
李　岩　27・96
李岩起　77・543
李　迥(清壽光)　4・394
17・609
18・499
李　迥(清德州)　8・16
李　垂　4・67
38・534
李知己　54・199
李知本　11・40
李知裁　4・418
17・656
李　和(元)　30・632
李　和(明連城)　80・675
李　和(明益都)　15・594
17・526
18・307
李　和(清奉新)　67・430
李　和(清恩縣)　11・95
李　秉(宋)　68・6
李　秉(明)　4・99
37・829
41・140
李秉元　13・380
李秉甲　34・264
李秉成　39・337
李秉直　5・194
10・633
李秉修　12・130
李秉訓　40・537
李秉紋　55・27
李秉乾　14・135
李秉堃　29・801
李秉裁　69・597
李秉鈞　20・561
李秉組　80・551
李秉瑜　5・260
32・638
李秉槐　63・152
李秉義　60・507
李秉銓　77・395
李秉綬　69・601
李秉衡　11・210
李秉禮　69・400
李秉彝　38・612
李秉鑑　20・120
李佳猷　72・464
李　侍　47・438
李　岱　6・213
李岱生　4・465
23・245
23・644
75・418
78・465
李岱東　7・186
李岱霖(清甘肅)　23・411
李岱霖(清清苑)　2・110
42・593
李　侗(宋)　53・198
77・104
77・593
李　侗(清)　20・110
李　侃　14・249
李　佺　2・44
李佺臺　79・454
李　佩　32・651
李佩九　23・260
李佩瑗　23・263

李佩璽　43・103
李佩蘭(明)　71・625
李佩蘭(清)　68・610
李佩鸞　12・122
李　欣　78・128
李欣貴　13・813
李　金　68・84
李金三　30・134
李金川　6・668
李金亭　9・445
李金淦　57・131
李金虞　53・149
李金魁(清定陶)　41・406
李金魁(清信豐)　73・444
李金臺　52・211
李金盤　21・733
李金鋙　6・469
李金聲　38・290
李金鏞　40・564
李金鏡　6・471
李金瀾　57・342
李金鼇　20・104
李命長　11・300
李　采　44・480
李采蘭　5・316
　43・273
李　受　48・22
李念慈　2・36
　43・196
李　服　61・161
李　朋　70・208
李朋獻　30・106
李周臣　80・693
李　京　60・621
李京元　75・692
李　庚　76・194
李庚長　11・300
李於椿　43・118
李育民　40・578
李育英　13・398
李　性(明光澤)　77・235
李　性(明安邱)　17・525
李　性(明東鹿)　13・100
李　性(明長樂)　75・520
　78・509
李　性(明陵縣)　8・341
李　性(明魚臺)　37・665
李　性(清)　67・315
李性欽　72・187
李　炬　72・650
李　炌(清長山)　4・276
　5・298
　43・581
李　炌(清連城)　80・683
李　炎　18・499
李　法　74・62
李法文　9・859
李法仲　37・706
李法言　17・566
　19・323
李　河　43・539
李　沾(明青州)　17・577
李　沾(明瑞金)　74・213
李沾樹　51・611
李　泂(元)　4・197
　36・453
李　泂(明)　25・622
　27・72
李泂酌　38・257
李　泗　78・630
李泗源　10・143
李泮林(清陽信)　43・74
李泮林(清費縣)　30・324
李泮林(清德平)　8・716

李泳成　80・138
李　治　79・419
李治己　5・201
　34・65
李治心　19・625
李治躬　19・615
李治國　5・231
李　宗　8・322
李宗允　60・725
李宗孔　9・71
李宗古　39・327
李宗可　74・498
李宗平　49・281
李宗延　1・798
　34・46
李宗言　76・150
李宗武　1・761
李宗茂　78・626
李宗杰　71・528
李宗明　33・302
李宗周　61・663
李宗禹　79・233
李宗栻　72・610
李宗高　72・136
李宗海　53・104
李宗容　72・140
李宗敏　77・347
李宗渠　79・414
李宗智　37・695
李宗道(清安邱)　17・587
李宗道(清歷城)　5・250
　6・209
李宗道　49・249
李宗聖　61・325
李宗禕　76・104
李宗說　30・133
李宗榮　60・724
李宗樞　1・845
　16・423
　20・487
李宗儀　24・481
李宗德　30・130
李宗熹　79・242
李宗頤　44・94
李宗學　7・280
　7・439
李宗諭　72・206
李宗彝　61・639
李宗瀚　69・110
李宗齡　60・697
李宗鐸　53・127
李宗顯　60・694
李　定(宋揚州)　18・29
李　定(宋濟南)　5・62
李宜民　69・591
李宜芳　4・404
　17・631
　20・776
李宜峰　77・578
李宜蕃　17・644
　20・536
李宜麟　12・108
李　宓　77・727
李　郎　71・440
李　祉　37・719
李祈振　39・190
李建中(清日照)　32・143
李建中(清金谿)　70・535
李建中(清臨川)　69・656
李建開　27・165
李建勳　62・696
李居一　11・389
李居仁　42・105
李居岐　74・373

李居恆 36・175
李居廣 7・386
李弧南 19・319
李 岿 2・25
李 迨(宋東平) 4・80
31・771
39・142
李 迨(宋龍泉) 73・24
李承之 4・69
18・29
李承芳(明) 1・835
李承芳(清) 29・827
李承武(清海陽) 29・783
李承武(清博山) 6・651
李承武(清婺源) 55・189
李承松 72・200
李承麻 29・746
李承前 7・186
李承祖 29・826
李承泰 32・652
李承烈 49・488
李承恩 72・368
李承訓(清昌邑) 19・619
李承訓(清新城) 43・296
李承烜 61・643
李承培 61・247
李承基 5・333
43・292
李承徿 27・148
李承超 55・364
李承掌 57・369
李承鈞 29・842
李承弼 13・225
29・810
李承銘 55・433
李承端 54・110
李承榮 55・60
李承賢 12・397
李承諏 71・578
李承慶(清長山) 43・616
李承慶(清益都) 18・431
李承選 1・846
李承霖 14・696
31・55
李承謀 54・332
李承薰 70・572
李承謨 55・583
李承簠 57・218
李承寵 29・783
李孟言 41・190
李孟雨 17・592
19・556
李孟春(明) 80・301
李孟春(清) 43・114
李孟貞 10・312
李孟俊 73・1
李孟華 13・407
李孟晉 41・160
李孟浦 38・559
李孟棻 80・763
李孟博 38・274
李孟貴 77・191
李孟瑜 75・689
李孟傳 75・359
李 春(明金鄉) 37・119
李 春(明浮梁) 47・74
李春元 4・301
6・156
李春田 19・83
李春生 76・357
李春光 7・444
李春芳(明) 76・284
李春芳(清) 11・387
李春茂 37・842

李春英　80・244
李春苑　80・244
李春林　19・598
李春杰　77・404
李春和　74・478
李春泰　43・110
李春華　69・606
李春圃　37・160
李春培　44・551
李春盛　43・269
李春掀　74・39
李春陽　7・180
17・564
李春萼(明)　1・802
34・437
李春萼(清)　60・737
李春雲　79・605
李春開(明長山)　5・156
43・577
李春開(明廣昌)　74・488
76・350
李春蓂　14・383
李春煦(清建陽)　76・406
李春煦(清霑化)　13・381
李春照　13・363
李春熙　80・581
李春榮(清上饒)　51・439
李春榮(清金谿)　70・630
李春榮(清瑞昌)　48・426
李春輝　74・488
李春融　80・731
李春曈　49・186
李春錦　28・50
李春澤　37・419
李春齡　18・748
李　珏(宋)　72・486
李　珏(明奉新)　67・546
李　珏(明開州)　1・837
15・535
16・421
18・52
李　珏(清)　20・774
李　珍(明)　19・296
李　珍(清建寧)　80・546
李　珍(清濰縣)　21・500
李　玲　43・73
李　珊　5・212
8・642
李　珌　60・276
李　封(宋)　50・216
李　封(清)　4・398
17・644
18・501
李封萬　71・176
李垣瑜　47・464
李城燭　72・511
李政修　6・305
李政鐸　20・111
李　垠(明)　80・27
李　垠(清)　64・370
李　茸　75・405
76・203
李　莒　5・244
6・140
李荃培　13・415
李茹旻　69・395
李茹春　69・240
李南文　23・261
李南英　13・388
李南枝　7・186
李南翁　72・559
李南煊　47・583
李南溟　68・546
李南薰　29・599

李　柰(明上饒)　51・186
李　柰(明蒙陰)　15・553
　31・329
　32・3
李　柰(清)　41・210
李　柯　18・525
李　相(明吉水)　72・452
李　相(明棗强)　22・263
　22・474
李　相(明鉅野)　4・224
　39・196
李　相(明諸城)　17・521
李　相(唐)　75・618
李　相(清)　70・558
李相炳　73・434
李相祖　77・227
李相焻　73・445
李相熺　73・444
李相燦　73・447
李柏齡　47・271
李　柱　79・60
李柱明　39・696
李　勃　19・137
李迺何　39・190
李迺松　39・195
李迺舒　32・652
李迺蕡　32・639
李迺蕙　6・491
李迺橘　39・185
李　咸　23・124
李咸中　18・697
李咸英　13・387
李咸熙　72・30
李厚枚　13・399
李厚望　2・113
　23・133
李厚福　80・356
李耐甫　71・490
李耐補　40・170
李　奎(明弋陽)　50・361
李　奎(明安定)　38・665
李　持　24・575
李持正　78・134
李持柏　44・564
李持義　66・429
李拱星　63・511
李拱極　69・584
李　挺(明安福)　72・611
李　挺(明南豐)　71・531
李挺生　4・441
　27・466
　28・27
李　貞(明南靖)　75・717
李　貞(明晉江)　79・232
李　貞(明蒲臺)　69・647
李　貞(清婺源)　56・291
李　貞(清齊河)　5・342
　10・133
李　貞(清霑化)　13・415
李貞仁　32・144
李貞吉　37・125
李貞觀　72・542
李省之　38・278
李省身　68・513
李　則(宋)　77・685
李　則(清)　63・156
李映川　60・45
李映桃　30・647
李映棠　70・496
李映溪　20・116
李星崑　53・513
李　昱　28・496
李　昭(宋)　4・264
李　昭(明)　63・537

李　昭(清)　78・394
李昭玘　4・77
5・67
18・33
39・176
李昭芳　31・833
李昭述　1・737
李昭明　79・358
李昭美　48・74
李昭著　48・146
李昭煦　55・222
李昭節　57・383
李昭煒　54・185
李昭融　56・221
李昭燠　56・423
李　畊　55・292
李　毗　74・374
李　思　29・830
李思元　62・207
李思中　76・469
李思仁　40・79
40・156
李思正　58・386
李思申　47・161
李思孝(明東明)　1・842
16・428
19・3
李思孝(明曹縣)　41・139
李思吾　78・302
李思秀　7・192
李思迪　4・148
5・101
李思忠　18・533
李思衍　59・37
60・194
李思恭　5・200
34・64
李思莊　80・222
李思衮　47・256
李思寅　76・410
李思啓　54・385
李思習　13・808
李思舜　29・845
李思鄴　79・219
李思道　36・196
李思强　7・439
李思誠　77・193
李思嶠　29・757
李思豫　5・152
李思謨　47・101
李思讓　36・171
李品奇　77・248
李　豈　73・318
李　矩　31・334
32・5
李　适(清長樂)　49・286
李　适(清壽光)　4・401
17・591
18・499
李　香　61・9
李香山　30・117
李　秋　45・303
李秋芳　71・229
李重華(明)　79・315
李重華(清)　80・722
李重進　4・208
9・63
李重密　40・126
李重闈　23・257
李重富　5・225
6・125
李重煒　75・702
李重熙　5・294
43・612

李重賓　79・604
李重顯　15・616
　17・673
李　修　4・261
李修己　68・290
李修行　43・94
李修德　5・361
李保山　23・259
李保之　42・623
李保中　9・861
李保祥　6・448
李　信　60・87
李信中　47・175
李信圭　72・304
李信甫　76・206
李　泉　71・121
李禹言　6・162
李　俊(明)　60・304
李　俊(清建寧)　80・534
李　俊(清寧津)　11・300
李俊民　7・189
李俊英　6・182
　13・129
李俊明　72・201
李待問　80・760
李　衍　39・569
　42・553
李衍孫　12・139
李衍惠　13・396
李衍綬　8・14
　8・632
李衍謨　13・419
李　律　71・569
李　後　6・152
李　弇　80・758
李　郛　71・33
李　勉(宋)　77・217
李　勉(明祁州)　1・849
李　勉(明陵縣)　8・341
李奐若　41・216
李逢昌　79・412
李　亭　80・307
李　亮(明玉山)　50・238
李　亮(明安溪)　79・383
李亮采　51・46
李　度(清永安)　80・439
李　度(清江西東鄉)　71・209
李　庭　4・88
　15・589
　17・503
　18・447
　18・492
李庭芳　55・63
李庭英　37・168
李庭訓　18・565
李庭蓁　32・631
李庭焕　76・581
李庭蕙　11・12
李庭燦　5・370
　8・620
李庭藻　70・612
李　彦(北魏)　1・710
　18・7
李　彦(明)　68・84
李彦先　49・207
李彦表　1・758
　32・584
李彦旺　80・676
李彦彬　76・70
李彦堅　75・606
　76・164
　76・423
　77・53
李彦章　76・70

李彥清 72・648
李彥瑞 1・763
38・160
李彥碩 27・150
李彥寬 71・214
李彥實 74・35
李彥儒 31・334
32・5
李彥爕 72・188
李彥韜 10・392
李奕昌 47・184
李 竑 15・585
17・527
18・423
李 恒 1・757
6・293
李 恆 41・789
41・885
李恆恭 12・314
李恆祥 13・383
李恆壽 72・533
李 恬 39・68
李 恂(宋) 77・680
李 恂(明) 5・161
43・635
李 恂(漢) 1・692
52・417
李 恪(明) 1・782
1・785
37・805
李 恪(清鉅野) 39・188
李 恪(清霑化) 13・398
李 美 80・432
李美玉 19・107
李美材 66・304
李前烈 50・301
李前溪 59・603
李首章 31・831
李 炳(明安溪) 79・422
李 炳(明連城) 80・746
李 炳(清武安) 2・71
30・645
李 炳(清無棣) 13・144
李 炳(清興安) 74・529
李炳文 7・189
李炳生 11・390
李炳武 34・220
李炳英 28・57
李炳昌 56・262
李炳春 62・673
李炳星 61・263
李炳萬 74・176
李炳輝 34・220
李炳燦 42・799
李 炯(明) 66・125
李 炯(清) 80・717
李 炫 42・238
李 洪(明) 44・115
李 洪(清) 46・193
李洪本 32・392
33・268
李洪泰 77・204
李洪恩 73・86
李洪義 18・24
李洪壽 62・663
李洪圖 35・500
李 洧 14・387
李洊科 80・669
李 洞 80・694
李洞庭 11・461
李洙源 10・137
李 洽 6・216
李 津 27・329
27・794

李　宥　15・549
18・287
李　冠　4・195
5・61
李冠三　9・446
李冠英　18・533
李冠卿　11・472
李冠瀛　2・99
16・451
19・551
李　祜　2・99
李　祐　79・425
李祐之　5・295
43・582
李祖文　63・128
李祖武　72・140
李祖述　72・177
李祖陶　63・79
72・250
李祖傑　63・163
李祖經　79・607
李祖謨　71・592
李　祚　52・80
李祕書　8・15
8・632
李　昶(元)　4・89
4・179
31・812
李　昶(南北朝)　4・52
42・100
李昶炘　15・156
李陟明　74・146
李　飛　72・141
77・141
80・762
李飛鵬　67・547
李　盈　5・203
34・69
李盈浩　74・455
李　奐　68・361
李　彖　71・222
李　紅　70・119
李　約(元)　72・131
李　約(明)　70・464
李　紀(明興平)　27・330
李　紀(明霞浦)　77・365
李紀昭　80・755
李紉秋　72・623
李　耕　52・202
李耘疇　9・850
李　泰(元)　37・657
李　泰(明吉水)　72・530
李　泰(明河南)　12・214
李　泰(明南城)　71・265
71・378
李　泰(明郴州)　1・795
10・545
李　泰(明新城)　5・163
43・266
李　泰(明福安)　77・427
77・450
李　泰(明聞喜)　11・42
李　泰(明德興)　58・307
李　泰(清)　4・372
38・238
李泰元　50・61
李泰來(清奉新同安)　67・172
李泰來(清奉新奉化)　67・579
李泰崑　60・722
李泰然　62・670
李泰運　23・268
李泰源　6・450
李　珪(元)　5・80
32・625

李　珪(明)　73·147
李　珪(金)　1·751
李　珙(宋)　73·401
　74·31
李　珙(明南安)　79·502
李　珙(明濟南)　5·109
李　珙(清惠民)　4·326
　12·138
李　珙(清新昌)　63·575
李　珠　22·303
　22·635
李　珽(五代)　1·731
　41·59
李　珽(清萬載)　61·596
李　珽(清諸城)　20·528
李　珽(清濟陽)　10·381
李　珩(宋)　60·135
李　珩(明)　40·10
　40·183
李　珩(清)　9·417
李　琉　80·532
李　班　42·142
李　素(明平谷)　75·364
李　素(明宜春)　60·618
李　素(明萬安)　73·72
李　素(清泰安)　31·822
　32·369
　33·233
李　素(清高唐)　39·775
李　起(宋)　79·205
李　起(明)　55·526
李起元　34·153
李起利　57·207
李起春　37·696
李起泰　67·302
李起庸　17·613
　19·577
李起渭　76·133
李起鳳　60·572
李　貢(明)　72·410
李　貢(清)　65·516
李　都　77·433
李都產　25·569
李耆明　76·463
李　埒　30·694
李　耿　1·842
　16·436
李　華(明連城)　80·677
李　華(明清流)　80·313
李　華(明萬安)　73·72
李　華(明瑞昌)　48·318
李　華(唐)　48·305
李　華(清)　74·351
李華之(清陽穀)　12·314
李華之(清諸城)　4·394
　17·611
　20·526
李華文　32·146
李華正　45·238
李華白　11·438
李華西　22·313
李華年　37·166
李華佐　38·262
李華林　41·397
李華松　48·507
李華春(清武寧)　49·291
李華春(清婺源)　57·341
李華庭　19·94
李華堂　12·501
　12·537
李華國　23·246
　23·645
李華韶　45·188
李華賓　45·188

李　恭(元)　5・100
李　恭(清)　72・643
李恭元　68・264
李　莊(明吉水)　72・446
李　莊(明霑化)　13・386
李　莊(清)　59・622
李　莪(明)　30・643
李　莪(清)　30・114
李　莘　51・61
李莘遇　4・406
李　真(明永春)　79・350
李　真(明吉水)　72・529
李真卿　1・835
14・691
42・935
李　栻(明安溪)　79・407
李　栻(明豐城)　68・92
李　栻(清)　80・200
李　桂(元)　72・505
李　桂(明即墨)　25・230
李　桂(明泰安)　32・389
33・265
李桂芳(明菏澤)　37・840
李桂芳(明密雲)　1・806
13・102
李桂芳(清)　69・258
李桂林　76・145
李桂枝　55・623
李桂和　14・365
李桂榮　11・473
李桂攀　2・87
8・473
39・812
李　桓　23・280
李栖梧　73・35
李　栵　4・457
23・654
24・543
李　桐(清萊陽)　27・117
李　桐(清博興)　14・141
李　桐(清鉅野)　39・322
李　桐(清歷城)　6・199
李　株　25・49
李　栴(清金谿)　70・561
李　栴(清壽光)　18・516
李　梃(明)　71・624
李　梃(清)　4・404
17・652
20・776
李　桃　71・560
李　格(宋萍鄉)　47・382
李　格(宋興國)　74・6
李　格(清)　41・211
李格非　4・195
5・64
18・33
32・609
李　根(清侯官)　75・648
76・194
李　根(清德平)　5・379
李根淑　56・502
李根深　1・833
李根植　54・156
李　軒　16・439
李連山　34・317
李連玉　34・352
李連奎　43・126
李連炳　34・337
李連陞　34・274
李連捷　40・362
李連朝　5・265
32・605
李連貴　63・521
李連焜　34・271

	38·161
李時芳(明北直)	1·809
李時芳(明廣西)	76·349
李時秀	63·555
李時我	74·268
李時珍	31·280
	31·282
	32·133
李時勉	72·563
李時泰	32·135
李時敏	45·254
李時啓	75·689
李時詡	67·457
李時新	9·395
李時漸	17·535
李時輝	6·548
	6·643
	17·551
李時儀	75·519
	78·509
李時選	12·397
李時興	75·614
	76·166
李時謙	2·52
	9·27
李時應	67·547
李時颺	15·578
	17·525
	18·341
李時獻	72·329
李　晟	4·151
李　晠	5·275
	13·785
李　恩	37·421
李恩芳	18·569
李恩宜	29·842
李恩詔	10·381
李恩魁	24·702
李恩賜	37·4
李　峩	5·213
	8·642
李　峻	6·464
李　剛	5·202
	34·60
李牲麟	12·120
	12·166
	12·183
李特遴	13·145
李乘雲	72·622
李乘龍	6·565
	17·635
李　秩	26·8
李秩吾	71·193
李　笏	17·636
	20·113
李　倩	2·38
	15·136
李　烋	13·133
	13·195
李　倬(清長山)	43·636
李　倬(清霑化)	13·400
李倪昱	79·188
李倫望	26·116
李　倗	5·232
李　倓(清高唐)	39·646
李　倓(清聊城)	38·553
李　健	54·153
李健培	13·417
李健翎	71·164
李射斗	17·608
	20·564
李　臯	18·511
李師中(宋)	4·73
	25·81

李淩虹　63・95
李淩宵　9・853
李淩漢(清上高)　63・67
李淩漢(清南安)　79・617
李淩霄　14・741
李　浹(清武城)　9・622
李　浹(清德州)　4・276
　5・369
　8・609
李　浙(明廣豐)　53・437
李　浙(明豐城)　68・139
李　涉　49・516
李　涓　71・513
李　浩(元滕縣)　36・552
李　浩(元臨淄)　7・22
　7・199
李　浩(宋瀘溪)　72・2
李　浩　1・742
　11・41
　69・64
　71・252
李浩亮　74・36
李　海　5・136
　13・754
李海麟　68・580
李浴日　24・522
李流芳　72・242
李　浣(清東明)　41・771
李　浣(清連城)　80・728
李　浤　80・719
李浚源　77・95
李宸中　55・295
李宸達　56・551
李宸詔　75・691
李宸聞　55・653
李宸藻　55・297
李宸鏗　78・612
李家秀　70・494
李家明　72・377
李家祥　80・744
李家鼒　37・5
李家綸　80・729
李家駒　80・747
李家整　31・835
李家禮　79・347
李家驄　5・362
李　宴　80・549
李　容(明)　76・337
李　容(清)　18・351
李容肅　71・403
李容麟　12・137
李　祖　77・410
李祥仁　80・521
李祥生　57・166
李祥卿　63・131
李祥愷　79・334
李祥毓　51・344
李祥漢　51・94
李祥賡　77・290
　80・519
李祥機　11・95
李祥麟　76・189
李　書　24・562
李書升　10・144
　10・251
李書雲　10・373
李書鼎　47・407
李書潤　28・50
李書燿　79・526
李展業　4・304
　15・143
李陳玉　72・425
李　陶　74・107
李陶村　33・256

李　恕(元吉水)　72・505
李　恕(元吉安)　72・183
李　恕(宋安福)　72・582
李　恕(宋趙州)　18・33
李　恕(明南昌)　44・124
李　恕(明富平)　1・794
李　恕(清費縣)　30・305
李　恕(清德化)　48・261
李　通(宋)　19・46
李　通(明)　72・554
李　通(清)　77・148
李能香　75・688
李能梁　75・691
李能棟　75・697
李　逡　39・88
李　翀　39・578
　42・570
李務滋　21・154
　36・577
李　紘(宋)　4・76
　41・131
李　紘(清)　69・261
李　純(明余姚)　7・84
李　純(明莆田)　78・89
李　純(清)　10・149
李純仁　27・159
李純忠　19・109
李純舍　45・191
李純楠　27・161
李純德　77・218
李　納　6・445
　18・15
李　紞　4・256
　14・374
　17・622
李　邕　1・724
　6・285
　15・524
　18・14
　23・612
李　球(宋)　67・10
李　球(清)　67・457
李　珵(元)　21・126
李　珵(明)　61・504
李　珵(清)　21・652
李　琇　10・151
李　琈　35・168
李　琈　5・180
　43・269
李　規　77・12
李　堿　18・542
李　逵　40・82
　40・165
　40・496
李　教　72・456
李教文　47・106
李教典　38・696
李　培(明建甌)　76・456
李　培(明新城)　5・180
李　培(清曲阜)　36・139
李　培(清南城)　71・298
李　培(清鄒平)　13・799
李　培(清廣饒)　14・390
李　培(清齊東)　15・167
　15・219
李培元　79・347
李培秀　24・758
李培祉　74・133
李培棟　37・136
李培煥　70・493
李培源　31・135
李培碩　33・257
李培謙　69・270
李培麟　8・636

李　堉　23・274
李執禮　39・199
李聃道　67・457
李　基　68・232
李基圻　8・326
李基和　14・693
42・855
李基益　76・710
80・198
李基達　8・326
李基熙　33・820
李基豐　79・246
李黄裳　4・302
5・245
李荃瑞　73・444
李　萃（明聊城）　38・410
李　萃（明歷城）　5・120
李萃秀　19・615
19・646
19・648
李　菼　5・287
6・452
李乾芳　56・154
李乾清　77・434
李乾瑞　73・412
李乾鳳　56・637
李乾鋼　55・166
李　楚　76・456
李　彬（明）　44・309
李　彬（清信豐）　73・435
李　彬（清嶧縣）　7・423
李彬豹　56・599
李　梅　25・598
李梅山　15・162
李梅冬　18・562
李梅村　24・716
李梅賓　2・23
李　梓（明）　45・156
李　梓（清）　13・421
李梓芳　68・140
李梓發　74・400
李　堅（宋）　34・354
李　堅（明上高）　63・62
李　堅（明長汀）　80・34
李　爽　9・447
李盛山　75・636
77・469
李盛林　49・293
李盛堂　57・35
李盛祺　77・571
李盛祿　74・393
李盛猷　5・266
李盛德　25・524
李　捷（元）　66・364
李　捷（清）　73・304
李捷三　15・153
李捷春　38・573
李捷高　76・167
李　掄　72・459
李掄升　67・458
李虚己　46・592
76・423
李虚舟　46・135
76・424
李　彪　4・49
42・99
李處恭　39・569
李處道　77・479
李處默　18・9
李　堂　80・193
李　常（宋建昌）　1・734
51・3
李　常（宋登州）　4・142
李　常（宋濮人）　32・416

	33・305
李常有	8・17
	8・644
李常春	71・324
李常清	12・327
李常聲	74・237
李　晨	42・401
	42・415
李晨明	43・132
李　勖	5・215
李勗藻	60・152
李　晦	78・475
李　冕(宋)	68・7
李　冕(明安福)	72・687
李　冕(明章邱)	5・125
	32・596
李　冕(明龍泉)	73・29
李　異	13・134
李鄂林	13・138
李　國	73・259
李國用	71・121
李國英	80・17
李國虎	59・466
李國昌	70・555
李國相(清高唐)	39・734
李國相(清鄆城)	40・586
李國柱(清高安)	62・586
李國柱(清德州)	5・369
李國紀	74・152
李國泰	37・44
李國華(清萬年)	60・409
李國華(清新昌)	64・399
李國宰	17・566
	18・509
李國祥	45・62
李國球	52・522
李國琦	55・365
李國祺	15・165
李國幹	61・560
李國楫	73・107
李國愷	15・138
李國禎	69・236
李國經	30・106
李國嘉	73・98
李國鳳	5・99
李國寧	42・12
李國維	5・98
	6・339
李國樞	15・161
李國慶	6・133
李國翰	19・617
李國璽	39・735
李國寵	76・640
李崧生	63・321
李　崑(清瑞昌)	48・340
李　崑(清新昌)	63・313
李崑岡	14・136
李　崙(清武平)	80・73
李　崙(清單縣)	38・254
李　崤	14・392
李崢嶸	79・526
李　崇(北魏)	1・708
	37・114
	39・180
李　崇(明)	63・540
李　崇(清)	39・198
李崇志	29・812
	29・862
李崇倫	36・537
李崇教	80・591
李崇廉	42・433
李崇義	63・61
李崇實	37・148
李崇德	14・703

42・949
李崇謙　72・197
李崇禮　71・49
李崇蟠　6・142
李　第　5・161
43・643
李　敏(明長山)　4・241
5・159
43・611
李　敏(明新昌)　63・530
李　敏(明廣昌)　74・476
李　敏(清)　39・193
李敏之　4・141
李敏樹　32・612
李　偕　63・16
80・511
李　偲　1・751
30・59
李偉英　36・539
李偉烈　20・782
李　進(元章邱)　5・80
32・626
李　進(元歷山)　11・201
李　進(宋)　70・52
李進文　12・126
李進忠　4・287
5・241
6・130
李進狀　24・572
李進登　5・262
32・604
李　得　1・802
李得一　6・668
李得芳　34・469
李得春　74・60
李得衆　39・65
李得勝(清漳浦)　76・224
李得勝(清德化)　48・57
李得魁　72・152
李　從　68・555
李從先　47・206
李從時　60・632
李從益　64・575
李從烄　57・400
李從教　5・338
10・123
李從堂　57・400
李從章　13・231
李從瑛　56・116
李從雲　56・250
李從節　39・82
李從鉦　56・131
李從圖　71・285
李從樞　57・217
李從儉　24・256
李從質　24・642
李從樸　17・572
20・549
李從龍　71・333
李從謙　60・752
李從禮　76・394
李魚化　20・490
李　象　18・9
李象井　72・466
李象萃　8・714
李象雲　79・248
李象溥　29・598
李象賢　64・555
李　許　58・584
李訪賢　13・345
李　訦　76・461
79・100
李　袠　44・180
李　庶　75・555

	79·18
李　衮	74·147
李　庸	9·693
李　康	27·120
李康年	32·606
李　章(元)	4·265
李　章(明)	63·535
李　章(漢)	1·696
	15·517
	16·393
	18·690
	20·481
	42·428
李章泮	56·422
李章發	57·81
李望越	73·104
李率泰	75·382
李惟一	4·367
	39·178
李惟中	63·549
李惟允	39·193
李惟則	4·238
李惟恭	5·91
	10·439
李惟清	4·68
	5·58
	32·621
李惟深	68·24
李惟敬	17·567
	19·571
李惟誠	40·201
李惟肅	1·757
	32·584
李惟灝	53·442
李惇愛	54·590
李惇頤	43·56
李　烔	5·251
	6·203
李烔如	13·425
李烔然	31·329
	32·3
李烺如	13·412
李　清(明)	80·69
李　清(唐)	15·616
	17·672
	18·428
	19·161
	21·816
	32·479
	33·557
李　清(清莒縣)	30·748
李　清(清靖安)	65·522
李清印	5·366
李清臣	18·33
李清江(清安溪)	79·402
李清江(清鄆城)	40·582
李清安	9·423
李清修	79·631
李清俊	79·427
李清時	2·26
李清寅	24·564
李清植	79·387
李清然	5·356
李清渭	8·11
	8·624
李清淵	79·358
李清載	79·411
李清遠	35·168
李清幹	30·309
李清照	4·479
	20·541
李清魁	35·168
李清愷	79·402
李清溥	24·564

李清源　9·403
李清輔　24·717
李清漢　34·339
李清機　37·567
79·415
李清濂　4·313
李清濯　23·260
李清藻　79·401
李清麟　68·503
李添林　57·172
李添奇　56·649
李淩雲　1·846
16·431
20·489
李淩閣　40·584
李　渠　4·404
20·776
李　淑　44·5
45·397
李淑孔　22·316
李淑甲　13·423
李淑孕　17·588
李淑虎　9·23
12·92
李淑明　37·5
李淑度　78·608
李　淛　71·290
72·2
李　淦　2·69
37·570
李淪清　19·137
李　淳（明聊城）　38·535
李　淳（明章邱）　5·132
32·609
李　淳（清平度）　4·457
23·655
李　淳（清陽信）　43·71
李淯仁　2·37
10·41
李　淡　71·530
李　深　71·350
77·215
李深埠　30·748
李　梁（明河南）　8·316
李　梁（明新城）　5·180
43·271
李　梁（明僊遊）　78·244
李梁楝　62·368
李梁潛　60·699
李　涵（明安邱）　4·248
17·587
李　涵（明鳳翔）　1·835
39·802
李　涵（清）　47·513
李涵奎　73·174
李涵雅　8·714
李　寅　79·531
李寅衷　80·728
李寅球　78·621
李寅賓（明婺源）　54·220
李寅賓（明薊州）　12·200
李寅賓（清）　18·563
李　寄　71·130
李　寀　76·534
李啓元　79·407
李啓秀　6·471
李啓沛　56·289
李啓明　76·344
77·643
李啓泮　55·396
李啓南　80·53
李啓彥　6·470
李啓美　68·180
李啓泰　44·553

李啓華	61·582
李啓振	55·174
李啓晟	57·203
李啓通	56·414
李啓還	45·181
李啓儒	74·366
	74·416
李啓鸞	74·399
李　裀	4·459
	23·242
	23·642
李　袛	56·539
李　階(宋)	77·247
李　階(明)	16·420
李陽冰	6·286
李陽孫	70·42
李隆文	48·252
李隆音	73·417
李習誠	34·252
李習魯	70·623
李　參	4·79
	31·767
	37·802
李參宜	80·242
李參魯	72·1
李　貫	79·152
李　紱	69·103
	72·250
李組榮	15·154
李　紳(明)	15·595
	17·520
	18·507
李　紳(清)	66·580
李　絅	4·145
	5·93
李絅著	70·633
李　紹	72·565
李紹先	74·474
李紹亨	15·161
李紹宗	13·799
李紹相	77·269
李紹柱	80·244
李紹庭	68·241
李紹洛	25·434
李紹富	42·588
李紹輔	72·12
李紹潢	47·243
李紹實	45·169
李紹興	55·566
李　琪	77·506
李　瑛(明吉水)	72·473
李　瑛(明遷安)	1·815
李　瑛(清)	37·701
李　琳	72·587
李　琦(明南康)	74·379
李　琦(明霸州)	1·820
李　琦(清)	78·584
	79·70
李琦龍	41·215
李琢村	41·213
李　琥	72·128
	72·430
李　琮(明)	39·61
李　琮(清鉛山)	53·150
李　琮(清寧津)	11·299
李　琯	68·199
	77·365
李　琬(清利津)	13·229
李　琬(清青州)	17·635
	18·500
李　琬(清鄆城)	40·257
李　琛(明武平)	80·71
李　琛(明南昌)	45·222
李　琚	13·407

李　堯(明)　71・536
李　堯(清)　73・447
李堯民　40・79
40・156
40・496
40・514
40・518
李堯臣(清南昌)　45・246
李堯臣(清淄川)　5・289
李堯年(明)　1・819
37・553
李堯年(清)　22・313
李堯卿　77・521
李　堪　75・409
77・579
李　超　35・168
李超元　63・521
李超林　80・243
李超咸　38・266
李超衆　18・545
李超然(清上高)　63・161
李超然(清棲霞)　25・492
李貢馨　80・224
李　博　13・230
李　彭　51・62
李彭年　37・801
41・59
李彭庚　55・290
李　裁　79・50
李報之　57・210
李報魁　54・340
李達三　6・457
李達吾　74・135
李達善　30・722
李斯仁　5・296
43・602
李斯孚　5・296
43・607
李斯佺　5・295
43・585
李斯建　43・619
李斯恒　5・296
43・584
43・780
李斯勇　5・297
43・631
李斯珣　43・591
李斯援　5・296
43・598
李斯廉　17・634
李斯義　4・269
5・296
43・584
75・388
80・760
李斯際　47・452
李斯融　78・547
李斯禮　67・458
李斯觀　5・296
43・586
李　期　4・140
李期清　45・168
李　葉　32・133
李葉祺　76・718
李　茸　75・414
78・461
李　萬(宋南豐)　71・515
李　萬(宋萬年)　59・67
60・199
李萬山　78・330
李萬民　21・499
李萬年　14・715
李萬青　17・646
李萬苹　68・546

李萬昌 73・252
李萬建 57・392
李萬象 71・537
李萬超 1・731
李萬源 71・585
李萬實 71・533
74・395
李萬機 31・825
32・391
33・267
李　蕚 41・688
李葆玉 21・383
李葆光 11・473
李葆貞 9・854
李葆真（清金鄉） 37・173
李葆真（清鉅野） 39・349
李葆鈺 13・129
李葆實 4・294
6・161
李　敬（宋） 1・746
16・407
李　敬（明） 1・851
28・663
李　敬（清） 77・368
李敬一 35・147
李敬之 4・299
6・472
李敬五 35・147
李敬孔 24・716
李敬年 43・627
李敬身 8・719
李敬忠 63・10
李敬修（清陽信） 43・98
李敬修（清博興） 14・126
17・610
李敬修（清德平） 8・718
李敬修（清霑化） 13・418
李敬勝 33・696
李敬熙 8・719
李敬簡 5・101
32・609
李敬寶 80・763
李萱培 13・391
李　朝（明） 74・8
李　朝（漢） 45・48
46・371
李朝元 61・406
李朝用（明江西新城） 71・466
李朝用（明安邱） 17・543
李朝郁 80・440
李朝宗 47・223
李朝珍 39・309
李朝俊 79・426
李朝衿 57・91
李朝恩 5・197
李朝卿 72・202
李朝朗 72・185
李朝梓 56・177
李朝琮 72・201
李朝傑 13・367
李朝幹 5・265
32・649
李朝會 18・694
42・433
李朝賓 31・801
李朝綱 32・585
李朝暹 51・665
李朝儀 38・273
李朝選（明） 23・269
李朝選（清） 10・141
李朝勳 80・603
李朝濩 57・35
李朝禮 56・43
李朝壤 56・76

李朝曦　51·664
李　植(宋鉅野)　39·214
李　植(宋龍泉)　73·22
李　植(明連城)　80·746
李　植(明廣昌)　74·486
李　植(唐)　50·447
李　植(清利津)　4·320
李　植(清新昌)　64·350
李　植(清膠州)　22·326
李　植(清諸城)　20·561
李植之　43·614
李　森(明)　78·487
李　森(清連城)　80·749
李　森(清浮梁)　47·160
李　森(清婺源)　57·208
李　森(清歷城)　4·101
　5·104
李森先　4·445
　23·642
　24·575
李　棟(明吉水)　72·455
李　棟(明萬載)　61·549
李　棟(明壽張)　42·657
李　棟(清)　13·410
李棟朝　5·275
李　椅(唐)　75·354
李　椅(清)　4·426
　27·150
李椅桐　19·137
李棲筠　18·690
　42·429
李棲鳳　14·693
　42·937
李　棅(清海陽)　29·759
　29·855
李　棅(清德州)　5·370
　8·615
李棣珏　55·239
李棣高　57·369
李棣煥　57·369
李極宸　25·303
李　惠　16·397
　18·4
李惠遠　6·221
李硯田　10·48
　10·158
李　雁　74·32
李　雄(宋)　21·736
李　雄(明永春)　79·350
李　雄(明堂邑)　38·715
李雄飛　63·510
李　雲(明分宜)　61·93
李　雲(明貴溪)　52·80
李　雲(清高密)　23·349
李　雲(清漳平)　78·725
李雲永　79·397
李雲杜　39·315
李雲初　80·240
李雲青　24·565
李雲岫　10·380
李雲華　35·126
李雲峯　80·739
李雲從(清金谿)　70·588
李雲從(清德化)　78·618
李雲階　78·606
李雲翔　71·468
李雲瑞　30·97
李雲蒼　80·757
李雲會　68·239
李雲誥　80·536
李雲漢　9·425
李雲慶　10·375
李雲澤　12·509
李雲鍾　4·330

43・68
李　雯　71・346
李雯華　46・563
李揚芬　57・427
李　揄　2・67
37・561
李　揆(明)　25・217
25・294
李　揆(明興國)　74・8
李斐章　14・369
李　棠(明)　75・690
李　棠(清永安)　80・439
李　棠(清海陽)　29・745
29・758
李棠卿　59・407
李棠瑞　55・228
李掌圓　43・93
李貽雋　13・340
李貽愷　13・343
李　鼎(五代)　15・589
李　鼎(明江右)　79・293
李　鼎(明新建)　46・408
李　鼎(清青城)　43・395
李　鼎(清瑞昌)　48・390
李鼎梅　20・556
李鼎新　67・109
李鼎徵　79・410
李鼎爚　72・635
李　戢　66・323
李開元　74・518
李開太　5・310
43・626
李開仁　19・119
李開方　77・577
李開先　4・197
5・132
32・610
李開芬　79・316
李開芳(明平和)　75・692
李開芳(明永春)　79・315
李開芳(明單縣)　38・226
李開位　74・348
李開春　73・41
李開清　12・501
李開陽　34・229
李開葉　75・603
76・98
79・64
李開欽　67・492
李開藻　79・316
李閎中(清武安)　2・36
43・204
李閎中(清無棣)　13・120
李閎祖　77・227
李　遇　76・19
李遇庚　9・405
李遇春(明)　75・465
李遇春(清鄆城)　40・352
李遇春(清豐城)　68・492
李遇陛　68・237
李遇泰　44・531
李遇培　72・201
李遇德　74・280
李遇龍　47・47
李　景　80・205
李景山　74・358
李景元　76・37
李景升　12・495
李景文　73・310
李景尼　36・494
李景先　76・104
李景旭　9・621
李景伯　1・727
李景沆(清永春)　79・324

李景沆(清壽光) 18·502
李景妍 13·149
李景迪 72·462
李景和 40·581
李景岱 5·276
13·787
李景泌 72·654
李景春 72·551
李景厚 47·448
李景星 79·607
李景洛 6·615
李景宣 63·147
李景泰 22·238
李景逵 72·462
李景晞 77·596
李景崑 43·86
李景倆 73·324
李景清 13·797
李景隆(明安邱) 17·578
李景隆(明金鄉) 37·127
李景道 1·753
李景遂 72·461
李景温 75·355
李景運 68·241
李景楫 47·448
李景嵩 5·276
13·787
李景廉 1·808
13·495
李景新 76·479
李景溪 57·489
李景銘 12·494
李景綱 19·396
李景頤(清連城) 80·737
李景頤(清鄒平) 13·797
李景嶧 5·276
13·787
李景濂 32·587
李景顏 40·353
李景蘧 13·792
李景讓 1·722
李　貴(元) 27·145
李　貴(明) 68·99
李　畯 43·97
李　嵒 63·333
李　崴 20·782
李　崿 39·189
李　嵓 20·775
李　嵬 13·389
李　嵋 25·27
李無惑 76·360
李無夢 27·613
李　智(明) 41·143
李　智(清南安) 79·532
李　智(清益都) 18·357
李　智(清豐城) 68·718
李智政 45·220
李　稌 7·435
李　喬(明廣昌) 74·478
李　喬(明興化) 1·780
李喬松 23·271
李喬楊 31·817
32·381
33·250
李喬鍾 78·616
李　策 4·405
17·645
19·558
李　順 79·416
李順英 47·340
李順昌 2·64
李順明 57·165
李順華 60·149
李　傑(元) 15·550

	17·508
	18·300
李　傑(明高密)	23·244
李　傑(明諸城)	17·528
	20·555
李　傑(唐)	1·724
李　傑(清長清)	34·310
李　傑(清冠縣)	18·743
李　傑(清商河)	9·443
李集瑞	42·792
李　御	55·365
李御飛	48·358
李　復(元)	7·375
李　復(宋安福)	72·582
李　復(宋閩縣)	75·574
	76·117
李復旦	75·637
	79·84
李復悦	77·268
李復陽	68·199
李復新	25·358
李復榮	80·716
李復興	4·320
李復觀	60·18
李　循	63·545
李　舒	49·390
李舒芳	41·386
李舒泰	71·64
李舒華	72·141
李舒翹	36·14
李舒馨	26·587
李　鉅	72·379
李　欽(元)	31·823
	35·340
李　欽(明)	31·788
李　欽(清)	20·785
李欽之	7·494
李欽文(清掖縣)	24·579
李欽文(清臺灣)	80·610
李欽安	72·634
李欽南	72·372
李欽信	80·47
李欽備	7·420
李　鈞(明)	73·145
李　鈞(清東平)	13·737
李　鈞(清海陽)	29·828
李　鈞(清樂平)	59·368
李鈞邦	30·722
李鈞策	4·325
	12·110
李爲信	15·150
李爲楨	72·24
李爲震	73·431
李爲觀	79·180
李舜田	47·23
李舜臣(明連城)	80·678
李舜臣(明樂安)	4·181
	14·364
	15·577
	17·527
李　勝(明)	77·83
李　勝(唐)	45·356
李勝友(清弋陽)	50·541
李勝友(清靖安)	65·526
李勝遠	7·287
	7·447
李猶龍	72·458
李　然	72·511
李　詠	78·543
李　詔	71·530
李詒經	23·266
李詒瓚	23·278
李　就	36·224
李　敦	4·367

	39・178
李敦一	40・547
李敦業	4・296
	15・143
李　斌(元)	32・600
李　斌(宋)	4・83
	15・546
	17・495
	18・278
	23・613
李　斌(明)	74・477
李　斌(清古田)	77・546
李　斌(清福山)	26・629
李斌沈	78・624
李　棄	80・328
李　愉	13・228
李　愇	41・188
李　善(明)	76・549
李　善(清)	13・135
李　善(漢)	35・513
李善和	78・567
李善思	23・284
李善恆	65・511
李善卿	1・764
	15・531
	16・413
李善培	21・727
李善慶	67・492
李善衡	49・197
李　翔(明邵武)	77・202
李　翔(明新會)	77・210
李翔集	40・582
李普胤	41・401
李尊榮	48・389
李道一	8・634
李道夫	72・552
李道元(元)	29・502
李道元(清)	47・523
李道正	70・580
李道生	47・522
李道先	79・406
李道合(明)	76・720
李道合(清)	48・263
李道昌	4・314
	13・203
李道南	79・159
李道貞	72・699
李道泰(清廣饒)	14・384
李道泰(清德化)	78・607
李道恐	43・132
李道常	36・739
李道詮	70・603
李道銘	57・517
李道廣	19・426
李道賢	60・690
李　遂	68・86
李曾琳	79・316
李　煐	78・585
李　焯　(明)	79・405
李　焯(清掖縣)	24・769
李　焯(清鄆城)	40・357
李焯春	56・291
李焯然	56・188
李　焻	79・132
李　焜	80・692
李　焵	20・786
李　焞	1・838
	16・432
	18・54
	39・149
李　焮	75・647
	78・564
李　湖(清南昌)	2・88
	9・617

27・338
27・807
李　湖(清南豐)　44・451
71・584
李　湘(明)　1・799
72・304
李　湘(清長清)　34・193
李　湘(清金鄉)　37・155
李　湘(清歷城)　6・170
李湘茝　4・406
17・662
20・101
李湘棻　4・398
20・102
李　渤(唐)　49・515
李　渤(清)　9・406
李湯臣　80・680
李　温(宋)　37・411
李　温(明)　37・837
41・139
李　滋　13・394
李滋菘　57・432
李　渾(北魏)　1・712
15・588
17・679
18・8
李　渾(宋)　74・8
李溉之　5・295
43・582
43・798
李　富　78・175
李　寘　79・169
李　運　73・25
李運昌　77・274
李運金　70・307
李運泰　44・436
李運復　70・540
李運權　74・23
李　棨(清婺源)　55・149
李　棨(清諸城)　20・792
李　裕(元)　15・585
17・510
18・536
李　裕(明南昌)　44・115
李　裕(明豐城)　1・777
68・95
李裕之　18・533
李裕方　8・719
李裕光　72・674
李裕杰　40・256
李裕奇　40・164
李裕鏊　54・535
李祺芳　34・271
李　禒　76・547
李　尋　1・685
李　遐　4・63
李　弼(明晉江)　79・228
李　弼(明新昌)　63・539
李弼夫　77・69
李　巽　77・230
李　登　68・9
李登仙　13・236
李登明　37・842
李登科　5・221
李登卿　79・582
李登祥　13・411
李登雲(明晉江)　79・174
李登雲(明惠民)　12・127
李登榮　52・351
李登龍　70・535
李登瀛(明)　75・691
李登瀛(清南豐)　71・614
李登瀛(清婺源)　56・153
李　發　72・430

李發甲　75・390
李發華　72・247
李發培　61・340
李發喜　55・218
李發棟　57・420
李發魁　41・386
李發禎　21・731
李發榮　14・730
李發禩　9・860
李發興　59・510
李　淼　41・200
李　綎　20・790
李　絳　77・679
李統賢　63・311
64・362
64・410
李統鐸　62・377
李　幾　5・34
李　瑚　77・706
李　勣　4・55
37・824
41・715
李　瑋　1・801
34・435
李　瑞(民國)　19・130
李　瑞(明)　1・788
13・726
李　瑞(清新昌)　64・549
李　瑞(清濰縣)　21・394
李瑞子　5・341
李瑞占　36・38
李瑞芳　68・139
李瑞材　56・371
李瑞和　76・741
李瑞映　59・145
李瑞森　55・388
李瑞楨　72・525
李瑞聚　62・589
李瑞勳　74・400
李瑞麟　51・32
李　瑀　78・278
李　瑜(明)　72・631
李　瑜(清)　35・168
李　瑗(清安福)　72・656
李　瑗(清連城)　80・692
李　瑄(明)　5・203
李　瑄(清)　29・758
李　載　18・690
42・429
李載元　60・97
李載生　57・178
李　塤　58・150
李遠烈　58・73
李遠璽　4・313
33・817
李聖武　13・812
李聖傳　11・117
李　著　47・411
李　蓋　49・314
李蓮雲　49・386
李夢卜　39・764
李夢日　72・15
李夢白(明)　19・596
李夢白(清)　77・231
李夢西　12・394
李夢艮　79・428
李夢花　77・200
李夢辰　73・434
李夢松(清閩清)　78・445
李夢松(清臨川)　69・399
李夢果　24・534
李夢珠　18・565
李夢桂　64・15
李夢皋　7・388

李夢祥　80・462
李夢陶　72・375
李夢植　79・397
李夢登　80・95
李夢楷　64・15
李夢雷　2・59
35・64
李夢愚　14・133
李夢箕　80・747
李夢鳳(明)　4・242
5・159
43・612
李夢鳳(清)　53・137
李夢龍(明長山)　5・160
43・631
李夢龍(明蒙陰)　31・322
31・330
32・3
李夢憲　80・73
李夢鯉　80・13
李夢蘭(清建昌)　51・56
李夢蘭(清威海)　29・553
李夢蘭(清鄆城)　40・331
李夢齡(清吉安)　72・245
李夢齡(清鄱平)　13・803
李夢麟　80・717
李蒼崖　72・505
李蓄深　73・445
李蓉鏡　11・394
李　幹(明吉安)　72・190
李　幹(明高苑)　14・249
15・567
17・514
李　幹(明新昌)　63・417
李　幹(清)　7・176
李幹秀　63・154
李　蔭(明內鄉)　12・198
16・431
李　蔭(明萊陽)　27・84
李蔭祖　2・1
李蔭棠　15・148
李蔭綬　9・424
李蔭澄　2・105
28・686
李蒓芳　14・137
李　椿(清東阿)　31・832
李　椿(清萊陽)　27・160
李　椿(清齊東)　15・147
李　椿(清德縣)　8・635
李椿年　47・27
李　楠　72・140
李　楚(明)　79・33
李　楚(唐)　50・447
李楚金　11・40
李　楷(明)　1・820
李　楷(清長汀)　80・44
李　楷(清泰安)　32・394
33・269
李　楷(清黄縣)　26・126
李　楷(清淄川典史)　6・450
李楷枬　35・493
李　楨(明金陵)　35・62
李　楨(明新昌)　63・416
63・547
李楨幹　11・434
李　楫(元)　58・31
李　楫(宋)　74・6
李　楫(明上杭)　80・79
李　楫(明樂安)　4・161
14・366
17・563
李　楫(清長山)　5・310
43・626
李　楫(清長寧)　74・135

李　楫(清金谿)　2・67
37・422
70・536
李楫求　23・275
李　梗　13・389
李槐理　57・341
李　榆　80・680
李楓德　27・173
李　楙　11・449
李　榲　4・467
23・248
李　軾　37・844
李　賈　77・230
李　感　37・824
李　裘　44・180
李　業　42・295
李業賢　25・56
李暘東　13・345
李　愚　4・62
11・431
李愚山　6・217
李　暉　4・281
5・275
13・784
李暉光　11・1
11・98
李暉騰　47・249
李　照(清商河)　9・414
李　照(清湖口)　48・561
李照九　18・547
李照梅　52・550
李照遠　72・466
李照寶　72・545
李園芳　13・394
李嗣元　80・533
80・587
李嗣沆　4・374
李嗣昌　30・717
31・224
李嗣迪　48・102
李嗣岱　80・389
李嗣俊　68・45
李嗣美　5・213
李嗣真　5・317
43・277
李嗣晟　73・173
李嗣業　18・19
李　嵩(清永定)　80・223
李　嵩(清諸城)　17・658
20・775
李嵩齡　53・34
李嵩麟　12・137
李　稜　74・263
李　稠　79・94
李　筠(清武寧)　49・290
李　筠(清婺源)　54・70
李與文　44・118
李與同　68・558
李與梅　80・742
李與善　5・199
34・63
李　傳　13・143
李傳心　70・297
李傳玉　37・150
李傳芳　80・244
李傳武　36・741
李傳皋　31・65
李傳遠　63・139
李傳煦　14・301
38・167
李傳德　36・753
李傳薪　70・508
李魁芳　45・14
李魁英　37・845

李魁松 13·367
李魁奇 39·762
李魁忽 27·165
李魁春(明萍鄉) 47·393
李魁春(明龍泉) 73·32
李　奧 72·477
李　鈺 19·619
李　鈵 2·7
35·63
李　鉞 76·471
李　鈿 76·286
李　鈐 11·306
李　鉉(元大名) 77·54
77·98
李　鉉(元壽光) 18·492
李　鉉(明) 1·797
9·140
李　會 71·157
李會友 32·606
李會卿(元) 60·67
李會卿(民國) 34·288
李會祥 34·287
李會清 26·133
李愛元 49·385
李　頌 13·376
李頌吉 10·312
李　解 17·676
李　詩 39·326
李　誠(元) 31·777
35·309
李　誠(明上杭) 80·77
李　誠(明南城) 71·263
李　誠(明曹縣) 37·837
41·115
41·139
李誠之 77·713
李誠心 31·66
李誠明 4·256
5·211
8·606
9·198
9·398
李詭祖 6·451
李　詢 72·127
李詢言 20·119
李　詳 77·230
李　廓 17·652
18·374
李　廉(元) 72·578
李　廉(清) 50·407
李廉仲 4·228
17·574
20·505
李膺圳 9·412
李膺祖 35·62
李　靖 76·764
李　新 76·468
李新一 55·287
李新春 45·262
李新猷 13·377
李　雍(明) 79·107
李　雍(晉) 30·394
李雍熙 5·295
43·613
43·779
李慎修 4·280
5·258
32·633
李　愷 74·33
李愷淵 13·386
李　義(清東平) 31·830
李　義(清昌樂) 19·105
李義安 7·196
李義和 57·392

李義軒 37・722
李義榮 50・114
李義滿 5・45
李　煋 80・756
李　煜(五代) 49・517
李　煜(明安溪) 79・405
李　煜(明蒙陰) 31・335
32・6
李　煒(明章邱) 32・650
李　煒(明順德) 75・423
78・389
李　煒(清吉水) 72・465
李　煒(清興安) 74・530
李　煌(明) 47・76
李　煌(清上饒) 51・281
李　煌(清宣城) 2・107
22・235
23・625
李　煌(清臨清) 14・731
李　煥 39・190
李煥斗 73・214
李煥光 72・243
李煥如 13・390
李煥章(清古田) 77・573
李煥章(清商河) 9・436
李煥章(清樂安) 4・411
14・369
17・585
李煥龍 48・384
李　瑩 72・473
李　煇 51・46
李煇德 64・579
李資政 72・671
李資達 73・396
李　溥(宋) 71・229
李　溥(明) 14・298
16・419
李　溥(清安邱) 17・658
19・573
李　溥(清臨清) 14・714
李溥錦 45・160
李　源(明上杭) 80・145
李　源(明晉江) 79・110
李　源(清) 4・276
5・369
8・609
李源彬 70・498
李源廣 45・121
李源潔 19・598
23・638
李　滂 77・514
李　溢 4・148
李溯清 7・435
李　溶 60・602
李　福 63・531
李福沂 4・274
李福林 8・716
李福祚 63・166
李福泰 4・347
李福瑛 80・134
李福慎 47・429
李福臨 5・356
李福嚮 9・400
李福瀚 4・274
李　禎 79・404
李禎吾 10・562
李　肅(元) 71・126
李　肅(宋) 69・310
李　肅(清) 39・193
李肅之 4・69
18・28
18・690
42・429
李肅榜 11・470

李殿甲 27·143
李殿英(清嶧縣) 7·449
李殿英(清臨邑) 12·397
李殿傑 19·128
李殿瑞 31·58
李殿魁 21·655
李殿榮 63·512
李殿鏊 31·56
李殿颺 43·111
李殿鰲 34·347
李際元 12·309
李際昌(清建寧) 80·549
李際昌(清高安) 62·616
李際明 14·727
42·957
李際春 63·568
李際泰 14·727
42·970
李際清 48·205
李際斯 45·186
李際熙 77·283
李際熿 79·424
李際觀 42·200
李　粲 1·852
23·616
24·281
李　遜(元) 73·5
李　遜(明招遠) 25·578
李　遜(明南豐) 71·527
李　遜(明陽信) 43·57
李　遜(明新建) 45·525
李　遜(清) 32·646
李　經 1·797
60·26
李經文 2·50
12·98
李經世 14·705
李經邦 26·578
李經芳 79·370
李經國(清南宫) 14·111
李經國(清崇仁) 70·404
李經畬 13·804
李經漢 79·599
李經綸 71·533
李　綏(清安邱) 19·580
李綏邦 72·638
李　瑀 70·587
李　璉(清東明) 41·760
41·859
李　璉(清莒縣) 30·719
李　瑤 58·423
李　瑢(明) 71·132
李　瑢(清) 2·44
李　瑛 18·521
李嘉玉 47·531
李嘉行 30·298
31·174
李嘉冲 67·466
李嘉言 80·136
李嘉祐 71·448
李嘉珵 39·189
李嘉章 67·401
李嘉善 9·439
李嘉瑞 43·194
李嘉會(明) 40·126
40·281
李嘉會(清) 47·517
李嘉猷 39·190
李嘉雒 47·563
李嘉漢 67·462
李嘉勳 72·654
李嘉謨 13·391
李嘉麟 38·581
李　翥 1·713

李　墉　75・624
李　穀　73・20
李穀詒　71・203
李壽長　16・402
李壽坤　80・71
李壽泓　12・128
李壽春　77・99
李壽洤　12・121
李壽翁　74・358
李壽淜　12・121
李壽湜　12・137
李壽淵　4・327
　12・138
李壽演　4・319
李壽增　44・552
李壽澎　4・322
　12・108
李壽瀚　12・109
李　聚　5・91
李聚堂　40・533
李慕白　37・174
李慕荆　78・391
李慕淳　14・382
李慕覽　13・401
李　熙(明晉江)　79・120
李　熙(明婺源)　56・454
李　熙(清昌邑)　19・618
李　熙(清無棣)　13・135
李熙和　51・331
　71・301
李熙章　71・329
李熙齡　71・285
李　蔚(清婺源)　54・241
李　蔚(清慶雲)　11・449
李蔚文　17・665
　18・376
李蔚春　2・53
李蔚然　63・81
李薌林　13・151
李　榛　39・713
李榜選　74・205
李　榕　58・219
　76・351
李榕林　18・553
李　輔(明進賢)　1・770
　72・45
李　輔(明新昌)　63・408
李　輔(明霑化)　13・407
李　輔(明龍泉)　73・29
李輔材　79・414
李　碩　78・178
李爾立　23・258
　23・654
李爾良　30・717
李爾范　13・131
李爾柟　43・635
李爾象　80・682
李爾康　32・403
　33・277
李爾菃　13・142
李爾藩　5・265
李爾馨　38・410
李爾蘭　13・142
李奪錦　37・124
李需光　1・851
　28・666
李睿年　12・131
李　墅　15・157
李　曄　75・455
李聞衣　21・670
李聞略　79・601
李聞揚　13・392
李　嶸　63・530
李鳴岐　10・53

李鳴和　14·365
李鳴皋　12·294
李鳴陽(明)　38·541
李鳴陽(清)　72·473
李鳴鳳　32·42
李鳴謙　39·73
李　圖(清掖縣)　21·802
　24·566
李圖南(清連城)　80·684
李圖南(清德平)　5·379
李圖章　76·235
李　嵻　20·785
李稱先　13·150
李篋書　19·130
李　箖　17·636
　19·572
李毓之　5·295
　43·635
李毓芳(清章邱)　32·643
李毓芳(清商河)　9·404
李毓英(清夏津)　9·864
　9·893
李毓英(清棲霞)　25·549
李毓昌　4·470
李毓岷　14·141
李毓岱　2·95
　16·449
李毓華　9·448
李毓莪　37·5
李毓桂　15·147
李毓祥　9·404
李毓崙　13·151
李毓魁　5·361
李毓璋　11·93
李毓錤　51·636
李毓鍾　51·253
李毓藩　27·153
李毓藻(清商河)　9·424
李毓藻(清棲霞)　25·528
　25·549
李毓賓　6·219
李毓鑫　24·715
李儆鳴　71·216
李　僡　2·15
李　僴　6·175
李　僑　5·200
　34·62
李僑崇　72·250
李僦山　77·199
李　鼻　45·72
李　槩(宋)　72·475
李　槩(明)　68·97
李　檠　69·324
李　鋌　18·501
李　銑　72·546
李　銛　72·189
李　銓(明)　72·441
李　銓(清天津)　14·113
李　銓(清安溪)　79·414
李　銓(清南豐)　71·614
李　銓(清婺源)　56·499
李　銘　5·136
李銘鼎　38·229
李銘善　70·498
李銘盤　13·418
李　鳳(明菏澤)　37·832
李　鳳(明潮陽)　77·501
李　鳳(唐)　18·13
　23·637
李　鳳(清昌邑)　19·623
李　鳳(清昌樂)　19·100
李鳳五(民國)　9·145
李鳳五(清)　39·760
李鳳先　79·428

李鳳池　39・177
李鳳岐　71・566
李鳳祥　5・390
　12・507
李鳳書(清文登)　29・253
李鳳書(清莒縣)　30・749
李鳳彩　51・19
李鳳階　13・423
李鳳棲　2・28
　14・693
李鳳揚　38・281
李鳳喈　37・419
李鳳詔　71・578
李鳳翔(明文登)　28・507
李鳳翔(明南平)　77・87
李鳳翥(清利津)　13・346
李鳳翥(清建昌)　51・18
李鳳閣　9・426
李鳳鳴(明)　79・392
李鳳鳴(清)　2・111
　22・234
李鳳舞　9・405
李鳳韶　2・35
　6・447
李鳳儀(清金谿)　70・583
　70・601
李鳳儀(清臨沂)　31・57
李鳳諸　6・485
李鳳翽　9・406
李　夤　45・326
　46・591
李　誥　77・230
李廣文(宋)　75・506
　76・462
　77・528
李廣文(清)　33・237
李廣生　13・231
李廣明　74・435
李廣信　5・335
　43・294
李廣厚　57・394
李廣美　57・176
李廣配　57・383
李廣琯　74・434
李廣琚　74・437
李廣達　56・317
李廣壽　56・622
李廣璧　56・290
李　韶　75・528
　77・482
李韶九　13・343
李　端(明利津)　4・241
李　端(明南豐)　71・526
李　端(明清流)　80・315
李端怡　6・613
李端遇　4・399
　20・105
李端儀　73・435
李端黼　5・275
　13・786
李端懿　1・732
　38・157
　39・139
李齊芳　1・786
李精一　9・425
李精白　9・722
李　愬　1・721
李　榮(元)　69・160
李　榮(明)　37・118
李　榮(清平度)　23・439
李　榮(清鉅野)　39・297
李　榮(清龍泉)　73・34
李榮芳　80・519
　80・533

80・541
李榮英 80・533
李榮枝 39・305
李榮宗 4・361
30・300
31・173
李榮春 79・422
李榮城 31・54
李榮庭 59・163
李榮陛 61・590
李榮泰 46・287
李榮華 32・403
33・277
李榮陶 61・767
李榮基(清長寧) 74・135
李榮基(清歷城) 6・157
李榮梓 6・462
李榮椿(清分宜) 61・151
李榮椿(清婺源) 55・353
李榮慶 60・569
李榮鶚 63・160
李榮釁 56・37
李榮灝 80・542
李熒如 13・390
李　漢(明安溪) 79・431
李　漢(明豐城) 68・98
李　漢(清) 67・316
李漢升 76・224
李漢用 64・333
李漢卿 4・265
李漢超 1・734
李漢儀 65・302
李　潢 33・796
李滿春 56・195
李滿城 71・211
李漸磐 8・624
李　漼 31・353
李　演 4・210
李　瀁 4・413
17・638
19・562
李　寬(元) 41・135
41・281
李　寬(明) 72・555
李　寬(唐) 79・288
李　賓(宋) 74・357
李　賓(明吉水) 72・483
李　賓(明建寧) 80・580
李賓王 58・118
李賓佳 57・7
李賓清 57・182
李　寧 80・580
李　實(明) 71・465
李　實(清) 47・163
李實約 11・398
李實華 47・449
李實馨 47・404
李肇元 55・457
李肇春 38・418
李肇華 8・633
李肇梅 75・566
李肇淮 20・789
李肇登 56・468
李肇浡 20・774
李肇源 20・775
李肇慶 6・138
李肇勳 5・266
32・611
李肇藩 60・723
李　隨 1・724
李　鼐(明井陘) 42・215
李　鼐(明僊遊) 78・266
李　鼐(清) 78・611
李　頔 45・299

李緒恭 19·128
李緒曾 23·247
李緒統 32·407
33·280
李緒義 57·342
李緒樹 55·233
李緒聲 57·410
李緒馨 57·341
李　綺 54·116
李　綱(字大振) 4·123
李　綱(字廷張) 4·101
5·198
34·61
李　綱(宋) 38·159
49·399
70·640
71·350
71·499
74·512
75·649
77·1
77·25
77·173
78·563
李　綱(明同州) 9·141
李　綱(明膠州) 22·247
23·634
李　維(清德縣) 8·644
李　維(清霑化) 13·403
李維文 36·499
李維四 41·188
李維芑 65·61
李維李 13·143
李維勇 6·476
李維恭 10·362
李維梓 5·297
43·591
李維崧 72·684
李維馭 41·768
李維森 13·143
李維棣 13·143
李維揄 72·467
李維喬 68·218
李維幹 5·297
43·623
李維楚 13·143
李維楨 63·91
李維經 13·794
李維綱 9·419
李維樞 13·132
李維慶 43·619
李維翰(清長山) 5·297
43·623
李維翰(清陽信) 43·111
李維翰(清壽光) 18·545
李維翰(清遼陽) 2·44
李維翰(清膠州) 4·463
李維樾 13·143
李維誠 11·45
李維藩(民國) 27·153
李維藩(清) 76·641
李　綸(宋) 79·142
79·499
李　綸(明上杭) 80·77
李　綸(明江西新城) 71·448
李　綸(明安福) 72·698
李　綸(清) 18·351
李　綢 64·606
李　綜 1·822
31·277
李　綰 75·6
李　綠 78·621
李慧長 11·301
李　瑾(清寧陽) 35·168

李　瑾(清霑化)　13・398
李　璜　47・277
李　靚　73・36
李　璡　79・406
李　璁　63・542
李　璋(宋)　1・737
　1・741
李　璋(明同安)　76・320
李　璋(明新城)　5・180
　43・271
李　璋(清)　73・422
李　璆　69・641
李　駒　5・115
李　墩　80・717
李　摯　72・597
李增皆　76・307
李增毓　32・9
　40・217
李增霨　77・369
李　穀　29・825
李　慤　45・125
李　墀(明)　79・153
李　墀(清)　78・708
李　蕡　48・120
李　蕙(清淄川)　6・455
李　蕙(清廣饒)　14・378
李蕙田　20・120
李蕙圃　13・381
李　邁　73・332
　74・8
李邁基　38・280
李邁種　6・306
　79・511
李　蕚　11・79
李蕚林　71・554
李　蕃(明分宜)　61・106
李　蕃(明魚臺)　37・659
李　蕃(清)　2・103
　26・18
李蕃生　13・142
李蕃祚　8・324
李　樞(明)　72・555
李　樞(清)　48・443
李樞煥　71・281
李　標(清山陰)　28・709
　29・536
李　標(清安仁)　60・150
李　標(清連城)　80・692
李　標(清德化)　48・122
李標英　74・86
李　樗　75・575
李　樘　26・106
李　樊　68・581
李　橡　68・91
李敷榮(清婺源)　57・342
李敷榮(清歷城)　4・305
　6・226
李　賢(明婺源)　56・462
李　賢(明新昌)　63・535
李　遷　1・785
　45・521
李遷英　7・440
李遷梧　17・537
李醇修　19・312
李醉琴　6・225
李　奭　64・342
李　震(明)　77・140
李　震(清陽穀)　12・331
李　震(清壽光)　18・559
李震龍　77・644
李霈一　64・347
李　撝　72・437
　72・493
李　撰　75・526

　　77・479
李　輝(清上饒)　51・536
李　輝(清諸城)　17・626
　　20・558
李賦三　12・492
李　賜　79・285
李賜重　5・197
李賜禎　10・83
李　暹(明山西)　1・791
　　43・539
李　暹(明吉水)　72・447
李　暹(清)　52・586
李暹祥　79・237
李暹達　73・428
李　暶　32・136
李　嶠　73・405
李　嶙　37・856
李墨林　14・724
李墨園　23・282
李　稷　4・91
　　36・456
　　60・759
李　範(明)　23・269
李　範(清)　75・639
　　79・85
李　篁　27・121
李　儉　6・475
李儉益　72・603
李儀正　78・302
李儀廷　6・455
李儀煌　48・576
李　質　72・588
李質秀　17・608
　　20・561
李　德(元)　5・79
　　32・625
李　德(明)　71・89
李德一　30・325
李德川　50・518
李德元　57・444
李德用　78・94
李德全　18・356
李德志　6・470
李德芳　31・831
李德林(南北朝)　5・41
李德林(清)　4・452
李德明　19・122
李德威　73・328
李德昭(宋)　76・461
　　78・134
李德昭(清)　80・748
李德思　80・755
李德修　6・295
李德洽　20・789
李德柔　58・29
李德恭　13・799
李德恩　80・729
李德卿　80・542
李德容　4・281
　　5・241
　　6・129
李德恕　80・743
李德理　74・476
李德基(清建陽)　76・402
李德基(清寶坻)　25・89
李德梅　80・242
李德莝　74・371
李德望　77・140
李德清　14・134
李德宷　31・59
李德瑛　39・92
李德善　72・583
李德滋　24・564
李德富　80・674

李德裕　12・122
李德楨　80・681
李德慈　80・546
李德聚　37・149
李德銘　9・275
34・256
34・353
李德榮　9・445
李德潤　35・495
李德錫　31・64
李德澤　12・399
李德濂　6・459
李德薰　40・332
李德懋(清陽穀)　12・329
李德懋(清歷城)　6・211
李德謙　32・405
33・279
李德鴻　47・315
李德濬　12・398
李德鸞　57・534
李徵古　49・518
61・485
李徵事　1・763
42・2
42・8
李徵育　12・442
李徵泰　5・298
43・582
李徵熊　5・370
李徵臨　4・269
李　鋭(明安福)　72・587
李　鋭(明蘭州)　32・441
33・68
李　鋭(清)　35・469
李鋭昇　37・151
李　鉉　18・501
李餘慶(宋)　75・526
77・479
李餘慶(金)　7・180
李　頫　14・702
42・945
李　魯(明)　80・85
李　魯(清)　13・133
13・194
李魯士　13・373
李魯生　13・397
李魯杰　13・421
李魯彦　13・386
李魯望　13・397
李魯儒　17・579
李　劉　70・198
李　諾　39・316
李　論　74・417
李調元(明上高)　63・66
李調元(明新泰)　31・826
34・468
李調元(清)　23・435
李　諒(元)　47・339
李　諒(明)　4・148
21・325
李　談　31・62
李　誼　44・55
李褒光　5・370
8・643
李褒齡　23・663
李　慶(明)　80・676
李　慶(唐)　26・2
李慶元　58・546
李慶五　28・191
李慶升　79・619
李慶吉　21・538
李慶長　9・850
李慶祖　60・507
李慶時　61・356

李慶彬　30・327
李慶盛　57・167
李慶雲　68・261
李慶善　25・315
李慶翔　4・274
　6・148
李慶瑞　28・191
李慶緒　15・521
李慶蕃　73・163
李慶霖　13・809
李慶翺　4・273
　6・146
李慶襤　72・366
李　毅　73・28
李　憬　11・298
李　憕　1・728
　11・40
李養才　1・803
李養志　1・787
　32・586
李養廉　4・353
　37・418
李養禮　57・525
李遴魁　70・577
李導江　6・454
李　瑩　50・447
李　潔　63・553
李　澍（清日照）　32・146
李　澍（清招遠）　4・428
李　潮　74・246
李潮玉　73・77
李潮清　67・472
李　潭　39・82
李　潛（宋星子）　49・525
李　潛（宋興國）　74・1
李潛龍　38・547
李　潤　6・286
李潤民　1・801
李潤紳　28・52
李　澗　47・27
李潤南　36・734
李　潾　47・520
李　澄（明上杭）　80・112
李　澄（明南城）　71・323
李　澄（清）　13・108
李澄中　4・412
　17・613
　20・544
李　層　72・489
李選奎　80・110
李　駕　13・144
李豫吉　28・215
李　樂　77・364
李樂基　18・535
李　緝　59・41
李　緯（宋）　41・131
李　緯（清）　6・174
李緯烈　80・603
李　璞　7・162
李　靜（清安福）　72・693
李　靜（清泰興）　2・41
李　璟　61・453
李　璠　35・168
李　璘　39・594
　42・555
李　璔　20・774
李　璣　68・147
李　壇　21・703
李　燕　2・40
　8・469
李　檠　37・119
李　擎　35・126
李擎輝　76・327
李　薦　40・58

	40・163
李　翰(明)	80・759
李　翰(清)	67・317
李翰宜	29・842
李翰昭	80・719
李翰寵	79・402
李　頤	59・29
李頤真	23・666
李　樾	41・294
李樹人	51・594
李樹元	13・798
李樹玉	49・356
李樹本	80・48
李樹目	4・372
	38・346
李樹耳	38・329
李樹芬	34・177
李樹芳(清鄒平)	13・812
李樹芳(清德平)	8・719
李樹官	76・326
李樹屏	39・188
李樹珽	28・47
李樹培(清萊蕪)	38・166
李樹培(清博山)	6・664
李樹基	18・505
李樹棻	12・387
李樹梅	43・76
李樹敏(明樂安)	71・133
李樹敏(明臨川)	69・231
	77・141
李樹敏(清)	79・370
李樹勛	23・255
李樹煌	27・171
李樹榮	39・326
李樹穀	13・798
李樹蕡	30・329
李樹賢	27・164
李樹德(民國)	19・73
李樹德(清)	2・7
	8・468
李樹勳	13・381
李樹澤	13・798
李樹聲(民國)	19・80
李樹聲(清)	38・348
李　檽(清奉新)	67・423
李　檽(清新昌)	63・465
李　樸(明)	37・838
李　樸(清海陽)	27・171
	29・841
李　樸(清壽光)	17・607
	18・499
李　檝(宋)	71・514
李　檝(明)	79・394
李　橋(明)	71・532
李　橋(清)	13・804
李輻先	47・207
李　整	41・115
李　翮	4・351
	37・143
李　勵	72・543
李奮揚	12・328
李　頫	68・487
李霖滋	70・301
李霖慰	76・323
李冀千	25・577
李　頻	76・460
李　曉	47・153
李曉林(清安邱)	20・120
李曉林(清歷城)	5・242
	6・134
李　巘	20・775
李　默(明)	76・442
李　默(清)	30・328
李默修	14・130

李默傳 10・394
李積中 45・327
46・595
李積成 72・549
李積誠 57・383
李　穆(宋光澤) 77・264
李　穆(宋奉符) 32・351
33・216
李　穆(明) 72・322
李　穆(清) 12・122
李　勳(宋) 76・435
李　勳(明吉水) 72・449
李　勳(明海陽) 25・654
29・816
李　勳(清永安) 80・441
李　勳(清順天) 35・453
李　篤 4・244
23・651
26・111
李篤之 4・302
5・158
43・629
43・797
李篤生 77・181
李篤培 25・593
李　舉 1・827
李　興(明侯官) 75・484
76・138
李　興(明曹縣) 37・838
41・115
李　興(明嵩縣) 1・788
1・832
13・723
18・691
42・430
李興仁 79・230
李興邦 5・122
李興旺 42・403
李興宗 59・134
60・342
李興皆 58・601
李興禹 78・627
李興祖 2・23
11・389
李興起 33・798
李興華 45・286
李興時 77・342
李興唐 36・28
李興基 67・423
李興賢 50・246
李興德 36・613
李興懷 67・378
李　學 42・195
李學山 48・255
李學廷 47・229
李學吾 72・698
李學旻 69・322
李學易 12・333
李學泗 59・72
李學思 45・77
李學品 74・538
李學信 9・863
李學洵 18・747
42・472
李學海(清夏津) 9・890
李學海(清浦城) 76・577
李學容 70・538
李學純 19・130
李學貴 45・248
李學喤 48・536
李學道 1・837
16・426
李學蓮 78・528
李學軾 5・362

李學詩(明)　31·792
李學詩(清)　34·304
李學遜　77·191
李學瑢　32·147
李學榮　71·591
李學儒　80·708
李學鴻　67·457
李學禮(明)　1·855
　23·621
　22·230
李學禮(清城武)　39·90
李學禮(清冠縣)　18·747
李學夔　51·67
李　儒　13·723
李儒元　9·420
李儒林　43·103
李儒珍　34·270
李儒華　76·467
李儒衷　68·621
李儒偉　37·147
李　衡(元)　70·257
李　衡(明吉水)　72·456
李　衡(明肥城)　33·589
　33·693
李　衡(明南豐)　71·524
李　衡(明章邱)　5·132
　32·610
李　鍈　4·450
　24·526
李　錁　43·107
李　錫(明,知沂州)　1·820
　30·61
李　錫(明臨邑)　5·196
李　錫(明臨沂)　30·96
李　錫(明臨清)　14·702
　42·946
李錫仁　30·310
李錫允　74·382
李錫圭　55·457
李錫玠　30·310
李錫祚　14·129
李錫容　76·183
李錫逮　73·385
李錫琨　2·110
　23·412
李錫智　30·323
李錫瑾　37·174
李錫璿　80·716
李錫醴　57·210
李　錕　8·621
李　鋛　11·290
李　錦(明)　23·662
李　錦(清長清)　5·365
李　錦(清長樂)　78·521
李　錦(清鄒平)　13·781
李　錦(清齊河)　5·340
李錦江　6·614
李錦坤　60·701
李錦菁　47·261
李錦堂　41·218
李錦溪　6·622
李錦榮　57·176
李　錞(明)　1·825
　16·422
　19·3
　42·196
李　錞(清夏津)　9·852
李　錞(清魚臺)　37·711
李　穎　80·117
　80·191
李穎士　76·534
李　縉　22·263
　22·474
李獨明　48·96

李　謀　19・387
李　謣　74・379
李　諧　46・180
李　諮　66・9
李　凝(明)　5・203
　34・68
李　凝(唐)　50・447
李凝芳　6・215
李凝德　5・311
　43・610
李凝曙　59・150
李龍田　57・342
李龍庚　68・42
李龍標　9・406
李　懌　13・389
李　熺　70・389
李熺春　79・413
李　熇　49・350
李　燝　80・717
李　燔　49・400
　51・37
李　熾(元)　72・505
李　熾(清)　73・417
李　燧(宋)　72・607
李　燧(明金鄉)　37・120
李　燧(明連城)　80・681
李　燊　63・488
李　澤(明)　4・153
　5・108
李　澤(清)　13・425
李澤均　9・850
李澤長　6・622
　6・668
李澤昌　13・347
李澤浩　9・859
李澤宸　13・336
李澤棠　8・638
李澤普　18・545
李　濂(明)　7・85
李　濂(清南城)　71・329
李　濂(清單縣)　38・255
李　濂(清濟寧)　4・350
李　澦　68・390
李　憲(明)　14・703
　42・947
李　憲(清陵縣)　8・322
李　憲(清淄川)　5・286
　6・349
李　憲(清寧津)　11・306
李憲及　71・454
李憲邦　70・587
李憲昌　72・546
李憲典　41・412
李憲忠　10・83
李憲宜　27・120
　29・818
李憲唐　13・345
李憲喬　4・462
　23・247
李憲暠　4・462
　23・266
李憲噩　4・462
　23・271
李　縉(明)　68・124
　77・363
李　縉(清)　71・281
李縉明　5・257
　32・632
李縉驤　32・643
李　縝　39・181
　79・265
李　緼(宋)　32・439
　33・66
李　緼(清)　18・358

李駿德 34·197
李　瑱(北魏) 1·710
李　瑱(明) 67·118
李　贇 45·28
46·458
李　壇 15·621
18·45
18·478
23·647
李　覿 60·755
71·220
71·406
72·1
李趨庭 10·126
李　戴 1·770
李戴春 58·66
李聲祖 67·129
李　聰(明夏津) 9·812
李　聰(明晉江) 79·106
李　聰(明章邱) 32·601
李聰權 14·123
李聯芳(明) 30·126
李聯芳(清弋陽) 50·455
李聯芳(清金谿) 70·533
李聯春 80·356
李聯原 8·330
李聯宷 72·479
李聯崶 56·73
李聯輝 78·392
李聯璧 48·323
李聯鰲 54·593
李聯鑣 68·282
李　薰 63·138
李　樫(清德州) 5·370
李　樫(清霑化) 13·389
李　檀 40·173
40·572
李橚生 31·801
李　懋(明吉水) 72·542
李　懋(明茌平) 4·155
李　懋(清) 18·560
李懋元 76·345
李懋仁 44·418
李懋宏 70·582
李懋明 73·445
李懋祖 23·626
李懋桂 23·245
李懋庸 76·345
李懋楚 79·408
李懋煋 67·431
李懋實 67·160
李懋檜 79·391
李臨正 50·510
李臨芸 74·432
李　磻 13·227
李磻溪 15·157
李　擢 72·431
李　罊 28·193
李　黻 73·34
李　曒 18·7
李　嶹 59·83
李　嶸 44·449
李　繁(明) 78·616
李　繁(清) 67·318
李　徽 8·329
李徽猷 5·197
李　鍔(清德縣) 8·633
李　鍔(清餘杭) 78·466
李　鍾 68·318
李鍾白 55·503
李鍾沖 79·414
李鍾秀 14·375
17·622
李鍾佐 79·400

李鍾旺　79・387
李鍾泰　38・567
李鍾倬　79・414
李鍾倫　79・386
李鍾喆　68・579
李鍾準　79・420
李鍾僑　79・387
李鍾廣　2・42
　10・564
　75・470
　76・140
李鍾寧　79・397
李鍾嶠　13・402
李鍾僼　79・400
李鍾德　79・415
李鍾霖　6・221
李鍾衡　79・285
　79・359
李鍾聲　79・217
李鍾嶽　20・106
李鍾麟　12・108
李鍾靈　11・293
李　爵(元)　49・210
李　爵(明)　57・458
李　爵(清)　47・404
李爵佐　74・58
李　邈　1・746
　15・561
　16・408
　65・200
　72・500
李　鮮　12・136
李　謜　11・303
李　謚　45・122
李　謙(元東鹿)　1・761
　12・247
　12・354
李　謙(元東阿)　4・196
　31・779
李　謙(宋)　74・4
李　謙(明南昌)　45・36
李　謙(明嶧縣)　7・420
李　謙(金)　11・81
　11・87
李　謙(清)　68・524
李　謐　29・828
李　襄(清金谿)　70・614
李　襄(清高唐)　39・697
李褒齡　22・309
李　膺　7・72
　15・515
　16・394
李膺昱　30・727
李膺晛　30・723
李膺琳　80・440
李膺祺　30・748
李應才　80・73
李應元　8・467
李應心　7・442
李應早　56・664
李應先　79・510
李應辰　23・272
李應佐　55・571
李應良　54・240
李應坤　13・806
李應茂　7・449
李應昌　13・142
李應明(明高安)　62・356
李應明(明婺源)　57・458
李應季　77・258
李應庚(明)　52・64
李應庚(清南昌)　45・276
李應庚(清單縣)　38・235
李應庚(清閩縣)　76・103

李應房 7・441
李應革 72・434
李應奎(明) 1・805
43・18
李應奎(清) 50・460
李應星(清金谿) 70・629
李應星(清瀘溪) 72・14
李應昱 56・93
李應矩 37・160
李應科 70・589
李應泰(明) 74・55
李應泰(清) 74・540
李應時(明) 63・53
李應時(清) 39・100
李應朔 39・199
李應祥 13・800
李應乾 54・68
李應彪(清日照) 32・137
李應彪(清武强) 36・225
李應彪(清直隸) 41・294
李應閈 56・63
李應第 5・194
李應望 71・216
李應清 74・531
李應陽(明南城) 71・294
李應陽(明閩縣) 75・465
李應琦 37・848
李應琨 37・174
李應期 30・97
李應軫 2・90
李應開 74・159
李應翔 79・398
李應曾 2・45
李應運 37・727
李應裕 54・225
李應虞 4・309
李應暘 28・682
李應微 7・421
李應鳶 4・355
32・136
李應熙 45・337
49・403
李應榧 48・384
李應聞 56・56
李應箕 52・373
李應韶 50・420
李應嶠 74・159
李應徵 41・152
李應選(明奉新) 67・562
李應選(明臨朐) 17・567
19・301
李應薦 4・220
11・1
11・83
11・90
李應舉 58・609
李應龍(元) 77・219
李應龍(明安州) 43・541
李應龍(明進賢) 72・108
李應壎 20・120
李應鵡 72・226
李應麟 38・572
李　燦(明咸寧) 32・584
李　燦(明崇仁) 70・382
李　燦(明福清) 61・454
75・552
79・24
李　燦(明濟寧) 4・161
李　燦(清) 75・503
76・63
李燦南 80・742
李燦然(明蒙陰) 32・3
李燦然(明縉雲) 76・350
李燦箕 78・267

李燦顯　34・345
李　燭(明龍南)　74・269
李　燭(明濟寧)　4・227
李燮如　13・400
李燮均　27・133
李　㦎　80・742
李　鴻(清禹城)　5・356
李　鴻(清鄒平)　13・797
李鴻功　23・70
李鴻光　72・464
李鴻祖　29・253
李鴻飛　72・662
李鴻基　39・343
李鴻章　78・615
李鴻翔　79・414
李鴻瑞(清侯官)　76・157
李鴻瑞(清婺源)　54・292
李鴻楷　72・466
李鴻雷　5・317
43・280
李鴻煦　13・426
李鴻猷　39・765
李鴻圖　78・559
李鴻賓　48・78
李鴻慶　12・382
李鴻霔　5・317
43・275
李鴻舉　74・239
李鴻謀　48・202
李鴻謨　28・49
李鴻翱　70・493
李鴻藻　6・184
13・129
李　濤(唐)　58・338
李　濤(清宛平)　2・92
16・451
18・73
李　濤(清南昌)　45・86
李　濤(清鄒平)　13・799
李　濤(清德州)　4・269
5・369
8・612
李　濬(明)　4・122
12・104
12・163
12・169
李　濬(清鉅野)　39・189
李　濬(清德化)　78・613
李濬源　68・280
李　濟　80・145
李濟泰　79・415
李　濱(清單縣)　38・284
李　濱(清齊河)　10・142
李　濱(清濰縣)　21・683
李　濯　9・446
李豁然　46・290
李禮重　19・572
李彌大　50・334
75・528
77・481
李彌正　75・528
77・481
李彌遜　75・527
77・480
李　翼　41・798
李　騏(明長樂)　75・516
78・487
李　騏(明福清)　75・551
79・32
李　璿(宋)　77・275
李　璿(明)　73・177
李　璿(清青城)　43・450
李　璿(清諸城)　17・618
20・527

李　瓊(五代)　1·730
　12·93
李　瓊(明南城)　71·293
李　瓊(明萬載)　61·502
李　瓊(明會昌)　74·63
李　瓊(清)　79·401
李瓊玉(明)　47·176
李瓊玉(清)　80·225
李瓊林　2·33
　13·732
李瓊瑤　80·685
李　璸(清長山)　43·607
李　璸(清魚臺)　37·685
李翹出　32·135
李翹林　48·553
李翹楚　80·223
李　燾(明)　80·680
李　燾(漢)　1·697
　7·73
　16·395
李　職　39·721
李　藩(明)　71·544
李　藩(清建寧)　80·520
　80·537
李　藩(清鉛山)　53·141
李　礎　19·621
李　豐(清臨朐)　19·330
李　豐(清濰縣)　21·519
李叢生　13·228
李叢芳　64·45
李　瞻　1·749
　39·144
李　顒　75·366
李曜東　13·341
李　壘　37·162
李壘珠　2·41
李蟠根　35·66
李　鵠　17·644
　20·774
李　馥　75·565
李　穠　45·276
李　簠　32·135
李　簡(元吉安)　72·183
李　簡(元東平)　4·179
李　簡(明安仁)　60·26
李　簡(明高密)　23·244
　23·632
李　翺　53·194
李　鑿　72·321
李　鎮　72·98
李鎮序　72·656
李鎮國　78·726
李　鎬(明崇仁)　70·257
李　鎬(明濟寧)　40·169
李　鎔　35·468
李　櫟　6·564
　17·633
李　謹　13·796
李謹思　59·97
李謹斯　52·519
李濼書　38·277
李　璧(宋)　69·644
李　璧(明晉江)　79·255
李　璧(明新昌)　63·537
李　繒　57·437
李　藹　40·16
　40·187
李　藻(元)　1·764
李　藻(清吉水)　72·462
李　藻(清奉新)　67·314
李　蘂　2·98
李　蘊(明)　72·456
李　蘊(清)　32·149
李蘊山　34·334

李蘊東　38·688
李攀桂　79·536
李攀龍(明)　4·198
　5·114
李攀龍(清朝城)　42·398
李攀龍(清龍南)　74·273
李　轍　47·22
李願潔　5·357
李　璽(明)　71·529
李　璽(清)　30·746
李　韜(明)　72·200
李　韜(清)　53·89
李贊元(清平和)　75·695
李贊元(清海陽)　4·421
　27·104
　29·753
　29·847
李贊元(清新建)　46·181
李穩成　40·172
李穡貢　32·142
李　鑛　23·276
李　鏗　18·528
李　鎧(明松溪)　77·20
李　鎧(明新城)　4·154
　5·177
　43·262
李　鎧(清)　23·251
李　鏞　5·368
　8·328
李　鏕　12·442
李　鏡(明弋陽)　50·382
李　鏡(明興安)　74·523
李鏡蓉　34·336
李　鵬(明)　42·344
李　鵬(清鄒平)　5·276
　13·786
李　鵬(清龍巖)　78·675
李鵬飛(清平原)　12·499
李鵬飛(清陵縣)　8·329
李鵬桂　41·207
李鵬雲　9·624
李鵬登　73·445
李鵬瑞　56·425
李鵬霄　42·403
李鵬翮(清高密)　23·268
李鵬翮(清博興)　14·141
李騰池　80·193
李騰芬　57·473
李騰芳(清南昌)　44·474
李騰芳(清婺源)　55·207
李騰宜　29·760
李騰華　64·371
李騰萬　49·391
李騰蛟　74·168
李騰龍　2·104
　25·193
　26·575
李鯤化　68·264
李　譔　26·2
李懷敬　9·448
李懷智　4·386
李懷誠　9·415
李懷廣　5·276
　13·786
李　瀚(清奉天)　2·106
　16·449
　20·492
　22·240
　29·597
李　瀚(清南豐)　71·556
李瀨南　13·799
李　瀛　25·208
李瀛瑞　27·136
李　瀠　2·57

35・450
李繩信 73・367
李　繹(宋) 1・742
11・41
李　繹(明) 39・77
李　馨(清建甌) 76・444
李　馨(清福安) 77・442
77・451
李　馨(清豐城) 68・594
李　蘭(明定州) 9・27
李　蘭(明商河) 4・237
5・211
8・642
9・410
李　蘭(明霑化) 13・385
李　蘭(清) 47・448
李蘭田 23・260
李蘭芳(清廣饒) 14・374
17・633
李蘭芳(清臨清) 14・734
李蘭坡 19・164
李蘭枝 14・392
李　齡 60・713
李獻可(明同安) 76・278
李獻可(明故城) 1・837
15・535
16・421
18・52
李獻甫 43・102
李獻明(明米脂) 1・801
34・436
李獻明(明壽光) 4・217
17・572
18・570
李獻書 60・649
李獻球 67・474
李獻澈 72・651
李獻馥 78・611
李耀先(清同安) 76・302
77・622
李耀先(清婺源) 56・434
李耀芳 61・718
李耀宗 77・724
李耀垣 79・620
李耀祖 14・366
李耀恭 15・156
李耀國 76・340
77・640
李耀豐 15・156
李　籌 72・527
李　覺(宋) 4・176
15・572
17・493
18・338
76・464
李　覺(清) 71・613
李覺民 70・583
李　鏻(清金鄉) 37・141
李　鏻(清諸城) 20・776
李夔隆 77・532
李　瀾(明安溪) 79・403
李　瀾(明長汀) 80・35
李　瀾(清) 13・800
李瀾修 39・198
李　瀹 1・820
李　寶(宋) 37・826
李　寶(明沙縣) 80・398
李　寶(明博山) 6・575
6・655
李　寶(明歷城) 5・114
李　寶(明歷城,號儒溪) 5・119
李寶中 67・93
李寶林 12・129
李寶琛 37・8

李寶善 21・527
李寶勤 12・492
李寶裔 12・139
李寶默 5・370
李寶鏜 63・133
李繼元 76・400
李繼占 13・811
李繼白 5・355
10・631
李繼光 77・249
李繼先 72・149
李繼芳(清奉新) 67・428
李繼芳(清莒縣) 30・747
李繼岐 75・688
李繼孜 5・129
32・600
李繼述 27・173
李繼拔 67・401
李繼昌(宋) 1・747
18・24
李繼昌(清) 55・417
李繼周 44・328
李繼宗(明長汀) 80・16
李繼宗(明朝城) 42・362
李繼美 1・809
43・430
43・499
李繼洙 6・467
李繼夏 39・734
李繼善(元) 78・693
李繼善(清) 60・394
李繼漢 6・473
李繼寧 11・98
李繼膺 67・467
李繼體 48・223
李　鰲 74・265
李　瓌 43・105
李藼培 13・401
李　爗 69・556
李權莊 27・158
李躍龍(明) 77・437
李躍龍(清定陶) 41・391
李躍龍(清廣饒) 14・375
李　儼(明) 73・147
李　儼(唐) 59・33
李儼甫 58・144
59・133
60・342
李鐵硯 6・467
李　鐸(元曹縣) 41・135
李　鐸(元淄川) 1・765
5・98
6・339
23・614
李　鐸(明長汀) 80・16
李　鐸(明萊陽) 25・622
27・67
27・237
李　鐸(明瑞金) 74・224
李　鐸(明廣昌) 74・481
李　鐸(清壽光) 17・647
18・560
李　鐸(清德化) 48・200
李鐲年 31・65
李　鶴 13・402
李鶴泉 13・343
李鶴亭 43・300
李鶴鳴(明) 39・100
李鶴鳴(清吉水) 72・484
李鶴鳴(清安溪) 79・398
李鶴齡 23・435
李屬春 55・414
李　續 73・136
李霽霄 37・781

李　巖 65・60
李巖起 75・584
李體元 39・98
李　鑑(元) 13・385
李　鑑(宋) 77・294
李　鑑(清鄆城) 40・273
李　鑑(清棲霞) 25・465
李　鑑(清鉛山) 52・531
李　戀 7・187
李　瓚(明鄆城) 40・144
40・157
李　瓚(明濮州) 4・125
李　瓚(明豐城) 68・176
李　欐 79・510
李顯白 14・374
李顯忠 62・691
李顯華 32・631
李顯霖 47・227
李　馪 9・438
李　鑣 37・138
李　鱓 7・89
36・433
李　麟(明鉅野) 39・182
李　麟(明餘干) 59・69
李　麟(明樂亭) 16・418
李麟昌 54・274
李麟圃 32・142
李麟祥 55・439
李麟趾 12・123
李麟章 55・345
李麟瑞 13・422
李麟閣 41・777
李麟圖 9・620
李麟輝 55・377
李麟徵 55・503
李麟興 19・131
李　纓 69・299
李　瓛(明吉水) 72・447
李　瓛(明豐城) 68・83
李　觀(宋) 61・162
李　觀(明) 32・650
李觀士 60・611
李觀立 71・474
李觀光 38・687
李觀我 38・687
李觀育 17・606
20・113
李觀政 39・205
李觀海 15・155
李觀能 26・637
李觀橋 39・184
李觀瀛 4・467
22・279
22・538
李觀瀾 60・564
李　爨(明) 73・161
李　爨(清) 79・605
李　衢 60・545
李　讓(明建昌) 51・24
李　讓(明榆社) 42・988
李　讓(清) 38・341
李讓中 20・546
李　贛 13・792
李　灊 75・619
77・562
李　灝(清南豐) 71・571
李　灝(清鄆城) 40・257
李　纘 50・533
李纘裕 80・243
李　驥 4・146
李驥千 25・592
李　鑾 31・786
李豔春 80・717
李　鸞 31・280

孛

孛朮魯阿魯歡　18・36
孛朮魯德裕　18・36
　27・318

車

車　九　29・336
車士玉　70・610
車士珍　70・594
車元俊　70・564
車六御　70・622
車必秋　49・304
車永言　70・631
車廷松　71・315
車任重　76・352
車克成　72・88
車作聖　6・489
車希庭　43・106
車青屏　9・444
車　東　71・262
車　宗　18・3
車建遠　9・439
車指南　14・739
車　貞　70・599
車　泰　70・464
車　素　80・486
車耆奎　80・479
車連甲　9・421
車　振　70・578
車振翰　4・441
車時俊　80・477
車　衮　69・655
車凌雲　49・354
車　純　75・374
車國瑞　72・108
車從衡　6・345
車紹武　70・541
車斯錫　70・594
車萬譽　29・832
車景魁　6・469
車運來　52・254
車夢瑤　70・524
車夢鵬　24・258
　26・640
車鳴時　77・40
車　寧　75・452
　76・25
車　輪　69・572
車　震　14・711
車　鋭　6・400
車　錡　77・365
車　礌　70・541
車應兆　70・527
車繩武　69・470
車寶籙　7・150

束

束　清　61・452
束　晳　7・253
束德鳳　35・484
束繼宗　6・484
　6・465

邴

邴　丹　4・8
　15・568
邴　郁　4・250
　30・715
邴采芹　8・718
邴宛麟　30・694
邴　原　4・171
　15・583
　17・465

	19・281
邴意兹	7・159
邴　漢	4・249
	17・457
邴　歜	15・618

夾

夾谷之奇	4・89
	36・453

扶

扶　卿	4・17
	35・641

折

折元禮	18・691
	42・430

抗

抗　徐	1・691

步

步文政	15・136
步叔乘	4・5
	7・133
	15・484
	35・603
步掄典	13・148
步登瀛	18・569
步　熊	4・260
	38・722

里

里　革	35・634

貝

貝公遠	30・60
貝秉彝	1・800

吴

吴一士	80・113
吴一元	77・146
吴一沛	56・540
吴一奇	78・155
吴一昊	56・536
吴一昆	56・535
吴一昇	56・556
吴一俊	57・460
吴一恂	62・359
吴一哲	48・527
吴一倬	57・30
吴一掄	56・511
吴一貫	75・370
吴一焜	45・159
吴一湘	56・528
吴一瑀	56・534
吴一聖	49・501
吴一嵩	46・79
吴一蜚	78・651
吴一鳴	75・414
	77・79
	78・462
吴一豪	79・181
	79・328
吴一龍	42・200
	70・76
吴一謨	62・688
吴一濱	62・427
吴一瀚	80・433
吴一瀾	44・177
吴乙林	34・326
吴　二	69・537
吴二敏	56・475
吴十七	77・25

吴人先 73·421
吴人望 71·430
吴人傑(明) 71·188
吴人傑(清) 50·96
吴人瑞 79·628
吴人驥 80·292
吴九如 78·543
吴九美 79·189
吴九孫 51·330
吴九敘 78·527
吴三才 57·398
吴三太 38·567
吴三立 67·451
吴三戒 5·157
43·601
吴三英 78·546
吴三明 60·489
吴三畏 37·840
吴三益 47·362
吴三極 71·170
吴三讓 77·162
吴于岸 75·604
吴于宣 2·43
吴士元(明) 72·56
吴士元(清) 69·602
吴士孔 58·155
吴士功 2·24
2·29
吴士成 5·262
32·604
吴士亨 13·388
吴士宏(清金谿) 70·624
吴士宏(清侯官) 76·153
75·503
78·539
吴士英 55·606
吴士林 57·265
吴士杭 71·178
吴士奇 17·657
19·21
吴士京 13·412
吴士俊(清建寧) 80·545
吴士俊(清鄱陽) 58·190
吴士彦 70·582
吴士陞 54·247
吴士晃 55·620
吴士峻 57·147
吴士崢 55·111
吴士琦 73·187
吴士琯 35·146
吴士超 47·276
吴士博 47·186
吴士循 70·625
吴士發 50·250
吴士楨 57·151
吴士楫 80·90
吴士亶 13·389
吴士愷 9·143
15·138
吴士鳳 80·52
吴士潢 47·407
吴士徵 72·15
吴士養 54·561
吴士選 55·588
吴士勳 50·278
吴士熺 78·191
吴士謙 62·275
吴大田 78·122
吴大生 62·131
吴大成 75·667
76·763
吴大年 79·570
吴大行 71·201
吴大奇 38·229

吳大能　57·293
吳大週　73·443
吳大梁　2·49
34·438
吳大楝(清永定)　80·176
吳大楝(清江西新城)　71·472
吳大經　56·482
吳大德　66·458
吳大瑺　73·328
吳大鵬　59·469
吳才元　55·165
吳上達　42·296
吳　山(明吳江)　75·373
吳　山(明沙縣)　80·398
吳　山(明高安)　62·52
吳　山(清)　54·336
18·739
吳山南　56·54
吳千仞　75·582
吳　及　75·407
76·205
吳之才(明)　63·556
64·194
吳之才(清)　71·493
吳之仁　69·214
吳之文　71·347
吳之甲　69·213
吳之用　62·376
吳之奇　78·672
吳之承　13·120
吳之珍　2·100
16·441
20·490
吳之映　78·682
吳之俊　2·76
42·15
42·176
吳之彥　36·513
吳之美　25·18
吳之屏(明石門)　75·381
吳之屏(明崇仁)　70·216
吳之問　12·198
42·35
吳之章　74·111
吳之淮　73·236
吳之琦　79·174
吳之達　48·528
吳之裕　13·134
吳之瑜　71·493
吳之瑗　56·511
吳之輿　50·507
吳之謙　13·127
吳之鎬　73·324
吳之鵬　77·364
吳之勷　4·325
13·197
吳之蘭　77·180
吳之寶　70·403
吳之觀　2·56
吳之鑰　13·394
吳子元　34·346
吳子光　80·604
吳子宏　55·524
吳子金　45·10
吳子珠　33·284
吳子恭　72·618
吳子斌　76·275
吳子登　71·461
吳子瓊　72·635
73·162
吳子騮　55·460
吳子蘭　4·202
5·13
吳王弼　80·610

吴天序 71・127
吴天相 70・290
吴天修 42・635
吴天保 70・341
吴天俊 80・695
吴天俸 74・492
吴天祥 66・614
吴天章 75・682
吴天策 79・512
吴天德 74・152
吴天澤 47・23
吴天爵 79・605
吴天璧 69・255
吴天權 47・222
吴　元(宋) 47・503
吴　元(清) 73・419
吴元子 52・406
69・305
吴元吉 62・531
吴元初 52・388
吴元來 63・567
吴元和(明南靖) 75・733
吴元和(明僊遊) 78・303
吴元神 56・311
吴元春 77・494
吴元俊 56・424
吴元美(宋) 75・583
78・335
78・351
吴元美(清) 62・569
吴元華 79・564
吴元能 57・455
吴元梁 57・267
吴元善 80・398
吴元照 80・544
吴元禋 78・301
吴元輝 57・315
吴元槩 55・220
吴元機 57・398
吴元龍 77・507
吴元璧 60・33
吴五吉 80・224
吴太元 62・11
吴友民 2・113
吴友名 22・235
23・627
吴友枚 55・645
吴友季 80・746
吴友梅 57・68
吴友極 71・455
吴友棠 57・210
吴巨水 51・583
吴日光 80・483
吴日來 76・153
78・513
吴日昌 57・500
吴日昇(明) 70・450
吴日昇(清) 57・307
吴日炎 80・48
吴日修 80・174
吴日華 47・404
吴日彩 80・479
吴日章 62・325
吴日新 78・444
吴日爌 44・399
吴日藻 55・305
吴曰芳 56・538
吴曰河 45・240
吴曰庶 57・84
吴曰森 56・515
吴曰聖 60・83
吴曰曉 61・427
吴　中(宋) 59・345
吴　中(明賓州) 75・366

吴　中(明樂平)　59·291
吴中立(明浦城)　76·638
吴中立(明婺源)　56·453
吴中立(清)　35·484
吴中行　57·456
吴中孚　54·498
吴中執　43·96
吴中復　50·142
吴中傳　42·362
吴　壬　57·219
吴壬魁　48·233
吴升坊　57·270
吴　仁(宋)　66·416
吴　仁(明)　47·362
吴仁保　70·343
吴仁度　70·469
吴仁溥　71·488
吴　化　78·527
吴化時　62·276
吴化敏　62·150
吴化普　62·461
吴化梗　62·286
吴公誠　75·409
　77·579
　78·83
吴公儼　47·466
吴月馨　40·580
吴六鰲　71·16
吴　文(元)　70·57
吴　文(清)　75·727
吴文元　76·439
吴文旦　74·402
吴文光(明高安)　62·62
吴文光(明婺源)　55·276
吴文光(清)　80·665
吴文仲　47·42
吴文全　9·736
吴文旭　80·678
吴文言　56·459
吴文青　70·606
吴文茂　77·264
吴文英　72·50
吴文苑　55·440
吴文林　71·474
吴文明　69·615
吴文和　71·188
吴文炘　54·245
吴文炎　54·244
吴文相　62·528
吴文星　80·256
吴文昭　58·533
吴文度　79·106
吴文炳(明)　55·548
吴文炳(清)　50·251
吴文祖　57·70
吴文華　75·534
　77·490
吴文株　57·266
吴文健　50·226
吴文朗　62·374
吴文祥(明)　77·373
吴文祥(清)　50·247
吴文通　58·533
吴文純　56·226
吴文彬　48·216
吴文清　80·323
吴文揚　70·102
吴文貴　47·205
吴文程　71·159
吴文煐　54·549
吴文焜　54·523
吴文禄　79·79
吴文登　60·151
吴文魁　5·157

	43・601
吴文煌	54・147
吴文煥(清侯官)	75・603
	78・500
吴文煥(清婺源)	56・394
吴文源	47・221
吴文鋒	56・514
吴文誼	80・476
吴文舉	47・179
吴文學	67・312
吴文錦	13・417
吴文穎	71・155
吴文濂	50・252
吴文濬	64・594
吴文璧	79・570
吴文藻(字雲溪)	57・265
吴文藻(號竹樓)	55・371
吴文贊	76・554
吴文獻	57・490
吴文闓	72・226
吴文瀾	45・279
吴文瓚	79・428
吴文顯	58・533
吴文讓	80・465
吴方大	66・136
吴方札	35・113
吴方序	35・153
吴方迴	35・154
吴方南	42・399
吴方昭	35・196
吴方晉	35・146
吴方皋	79・274
吴方甯	66・447
吴方慶	77・78
吴方穆	35・154
吴斗光	56・394
吴斗寅	55・472
吴斗魁	63・475
吴斗瞻	62・353
吴心智	45・243
吴以安	80・522
吴以辰	32・584
吴以牧	59・67
吴以乾	55・556
吴以策	62・384
吴以詢	35・91
吴以德	72・102
吴以諒	35・101
吴允中	4・160
	37・835
吴允文	71・532
吴允彬	77・37
吴允興	77・644
吴允謨	2・61
	36・433
吴孔佑	60・266
吴孔昭	72・83
吴孔章	57・95
吴孔與	8・328
吴孔興	74・112
吴孔錡	77・514
吴玉枝	78・575
吴玉書	42・401
	42・411
吴玉紘	19・14
吴玉爾	70・530
吴玉衡	73・253
吴玉麟	76・99
吴正心	60・257
吴正名	71・500
	71・631
吴正洲	56・257
吴正祥	42・394
吴正揚	51・358

吴正道　59・67
吴正椿　57・293
吴正經　45・243
吴正錩　57・266
吴正櫄　57・501
吴甘來　64・254
　64・256
吴世邦　68・592
吴世彤　5・346
吴世坤　57・392
吴世英　70・217
吴世奇　75・680
吴世忠　70・467
吴世重　79・564
吴世華　35・154
吴世峻　71・616
吴世倫　35・190
吴世琦　30・719
　31・224
吴世雯　13・402
吴世揚　1・848
　26・9
吴世傑　13・154
吴世熙　71・88
吴世語　56・548
吴世賓　1・805
　43・19
吴世賢　55・30
吴世德　80・242
吴世澤　75・534
　77・490
吴世懋　56・514
吴世爵　26・633
吴　本(宋)　76・364
　77・729
吴　本(清金谿)　70・537
吴　本(清崇仁)　70・90
吴本泰　48・351
吴　可　70・598
　71・174
吴可久　79・209
吴可泮　77・404
吴可宗　35・489
吴可畏　50・57
吴可泰　64・549
吴可孫　70・549
　71・173
吴丙照　56・655
吴石定　77・146
吴平泰　54・337
吴平龍　71・202
吴占墀　72・152
吴　旦　53・263
吴　申(宋)　76・425
吴　申(明)　79・503
吴　申(周)　58・267
吴仕典　76・692
　76・731
吴仕麒　60・96
吴　用　71・237
吴用行　62・221
吴用剛　44・103
吴用章　72・137
吴　主　45・333
吴　立(元)　71・200
吴　立(明)　52・70
吴　立(唐)　7・371
吴　立(清)　70・261
吴立柏　47・187
吴立鏞　80・756
吴必元　51・89
吴必達　76・302
吴必璋　80・544
吴必學　77・84

吴必顯	62・401
吴　永	78・301
吴永孚	13・154
	13・206
吴永池	36・174
吴永茂	71・92
吴永英	55・205
吴永宗	76・310
吴永建	69・163
吴永渭	76・641
吴永裕	11・123
吴永溙	55・203
吴永謙	66・124
吴永鏡	57・157
吴永齡	8・324
吴永錀	56・263
吴民章	46・284
吴民選	79・601
吴民瞻	62・351
吴　弘	73・182
吴匡九	34・267
吴邦臣	2・19
吴邦治	55・589
吴邦相	1・823
	37・805
吴邦彦	57・395
吴邦基	78・713
吴邦傑	1・753
	4・211
	15・589
	31・296
	32・154
吴邦靖	1・807
吴邦慶	2・4
吴邦翰	77・388
吴式丹	76・628
吴式芬	4・318
吴式甡	13・137
吴式訓	13・122
吴式敏	4・324
吴式羣	13・136
吴式儀	13・150
吴式齋	80・248
吴　迂	47・151
吴吉士	62・151
吴吉成	57・44
吴吉光	79・617
吴吉初	62・94
吴吉勝	60・320
吴吉臨	13・394
吴芝田	55・472
吴芝采	57・129
吴芝煜	13・350
吴　芑	69・534
吴　朴	75・674
	76・744
吴西堂	41・809
吴百福	35・513
吴有成	56・528
吴有光	62・657
吴有奇	57・468
吴有執	70・390
吴有章	60・502
吴有達	55・647
吴有道	55・25
吴有富	50・275
吴有新	56・635
吴有壽	77・413
吴有鄰	70・38
吴有德	71・324
吴有櫺	51・436
吴　存(元)	58・118
吴　存(明)	44・111
吴存信	58・597

吴存剛　80・690
吴　成(明台州)　38・406
吴　成(明吉安)　72・189
吴成文　71・143
吴成志　55・278
吴成德　54・493
吴成濬　62・245
吴光太　70・634
吴光亨　48・217
吴光政　53・75
吴光盼　48・470
吴光昭　57・311
吴光祖(清浦城)　76・559
吴光祖(清婺源)　56・45
吴光烈　54・591
吴光國　71・93
吴光然　79・600
吴光裕　63・318
吴光祿　77・204
吴光業　71・606
吴光煜　53・182
吴光緒　62・296
吴光瑩　76・580
吴光燦　56・562
吴光璧　41・407
吴光耀　56・423
吴同芳　42・299
吴　年　76・552
吴先登　73・438
吴廷仁　57・129
吴廷用　77・29
吴廷芝　80・175
吴廷光　65・338
吴廷芳(清萬安)　73・112
吴廷芳(清婺源)　57・219
吴廷秀　56・157
吴廷佐　57・392
吴廷侃　47・220
吴廷金　50・178
吴廷炘　50・433
吴廷珍　67・479
吴廷相(清南城)　71・328
吴廷相(清寧陽)　4・336
35・105
吴廷俊　55・135
吴廷珙(明浮梁)　77・362
吴廷珙(明福安)　77・434
吴廷掄　71・48
吴廷章　73・442
吴廷翊　78・734
吴廷琪　77・374
吴廷棟　2・22
吴廷雲　76・386
80・11
吴廷傑　57・266
吴廷詔　70・617
吴廷祺　80・201
吴廷瑞(清奉新)　67・451
吴廷瑞(清餘干)　59・85
吴廷幹　57・396
吴廷楠　57・75
吴廷楨　44・178
吴廷楫　35・146
吴廷輅　78・734
吴廷試　62・129
吴廷焕　50・444
吴廷鳳　71・94
吴廷端　78・734
吴廷澗　50・497
吴廷璟　71・624
吴廷翰　35・164
吴廷爵　77・435
吴廷謨　45・60
吴廷燦　56・588

吴廷燾　50・413
吴廷簡　70・533
吴廷贊　1・813
吴廷蘭　70・549
吴廷鑑　70・76
吴廷鑾　10・157
吴延祚　27・813
吴　仲　72・44
吴仲仁　51・586
吴仲杞　74・488
吴仲和　7・279
　7・495
吴仲紀　35・195
吴仲珠　78・102
吴仲軒　72・99
吴仲翔　76・78
吴仲舉　75・414
　78・461
吴仰山　50・405
吴仰平　50・522
吴仰虞　80・291
吴自炳　31・62
吴自然　4・248
吴自新　50・468
吴自肅　4・321
　13・208
　61・465
吴行簡　74・398
吴兆元　78・56
吴兆功　56・163
吴兆松　80・683
吴兆封　55・340
吴兆基　2・67
　37・422
吴兆魁　55・325
吴兆熊　14・708
吴兆璧　70・620
　71・175
吴兆馨　56・311
吴兆鏷　20・99
吴兆麟(清平潭)　78・581
吴兆麟(清金谿)　70・627
吴　旭　13・143
吴名岸　69・392
吴名揚　70・478
　71・184
吴名煌　78・270
吴名鳳　11・286
吴亦菴　76・260
吴亦進　80・176
吴　充　76・522
吴　江(明南城)　62・240
吴　江(明星子)　49・459
吴　江(明萊蕪)　31・783
吴　江(明宿松)　74・442
吴　江(清連江)　77・522
吴　江(清霑化)　13・401
吴江芹　73・395
吴江漢　7・190
吴汝昌　42・398
吴汝典　72・90
吴汝宗　1・801
　78・733
吴汝修　56・388
吴汝亮　4・320
　13・375
吴汝泰　57・396
吴汝爲　4・321
　13・375
吴汝惺　5・375
　8・618
吴汝弼　13・421
吴汝載　70・68
吴汝楨　13・397

吴汝新	60・57
吴汝霖	77・192
吴汝翼	13・410
吴汝礪	13・388
吴宇高	57・267
吴守一	7・302
	7・462
	30・135
	32・483
	33・558
吴守身	13・137
吴守忠	78・697
吴守基	13・423
吴守清	61・91
吴守禮	30・706
吴安中	76・428
吴安邦(明歷城)	5・122
吴安邦(明臨川)	69・571
	71・214
吴安國	70・448
吴安舒	77・203
吴安詩	76・523
吴　祁	50・206
吴艮生	13・393
吴如茂	51・446
吴如松	2・72
吴如蕙	62・573
吴如興	78・706
吴羽文	44・272
吴　均	48・378
吴均才	63・337
吴均財	57・181
吴均盛	57・127
吴孝宗	69・612
	70・548
吴孝徵	71・200
吴孝翼	71・200
吴　坊	53・380
吴志斗	78・570
吴志尚	5・264
	32・647
吴志定	79・50
吴志修	79・607
吴志恭	80・41
吴志通	73・427
吴志野	72・249
吴志淳	5・99
吴志渭	7・431
吴志遠	13・118
吴志漣	4・301
	5・299
	43・628
吴志縉	77・511
吴志德	13・141
吴志魯	79・37
吴志謙	78・708
吴志灝	44・410
吴　芾	45・88
吴　芮	47・1
	58・1
	58・677
	59・7
吴　芹	63・575
吴　芬	53・108
吴　芳(清古田)	77・575
吴　芳(清鉛山)	53・107
吴芳成	80・558
吴克生	62・241
吴克光	77・49
吴克全	62・571
吴克忠(元)	77・211
吴克忠(元將樂)	80・465
吴克承	79・613
吴克修	70・328

吳克恒　77·393
吳克祖　57·237
吳克慎　39·331
吳克蹉　50·484
吳克讓　51·588
吳　材　78·735
吳甫生　71·630
吳辰元　80·728
吳扶淑　79·606
吳步文　80·745
吳步陞　52·578
吳步達　80·733
吳步雲　52·347
吳步墀　71·98
吳步韓　4·358
吳步蟾　62·304
吳見龍　80·17
吳岐峰　80·203
吳秀文　56·160
吳秀保　70·342
吳秀崧　55·629
吳秀髮　75·444
吳佐熙　79·370
吳　伸　71·336
吳伸曾　62·332
吳作成　53·597
吳作周　80·734
吳作梅(清連城)　80·744
吳作梅(清嶧縣)　7·435
吳作龍　57·399
吳　伯　71·450
吳伯西　67·464
吳伯英　54·320
吳伯宗　70·466
　71·168
吳伯政　70·600
吳伯宣　55·525
吳伯瑛　78·350
　78·396
吳伯鼎　51·498
吳伯綱　72·700
吳伯璋　75·453
吳希孟　34·440
吳希源　79·625
吳希說　76·430
吳希賢　78·102
吳希奭　72·601
吳希稷　80·753
吳希澄　79·153
吳希謙　77·574
吳谷賢　74·359
吳含章　62·277
吳　坌　70·80
吳　甸　54·176
吳　彤　69·162
吳彤弨　80·745
吳　言　70·222
吳言信　77·202
吳序會　79·618
吳　沙　80·597
吳　沇　70·248
吳　宏　58·249
　59·92
吳宏基　57·475
吳宏義　73·255
吳宏煉　57·399
吳宏煖　56·643
吳宏增　57·392
吳宏謨　79·566
吳　良　4·10
　4·25
　7·21
　7·155
　15·540

	17・459
吴良臣	73・416
吴良丞	79・579
吴良金	62・466
吴良能	1・814
	36・430
吴良晝	62・590
吴良棟	60・382
吴良湧	56・300
吴良臺	57・30
吴良輔	52・316
吴良器	56・533
吴初德	56・567
吴阿衡	1・786
	6・305
吴妙音	8・23
吴　孜(明崇仁)	70・65
吴　孜(明龍溪)	77・703
吴奉璋	80・191
吴武英	80・238
吴武陵	52・161
吴青雲	55・427
吴　玠	71・37
吴表深	77・177
吴長楷	77・203
吴長榮	43・607
吴長慶	79・371
吴長齡	43・600
吴坦安	14・300
吴　坤	56・165
吴坤松	80・725
吴坤璿	80・726
吴其中	56・46
吴其貴	43・113
吴其義	57・163
吴其蕃	71・583
吴其龍	77・265
吴其蘭	80・755
吴茂坤	57・393
吴茂華(明)	13・397
吴茂華(清)	79・522
吴茂寅	77・191
吴茂實	13・387
吴　英(宋)	77・185
吴　英(明崇仁)	70・63
吴　英(明臨川)	69・653
吴　英(清建寧)	80・544
吴　英(清南豐)	71・474
	71・596
吴　英(清莆田)	78・206
吴　苞	4・251
吴林清	80・482
吴來章	71・156
吴來聘	42・344
吴來鳳(明)	72・137
吴來鳳(清)	80・190
吴來瞻	80・237
吴　松(明)	71・213
吴　松(清)	23・407
吴松年	13・416
吴松竹	80・709
吴松坡	57・481
吴述之	77・150
吴東開	48・346
吴東槐	77・133
吴事心	1・796
吴協樞	13・416
吴協禮	16・448
吴奇峰	72・634
吴奇勳	80・753
吴拔蓮	78・736
吴叔告	78・73
吴叔昭	48・571
吴叔啓	72・340

吴叔潤　68·57
吴　卓　78·689
78·737
吴虎臣　79·536
吴尚友　48·463
吴尚忍　54·526
吴尚忠　48·345
吴尚淘　49·383
吴尚循　57·412
吴尚欽　56·515
吴尚廉　56·530
吴尚儒　80·253
吴尚謙　52·327
吴尚禮　49·458
吴　旺　74·475
吴旺新　56·158
吴　昊　69·174
吴　昌　80·204
吴昌衍　69·166
吴昌亮　57·118
吴昌恭　56·359
吴昌能　80·245
吴昌嵩　73·436
吴昌福　57·199
吴昌齡　71·508
吴昌籌　71·621
吴　昇(元)　4·236
36·518
吴　昇(宋)　77·188
吴明老　76·394
吴明昭　8·416
吴明卿　74·442
吴明德　56·550
吴明濟　75·668
吴易直　70·53
吴易峯　62·126
吴　昂(明定襄)　1·849
27·3
吴　昂(明海鹽)　75·372
吴　昉　75·607
76·168
吴迪謨　71·346
吴　典　62·628
吴　岡　78·591
吴垂紳　70·596
吴　牧　44·527
吴牧元　80·557
吴和興　71·191
吴季子　77·188
吴季沂　70·212
吴季盛　71·120
吴季常　73·170
吴季翕　35·510
吴季淵　57·482
吴季發　75·441
吴季鴻　51·357
53·402
吴秉英　80·753
吴秉乾　71·240
吴秉堅　13·404
吴秉達　72·90
吴秉鈞　62·560
吴秉德　62·551
吴秉彝　39·766
吴侍曾　4·327
13·135
吴　岱(明)　58·37
吴　岱(清高安)　62·644
吴　岱(清新昌)　64·14
吴　侃　70·59
吴佩蓮　62·611
吴佩銘　52·242
吴　金　68·162
吴金芝　54·573

吴金煜 14·733
吴金臺 33·225
吴金綬 70·618
吴金輝 14·733
吴金鰲 50·235
吴金鸞 80·726
吴受昌 62·201
吴　郇 71·166
吴底柱 60·40
吴　庚 80·34
吴　育 76·520
吴性原 77·712
吴　怡 25·227
吴怡棠 13·390
吴怡曾 13·121
吴怡楷 13·416
吴怡穀 13·412
吴　炎(宋) 76·462
77·185
吴　炎(清) 13·411
吴法忠 57·293
吴法顯 78·400
吴　洞 71·430
吴　泮 55·546
吴　泳 70·279
吴治安 57·397
吴宗上 51·90
吴宗孔 6·120
30·705
吴宗吉 47·79
吴宗江 56·219
吴宗周 79·510
吴宗唐 48·251
吴宗淦 56·229
吴宗堯 1·838
16·429
18·66
吴宗萬 59·488
吴宗勝 59·34
71·207
吴宗魯 70·235
吴宗熹 75·717
吴宗器 43·189
吴宗濼 57·356
吴宗瀜 56·244
吴定夫 71·336
吴定素 51·599
吴定翁 69·614
吴宜蟄 80·557
吴建邦 53·155
吴建洪 70·538
吴建勳 76·308
77·628
吴居仁 76·384
77·581
吴居厚 18·32
44·50
45·445
69·130
72·35
吴居星 62·538
吴居恭 62·156
吴居敬 10·134
吴居閬 62·160
吴居澳 71·162
吴居簡 70·616
吴承宗 18·532
吴承祖 71·607
吴承烈 77·149
吴承熙 75·536
77·492
吴承端 27·810
吴承勳 57·266
吴承壎 59·591

吴承顔　76·469
吴孟正　80·539
吴孟祺　4·154
35·87
吴孟禄　35·170
吴孟傳　74·397
吴孟禎　80·589
吴孟謙　78·89
吴孟鏞　51·567
吴　函　79·143
吴　炁　55·249
吴　春　76·438
吴春元　57·168
吴春全　35·503
吴春融　13·426
吴　珏　78·139
78·263
78·695
吴　珂　80·141
吴　珃　13·388
吴　珊　72·624
吴　垣　4·315
13·210
吴　城　50·496
吴　政　77·30
吴荆玉　17·647
20·107
吴　革　75·400
吴　草　47·488
吴南江　42·107
吴南鵬　80·439
吴南灝　80·154
吴兹鎮　62·495
吴　相(清甯洋)　78·736
吴　相(清廣豐)　53·559
吴柏成　56·594
吴　亜　77·383
吴　咸　6·483
吴咸坊　55·264
吴威烈　78·693
吴　厚　71·175
吴　奎(宋南城)　71·226
吴　奎(宋濰縣)　4·72
15·511
16·405
18·28
19·25
20·482
21·298
23·632
吴　奎(清)　72·103
吴拱文　48·551
吴拱德　77·192
吴按攤不花　77·209
80·482
吴　拯　66·103
吴　勁　62·357
吴　晛　31·827
吴　貞　9·24
吴貞祉　38·291
吴省初　70·598
吴省魯　25·192
吴　昞　71·59
吴　昺　80·11
吴映爲　79·258
吴　昱　56·167
吴　昭(宋)　77·515
吴　昭(清)　59·72
吴昭肖　62·492
吴　思　77·177
吴思立　77·84
吴思明　5·340
吴思信　34·221
吴思渙　71·209

吴思邁　71・98
吴思學　74・479
吴　峋　4・318
吴　牲　77・212
吴香泉　80・293
吴　种　76・124
吴重周　13・138
吴重貴　71・454
吴重義　13・157
吴重縉　71・454
吴修攷　46・83
吴修竹　53・439
吴修雲　37・5
吴修鳳　8・631
吴修德　63・559
吴保安　40・599
吴　禹　70・393
吴　俊(明)　13・725
吴　俊(清南昌)　45・240
吴　俊(清萊陽)　27・163
吴　俊(清婺源)　56・227
吴　俊(清新建)　46・344
吴　俊(清諸城)　20・786
吴俊芝　34・309
吴俊秀　55・416
吴俊卿(清武定)　36・663
吴俊卿(清婺源)　57・67
吴待問　76・520
吴　衍　71・267
吴衍卓　69・599
吴　俞　55・356
吴庭櫺　75・634
吴庭蘭　71・174
吴奕輝　62・159
吴恒升　67・193
吴　恂　70・462
吴美殷　78・694
吴美德　57・452
吴　炳(明)　72・136
吴　炳(清)　71・583
吴炳陽　56・364
吴炳照　30・235
吴炳勳　80・292
吴炳燮　70・493
吴炳麟　57・385
吴　洪(明)　75・370
吴　洪(清)　77・121
吴洪生　60・72
吴　洛　80・630
吴　宣(五代)　71・502
吴　宣(明)　70・70
吴冠世　79・600
吴冠廷　70・502
吴冠軍　34・267
吴　祐　1・697
　23・611
　41・709
吴祐民　64・570
吴祖辰　80・224
吴祖桐　80・755
吴祖珵　78・582
吴祖照　80・690
吴祖馨　80・184
吴　祚　59・102
　60・306
吴　昶(宋)　49・481
吴　昶(明)　4・155
　25・7
　25・17
吴　郡　76・557
吴屏翰　67・305
吴　陞(明)　80・174
吴　陞(清)　76・301
吴陞陛　13・410

吴飛翰 71・85
吴飛鴻 74・446
吴柔思 75・412
77・586
吴 泰(明平和) 75・686
吴 泰(明南平) 77・84
吴 泰(明單縣) 38・219
吴 泰(明福建運使) 75・369
吴泰交 55・127
吴泰來 63・370
64・390
吴泰洋 57・128
吴泰康 56・161
吴泰發 71・199
吴泰瑚 67・464
吴 珙(明) 77・83
吴 珙(清) 55・98
吴 玼 77・697
吴 珽 71・97
吴起元 53・577
吴起仍 57・501
吴起均 56・404
吴起芸 72・96
吴起高 53・614
吴起堆 57・420
吴起當 56・95
吴起源 57・293
吴起福 55・102
吴起鍇 57・294
吴起璽 55・239
吴起雛 57・53
吴起麟 52・378
吴 都 63・144
吴 耿 78・646
吴 華(元) 77・24
吴 華(明江西東鄉) 71・158
吴 華(明建寧,見吴鏵)
吴 華(清) 2・61
36・434
吴華年 8・629
吴 恭 77・116
吴 栻 76・426
吴 桂 71・486
吴桂芳 45・514
吴桂華 14・744
吴桂森 57・198
吴 桓 77・689
吴桐川 72・634
吴連盛 53・519
吴連捷 43・72
吴連欽 6・200
吴 原 75・685
76・729
76・757
吴振文 57・66
吴振生 80・609
吴振克 57・128
吴振坦 57・96
吴振英 57・270
吴振柳 55・32
吴振連 76・582
吴振基 52・328
吴振清 35・501
吴振蛟 79・551
吴振焱 57・397
吴振經 80・609
吴振璧 55・471
吴 哲 69・171
吴致祥 56・395
吴致康 80・748
吴致堯 77・160
吴 晉 80・189
吴 敔 47・319
吴時東 56・660

吳時珍　73・362
吳時昭　75・626
　76・38
　76・184
吳時祖　57・69
吳時珙　55・82
吳時貴　70・79
吳時新　13・424
吳時廣　56・521
吳時龍　53・181
吳時鎮　56・254
吳　晟(明弋陽)　50・383
吳　晟(明鉛山)　53・8
吳　晏　57・420
吳恩海　74・539
吳恩榮　26・582
吳　峯　64・320
吳　甡　1・854
　21・139
　23・620
吳　秘　76・486
吳　俸　6・316
吳　倫　50・101
吳　倓　30・705
吳師尹　73・141
吳師古　60・756
吳師服　76・426
　77・208
吳師聃　80・533
吳　豹　47・317
吳脈鬯　4・257
　25・50
吳逢春　67・443
吳逢泰　55・371
吳逢翔　79・173
吳逢源　66・588
吳記忠　79・615
吳衷一　4・349
吳　高　80・293
吳高儼　62・572
吳悅生　62・279
吳悅想　57・362
吳悅謙　13・414
吳　悌(明金谿)　1・841
　14・298
　16・423
　70・457
吳　悌(明南靖)　75・719
吳益琬　79・413
吳　烜　56・311
吳淩滄　80・726
吳淩漢　58・182
吳　浡　77・273
吳　浩(元)　73・25
吳　浩(明)　60・180
吳　浩(清)　50・226
吳　海(元)　75・571
　76・120
吳　海(明)　80・134
吳海珊　80・744
吳海瀾　80・745
吳流川　76・744
吳　浚(宋)　74・494
吳　浚(明)　58・349
吳家伋　63・308
吳家修　62・265
吳家桂　13・423
吳家倬　63・432
吳家駒　71・591
吳家儀　63・567
吳家麟　80・146
吳　容　76・366
吳　祥　4・149
吳祥玉　56・620

吴祥瑞　53・614
吴書燃　71・616
吴陳炎　2・84
吴　恕　62・657
吴通源　77・495
吴　珅(清南安)　77・41
吴　珅(清浮梁)　47・106
吴孫珪　51・263
吴孫逢　78・197
吴孫魁　51・245
吴　紘　71・278
吴純彦　13・393
吴純姬　35・195
吴　球　77・29
吴　理　50・327
吴　琇　62・253
吴　琅　66・378
吴　逵(宋)　77・139
吴　逵(明)　73・226
吴教傳　42・263
吴　培　56・639
吴培元(字啓先)　55・373
吴培元(字景三)　57・391
吴執中　77・10
吴基龍　62・133
吴　菁　47・405
吴黄龍　79・519
吴乾重　66・256
吴　彬(明安溪)　79・412
吴　彬(明莆田)　78・210
吴　彬(清)　38・563
吴梅玉　56・330
吴梅榔　76・496
吴梅與　79・563
吴梓勤　78・735
吴　梯　21・151
吴梯雲　55・472
吴　勔　52・197
吴　盛　71・323
吴盛英　80・544
吴盛祖　2・41
吴雪堂　71・113
吴掄元　64・29
吴接榮　59・485
吴處厚　77・184
吴　堂(明)　70・554
吴　堂(清)　2・34
　6・330
　77・285
吴常恩　80・320
吴　冕　57・146
吴晚紹　76・764
吴國臣　18・743
　42・469
吴國英　74・420
吴國珍　47・112
吴國相　25・17
吴國屏　14・373
吴國泰　57・396
吴國華(明)　77・299
吴國華(清)　56・305
吴國倫　76・467
　77・210
吴國培　7・437
吴國梁(清連城)　80・691
吴國梁(清鉛山)　52・594
吴國棟(清漢軍鑲黄旗)　2・62
吴國棟(清歸安)　11・395
吴國楨　71・65
吴國賓(明)　80・27
吴國賓(清南安)　79・617
吴國賓(清萬安)　73・111
　73・116
吴國選　37・837

吴國擎 75·632
吴國翰 77·385
吴國器(明崇仁) 70·223
吴國器(明崇義) 74·444
77·283
吴國璵 74·372
吴崑榕 71·177
吴崗齡 77·47
吴崇岳 78·598
79·292
吴崇書 77·188
吴崇紳 51·69
吴崇節 50·397
吴崇禮 4·131
35·89
吴 第 78·526
吴 敏 70·574
吴敏政 80·727
吴敏學 77·146
吴偕源 77·523
吴 偉 5·380
吴偉明 77·177
吴偉南 70·490
吴偉騰 80·239
吴 進 5·13
32·607
吴進侶 74·531
吴進德 66·299
吴得元 79·596
吴得昌 10·82
吴得陞 79·535
吴從孔 12·494
吴從至 47·103
吴從先 45·140
吴從周(明邵武) 77·179
吴從周(明建甌) 76·487
吴從周(明婺源) 54·120
吴從周(清) 44·465
吴從宗(明) 79·213
吴從宗(清) 70·327
吴從倬 74·416
吴從敬 52·203
吴從善 58·264
吴從義 75·555
79·18
吴欲立 35·111
吴欲達 35·111
吴欲錦 35·153
吴彩鸞 45·352
72·701
吴象仁 67·473
吴象鼎 71·325
吴象斌 70·632
吴象弼 13·133
13·193
吴象寬 4·322
13·120
吴象默 13·132
吴象羲 13·143
13·192
吴 猛 45·347
吴 康 71·624
吴康侯 74·483
吴 章 4·202
吴 翊 79·266
吴翊昌 79·368
吴 望 59·80
吴率正 70·515
71·156
吴 惇 76·333
吴 凑 75·355
吴 清(明南城) 71·233
吴 清(明霞浦) 77·387
吴清如 59·393

吴清時　59・604
吴添麟　50・380
吴　淞　57・19
吴　渠　71・387
吴淑南　80・207
吴淑蕙　10・162
吴　淮　66・271
吴淦衍　62・337
吴　梁　80・198
吴　涵　76・764
吴　寅　45・98
吴　宿　63・573
吴　寀(明)　76・760
吴　寀(清)　80・426
吴啓晉　71・570
吴啓孫　62・347
吴啓楠　44・526
吴啓爵　71・544
吴階泰　80・203
吴　翌　76・377
吴　參　74・179
吴　紳(明莆田)　78・103
吴　紳(明歙縣)　78・392
吴　紹　42・303
吴紹古　60・66
吴紹甲　13・133
吴紹祁　80・189
吴紹冶　13・133
吴紹宗　71・450
吴紹庭　53・612
吴紹球　50・467
吴紹詩　4・315
　13・209
吴紹勳　80・235
吴紹瀛　44・486
吴　瑛(明)　71・315
吴　瑛(清玉山)　50・321
吴　瑛(清高安)　62・470
吴　瑛(清無棣)　13・132
吴瑛山　42・399
　42・417
吴　琳　66・378
吴　琦　2・47
吴　琮　13・410
吴　琯(宋)　21・580
吴　琯(明)　76・760
吴　琯(清長山)　5・299
　43・582
　43・792
吴　琯(清宜黄)　71・15
吴　琬(明長興)　80・759
吴　琬(明建寧)　80・578
吴　琬(明高安)　62・351
吴　琛(明)　52・60
吴　琛(清信豐)　73・429
吴　琛(清福山)　2・82
吴　琛(清濟陽)　10・386
吴　琚　71・315
　71・332
吴堯益　52・238
吴　塔　56・659
吴　堦(清武進)　2・74
　30・195
　37・55
吴　堦(清廣豐)　53・400
吴　超(明)　76・730
吴　超(清)　2・98
吴超伯　55・472
吴超院　55・214
吴超雲　62・549
吴超榮　57・56
吴超燮　55・263
吴　達　5・215
吴達一　76・322

吴景伯　76・641
吴景河　80・213
吴景洙　52・317
吴景祚　80・225
吴景莘　67・191
吴景清　6・155
吴景閔　30・752
吴景臺　70・569
吴景璘　6・469
吴景鸞　58・662
吴　凱　5・158
43・604
吴　嵐　14・131
吴　智　78・85
吴　程　57・443
吴喬柏　79・210
吴　策　73・164
吴策先　80・242
吴順藎　18・742
42・468
吴　傑　14・120
15・566
17・510
吴傑人　48・349
吴傑伍　48・349
吴傑位　48・329
吴集五　53・613
吴集禧　62・289
吴　雋　80・734
吴　皐(元)　65・316
69・366
吴　皐(清)　70・584
71・204
吴　復(明將樂)　80・452
吴　復(明閩縣)　75・452
76・25
吴復清　79・548
吴　欽　70・384
吴欽儜　73・72
吴爲堅　60・571
吴　舜　71・91
吴舜錫　48・206
吴　勝(明)　80・460
吴　勝(清日照)　32・137
吴　勝(清安仁)　60・89
吴勝楚　74・362
74・448
吴　評　75・407
76・206
吴敦本　47・77
吴　善(明)　77・697
吴　善(清)　72・635
吴善與　66・394
吴　翔(明)　41・61
吴　翔(清)　7・384
吴　道　48・482
吴道元　74・490
吴道中　80・547
吴道心　58・161
吴道行　80・548
吴道亨　57・398
吴道宏　72・194
吴道來　75・601
78・525
吴道東(明)　35・143
吴道東(清)　80・632
吴道昌　35・101
吴道明(明)　40・21
40・188
吴道明(清)　71・475
吴道南(明崇仁)　70・31
71・117
吴道南(明貴溪)　1・783
23・614

	24・267
	52・84
吴道南(清)	80・200
吴道宣	77・85
吴道貫	57・136
吴道登	60・152
吴道傳	42・273
吴道煥	37・844
吴道邇	77・706
吴道顯	53・168
吴　遂	73・415
吴　曾	70・39
吴曾芳	76・326
	79・592
吴曾祺	76・105
吴　煐	11・390
吴焰新	57・60
吴湛德	74・421
吴　湘(明)	78・408
吴　湘(清)	4・314
	13・374
吴　湜	70・49
吴湯生	60・139
吴　渭	77・145
吴　淵	75・360
吴　渙	71・324
吴　游	80・557
吴　溉	79・418
吴運文	67・464
吴運開	77・250
吴運颺	57・397
吴　裕(元)	70・514
	71・186
吴　裕(明婺源)	55・541
吴　裕(明臨川)	47・595
吴裕中	79・525
吴裕斐	13・417
吴　祺	68・127
	69・647
吴弼倫	70・501
吴　賀	69・198
吴登元	71・591
吴登舉	80・537
吴登龍	76・317
吴登瀛	9・624
吴發城	57・266
吴發業	13・413
吴　統	52・317
吴瑞山	78・712
吴瑞占	39・334
吴瑞洪	13・405
吴瑞祥	59・143
吴瑞焉	77・441
	77・451
吴瑞源	53・510
吴瑞圖	80・211
吴瑞薔	54・402
吴瑞興	76・343
吴　瑗	62・251
吴載賡	79・569
吴載勳	6・447
吴載鰲	79・172
吴　塤	59・353
吴勢卿	76・435
吴聖有	40・360
吴聖觀	80・241
吴聘莘	53・104
吴　勤	72・697
	73・141
吴夢青	60・175
吴夢旂	71・155
吴夢順	72・96
吴夢鳴	62・519
吴夢熊	78・690

	78・737
吴夢麒(明文登)	28・703
	29・538
吴夢麒(明平和)	75・687
	76・758
吴夢蘭	50・236
	71・61
吴夢齡	4・303
	6・146
吴蒼璧(清安溪)	79・429
吴蒼璧(清高安)	62・248
吴　蒙(明永定)	80・174
吴　蒙(明崑山)	61・457
吴　椿	45・520
吴椿敷	71・205
吴　楠(明)	77・393
吴　楠(清)	76・300
吴　楚	62・32
吴楚材	71・290
	72・2
吴楚椿	8・619
吴楚翹	13・416
吴　楷(明)	75・643
	76・199
吴　楷(清高安)	62・443
吴　楷(清浦城)	76・573
吴　楫	60・727
吴槐元	62・261
吴槐材	57・129
吴槐高	57・142
吴槐楨	57・396
吴　椽	70・521
吴　匯(明)	66・292
吴　匯(清)	46・510
吴　搏	71・474
吴　當	70・28
	72・561
吴　聶	78・736
吴　暐	31・797
吴　暄(明)	35・474
吴　暄(清)	2・96
	16・446
吴暉吉	62・504
吴　照	71・247
	71・633
吴嗣昌	77・192
吴嗣富	76・211
吴嗣蕙	45・621
吴嗣爵	2・4
吴　嵩	69・172
吴嵩梁	53・202
	71・178
吴　嵰	35・66
吴　雉	76・395
吴　稔	78・172
吴　筠(唐)	4・253
吴　筠(清)	50・301
吴筮晉	13・394
吴　節	72・564
吴節性	73・224
	73・301
吴　與	76・725
	77・689
吴與弼	70・171
吴　傳	59・75
吴魁章	19・85
吴　鈺	77・372
吴　鈵	72・655
吴　鉞	70・66
吴　鋃	71・451
吴愈糾	71・485
吴愈聖	79・178
吴　會(元)	70・563
吴　會(明)	62・61

吴　會(清)　71・203
吴會同　71・156
吴會賡　55・471
吴愛甫　71・84
吴誠爐　56・115
吴　廉　1・855
23・622
吴裔通　31・821
吴新生　57・412
吴新春　77・204
吴新瑀　80・718
吴新慶　56・157
吴雍裔　30・301
31・176
吴　慎　76・361
吴慎烈　57・357
吴　義(明政和)　77・29
吴　義(明益都)　18・450
吴　猷　66・140
吴　煜　79・431
吴　煒(清清苑)　2・47
42・593
吴　煒(清婺源)　56・662
吴煒堅　55・217
吴　煌　70・621
吴煌甲　80・173
吴　煥　55・71
吴煥彩　2・76
79・461
吴　煇(清宜黄)　71・24
吴　煇(清龍巖)　78・682
吴煇文　44・196
吴　漣　73・392
吴　溥(明峽江)　73・324
吴　溥(明崇仁)　70・58
吴　源(明莆田)　78・100
吴　源(明僊遊)　78・265
吴源遠　80・228
吴準仁　2・83
40・200
吴　福　76・261
吴福山　51・332
吴福佑　51・714
吴福森　10・43
34・151
吴　肅　60・278
吴殿邦　80・197
吴殿佐　60・413
吴殿英　19・105
吴殿魁　73・310
吴殿齡　80・478
吴際斯　76・332
吴際蟠　71・430
吴遜齋　36・539
吴　經(明)　77・146
吴　經(清永安)　80・439
吴　經(清江西東鄉)　71・203
吴經琳　73・63
吴經魁　77・570
吴　璉　78・681
78・736
吴　瑮　26・616
吴嘉文　71・621
吴嘉禾　71・618
吴嘉言　71・609
吴嘉祐　79・595
吴嘉啓　79・595
吴嘉祿　71・85
吴嘉鈺　56・341
吴嘉會(清高安)　62・506
吴嘉會(清婺源)　57・399
吴嘉賓　71・608
吴嘉靜　73・233
73・301

吴嘉錂　56・341
吴嘉謨　62・532
吴　穀　62・75
吴壽坤　77・376
吴壽昌　77・185
吴壽泉　72・649
吴壽祺　67・186
吴壽齡(清無棣)　13・148
吴壽齡(清新昌)　63・461
吴壽齡(清歷城)　4・285
6・146
吴慕陶　50・434
吴慕階　13・402
吴　熙(宋)　77・119
吴　熙(清)　55・249
吴熙曾　13・135
吴熙麟　56・397
吴　模　71・620
吴　榕　60・20
吴　輔　77・76
吴輔宗　73・255
吴爾晉　80・213
吴爾煦　13・419
吴聞詩(明固始)　1・848
25・193
26・574
吴聞詩(明歷城)　5・111
吴閒成　64・415
吴鳴圭　57・398
吴鳴岐　13・386
吴鳴和　55・472
吴鳴周　57・294
吴鳴盛　54・293
吴鳴琴　57・397
吴種德　13・394
吴　毓　79・578
吴毓春　4・294
6・148
吴毓珍　4・310
31・813
吴毓崑　52・379
吴毓嘉　80・26
吴毓僖　79・600
吴毓駿　55・472
吴毓蘭　14・143
吴　槩　77・22
吴　銓(明)　79・153
吴　銓(清)　62・436
吴銓文　44・289
吴銘盤　43・131
吴鳳生　43・66
吴鳳起　12・333
吴鳳章　57・475
吴鳳詔　47・584
吴鳳翔(清金谿)　70・639
吴鳳翔(清萬年)　60・269
吴鳳閣　19・105
吴鳳鳴　67・182
吴鳳樓　53・613
吴鳳擴　62・598
吴鳳翼　73・175
吴　誥　80・174
吴　說　77・184
吴說隨　75・680
吴　豪　70・574
吴廣生　71・61
吴廣智　80・540
吴　韶(明)　14・124
吴　韶(清)　71・63
吴端明　19・551
吴　榮　71・4
吴榮年　13・416
吴榮松　67・586
吴榮招　57・149

吴榮法　56・321
吴榮祖　71・613
吴榮森(一名宇成)　57・267
吴榮森(字楚錦)　56・224
吴榮運　57・221
吴榮煥　57・222
吴榮輝(清同安)　76・310
吴榮輝(清婺源)　56・228
吴榮耀　56・403
吴　漢(清)　71・340
吴　漢(漢)　1・689
8・463
吴漢江　57・266
吴漢章　55・239
吴漢寬　64・388
吴　漸　69・362
吴　寬　71・329
吴寬常　50・262
吴　實　75・516
78・487
吴肇元　77・500
吴肇芓　13・403
吴肇成　71・216
吴肇材　56・486
吴肇郃　25・201
吴肇英　78・418
吴肇東　54・520
吴肇采　55・602
吴肇業　55・572
吴肇新　54・242
吴肇熣　79・592
吴肇榮　54・243
吴綺文　57・54
吴　綽　73・147
吴　綱　80・579
吴綱思　62・650
吴綱紀　62・651
吴維芳　73・415
吴維垣　18・742
42・469
吴維姬　29・345
吴維墀　77・499
吴維翰　75・647
77・522
吴綸紀　80・522
吴　瑾(明)　77・29
吴　瑾(清)　27・12
吴　璀　38・272
吴　琟　72・151
吴　璋(宋)　77・144
77・257
吴　璋(明吴江)　58・274
吴　璋(明高唐)　39・713
吴　璋(明婺源)　55・570
吴　璋(清)　2・33
吴　璇　39・580
42・555
吴　駒　71・526
吴　增　1・848
26・565
吴增元　50・433
吴　縠　18・694
42・433
吴　蕙　70・530
吴　蕃　70・548
吴　樞(元)　58・145
吴　樞(宋)　70・208
吴　賢　75・713
吴賢宋　55・241
吴賢塔　57・194
吴賢銘　50・488
吴　確　38・717
吴　震　75・686
76・729

吴震交　79・174
吴　播　77・78
吴撝謙　69・195
吴　輝　79・422
吴輝祖　76・559
吴遺昌　64・569
吴　嶠　43・65
吴　籏　37・416
吴　億　59・78
吴　儀(元)　70・462
71・167
吴　儀(宋)　77・119
吴　質(三國)　4・185
41・127
41・381
吴　質(明)　77・499
吴質生　45・169
吴德成　11・93
吴德志　55・562
吴德初　79・433
吴德茂　77・415
吴德范　76・330
吴德奇　74・479
吴德昌　45・128
吴德昭　59・148
吴德祥　50・450
吴德喜　57・398
吴德植　13・417
吴德曾　13・150
吴德照　76・582
吴德新(元)　71・292
吴德新(清)　41・770
吴德彰　15・528
16・409
吴德範　77・647
吴德徵　70・542
吴徵鼇　76・162
吴　徹(元)　70・445
吴　徹(明)　70・66
吴　劍　55・402
吴劍昭　80・748
吴餘慶　71・6
吴　賡　71・207
吴賡颺　57・397
吴　慶　78・695
吴慶元　80・689
吴慶良　30・693
吴慶坦　13・396
吴慶林　80・726
吴慶珍　71・431
吴慶浩　80・726
吴慶基　13・426
吴慶雲　69・587
吴慶潤　80・743
吴　毅(明南平)　77・83
吴　毅(明南城)　71・232
吴　敵　47・242
吴　遵　75・416
78・463
吴遵世　11・305
15・611
吴　瑩　62・155
吴熠豐　80・684
吴　潛(宋)　47・325
75・359
吴　潛(明)　69・176
吴　潤　5・215
吴　澈　71・214
吴　潾　69・550
吴　澄(元)　45・331
46・602
48・312
60・758
61・751

吴興姬　35·111
吴興務　55·603
吴興業　76·558
吴興詩　71·485
吴興猷　62·565
吴　學(明玉山)　50·221
吴　學(明無錫)　1·782
　37·804
吴學山　62·122
吴學文　55·443
吴學周　70·78
吴學柱　72·87
吴學修　74·45
吴學炯　71·237
吴學耕　4·386
吴學彬　48·220
吴學清　45·251
吴學淮　53·56
吴學敬　47·320
吴學智　8·332
吴學淵　62·458
吴學愈　71·617
吴學詩　63·16
吴學源(字本思)　62·418
吴學源(字遠及)　62·438
吴學源(清南昌)　45·21
吴學漢　62·446
吴學濂　62·118
吴學瀚　62·271
吴儒光　5·203
吴儒容　56·485
吴　衡(明山陰)　80·759
吴　衡(明崇仁)　70·65
吴　衡(明新喻)　66·293
吴　錫　70·552
　71·175
吴錫仁　13·414
吴錫孕　79·178
吴錫圭　76·318
吴錫光　70·493
吴錫祚　62·256
吴錫詔　55·424
吴錫璡　79·595
吴錫圖　71·177
吴錫璜　80·735
吴錫禧　79·596
吴錫齡　70·636
吴錫麟　55·210
吴　錦(清永定)　80·187
吴　錦(清信豐)　73·432
吴錦元　62·153
吴　穎(明閩縣)　75·446
吴　穎(明德興)　58·566
吴穎重　60·68
吴穎純　60·97
吴穎達　73·439
吴　諫　66·148
吴　謂　78·590
吴　龍(明金谿)　70·526
吴　龍(明晉江)　79·226
吴　龍(明新淦)　73·250
吴龍炳　71·325
吴龍翔　59·599
吴　熺　75·639
吴　燧　76·275
吴　澧(明)　79·456
吴　澧(清)　13·377
吴　激　76·488
吴　澥(宋崇仁)　70·248
吴　澥(宋龍溪)　77·686
吴　濂　75·604
　79·64
吴濂發　80·215
吴　憲(明政和)　77·30

吴　憲(明龍溪)　77・714
吴憲仁　57・219
吴憲文　54・267
吴憲芳　56・352
吴憲言　55・381
吴憲武　57・398
吴憲春　55・432
吴憲章　55・381
吴憲煒　55・432
吴憲儒　78・454
吴　禧(明連城)　80・675
吴　禧(明蘭溪)　34・435
吴彝情　56・469
吴　縫　71・530
吴　駿(宋)　76・533
吴　駿(清)　77・493
77・554
吴　瑕　47・441
吴　璨　4・330
13・411
吴　璐　76・766
吴　壎　13・134
吴　聰　76・297
吴　聯　75・728
吴聯珠　48・582
吴聯登　75・679
吴韓起　79・272
吴　樫　2・64
吴　懋　55・467
吴懋功(明)　50・537
吴懋功(清)　80・211
吴懋忠　60・100
吴懋乾　57・510
吴懋履　57・357
吴　霈　79・78
吴　霞　76・702
77・717
吴霞舉　79・570
吴　豳　13・124
吴　曙　2・46
32・452
33・76
吴　嶽(明汶上)　4・107
吴　嶽(明武進)　76・351
吴　嶽(清)　57・397
吴　嶸　45・198
吴　點　77・201
吴鍾安　35・111
吴鍾牟　78・305
吴鍾岳(清弋陽)　50・414
吴鍾岳(清高安)　62・155
吴鍾侃　56・330
吴鍾信　57・236
吴鍾善　79・426
吴鍾僑　56・194
吴鍾賢　35・186
吴鍾巒　76・250
76・272
吴　鍧　50・100
吴　爵　79・559
吴　謙(元)　52・410
60・80
吴　謙(明)　79・502
吴　謙(清高安)　62・461
吴　謙(清瀘溪)　72・11
吴謙元　53・596
吴　應(明)　77・69
吴　應(晉)　41・127
吴應尹　62・273
吴應召(清安仁)　60・152
吴應召(清奉新)　67・475
吴應西　77・79
吴應亨　57・226
吴應昇　77・495

吴應咸　71・600
吴應奎(清金谿)　70・490
吴應奎(清高安)　62・274
吴應庭　47・412
吴應泰　35・91
吴應連　71・286
吴應卿　73・439
吴應祥　50・115
吴應梅　79・433
吴應棟　35・195
吴應裕　56・480
吴應試　69・224
吴應韶　44・482
　77・42
吴應璜　77・47
吴應穆　1・824
吴應錫　80・521
吴應禧　78・434
吴應曙　56・462
吴應麟　71・387
吴應驥　71・13
吴　燦　47・457
吴燦章　62・162
吴　燮　66・242
吴鴻光　56・406
吴鴻重　70・621
吴鴻洙　31・797
吴鴻烈　55・218
吴鴻傅　71・161
吴鴻源　76・309
吴鴻賓　42・394
　42・395
　42・402
吴鴻磐　80・249
吴鴻謨　70・103
吴　濤　2・53
　9・28
吴　濬(元)　6・165
吴　濬(清涇縣)　77・213
　80・200
吴　濬(清龍巖)　78・673
吴濬源　11・287
吴　濟　55・187
吴濟川　78・630
吴　禮　48・26
吴禮烝　57・267
吴禮章　76・168
吴翼行　2・47
吴　繽　21・760
吴　瓊　21・304
吴瓊宴　79・610
吴　鼇　55・327
吴翹棟　57・388
吴覲光　48・263
吴豐龐　80・734
吴曜堂　57・93
吴　簪　56・310
吴簡言　80・36
吴　雙　47・266
吴雙德　13・420
吴　鏾　62・626
吴　鏵　80・539
　80・590
吴　鎮　57・73
吴鎮先　55・646
吴　鎧　12・309
吴　鎬　60・139
吴　鎰　70・41
吴　璧(元)　77・122
吴　璧(宋)　60・25
吴　璧(明)　65・225
吴　璧(清)　57・147
吴彝敬　71・85
吴　璸　13・412

43・134
吴　蘇　21・500
吴　藻　53・175
吴攀桂　60・143
吴攀龍　37・854
吴　璽(明邵武)　77・179
吴　璽(明晉江)　79・151
吴　璽(清)　47・165
吴　霦　79・78
吴　嶒　43・100
吴　鏜(明上高)　63・13
吴　鏜(明廣昌)　74・468
吴　鏜(清)　53・614
吴　鏞(明)　14・250
17・517
吴　鏞(清)　77・574
吴　鵬(宋)　49・383
吴　鵬(明)　35・59
吴　鵬(清長山)　4・299
吴　鵬(清南安)　79・522
吴　鵬(清萬載)　61・672
吴　鵬(清婺源)　56・310
吴鵬南　77・494
吴鵬錫　79・244
吴騰蛟　64・546
吴騰漢　80・497
吴　鯤　55・369
吴　鯨　53・126
吴　贇(宋)　77・481
吴　贇(清)　23・415
吴懷玉　79・524
吴懷英　71・321
吴懷荆　79・228
吴懷義　13・418
吴　瀚(清江西新城)　71・430
吴　瀚(清霑化)　13・393
吴瀛仙　70・632
吴瀛洲　35・124
吴寵祿　62・600
吴寵嘉　55・427
吴寵濟　80・225
吴　疆　57・499
吴繩熙　78・437
吴繡堂　4・330
吴　瓌(明平和)　75・686
吴　瓌(明侯官)　73・5
吴　瓌(明漳浦)　76・730
76・758
吴　蘭(明)　21・136
吴　蘭(清)　72・616
吴蘭堂　19・406
吴蘭蓀　76・124
吴　櫪　76・383
吴　醴　55・421
吴　霨　62・132
吴獻台　78・125
吴獻西　5・278
13・791
吴獻持　62・418
吴獻卿　77・652
吴獻圖　67・479
吴獻謨　67・451
吴獻麟　60・325
吴鶚峙　13・416
吴鶚峒　13・414
吴　巍　55・636
吴　覺　78・277
吴　鐘　77・725
吴　饒　71・173
吴　議　79・560
吴　夔　21・133
吴灌田　57・228
吴寶三　40・203
吴寶翁　70・256

吳寶樹　13・473
吳寶麟　73・365
吳　繼　65・293
吳繼芳　70・599
吳繼高　14・711
吳繼開　57・74
吳繼椿　55・575
吳繼震　13・401
吳　瓘　73・160
吳　權(明晉江)　79・281
吳　權(明萬年)　60・428
吳躍龍　62・128
吳　儼　71・174
吳　鐸　70・207
吳　鑒　75・586
76・94
吳巖夫　77・13
吳　鑄　30・689
吳　鑑(明)　64・181
吳　鑑(清)　38・251
吳　巒　4・208
11・40
31・760
33・808
吳　瓌　70・215
吳　瓚　13・399
吳　顯(明平和)　75・687
吳　顯(明漳浦)　76・735
76・759
吳　顯(清)　57・463
吳顯章　10・140
吳顯鴻　62・620
吳　麟　76・262
吳麟玉　55・213
吳　觀(元)　47・494
吳　觀(明)　45・57
吳觀立　13・402
吳觀乎　13・403
吳觀來　13・393
吳觀國　78・558
吳觀德　62・453
吳觀樂　76・144
吳觀瀾　77・123
吳　衢　62・269
吳衢亨　80・500
吳　灝　79・429
吳灝之　70・486
吳纘姬　25・63
吳　驥　71・93
吳驥伯　77・483
吳　讚　80・210
吳　鸞(南唐)　66・415
吳　鸞(清)　30・119

助

助靈夫人　76・364

岐

岐　儂　76・497

岑

岑東曙　16・430
19・3
岑堯臣　78・585
岑　嵩　60・303
岑　熙　1・696

利

利元吉　71・229
利　申　74・357

邱

邱一柱　70・624
邱一鵬　74・152

邱人福　80・43
邱人鳳　79・321
邱人龍　79・321
邱人騏　79・321
邱人驥　79・321
邱九仞　52・83
邱九奎　77・188
邱又元　78・708
邱三捷　77・116
邱士含　17・623
　19・34
邱士毅　68・213
邱大順　77・266
邱上達　51・333
邱之立　76・383
　76・430
　77・139
邱子厚　24・702
邱子瞻　80・184
邱天民　2・52
　43・23
邱天成　20・787
邱天作　24・767
邱天祐　78・76
邱天將　72・547
邱元武　20・544
邱元拔　74・273
邱元迪　77・729
邱元華　74・454
邱元瑞　72・536
邱元壽　77・187
邱巨源　7・270
　7・486
邱日榮　50・193
邱中隆　72・233
邱中鸞　71・482
邱公立　79・342
邱文岐　80・26
邱文炳　74・23
邱文烈　51・295
邱文盛　72・693
邱文聰　1・790
　43・538
邱　允　77・371
邱孔威　78・617
邱玉山　78・555
邱玉亭　24・703
邱玉常　17・579
　20・556
邱玉麟　35・476
邱正策　2・30
邱正頌　80・221
邱世平　13・126
邱可行　70・638
邱可封　52・394
邱可峯　13・155
邱可鈞　13・121
邱丕振　24・712
邱石常　17・589
邱冬崑　52・634
邱立上　74・241
邱民範　52・92
　77・210
邱西平　13・126
邱有成　77・203
邱有品　79・157
邱存質　78・705
邱成光　80・234
邱成勳　76・304
　76・343
　77・642
邱光明　47・428
邱廷試　77・279
邱廷璋　24・555

邱廷儀 73·385
邱仲起 75·394
邱仰文 4·350
35·469
邱行鍵 31·833
33·812
邱　全 5·197
邱兆蘭 77·398
邱兆麟 69·84
71·354
邱旭鑑 52·64
邱汝登 78·690
邱　安 71·320
邱安國 77·387
78·535
邱　祁 78·275
邱如泰 74·161
邱如嵩 1·826
邱如衡 76·110
邱志科 20·784
邱志廣 17·590
邱克承 2·80
39·150
邱　杞 78·275
邱甫冠 9·76
邱步鰲 50·295
邱步衢 78·537
邱佐周 74·252
邱作訓 80·687
邱希潛 6·391
邱言坊 39·88
邱宏謀 50·193
邱宏禮 1·727
邱良玉 79·346
邱良功 76·303
77·624
邱良箴 79·237
邱　武 80·325
邱　青 70·619
邱長清 13·157
邱　坦 80·440
邱坤伯 69·590
邱卓夫 73·399
邱尚志 74·156
邱尚忠 71·619
邱昌錦 36·679
邱明偉 73·393
邱　昂 78·661
邱迪嘉 79·382
邱季方 78·682
邱秉中 77·362
邱秉文 78·113
邱秉洪 80·355
邱秉賢 80·355
邱　岳 71·577
邱金榮 74·39
邱念祖 5·292
邱　炘 71·486
邱治平 72·536
邱宗文 60·91
邱宗亮 75·415
78·462
邱宗皋 77·277
邱定禧 74·44
邱　宜 45·521
邱承好 60·99
邱孟瓊 80·653
邱　珏 77·199
邱　珍(明建甌) 76·450
邱　珍(明莆田) 78·204
邱　珊 80·176
邱拱辰 73·82
邱貞元 60·90
邱　省 59·136

邱品才 70·634
邱　重 79·267
邱　奐 78·241
邱亮采 77·263
邱　恒 36·512
邱　炳 71·287
邱洪海 51·297
邱洪鈞 24·703
邱洪渭 51·296
邱洪龍 79·352
邱　洵 24·723
邱祖德 1·781
邱屏周 77·273
邱紀勳 52·581
邱　泰(宋) 62·346
邱　泰(清) 22·310
邱　珧 24·717
邱素敬 51·505
邱貢瀛 71·550
邱桂榮 80·354
邱　振 71·321
邱　晉 2·77
邱時中 35·467
邱時行 71·236
邱恩榮 32·455
33·78
邱　峯 71·209
邱　峻 80·17
邱峻南 78·455
邱唐守 80·230
邱　悔 17·609
20·561
邱　浙 71·257
邱　海(元) 38·717
邱　海(清) 58·280
邱　陵 73·384
73·404
邱能成 78·535
邱　純 11·461
邱理德 10·310
邱培之 71·306
邱培英 78·418
邱培楠 72·537
邱掄賢 80·51
邱處機 4·265
17·673
21·820
23·666
24·580
25·279
25·602
25·685
27·301
27·615
32·481
33·558
邱國柄 73·428
邱　崇 79·264
邱　敏 36·502
邱得標 74·14
邱從學 71·135
邱象艮 6·390
邱　袞 22·231
邱章亮 74·236
邱啓雍 79·173
邱　隅 59·70
邱　紳 74·70
74·77
邱紹尹 24·703
邱紹宗 79·229
邱　琪 1·806
9·24
邱　瑄 20·792
邱堯熙 79·235

邱　超　19・40
邱萬山　80・355
邱萬式　80・356
邱萬程　80・357
邱萬璋　80・53
邱萬鍾　80・356
邱　敬　80・526
80・589
邱敬業　51・495
邱　葵　76・296
77・654
邱　雲　8・419
邱雲村　24・703
邱雲章　20・509
邱開基　20・785
邱遇柳　71・245
邱景雲　79・321
邱程雲　1・822
邱　稅　71・510
邱　雋　80・365
邱　翔　80・532
邱尊三　8・420
邱富國　76・486
邱運麟　74・393
邱　祺　52・65
邱發厚　77・36
邱　瑚　18・374
邱瑞蓉　73・339
邱幹臣　43・128
邱　楨　79・153
邱　楫　38・714
邱　園　71・346
邱園卜　2・70
30・234
邱　魁　76・550
邱微之　78・139
78・260
邱　鉉　39・720
邱肆三　8・420
邱　義　76・398
邱　福　77・179
邱際可　77・499
邱嘉猷　69・183
邱嘉静　77・511
邱壽民　79・255
邱蔚文　78・707
邱鳴泰　71・163
邱銅寶　80・307
邱鳳來　22・230
邱廣才　80・521
邱廣芳　6・405
邱齊泰　19・8
19・163
邱齊嵩　19・19
邱　榮　80・237
邱榮豸　77・508
邱肇熊　71・14
邱　鼐(明)　52・72
邱　鼐(清)　2・109
邱緒瑞　68・616
邱維材　79・230
邱維拭　79・233
邱維屏　74・168
邱維嶽　52・315
邱　瑾　80・696
邱　增　73・310
邱穀常　17・596
邱　邁　20・781
邱　敷　74・70
邱　磊　5・141
13・767
邱　嶙　71・592
邱　嶝　18・381
邱質彬　80・206

邱魯生	71 · 602
邱養浩	79 · 111
邱澂翠	14 · 371
邱履祥	71 · 129
邱　璠	46 · 534
邱翰階	20 · 788
邱樹功	76 · 335
	77 · 651
邱　橓	4 · 108
	17 · 533
	20 · 507
邱　興	78 · 705
邱　錫	79 · 177
邱熺財	51 · 346
邱憲章	77 · 85
邱　璐	6 · 351
邱聯恩	76 · 343
	77 · 643
邱懋煒	76 · 737
邱　曖	79 · 194
邱　嶸(宋)	47 · 420
邱　嶸(明)	78 · 680
邱穗蘭	49 · 349
邱　膺	76 · 391
邱應和	79 · 169
邱應科	17 · 559
	19 · 18
邱應琢	35 · 469
邱應景	80 · 226
邱鴻磐	18 · 748
邱　濬(宋)	76 · 454
邱　濬(明)	73 · 406
邱濟道	80 · 462
邱翼聖	39 · 734
邱績九	24 · 703
邱翹楙	78 · 707
邱藜照	52 · 139
邱　黻	78 · 263
邱　蟠	71 · 488
邱雙鳳	51 · 336
邱雙薦	77 · 581
	79 · 145
邱　鎮	39 · 694
邱鎮南	24 · 702
邱　鎔	78 · 681
邱攀仁	70 · 634
邱攀桂	49 · 372
邱鵬雲	18 · 357
邱　鯨	74 · 163
邱馨亭	43 · 109
邱　鏕	78 · 663
邱鶴松	72 · 28
邱　霽	58 · 218
邱體乾	69 · 207
邱　巒	80 · 69
邱顯剛	78 · 712
邱　巘	74 · 164
邱觀濤	20 · 785

何

何一元	62 · 626
何一泗	45 · 16
	46 · 475
何一飛	2 · 47
何一昂	49 · 121
何一傑	2 · 81
	38 · 411
何一瑞	48 · 382
何一蜚	70 · 533
何一鳳	14 · 254
	17 · 671
何一賓	12 · 136
何一鴻	78 · 266
何九真	78 · 325

何九達　49・16
何九雲　78・720
　79・272
何九楷　47・439
何九說　79・173
何九濤　74・15
何九轉　79・270
何三位　47・440
何三近　74・490
何三奇(明)　74・490
何三奇(清)　72・202
何三省　74・471
何于洙　72・152
何于新　72・246
何士玉　54・165
何士奇　7・385
何士相　48・391
何士華　2・96
何士雯　57・365
何士榜　48・389
何大正　74・357
何大功　42・44
何大印　30・645
何大立　77・395
何大良　48・333
何大忠　51・74
何大紳　80・540
何大榮　79・226
何大綸　74・503
何大勳　74・346
何大鵬　80・541
何上理　78・582
何上榮　74・133
何　山　60・619
何之仕　80・541
何之良　37・812
何之健　48・189
何之楫　71・432
何之靖　47・403
何之榜　80・541
何之廣　24・543
何之潤　71・452
何之曙　48・122
何子祥　76・155
　76・761
何天日　80・547
何天玉　48・328
何天伯　79・286
何天受　80・541
何天秩　62・272
何天啓　52・100
何天植　62・414
何天聲　71・120
何天爵　71・243
何天燦　80・547
何天衢(明)　72・86
何天衢(清)　55・514
何元杰　57・403
何元述　79・114
何元亭　57・143
何元倫　41・406
何元袞　56・403
何元章　57・77
何元照　48・399
何元熙　2・42
　69・276
何元賡　55・171
何五子　43・647
何友玉　70・544
何友道　47・356
何日詔　74・487
　74・503
何曰菼　71・477
何曰頌　80・519

何曰熙　71·442
何　中　71·122
71·628
73·273
何中鼎　80·543
何中運　80·543
何中圖　60·687
何中榮　80·543
何仁彥　72·20
何化南　62·333
何公珣　17·607
何公溥　75·430
何文价　74·75
何文芬　71·137
何文豸　80·540
何文典　77·724
何文宣　76·351
何文華　51·642
何文倖　12·95
75·467
何文祥　73·106
何文偉　74·75
何文焯　80·547
何文淵　1·772
74·462
何文澄　7·384
何文學　49·145
何文耀　37·847
何文寵　54·541
何以烈　77·230
何以鎮　77·267
何　允　74·494
何允升　41·810
何允安　2·78
40·199
何允善　72·88
何允濟　7·382
何孔陽　74·482
何孔揚　80·549
何孔賓　74·484
何孔濬　73·430
何玉成　75·562
79·40
何玉光　13·502
何玉德　1·813
35·61
何玉潤　13·426
何玉衡　80·547
何　正(明,知萍鄉)　47·340
何　正(明峽江)　73·206
73·291
何正臣　73·228
73·285
何正芳　37·561
何正振　79·81
何正裔　78·342
78·370
何去非　76·566
何甘棠　80·544
何世臣　35·680
何世仰　62·400
何世伊　47·456
何世垂　77·271
何世珖　77·221
何世華　16·447
何世浤　71·130
何世球　74·125
何世祺　79·33
何世堪　4·269
5·325
43·280
何世瓊　77·272
何世鰲　51·69
何世瓚　5·326

43・280
何　本　26・646
何本仙　80・540
何本炳　80・534
何本洪　80・549
何本真　80・547
何可量　31・800
35・312
何　平　23・130
何占魁　77・203
何仕俊　77・585
何令通　57・520
何立經　2・104
25・354
何永元　51・316
何永春　77・274
何永泉　80・547
何永晟　80・547
何永清(明山西)　19・424
何永清(明建寧)　80・532
何司明　79・49
何邦玉　30・687
31・222
何邦玠　57・366
何邦英　49・127
何邦基　80・549
何邦琳　80・541
何邦靖　79・37
何邦準　49・72
何邦禎　57・295
何邦榮　57・294
何邦禮　79・36
何邦馨　74・451
何　式　27・536
27・803
何式箴　18・698
18・823
18・830
何吉孫　80・522
何西綸　53・142
何在田　74・517
何有壬　12・495
何有典　12・495
何有華　70・598
何　成　72・21
何至清　62・245
何至發　62・497
何至德　78・266
何光沇　57・366
何光烈　80・549
何光淇　55・434
何光涵　57・76
何光釿　57・514
何光煥　57・366
何光禧　80・550
何光鎮　57・366
何光瀏　57・366
何同然　62・493
何先春　71・432
何廷仕　73・323
何廷彥　55・480
何廷軻　45・307
何廷貴　73・103
何廷槐　13・419
何廷賓　77・213
何廷標　62・644
何廷機　74・503
何廷勳　74・129
何廷獻　62・590
何廷鐘　77・192
何　休　4・15
4・170
何延世　68・8
何仲慈　75・550

	79・15
何仲彰	80・540
何自誠	77・577
何自學	70・515
何　向	7・461
	30・335
	31・185
何向宸	71・161
何　行	74・476
何兆愷	49・125
何兆綸	51・577
何兆蕃	49・105
何兆麒	73・6
何　旭	70・585
何多學	2・82
何　池	77・192
何汝霖	30・688
	31・224
何汝霽	80・549
何守允	62・580
何守成	80・196
何守添	62・514
何　安(元)	74・491
何　安(明)	79・207
何安世	73・4
何　艮	61・647
何如英	59・143
何如苓	2・98
	16・443
何如瑄	74・496
何如龍	35・63
何志大	59・515
何志嶠	11・118
何芳秀	74・134
	74・138
何芳桂	69・561
何芳勝	79・179
何呈瑞	55・480
何　秀	53・455
何　伸	78・107
何作楫	71・202
何伯誠	80・551
	80・584
何希之	71・140
何希堯	62・61
何希彭	75・644
	76・195
何希曾	43・109
何希軾	72・26
何　兊	77・184
何亨逢	57・366
何　汴	74・486
何　沆	74・488
何　沁	80・547
何　宏	74・494
何宏紳	48・581
何宏惠	71・216
何宏道	71・217
何治雲	68・716
何良佑	57・49
何良科	56・652
何　武	1・687
	11・36
何　青	79・70
何青芝	76・101
何長莊	77・263
何長釗	77・249
何長浩	75・639
	76・175
何長琚	77・272
何長詔	77・232
何長敦	77・260
何長瑜	4・187
何長載	77・225

何長聚 77·225
何　坦(宋) 71·514
74·461
何　坦(清) 48·247
何亞魁 52·250
何其成 10·392
何其芳 73·103
何其亨 71·335
何其明 71·235
何其忠 70·564
70·621
何其珍 56·357
何其恭 77·190
何其健 37·780
何其高 1·779
何其偉 75·643
76·199
77·523
何其智 79·44
何其義 77·40
何其睿 73·334
何其漁 80·532
80·586
何其賢 1·789
6·302
何其濟 80·550
何　英(明萬載) 61·502
何　英(明鄱陽) 58·121
60·232
何英才 79·33
何英標 80·557
何林赫 57·364
何　松 80·533
何　枬 39·812
何　杰(清長寧) 74·136
何　杰(清德州) 5·377
8·614
何　述 76·532
何　東 71·208
何東魯 31·826
何　奇(宋) 74·494
何　奇(明) 71·187
何尚喜 57·223
何昌言 77·282
何昌楙 77·93
何明道 51·54
何秉忠 79·186
何秉綸 37·63
37·854
何佳乘 74·504
何岳生 65·263
何　佾 77·581
何金蘭 78·350
78·396
何朋乾 48·422
何京滿 71·582
何　沾 74·495
何油然 62·312
何　泳 60·715
何　泓 79·89
何治運 76·89
何　宗 74·468
何宗岱 36·513
何宗彥 70·470
何宗聖 70·526
何宗魯 18·692
42·431
79·35
何宗藩 74·132
何定山 72·206
何定顯 72·207
何　宜 75·552
79·24
何　祉 72·43

何建梁 48·413
何居武 66·262
何居憲 79·236
何承天 4·186
何承元 76·167
何承都 79·177
何承彩 49·474
何孟秋 55·249
何　珊 62·442
何　垚 71·126
何　垣 16·446
何　政 4·150
何南方 62·630
何　晒 74·362
何則賢 76·101
何思九 80·549
何思安 77·267
何思武 57·366
何思明 75·554
何思義 62·484
何思澄 4·189
何思謹 30·697
31·219
何思贇 75·377
何思鰲 25·217
25·294
何迴生 37·848
何秋淦 77·261
何秋濤 77·225
何泉泰 78·371
何　俊 70·528
何　扂 71·413
何　勉 75·505
76·64
何　亮 4·153
25·5
25·16
何彥先 4·245
5·51
何彥修 66·287
何彥猷 39·562
何彥彰 49·82
何庠元 41·789
何　恒 9·26
何　炯 79·119
何炫熑 76·470
何　洪 8·466
16·421
19·2
何　洞 47·395
何　洛(明) 74·499
何　洛(清) 78·392
何　洲 74·476
何宣賜 80·539
何冠英 76·56
何　祐(元) 73·247
何　祐(明) 79·150
何既濟 77·444
何飛熊 70·557
何飛翰 71·130
何　珙 80·539
80·591
何　珠(明) 4·162
何　珠(清) 74·452
何起欽 60·641
何起播 50·261
何　桂 5·327
43·292
何桂芳 73·66
何桂林 78·365
何　格 30·61
何軒年 76·131
何連城 79·63
何　原 8·466

何　烈　48・194
何　振　73・80
何振宗　51・57
何致闓　71・477
何　晉(宋)　70・207
何　晉(明)　28・497
何　時(宋上猶)　74・401
何　時(宋樂安)　71・128
何　時(明)　74・149
何　倬　68・389
何師亮　75・642
79・88
何逢禧　76・64
何　衷　73・199
73・290
何高映　77・273
何高解　77・272
何高雍　77・233
何高維　77・228
何高慰　77・233
何　悌　80・547
何益茂　49・92
何凌霄　36・199
何海晏　31・791
35・309
何　浚　79・235
何家枚　74・76
何家松　74・14
何家珍　79・375
何家圖　74・71
何　祥　71・200
何祥奎　71・206
何陳宫　79・47
何　純　73・204
73・290
何純子　77・147
何　培　37・847
何著先　79・242
何　彬　73・69
何　梅(清建寧)　80・533
何　梅(清豐城)　68・334
何雪澗　77・402
何常明　52・236
何　昺　30・716
何　異　47・337
70・1
71・351
何國光　53・559
何國材　71・416
何國重　53・554
何國信　80・543
何國華　37・6
何國棟　73・320
何國雲　72・98
何國鼎　43・273
何國羨　80・521
何國模　77・221
何國徵　80・543
何　崙　73・73
何第松　57・507
何敏中　52・59
何　偉　66・180
何　俩　60・538
何得一　73・265
何　從　66・318
何　釴　1・839
14・109
15・534
16・419
何欲拔　74・74
何欲揚(新喻教諭)　74・72
何欲揚(德化教諭)　74・71
何彩臣　62・552
何望海　77・188

何惇元　74・518
何　清　73・103
何清澄　12・493
何淩漢　2・18
何　淑　71・124
何　淡　1・806
何　深　8・318
何　梁　74・495
何啓扃　48・213
何啓清　74・132
何啓淳　74・130
何　書　73・170
何陽泰　73・95
何紳基　74・394
何紹洙　79・78
何　斌　72・225
何琪枝　79・273
何　琦（明平陰）　35・383
何　琦（明彝陵）　9・25
何　琦（清南康）　74・385
何　琦（清晉江）　79・275
何　琦（清滕縣）　36・495
何　琮　22・248
何　琚　30・679
何　達　77・192
何達善　2・71
30・646
何　萬　78・482
何萬安　69・571
何萬選　73・3
何　敬（明）　73・71
何　敬（南朝梁）　76・460
何敬叔　4・138
何敬祖　75・639
76・176
79・85
何朝臣　41・382
何朝宗　47・410
何朝珍　57・153
何朝炳　76・140
何朝弼　57・368
何　葵　62・551
何　雲　80・482
何　揚　14・254
何斐然　49・505
何　敞　1・690
何　鼎　77・92
何鼎宏　79・248
何鼎鐸　48・418
何開興　74・14
何景春　76・410
何景釗　37・848
何景綱　80・540
何景燦　2・51
12・98
何　貴　34・49
何無忌　4・204
何　喬　72・16
何喬年　74・493
何喬遠　78・627
79・125
何喬新　71・628
74・459
75・368
77・362
77・447
何喬福　74・493
何喬壽　74・487
何喬遷　79・270
何喬遴　79・209
何喬選　79・242
何　傅　75・564
79・69
何順意　74・394

何集伯　70・582
何集唐　62・607
何　御　75・592
　　79・59
何　復　4・222
　　23・433
　　23・648
何復漢　74・503
何爲京　80・541
何　斌　77・266
何　善　73・206
　　73・290
何善爲　79・73
何道源　76・177
何　焯　76・362
何湛六　70・290
何湘友　70・621
何　湞　59・90
何　湜　75・454
何　湯　44・6
　　46・301
何　淵(明巴縣)　73・6
何　淵(明貴溪)　52・69
何淵美　31・227
何運亮　79・174
何運泰　77・146
何裕昌　71・190
何裕誠(一作城)　2・25
何裕徵　57・366
何　媚　25・684
　　27・175
何瑞卿　74・389
何　載　11・340
何　遠　4・137
何遠宗(清南豐)　71・551
何遠宗(清崇仁)　70・339
何聖能　74・476
何夢白　77・547
何夢駿　79・168
何　蒙　44・37
　　46・394
何　楷　76・698
　　76・740
何　楨　80・115
何　暐　76・104
何嗣孕　76・460
何嗣昌　73・1
何與京　77・177
何傳興　2・48
　　26・22
何　鈺　48・339
何會同　74・487
何　誠　78・254
何裔芳　79・48
何　愷　74・502
何義蕃　70・503
何　煟　2・12
何　煥(宋)　59・78
何　煥(清)　74・518
何　溥　60・751
　　61・431
何　源(宋)　74・358
何　源(明吳江)　1・793
何　源(明廣昌)　74・465
何　源(清)　55・621
何源匯　75・630
　　79・79
何源澄　4・242
何源龍　80・533
何源濬　76・473
何　福　77・234
何福華　57・26
何殿邦　5・327
　　43・283

何殿魁　5・327
43・279
何殿颺　5・327
43・279
何際昇　78・374
何際泰　2・104
25・219
25・294
25・296
何　遜　4・186
何經永　33・696
何　瑭　1・828
何瑤堦　5・327
43・290
何　穀　71・120
何熙誠　71・300
何蔚春　61・745
何蔚然（清侯官）　76・110
何蔚然（清高安）　62・274
何　榛　80・129
何爾松　57・294
何爾昌　62・309
何爾健　4・159
37・834
41・383
何爾震　25・62
何鳴高　19・586
何鳴章　76・159
何鳴鳳　68・511
何鳴講　14・248
17・524
何　圖（清安遠）　74・76
何　圖（清高安）　62・627
何圖書　49・97
何毓光　5・325
43・288
何毓杞　43・120
何毓珩　4・312
何毓海　51・321
何毓淇　62・631
何毓楠　43・109
何毓福　33・81
何毓蕙　80・522
何毓蘭　6・200
何僊姑　80・74
何銀喜　57・294
何鳳來　74・127
何　雒　50・400
何　廣　4・343
37・776
何　端　74・495
何鄰泉　6・174
何粹然　19・71
何　榮　71・216
何榮祖　1・755
何榮壽　80・550
何　漢（清貴溪）　52・357
何　漢（清廣昌）　74・510
何漢光　5・325
43・277
何實同　74・486
何肇淳　76・446
何肇貽　73・322
何　熊　80・122
何　維　1・833
18・692
42・431
42・509
何維紡　5・328
43・291
何維柏　75・375
何維堃　10・311
26・581
何維銘　51・634

何維綺　5・327
43・289
何維縉　5・327
43・290
何維壥　77・204
何維嶽　79・246
何　瑾　49・98
何賢升　80・547
何賢阜　80・547
何　震　57・495
何　撫　14・251
17・621
何輝亡　69・333
何輝棟　62・314
何　遲　74・87
何　踞　79・155
何　嶲　74・360
何德芳　10・499
何德崇　74・132
何　魯　4・252
15・584
17・481
18・422
何劉育　69・405
何慶永　73・443
何慶祥　6・448
15・138
何　澍　47・394
何潮坎　57・157
何潮湘　57・294
何　潛　74・511
何潤章　56・403
何　澄(明江西新城)　71・376
何　澄(明莒州)　31・226
何履旭　75・634
79・81
何履鉌　75・632
79・77
何　選　77・349
何豫章　80・547
何樂善　16・450
26・579
何　憙　25・18
何　蕵　76・566
何樹芳　77・190
何　機　13・722
何　霖　71・120
何　盧　74・485
何　器　68・252
何　穆　68・557
何　勳　80・143
何　興　9・727
何興吾　76・479
何學恂　74・483
何學峻　80・558
何學書　53・641
何學詩　53・641
何學謙　62・475
何學禮　62・625
何學瀾　62・610
何儒顯　77・165
何　錡　77・352
何　錢　74・492
何錫命　61・467
何錦標　51・316
何錚然　62・482
何龍文　79・274
何　熺　49・105
何　燧(明)　72・225
何　燧(清)　28・699
何營成　62・676
何澤著　77・259
何澤傳　77・222
何　聰(明晉江)　79・229

何　聰(明淮安)　34・50
何　蕆　76・566
何懋修　62・599
何懋傑　80・547
何懋椿　80・547
何懋龍　80・545
何　嶸　62・331
何徽烈　74・134
何　鍾　74・482
何鍾元　78・292
何　謙　78・389
何應佑　80・164
何應明　79・170
何應和　75・416
　78・463
何應奎　74・478
何應崙　74・326
何應運　41・393
何應瑞(明)　4・226
　37・835
何應瑞(清)　60・738
何　燮　79・199
何鴻年　62・464
何鴻伯　57・262
何　濤　74・469
何　濬　80・83
何濟舟　2・95
　16・454
　37・422
何職彥　62・560
何　覲　4・373
　37・841
何覲光　80・556
何　豐　74・493
何　鎮　43・297
何鎮之　76・475
何　鎧　9・725
何　鎬　77・184
　80・151
何　璧　75・597
何　鏜　71・208
何騰蛟　62・540
何識文　62・490
何識光　67・439
何識裘　62・624
何識魯　62・416
何識讓　62・486
何　瀚　76・141
何繹保　43・297
何　耀　79・254
何　譽　79・71
何　鏴　43・300
何　夔　1・698
　15・519
　27・1
何繼志　11・392
何繼周　1・802
　75・454
何繼宗　4・237
　5・213
　8・642
何繼高　75・403
何繼筠　1・739
　12・93
何　鐵　75・624
何　鐸　47・440
何鶴鳴　70・494
何屬乾　74・491
何體仁　5・326
　43・291
何　鑑　1・769
何　顯　75・454
　76・28
何觀海　58・76

何衢亨　74・358
何　讓　78・347
　　78・399

但

但友儒　49・484
但如炳　48・396
但如梅　48・397
但步瀛　48・419
但佑秀　48・419
但明策　48・397
但侍朝　48・405
但宗皋　49・448
但時卿　48・396
但啓元　49・422
但　紳　58・241
但貴元　49・484
但順臣　48・419
但登高　48・419
但發棐　48・416
但　蓮　48・357
但　鳳　48・396
但　彰　48・388
但贊祚　48・419

伯

伯岳解　4・144
　　40・66
　　40・160
伯　虔　4・4
　　35・602
伯　新　78・217
伯　福　79・300
　　79・640
伯德特離補　1・751
伯　顏(元)　1・763
　　18・691
　　42・430
伯　顏　73・4
伯顏子中　44・73
　　72・71

佟

佟仁隆　23・264
佟世祿　2・87
　　14・693
　　42・875
佟成年　12・201
佟國鼎　75・381
佟國瑤　75・433
佟國器　75・382
佟國瓏　2・105
　　28・690
佟國瓚　2・73
佟康年　75・387
佟淮年　2・39
　　8・468
佟彭年　2・86
　　39・804
　　42・547
佟　鉅　30・127
佟輔聖　22・235
佟毓華　50・326

位

位永通　27・164
位至高　27・162
位克正　27・164

佀

佀海清　40・123
　　40・268
佀　璞　40・82
　　40・118

40・165
佀聯芳 40・135
佀　鍾 4・102
40・75
40・155

佛

佛　化 79・642
佛　初 18・580
佛　定 39・218
佛　倫 2・7
佛　潤 6・225
佛燈禪師 77・525

佘

佘一衍 67・139
佘一真 54・510
佘一晉 71・472
佘一新 55・134
佘一龍 54・95
佘一鵾 38・665
佘七畧 67・435
佘九穀 67・102
佘乃仁 67・470
佘三聯 67・418
佘于垣 57・131
佘士江 51・501
佘士苞 57・56
佘士怡 55・312
佘士俊 55・251
佘士美 58・312
佘士泰 26・14
佘士清 56・528
佘士超 58・560
佘士傑 53・547
佘士登(清奉新) 67・414
佘士登(清金谿) 70・592
佘士椿 53・559
佘士榮 67・462
佘士標 55・513
佘士德 70・513
佘士慶 56・65
佘士聰 47・346
佘士濟 71・83
佘大文 67・436
佘大成 70・576
佘大茂 51・330
佘大昕 58・418
佘大昉 57・387
佘大治 55・76
佘大啓 66・569
佘大視 56・512
佘大鄉 80・548
佘大雅 51・144
77・159
佘大愷 45・192
佘大猷 51・130
佘大樊 80・542
佘大勳 80・522
佘大縉 67・313
佘大騂 56・35
佘上文 51・574
佘上由 53・470
佘上錦 55・158
佘久英 65・500
佘久豪 65・514
佘之梅 70・558
佘子恭 70・524
76・468
佘子翼 40・23
40・245
佘天允 58・537
佘天民(清古田) 77・546
佘天民(清建寧) 80・542

余天志　57・268
余天育　56・370
余天降　56・654
余天亮　49・175
余天瑚　56・628
余天瑋　56・71
余元一　76・347
　78・282
余元吉　39・203
余元旭　54・174
余元亨　67・257
余元英　55・301
余元昌　54・137
余元昂　77・573
余元肅　54・576
余元珍　54・527
余元泰　75・585
　77・473
余元宰　80・309
余元敏　80・440
余元馭　58・429
余元湍　80・509
余元壽　49・293
余元潢　57・24
余元遴　54・169
余元薦　58・576
余元勳　51・699
余元龍　58・574
余元懋　57・493
余元鍾　57・23
余太椿　76・487
余友芳　68・490
余友善　62・579
余日昌　71・449
余日華　78・289
余日敬　57・75
余日登　71・425
余日懷　55・15
余曰熊　51・560
余曰德　45・58
余　升　67・314
余仁先　72・250
余仁仲　45・331
　46・603
　49・456
余化淳　80・456
余化鱗　51・226
余公彥　50・449
余公理　71・530
余公勝　74・393
余公瑞　50・376
余丹鳳　55・14
余文之　50・111
余文芝　56・263
余文言　56・262
余文初　56・516
余文坦　49・268
余文英(清婺源)　57・240
余文英(清廣豐)　53・381
余文杰　55・441
余文明　54・510
余文柏　58・434
余文星　57・241
余文炳　55・114
余文祖　53・47
余文珮　58・673
余文華　67・310
余文梓　49・176
余文崙　49・265
余文淑　54・240
余文淵(明)　67・310
余文淵(清)　80・558
余文魁　56・6
余文煥　49・260

余文蔚　54・296
余文滏　80・430
余文演　49・296
余文增　55・482
余文輝　55・486
余文龍　77・531
余文濱　56・329
余文獻　48・35
余　亢　58・349
余方舟　7・388
余斗祥　70・551
　70・621
余斗賚　53・139
余心暢　67・84
余心慧　66・595
余以英　67・564
余以槐　67・452
余以謙　66・515
余允文　76・486
余允光　67・130
余允堅　48・151
余孔昭　52・336
余孔泰　52・332
余玉基　53・414
余玉堦　51・340
余玉粱　55・54
余正中　79・356
余正心　53・572
余正有　47・280
余正兆　56・189
余正酉　4・294
　6・174
余正宗　48・269
余正垣　45・66
余正峨　80・441
余正健　75・509
　77・533
余正謙　55・485
余世仁　54・488
余世名　67・128
余世守　57・458
余世安　54・320
余世宏　56・458
余世昭　68・326
余世榮　54・492
余世翰　58・545
余世儒　54・51
余世寵　56・455
余　古　62・695
余本立　70・639
余本材　80・552
余本純　80・301
余可立　67・207
余可芬　67・164
　67・435
余可奇　54・506
余可靖　54・523
余丙南　59・467
余丕盛　56・429
余石麒　80・328
余占鼇　55・258
余　申(宋)　53・646
余　申(清)　67・230
余　仕　67・310
余仕英　47・174
余仕隆　58・419
余用江　49・186
余用序　44・505
余立本　55・326
余立達　58・584
余立誠　77・575
余必成　80・543
余永昭　77・504
余永植　57・326

余永弼　58・214
余永壽　71・448
余永勳　55・438
余弘六　80・504
余邦用　57・315
余邦治　57・386
余邦彥　77・573
余邦高　57・268
余邦弼　67・196
　67・448
余邦楠　55・179
余邦輔　22・231
余邦翰　67・258
余　圭　77・546
余芑舒　58・381
余有才　80・425
余有成　74・447
余有彬　54・556
余有敬(明)　68・221
余有敬(清)　55・322
余有爲　55・323
余有道　57・491
余有輝　58・450
余存大　70・626
余存吉　70・583
余存誠　57・470
余成怡　56・138
余成教　67・176
　67・435
余成勳　80・545
余成龍　51・534
余成鎮　67・427
余　光　73・336
余光七　80・508
余光令　71・491
余光宁　55・285
余光辰　77・93
　79・51
余光昌　53・471
余光庭　75・606
　77・465
余光炳　67・484
余光泰　54・524
余光耿　54・154
余光第　55・487
余光雲　60・492
余光策　49・314
余光瑂　65・502
余光緒　53・277
余光儉　59・451
余光魯　54・243
余光彝　67・225
余早元　71・206
余同光　57・450
余同機　67・211
余先疇　80・329
余廷玉　58・551
余廷材(明)　80・313
余廷材(清)　53・439
余廷奏　70・591
余廷相　71・327
余廷珪　77・548
余廷桂　56・598
余廷著　58・596
余廷弼　67・463
余廷瑞　79・284
余廷塏　58・364
余廷楨(明)　71・449
余廷楨(清)　49・318
余廷煒　58・672
余廷煥　55・139
余廷輔(明)　51・112
余廷輔(清)　67・196
余廷璋　56・132

余廷標 80·18
余廷翰 67·337
余廷勳 59·615
余廷讚 58·95
余仲敬 58·389
余任逾 57·409
余自怡 54·104
余自厚 77·554
余自寅 67·393
余自毅 48·193
余向葵 67·190
余行健 58·411
余兆元(明) 77·552
余兆元(清) 51·632
余兆英 55·64
余兆豐 56·663
余亦昌 53·405
余汝莊 55·487
余汝程 77·201
余守經 56·549
余守觀 1·827
39·147
余 安 71·376
余安行 50·448
58·532
余安燾 48·150
余礽繡 56·176
余礽鑾 57·98
余如璋 51·536
余孝基 67·125
余 志 80·579
余志明 49·198
余志通 47·252
余志達 49·280
余志蛟 55·67
余志煌 54·336
余志鴻 57·9
余志鼇 56·259
余 芳 49·299
余芳泰 67·489
余芳蹤 67·463
余克守 77·552
余克玲 51·470
余克和 55·348
余克裘 53·375
余克諧 55·486
余克聯 55·143
余克濟 75·407
76·205
79·382
余材枝 77·559
余辰樞 76·234
余步雲 66·593
余步蟾(清古田) 77·578
余步蟾(清餘干) 59·74
余肖兩 80·131
余見龍 49·274
余秀泰 50·117
余我墉 51·454
余 伸 71·96
余作正 48·507
余作梅 80·520
余作霖 51·533
余伯昂 55·484
余伯宜 80·533
80·551
80·586
余伯俊 53·229
余伯暉 55·50
余伯銘 77·574
余伯麟 54·512
余希孟 13·146
余希賢 49·241
余含芳 55·394

余含章　55・151
余含輝　55・420
余　甸　2・24
2・26
8・468
75・565
79・64
余亨信　48・292
余序仁　51・320
余宋傑　51・49
余宏達　37・565
余良珪　54・531
余良能　67・211
余良森　54・530
余良弼(宋順昌)　77・162
余良弼(宋德興)　58・656
余良楨　67・43
余良樞　67・43
余良翰(明)　67・42
余良翰(清)　56・138
余良駿　77・550
余良璧　58・591
余良贇　67・561
余姒年　77・556
余　玨　51・491
余長祚　49・187
余　坤　51・541
余其沅　57・87
余其洵　57・109
余其洋　57・267
余其源　57・107
余若冲　54・133
余　茂　67・310
67・388
余茂舒　58・420
余　英　78・610
余　林　56・19
余述古　56・329
余述冏　55・246
余述祖　55・394
余述藻　55・484
余東林　57・159
余東旺　60・91
余東暘　71・338
余尚典　68・503
余尚宗　50・28
余尚訓　68・496
余　杲　54・149
余　昌　51・540
余昌佳　57・513
余昌祚　61・464
72・85
余昌棱　55・280
余昌景　80・53
余　昕　55・391
余明可　71・345
余明陞　80・556
余明焰　77・189
余季芳　58・397
余秉芳　67・543
余秉清　67・120
余秉善　60・719
余秉義　53・616
余秉禮　66・595
余　岳　51・182
余　侃　80・539
余佩玉　57・206
余金生　67・332
余金式　67・446
余金枝　67・445
余金奏　67・178
余金策　67・178
余金鳳　67・445
余金聲　67・445

余采芹(清武寧)　49・242
余采芹(清建寧)　80・545
余　受　70・575
余　周　56・429
余周敘　57・38
余怡訓　48・244
余炬蓮　55・486
余炎午　67・15
余炎薰　57・378
余法曾　56・68
余泮其　46・511
余宗英　54・171
余宗連　48・541
余宗貴　53・163
余宗堡　55・246
余宗瑚　71・132
余宗漢　80・542
余宗燮　56・585
余宗耀　80・309
余宗鑾　56・666
余定茂　49・494
余　宜(明)　53・341
余宜子(清)　71・630
余宜紀　56・630
余官良　58・429
余承仲　58・543
余承玠　77・367
余承恩　70・590
余承詔　76・471
余春潮　57・1
余　珏(元)　70・210
余　珏(明)　77・551
余　珍　75・413
　78・453
余　垣　55・280
余垌亨　56・256
余　垓　58・357
余　垠　54・486
余南仲　76・463
余南桂　55・481
余　相(明)　57・446
余　相(清)　49・359
余　柏　67・568
余柏勝　56・657
余　柱　71・524
余咸熙　76・117
余拱辰　54・505
余　彔　50・70
余星暐　56・562
余昭熠　55・240
余昭灝　58・605
余　畋　58・443
余畋良　58・550
余思仁　55・441
余思啓　68・567
余思復　80・477
余思銘　9・69
余　适　80・466
余香祖　54・295
余重傑　56・524
余重謨　80・486
余　保　76・635
余信芳(清江西新城)　71・480
余信芳(清奉新)　67・339
余　俊　57・241
余俊干　67・223
余俊興　49・242
余逢辰　55・354
余亮彩　67・176
余彦忠　66・394
余彦章　71・273
余彦誠　58・311
余　炳　56・348
余炳文　58・658

余炳祀 57・130
余炳春 48・421
余炳垣 56・647
余　烔 59・307
余　洵 51・528
余洛書 77・577
余冠賢 55・145
余　祜 58・122
余　祐 75・401
余祖昭 77・558
余祖奭 78・67
余祖鵬 67・418
余祖馨 77・577
余祚徵 53・438
余　陞 55・530
余飛鴻 51・705
余紉蘭 67・545
余　泰(明南城) 71・264
余　泰(明將樂) 80・453
余　泰(明靖安) 65・341
余　泰(明鄱陽) 58・37
余泰和 67・192
余泰泮 56・323
余泰彬 57・102
余泰畯 56・347
余泰源 56・262
余泰瑤 56・139
余泰增 56・313
余泰標 57・19
余泰濟 55・130
余　珙 78・468
余　珩 51・582
余素紹 49・257
余素潤 49・225
余　起(宋) 77・167
余　起(清) 80・329
余起臣 55・209
余起柱 56・367
余起衡 46・243
余　華 54・151
余華國 77・192
余　恭 77・162
余　桂 56・264
余桂林 50・64
余桂蓴 51・169
余　軒 77・560
余連雲 80・546
余配元 68・232
余配乾 68・231
余振之 70・556
余振文 67・180
67・445
余振邦 55・483
余振采 67・187
余振球 55・283
余振德 67・445
余振鴻 54・244
余致中 67・371
余　時 49・241
余時言 47・43
51・181
余時英 54・484
余　旻 75・506
77・529
余　恩(元) 70・480
余　恩(明) 73・344
余　峯 51・558
余　剛 55・435
余倫鍇 57・88
余師濂 6・447
余殷年 77・556
余　釗(清廣豐) 53・508
余　釗(清德興) 58・606
余翁聞 76・496

余逢金　57・230
余逢傑　57・240
余逢源　58・434
　58・670
余逢璨　54・295
余逢燦　38・558
余　畆　77・60
余席珍　56・303
余　浡　51・402
余海士　49・296
余　浣　71・236
余　浤　52・328
余家鼎　55・408
余家駒　80・441
余家諫　56・566
余家豐　55・485
余家議　55・639
余　祥(明)　71・314
余　祥(清)　54・333
余祥瑞　78・444
余能協　77・555
余翀漢　55・574
余純似　54・55
余純明　54・119
余純泮　51・674
余純華　56・453
余純乾　51・518
余純照　54・129
余　琁　80・303
余　琇　42・196
余　規　49・153
余培仁　56・312
余培直　55・202
余培庚　57・240
余培脩　57・7
余培基　70・613
余培森　57・314
余培雅　57・240
余　基(明)　54・119
余　基(清)　51・235
余梅川　54・524
余盛藻　65・228
余　授　78・287
余　堂　77・530
余晨瑞　55・129
余　冕　71・292
余國用　50・540
余國光　78・385
余國相(明)　48・438
余國相(清)　71・95
余國炳　55・268
余國珮　56・291
余國楨　55・246
余國維　58・537
余國鎮　56・218
余　崧　55・318
余　崗　51・491
余　崇　51・558
余崇曾　49・275
余崇龜　78・231
余　笛　50・96
余　符　80・45
余敏紳　80・533
余　偕　57・387
余　偶　75・570
　77・541
余進善　67・115
余得恩　80・17
余得福　67・378
余　敘　45・8
余　象　78・222
余章錦　56・229
余翊昌　57・229
余望陽　77・160

余情芳　67・415
余　清　51・401
余添順　51・635
余　深　77・459
余深詩　58・385
余　涵　48・337
余寅止　71・39
余啓元　54・60
余啓宮　57・157
余啓昶　47・195
余啓烈　57・215
余啓豹　57・240
余啓堂　57・211
余啓隆　70・625
余啓榜　56・287
余　隆　80・578
余隆九　71・131
余　紱　67・444
余紹元　59・467
余紹有　57・158
余紹礽　51・555
余紹祉　54・323
　57・462
余紹炳　57・229
余紹祜　51・434
余紹祖(宋)　65・390
　67・13
余紹祖(清)　51・429
余紹昶　67・191
余紹珩　67・495
余紹高　49・215
余紹貴　56・468
余紹禎　57・463
余紹寧　71・346
　71・495
余紹增　67・181
余紹賢　72・31
余紹震　55・161
余紹簡　57・118
余　琪　63・531
余　瑛　76・198
余　琳　51・534
余　琥　57・449
余　琨(明)　53・252
余　琨(清)　56・605
余堯文　80・544
余堯弼　51・137
余超位　77・576
余　達　75・636
余斯延　72・283
余斯颺　55・396
余　葛　67・364
　67・387
余　敬　47・181
余敬中　72・56
余敬浥　55・258
余朝相　48・320
余朝卿　44・174
余朝梅　42・390
余朝瑛　55・644
余朝傑　57・513
余朝楷　58・415
余朝模　80・440
余朝讀　56・291
余　棟　71・38
余　棣　70・589
余軼群　71・86
余惠若　70・632
余雲煙　57・57
余　棐　55・274
余　棠　22・230
余　最　55・418
余　鼎　49・446
余鼎試　76・560

余鼎瀶 56·309
余鼎實 67·119
余　暭 49·503
余景文 67·335
余景辰 54·132
余景亮 66·541
余景望 1·790
43·537
余景新 68·549
余景鍾 67·386
余　蛟 58·542
余　嵐 51·231
余喬烈 75·674
余　臯 77·168
余　復(宋) 77·295
77·527
余　復(清) 49·335
余復升 49·419
余復享 57·56
余循忭 56·620
余循快 56·634
余循笛 55·136
余循櫃 57·39
余循錦 57·17
余舒錦 57·117
余爲霖 2·38
15·136
70·533
余舜舉 74·434
余勝宗 48·404
余　詔 77·689
余　詒 49·341
余敦盛 77·163
余敦善 65·343
余　童 59·277
余　善(明) 54·233
余　善(清) 71·101
余　翔 56·235
余尊大 49·215
余尊鄉 49·257
余道生 54·145
余道行 71·101
余道賢 58·556
余道潛 57·534
余道蘭 48·395
余遂生 74·445
余　湖 77·300
余　湜 77·543
余　滋 56·348
余　甯 70·488
余　棨 2·51
12·99
余　祺 45·502
余　弼 45·333
49·224
余登元 80·406
余登年 77·547
余登若 53·177
余發林 75·585
77·543
余　瑚 67·83
余　瑞(清宜黄) 71·65
余　瑞(清婺源) 54·546
余瑞麟 77·50
余　瑄 58·540
余聖材 57·119
余聘賢 56·171
余夢丹 55·485
余夢吕 80·532
80·586
余夢熊 67·318
余夢龍 53·471
余　蓀 55·192
余　楠 79·240

余　楷(明)　57·448
余　楷(清)　55·258
余匯清　70·614
余　雷　57·506
余　崚　51·504
余業經　70·492
余照春　55·481
余畹生　80·504
余頌平　65·516
余　詡　67·255
余　廉　80·462
余廉珍　67·425
余　靖(宋)　1·745
15·509
18·27
余　靖(明)　80·579
余靖笏　50·37
余靖獻　50·33
余新學　57·197
余煉金　54·166
余　煌　54·72
余　煥(字允寬)　55·407
余　煥(字新甫)　54·296
余　煥(宋)　76·412
余　煥(清南昌)　45·263
余煥南　67·189
余　煊　67·436
余　源　49·240
余源開　56·287
余　準　54·499
余　福(明浮梁)　47·141
余　福(明惠安)　78·594
余　禎　67·31
余　肅　51·224
余殿邦　55·481
余殿英　54·191
余際昌　57·240
余經元　49·438
50·30
余　瑲　57·455
余嘉定　54·522
余嘉修　56·264
余嘉謀　71·37
余　壽　76·340
77·641
余熙載　67·379
余　暢　50·503
余　塈　54·129
余鳴珂　49·330
余鳴泰　58·436
余鳴球　55·5
余鳴盛(明)　55·279
余鳴盛(清)　56·287
余鳴雷　54·63
余鳴鶴　55·79
余毓驊　55·267
余　銓(明)　71·469
余　銓(清)　68·428
余銓桂　54·332
余　銘　56·94
余鳳池　45·260
余鳳苞　71·246
余鳳書　55·370
余鳳喈　54·563
余鳳翥　57·431
余鳳臺　55·486
余端兆　55·206
余端禮　53·220
余榮珠　57·195
余滿臣　49·298
余　寬　73·335
余肇圭　53·616
余肇松　5·229
余肇海　59·496

余肇基　78・422
余肇堃　53・602
余肇燄　53・602
余　禕　76・467
余熊照　55・328
余緒虞　46・260
余維喬　51・550
余維樞　54・238
余綿麃　55・356
余　綸　67・444
余　綬　67・470
余　璀　75・581
余　璋　45・277
余　墺　56・469
余增孝　57・160
余　樞　45・540
余賢保　58・604
余　震　22・236
余霈元　48・67
余　稷　53・525
余　範　77・541
余德江　57・6
余德旺　54・571
余德修　57・475
余德恬　54・168
余德宣　48・564
余德峻　51・326
余德海　46・270
余德基　56・314
余德萬　71・99
余德韶　67・129
余德璡　58・566
余德聲　80・548
余德馨　67・333
余德讓　53・222
余　磐　77・140
余　鋐　52・462
余劍若　80・545
余賡颺　58・362
余慶甫　67・254
余養元　54・129
余　熼　67・560
余澍千　67・103
余澍霖(清婺源)　55・17
余澍霖(清豐城)　68・436
余　潛　9・74
余潛士　78・357
余澄生　58・580
余澄淦　55・485
余履信　77・85
余履祥　55・327
余履謙　50・482
余　璞　49・335
余　璘　52・532
余樹芝　58・671
余　霖　67・425
余霖雨　57・36
余　霓　57・192
余　勳　53・48
余興相　51・78
余興榜　56・96
余學化　49・260
余學典　80・522
余學政　77・499
余學惟　67・493
余學智　66・596
余學勳　60・502
余學優　49・189
余學夔　72・300
余　翺(明)　1・786
余　翺(清)　55・332
余　錡　49・180
余　錫　58・658
余錫升　56・430

余錫邦 51・666
余錫孖 51・673
余錫奇 51・243
余錫昌 55・483
余錫俊 51・519
余錫鋘 51・682
余錫爵 74・508
余錫懷 51・480
余錫齡(清弋陽) 50・420
余錫齡(清都昌) 50・118
余錫麟 51・621
余錦文 56・290
余錞文 56・616
余穎榮 77・567
余　諤 58・155
余龍生 56・505
余龍光 54・181
余　羲 6・165
余羲年 77・533
余　熾 67・99
余　燧 54・482
余　罄 54・91
余澤先 77・550
余澤賢 77・578
余　濂 50・21
余濂伊 58・671
余聯茀 51・243
余聯宗 55・484
余聯榮 55・483
余聯輝 55・482
余聯翩 57・409
余聯聲 49・241
余聯颷 54・562
余　懃 59・33
余　樫 80・331
余　懋 67・243
余懋功 71・348
余懋交 54・125
余懋林 80・543
余懋進 54・124
余懋組 58・574
余懋欽 80・542
余懋孳 54・100
余懋綸 58・406
余懋勳 79・370
余懋學 54・97
余懋衡 54・58
余　鍇 67・336
余　鍾 57・241
余鍾英 48・335
余鍾琦 58・544
余鍾瑞 58・587
余鍾麟 48・346
余　鍧 58・332
余　鎡 80・532
80・586
余謙一 78・108
余　襄 58・261
余　應 77・43
余應光 79・246
余應桂 50・21
78・698
余應容 58・580
余應球 50・349
58・291
余應堅 59・453
余應楫 56・491
余應魁 57・32
余應鳳 58・343
余應鵬 57・181
余應馨 58・564
余應蘭 67・462
余應鶴 56・126
余鴻序 53・572

余鴻翥　55・181
余鴻勳　71・80
余　濟　58・420
余　濱　53・323
余　翼　76・394
余翼昌　55・286
余　瓊　77・548
余　嚞　77・677
余覲光　55・86
余藩卿　57・464
余藥生　14・706
余　壘　56・451
余簪杏　55・482
余簡能　58・460
余　鎮　57・241
余　鎬(明)　54・484
余　鎬(唐)　76・398
余　颺　72・250
72・384
78・118
余　韹　58・659
余　爌　59・300
余攀壽　53・73
余麗元　54・270
余麗璋　57・409
余疇若　71・228
余贊廷　57・422
余　鏜　11・206
余　鵬　56・412
余鵬搏　55・396
余　韻　58・432
余懷坦　56・596
余懷悌　54・130
余懷瑾　57・506
余　瀚　58・378
余寵明　49・267
余繩武(清婺源)　55・293
余繩武(清鄱陽)　58・58
余　馨　55・482
余　耀　78・144
余耀廷　66・541
余覺華　76・500
余　瀾(明)　58・207
余　瀾(清)　53・324
余　寶　60・549
余寶書　48・582
余繼勳　75・664
余　瓘(五代)　77・543
余　瓘(明)　54・133
余　儼　14・742
42・955
余　鐸(唐)　59・91
余　鐸(清)　71・328
余鶴年　49・464
余體輝　51・299
余　鑑　55・398
余　瓚　58・349
余瓚明　48・383
余瓚馨　49・235
余　顯　72・39
余顯生　67・314
余顯邦　55・483
余顯廷　54・297
余顯武　46・228
余顯周　57・422
余顯謨　57・387
余鷺振　57・513
余　鑰　69・537
余　驥　67・107
余　鸞　57・387

佘

佘宗泰　9・890
佘國祥　74・114

佘　欽　45・50
46・381
佘夢翔　78・114
佘夢鯉　79・20

希

希　運　45・363
61・758

谷

谷九鼎　26・8
谷大生　39・86
谷之穎　13・130
谷元福　39・198
谷中虛　4・155
13・196
谷文魁　30・643
谷以忠　37・849
谷本盛　5・367
8・324
谷本嘉　8・323
谷生琰　29・559
29・571
谷生賢　29・271
谷光震　8・330
谷芳甸　43・106
谷　宏　73・231
谷良有　39・310
谷協一　39・339
谷　杲　6・294
谷明道　11・93
谷秉謙　2・84
谷孟甲　37・848
谷　珍　4・237
5・120
谷　泉　79・298
谷晉册　8・322
谷　皋　29・278
谷萬青　39・199
谷開曽　39・195
谷嵩年　8・325
谷資生(清城武)　39・86
谷資生(清陵縣)　4・277
5・367
8・322
谷嘉瑞　8・330
谷維寅　37・849
谷　穎　18・9
谷應宿　13・132
谷應舉　5・206
8・345
谷韞琢　37・853
谷韞璨　37・851
谷繼宗　5・114

邸

邸維棟　9・401
邸　鏜　9・423

狂

狂　子　32・411
33・294

狄

狄仁傑　1・727
狄光嗣　1・724
6・284
11・39
狄肖傑　36・487
狄武揚　36・526
狄兼謨　1・723
狄　惠　14・298
16・417
狄　黑　35・603

狄學勤　30・123

系

系南禪師　80・55

言

言　芳　5・142
13・757
言　偃　35・600
37・404
39・137

庈

庈　父　31・169

辛

辛大成　32・142
辛子馥　1・706
辛元扆　61・637
辛介福　61・657
辛公弼　61・653
辛公義　1・719
27・281
27・314
27・782
辛文沚　4・432
25・44
25・138
辛文彬　61・606
辛正爵　61・504
辛世猷　25・76
辛世顯　4・237
15・566
17・511
19・287
辛本杶　4・439
25・110
39・249
辛本栴　4・439
25・102
辛本棨　4・432
25・126
辛本樞　25・128
辛可善　61・530
辛可選　21・535
辛永和　13・731
辛　民　2・34
6・323
9・63
辛邦佐　61・601
辛有光　32・139
辛有猷　61・693
辛光佐　61・517
辛廷芝　61・587
辛廷桂　20・119
辛廷臯　61・736
辛仲甫　18・32
辛　价　61・651
辛自明　1・809
辛次膺　19・622
23・633
24・512
38・159
75・356
辛汝岐　61・587
辛汝梅　61・732
辛汝楫　61・730
辛汝勷　61・577
辛汝獻　61・566
辛汝灝　61・735
辛守身　61・613
辛字林　61・664
辛辰雲　61・646
辛我德　1・815

7·382
辛希祿　12·502
辛阿露　77·403
辛　玢　25·31
辛　苹　61·619
辛明述　61·519
辛明瑚　61·543
辛明韜　61·726
辛和羹　39·637
辛秉和　37·785
辛秉恒　37·785
辛金世　61·734
辛金峋　61·572
辛金貴　61·557
辛金壽　61·581
辛金鋭　61·600
辛金澄　61·566
辛金騏　61·737
辛金鑑　61·568
辛金鱗　61·735
辛宜岷　4·417
17·636
19·572
辛拱照　61·654
辛映斗　61·553
辛思謙　76·409
辛俊廷　12·492
辛庭侍　68·513
辛　炳　75·438
辛炳炎　61·768
辛炳昭　61·602
辛炳晟　61·607
辛炳喬　61·610
辛炳翰　16·436
19·3
辛　炤　61·727
辛　祐　52·457
辛　莊　6·224
辛時震　17·658
19·564
辛師雲　61·636
辛家松　61·581
辛家政　61·744
辛家棟　61·595
辛　恕　5·142
13·768
辛基泰　61·691
辛唯一　39·696
辛敏芳　61·551
辛　術　1·711
11·38
辛從益　61·620
辛竟可　77·589
辛啓泰　61·615
辛紹業　61·609
辛　琦　13·114
辛　琗　61·578
辛萬里　76·335
辛朝俊　61·625
辛雲京　1·723
辛　雯　4·417
17·658
20·118
辛開宣　61·446
辛景榮　61·702
辛御良　61·540
辛　鈞　1·763
38·160
辛棄疾　4·81
5·66
51·685
52·427
75·358
辛道澄　22·329

辛發榮　27・168
辛聘三　61・633
辛　勤　68・617
辛圖猷　61・532
辛　僎　61・652
辛廣恩　6・307
辛廣慈　41・786
　41・835
辛　竭　61・751
辛齊光　80・663
辛肇基　76・332
辛　標　61・738
辛輝英　77・650
　79・193
辛　磐　61・743
辛養增　5・249
　6・203
辛　潤　39・631
辛　樂　15・577
　17・528
辛樹人　61・593
辛樹仁　61・654
辛樹穀　61・614
辛樹錚　61・597
辛曉鳳　61・714
辛　穆　1・706
　8・464
辛學乾　61・704
辛儒修　28・204
辛錦斐　61・602
辛錦瑤　61・738
辛憲英　4・475
辛聯昌　61・565
辛聯居　61・571
辛聯魁　61・538
辛　應　73・4
辛應乾　4・127
　17・538
辛應象　61・725
辛應軫　61・537
辛　曜　23・634
辛　鎮　5・121
辛鵬雲　61・643
辛繼攀　61・570
辛　顥　61・570
辛　讜　41・59

忻

忻　都　7・376

冷

冷三德　49・181
冷大也　64・585
冷日升　4・416
　6・558
　17・582
冷日暉　62・518
冷介瑞　38・416
冷文英　49・159
冷世信　67・424
冷用端　49・167
冷印乾　22・323
冷有光　64・39
冷同孫　49・184
冷向榮　64・561
冷旭陽　63・172
冷如柏　47・588
冷芸約　22・349
冷克教　62・410
冷岐輝　77・366
冷近光　63・170
冷亨龍　49・228
冷　沖　49・207
冷若虛　22・263

22·475
冷　枚 4·472
22·322
冷　松 64·419
冷泮林 29·811
冷宗文 34·283
冷　洙 49·206
冷起元 15·557
17·530
18·308
冷起予 49·183
冷真人 71·362
71·635
冷時泰 22·262
22·470
冷國治 22·262
22·470
冷得中 4·443
冷啓濱 49·209
冷紹容 62·410
冷超岩 22·322
冷鼎亨 4·434
冷開泰 22·268
22·495
冷復泮 49·305
冷敦智 29·836
冷裕昆 63·153
冷　楨 63·127
冷　豊 1·685
冷嗣宗 63·85
冷傳甲 34·332
冷　煌 63·378
冷　滌 49·167
冷壽南 63·172
冷齊賢 62·349
冷榮祖 62·526
冷維焜 22·285
22·565
冷　潤 63·538
冷　澄 49·207
冷履信 49·221
冷　機 63·172
冷　壎 64·395
冷應元 49·208
冷應凱 49·182
冷應登 49·181
冷應徵 61·450
冷　燿 49·220
冷　曦 64·181
冷轟龍 49·205
冷釀龍 49·250

汪

汪一清 76·744
汪一楝 54·227
汪一蛟 56·610
汪一夔 50·491
汪九成 57·483
汪三元 56·38
汪三錫 55·600
汪于沚 54·146
汪士全 49·311
汪士武 58·448
汪士坤 58·233
汪士林(清上饒) 51·494
汪士林(清婺源) 55·462
汪士威 57·491
汪士珪 57·512
汪士連 54·552
汪士烺 50·525
汪士達 55·120
汪士楷 54·144
汪士廉 57·461
汪士愷 56·490

汪士煌　50·415
汪士漢　54·140
汪士樹　57·374
汪士勳　57·253
汪士鴻　52·379
汪大日　57·197
汪大中　55·551
汪大年　14·742
　42·955
汪大受　54·92
汪大春　56·69
汪大俊　56·580
汪大倫　54·210
汪大海　57·80
汪大章　50·516
汪大業　54·144
汪大榮　57·269
汪大賓　77·484
汪大興　54·576
汪大謨　55·561
汪山淮　52·322
汪之旭　69·272
汪之杰　55·14
汪之虎　56·551
汪之定　55·642
汪之炳　51·620
汪之烈　54·561
汪之倫　56·497
汪之淮　49·127
汪之斌　55·526
汪之楷　55·614
汪之潮　55·211
汪之龍　74·62
汪之縉　54·528
汪之謙　55·511
汪之濬　51·532
汪子友　54·480
汪子卿　55·271
汪天任　47·24
汪天奇　56·617
汪天定　47·149
汪天祐　55·539
汪天祥　56·512
汪天章　55·75
汪天錫　54·213
汪元介　55·329
汪元北　55·28
汪元兆　54·107
汪元英　61·616
汪元采　61·469
汪元度　14·729
汪元洪　55·174
汪元祐　59·607
汪元祚　56·517
汪元泰　54·236
汪元耿　55·37
汪元桂　56·552
汪元培　56·523
汪元康　54·590
汪元驫　55·652
汪元復　55·561
汪元善　80·550
汪元會(明)　56·474
汪元會(清)　56·483
汪元愷　50·525
汪元毓　54·589
汪元榮　56·648
汪元璜　55·316
汪元增　57·197
汪元標(明)　76·410
汪元標(清)　55·533
汪元慶　54·503
汪元學　56·479
汪元錫　54·90

汪元龍(元)　54・201
汪元龍(清)　56・557
汪元壎　54・602
汪元舊　55・652
汪元燦　57・253
汪元譜　57・13
汪元灝　47・183
汪友翹　57・160
汪巨班　56・196
汪日昉　59・326
汪日奎　50・459
汪日信　47・259
汪日新　56・359
汪日榮　52・343
汪曰唯　58・235
汪中元　61・556
汪中立　56・565
汪　仁　75・426
汪化中　47・89
汪　介　58・395
汪介然　54・309
汪文永　56・548
汪文亨　56・601
汪文忠　57・271
汪文美　56・200
汪文紀　54・321
汪文格　56・640
汪文彬　50・511
汪文盛　75・402
汪文彪　51・399
汪文偉　54・234
汪文從　56・488
汪文琥　74・544
汪文貴　59・367
汪文運(清婺源城西)　54・153
汪文運(清婺源清華)　55・317
汪文瑋　59・611
汪文楠　57・127
汪文照　71・481
汪文煥　57・9
汪文經　55・48
汪文輝　54・96
汪文質　54・233
汪文銶　55・618
汪文翰　55・375
汪文興　56・514
　57・106
汪文熺　57・24
汪文燝　55・652
汪文熾　55・181
汪文襐　56・499
汪文燦　56・105
汪文觀　60・505
汪　心(明)　55・274
汪　心(清)　57・502
汪心一　47・238
汪心田　55・253
汪心起　55・6
汪尹耕　54・497
汪引生　60・349
汪以時　54・228
汪允珪　55・232
汪允魁　47・277
汪允璋　56・284
汪允龍　47・267
汪予幹　47・162
汪玉林　2・25
　8・470
汪玉錦　47・225
汪　正　78・462
汪正元　54・293
汪正先　51・720
汪正誼　77・283
汪正澤　59・48

汪正鏞　57・15
汪功棣　56・338
汪世何　54・583
汪世沖　50・465
汪世法　55・66
汪世浩　62・441
汪世球　56・608
汪世傑　57・91
汪世新　47・194
汪世瑾　55・139
汪世蕃　54・592
汪世樾　6・121
汪世衡　56・592
汪世録　55・646
汪世鍾　57・319
汪世豐　61・732
汪世勷　50・476
汪世麟　71・572
汪世纓　55・232
汪　本(明浮梁)　47・76
汪　本(明樂平)　59・304
汪　本(清)　57・40
汪本樣　57・393
汪可牧　54・501
汪可進　55・278
汪丙炤　55・350
汪丕輝　57・433
汪平波　50・525
汪　旦　79・154
汪甲先　57・463
汪四喜　60・425
汪生民　57・447
汪仕從　57・488
汪　用　58・251
汪用耕　54・481
汪立中　55・376
汪立民　57・318
汪立信　47・131
　54・313
汪永本　57・403
汪永延　55・615
汪永義　56・363
汪幼鳳　55・273
汪邦光　57・480
汪邦俊　47・215
汪邦達　56・103
汪邦銓　56・313
汪邦衛　54・327
汪邦興　55・637
汪邦衡　56・201
汪耳黄　59・142
汪芝德　55・237
汪在衎　49・126
汪在璽　49・115
汪　有　57・34
汪有文　54・494
汪有邦　56・191
汪有光　54・508
汪有炊　57・143
汪有達　58・175
汪有善　55・253
汪有熙　57・415
汪有興　56・598
汪有燦　61・579
汪　存　57・436
汪存省　54・517
汪　成　55・122
汪成璣　55・170
汪　光　51・530
汪光成　56・483
汪光坤　57・326
汪光東　56・486
汪光球　56・237
汪光瑔　55・462

汪光遠　55・336
汪光璠　56・280
汪光翰　55・580
汪　同　55・523
汪年椿　50・455
汪先振　56・424
汪廷用　59・288
汪廷任　56・577
汪廷芳　55・30
汪廷英　57・268
汪廷直　59・634
汪廷和　57・257
汪廷美　54・475
汪廷冠　56・604
汪廷祚　47・320
汪廷桂　50・453
汪廷訓　56・558
汪廷浩　57・47
汪廷偉　50・502
汪廷堠　47・282
汪廷棟　50・515
汪廷瑜　55・194
汪廷楨　56・304
汪廷照　56・190
汪廷煒　55・479
汪廷輔　55・533
汪廷樞　57・256
汪廷質　55・137
汪廷鋭　57・268
汪廷慶　56・574
汪廷選　62・590
汪廷儒　56・362
汪廷諫　57・467
汪廷駿　6・448
　40・203
汪廷鎮　57・315
汪廷贇　55・620
汪廷鏡　55・51
汪廷馨　47・277
汪廷鑾　57・88
汪延庚　55・599
汪延齡　55・598
汪仲洵　6・145
汪仲庸　51・416
　74・535
汪仲魯　54・82
汪任祖　56・222
汪自如　47・156
汪自東　61・718
汪自度　47・236
汪自遠　47・159
汪自霖　61・724
汪　似　52・91
汪兆任　57・16
汪兆材　56・319
汪兆侗　6・147
汪兆城　57・56
汪兆常　56・646
汪兆琛　6・184
汪兆新　57・319
汪兆熊　47・104
汪兆樑　56・662
汪兆僊　56・319
汪兆禧　51・557
汪兆顯　47・215
汪　旭　52・286
汪旭泉　59・518
汪汝和　56・451
汪汝淦　56・207
汪汝霖　33・237
汪守英　57・511
汪守和　59・327
汪宅仁　56・315
汪安民　51・447

汪安國　51・197
汪安圖　51・435
汪　阯　56・452
汪如玉(明)　77・363
汪如玉(清)　72・88
汪如彪　55・589
汪如棠　59・590
汪如椿　55・374
汪如煒　57・158
汪如龍　2・34
6・325
汪均怡　55・254
汪均順　56・418
汪志孔　50・501
汪志秀　56・665
汪志周　76・642
汪志高　55・254
汪志茭　57・5
汪志清　59・516
汪志達　47・293
汪志曾　57・497
汪志說　56・492
汪志稷　54・322
汪芳桂　55・527
汪芳藻　56・579
汪克用　53・243
汪克淑　49・263
汪克復　47・235
汪克寬　73・193
汪克繩　14・730
汪克繼　14・730
汪杏花　54・406
汪　甫(清貴溪)　52・318
汪　甫(清婺源)　56・205
汪酉泰　56・419
汪步高　57・404
汪秀松　49・93
汪　何　52・374
汪　佐　47・208
汪佐邦　57・343
汪　佃　50・370
汪作楫　54・158
汪作霖(清浮梁)　47・243
汪作霖(清婺源)　56・221
汪伯正　59・431
汪伯亮　49・168
汪希甲　50・397
汪希利　54・483
汪希亨　50・420
汪孚先　56・468
汪含元　47・211
汪含玉　7・443
汪沐日　76・645
汪　沛　55・45
汪　沆　47・129
汪宏均　55・309
汪宏謨　46・187
汪良臣　54・202
汪良志　54・594
汪良佐　57・453
汪良增　56・57
汪　武　55・517
汪青萍　55・344
汪長洪　10・83
汪長敘　54・343
汪長齡　5・233
6・131
汪坤本　57・374
汪茂旻　54・586
汪茂楠　61・668
汪　英　60・249
汪來崙　52・335
汪　松　57・523
汪松林　57・251

汪松泰 54・279
汪松谿 70・600
汪　杰(清婺源) 54・340
汪　杰(清鄱陽) 58・80
汪雨舟 57・481
汪雨泉 50・393
汪　奇 56・449
汪　拔 49・136
汪拔元 56・111
汪尚祠 57・31
汪尚義 47・219
汪尚誼 54・231
汪昌修 56・646
汪昌懋 57・364
汪明潤 56・26
汪　昉 54・547
汪　忠 56・627
汪知進 54・507
汪季良 50・182
汪秉元 54・105
汪秉忠(明) 54・235
汪秉忠(清) 58・452
汪秉寅 54・515
汪秉德 50・458
汪　岳 59・366
汪　金 52・18
汪金山 54・468
汪金元 55・94
汪金球 56・461
汪　周 57・446
57・481
汪　育 54・552
汪育民 56・419
汪炎昶 54・46
汪　河 71・403
汪泗論 75・427
汪　泩 47・121
汪宗大 54・203
汪宗之 52・99
汪宗元 75・375
汪宗臣 54・479
汪宗洙 54・238
汪宗華 56・270
汪宗越 57・262
汪宗魯 60・315
汪宗潮 47・177
汪肩吾 47・235
汪祈明 55・575
汪居敬 5・232
6・131
汪承忠 55・606
汪承修 57・320
汪承訓 55・266
汪承通 54・524
汪承淇 57・197
汪承惺 57・142
汪承善 74・131
汪承澤 57・349
汪承顯 56・376
汪孟昊 49・253
汪春田 55・382
汪春高 56・309
汪春霆 49・81
汪　珂 14・725
42・953
汪封渭 2・101
汪垣明 56・212
汪　政 28・498
汪　垍 76・348
77・364
汪　革 69・294
汪茹連 59・447
汪南圭 54・336
汪南祥 57・339

汪　相 56・456
汪　柏 47・78
汪咸熙 55・410
汪　厚 54・123
汪　奎(明婺源大畈) 57・488
汪　奎(明婺源浯村) 54・84
汪拱乾 55・585
汪拱橋 47・228
汪貞邦 51・514
汪映昌 61・732
汪昭仁 57・35
汪昭本 57・42
汪昭佑 54・400
汪昭武 57・20
汪昭倬 56・223
汪昭傳 56・176
汪昭義 57・32
汪　思 55・274
汪思孝 55・558
汪思湛 45・15
46・470
汪思履 56・67
汪迴瀾 49・452
汪　俅 52・94
汪修齡(明) 55・582
汪修齡(清) 47・182
汪　保 14・726
42・968
汪　俊(民國) 54・472
汪　俊(明) 50・364
汪俊先 57・349
汪俊德 54・501
汪　律 59・295
汪庭桂 57・441
汪彥文 47・253
汪彥臣 55・553
汪彥博 2・92
汪彥鈞 56・372
汪奕焜 56・337
汪奕溥 57・309
汪音同 56・484
汪恒秀 59・469
汪美商 58・191
汪炳元 55・417
汪炳文 57・78
汪炳章 55・371
汪　洵(清婺源) 55・314
汪洵侯 56・445
汪　洋(清詔安) 75・679
汪宥薦 54・241
汪宮桂 55・360
汪祖泰 56・578
57・358
汪祖棪 57・143
汪祖漢 55・231
汪　陞(字蘭友) 54・152
汪　陞(字鶴鳴) 55・633
汪泰清 57・76
汪　珙 42・968
汪班升 54・518
汪起泰 56・614
汪起蛟 56・562
汪起湘 56・568
汪起輅 56・177
汪起鋕 56・372
汪起銓 56・338
汪起銘 57・308
汪起纓 54・518
汪起鑾 56・315
汪　都 57・491
汪華瑜 56・252
汪華福 56・41
汪荷恩 57・349
汪　莘 55・449

汪　桂(清高安)　62・280
汪　桂(清婺源)　54・164
汪桂元　57・19
汪桂茂　30・298
汪桂林　2・61
　36・435
汪桂燧　56・286
汪桂謙　54・468
汪桂蘅　57・375
汪根延　55・88
汪連尃　2・70
　9・725
　30・235
汪　軔　49・203
　71・500
汪翅鷗　56・632
汪夏書　47・192
汪原孝　54・228
汪原獎　57・454
汪　烈　55・655
汪烈林　57・101
汪振杰　57・133
汪振時　57・269
汪晉吉　13・726
汪晉和　56・375
汪　時(字中子)　54・242
汪　時(字淑回)　55・208
汪時生　54・540
汪時珂　57・512
汪時鼎　55・631
汪恩政　55・379
汪恩湛　57・339
汪剛中　49・158
汪　倬　52・82
汪　皋　54・508
汪逢年　54・243
汪逢泰　47・260
汪逢唐　55・543
汪逢陽　55・549
汪逢順　47・261
汪逢淵　1・851
　27・798
汪逢源(見汪逢淵)
汪益謙　56・163
汪兼金　47・178
汪　涓　50・217
汪　浩(清弋陽)　50・466
汪　浩(清玉山)　50・328
汪　浩(清奉新)　67・233
汪家正　57・315
汪家杰　57・378
汪家榮　56・585
汪家藻　71・487
汪　祥　54・568
汪祥珍　56・80
汪祥熱　55・197
汪通治　49・129
汪能邦　51・500
汪　逵　50・215
汪培洙　55・572
汪培基　57・126
汪培榮　57・253
汪培養　57・282
汪培樹　57・253
汪培錫　54・595
汪執中　56・376
汪　基　54・160
汪　著　54・482
汪著勳　55・462
汪　乾　55・528
汪　彬　56・494
汪　梧　57・487
汪梅磵　57・481
汪　堅　54・482

汪盛亘　56·46
汪冕瑛　53·324
汪國仍　55·623
汪國佐　54·542
汪國林　56·595
汪國昌　56·513
汪國泰　49·44
汪國華　56·560
汪國章　56·255
汪國楠　54·99
汪國猷　47·159
汪國賢　54·584
汪國儀　56·375
汪國璠　56·465
汪國勳　54·549
汪崇實　57·332
汪　敏　71·486
汪敏功　55·510
汪悠久　61·453
汪　偉(明弋陽)　50·369
汪　偉(明浮梁)　47·255
汪　偉(明歙縣)　43·194
汪　進　54·83
汪得時　54·228
汪從吾　57·365
汪從堃　57·365
汪從鉅　56·394
汪從熙　57·130
汪章林　57·127
汪章然　57·226
汪章鏞　57·364
汪惟松　54·532
汪惟善　1·831
汪清卿　57·438
汪淮玉　48·243
汪　淦　54·385
汪　深　72·39
汪深仁　55·618
汪　涵　55·510
汪涵熙　54·582
汪啓元　47·191
汪啓仁　57·319
汪啓時　57·94
汪啓遜　56·315
汪隆勳　56·579
汪　参　54·215
汪　紱　54·65
汪紱賢　55·555
汪紹昆　56·525
汪紹祖　55·651
汪紹針　56·130
汪紹釗　55·113
汪紹鋐　56·46
汪紹憶　54·588
汪紹鏊　56·34
汪　琳　37·684
汪　瑄　54·209
75·416
78·463
汪　琬　47·174
汪堯章　56·418
汪　超　50·462
汪喜子　47·195
汪　達　47·166
汪斯清　54·503
汪斯湛　54·531
汪斯醇　54·237
汪期紳　6·155
汪　萬　54·520
汪萬泰　54·526
汪萬珩　56·210
汪萬祥　56·269
汪葆仁　55·461
汪　敬　54·84

汪敬交　54・504
汪敬良　56・467
汪敬修　54・489
汪朝正　52・321
汪朝邦　57・492
汪朝杰　57・190
汪朝宗　56・221
汪朝國　54・524
汪朝棟　54・152
汪朝楨　54・148
汪　植　54・481
汪　棅　54・145
汪　棪　57・472
汪　雲　74・523
汪雲秀　54・123
汪雲清　77・577
汪雲棟　54・163
汪雲驤　54・161
汪雲鸞　54・546
汪揚休　55・156
汪　斐　47・190
汪鼎元　56・424
汪鼎科　55・332
汪鼎鉉　57・512
汪鼎滎　55・179
汪開元　55・61
汪景瀚　59・367
汪貴煌　56・322
汪　凱　77・693
汪智炎　56・375
汪智烈　57・319
汪智焮　57・319
汪喬年（宋）　50・223
汪喬年（明）　1・784
16・434
18・54
23・615
24・271
汪順才　57・332
汪　傑　52・141
汪　皓　49・148
汪御正　54・565
汪　復　54・315
汪復慶　57・506
汪　鈞（清上饒）　51・553
汪　鈞（清婺源）　55・23
汪爲霖　2・25
8・470
汪舜民　54・86
75・371
汪　勝　47・155
汪　斌　55・524
汪　善　54・492
汪善弼　71・462
汪善發　71・487
汪善應　27・800
汪善濟　58・596
汪奠邦　51・493
汪道全　50・483
汪道安　55・519
汪道昆　75・377
汪道祚　56・574
汪道崇　54・232
汪道誠　59・336
汪道靈　57・520
汪曾垣　80・158
汪　焴　55・607
汪　焯　57・257
汪　焜　51・653
汪焜燿　50・476
汪湛恩　59・370
汪　淵　1・821
74・523
汪湧鼇　35・145

汪富闓 55・41
汪甯遠 51・424
汪　裕 1・847
汪登梁 56・581
汪　發 57・309
汪發起 57・269
汪發楫 61・583
汪　瑞 56・15
汪瑞臣 49・300
汪瑞梅 59・448
汪瑞陽 78・342
78・369
汪瑞遠 51・659
汪瑞霖 55・392
汪夢尹 50・388
汪蓬山 49・254
汪蒞民 57・349
汪蔭生 47・243
汪椿泰 56・172
汪　楠(明) 54・210
汪　楠(清) 57・186
汪楚真 50・543
汪　楷(清婺源) 57・370
汪　楷(清臨清) 14・730
汪　楫 75・388
汪　暉 54・523
汪　照 56・9
汪　嵩(明弋陽) 50・452
汪　嵩(明婺源) 54・85
汪　筠 55・254
汪節才 54・467
汪　鈐 51・508
汪　會 56・446
汪會之 57・477
汪新起 57・359
汪　愷 54・198
汪義先 55・287
汪　煒 51・225
汪煥文 58・112
59・448
汪煥其 55・337
汪煥皆 55・443
汪煥祖 56・450
汪煥祥 56・272
汪煥斌 55・254
汪源茂 56・200
汪源清 47・279
汪源發 55・200
汪　溶 57・130
汪　福 55・636
汪福祿 51・312
汪　經(明) 55・545
汪　經(清) 47・165
汪經宗 56・133
汪　瑤 71・563
汪　嘉 47・154
汪嘉成 54・487
汪嘉益 56・542
汪嘉祥 55・26
汪嘉暘 54・570
汪嘉慶 56・460
汪壽夫 54・478
汪壽延 57・228
汪壽遠 51・239
汪壽椿 55・422
汪　菁 11・391
汪熙化 54・126
汪熙宗 56・508
汪熙誥 56・208
汪蔚文 55・458
汪爾域 58・188
汪爾楨 56・476
汪對揚 55・381
汪鳴相 49・118

汪鳴球 56・372
汪鳴鳳 55・9
汪鳴謙 52・360
汪鳴馨 52・352
汪鳴鷩 54・560
汪鳴鑾 55・276
汪　舲 5・232
汪　鯍 56・23
汪鯍荃 57・232
汪鯍洙 55・527
汪鯍富 71・462
汪鯍蓀 55・513
汪鯍福 71・462
汪　僑 34・308
汪　僎 50・383
汪　銓 49・42
汪　銘 58・346
汪銘宗 58・564
汪銘勳 56・322
汪　鳳 50・382
汪鳳山 55・254
汪鳳沼 57・319
汪鳳泉 54・336
汪鳳翥 59・342
汪鳳鳴 57・339
汪鳳徵 56・362
汪鳳臨 59・340
汪　廣 50・242
汪端雄 57・438
汪齊芳 54・525
汪　榮 47・197
汪榮昭 57・365
汪榮棟 57・365
汪榮黼 56・213
汪榮寶 56・286
汪榮權 58・599
汪　熒 55・219
汪　漢 52・375
汪漢倬 2・25
8・469
汪　演 47・241
汪肇基 56・111
汪肇彬 56・359
汪肇崙 49・101
汪　鼐 74・539
汪　緒 58・167
汪維煌 57・228
汪　綬 57・184
汪　璋 65・342
汪　鋈 57・309
汪增均 55・257
汪增聖 57・358
汪　穀 54・197
汪　蕃 57・350
汪　檦 54・479
汪賚孫 50・543
汪賢春 55・208
汪震元 37・770
汪　踦 36・513
汪幡然 57・438
汪稷馨 57・25
汪德申 57・142
汪德亨 57・395
汪德昭 56・38
汪德乾 55・40
汪德鈞 56・447
汪德滋 50・398
汪德瑜 57・268
汪德煜 56・326
汪德源 57・251
汪德聲 56・446
汪德聰 55・56
汪德鵬 71・49
汪　衛 59・351

汪　徹　75・357
汪　鋒　57・184
汪　鋐　54・206
汪　慶　57・239
汪慶瀾　56・248
汪養中　55・525
汪養悌　55・34
汪養惲　54・468
汪養懌　56・164
汪　澎　54・248
汪潮祖　56・141
汪潮浩　56・135
汪　潛　49・89
汪　澈　47・37
汪　澄　30・293
汪　審　50・387
汪　慰　55・276
汪　璟　54・517
汪　薇　75・388
汪　槱　72・250
汪　霖(明)　50・537
汪　霖(清)　56・121
汪霙光　54・592
汪　霑　52・530
汪　曇　56・430
汪積九　71・481
汪積緎　58・601
汪　勳　55・303
汪興麟　54・550
汪學材　57・47
汪學修　56・648
汪學順　54・594
汪學詩　70・557
汪學賢　55・218
汪學震　60・390
汪學濟　56・230
汪　錫　56・39
汪錫修　14・727
汪錫璧　57・319
汪　鋼　54・170
汪　錦(清上饒)　51・300
汪　錦(清婺源)　57・175
汪錦坡　50・470
汪　諧　54・225
汪龍標　54・302
汪燃藜　57・268
汪澤民(元)　1・761
54・317
汪澤民(清)　56・362
汪澤芝　56・500
汪　濂　54・507
汪　縉　56・319
汪　壎(清長汀)　77・367
汪　壎(清浮梁)　47・107
汪聲雯　71・487
汪聯柯　55・628
汪　懃　54・233
汪懋昌　56・485
汪懋琨　6・161
汪邇球　58・236
汪儲英　55・360
汪　徽　57・492
汪　鍔　51・238
汪　鍾　56・498
汪鍾珠　56・42
汪鍾軫　56・489
汪鍾錦　57・185
汪　鍠　55・114
汪應辰　75・398
50・166
76・464
汪應奎　80・153
汪應泰　14・705
42・951

汪應時　54・200
汪應宸（宋見汪應辰）
汪應祥（清湖口）　48・530
汪應祥（清婺源）　57・212
汪應婁　45・62
　46・413
汪應望　14・743
汪應蛟　54・56
汪應雋　57・189
汪應雷　55・17
汪應禎　56・484
汪應鰲　70・600
汪應鶴　57・465
汪　燮　54・539
汪鴻沛　47・279
汪鴻基　47・164
汪鴻嗣　57・330
汪鴻源　47・279
汪鴻儀　59・470
汪鴻謨　56・574
汪　濮　39・60
汪　濟　47・316
汪濟民　54・207
汪　濚　55・216
汪翹先　72・663
汪鎮玉　49・108
汪　鎧　22・301
　22・627
汪　燻　58・182
汪　蘅　77・94
汪　藻　54・77
　58・288
汪麗日　77・210
汪麗金　13・497
　26・585
汪羅德　52・560
汪　鏞　4・270
　5・233
　6・131
汪　鏡　55・609
汪鏡芙　55・265
汪　鵬（明）　42・989
汪　鵬（清彭澤）　49・76
汪　鵬（清婺源）　56・615
汪騰雲　49・217
汪騰遠　54・540
汪騰璋　55・423
汪騰龍　55・13
汪懷德　54・226
汪　瀚（清武寧）　49・379
汪　瀚（清建昌）　51・113
汪　瀛　2・113
　23・136
汪　蘭　50・232
汪蘭錫　50・458
汪耀聲　76・125
汪　覺　56・463
汪　斆　59・589
汪　瀾（清浮梁）　47・247
汪　瀾（清婺源）　56・67
汪寶樹（清泰安）　11・395
　33・224
汪寶樹（清儀徵）　74・443
汪繼昌　57・492
汪繼宣　50・461
汪繼蕃　54・525
汪　鰲　57・64
汪權經　54・477
汪　儼　54・120
汪儼昌　55・608
汪　鏞　63・536
汪鑑淑　49・109
汪顯泳　55・531
汪顯高　57・490

汪　巘　50・407
汪　鱗　59・602
汪麟書　55・313
汪　觀　61・548
汪觀大　55・177
汪觀曙　55・139
汪觀瀾　72・239
汪　灝　4・387
14・707
汪　讚　54・490
汪鸞書　55・363

沐

沐　英　59・237
沐昌祚　59・253
沐　昕　59・248
沐　昂　59・247
沐　並　1・700
沐　春　59・243
沐　晟　59・245
沐　崑　59・249
沐紹勳　59・250
沐　琮　59・249
沐朝弼　59・252
沐　斌　59・248
沐　璘　59・248
沐　瓚　59・248

沙

沙平野　18・736
42・464
沙坤瑞　59・140
沙　板　73・4
沙　亮　18・736
42・464
沙泰昇　37・5
沙夢石　25・19
25・64
沙　鈺　18・741
沙　慶　27・293
沙　澄　4・420
25・146
27・99
沙應鶴　25・19
沙　鵬　1・806
9・24
沙　韻　75・682
沙耀宗　75・664

沖

沖虛大師　26・188

沃

沃　田　25・11
沃獻明　25・23

汾

汾倬文　75・676

沈

沈一亨　80・37
沈一垣　80・249
沈一葵　75・676
沈九亭　80・743
沈九祥　80・694
沈九疇　1・783
23・615
24・270
沈三變　6・404
沈士英　5・231
沈士宴　80・221
沈士榮　76・23
沈士鑑　80・35
沈大昜　79・254

沈大咸　75・682
沈大綸　80・749
沈大謀　43・113
沈之本　77・213
沈之倬　76・569
沈之梧　53・577
沈之啓　80・294
沈子真　75・667
沈天銘　75・679
沈元奇　63・140
沈元素　75・428
75・644
77・582
沈元軾　80・222
沈元輔　63・89
沈元轍　80・189
沈　友　44・7
46・374
沈友龍　80・692
80・696
沈化龍　35・131
沈文秀　1・705
15・520
17・695
18・2
沈文英　30・335
沈文炳　29・344
沈文靜　1・705
15・521
沈文櫆　80・177
沈玉振　80・228
沈玉璋　80・173
沈玉衢　43・433
沈　正　21・117
沈世杓　74・443
沈世隆　80・237
沈世銓　2・108
24・309
沈本濟　63・101
沈　立　76・204
沈立初　53・620
沈必瑛　48・567
沈永肩　80・740
沈邦元　80・750
沈式濟　80・237
沈在湄　80・200
沈有昌　80・249
沈有容　76・352
沈光文　76・271
77・669
80・614
沈光渭　80・186
沈同尚　76・743
沈廷芳　2・29
24・276
76・211
沈廷材　37・692
沈廷枚　2・73
沈廷瑞　73・265
沈廷楓　76・130
沈廷對　32・422
33・299
沈廷標　47・349
沈廷勳　7・435
沈仲甫　48・569
沈仲德　44・102
74・363
沈仲繼　80・675
沈自彰　1・842
16・431
19・3
沈　舟　48・583
沈全治　48・565
沈汝鈔　6・216

人名	卷·頁
沈汝霖	41·215
沈　安	74·359
沈　迅	4·218
	27·94
	27·156
	27·217
沈孝先	32·643
沈志達	2·41
沈克宏	35·183
沈更瑩	80·239
沈　迓	27·157
沈利賓	80·237
沈秀渚	50·61
沈秀麟	48·574
沈佐清	5·240
	6·128
沈孚建	77·55
沈　亨	79·117
沈良佐	47·254
沈君炤	80·757
沈君翰	80·732
沈君璿	80·236
沈亞之	74·394
沈東陽	75·680
沈明經	80·13
沈明模	80·696
沈　固	1·820
	30·60
沈　和	75·682
沈和衷	80·748
沈季佐	1·840
	14·111
	16·436
沈季詮	45·151
	46·134
	49·219
沈季銓(見沈季詮)	
沈佺期	76·255
	76·362
	79·467
	80·614
沈宗林	4·442
	27·163
沈建元	80·732
沈建矩	48·545
沈承杰	9·144
沈孟化	80·183
沈孟份	80·236
沈孟似	80·222
沈孟作	80·174
沈春鵬	80·709
沈　政	75·645
	76·194
沈　貞	44·103
沈則文	7·387
沈　冑	75·675
沈　科	74·56
沈　俊	1·849
	27·3
沈俊文	80·291
沈俊繁	48·530
沈後樂	49·454
沈　胤	41·82
沈庭英	5·178
	43·265
沈庭柟	5·178
	43·266
沈　庠	80·695
沈　洪	79·507
	79·546
沈　祜	2·113
	23·131
沈祖庚	75·678
沈　起	1·733

18·32
沈起昌　80·695
沈起津　75·674
沈莊可　61·165
沈桂清　33·308
沈　栩　27·786
沈　振　40·120
40·265
沈時化　4·441
27·163
沈　晃　1·810
9·141
沈恩舉　80·683
沈　釗　6·162
沈高攀　79·421
沈　浩　29·342
沈浪琦　80·236
沈宸荃　76·251
76·269
77·668
沈　祥　76·231
76·330
沈培基　24·722
沈　萃　43·617
沈　彬　60·608
62·208
沈接生　80·241
沈　野　75·651
沈國榮　75·733
沈國勳　80·737
沈　崧　75·580
76·1
沈得衛　80·674
沈翊清　76·77
沈　清　1·841
14·298
15·534
16·418
沈清鑑　80·237
沈　涯　75·675
沈　淮　2·43
沈　涵　75·388
80·761
沈紹多　51·319
沈紹周　51·319
沈紹祖　80·676
沈紹聞　80·208
沈　琪　53·620
沈　琦　1·789
6·304
沈期揚　80·747
沈葆琛　32·2
沈葆楨　76·76
沈葆澂　4·304
6·150
沈葆瓊　21·154
沈朝初　76·210
沈朝楷　2·103
沈朝源　80·752
沈掌綸　80·239
沈　鼎　78·720
沈景厚　80·228
沈景高　80·695
沈貴瑤　58·382
沈　鈇　75·673
沈欽文　75·677
沈欽霖　78·585
沈舜年　15·39
15·136
沈猶行　37·407
39·172
沈詞宗　75·668
沈　敦　80·189
沈敦美　63·120

沈 翔 38·161
沈 普 58·531
59·573
沈 淵(明) 5·178
43·263
沈 淵(清) 2·66
37·53
沈涣義 48·508
沈 瑊 8·319
沈 瑞 80·613
沈瑞行 80·241
沈瑞雲 30·725
沈瑜慶 76·80
沈夢鯨 25·28
27·97
27·157
沈夢麒 25·653
沈 楠 27·796
沈 楨 80·746
沈 較 40·44
40·233
沈 嵩 18·3
沈 節 43·616
沈魁吉 24·707
沈鉉吉 2·68
37·564
沈會齡 35·180
沈 源(明海澄) 76·690
77·695
沈 源(明湖州) 75·413
78·453
沈 福 5·184
15·107
15·144
沈殿文 53·157
沈 經 43·541
沈瑤池 75·682
沈嘉祐 43·433
沈嘉椿 75·680
沈嘉顯 1·850
27·5
沈壽兒 49·71
沈鳴岡 80·241
沈毓蓀 51·694
53·204
沈儆炌 75·380
沈 銓 80·12
沈齊義 42·589
42·818
沈維基 2·46
沈維瓛 8·471
沈維龍 79·506
沈 璇 77·181
沈賜昇 53·137
沈 暹 76·743
沈頲清 76·198
沈德新 48·579
沈魯傳 48·583
沈賡揚 78·700
沈慶祐 4·312
沈 潛 4·286
6·159
沈 潤 5·281
6·348
沈 璣 2·77
42·15
沈 藚 15·566
17·526
19·322
沈 穆 78·721
沈 興 47·357
沈興義 35·163
沈學洙 75·681
沈學淵 76·211

沈學慈　74·232
沈錫祺　43·434
沈錫齡　35·131
沈錫寶　80·237
沈錦洲　75·682
沈凝祥　6·422
沈龍湖　80·296
沈聲振　75·668
沈　韓(明)　1·823
37·806
37·860
沈　韓(清)　75·679
沈懋文　62·614
沈懋賞　74·58
沈懋勳　62·526
沈　鍊　1·831
沈　邈　50·375
沈應元　76·638
沈應文　16·427
18·60
沈應科　1·820
30·61
沈應善　45·300
46·560
沈鴻儒　80·177
沈瓊林　80·241
沈覲平　76·116
沈　璧　76·468
沈蘊章　35·481
沈攀桂　75·679
沈　璽　75·675
沈　瀚　76·466
沈蘭生　48·259
沈寶善　75·681
沈繼宗　1·741
38·157
沈繼龍　53·408
沈　鰲　53·122
沈　鱄　76·473
沈　麟　62·346
沈麟士　59·171
沈靈芝　27·151
沈纘緒　80·176

完

完不花　6·295
完顔永元　1·749
1·751
12·94
完顔邦用　15·528
完顔仲元　1·748
完顔守貞　1·750
完顔伯嘉　1·751
15·527
30·640
完顔君佐　15·528
16·411
完顔阿合速　35·58
完顔阿喜　1·749
完顔帓兀　39·412
完顔岱　11·391
完顔京　18·35
完顔宗尹　18·38
完顔宗哲　18·35
完顔宗浩　18·36
完顔思敬　18·35
完顔衷　1·753
27·317
27·789
完顔問　32·583
完顔偉　2·3
完顔從善　1·758
13·722
完顔章　65·83

完顏寓　1·749
16·410
20·484
完顏弼　1·750
8·314
完顏福　28·491
完顏霆　16·410
18·40
完顏齊　18·40
完顏鄭家　18·35
完顏璋　18·35
完顏懷德　1·753
7·77
16·409

宋

宋一光　67·134
宋一范　1·849
25·568
宋一和　61·520
宋一貞　67·54
宋一亮　67·399
宋一秩　67·137
宋一達　67·455
宋一端　67·55
宋一騰　39·61
宋一賓　67·313
宋一驄　67·265
宋一鶴　1·836
宋一驤　67·137
宋十三　78·202
宋七謨　62·455
宋人紀　77·56
宋人傑　77·49
宋人騏　77·69
宋九公　77·601
宋九功　67·408
宋九芝　67·555
宋九坎　68·499
宋九經　73·436
宋九嘉　4·196
9·808
宋九儀　61·522
宋九德　61·541
宋九勳　67·323
宋三及　67·455
宋三求　67·146
宋三汶　67·139
67·399
宋三依　67·220
宋三省　36·205
宋三俊(宋)　71·130
宋三俊(清)　67·265
宋三祚　67·146
宋三廩　39·99
宋士中　67·126
宋士吉　67·260
宋士份　17·580
20·556
宋士宗　49·449
宋士華　32·409
33·282
宋士琇　67·54
宋士賢　67·311
宋士毅(明)　62·235
宋士毅(清)　43·104
宋士燧　67·563
宋士謙　67·311
宋士藻　21·650
宋大本　14·746
宋大相　8·331
宋大奎　1·848
25·192
26·570

宋大乾　39・83
宋大章　78・389
宋之才　47・173
宋之尤　32・420
　33・298
宋之英　9・623
宋之旺　5・380
宋之侃　32・378
　33・248
宋之美　30・679
宋之屏　2・113
　23・131
　23・627
宋之剑　22・289
　22・577
宋之盛　49・414
　71・629
宋之張　31・225
宋之曾　22・263
　22・477
宋之樹　29・152
宋之韓　30・108
宋之蘇　31・335
　32・6
宋之麟　22・260
宋子平　80・580
宋子延　19・120
宋子安　24・715
宋子建　80・520
　80・594
宋子貞　1・760
　18・44
宋子琳　72・532
宋子質　19・598
　19・621
宋子環　72・133
　72・440
宋井南　22・258
宋天培　48・149
宋天儒　25・109
宋元白　71・361
宋元榮　63・415
宋元徵　2・89
宋云鈊　5・247
宋五仁　67・73
　67・399
宋五臣　67・423
宋五淑　67・491
宋五湖　67・471
宋五義　67・422
宋友亮　21・494
宋日昇　67・212
宋日振　30・97
宋日隆　75・419
　77・501
宋日就　30・96
宋曰科　12・495
宋曰智　11・91
宋中孚　40・360
宋介慶　67・123
宋丹乙　14・143
宋六習　49・40
宋　文　67・167
宋文芳　61・730
宋文昊　64・559
宋文明(明)　1・798
　8・317
宋文明(清)　57・407
宋文斐　61・665
宋文運　2・57
　35・450
宋文煜　34・285
宋文驊　46・154
宋方軫　7・176

宋方震　9・272
宋尹賓　9・855
宋允和　29・290
宋允睿　16・450
　19・551
宋　玉　72・366
宋玉珂　21・411
宋玉德　11・15
　11・95
宋世臣　60・173
宋世良　11・38
　39・781
　42・542
宋世厚　22・269
　22・499
宋世峻　22・292
　22・592
宋世超　76・167
宋世遠　22・269
　22・499
宋世儒　69・590
宋世顯　22・269
　22・499
宋本正　39・97
宋可久　22・253
　23・641
宋可發　4・464
　22・268
　22・497
　23・643
宋可賢　35・483
宋丕振　8・327
宋　仕　5・219
宋仕豪　61・698
宋印晟　35・483
宋立正　27・158
宋立楫　12・397
宋必正　55・578
宋永桂　9・442
宋永貴　34・306
宋邦植　73・393
宋邦強　31・825
宋邦質　6・402
宋式燕　61・178
宋西峯　27・160
宋存德　1・844
宋成立　30・109
宋成祥　61・676
宋　玐　5・206
宋光暉　70・494
宋光璧　48・248
宋先立　30・108
宋廷九　9・860
宋廷珍　61・355
宋廷重　38・579
宋廷恩　77・48
宋廷訓　29・83
宋廷理　57・224
宋廷琦　39・61
　39・104
宋廷模　78・586
宋廷鳳　33・588
　33・693
宋廷儀　22・302
　22・631
宋廷諹　29・107
宋　延　27・172
宋延年　15・556
　17・529
　18・341
宋延春　67・100
宋延清　4・438
宋延德　38・269
宋仲愷　27・159

宋自遜　45·330
46·602
宋行秀　21·590
宋兆祥　25·631
27·79
27·170
宋兆雲　43·95
宋兆鈴　57·192
宋兆錮　55·432
宋兆鐵　57·224
宋旭春　34·250
宋名立　30·109
宋　汲　27·171
宋汝梅　21·672
宋汝廉(見宋汝濂)
宋汝蕙　38·583
宋汝蕃　57·169
宋汝濂　1·829
38·682
宋宇昂　67·387
宋守志　42·5
宋守忠　1·827
宋守約　1·743
11·41
宋守真　64·244
宋守誠　67·482
宋　安　28·486
宋安凝　11·91
宋如義　9·855
宋　玘　73·259
73·326
宋　均　1·694
7·336
宋孝真　22·327
宋孝誠　22·309
宋志廷　72·225
宋　芸　7·186
宋　芹　5·194
10·633
宋克智　28·224
宋克讓　12·492
宋甫友　8·333
宋步雲　74·355
宋　虬　29·309
宋　男　22·302
22·631
宋　佐　27·55
宋佐三　27·153
宋作賓(清宛平)　26·583
宋作賓(清婺源)　57·251
宋伯華　17·544
18·314
宋伯祥　39·83
宋希文　37·558
宋希陳　61·563
宋希堯(明分宜)　61·233
宋希堯(明長治)　1·796
宋希賢　61·561
宋　兌　1·854
21·132
23·619
宋序鷺　34·177
宋　忻　11·92
宋　汭　12·397
宋　沂(元)　65·169
宋　沂(明昌邑)　19·620
23·662
宋　沂(明靜海)　12·196
宋　沂(清)　12·397
宋宏可　66·582
宋宏毅(明)　70·524
宋宏毅(清)　4·472
22·306
22·644

宋良臣 25·597
宋良佐 61·515
宋良砥 25·114
宋良棟 7·388
宋良貴 8·635
宋良弼 61·528
宋良輔 61·527
宋良璜 61·552
宋良翰 68·211
宋　玫 4·218
25·633
27·91
27·156
27·213
宋　玟(見宋玫)
宋長吉 67·333
宋　坦 39·88
宋坤明 60·99
宋其光 34·171
34·248
34·337
宋其桐 5·374
8·617
宋其端 14·390
14·441
宋若昭 11·25
宋若蓉 43·299
宋茂孚 43·295
宋英智 24·703
宋　直 73·323
宋直方 79·139
宋林曙 63·380
宋來章 39·98
宋　杭 57·210
宋　述 25·638
宋奇士 19·617
宋尚考 37·417
宋旺德 12·510
宋　果 25·639
27·211
宋昌言 1·741
宋昌圖 74·48
宋明宇 46·610
宋明佐 19·619
23·654
宋明德 8·466
宋迪嘉 67·387
宋　忠 34·466
宋　和 69·426
宋和承 31·63
宋和慶 67·226
宋季子 70·552
宋秉孫 76·384
宋　岳 67·388
宋佩玉 32·145
宋金台 31·62
宋金選 73·378
宋受春 67·437
宋念祖 30·108
宋　京 22·310
宋　性 4·121
5·206
8·601
宋　沾 1·848
25·189
25·192
26·567
宋　波 67·211
宋　治(明) 12·198
宋　治 61·539
宋宗芳 56·337
宋宗彥 70·564
宋宗梅 55·180
宋宗葉 54·411

宋宗璋　6・468
宋宗賢　16・447
宋宗樂　57・51
宋　宜(宋)　76・275
宋　宜(清)　27・123
宋宜拾　62・189
宋建立　30・109
宋建智　36・739
宋承廕　39・178
宋承德　35・485
　36・202
宋承勳　38・567
宋承鰲　73・326
宋孟清　25・617
　27・68
宋孟塾　39・75
宋　珏　78・117
宋　珍　41・414
宋荆寶　46・437
宋相允　73・384
宋　柏　37・687
宋迺全　39・87
宋　咸　76・391
　77・208
宋　威　18・17
宋　昱　22・281
　22・548
宋思本　69・367
宋思陟　27・108
宋思恭　60・98
宋思誠　39・91
宋科久　18・546
宋保和　22・331
宋　信　29・340
宋皇訓　39・90
宋侯禮　15・153
宋俊起　30・112
宋衍鏞　80・160
宋　亮　4・149
　37・658
宋彥賓　14・374
　17・603
宋　庠　1・737
　48・309
宋　洪　30・137
宋洪道　43・95
宋　宣　75・490
宋冠儒　14・387
宋祖乙　4・162
宋祖法　1・787
宋祖舜　31・795
宋祖墀　79・333
宋祖駿　2・47
宋祚祥　57・251
宋祚興　14・125
宋祚鏞　55・259
宋　昶　23・260
宋紀芳　67・311
宋泰阿　38・584
宋泰階　38・584
宋起蛟　22・311
宋　桂　14・377
宋　桐　14・387
宋　格　7・435
宋連元　12・382
宋連城　24・702
宋連璧　14・368
宋振甲　22・291
　22・587
宋振甸　55・132
宋振衍　56・183
宋振潔　57・51
宋振澤　56・182
宋振聲　24・703

宋振鴻 51·350
宋振鯨 36·46
宋振灦 57·354
宋　哲 4·156
11·82
宋時中 20·789
宋時儒 27·73
宋時獻 37·44
宋　晟 41·692
宋　造 39·77
宋　俶 27·167
宋　健 14·696
22·310
宋師程 8·467
宋　豹 21·496
宋逢庚 45·128
宋逢聖 61·766
宋效周 78·104
宋　旅 78·60
宋益霆 63·547
宋益齋 4·255
43·446
宋　浩 67·327
宋　浚 39·61
宋家興 12·495
宋宴春 67·325
宋祥龍 53·73
宋書升 21·478
宋　娥 39·213
宋培嘐 37·690
宋　基 14·375
17·621
宋梅村 34·256
宋捷登 77·33
宋　推 4·240
5·179
43·269
宋掄秀 37·418
宋　常 73·289
宋國用 42·12
宋國典 18·351
宋國炯 73·396
宋國祚 5·379
宋國珠 29·295
宋國華 67·36
宋國琦 40·315
宋國璋 67·311
宋國賢(明) 72·190
宋國賢(清) 26·133
宋國霖 67·390
宋　偉 22·230
23·621
宋　悛 11·92
宋康年 30·109
宋　惕 51·127
宋惟善 49·457
宋清善 21·832
29·511
宋淑琬 37·782
宋寅賓 67·482
宋　寀 39·81
宋啓元 29·152
宋啓封 61·572
宋啓福 24·548
宋啓儒 56·466
宋啓禮 5·177
43·271
宋階明 61·648
宋　參 35·62
宋　紱 67·321
67·408
宋組同 67·335
宋紹明 5·98
13·752

宋紹賢　34・272
宋　琪　42・2
宋　琳　36・216
宋　琦(清東阿)　31・832
宋　琦(清博興)　14・130
　17・602
宋　琰(明)　43・78
宋　琰(清)　39・62
宋　琮(明泰和)　72・296
宋　琮(明萊陽)　25・633
　27・92
　27・212
宋　琬　4・436
　27・100
　27・247
宋堯滔　72・242
宋報渭　55・178
宋　達　78・198
　80・514
宋斯年　67・331
宋萬修　36・219
宋萬葉　78・94
宋萬程　17・664
宋蕚芳　14・378
宋朝立　30・109
宋朝聘　73・303
宋　森(清泰安)　32・402
　33・276
宋　森(清淄川)　6・489
宋森蔭　8・474
　32・2
宋雲志　4・456
　21・664
宋雲會　4・465
　22・279
　22・538
宋雲霄　5・151
　6・361
宋雲鵠　11・87
宋　棐　77・211
　78・135
宋　鼎　1・817
　37・41
宋　開　31・66
宋開春　5・219
宋開運　36・485
宋開勳　30・112
宋　景(明)　67・21
宋　景(漢)　11・117
宋景白　22・291
　22・587
宋景初　27・52
宋景郊　77・48
宋景祖　30・109
宋景華　34・267
宋景唐　39・332
宋景雲　14・122
　14・184
　17・562
宋貴祥　73・247
宋貴誠　25・82
宋　凱(見宋愷)
宋　程　79・251
宋　策　73・402
宋傅薪　67・275
宋集福　67・447
宋　皐　55・243
宋御璽　11・10
宋復興　9・75
宋欽天　36・522
宋　鈞　78・140
宋　斌　61・162
宋　翔　76・395
宋　渭　15・160

宋滋蓍 77・44
宋滋蘭 77・50
宋　渾 1・724
8・311
宋富春 14・397
宋　裕 23・432
宋裕模 48・149
宋遐年 67・276
宋　弼 4・293
5・374
8・3
8・619
宋　絢 67・444
宋統殷 23・640
宋　瑚 25・633
宋　勣 79・358
宋　瑋 1・788
13・726
宋瑞椿 67・272
67・408
宋瑞鈺 22・276
22・526
宋瑞鉽 22・275
22・525
宋　肆 18・734
42・463
宋聖祥 34・269
宋畹春 67・170
宋嵩巘 40・257
宋傳習 12・498
宋傳曾 67・180
宋會極 11・10
宋　詩 43・104
宋　意 7・208
宋　愷(一作宋凱) 31・330
32・3
宋　義(明新昌) 63・540
宋　義(明新淦) 73・232
宋義甫 4・438
宋　慈 76・384
宋　漣 47・454
宋　準 27・126
宋　滄 4・125
39・176
宋福謙 61・717
宋殿章 11・307
宋　經 27・167
宋　綉 4・247
27・439
28・18
宋　璉(明) 9・26
宋　璉(清) 27・170
宋　瑤 39・85
宋嘉禾 28・55
宋嘉基 57・353
宋嘉璣 56・29
宋嘉麟(清萬載) 61・592
宋嘉麟(清婺源) 57・354
宋聚奎 1・819
37・554
宋聚瑞 54・519
宋　熙 57・156
宋　榿 35・490
宋　輔 27・55
宋爾慶 34・296
宋爾璣 22・304
22・639
宋　摶 4・76
23・632
24・509
宋聞禮 77・690
宋鳴珂(明) 30・99
宋鳴珂(清) 67・86
67・404

宋鳴梧　30・97
31・338
32・9
宋鳴琦　67・88
67・399
宋鳴璜　67・164
宋鳴鶚　30・108
宋　箎　12・329
宋毓芹　33・291
宋　槃　9・58
9・87
宋　銑　5・265
32・604
宋　銓　70・513
宋　誥　67・389
宋　廣　18・734
42・463
宋　彰　1・761
宋端儀　78・11
宋端鍵　49・495
宋齊邱　61・482
宋齊翼　2・71
30・647
宋　榮　32・397
33・272
宋　犖　2・22
宋　漢　11・382
22・248
23・636
宋漢池　32・396
33・271
宋漢章　36・767
宋　潢(清奉新)　67・172
宋　潢(清臨沂)　30・111
宋賓王　11・295
宋肇允　59・137
宋肇伊　73・366
宋肇增　56・653
宋熊圖　31・59
宋　綸　67・408
宋　璜　25・618
27・98
27・227
宋　翬　76・384
宋　蕙　5・381
宋敷政　66・397
宋賢都　2・79
宋醉民　5・67
宋　震　61・480
宋震初　7・377
宋　輝　39・57
宋稷學　30・108
宋　範　39・91
宋　箴　39・91
宋德成　4・226
14・713
42・954
宋德孚　55・390
宋德明　12・387
宋德根　54・521
宋德秩　74・273
宋德遠　77・55
宋德嘉　27・171
宋德馥　11・7
11・83
宋　徵　12・327
宋　鋕　32・400
33・275
宋　鋭　5・177
5・208
43・263
宋　魯　42・199
宋　誼　39・71
宋　慶(明)　67・388

宋　慶(清)　4・426
　25・108
宋慶和　21・410
宋慶曾　78・198
宋慶賞　29・276
宋慶餘(元)　32・649
宋慶餘(明)　67・256
宋慶禮　1・727
　11・39
宋遵周　25・267
　25・311
　25・358
宋　澍(清花縣)　13・108
　23・134
宋　澍(清膠州)　22・305
　22・641
宋　澍(清臨沂)　30・111
宋潤章　38・555
宋澂濁　42・397
宋　澄(明建德)　80・195
宋　澄(明嘉祥)　37・413
宋豫卿　1・828
宋樂鈞　34・259
宋樂韶　34・259
宋　練　62・345
宋靜中　20・780
宋　璟(唐)　1・726
　11・39
　73・405
宋　璟(清)　6・570
　6・660
　17・601
　18・370
宋　擇　27・315
　27・783
宋　薦　16・429
宋翰飛　57・39
宋　橫　57・155
宋　霨　39・61
宋　霑　39・77
宋　曉　39・78
宋　曇　22・302
　22・628
宋　積　25・647
　27・166
宋　勳　11・379
宋興隆　9・65
宋學孔　6・524
宋學朱　1・773
　35・58
宋　儒(宋)　52・57
宋　儒(明)　1・795
　10・550
宋　儒(清)　14・387
宋衡若　49・40
宋錫齡　30・724
宋　錦　80・557
宋　穎　67・173
宋　諫　5・206
　8・604
宋龍甲　34・233
宋　燊　67・337
宋澤溥　79・275
宋憲章　27・820
宋憲儒　22・299
　22・617
宋　檀　39・73
宋　黻　25・615
　27・63
　27・207
宋徽章　30・112
宋謨策　61・603
宋　襄　41・808
宋襄清　36・202

宋應亨　25・617
27・90
27・156
27・214
宋應昌　1・785
宋應昇　67・128
宋應和　67・44
宋應春　5・389
宋應奎　72・446
宋應星　67・128
宋應鼎　67・391
宋應麟　9・64
宋　鴻　56・642
宋鴻儒　34・268
宋　禮(元)　73・189
宋　禮(明永寧)　1・766
8・466
宋　禮(明葉縣)　1・853
23・618
宋翼明　21・378
宋　璿　30・723
宋　燾　4・114
31・797
32・342
33・208
33・570
宋覲宸　59・152
宋　霦　39・86
宋瞻祖　30・109
宋鎮南　12・504
宋　鎧　5・177
43・271
宋　鎬　14・377
宋　瀌　78・199
宋　藻　78・136
宋　羆　1・703
宋鏡海　36・30
宋懷忍　6・460
宋懷忠　5・100
宋　瀛　31・54
宋繩先　4・469
29・598
宋繩祖　22・298
22・613
宋　櫑　4・300
宋蘭芳　14・381
宋蘭洲　14・393
宋獻章　30・112
宋獻璧　22・262
22・473
宋夔學　30・108
宋　寶　61・599
宋寶山　9・199
宋寶鍔　34・253
宋繼芳　61・547
宋繼祖　4・156
宋繼登　25・632
27・83
27・212
宋繼發　25・632
27・93
宋繼種　61・555
宋繼誥　6・486
宋繼澄　4・183
25・656
27・170
27・219
宋歡喜　60・315
宋　權　39・101
宋鶴年　37・46
宋顯臣　77・377
宋顯章　4・237
宋麟書　61・699
宋鸞舉　37・418

宏

宏　則　79・297
宏　道　79・438

冶

冶區夫　35・634

初

初　才　26・328
　26・590
初之樸　27・122
初元方　27・120
初元美　27・117
初　旦　14・121
　17・535
初永昌　4・241
　21・241
初有功　25・29
初延年　25・135
初芾南　27・141
初步雲　27・160
初長裕　26・733
初茂榕　14・138
初　貞　4・239
初　崛　26・640
初彭齡　4・423
　27・126
　27・230
初景韓　14・133
　43・211
初喬齡　27・127
初毓樞　14・138

罕

罕父黑　4・4

即

即墨成　4・7
　7・135
　23・432

阿

阿林保　2・24
阿計替　12・127
阿　海　27・308
阿魯答　27・318
阿錫鼐　14・693
　42・857

妙

妙　心　76・207
妙　敬　30・334
　31・184
妙　慈　78・629
妙　覺　77・360

邵

邵　士　2・69
　30・63
邵士英　52・181
邵士彥　41・204
邵士標　4・349
邵士龍　50・46
邵大緯　12・139
邵之棠　50・460
邵之榮　50・425
邵元亨　25・190
邵元高　73・7
邵元章(清休寧)　2・40
　8・470
邵元章(清宛平)　39・810
邵日熙　50・46

邵　仍　50・87
邵文振　1・847
26・7
邵文恩　75・647
76・193
邵文煥　29・299
邵方巖　35・182
邵允中　10・136
10・246
10・284
邵孔甯　50・61
邵孔誨　50・90
邵正瓏　45・249
邵甘發　50・525
邵可誨　14・442
邵丙午　42・403
邵立綱　36・734
邵永春　6・457
邵永清(清曹縣)　41・201
邵永清(清臨清)　14・716
邵永祺　37・138
邵百發　5・354
10・637
邵有道　50・44
邵成章　45・328
46・600
邵光廷　22・313
邵光胤　78・627
邵光祖　58・217
邵光綎　50・58
邵廷楠　30・319
邵廷選　50・79
74・78
邵廷獻　41・206
邵仰棠　52・304
邵自修(民國)　34・253
邵自修(清)　14・394
邵　旭　76・349
邵汝賢　13・731
邵汝礪　37・713
邵守棠　52・303
邵安之　42・403
邵如鳳　18・523
邵　玘　75・364
邵　芪　12・508
邵　秀　52・287
邵伯悌　52・290
邵伯蔭　76・140
邵伯營　39・78
邵言綸　75・536
77・494
邵　沆　28・688
邵宏文　20・566
邵宏淵　74・375
邵良大　5・193
10・628
邵良傑　50・30
邵君儀　29・296
邵壯猷　42・291
邵奉詔　30・321
邵青雲　41・212
邵　苾　1・790
43・540
邵肯堂　12・497
邵虎臣　12・387
邵忠宣　50・496
邵知柔　77・28
邵秉忠　14・299
邵金榮　76・631
邵周華　50・506
邵周達　5・189
10・629
邵京實　76・94
邵京諭　50・86

邵　宗　2・103
26・19
邵宗寶　50・31
邵　定　72・189
邵承照　2・74
邵孟峻　50・50
邵　奎　6・288
邵貞一　4・252
5・56
32・649
43・643
邵貞元　29・277
邵則修　7・441
邵　昱　50・487
邵信之　42・403
邵　侯　39・69
邵彥輝　67・20
邵美恒　19・622
邵　莪　42・270
邵　桐　37・175
邵　格　42・294
邵　核　12・508
邵連捷　12・296
邵振之　42・403
邵振亭　32・5
邵致和　50・515
邵　時　50・142
邵時育　39・87
邵時敷　39・87
邵時薦　39・63
邵　陵　39・78
邵　紓　39・80
邵　梓　30・134
邵堅旺　50・476
邵捷春　75・499
76・40
邵　推　39・78
邵　崧　50・89
邵庾曾　2・30
邵　清　75・506
77・541
邵涵光　52・334
邵啓鼎　52・293
邵陽泰　52・331
邵隆瑾　50・120
邵紳書　29・245
邵　琚　39・90
邵喜起　39・86
邵敬之　42・403
邵惪久　77・210
邵　棟(明政和)　77・36
邵　棟(明南豐)　71・541
邵雲輯　15・171
邵　棠　50・40
邵鼎彝　42・394
邵景之　75・584
77・562
邵景伊　51・94
邵景周　41・396
邵景魁　39・99
邵傅穀　50・59
邵　復　52・78
邵舜臣　50・107
邵　惲　34・435
邵　甯　50・100
邵　祿　35・143
邵遐舉　39・99
邵登凱　12・492
邵發振　19・622
邵　瑄　42・195
邵　椿　42・300
邵楚萇　75・579
76・93
邵槐金　50・483

邵　嵩　50・43
邵　廉　71・535
邵　新　38・686
邵　禎　18・369
邵經邦　76・722
　76・746
邵睿明　71・553
邵　銅　75・453
　76・26
邵鳳高　32・8
邵廣貞　77・21
邵　璋　42・269
邵　播　1・725
　12・92
邵德志　31・60
邵　鋭　75・374
邵　誼　6・476
邵　慶　50・26
邵遵道　50・44
邵　緯　58・278
邵　璟　5・290
邵樹勳　50・116
邵　整　75・506
　77・541
邵積芳　50・123
邵錦德　59・639
邵　擢　39・61
　39・111
邵　豳　76・410
邵　鍊　39・80
邵應生　39・99
邵應魁　76・299
　77・607
邵翼之　42・403
邵　璸　2・111
　19・587
邵鵬圖　39・77
　39・110
邵鵬舉　39・98
邵懷之　4・372
　42・403
邵懷棠　1・849
　25・569
邵　潛　7・372
邵繼成　1・832
　18・691
　42・430
邵鶴齡　4・439
邵　續　1・701
　8・464
　9・22
　12・91
　43・15
邵顯堯　39・62
邵麟勳　23・69
邵　觀　2・56
　43・431

郈

郈清泉　41・199

八畫

武

武士特　62・582
武士豪　2・49
武大田　12・335
武大觀　12・333
武子英　33・285
武　元　35・132
武　公　72・699
武文培　4・312
　33・235

武文達　40・18
40・244
40・498
武文煥　5・83
32・641
武文源　8・635
武文鎮　33・236
武文鑑　33・236
武允蹈　62・214
武玉璞　12・335
武玉麟　6・218
武世弼　62・421
武世輂　62・398
武世舉　1・805
43・19
武立禮　5・83
32・641
武永嘉　31・834
32・395
33・271
武在洛　6・120
武存有　42・395
武光祖　2・105
28・683
武　全　35・132
武守爲　75・675
武克勤　78・701
武克誠　71・126
武步聖　71・133
武　秀　1・762
5・93
15・531
31・319
32・1
武希琦　41・206
武若愚　4・368
41・189
武　虎　15・493
武昌淇　5・360
武岷源　41・166
武法祥　8・717
武定遠　62・387
武　陔　36・420
武春榮　33・256
武映琨　41・76
41・198
武星聯　41・176
武思玉　37・696
武　信　28・496
武俊英　41・209
武洪謨　38・720
武起潛　4・230
武振華　2・95
16・440
武　峻　41・199
武　訓　4・386
14・785
武　烜　62・666
武被顯　71・134
武崑源　41・171
武崙源　41・174
武崇功　41・112
武　偉　12・143
武　進　35・128
武進功　4・472
武得和　8・626
武　從　37・829
41・139
武　梁　4・13
37・409
37・454
武啓峻　62・403
武啓梓　62・534
武啓銘　62・317

武張聯　41・77
　41・178
武　斑　37・452
武超凡　42・794
武朝富　42・774
武朝聘　42・769
武　雄　39・337
武開明　37・454
武爲聯　41・83
武道彬　29・504
武殿魁　4・298
　6・181
　14・697
武圖功　41・158
武毓鎔　33・236
武廣和　62・602
武廣淵　62・195
武　榮　4・12
　37・409
　37・455
武維仁　52・634
武維烈　71・133
武　瑾　38・684
武　璋　21・730
武　震　4・285
　6・151
武　億　2・93
　16・452
武　德　5・83
　32・601
武履常　4・144
　5・83
　8・315
　32・624
武　翰　37・664
武穆淳　61・473
武興禮　42・799
武澤純　12・125
武憲章　8・715
武　檀　41・198
武應韶　33・284
武　韜　4・370
　41・171
武懷運　1・724
武　瓚　7・386
武　巘　41・188
武　衢　4・124
　15・554
武　驤　41・180

青

青松子　29・511
青蓮和尚　77・666

長

長白山樵　43・513
長　志　76・170
長孫平　1・718
長孫沖　76・746
長孫肥　1・707
長孫順　4・13
　6・471
長孫順德　36・421
長孫覽　36・421
長　菴　45・390
長　賡　18・83
　30・63
　30・236

邽

邽　巽　4・5
　35・603

幸

幸元龍　62・16

65・325
幸日乾　62・462
幸日章　62・287
幸日復　62・299
幸日蔚　62・286
幸日藻　62・505
幸日靄　62・291
幸占元　62・545
幸仕顯　62・625
幸有祥　62・448
幸有儼　62・501
幸作霖　62・640
幸希柱　67・415
幸佩蘭　62・531
幸金垣　62・317
幸金昱　62・363
幸承瀛　62・533
幸南容　62・7
幸禹謨　62・522
幸送賢　62・615
幸祖軾　62・334
幸逢明　62・363
幸國才　62・616
幸國華　62・634
幸國賢　62・355
幸章謨　62・651
幸達道　62・508
幸朝圭　62・646
幸　甯　74・486
幸　軾　62・7
幸當時　62・18
幸溶賢　67・415
幸嘉修　62・479
幸嘉培　62・483
幸嘉猷　62・500
幸嘉謀　62・285
幸鳴陽　62・316
幸鳴瑞　62・307
幸鳴鶴　62・359
幸德宣　62・674
幸　徽　62・502
幸　翰　67・89
幸　勳　62・659
幸鴻才　67・471
幸鴻謨　62・309
幸翹文　62・648
幸顯達　62・634
幸　靈　51・115

耶

耶律之文　1・763
38・159
耶律有尚　4・179
31・812
耶律伯堅　1・753
1・763
11・42
耶律惟一　77・212
耶律鑄　18・46

茂

茂　彪　15・590

苗

苗士奇　39・100
苗玉珂　19・407
苗世澤　41・188
苗好謙　38・218
39・56
苗序洙　43・604
苗序濂　5・302
43・595
苗茁實　5・302
43・622

苗居巖　4・146
苗勃然　1・843
16・426
苗貞坤　35・502
苗　珩　35・492
苗晉卿　1・728
苗時信　2・39
10・310
苗　培　11・450
苗　順　25・201
苗裕城　41・199
苗蓁發　11・440
苗　廉　41・122
苗輪實　43・603
苗　蕃　49・528
苗錦堂　35・511
苗懷新　42・395

英

英　文　2・102

苻

苻　表　72・630

苟

苟入升　43・116
苟立朝　43・120
苟好善　1・785
苟宗貴　43・112
苟恆達　43・92
苟　晞　1・701
17・693
苟　變　39・68

茆

茆世亨　1・795
10・549

苑

苑曰俞　9・413
苑文彬　24・424
苑世鈞　20・785
苑本曾　11・304
苑丕顯　13・151
苑生瑞　4・342
35・148
苑廷文　31・54
苑羊牧之　14・245
15・514
苑　江　11・297
苑何忌　7・136
15・515
苑　侃　11・284
苑思順　11・303
苑　華　1・762
15・531
苑家麟　10・163
苑處仁　42・352
苑　康　4・135
9・30
9・54
苑　嵩　35・182
苑緒曾　11・306
苑　學　40・76
40・155
苑鴻廷　43・113
苑鴻緒　17・661
20・780
苑鴻選　20・790
苑　藩　22・230
苑續修　10・158
苑韻古　11・306
苑體會　11・302

范

范一沛　80・38
范乃蕃　25・165
范于殷　13・379
范士丙　13・393
范士奇　48・178
范士瑾　4・321
范士衡　68・294
范士驥　23・658
范大木　43・449
范大田　43・101
范大凱　13・417
范大儒　13・371
范之升　13・418
范子文　50・487
范子参　72・193
范天息　9・410
范天錫　32・583
范元昭　43・105
范元寀　13・397
范元超　77・134
80・516
范元寯　13・415
范元澤　4・146
15・529
16・413
范元憲　13・409
范元鎮　72・582
范元颺　80・389
范支光　20・788
范日嶒　26・106
范中行　13・122
范中岳　13・157
范中泰　43・99
范　升　38・405
范仁敏　48・213
范仁銓　48・213
范　丹　1・691
范文正　77・23
范文若　1・816
37・770
范文昇　78・553
范文程　59・260
范文煜　32・380
33・249
范文鋭　48・446
范文徽　59・262
范文燦　32・401
33・275
范　方　76・338
78・650
范引頤　80・167
范以衡　48・354
范允燦　17・606
20・556
范玉林　13・149
范玉堂　34・284
范　正　21・771
范正國　80・114
范正辭　4・141
5・59
6・288
范世芸　62・227
范世芳　80・521
范世美　62・66
范世雍　77・415
范可棟　25・176
范可興　43・128
范占梅　62・617
范由甲　11・459
范　冉　6・541
36・414
范仕衡　68・483

范用見　80・53
范立臣　61・681
范永昌　38・717
范永嫻　12・129
范永齡　31・57
范　式　4・243
37・98
37・409
范再昌　68・71
范有明　2・46
59・262
范成大　47・355
60・757
范成進　4・87
21・708
23・660
31・219
范成鈺　50・526
范光遠　20・566
范光璋　77・52
范廷英　35・478
范廷寀　77・415
范廷棟　70・607
范廷弼　4・159
35・461
范廷楷　4・405
17・638
20・535
范廷榛　20・778
范廷輔　4・162
35・462
范廷樞　80・424
范廷鑑　77・411
范延光　42・940
范仲三　43・128
范仲武　68・30
范仲淹　1・745
13・868
15・509
16・405
18・27
32・658
41・219
43・645
范仲謙　1・761
35・306
范　伋　62・60
范仰賢　62・672
范自重　13・382
范全生　25・539
范兆祥　68・71
范名臣　5・120
范汝光　50・386
范汝愚　33・796
范如圭　76・372
77・178
范如璋（宋）　61・449
76・384
范如璋（清大田）　80・497
范如璋（清政和）　77・48
范　孖　13・399
范　圩　32・384
33・253
范志俊　50・425
范芸軒　48・177
范芹潤　13・403
范克任　43・116
范克恕　10・136
范　李　5・243
6・134
范我良　9・891
范作樞　77・33
范作霖　77・203
78・603

范希正 1·823
37·805
41·60
范希孟 35·150
范希淹 50·384
范希節 75·419
77·501
范希賢 32·387
33·264
范辛鮮 77·36
范　沛 25·176
范　汭 71·356
范　沂 71·267
范　汶 4·182
范完澤 18·41
范宏賓 59·262
范良仲 80·556
范君材 72·184
范奉璋 77·48
范長壽 43·116
范　坰 6·173
范其章 77·48
范其聖 43·126
范其煃 43·101
范若水 13·145
范若琳 74·138
范　茂 9·861
范茂先 77·20
范　英 30·291
范　林 9·860
范林壽 80·234
范松茂 71·458
范奇權 80·556
范　旺 77·152
范昌齡 50·494
范明煌 74·188
范明德 48·65
范明徵 4·326
13·398
范　昂 37·696
范迪簡 77·76
范　忠 5·98
13·752
范　岸 13·399
范　岫 41·128
范知堯 43·82
范知鳳 43·100
范秉文 6·166
范秉和 45·476
范秉耀 80·548
范　金 80·78
范金鉉 30·303
范念德 76·378
范育才 76·385
范育時 26·122
范宗文(明) 1·815
12·248
12·355
范宗文(清) 31·833
32·396
33·271
范宗智 10·383
范宗諒 76·386
范定國 50·425
范宜恒 77·367
范宜損 68·44
范宜謙 59·262
范居易 73·323
范承宗 59·262
范承俊 13·402
范承祖 59·262
范承煦 13·417
范承遜 13·378
范承愿 13·384

范承謨	59・261
	75・384
	80・760
范承鑑	6・136
范春清	21・755
范春駿	41・785
	41・835
范　玶	47・74
范　柍	31・832
	32・395
	33・270
范　拱	4・86
	5・68
	6・292
范貞光	15・170
范　昺	13・399
范思敬	76・446
范思禮	47・252
范修彥	80・507
范修敬	13・381
范　亮	76・441
范　彥	13・406
范帝謨	53・119
范恒昇	76・583
范　恪	9・856
范炳中	80・507
范　洵	74・112
范　津	59・260
范　宣	45・320
	46・575
范宣華	13・417
范飛卿	68・482
范柔中	71・222
范泰恆	74・443
范起淵	50・487
范起龍	74・230
范　華	68・240
范華古	80・507
范　栻	1・816
范桐弧	58・683
范振清	9・272
	9・410
范致虛	76・383
范時化	79・365
范時秀	59・262
范時若	13・386
范時育	13・415
范時紀	59・263
范時崇	75・389
范時熙	72・189
范時緒	59・263
范時綬	59・262
范　峻	13・423
范　甡	13・390
范逢恩	41・763
范　衷	68・67
范　浩	77・19
范　祥	60・166
范書堂	43・102
范書紳	60・172
范書雲	9・854
范　恕	40・198
范純仁	1・735
范純儒	13・138
范　理	75・365
范　逵	58・117
范執要	15・166
范　彬	50・508
范　梅	68・198
范　梈	49・401
	65・166
	67・614
	75・362
范硃鮮	77・36

范盛升 23・656
范　捷 13・425
范掄元 50・521
范掄策 32・360
33・223
范接宗 68・511
范接骨 72・248
范常真 23・666
范國忠 62・64
范國卿 30・678
范國琅 80・507
范國燮 71・325
范崇約 74・112
范崇德 30・301
范得仁 77・543
范得興 12・124
范從浚 48・184
范從簡 25・175
25・176
26・111
范許珍 2・53
范　康(見苑康)
范惟中 69・579
范惟垣 4・300
范惟恭 68・189
范惟粹 32・358
33・222
范清秀 9・860
范清乾 18・737
范　渚 14・730
范淑泰 4・218
35・462
范　淳 45・98
范啓炳 25・525
范啓賢 80・548
范　階 23・638
范　琯 65・322
范達禮 59・261
范萬甲 32・393
33・268
范　敬 77・36
范敬先 45・470
范敬宣 13・395
范朝興 80・509
范　雲 76・262
范雲會 13・417
范雲錦 65・304
范景文 1・829
范景豐 35・502
范圍中 72・140
范　程 43・72
范　順 39・147
范　御 75・621
78・541
范復亨 45・118
范復粹 4・116
25・165
25・175
26・95
范舒華 60・168
范　斌 39・792
42・545
范　善 18・53
范祺和 6・208
范　巽 5・68
范登仕 59・262
范　瑟 5・110
范瑞徵 13・422
范瑞麟 80・498
范夢虯 80・130
范蒙亨 37・681
范　楫 21・324
范　楹 71・338
范　嵩 76・440

范　憲　59・434
范　縝　75・394
范　壎　64・326
范聲夏　71・340
范聯芳　25・174
　26・95
范聯陞　80・722
范聯飛(清沙縣)　80・432
范聯飛(清政和)　77・36
范懋典　80・424
范嶽甫　77・22
范魏卿　74・114
范　謨　68・74
范　謙　68・150
范謙亨　37・667
范應元　59・262
范應宜　23・269
范應奎　4・238
　17・563
　18・369
范應侯　2・70
　30・234
范應鈴　68・31
范應選　43・118
范應燿　74・321
范濟川　48・330
范　禮　71・230
范　璿　68・17
　76・463
范　馤　23・655
范鎮西　43・101
范　壚　43・128
范　嚴　68・38
范贊堯　80・497
范　鏜　18・29
　76・530
范　鏓　59・254
范　鏞　68・67
范繩武　41・773
范獻書　43・505
范繼先　13・378
范鶴峯　48・397
范鶴翘　50・392
范　蠡　7・211
　7・456
　33・823
　34・353
　36・411
　41・413
范體仁　62・234
范顯功　5・381

直

直脱兒　15・581

茅

茅　序　78・255
茅知至　78・279
茅　和　77・583
茅祚宏　5・251
　6・206
茅國縉　1・787
　32・585
茅　陽　78・285
茅　焦　7・155
茅　塤　6・171
茅　塏　4・303
　5・251
茅彝鼎　78・305
茅　襄　78・301
茅　鏞　78・312

林

林一材　76・286

林一枝　78・437
林一奇(明晉江)　79・210
林一奇(明海澄)　76・695
林一柱(明同安)　76・280
林一柱(明莆田)　78・127
林一桂(清永春)　79・330
林一桂(清侯官)　76・91
林一清(明建甌)　76・493
林一清(明福清)　75・562
　79・34
林一陽　76・731
林一貫　78・267
林一道　80・153
林一新　79・116
林一鳴　78・251
林一樑　80・708
林一疇　80・428
林一鶚　75・630
林九弟　77・437
林九騰　26・629
林九齡　77・532
林于制　76・178
林于周　78・622
林士元　75・461
林士弘　76・731
林士材　78・730
林士俊　77・375
林士起　76・152
林士琇　78・708
林士章　76・734
林士琦　2・60
　6・447
　36・145
林士達　80・255
林士程　78・256
林士雋　80・37
林士祿　79・348
林士蒙　77・682
林士楚　78・278
林士龍　70・600
林士駿　21・152
　29・598
林士講　72・6
林士鏘　79・334
林士纘　47・214
林大有(宋)　78・284
林大有(明)　75・628
　78・340
　78・384
林大年　77・687
林大任　61・144
林大佐　74・442
林大宏(明)　80・68
林大宏(清)　61・138
林大來　79・355
林大定　61・247
林大春　75・570
　77・541
林大振　77・555
林大時　76・232
林大畜　78・337
　78・376
林大乾　76・202
　78・538
林大梁　76・215
　76・283
林大啓　79・79
林大雋　80・704
林大欽　80・163
林大善　80・68
林大蓬　80・405
林大輅　78・45
林大猷(明)　78・146
林大猷(清)　79・357

林大禎　79・157
林大經　78・156
林大榮　47・117
林大鼐　78・121
林大鴻　77・388
林大黼　78・154
林大疆　80・68
林大鶯　74・129
林大鼇　79・355
林才乾　80・128
林上元　80・361
林上佐　61・411
林上倫　61・264
林　山　61・458
75・520
78・510
林山甫　25・326
林　及　76・463
林之平　78・133
林之奇　75・575
76・17
林之佳　13・231
林之珍　25・278
林之純　1・752
42・212
林之盛　11・385
林之楝　80・188
林之濬　76・362
林子立　78・60
78・245
林子克　79・52
林子沖　75・575
76・17
林子勉　75・597
79・61
林子淡　77・384
林子敬　77・485
林子雲　77・421
林子勳　77・447
林子隱　77・435
林子蘭　78・513
林天孟　78・543
林天相　79・353
林天柱　45・76
林天秩　24・517
林天祥　76・239
76・298
林天書　77・399
林天培　78・372
林天植　80・292
林天賜　77・447
林天德　79・355
林天駿　76・193
林天織　53・20
林天齡　78・504
林　元（元）　25・427
林　元（宋）　75・620
76・192
林　元（明莆田）　78・661
林　元（明龍巖）　78・161
林元之　78・194
林元甫　78・122
林元明　75・623
林元保　79・349
林元俊　76・261
80・616
林元亮　77・514
林元美　1・850
27・286
27・327
27・399
27・792
75・447
76・135

林元起　79・428
林元真　80・486
林元参　77・380
林元棟　76・471
林元瑞　53・133
林元會　79・352
林元豪　79・74
林元禮　29・314
林元寶　78・330
林不息　78・65
林太乙　78・690
林太毓　79・210
林友王　78・179
林友叟　78・567
林巨卿　75・618
　　78・541
林日光　79・42
林日亨　75・698
　　76・763
林日章　80・254
林日詔　77・546
林日瑞　75・670
林日暉　53・598
林日愷　80・497
林日熠　77・339
林日勳　77・87
林中秀　80・215
林中明　77・399
林中宗　25・428
林中梅　79・187
林中槐　80・85
林中鶚　47・282
林　壬　75・678
林　仁　76・261
　　76・360
林仁山　80・252
林仁壽　80・148
林仁肇　76・389
　　79・303
林化衷　76・332
林化熙　75・616
　　79・13
林介卿　75・421
　　78・695
　　79・145
林公玉　77・483
林公甫　79・50
林公武　76・495
林公遇　75・619
　　79・75
林公壽　77・346
林公養　77・474
林公選　79・86
林公黼　75・519
　　78・490
林丹桂　9・425
林六韜　76・224
　　76・303
林　文(元)　31・839
林　文(明)　78・29
林文之　75・584
　　79・53
林文仁　80・246
林文仲　69・141
　　69・645
　　78・405
林文英(明)　25・173
　　26・92
林文英(清)　75・504
　　76・153
林文明　79・195
林文迪　77・337
林文波　50・283
林文盂　77・379

林文昭　75・584
　79・52
林文俊　78・45
　78・626
林文炳　80・71
林文桂　51・441
林文秩　75・485
　76・42
林文卿　75・645
　76・194
林文祥　51・552
林文能　76・208
林文彬　79・501
林文秸　75・485
林文湊　80・646
林文湘　77・658
林文富　77・573
林文煌　76・169
林文煥(明)　76・731
林文煥(清古田)　77・532
林文煥(清安溪)　79・424
林文蔚(明武平)　80・71
林文蔚(明掖縣)　23・641
　24・519
　24・678
林文熊　75・469
　76・34
林文璭　71・602
林文慶　78・560
林文養　77・531
林文薦　24・557
林文濬　80・633
林文韜　79・55
林文蘭　24・543
林文瀛　77・383
林以仁　79・330
林以文　77・86
林以成　72・25
林以崇　61・408
林以順　78・142
林以靖　76・705
　77・712
林以辨　78・9
林以斅　79・80
林允中　77・541
林允宗　78・152
林允鈿　80・404
林孔昭　77・682
林　玉(明金谿)　70・598
林　玉(明惠安)　78・595
林玉昌　80・211
林玉華　77・397
林玉瑛　79・334
林玉璋　80・254
林玉鐸　77・388
林　正(宋)　78・134
　78・259
林　正(明)　78・147
林正芳　78・179
林正亨　75・563
　79・22
林正青　76・109
林正茂　37・804
林正華　75・619
　79・76
林正臺　80・207
林正榜　24・697
林正輝　76・122
林正興　46・293
林　功　79・329
林功懋　76・731
林甘祿　78・567
林世甲　70・582
林世珍　51・697

林世美　60・307
林世炳　76・717
林世第　72・6
林世章　75・523
　78・496
林世燁　79・344
林世發　75・633
林世瑞　26・636
林世勤　75・629
林世經　47・280
林世熙　72・6
林世興　53・90
林世璧　75・592
林世顯　78・426
林　本　38・160
林本珩　78・581
林本著　78・205
林可宗　79・255
林可棟　76・174
林可遠　77・633
林丙春　78・191
林　左　79・326
林　石　76・646
林占芳　77・512
林占梅　76・356
林占聚　31・59
林　旦　26・2
　75・544
　79・4
林　甲(五代)　75・640
　78・579
林　甲(清)　4・450
　24・523
林申甫　78・553
林　生　80・177
林仕敏　78・84
林仕瑛　75・689
林　仝　75・641
林用中　75・570
　77・540
林用作　78・685
林用晉　72・27
林用晟　79・27
林　外　79・264
林主信　77・569
林　立　77・529
　79・50
林立三　80・291
林立之　78・288
林立廷　47・367
林立郇　47・403
林必達　75・634
　76・63
林必儀　74・384
林永山　76・300
林永天　53・512
林永升　76・170
林永芳　80・248
林永梓　53・505
林永盛　47・262
林永崇　73・365
林永傳　80・734
林永齡(明侯官)　75・484
林永齡(明莆田)　78・146
林出金　77・476
林邦光　80・256
林邦達　79・73
林邦順　47・446
林邦楨　60・622
林式璟　79・356
林　圭　78・142
林吉時　80・734
林　圮　76・356
林　芝　75・488

林芝茂　60·722
林再思　4·444
　25·315
林在田　78·566
林在亭　80·215
林在峨　75·603
　76·109
林在崑　80·405
林在淵　80·293
林有才　26·629
林有之　78·263
林有芑　78·682
林有光　71·620
林有年　78·43
林有材　79·74
林有李　25·300
林有序　61·245
林有法　30·692
林有秋　78·425
林有活　78·708
林有席　61·179
　61·198
林有梧　77·85
林有禄　78·148
林有壂　79·21
林有臺　75·592
林有標　79·167
林有騏　24·334
　24·525
林有檳　77·86
林有齡　78·691
林而興　75·673
林　存　75·571
　76·11
林存祥　77·727
林成材　78·133
　78·258
　79·56
林成蔭　80·428
林成耀　80·131
林　光　76·488
林光甲　29·312
林光先　24·356
林光宇　75·595
　76·106
林光志　78·568
林光宗　78·580
林光奎　28·186
林光庭　78·159
林光華(清永春)　79·355
林光華(清霞浦)　77·396
林光朝　75·422
　78·2
　78·388
林光裔　75·443
林光肇　79·239
林光翰　80·189
林光譜　76·125
林　同(宋)　75·608
　76·121
　79·10
林　同(明晉江)　61·458
　79·109
林　同(明福州)　76·362
林　同(明龍溪)　77·695
林因雲　24·456
林回孫　77·348
林先春　75·470
　76·34
林　廷　79·536
林廷玉　75·488
　76·36
林廷臣　76·731
林廷秀　26·631

林廷奎 78・571
林廷真 75・713
林廷庸 1・803
33・588
33・687
林廷琛 75・494
76・38
林廷雲 79・169
林廷揚 78・310
林廷源 53・511
林廷福 76・305
77・625
林廷綱 78・109
林廷樞(清永定) 80・209
林廷樞(清永春) 79・334
林廷請 80・211
林廷選 75・518
78・396
78・489
林廷璣 78・547
林廷興 75・627
79・66
林廷禧 76・169
林廷擢 78・657
林廷謨(清長樂) 78・552
林廷謨(清瀘溪) 72・17
林廷麒 53・404
林廷瓚 78・571
79・37
林廷讚(見林廷瓚)
林廷鷺 38・688
林　延 25・427
林延昌 24・450
林　昝 77・354
林仲山 80・256
林仲虎 77・330
林仲振 80・736
林仲國 77・581
林仲節 77・383
林仲嘉 75・583
79・57
林仲舉 50・249
林仲懿 25・514
林仲麟 77・298
79・388
林任夫 80・222
林仰斗 79・345
林仰先(清長樂) 78・545
林仰先(清長樂,字道平) 78・545
林自立 72・26
林自拔 72・27
林自修 23・254
林自超 79・427
林自遠 76・143
林向哲 78・183
林向陽 80・11
林向榮(明) 75・628
78・440
林向榮(清) 76・344
林行可 75・481
林　全 77・377
林全齊 78・581
林　合 79・86
林兆珂 78・115
林兆惠 75・471
76・64
林兆鼎 75・563
79・67
林兆蘭 80・456
林　旭 76・82
林　旬 79・215
林名世 75・677
林亦之 75・576
79・1

林　冲　76・120
林汝永　78・150
林汝舟　76・69
林汝材　77・472
林汝松　25・270
　25・301
林汝南　79・335
林汝柏　25・270
　25・301
林汝硯　77・396
林汝詔　76・734
林汝載　78・384
林汝翥　75・613
　79・22
林汝霖　80・106
林汝謨　29・260
林汝翼　72・25
林汝瓊　77・575
林守真　77・406
林守端　80・293
林宅賢　75・629
林　安　75・619
　79・75
林安上　75・512
　78・480
林安宅　75・478
　76・17
林如大　78・580
林如楚　75・491
林如源　79・272
林牟貽　4・450
　24・532
　24・683
林羽宏　80・692
林均爵　77・353
林　孝　80・669
林孝恂　76・151
林孝淵　78・68
林孝聞　75・550
　79・31
林孝澤　75・424
林志仁　76・124
林志方　24・703
林志政　77・552
林志漢　80・254
林志道　72・5
林志甯　76・485
林志遠　76・248
　76・325
林志魁　39・305
林志旗　80・176
林志榮　53・252
林　芳（清海澄）　76・715
林　芳（清閩縣）　76・98
　76・474
林芳芝　25・540
林芳春　13・106
　76・155
林芳德　76・327
林芳藹　78・624
林克誠　77・353
林　杆　79・141
林　材　75・468
　76・33
林　杞　79・444
林甫任　79・254
林辰孫　75・626
林步青　77・537
林步賢　78・365
林秀桂　76・731
林秀衾　78・549
林　佐　77・347
林　佑　78・425
林　伸　78・131

林作舟 79·333
林作周 73·418
林作櫟 74·385
林伯成 75·513
78·507
林伯榮 77·394
林　伭 78·672
林希元 76·276
79·374
林希逸 75·577
79·2
林希賢 77·356
林　谷 75·445
79·143
林　坌 75·624
76·171
林　忼 39·148
林　亨 78·312
林汪遠 78·607
林沖之 78·59
林宋卿 78·225
林宋偉 75·542
78·332
78·353
林宏才 79·419
林宏祖 78·334
78·355
林宏毅 78·342
78·363
林宏顯 75·647
78·564
林　良 77·402
林初仔 78·654
林初旭 80·428
林君陞 76·301
林　㽞(宋古田) 75·506
77·542
林　㽞(宋長樂) 75·513
78·507
林　㽞(明) 75·642
林壯猷 76·338
林阿盥 79·53
林妙智 77·405
林　玭 75·488
76·35
林青芝 77·497
林　玥 75·550
79·31
林長有 77·466
林長存 77·463
林長青 80·180
林長佳 79·350
林長佶 78·552
林長菲 79·351
林長貴 75·638
79·81
林長發(清大田) 80·503
林長發(清永春) 79·347
林長蕃 77·465
林長懋 78·85
林　坦 6·136
林　坤(明寧德) 77·343
林　坤(明霞浦) 77·393
林其茂 75·472
76·142
林其昌 76·256
林其昀 39·705
林若周 78·79
林若桂 77·84
林若晦 78·570
林　茂(明武清) 1·855
23·127
23·621
林　茂(明棲霞) 25·266

	25・307
林　茂(明德化)	78・604
林茂生	77・644
林茂芳	53・501
林茂春	76・99
林茂華	79・605
林茂桂	76・736
林茂達	78・41
林茂森	79・228
林茂槐	75・596
	79・21
林茂輊	80・674
林茂魁	80・213
林　英(元)	25・427
林　英(明古田)	75・610
	77・569
林　英(明聊城)	38・565
林　英(明福清)	75・563
	76・253
林　英(清)	78・426
林　苞	76・123
林　直	76・72
林　枅	75・399
	76・203
	78・137
	78・506
林　枝	76・198
林枝春	76・46
林松聲	78・671
林松齡	11・93
林杭學	32・449
	33・74
林東向	77・561
林東雲	24・456
	24・721
林雨化	76・123
林雨蒼	80・256
林協可	79・78
林　郁	78・426
林奇石	76・239
林奇生	74・85
林　披	78・97
林叔慶	25・306
林卓賦	77・388
林尚新	79・234
林具觀	79・345
林　果	75・508
	77・529
林　昌(明)	79・417
林　昌(清)	25・432
	25・516
	25・547
	38・416
林昌言	75・547
	79・55
林昌彝	76・112
林昌麟	77・111
林　昪	77・583
林昪璘	79・351
林　明	78・646
林明順	76・701
林明善	25・530
林明堤	76・246
林明詣	28・218
林明霞	79・358
林　昜	78・611
林　昉	76・94
林　炅	78・314
林　迪	78・67
	78・238
林　典	78・87
林　忠	79・256
林　迥	77・472
林　知	79・279

林　牧　76·322
林　和(明)　78·143
林　和(清)　75·636
　76·185
林和玉　77·465
林秉守　80·85
林秉芳　78·523
林秉漢　78·642
林秉慧　76·189
林佳奈　78·620
林佳晃　78·553
林佳鼎　78·162
林　佶　75·602
　76·109
林　岱　80·679
林　侗　75·602
　76·109
林佩蘭　53·185
林依泰　14·709
林　金　77·490
林金石　80·132
林金華　78·417
林　命　76·442
林　采　75·441
　76·133
林　受(明)　80·677
林　受(清)　80·708
林周夫　78·655
林郇陽　75·618
　76·171
林　京　78·693
林　享　80·669
林　放　4·2
　11·23
　31·744
　32·334
　33·202
林育蘭　61·327
林性之　79·113
林河圖　39·619
林泗傳　78·622
林　泮(明古田)　77·530
林　泮(明閩縣)　75·457
　76·28
林　泳　75·644
　79·89
林　泓　75·631
林宗仁　75·692
林宗臣(宋晉江)　77·685
林宗臣(宋龍溪)　79·142
林宗珍　79·491
林宗重　11·43
林宗彥　79·242
林宗洙　78·528
林宗泰　76·300
林宗教　78·389
林宗道　75·586
　79·57
林宗載　76·217
　76·289
林宗義　37·783
林宗源　78·619
林宗德　24·515
林宗濂　79·238
林宗顯　75·513
　78·506
林定徵　77·135
林空齋　78·340
　78·383
林建邦　70·614
林建昌　75·679
林建猷　76·309
林承吉　39·724
林承昌　77·537

林承瑞　53・573
林承霖　78・172
林奏功　79・534
林　春　79・3
林春先　79・41
林春秀　77・544
林春華　78・397
林春萱　74・382
林春溥　76・100
76・362
林春澤　75・491
76・37
林　珀　78・610
林　珍　78・312
林　珊　79・433
林　城　79・107
林　政　72・4
林　埏　79・28
林　垍　75・645
76・194
林　荃　77・546
林茗雅　79・352
林胡廣　75・662
林南馨　72・23
林　柘　78・302
林相昇　39・636
林　奎　78・374
林奎章　76・222
76・305
林殆庶　76・117
林拱十　77・377
林拱樞　76・70
林挺然　76・446
林　貞　1・759
林貞勝　75・628
76・172
林省鄒　75・640
林　昺　78・621
林則徐　76・67
林　昱(明)　79・227
林　昱(清)　78・612
林　畊　76・17
林思勉　77・333
林　囿　75・585
林　秋　75・626
林秋香　76・360
77・664
林重器　75・650
林修竹　24・706
林保安　79・530
林保童　77・343
林信占　4・385
林　泉(明)　75・647
78・564
林　泉(清晉江)　79・286
林　泉(清棲霞)　25・534
林　泉(清閩縣)　75・601
林泉生　75・425
75・542
78・333
78・353
林　俊(明莆田)　78・35
79・373
林　俊(明順昌)　77・146
林俊元　77・652
林俊民　79・73
林勉森　39・309
林　奐　75・645
76・193
林　亭　80・295
林　亮　45・124
林庭芳　78・110
林庭杓　75・448
林庭奎　79・39

林庭植　75・559
79・37
林庭棉　75・448
76・29
林庭機　75・448
76・31
林庭壆　75・464
76・31
林彦佳　79・422
林彦起　76・197
林彦掞　70・46
林彦質　76・725
林奕珧　73・83
林恒先　80・247
林　恂　25・262
25・324
25・417
林首達　77・546
林首運　77・564
林炳先　77・550
林炳章　78・153
林炳森　80・506
林炳槐　77・512
林炳聲　80・137
林　炫　75・449
76・30
林炫光　79・90
林洪京　79・89
林洪音　76・141
林洪烈　79・183
林洪範　75・582
76・117
林洄淑　76・115
林　洙(明)　29・70
林　洙(清)　78・190
林　洽　78・605
林洵仁　75・590
79・59
林　垐　75・615
76・168
78・334
78・385
79・12
林冠玉　24・573
林　祐　76・24
林　祖　75・551
79・24
林祖成　77・374
林祖武　79・355
林祖望　75・604
79・63
林祖植　75・637
76・175
林祖憲　79・355
林祖齡　79・355
林屏翰　78・425
林　彖　78・312
林　紀　76・194
林　泰(明永福)　78・341
78・383
林　泰(明寧德)　77・333
林泰葵　76・314
林　珪　75・550
79・31
林　珙　77・379
林　珽　75・616
76・166
林　珦　77・371
林　珩　72・16
林　起　71・602
林起元　29・105
林起宗　29・111
林起鳳　76・233
76・333

	77・650
林耿光	80・501
林　華(明山陰)	9・140
林　華(明莆田)	78・93
林　華(明連城)	80・676
林華春	51・615
林　恭	1・853
	23・618
林恭章	78・95
林莊雄	76・300
林　真(字子純)	75・610
	76・165
林　真(字汝實)	75・446
	76・135
林真士	75・646
	78・564
林　桂(明)	79・155
林　桂(清)	76・190
林桂茂	77・375
林　桐(明)	76・138
林　桐(清)	78・581
林軒開	76・101
林　逋	65・307
林　栗	75・548
	79・5
林砥柱	72・13
林　原	79・346
林原佐	77・691
林　烈	75・376
	77・584
林　振	79・31
林振光	78・522
林振武	77・378
林振采	78・527
林振棨	76・65
林振嵩	80・644
林振義	52・295
林振禧	76・162
林振聲	39・646
林致先	80・429
林　晉	72・24
林　時	78・143
林　峸	25・314
林時中	77・550
林時青	79・356
林時益	45・36
	71・358
	71・630
	74・178
林時葉	76・221
林時詹	78・210
林時邁	78・201
林　晟	75・546
林　晃	76・322
林　畔	75・444
	76・134
林　圃	79・57
林恩榮	53・183
林恩龍	80・294
林　峪	25・266
	25・308
林　特	79・209
林師益	78・246
林師舜	78・246
林師說	78・242
林師稷	75・616
	78・341
	78・384
林師德	77・690
林師魯	75・570
	77・541
林逢春(清永春)	79・353
林逢春(清南海)	80・200
林逢春(清晉江)	79・186

林逢泰　79・180
林逢都　79・186
林逢經　78・535
林逢濟　79・181
林逢馨　72・26
林　高(宋)　75・544
79・30
林　高(明)　75・539
77・461
林高山　77・644
林高駿　79・282
林悅齋　80・252
林益萌　79・234
林　浦　75・618
76・171
林　浩(宋)　78・580
林　浩(明)　76・693
77・705
林海霖　1・807
林　宸(清莆田)　78・211
林　宸(清棲霞)　25・313
林家和　76・145
林　宰　76・737
林朗亭　78・553
林祥鳳　78・64
林書童　78・176
林　陶　75・581
76・93
林陶光　76・234
林　恕(明長樂)　75・520
78・510
林　恕(明金山)　13・725
林　恕(清)　29・321
林　通　75・512
78・523
林　能　77・522
林　紓　76・103
林球元　49・389
林　琅　18・518
林琅奉　24・547
林　域(明)　78・571
79・32
林　域(清)　77・725
林　埠　75・645
76・193
林　逵(宋)　78・84
林　逵(明)　78・339
78・363
林　逵(清莆田)　78・271
林　逵(清豐城)　68・521
林培由　29・255
林培玠　29・256
林培穆　79・360
林培禧　78・422
林　堉　78・571
79・17
林執惠　25・521
林　基(明)　75・445
林　基(清)　4・283
6・137
林　菁　77・574
林　著　77・337
林黄中　79・140
林黄彩　80・603
80・607
80・655
林　乾(宋)　79・433
林　乾(清)　79・573
林　埜　77・83
林　彬　79・206
林彬之　76・10
78・74
林　梅　76・731
林　桷　75・513

78 · 523
林　帶　76 · 334
林盛世　24 · 296
林捷元　79 · 357
林捷輝　76 · 345
77 · 630
林捷鼇　78 · 358
林虚極　77 · 726
林　虑　79 · 52
林常登　77 · 553
林國材　1 · 783
林國相　77 · 531
林國炫　79 · 51
林國泰　80 · 647
林國恩　79 · 356
林國達　80 · 254
林國鈞　78 · 175
林國模　77 · 552
林國櫟　77 · 537
77 · 548
林　崧　79 · 216
林崧祁　76 · 104
林崑桂　80 · 243
林崑瓊　76 · 156
林崇文　78 · 302
林崇用　75 · 696
林崇疇　78 · 543
林第先　77 · 536
林　敏　75 · 590
78 · 561
林偕春　75 · 467
75 · 688
76 · 734
76 · 758
林　偉(宋)　77 · 353
林　偉(清)　76 · 174
林進祿　25 · 278
林得興　78 · 674
林得露　75 · 664
林從正　79 · 373
林從世　78 · 174
78 · 550
林從周　79 · 373
林從時　76 · 45
林從新　28 · 161
林　釪　76 · 281
77 · 617
77 · 700
林　鉽　75 · 463
林欲昂　79 · 168
林欲楝　79 · 127
林欲楫　79 · 129
林欲廈　79 · 125
林　彩　72 · 20
林象中　80 · 243
林象芬　24 · 722
林　逸(明)　76 · 399
林　逸(清)　75 · 601
林逸卿　80 · 294
林　啓　76 · 282
林　章　75 · 593
79 · 60
林章梗　77 · 629
林惟賢　78 · 333
78 · 354
林　烴　75 · 449
76 · 32
林　焌　78 · 610
林　清(元)　75 · 641
76 · 198
78 · 561
林　清(明福清)　75 · 552
79 · 33
林　清(明懷安)　75 · 623

	76・192
林清海	47・446
林清偉	78・266
林清瑞(清永春)	79・353
林清瑞(清永泰)	78・372
林清照	78・422
林清黼	78・266
林　漢	78・85
林　渠	34・439
林　淦	77・573
林　淘	78・424
林　淳	77・394
林　淡	78・711
林　深(明)	80・32
林　深(清)	24・560
林深之	75・397
	78・132
林　梁(明武平)	80・71
林　梁(明霞浦)	77・394
林　寅	80・389
林寅賓	79・164
林　寀	75・512
林　啓	76・163
林啓元	79・353
林啓祥	14・728
	42・970
林隆昌	77・396
林隆釗	78・580
林　紱	76・72
林　紹	75・589
	78・561
林紹年	76・60
林紹彤	35・187
林紹殷	78・581
林紹基	77・570
林紹蒼	78・360
林紹龍	2・79
林琪樹	78・577
林　瑛(明侯官)	76・138
林　瑛(明歷城)	5・104
林　琦(宋)	75・607
	76・165
林　琦(明)	75・631
	78・579
	79・14
林　琠	77・713
林　琚	79・151
林堯英	78・181
林堯封	78・583
林堯俞	78・54
林　堪(明古田)	77・551
林　堪(明莆田)	78・87
林　堪(明閩縣)	75・464
	76・173
林超鳳	78・609
林　賁	76・744
林賁山	80・249
林　達	79・533
林期昌	79・243
林　萬	79・311
林萬夫	39・615
	42・559
林萬春	80・440
林萬頃	75・586
	79・53
林萬潮	78・112
林萬選	79・344
林　敬	72・4
林　萱	76・174
林朝陛	78・616
林朝鳳	76・360
林朝選	71・301
林朝薦	78・611
林朝龍	79・51

林　葵(明)　27・541
27・300
28・170
林　葵(清)　76・115
林　森(明上饒)　51・696
林　森(明閩縣)　75・465
林森如　78・559
林　棟　78・606
林棫松　11・95
林　棕　24・543
林　軻　78・177
林　惠　75・628
林惠元　30・707
林惠吉　72・26
林　雲(明)　75・562
79・39
林　雲(清古田)　77・537
林　雲(清閩清)　78・442
林雲才　80・404
林雲同　78・51
林雲京　75・563
79・44
林雲映　76・216
林雲洲　78・449
林雲章(清沙縣)　80・432
林雲章(清閩縣)　76・125
林雲嵐　76・218
76・292
林雲程　79・269
林雲翔　79・84
林雲蒸　77・563
林雲圖　37・5
林雲銘　76・97
76・496
林雲衢　78・582
林　雩　75・398
林　揚　78・579
79・82
林揚進　78・628
林　揆(宋)　75・435
林　揆(唐)　77・139
林　棐　76・214
76・275
林斐章　77・652
林　棠(明)　5・141
13・764
林　棠(清)　30・329
林　舃　75・433
76・132
林　鼎(五代)　75・581
76・1
林　鼎(明)　78・408
林鼎復　78・513
林鼎發　77・555
林鼎漢　79・215
林　開　75・582
林開先　80・501
林開春　79・41
林開舉　51・588
林開瓊　76・98
林遇青　76・246
林　景　37・807
林景行　76・116
林景明(明)　78・339
78・376
林景明(清)　78・624
林景時　75・646
78・564
林景清　77・508
林景達　61・450
林景淵　79・499
林貴遠　80・557
林　喦　78・143
林　凱　79・228

林　嵋(明)　78・119
林　嵋(清)　24・560
林　智　78・145
林　程　78・604
林喬木　79・165
林喬升　77・569
林喬材　77・545
林喬相　79・118
林喬植　60・630
林喬蔭　76・91
林喬椿　76・81
林喬楠　79・161
林喬蕃　77・476
林　策(明)　76・731
林　策(清)　72・21
林　順　77・53
林　傑　75・579
林　復　75・531
林復之　76・12
林復春　79・393
林　鈍　75・457
林爲邦　79・357
林爲荃　61・275
林爲洛　76・248
林爲楫　79・333
林爲翥　77・573
林爲翰　77・548
林爲龍　77・555
林舜道　75・466
林就日　77・116
林　童　76・619
林　尊　4・10
4・167
5・6
林尊賓　78・119
林道光　76・314
林道宏　70・533
林道炳　79・413
林道飛　80・485
林道楠　78・95
林道煌　47・349
70・533
林　遂　77・372
林　曾　77・708
林　焕　76・116
林焜章　78・94
林焜熿　77・659
林焌章　78・156
林　湛　76・122
林　湜　77・370
77・431
林　渭　75・451
林渭起　77・537
林　湍　76・320
林滋楨　77・396
林滋謙　78・192
林　湑　25・536
林　富(明)　78・41
林　富(清永安)　80・440
林　富(清長汀)　80・17
林裕國　78・571
林裕陽　78・497
林　祺　77・711
林　弼　1・846
77・710
林賀峒　76・70
林登雲　79・353
林登墀　77・555
林登霄　79・353
林發崑　53・333
林發森　47・437
林幾復　75・585
77・514
林　瑞　80・696

林　源(清鉛山)　53・15
林源岷　80・254
林源渭　75・680
林　準　25・533
林　滂　79・362
林　福(明晉江諸生)　79・255
林　福(號坦吾)　79・210
林福祚　76・159
林　肅(宋)　78・282
林　肅(明)　79・212
林殿俊　24・703
林際元　61・362
林際平　76・160
林際春　74・442
　78・610
林際泰　77・563
林際陽　79・403
林際雲　77・380
林際暄　78・423
林際輝　72・17
林　遜　75・406
　76・204
林經協　76・744
林　瑨　25・318
林　瑱　79・326
林　璉　39・616
林　瑭　75・488
林嘉采　76・249
　76・326
林嘉楠　78・189
林嘉會　61・326
林嘉猷　79・351
林嘉穀　80・146
林嘉模　72・15
林壽英　76・129
林壽圖　76・57
林聚垓　79・423
林　熙　76・129
林熙春　80・193
林　蔚　8・626
林蔚如　80・179
林蔚萼　80・248
林　模　78・607
林　榕　78・605
林　輔　75・646
　78・564
林　碩　75・446
　76・24
林爾元　79・408
林爾裕　79・334
林爾祺　79・345
林　霆　75・644
　76・197
林鳴球　78・292
林鳴鳳　77・499
林鳴鵡　61・177
林　箕　11・90
林毓材　77・552
林毓英　25・314
林毓賢　50・229
林毓鶯　78・552
林　槩　79・30
林　銘　75・646
　78・564
林銘几　78・116
林銘球　76・741
林銘新　25・533
林　鳳(明)　72・8
林　鳳(清)　79・70
林鳳官　24・530
林鳳策　24・456
林鳳鳴　26・595
林鳳韶　77・200
林鳳儀(明永福)　78・335

78・363
林鳳儀(明同安) 76・291
林鳳騰(清永定) 80・247
林鳳騰(清沙縣) 80・425
林 誌 75・577
76・95
林 說 78・119
林 豪 76・357
林 廣(宋) 4・73
23・660
24・568
林 廣(明) 42・228
林廣發 77・690
林廣齊 79・293
79・641
林韶賡 78・422
林 端(明詔安) 75・675
林 端(明福清) 75・551
79・31
林端儒 30・131
林齊四 80・496
林齊璇 76・147
林 燁 75・592
林 榮(明晉江) 79・226
林 榮(明福清) 75・550
79・6
林 榮(明閩縣) 75・452
林榮桐 77・550
林榮魁 80・250
林 漢 80・69
林漢川 75・622
77・486
林漢柱 80・244
林漢峯 76・262
林 寬 76・106
林賓日 76・128
林寧馨 77・378
林肇元 70・581
林肇域 24・721
林肇開 79・168
林 頗 79・268
林 緒 78・171
林緒光 75・604
76・153
林維上 27・526
林維屏 77・379
林維造 79・220
林維揮 78・551
林維喬 80・245
林維新 77・351
林維暹 79・167
林維翰(明) 49・188
林維翰(清) 80・256
林維聰 75・723
林 綜 7・85
林綠苔 79・426
林 璋 78・374
林 壇 78・149
林 駉 77・341
林穀貽 24・455
林 蕤 80・188
林邁佳 75・670
林 樞 78・606
林 輪 77・536
林 賢(清南安) 79・532
林 賢(清廈門) 76・261
77・664
林賢生 76・281
林賢儒 31・60
林 震 78・639
林 撝 77・508
林 鬳 77・442
林 賜 75・515
78・509

林　嶢(明)　79・194
林　嶢(隋)　75・618
　77・521
林　嶙　72・19
林墨香　76・262
林稼翁　75・445
林　僾　75・619
　76・192
林　儀(明)　36・138
林　儀(清侯官)　75・602
林　儀(清莆田)　78・186
林　質　78・120
林質齋　75・645
　76・194
林德尹　79・428
林德秀　79・431
林德昇　77・467
林德昭　79・423
林德泰　79・338
林德振　43・433
林德峯　51・356
林德卿　76・456
林德遇　78・283
林德福　77・406
林德鳳　77・551
林德龍　78・612
林德聲　77・146
林德謙　76・233
林德馨　76・332
林德釁　73・430
林徵材　77・509
林徵麟　75・412
　77・588
林　磐　77・679
林　盤　73・193
林　鋭　79・87
林請高　79・357
林調梅　77・549
林調陽(清長樂)　78・520
林調陽(清連城)　80・694
林調陽(清棲霞)　25・489
林調鼎　25・489
林調燮　78・516
林慶庭　78・543
林慶雲(清平潭)　78・582
林慶雲(清德化)　78・624
林慶貽　4・450
　24・341
　24・531
　77・367
林慶颺　79・356
林養材　79・254
林　瑩　30・724
林澍㭎　80・401
林澍蕃　76・110
林　潮　79・152
林潮孫　75・444
林　澐　77・351
林　潤　78・53
林澄源　78・155
林　適　75・546
　79・57
林　豫　77・208
　78・237
林豫宗　79・238
林豫震　78・304
林畿葵　75・692
林靜仁　79・47
林靜亭　80・243
林　璟(宋)　79・31
林　璟(明侯官)　32・26
林　璟(明懷安)　75・488
林　璣　78・336
　78・363

林擇之　49・525
林翰文　76・708
林翰撰　77・398
林頤壽　79・206
林　樹　78・422
林樹英　72・6
林樹高　77・471
林樹梅　77・658
　80・672
林樹寅　24・566
林樹森　28・45
林樹滋　80・52
林樹震　24・566
林樹德　53・598
林樹勳　53・376
林樹薰　77・283
林樹馨　78・545
林　橦　80・222
林輯瑞　25・524
林　霍　76・258
　76・325
林　霔　76・198
林　璲　75・455
　76・27
林　叡　77・529
林　默　80・246
林積仁　76・463
　78・133
林　篤　11・90
林　興(元)　25・427
林　興(明)　79・431
林　興(清)　35・344
林興祖(元)　75・538
　77・460
林興祖(明)　75・589
　76・23
林興珠　79・319
林興國　80・509
林　嶨　75・463
林學尊　77・588
林學道　41・288
　78・14
林學曾　79・126
林學蒙　75・570
　78・331
　78・353
　78・413
林　儒(清莒縣)　30・721
林　儒(清連城)　80・742
林　衡　75・638
　76・108
　79・64
林錫三　80・246
林錫光　80・401
林　錦　75・532
　77・486
林錦燦　47・367
林　錞　77・488
林　鋕　78・81
林　錠　78・265
林　燏　78・606
林　穎　75・549
　78・571
　79・15
林穎秀　75・480
林　諝　75・579
　76・93
林龍章　76・65
林　燧　75・625
　76・172
林　燈　77・462
林　澤　25・490
林　憲　77・706
林憲卿　75・569

76・120
林憲護　78・525
林　壂　75・456
林壁卿　78・315
林　彝　78・626
林　環　78・100
林　聰(明福清)　79・87
林　聰(明寧德)　1・768
77・334
林聰彝　76・69
林聯兆　80・247
林懋中　78・549
林懋生　80・107
林懋先　23・649
24・535
林懋和　75・592
76・95
林懋柱　76・197
林懋勉　78・350
78・396
林懋祺　29・317
林懋舉　76・44
林　磻　78・290
林霞起　80・747
林霞德　77・664
林擢元　79・353
林　瞪　77・405
林　嶸　4・429
25・422
林　穗　76・148
林儲英　2・72
林龜年　77・515
林　皥　78・657
林　鍾　79・170
79・285
林鍾元　80・709
林鍾岱　4・424
29・258
林鍾柱　24・758
林鍾華　78・578
林鍾桂　80・188
林鍾遂　29・259
林　謨　75・568
77・505
林　謏　78・616
林　謙　76・692
77・703
林謙光　78・513
林　應　76・214
76・283
林應芳(明南平)　77・116
林應芳(明福安)　77・433
林應昌　79・132
林應采　78・112
林應春　77・661
林應亮　75・491
76・38
林應桂　9・741
林應訓　75・497
76・44
林應彪　51・488
林應欽　80・424
林應翔　76・217
76・288
林應瑞　52・578
林應楚　79・168
林應禎　79・25
林應鳳　79・356
林應標　78・151
林　燦(清宜春)　60・622
林　燦(清僊遊)　78・305
林燦芬　80・427
林　嫌　75・449
76・31

林　鴻(明)　75·586
　79·58
林　鴻(清)　76·557
林鴻年　76·75
林鴻猷　78·291
林鴻儒(民國)　34·254
林鴻儒(明)　79·253
　79·383
林　濬(明分宜)　73·415
林　濬(明長樂)　1·855
　23·621
林濬源　4·282
　5·243
　6·136
林　濟　78·521
林濟民　78·698
林濟孫　78·264
林濱齊　78·711
林　翼　25·427
林翼池　76·218
　76·293
林　孺　79·416
林　璿　22·229
　75·456
林　瓊　4·199
　14·703
　42·963
林瓊卿　77·513
林瓊蕤　78·515
林翹盛　80·246
林　贄　78·126
林贄卿　79·75
林　檳　78·610
林轉亨　79·626
林豐玉　76·245
　76·315
林豐贊　77·653
林　叢　76·352
林叢桂　9·145
　78·423
林叢槐　76·284
林曜華　76·233
林簡士　79·190
林簡言　75·579
　79·56
林雙桂　80·316
林謹夫　75·590
林謹純　78·547
林　瀘　76·201
林　瀌　77·545
林璧卿　78·172
林璧紳　53·599
林彝倫　25·495
林彝訓　25·523
林　藻　78·105
林　蘊　78·57
林蘊奇　76·569
林攀桂(清永定)　80·243
林攀桂(清鉛山)　52·634
林麗煌　77·558
林　璽　80·599
　80·632
林　黼　76·198
林　巃　78·712
林贊圖　32·2
林　鑽　75·490
林鵬飛　77·375
林鵬揚　76·245
　76·315
林鵬摶　78·616
林　騰(明)　75·674
林　騰(清)　24·550
林騰青　77·398
林騰蛟　79·353

林騰鵠　77·365
林騰驤　76·318
林懷珠　79·356
林懷經　79·356
林懷德　79·356
林　瀚(明)　75·447
76·27
林　瀚(清)　25·490
林　瀛　78·605
林　寵　75·648
76·193
林繩武　25·262
25·419
林　瓌　75·547
79·57
林　壤　76·138
林馨裔　80·215
林蘭友　76·254
76·269
78·248
林　鷗　75·618
78·550
林獻葵　78·268
林耀先　80·246
林耀南　46·288
林　矗　25·536
林　鶚(元)　22·228
23·614
林　鶚(明將樂)　80·462
林　鶚(明棲霞)　25·358
林　鐘(明)　77·300
林　鐘(清)　77·87
林　夔　78·195
林夔孫　75·570
77·541
林　寶　78·686
林寶辰　76·167
林繼捷　80·610
林繼僑　78·556
林繼賢(明)　78·149
林繼賢(清)　72·9
林繼篁　72·19
林繼衡　75·525
78·511
79·38
林繼顯　75·460
林　鐸　80·67
林　澧　78·254
林鶴雲　75·678
林懿圖　76·147
林聽鶯　77·203
林霽春　78·423
林　攢　75·423
78·163
林鑄禹　76·34
林鑑中　76·163
林　巒(宋)　79·252
林　巒(明)　80·71
林　顯　25·428
林顯功　26·120
林　鑣　75·634
林麟焻　78·184
林麟熼　80·611
林　觀(明閩縣)　75·622
76·23
76·171
林　觀(明寧德)　77·334
林觀生　78·614
林觀成(清長樂)　78·557
林觀成(清霞浦)　77·374
林觀春　78·567
林靈金　75·703
林纘振　76·734
林戇孫　75·620

77・467
林　鸞　80・93
林鸞書　77・523

杵

杵　臼　7・134

來

來一鵬　30・721
來方煒　75・408
76・205
來阿巴赤　1・755
15・529
16・412
18・44
來阿巴齊、來阿八赤（見來阿巴赤）
來　珏　78・390
來　珩　61・473
來振修　30・691
來逢源　14・384
來益清　2・86
來　盛　73・416
來斯行　1・781
8・467
來道士　29・510
來　聘　14・731
來　儀　4・228
17・574
19・326
來錫蕃　77・213
來謙鳴　76・474
來　應　47・554
來　鵠　45・51
46・495
來　鵬　45・51
46・383
來護兒　1・720
26・2

松

松　年　38・167
松　賓　74・253

杭

杭世駿　76・210
杭　圻　4・384
38・567
杭景蘇　38・573

東

東　山　80・522
東方老　5・33
8・340
東方辛　26・2
東方朔　4・20
5・11
8・301
8・336
8・391
8・600
9・54
9・86
12・101
43・55
東方舉　5・45
8・340
東門雲　4・15
7・476
東原海公　32・482
33・559
東郭牙　7・21
7・152
東郭先生　4・249
7・198

	15・610
東郭垂	7・22
東郭書	7・20
	7・144
東野子儀	35・683
東野沛然	36・139
東野宜	4・235
	35・676
東野衍增	36・36
東野畢	35・726
東野崇階	33・254
東野崇銜	36・40
東野瑀	35・686
東皡署者	79・287
東禪祖鑑	80・55

臥

臥石山人	32・47

郁

郁之章	80・157
郁文周	75・417
	78・464
郁文瀾	72・683
郁　方	72・696
郁尹相	72・684
郁本忠	72・671
郁邦基	72・599
郁自守	72・685
郁兆昇	72・673
郁希顔	72・633
郁宜仁	72・682
郁陞墀	72・681
郁師毅	72・656
郁　釗	72・637
郁　通	72・671
郁達甫	72・620
郁鼎鐘	73・407
郁景范	72・698
郁爲錦	72・666
郁道傳	72・662
郁楚山	72・673
郁　綸	4・151
	5・207
	8・602
郁敷政	72・678
郁履雲	72・652
郁　霖	72・680
郁鍾傑	72・675
郁應虬	72・643
郁濬生	39・250
	39・410
郁贊周	72・636
郁鵬卿	72・652

抹

抹　漢(即趙珪)	1・761
	33・587
	33・683

拓

拓跋干	1・707
拓跋子華	1・706
拓跋平原	1・705
拓跋岳	11・22
拓跋脩義	1・706
拓跋紹	11・22
拓跋提	1・705
拓跋勵	11・22
拓跋懌	11・22
拓跋鑒	1・705

拈

拈里海	18・41

抱

抱犢王老 7・461

招

招子庸 2・99
7・389
21・153
招汝濟 6・448
招　慶 79・299
79・300

披

披雲真人 23・666
24・580

拗

拗牛僧 74・513

到

到　溉 76・460

郅

郅永清 12・117
郅佐清 12・139
郅雲鵬 12・117
郅　興 12・117

叔

叔　牙 35・625
叔仲會 4・5
35・603
叔　肸 35・631
叔孫建 1・709
叔孫通 4・18
4・19
36・446
叔梁紇 7・456
叔　端 79・296

卓

卓九經 77・403
卓大林 73・365
卓子信 79・337
卓公祥 13・731
卓　立 75・586
79・57
卓邦清 79・28
卓有造 78・587
卓至尚 78・553
卓　先 78・140
卓廷繼 77・578
卓孝復 76・61
卓　茂 1・698
卓居傅 78・103
卓　昺 77・534
卓　庠 80・758
卓　洵 75・513
78・506
卓祐之 75・439
卓晚春 75・708
77・730
78・213
79・437
卓得慶 78・60
卓　隆 76・332
卓　琰 75・445
76・120
卓　琮 79・326
卓　越 77・373
卓　超 76・227
卓　敬 79・11
卓　雲 75・581
78・523

卓夢采　80·656
卓　鈿　80·388
卓　震　75·616
　　　　79·13
卓彌真　78·327
卓　鐸　80·403

尚

尚九遷　24·333
　　　　24·528
尚士能　23·433
尚才英　1·757
　　　　32·583
尚子登　37·855
尚天佑　37·135
尚仁居　6·491
尚允元　45·271
尚玉符　13·348
尚玉貴　34·262
尚世秩　11·293
尚可學　28·684
尚用光　4·228
　　　　23·650
尚弘正　41·867
尚回津　11·285
尚廷楓　46·430
尚廷蘭　14·736
尚自察　2·79
尚佑清　37·156
尚　位　68·591
尚　坦　32·371
　　　　33·234
尚其享　8·474
尚　昂　11·285
尚　宜　13·346
尚　堂　11·145
　　　　11·284
尚國楨　41·762
尚崇年　47·347
尚從義　72·97
尚　琪　34·273
尚　達　31·782
尚鼎襄　13·350
尚善堯　46·280
尚普慶　13·347
尚　鉞　35·493
尚福田　13·347
尚經方　4·458
尚德溥　45·250
尚樹倫　13·346
尚興道　9·854
尚興渭　37·149
尚興業　35·488
尚　衡　18·13
　　　　18·15
尚　爵　24·246
尚　謙　45·249
尚　鎔　45·102
尚懷欽　37·151

盱

盱　烈　45·349

果

果　悔　31·347

昌

昌文貴　72·149
昌方表　72·203
昌有季　72·204
昌伊蘇　8·624

門

門可榮　2·75

門吉林 13・127
門　沂 10・560

明

明　了 74・65
明山賓 4・173
5・27
明少遐 5・27
明　光 76・262
76・366
79・302
明廷珏 34・249
明　任 76・263
明克讓 4・191
5・44
8・704
明　秀 76・208
明和庭 34・314
明　信 76・501
明　亮 4・138
5・34
明　起 49・521
明崇儼 4・263
明　淨 23・349
23・665
明雲從 8・715
明　鼎 77・525
明　開 17・674
明　舜 15・615
18・427
明　善 42・11
明　圓 74・64
明際華 13・793
明僧允 5・27
明僧紹 4・173
5・27
明僧暠 5・27
18・2
明　興 2・12
明應臧 74・389
明　鎬 4・71
11・41
15・547
17・485
明　灝 1・695

易

易士英 71・313
易士傑 67・113
易大有 61・739
易之貞 13・113
易之泰 60・596
易之恭 47・442
易子善 60・712
易元乾 72・653
易元豐 52・255
易太鼎 72・367
易　牙 7・208
易日長 62・190
易曰廉 60・647
易中芳 60・599
易中極 47・447
易　文 69・186
易文檀 60・720
易孔贊 8・317
易正可 64・512
易正吉 48・341
易可久 60・539
63・63
易可發 60・176
易光遠 64・594
易廷華 60・644
易延慶 60・675
63・105

易兆禎 74・487
易名恕 47・447
易名惠 47・447
易 充 61・166
易池正 64・393
易克修 72・549
易 言 60・545
易宏孝 66・382
易宏演 74・483
易宏器 61・232
易宏襄 72・185
易宏觀 49・74
易長庚 72・679
易 直 60・677
易叔衍 74・478
易尚行 60・582
易昌演 60・716
易佩珩 68・275
易宗聖 61・733
易承昊 74・485
易 相 72・147
易 威 65・266
易拱辰 60・173
易貞吉 63・88
易 重 60・606
63・59
易炳盛 60・667
易洛獻 47・447
易宮泰 64・567
易 袚 72・130
易 退 47・472
易起文 60・698
易時中 79・111
易時敏 63・61
易 袚 66・274
易理微 72・638
易 逵 74・509
易著明 60・610
易象乾 61・732
易淑運 60・643
易淑霦 60・720
易 淦 63・167
易朝佑 48・416
易鼎新 48・377
易景南 72・635
易順鼎 76・363
易復亨 61・494
易 欽(明晉江) 79・235
易 欽(明新昌) 64・386
易 詔 60・754
易 焯 60・689
易湘淩 72・646
易裕冬 77・137
易裕端 77・137
易登瀛 1・811
易瑜德 71・232
71・424
易載馨 60・701
易聖教 61・521
易 暐 72・241
易 暄(清安仁) 60・158
易 暄(清安福) 72・638
易嗣重 60・590
易嗣臨 47・445
易 節 61・496
易傳鵬 48・329
易 鉉 72・618
易煥成 60・729
易煥書 41・700
易煥紳 60・699
易煥暄 6・446
易煥韶 60・731
易煥謙 60・636
易殿掄 60・696

易　聞　72・655
易銘盛　60・748
易鳳池　63・470
易鳳書　63・473
易鳳笙　63・476
易鳳彩　48・410
易鳳翺　48・407
易粹純　48・410
易榮本　60・701
易榮宗　63・166
易榮棠　60・737
易　寬　72・590
易　輗　62・36
易　震　61・497
易鋭宗　69・553
易履嘉　60・63
易履謙　47・452
易樹年　47・416
易樹袞　60・695
易　學　72・616
易學聖　79・428
易儒傑　60・599
易聯也　61・733
易　繁　60・640
易　謨　1・798
8・316
易謙光　60・642
易應旻　69・622
易應昌　69・82
76・470
易　瓊(明)　74・481
易　瓊(清)　61・736
易　簡　62・308
易　鵬　72・623
易纘祖　72・663
易　鸞　61・100

迪

迪哩彌實　8・465

忠

忠　璉　7・387

呼

呼延林　14・401
呼延琮　6・287
呼延霖　4・401
30・121
呼良朋　75・432
79・65
呼良雲　26・133
呼鶴鳴　76・353

垂

垂壺先生　71・635

制

制　氏　35・641
制　念　9・449

知

知　永　43・132
知　休　71・365
知　亮　78・629
79・297
知　起　7・210
知　浹　60・757
知　海　77・731
知　琀　79・296
知　堅　76・263
76・366

迭

迭應球　80・656

迮

迮連泰　32・418
　33・306

牧

牧皮年　35・604
牧　原　74・141
牧樵子(本名何南鳳)　65・300

和

和公上人　10・166
和速嘉安里　1・750
和　峴　4・193
和剛中　22・343
和　清　6・593
和舜武　2・14
和　斌　4・73
和　道　1・760
和　瑜　40・38
　40・224
和　凝　4・64
　31・761

季

季之秀　34・66
季之春　49・358
季　友　7・158
　35・628
季文琳　76・550
季文繡　19・78
季世法　2・48
季　本　76・467
季永康　16・424
　20・488
季芝昌　2・18
季有實　25・174
季廷枝　76・622
季廷銓　35・64
季仲蘭　76・546
季好問　30・733
季孝友　76・633
季武子　31・169
季東魯　5・216
季忠望　76・579
季忠勤　76・579
季佩蓮　13・807
季金和　9・861
季秋白　72・350
季秋實　71・545
季庭璋　30・631
季桂芬　23・138
季俸常　6・215
季　陵　77・175
季孫行父　31・169
季　堅　72・86
季崇廉　18・694
季得忠　4・255
　12・141
季　清　31・334
　32・5
季　琦　76・550
季景臺　76・636
季幾復　69・132
季　蓁　6・450
　23・137
季　源　72・39
季肇文　76・631
季德甫　1・807
季德禎　9・446
　9・489
季樹梅　13・337
季錫鉞　40・159
季錫魯　40・357

季　儐　35・685
季　濤　76・552

竺

竺法汰　15・614
　30・753
　31・247
　32・47
竺律大禪師　27・619
竺道生　39・218
竺興龍　49・250
竺　夔　4・43
　15・520
　16・396
　18・1
　30・669
　31・216

侍

侍其曙　1・747

岳

岳士景　67・235
岳士耀　67・450
岳大武　37・777
岳天禎　18・734
　42・462
岳生夔　43・204
岳邦鋙　67・453
岳邦衡　67・178
岳邦鏞　67・461
岳邦懷　67・445
岳　存　4・96
　18・691
　41・60
　42・429
岳存義　42・110
岳光正　67・449
岳廷秀　7・279
　7・495
岳廷坤　67・461
岳廷塈　67・450
岳廷墀　67・453
岳克堯　43・95
岳　呈　26・594
岳　秀　43・118
岳秀杰　37・712
岳含珍　6・557
　6・642
　6・671
岳君寵　4・224
　18・354
岳　玭　77・728
岳　玠　33・699
岳林鳳　43・112
岳東陽　5・180
　43・271
岳事堯　42・345
岳拔倫　5・268
　13・780
岳秉鑑　42・394
岳金堂　38・167
　38・306
　38・420
岳承澤　29・639
岳承麟　34・264
岳　相　17・537
　18・496
岳　貞　2・97
　16・442
　19・4
岳星五　30・724
岳　飛　47・325
　63・181

73・271
岳峯秀 4・334
37・777
岳峻峯 36・768
岳　倫 15・37
15・135
15・215
岳　高 31・279
岳　乾 17・576
18・515
岳國興 37・851
岳　崑 39・715
岳崇文 67・333
岳崇功 37・776
岳崇恕 67・329
岳崇慧 67・194
岳萬陛 42・319
岳萬階 42・264
岳　森 40・589
岳景運 43・285
岳復明 9・855
岳　電 42・315
42・345
岳爾申 42・291
岳爾高 42・299
岳銘鑑 42・795
岳　粹 18・731
42・460
岳　寧 10・84
10・265
岳　綺 29・638
岳維高 24・260
岳維喬 42・106
岳　儉 37・850
岳德元 17・668
19・85
岳德洋 6・450
岳　潛 18・745
42・470
岳樹屏 6・673
岳樹桂 36・732
岳儲精 42・56
岳應期 39・100
岳　濬 2・8
岳　鎮 39・60
岳鎮東 43・77
岳鎮南 4・324
岳攀龍 42・110
岳蘭枝 17・657
19・22
岳獻赤 43・128
岳獻琦 5・180
43・271
岳繼文 5・180
43・271
岳繼穆 7・447

兒

兒念四 40・4
40・179
兒　萌 4・231
7・172
15・563
17・462
兒　寬 4・10
4・19
12・101
14・357
15・569
17・455

所

所　輔 4・244
5・16

8・346

金

金一凰　55・597
金九成　32・585
金士升　65・267
金士仁　11・390
金士傑　60・326
金士翰　34・261
金士駿　73・169
金大本　56・343
金大成　67・406
金大坤　57・281
金大炘　57・279
金大莊　56・651
金大乾　56・193
金大鈞　56・136
金大塘　56・603
金大鳴　47・170
金大韶　39・712
42・555
金大增　56・639
金大震　56・342
金大濟　55・15
金大鎔　47・246
金大鏞　57・416
金大權　57・429
金之英　47・207
金之鼎　55・636
金天秀　62・570
金天定　2・78
38・162
金天彩　67・406
金天賜　47・285
金元銘　54・600
金　友　76・326
金友勝　1・784
25・22
金曰俊　56・344
金　升　57・204
金文會　47・270
金文煒　53・60
金文經　47・255
金文誥　57・47
金文諫　55・50
金文藻　55・211
金文譜　56・84
金允中　56・433
金孔評　53・129
金孔器　74・442
金　玉　68・372
金玉成　55・95
金玉奎　47・217
金玉書(清高安)　62・568
金玉書(清豐城)　68・230
金玉章　57・281
金玉諧　60・88
金玉璽　15・140
金正國　67・447
金正儀　58・238
金正瑩　55・200
金去僞　47・148
金世祥　54・273
金世梧　46・273
金世徵　56・290
金可爍　12・115
金丙照　55・433
金石聲　55・433
金　生　56・621
金仕誥　68・391
金永傑　56・342
金永壽　55・201
金永綸　47・246
金永億　57・282

金幼孜　73・198
　73・280
金邦孚　6・176
金邦柱　77・212
金邦蘭　72・102
金成棟　39・99
金光斗　67・76
金光祖　75・383
金光悌　2・21
金光彩　62・547
金光弼　73・172
金光煒　56・582
金光輝　76・236
金光璧　67・424
金廷芳　57・279
金廷松　67・169
金廷桂　37・727
金廷憲　67・486
金廷璧　72・56
金兆魁　47・245
金　旭　72・97
金名標　68・574
金汝穆　1・844
　16・415
　20・486
金汝礪　77・447
金　安　57・533
金如柏　47・274
金如輪　73・176
金　坊　5・251
　6・198
金志行　79・158
金志泰　34・268
金志寧　47・23
金花第　57・415
金　芬　56・101
金　芳　55・75
金克寬　47・275
金　杞　5・376
　8・621
金步高　72・510
金作印　67・447
金作鉉　25・191
金作謀　67・446
金作礪　67・166
金兌說　47・180
金宏祖　5・211
金良佐　58・38
金良徽　47・275
金君卿　47・5
金長泰　57・83
金　坡　56・247
金其重　62・628
金其章　56・472
金若泉　71・354
金茂均　67・208
金　英(清婺源)　55・452
金　英(清德州)　5・376
金奇玉　17・682
　20・571
金　旺　11・96
金　昆　51・573
金昌壤　57・423
金昌鑑　56・661
金明連　46・190
金　固　73・225
　73・301
金和鼎　48・235
金秉倫　2・53
金秉琮　80・201
金於斯　51・330
金　怡　55・41
金怡熙　57・49
金　炎　12・127

金法佑 56·570
金　泳 57·194
金宗珠 73·177
金宗舜 47·252
金宗麟 47·260
金定邦 57·318
金官龍 43·295
金孟庚 65·536
金　城(明) 5·111
75·375
金　城(清侯官) 75·633
76·185
金　城(清婺源) 57·48
金　荃 57·274
金　相 37·671
金相孜 73·260
金剌普華 43·187
金咸熙 55·182
金　奎 56·366
金　星 2·62
12·202
金品南 54·470
金衍績 68·624
金庭槐 56·343
金　洪 56·146
金洪翮 5·244
6·134
金　洙 4·282
5·252
6·139
金冠英 57·412
金祖留 62·488
金祖彭 2·39
8·468
金　陛 1·794
13·726
金起松 56·546
金起鳳 56·234
金起濤 47·163
金　荷 56·27
金　桂 57·137
金桂林 68·435
金　桓 56·273
金連科 8·637
金烈光 56·342
金振彪 6·183
金振雷 55·203
金振霖 57·84
金振豐 57·132
金時烘 55·28
金時勳 57·411
金　益 5·120
金益詠 62·645
金　鏞 5·332
43·278
金　純 1·766
金純熙 56·302
金　琇 9·725
金　冕 37·720
金國正 22·236
23·627
金國治 57·134
金國振 57·280
金國瑞 53·47
金國榮(清浮梁) 47·270
金國榮(清婺源) 56·650
金國璋 57·277
金國藩 56·147
金從龍 47·130
金　魚 68·181
金鹿鳴 62·573
金　章(明) 71·234
金　章(清婺源) 55·125
金　章(清德興) 58·428

金　澍　77·364
金　梁　57·411
金啓元　57·274
金啓洛　2·81
金啓鏌　56·239
金隆顯　74·62
金　參　7·333
金　瑛　48·58
金　琬　72·85
金　達　47·85
金萬祜　56·11
金萬清　77·97
　77·142
金敬熙　56·623
金敬德　56·86
金敬禮　55·190
金　椅　57·304
金　雯　47·214
金　鼎(明安仁)　60·37
金　鼎(明膠州)　22·230
金　鼎(清)　47·206
金鼎臣(宋)　47·5
金鼎臣(明)　77·98
金　貴　56·503
金　凱　77·377
金喬年　55·137
金　堡　14·784
　72·384
金　翔　56·234
金翔鸞　57·345
金　湯　18·458
金登第　55·500
金　瑚　57·77
金瑞軒　35·185
金遠紹　6·199
金夢熊　47·109
金蓉照　55·422
金　楫　22·309
金虞廷　37·566
金　照　56·144
金　筠　55·355
金　節　14·124
金　魁　37·721
金會英　46·285
金裔聲　22·305
　22·640
金新祚　39·573
　42·558
金　煉　4·161
　5·211
　8·606
金　煃　57·279
金　煌　57·281
金煥彩　62·649
金　福　1·827
金福城　43·108
金殿安　38·552
金殿宰　73·186
金殿鳳　57·146
金殿鼇(字楚臣)　57·278
金殿鼇(號震川)　54·272
金殿麟　57·282
金殿鸞　57·146
金嘉楷　57·283
金嘉灝　56·196
金　墉　55·395
金　臺　57·183
金壽祖　5·211
金壽萱　6·144
金熙郴　2·83
金爾生　32·418
　33·307
金爾耆　57·78
金爾福　56·520

金鳴鳳　77・284
金　毓　55・107
金銘勳　57・151
金鳳翔　54・574
金鳳鳴　67・306
金　廣　77・98
金榮先　56・151
金榮桂　8・474
金榮鎬　77・290
　80・534
金　漢　77・417
金維城　57・281
金綸章　68・506
金　標　54・303
金　輪　70・503
金　甌　77・124
金德恬　62・191
金德宣　36・606
金德燃　55・219
金　鋏　37・688
金　鋥　7・385
金　潮　75・602
　76・108
金潤生　57・205
金履祥　73・115
金緝熙　56・147
金樹焜　57・423
金樹勳　57・151
金　樵　5・376
　8・621
金　興　47・255
金學光　47・124
金學奇　77・547
金　龍　29・345
金　燧　55・134
金　澤　56・208
金　禧　56・343
金駿聲　56・244
金聯甲　55・199
金　檢　5・376
　8・621
金　轅　46・256
金　爵　57・430
金　應　72・502
金應斗　56・564
金應修　57・275
金應俊　57・275
金應乾　54・549
金　燮　55・450
金　鴻　2・47
金鴻熙　55・380
金鴻勳　47・274
金　簡　32・421
　33・299
金　鯉　57・178
金　鑿　5・332
　43・277
金　彝　57・115
金　璽　29・345
金　鏞　29・249
金　鏡　57・283
金　鏐　57・146
金鵬年　67・331
金　瀚　57・281
金繩柏　62・628
金　蘭　55・313
金寶符　4・284
　6・144
　34・353
金繼美　80・610
金　鐸　73・323
金巖隆　77・502
金　鑑　60・292
金　顯　57・119

金麟甲 73・321
金麟祥 53・78
金　鑾 57・280

郄

郄士讓 19・134
郄湘筠 19・79
郄瑞符 69・388
郄樂賢 19・135

服

服　光 4・7

周

周一元 53・540
周一松 73・227
周一宗 45・21
周一泉 53・594
周一陽 76・694
周一棟 17・543
周一經 52・102
周一德 37・132
周一濂 72・613
周一夔 80・742
周一灝 53・558
周二懋 65・400
周十三 51・526
周十公 50・448
53・4
周十郎 73・117
周丁慶 53・344
周卜年 73・418
周卜盛 62・621
周卜熙 62・620
周卜雒 53・441
周卜瀍 63・480
周人傑 72・622
周人瑞 63・472
周九胤 14・712
周九穀 49・130
周九齡 46・289
周又賡 53・466
周三汲 73・179
周三宅 14・124
17・565
周三槐 70・303
周三錫 42・583
周于忠 77・531
周于法 40・535
周士元(明) 42・201
周士元(清) 77・366
周士价 72・90
周士孝 2・42
10・568
周士亨 51・607
周士宏 19・125
周士長 79・434
周士英 72・144
周士迪 29・545
周士貞 5・308
43・605
周士适 29・545
周士俊 53・26
周士彥 42・394
周士起 80・748
周士華 80・717
周士晃 69・544
周士清 46・183
周士瑯 70・392
周士極 78・621
周士傑 70・623
周士詠 72・639
周士登 36・550
周士楨 70・494

周士愷 80·27
周士厰 58·168
周士慶 70·424
周士憲 22·314
周士賓 72·494
周大弓 48·335
周大本 36·435
42·589
周大用 72·443
周大有 53·309
周大光 51·347
周大岳 79·351
周大俊(清屏南) 77·41
77·599
周大俊(清廣豐) 53·538
周大烈 78·616
周大烜 58·65
周大備 4·238
37·122
周大詔 22·310
周大猷 61·250
周大經 71·363
周大綱 37·57
周大璋 44·549
周大賡 53·440
周大器 63·313
周大勳 80·733
周大蘭 14·728
42·970
周才俊 68·564
周才錦 48·359
周上珍 80·745
周上珪 80·744
周上梓 53·626
周之元 49·467
周之旦 52·129
周之武 45·175
周之珂 40·566
周之相 71·240
周之度 42·289
周之彥 50·459
周之恆 4·389
14·742
周之冠 73·168
周之桂 68·568
周之訓 1·779
周之基 77·210
周之望 73·173
周之棟 72·153
周之鼎 73·423
周之瑞 53·53
周之蓮 48·339
周之會 48·487
48·587
周之禎 73·417
周之綱 67·233
周之標 29·299
29·575
周之德 51·519
周之璠 53·575
周之翰(明) 62·688
周之翰(清弋陽) 50·478
周之翰(清晉江) 79·286
周之翰(清崇仁) 70·407
周之翰(清壽張) 4·341
周之翰(清廣豐) 53·635
周之燃 47·453
周之徽 67·487
周之藩(明) 80·32
周之藩(清) 51·201
周之璽 29·110
周之夔 75·598
周之驥 79·181
周　子 32·411

	33・294
周子旭	72・529
周子郁	72・649
周子昭	72・504
周子恭	72・455
周子莊	49・148
周子智	74・224
周子諒	72・184
周子緝	73・202
周子禮	80・139
周王春	78・193
周天永	8・467
周天吉	59・450
周天佐	79・199
周天位	75・695
周天桼	25・31
周天鼎	80・742
周天鈞	80・743
周天裔	2・101
周天輝	80・708
周天機	25・31
周天駿	53・338
周天爵	4・307
周天驥(元)	49・162
周天驥(宋)	53・302
周　元	51・276
周元功	77・211
周元定	72・503
周元章	32・650
周元焜	22・304
	22・639
周云稠	62・632
周　五	48・369
周五三	51・526
周友賢	49・157
周日旦	72・483
周日生	72・244
周日庚	49・140
周日宣	2・28
	14・693
	42・938
周日章	53・338
周日達	50・437
周日强	1・807
周日燦	23・644
周曰仁	12・117
周曰年	12・117
周曰泗	66・528
周曰庠(明上饒)	51・399
周曰庠(明臨川)	69・206
周曰庠(清)	51・576
周曰寬	45・247
周曰澄	66・572
周曰樫	61・591
周曰爵	10・373
周　中	4・210
	15・561
	21・703
	23・647
周中行	13・421
周中和	72・260
周中師	1・740
周壬福	2・101
	14・112
	34・146
周　仁(元)	27・436
周　仁(明)	74・493
周仁苗	48・587
周仁迪	72・247
周仁俊	72・225
	72・542
周仁楷	48・543
周仁經	48・531
周仁壽	30・463

30・648
周仁模 48・535
周化岐 10・141
周化溥 67・178
周分封 69・620
周公立 73・82
周公錫 79・212
周月華 53・602
周　文(明上饒) 51・214
周　文(明湖口) 48・526
周文才 60・160
周文用 53・647
周文先 48・141
周文扳 62・411
周文郁 72・602
周文奎 21・504
周文思 48・351
周文華 77・366
周文軒 72・244
周文通 27・66
27・170
周文捷 66・575
周文敏 60・55
周文渠 36・783
周文超 37・151
周文鼎 27・792
周文斌 34・286
周文靖 75・646
76・194
78・564
79・89
周文新 48・582
周文烇 72・525
周文煥 70・609
周文熙 34・299
周文蔚 10・386
周文銘 50・508
周文端 64・400
周文德 60・716
周文選 74・373
周文翰 50・324
周文錦 52・289
周文龍(明) 44・163
周文龍(清) 68・509
周文謨 73・152
周文燦 72・677
周文燫 75・464
周文藻 70・609
周方炯 71・279
周斗南 73・246
周心敬 68・536
周以立 73・274
周以孚 43・79
周以典 44・323
周以恩 40・200
周以敬 74・524
周以道 72・668
周以銘 61・721
周以魯 72・612
周以勳 2・33
2・38
15・137
32・588
周允隆 79・420
周孔教 69・81
周孔從 49・404
周　玉 33・588
33・694
周玉田 63・481
周玉光 72・237
周玉相 70・634
周玉堂 70・585
周玉質 76・705
77・712

周玉麟　37・158
周　正(明安仁)　60・27
周　正(明東寧)　58・276
周　正(明南昌)　44・121
周　正(明冠縣)　18・727
42・456
周　正(清安福)　72・624
周　正(清萊陽)　27・111
27・252
周　正(清鉛山)　53・54
周正八　71・91
周正士　70・624
周正子(元)　77・514
周正子(宋)　52・313
周正方　72・568
周正烈　72・377
周正國　50・437
周世玉　2・48
周世邦　73・182
周世臣　70・521
周世守　73・184
周世英　48・523
周世昌(宋)　47・338
周世昌(清)　67・481
周世迭　72・637
周世恆　31・835
周世倬　71・616
周世脩　50・180
周世偉　71・614
周世瑞　65・441
周世椿　77・544
周世榜　77・141
周世綱　76・704
77・716
周世錦　7・388
周世謙　47・454
周世藩　40・536
周世璽　37・134
周　本　73・270
周可期　53・398
周可貴　74・539
周可儒　5・180
43・277
周丙範　35・152
周丕澧　2・94
14・112
30・236
周丕顯(清上饒)　51・675
周丕顯(清新昌)　63・589
周平一　73・161
周占鰲　53・482
周旦臣　64・563
周　甲　79・159
周　仕　72・184
周仕倬　53・144
周仕慶　76・322
周仕讓　72・635
周仔夔　2・55
13・497
周用僡　45・249
周主靜　71・83
周立本　70・509
周立時　48・554
周立堂　53・637
周立愛　72・18
周立瀛　77・96
周　玄　75・588
周必大　72・118
72・391
73・115
73・406
周必正　72・129
周必純　66・542
周必興　72・639

周必彊　72・181
　72・486
周永吉　9・849
周永年　4・288
　5・234
　6・168
周永全　51・504
周永昌　37・125
周永明　37・127
周永定　80・139
周永春　37・122
周永珍　72・353
周永祐　71・474
周永康　4・229
　37・125
周民梧　64・420
周民蒸　61・720
周　弘　80・78
周召棠　11・451
周　弁　79・197
周匡物　77・672
周匡業　77・672
周邦光　51・476
周邦倚　71・597
周邦棟　72・620
周邦傑　69・196
周邦楨　58・55
周邦輔　66・486
周邦僖　69・546
周邦鎮　53・531
周式基　53・576
周式舜　72・533
周式穀　48・406
周式濂　79・368
周　圭　53・635
周吉先　67・481
周吉祥　60・667
周吉堂　53・378
周吉慶　72・543
周老重　51・307
周芝錦　37・171
周　朴　75・649
　76・209
　79・432
周　臣（明）　1・835
　39・802
　42・547
周　臣（清）　62・670
周再庚　22・280
　22・545
周在鎬　13・401
周百順　4・339
　35・116
周有念　64・571
周有烈　51・676
周有孫　51・480
周有熙　51・675
周有德　2・5
周有默　51・600
周而厚　24・543
周而淳　4・221
　23・648
　24・536
周存心　66・426
周成民　10・387
周成貢　49・254
周成章　67・493
周成儉　12・394
周成勳　53・595
周　夷　72・506
周　光　48・9
周光斗（民國）　12・388
周光斗（清）　53・460
周光旦　67・483

周光芬 74・187
周光岳 36・775
周光桐 12・383
周光著 51・576
周光溥 53・533
周光暹 53・569
周　因(宋安福) 72・581
周　因(宋浦城) 76・536
周先馥 35・150
周先馨 35・149
周廷玉 51・553
周廷旦 72・494
周廷圭 53・472
周廷材 73・185
周廷俊 12・315
周廷珠 50・288
周廷桂 72・202
周廷栗 53・575
周廷訓 73・252
周廷祥 78・573
周廷球 62・679
周廷章 67・455
周廷梁 22・301
22・625
周廷琳 12・510
周廷森 37・144
周廷棟 50・71
周廷極 80・747
周廷傑 27・71
周廷詔 50・499
周廷幹 12・117
周廷椿 72・663
周廷楞 73・252
周廷楓 80・753
周廷榮 14・738
周廷樠 53・453
周廷櫟 76・327
周廷燡 53・573
周廷璧 71・213
周廷贊 70・258
周廷鑨 79・271
周　延 72・414
周延昌 70・567
周延祐 6・451
周延祚 76・388
周延植 22・308
周延嗣 27・300
周　仲(明) 72・452
周　仲(清) 38・248
周仲仁 70・395
周仲墀 48・560
周仲舉 72・441
周自立 62・655
周自得 66・277
周自超 79・322
周自强 66・115
周自齊 38・290
38・343
周向春 67・483
周向榮 78・625
周　行 5・216
周全斌 76・346
77・621
周兆垣 71・452
周兆梧 70・604
周兆聖 70・522
周兆煌 68・500
周兆鳳 69・589
周兆增 44・481
周兆龍 27・171
周兆鰲 71・300
周旭保 70・322
周　名 53・399
周名恭 61・718

周名漢　48・193
周　江(明)　13・407
周　江(清)　76・194
周江浣　60・144
周　池　48・543
周汝明　24・714
周汝金　49・77
周汝員　72・480
周汝楠　40・359
周汝楫　72・254
周汝賢　51・474
周汝德　68・190
周汝翰　35・184
周汝勵　38・577
周汝謨　61・723
周汝翼　49・158
周汝蘋　72・686
周宇烈　70・580
周守一　27・124
　27・255
周守能　72・682
周守聖　48・411
周守愚　53・234
周守義　37・149
周　安　72・529
周安叔　73・226
周安起　45・118
周安恭　66・571
周安魁　30・612
　30・731
周　聿　21・321
　51・689
周如芝　80・142
周如岱　37・156
周如春　4・353
　37・128
周如珍　53・180
周如恂　72・90
周如砥　4・200
　23・639
周如蓮　34・174
　34・336
周如磐　77・523
　78・125
周如盤　78・211
周如蘭　51・202
周　玘　25・207
　26・728
周　志(明)　78・176
周　志(清)　51・402
周志孔　73・180
周志官　59・503
周志偉　66・473
周志遠　72・488
周志傳　2・106
周志澄　72・445
周志濂　72・648
周志鏞　29・348
周芳藝　71・620
周克超　72・327
周克濟　21・741
周克讓　30・720
周　杉　51・481
周步青(清高安)　62・202
周步青(清霞浦)　77・378
周步崢　72・680
周步雲　27・152
周步照　70・494
周肖伯　48・253
周　助　72・682
周助隆　50・456
周虬生　72・670
周岐喈　72・670
周岐鳴　38・695

周岐鳳　23・622
周　秀　5・108
周秀柱　71・192
周秀嶺　11・442
周　佐　53・241
周佐治　48・578
周　佑　77・691
周作屏　72・684
周作陶　72・547
周作棟　53・482
周作楫　72・337
周作誥　62・632
周作霖　43・302
周伯玉　52・285
周伯修　77・377
周伯益　72・225
周伯旋　42・742
周伯淳　72・528
周伯琦　58・32
周伯達(清萊陽)　4・420
25・640
27・98
27・226
周伯達(清廣豐)　53・487
周伯敬　51・185
周伯輝　51・211
周　位　17・632
19・563
周位子　50・299
周　伭　78・563
周佛日　76・720
周希文　67・189
周希孔　4・182
周希古　77・371
周希生　73・79
周希孟　75・476
76・91
77・505
周希泰　73・104
周希量　73・182
周希貴　66・474
周希濂　63・331
周希鎬　53・475
周　孚　5・67
周孚先　52・407
70・460
周彤桂　6・222
34・170
周　序　53・230
周序賓　30・124
周序爵　47・564
周　辛　21・703
周　忱　72・133
72・402
周沛然　51・587
周　汰　77・346
周　沙　72・621
周　沂　74・544
周　沆　4・77
15・547
17・489
18・287
周　宏(明)　13・725
周　宏(清)　53・370
周宏圻　53・273
周宏奎　53・362
周宏陞　53・357
周宏道　72・183
周宏德　53・427
周宏機　77・188
周　良(宋)　71・229
周　良(明)　77・410
周良芝　62・573
周良佐　65・169

周良宰　79・257
周良寅　79・160
周良會　73・293
周良範　72・639
周良翰　49・441
周　启　72・490
周初延　53・106
周　邵　48・297
周邵蓮　67・170
周奉叔　7・257
周奉堂　53・628
周武仲　76・534
周武德　69・204
周青雲　79・321
周青巒　12・116
周　玠　5・334
　　43・278
周表東　53・518
周　長(明)　1・766
周　長(清)　80・483
周長立　38・284
　　38・336
周長江　34・270
周長守　78・374
周長庚(清新建)　46・240
周長庚(清閩縣)　76・104
周長卿　66・244
周長發　69・544
周長學　51・448
周　坦　74・540
周　坤(明安福)　72・620
周　坤(明福清)　75・558
　　79・49
周　坤(清)　70・579
周其星　62・633
周其修　61・695
周其琛　2・77
周其熊　52・552
周若水　17・606
周若檢　27・164
周茂五　72・236
周茂中　79・155
周茂初　72・489
周茂荃　36・740
周英毅　48・369
周枝久　53・488
周來郃　2・52
　　43・23
周來奕　45・118
周來祿　71・617
周來豫　71・618
周　松(清永新)　73・187
周　松(清豐城)　68・719
周　述　72・492
周協五　72・237
周　郁(明新昌)　63・531
周　郁(明濟南)　4・150
　　5・101
周郁文　10・380
周　奇(明)　73・29
周　奇(清)　53・257
周奇熠　76・315
周拔奇　70・626
周虎臣　73・343
周虎彝　27・129
周尚十　71・91
周尚友　77・54
周尚中　72・460
周尚化　72・314
周尚文(明上饒)　51・521
周尚文(明香山)　78・698
周尚文(清)　66・409
周尚功　68・426
周尚忠　5・110

周尚軔　53·507
周尚揚　67·442
周尚蓮　50·408
周尚墉　53·252
周尚禮　53·94
周　旺　77·417
周　果　35·146
周　昆　53·524
周昌平　51·362
周昌明　47·343
周昌傛　72·247
周昌祺　44·514
周昌圖　37·134
周　昇(明)　18·740
　42·466
周　昇(清)　45·194
周昇燦　53·144
周　明　58·33
周明五　52·397
周明仲　76·384
　76·433
周明作　76·391
周明珥　12·107
周明魁　72·26
周明德　38·584
周明濟　12·136
周　易(明句容)　14·217
　16·425
周　易(明臨清)　14·704
周易元　49·70
周易斌　49·107
周　昂(明)　45·155
周　昂(清)　40·348
周昂霄　70·255
周　迪(明)　70·599
周　迪(梁)　71·313
周迪功　67·456
周迪義　67·455
周典煌　80·148
周　固　76·536
周　忠(元)　7·373
周　忠(明吉水)　72·493
周　忠(明金谿)　70·514
周　忠(明貴溪)　52·85
周忠遜　72·684
周　岩　18·739
周垂興　71·91
周　和　80·11
周和玉　78·622
周和沂　31·63
周和崑　53·416
周季邦　76·468
周秉元　5·351
　10·371
周秉文　58·82
周秉全(民國)　34·275
周秉全(清)　35·149
周秉鈞　36·739
周秉衡　36·738
周秉禮(清侯官)　76·128
周秉禮(清新淦)　73·252
周秉禮(清漢陽)　2·75
　30·647
周秉繼　4·343
　35·234
周秉權(民國)　34·257
周秉權(清)　80·754
周秉鑾　37·165
周佳胤　42·308
周岱生　48·132
周　侃　72·687
周阜桃　72·700
周所立　73·230
周　金　74·545

周金炳 70・590
周金洪 61・767
周金湯 76・253
76・272
78・206
周金鴻 80・550
周金鐸 69・561
周命育 11・207
周采華 72・238
周受春 80・746
周念芬 53・170
周　服 73・103
周　京(明) 30・133
周　京(清) 30・745
周京孫 72・552
周於智 22・240
周　怡 1・783
23・614
24・269
周炘杰 48・341
周　法(明) 52・287
周　法(清) 53・534
周法廷 11・439
周法魁 34・266
周法稷 22・306
22・646
周　泊 18・731
42・460
周治世(清泰和) 72・373
周治世(清寧陽) 4・341
周治隆 71・189
周宗尹 40・170
周宗孔 73・160
周宗正 40・170
周宗武(明) 69・181
周宗武(清) 35・686
周宗英 71・91
周宗昕 25・225
周宗政 53・431
周宗洛 76・636
周宗起 76・728
周宗高 80・53
周宗達 71・83
周宗傅 67・481
周宗舜 80・245
周宗强 79・206
周宗登 58・163
周宗濂(清吉安) 72・246
周宗濂(清南昌) 44・427
周宗濂(清連城) 80・685
周宗鎬 69・575
周宗顯 51・483
周　定 53・424
周定礽 44・365
周定柏 48・406
周定揚 48・406
周定鼎 80・46
周定漢 67・448
周宜蘭 37・151
周　官(明新昌) 63・555
周　官(明臨川) 69・457
周　官(清湖口) 48・551
周　官(清歷城) 5・240
6・132
周官本 67・485
周官錦 67・458
周　建 23・137
周建子 53・397
周建邦 58・175
周承志 68・521
周承武 72・662
周承恩 76・343
周承業 30・647
周承鐖 47・348

周承濂 71·326
周孟中 72·135
75·369
周孟初 75·400
周孟啓 52·59
周孟銑 53·507
周春谷 78·209
周春岩 37·172
周春祺 44·515
周　珏(字子重) 66·126
周　珏(字叔璋) 66·442
周　玳 72·34
周　玹 75·426
周封魯 29·537
周　垣(明) 73·167
周　垣(清) 37·145
周　垤 51·677
周　政(明奉新) 67·359
周　政(明館陶) 77·139
周垍先 72·545
周荆錫 67·465
周　南(明成都太守) 73·193
周　南(明江南) 77·140
周　南(明湖口) 48·462
周　南(清) 70·302
周南山 48·267
周南瑞 72·617
周相焯 4·466
周相龍 4·471
22·302
22·631
周　勃 67·560
周厚滋 35·160
周厚馴 48·580
周厚轅 48·458
周　奎 73·56
周拱元 29·833
周　挺 58·165
周挺山 70·591
周　貞 70·497
周貞玨 67·337
周是修 72·287
周則金 53·135
周映元 67·466
周星炳 75·423
78·390
周星海 46·532
周星詒 76·211
周星煥(見周星炳)
周昭典 52·598
周思茂 4·193
周思忠 35·501
周思彥(明) 18·694
42·433
周思彥(清) 79·396
周思兼(明永新) 73·160
周思兼(明華亭) 1·853
23·618
周思兼(清奉新) 67·333
周思兼(清廣豐) 53·260
周思緝 72·16
周　紆 17·692
周保醇 67·239
周　信 49·485
周信臣 1·756
周信芳 35·184
周信甫 70·421
周信珍 53·121
周　俊 48·392
周俊彥 42·203
周　垕 58·203
周待選 1·726
周　衍 9·736
周衍恩 13·109

周祚聰 35・145
周祚顯(清即墨) 23・646
周祚顯(清寧陽) 35・113
周　郡 42・306
周　陞 51・690
周　盈 72・447
周柔生 19・561
周　泰 72・619
周泰生 5・259
19・556
32・633
周泰亨 49・5
周泰來 50・463
周泰昇 72・239
周泰真 73・360
周泰滿 73・360
周　珪 71・613
周　珩(宋) 70・562
71・351
周　珩(清長汀) 80・46
周　珩(清寧陽) 35・112
周　珣 60・25
周　珝 72・190
周　起 4・71
5・60
13・745
18・25
39・140
周起元 76・696
周起浤 53・549
周起烝 53・313
周起渭 30・715
周起瑤 48・324
周起錦 48・418
周起燧 53・464
周起簪 53・476
周起巖 26・640
周　華 53・370
周　恭 13・753
周恭先(清南昌) 45・80
周恭先(清廣豐) 53・285
周　莊(元) 72・649
周　莊(清) 54・384
周真人 25・183
26・187
周桂芳(清奉新) 67・440
周桂芳(清冠縣) 18・744
周桂秀 72・153
周桂棨 53・401
周　桓 67・250
周桐棲 9・402
周　桃 72・623
周根部 43・431
周根雲 72・674
周連元 33・816
周連祿 34・223
周　原(明鄞縣) 16・422
19・3
周　原(明繁昌) 1・808
周　原(清) 70・332
周　烈(明) 51・523
周　烈(清) 53・25
周　振(明南靖) 75・718
75・722
周　振(明德安) 47・494
周振翎 53・434
周振琯 53・487
周振瑞 53・641
周振謨 53・634
周　致 7・79
15・534
16・419
18・65
周　晉 38・248

周晉玉　79・286
周虔森　2・51
　43・22
周　時(明)　47・495
周　時(清)　53・298
周時中　77・209
周時泰　67・370
周時望　52・84
周恩溥　64・538
周特生　76・333
周　乘　1・691
周乘運　25・65
周　倬(明建昌)　51・89
周　倬(明南昌)　44・100
周　健　40・536
周師孔　31・825
周師原　52・200
周師顔　44・101
周　舫　70・503
周　琥　48・126
周　卿(明延津)　1・795
　10・548
周　卿(明萬載)　61・726
周卿雲　39・632
周逢泰　43・296
周逢時　67・458
周逢會　64・50
周留輝　79・328
周　訓(明安福)　72・584
周　訓(明樂平)　59・308
周　訓(明臨川)　69・205
周訓徵　22・329
周　高　73・112
周高芳　79・351
周　勍　48・361
周效良　80・136
周效勃　51・443
周效銓　51・549
周效驥　51・581
周唐徵　70・586
周悅讓　4・436
　27・134
　27・233
周　烜　67・561
周涝梱　35・127
周　浦　13・110
周　涇　52・100
周　浩　75・377
周　涖　11・303
周宸佐　35・144
周宸佑　35・145
周宸習　44・99
周宸翼　35・144
周家炎　53・264
周家相　53・244
周家勑　62・632
周家俊　49・432
周家珠　53・486
周家冕　62・585
周家梁　73・251
周家綘　58・184
周家椿　76・289
周家楫　60・748
周家銓　58・185
周家鳳　68・512
周家齊　30・648
周家震　49・131
周家鋭　58・70
周宴瓊　72・603
周　容　37・151
周祥德　66・574
周　書　44・350
周務實　72・648
周　純(宋)　76・463

	78・659
周　純(清)	2・34
周純一	12・297
周純鉉	74・386
周　粡	49・436
周　球	63・373
周　逵	42・267
	77・583
周　培	77・590
周培忠	1・821
	30・234
	31・135
周培植	23・257
周執羔	50・350
	52・425
周　著	44・243
周　萃	45・159
周菩珠	73・177
周　菼	53・538
周　乾	53・440
周　彬(南唐)	72・258
	73・135
周　彬(清)	53・452
周　梧	31・320
	32・1
周梓材	64・369
周　堅	58・30
周　盛(明)	74・478
周　盛(清)	52・355
周盛典	79・315
周盛波	41・67
周盛祖	58・549
周捷舉	70・624
周探天	51・307
周處受	73・183
周　堂(清歷城)	5・234
周　堂(清興安)	74・525
周堂和	68・612
周　常	76・529
周常炌	45・229
周常郎	45・251
周常衡	45・237
周　冕(元)	72・148
周　冕(宋)	58・655
周　冕(明長汀)	80・30
周　冕(明滁州)	9・141
周　冕(明霞浦)	77・393
周　冕(清同安)	76・318
周　冕(清南昌)	44・410
周　冕(清廣豐)	53・411
周　國	14・123
	17・576
周國玠	58・239
周國柱	72・602
周國瑛	58・235
周國瑜	58・180
周國廉	51・29
周國義	70・624
周國賓	76・322
周國翰	58・166
周崧曉	58・62
周　崑(元)	7・374
周　崑(清高安)	62・597
周　崑(清靖安)	65・522
周　崙	67・179
周崇芹	43・297
周崇禮	7・388
周敏迪	73・26
周　偉	48・469
	77・213
周進忠	29・19
周從規	52・305
周　敍	72・408
周象乾	30・748

周象鼎　27・171
周　訥　17・700
周　訪　48・2
周　袞　70・513
周　庸　72・619
周庸端　72・558
周　旋　58・46
周　望(明莒州)　4・156
周　望(明陽信)　43・130
周惟中　72・613
周惟情　72・246
周惟禧　72・89
周惇頤　49・398
　67・613
周烺寓　48・341
周　清(明)　77・180
周　清(清)　72・14
周清叟　70・461
周渠楝　72・243
周淑濂　35・152
周　淳(明)　1・791
　10・40
周　淳(清)　73・426
周　梁(明)　72・532
周　梁(清)　48・537
周　涵(清歷城)　5・249
　6・208
周　涵(清臨清)　14・708
周寅亮　47・414
周寅清　23・134
周寅龍　72・487
周　寀(明)　72・574
周　寀(清)　2・100
周　密(宋)　6・164
周　密(明)　1・797
周　啓(明)　72・593
周　啓(清)　53・487
周啓元(明)　1・840
　16・436
周啓元(清)　70・569
周啓明　72・510
周啓柏　37・170
周啓章　77・277
周啓魯　35・133
周啓龍　72・637
周啓嶸　72・546
周陽紹　72・666
周陽鳳　70・256
周隆熙　9・850
周　參　72・594
周　貫(宋上高)　63・188
周　貫(宋南昌)　45・366
周　絅　40・158
周紹昌　53・440
周紹珠　73・177
周紹祥　45・221
周紹基　53・46
周紹淶　8・469
周紹業　35・102
周紹廉　70・603
周紹漢　51・542
周紹龍　75・472
　76・46
　78・572
　79・46
周紹濂　48・446
周　琪　72・680
周　瑛(明莆田)　76・690
　76・730
　78・9
周　瑛(明淮安)　9・140
周　瑛(清安福)　72・681
周　瑛(清金谿)　70・586
周　瑛(清興安)　74・530

周　琳　37・159
周　琦　77・286
周琦璧　70・616
周　琮(清寧陽)　35・144
周　琮(清諸城)　20・564
周　琬　37・135
周　堪　4・9
4・167
7・135
15・540
周堪賡　75・427
79・365
周　超(清長汀)　80・53
周　超(清信豐)　73・440
周　彭　79・274
周彭年　11・306
周報興　53・418
周　達　77・470
周達臣　62・670
周斯忠　73・437
周斯璠　53・624
周萬方　70・530
周萬世　62・605
周萬達　46・339
周葆申　37・167
周葆善　71・282
周葆楨　36・766
周　敬　36・196
周敬一　51・112
周敬心　4・148
周敬承　53・626
周敬陞　53・627
周敬脩　32・399
33・274
周敬梓　53・626
周敬瑞　45・32
周朝宗　53・531
周朝珍　74・447
周朝奎　15・166
周朝俊　35・228
35・229
周朝陞　51・503
周朝鼎　44・366
周朝瑞　4・216
14・712
42・964
71・292
周朝聘　80・28
周朝煥　80・500
周朝謙　53・494
周朝麟　79・345
周　植(清安福)　72・654
周　植(清湖口)　48・534
周　森　53・454
周　棟　73・104
周極鼎　58・145
周惠棠　70・630
周　雲(宋)　72・528
周　雲(南朝宋)　1・704
周　雲(清)　70・499
周雲章　50・258
周雲登　66・614
周雲路　66・486
周雲騰　66・569
周提山　72・247
周紫芝　49・522
周紫蘭　5・356
10・631
周　暎　53・276
周貽綸　2・94
7・89
16・454
周貽燮　53・370
周　鼎(元)　72・175

周　鼎(宋)　72・188
周　鼎(明大庾)　74・359
周　鼎(明南昌)　44・101
周　鼎(明新昌)　63・533
周　鼎(清金谿)　70・535
周　鼎(清南昌)　45・170
周　鼎(清浦城)　76・572
周　鼎(清蓬萊)　18・458
周　鼎(清廣豐)　53・642
周鼎臣　77・561
周鼎新　76・158
周鼎瀚　72・614
周開先　73・104
周開源　80・749
周　景　80・27
周景才　35・150
周景昌　72・618
周景恆　9・430
周景洛　9・420
周景桂　35・186
周景崧　70・559
周景福　72・254
周景儀　53・619
周景濤　76・163
周景觀　9・413
周　貴(明連城)　80・675
周　貴(明常熟)　28・502
29・24
周　畯　61・369
周凱四　71・213
周　智　71・215
周　順　60・337
周順昌　75・404
周順謙　72・254
周　傑　75・611
76・171
周集慶　72・682
周臯謨　70・495
周　復　70・483
周復則　72・133
周復卿　34・412
周復軫　60・151
周復興　7・425
周　欽(元)　29・19
周　欽(清)　10・148
周欽若　53・86
周欽修　21・668
周爲莆　53・129
周爲彩　76・333
周舜弼　48・328
周　詔　51・696
周敦典　64・583
周敦頤　47・334
48・85
73・114
周　斌(明)　1・846
周　斌(明晉江)　79・201
周　斌(明寧德)　76・470
77・332
周　善　59・635
周善正　66・353
周善長　68・721
周善應　51・355
周善繼　71・190
周　普(元)　72・528
周　普(清)　31・830
周奠邦　76・314
周道平　45・248
周道西　62・564
周道垵　68・493
周道盛　37・124
周道新　50・407
周道愷　4・471
22・302

	22·631
周道興	58·227
周道澧	24·234
周道濬	27·338
	27·807
周曾發	2·28
	37·811
周　焜(清南昌)	44·408
周　焜(清順天)	67·377
周　焱	72·551
周　湘	71·590
周　渤	72·681
周温叔	53·423
周　渭	1·743
	12·93
	14·691
周渭熊	72·681
周　淵(明吉安)	72·135
周　淵(明同安)	76·352
周　滋	17·534
	18·310
周富善	67·483
周運昌	80·756
周運祥	67·483
周運鯤	68·431
周裕仁(清金鄉)	37·157
周裕仁(清南城)	71·245
周裕廷	73·33
周　禄	72·176
周遐齡	67·492
周弼成	35·144
周登元	72·545
周發政	41·800
周發孫	51·341
周　統(明)	72·135
周　統(清)	6·329
周　馳(元)	4·197
	38·559
	38·612
周　馳(金)	5·69
周　瑚	76·551
周　瑊	27·124
周　勣	75·441
	76·171
周　瑞(清金谿)	70·595
周　瑞(清臨桂)	13·106
周瑞五	72·237
周瑞茂	53·578
周瑞昌	7·374
周瑞亭	12·333
周瑞豹	72·457
周瑞琪	72·545
周瑞圖	2·73
	76·158
周　嶅	72·455
周載芳	72·243
周　遠	66·175
周遠祁	48·546
周遠沛	35·106
周遠昌	4·344
	35·122
周遠柏	72·247
周遠瑞	35·117
周遠調	35·161
周　塏	53·488
周聖邦	44·407
周聖兼	72·364
周　聘	77·373
周聘璜	72·639
周夢奇	66·383
周夢翔	72·686
周夢熊	30·204
周夢龍	63·557
周夢權	53·627

周夢麟(明) 72·594
周夢麟(清) 63·477
周　椿 53·595
周椿年 76·536
周椿齡 30·132
周　楚 48·10
周　楨(清新昌) 63·477
周　楨(清臨川) 69·275
周　楫 36·206
周　輅(明上杭) 80·80
周　輅(明安仁) 60·87
周匯瀾 69·467
周　損 71·356
周　煦 72·573
周煦春 63·624
周嗣旦 72·656
周嗣武 76·537
周嗣昌 2·59
周嗣恭 76·537
周嗣龍 66·186
周嗣鯤 66·186
周　嵩 71·529
周　榘 72·437
周節文 67·473
周與學 61·230
周傳旦 71·613
周傳昌 71·571
周魁輔 10·389
周　鉦 13·389
周　鉉 37·129
周會隆 4·366
周　頌(宋) 72·131
周　頌(清) 27·163
周　詩 13·380
周誠若 27·132
周　廉 77·402
周　新 75·364
周新邦 5·348
10·361
周　慎 66·119
周　義 48·244
周煜宗 28·51
周煒良 63·443
周　煥(明) 1·791
周　煥(明金華) 75·423
78·389
周　煥(清) 61·730
周煥典 12·503
周煥喜 68·625
周　煊 72·246
周　溥(明) 5·108
周　溥(清金鄉) 37·134
周　溥(清興安) 74·525
周　源(明吉水) 72·442
周　源(明同安) 76·282
周　源(清) 52·342
周源長 77·514
周源瀚 27·812
周　溶 74·525
周　福 53·345
周福臣 60·140
周福書 70·619
周福盛 8·418
周　肅 72·436
周肅文 70·557
周殿邦 70·632
周際可 72·108
周際飛 69·273
周際唐 36·731
周遜夫 65·267
周　經 76·493
周經權 53·418
周嘉員 77·36
周嘉槐 60·727

周嘉猷(清南昌) 45·130
周嘉猷(清錢塘) 2·92
16·450
18·82
周嘉滈 53·403
周嘉徵 79·323
周嘉樂 72·655
周嘉謨(明) 72·591
周嘉謨(清) 52·344
周嘉績 53·517
周 墉 72·624
周 壽 48·449
周蔚文 53·537
周模全 68·535
周 監(元吉水) 72·504
周 監(元南昌) 45·120
周爾伋 72·652
周爾英 52·554
周爾發 76·289
周霆震 72·608
周聞孫 72·489
周 鳴(明吉水) 72·439
周 鳴(明安福) 72·592
周鳴和 72·494
周鳴盛 63·314
周鳴鹿 79·351
周鳴鳳 38·266
周鳴鐸 77·530
77·561
周鳴鑾(清單縣) 38·265
38·342
周鳴鑾(清新昌) 64·586
周圖治 72·690
周毓正 4·465
23·659
周毓南 2·48
周毓華 51·420
周毓桂 38·266
周毓瑛 51·227
周毓琦 40·580
周毓楷 38·266
周 銑 74·525
周 銓(明玉山) 50·184
周 銓(明廣豐) 53·527
周 銓(清) 2·114
周 銓(清晉江) 79·248
周 銓(清鉛山) 53·76
周 銘 67·331
周銘詒 58·59
周 鉶 72·626
周 鳳 43·194
周鳳岐 76·551
周鳳祥 45·225
周鳳喈 58·74
周鳳翔(明) 50·240
周鳳翔(清) 79·322
周鳳鳴(明) 76·551
周鳳鳴(清) 67·494
周鳳誥 67·175
周鳳儀 52·319
52·376
周 誥(明上饒) 51·525
周 誥(明吉水) 75·411
77·583
周 誥(清) 58·107
周 廣(明) 75·373
周 廣(晉) 45·350
周 廣(清) 80·748
周廣和 76·196
周廣福 72·238
周廣榮 64·183
周廣儒 63·537
周韶曾 79·181
周端禮 53·217

周齊家	38・574
周　榮(明蓬萊)	4・146
周　榮(明樂平)	59・295
周　榮(清)	48・414
周　榮(漢)	1・692
	37・33
	37・544
	39・138
周榮恩	6・450
周　漢	41・81
周漢仁	68・523
周漢章	50・258
周漢寅	72・373
周漢傑	72・595
周漪園	10・380
周　寬	42・317
周　賓	67・243
周賓興	59・312
周肇汝	22・274
	22・518
周肇岐	37・171
周　鼐	70・200
周　熊(明)	75・455
	76・27
周　熊(清)	71・597
周　緒(明)	64・512
周　緒(清)	73・183
周緒科	27・161
周維城(清永春)	79・344
周維城(清廣豐)	53・347
周維祥	64・561
周維梯	52・617
周維甯	53・256
周維楨(清安福)	72・581
周維楨(清寧陽)	35・124
周維新(清吉安)	72・245
周維新(清東光)	74・442
周維新(清廣豐)	53・463
周維新(清德化)	78・609
周維寧	80・222
周維翰(明阜城)	1・789
	6・303
周維翰(明掖縣)	23・640
	24・519
周維翰(清崇仁)	70・320
周維翰(清廣豐)	53・350
周維謨	59・602
周維藩	53・448
周維爚	37・166
周　璁	60・29
周　璇	80・12
周　璆	4・250
	5・17
	14・253
	15・582
	17・462
周　增	72・625
周蕙田	24・751
周　邁	12・397
周　樞	61・725
周　標	18・423
周　敷	69・123
	71・313
周　賢	67・440
周賢位	73・78
周賢宣	73・57
周震一	76・455
周震甲	5・235
周撕坦	12・202
周　撫	48・8
周　輝	72・649
周　暹	45・260
周暹世	13・408
周踐恭	18・372

周　皚 53·298
周　皞 72·134
周　德 70·595
周德成 66·453
周德昌 34·287
周德配 53·514
周德恕 45·234
周德盛 72·351
周德清 62·216
周德淑 73·382
周德輝 80·742
周德鋒 45·386
周德潤 60·645
周德興 75·431
77·361
周　磐 1·694
9·22
周盤龍 4·44
7·256
7·489
30·90
75·5
周　鋭 52·131
周　魯(明天城) 42·198
周　魯(明吉水) 72·410
周魯章 66·437
周　諒 53·232
周慶忠 72·239
周慶洙 36·769
周慶基 67·379
周慶溶 51·306
周慶暻 70·402
周慶齡 48·578
周養民 2·82
38·415
周　瑩 78·110
周　澍 25·227
75·539
77·462
周　潮 17·543
周　潭 18·526
周　澂 24·722
周　澔 53·376
周審玉 1·742
11·40
周　慰 48·30
周履安 51·488
周履堦 37·167
周適莘 59·83
周　欒(元) 72·649
周　欒(明) 66·125
周　欒(清) 4·294
6·174
周欒清 2·108
24·307
周　璞(明) 77·372
周　璞(清陽信令) 43·127
周　璞(清蓬萊) 4·443
25·130
周　靜 72·563
周　璟(明) 48·316
周　璟(清) 5·249
6·208
周　璘 71·386
周　璣 59·43
周薦珽 53·492
周薪槱 58·166
周　頤 47·504
49·446
周頤真 79·89
周　噩 72·264
周樹屏 50·477
周樹椿 51·473
周　樸(宋) 58·247

周　樸(清)　2·51
　　43·21
周　機　49·456
周歷長(清武平)　80·72
周歷長(清青州)　17·592
周　霖(明吉水)　72·492
周　霖(明新淦)　73·231
周　曉　67·124
周曉蘭　80·733
周積萬　52·623
周　勳(明)　80·78
周　勳(清)　72·672
周興岐　61·316
周興良　72·30
周興能　77·359
周興緒　48·370
周學光　44·536
周學仰　73·434
周學英　45·197
周學金　51·311
周學珠　53·642
周學健　45·583
周學純　5·368
　　8·335
周學章　36·774
周學貴　66·615
周學舜　36·782
周學曾　72·679
周學魁　50·257
周學儒　68·633
周學鵬　67·131
周　儒(明安福)　72·615
周　儒(明崇仁)　70·218
周儒俊　22·312
周儒源　37·171
周儒講　53·489
周　翱　31·59
周　錆　13·384
周　錡　38·581
周錫祺　72·239
周錫鋒　51·646
周錫藩　72·146
周錫齡　77·448
周錦章　67·483
周錦園　76·262
周　譸　68·343
周龍光　51·452
周龍珪　78·620
周　⿰火鼎　1·823
　　37·807
　　78·159
周　熺　53·356
周熾昌(清奉新)　67·181
周熾昌(清高安)　62·654
周　澤(明)　75·530
　　77·484
周　澤(漢)　4·15
　　4·169
　　15·541
　　17·462
周澤宗　48·528
周　濂　53·313
周　憲(宋)　53·302
周　憲(明吉水)　72·542
周　憲(明安福)　72·591
周　禧(明)　75·408
　　76·206
周　禧(清)　80·53
周　縉　45·252
周　縝　37·138
周　璨(清金谿)　70·613
周　璨(清寧陽)　35·112
周聲聞　53·539
周　聰(明)　59·358

周　聰(清)　53・277
周聯登　79・323
周　薰　74・145
周懋文　70・565
周懋相　72・576
周懋康　27・542
28・171
周懋琦　77・367
周懋極　72・669
周懋祺　2・83
43・208
周懋德　50・496
周懋勳　75・536
77・494
周臨生　19・561
周黻麟　50・444
周　嬰　78・118
周　嶽　72・584
周　簋　58・137
周　輿　58・119
周　鍾　79・145
周鍾瑄　2・86
39・807
周　謨(宋)　51・50
66・507
周　謨(明)　73・225
周　謙　8・317
周謙益　70・628
周應元　53・477
周應廷　53・642
周應合　49・160
周應宿　70・581
周應陽　77・495
周應期(明永嘉)　1・776
周應期(明廣豐)　53・431
周應極　58・31
周應鉉　66・498
周應熙　72・586
周應龍　72・487
周應鍾　66・602
周應鵬　53・346
周應鶚　53・448
周應鐸　66・525
周應驥　68・718
周燦霄　27・172
周　燮　48・556
周　鴻　74・526
周鴻才　52・249
周鴻逵　40・580
周鴻基(民國)　23・255
周鴻基(清)　71・586
周鴻彬　48・444
周鴻章　53・324
周鴻鈞　80・750
周鴻猷　66・353
周鴻圖　4・147
23・641
周鴻賓　40・545
周鴻勳　52・334
周鴻耀　71・592
周　濤　13・109
41・67
周　濬(清安福)　72・654
周　濬(清寧津)　11・304
周濬川　64・48
周　濟　61・454
周濟生　37・121
周濟用　37・121
周濟宇　50・398
周濟衆　40・590
周　濱　47・512
周　禮(明吉水)　72・493
周　禮(明樂平)　59・287
周　禮(清奉新)　67・276

周　禮(清宜黄)　71・48
周　禮(清南昌)　45・194
周　禮(清晉江)　76・248
周　禮(清歷城)　4・296
6・180
周禮貴　53・416
周禮嘉　49・14
周禮讓　49・69
周彌瞻　53・340
周翼寰　72・533
周騎龍　72・248
周　璹　72・444
周　璿　4・215
17・513
20・553
周覲光　48・254
周　豐　35・637
周瞻德　71・93
周　簠　61・542
周鎮中　53・409
周鎮南　62・320
周鎮瀾　70・633
周　鎬(清上饒)　51・424
周　鎬(清安仁)　60・158
周鎬秀　38・283
周鎔錦　35・116
周　謹　76・629
周　璧(明邵武)　77・188
周　璧(明歷城)　4・160
5・119
周璧輝　70・585
周彝訓　76・337
周藹瑞　67・493
周　顛　45・373
周　蘊　72・633
周願孔　4・182
周嚴厚　72・611
周　韜　52・327
周羅睺　48・16
周贊瑞　78・303
周贊襄　74・543
周鏡蓉　72・245
周　鵬　50・185
周　騰　45・292
46・547
周騰雲　79・330
周懷曾　5・333
43・292
周懷興　14・381
周懷謙　72・510
周懷璧　63・337
63・568
64・517
周　瀛　53・351
周騶生　72・634
周蘭芳　14・746
周蘭秀　72・673
周獻臣　69・200
周耀淳　53・509
周耀堦　53・628
周耀淵　53・484
周耀德　10・383
周耀龍　69・599
周覺民　71・91
周　譢　13・422
周寶樹　13・426
周　繻　37・149
周　繼　5・110
周繼祖　25・648
27・167
周繼盛　61・585
周繼會　37・151
周繼新　67・481
周繼德　61・580

周　瓘　43·194
周　權　71·471
周　霸　4·7
31·208
35·639
周　鐸(明鄆城)　40·73
40·154
周　鐸(明萬安)　73·49
周　鐸(明新喻)　66·123
周　鐸(清寧津)　11·298
周　鐸(清霑化)　13·412
周鶴芝　78·574
周鶴齡　49·122
周續之　45·29
46·581
48·297
51·109
66·599
周　懿　37·170
周懿光　77·574
周　鑒　72·13
周　霽　67·254
周體仁　77·39
周籙長　17·604
周　儻(清廣豐)　53·331
周　儻(清德化)　48·133
周　鑑(明奉新)　67·119
周　鑑(明建昌)　51·27
周　鑑(明廣豐)　53·429
周　鑑(清)　49·492
周　亹　63·455
周　顯　70·568
周麟祥　20·534
周麟章　2·113
23·136
36·576
76·161
周　纓(明道州)　80·759
周　纓(明廣豐)　53·240
周觀林　53·377
周觀垣　72·620
周觀濤　10·380
周　灝(明)　77·179
周　灝(清)　70·612
周纘祖　73·213
周　驥　50·283

郇

郇存正　17·537
18·312

狐

狐　咺　7·20
7·154

忽

忽　玘　43·261
忽都納　1·763
39·783
42·543

京

京三郎　46·138
京　房　15·569
京　鏜　44·62
45·454

郊

郊　公　30·635

劾

劾　常　78·216
78·328

於

於　琠　76・466

性

性　在　6・581
6・673
性　戒　77・525
性　空(元)　25・685
29・843
性　空(唐)　77・359
性益道因上人　80・170
性　朗　70・639
性　偉　7・211
性　滿　80・369

炔

炔　欽　4・9
4・167
7・135

净

净　悟　76・420
净　崑　32・660
净　機　77・525

法

法　住　6・506
法坤宏　4・467
22・294
22・598
法坤厚　4・468
22・295
22・602
法坤振　22・295
22・602
法若貞　22・266
22・487
23・643
法若真　4・468
13・427
22・264
22・480
23・643
法　果　79・301
法　昌　76・420
法　周　76・365
79・298
法定禪師　34・70
法　官　22・264
22・478
法　相　76・367
77・666
法重熚　22・292
22・591
法振邦　22・262
22・473
法　通　78・214
法　堅　48・287
法　盛　79・639
法　敏　2・8
法偉堂　4・468
法超禪師　79・298
法　雄　1・697
7・71
15・516
16・394
法順禪師　61・761
法　楷　15・615
18・427
法圓處訥　79・640
法　會　45・363
法　樟　22・266
22・487

法　輝　79・298
法　樗　22・290
22・582
法　寰　4・470
22・261
22・467
23・651
法藏大師　80・765
法　瓚　31・843

況

況一熐　46・255
況于杞　62・358
況于梧　62・68
況士玉　63・154
況士模　63・117
況上元　62・534
況上聞　63・26
況元禮　72・186
況日煊　63・160
況　中　67・359
況　文　63・8
況以榍　62・191
況世美　62・225
況　吉　46・265
況光藻　62・195
況廷珍　62・594
況志甯　67・540
況　芹　63・116
況伯奇　67・208
況佛惠　63・111
況　孜　67・253
況叔祺　62・58
況和卿　63・8
況　泓　63・134
況宗斌　63・117
況春森　46・258
況禹謨　62・136
況炳春　46・210
況　真　62・40
況時俊　63・143
況效忨　63・139
況　逵　77・282
況國奇　67・123
況啓承　62・534
況紹美　62・379
況　琛　62・218
況敬存　62・336
況　雲　62・304
況嗣俁　62・465
況熙載　63・129
況維翰　63・82
況　暹　63・52
況德馨　63・158
況　澄　42・581
62・51
況　璠　46・171
況學敬　63・144
況　鍔　63・24
況　鍾　65・329

波

波　羅　77・280

治

治上人　76・208

宗

宗一邦　22・231
宗之璠　2・48
34・438
44・394
宗　巳　79・298
宗元泰　49・105

宗元醇　2・53
宗玉崑　13・343
宗必經　44・69
宗必應　44・68
宗　永　76・499
宗吉祥　11・462
宗　臣　75・376
宗　成　27・175
宗克隆　26・132
宗其彥　22・296
22・608
宗若愚　42・989
宗　周　75・646
76・194
宗　信　4・152
23・635
宗　度　44・12
45・401
宗　炳　48・299
宗　泰　22・274
22・521
宗乘上人　77・525
宗陳謨　49・103
宗偉川　37・148
宗望先　37・128
宗啓昌　22・305
22・640
宗超海　73・339
宗達禪師　79・299
79・640
宗　湯　25・157
宗　測　48・301
宗壽齡　26・132
宗維垣　44・517
宗維章　11・433
11・474
宗維質　26・132
宗維翰　44・518
宗　標　76・366
79・302
宗　樓　7・145
宗稷辰　2・27
宗　興　17・674
18・430
宗　衡　11・438
宗　澤　1・743
23・613
24・243
28・659
39・216
宗　謙　49・504
宗　彝　2・81
宗　羆　23・611

定

定光大師　80・54
80・75
80・764
定　御　78・327
定　諸　79・298

宜

宜永貴　14・693
42・938
75・383
宜　光　77・526
宜兆公　13・224
宜　粲　78・217

官

官于宣　75・502
76・140
官友基　80・27
官去惑　23・438

官世景　80・541
官式琦　79・426
官廷梅　77・121
官仰賓　70・631
官青田　23・440
官秉鈞　78・373
官星耀　69・217
官　昶　60・28
官華堂　14・715
官　莊　75・638
76・185
官連升　70・509
官　崇　76・110
官　徙　69・573
官　寅　77・161
官朝佑　60・38
官朝京　79・410
官　廉　4・151
23・635
官新壽　51・346
官福田　80・740
官　榮　80・381
官榮居　53・415
官維嶽　77・126
官贊朝　77・182
官　賢(明平度)　23・636
官　賢(明將樂)　80・462
官　篆　4・221
23・650
官德璋　70・636
官慶瀛　78・373
官翰琦　79・410
官學堯　80・692
官　謙　80・11
官應魁　70・581
官應震　1・854
21・138
23・620
官禮卿　77・192
官　鯉　80・427
官　顯　76・472

宛

宛世恩　45・137
宛　春　35・637
宛　莪　14・244
15・513

宓

宓不齊　4・3
35・601
38・153

郎

郎一鳴　21・502
郎之淮　57・358
郎子貞　76・467
郎元德　57・263
郎　玉　47・150
郎玉琳　57・311
郎玉璉　57・359
郎永清　2・6
郎邦國　56・412
郎廷相　75・385
郎廷槐　43・204
郎兆林　56・130
郎作霖　2・39
10・310
郎　茂　1・715
32・583
42・1
郎　昀　21・399
郎金鎔　55・487
郎　宗　4・8

4·169
4·259
15·613
郎春舒　8·636
郎南桂　54·337
郎　盼　21·399
郎峒雲　8·629
郎郡璋　21·625
郎　桐　17·566
18·515
郎　崧　21·739
郎盛傑　57·359
郎國忠　56·124
郎國楨　2·85
郎　淳　21·502
郎森桂　54·335
郎　詠　72·187
72·258
郎善繼　21·400
郎　筠　54·340
郎碧珠　57·311
郎熙化　2·111
22·235
23·627
郎　圖　21·654
郎鳳跡　21·793
郎榮廷　21·732
郎維翰　21·518
郎樞斗　21·610
郎德萬　48·395
郎慶和　58·667
郎　澍　21·399
郎謙牧　21·400
郎　簡(元)　24·568
郎　簡(宋)　75·424
郎黼昇　55·487
郎　顗　4·8
4·169
15·610
17·459

房

房三益　4·139
5·35
房士達　4·139
5·35
8·464
13·722
房大彬　5·342
10·150
房之騏　17·681
18·421
房天受　13·386
房天驅　37·781
房天樂　18·3
房元慶　16·397
18·3
房友箕　10·59
10·145
房文登　16·440
19·3
房　玉　22·309
房世安　34·253
房可壯　4·392
18·420
房玄齡　4·54
5·46
7·160
15·507
17·477
32·588
房永清　77·213
房永蕒　10·133
房永舉　31·66

房成德　10・229
房廷錫　31・834
34・471
房延道　39・710
房仲和　4・145
房守士　5・181
10・46
10・117
10・229
10・256
房　安　1・774
房如式　4・130
17・545
18・314
房如矩　17・563
18・343
房　辰　4・353
37・699
房　宏　34・340
房初興　18・380
房壯墀　13・387
房其相　10・139
房其巖　10・162
房東第　5・341
10・150
房叔安　5・36
11・88
15・521
18・3
房　明　5・203
房明尼　37・712
房　迪　10・126
房知温　17・699
18・21
18・22
35・482
房周陁(見房周陀)
房周陀　17・475
18・337
房周卿　1・754
22・227
23・613
房法壽　4・49
5・34
房建極　1・844
16・435
房建新　32・133
房星兆　32・380
33・250
房星長　17・607
18・329
房星朗　17・620
房星顯　18・347
房昭奎　34・222
房昭魁　34・266
房思魁　21・534
房侯世　42・3
42・8
房衍俊　34・303
房　亮　5・35
房彦翊　14・297
16・398
房彦博　18・530
房彦詢　5・44
房彦詡　5・44
18・10
房彦謙　1・713
4・52
5・42
7・160
32・616
房美輪　10・145
房　洗　78・550
房泰亨　5・181

10・126
房恭懿 1・716
8・311
8・464
房　桃 34・313
房致中 9・66
房晉三 34・221
房　豹 4・138
5・34
9・23
12・92
房旅亨 5・341
10・145
房　悅 18・9
39・781
42・542
房　悌 10・147
房彬繼 9・413
房　堅 4・139
房常久 38・229
房崇吉 5・35
房象中 10・129
房象成 5・341
10・147
10・234
房象宏 10・148
房象英 10・149
房象渠 10・148
房象隆 5・341
10・148
房象楚 10・149
房象會 10・149
房象圖 10・149
房象寧 10・148
房象穎 10・127
房　琯 1・726
房萬祚 39・695
房　植 11・72
房景先 4・49
5・35
房景伯 4・49
5・35
6・283
11・38
房景遠 5・35
4・245
房　嵒 1・813
房　銃 4・100
房爲櫓 10・127
房瑞軒 10・83
房　楠 4・160
17・556
房　嵩 4・313
31・829
房　詮 5・36
房　愷 10・61
房殿卿 34・221
房毓橚 37・842
房　鳳 4・16
23・656
房　寬 32・380
33・249
房維楨 5・71
6・123
房慶柚 34・325
房慶餘 34・273
房毅斯 10・149
房興安 34・349
房錦菴 12・334
房澤厚 10・145
房　謨 1・708
房應辰 4・369
37・841
房　濬 5・202

房　璿　10・126
　10・229
房韞昺　10・127
房韞昱　10・146
房韞晟　10・60
　10・146
房韞曇　5・339
　10・125
房　鏞　38・579
房　瀛　30・292
　31・173
房　巍　10・145
房繼伯　5・46

祈

祈時新　41・699

居

居允敬　78・454
居恆有　19・392
居　遁　71・364

屈

屈宏謨　37・717
屈　直　14・217
　16・426
屈尚直　1・788
屈　殷　58・32
屈逸乘　2・72
　31・320
　32・1
屈竟顯　40・99
　40・172
屈軼生　37・718
屈　德　58・270
屈興國　40・582
屈　錦　37・722
屈　蟠　48・497
屈繼勛　4・353

弦

弦子旗　7・158
弦　章　7・152
弦　超　31・842

承

承　炷　78・700
承　宮　4・15
　4・25
　15・540
　30・335
　30・651
　31・338
　32・9
　32・44
承　暉　1・748
　18・39

孟

孟一脈　4・111
　31・794
孟士甲　26・132
孟士耕　32・605
孟士通　13・155
孟之滕　12・328
孟子孺　62・402
孟元彪　14・716
孟仁擇　77・25
孟化龍　2・51
　12・97
孟文燦　43・610
孟心孔　27・799
孟孔傳(明)　42・291
孟孔傳(清)　12・325

孟世明　12・328
孟世猷　31・832
孟可訓　13・149
孟　仕　32・25
孟立春　62・449
孟永言　29・305
孟永賢　76・628
孟　圯　75・451
　76・25
孟光佑　12・328
孟同人　12・331
孟屺瞻　6・135
孟廷對　5・260
　32・637
孟仲子　35・640
孟仲淵　38・271
孟仲賢　1・758
　9・397
　43・537
孟自任　42・316
孟自重　43・644
孟兆圖　42・296
孟兆熊　42・275
孟　充　62・218
孟次陽　17・471
孟守己　38・240
孟　芳　38・287
孟克從　11・86
孟見用　6・409
孟良士　9・813
孟良卿　43・59
孟良弼　30・95
孟君用　69・535
孟　表　33・801
　35・82
孟長人　12・258
　12・311
孟長民　42・301
孟長庚　39・99
孟長智　5・310
　43・631
孟長鑾　5・357
孟其人　4・339
　12・310
孟若思　43・637
孟　林　52・551
孟　郁　37・800
　41・57
孟抱智　14・731
孟　虎　11・350
　11・443
孟尚緒　5・364
孟尚嶷　36・172
孟　昊　25・228
孟　昇　73・344
孟　迪　1・837
　15・532
　16・416
　18・51
孟庚衍　76・634
孟　泌　8・601
孟　泓　38・239
孟　宗　4・231
孟宗美　39・188
孟宗舜　47・347
孟宗諒　11・80
孟居易　62・332
孟居敬　4・145
　43・537
孟承光　4・217
　35・681
孟承相　36・172
孟　珍　6・383
孟　柱　19・35

孟　奎　1・750
1・752
6・293
孟持世　30・103
孟貞琨　38・256
孟昭坤　34・285
孟昭侗　34・248
孟昭堂　34・285
孟昭烺　19・119
孟昭然　19・119
孟昭德(民國)　34・285
孟昭德(清)　10・369
孟昭麟　13・136
孟思言　38・581
孟思魯　58・273
孟思聰　5・216
孟　秋　4・181
孟衍義　34・226
孟衍鞏　38・239
孟衍履　38・270
孟　洋　1・815
孟　昶　8・704
17・471
孟　泰　4・327
9・408
孟　班　30・103
孟起鳳　26・129
孟　峻　38・228
孟　卿　4・14
7・250
30・75
孟　拳　5・179
孟　浩　60・547
孟　陶　42・289
孟孫激　4・6
孟　純　12・195
孟　規　11・80
孟　常　58・38
孟　國　5・265
孟國宁　32・605
孟　過　15・585
17・510
18・576
孟　敏　4・250
孟象巖　31・831
孟惟清　73・358
孟淩雲　4・362
30・680
孟寅生　2・111
19・587
孟　陽　7・143
孟陽春　5・161
43・630
孟　隆　1・832
孟習孔　41・63
孟　貫　49・517
76・391
76・484
孟紹孔　19・619
孟　瑛　13・125
13・199
孟超然　76・48
孟　喜　4・7
4・165
7・250
7・475
孟萬育　5・346
15・165
孟　植　69・149
孟　軻　4・6
7・200
15・484
35・598
36・439

孟雲峯 5・264
32・613
孟雲卿 5・55
8・704
孟　晫 43・622
孟景岱 35・495
孟　智 5・80
孟　程 68・28
孟　善 4・118
13・125
孟善保 4・390
14・735
孟　淵 36・202
孟　渙 69・308
孟　祺 31・839
37・656
孟登雲 10・147
孟　統 35・101
35・243
孟　瑞 6・352
孟　楠 1・841
14・298
16・430
孟　輅 39・77
孟　業 1・714
孟　暐 30・103
孟傳芝 36・31
孟傳昔 32・652
孟傳典 42・791
孟傳宗 42・793
孟傳則 38・279
孟傳哲 36・208
孟傳梓 34・228
孟傳森 9・860
孟傳楨 9・853
孟傳禎 34・297
孟傳璜 12・335
12・366
孟傳璋 12・335
孟傳賢 14・383
孟傳德 76・174
孟傳澄 6・490
孟傳鎮 36・766
孟傳蘇 12・394
孟傳韻 38・281
孟儋繹 5・291
6・485
孟　義 5・80
孟　源 41・111
孟殿榮 76・633
孟輔國 62・426
孟甞君 36・416
孟毓功 12・314
孟毓苹 34・316
孟毓彥 42・790
孟毓盛 38・270
孟毓琦 14・741
孟毓琨 12・296
孟毓楓 36・173
孟毓摛 36・781
孟毓愼 12・386
孟毓蕙 32・613
孟毓燦 36・173
孟毓藻 34・297
孟毓蘭 4・283
孟毓鶴 38・274
孟　僎 1・791
10・39
孟　鳳 4・124
35・698
孟廣收 34・252
孟廣均 36・174
孟廣訓 9・865
孟廣益 34・253

孟廣智　9·851
孟廣桀　12·393
孟廣巽　34·288
孟廣誠　9·851
孟廣溪　9·424
孟廣誥　34·252
孟廣濂　36·734
孟廣濟　38·289
孟廣鑄　34·306
孟漢臣　32·643
孟賓于　73·270
73·329
孟　嶙　38·245
38·347
孟　範　13·344
孟　德　4·95
5·80
6·293
15·143
15·213
孟慶山　34·320
孟慶功　13·151
孟養性　5·181
10·46
孟遵浩　43·626
孟遵道　1·761
9·397
12·247
12·353
孟遵濂　43·609
孟　遲　5·55
孟　勳　1·823
37·806
孟興本　38·270
孟興東　38·257
孟興俊　5·365
34·227
孟興洙　38·257
孟興淑　39·96
孟興詒　41·208
孟興賢　34·228
孟興麟　32·614
孟龍符　7·363
孟澤厚　22·238
孟憲文　30·695
孟憲武　42·394
孟憲昐　19·131
孟憲曾　19·119
孟聯珠　39·70
孟繁第　13·151
孟繁皤　13·151
孟應乾　62·355
孟濟世　30·103
孟　簡　5·55
8·600
8·696
孟　顗　17·685
孟　鏐　42·275
孟懷玉　15·580
17·684
孟繼卜　39·325
孟繼本　36·175
孟繼伯　13·342
孟繼昌　34·194
孟繼昇　13·812
孟繼周　19·85
孟繼适　10·142
孟繼洙　12·390
孟繼莆　13·146
孟繼甡　34·220
孟繼啚　36·178
孟繼朗　12·189
孟繼熔　34·254
孟繼震　36·208

孟繼熾　36・173
孟繼輿　9・858
孟繼濬　12・399
孟鶴林　4・283
孟　麟　35・698

孤

孤　月　71・365

九畫

封

封大本　8・624
封大林　8・9
封大受　8・1
　8・622
封子繪　1・707
　12・92
封元豫　5・375
　8・4
封文林　30・325
封永年　43・96
封延之　18・6
封延伯　31・296
封兆衡　8・628
封　豆　18・7
封希尹　8・1
　8・643
封念祖　8・20
　8・640
封　泩　43・98
封宗良　8・624
封宗翕　8・11
　8・626
封　俊　71・562
封　洺　43・98
封　敖　18・17
封　華　48・445
封陸裔　50・434
封從植　1・762
封瑞書　48・342
封　詢　1・713
封　肅　12・134
封嘉蕙　8・630
封　瑩　43・98
封錫輅　43・96
封壎之　43・100
封　濬　71・561
封繼宗　71・70
封靈祐　18・3

垣

垣崇祖　7・365
垣護之　1・704

郝

郝九鵠　30・687
　31・223
郝士奎　19・605
郝士健　17・666
　19・21
郝士琳　13・739
　28・48
郝大用　25・302
郝大倫　2・67
　37・422
郝大通　27・617
郝之芳　33・697
郝之棻　19・135
郝天相　5・182
　10・118
郝中桂　2・36
　43・204

姓名	卷·頁
郝中興	14·136
郝仁禹	1·744
	15·527
	16·404
郝文芳	23·246
郝文鳳	14·737
郝允秀	5·338
	10·153
郝允杰	10·161
郝允哲	4·293
	5·338
	10·153
郝允濬	10·160
郝玉田	39·708
郝玉聲	11·461
郝　申	27·47
郝永年	8·333
郝　臣	19·35
郝百川	34·346
郝廷奎	5·260
	32·603
郝廷桂	23·248
	30·235
郝延慶	39·614
郝自陵	10·162
郝　全	43·259
郝汝信	42·395
郝守典	39·323
郝守栻	25·262
	25·420
郝如金	25·267
	25·309
郝志隆	41·222
郝志榜	10·162
郝志榮	6·671
郝　芹	41·285
郝芳聲	1·812
	35·449
郝秀卿	11·442
郝作欐	25·306
郝希孔	19·22
郝希賢	38·535
郝　忱	37·665
郝　沅	80·37
郝　沂	5·211
	8·605
郝君佑	11·470
	11·474
	11·523
郝　青	5·84
	43·259
郝茂椿	5·265
	32·652
郝茂榕	32·649
郝來臣	11·442
郝　杰	1·783
	23·614
	24·269
郝奇璋	4·300
	5·259
	32·599
郝尚淳	39·338
郝秉哲	24·719
郝金章	10·53
郝宗儒	5·191
	10·626
郝定業	23·267
郝宜茭	10·150
郝宜棟	5·343
	10·150
	10·237
郝孟延	23·278
郝厚祉	32·644
郝秋蘭	39·768

郝俊彥 27·292
27·432
28·9
郝　律 27·52
郝　恒 5·337
10·119
郝恬然(見赫大通)
郝　恂 10·146
郝　宥 27·55
郝祚蕃 5·266
32·612
郝華箕 80·11
郝華翼 80·37
郝真素 5·176
郝桓卿 11·442
郝　晉 25·263
25·421
郝家語 14·136
郝純臣 19·105
郝純祉 5·259
32·635
郝　理 5·338
10·125
郝麥子 32·606
郝　笠 10·161
郝敏中 32·613
郝術恩 10·135
郝從心 5·337
10·61
10·146
郝從誨 5·337
10·124
郝從端 10·146
郝象琳 34·317
郝　烱 10·47
10·118
10·239
郝紹宗 5·265
32·636
郝　琮 5·356
郝敬修 23·247
郝植恭 2·90
郝景蘇 10·82
郝道坦 42·394
郝　焜 5·182
10·118
10·260
郝瑞廷 8·330
郝　瑜 18·543
郝　瑄 18·522
郝　箬 10·162
郝廉泉 4·390
14·724
郝慎行 23·247
郝慎衡 25·540
郝煌恩 10·159
郝　溱 80·37
郝溥恩 10·156
郝　源(元) 14·221
17·510
郝　源(明) 25·267
25·309
郝源泉 10·120
10·249
郝經緯 10·231
郝　榛 1·788
13·725
郝鳴九 38·268
郝鳴衢 38·268
郝毓琨 23·278
郝毓璞 10·135
郝鳳升 80·3
郝鳳章 10·54
郝鳳翥 25·548

郝鳳誥　39・338
郝廣寧　27・301
郝寧祉　5・260
郝寧愚　5・343
　10・120
　10・150
　10・238
郝肇修　10・160
郝肇衍　10・147
郝肇啓　5・339
郝肇勤　10・149
郝維謙　2・31
郝　增　30・62
郝輝龍　77・203
郝遵今　5・389
郝　璠　10・132
郝薇堂　10・164
郝興州　34・285
郝錫田　18・530
郝聲遠　10・161
郝聯芬　25・455
郝聯茹　25・455
郝聯蕙　25・491
郝聯薇　25・455
郝應運　25・550
郝鴻瑞　4・390
　14・724
郝鴻德　34・253
郝勸善　5・213
　8・607
郝　簹　10・162
郝懷恩　10・158
郝蘭茝　34・325
郝　齡　23・273
郝獻明　2・52
　2・69
　9・27
　30・62
郝繼盂　10・139
郝繼桓　23・272
郝懿行　4・436
　25・517
　25・544
郝懿詢　25・491

荆

荆文康　2・70
荆永清　30・720
荆民法　30・718
　31・223
荆州土　1・843
　16・427
荆宇燾　27・131
荆束江　43・298
荆作屏　29・822
荆宗嶧　37・139
荆欲寬　5・335
荆道乾　2・22
　24・276
荆與莘　43・296
荆儲璽　30・715
　31・226
荆馥庭　23・264

草

草　衣　51・706

莒

莒季佗　30・634

茶

茶不花　18・46

荀

荀如桂　27・90

荀　彧　1·694
荀　叟　47·324
荀　卿　7·24
7·200
7·329
15·586
30·136
荀　通　27·155
荀　勗　31·352
荀　羨　1·701

胡

胡一桂　54·44
胡一椅　56·5
胡一梅　62·368
胡一新　50·473
胡一瀛　38·296
胡九成　45·202
胡九韶　70·188
胡又青　52·324
胡于昂　71·294
胡于球　71·237
胡士元　74·127
胡士光　74·496
胡士行　72·182
胡士安　63·552
胡士宏　63·551
胡士良　71·521
72·543
胡士奇(明天長)　1·803
胡士奇(明武寧)　49·214
胡士昌　71·215
胡士珂　48·235
胡士星　57·143
胡士彥　7·444
胡士倫　56·631
胡士琇　67·311
胡士彬　40·579
胡士望　55·133
胡士達　71·136
胡士棟　18·729
42·458
胡士傑　5·122
胡士蒙　77·710
胡士僑　44·430
胡士銓　80·27
胡士輦　62·382
胡士標　18·745
42·470
胡士鍔　37·157
胡士鰲　16·428
18·53
75·673
胡士懿　59·364
胡士鼇(見胡士鰲)
胡士顯　39·181
胡士衢　55·654
胡大化　30·62
胡大本　54·435
胡大付　56·662
胡大用　70·582
胡大成(明)　64·192
胡大成(清)　67·54
胡大年　80·178
胡大全　56·480
胡大佐　56·592
胡大武　80·200
胡大洄　56·45
胡大治　55·118
胡大承　71·340
胡大修　46·167
胡大祚　60·354
胡大訓　68·543
胡大涓　57·306

胡大清　9・428
胡大貴　55・649
胡大復　57・317
胡大渢　57・90
胡大業　70・622
胡大魁　72・338
胡大趕　56・428
胡大韶　78・469
胡大賓　70・622
胡大樟　56・208
胡大德　57・305
胡大徽　74・61
胡大謨　57・372
胡大藻　57・306
胡大鵬　74・111
胡大鯨　74・126
胡大馨　49・326
胡大鱝　56・612
胡上琛　75・615
76・165
胡山立　72・563
胡之松　56・519
胡之珍(清曹縣)　41・192
胡之珍(清婺源)　55・179
胡之玿　59・73
胡之珥　56・522
胡之甡　68・368
胡之倫　56・523
胡之瑨　56・192
胡之寧　38・223
胡之震　55・573
胡之豫　56・554
胡之瀚　73・304
胡之瀾　72・80
胡之麟　73・304
胡子材　73・67
胡子昭　1・777
胡子俊　80・116
胡子祥　59・598
胡子棋　49・440
胡子祺　72・436
胡子霖　73・57
胡子襄　32・613
胡子翼　5・257
胡子廱　72・152
胡天成　7・84
胡天沐　55・43
胡天浩　56・21
胡天深　55・42
胡天湛　80・513
胡天瑞　72・541
胡天賜　12・105
胡天牖　72・192
胡天慶　55・561
胡天潤　55・624
胡天衡　55・304
胡天錫　72・373
胡天澤　55・304
胡天璧　56・81
胡　元(宋)　59・99
胡　元(清)　45・692
胡元秀　46・16
胡元豸　32・606
胡元亨　5・266
胡元英　64・288
胡元杰　55・400
胡元昇　56・664
胡元陞　56・519
胡元泰　63・479
胡元祥　15・156
胡元瑛　45・658
胡元鼎　55・625
胡元節　66・585
胡元鉦　56・86

胡元鳳 67·385
胡元賦 72·367
胡元橓 56·122
胡元衡 44·56
胡元懋 32·652
胡元黿 73·170
胡元譜 55·611
胡元鑑 47·211
胡　友 80·53
胡友梅 72·186
胡友誠 60·374
胡友廉 80·291
胡友謙 58·583
胡日佐 40·194
胡日宣 48·342
胡日陞 72·238
胡日釗 66·515
胡日烜 73·325
胡日章 56·266
胡曰連 29·344
胡曰璉 33·815
胡曰漢 21·539
胡曰縉 57·57
胡中清 49·322
胡中學 33·796
胡中龍 72·140
胡內蘊 74·22
胡　升 54·80
胡升翹 72·91
胡　仁 71·333
胡　介 1·815
胡公武 72·181
胡公桓 43·304
胡公著 13·105
胡月潭 57·522
胡丹詔 75·673
胡　文 75·672
胡文三 60·359
胡文中 73·91
胡文可 72·269
胡文光(明瑞昌) 48·366
胡文光(明黟縣) 22·230
61·458
胡文光(清婺源) 57·371
胡文光(清新城) 5·332
43·291
胡文伯 4·423
11·380
29·809
29·849
胡文采 72·248
胡文宗(明吉安) 72·136
胡文宗(明廬陵) 76·349
胡文昭 56·30
胡文亮(明) 73·30
胡文亮(清) 56·407
胡文華 2·22
12·106
12·176
胡文桂 56·550
胡文烈 58·178
胡文恩 72·195
胡文卿 60·494
胡文浴 45·206
胡文斌 74·342
胡文遠 76·263
胡文煥(清魚臺) 37·715
胡文煥(清婺源) 56·161
胡文源 54·124
胡文蔚 57·424
胡文榜 59·601
胡文蕙 57·33
胡文標 57·75
胡文輝(明) 73·71

胡文輝(清)　57・276
胡文靜(宋)　72・269
胡文靜(明)　75・372
胡文翰(清瑞金)　74・233
胡文翰(清鄱陽)　58・139
胡文舉　72・36
胡文學　74・416
胡文壁　54・147
胡文櫆　56・667
胡文獻　55・478
胡文耀(清婺源)　56・435
胡文耀(清新昌)　63・572
胡文瀾　57・221
胡文寶　48・254
胡文爚　12・181
胡文衢　56・59
胡方平　54・43
胡方紀　66・366
胡方繡　49・298
胡斗元(元婺源)　57・442
胡斗元(元靖安)　65・430
胡斗南　64・390
胡以久　73・116
胡以安　67・335
胡以和(明)　48・379
胡以和(清)　55・60
胡以甯　44・362
胡以遜　70・253
胡以鋐　46・249
胡允中　72・345
胡允文　45・154
胡允吉　42・621
胡允珍　44・518
胡允柳　57・395
胡允恭　14・728
胡允熏　56・156
胡允諧　71・598
胡予翼　32・636
胡孔昭　56・239
胡毋敬　15・568
胡玉文　62・608
胡玉嵒　13・364
胡玉瑤　21・537
胡玉櫟　6・410
胡玉謙　74・421
胡玉鸞　56・124
胡　正　72・492
胡正炬　56・582
胡正柏　55・122
胡正堅　58・178
胡正遇　58・160
胡正滋　55・244
胡正遠　74・60
胡正謨　55・61
胡正鴻　56・169
胡正馨　74・272
胡功訔　45・183
胡世元　50・467
胡世本　57・18
胡世光　62・490
胡世亨　72・177
胡世英(明)　64・340
胡世英(清)　72・89
胡世和　67・558
胡世俊　26・118
胡世炳　57・147
胡世振　74・134
胡世卿　56・159
胡世彬　73・264
胡世琦(清涇縣)　2・71
　30・235
胡世琦(清萬年)　60・211
胡世弼　70・635
胡世楠　56・299

胡世廣　34・272
胡世隣　64・341
胡世闡　56・40
胡世藻　5・257
　32・599
胡古厓　71・363
胡本漼　72・201
胡本樵　57・288
胡可大　66・262
胡可久　63・437
胡可裕　63・344
胡可詩　72・131
　73・12
胡　丙　56・352
胡丙照　57・424
胡丙鑒　54・282
胡石峯　61・708
胡　布　71・232
　71・424
胡占魁　60・321
胡　旦(宋奉新)　67・206
胡　旦(宋濱州)　4・176
　12・135
胡　旦(明)　76・331
胡　田　67・353
胡仕仁　55・175
胡仕柳　57・89
胡仕桾　56・158
胡仕斯　56・507
胡仙英　79・438
胡仙鸞　59・577
胡用之　67・4
胡用莊　67・4
胡用訥　67・353
胡用賓(明婺源)　54・52
胡用賓(明新昌)　64・336
胡用禮　67・5
胡印中　5・325
　43・290
胡立俊　74・174
胡必相　77・380
胡永平　10・387
胡永宁　56・508
胡永成　72・590
胡永和　60・209
胡永春　21・693
胡永星　77・599
胡永常　61・230
胡永煥　54・252
胡永壽　57・452
胡永選　56・542
胡民佑　45・186
胡民悚　70・464
胡　召　72・617
胡母生　4・14
　7・135
　15・568
胡母輔之　4・38
　7・326
　31・753
　32・347
　33・213
胡幼李　53・21
胡幼黄　73・140
胡邦宇　57・239
胡邦佐　21・330
胡邦英　37・691
胡邦枚　72・204
胡邦彥　56・298
胡邦達　57・505
胡邦靖　72・144
胡邦榮(清婺源)　57・74
胡邦榮(清興安)　74・531
胡邦譽　37・709

胡式如	56·378
胡式寅	70·613
胡吉元	62·655
胡吉儒	60·164
胡臣玩	45·187
胡再陞	45·127
胡有全	56·114
胡有芳	55·653
胡有初	72·542
胡有恒	75·402
胡有陞	45·269
胡有弼	71·515
胡有實	47·276
胡有德	34·271
胡有餘	57·306
胡有慶	70·620
胡有聲	73·63
胡有燿	76·337
胡而居	75·726
胡而璵	46·166
胡存選	66·590
胡成之	11·445
胡成授	67·492
胡成魁	80·149
胡至洤	57·285
胡　光	58·29
胡光廷	55·182
胡光宇(明)	73·62
胡光宇(清)	56·629
胡光祀	33·819
胡光華	56·299
胡光偉	74·343
胡光族	55·303
胡光琦	54·68
胡光鉅	72·194
胡光鈞	72·239
胡光裕(清萬安)	73·82
胡光裕(清婺源)	56·106
胡光發	45·203
胡光瑋	55·194
胡光遠	73·321
胡光嗣	75·673
胡光煜	70·591
胡光震	73·74
胡光輝(字子厚)	56·25
胡光輝(字遠亮)	55·41
胡光瑩	60·567
胡光曙	62·432
胡光衢	57·277
胡同寅	56·85
胡年生	72·30
胡先覺	69·389
胡廷玉	55·373
胡廷冬	55·586
胡廷召	1·803
	33·588
	33·688
胡廷秀	56·408
胡廷佐(清金谿)	70·601
胡廷佐(清婺源)	56·522
胡廷枚	63·448
胡廷泗	73·384
胡廷奏	74·187
胡廷重	67·255
胡廷俊	56·74
	56·235
胡廷華	73·315
胡廷桂	54·316
胡廷軒	55·79
胡廷球	56·406
胡廷章	29·764
胡廷梁	54·543
胡廷瑞	57·273
胡廷聘	74·32

胡廷傪　55·31
胡廷熶　56·60
胡廷模　76·405
胡廷管　57·502
胡廷標　57·499
胡廷輝(清婺源)　56·144
胡廷輝(清靖安)　65·443
胡廷璧　56·73
胡廷獻　70·593
胡廷巍　57·67
胡廷讓　31·224
胡　休　44·15
45·406
胡　延　50·534
胡延祚　6·462
胡仲伯　68·556
胡仲華　67·105
胡仲海　55·551
胡仲清　14·726
42·968
胡仲堯(宋奉新)　67·205
胡仲堯(宋高安)　62·346
胡仲雲　62·27
胡仲霖　62·212
胡仲衡　67·109
胡　价　67·13
胡　份(宋)　72·128
胡　份(唐)　49·514
胡　伋　54·197
胡仰震　70·615
胡自達　71·557
胡自新　72·153
胡　向　65·59
胡向化　1·802
34·437
胡向雲　73·325
胡行知　4·160
21·356
胡行恭　72·314
胡行簡　65·317
66·285
胡　全　68·313
胡兆先　62·628
胡兆宏　57·172
胡兆恂　70·522
胡兆炳　55·440
胡兆蓉　57·318
胡兆虞　52·302
胡兆暘　65·191
胡兆銓　56·673
胡兆賢　55·267
胡兆爵　72·178
胡　旭　62·308
胡名芳　80·46
胡名振　74·135
胡名登　73·106
胡名標　74·134
胡名顯　63·446
胡次炎　54·201
胡汝桂(明金鄉)　4·182
37·121
胡汝桂(明新喻)　66·383
胡汝桐　80·403
胡汝煥　44·221
胡汝輔　9·141
胡汝橋　80·26
胡汝默　38·161
38·316
胡汝礪　72·350
76·469
胡　守　59·42
胡守兵　79·149
胡守信(清安福)　72·659
胡守信(清婺源)　56·540

胡守哲 68·609
胡守訓 56·153
胡守業 62·289
胡守愚 45·161
胡守誠 72·185
胡守經 1·795
10·560
胡守愿 45·162
胡守謙 75·633
76·174
胡 安 59·577
胡安之 47·380
胡安國 68·724
71·350
71·627
胡安道 72·700
胡安榮(明) 48·404
胡安榮(清) 60·717
胡艮臣 63·550
胡如玉 62·664
胡如愚 57·435
胡如壎 60·184
胡如瀛 18·696
42·435
胡羽桂 39·182
胡志夫 77·687
胡志仁(元弋陽) 59·58
胡志仁(元上猶) 74·402
胡志文 48·418
胡志永 64·560
胡志達 73·310
胡志傅 73·291
胡志魁 47·271
胡芬谷 56·588
胡 芳(元) 57·444
胡 芳(明) 73·66
胡芳芸 70·497
胡芳胤 32·602
胡芳倫 67·470
胡芳堆 57·27
胡芳蘭 39·768
胡克九 30·310
胡克安 62·353
胡克明 64·44
胡克忠(元) 67·385
胡克忠(清) 55·451
胡克和 74·150
胡克恭 78·388
胡克健 58·237
胡克訓 74·36
胡克家 58·68
胡克開 1·841
14·299
16·434
胡克順 67·4
胡 更 59·576
胡步泰 80·243
胡 足 64·559
胡 岑 70·568
胡佐唐 56·408
胡 伸 55·269
胡作賓 57·236
胡伯仁 57·144
胡伯超 49·147
胡伯遠 69·369
胡伯蔭 72·247
胡位青 63·450
胡近仁 70·581
胡希仁 72·435
胡希文 14·746
胡希周 43·540
胡希是 62·213
胡希章 74·4
胡希寅 62·30

胡言坊　67・565
胡　亨　13・232
胡　沅　60・396
胡　沇　36・479
胡　宏　56・459
胡宏旭　55・592
胡宏統　56・530
胡宏肇　62・408
胡宏編　56・583
胡良旺　55・650
胡良炳　62・539
胡良珪　55・633
胡良機　7・82
　16・433
　18・67
　44・274
胡奉訓　74・227
胡奉曉　74・225
胡　玠(明休寧)　76・469
胡　玠(明余姚)　42・580
胡　玠(清)　18・522
胡長城　63・428
胡　坤　56・157
胡其仁　57・285
胡其利　66・533
胡其訓　63・559
胡其淵　62・177
胡其慎　55・498
胡其廣　74・345
胡其駿　57・236
胡其顯　31・830
　33・811
胡若坦　73・319
胡　英　31・288
　32・131
胡英良　49・222
胡英煥　63・86
胡　苓　13・233
胡　直(明吉水)　72・478
胡　直(明泰和)　72・323
胡直孺　62・13
　67・7
胡　林　71・621
胡來方　42・11
胡來向　74・246
胡來朋　30・646
胡來貢(明掖縣)　24・517
胡來貢(明章邱)　5・130
　32・596
胡來貢(明寧海)　27・536
　27・802
胡來進　4・161
胡來章　74・211
胡來順　29・815
胡來賀　74・227
胡　松　1・800
胡松濤　72・247
胡松齡　67・327
　67・431
胡　杰　68・167
胡　述　74・419
胡東英　26・105
胡東銘　5・133
　32・650
胡東漸　5・132
　32・596
胡郁卿　46・561
胡郁魁　60・320
胡奇俊　64・388
胡奇偉　72・56
胡奇傑　64・388
胡拔元　63・508
胡叔祥　35・196
胡叔廉　73・209

胡　卓　71・250
胡尚志　72・60
胡尚英　14・713
42・954
胡尚佳　74・225
胡尚禹　37・724
胡尚清　44・113
胡尚愚　14・713
42・954
胡尚質　72・99
胡尚權　53・91
胡旺中　56・408
胡　昊　74・165
胡　昌　55・288
胡昌期　57・409
胡昌榮　56・357
胡昌龍　56・150
胡昌翼　57・532
胡昌贊　73・99
胡昌齡（宋）　72・130
胡昌齡（清新昌）　64・346
胡昌齡（清臨沂）　30・134
胡　昇（明新淦）　73・210
胡　昇（明霞浦）　77・386
胡　明　44・70
胡明佐　76・288
胡　昜　74・151
胡　昂　30・233
胡　典　30・113
胡典齡　6・133
胡忠玉　72・603
胡忠佐　70・604
胡忠位　70・592
胡忠誠　39・84
胡知柔　72・501
胡物新　64・572
胡季安　44・90
胡秉仁　57・236
胡秉佑　46・180
胡秉忠　46・277
胡秉常　66・584
胡秉順　66・542
胡秉綸　63・470
胡秉銳　59・465
胡秉權　65・515
胡岳齡　37・53
胡　岱　58・581
胡　佩　47・341
胡佩玉　52・253
胡佩芳　56・602
胡依光　70・564
胡金安　14・740
胡金朗　74・37
胡金燧　14・735
胡周誠　73・96
胡周鼒　67・473
胡京檍　57・425
胡　享　55・242
胡　性　72・585
胡　炘　57・277
胡沾賢　55・601
胡　況　67・6
67・385
胡泮藻　35・323
胡　泳（宋吉安）　72・129
胡　泳（宋建昌）　51・47
胡宗元　65・260
胡宗文　70・533
78・465
胡宗孔　59・364
胡宗沅　30・122
胡宗沔　41・151
胡宗明（明）　75・374
胡宗明（清）　78・585

	79・70
胡宗思	72・370
胡宗盈	46・203
胡宗華	77・710
胡宗哲	60・376
胡宗倩	58・198
胡宗海(明)	6・315
胡宗海(清)	57・285
胡宗偉	58・544
胡宗敬	50・510
胡宗程	57・278
胡宗暘	71・125
	71・355
胡宗魁	6・410
胡宗閱	73・300
胡宗憲	1・838
	15・536
	16・422
	18・65
胡宗曙	55・551
胡宗嶽	31・55
胡宗寶	63・336
胡　定(明崇陽)	75・379
胡　定(明博羅)	76・471
胡　定(明新昌)	63・543
胡　定(清)	72・334
胡定山	72・102
胡定安	72・365
胡定遠	71・133
胡定煥	45・127
胡宜衡	77・711
胡建樞	9・143
	31・2
	40・203
胡居仁	59・59
	60・180
	70・454
胡居安	60・180
胡居善	74・432
胡承光	58・75
胡承合	56・158
胡承風	63・462
胡承烈	76・318
胡承堪	57・239
胡孟成	54・318
胡孟健	56・41
胡春同	77・715
胡春華	11・44
	35・454
胡春榮	60・490
胡珍寶	48・220
胡　珊	67・443
胡　荃	57・314
胡南圭	56・407
胡南金	57・424
胡南春	57・98
胡南藩	49・423
胡　相(明吉安)	72・137
胡　相(明新昌)	63・548
胡相良	73・337
胡　勃	45・115
	46・5
胡咸甯	74・8
胡　威	1・703
	7・74
	16・395
胡厚坤	66・596
胡耐安	15・140
胡　奎(明峽江)	73・293
胡　奎(明新昌)	63・554
胡　奎(明鄱陽)	58・40
胡拱璧	63・494
胡挺茘	5・377
	8・643

胡　括　67・353
胡　則　75・395
胡則參　55・538
胡映日　45・17
　71・630
胡　星　23・258
胡星煥　61・385
胡　畊　72・148
胡　思　72・650
胡思化　72・138
胡思成　74・531
胡思均　6・474
胡思泰　62・369
胡思誠　65・311
胡思廣　62・369
胡思韶　59・140
胡思賔　71・159
胡思學　66・133
胡品傳　80・257
胡科元　59・589
胡重明　58・98
胡修彝　72・360
胡信方　72・149
胡俊孚　64・333
胡俊茂　57・337
胡　衍　72・261
胡衍銘　46・191
胡勉持　72・686
胡庭芳　77・362
胡彥蓁　57・314
胡彥嘉　73・288
胡彥銓　73・380
胡彥靜　73・302
胡彥璟　74・431
胡恒松　48・222
胡恒新　48・214
胡　恆　31・840
胡恆健　60・98
胡　恪　33・699
胡美成　63・566
胡美堆　57・96
胡美塔　57・126
胡美業　64・351
胡美銘　57・370
胡首衡　68・608
胡　炳　62・635
胡炳文　54・45
　58・682
胡炳森　57・235
胡炳蔚　55・372
胡洪範　72・552
胡洪璸　73・297
胡　洞　37・119
胡　洵　39・91
胡洵仁　72・96
胡洵武　72・96
胡洵直　66・272
胡洋培　57・408
胡　洲　52・477
胡　宣　72・96
胡祖文　63・432
胡祖武　64・391
胡祖偉　46・279
胡祖廣　39・176
胡祖賓　39・181
胡祚安　58・230
胡祇遹　1・755
　39・145
胡飛城　57・157
胡飛峻　70・536
胡　紆　55・21
胡　泰(元)　60・759
　61・753
胡　泰(清)　5・366

人名	册·頁
胡泰階(清吉安)	72·202
胡泰階(清安福)	72·684
胡泰需	57·47
胡泰靄	55·653
胡　珪	11·454
	11·470
胡　珙	56·449
胡　珚	63·344
胡　班	56·28
胡起川	57·102
胡起交	55·365
胡起亦	55·366
胡起州	57·42
胡起亨	55·208
胡起珪	59·588
胡起國	57·41
胡起超	57·93
胡起蛟	54·555
胡起璜	56·644
胡起鸞	47·276
胡　華	75·370
胡華訓	44·456
胡　恭	7·420
胡　栻	72·130
胡　桂	22·284
	22·560
	80·597
胡桂芳	70·521
胡　桓	72·653
胡桐山	11·458
胡　株	72·362
胡　栝	49·412
胡　根	70·631
胡　連(明)	63·529
胡　連(清)	36·505
胡連芳	11·471
胡原壎	57·318
胡　烈(清)	37·845
胡　烈(魏)	1·699
	37·34
	37·546
胡烈光	56·187
胡振先	55·567
胡振芳	7·383
胡振奇	21·376
胡振柏	56·557
胡振祖	58·89
胡振烈	57·424
胡振敏	11·446
胡振嘉	55·241
胡振鋃	57·372
胡振聲	76·229
	76·340
胡振鏵	57·79
胡哲啓	45·253
胡致中	74·435
胡致隆	65·260
胡致紹	56·445
胡致遠	68·607
胡晉侯	67·7
胡　時	80·184
胡時中	74·167
胡時旦	55·632
胡時祥	11·443
胡時雍	11·438
胡時僬	37·715
胡財喜	72·29
胡　晟	78·695
胡峯一	35·118
胡　笏	63·473
胡　皋	55·281
胡　師	68·174
胡師古	66·349
胡師孝	43·434

胡師抃　14・714
胡師隱　53・190
胡逢亨　80・185
胡逢悅　56・547
胡逢乾　55・626
胡逢曉　57・94
胡逢曙　59・592
胡　訓　44・133
胡　高　72・585
胡席鑌　48・257
胡效文　45・253
胡悅安　1・802
　　　　34・436
胡　益(元)　58・261
胡　益(明)　80・398
胡益翁　64・511
胡　烜　71・329
胡凌九　13・339
胡凌桂　13・339
胡凌霄　13・339
胡　涇　68・62
胡　涓　47・25
　　　　58・29
胡　海(明江西)　27・407
胡　海(明沂水縣丞)　32・25
胡　海(明城武)　39・59
胡海平　55・497
胡海定　44・368
胡海雲　43・105
胡家桂　55・499
胡家珙　66・388
胡家堯　57・408
胡家報　55・193
胡家潮　55・186
胡　容　64・335
胡　祥　63・538
胡祥文　74・421
胡祥林　8・419
胡祥炎　56・159
胡書昭　70・635
胡書楝　58・438
胡　陵　80・244
胡純修　35・343
胡理明　72・152
胡教洋　72・237
胡培元　57・89
胡乾篤　76・319
胡　埜　74・157
胡　梅(明)　77・199
胡　梅(清沙縣)　80・406
　　　　80・432
胡　梅(清瑞昌)　48・355
胡　梅(清樂平)　59・622
胡　梯　38・695
胡　堅　73・249
胡　盛　72・126
胡盛元　56・656
胡盛星　45・226
胡盛舉　49・380
胡雪五　67・557
胡雪坡　72・699
胡捧元　30・113
胡捷魁　45・252
胡掄英　62・648
胡接午　55・229
胡接科　55・425
胡接陽　57・62
胡接閬　57・48
胡接輝　72・139
胡　掞　63・122
胡　常　11・85
胡　晨(明)　77・447
胡　晨(清)　54・328
胡　勖　72・226

胡　署　70・624
胡國安　50・461
胡國佐　56・80
胡國珍　80・243
胡國脩　56・90
胡國能　50・494
胡國棠　60・423
胡國廉　80・182
胡國模　80・39
胡國翰　70・605
胡國霖(清浦城)　76・581
胡國霖(清婺源)　54・471
胡國興　55・167
胡國濟　46・350
胡國濱　45・615
胡國鏞　57・333
胡國麟　55・266
胡　唯　57・446
胡　崑　50・119
胡崇峻　56・407
胡崇壽　54・500
胡崇懋　54・132
胡　敏(宋)　70・562
胡　敏(清)　66・542
胡敏翁　56・445
胡敏藝　57・371
胡偉山　70・624
胡進用　73・248
胡從正　74・51
胡從治　44・374
胡從政　37・859
胡從義　47・410
胡從德　11・350
胡從龍　70・487
胡從禮　7・382
胡敘寧　2・49
　34・438
胡悉寧　14・706
胡象明　62・588
胡　凰　57・156
胡　袞　56・524
胡　堃　45・267
胡　章　76・469
胡章侯　72・202
胡望楚　18・747
　18・828
　42・471
胡惟先　70・590
胡惟孝　59・408
胡惟良　38・688
　38・715
胡惟敬　67・546
胡惟寧　72・181
胡惟熊　77・524
胡　清(明吉水)　72・473
胡　清(明堂邑)　38・714
胡　清(清)　11・447
胡清臣　72・130
胡清秀　57・112
胡清泰　13・150
胡清華　72・28
胡清烈　56・397
胡清溇　57・136
胡清槤　57・285
胡清翰　57・144
胡淑脩　11・353
　13・158
胡　淏　18・526
胡淦生　72・238
胡　淳(明冠縣)　18・731
　42・460
胡　淳(明浮梁)　47・205
胡　淳(清)　11・447
胡　淀　55・539

73・10
胡寅命 72・136
胡　宿 45・434
胡啓元 57・14
胡啓先 72・583
胡啓宇 76・634
胡啓泰 56・409
胡啓榮 48・205
胡　隆 4・442
胡　貫 72・585
胡　紳(明堂邑) 38・718
胡　紳(明陽曲) 1・812
35・447
35・555
胡　紹 77・585
胡紹世 46・15
胡紹先(明) 34・440
胡紹先(清) 54・555
胡紹亨 46・184
胡紹周 48・423
胡紹寅 54・332
胡紹遠 49・210
胡紹裘(清弋陽) 50・544
胡紹裘(清德興) 58・582
胡紹虞 70・564
胡　瑛(元) 45・32
胡　瑛(字懷玉) 56・184
胡　瑛(號執卿) 56・365
胡　琳 55・207
胡　琦(明) 44・366
胡　琦(清) 72・79
胡　琛 25・171
26・88
胡堯時 72・319
胡　越 56・330
胡超然 58・549
胡超僧 46・548
胡　賁 37・658
胡達源 57・430
胡期明 56・87
胡期聰 56・646
胡萬吉 2・49
34・438
45・611
胡萬年 23・271
胡萬里 73・379
胡萬嶺 12・316
胡萬鑑 79・371
胡葆初 45・273
胡葆森 55・463
胡　敬 73・29
胡敬之 45・424
72・477
胡敬夫 70・499
胡敬中(明) 54・491
胡敬中(清) 5・324
43・292
胡朝芳 50・537
胡朝扶 55・65
胡朝振 37・709
胡朝極 74・207
胡朝鳳 70・638
胡植邦 57・371
胡植燈 57・400
胡　森(清金谿) 70・493
胡　森(清南昌) 45・283
胡　森(清南城) 71・248
胡　森(清婺源) 56・571
胡森烈 55・462
胡森熙 57・80
胡　軫 68・62
胡厥典 80・256
胡雲梯 55・64
胡雲組 70・582

胡雲鼎　22·315
胡雲端　73·197
胡雲龍　64·514
胡揚烈(清婺源玉川)　55·428
胡揚烈(清婺源清華)　57·424
胡掌書　56·462
胡晴波　70·504
胡　鼎(元新淦)　45·332
胡　鼎(元餘干)　59·136
胡　鼎(明)　76·35
胡　鼎(清吉安)　72·242
胡　鼎(清泰和)　72·362
胡　鼎(清婺源)　54·547
胡鼎文　42·875
胡鼎甲　55·638
胡鼎亨　72·552
胡鼎高　54·490
胡鼎鉉　5·359
胡鼎實　63·335
胡　哭　54·200
胡　閏　58·91
胡開成　63·576
胡開熙　56·55
胡閎休　54·306
胡遇伸　55·389
胡遇恩　73·322
胡遇謙　55·390
胡　景　22·280
22·543
胡景山　51·608
胡景玉　7·430
胡景定　59·365
胡景華　1·851
胡景清　77·691
胡景漢　11·447
胡景濤　72·242
胡　貴　76·221
76·301
胡貴友　58·199
胡貴貳　58·154
胡貴讓　5·333
43·279
胡智伯　72·97
胡喬年　35·114
胡喬岱　72·138
胡傅焜　62·443
胡順之　1·746
16·404
18·31
67·5
胡順暘　64·569
胡　傑　48·424
胡　集　54·564
胡　傚　67·252
胡　復　71·127
胡復初　44·572
胡復性　39·182
胡復理　39·182
胡復堂　31·62
胡循綸　5·324
43·276
胡舒泰　49·479
胡鉅卿　57·235
胡　欽(明河間)　76·468
胡　欽(明滄州)　1·827
11·432
39·147
胡欽華　45·59
胡　鈞(明)　74·37
胡　鈞(清)　57·264
胡鈞太　49·387
胡舜允　59·45
胡舜發　77·476
胡舜夔　64·387

胡勝恒　56・278
胡　然(清萬年)　60・505
胡　然(清龍溪)　77・724
胡詠琛　76・162
胡敦仁　6・525
胡敦詩　65・389
　73・2
胡敦實　65・323
胡敦禮　72・432
胡　斌　49・334
胡　惺　11・448
胡善承　30・121
胡善鳴　63・124
胡善繼　18・526
胡翔雲　55・369
胡翔鳳　55・497
胡　道　72・587
胡道垠　2・105
　27・339
　27・809
　28・374
胡道南　9・27
胡道廣　5・329
　43・282
胡焯猷　80・242
胡湘蘭　4・466
　22・283
　22・556
胡　淵　66・138
胡　湧　49・415
胡　富　77・362
胡運升　74・421
胡運新　67・427
胡運煜　74・421
胡運煊　66・545
胡祿華　60・428
胡　弼　73・327
胡　登　73・46
胡登臣　72・192
胡登榮　12・126
胡發軔　66・617
胡發惠　66・615
胡　瑞(明)　44・197
胡　瑞(清)　57・177
胡瑞琛　57・336
胡瑞登　57・370
胡　瑗　31・838
　32・416
　33・305
胡載校　63・140
胡　遠　66・153
胡聖輝　73・419
胡蓮堂　21・613
胡夢白(宋吉水)　72・528
胡夢白(宋南昌)　45・5
胡夢吉　63・433
胡夢青　80・252
胡夢虎　72・434
胡夢昱　72・393
胡夢泰　52・453
　77・135
胡夢雷(明)　74・107
胡夢雷(清)　48・386
胡夢魁　71・376
胡夢熊　56・442
胡蓬清　26・132
胡蓉芝　80・192
胡蓉峯　74・115
胡　蒙　65・60
胡　楷(清弋陽)　50・476
胡　楷(清婺源)　56・127
胡　楨　58・231
胡　輅　56・62
胡酬香　80・253

胡　璉(明餘干)　59・46
胡嘉章　55・299
胡嘉祿　56・366
胡　墉　41・209
胡　臺　72・621
胡壽祺　67・337
胡壽椿　30・113
胡熙正　25・173
　　26・92
胡熙年　73・308
胡蔚山　80・257
胡爾恭　67・494
胡爾純　4・222
胡爾寬　67・494
胡霆桂　72・36
胡　摶　54・116
胡蜚昭　74・176
胡　睿　74・107
胡對揚(清金谿)　70・586
胡對揚(清婺源)　57・95
胡　閶　63・549
胡鳴鶴　56・409
胡　箕　72・174
胡毓楠　63・168
胡　僖　55・173
胡僧孺　67・540
胡　銓(宋吉安)　72・115
　　72・129
胡　銓(宋廬陵)　72・383
胡　銓(清江西新城)　71・383
胡　銓(清浙江)　2・76
胡銓選　62・514
胡銘俊　61・351
胡鳳山　34・284
胡鳳立　35・187
胡鳳翔　57・373
胡鳳臺　53・619
胡鳳閣　2・75
胡鳳儀　62・620
胡　廣(明)　72・402
胡　廣(漢)　1・695
　　37・800
　　41・57
胡廣秀　62・583
胡廣運　74・397
胡　韶　58・45
胡　端(明)　63・537
胡　端(清)　2・99
　　16・443
胡　榮(明)　66・254
胡　榮(清婺源)　54・473
胡　榮(清新建)　45・623
胡榮武　72・225
胡榮祖　72・540
胡榮彬　72・169
胡榮璧　57・78
胡　漢(明萬年)　60・203
胡　漢(明鉛山)　52・458
胡　漪(清吉安)　72・141
胡　漪(清章邱)　32・635
胡賓王　54・501
胡　肇　1・751
　　37・420
胡肇垣　50・408
胡肇容　56・662
胡肇梓　43・297
胡肇稷　57・171
胡肇鎧　56・78
胡　緒　68・197
胡維元　63・425
胡維仕　63・564
胡維光　63・558
胡維亨　63・69
胡維和　32・604

胡維城　37・714
胡維渠　55・629
胡維誠(明)　63・554
胡維誠(清)　59・139
胡維新　63・417
胡維翰(明)　62・229
胡維翰(清婺源)　56・203
胡維翰(清新昌)　64・46
胡維霖　64・228
胡維勳　45・165
胡維學　63・561
胡維龍　63・553
胡維藩　57・111
胡維讃　63・561
胡綬芝　56・406
胡慧超　45・353
胡　璜　11・433
胡　璋(明)　79・502
胡　璋(清婺源玉川)　54・515
胡　璋(清婺源清華)　56・651
胡　璇　54・139
胡駒龍　63・445
胡　增　60・214
胡增鼎　66・351
胡增瑞　47・388
胡增齡　61・409
胡增籌　47・465
胡　蕃　11・443
胡樞照　57・372
胡樓生　80・175
胡　櫟　72・616
胡賢儲　44・449
胡　震(宋)　72・96
胡　震(清婺源玉川)　55・463
胡　震(清婺源馥溪)　57・410
胡　霄　49・483
胡　輝　80・37
胡儀吉　72・245
胡　質　1・700
15・519
32・23
胡　德(明)　54・88
胡　德(清)　55・242
胡德士　71・216
胡德山　26・187
胡德本　56・621
胡德光　63・552
胡德全　66・575
胡德安　4・235
31・839
39・181
39・191
胡德均　57・276
胡德昌　67・184
胡德明　59・600
胡德宗　56・524
胡德珅　57・509
胡德健　58・44
胡德桱　57・90
胡德梅　56・624
胡德清　58・223
胡德渠　71・482
胡德琳　2・32
6・120
10・310
胡德彭　54・255
胡德勝　57・521
胡德惺　80・38
胡德新　63・452
胡德墉　56・143
胡德彰　56・35
胡德邂　62・635
胡德駿　55・470
胡德璐　54・275

胡德禮　56・306
胡德馨　56・638
胡德瀾　50・65
胡德繼　73・324
胡　鋭　5・153
胡慶松　72・203
胡慶珪　54・589
胡慶琰　56・521
胡慶瑞　56・523
胡慶瑜　55・39
胡慶龍　57・490
胡養檎　34・319
胡遵道　65・244
胡　澍　32・650
胡　潮　54・153
胡　潤　60・299
胡　澂　19・403
胡　潨　71・538
77・40
胡　澄(明奉新)　67・20
胡　澄(明堂邑)　38・714
胡履春　55・370
胡履信　58・365
胡樂羣　11・446
胡緘三　31・58
胡緝先　54・599
胡緯民　64・350
胡　璞(宋)　77・116
胡　璞(清)　46・532
胡　靜　65・60
胡　璟　80・11
胡　璠　37・715
胡燕喜　57・118
胡　翰　57・514
胡　頤　59・600
胡樹芳　64・493
胡樹珊　67・445
胡樹績　70・610
胡　勵　4・212
39・176
胡奮超　80・215
80・244
胡　器(字士璉)　73・203
73・288
胡　器(字季柄)　73・204
胡積塏　2・108
24・307
胡懋勳　6・357
胡　嬰　77・703
胡興詩　45・253
胡興熉　57・408
胡　學　54・75
胡學川(清萬年)　60・277
胡學川(清婺源)　57・108
胡學立　64・336
胡學武　72・255
胡學浹　68・363
胡學海　45・125
胡學湖　73・322
胡學湯　73・391
胡學淵　73・306
胡學椿　63・46
胡學傳　66・349
胡學廣　74・134
胡學醇　2・83
胡學龍　72・169
胡學麟　46・262
胡　儒　45・12
胡　儜　62・233
胡　衡　55・542
胡　錡　22・312
胡錫元　80・256
胡錫友　57・63
胡錫厚　80・291

胡錫祜　2・114
　23・136
胡錫意　56・156
胡錫榮　74・135
胡錫麟　63・378
胡錦祥　53・94
胡錦輅　73・171
胡錦標　57・370
胡　諤　59・78
胡諧之　44・28
　45・422
胡　諮　72・375
胡諮聖　62・136
胡儨颾　55・310
胡　龍　75・446
胡　熾　55・372
胡　澤　67・7
胡澤祥　11・444
胡　澮　45・161
胡憲周　72・476
胡憲章　56・233
胡　禧　44・531
胡禧賡　50・469
胡彝簡　74・56
胡　縉(明吉安)　72・135
胡　縉(明堂邑)　38・714
胡駿聲　57・371
胡　璨　15・614
胡聯芳　55・449
胡懋化　63・563
胡懋香　57・47
胡懋進　55・649
胡懋週　56・521
胡懋焯　72・108
胡懋賞　57・277
胡懋謙　11・398
胡懋燦　66・591
胡臨亨　80・27
胡　霞　54・152
胡　瞳　55・518
胡　嚀　60・341
胡　穜　72・442
胡徽光　56・104
胡　鍸　58・238
胡　鍾　72・377
胡鍾元　10・311
胡鍾英　11・471
胡鍾偉　70・525
胡鍾喤　73・310
胡鍾靈　72・25
胡　謙(清南豐)　71・612
胡　謙(清婺源)　56・277
　57・276
胡襄勳　13・342
胡應元(元)　63・330
胡應元(清)　69・468
胡應芳　39・712
　42・556
胡應沂　55・67
胡應奎　63・461
胡應俍　56・533
胡應侯　47・346
胡應泰(清北平)　77・96
胡應泰(清嶧縣)　7・436
胡應宿　56・456
胡應詔　73・213
胡應聘　1・806
　13・102
胡應魁　56・522
胡應福　56・621
胡應裴　54・585
胡應鳴　43・190
胡應賓　73・105
胡應德　54・546

胡應徵　39・808
胡應潮　6・360
胡應蟾　70・593
胡　燦(清)　62・648
胡　燦(隋)　32・47
胡　燮　56・627
胡　鴻　56・402
胡鴻文　57・147
胡鴻光　72・153
胡鴻烈　55・463
胡鴻逵　55・401
胡鴻基　56・330
胡鴻詞　57・145
胡鴻業　63・496
胡　濬(元)　4・214
14・362
15・562
胡　濬(明)　52・457
胡　濬(清)　71・588
胡　濟　74・8
胡濟祥　56・428
胡　邃　60・183
胡　禮　72・353
胡翼正　64・336
胡　孺　67・353
胡績先　56・519
胡璿璣　72・372
胡　瓊　77・81
80・381
胡　鏊　66・514
胡　璆　5・344
15・146
15・223
胡翹元　59・314
胡翹林　70・567
胡翹椿　80・14
胡翹楚　33・807
胡　覲　63・145
胡　藩　44・25
46・10
胡　馥　45・194
胡　鎮　62・47
胡　鎬(宋吉安)　72・128
胡　鎬(宋萬年)　60・184
胡　鎬(明)　59・69
胡顏春　55・529
胡　爌　72・177
胡　璧　66・350
胡彝山　34・284
胡蘇澤　63・83
胡　璽(明)　47・478
胡　璽(清)　5・257
32・611
胡　韜　70・623
胡贊恩　11・446
胡　鏞(明黄縣)　25・172
26・89
胡　鏞(明婺源)　57・457
胡　鵬　45・126
胡鵬萬　57・173
胡騰蛟　55・643
胡騰龍　9・861
胡勷廷　48・251
胡　懷　45・122
胡懷玉　5・180
43・266
胡懷偉　48・204
胡懷棠　80・243
胡懷禮　72・683
胡瀛生　67・195
胡繩武　55・465
胡　馨　45・103
胡獻珍　2・55
胡獻隆　68・589

胡耀文　56・640
胡譽震　57・236
胡　鐘　59・149
胡　灌　44・118
胡寶琳　2・24
　77・210
胡寶善　57・272
胡寶儲　60・394
胡繼先(明)　1・813
胡繼先(清)　80・177
胡繼芳　55・557
胡繼勉　70・494
胡繼美　58・53
胡繼皋　70・636
胡繼誏　57・59
胡繼儒　18・746
　42・471
胡繼薰　55・557
胡　鰲　72・242
胡　儼　44・92
　73・197
胡　鐸　58・43
胡鶴齡　30・101
胡續鍾　57・201
胡鑒光　37・681
　37・733
胡　巖(宋)　72・107
胡　巖(清)　80・15
胡巖起　73・406
　75・406
　76・203
胡　鑑(元)　67・16
胡　鑑(明)　80・12
胡　鑑(清)　58・171
胡鑑光(見胡鑒光)
胡　鹹　67・3
胡灑芳　57・81
胡　瓚　35・59
胡顯通　80・242
胡　麟(明安遠)　74・85
胡　麟(明新昌)　63・566
胡　麟(清)　74・28
胡　觀(明金谿)　70・566
胡　觀(明龍泉)　73・44
胡觀光　37・695
胡觀海　60・95
胡靄然　62・666
胡　灝　37・800
　41・57
胡纘宗　4・153
胡驤龍　63・313

茹

茹　銓　4・444

南

南之傑　2・36
　43・541
南成烈　13・123
南廷榮　62・584
南居益　75・380
南拱極　1・798
　8・317
南洙源　4・366
南宮适　4・3
　35・601
南宮邊子　35・638
南泰來　62・584
南　强　4・142
南　漢　43・539

茲

茲平公　30・634
茲穆卿　42・394

42・395

柯

柯一泉 33・693
柯一鯤 78・278
柯元芳 76・468
柯元伯 78・671
柯元慶 78・537
柯友桂 49・15
柯友桐 49・110
柯日辿 48・362
柯日藻 79・213
柯公煥 79・198
柯可棟 79・190
柯　甲 48・397
柯　立 78・342
78・369
柯立湖 75・733
柯永盛 22・234
柯永新 77・284
柯有斐 79・451
柯光蔚 48・325
柯光榮 78・371
柯吕吉 48・523
柯先春 80・515
柯廷顆 76・709
柯廷蘭 79・562
柯　名 80・461
柯汝舟 48・424
柯　芬 49・378
柯宋英 79・141
79・499
柯良貞 78・546
柯劭忞 21・806
柯劭憼 21・805
柯　茂 48・464
柯茂竹 78・115
柯茂林 48・375
柯　述 75・397
79・96
79・305
79・444
柯奇卿 79・234
柯忠湍 78・567
柯知彰 79・141
79・499
柯岳瑞 79・511
柯　佩 60・426
柯宗仁 78・172
柯宗辥 79・412
柯宜椿 78・336
78・370
柯春華 48・423
柯春卿 75・441
柯南起 76・276
柯　相 9・140
柯　挺 76・495
76・691
柯　杲 78・96
柯映治 48・585
柯昭梦 79・266
柯　信 79・503
柯　彦 77・708
78・650
柯炳煥 49・87
柯祖仕 76・359
柯祖培 78・531
柯起東 78・293
柯連英 76・302
柯振祖 49・4
柯海門 48・372
柯培元 4・466
柯菁華 48・416
柯菁莪 79・564

柯　著 78・599
柯得昌 79・245
柯　添 78・265
柯隆宦 48・425
柯隆熙 48・405
柯　揚 76・321
柯開規 79・273
柯順耳 78・553
柯欽錦 49・22
柯　祺 78・394
柯聖拔 48・410
柯夢得 78・108
柯　輅 80・201
柯　雍 78・559
柯　熙 77・599
柯毓高 79・237
柯鳳翔 76・288
柯實卿 79・154
柯維騏 78・14
柯賡昌 79・178
柯　潮 78・192
柯　潛 78・31
柯　潤 78・688
柯　翰 76・296
79・542
柯　築 78・330
柯龍章 78・529
柯應祖 79・626
柯應壽 79・226
柯應鳳(明德化) 78・606
柯應鳳(明龍溪) 77・706
柯應鳳(清) 78・535
柯　翹 49・101
柯　蘅 4・469
21・802
柯　顧 77・719
柯　鑑 30・62
柯　鑾 78・665

查

查一槐 54・502
查人綱 54・192
查三明 56・542
查三遷 56・509
查士伊 56・182
查大合 55・215
查大亨 55・558
查大高 55・560
查大勝 55・181
查上鵬 56・334
查之琳 56・487
查元利 57・250
查友于 56・182
查仁基 57・249
查仁堃 57・313
查仁慈 57・352
查仁聲 55・256
查公藝 55・569
查公欒 55・554
查文乾 55・576
查文啓 56・493
查文徵 57・533
查尹忠 56・452
查允嘉 56・333
查世英 57・52
查世昌 57・103
查世祈 57・50
查世逑 57・226
查世球 49・460
查世瑩 55・147
查永朴 47・216
查有圻 57・84
查有烜 57・247
查有埬 57・54

查有堂 56・181
查有達 57・353
查有震 55・218
查光里 57・353
查光奇 55・255
查光前 57・250
查光祚 57・248
查光懷 56・484
查廷昭 55・443
查廷楨 52・570
查廷鎮 55・628
查仲原 47・54
查兆光 54・516
查兆先 54・505
查兆健 56・139
查兆龍 57・196
查亦珪 56・633
查亦晒 57・190
查亦璣 56・643
查汝進 49・486
查志晟 56・496
查志海 55・564
查志藻 54・600
查克中 47・316
查　虬 54・551
查　位 56・458
查希文 57・51
查希允 56・600
查沅蓮 57・93
查良江 55・432
查良建 57・251
查良越 57・248
查良燈 57・51
查　杭 49・438
查協邦 55・257
查奇珍 56・415
查尚傑 57・248
查尚慶 55・540
查尚錦 57・20
查秉鈞 57・369
查法旺 55・156
查宗仁 11・212
查建言 54・162
查承悦 56・334
查　珂 55・597
查　厚 77・123
查　奎 56・183
查　拱 49・483
查昭玉 54・590
查昭珍 54・591
查思滉 57・462
查　炳 57・53
查炳炎 56・334
查炳智 55・257
查炳蔚 55・150
查祖德 56・244
查　約 75・373
查　莘 54・601
查振旟 49・442
查時發 54・384
查時鈴 55・587
查時銘 55・555
查　彬 56・333
查惟昭 55・505
查　淦 49・451
查啓昌 56・638
查　琛 49・503
查責先 54・600
查達沐 57・206
查達林 57・48
查　森 57・249
查景綬 37・13
查復官 49・470
查復經 49・450

查欽蘭 56·134
查欽讓 56·618
查　湖 54·130
查蔭元 54·298
查嗣萇 55·292
查　魁 55·594
查慎行 47·357
73·277
76·210
查　煒 57·248
查煥炎 55·197
查煥奎 57·97
查煥基 57·93
查煥梅 56·277
查煥淇 57·97
查　經 57·439
查經秀 57·52
查　綏 56·106
查嘉泰 57·250
查嘉裕 57·250
查　對 57·23
查　鳳 54·521
查榮振 47·269
查　潢 56·333
查賢苗 57·247
查賢玲 57·194
查賢鈺 55·141
查賢壽 56·645
查賢篪 57·12
查　暲 56·102
查慶逢 57·439
查慶曾 55·505
查　潛 54·136
查　緣 57·22
查　璘 58·228
查樹芳 57·99
查樹茂 56·184
查樹英 56·184
查樹金 56·334
查樹棋 57·53
查樹滋 57·249
查學安 54·561
查學庠 54·553
查學庶 54·560
查學廣 54·159
查學曦 54·558
查錫芾 56·86
查錫誥 56·613
查錦預 57·250
查錦銘 57·352
查錦餘 57·247
查錦璿 56·182
查聲遠 57·358
查　懋 13·143
查懋夔 53·191
查鍾明 57·249
查鍾懋 56·415
查應元 55·44
查應璋 53·114
查　濤 55·505
查濟源 57·405
查　禮(字立於) 56·333
查　禮(字如周) 56·183
查瓊珍 57·405
查　轍 49·502
查　鵬 55·256
查　瀾 55·256
查繼純 78·720
查繼增 57·249
查　鑌 57·251
查觀純 57·250

相

相大成 38·719

相文紫　14・133
相有度　38・686
相　林　30・641
　32・130
相時勳　14・124
相國璣　22・300
　22・620
相景雲　36・200
相　鋆　38・561
相　樞　14・120
　15・552
　17・521
相　勳　32・42

柏

柏光斗　4・389
柏肯堂　14・706
柏帖穆爾　75・362
柏泗源　10・481
柏　真　78・383
柏逢殷　10・471
柏　超　5・263
　32・644
柏福通　5・266
柏　臺　38・163
柏戰魁　14・738
柏錦林　10・379
柏欄將軍　23・646
柏　纕　14・733

柳

柳二成　75・662
柳士英　18・743
柳下惠　32・334
　33・201
　33・790
柳上芝　77・411
柳　元　77・410
柳元通　75・697
　76・763
柳元景　75・4
柳元善　35・130
柳元熤　14・130
　17・644
柳元福　27・164
柳　中　71・126
柳　升　26・485
柳公爵　25・532
柳文得　26・486
柳文標　48・51
柳文瀾　6・221
柳　尹　59・407
柳世珍　2・38
　10・42
柳世勳　35・130
柳可舉　14・144
柳邦傑　48・31
柳百孝　35・141
柳百辰　35・186
柳成傑　60・572
柳仲郢　1・722
柳自植　48・552
柳色秀　18・741
　42・467
柳安一　25・316
柳如果　22・309
柳羽翔　80・500
柳　芳　50・43
柳　佐　4・131
　14・705
　42・951
柳希玭　61・749
柳　表　37・801
柳昇遠　50・107

柳垂芳　27・229
柳佩芹　4・341
柳采義　26・632
柳宗孔　48・179
柳承培　61・661
柳春芳　36・780
柳　勅　48・601
　51・691
柳彥訓　27・428
柳　恂　26・486
柳祚昌　25・207
　26・487
柳　晉　4・438
柳培和　4・303
　6・143
柳國棟　35・133
柳　崇　26・485
柳從龍　48・24
柳　清　48・232
柳萬春　61・503
柳棲乾　45・351
柳　開　4・194
　37・802
柳　景　26・486
柳　渾　38・155
　49・395
柳蔭溪　14・141
柳　粲　18・9
柳　鉒　60・722
柳愈新　35・114
柳　溥(明山西)　40・27
　40・205
柳　溥(明福山)　26・485
柳源厚　14・743
柳毓融　4・229
　14・122
　17・573
柳維珦　80・497
柳維琦　30・732
柳　震　26・486
柳潤沂　35・236
柳潤瑾　35・137
柳　霑　30・688
柳錦堂　11・446
柳澤興　11・439
柳應奎　47・408
柳應侯　42・34
柳　燮　77・423
柳　鴻　48・97
柳　濟　48・178
柳禮記　48・538
柳　燾　14・743
柳　識　49・396
柳繼禔　35・114

柱

柱厲叔　30・678

厙

厙狄士文　1・718
　11・39

咸

咸大昌　25・612
　27・69
咸丹楹　10・373
咸　丘　7・22
咸至寶　43・67
咸　英　27・155
咸恩澤　36・743
咸惟一　25・612
　27・56
咸景明　43・117
咸墨林　43・72

咸懷良　25・612
　27・76

威

威　鳳　70・264

研

研　慮　6・224

厚

厚大謀　8・718

奎

奎　昌　24・299
奎　保　27・813

郏

郏元鼎　60・744

拱

拱克敬　52・485
拱　鈞　52・539

省

省　澄　78・327
　79・297
省　檳　79・297

是

是　儀　4・32
　15・542
　17・468
　19・23
　21・114

盼

盼　子　7・159
　15・515
　39・780
　42・542

昭

昭涉掉尾　31・350

韋

韋元珪　1・726
韋元翁　72・345
韋　丹　71・349
韋以誠　30・61
韋再衡　41・206
韋安石　1・724
　8・311
　8・464
　18・13
　32・438
　33・65
韋　宏　4・134
　7・333
韋尚賢　79・504
韋明傑　61・462
韋承慶　1・726
韋　孟　4・249
　36・176
韋　俊　1・729
韋祚興　30・101
韋起宗　79・213
韋　根　80・16
韋　倫　45・322
韋逢甲　4・297
　10・47
　10・122
韋　著　7・341
韋　彪　1・696
　36・171

哈

咬

迴

幽

郜

香

种

秋

重

段

段二癡子　26・631
段三錫　80・38
段士英　41・218
段大典　47・458
段大鋼　23・440
段子沖　72・180
段子章　72・201
段天佑　59・603
段天錫　73・418
段元望　80・16
段友芝　7・149
段日昇　4・233
段曰遷　9・430
段化龍　37・682
段文亨　48・568
段文昌　4・59
7・161
15・544
段文明　45・180
段文炳　72・483
段文炫　13・102
段文振　4・53
23・631
段文蔚　48・216
段玉琇　36・500
段世紳　48・569
段世瑞　39・202
段本樑　9・430
段可舉　37・47
段　永　77・284
段　民　1・774
段加福　20・563
段有光　30・715
31・226
段成式　4・193
7・179
15・575
段光林　7・149
段光炯　47・462
段光清　9・279
段廷法　12・495
段廷春　49・236
段　全　79・139
段名正　37・690
段忙兒　25・269
25・300
段汝旦　39・147
39・413
段汝梅　5・364
段如錦　60・641
段志玄　4・55
7・139
15・544
17・477
段志修　7・149
段杏輝　72・247
段伯英　1・742
39・143
段位章　45・94
段希堯　1・732
段　豸　42・229
段　宏　18・2
段若春　47・378
段若泉　37・707
段林材　73・263
段松苓　4・410
18・349
段東暹　60・573
段尚義　31・792
段昌武　72・182
段昌聰　2・114
23・627

段　昕　80・762
段和修　7・149
段　所　73・189
段法正　27・164
段泗寶　73・187
段承實　44・560
段孟賢　48・455
段彥桂　43・614
段　祐　31・219
段飛鴻　80・39
段振文　44・372
段逢春　4・339
　　35・484
段逢藻　44・512
段　高　72・128
段　展　1・808
　　13・495
段　琅　38・295
段　彬　50・118
段　堅　1・848
　　23・615
　　24・280
　　25・189
　　26・565
段國麟　31・835
段　敏　76・464
段　逸　49・206
段　淇　45・240
段堯服　49・82
段超然　37・845
段朝錫　59・141
段雲甫　73・161
段雲從　59・592
段雲龍　78・708
段雲襄　37・843
段景勝　38・281
段景輝　60・172
段喬林　7・148
段集義　80・38
段復興　4・222
　　12・310
　　12・359
　　12・364
　　42・367
段　然　77・92
段然清　38・224
段　証　39・214
段　愉　37・701
段瑞蘭　19・72
段　楫　39・213
段煥然　5・388
段　蕢　72・180
段爾發　41・758
　　41・863
段鳳翥　72・246
段彰輝　31・801
段　榮　1・708
段　綺　4・143
　　15・531
　　16・412
　　19・2
　　20・127
段維禮　36・497
段樹德　7・189
段興讓　14・740
段錫瑞　36・767
段　錦　11・82
段　徽　5・88
　　6・120
　　32・622
段應甲　7・384
段應用　36・493
段鴻恩　31・63
段鴻聲　72・152

侯允清　40・586
侯正宗　40・142
　40・531
侯正鵠　40・108
　40・156
侯功震　6・176
侯世昭　60・752
侯世俊　47・215
侯世爵　47・113
侯丕承　42・794
侯占箕　78・386
侯史光　4・35
　23・630
　24・513
侯加乘　1・793
　10・309
侯式玉　24・546
侯　圭　70・213
侯　芝　22・260
　22・463
侯有功　47・84
侯　成　37・34
　38・213
侯夷門　32・651
侯至勝　32・649
侯光宇　38・233
侯廷佐　37・663
侯廷命　77・187
侯廷柱　17・536
　20・501
侯廷訓　23・618
　24・255
　80・153
侯延敬　10・136
侯　任　77・716
侯名貴　77・368
侯安國　1・821
　30・643
侯安然　32・400
　33・274
侯　祁　40・106
　40・158
侯如琇　14・739
侯志勝　4・248
　5・133
侯芳苞　33・259
侯克勝　40・537
侯克勤　24・717
侯抒愫　21・143
侯步瀛　30・124
侯希逸　1・721
　16・400
　18・15
侯奉辰　30・159
侯長熺　4・357
　30・202
　30・203
侯　坤　40・284
侯　英　34・439
侯　林　5・96
侯述職　24・519
侯東萊　24・516
侯叔獻　71・2
侯尚文　23・636
　24・515
侯　固　75・433
侯秉恭　36・515
侯秉健　14・137
侯念玆　9・441
侯宗周　38・220
侯宜正　1・827
侯　祈　4・156
侯　建　71・340
侯居仁　28・662

侯居岐　36・218
侯居良　1・789
　6・302
侯居貞　38・721
侯承恩　4・228
　5・183
　10・123
侯春波　78・372
侯　封　24・334
侯封公　43・93
侯　垣　40・258
侯　荃　26・26
侯相芝　24・567
　24・749
侯相武　12・540
侯　暴　77・583
侯　貞　24・548
侯思儒　30・298
侯　秎　4・428
侯　保　14・109
　16・416
侯亮采　40・282
侯　度(明)　4・155
　31・789
侯　度(清)　18・695
　42・434
侯度沖　17・608
　18・521
侯　炯(見侯烱)
侯　宣　1・785
侯宣治　78・365
侯　祚　1・829
　38・683
侯　陟　41・689
侯紉蘭　42・790
侯　莊　14・746
侯哲衡　33・255
侯晉庚　40・572
侯晉廉　40・290
侯師顔　32・444
　33・70
侯逢丙　65・292
　72・192
侯　高　48・306
侯效忠　13・113
　38・720
侯　兹　24・334
　24・525
侯益謙　11・97
侯家璋　39・248
侯家謨　47・231
侯乾符　6・473
侯國範　12・329
侯崇學　76・352
侯　庸　4・237
　23・633
侯康遠　50・378
侯　章　29・297
侯　烱　71・524
　75・419
　77・501
侯啓乾　24・546
侯　琮　39・87
侯　敬　1・839
　7・78
　16・418
侯敬軒　39・200
侯雯珖　47・226
侯雯斌　47・268
侯雯瑝　47・266
侯雯瑅　47・223
侯提封　40・110
　40・158
侯景班　11・302

侯貴孫　51・296
侯　復　72・91
侯　鈞　41・393
侯善長　24・702
侯善溥　24・703
侯道謹　72・247
侯　淵　18・6
侯登良　24・546
侯登武　39・707
侯登岸　24・566
侯登弼　47・209
侯瑞珍　80・609
侯　勤　40・547
侯夢彪　40・337
侯　蒙　4・79
　23・239
　23・632
侯　節　36・516
侯　鉞　4・128
　31・789
侯靖宸　4・366
　39・183
侯慎思　70・229
侯　義　41・132
侯義應　4・235
侯漠川　52・246
侯殿元　37・725
侯　嘉　41・126
侯嘉智　56・557
侯　輔　18・694
侯輔世　37・782
侯聞行　26・32
侯毓漢　9・411
侯　鉞(見侯鉞)
侯銘策　10・83
侯鳳林　39・66
侯維屏　4・390
　14・724
侯維藩　36・504
侯　摯　4・85
　31・775
侯醇美　12・329
侯賜履　24・334
　24・525
侯賜樂　24・335
　24・563
　34・440
侯德剛　14・738
侯德彰　60・368
侯　慶　37・423
侯慶遠　4・131
　36・463
侯潤生　33・237
侯樂同　6・467
侯燕怡　29・327
侯學中　21・679
侯學正　21・679
侯學齡　42・12
侯　穎　36・513
侯　豳　14・734
侯　爵　11・146
　11・284
侯爵封　56・587
侯應侯　38・250
侯應瑜　32・448
　33・73
侯應儒　12・350
侯燮堂　6・121
　14・695
侯　濟　50・101
侯濟平　40・285
侯　璿　24・544
侯　鏜　40・75
　40・155

侯懷信　35・183
侯獻功　40・165
侯寶鼎　41・405
侯鶴齡　1・854
　19・585
　19・648
　23・619
　42・4
侯　瓚　41・62

帥

帥士元　67・136
帥士星　67・451
帥日宣　67・9
帥仍祖　67・397
帥方蔚　67・98
帥以忠　67・562
帥以達　67・14
帥丙照　67・306
帥生申　67・480
帥用昌　67・19
帥必輔　67・390
帥召樹　66・544
帥有章　67・432
帥光祖　67・78
帥先寬　67・433
帥廷幹　67・175
帥　我　67・140
　67・394
帥希聖　67・432
帥念祖　67・64
帥承發　67・132
帥春霖　67・487
帥威遠　67・141
帥修來　67・305
帥　恭　67・251
帥家相　67・71
帥家駒　67・235
帥家駿　67・153
帥捷元　67・175
帥　眾　67・45
帥紳士　67・446
帥斯全　67・419
帥斯朝　67・452
帥萬全　67・369
帥朝選　67・316
　67・426
帥景濂　67・190
帥　凱　67・208
帥爲鵬　67・178
帥裕學　67・480
帥統世　67・420
帥　照　67・231
帥嵩齡　2・43
　39・811
　67・191
帥福言　67・174
帥嘉言　67・433
帥壽昌　67・94
帥榮遠　67・433
帥儀鳳　67・487
帥　機　69・376
帥學詩(清奉新)　67・171
帥學詩(清萍鄉)　47・406
帥錫齡　67・307
帥應和　67・14
帥繩武　67・373
帥繩祖　67・151
帥繼先　67・195

衍

衍　客　77・136

俞

俞一貫　54・222

俞一經　71・316
俞一銓　56・240
俞一謨　54・407
俞一驍　56・573
俞一鑑　57・451
俞卜盈　77・133
俞士千　54・116
俞士成　53・347
俞士芬　55・428
俞士言　55・628
俞士英　55・245
俞士林　57・45
俞士劵　56・642
俞士炘　55・494
俞士貞　54・204
俞士俊　56・345
俞士衿　56・673
俞士祚　55・141
俞士鈞　57・260
俞士嵩　55・37
俞士銀　56・542
俞士廣　55・650
俞士榮　56・577
俞士禮　57・42
俞大本　57・427
俞大珊　55・591
俞大授　55・228
俞大凰　56・53
俞大章　53・458
俞大宷　55・298
俞大猷　78・626
俞大榜　56・296
俞大樟　54・567
俞大儒　53・260
俞大聯　57・316
俞大爀　56・626
俞大儼　56・562
俞大靄　54・576
俞之沛　53・503
俞之純　56・346
俞之琰　71・161
俞之雲　56・215
俞之傑　56・398
俞之溥　53・364
俞之滌　53・365
俞之翰　57・404
俞天申　53・510
俞天信　56・567
俞天泰　56・275
俞天倪　54・200
俞天著　54・584
俞天福　57・322
俞天覾　56・64
俞元良　71・185
俞元奎　53・471
俞元善　53・449
俞友仁　56・299
俞日旦　47・206
俞日炡　53・282
俞日昇　56・16
俞日羔　53・607
俞中孚　53・297
俞升潛　55・378
俞升憑　56・62
俞升鴻　57・99
俞　仁　56・142
俞仁鐘　53・484
俞月恒　56・18
俞丹書　56・61
俞文山　55・74
俞文日　56・80
俞文田　53・404
俞文成　54・598
俞文英　56・346

俞文朋 53·233
俞文治 53·624
俞文定 56·44
俞文俊 55·493
俞文炳(字風人) 56·206
俞文炳(字嘉受) 55·338
俞文班(明) 53·525
俞文班(清) 55·54
俞文訓 55·585
俞文祥 56·488
俞文通 47·252
俞文達 54·224
俞文棋 57·28
俞文貴 80·17
俞文傑 53·334
俞文詔 54·294
俞文曾 53·607
俞文遠 55·590
俞文煥 56·634
俞文煇 55·394
俞文蔚 56·202
俞文榜 56·658
俞文銓 55·245
俞文誥 56·345
俞文漪 80·14
俞文德 53·310
俞文熛 57·222
俞文潛 55·29
俞文璣 56·507
俞文翰 53·526
俞文曎 56·596
俞文謙 54·281
俞文璧 55·24
俞文鑾 14·300
俞方舟 53·562
俞心良 53·606
俞允元 57·242
俞允若 58·118
俞允修 54·339
俞允埶 54·471
俞允霖 57·362
俞予聞 53·648
俞孔旲 53·456
俞孔奐 53·442
俞孔恒 53·488
俞孔煌 53·651
俞孔震 53·249
俞正彪 55·5
俞正龍 55·49
俞功懋 57·183
俞世玒 55·81
俞世沛 73·424
俞世治 73·413
俞世紞 56·608
俞世球 54·298
俞世傑 55·192
俞世禄 54·518
俞世潢 54·514
俞世藩 55·569
俞世齡 56·624
俞本河 57·260
俞本逸 56·121
俞本渙 55·175
俞可琇 57·303
俞可進 57·492
俞可鈞 56·243
俞可瑞 57·173
俞可鋭 57·117
俞可鏞 56·238
俞可鑑 57·87
俞丙圭 56·82
俞丙昌 53·513
俞　石 53·603
俞北衡 54·570

俞必科　55・492
俞必興　80・431
俞必縻　55・620
俞永佳　55・209
俞永瑞　57・284
俞永暘　57・363
俞永增　57・214
俞永燃　57・223
俞永鍾　55・204
俞永懷　54・439
俞永鑒　57・284
俞邦彥　57・262
俞邦基　56・323
俞邦鉦　56・10
俞邦鑣　56・43
俞式金　57・134
俞臣佑　56・573
俞在川　53・475
俞有壬　71・209
俞有益　77・387
俞有廉　55・346
俞有謳　53・605
俞有韜　53・605
俞有齡　57・8
俞存野　53・223
俞光午　53・541
俞光芸　53・455
俞光苹　53・555
俞光炎　56・202
俞光柏　56・205
俞光祖（清婺源）　55・480
俞光祖（清廣豐）　53・542
俞光普　53・542
俞光㒑　55・245
俞光煥　56・201
俞光榮　56・443
俞光鑾　56・371
俞　先　58・91
俞廷先　53・502
俞廷佐　54・126
俞廷紀　53・406
俞廷琊　53・297
俞廷球　53・405
俞廷乾　56・571
俞廷崧　56・351
俞廷琮　53・293
俞廷策　56・486
俞廷傑　55・648
俞廷塏　53・609
俞廷熙　56・420
俞廷錫　53・465
俞廷臨　53・589
俞廷鍾　53・465
俞廷獻　54・531
俞廷巍　56・583
俞廷鏻　55・80
俞　延（字永錫）　56・83
俞　延（字宛之）　56・303
俞　仲　56・211
俞仲英　56・16
俞仲斑　55・650
俞仲喧　55・151
俞仲鏞　56・536
俞仲鑛　54・585
俞　任　57・212
俞　价　27・443
27・604
28・20
28・378
俞自臻　54・599
俞兆江　53・577
俞兆昆　56・352
俞兆明　56・3
俞兆岳　16・447

	18・73
	80・514
俞兆春	54・373
俞兆清	56・126
俞兆靈	55・119
俞名甲	53・371
俞亦莊	57・284
俞亦堦	57・94
俞汝霖(清婺源)	56・398
俞汝霖(清閩清)	78・421
俞汝諧	55・397
俞汝儱	53・297
俞安國	53・433
俞安順	55・554
俞如烈	80・429
俞志登	55・196
俞芸齋	57・217
俞芳清	57・170
俞克家	57・283
俞克堪	53・220
俞秀甲	55・455
俞　希	26・8
俞希祖	57・108
俞孚光	56・9
俞孚薪	80・144
俞亨宗	77・79
俞沂昌	53・542
俞良培	55・653
俞良弼	56・34
俞君秀	47・283
俞君祥	53・489
俞君選	55・271
俞　青	1・823
	31・279
俞長榮	53・501
俞長齡	55・493
俞　坫	53・603
俞其倬	57・405
俞其琛	55・492
俞其澍	56・206
俞　茂	73・193
俞茂昭	56・214
俞茂桂	53・329
俞茂桐	53・591
俞茂梧	53・515
俞茂椿	53・590
俞茂楷	53・373
俞茂槐	53・591
俞茂榛	53・590
俞　英(字景周)	55・493
俞　英(清婺源)	56・107
俞英俊	57・304
俞　直	50・322
俞　林(清婺源)	57・104
俞　林(清德清)	77・368
俞來儀	53・255
俞　松	55・434
俞　杰	57・134
俞述章	57・232
俞奇逢	80・432
俞尚柱	53・476
俞尚楷	53・274
俞尚楊	53・276
俞尚銑	53・624
俞尚賢	54・535
俞尚德	53・531
俞尚樾	53・543
俞尚默	53・238
俞尚鏞	53・409
俞　昆	53・303
俞昌位	56・204
俞昌言	57・315
俞昌澤	55・134
俞明典	53・607

俞明善　53・352
俞　昂　53・340
俞迪光　55・491
俞忠彥　55・445
俞秉德　53・607
俞　金(清信豐)　73・422
俞　金(清廣豐)　53・564
俞金煊　56・106
俞金鑑　55・494
俞念祖　56・23
俞　庚　55・538
俞　育　54・236
俞　炬　57・32
俞　河　78・453
俞　泗　53・603
俞　治　57・211
俞宗周　53・248
俞宗康　54・582
俞宗啓　54・559
俞宗璽　53・488
俞定勳　56・75
俞宜煙　57・35
俞居辰　54・239
俞承祖　56・324
俞承烈　55・493
俞承基　57・101
57・245
俞承紱　57・260
俞承惠　56・305
俞承裕　57・245
俞承緒　56・295
俞承禧　56・398
俞承繹　57・261
俞孟芳　53・221
俞政敷　55・222
俞垌智　57・267
俞　荔　78・197
80・615
俞柄東　53・589
俞咸熙　75・582
俞奎焱　57・259
俞　昺　53・231
俞星采　56・350
俞星煥　56・350
俞星燦　57・217
俞　品　57・96
俞　香　53・243
俞香楷　56・297
俞　俔　77・170
俞禹欽　55・455
俞俊秀　57・305
俞俊珩　54・582
俞俊球　56・48
俞俊琪　55・631
俞俊鈿　57・476
俞俊錕　55・167
俞俊錦　56・143
俞俊襘　55・131
俞庭華　71・174
俞庭椿　69・311
71・166
俞庭蘭　55・122
俞彥誠　57・445
俞　炳(字虎文)　56・248
俞　炳(字雲敷)　55・164
俞炳甲　57・71
俞炳祥　55・492
俞炳照　57・242
俞炳煇　54・289
俞咨禹　57・220
俞咨龍　78・454
俞　洪　57・481
俞洪都　53・573
俞　洵(明)　54・495

俞　洵(清)　56・561
俞飛熊　56・214
俞泰交　53・479
俞泰曾　55・168
俞起元　56・3
俞起洲　53・466
俞起蛟(明)　35・499
俞起蛟(清)　55・387
俞起渭　53・360
俞起煉　56・14
俞起齊　56・618
俞起騰　56・210
俞起鸞　56・345
俞桂彬　55・406
俞　烈　56・3
俞振作　55・169
俞振武　78・443
俞振翁　56・447
俞振曾　53・608
俞振龍　56・559
俞振聲　55・494
俞振鰲　57・100
俞　時　56・590
俞時仁　55・627
俞時昆　56・511
俞時珍　50・294
俞　畢　50・216
俞恩綸　54・344
俞恩綬　54・344
俞恩錫　55・436
俞秩宗　56・8
俞　皋　57・442
俞師魯　55・272
俞席珍　57・351
俞益期　49・180
俞　涝　53・308
俞浩鎮　57・262
俞浩蘭　57・305
俞家乾　54・524
俞朗仙　57・476
俞　祥　55・527
俞　通　73・440
俞能鈛　57・120
俞培旦　56・52
俞培炳　56・347
俞培杲　56・18
俞培栱　56・329
俞培基　55・445
俞培國　53・603
俞培隆　57・13
俞培棣　55・260
俞培慶　56・442
俞基善　53・553
俞　堅　57・421
俞　盛　56・267
俞掄秀　53・351
俞　掞　53・218
俞處俊　73・228
俞國正　54・385
俞國珍　57・459
俞國泰　57・25
俞國梁　57・351
俞國琮　56・15
俞國楨(字林瑞)　56・365
俞國楨(字德隆)　56・66
俞國禎　55・126
俞國鳳　56・594
俞國縉　53・562
俞崇泰　57・305
俞崇培　57・305
俞悠旭　55・532
俞悠科　56・352
俞悠瑇　56・316
俞　偉(宋)　77・139

俞　偉(清)　56・189
俞偉良　53・503
俞進賓　50・284
俞皎也　53・366
俞從柏　57・116
俞從泉　57・363
俞從淋　57・150
俞從溯　55・299
俞從銑　57・123
俞從潔　56・610
俞從鋼　57・123
俞從議　57・71
俞　凰　56・60
俞康齡　55・6
俞　清(見俞青)
俞清芬　56・168
俞　漢　47・115
俞　淦　56・209
俞　涵　53・486
俞　寅　2・104
25・219
25・295
25・298
俞　啓　77・463
俞啓華(字用良)　56・95
俞啓華(字旭光)　57・504
俞紹年　57・242
俞紹衣　58・228
俞紹型　53・287
俞紹修　53・594
俞紹基　53・496
俞紹遠　53・503
俞紹錫　53・544
俞紹謙　53・592
俞　瑛　56・64
俞　琳　73・420
俞琢章　53・604
俞　琛　57・259
俞喜元　57・341
俞報政　53・501
俞敬中　47・157
俞敬德(明)　47・54
俞敬德(清)　50・267
俞朝佐　57・452
俞朝貴　71・208
俞朝輔　56・313
俞朝爵　53・500
俞朝贊　53・527
俞植芝　56・441
俞　雁　56・351
俞雲燦　57・105
俞雅士　53・608
俞雅度　53・503
俞雅桂　53・608
俞貽桂　55・491
俞開文　55・117
俞開甲　2・98
俞開泰　56・60
俞開瑞　57・50
俞景伊　55・491
俞　喬(明休寧)　80・511
俞　喬(明婺源)　54・229
俞順辰　44・102
俞　傑(字若梁)　56・163
俞　傑(字竟成)　57・303
俞　皐　54・166
俞復亨　58・252
俞　欽　57・328
俞　鈞　56・142
俞勝宇　80・48
俞　詔　53・348
俞　斌　55・494
俞善長　71・203
俞道亨　56・449

俞道和　57・429
俞道耿　53・433
俞道淳　53・394
俞道尊　57・97
俞道監　57・362
俞道輝　57・119
俞道嶸　57・124
俞　焜(清婺源)　54・277
俞　焜(清廣豐)　53・534
俞　弼　53・602
俞登賢　53・588
俞　瑚　54・574
俞瑞元　56・150
俞瑞璠　55・128
俞瑞蘭　55・70
俞遠仰　55・259
俞聖時　77・523
俞夢鸞　53・574
俞　椿　57・200
俞　楠　53・265
俞　暘　53・602
俞　照　56・346
俞嗣元　55・445
俞　嵩　56・202
俞節彰　54・486
俞　鉉　56・454
俞鉉祖　56・650
俞愈良　53・606
俞愛德　71・193
俞　頌　56・214
俞頌清　55・491
俞廉宰　57・244
俞　靖　57・436
俞　猷　55・446
俞　煋　53・513
俞　煥　56・1
俞煥圭　57・145
俞煥良　53・364
俞煥林　54・334
俞煥章　53・251
俞　煇　55・231
俞　溥　73・411
俞源訓　57・32
俞源清　55・141
俞源誥　56・131
俞源蕃　56・66
俞源瀛　56・653
俞　滄　56・120
俞　塞(明)　74・320
俞　塞(清)　57・465
俞殿萬　57・244
俞殿鈉　53・604
俞碧梧　57・242
俞嘉言　57・62
俞嘉猷　53・540
俞嘉福　55・495
俞嘉賓　53・652
俞嘉澍　57・259
俞壽仁　57・362
俞　熙　55・495
俞熙森　56・398
俞熙椿　57・153
俞熙稔　57・152
俞熙源　57・284
俞　榛　53・502
俞榕麟　60・97
俞輔唐　57・260
俞　曄　50・181
俞聞中　77・185
俞鳴琫　56・253
俞鳴瑞　53・363
俞鳴輔　57・163
俞鳴謙　56・289
俞毓源　57・38

俞　銘(清婺源) 56・196
俞　銘(清廣豐) 53・503
俞　鳳(明) 56・476
俞　鳳(清婺源思溪) 56・78
俞　鳳(清婺源新源) 54・252
俞鳳來 55・59
俞鳳喈 53・607
俞鳳鳴 53・375
俞鳳誥 55・493
俞鳳藻 57・229
俞　誥 56・215
俞　誨 78・158
俞誦芬 54・266
俞廣勳 12・500
俞　端 73・413
俞粹彧 56・351
俞粹晃 57・242
俞粹純 55・378
俞粹參 57・426
俞粹賓 57・241
俞粹夔 57・241
俞　榮 56・443
俞榮耿 56・629
俞榮洊 56・597
俞　漢 57・303
俞　潢 55・494
俞瀜昌 53・560
俞　實 28・19
俞　熊 29・598
俞維宇 78・157
俞維屏 78・153
俞維章 53・604
俞　緇 58・47
俞慧良 53・502
俞　璜 53・348
俞　璁 77・487
俞　樅 73・420
俞賢僦 53・489
俞震齋 80・436
俞　嶠 73・441
俞墨華 53・248
俞　箴 53・348
俞　儀 56・254
俞德成 55・165
俞德任 56・128
俞德林 56・371
俞德修 55・532
俞德祖 56・126
俞德華 57・33
俞德純 57・167
俞德乾 56・155
俞德琢 54・471
俞德遊 56・118
俞德琭 56・345
俞德新 57・50
俞德嘉 56・629
俞德漢 56・215
俞德澎 57・21
俞德潤 56・316
俞德濂 53・603
俞徵元 53・433
俞　銳 57・303
俞調元 2・39
俞　慶 73・420
俞慶清 57・383
俞慶椿 55・455
俞　毅 73・432
俞　熿 55・416
俞　潛 56・516
俞　瀓 53・424
俞澄涇 55・217
俞澄輝 56・161
俞　璟 79・16
俞　璠 58・219

俞　璣　55・83
俞擇善　53・605
俞　樾　77・402
俞樹風　53・295
俞樹經　57・223
俞樹熾　55・206
俞樹麗　56・168
俞輯和　53・592
俞霖瑞　55・492
俞　勳　54・200
俞舉政　53・608
俞學好　53・606
俞學易　55・244
俞錫琛　57・384
俞錫蕃　57・159
俞錦川　56・132
俞錦成　55・297
俞錦堂　55・117
俞錦濙　55・491
俞　錚　53・355
俞　諫　1・798
34・44
34・73
俞龍翔　57・421
俞駿崧　57・244
俞聯芳　56・42
俞　檀　55・397
俞懋典　53・283
俞懋鵬　56・491
俞　鍾（明）　57・447
俞　鍾（清）　55・171
俞鍾偉　56・674
俞　鍠（清婺源西谷）　57・513
俞　鍠（清婺源龍騰）　56・223
俞應甲　55・374
俞應圭　56・278
俞應榧　53・326
俞應嘉　55・244
俞應學　56・58
俞應鷗　56・498
俞鴻昌　53・353
俞鴻淵　56・233
俞鴻翥　56・210
俞鴻模　54・281
俞鴻儀　56・186
俞　濬　56・460
俞濟人　56・307
俞　禮　54・122
俞　豐　80・577
俞鎮珖　57・470
俞鎮連（字肇股）　56・19
俞鎮連（字彝玉）　56・198
俞鎮瑛　56・607
俞鎮琳　55・82
俞鎮琮　56・102
俞鎮琫　55・115
俞鎮瑋　56・116
俞鎮瑢　55・335
俞鎮璜　55・138
俞颺言　57・141
俞颺賡　57・384
俞　燿　55・81
俞　蘇　53・273
俞蘊鈺　57・259
俞　璽　80・28
俞嚴彰　54・485
俞　鏞（字東序）　57・11
俞　鏞（字道三）　56・220
俞　鏞（字翰如）　56・13
俞鏡元　55・431
俞鏡蓉　55・456
俞鵬萬　56・105
俞鯤化　55・281
俞瀚忠　80・144

俞瀜昌　53・456
俞獻可　73・420
俞繼程　53・237
俞繼錦　57・170
俞繼龍　54・514
俞　儼　77・148
俞　鐸　55・307
俞　鷂　57・498
俞　鑑　57・303
俞　戀　53・360
俞　瓚　56・346
俞顯昌　53・607
俞　鏕　55・105
俞觀元　54・385
俞觀芝　57・102
俞觀旺　56・277
俞觀堉　2・108
24・301
俞觀榜　55・109
俞觀橙　55・108
俞觀興　55・209
俞觀藻　57・104
俞　鑫　57・363

郗

郗士美　4・58
37・114
37・410
郗公全　15・170
郗永湘　35・126
郗志銘　32・407
33・280
郗　恢　37・110
37・410
郗　純　37・114
37・410
郗　隆　37・106
37・409
郗　超　37・109
37・410
郗　愔　37・108
37・410
郗　善　15・44
郗　詵　37・410
38・213
郗　邁　37・410
郗　慮　39・179
郗　融　37・410
郗　曇　37・110
37・410
郗繼全　15・156
郗　鑒　4・39
37・107
37・409

俎

俎曰咨　12・123
俎可嘗　12・137
俎如芝　12・115
俎如蕙　12・107
俎如蘭　12・106
俎秉彝　15・170
俎　博　12・129
俎景炎　12・123
12・142
俎福旺　10・373
俎　濤　12・121

郤

郤　詵　4・185

爰

爰　盎　1・684

胸

胸三友　14・126

風

風和尚　18・580

逢

逢士和　23・254
逢文璸　26・179
逢世寬　22・312
逢克家　22・298
　22・614
逢希澄　26・103
逢其悦　26・114
逢迪遠　22・303
　22・634
逢　萌(一作逢萌)　4・17
　4・249
　15・583
　19・7
　19・626
　19・629
　19・649
　19・656
　23・657
逢　琳　19・625
逢喜達　26・132
逢傳祖　23・262
逢　瑩　26・107
逢潤古　4・467

咎

咎如思　32・585
咎居潤　4・82
　18・24
　39・559
　42・552
咎　誠　23・244
　23・351
　23・635

計

計士元　58・50
計大表　49・111
計大受　58・136
計大衍　49・73
計元勳　1・779
計本誠　50・106
計匡玉　47・280
計成久　49・15
計光猷　58・183
計如週　49・83
計　初　47・54
計　沾　58・235
計美材　58・155
計美壽　58・160
計　偉　49・136
計　澄　9・140
　47・60
計　衡　47・44
計　禮　47・65
計　瓚　49・83

亮

亮座主　45・362

度

度　尚　4・26
　37・653

施

施一本　66・380
施一林　56・404

施一皋 79·50
施三捷 75·562
79·38
施士升 57·346
施士昌 60·560
61·468
施士洁 76·363
施士超 60·561
施士嶽 79·187
施大任 55·620
施大昇 79·79
施大晁 75·617
79·14
施大娘 79·375
施大業 55·322
施大經 56·56
施大銓 78·277
施千祥 75·555
79·25
施之常 4·5
35·603
施天長 57·289
施天益 56·404
施天章 78·578
施天窗 56·405
施天裔 2·20
4·306
31·800
32·358
33·222
施天德 66·331
施天澍 57·288
施天緝 57·290
施　元 43·193
施元暘 75·637
76·175
施元夔 55·241
施日琮 73·419
施　中 77·124
施中繡 55·425
施　仁(明龍溪) 76·471
77·711
施　仁(明蘇州) 76·465
施　仁(清) 55·328
施　文 55·438
施文昌 56·493
施文珉 54·527
施文烰 56·514
施文鉅 55·360
施文煥 55·431
施文德 56·303
施文錦 54·280
施文鍾 55·418
施文鏞 55·147
施文鑣 54·280
施文鑾 55·501
施允成 79·69
施玉堂 56·434
施世仁 55·57
施世平 56·563
施世洰 56·33
施世來 79·276
施世桂 56·29
施世宰 56·48
施世偃 56·600
施世提 54·580
施世槐 56·535
施世暉 56·61
施世源 55·74
施世榜 80·609
80·630
80·655
施世綸 79·135
施世學 54·548

施世澤　79・220
施世邇　56・556
施可材　76・139
施　申　57・183
施由義　56・57
施令聞　58・163
施用中　55・308
施用忻　56・18
施用劭　56・65
施用怡　56・601
施用厚　56・112
施用香　56・640
施用烒　55・2
施用悦　55・24
施用琨　57・226
施用敬　57・30
施用勗　56・612
施用筠　56・68
施用鈺　56・123
施用箴　56・125
施用學　56・31
施用檢　56・606
施用鎡　56・607
施用鎮　56・586
施用勸　56・603
施邦鎮　76・194
施圭錫　56・249
施在行　76・386
施有濟　57・201
施而寬　78・322
施成章　56・71
施光發　79・286
施同寅　80・516
施廷炬　57・403
施廷昭　55・220
施廷彦　57・404
施廷瑞　79・188
施廷鈴　56・405
施廷輝　57・346
施廷寮　56・269
施廷鎰　57・290
施廷璧　57・368
施廷鑲　56・405
施合德　78・654
施　兆　56・185
施兆三　55・32
施兆昂　75・597
　79・61
施汝貞　55・422
施汝哲　57・286
施汝霖　57・160
施汝礪　57・288
施守正　1・799
　32・441
　33・68
施如汪　56・8
施如俊　55・18
施如彦　56・48
施如斌　56・54
施如詩　56・539
施志尚　79・244
施志達　57・346
施　男　72・496
施作岐　75・629
　79・76
施伯通　66・419
施快祥　55・533
施良美　54・480
施良璧　80・359
施長昆　79・211
施其禮　40・194
施英元　56・644
施松齡　77・546
施明禮　56・281

施秉禮　55・423
施金川　57・515
施金鎡　56・561
施　受　55・225
施治光　47・269
施宗魯　57・498
施宗璦　54・513
施　定　47・170
施肩吾　45・322
46・585
63・185
施　政　66・373
施則常　78・559
施昭庭　61・467
施　信　78・719
施俊升　55・400
施　彦　55・419
施彦孚　80・509
施彦彬　54・190
施奕簪　79・184
施炳光　56・410
施冠珍　80・497
施　泰　9・141
施起元　79・43
施原卿　66・434
施時升　55・578
施時克　55・565
施時楷　55・633
施　恩　78・572
施　倬　55・70
施師點　51・138
53・205
施逢元　72・457
施逢覲　72・495
施衰喜　51・339
施　效　57・287
施家謀　47・470
施朗先　79・51
施　崑　57・287
施　庸　66・365
施　清　76・261
施添佑　57・427
施添畀　57・136
施添哲　57・65
施添望　56・171
施添紹　57・222
施添溥　57・73
施添準　57・505
施添顯　57・225
施　陽　44・12
46・224
施　琦　61・454
施萬玉　79・260
施萬春　78・576
施　惠　77・703
施惠澤　55・501
施閏章　2・17
76・209
施蛟騰　55・50
施　順　60・386
施順璋　47・260
施舜顯　53・219
施　斌　57・287
施　普　73・445
施道正　56・623
施道合　55・53
施道芸　57・67
施道典　56・596
施道岸　56・592
施道孟　55・47
施道浩　56・614
施道宵　57・226
施道添　56・619
施道深　56・617

施道報　56・534
施道遐　55・123
施道煥　57・508
施道潭　55・58
施　遐　45・48
　　　　46・374
施　絇　78・339
　　　　78・368
施瑚璉　76・360
施聖揆　66・384
施夢倉　55・630
施夢龍　1・804
　　　　12・96
施蔭餘　56・171
施　楠　79・248
施　暐　63・410
施傳錡　78・566
施　義　66・291
施　煌　55・351
　　　　57・289
施　禔　76・383
施　瑡　47・216
施嘉言　57・203
施嘉猷　56・270
施鳳章　57・287
施鳳標　57・516
施　彰　54・179
施實德　79・265
施肇祥　57・288
施緒書　47・246
施維翰　2・6
施　綸　75・624
　　　　76・171
施綸書　55・431
施　璜　54・66
施　賢　55・431
施賢猷　80・359
施震亨　77・186
施撫辰　55・500
施德川　56・634
施德芝　57・218
施德有　57・346
施德郅　56・632
施德定　57・66
施德相　55・107
施德炳　57・288
施德臬　56・131
施德桓　56・265
施德烜　56・281
施德章　78・579
施德淑　57・289
施德棟　56・75
施德棐　57・12
施德榦　55・106
施德榜　56・129
施德鳳　56・626
施德輝　78・560
施德錦　57・289
施德馨　76・474
施德耀　55・229
施德欒　55・62
施　寯　78・559
施　翮　55・44
　　　　55・195
施　霖　2・44
　　　　75・471
　　　　76・140
施　霔　60・715
施勳賢　77・478
施學文　55・416
施　衡　57・472
施　辨　1・736
施應甲　57・288
施應立　57・63

施應旭 57·505
施應制 57·425
施應炎 57·195
施應春 54·500
施應浚 55·500
施應通 57·79
施應盛 56·357
施應詠 57·193
施應湟 57·289
施應登 57·203
施應暘 56·492
施應詮 56·241
施應煉 57·64
施應肇 57·67
施應熊 57·74
施應勳 57·72
施應點 56·170
施應謙 55·112
施應謹 56·174
施　鴻 76·397
77·187
施鴻保 76·363
施鴻綸 79·46
施　罄 55·501
施　鵬 75·563
79·40
施　寶 54·340
施　鏞 31·837
32·377
33·247
施鑑槃 76·147
施觀民 75·557
79·28

音

音　德 38·417

恒

恒　齡 77·213

恆

恆　豐 2·107
29·689

恍

恍惚道人 29·511

姜

姜一鵠 5·182
10·118
姜一蘭 42·107
40·246
姜士佐 22·253
姜士鳳 51·542
姜士儒 51·613
姜士龍 59·147
姜士麟 25·78
姜大中 78·475
姜大成 5·130
32·628
姜大年 37·725
姜大智 80·533
姜大覲 38·226
姜大觀 80·557
姜　山 38·254
姜山甫 45·681
姜之浩 58·208
姜之琦 2·113
23·132
姜之綸 46·75
姜天正 50·191
姜天祐 72·561
姜天福 50·256

姜天墀 51·612
姜元佐 23·649
24·536
姜元英 29·347
姜元春 74·524
姜元真 38·292
姜元祥 27·526
28·42
姜元堦 29·833
姜日昇 24·562
姜日暉 28·187
姜曰廣 46·69
姜 仁(明) 27·167
25·650
姜 仁(清) 29·833
姜化溥 14·735
姜公輔 79·621
姜六橋 38·277
姜文元 29·830
姜文盛 22·263
22·474
姜文魁 72·40
姜文龍 58·229
姜文燦 51·559
姜以立 74·545
姜正木 36·740
姜正芳 25·646
27·155
27·211
姜正倫 36·742
姜正章 80·541
姜正雅 36·735
姜世昇 27·130
姜世清 70·336
姜世隆 24·550
姜 本 9·26
姜永焜 37·13
姜弘通 38·226
姜式申 29·814
姜 圭 22·245
姜吉成 71·193
姜光宿 22·263
22·476
姜光琦 70·554
姜廷珁 24·327
姜廷樞 22·306
22·645
姜仲軾 23·639
24·518
姜企儼 80·131
80·213
姜兆基 74·525
姜兆張 23·641
24·520
姜兆瑛 24·707
姜兆齊 24·330
姜 旭 7·388
姜汝洋 39·288
姜汝俶 23·651
24·537
姜汝誠 28·46
姜汝錦 24·680
姜守信 39·733
姜安邦 51·620
姜安節 27·163
姜 圻 27·97
27·169
姜 志 60·27
姜志林 80·558
姜志和 45·120
姜志道 8·334
姜志學 50·309
姜志禮 1·776
1·783

姜克嵩　50・287
姜克銓　80・252
姜克謹　36・36
姜克讓　62・16
姜虬綠　77・357
姜佐武　10・82
姜作楹　7・433
姜伯源　1・765
　23・614
姜　忻　44・192
姜宏佐　29・333
姜宏泰　76・211
姜　良　2・36
　43・196
姜良性　78・454
姜良思　45・59
姜良弼　25・29
姜長華　22・288
　22・575
姜長恩　36・737
姜　坡　27・156
姜其垓　26・97
姜其埰　26・121
姜　茂　4・223
　42・108
姜茂田　36・743
姜　英(明政和)　77・30
姜　英(明壽寧)　77・410
姜來聘　51・87
姜東明　27・160
姜東海　80・205
姜協義　9・855
姜　杲　27・164
姜明安　71・120
姜明遠　34・344
姜　忠　74・522
姜金印　24・332
姜金和　58・220
姜　念　9・724
姜　肱　15・587
　17・677
姜周輔　22・249
姜　性　39・149
姜　炎　72・83
姜法信　24・717
姜宗泰　27・139
　27・234
姜定周　51・617
姜定鈞　51・616
姜宜琢　78・568
姜　房　1・765
　27・320
　27・433
　27・601
　28・12
　28・416
姜承奎　42・801
姜承絹　62・469
姜孟仁　80・517
姜　垓　4・117
　25・656
　27・96
　27・170
　27・222
姜荃林　74・524
姜　彧　4・93
　5・81
　25・608
　27・50
　27・206
姜則忠　50・303
姜思明　27・320
　27・433
　28・13

姜思澤　45·131
姜思聰　27·320
　27·433
　28·13
姜　信　58·207
姜衍敬　28·223
姜衍慶　25·520
姜勉仁　27·155
姜　度　50·379
姜彥思　73·230
姜　炳　25·646
　27·155
姜炳然　28·228
姜　炤　27·106
姜　洪(明廣德)　1·775
姜　洪(明樂安)　71·127
姜冠軍　34·222
姜祖祜　80·546
姜起龍　19·589
姜華山　27·159
姜　莢　24·715
姜　恭　33·593
姜　桂　60·31
　77·212
姜桂芳(明)　77·283
姜桂芳(明濟寧)　4·158
姜桂松　31·830
　32·395
　33·271
姜桃禎　22·262
　22·471
姜　連(見姜槤)
姜連斌　9·848
姜振修　21·686
姜哲緯　45·174
姜　虔　80·384
姜時佐　59·353
姜　眕　27·172
姜　恩　29·79
姜師閔　44·221
姜　豹　17·626
　20·562
姜逢田　28·210
姜逢源　11·96
姜浡然　28·54
姜　紘　32·374
　33·245
姜　理　39·735
姜　埰　4·117
　25·656
　27·94
　27·169
　27·220
姜　乾(清沙縣)　80·426
姜　乾(清菏澤)　37·849
姜啞子　30·690
　31·225
姜國垣　13·156
姜國俊　30·321
姜國祺　65·227
姜國霖　4·456
　17·682
　19·47
　21·472
　30·649
姜　清(明)　50·385
姜　清(清)　43·277
姜　淮　27·167
姜啓哲　24·549
姜啓隆　74·522
姜　琳　14·739
姜　琢　42·793
姜　琚　59·573
姜　博　44·170

姜達先　51·630
姜期明　45·282
姜敬篤　36·740
姜朝貢　23·257
姜朝卿　44·309
姜　葵　29·297
姜　植　9·27
姜　棠　14·735
姜　開　24·558
姜開暄　50·285
姜開寵　5·343
　10·150
姜　閎　25·173
　26·91
姜　順　29·274
姜　皓　27·52
姜復紹　27·542
　28·174
姜復禮　28·207
姜　勝　24·344
姜　斌　2·107
　24·288
姜旐國　46·186
姜奠川　70·614
姜　曾　45·105
姜　焯　19·607
姜渭春　6·156
姜寓節　4·443
　27·167
姜　禄　32·403
　33·278
姜瑞渟　39·311
姜　瑜　27·540
　27·300
　28·169
姜夢豸　24·534
　25·163
　26·15
姜虞廷　36·742
姜虞傳　70·613
姜微臣　36·746
姜義德　34·263
姜　煌　19·608
　19·621
姜　煥　80·542
姜際熙　51·572
姜綏萬　80·550
姜　璉(見姜槤)
姜　模　29·250
姜　槤(一作姜璉、姜連)　1·850
　27·286
　27·328
　27·792
姜　碩　4·214
　14·362
　71·128
姜　聞　27·171
姜鳴鳳　4·452
　21·651
姜　篪　29·596
姜毓山　10·82
姜毓珍　14·736
姜毓傑　4·389
　14·716
姜毓璋　10·83
姜　儆　44·182
姜　廣　39·578
　42·554
姜　端　31·761
　32·350
　33·215
　33·801
姜實節　4·444
　27·171

姜隣白　27・85
姜熊兆　26・128
姜維敘　42・109
姜維清　25・529
姜維模　10・151
姜　綸　80・522
姜　縮　50・361
姜　璜　71・541
姜　摯　80・206
姜　蕙　27・546
28・183
姜標學　9・864
姜　儀　44・142
姜　德　42・768
姜德成　39・195
姜德明　45・53
姜徵岐　36・742
姜徵祥　36・738
姜徵淦　36・732
姜調鼎　2・114
姜賡元　2・54
姜慶祥　72・249
姜　遵　5・60
43・575
姜　潛　4・254
31・836
32・351
33・216
35・100
姜　潤　27・166
姜潤玉　45・129
姜潤身　22・250
姜　璣　27・75
姜燕廷　45・130
姜樹初　7・388
姜奮齊　26・128
姜　嶼　32・350
33・216
姜積武　28・195
姜篤苞　26・115
姜學夔　73・6
姜儒珍　24・713
姜　衡　80・557
姜　錧　22・287
22・571
姜　穎　78・551
姜　憲　58・218
姜　隱　4・266
26・186
26・640
姜膡詔　70・583
姜應元　8・334
姜應科　5・119
姜應菊　45・282
姜　鴻　33・820
姜鴻逵　10・83
姜鴻緒　69・377
姜　濤　26・118
姜　翼　27・54
姜　蟠　38・226
姜　鵠　80・124
姜　鎬　32・351
33・216
姜瀉里　27・156
27・246
姜　璧　1・841
14・298
16・426
姜藹如　50・497
姜　鏜　19・597
姜闢基　37・159
姜　夔　58・203
58・417
姜　寶　75・377

姜繼彬　74・546
姜　鑑　24・753
姜觀海　34・267
姜纘夔　39・210

逆

逆川智順禪師　76・499

洪

洪一源　54・237
洪一德　54・558
洪七峯　76・259
洪三光　56・512
洪三省　67・425
洪三觀　76・747
洪士果　11・202
洪士亮　79・592
洪士梅　55・478
洪士寀　57・453
洪士暉　80・652
洪士輔　79・248
洪士銘　79・562
洪士遲　56・564
洪士譽　79・563
洪大忻　55・608
洪大根　55・217
洪大鼎　55・616
59・636
洪大欽　55・614
洪大詩　56・87
洪大新　55・613
洪大猷（清南安）　79・491
洪大猷（清齊河）　10・155
10・461
洪大壽　59・592
洪之珀　57・117
洪之梁　47・244
洪天專　56・27
洪天琨　56・495
洪天錫　75・360
76・464
79・102
79・443
洪天馨　79・282
洪天驥　79・500
洪　元　79・502
洪元華　70・508
洪元卿　79・170
洪元國　59・490
洪友成　59・280
洪少顏　70・598
洪日照　72・662
洪　中　78・258
洪公掄　76・299
77・618
洪文用　77・672
洪文光　79・603
洪文坤　57・216
洪文英　55・41
洪文明　54・556
洪文炳　57・99
洪文陞　56・593
洪文堃　56・264
洪文琦　56・374
洪文瑞　56・258
洪文楷　55・31
洪文撫　66・566
洪文橅　51・84
洪文機　49・200
洪文衡　80・671
洪文龍　55・24
洪文齡　56・592
洪方柳　71・85
洪心澄　76・292

	77・621
洪以業	40・34
	40・221
洪以誂	79・579
洪允中	56・465
洪孔生	55・564
洪孔奎	79・215
洪孔彰	56・100
洪孔德	60・505
洪正治	56・276
洪正望	56・545
洪去疾	67・371
洪世文	75・464
洪世拔	57・27
洪世俊	76・350
洪世培	55・396
洪世弼	59・310
洪世諒	55・128
洪世澄	71・93
洪世澤	76・362
	79・552
洪石璞	77・656
洪占廷	50・329
洪占銓	71・40
洪用舟	6・122
	36・576
洪立本	57・422
洪立卓	10・389
洪立佳	56・132
洪立恪	55・496
洪立炤	57・100
洪立崢	56・12
洪立登	56・141
洪立鉏	56・636
洪立慈	56・351
洪立模	49・99
洪立輝	56・212
洪立慶	55・496
洪立瑩	57・361
洪立錚	56・318
洪永林	57・195
洪永泗	56・560
洪永祥	57・516
洪永熺	55・110
洪邦光(明)	76・286
洪邦光(清)	79・329
洪邦直	59・276
洪邦奇	55・584
洪邦厚	48・575
洪邦冕	48・488
洪　圭	54・119
洪有助	79・167
	79・453
洪有則	79・531
洪有秩	79・256
洪有第	79・157
	79・507
洪有復	79・123
	79・451
洪有爲	57・305
洪有楨(見洪有禎)	
洪有禎	76・227
	76・339
洪有德	67・462
洪有聲	79・161
	79・450
洪有臨	79・233
	79・578
洪有觀	79・511
洪光甸	56・78
洪光耀	56・566
洪　年	69・394
洪廷五	56・550
洪廷俊	56・438

洪廷宣 56·527
洪廷梅 54·551
洪廷貴 80·667
洪廷傑 56·528
洪廷義 54·571
洪廷鉶 59·500
洪廷禧 56·499
洪廷鑑 57·360
洪兆芳 57·506
洪兆虎 49·52
洪兆魁 55·39
洪兆殿 57·375
洪兆增 57·136
洪　旭 76·355
洪　亦 55·103
洪州老兵 45·368
洪汝懋 51·66
66·524
洪守愚 79·239
洪如翰 57·428
洪如龍 56·550
洪　羽 45·54
51·64
66·521
洪志仁 55·345
洪志甲 57·133
洪志伸 55·59
洪志良 56·178
洪志明 57·529
洪志高 76·447
洪志逵 56·403
洪志象 57·360
洪志鄗 54·338
洪志衙 55·140
洪志義 57·10
洪志境 57·517
洪志學 56·118
洪　芹 58·30
59·281
洪杏芳 56·187
洪　秀 11·475
洪作梅 57·388
洪作楨 55·170
洪作樞 56·264
洪希純 79·560
洪　坤 50·62
洪　英 75·485
76·42
洪來儀 57·412
洪奇達 56·417
洪奇煊 57·101
洪尚初 55·634
洪尚春 56·32
洪尚祥 56·43
洪尚智 55·648
洪尚禮 55·638
洪　昌 79·560
洪　明 57·360
洪明德 56·574
洪　迪 57·210
洪　忠 78·300
洪岱齡 49·106
洪金竹 55·624
洪金鼎 73·266
洪金謨 58·111
洪　受 76·313
77·656
洪　朋 45·53
46·399
51·63
66·516
洪庚暢 55·125
洪　炘 54·297
洪　炎 45·54

	46・399
	51・63
	66・520
洪宗訓	48・561
洪宗益	54・529
洪宗義	56・430
洪宗慶	80・384
洪定俊	67・372
洪宜淦	57・360
洪宜閣	56・248
洪宜禮	54・333
洪　祉	60・30
洪祈生	55・589
洪居正	76・324
洪旹亭	55・643
洪旹遴	55・646
洪承志	55・300
洪承畯	79・283
	79・627
洪承畿	79・519
洪承龍	79・179
	79・520
洪承疇	79・517
洪孟昭	79・560
洪　垣	54・49
	58・682
洪垣星	79・550
洪南圭	55・478
洪　奎	55・124
洪星煥	71・16
洪　思	76・254
	76・272
	77・718
洪思扱	76・358
洪思返	76・357
洪思燃	76・358
洪　适	58・12
	59・192
洪科捷	79・552
洪修明	56・401
洪修珏	57・221
洪修政	56・251
洪修珪	57・360
洪修善	14・727
洪修綬	57・270
洪修瑩	57・361
洪信文	47・176
洪　俊	76・239
	76・320
洪待日	79・591
洪庭芳	79・233
洪庭秀	79・234
洪庭桂	79・155
洪彥昇	59・265
洪弈統	79・598
洪弈懿	79・180
	79・520
洪奕沔	79・533
洪帝廷	51・658
洪　炳	56・164
洪炳中	56・186
洪炳魁	57・196
洪　炤	71・93
洪祖發	51・657
洪　飛	55・294
洪　泰	57・26
洪泰交	55・283
洪起文	54・592
洪　華	60・163
洪華林	57・428
洪桂榮	56・186
洪　軒	56・201
洪振龍	75・445
洪致暉	57・46

洪時茂　54・562
洪恩炤　1・852
　23・618
　24・250
洪恩湰　57・264
洪恩普　47・575
洪恩湛　54・299
洪恩綬　57・265
洪恩霈　57・219
洪恩霖　56・234
洪師民　51・46
　66・567
洪　釗　1・793
　8・466
洪　芻　45・54
　46・401
　51・63
　66・519
洪　浩　60・65
洪家玉　77・650
洪家填　57・265
洪家瑩　57・85
洪朗照　57・269
洪祥怡　54・339
洪祥埴　57・141
洪祥鼎　56・375
洪祥鑑　57・121
洪　恕　67・427
洪雩鍾　57・350
洪處厚　78・261
洪晨芳　76・316
洪　異　77・696
洪國杭　57・132
洪國屏　59・326
洪國彬　57・209
洪國楨　56・276
洪國橋　56・245
洪國瓚　56・554
洪　崖　49・306
洪崖先生　45・345
洪　敏(明同安)　41・289
洪　敏(明南城)　71・332
洪偉烈　10・394
　10・461
洪　彩　79・578
洪象恆　10・457
洪象賢　71・60
洪清臣　77・371
洪清源　59・594
洪清鰲　79・220
洪添瑛　57・176
洪　淮　67・180
洪　湰　56・603
洪淳瑛　76・292
　77・621
洪啓初　79・130
　79・549
洪啓采　79・162
　79・508
洪啓胤　79・512
洪啓哲　79・168
洪啓焰　56・258
洪啓煌　57・122
洪啓煒　55・178
洪啓睿　79・127
　79・452
洪啓鳳　55・341
洪啓賓　79・560
洪啓遵　79・173
　79・513
洪啓學　79・170
洪啓聰　79・169
　79・454
洪啓燿　57・173

洪紹周 71・216
洪紹模 57・361
洪　琦 46・615
洪達珏 49・394
洪達遵 79・186
洪達豐 49・338
洪敬滄 56・584
洪　葦 59・597
洪朝陽 54・162
洪朝選 19・630
76・277
洪　棫 54・302
洪雲義 56・245
洪　鼎 56・316
洪　遇 5・111
洪遇昆 55・7
洪景榮 79・619
洪　喬 47・504
洪　順 75・484
76・42
洪順旺 57・268
洪　集 77・645
洪集秀 56・515
洪　皓 58・87
59・177
60・757
洪　鈞(明) 4・150
洪　鈞(清) 55・162
洪鈞泰 55・202
洪　就 77・622
80・666
洪　斌 57・369
洪　淵 68・357
洪　渙 58・253
洪　渥 69・533
洪　富 79・113
洪運南 57・195
洪運際 66・261
洪　祿 4・390
14・724
洪登雲 55・85
洪登潮 54・594
洪　瑞(清永春) 79・329
洪　瑞(清金谿) 70・618
洪　瑞(清南安) 79・564
洪瑞蘭 56・17
洪載光 57・64
洪聖保 79・302
洪夢蘭 55・12
洪夢齡 14・709
洪椿壽 59・597
洪　晢 77・704
洪　業 70・532
洪魁八 59・628
洪　猷 60・62
洪　煒 59・312
洪　溥 56・530
洪　福 47・137
洪福澤 56・559
洪際亨 59・517
洪　經 74・524
洪經生 56・322
洪經綸 57・531
洪　壽 71・158
洪　兢 76・282
洪　需 59・366
洪　圖 71・113
洪毓琛 4・388
14・709
洪　銓 80・670
洪鳳翔 79・568
洪鳳鳴 57・106
洪榮凱 56・20
洪　漢 5・123

32・594
洪　熊　79・503
洪維規　59・502
洪維榦　49・39
洪　綸　59・274
洪　邁　58・16
59・202
76・461
洪　震　70・638
洪　撙　57・435
洪賜貴　58・602
洪　範(明)　70・516
洪　範(清宛平)　13・112
洪　範(清婺源)　57・516
洪　質　79・228
洪德悅　57・359
洪德祥　57・314
洪德棣　57・270
洪德稅　55・562
洪德裕　55・243
洪德歆　55・243
洪調笙　2・53
36・575
洪慶遠　57・291
洪　遵　58・13
59・196
洪澄源　79・124
洪　選　80・666
洪樂笙　13・739
洪　璠　60・46
洪樹元　57・269
洪橫秋　69・393
洪興周　77・656
洪興俊　55・264
洪學宏　59・585
洪學俚　59・107
洪學然　56・495
洪學登　67・462
洪學源　67・167
67・213
洪錫光　59・85
洪錫敷　57・220
洪錫疇　56・107
洪　龍　56・36
洪隱君　5・121
洪　璵　52・61
洪　聰　79・151
洪聯元　55・33
洪聯芳　55・327
洪　懋　67・472
洪　鍾(明崇仁)　70・258
洪　鍾(明惠安)　78・594
洪　鍾(清)　79・597
洪鍾吉　57・198
洪鍾聲　54・570
洪　爵　77・653
洪應斗　76・705
洪應悌　79・599
洪應瑞　59・154
洪應璜　60・323
洪　燮　62・432
洪　濤　50・539
洪濟清　57・291
洪禮昆　70・507
洪翼聖　77・365
洪　簡　80・432
洪　鎮　54・285
洪鎮蘭　57・324
洪　霦　56・194
洪　鵬　79・592
洪騰雲　56・100
洪騰蛟　54・170
洪　韻　58・235
洪　覺　55・52

洪覺斯　62・623
洪鐘培　80・670
洪鐘聲　57・475
洪鐘鏜　48・501
洪　顯　79・501
洪纖若　76・289
洪　鑾　2・93

洗

洗　効　78・454
洗　譔　80・195

宣

宣　文　20・107
宣　明　80・30
宣庭式　11・386
宣益三　51・650
宣輔民　35・492
宣德三　51・408
宣　蘊　2・86
39・804
42・547

宮

宮卜萬　28・226
28・401
宮大臣　80・542
宮元鼐　27・513
宮曰立　28・197
宮文信　25・654
27・52
宮文雅　13・229
宮去矜　20・794
23・275
宮丕基　28・34
宮　仙　29・506
宮廷桐　27・158
宮延慶　19・621
宮延澤　34・439
宮　安　18・379
宮　志　1・819
37・549
宮志涵　77・117
宮　玠　27・50
宮若峘　27・537
28・165
宮　英　43・261
宮　珏　27・51
宮　珂　27・50
宮　庭　27・50
宮國楨　25・129
宮國煦　25・129
宮國勳　25・129
宮國謹　13・230
宮從龍　19・604
宮　欽　4・145
24・515
27・54
宮勝律　23・270
宮　瑞　27・51
宮　瑄　27・50
宮　誠　27・49
宮　詵　27・49
宮　煥　27・55
宮殿甯　19・331
宮爾勸　4・465
23・270
宮　儀　27・55
宮德安　27・51
宮德輝　27・165
宮　璲　27・51
宮樹德　28・41
宮興禮　36・782
宮儒紳　36・31

宮　錟　27・53
宮澤遠　9・859
宮懋讓　2・101
　13・223
　16・449
　16・450
　20・493
宮應蛟　27・537
　28・165
宮　禮　27・49
宮　璹　27・51
宮　鏡　27・51
宮耀月　15・138
宮繼蘭　1・812
宮　鐸　27・144
宮　鑑　27・51
宮　鑰　27・52

扁

扁　鵲　7・24
　7・200

祖

祖之望　76・562
祖世英　76・529
祖世昌　9・736
祖存義　76・626
祖兆禎　12・509
祖克節　9・411
祖秀實　76・528
祖良禎　9・142
祖　珍(宋)　78・216
　79・299
祖　珍(清)　31・844
祖　珽　1・714
　30・58
祖　恭　77・360
祖　笑　47・481
祖浩然　76・618
祖　葉　76・752
祖道新　76・572
祖遺芳　76・458
祖德洪　76・560
祖德源　76・561
祖澤溥　2・1
祖鶴林　76・579
祖　鑑　74・439

神

神　暄　76・419

祝

祝人麟　58・579
祝九皋　53・506
祝士遠　53・550
祝大猷　39・79
祝之梅　58・539
祝之鋐　53・133
祝天保　1・845
　16・423
　20・488
祝元衎　52・391
祝元敏　28・29
祝元詔　52・548
祝友松　53・56
祝日珩　53・93
祝日璞　53・131
祝曰仁　53・504
祝六泉　69・575
祝文彬　58・359
祝文冕　32・584
　58・404
祝文龍　53・122
祝心銓　28・207

祝正圖　50・482
祝正鰲　52・632
祝世恒　41・402
祝世美　1・801
祝世萬　58・407
祝世祿　58・333
祝世燦　55・31
祝可久　53・85
祝可臣　51・660
祝可鐸　56・7
祝用和　58・347
祝立基　56・292
祝必旭　56・631
祝必厚　53・125
祝必興　56・14
祝永孝　4・228
　39・70
祝永壽　69・192
　77・365
祝邦仰　52・562
祝邦魁　53・500
祝　吉　57・535
祝　同　50・185
祝廷圭　76・630
祝廷相　58・423
祝廷煥　53・623
祝廷璿　53・344
祝仲陽　58・670
祝　江　53・175
祝如翰　53・66
祝孝先　6・483
祝孝濬　40・197
祝志龍　50・263
祝　芹　39・60
祝步墀　70・596
祝秀梅　53・149
祝佗父　7・144
祝希瑞　58・424
祝良墀　12・126
祝長青　60・96
祝長庚　69・552
祝長春　19・80
祝茂梅　58・552
祝來鳳　60・240
祝旺才　53・170
祝昌泰　76・630
祝和父　57・478
祝季芳　52・599
祝　佺　80・463
祝受華　53・77
祝河清　58・580
祝　泌　58・384
祝　波　52・211
祝治華　50・431
祝宗道　57・479
祝宜勉　58・347
祝孟謙　55・545
祝孟獻　58・314
祝　春　41・194
祝　挺　58・34
祝星霞　69・658
祝思信　2・27
　8・467
祝　俓　58・330
祝　修　69・563
祝衍洙　40・271
祝風同　11・96
祝恒盟　56・98
祝　洙　76・393
祝　祐　53・112
祝眉壽　58・405
祝　華　54・199
祝華三　53・416
祝華先　40・361

祝華凖 55・554
祝原慶 58・534
祝振武 39・91
祝時雨 58・565
祝時泰 75・593
76・200
祝　烜 53・179
祝　浚 53・38
祝　祥 1・816
47・63
祝祥壽 53・541
祝乾元 53・407
祝　堅 53・30
祝　捷 39・71
祝掄升 39・94
祝國璉 51・563
祝國璘 55・590
祝崑麟 52・631
祝得一 58・428
58・451
祝惟嶽 39・55
祝添濤 56・78
祝啓元 60・212
祝　紳(清城武) 39・96
祝　紳(清鉛山) 53・16
祝紹枚 53・124
祝　堯 47・339
51・182
祝萬康 53・407
祝萬齡 70・481
祝朝熙 76・636
祝　棆 58・538
祝　惠 69・596
祝景舜 53・555
祝　勛 61・449
祝　喻 4・367
39・59
祝順子 43・133
祝爲華 53・126
祝舜齡 77・39
祝遐齡 39・98
祝瑞福 51・332
祝雷復 74・546
祝雷聲 51・401
祝　睦 37・34
祝魁世 40・314
祝新吉 51・636
祝新畝 53・148
祝煌燔 58・363
祝　溥 20・786
祝福春 52・256
祝殿芬 51・460
祝嘉行 39・80
祝　壽(明鄆城) 40・157
祝　壽(明歷城) 5・109
祝壽朋 55・540
祝爾公 39・83
祝爾昌 39・86
祝　鳳(明) 78・341
祝　鳳(明曹縣) 41・122
祝鳳彩 58・452
祝鳳喈 4・299
10・134
祝鳳鳴 76・642
祝榮光 58・593
祝維嶽 4・140
祝　增 2・78
40・194
祝　蕃 52・185
59・175
祝稽禮 58・561
祝　德 76・209
祝德華 53・556
祝　賡 39・82

祝慶春　53・401
祝　疄　20・786
祝　穆　76・391
祝錫孕　71・544
祝錫榮　52・600
祝　徽　69・229
祝謨明　60・173
祝應起　58・573
祝應熊　65・195
祝　濬　50・185
祝　燾　53・110
祝　簡　39・95
祝鎮夫　69・574
祝　鯁　17・606
20・557
祝蘭孫　58・579
祝　獻　25・190
祝耀祖　65・108
祝　瀾　58・325
祝繼元　11・397
祝顯彩　51・608
祝　麟(明)　50・307
祝　麟(清)　51・527
祝觀瀾　53・623
祝　鑫　19・72
祝　鑾　42・215

祕

祕自謙　1・793
10・309

弭

弭子立　32・630
弭光崇　32・650
弭向榮　8・715
弭惠溥　8・719
弭道彰　6・154
弭漢輝　8・333

眉

眉鑑禪師　74・65

胥

胥士隆　71・90
胥正倫　71・1
胥汝衍　45・230
胥作霖　71・100
胥泗起　4・296
5・239
6・180
胥振勳　61・733
胥　倫　21・752
胥　訓　70・462
胥　菩　12・329
胥　袞　61・735
胥惕盤　72・16
胥　琬　21・389
胥　誠　72・18
胥漢臣　71・95
胥賓賢　61・690
胥　橋　61・714
胥應龍　61・766
胥繩武　47・352
胥獻珪　76・340
77・641

姚

姚一林　72・680
姚一柱　72・633
姚一桂　64・427
姚一理　47・343
姚一達　72・679
姚一誠　52・356
姚一經　5・386

姚一鶚　60・199
姚人鸞　77・548
姚又崇　77・535
姚三姑　77・601
姚三變　35・467
姚士奇　73・381
姚士奎　73・383
姚士湖　80・200
姚士廉　73・357
姚士龍　63・561
姚士蘭　72・680
姚大洋　57・118
姚大貢　71・481
姚大益　39・191
姚大順　73・379
姚大椿　77・375
姚才達　45・242
姚上迪　72・692
姚上進(清安福)　72・638
姚上進(清浮梁)　47・210
姚之英　39・183
姚之林　72・693
姚之典　39・196
姚之瑛　50・302
姚之璽　73・418
姚之衢　51・458
51・564
姚天瑛　76・561
姚天麟　25・160
26・29
姚元芳　51・601
姚元華　50・491
姚五全　62・559
姚五鼎　62・559
姚日輝　51・584
姚日曙　50・290
姚文明　1・843
16・421
姚文彬　72・625
姚文淵　5・217
12・538
姚文暉　45・128
姚文選　73・441
姚文龍　63・329
姚文臨　1・793
姚文灝　52・195
姚允魁　71・244
姚孔元　39・308
姚孔順　39・335
姚孔碩　39・321
姚玉瑞　39・200
姚正叔　72・602
73・156
姚世峯　56・356
姚　本　1・833
18・692
42・431
42・508
姚本忠　43・72
姚可榮　4・417
6・563
17・601
姚　旦　64・244
姚四維　44・484
姚用中　5・82
姚立德　2・4
姚必連　72・613
姚永年　39・197
姚永克　71・328
姚永錫　38・583
姚幼安　77・405
姚　吉　72・669
姚百勳　62・631
姚百禧　62・312

姚而賢　39・193
姚　成(元)　5・82
　5・84
　32・641
姚　成(清)　45・251
姚成立　13・726
姚光浚　10・43
　37・14
姚光顯　7・379
姚先昌　72・656
姚廷佐　76・561
姚廷格　77・588
姚廷訓　4・282
　5・240
　6・133
姚任道　79・367
姚自强　73・347
姚　全　76・351
姚全身　43・69
姚旭峰　72・655
姚汝洋　41・212
姚　安　39・182
姚安焄　72・656
姚安聲　72・638
姚志訓　50・489
姚芳亭　12・507
姚芳遠　63・374
姚克琦　39・297
姚步瀛　52・147
姚步衢　52・242
姚我觀　39・319
　39・432
姚作桂　77・578
姚作梅　26・131
姚作棟　5・237
　6・206
姚伯夔　71・538
姚　近　63・449
姚希得　75・398
姚　豸　39・290
姚　灼　30・303
姚　宏　39・217
姚良才　39・301
姚君路　35・511
姚奉逵　19・83
姚武增　45・284
姚長濟　78・583
姚　坦　4・78
　41・130
姚　坤　21・597
姚其昌　80・515
姚　英(明蒲城)　76・551
姚　英(明濰縣)　21・662
姚英振　53・139
姚英浩　45・36
姚來旬　39・332
姚來宣　71・238
姚松茂　53・160
姚松盛　5・363
姚述祖　2・31
　10・310
姚　東　77・361
　77・682
姚昌源　72・662
姚昌澳　72・681
姚　明　52・66
姚明經　58・590
姚　易　76・565
姚　典　52・399
姚　忠　75・642
姚　牧　7・288
　7・429
姚和陽　42・556
姚　金　71・339

姚金吾　41・210
姚金選　39・200
姚念祖　39・194
姚周甫　72・632
姚周禮　50・407
姚宗之　78・72
　78・227
姚宗科　65・514
姚宗温　21・358
姚定邦　72・678
姚孟嶼　75・410
　77・582
姚孟學　50・489
姚相朱　77・532
姚拱極　39・187
姚思曾　71・542
姚思誠　7・209
姚思睿　41・205
姚重錫　39・187
姚修身　39・178
姚　信　26・32
姚禹善　64・400
姚禹疇　63・556
姚　勉(宋長樂)　78・524
姚　勉(宋高安)　68・724
姚　勉(宋新昌)　64・172
姚　恒　78・190
姚洪學　12・128
姚冠武　39・321
姚冠德　31・64
姚祖武　39・309
姚祖蔭　39・310
姚祚昌　63・431
姚祚虞　50・401
姚　泰(明泰州)　77・94
姚　泰(明新昌)　63・532
姚　珪　50・531
姚起秀　60・384
姚耆寅　76・409
姚華宗　4・374
姚　恭(明連城)　80・680
姚　恭(明鉅野)　39・183
姚莊持　6・214
姚　桂　76・189
姚　振　39・188
姚振聲　43・71
姚致軒　72・677
姚時熙　43・540
姚恩甲　4・305
　6・175
姚　健　44・425
姚師譽　2・79
姚宸中　77・284
姚家緒　39・351
姚　恕　72・132
姚　翀　18・30
姚　琏　77・160
姚　理　71・528
姚培典　12・116
姚　著　7・78
　16・416
姚　黄　39・176
姚黄甲　78・193
姚盛田　45・251
姚盛苑　45・266
姚　捷　73・445
姚　掄　39・184
姚　堂(明)　77・39
姚　堂(清)　17・622
　18・499
姚國秀　77・444
姚國佐　70・605
姚國相　50・254
姚國旃　2・75

	41・66
姚國祥	50・537
姚國琛	62・406
姚國棟	4・296
	5・237
	6・179
	22・240
姚國樞	22・231
姚國慶	39・297
姚國璣	62・393
姚　崇	1・726
	73・191
姚進祥	62・439
姚進爵	62・445
姚象申	47・417
姚　章	21・586
	23・655
姚翊宸	39・294
姚望之	77・298
姚啓聖	75・385
	77・366
姚張斌	70・524
姚　隆	69・173
姚紹文	62・473
姚紹吉	64・568
姚紹科	62・462
姚紹修	33・81
姚紹祖	5・210
	8・604
姚紹泰	62・525
姚紹堯	62・479
姚紹誠	62・448
姚紹謨	62・470
姚葆素	47・158
姚朝棟	50・292
姚　棟	39・193
姚　雲	62・31
姚雲集	26・132
姚鼎燧	72・621
姚開逖	72・635
姚景崇	42・594
姚景清	19・115
姚景曦	51・257
姚　貴	5・82
姚　幅	62・509
姚策勳	72・674
姚　傑	25・172
	26・89
姚循義	78・454
姚舒密	39・286
姚舒鵬	39・306
姚鉅鼎	39・186
姚爲章	71・299
姚舜日	58・427
姚舜情	72・355
姚　善	47・90
姚　湘	7・79
	16・419
姚運熙	4・225
	38・566
姚登瀛	41・207
姚　發	71・330
姚夢麟	9・813
姚　楷	52・359
姚與成	72・296
姚　鉉(宋合肥)	1・736
	21・321
姚　鉉(宋維州)	39・139
姚詩志	9・144
	12・448
	12・535
姚誠身	43・69
姚　義	31・810
	32・335

	33・203
姚義恭	1・739
姚　溶	41・205
姚福祥	9・863
姚際元	43・75
姚　瑱	76・561
姚　瑤	76・462
姚熙績	52・218
姚　誾	1・725
姚鳴玉	79・427
姚鳴庭	39・184
姚鳴鳳	78・80
姚　箎	39・184
姚　銑	75・611
	76・168
姚　銓	47・318
姚鳳魁	18・744
姚鳳顯	39・200
姚廣武	4・333
姚精一	43・73
姚維衡	39・293
姚　綿	14・691
	42・941
姚　樞	1・760
姚標梓	45・165
姚　震	76・469
姚　質	72・662
姚德立	55・567
姚德重	21・339
	23・639
姚德溥	1・796
	10・563
姚徵俊	39・197
姚　鉉	38・540
姚賡虞	7・440
姚樂英	50・328
姚　璣	29・15
姚翰臣	39・297
姚　頤	72・335
姚　默	39・217
姚　勳	71・337
姚　興	5・84
	32・623
姚學甲	39・185
	39・430
姚學乾	21・752
姚錫華	20・99
姚龍光	2・92
	7・87
	16・451
	18・82
姚憲章	14・137
姚　聯	50・310
姚　懋	77・171
姚　魏	63・448
姚謙夫	38・644
姚應亨	53・397
姚應祥	52・362
姚應章(明)	73・379
姚應章(清)	51・528
姚應擢	41・210
姚　鴻	72・684
姚鴻杰	39・288
	39・439
姚鴻烈	7・405
	39・303
姚鴻陽	39・602
姚禮存	50・548
姚翼明	76・251
	76・269
姚　璿	76・622
姚瓊宴	76・577
姚瓊瑛	72・677
姚　鏌	75・372

姚蘊瓚　39・337
姚攀龍　73・337
姚　璽　73・344
姚鵬圖　13・497
姚懷祥　76・169
姚　瀚　72・348
姚　瀛　77・440
　77・451
姚繩祖　62・571
姚寶銘　76・146
姚寶謨　76・146
姚繼舜　61・461
姚體休　4・370
　39・321
　39・416
姚體份　4・369
　39・286
姚體俍　39・295
姚體備　4・368
　39・285
　39・414
　39・454
姚體儼　39・294
姚　顯　1・792
　1・835
　15・29
　15・133
姚顯揚　47・570
姚　觀　79・367
姚　鶴　21・136

飛

飛霞道人　57・528

勇

勇明綬　28・56
勇　慎　38・683

癸

癸　乙　7・158

紇

紇石烈延年　1・759
紇石烈胡剌　39・143
紇石烈執中　18・38

約

約禪師　76・497

紀

紀大奎　16・452
　19・4
　69・339
紀大德　53・435
紀才思　14・371
紀之健　13・227
紀之從　13・231
紀之復　13・227
紀天錫　4・265
　32・420
　33・298
紀元復　4・313
　31・834
　34・470
紀五常　22・252
紀曰舉　53・242
紀化魯　29・820
紀　公　30・634
紀公巡　11・1
　11・83
紀文坦　13・234
紀文哲　53・535
紀文談　58・154
紀文疇　76・256

	76・325
紀方春	53・438
紀以正	53・430
紀以崇	53・529
紀正廷	53・526
紀卯元	22・286
	22・566
紀　立	53・238
紀　圭	53・493
紀在譜	22・282
	22・550
紀有堂	22・282
	22・551
紀廷聖	78・627
紀任之	13・233
紀汝中	53・237
紀汝奭	22・290
	22・584
紀如山	41・218
紀岐鳳	12・143
紀伸甲	13・339
紀伯瑜	35・155
紀伯雝	53・539
紀孚兆	76・703
紀　杭	58・221
紀尚賢	37・666
紀明古	5・387
	36・437
紀　季	7・200
紀秉禮	13・349
紀　岳	22・281
	22・546
紀宗汪	79・185
紀宗瀚	79・181
紀孟禮	53・242
紀春雨	80・669
紀映鍾	76・210
紀秋水	18・358
紀保泰	11・462
紀保國	76・258
	76・325
紀　律	35・100
紀炳烈	53・529
紀　洪	1・826
	35・60
	41・283
紀冠軍	4・439
	29・820
紀連桂	9・891
紀振甲	40・362
紀振東	53・367
紀逢聚	41・218
紀　浵	32・612
紀　逡	17・691
紀象賢	53・653
紀許國	76・257
	76・325
紀　淦	2・49
紀堪瑜	40・202
紀喜仁	53・627
紀雲旂	14・131
	17・655
紀雲龍	14・131
	17・655
紀開泰	35・191
紀景昉	53・459
紀　喑	23・260
紀　策	53・547
紀敦睦	6・450
紀登陛	53・255
紀　熜	13・232
紀聖謨	22・297
	22・609
紀夢祥	13・232

紀夢傅　13・233
紀蔭老人　57・527
紀蔭南　14・140
紀　資　1・837
15・536
16・421
18・52
紀殿儀　35・154
紀　綠　53・435
紀　璠　13・234
紀　箖　53・571
紀鳳翔　71・60
紀　實　53・491
紀肇迹　53・580
紀　綱（清新城）　5・335
紀　綱（清鄱陽）　58・265
紀邁宜　2・46
32・453
33・77
紀　箱　53・272
紀　儉　22・311
紀德鋆　51・509
紀德錕　51・354
紀德鎏　51・245
紀徵善　51・196
紀徵瀅　53・536
紀　緘　53・235
紀　穆　53・341
紀學孚　51・231
紀學寬　51・555
紀學瀚　22・303
22・633
紀　鍈　53・547
紀縉光　11・450
紀懋勳　4・227
22・260
22・465
23・648
紀臨治　11・15
11・92
紀翼松　53・479
紀豐元　13・336
紀　鏞　53・392
紀騰蛟　22・258
紀　繡　4・154
紀耀昌　51・425

十畫

馬

馬一豸　43・541
馬一星　40・171
馬一陽　34・475
馬人龍　10・47
10・276
馬九功　5・142
13・766
馬九霄　45・332
馬九齡　14・134
馬三元（清魚臺）　37・717
馬三元（清臨朐）　19・390
馬三樂　43・59
馬士英　80・47
馬士明　61・249
馬士俊　41・401
馬士能　43・125
馬士梓　51・609
馬士達　10・151
10・271
馬士驥　68・368
馬大任　39・192
馬大相　41・391
馬大勇　5・359

馬大賓 76・242
馬大儒 43・60
馬大襄 43・626
馬上榮 80・37
馬上襄 80・232
馬千英 37・716
馬之屏 43・89
馬之現 9・443
馬之瑛 2・80
41・290
馬之裯 4・222
馬之圖 32・25
馬之驥(明信豐) 73・420
馬之驥(明益都) 4・183
17・569
18・344
馬子嚴 76・488
馬天俊 72・151
馬天根 80・37
馬天湘 12・395
馬天撰 17・616
19・561
馬天錫 9・440
馬天驥 43・104
馬　元 2・53
馬元升 23・443
馬元方 4・78
馬元吉 19・134
馬元珍 23・435
馬元順 53・609
馬元善 14・134
馬元瑞 14・710
馬元歆 78・565
馬曰驥 9・398
馬中良 37・711
馬仁瑀 4・82
9・807
15・524
16・403
20・481
馬化龍(明) 76・471
馬化龍(清) 42・397
馬公澤 47・340
馬丹陽 25・684
27・175
27・273
27・301
27・614
馬　文 38・247
馬文升 75・367
馬文吉 12・389
馬文光 9・432
馬文明 9・430
馬文政 19・577
馬文相 40・587
馬文亮 73・364
馬文健 39・177
馬文卿 42・988
馬文盛 1・814
36・426
馬文載 5・339
馬文魁 13・816
馬文會 43・107
馬文煒 4・129
17・538
馬文閣 11・441
馬文銓 80・52
馬文鴻 43・100
馬文顯 43・73
馬方文 11・460
馬方和 9・408
馬方萃 10・85
10・161
馬以芳 9・440

馬以佐 9・419
馬允中 9・422
馬允升 42・11
馬允孫 9・393
馬允登 10・40
馬孔昭 17・550
20・503
馬孔彰 43・196
馬　玉 77・403
馬玉珂 27・161
馬玉清 43・113
馬玉魁 4・308
馬玉簡 78・514
馬世奇 11・443
馬世珍 4・419
17・661
19・564
馬世隆 9・446
馬世琦 11・350
馬世祿 10・630
馬世璜 74・371
馬世醇 19・564
馬世驥 4・388
14・707
15・139
馬本固 18・356
馬可長 9・434
馬可貞 9・444
馬可教 12・330
馬可駿 14・373
馬可繼 10・67
馬石麒 19・577
馬田龍 10・79
馬四德 14・374
馬仙峰 43・77
馬印昌 2・54
13・495
馬立功 25・316
馬立賢 53・609
馬必第 9・411
馬必誠 9・429
馬必福 9・402
馬永印 43・117
馬永伯 32・439
33・66
馬永卿 53・197
馬永堅 11・446
馬永澤 28・219
馬邦玉 4・351
36・176
37・703
38・164
馬邦良 77・365
馬邦舉 4・352
37・703
馬式金 15・140
馬在止 37・713
馬百遒 8・12
8・627
馬有紱 7・389
馬　存 59・267
馬成蛟 35・467
馬成麟 74・532
馬　光 4・277
5・270
13・774
馬光祖 72・96
馬光森 15・157
馬光漢 12・493
馬同善 11・458
馬廷召 31・228
馬廷佐 5・380
馬廷萱 9・619
80・41

馬廷棟 30・325
馬廷熙 7・185
馬廷對 80・610
馬廷璣 10・158
10・246
馬廷鸞 57・536
58・680
59・226
馬仲安 35・155
馬任仲 76・384
馬价藩 9・421
馬自光 73・440
馬合馬沙 75・425
馬合麻 75・410
77・581
馬兆紱 14・136
馬兆楮 59・591
馬兆麟 75・682
馬名捷 5・266
馬　交 19・564
馬　江(清黄縣) 26・120
馬　江(清商河) 9・419
馬　江(漢) 37・821
馬汝平 27・796
馬汝舟 5・261
32・639
馬汝基 43・93
馬汝淮 11・437
馬汝榜 80・18
馬汝霖 10・164
馬汝櫓 35・157
馬汝驌 2・41
馬守正 36・527
馬　安(元) 5・101
43・259
馬　安(明) 5・142
13・764
馬安邦(清長清) 5・360
馬安邦(清歷城) 6・183
馬如珣 20・113
馬好基 17・644
馬好學 38・224
馬　玗 6・288
馬志信 9・402
馬志道 38・682
馬志融 9・418
馬芸臺 11・437
馬芳辰 12・390
馬克敬 15・38
15・133
馬步雲 23・434
馬步瀛 36・38
馬見龍 10・240
馬岐山 42・402
馬　秀 9・432
馬秀儒 4・407
20・103
馬佐順 72・478
馬　伸 4・209
31・819
32・440
33・67
馬作梅(清無棣) 13・156
馬作梅(清臨朐) 19・393
馬作肅 14・376
馬伯行 19・587
23・619
馬伯修 36・175
馬伯恭 25・53
馬伯通 34・470
馬　伶 35・686
馬希孔 14・143
馬希曾 7・382
馬希賢 11・93

馬宏澤 23·434
馬　良(明太倉) 77·447
馬　良(明臨清) 14·726
42·967
馬君櫓 27·159
馬壯基 23·623
24·295
馬　武 9·715
馬青田 40·284
馬青選 12·143
馬長春 4·410
17·593
馬長勉 9·444
馬長淑 4·404
11·207
17·630
19·557
馬坰驥 43·94
馬　其 20·794
馬其壯 26·130
馬　英(明) 79·58
馬　英(清) 9·443
馬來崐 6·673
馬來琛 19·401
馬來慶 19·331
馬東里 43·112
馬　郁 31·823
馬奇峯(清魚臺) 37·726
馬奇峯(清慶雲) 11·445
11·460
馬卓峯 11·442
馬味道 4·255
10·636
馬昆元 10·139
馬昌隆 37·700
馬昌傑 42·765
馬昌運 40·504
馬昌圖 18·737
18·829
馬明生 7·23
7·211
15·613
17·672
32·479
33·557
馬明宗 14·733
馬明瑞 1·793
8·466
馬　迪 77·362
馬迪慶 14·146
馬　忠 1·829
38·682
馬忠菴 9·482
馬忠藩 9·427
馬　岍 41·403
馬知節 1·742
11·41
馬秉元 45·309
馬秉忠 14·132
馬　佶 9·440
馬佩紳 43·85
馬金波 9·848
馬金錫 14·740
馬　周 4·54
17·680
20·570
馬周卿 80·758
馬　京 43·189
馬性淳 4·160
43·110
馬性魯 77·140
馬河圖 18·745
馬宗海 14·135
馬宗湯 9·419

馬定一 80・28
馬定邦 80・46
馬定國 4・196
馬官雲 19・402
馬祈扈 37・687
馬承光 19・307
馬承恩 29・618
馬承溪 36・772
馬承賓 77・344
馬　孟 13・147
馬孟乙 14・724
馬春芳(明) 40・121
40・266
馬春芳(清) 45・133
馬春谷 74・51
馬　珂 9・430
馬　玳 36・540
馬　珍 7・371
馬南星 19・394
馬　相(清長汀) 80・54
馬　相(清順天) 30・235
馬　柱 9・432
馬　咸 57・535
馬奎辰 12・390
馬　拯 12・104
馬　貞 15・150
馬映奎 10・156
馬映琬 39・345
馬星翼 37・710
馬星蟾 10・154
10・244
馬昭臺 9・407
馬思恭 18・693
42・431
馬思理 75・614
78・498
馬思問 22・250
馬思聰(明青縣) 12・195
馬思聰(明莆田) 77・401
78・64
馬哈麻 77・54
馬哈謀沙 76・348
馬衍祉 38・719
馬負書 22・239
馬負圖(明) 25・644
27・154
馬負圖(清) 39・185
馬風雲 42・800
馬胤卿 15・524
16・402
馬　亮(宋) 1・740
75・395
馬　亮(明) 1・840
14・298
15・533
16・417
馬　亮(清昌樂) 19・121
馬　亮(清鄒平) 5・277
馬亮功 37・710
馬庭荊 5・196
馬庭楠 5・197
馬庭箕 19・563
馬彥光 72・561
馬恒謙 17・608
19・553
馬美紹 37・720
馬炳章 77・288
馬　炤 13・729
馬洪慶 8・13
8・628
馬　宥 4・148
馬　宮 4・15
30・75
36・449

馬冠華	34・269
馬泰伸	9・395
	9・495
馬　珠	43・96
馬珠龍	10・161
馬　珩(明安邑)	1・798
	8・315
馬　珩(明萬全)	40・10
	40・183
馬　珩(明臨朐)	19・293
馬　珮	4・156
馬　珣	41・396
馬素閑	43・130
馬素祺	43・93
馬　貢	43・62
馬華峯	37・689
馬華國(清弋陽)	50・500
馬華國(清鄆城)	40・517
馬　荷	20・120
馬　荅	9・199
馬真德	2・34
	6・325
馬桂林	43・71
馬桂馨	19・407
馬　桐	19・574
馬連元	11・461
馬速忽	77・38
	79・289
馬振文	13・232
馬振玉	2・109
馬振業	18・525
馬振潛	80・48
馬振鐸	18・528
馬時俊	45・92
馬時泰	16・425
	20・488
馬時敘	1・815
	42・583
	42・817
馬時熾	59・591
馬時顯	15・145
馬　釗	6・181
馬　卿	42・747
馬逢伯	17・587
馬效廉	73・154
馬　悅	9・411
馬益著	19・316
馬凌雲	9・854
馬海泉	9・443
馬家祉	73・184
馬家益	15・139
馬家檝	10・83
馬　袍	43・111
馬祥龍	9・413
馬書鼎	20・115
馬　陶	27・315
	27・785
馬　能	78・453
馬能才	74・323
馬　翀	2・100
	16・444
	20・491
馬翀漢	5・270
	13・775
馬純仁	25・271
	25・308
馬純錫	4・418
	17・623
	19・577
馬　珺	23・442
馬培元	31・61
馬　乾(明長汀)	80・17
馬　乾(明高陽)	21・133
馬　掄	20・546

馬掄升 13·800
馬　彪 37·854
馬常沛 17·623
19·561
馬國明 41·412
馬國柱 40·587
馬國超 32·648
馬國棟 5·374
8·618
馬國禎 14·125
14·185
17·590
馬國徵 4·401
馬國翰 4·289
6·175
馬國藩 42·201
馬崇本 37·711
馬　符 11·472
馬　偉 23·282
馬偉功 37·716
馬進功 36·661
馬得貞(見馬得禎)
馬得禎 2·68
37·564
馬從聘 16·428
18·60
馬從義 27·433
28·9
馬從龍(明) 4·256
17·552
馬從龍(清) 23·261
馬翊宸 9·401
馬惟貞 14·144
馬惟聰 5·211
8·606
馬眷德 9·399
馬清澇 9·415
馬清傑 30·118
馬淑均 37·699
馬　淮 9·400
馬　淳(明) 12·196
馬　淳(清) 5·341
10·131
10·273
馬　涵 10·152
馬　寅 75·493
馬寅孫(舊五代史作裔孫) 4·63
馬啓元 34·275
馬　逮 72·437
馬　隆 4·35
馬　貫 38·219
馬　紹 4·88
15·531
37·116
38·160
馬紹文 5·337
10·129
10·235
馬紹孔 5·341
10·129
馬紹芳 1·830
馬紹武 5·341
10·128
馬紹周 5·341
10·128
馬紹禹 5·341
10·127
馬紹堯 5·338
10·128
10·264
馬紹舜 5·341
10·129
10·272
馬　琳 80·177

馬　琰　14·732
馬　琬　80·672
馬超羣　17·668
馬彭年　77·503
馬達德　9·418
馬斯祖　12·328
馬斯臧(明長山)　43·541
馬斯藏(明菏澤)　37·837
馬　葳　12·103
馬萬壽　23·442
馬萬鍾　31·829
馬敬泰　5·357
馬朝才　5·183
　　10·123
馬朝用　19·585
馬朝宗　36·491
馬朝俊　5·353
　　10·386
馬朝卿　43·58
馬　葵　9·433
馬　森　75·495
　　76·43
馬極明　12·389
馬軼淪　37·845
馬惠鏜　15·171
馬　雄　44·447
馬雲車　9·438
馬雲逵　20·103
馬雲從(明)　38·717
馬雲從(清)　41·67
馬雲程　19·401
馬雲路　20·119
馬雲會　2·69
　　30·63
馬雲龍(明)　20·107
馬雲龍(清)　32·45
馬雲鶴　38·224
馬開和　12·386
馬開泰　37·710
馬景春　11·444
馬景約　75·645
　　76·194
馬景泰　11·440
馬景隆　30·95
馬景嵐　8·717
馬景曾　37·712
馬景熙　34·233
馬景鍇　10·161
馬　智　13·233
馬復誠　34·271
馬　欽　25·358
馬欽久　11·446
馬猶龍　72·185
　　72·384
馬敦源　33·285
馬　愉　4·99
　　15·552
　　17·515
　　19·288
馬　愔　9·403
馬　善　80·326
馬道成　5·142
　　13·765
馬道修　12·398
馬　遂　1·742
　　11·89
馬曾秀　9·402
馬　焻　2·91
馬　湘(唐)　77·358
馬　湘(清)　19·134
馬　渭　20·115
馬　淵　5·341
　　10·131
　　10·236

馬裕霖　11·434
馬祿有　59·591
馬　尋　4·140
31·772
馬　登　59·617
馬登科　14·738
馬登泰　15·164
馬　馴(明)　80·2
馬　馴(清)　18·736
42·464
馬　琾　2·97
16·442
19·4
馬　瑞　10·133
馬瑞辰　12·389
馬瑞定　50·60
馬瑍光　43·297
馬載陽　43·132
馬載圖　18·736
42·464
馬聖符　37·677
馬聘三　14·399
馬幹臣　9·405
馬椿年　20·119
馬　楫　9·26
馬　暈　19·289
馬照藜　2·59
35·65
馬嗣煜　12·189
馬　筠　11·450
馬傳洵　10·164
馬傳遠　35·157
馬　魁　5·189
10·626
馬　鉞　42·401
馬　鉉　73·146
馬詢亭　4·329
馬廉澗　11·447
馬新貽　4·365
37·852
馬　煌　11·444
馬　煥　72·101
馬　福　1·808
13·494
馬福迎　37·726
馬福恒　37·713
馬福翻　12·383
馬　肅(元)　57·487
馬　肅(明)　5·191
10·626
馬殿奎　4·384
馬殿洲　80·232
馬殿卿　9·424
馬經邦　1·806
9·26
馬經綸　1·803
33·692
馬經選　23·254
馬壽延　12·382
馬壽祺　10·52
馬　輔　23·655
馬碩德　23·434
馬爾森　19·425
馬爾錕　18·742
馬爾壎　41·199
馬　摠　40·3
40·177
馬蜚聲　77·200
馬閶如　19·574
馬鳴起　77·699
馬鳴輪　43·67
馬鳴顯　18·423
馬　箕　17·666
馬毓芝　18·505

馬毓林 9・401
馬毓柱 9・414
馬毓珩 19・319
馬毓寬 37・689
馬毓德 7・449
馬毓豐 37・689
馬鳳占 41・405
馬　廣 5・132
32・642
馬端臨 59・354
馬　適 48・481
馬　榮 80・16
馬榮光 19・134
馬榮華 12・295
12・367
馬漢英 37・674
馬賓王 35・148
馬肇基 13・793
馬緒曾 14・739
馬維垣 10・157
馬維柔 43・127
馬維恕 37・689
馬維棨 37・688
馬維駰 8・467
馬維駒 19・572
馬綿祚 5・338
10・125
馬綿祿 5・338
10・124
馬綸華 77・588
馬綬卿 9・407
馬　璋(明) 12・389
馬　璋(清) 43・124
馬　憘 9・411
馬　駧 5・270
13・774
馬增華 37・675
馬　慤 7・80
16・428
馬蕃錫 9・399
馬賢佐 36・222
馬　撝 16・416
馬　輝 37・711
馬德元 38・268
馬德芳 9・491
馬德盛 80・232
馬德榮 9・491
馬德麟 38・159
馬　徵(明南城) 71・345
馬　徵(明臨朐) 17・517
19・288
馬　魯 17・682
20・570
馬　諒 1・774
馬慶茲 80・232
馬　遵 59・209
馬遵烈 19・316
馬　潤 5・341
10・132
10・269
馬　澄 19・561
馬澄源 14・136
馬履中 5・277
馬履序 80・44
馬　豫 4・222
14・712
42・961
馬樂東 14・392
馬　璥 42・399
馬　璘 37・839
馬　樸 43・83
馬　整 9・418
馬　融 23・350
馬　默 4・75

馬寵錫 9·440
馬繩祖 5·194
馬獻墀 2·97
16·440
19·3
馬夔龍 17·593
馬寶琦 36·684
馬寶瑨 36·684
馬繼祖 14·109
15·534
16·419
馬繼曾 37·780
馬　驄 75·623
76·192
馬　驂 9·412
馬權文 80·28
馬權奇 80·46
馬　鐸(明) 75·516
78·487
馬　鐸(清) 11·445
馬鶴亭 15·165
馬　驎 73·416
馬體元 42·4
42·13
馬體恭 14·714
馬體乾 73·146
馬體愚 37·671
馬體震 37·682
馬　鑑 38·720
馬　驌 4·288
5·269
13·773
馬　顯 29·13
馬顯錫 9·399
馬　麟(明) 1·774
馬　麟(明瑞昌) 48·318
馬麟甲 12·386
馬觀光 37·697
馬　钂 25·303
馬　灝 10·152
馬　驥(明代州) 27·355
27·798
馬　驥(明安邱) 17·514
20·101
馬　驥(明新城) 5·176
43·268
馬　驥(清) 77·590
馬　驤(明) 1·815
馬　驤(金) 4·211
5·71
10·629
37·803
41·60
馬　讜 19·322

秦

秦三輔 1·791
43·192
秦士文 31·322
31·331
32·4
秦士望 80·762
秦士楨 32·4
秦大同 44·429
秦大同 45·173
秦大鵬 5·193
10·628
秦大夔 14·704
42·951
秦　川 33·589
33·805
秦太華 11·440
秦太璞 9·697
秦　仁 2·47

秦振雷 11・440
秦時中 38・218
秦 恩 77・531
秦師彭 79・216
秦效曾 14・401
秦浩然 15・138
秦陸海 11・473
秦 娥 74・49
秦 紘 4・100
14・400
37・730
38・220
38・323
秦 純 52・553
秦 著 5・71
10・123
秦 奢 7・158
秦國用 77・31
秦國龍 32・137
秦 崇 38・219
38・323
秦 敏 37・119
秦象離 9・892
秦 商 4・4
35・602
秦淑凱 34・310
秦 淮 4・310
31・804
秦 淦 75・406
76・204
秦 密 6・221
秦 琳 2・76
秦 彭 1・692
37・33
37・545
39・138
秦 敬 75・367
秦敬受 11・459
秦 惠(明禹城) 5・193
10・628
秦 惠(明欒陵) 9・73
秦貴三 11・447
秦 詠 74・432
秦 斌 80・151
秦 善 44・429
秦裕伯 1・765
23・127
23・614
秦 弼 33・695
秦蓉瑞 52・548
秦 椿 79・220
秦 楨 26・111
秦福源 13・739
秦 禎 25・181
秦經國 75・432
79・65
秦嘉祥 32・134
秦蕖瑞 53・45
秦爾煥 52・632
秦 僎 44・138
秦震鈞 2・109
23・407
秦撝吉 50・62
秦德美 48・579
秦潔已 19・36
秦 璣 31・335
32・6
秦 擎 31・826
秦曉信 19・130
秦錫鎮 14・394
秦 辨 31・836
32・414
33・296
秦 駿 48・468

秦駿聲　11・437
秦　環　13・725
秦檢身　11・445
秦鍾震　79・270
秦應逵　11・45
30・64
33・82
42・392
秦　璿　31・335
32・6
秦　瓊　4・55
5・46
秦翹翰　53・18
秦　韞　77・48
秦　璧　80・16
秦　鏞　1・847
秦　勷　17・638
19・563
秦繼仲　36・178
秦繼泰　35・192
秦　露　4・360
32・140
秦鶴年　38・226

泰

泰山老父　32・478
33・557
泰　富　36・202
泰　興　28・495

敖

敖　山　4・181
38・560
敖曰騰　52・351
敖化成　61・529
敖文正　62・72
敖功遠　68・508
敖仲山　66・420
敖仲實　61・490
敖守絢　65・298
敖守蘭　73・256
敖　英　65・89
敖拔琇　66・458
敖宗瑚　68・258
敖宗慶　66・171
敖真人　63・185
敖　連　61・558
敖高壽　62・192
敖陶孫　75・549
79・13
敖　淳　41・289
敖雲躍　65・304
敖奠華　61・545
敖　鉞　62・48
敖毓元　66・145
敖　銑　62・57
敖榮繼　66・202
敖德崇　66・346
敖　遴　62・395
敖　澄　66・122
敖　璠　66・170
敖　鯤　66・177
敖　瀾　66・262
敖繼公　75・577
78・476

班

班　仙　25・602
班　言　15・567
17・526
班孟堅　39・138
班　聯　41・188

埋

埋庵和尚　71・366

貢

貢安國　1·800

貢　禹　4·15

4·17

4·22

17·456

貢師泰　75·361

袁

袁一士　2·63

袁一本　62·373

袁一芝　60·622

袁一先　80·533

袁一忠　60·710

袁一修　62·96

袁一埈　60·624

袁一桂　6·457

袁一菁　60·580

袁一唯　60·578

袁一康　41·162

袁一蓀　60·594

袁一鳳　60·543

袁一藻　60·680

袁一飏　60·593

袁一鼇　60·550

袁一驥　75·380

袁人伯　61·278

袁三錫　61·267

袁士瑋　60·623

袁大中　49·134

袁大有(明)　70·220

袁大有(清)　7·433

袁大茂　48·373

袁大高　73·436

袁大猷　35·488

袁　才　60·552

袁上巡　61·378

袁　山　61·259

袁之升　32·611

袁之和　9·419

袁子良　61·296

袁天相　74·226

袁天逵　80·97

袁天敘　26·118

袁天啓　61·285

袁天祿　77·377

袁太初　67·541

袁太和　17·667

20·791

袁日祥　62·426

袁日葵　51·101

袁日榮　60·714

袁日觀　6·409

袁中立　2·103

26·20

袁中道　76·401

袁仁元　71·86

袁化中　4·216

12·114

12·164

袁公冕　5·131

32·610

袁　勿　5·207

袁文邵　70·95

袁文英　70·442

袁文郁　70·231

袁文思　30·732

袁文域　44·461

袁文紹　76·399

袁文超　76·404

袁文棟　37·5

袁文渙　70·93

袁文煥　62·360

袁文熥　18・534
袁文暻　70・94
袁文衡　5・152
袁文錚　68・530
袁文鎧　68・531
袁文觀　70・93
袁方泰　66・375
袁以敦　68・274
袁以諒　61・354
袁玉睿　72・636
袁玉麟　64・241
袁正規　75・414
　78・461
袁去華　67・11
袁世用　78・389
袁世琦　60・625
袁世傑　6・489
袁世緒　41・187
袁　本　72・91
袁本初　61・518
袁本澄　41・173
　41・232
袁可立　1・771
袁可式　5・264
　32・648
袁可準　14・129
　17・667
袁可觀　12・142
袁丕榮　38・276
袁用相　71・442
袁用賓　62・642
袁用禮　73・27
袁立本　39・710
袁立初　70・209
袁立棟　37・707
袁立煌　74・269
袁幼完　6・384
袁吉祥　73・248
袁成均　68・386
袁成能　75・463
袁光斗　15・167
袁光儒　68・138
袁　年　16・427
　18・53
袁廷颺　45・179
袁自新　69・458
袁向龍　34・304
袁　舟　77・404
袁　旭　4・150
　14・362
　71・121
袁旭親　50・120
袁名祝　74・244
袁汝文　74・224
袁汝昂　72・542
袁汝虔　35・473
袁汝琈　41・231
袁汝弼　12・120
袁汝檝　77・397
袁汝璧　61・190
　61・224
袁守仲　43・621
袁守侗　4・270
　5・303
　43・592
袁守定　68・245
袁守珽　5・305
　43・600
袁守莊　43・627
袁守侀　5・303
袁守鈿　43・621
袁守誠　5・304
　43・594
袁守義　4・270

姓名	卷·頁
袁守儀	5·304
	43·593
袁守謙	5·304
	43·621
袁　安	1·693
	7·337
袁安吉	45·131
袁　艮	77·96
袁如心	72·593
袁如愚	6·468
袁如筠	68·431
袁均治	68·488
袁均荷	41·212
袁孝顯	60·676
袁芳名	60·559
袁芳杏	60·598
袁芳谷	60·697
袁芳松	60·544
袁克英	60·686
袁克昌	60·627
袁克季	60·733
袁克勤	77·168
袁克齊	41·235
袁克綱	60·629
袁克覲	60·628
袁克贊	60·634
袁　杉	76·349
袁　抗	44·39
	68·20
袁　岠	5·291
	6·475
袁　佑	41·759
	41·865
袁作孚	5·267
袁作梅	61·385
袁伯明	61·534
袁希孔	61·104
袁希白	77·93
袁希顏	1·848
	25·192
	26·570
袁　辛	73·248
袁沛霖	41·191
袁宏德	1·794
袁良文	60·705
袁奉天	39·708
袁　玭	73·412
袁青雲	42·795
袁　表	75·593
	76·96
袁　坡	68·485
袁其智	7·405
袁　英	50·53
袁英才	62·635
袁范金	61·404
袁松齡	61·271
袁　述	22·236
袁東蔚	66·264
袁　雨	76·462
袁奇蘊	5·132
	32·611
袁　昊	63·540
袁　昆	77·397
袁明善	69·312
袁迪成	63·482
袁知人	80·143
袁　季	60·646
袁秉中	62·577
袁秉正	34·169
	34·335
袁秉星	61·559
袁秉清	61·711
袁秉震	45·248
袁　侗	42·791

袁　采　77・38
袁　京　60・741
袁　怡　61・101
袁　炎　50・115
袁法伍　6・488
袁法宗　71・65
袁法勉　36・620
袁法常　6・489
袁　沺　41・189
袁泳錫　6・144
袁治性　43・618
袁治凱　42・403
袁宗治　41・192
袁宗瑜　41・193
袁宗聖　72・333
袁宗燿　75・460
　　　　75・624
袁宗耀(見袁宗燿)
袁定遠　2・108
　　　　23・626
袁定魁　61・272
袁宜廷　60・718
袁建中　61・576
袁建高　5・255
　　　　32・611
袁承紡　5・302
　　　　43・589
袁承祖　5・303
　　　　43・620
袁承絨　5・303
　　　　43・591
袁承焜　5・305
　　　　43・600
袁承績　43・620
袁承寵　4・274
　　　　5・303
　　　　43・590
袁孟樓　41・407
袁孟龍　1・807
袁　炁　68・506
袁春蓉　74・229
袁　珍　12・308
袁　梲　12・115
袁貞良　38・230
袁映斗　49・427
袁　畛　41・212
袁　昭　79・373
袁思振　15・167
袁　科　45・19
袁保益　36・38
袁　泉　10・149
袁勉新　72・678
袁　亮　12・328
袁　度(元)　5・94
　　　　6・202
袁　度(宋)　71・126
袁彥正　72・375
袁彥齡　44・539
袁　音　41・205
袁炳堃　4・361
袁　洪　51・23
袁洪愈　76・464
袁　洙　67・15
袁冠德　72・363
袁祖仲　72・374
袁　陟　44・40
　　　　68・345
袁　泰(明邵武)　77・179
袁　泰(明肥城)　33・589
　　　　33・693
袁泰傑　74・281
袁　珙　70・219
袁起宇　60・597
袁起炳　60・692

袁起烔 60·634
袁起渭 60·639
袁起鳳 70·230
袁起潤 60·733
袁起濤 60·558
袁　都 60·746
袁華祝 45·95
袁華軒 74·348
袁恭炳 60·723
袁桂甲 15·168
袁　桐 21·155
袁振烈 60·632
袁振裕 60·692
袁振緒 41·188
袁振藻 61·618
袁振瀛 4·361
袁　晉 77·189
袁晉煃 2·55
袁時中 74·225
袁時述 62·452
袁恩覃 21·632
袁　倬 32·140
袁師百 80·549
袁逢吉 1·732
袁高禮 74·187
袁　烜 73·339
袁　海 33·258
袁　浴 13·119
袁宸黼 2·72
32·1
袁　容 51·23
袁祥松 62·528
袁書鼎 36·37
袁純暇 72·674
袁純德 72·336
袁　理 70·423
袁　彬(明) 64·247
袁　彬(清) 38·228
袁盛瀚 73·359
袁　堂 73·358
袁國年 59·522
袁國棟 71·142
袁　崧 60·726
袁　崐 18·540
袁崇冕 4·200
5·131
32·610
袁崇煥 77·212
袁象先 18·20
袁象賢 61·93
袁逸才 67·565
袁章華 2·45
袁章煥 70·440
袁　望 73·78
袁淩雲 41·194
袁淩漢 41·194
袁淑長 42·791
袁淑騫 61·332
袁　梁 37·677
袁涵元 61·380
袁　紱 76·407
袁紹斗 74·42
袁　琳 70·423
袁　琛 67·115
袁　達 75·460
75·593
袁斯洵 61·402
袁斯純 77·191
袁斯球 61·403
袁斯彬 6·489
袁斯魯 32·134
袁斯遵 61·314
袁萬青 77·388
袁萱林 50·73

袁　葵　41・754
　41・851
袁雲蒸　4・302
　5・302
　43・615
袁開第　63・475
袁　閎　61・438
袁景文　5・302
　43・588
袁景芳　4・281
　5・302
　43・587
袁景初　5・188
　10・382
袁景昌　43・620
袁景熙　37・4
袁　貴　73・78
袁智達　61・743
袁喬登　60・706
袁　皋　60・655
袁　皓　60・575
袁　復　73・231
袁舜臣　6・488
袁舜裔　2・41
袁　斌　66・482
袁　道　72・447
袁道宏　29・619
袁道林　47・509
袁　裕　4・92
　38・405
　38・534
袁裕琳　61・416
袁　弼　5・131
袁登先　14・129
袁　發　61・429
袁發魁　49・53
袁　絢　44・501
袁蓮芳　45・139
袁夢吉　4・438
　29・618
袁夢旂　72・467
袁　楷　58・170
袁　楨　1・794
袁　楫　6・452
袁　軾　60・747
袁　輅　60・705
袁業汾　60・588
袁業泗　60・540
袁業渠　60・617
袁業韶　60・577
袁業濂　60・551
袁嗣彥　50・98
袁嗣傑　50・75
袁嵩年　18・520
袁　棨(明)　1・814
袁　棨(清)　68・261
袁　鉞　61・716
袁會祺　41・213
袁會禧　41・218
袁　廉　12・122
袁　愷　38・541
袁　煃　41・78
　41・203
袁　溥　12・110
袁　準　41・196
袁　禎　37・831
　68・114
袁經訓　60・746
袁　璉　61・367
袁　瑤　4・222
　29・617
袁嘉言　73・339
袁嘉保　73・338
袁嘉德　73・338

袁嘉縉 61·359
袁壽齡 61·259
袁　熙 60·615
袁　蔚 74·234
袁　輔 71·124
袁聞性 80·762
袁　鳴 65·243
袁　銛 76·385
袁　銘 73·29
袁銘泰 68·273
袁　鳳 67·13
袁鳳翔 64·404
袁鳳齡 61·152
袁廣杞 41·209
袁　端(明) 73·302
袁　端(清) 61·554
袁　潢 41·209
袁　漸 68·35
袁　寬 61·576
袁　隨 22·230
23·621
袁　綽 6·353
袁維拔 61·373
袁綿祚 41·186
袁　瑾 17·586
18·577
袁　稽 1·840
14·216
16·426
32·445
33·71
袁　邁 43·116
袁　樞 76·430
袁　檦 77·399
袁　震 65·245
袁　遺 1·693
袁德吉 60·732
袁德保 6·447
袁　鉉 5·304
袁魯訓 60·586
袁　慶 5·127
袁慶祥 60·656
袁　養 38·235
袁　熗 41·216
袁　樂 74·392
袁樂御 51·78
袁　緯 66·487
袁樹人 51·76
袁勵杰 19·73
袁　勳(明章邱) 5·127
32·627
袁　勳(明惠民) 12·115
袁勳元 49·126
袁學古 22·263
22·476
袁學容 68·390
袁學道 12·315
袁學賓 73·380
袁學濂 70·104
袁學謨 49·20
袁學顯 79·369
袁錫光 60·649
袁錫卣 18·696
42·435
袁　憲 70·423
袁憲章 15·42
袁　瞉 77·208
袁　聲 5·255
32·598
袁懋功 2·6
袁懋芹 51·68
袁懋德 2·30
袁懋謙 68·209
袁懋績 77·141

袁邇臣　60・745
袁　擯　5・207
　8・603
袁　黝　68・121
　77・140
袁鍾秀　73・414
袁膺冕　29・618
袁應梓　61・353
袁應夢　64・262
袁應龍　59・45
袁　謨　5・132
　32・611
袁　燏　41・217
袁　鴻　77・42
袁鴻舉　18・553
袁濟元　51・108
袁邃成　63・487
袁縡祚　58・229
袁　鎬(明)　76・385
袁　鎬(清)　5・304
袁　鏗　67・541
袁騰雲　60・725
袁騰蛟　42・291
袁　贇　58・247
袁　韻　5・132
　32・611
袁曦業　76・204
袁繼芹　60・685
袁繼咸　60・658
袁繼威　60・747
袁繼祖　22・248
袁繼衮　60・620
袁繼梓　60・589
袁繼業　22・248
袁繼誠　60・706
袁繼綱　5・304
袁繼樟　60・681
袁繼儉　5・304
　43・595
袁繼頤　41・201
袁繼騰　60・748
袁　龢　1・706
袁鶴齡　61・409
袁　鑑　75・420
　77・503
袁　瓚　22・248
袁顯業　5・304
袁顯輝　74・281
袁顯鋙　41・204
袁顯鍔　41・204
袁讓祥　70・335

都

都士能　9・815
都之起　9・852
都光大　31・3
都命新　9・852
都周南　21・748
都　昶　4・150
都　欽　37・848
都　勝　11・283
都　隨　59・34
都　頡　59・77

耿

耿天九　2・60
　36・145
耿元海　6・485
耿曰本　4・298
　43・300
耿曰恂　43・298
耿曰桐　43・296
耿曰章　43・297
耿曰棠　6・153

耿曰椿　4・284
43・298
耿　介　8・317
耿文蔚　27・111
耿方田　13・395
耿允樓　1・839
16・434
耿玉戈　5・335
43・304
耿本棋　12・143
耿弘煒　43・267
耿邦禮　13・425
耿廷恢　43・501
耿　全　21・650
耿安之　43・109
耿如杞　38・540
38・613
耿志遂　5・314
43・289
耿志漣　5・313
43・279
耿克仁　5・314
43・281
耿佐明　76・473
耿　位　5・313
43・287
耿含光　23・132
38・574
耿宏昌　5・165
耿宏烈　5・165
43・269
耿宏啓　5・313
43・288
耿宏雅　5・165
耿宏煒　5・165
耿宏圖　5・165
耿宏勳　5・313
43・289
耿長謨　12・501
耿尚忠　5・136
13・758
耿　明　4・152
38・536
耿季璋　5・334
43・288
耿秉方　2・75
耿金殿　4・385
耿　況　27・280
27・305
耿宗宣　5・313
43・281
耿宗捷　5・333
43・291
耿宗璋　5・314
43・289
耿宗譚　5・314
43・288
耿南仲　39・216
耿思恭　11・297
耿思綦　11・147
耿思愛　26・8
耿思濟　5・314
43・289
耿思躅　5・314
43・289
耿胤樓　7・83
耿庭杰　5・165
43・269
耿庭柏　5・164
43・264
耿庭柱　5・165
43・269
耿庭栻　5・165
43・269

耿庭梓 5·165
43·268
耿庭楫 5·313
43·274
耿庭楙 5·313
43·276
耿庭機 43·274
耿恆志 13·418
耿振基 13·413
耿　峻 4·140
16·408
19·2
23·244
23·632
耿　通 4·215
5·183
15·106
15·141
耿　純 1·694
耿純思 11·294
耿從仕 13·414
耿章光 38·566
38·619
耿惟直 13·380
耿惟常 5·159
43·604
耿惟慎 13·374
耿斯沛 43·279
耿惠遠 36·519
耿雁舉 38·574
耿翔儀 13·404
耿羡祖 11·96
耿　温 5·163
43·261
耿榮昌 8·417
耿幾父 1·743
38·680
耿　楨 39·102
耿路烈 34·295
耿煥光 41·205
耿嘉樂 2·110
19·586
23·626
耿壽平 4·380
38·549
耿壽增 13·396
耿鳴世 5·163
43·263
耿鳴陽 5·313
43·261
耿鳴雷 5·164
43·265
耿　箕 27·306
耿端義 4·86
耿漢光 13·384
耿肇堂 5·329
耿肇嶙 4·301
耿肇權 43·303
耿維祜 5·329
43·289
耿維祐 43·294
耿維莘 43·303
耿維雋 43·301
耿維澐 43·297
耿　瑾 13·388
耿　樞 37·803
耿賢舉 38·561
耿德興 39·189
耿慶祥 43·501
耿　熠 5·121
耿　機 38·567
耿學山 13·396
耿　儒 5·220
耿　錞 5·163

43・261
耿　諶 5・331
43・284
耿憲武 13・402
耿歸辰 11・436
耿願愚 13・224
耿願魯 4・382
38・561
耿懷仁 13・389
耿懷亮 13・411
耿獻珠 27・159
耿繼茂 75・14
耿繼祖 32・583
耿繼業 32・37
耿鶴年 9・199

耽

耽　章 78・215

華

華士雍 76・471
華大柱 53・153
華子期 76・419
華日新 52・506
華日輝 52・621
華玉書 39・774
華可瞻 21・356
華有鑠 78・371
華廷傑 70・121
華延七 80・751
華汝梅 1・830
華克昌 39・761
華秀先 39・764
華良顯 52・555
華　表 4・37
5・21
39・555
42・550
華　岱 25・191
華　周 7・20
7・143
15・558
華定祁 80・689
華定郊 80・725
華建蕁 39・770
華承恩 37・817
華承學 4・239
15・563
31・334
32・5
華　封 59・610
華　恒 5・21
39・556
42・551
華　珩 5・131
32・594
華時中 80・101
華峰鳳 70・308
華峻立 10・83
華倫伊 80・733
華　師 78・329
華　混 5・21
39・556
42・551
華萬吉 31・337
華朝相 80・741
華　軼 4・38
5・22
7・358
華雲龍 52・564
華鼎超 80・744
華　嵒 80・122
華温琪 1・730
12・92

華發杭 80・733
華蓋真人 23・666
華　歆 42・570
華義儒 70・599
華殿卿 10・163
華蔚巖 49・406
華鳳喈 80・688
華　廙 5・21
39・555
42・551
華瑾之 76・460
華震三 10・159
10・281
華　嶠 5・22
39・556
42・551
華　熹 69・586
華　薈 5・21
華興甫 59・605
華錫三 52・572
華穎川 10・135
華鍾祥 80・763
華　譚 1・702
華驚天 80・728
華　鼇 32・610

莢

莢華先 80・319

莽

莽鵠立 2・19

莫

莫三元 9・811
莫士及 80・510
莫士先 74・357
莫之偉 80・93
莫天香 80・98
莫世榮 1・763
莫如善 1・811
莫伯符 49・167
72・561
莫　住 80・195
莫若思 80・118
莫　洪 80・98
莫祥麟 9・888
莫　淇 80・98
莫　淳 80・98
莫　揚 72・138
莫魁軒 37・175
莫　睿 76・465
莫鳳翔 76・246
莫　震(明吴江) 76・467
莫　震(明侯官) 75・491
莫德寬 9・849
莫　澐 80・98
莫樹椿 80・101
莫　儔 2・59
莫　熾 2・58
35・453
35・569

莊

莊一俊 79・268
莊一道 79・232
莊一麟 21・668
莊九疇 77・212
莊大成 76・94
莊山鑄 63・320
莊天能 76・315
莊天夔 79・239
莊　元(宋) 77・446
莊　元(清) 77・726
莊元美 77・405

莊元聲　76·315
莊曰箕　30·689
莊　壬　78·592
莊公岳　78·590
莊　方　79·142
莊心賢　79·285
莊以敬　75·634
　79·84
莊允升　12·383
莊予楨　30·710
莊石齡　31·227
莊用晦　79·200
莊用賓　79·114
莊圭復　79·280
莊成鼎　76·143
莊廷璉　79·232
莊廷璐　30·611
莊延裕　79·180
　79·327
莊仰旻　76·292
莊向珠　77·537
莊名亮　60·147
莊　江　24·234
莊汝藝　30·721
莊宅中　30·720
莊安期　79·152
莊志奎　34·270
莊克徵　79·286
莊伯和　77·712
莊余珍　30·608
　30·736
莊希范　79·207
莊希俊　75·622
莊希纘　79·152
莊亨陽　21·146
莊辛田　25·96
莊沛思　30·689
莊君用　79·192
莊　坤　76·641
莊述祖　21·149
莊奇顯　79·130
莊叔淵　58·38
莊虎變　30·720
莊尚稷　79·162
莊昌期　79·152
莊金卿　75·637
莊念勤　76·175
莊　周　37·858
　41·126
　41·814
莊　珍　5·364
莊咸澤　79·247
莊思齊　79·280
莊思寬　79·154
莊　科　79·151
莊科達　76·316
莊修頵　30·692
莊彥成　30·682
莊洪烈　14·698
　42·597
莊柔正　75·424
莊耆年　30·710
莊　夏　79·100
　79·310
莊原亭　79·241
莊　烈　79·193
莊振徽　75·564
　79·44
莊逢辰　79·280
莊　淦　79·236
莊　逵　30·747
莊　捷　30·720
莊國楨　79·117
莊　許(明)　19·618

莊　許(清)　30・722
莊望棟　79・157
莊望槐　79・232
莊啓照　77・546
莊　琦　79・152
莊　琛　79・207
莊　博　34・468
莊萬春　77・142
莊鼎三　70・615
莊欽止　79・156
莊欽鄰　79・128
莊　詠　30・706
莊尊賢　76・346
莊渭陽　76・299
莊夢說　79・144
莊　椿　75・621
　79・83
莊　概　79・151
莊新命　19・617
莊際昌　79・130
　79・316
莊際耀　79・176
莊　瑤　30・706
莊　嘉　75・361
莊　閶　22・240
莊　稭　79・150
莊　稱　79・143
莊毓璋　34・265
莊　槩　34・465
莊銘訓　30・708
莊鳳章　79・208
莊鳳韶　30・730
莊　榮　79・153
莊　漁　76・261
　76・360
莊肇宏　79・287
莊綸儀　27・14
莊調之　30・679
莊慶豫　30・720
莊　潛　76・258
　76・325
莊履中　30・720
莊履明　79・164
莊履豐　79・270
莊積坪　79・227
莊錫級　30・709
莊　錕　25・295
莊龍光　79・234
莊　璵　5・364
莊懋華　79・167
莊懋儀　79・240
莊臨之　21・686
莊　謙　30・697
莊謙才　79・148
莊應元　75・556
　79・18
莊應楨　79・160
莊　燫　75・632
莊鴻東　34・222
莊　禮　41・289
莊彌邵　79・280
莊　曜　30・723
莊　鵬　78・596
莊鵬翥　30・681
莊　獻　76・324
莊鰲獻　79・133
莊　麟　79・277

真

真山民　76・637
真如禪師　71・637
真　昇　79・91
真空禪師　79・301
真　節　76・549

真　誾　1・764
15・529
16・413
20・485
真粹然　77・22
真　實　31・339
32・10
真德秀　71・142
75・400
76・506
77・7
真　潮　78・348
78・400
真憲時　77・11
真　顛　63・191
真　覺　77・525
真覺大師(宋)　79・375
79・640
真覺大師(唐)　78・215
真　寶　77・38
77・91

桂

桂　山　11・394
桂子恭　52・57
桂天申　51・194
桂天祥　69・179
桂仁恩　48・265
桂心淵　45・371
桂　本　52・181
桂有言　70・624
桂有根　1・818
37・42
桂光輝　48・225
桂廷芳　70・577
桂向榮　60・151
桂安時　52・279
桂安國　52・243
桂　芳(明)　60・82
桂　芳(清)　69・251
桂　秀　59・102
60・301
桂伯玉　60・177
桂良輻　60・141
桂枝揚　47・501
47・560
桂枝攀　35・678
桂尚魁　60・101
桂　旺　60・149
桂　郎　60・69
桂承露　70・595
桂　孟　1・813
桂春陽　69・222
桂南昇　52・4
桂南運　52・200
桂昭然　52・177
桂庭芝　52・171
桂　勇　8・466
桂　華　60・56
桂　軒　29・508
桂　軏　60・34
桂　卿　52・221
桂　海　60・151
桂　宸　60・81
桂　梓　60・78
桂帶賢　60・101
桂紹龍　70・526
桂　琛　77・731
桂　蕁　60・14
桂　開　72・14
桂登鉅　48・238
桂嗣英　70・632
桂魁生　60・502
桂　詢　52・198

桂殿芳　69・602
桂　榮(明上饒)　51・189
桂　榮(明安仁)　77・363
桂積元　70・585
桂　縝　52・199
桂　轂　60・33
桂　馥　4・338
　36・32
　36・123
桂　鑾　52・282
桂　璧(宋)　52・54
桂　璧(清)　52・339
桂　攀　48・141
桂繼良　72・640
桂　顯　66・143
桂　麟　13・738

桓

桓孝才　5・49
　10・632
桓　康　7・255
　7・491
桓　會　16・395
桓　嘉　1・701

梃

梃　贊　79・297

索

索思聰　34・305
索　湘　1・732
索盧放　4・134
　38・576
索應運　4・295

軒

軒　輗　75・365
軒轅易　39・184
軒轅誥　43・434

連

連一貫　78・706
連三益　79・405
連士章　38・162
連士雅　14・362
　17・576
連士僚　78・622
連　大　29・336
連天然　78・609
連日新　79・398
連日福　80・425
連文鳳　76・94
連邦琪　77・437
連邦録　80・547
連　均　76・438
連光裕　75・435
　76・132
連仲默　74・487
連兆鰲　78・613
連守度　4・241
　14・369
　17・566
連守章　14・369
連如璋　78・609
連步青　78・613
連希谷　79・285
連宏揆　78・621
連茂森　71・287
連　金　78・680
連城瑲　78・617
連城璧　70・484
連南夫　77・728
連重華　78・619
連　洋　78・681

連卿勳　51·700
連　祥　1·791
　10·39
連　盛　1·825
　9·140
　40·8
　40·243
連惟深　78·627
連雲階　78·612
連景奎　78·691
連　登　2·29
連登岸　80·499
連經芳　78·686
連　壽　28·481
連　賢　80·520
　80·576
連賢柏　73·395
連德義　51·599
連錫圭　78·622
連鍾英　77·441
　77·451
連　鍹　76·629
連應鄭　14·372
　17·596
連鴻佐　78·683
連　總　75·580
　76·93
連　鎔　78·706
連　鏞　76·439
連懷瑚　51·572
連繼芳　78·670
連繼往　51·485
連　躍　29·83
連　瓚　78·670
連　鼈　60·77
連　顯　80·496
連顯卿　77·432
連驥雲　70·570

栗

栗　祁　4·157
　9·809
栗教成　7·443
栗　節　9·832
栗　融　4·249
　15·582
栗　豐　4·13
　32·373
　33·244

夏

夏人佺　2·89
夏士英　29·552
夏士彥　29·553
夏士譽　23·245
夏大任　80·46
夏大體　80·27
夏之文　79·30
夏之邵　79·30
夏之玠　11·11
夏之政　56·354
夏之時(明)　48·319
夏之時(清)　56·310
夏之鼎　56·355
夏之槐　59·592
夏之樂　51·506
夏之翰　46·346
夏之錞　23·271
夏子羽　59·581
夏子陽　50·173
夏天成　23·269
夏太和　75·551
　79·58
夏友蘭　71·124

夏日至　68・369
夏日孜　72・434
夏日祚　48・40
夏日葵　51・710
夏曰俞　57・306
夏曰瑚　49・301
夏中言　18・544
夏文柱　58・556
夏文象　34・439
夏文蔚　36・28
夏心田　40・585
夏心學　48・138
夏心馥　47・497
夏以松　57・418
夏以忠　60・612
夏以榛　13・809
夏以賓　45・560
夏以寧　46・235
夏以鋒　46・419
夏以夔　46・237
夏允升　57・307
夏允彝　75・417
　78・464
夏玉成　49・438
夏本仁　48・268
夏可大　71・135
夏可傳　13・799
夏可範　48・319
夏仕佐　70・235
夏必訓　48・204
夏永祥　19・102
夏永祺　46・247
夏永煓　56・600
夏永禎　80・521
夏成德　2・69
夏光前　51・105
夏廷松　45・699
夏廷杰　46・90
夏廷梅　45・698
夏廷揚　45・699
夏廷新　48・152
夏廷榮　46・93
夏廷璜　18・510
夏廷儀　46・438
夏廷遴　53・558
夏廷樾　46・91
夏廷爵　33・287
夏伍誠　13・809
夏　伋　60・205
夏兆錦　53・458
夏汝礪　77・92
　77・364
夏守贇　18・31
夏安期　47・484
夏安運　48・50
夏安禮　72・132
夏如釗　72・549
夏如鈁　72・510
夏如銛　72・510
夏　芬　69・626
夏芳恭　46・189
夏芳桂　46・250
夏芳振　46・189
夏克恭　18・580
夏　伸　75・551
　79・15
夏作善　70・325
夏伯昇　72・96
夏伯通　71・156
夏希純　68・64
夏　言　52・23
夏辛酉　39・244
　40・162
夏良規　79・53

夏良勝	71·223
夏青田	21·690
夏長思	17·692
夏坤藩	30·620
夏其光	45·553
夏若瓛	45·638
夏　英	48·30
	72·447
	77·209
夏　松	56·354
夏東升	53·609
夏　雨	71·340
夏叔慎	75·628
	79·66
夏尚堯	55·648
夏尚樸	1·780
	53·303
夏　昇	1·851
	23·615
	24·279
夏迪吉	11·15
	11·95
夏　岸	21·690
夏季遠	71·292
夏秉和	72·548
夏秉華	51·517
夏秉鈞	36·498
夏　祈	52·69
夏承皓	47·537
夏春茂	5·159
	43·629
夏春暉	79·88
夏荆璞	72·70
夏　柮	32·26
夏思誠	70·606
夏修恕	45·645
夏修悳	46·199
夏修憲	45·642
夏　信	67·359
夏　泉	71·265
夏侯先	31·61
夏侯仰梅	74·50
夏侯秀	39·180
夏侯建	4·9
	4·17
	4·167
	35·68
	35·640
夏侯始昌	4·9
	4·12
	4·165
	31·808
	35·68
	35·639
	39·137
夏侯岣	61·270
夏侯祖歡	18·3
夏侯都尉	4·9
	35·639
夏侯浦	39·180
夏侯惇	1·700
	37·801
	41·58
夏侯琔	61·276
夏侯敬	4·14
	35·641
夏侯惠	1·700
夏侯勝	4·9
	4·166
	31·808
	35·68
	35·639
夏侯惺	72·245
夏侯焯	61·410

夏侯煒　61·339
夏侯巖　61·368
夏侯嶠　4·76
　39·174
夏侯賡　61·342
夏侯錫　61·87
夏侯嬰　36·419
夏　亮　52·373
夏彥昇　61·105
夏美玉　48·143
夏洞源　61·432
夏　秦　79·289
夏　珪　26·6
夏　恭　1·691
夏恭樂　53·537
夏　栻　68·172
夏原友　52·314
夏原吉　58·308
夏　晉　79·14
夏　時　32·627
夏時化　46·43
夏時泰　5·161
　43·630
夏　峩　39·777
夏　倪　47·527
夏　皋　71·177
夏脩元　52·245
夏　浚　50·220
夏家瑜　45·619
夏祥鳳　77·212
夏執中　60·535
夏黄公　15·582
夏盛塾　48·225
夏國材　46·237
夏崇謙　46·166
夏從雲　46·174
夏從壽　75·373
夏象乾　48·131
夏惟中　54·205
夏惟家　45·562
夏惟教　23·261
夏惟徵　46·504
夏清持　72·538
夏　渠　11·15
　11·95
夏淳鏞　48·75
夏紹元　77·271
夏紹先　46·261
　49·497
夏紹芳　79·88
夏紹武　46·159
夏紹曜　46·190
夏　瑛　50·186
夏　琥　58·566
夏堯墀　48·151
夏　超　45·574
夏萬亨　71·355
夏朝元　52·239
夏朝豹　46·281
夏朝鈞　51·239
夏朝麟　71·347
夏　椅　58·444
夏　雲(明)　71·265
夏　雲(清)　71·171
夏雲龍　13·809
夏　鼎　1·835
　14·692
　42·936
　52·79
夏　開　49·301
夏開都　13·812
夏景春　40·585
夏　貴　47·137
夏鈦白　60·495

夏　詠　17・568
　18・323
夏　斌　52・308
夏　竦　18・26
　47・525
夏道統　13・809
夏　裕　79・16
夏發祥　60・352
夏　瑜　60・203
夏　塤　75・366
夏　塘　10・40
夏夢禎　17・571
　18・497
夏夢夔　72・650
夏與賢　18・504
夏會昌　30・126
夏新淇　48・246
夏溪清　43・131
夏際霖　46・168
夏嘉謨　53・572
夏熙澤　45・576
夏　蔚　48・183
夏鳴颺　72・537
夏榮圳　56・120
夏榮純　56・305
夏　寬　4・11
夏肇基　57・126
夏維琳　13・809
夏維註　13・809
夏維藩　1・825
　38・161
　38・312
夏德丁　46・170
夏德祖　47・267
夏德楝　46・168
夏德潤　46・169
夏魯奇　4・207
　15・560
　17・688
　18・272
夏豫亭　45・275
夏樂泰　19・86
夏　霖　72・490
夏　臻　75・546
　79・30
夏曉春　2・57
　35・451
夏　積　72・445
夏學位　46・173
夏學通　46・168
夏穎達　58・394
夏龍五　52・409
夏　燧　58・160
夏　環　53・311
夏聲喬　11・396
夏聲槐　56・355
夏　聰　43・433
夏聯鈺　37・7
夏懋廞　46・517
夏懋鐸　46・188
夏鍾遠　53・410
夏　謐　72・43
夏應留　53・534
夏應麟　60・491
夏燦然　2・83
夏鴻勛　37・5
夏　璿　58・447
夏闖午　79・31
夏簡廷　47・582
夏　鎮(宋)　60・612
夏　鎮(清)　52・324
夏鎮奎　2・71
夏　疇　23・270
　23・351

夏　鏞　72・470
夏騰高　37・671
夏　寶(明南城)　71・234
夏　寶(明新建)　46・500
夏寶松　72・180
夏繼春　52・305
夏　鑛　79・87
夏顯奇　53・417
夏顯卿　71・263

原

原一魁　24・328
原　亢　4・4
原世厚　23・653
24・543
原安述　71・134
原　良　71・123
原迪德　71・132
原　厚　42・140
原思質　71・133
原脩齡　24・548
原　敬　71・123
原敬德　27・808
原朝問　71・131
原　傑　1・768
原　瑞　71・134
原遜志　2・40
8・470
原　璡　71・133
原　瑢　42・617
原毓宗　9・141
原　端　37・551
原肇錠　71・134
原維照　24・546
原　勳　77・360
原　憲　4・3
30・258
31・170
35・601
原　黼　1・825
42・3
42・9
原體蒙　77・210

晉

晉承眷　1・820
30・62
晉運泰　2・114
晉調元　1・833

柴

柴大本　2・78
38・163
38・319
柴大鏞　21・689
柴子遠　73・26
柴天因　18・30
柴天錫　36・172
柴元裕　59・53
60・225
柴中行　59・54
60・225
柴世需　12・309
柴本立　22・228
柴永盛　34・347
柴邦塾　60・237
柴成務　4・78
41・130
柴廷和　6・215
柴廷琦　34・174
34・336
柴廷徵　60・518
柴自牧　41・130
柴自新　4・287

	5・223
	77・99
柴全游	34・308
柴兆麟	21・537
柴名祖	60・360
柴　玘	17・514
	19・26
柴希孟	32・383
	33・252
柴　忠	12・308
柴思友	36・172
柴信芳	60・365
柴信秀	60・346
柴禹錫	1・742
	11・41
柴衍洞	32・423
	33・300
柴彥升	60・422
柴飛鴻	60・364
柴　珠	5・353
	10・634
柴　軒	60・264
柴挹芳	60・411
柴時行	60・264
柴　晟	60・266
柴家聲	34・254
柴國柱	35・349
柴國琛	60・489
柴國榮	60・407
柴得仁	60・265
柴　望	2・107
	23・625
	24・286
柴寅賓	1・838
	16・432
	18・54
柴紹炳	74・179
柴朝禧	36・172
柴軼羣	60・517
柴雲程	52・106
柴喬南	60・243
柴舒錦	60・416
柴　淵	53・424
柴　楨	4・265
柴　楫	60・373
柴義順	57・237
柴　墉	21・517
柴鳳翹	60・512
柴震龍	5・262
	32・601
柴輝煌	60・397
柴儀鳳	60・275
柴　瑩	36・536
柴　澍	60・392
柴積功	34・331
柴應賓	77・363
柴蘭皋	33・254
柴　鑣	79・364

党

党光前	2・41
党　淳	5・210
	8・604
党懷英	4・196
	30・640
	31・816
	32・375
	33・245

時

時一新	76・467
時　化	21・357
時本榮	38・261
時邦曉	49・83

時式玉 38・262
時式敷 38・262
時式璧 38・280
時　至 49・75
時光耀 37・666
時守中 1・809
時　芳 9・858
時長墉 15・167
時　坤 21・700
時茂先 1・752
4・211
15・561
17・680
20・552
31・219
31・277
31・287
32・130
時尚儒 14・703
時　珍 32・353
33・218
時　信 5・215
時　陞 41・217
時連茹 21・783
30・134
時　悟 77・597
時執亮 76・348
時庸勛 38・290
時惟豫 6・329
時惇昶 38・279
時惇倬 38・279
時　嵎 21・601
時舒安 38・283
時道明 49・71
時登升 34・271
時　瑞 77・180
時　睿 9・813
時　銘 15・137
時履方 38・272
時　懋 21・664
時　謙 41・217
時　繹 14・702
42・946
時　儼 9・858

畢

畢一謙 2・86
39・808
畢乂安 39・331
畢乂林 42・2
42・140
畢乃謙 29・306
畢三才 52・103
畢于烔 39・330
畢士安 4・66
39・139
42・103
畢大文 43・294
畢大安 39・330
39・427
畢大儀 49・327
畢之猷 6・464
畢天祐 29・7
畢天章 39・324
畢元祐 29・79
畢元愷 1・729
27・315
27・428
27・783
29・1
畢元賓 1・708
畢　木 5・145
6・399
畢太和 32・660

畢太素 49・115
畢友承 6・464
畢化成 6・466
畢介遠 43・294
畢公保 35・336
畢文質 5・99
畢方猷 39・339
畢以成 52・283
畢以紱 29・264
畢以繡 29・269
畢允升 69・153
畢世安 1・740
畢世持 4・292
5・289
6・370
畢世榕 29・284
畢世濟 5・289
6・484
畢　本 4・266
畢本禧 21・834
畢丕基 9・406
畢丕盛 36・46
畢生輝 31・799
畢　用 4・152
畢永純 39・195
畢永崗 36・38
畢永錫 55・87
畢永澤 35・339
畢永燦 35・346
畢再遇 4・82
35・459
畢在晉 52・381
畢成璿 25・535
畢光昭 29・279
畢廷璘 6・461
畢仲衍 4・66
42・103
畢仲游 4・67
42・104
畢自寅 5・148
6・363
畢自肅 5・147
6・346
6・362
畢自嚴 4・113
5・146
6・344
畢多馨 29・81
畢多懿 29・80
畢汝珏 43・285
畢汝城 57・40
畢安南 29・331
畢如松 31・796
畢求賜 55・45
畢　秀 5・329
43・280
畢　伸(明) 5・176
43・268
畢　伸(清) 5・352
10・386
畢佃祥 19・129
畢　亨(明單縣) 75・401
畢　亨(明新城) 5・162
43・262
畢　亨(清) 4・436
29・267
38・582
畢　沅 2・13
畢良珩 35・350
畢奉先 43・299
畢東果 6・486
畢叔廣 29・26
畢叔賢 1・752
畢　旺 29・16

畢昌緒　6·454
　6·463
畢　昕　52·215
畢忠吉　4·402
　17·596
　18·328
畢忠臣　6·399
畢岱栩　6·470
畢岱棠　6·470
畢岱楹　6·470
畢岱熏　6·453
畢岱煙　5·286
　6·454
畢岱憲　6·463
畢　侗　43·190
畢所密　4·431
　29·240
畢所譎　4·431
　29·243
　35·66
畢所讜(見畢所譎)
畢金奎　39·312
畢金鎧　39·335
畢金鑾　39·311
畢念承　6·468
畢周風　57·23
畢周陞　56·133
畢周通　56·122
畢周萬　56·110
畢定邦　4·297
　6·472
畢居仁　29·16
畢承邠　39·340
畢承郇　39·326
　39·446
畢承昭　4·426
　29·281
畢承雯　6·491
畢承纓　6·472
畢拱辰　4·217
　23·648
　24·536
畢挺翼　31·832
畢貞士　52·237
畢　昭　5·162
　43·262
畢思敬　43·67
畢彥楷　19·121
畢　恪　6·399
畢炳炎　38·166
　39·250
　40·203
畢　泰　49·70
畢　珣　39·177
畢華國　73·382
畢振遠　6·464
畢致達　52·213
畢致道　52·298
畢　時　52·215
畢　倬　5·176
　43·268
畢健承　6·464
畢訓承　6·464
畢　高　29·521
　29·570
畢高選　22·274
　22·520
　74·277
畢海模　6·458
畢海櫍　6·460
畢純仁　9·419
畢　理　5·162
　43·261
畢盛青　6·353

畢盛鉅 6・389
畢盛錫 6・412
畢盛讚 6・353
畢國卿 52・367
畢庸謹 39・330
39・349
畢竟立 52・93
畢竟容 52・95
畢竟夔 52・96
畢清昭 29・281
畢清遠 6・467
畢寅卿 52・288
畢宿庚 29・238
畢宿燾 29・237
畢隆綱 6・463
畢隆綜 6・463
畢開琥 73・364
畢景運 5・176
畢　貴 29・547
畢舜民 52・368
畢道遠 4・273
6・477
畢湘南 19・101
畢甯銶 6・464
畢瑞曾 39・200
畢　瑜 52・204
畢遠芩 6・461
畢遠治 6・471
畢遠珖 6・464
畢夢舉 43・285
畢　楷 52・216
畢傳曾 6・464
畢義桂 49・78
畢煥芬 49・125
畢　漣 35・317
畢際有 5・285
6・385
6・412
畢際兌 6・412
畢際孚 5・289
畢際壯 6・412
畢際復 6・406
畢際竑 6・387
畢際竩 6・406
畢瑮如 29・165
畢壽彭 6・461
畢蕖芳 6・472
畢爾公 39・197
畢聞慰 31・758
畢毓枋 39・341
畢毓炤 39・342
畢毓淦 39・337
畢鳳醴 39・193
畢維地 31・801
畢維翰 29・639
畢增輝 49・74
畢蕤芳 6・489
畢德源 6・461
畢德麟 6・469
畢樹棻 29・331
畢　戰 36・445
畢　興 55・173
畢學顏 39・201
畢穎先 6・468
畢　誠 4・59
畢諮遠 6・457
畢凝偉 6・470
畢龍甲 6・460
畢龍驤 18・350
畢藎臣 43・272
43・454
畢懋良 61・460
畢懋第 29・553
畢鍾姬 29・166

畢鴻賓 39·447
畢豐志 6·464
畢豐玨 6·470
畢豐莅 6·463
畢蘊芳 6·461
畢蘊樸 39·190
畢麗台 29·165
畢　霨 29·167
38·163
畢騰芳 39·81
畢懷德 17·575
18·370
畢瀚昭 29·282
畢　瓏 49·124
畢　霽 4·437
29·167

晁

晁公武 39·181
晁公詩 70·640
晁文元 39·216
晁文忠 30·330
晁　仟 41·406
晁百談 69·298
71·5
晁仲偃 39·181
晁　任 41·407
晁　均 41·407
晁伯宇 39·181
晁沖之 39·216
晁宗慤 39·181
晁　迥 39·180
40·58
40·163
晁悅之 39·181
晁無斁 39·181
晁詠之 4·195
39·175
晁道焜 69·587
晁補之 4·195
20·484
37·411
39·175
晁載之 39·181
晁說之 4·195
晁端友 39·181
晁端彥 39·181
晁端禮 39·181
晁維翰 40·113
晁　錯 37·408
晁謙之 51·688
53·197
晁蘊莪 41·392
晁　鑄 40·112
40·259
晁　顯 40·71
40·154

晏

晏　乂 60·654
晏大勝 47·429
晏　才 66·397
晏之煥 62·592
晏元長 66·221
晏元煥 63·158
晏日華 62·648
晏日啓 66·189
晏日曙 66·196
晏文輝 44·322
晏玉鑾 63·86
晏仕偉 66·256
晏仕翹 65·100
66·177
晏必迪 62·576

晏光華　63・73
晏仲傑　72・548
晏自翹　63・85
晏向上　66・300
晏汝泗　6・471
晏　防　61・447
　69・128
晏如琦　69・543
晏孝廣　69・415
晏君掄　66・221
晏若川　66・160
晏明遠　63・532
晏命世　63・32
晏　性　63・93
晏　治　61・765
晏宗海　64・490
晏宗鎬　72・182
晏定魁　47・428
晏思盛　2・9
晏美周　63・138
晏洙泗　6・475
晏　恭　66・448
晏　殊　69・3
晏　倓　66・221
晏家彥　63・101
晏家瑞　63・87
晏　弱　7・136
　15・578
晏　梅　60・636
晏　紱　63・539
晏喜生　66・258
晏斯美　66・302
晏斯盛　66・63
晏　棣　63・129
晏雲棟　63・320
晏揚義　63・146
晏揚勳　63・94
晏　然　65・170
晏敦復　69・59
晏善澄　63・40
晏普星　62・638
晏發榜　72・548
晏幾道　69・353
晏源清　47・580
晏嘉賓　63・481
晏壽先　66・114
晏聚之　63・128
晏維旭　66・406
晏維聰　47・457
晏賜書　72・146
晏　德　6・465
晏德祺　66・207
晏　穆　73・258
晏　桑　63・384
晏　嬰　7・158
　15・506
　23・239
　23・628
晏　謨　4・173
　7・179
　15・574
晏　璧　72・184
晏韜元　63・510
晏繡龍　6・465
晏體謙　66・219
晏　鑣　63・12

員

員半千　4・56
　5・49
　12・92
　32・608
員　俶　5・51
員懷英　2・109

地方志人物傳記資料叢刊·華東卷上編

人名索引

下册

王恒柱　李迎　編著

國家圖書館出版社

恩

恩　煜　78・585
恩　福　43・24

乘

乘　廣　47・474

笑

笑　堂　76・366
77・665

俱

俱　胝　63・190
79・90

倪

倪　七　77・526
倪九成　30・131
倪大器　76・693
倪天全　72・374
倪元俊　78・707
倪巨川　52・176
倪日新　52・371
倪　中　52・387
倪文一　77・423
77・449
倪文棟　56・17
倪以孚　54・204
倪以瑑　76・317
倪　民　77・473
倪邦良　76・219
倪邦榮　57・396
倪吉士　24・258
倪在中　20・791
倪有仁　60・497
倪廷揚　9・850
倪廷傑　9・849
倪伯珍　52・177
倪希臣　39・310
倪彤書　2・112
22・241
42・592
倪　宏　31・280
倪良瀚　72・265
倪　坤　76・402
倪若韶　52・177
倪尚志　1・806
9・25
倪旺真　60・137
倪金鐸　39・205
倪　炎(一作倪瓚)　1・832
18・691
42・430
倪法通　77・406
倪　泳　77・468
倪　波　68・432
倪宗嶽　4・154
倪孟賢　44・95
倪　珏　60・138
倪　政　60・32
倪南金　38・579
倪　昱　77・469
倪　思　75・399
倪重陽　72・637
倪　俊　5・191
10・626
倪俊明　76・255
倪彥常　76・406
倪　洌　60・306
倪神保　75・621
倪泰生　60・499
倪　閃　80・422
倪　絛　60・150

倪師尹　72・266
倪　釗　76・386
倪浯陽　30・745
倪　孫　77・377
倪　著　78・707
倪梅英　79・286
倪常吉　34・440
倪國燦　78・571
倪喜德　60・142
倪　敬　75・365
倪朝惠　43・434
倪朝賓　74・442
倪開元　60・142
倪智昌　55・641
倪道原　60・80
倪道純　76・390
倪　湜　76・357
倪　登　75・547
　79・10
倪夢麟　2・54
　7・390
倪　蒼　60・137
倪　照　52・327
倪　鉞　77・140
倪試光　77・55
倪殿臣　9・856
倪毓成　53・629
倪鳳來　41・217
倪　寬　43・55
倪維哲　79・267
倪　範　60・30
倪　箴　60・149
倪德深　55・652
倪德滔　56・561
倪　慶　77・95
倪　輯　27・479
　28・38
倪盧炎　79・258
倪錫藩　76・390
倪　諫　52・152
倪龍輔　77・475
倪　曙　76・106
倪應元　76・449
倪　翼　77・456
倪　擧　60・26
倪　鏜　52・181
　60・17
倪　籌　60・150
倪　鑠　19・71
倪　瓚(見倪炎)
倪觀海　76・361
倪觀瀾　6・448

倫

倫樹功　18・554
倫應祥　61・461

師

師　丹　4・12
　4・24
　15・540
　17・456
　20・537
師　古　77・401
　77・443
師必大　5・115
師　佐　77・366
師　佶　5・249
　6・208
師　逵　4・97
　31・781
師　摯　35・726
師翰庭　35・479
師　襄　35・727

師　曠　31・337
31・840
32・9
34・475
34・487
師蘭丁　77・200

徒

徒人費　7・143
徒單克甯(見徒單克寧)
徒單克寧　4・84
18・35
23・633
24・514
25・575
36・423
徒單繹　1・749
6・292
12・94

徐

徐一中　58・217
徐一唯　61・459
徐一鴻　50・308
徐一夔(元)　76・464
徐一夔(明)　63・551
徐人元　58・226
徐人杰　50・315
徐九功　76・620
徐九思　52・97
徐九皋　1・805
43・18
徐九經　77・54
徐九闢　69・571
徐又陵　13・735
徐三慎　51・237
徐士廷　35・193
徐士敄　74・270
徐士英　67・336
徐士林　4・421
29・198
徐士俊　51・190
徐士淨　53・472
徐士堯　65・499
徐士達　60・684
徐士萬　78・617
徐士雅　5・201
34・67
徐士開　5・380
徐士舒　74・264
徐士焜　62・629
徐士登　73・14
徐士瑄　23・278
徐士熷　66・526
徐士穀　68・379
徐士銘(明嶧縣)　7・496
徐士銘(清丹徒)　36・611
徐士榮　50・498
徐士鏌　51・562
徐士驤　72・508
徐大川　51・649
徐大化　80・760
徐大正　76・488
徐大平　66・570
徐大用　2・29
23・624
24・273
徐大任　76・467
徐大材　70・534
徐大坤　56・645
徐大定　53・564
徐大相　66・476
徐大珩　39・328
徐大海　67・167

徐大容　6・448
40・200
徐大第　48・365
徐大紳　80・581
徐大楝　53・354
徐大淵　77・727
徐大發　24・544
徐大椿　70・611
徐大榕　2・45
徐大銓　67・544
徐大綱　45・98
徐大標　80・432
徐大儀　52・105
徐大儒　62・495
徐大應　9・67
徐大寶　66・510
徐大鶴　25・54
徐　上　78・309
徐上達　53・236
徐上鴻　77・564
徐　川　38・219
徐久德　51・192
77・92
徐之才　32・64
徐之英　32・383
33・252
徐之來　62・367
徐之享　74・268
徐之柱　58・153
徐之祥　58・388
徐之珸　45・277
徐之淮　29・197
徐之琊　74・272
徐之蛟　24・330
徐之裒　52・210
徐之瑜　74・270
徐之幹　58・177
徐之銘　67・373
徐之禕　5・339
10・126
徐之璜　74・264
徐之璋　74・270
徐之駒　77・588
徐之儀　31・837
34・472
徐之潮　50・315
徐之鋼　72・90
徐之薰　13・404
36・46
徐之麒　50・56
徐之鶴　2・68
37・562
徐子山　77・140
徐子中　68・399
徐子石　69・307
徐子威　6・173
徐子盛　4・15
15・569
30・743
31・208
32・44
徐子揚　58・152
徐子遠　70・601
徐子廉　36・741
徐子肅　5・156
43・601
徐子端　68・302
徐子璠　60・650
徐子權　73・238
73・313
徐天平　4・295
5・225
徐天亨　45・301
徐天奉　51・445

徐天祥　19・569
徐天球　78・613
徐天禄　76・619
徐天賑　62・372
徐天德　68・236
徐天麟　65・72
徐天衢　69・236
徐　元(明)　72・543
徐　元(清)　80・615
徐元之　51・61
徐元文　80・33
徐元吉(明)　77・347
徐元吉(清)　12・509
徐元甫　48・356
徐元杰　51・148
徐元泰　76・201
徐元盛　53・143
徐元善　5・331
43・272
徐元祺　5・176
徐元瑞　11・306
徐元楙　59・368
徐元璋　5・360
10・85
徐元勳　30・109
徐元騰　53・356
徐友三　9・447
徐友山　78・630
徐友直　22・331
徐友蘭　69・551
徐止久　48・439
徐日升　4・161
5・156
43・577
徐日光(明金谿)　70・526
徐日光(明貴溪)　52・238
徐日昇　45・236
徐日泰　70・481
徐日晅　62・99
徐日隆　70・488
徐日新　80・665
徐日輝　80・478
徐日曜　74・274
徐日曦　62・237
徐曰文　72・88
徐曰吉　67・157
徐曰吕　67・417
徐曰亨　67・237
徐曰雨　53・551
徐曰昌　67・162
67・440
徐曰明　67・75
徐曰星　67・166
徐曰昶　67・321
67・416
徐曰都　67・82
徐曰晨　67・160
徐曰璋　53・617
徐曰暹　67・326
徐曰讓　50・291
徐　中　77・91
徐中台　80・582
徐中行(宋)　51・413
徐中行(明)　75・378
徐中安　80・556
徐中和　70・618
徐中祐　80・543
徐中素　51・26
徐中晟　13・498
徐中睿　80・544
徐　升　61・447
68・23
徐升之　5・336
10・119

徐升聞　67・462
徐升賛　51・296
徐　仁　37・828
　41・135
徐仁旺　51・709
徐仁傑　50・181
徐仁德　53・77
徐化民　2・78
　38・162
徐化同　35・142
徐化宣　67・171
徐化龍　10・279
徐公禄　71・261
徐月吉　49・173
徐月素　19・620
徐月孫　51・297
徐月榮　71・192
徐丹亭　13・806
徐　亡　62・436
徐　文　22・227
　24・570
　39・143
徐文沔　76・470
徐文沂　80・71
徐文君　80・595
徐文取　48・386
徐文郁　47・237
徐文相　50・539
徐文亮　4・234
　11・443
　13・141
徐文炳　48・376
徐文豹　68・497
徐文卿　50・223
徐文祥　70・616
徐文理　48・356
徐文堂　74・134
徐文弼　68・375
徐文遠　4・175
徐文意　72・371
徐文煜　2・100
　16・446
　20・491
　76・387
徐文煌　29・196
徐文煥(明)　42・209
徐文煥(清)　27・168
徐文璉　67・126
徐文熙　53・585
徐文鳳　79・600
徐文蕙　43・107
徐文翰　67・257
徐文燦(清建陽)　76・387
徐文燦(清濟陽)　10・381
徐文鴻　23・619
徐文藻　22・300
　22・622
徐文驤　5・307
徐　方　71・298
徐方石　78・307
徐方振　67・293
徐方揆　67・409
徐方遠　5・250
徐心田　67・92
徐心國　70・621
徐心樂　48・533
徐　丑　59・517
徐以任　79・171
徐以貞　5・154
　43・575
徐以嚴　79・232
徐　允　46・132
徐允直　50・298
徐允擢　39・97

徐孔奇	68・63
徐孔時	51・574
徐孔徒	50・70
徐　玉	44・32
	46・380
徐玉占	71・191
徐玉田	44・455
徐玉楹	11・296
徐玉麟	51・259
徐　正	68・69
徐正之	68・162
徐正言	57・217
徐正炘	54・284
徐正科	6・185
徐正倫	58・173
徐正家	63・478
徐正敍	76・351
徐正暉	67・184
徐正誠	36・783
徐正禮	53・461
徐功琭	48・378
徐世仁	43・285
徐世亨	65・308
徐世英	78・461
徐世旺	59・603
徐世忠	80・539
徐世和	18・527
徐世珍	48・371
徐世俊	70・623
徐世恩(清德縣)	8・469
徐世恩(清膠州)	22・280
	22・542
徐世隆(元東平)	32・485
	33・558
徐世隆(元陳州)	1・755
	1・760
徐世雄	1・758
	6・296
徐世傑	30・731
徐世溥	46・482
	65・535
徐世輔	48・362
徐世綸	70・587
徐世德	58・163
徐世燦	78・409
徐世鐸	52・212
徐本立	67・185
徐本忠	67・542
徐本幹	41・204
徐可久(宋)	68・351
徐可久(清)	74・529
徐可先	2・102
徐可柱	48・332
徐可是	44・411
徐可洙	39・768
徐可穀	48・366
徐可學	51・535
徐丙原	40・315
徐丙晉	77・366
徐丙照	60・398
徐石峯	39・185
徐平遠	72・541
徐占鼇	51・643
徐　甲	45・94
徐甲相	36・606
徐　申	16・427
徐　田	17・609
	20・545
徐田崽	51・352
徐田邃	79・566
徐　生	4・14
	35・641
徐仕華	48・317
徐用逢	79・601

徐用偉　51・88
徐用遜　79・601
徐印綬　6・198
徐　立　41・115
41・134
徐立功　53・185
徐立成　67・447
徐立孝　74・272
徐立尚　37・829
徐立亭　34・258
徐必芸　67・441
徐必茂　65・262
徐必達(明)　45・125
48・128
徐必達(清)　49・507
徐必模　62・555
徐必樹　62・619
徐必儒　80・556
徐必憲　67・441
徐必藎　67・325
徐必藹　67・565
徐必藻　67・174
徐必權　80・543
徐必觀　67・92
徐永昌　6・481
徐永泰　79・466
徐永順　6・464
徐永欽　62・258
徐永源　58・229
徐永錫　65・187
徐民式　76・553
徐民安　41・209
徐民沐　45・280
徐民俊　76・553
徐民洽　38・238
徐弘基　7・382
徐加明　53・61
徐邦佐　76・552
徐邦相　63・561
徐邦華　77・40
徐邦濟　62・367
徐式恢　53・636
徐圭璋　11・449
11・470
徐吉人　70・493
徐吉士　58・161
徐吉堂　36・179
徐老湧　51・297
徐芝田　36・607
徐在邦　20・790
徐在梧(清奉新)　67・488
徐在梧(清南昌)　45・95
徐在晛　67・303
徐在凱　67・474
徐在墀　53・521
徐在賢　67・431
徐在賡　67・303
徐有山　35・483
36・169
徐有功　72・11
徐有貞　1・767
徐有勉　58・594
徐有度　75・692
徐有津　58・541
徐有桂　60・395
徐有淳　58・451
徐有達　50・506
徐有經　80・514
徐有德　42・208
徐有勷　58・595
徐而任　45・139
徐而梧　45・206
徐而澄　45・281
徐成仕　74・272

徐成兒　17・513
20・555
徐成泮　74・260
徐成滂　74・257
74・282
徐成琰　37・784
徐成遂　74・271
徐成業　67・464
徐至魯　51・359
徐　光　78・274
徐光世　78・626
徐光廷　80・541
徐光旭　67・439
徐光甫　78・302
徐光前　31・798
34・468
徐光國　72・24
徐光鼎　76・555
徐光蓁　53・616
徐光照　4・312
徐光鈺　67・441
徐光煌　53・507
徐光實　79・141
徐光墀　70・494
徐光藩　50・458
徐光雙　51・311
徐先甲　80・549
徐先松　80・550
徐先得　72・225
徐先登　74・257
徐廷元　14・716
徐廷臣　43・632
徐廷光　74・21
徐廷安　80・428
徐廷芳　45・266
徐廷松　4・160
23・640
24・519
徐廷宗　1・782
14・693
徐廷珍　71・296
徐廷桂　50・493
徐廷恩　51・627
徐廷高　55・85
徐廷旃　7・434
徐廷訪　51・455
徐廷棟　40・216
徐廷棠　74・528
徐廷楷　74・531
徐廷模　53・17
徐廷銓　53・565
徐廷樞　16・442
徐廷賢　48・425
徐廷輝(清金谿)　70・580
徐廷輝(清興國)　74・27
徐廷巘　67・179
徐廷鑣　53・561
徐延休　61・749
徐延旭　4・387
14・710
徐延壽　76・97
77・477
徐仲吕　41・201
徐仲佳　69・206
徐仲真　74・263
徐仲器　49・251
徐自立　9・812
徐自定　51・220
徐自皈　77・120
徐自華　48・330
徐自滄　48・338
徐自龍　48・410
徐自騰　48・409
徐行可　48・129

徐行修　4・415
　7・147
徐行愷　79・192
徐行慶　70・518
徐　舟　37・830
徐兆吉　51・648
徐兆芝　53・551
徐兆行　70・624
徐兆倫　53・350
徐兆祥　10・389
徐兆豪　53・550
徐兆課　68・589
徐兆謹　68・585
徐兆鱗　50・314
徐兆驄　76・553
徐　旭（明）　59・234
徐　旭（清）　62・247
徐旭初　50・117
徐旭照　70・494
徐旭齡（清玉山）　50・177
徐旭齡（清錢塘）　2・6
徐名臣　18・546
徐名偉　74・265
徐名棕　74・274
徐名櫟　74・274
徐名覲　76・353
徐　州　53・428
徐州牧　68・361
徐州桐　14・392
徐州傑　36・437
徐汝芳　35・133
徐汝亨　60・734
徐汝陽　69・187
徐汝嶧　2・89
徐守祖　2・104
　25・219
　25・294
　25・569
徐守諒　4・472
徐守勵　48・365
徐　安　76・568
徐安國　51・415
徐　祁　41・203
徐　防　1・696
徐如晦　68・26
徐　巡　4・11
　4・168
徐　均　72・439
徐均顯　70・634
徐孝克　4・232
徐　坊　14・710
　21・808
徐志波　53・639
徐志朝　53・639
徐志道　72・527
徐志勳　58・179
徐　劫　5・4
徐　芳（明）　25・47
徐　芳（清奉新）　67・554
徐　芳（清莒縣）　30・716
　31・227
徐　芳（清南城）　71・225
徐　芳（清贛縣）　73・404
徐芳枝　77・522
徐芳洲　39・297
徐芳桂　76・560
徐芳桐　10・388
徐芳蕙　62・587
徐芳錦　53・468
徐克岐（清金鄉）　37・133
徐克岐（清金谿）　70・493
徐克明　7・209
徐克倫　6・473
徐克容　11・118

徐克敏 24·716
徐　杆 4·428
25·20
25·39
徐甫宰 77·364
徐更生 53·395
徐抒軸 66·576
徐　步 38·223
徐步汀 52·142
徐步初 6·622
徐步陞 48·578
徐步珩 53·520
徐步聯 6·613
徐步瀛(明) 41·165
徐步瀛(清安仁) 60·153
徐步瀛(清博山) 6·668
徐步鰲 53·640
徐見恩 51·619
徐見能 51·602
徐　岈 53·621
徐何思 48·439
徐　佐(元) 59·154
徐　佐(清) 62·107
徐　伸(清文登) 29·304
徐　伸(清莒縣) 30·688
31·223
徐　作 44·190
76·465
77·364
徐作求 53·504
徐作梅(清古田) 77·548
徐作梅(清高安) 62·262
徐作楫 9·409
徐作新 20·564
徐作賡 51·644
徐伯玉 48·403
徐伯宇 55·524
徐伯相 76·551
徐伯恭 44·100
徐伯琛 68·304
徐伯鳳 52·154
徐　佖 9·140
徐　佛 58·153
徐近陛 7·434
徐希增 5·359
10·81
徐　兌 17·543
20·563
徐孚遠 76·252
76·270
77·729
徐迎恩 69·470
徐亨祓 50·303
徐　灼 39·448
徐　沆 25·25
徐　宏(明) 52·153
徐　宏(清清苑) 7·384
徐　宏(清臨川) 69·542
徐宏音 76·262
徐宏祖 72·493
徐宏業 2·24
8·468
徐宏鵬 60·733
徐　良 4·14
15·568
17·458
徐良玉 50·254
徐良仕 67·494
徐良彥(明) 45·545
徐良彥(清) 68·491
徐良琦 68·491
徐良傅 71·169
徐良弼 52·414
徐即登 68·324

徐孜劬　26·640
徐奉祿　6·209
徐奉璋　72·25
徐　玨　71·590
徐　玠　74·544
徐　表　76·731
徐長龍　34·314
徐　坤　58·231
徐　坰　53·337
徐其五　48·400
徐其吉　52·326
徐若敏　41·164
徐若渾　53·189
徐　茂　79·161
徐茂午　67·582
徐　苗　4·172
　17·470
　19·98
　23·630
徐　英　75·599
　76·168
徐　直　53·621
徐直方　51·211
徐枝芳　76·559
徐來庭　5·163
　43·270
徐來章　31·228
徐來朝　78·720
徐來聘　31·820
　32·369
　33·232
徐來鳳　45·60
徐來賓　5·163
　43·270
徐　松(明)　5·201
　34·64
徐　松(清)　50·125
徐松年　41·151
徐　杰　47·235
徐東漸　16·434
徐郁彬　67·186
徐　奇(明)　1·789
　43·537
徐　奇(明蒲城)　76·547
徐奇功　41·196
徐奇勳　78·621
徐　招　4·50
　39·174
徐尚文　62·137
徐尚孝　62·129
徐尚忠　62·124
　80·762
徐尚卿　77·120
徐尚淇　62·641
徐尚椿　35·138
徐尚義　62·133
徐尚賓　67·259
徐旺梅　5·307
　43·622
徐　昆　77·402
徐昌文　5·338
　10·125
徐昌祚　62·433
徐昌茨　5·307
徐昌琦　5·307
　43·622
徐　昇(宋)　61·448
徐　昇(明)　1·808
徐　昇(清)　53·361
徐明叔　79·102
徐明揚　47·142
徐明善　58·401
徐明謨　23·260
徐　昜(明)　53·232

徐　易(清)　45・78
徐　昂　74・278
徐　旻　53・113
徐　炅　71・243
徐迪恩　51・287
徐忠許　13・383
徐岷山　53・580
徐知常　76・412
徐知與　10・386
徐　牧　13・382
徐和逸　30・744
徐秉元　58・595
徐秉正　44・289
徐秉貞　51・487
徐秉富　44・149
徐秉壽　44・149
徐秉霖　68・254
徐秉彝　62・675
徐秉謙　72・13
徐　岳　24・555
徐岳秀　78・628
徐佩璋　51・678
徐　的　76・425
徐金石　10・141
　10・287
徐金相　21・526
徐念祖　13・795
徐京陛　66・487
徐京哲　66・539
徐京堦　66・511
徐京墇　66・539
徐　夜　4・289
徐　庚　59・270
徐性成　76・443
徐　炎　76・399
徐炎午　53・220
徐河清　4・456
徐泗坤　6・467
徐　泮　72・369
徐　泳　59・174
徐　治　51・437
徐　宗　44・15
　46・374
徐宗仁　51・155
　53・390
徐宗正　42・362
徐宗功　62・199
徐宗堯　28・162
徐宗道　70・637
徐宗幹　2・65
　9・619
　32・458
　33・80
　39・810
徐宗煥　68・492
徐宗禋　6・622
徐宗漢　39・766
徐宗魯　67・311
徐宗慶　76・567
徐宗儒　71・186
徐宗澤　58・548
徐　定　68・482
徐定和　62・562
徐定魁　45・257
徐定顯　62・513
徐　房　23・657
徐　建　75・411
　77・584
徐建文　8・717
徐建寅　58・162
徐建業　36・513
徐建璋　59・142
徐建勳　53・640
徐承宗　42・881

徐承珪　4・234
23・652
24・542
徐承蔭　75・422
徐承奭　62・138
徐承錫　17・575
18・370
徐承澤　80・761
徐承禧　77・591
78・467
徐孟恕　70・517
徐孟深　50・59
徐孟震　70・587
徐　春　71・114
徐春凌　50・61
徐春齡　51・333
徐　珏　51・182
徐　珍　80・547
徐　城(清上饒)　51・448
徐　城(清豐城)　68・567
徐　政(明)　71・266
72・3
徐　政(清)　2・33
13・729
徐　荀　80・557
徐　南　78・304
徐南金　68・157
徐南鵬　76・417
徐　相　50・45
徐　枬　32・368
33・232
徐　柏　76・552
徐咸三　53・637
徐咸有　58・433
徐　威　72・314
徐奎田　51・462
徐　昰　73・176
徐　貞　70・529
徐貞芹　46・258
徐貞明　52・34
徐　則　4・252
徐則甯　70・517
徐映春　44・318
徐映淮　38・253
徐　昱　70・473
徐昭元　58・576
徐昭桂　49・477
徐昭然　52・518
徐思立　68・43
徐思迪　39・768
徐思信　39・88
徐思禹　43・96
徐思恭　30・159
徐思復　77・142
徐思煜　48・333
徐思範　70・497
徐思德　72・71
徐思學　37・830
徐思謙　74・283
徐思鏡　48・366
徐品題　53・479
徐重飛　6・670
徐　便　58・250
徐修道　43・643
徐　待　76・349
徐律時　22・233
徐　勉(明)　76・619
徐　勉(南北朝)　4・45
徐　勉(清)　14・731
徐勉之　58・215
徐　胤　44・10
徐　亮(明奉新)　67・563
徐　亮(明南豐)　71・625
徐亮彩　67・124

徐　度　7・370
徐庭訓　5・335
徐彥方　18・527
徐彥伯　4・192
35・458
徐彥英　30・738
徐彥威　68・401
徐彥則　71・215
徐彥思　72・97
徐　兗　4・151
徐　弈　4・30
徐　奕　15・541
徐奕溥　53・281
徐　恜　77・582
徐　恒　70・637
徐恆山　69・562
徐　恢　9・400
徐　恂　75・713
徐　美　77・179
徐　炳(清江西東鄉)　71・188
徐　炳(清金谿)　70・637
徐　炳(清進賢)　72・101
徐炳元　45・104
徐炳業　76・582
徐炳煜　51・538
徐炳煥　51・228
徐炳蔚　76・583
徐炳簡　76・636
徐　炯(清崑山)　2・17
徐　炯(清瑞昌)　48・342
徐　洪(宋)　76・426
徐　洪(明奉新)　67・568
徐　洪(明興安)　74・536
徐　洪(清)　5・241
徐洪志　74・272
徐洪初　6・139
徐洪垓　48・350
徐洪恩　74・274
徐洪暄　48・408
徐洪愿　74・261
徐洪德　71・202
徐洪澍　48・350
徐洪憲　74・262
徐洪懃　74・265
徐洪懋　74・265
徐洪謨　28・709
29・539
徐洪懿　74・261
74・282
徐　洲(明單縣)　38・219
徐　洲(明當塗)　75・422
徐　洲(清瑞昌)　48・352
徐　洲(清德化)　78・618
徐　宣　1・699
38・663
徐宣平　70・630
徐祖庚　76・575
徐祖鍠　80・522
徐神翁　72・699
徐既同　19・619
徐既行　50・301
徐　陟(宋)　76・564
徐　陟(明)　79・149
徐陞隆　60・505
徐飛龍　41・198
徐　盈(明貴溪)　52・15
徐　盈(明廣豐)　53・429
徐　紘　15・575
17・695
徐　紀　71・169
徐　泰　49・418
徐泰來(清永定)　80・176
徐泰來(清吉水)　72・544
徐　珽　7・187

徐　珣 51・181
徐　班 58・438
徐　素 58・119
59・68
徐　起 4・79
4・142
徐起元(明) 6・319
徐起元(清) 28・43
徐起長 80・609
徐起鴻 76・393
徐起鵬 62・328
徐　貢 72・347
徐華老 76・545
徐華清 4・400
7・141
徐恭新 5・312
43・638
徐莘田 51・258
徐莘老 76・545
徐　栻 76・467
徐　桓 39・79
徐連中 77・549
徐連方 10・388
徐連鑣 21・533
徐配坤 53・586
徐　原(元) 18・556
徐　原(明) 50・324
徐原昇 51・565
徐原鼎 51・482
徐　振(明) 62・218
63・411
徐　振(清) 22・300
22・620
23・655
徐振元 45・285
徐振文(清汶上) 37・776
徐振文(清浮梁) 47・209
徐振先 5・337
10・60
10・270
徐振芳 4・201
14・368
14・441
17・584
32・154
徐振甸 6・457
徐振宗 23・268
徐振紀 53・521
徐振清 11・95
徐振强 8・713
徐振選 66・578
徐振鱗 53・554
徐　哲 76・468
徐致方 68・516
徐致愉 43・435
徐致靖 77・56
徐晉亨 76・579
徐晉紳 51・663
徐時用 67・226
徐時科 50・401
徐時動 68・290
徐時庸 48・331
徐時深 79・593
徐時達 70・637
徐時豫 47・154
徐時鍵 70・490
徐時燠 53・578
徐時濟 76・468
徐恩溥 67・331
67・446
徐乘時(清高安) 62・166
徐乘時(清黄縣) 26・129
徐　倚 41・220
徐倚本 37・859

徐　倬　67・436
徐　俯　58・299
徐躬膺　49・299
徐師仁　78・106
78・288
徐師銘　51・290
徐　徐　51・587
徐　卿　72・543
徐卿孫　65・75
徐逢聘　25・18
25・37
徐　高(明)　67・254
徐　高(清)　58・432
徐高士　78・612
徐高明　78・608
徐席珍　76・578
徐　唐　80・335
徐悅鋘　53・278
徐　益　68・359
徐益哲　2・49
33・695
徐　兼　71・327
徐　浦(明)　76・551
徐　浦(清)　29・329
徐　浙　43・112
徐　浩(宋)　79・206
徐　浩(清)　62・163
徐　海　1・840
14・216
16・419
徐海珠　74・545
徐海興　74・545
徐海瀾　37・160
徐　浮　1・703
7・75
16・396
徐流傳　58・534
徐　浤　52・78
徐家修　80・544
徐家傑　43・24
徐家瑄　80・556
徐家瑩　80・544
徐家璠　77・42
80・543
徐家興　74・128
徐家謨　51・481
徐　朗　78・619
徐書升　51・644
徐書錞　53・406
徐　陵　4・189
徐陳策　73・381
徐　通(宋)　71・135
徐　通(明)　77・552
徐能容　71・239
徐翀霄　38・688
徐　純(宋)　68・304
徐　純(清)　52・209
徐純卿　80・486
徐純嘏　13・812
徐　琅　1・827
徐　逵(明)　70・529
徐　逵(清)　51・402
徐培基　30・200
徐培德　22・308
徐　基　65・275
徐　著　45・14
徐　萃　14・706
徐乾學　80・165
徐　彬(明)　37・412
徐　彬(清)　78・689
徐　梧　77・188
徐　堅　72・102
徐　爽　1・743
徐　盛　4・32

	15・542
	30・658
	31・215
徐盛持	67・97
徐盛揚	67・192
徐捷槐	80・241
徐　彪(明商河)	4・149
徐　彪(明興安)	74・539
徐處仁	1・740
	18・29
	37・36
徐處闇	5・161
	43・606
徐　常	76・488
	76・532
徐　問	1・846
徐問真	21・818
	23・666
徐　晦	75・355
徐冕南	67・85
徐鄂輝	53・417
徐國秀	48・441
徐國明	67・428
徐國珍	2・38
	15・35
	15・136
徐國政	41・406
徐國珥	80・542
徐國華	67・255
徐國理	65・515
徐國詔	36・27
徐國裕	48・378
徐國祺	9・861
徐國弼	37・776
徐國賓	27・161
徐國璋(清長清)	5・361
徐國璋(清泰安)	32・405
	33・279
徐國鎬	80・557
徐　崐	76・457
徐崇岳	70・568
徐崇恩	70・503
徐崇業	62・662
徐崇節	80・477
徐　敏	80・462
徐敏政	9・888
徐　偃	4・11
徐　偉	53・372
徐偉行	30・202
徐偉域	6・668
徐偉堉	6・622
徐偉烱	6・653
徐偉焴	6・650
徐偉驥	6・668
徐　進	58・238
徐進忠	38・224
徐術祖	80・548
徐得之	65・270
徐得位	67・371
徐從治	1・771
	12・96
	23・623
徐從義	35・498
徐從龍	51・435
徐從謹	21・496
徐　鈛	80・70
徐象升	67・551
徐象俚	71・193
徐象震	8・632
徐　訪	75・403
	77・503
徐　袞	68・317
徐鹿卿	68・296
	75・359

徐鹿鳴	43・644
徐　堃	48・398
徐　章(宋)	71・34
徐　章(明)	76・549
徐　章(清)	18・743
徐清叟	76・543
徐清遠	42・771
徐添元	51・441
徐添祿	76・407
徐淩雲	62・283
徐　淹	76・456
徐淑翰	4・362
徐　淮	1・830
徐淮漢	67・303
徐淳如	5・163
	43・268
徐涵虛	76・561
徐　寅(宋)	4・142
	26・87
徐　寅(唐)	78・105
	79・288
徐　寄	50・183
徐密修	5・342
	10・128
徐啓元(明)	39・772
	42・570
徐啓元(清)	77・344
徐啓宇	21・611
徐啓信	62・275
徐啓運	67・144
徐啓統	68・371
徐啓新	5・306
	43・599
徐啓榮	51・297
	52・245
徐啓璡	51・409
徐啓樓	68・512
徐　貫	68・314
徐　紳(明弋陽)	50・488
徐　紳(明建德)	47・327
徐　紹	52・365
徐紹斗	73・339
徐紹先	5・336
	10・119
徐紹洵	73・338
徐紹陵	13・345
徐紹曾	5・362
徐紹慶	67・311
徐紹薪	2・40
	8・319
	8・470
	16・453
徐琴聲	28・217
徐　琳	53・346
徐　琥	71・200
徐　琰	4・143
徐　琛	31・777
	34・466
徐　超(清夏津)	9・811
徐　超(清寧陽)	35・196
徐博卿	79・509
徐達正	50・47
徐達乾	2・95
	16・443
	70・538
徐達禮	53・442
徐斯遠	51・132
徐萬斗	78・306
徐萬仞	76・554
徐萬安(明)	48・404
徐萬安(清)	78・306
徐萬言	43・615
徐萬卷	78・273
徐萬春	56・121

徐萬眾	56・599
徐萬凝	4・353
徐萬鐘	77・725
徐萬賓	78・306
徐葆初	67・171
徐　敬	65・79
徐敬宗	67・334
徐敬齋	35・187
徐朝元	9・140
徐朝亮	29・220
徐朝欽	55・560
徐朝績	67・431
徐朝璽	70・492
徐　棟	20・785
徐棣林	21・628
徐　軻	50・238
徐惠德	58・536
徐雲程	65・100
徐雲龍	19・105
徐雲驤	79・569
徐雅範	35・138
徐斐章	50・503
徐　棠	74・267
徐　鼎(明)	76・733
徐　鼎(金)	34・466
徐　開	72・109
徐開先	45・81
徐開來	74・540
徐開第	41・700
徐景伊	53・504
徐景行	69・218
徐景東	21・593
徐景岱	51・573
徐景周	53・640
徐景崧	51・573
徐景舜	10・133
徐景鳳	39・766
徐景儒	72・15
徐景禧	59・594
徐　貴(明南安)	79・502
徐　貴(明浮梁)	47・65
徐貴山	71・191
徐貴安	70・599
徐貴槐	56・421
徐　智(元)	68・47
徐　智(清)	53・578
徐　順	22・262
	22・473
徐順慶	51・296
徐集光	48・399
徐集禧	53・617
徐　復	76・639
	78・171
徐復初	5・306
	43・602
徐復翀	53・349
徐舒錦	58・80
徐　鈅	13・148
徐　欽	68・305
徐　鈞	60・597
徐爲崧	76・563
徐爲善	47・238
徐爲鄴	78・621
徐爲質	62・482
徐飲和	58・433
徐勝卿	51・418
徐詠韶	44・574
徐　敦	1・805
	43・18
徐敦元	51・630
徐　斌	76・405
徐　惺	2・28
徐　善	45・152
徐善安	76・545

徐善箕	51・524
徐善慶	70・519
徐善繼	58・668
徐　道(五代)	79・639
徐　道(明)	14・363
徐　道(清樂安)	17・526
	18・527
徐道元	48・362
徐道坿	45・187
徐道珍	48・437
徐道南	52・361
徐道富	67・494
徐道登	52・329
徐道衛	67・455
徐道勳	76・406
徐　焕	53・546
徐湛恩	2・26
徐湘潭	71・633
徐渭芹	35・351
徐　湧	65・393
徐　甯	4・136
徐運昌	67・551
徐運景	67・549
徐　裕	67・465
徐裕後	70・598
徐裕善	62・222
徐　尋	53・218
徐　弼(明益都)	15・594
	17・515
	18・305
徐　弼(明漳浦)	76・730
徐　强	59・93
徐强興	10・136
徐　登(梁)	76・208
徐　登(漢)	78・346
	78・398
	78・456
徐登三	11・449
徐登京	80・244
徐登垣	48・586
徐登第	77・85
徐登進	34・439
徐　瑚	47・317
徐　項	37・557
	60・31
徐　瑞	58・214
徐瑞光	67・456
徐瑞徵	70・500
徐瑞銓	70・497
徐瑞麟	53・639
徐　瑀	58・340
徐　瑜	5・307
	43・602
徐聖域	58・165
徐聘三	60・502
徐夢明	77・346
徐夢起	39・310
徐夢莘	65・67
徐夢符	71・193
徐夢陽	59・44
徐夢發	76・576
徐夢熊	4・355
	30・110
徐夢齡	13・150
徐夢麟	80・462
徐　幹(三國)	4・185
	15・574
	18・536
	19・37
	19・75
	23・659
徐　幹(清)	77・190
徐蔭周	8・716
徐蔭鎬	8・715

徐　椿　53・337
徐　軾　70・552
徐　摛　4・188
徐虞訓　48・413
徐　業(清)　62・141
徐　業(漢)　4・168
徐業鈞　2・94
7・90
16・454
徐業穎　67・550
徐業顯　67・234
徐暄春　74・133
徐暉吉　5・122
徐照南　63・516
徐照黎　62・666
徐路修　7・148
徐嗣勉　59・70
徐嗣愛　30・200
徐嗣溥　73・385
徐圓老　71・5
徐　筠(宋)　65・71
徐　筠(清)　74・136
徐　節　18・694
42・433
徐傳毓　23・406
徐傳薪　68・430
徐傳鐸　71・481
徐　鉞　71・536
徐　鈿　49・473
徐　鉉　45・325
46・389
61・486
徐會濟　62・351
徐會澧　4・399
徐　煳　75・594
76・96
徐　詡　76・541
徐新圍　51・349
徐新發　45・235
徐新壽　51・624
徐新德　72・30
徐韵諧　69・466
徐慎獨　42・272
徐　義(明南昌)　44・110
徐　義(明滕縣)　36・519
徐　煌　45・229
徐煥彩　48・147
徐煥縉　26・178
徐　資　40・117
40・263
徐　溥(明)　77・202
徐　溥(清)　60・710
徐源言　62・269
徐　準　5・162
43・264
徐　溢　71・481
徐　溶　45・183
徐福童　80・423
徐福甯　41・123
徐福臻　39・249
徐　羣　19・395
徐殿亨　53・521
徐際元　77・558
徐際平　21・462
徐際旦　53・242
徐際光　53・637
徐際雲　21・638
徐預功　59・372
徐　遜(明浮梁)　47・236
徐　遜(明新昌)　63・533
徐　經(清建陽)　76・393
徐　經(清僊遊)　78・255
徐經世　10・134
徐經孫　68・37

徐綏邦 5·338
徐　瑲 67·462
徐嘉言(明) 75·423
78·389
徐嘉言(清) 51·645
徐嘉善 58·401
徐嘉嗣 7·208
徐嘉會 54·232
徐嘉澍 51·677
徐嘉謀 58·86
徐　壽 76·427
徐壽仁 78·106
78·288
徐壽卿 45·121
徐　熙(宋) 70·638
徐　熙(明) 44·308
徐　蔚(清莒縣) 30·721
徐　蔚(清瑞昌) 48·357
徐　榛 11·474
徐　模 69·621
徐　榜 1·785
徐輔仁 60·648
徐輔廷 10·53
徐輔忠 60·564
徐　碭 66·537
徐爾大 62·111
徐爾昌 62·252
徐鳴奇 69·321
徐鳴珮 4·368
38·234
徐鳴球 79·348
徐鳴鑾 77·39
徐　圖(明) 24·328
24·528
徐　圖(清) 62·278
徐銅峯 70·567
徐　銓(明) 80·70
徐　銓(清) 45·274
徐　銘 4·223
25·621
25·644
27·65
27·154
徐銘符 9·853
徐　鳳(宋) 76·545
徐　鳳(明) 80·387
徐鳳岐 78·719
徐鳳沼 48·344
徐鳳起 39·650
徐鳳書 48·440
徐鳳斌 59·116
徐鳳翔(清魚臺) 37·720
徐鳳翔(清鄒縣) 36·179
徐鳳儀 48·354
徐鳳藻 48·386
徐語詩 53·544
徐　誨 24·556
徐　豪 53·621
徐　廣(明) 37·831
徐　廣(晉) 4·173
15·571
30·662
31·216
32·44
徐廣勇 14·698
徐廣清 36·179
徐廣獻 36·681
徐瘋子 72·30
徐　端 53·474
徐端方 68·349
徐　燁 67·310
徐　榮 79·207
徐榮叟 76·542
徐榮貴 51·338

徐榮崑　51・347

徐　熥　75・594

76・96

77・593

徐漢福　10・82

徐實撫　58・655

徐實穧　78・613

徐肇修　37・716

徐肇基　48・409

徐肇梓　48・440

徐肇棟　48・408

徐肇惠　58・172

徐肇鈞　48・337

徐肇裕　68・252

徐肇嘉　67・173

徐肇瀅　53・585

徐肇鉻　12・290

徐肇鍾　48・352

徐肇瀧　53・491

徐肇鏻　48・351

徐肇顯　2・46

32・451

33・75

徐　鼐（明）　53・234

徐　鼐（清）　62・328

徐　維　53・307

徐維均　51・541

徐維城　14・709

徐維紀　67・416

徐維埴　53・654

徐維紱　67・316

徐維組　67・416

徐維紳　67・416

徐維新　53・576

徐維緒　67・321

徐維綱　67・73

徐維綸　67・74

徐維縉　68・277

徐維藩（清上饒）　51・440

徐維藩（清諸城）　17・595

20・549

徐　綸　10・126

徐　綬　80・152

徐　慧　45・371

徐　瑾（清德化）　78・616

徐　瑾（清嶧縣）　7・435

徐　璜　13・743

徐　璋（清邵武）　77・199

徐　璋（清樂平）　59・611

徐　璋（清興安）　74・533

徐　璆　1・694

7・345

徐　慤　5・201

34・68

徐　墀　45・72

徐　蕃　58・168

徐　樞　77・179

徐　標　4・217

39・101

徐　櫟　55・237

徐賢慶　51・643

徐　確　78・132

徐　震　70・517

徐震雲　52・244

徐　撛　22・274

22・518

徐　霈　77・368

徐　輝（宋玉山）　50・182

徐　輝（宋福清令）　75・425

徐輝田　62・593

徐賦安　70・498

徐　賜　77・162

徐　遲（明）　4・105

5・109

徐　暹(清)　53・359
徐　暲　11・87
徐墨海　8・715
徐稼堂　41・197
徐　範　75・482
76・21
徐範閑　53・585
徐牖民　5・352
10・386
徐德一　59・165
徐德成　52・255
徐德武　2・90
徐德明　45・221
徐德城　67・188
徐德昭　25・540
徐德培　56・326
徐德瑞　74・282
徐德意　74・280
徐德慕　73・393
徐德瀧　45・234
徐德耀　71・316
徐　徵　50・108
徐盤銘　53・509
徐鋅庚　68・276
徐　鋭(明)　1・825
40・9
40・244
徐　鋭(清)　80・557
徐　鋐　51・551
徐餘齡　51・628
徐　諒　71・232
徐　誼　5・154
43・575
徐慶定　48・576
徐慶衍　73・171
徐慶祥　34・194
徐慶禮　51・352
徐慶瓚　62・613
徐　敵　67・416
徐養茂　74・268
徐養奇　25・193
徐養純　30・744
徐養豫　74・264
徐養謙　67・312
徐養識　74・263
徐遵明　4・175
徐遵義　76・640
徐　澍　51・479
徐　潤　9・438
徐　澂　7・184
徐　潘　47・344
徐　澄(明)　70・382
徐　澄(清崇仁)　70・97
徐　澄(清鄱陽)　58・134
徐澄遠　75・724
75・731
徐　選　67・313
徐樂府　68・508
徐　緘　72・250
72・384
徐　璞(明)　29・297
徐　璞(清)　43・632
徐靜埜　39・348
39・448
39・449
徐　璘　69・197
徐　璣　58・59
徐　薦　53・470
徐　樾　52・157
徐樹春　67・331
徐樹屏　67・186
徐樹棟　67・338
徐樹楠　67・100
67・432

徐樹楷　67・481
徐樹榛　67・443
徐樹檪　67・337
徐　機　69・393
徐　輻　24・574
徐　整　44・16
46・376
徐奮鵬　69・378
徐　霖　70・518
徐　曇　53・261
徐　默　45・225
徐　積　45・328
徐積善　70・599
徐　穆　72・410
徐　篤　41・156
徐　興　15・580
17・484
18・278
徐興可　14・745
徐興周　19・85
徐興學　66・501
徐學友　59・524
徐學文　65・476
徐學永　76・190
徐學江　51・230
徐學采　14・709
徐學宗　52・251
徐學炌　67・284
徐學泉　60・260
徐學泰　44・524
徐學晉　44・497
徐學虔　74・540
徐學乾　58・413
徐學梅　48・357
徐學棟　53・572
徐學道　53・621
徐學勤　59・316
徐學椿　53・517
徐學橦　53・492
徐學儀　74・28
徐學謙　45・91
徐學禮　61・463
徐學觀　45・199
徐　儒　67・230
徐　衡(宋)　59・271
徐　衡(明)　79・365
徐衡南　43・609
徐錫祉　77・368
徐錫祥　60・516
徐錫會　67・432
徐　錦(明公安)　9・732
徐　錦(明南詔)　40・38
40・224
徐　穎　72・91
徐　諤　39・316
徐謂第　2・99
16・441
徐龍華　64・566
徐熾炘　67・482
徐熾烈　67・332
徐熾烜　67・336
徐熾煥　67・338
徐　燧　77・556
徐　營　76・635
徐憲文　36・508
徐憲章　31・55
徐　縉　1・837
15・535
16・421
18・52
徐縉文　36・538
徐　璐　18・525
徐璵林　23・279
徐聲茂　50・66

徐聲榮　68・517
徐　聰(明平度)　23・653
徐　聰(明昌邑)　19・620
　23・662
徐聯芳　26・123
徐聯魁　67・465
徐藍田　51・580
徐　檀　39・79
徐懋昭　68・359
徐懋楨　58・597
徐懋猷　14・730
徐懋績　50・92
徐臨階　30・729
徐磻溪　53・639
徐　穉　44・8
　46・455
　68・539
徐穉佳　78・303
徐　鍇　61・487
徐　鍔　74・131
徐鍾昊　51・288
徐鍾賢　60・729
徐鍾鰲　53・146
徐　鍰　25・36
徐　爵　59・39
徐　邈　4・172
　15・571
　30・660
　32・45
徐　謨　78・272
徐　謙(清建甌)　76・458
徐　謙(清南昌)　45・88
徐　謙(清萬年)　60・253
徐　謙(清廣豐)　53・326
徐　襄　53・530
徐　膺　78・163
徐應中　76・312
徐應世　76・625
徐應廷　67・416
徐應延　67・409
徐應芬　65・535
　72・94
徐應芳　69・432
徐應辰　77・38
徐應迎　67・409
徐應昌　77・558
徐應昇　79・601
徐應昂　59・363
徐應奎　4・240
徐應秋(明)　76・350
徐應秋(清)　51・428
徐應球　45・91
徐應雲　68・36
徐應甯　48・421
徐應楠　62・19
徐應魁　25・47
徐應鉉　58・434
徐應謀　70・601
徐應龍　76・542
徐應麒　77・539
徐應鶴　72・52
徐　燦(明)　67・122
徐　燦(清)　80・210
徐　鴻　67・488
徐鴻客　4・252
　31・836
　32・412
　33・294
徐鴻恩　51・262
徐鴻植　57・61
徐鴻勛　9・273
徐鴻翥　67・182
徐鴻賓　37・5
徐鴻儀　79・211

徐　濤 68・485
徐　濱 25・48
徐濱沂 76・413
徐　豁 30・667
徐　謇 4・261
15・611
30・751
31・247
32・64
徐　禮 72・446
徐禮檳 48・270
徐　孺 69・185
徐　績 2・12
徐　璹 14・710
徐　璿 68・347
徐　瓊 70・515
徐瓊林 21・750
徐　燾 58・230
徐　豐 67・174
67・432
徐　翱 48・439
徐　鎮 2・68
37・563
44・396
徐鎮泰 63・524
徐　鎬 30・722
徐　鎰 65・170
徐鯉化 77・567
徐鯉俊 79・501
徐　瓚 22・281
22・546
徐藹如 5・163
43・271
徐關寶 25・87
徐　鏞 75・367
徐鏡宇 10・85
徐　鵬 41・147
徐鵬飛 53・332
徐鵬起 70・528
徐鵬翔 53・586
徐騰驤 35・116
徐　鯨 30・715
徐　麒 76・352
徐　麒 80・437
徐懷玉 1・729
30・59
徐懷謙 45・95
徐　瀛 21・730
徐繩武 32・652
徐蘭桂 4・362
徐蘭孫 53・514
徐獻珍 67・333
徐　耀 53・585
徐　贍 79・140
徐　曬 39・84
徐釋傳 58・564
徐　競 50・549
徐　夔 58・279
徐　瀾 49・493
徐寶田 6・651
徐寶鉞 8・639
徐繼先 74・317
徐繼昌 70・534
徐繼曾 5・363
徐繼發 52・378
徐繼孺 41・78
徐　鐸(宋) 18・29
78・563
徐　鐸(明新泰) 34・470
徐　鐸(明豐城) 1・773
68・52
徐　鐶 53・323
徐　鶴 27・108
徐鶴立 30・729

徐鶴羣 30・730
徐　屬 76・464
徐　鑒 68・210
徐　鑑(明邵武) 77・199
徐　鑑(明贛縣) 73・379
徐　鏷 45・36
徐顯烈 66・527
徐顯紳 80・558
徐顯榮 53・500
徐顯綸 80・558
徐顯鋒 80・521
徐　觀 50・225
徐觀佑 58・595
徐觀亮 59・513
徐觀孫 80・762
徐觀道 51・217
徐　讓 43・628
徐　灝 78・612
徐　驥 76・638
徐　驤(元) 57・443
徐　驤(宋) 76・635
徐　驤(清) 62・318
73・407
徐　鸞(明) 77・583
徐　鸞(清) 58・182

殷

殷士儋 4・107
5・112
34・354
殷上燾 51・90
殷之俊 20・567
殷之璋 37・176
殷仁義 49・475
殷玉琛 36・496
殷丕瑗 27・143
殷永祚 36・743
殷成德 4・361
殷廷玉 31・58
殷廷吉 9・864
殷廷舉 49・420
殷仲虺 36・587
殷汝孝 39・149
殷汝楫 5・119
殷汝麟 5・112
12・119
殷　玘 42・742
殷孝祖 1・704
37・801
41・58
殷克裕 9・141
殷作忠 36・523
殷作謀 36・506
殷伯固 75・714
殷　序(明雲南) 22・233
殷　序(明無錫) 39・791
42・545
殷長立 4・336
36・506
殷長任 36・550
殷長經 36・512
殷長端 36・537
殷　苞 36・497
殷　岳 76・210
殷　侑 1・722
殷承業 19・298
殷　革 49・419
殷　荃 36・498
殷思親 48・568
殷重禮 36・550
殷　莊 37・160
殷　哲(明膠州) 22・245
殷　哲(明歷城) 5・119
23・633

殷秩徵 36·491
殷躬逮 36·492
殷高齡 36·533
殷國楨 46·82
殷　崇 4·10
15·568
17·457
殷從儉 75·377
殷象匹 49·476
殷　淳 29·294
殷啓賢 5·112
殷紹夏 51·88
殷堯藩 75·414
78·461
殷雲霄 4·197
42·788
殷　畯 5·111
殷復禮 36·525
殷　輅(清信豐) 73·439
殷　輅(清寧陽) 35·162
殷　漣 12·293
殷　瑭 36·533
殷　嘉 4·8
7·475
殷嘉賓 60·99
殷維緘 36·780
殷　遷 43·194
殷　璞 11·397
殷　學 4·127
31·788
殷　衡 4·198
5·111
12·135
殷應寅 4·278
36·504
殷　禮 38·687
殷　瓌 35·156
殷獻昌 36·600
殷　儼 6·199

奚

奚元愈 74·381
奚玉瑚 39·456
奚　仲 41·125
奚兆鰲 39·205
奚和覲 18·7
奚泮林 39·201
奚　浚 50·508
奚容葳 4·4
35·603
奚康生 1·710
奚善元 39·441
39·455
奚　銘 1·841
14·298
15·534
16·418
奚憲正 74·381
奚體乾 39·320

倉

倉景長 2·107
29·688

翁

翁大中 80·159
翁大章 78·707
翁　元 79·267
翁元鍾 80·428
翁友梅 76·413
翁日躋 79·169
翁曰賓 75·423
78·390
翁文周 77·536

翁文達　77·547
翁　亢　75·640
79·52
翁方綱　2·17
翁正春　75·497
76·39
翁世資　1·768
78·30
翁世經　75·555
79·17
翁　白　76·645
翁永瑞　80·204
翁有恒　79·315
翁廷玉　77·550
翁仲祥　58·37
翁兆祥　50·503
翁兆雲　1·840
14·110
16·435
翁汝瀛　52·565
翁安瀾　78·419
翁志金　49·279
翁求多　75·661
翁伯綬　76·406
翁　谷　76·428
翁　邵　75·424
77·158
翁長生　78·693
翁其昌　76·625
翁茂林　77·549
翁茂海　49·278
翁旺祥　49·298
翁昌齡　76·197
翁河水　80·669
翁　泳　76·392
翁　定　79·625
翁定邦　53·644
翁建猷　78·437
翁承選　40·134
40·306
翁承贊　75·580
78·106
79·56
翁孟寅　76·489
翁荆山　78·712
翁是揆　30·63
翁　矩　78·389
翁　部　76·414
翁待舉　75·667
翁炳文　78·200
翁炳忠　77·621
翁桂茂　40·335
翁連鼇　76·405
翁時穉　76·103
翁峻高　77·619
翁　倬　50·463
翁　海　77·461
翁　祥　78·705
翁　陸　76·386
翁國敏　80·631
翁　崇　78·707
翁望興　53·498
翁淮安　53·402
翁啓光　78·423
翁啓東　79·428
翁紹桂　30·115
翁紹徐　53·570
翁　瑛　75·450
翁　喆　77·549
翁彭齡　78·675
翁萬達　80·162
翁朝宗　79·58
翁植齋　77·577
翁　雲　77·621

翁鼎臣　31・55
翁　智　78・693
翁　喬　30・136
翁道烈　78・689
翁　曾　76・202
翁夢鯉　78・154
翁愈祥　1・788
13・726
翁會文　51・300
翁新發　51・318
翁　煌　75・504
76・153
翁嘉煊　78・709
翁　熙　80・10
翁熙載　75・548
翁　需　80・158
翁漢章　78・575
翁漢傑　71・423
翁　賓　75・533
翁德桂　50・269
翁德廣　76・434
翁興旺　51・348
翁興賢　75・596
翁興寶　51・343
翁學本　78・700
79・369
翁學禮　53・142
翁學瀾　77・559
翁聯奮　79・80
翁　點　78・73
79・142
翁鍾華　79・214
翁　爵　79・365
翁鴻業　1・781
翁　績　79・13
翁麐標　2・39
15・139
翁懷忠　76・141
翁懷清　76・123
翁　顯　71・439
翁顯祖　49・317

脩

脩廷獻　38・232
脩汝初　38・256
脩汝樸　38・255
脩琨珊　51・514
脩覃運　38・272
脩敦儒　38・280
脩廣高　51・620
脩　翼　38・284

烏

烏古論阿海　37・37
烏古論榮祖　1・753
27・318
27・789
烏古論德升　4・210
18・446
烏古論禮　18・447
烏石公　60・80
烏延鋭　1・751
37・547
37・732
烏林答石　26・561
烏枝鳴　7・135
烏重允　1・723
烏魯論德升(一作烏庫哩德升,本名魯爾錦,見烏古論德升)
烏　顯　60・179

逢

逢丑父　7・20

	7・143
	19・13
	19・583
逢汝霖	60・25
逢於何	7・172

留

留天祿	79・350
留元圭	76・464
	79・145
	79・309
留元長	79・144
留元英	79・144
	79・309
留元亮	75・410
	77・581
	79・145
留元剛	79・309
留　正	79・98
	79・306
留　丙	79・144
	79・308
留汝亮	79・238
留志淑	79・108
留　芳	79・151
留　東	79・311
留　昆	79・227
留　京	65・242
	73・246
留居道	78・314
留　洪	78・289
留　恭	79・308
留　略	7・346
留從効	79・304
留景星	79・257
留湛然	79・256
留　碩	79・144
	79・308
留　端	79・144
留震臣	79・161
留潛夫	79・148
留　篇	79・308

衷

衷日炳	73・97
衷化遠	73・81
衷化樞	44・417
衷化霖	44・435
衷以壎	44・457
衷　赤	44・417
衷泗賢	73・81
衷貞吉	44・174
衷崇寅	44・324
衷崇源	44・324
衷崇巙	73・98
衷　敏	73・65
衷　愉	74・145
	74・316
衷　渙	44・100
衷發榮	73・100

高

高一飛	12・309
高一揮	76・316
高乃聽	72・141
高三重	22・262
	22・470
	23・653
高三極	32・599
高于岡	78・513
高　士	4・369
	39・204
高士元	43・114
高士年	76・194

高士奇(明) 76·137
高士奇(清) 49·88
高士明 77·555
高士佋 76·201
高士前 49·90
高士俟 43·303
高士清 18·737
高士淳 35·499
高士廉 72·152
高士準 19·27
高士選 78·512
高士霖 80·146
高士興 36·499
高大申 71·563
高大桂 70·605
高大經 1·786
高 山(明魚臺) 37·679
高 山(明瀘溪) 72·7
72·8
高 山(清昌樂) 19·20
高 山(清歷城) 4·280
5·231
高之馴 5·283
高之騊 5·283
6·371
高之駒 72·641
高之騊 6·353
高之驂 6·421
高子昇 75·506
77·529
高子愷 13·341
高天佑 42·13
高天瑾 37·150
高天賦 43·108
高天錫 49·95
高天寵 19·20
高元美 2·74
41·65
高元裕 4·59
12·103
高元質 22·316
高元勳 19·30
高五雲 6·329
高日升 58·46
高日恆 72·655
高日華 72·7
高日臨 58·98
高曰恭 6·333
16·444
20·491
22·275
22·522
高曰聰 4·460
22·275
22·522
23·645
75·387
高曰駿 19·129
高中謀 4·283
5·283
6·477
高升秀 5·263
32·644
高升堂 19·403
高 仁(元) 5·93
13·199
高 仁(唐) 52·49
高 仁(清) 10·384
高仁邱 72·617
高仁霑 23·272
高 化 5·180
43·270
高公玉 77·377
高 文 78·562

高文中 72・429
高文本 32・626
高文保 2・58
35・454
36・601
高文炳 39・346
高文達 75・458
高文鼎 72・503
高文登 22・231
高文誠 13・133
高文煌 78・552
高文榮 12・495
高文綺 43・208
高文徹 77・530
高文熠 4・463
22・271
22・507
23・661
高文學 32・398
33・273
高文錦 10・379
高文騏 78・558
高斗光 37・413
高斗位 38・315
高　允 12・102
高允中 25・200
高允兹 22・261
22・468
高玉田 15・150
高玉樹 26・119
高玉璽 37・417
高正夫 72・696
高功立 10・380
高世忠 18・38
高世春 78・566
高世俊 49・90
高世恩 77・151
高世傑 72・152
高世魁 75・493
76・30
高世煥 76・102
高世豪 6・353
高本性 29・514
高可富 18・525
高丙謀 6・478
高丕顯 6・475
高占芳 77・568
高占魁 13・496
高　冊 22・288
22・573
高　冉 12・395
高　禾 79・100
高印光 20・109
高主通 72・586
高市賓 18・8
高立邦 32・398
33・273
高必大 11・380
高必達 51・86
71・320
高必齡 77・266
高永樂(北朝) 5・33
高永樂(清) 10・393
高永興 10・373
高　出(明) 27・82
29・752
高　出(清) 19・35
高　弁 4・177
6・289
38・157
高邦佐 16・430
高式銘 13・343
高吉昌 52・373
高　圩 19・129

高　芝　4・144
　5・93
高芝龍　19・130
高在辰　19・135
高百揚　35・496
高有朋　62・541
高有恒　5・186
　10・376
高有愷　5・186
　10・368
高有聞　18・420
高光斗　22・304
　22・639
高光烈　4・156
　22・250
高光裕　72・152
高光照　10・393
高廷芳　4・419
高廷忠　75・520
　78・510
高廷桂　72・152
高廷棟　5・349
　10・365
　10・454
高廷瑞　19・105
高廷楨　41・767
高廷模　5・349
　10・378
　10・455
高廷榕　5・349
　10・371
高廷輔　77・274
高廷樞　5・349
　10・377
　10・452
　21・148
高廷標(清東明)　41・766
高廷標(清濟陽)　5・349
　10・371
高廷鏌　71・188
高廷謀　5・283
高廷禮　75・588
　78・524
高廷璧　17・593
　20・534
高廷賓　29・751
高延文　37・4
高延年　14・746
高延春　22・308
高延齡　19・40
高仲實　72・562
高仰醇　39・201
高自訓　5・349
　10・365
　10・450
高自詠　5・349
高自發　62・494
高自詣　5・186
　10・364
　10・446
高自靖　12・142
高自新　1・833
高自諤　5・188
　10・368
高　全　5・80
高全聚　32・600
高　兆　76・108
高　旭　75・486
　76・35
高名圖　32・40
高名衡　4・218
高　冲　32・603
高　江　78・265
高汝常　13・149

高汝爲	19・87
高汝登	5・149
	6・399
高汝樽	29・808
高汝澥	22・328
高　宇	68・138
高宇之	36・684
高守訓	4・450
	21・405
高艮英	13・130
高如山	1・802
	34・436
高如玉	27・164
高如岎	5・263
	32・644
高如峋	5・266
高如崐	32・651
高赤城	4・303
高均儒	76・102
高孝述	77・250
高孝祚	77・226
高孝歘	77・229
高志仁	41・402
高志文	80・522
高志先	6・462
高志尚	39・325
	39・443
高志清	22・307
高志遠	72・538
高志禎	32・644
高　芬	19・44
高　芳	32・149
高克正	76・700
高克淳	10・394
高克謩	2・72
高步雲	58・174
高　邑	10・503
高　岑	59・392
高利賓	49・143
高　佐	77・180
高　佑	71・536
高　攸	9・23
	12・92
高伸緒	5・293
高伯温	1・759
	34・42
	34・71
高伯壎	77・294
高住緒	5・293
高　位	59・82
高　豸	18・306
高彤紱	13・336
高彤琦	13・339
高彤瑄	13・343
高序東	77・117
高辛祜	22・300
	22・622
高　沐	1・725
	5・54
	8・600
	12・113
	31・838
高沐光	19・129
高　沖	5・262
高沂賢	34・317
高宏逵	22・288
	22・573
高宏暉	22・287
	22・572
高宏圖	4・116
	22・253
	23・647
高宏繡	22・299
	22・618

高良士	37・777
高良俊	77・192
高良璧	49・80
高君狀	4・205
	5・49
高君榮	77・121
高　奉(明井陘)	34・435
高　奉(明掖縣)	24・515
高青選	17・635
	19・20
高長恭	7・327
	18・9
高　坤	77・446
高其玉	51・613
高其倬	75・390
高其採	51・614
高其閎	39・620
高其魁	79・427
高其新	51・615
高其緒	21・515
高其環	58・176
高若虎	79・57
高若亮	10・44
高若訥	1・739
	9・140
高若銅	22・313
高若鳳	72・434
高英之	33・210
高東陽	29・872
高　奇	30・303
	31・183
高奇聰	76・334
高　虎	74・533
高尚志	18・735
	42・463
高尚學	41・155
高　昊	76・138
高昌仁	37・134
高　昇	75・452
	75・642
高　明(明貴溪)	52・12
	75・367
高　明(明濰縣)	21・330
高　明(清)	2・44
	8・318
高明文	64・555
高明遠	76・124
高明德	58・176
高　昂	5・32
高　迪(明)	4・153
	22・249
	23・636
高　迪(清)	77・260
高　固	7・210
高　迥(清昌樂)	17・634
	19・35
高　迥(清惠民)	12・129
高　岡(清安福)	72・672
高　岡(清灤州)	2・102
高知止	5・220
高知微	13・126
高知彰	13・126
高知儉	43・430
高和鑑	25・539
	26・188
高季式	1・708
	5・33
高季輔	4・54
高佳緒	5・293
高　佶	4・288
	5・348
	10・377
	10・489
高　岳	1・712

16·398
18·6
高　岱　78·553
高　侃　73·71
高所研　6·404
高所翻　5·283
高所蘊　5·150
6·403
高金榜　37·419
高金標　42·796
高金聲　5·310
43·625
高於翰　31·58
高育茂　76·327
高炎緒　5·293
高　注　5·266
高宗冉　35·141
高宗武　6·224
高宗周　7·150
高宗信　75·619
78·541
高定賢　72·677
高　祉　60·616
高　昍　27·111
高建寅　40·544
高建節　22·259
高建德　74·497
高建勳　19·30
高居廣　19·403
高承紇　64·610
高承華　5·264
32·646
高承義　64·583
高孟隆　77·121
高春藻　29·829
高　坪　5·282
6·351
高　珅　19·325
高　珍　71·537
高　珉　37·660
高政謀　5·293
6·491
高茗園　14·133
高南華　10·394
高南陽　77·271
高南壽　75·549
79·31
高　厚(元)　37·803
高　厚(春秋)　15·618
高　奎　4·154
5·199
34·62
高　泉(明)　15·611
17·671
18·426
高　泉(清)　17·608
19·34
高　玠　29·869
高　貞　18·10
高則巽　44·186
高則賢　77·711
高　昱　15·556
17·521
18·306
高昱之　22·273
22·517
高思禹　19·135
高思恭　5·122
高思訓　61·651
高思雍　41·387
高思肅　41·402
高思舉　42·44
高重光　1·836
高重新　22·307

高保全 80・550
高　信 5・76
6・123
32・625
高信文 13・149
高　俊(明昌樂) 17・514
19・26
高　俊(明無棣) 13・154
高　俊(明費縣) 30・292
高　俊(清) 25・304
高俊宸 39・310
高衍成 34・223
高衍慶 22・258
高奐峯 6・462
高庭玉 11・87
高恒觀 17・633
19・34
高　美 1・807
高炳望 78・518
高炳馭 49・121
高洞陽 4・265
高　祐 1・710
12・134
37・801
41・59
高祖堅 51・315
高祖壂 51・315
高飛聲 75・614
78・534
高　柔 1・690
32・582
高　泰 63・209
高珽方 22・298
22・614
高　珩 4・290
5・282
6・348
高　珣 14・127
17・621
高起鵬 64・50
高　華 62・286
高華松 76・302
高　桂(明泰安) 31・821
32・367
33・231
高　桂(明潁上) 47・342
高　桂(明濰縣) 21・345
23・639
高桂林 36・577
高桂枝 18・552
高　桐 15・168
高　軒 14・298
16・416
高連城 12・504
高連陞 67・379
高連魁 19・137
高配坤 41・234
高　振 19・20
高振方 32・652
高振先 5・264
32・648
高振洛 2・55
13・497
高振紀 13・806
高振錫 23・259
高振鐸 20・790
高　哲 31・63
高　晉 2・106
29・679
高　柴 4・3
7・133
15・483
31・54
35・56

	35・601
	37・407
高　時	5・186
	10・360
	10・484
高時茹	51・572
高時新	19・329
高　尋	5・149
高　峻(明堂邑)	38・715
高　峻(明餘干)	59・39
高　峻(清)	76・361
高　剛	63・330
高笏承	6・456
高倬緒	5・284
高　倫	21・486
高倗緒	5・284
高健翮	19・85
高師臣	30・330
高逢吉	34・264
高逢昌	39・707
高　悝	48・296
高益壯	37・172
高益謙	14・144
高凌雲	19・38
高海清	40・583
高　潡	1・707
高　浚	1・715
	16・398
	18・6
	18・9
高家材	10・384
高家瑞	34・264
高家模	10・372
高宴謀	5・284
	6・460
高　祥	59・67
高書一	71・242
高　通(明)	78・149
高　通(金)	1・753
	14・214
	15・528
	16・409
高　能	5・133
	32・602
高　翀(明)	73・208
	73・291
高　翀(清)	19・605
高純興	72・686
高　琅	77・717
高　逵	68・266
高培官	19・101
高培廉	19・137
高執珂	22・329
高　乾	5・32
高　梓	17・620
	18・347
高　梯	49・34
高　捷(明)	4・160
	5・144
	6・346
高　捷(清)	61・561
高捷魁	72・538
高　推	6・305
高　掄	27・816
	38・696
高掞寵	78・565
高　彪	36・423
高崍東	19・85
高堂中	34・457
高堂生	4・13
	31・808
	34・472
	34・488
	35・641

高堂隆　4·30
31·747
34·456
高　晦　38·535
高　晙　30·304
31·164
高國定　75·595
77·530
77·561
高國珍　80·545
高國俊　34·317
高國敬　20·565
高國瑚　14·730
高國椿　62·525
高國劍　80·546
高　崧　75·369
高崇穀　77·180
高　第　1·783
16·432
18·50
高　敏　4·208
25·2
高敏修　12·123
高偉綬　34·439
高　進　5·84
32·623
高術方　4·471
高　猛　5·34
高惟寅　19·35
高清雲　13·810
高　淹　18·9
高淑勛　77·213
高淑曾　4·356
高　淮　75·516
78·525
高啓元　4·441
27·104
高啓新　40·14
40·185
44·171
高　陽　31·830
34·469
高隆程　39·151
77·259
高紹信　18·10
高紹配　32·401
33·276
高紹曾　78·549
高　梴　73·319
高　琳　19·135
高　琦(清膠州)　22·310
高　琦(清歷城)　6·210
高　琬　60·536
高　琛　80·116
高　琭　5·283
高奝映　72·178
高堯譽　32·1
高　越　25·200
26·566
高　超　72·492
高　達　63·533
高達之　1·801
高萬仞　2·43
高萬選　21·620
高葆真　39·348
高敬天　41·410
高朝暉　80·546
高朝選　5·379
高葵卿　73·59
高　植　1·708
5·34
18·5
高棟予　70·510
高　極　74·495

高雲程　5・360
高雲漢　13・804
高雲龍　22・259
高　雯　49・77
高　揆　37・117
高貽素　5・293
高貽圃　5・293
高貽揆　5・293
高貽樂　5・284
高　鼎(宋)　45・461
高　鼎(清)　37・423
高開波　62・191
高景之　74・442
高景安　22・262
　　22・472
高景雲　14・135
高景瑞　73・37
高　尌(明)　75・374
高　尌(清)　5・231
高　智　32・642
高智周　30・232
高順之　22・307
高　堡　22・307
高　傒　7・157
　　15・513
高集祥　42・791
高　復　5・194
高循恭　19・86
高爲山　4・390
　　14・715
高爲孝　52・541
高爲阜　52・468
高　斌　77・377
高　翔　80・441
高奠謀　6・464
高　道　13・725
高曾啓　19・36
高　馮　1・727
　　5・53
　　8・600
　　37・801
高　湛　8・27
高湘文　61・632
高　湝　1・715
　　16・398
　　18・10
高　甯　79・282
高運昌　70・501
高裕業　22・296
　　22・607
高　登(宋)　76・725
高　登(明魚臺)　37・661
高　登(明無棣)　13・118
高登旺　5・263
　　32・644
高登峰　78・556
高登鯉　77・150
高登鱸　77・150
高　發　7・135
高發雲　11・296
高　瑋　5・282
　　6・349
高瑞光　4・228
　　37・414
高瑞伯　77・561
高瑞麟　77・251
高遠岫　6・474
高遠塘　6・456
高遠詢　6・455
高遠猷　6・461
高遠翽　6・461
高夢周　40・361
高夢說　4・356
　　30・300

高熙晉 77・233
高熙喆 36・579
36・723
高蔚宸 22・281
22・547
高蔚越 22・295
22・604
高蔚然 22・313
高　構 4・53
15・544
21・279
23・631
高　模 6・166
高　槤 1・790
高　榜 79・643
高　輔 74・481
高輔辰 2・76
高爾謨 20・549
高奪魁 77・121
高鳴岡 12・111
高鳴祥 51・308
高　嶂 12・508
高箕承 6・456
高毓秀 13・118
高毓崁 39・217
高僎謀 6・461
高　銜 59・175
高　銅 19・108
高　銖 77・531
高　銘 62・305
高　鳳(明井陘) 1・801
1・855
23・128
23・621
高　鳳(明閩縣) 75・646
76・197
高鳳山 79・402
高鳳池 5・263
32・645
高鳳岐(明) 79・383
高鳳岐(清) 78・522
高鳳苞 37・171
高鳳崙 79・383
高鳳翔 52・359
高鳳翥 5・176
43・269
高鳳翰 4・469
20・123
22・291
22・588
高　誨 43・429
高廣基 39・296
高　適 9・30
9・55
12・102
38・295
高齊雲 78・546
高榮貴 80・424
高漢筠 4・63
6・123
高　漸(宋) 47・358
高　漸(明) 72・438
高　寨 2・33
13・729
13・732
高肇恪 6・391
高肇馨 6・428
高　熊(明安福) 72・651
高　熊(明汶上) 37・773
高　綽 12・102
高維岱 4・221
19・618
23・650
高維清 35・490

高維端	75·647
高維榮	43·298
高維翰	72·142
高維檜	76·708
高維藩	10·372
	10·469
高　瑾(清淄川)	5·283
高　瑾(清歷城)	5·246
高　樞	78·519
高　標	72·28
高敷政	5·349
	10·365
高賢俊	66·577
高賢寧	4·215
	5·185
	10·359
	10·484
高　撰	17·634
	19·20
高　蹥	19·84
高　儀	66·432
高儀亭	15·165
高德瑛	23·260
高德賢	73·5
高德範	1·714
高穎濱	19·130
高　諒(北魏)	12·113
高　諒(明)	37·659
高　談	77·247
高　遴	12·122
高　潔(清金鄉)	37·130
高　潔(清歷城)	6·214
高澍然	77·224
高履謙	42·199
高　選	1·835
	14·692
	42·937
高樂東	14·387
高　璥	6·365
高靜堂	34·334
高　擇	32·651
高　擎	2·93
	7·87
	16·442
高　頤(宋)	77·293
高　頤(明)	77·433
	77·450
高　頤(清)	32·603
高樹人	42·760
高樹藩	61·740
高　霖(金)	4·210
	31·775
高　霖(清)	5·349
	10·383
高　虩	78·550
高　嶼	1·799
	32·442
	33·68
高　默	37·773
高積旃	10·367
高勳堂	13·137
高勳謀	5·293
高　舉(明)	4·131
	5·149
	6·344
	6·403
高　舉(清)	77·211
高　興	37·660
高興麟	45·32
高　學	52·314
高學濂	46·436
高　儒	11·205
高　衡	15·580
高錫智	79·427

高　錕(清昌樂)　19・87
高　錕(清盧龍)　2・85
高錚符　22・292
　22・589
高　龍　32・642
高龍光　78・499
高　澤(清寧津)　11・303
高　澤(清濟陽)　10・390
高澤溥　31・55
高澤履　32・456
　33・79
　58・83
高　禧　4・144
　9・140
　15・28
　15・133
高　隮　31・830
高　璪　22・288
　22・574
高　聰　12・134
　15・620
　17・677
高聯梯　77・166
高薰業　22・284
　22・560
高霞錦　37・168
高　嶽　30・110
高徽杶　6・489
高徽柔　6・463
高徽桐　6・467
高徽梓　6・456
高鍾泉　76・114
高　爵　37・413
高謙亨　1・761
高謙承　6・461
高應元　12・220
高應玘　5・132
　32・610
高應芳　70・518
高應玢　17・594
　19・556
高應松　75・607
　78・534
高應科　72・696
高應崗　72・327
高應祿　39・177
高應禎　75・461
高應經　75・461
高鴻裁　21・635
高鴻舉　22・286
　22・566
高鴻儒　5・152
高　翼(北魏)　1・707
高　翼(明)　4・121
　25・261
　25・357
高　璿(明)　37・558
高　璿(清)　20・546
高　瓊(宋)　38・157
高　瓊(清)　2・100
　16・440
　20・490
高　壘　39・633
高　蟠　61・472
高馥軒　37・706
高　簡　4・470
　22・299
　22・616
高鎮岳　31・64
高　謹　38・571
高　燻　32・39
高　瀫　75・591
　76・106
高　瀌　4・225

22・260
22・464
23・650
高攀丹　79・424
高攀貞　22・302
22・630
高攀嵩　22・271
22・506
高攀龍　80・32
80・164
高贊堯　37・5
高　鏘　22・252
23・640
42・4
高　鏞　19・36
高鏡澄　13・123
高鵬南　41・176
高鵬起　61・465
高　騰　77・231
高騰九　39・720
高騰鳳　33・588
33・693
高鯤化　5・71
高　識　5・263
32・645
高譜元　58・199
高　瀚　22・263
22・477
高繩武　51・589
高蘭芹　19・87
高　巍　1・784
高　譽　5・150
高　鐨　19・114
高　鐘　77・544
高繼昌　6・158
高繼端　78・564
高繼顔　39・332
高　霸　6・286
6・541
高　顥　12・102
高鶴程　22・293
22・593
高鶴齡　27・151
27・158
27・232
高　覿　38・159
高體華　76・194
高　鑑　75・645
76・194
高　瓚　6・413
高　顯(元)　32・600
高　顯(明)　4・152
高　顯(清)　46・249
高　鑣　19・45
高麟圃　19・137
高麟臺　8・717
高　欒　5・142
13・768
高　觀(宋)　52・180
高　觀(清)　13・130
高觀鯉　77・589
高　驤　59・79
高　鑾　19・115

郭

郭一坤　74・71
郭一琪　21・393
郭一經　41・155
郭一鳳　61・728
郭一輪　47・495
郭一龍　41・160
郭一璐　21・404
郭一鶚　23・625
24・292

郭一鶚 72·139
郭人吉 16·434
郭人佐 22·304
22·636
郭人傑 36·499
郭人舉 73·83
郭人麟 75·603
79·63
郭九皋 18·825
郭九錫 60·718
郭又林 12·364
郭三星 53·156
郭三重 38·223
郭干城 72·193
郭士林 78·623
郭士奇(明) 37·774
郭士奇(清) 61·732
郭士佩 61·560
郭士炤 51·563
郭士泰 5·305
43·603
郭士棟 37·774
郭士焻 80·130
郭士祿 58·590
郭士楨 4·228
37·774
郭士豪 79·209
郭士曇 79·287
郭士聲 61·731
郭士騏 74·72
郭大夫 18·426
郭大來 78·613
郭大受 73·20
郭大治 47·341
郭大科 77·434
郭大通 22·300
22·620
郭大乾 77·434
郭大彬 79·567
郭大章 61·729
郭大深 78·737
郭大就 73·65
郭大椿 71·436
郭大經(明) 12·94
郭大經(清) 61·630
郭大綱 74·454
郭大賚 61·606
郭大鯤 75·714
郭大鶴 38·249
郭大衢 73·380
郭　上 12·350
郭　山 76·349
郭之奇 75·381
郭之垣 79·564
郭之基 79·275
郭子力 78·254
郭子村 80·138
郭子明 67·492
郭子益 72·346
郭子章 72·324
73·115
76·468
郭子智 1·801
郭子瀘 72·303
郭天民 36·139
郭天章 74·450
郭天福 80·198
郭天輔 12·198
郭天璟 12·309
郭天錫(明) 4·153
26·591
郭天錫(金) 27·433
29·4
郭天耀 74·72

郭　元	73・49
郭元仁	49・437
郭元芳	78・618
郭元卿	73・20
郭元琳	73・48
郭元達	72・531
郭元凱	7・376
郭元照	43・64
郭元靖	51・3
	66・461
郭元愷	79・255
郭元緒	51・439
郭元鴻	72・349
郭元馨	38・253
郭元灝	71・481
郭尤奇	38・246
郭　巨	5・18
	31・822
	32・41
	33・590
	33・793
	34・68
郭少棠	10・139
郭日休	78・80
郭日和	73・378
	74・225
郭日烜	76・288
郭日燧	44・394
郭曰璉	32・645
	71・358
郭　中	14・298
	16・423
郭中立(明)	73・103
郭中立(清)	43・27
郭中孚	37・417
郭中衛	38・252
郭　仁	77・716
郭仁民	73・105
郭仁源	74・340
郭仁實	70・288
郭仁顯	80・496
郭化昌	14・739
郭文大(清定南)	74・352
郭文大(清威海)	29・224
郭文台	72・459
郭文秀	28・708
	29・539
郭文周	77・427
	77・450
郭文河	1・809
郭文亮	4・342
	37・779
郭文涓	77・544
郭文海	46・209
郭文祥	22・233
	79・62
郭文通	43・126
郭文理	9・436
郭文斌	73・379
郭文匯	45・648
郭文詢	77・441
郭文煥(明)	79・116
郭文煥(清)	61・701
郭文榮	34・333
郭文蕃	18・747
郭文鈷	76・143
郭文龍	15・42
郭文藩	42・472
郭文顯	4・238
	5・216
	8・705
郭方舟	72・204
郭方芝	74・230
郭方嶍	36・493

人名	卷·頁
郭方翰	22·314
郭方燾	73·381
郭斗南	5·184
	15·108
	15·145
郭心印	14·373
	17·603
郭以是	72·183
郭以昭	72·342
郭以敬	14·735
郭以嵐	36·489
郭允中	79·255
郭允升	72·265
郭允迪	38·250
郭允厚	4·160
	37·833
郭允美	77·440
郭允執	32·652
郭孔太	72·373
郭孔延	72·373
郭孔明	74·108
郭孔建	72·373
郭孔彰	48·580
郭　玉(明吴橋)	1·848
	25·190
郭　玉(明新昌)	63·305
郭玉山	32·144
郭玉本	35·165
郭玉甫	13·422
郭玉柱	73·41
郭玉鐸	35·165
郭正昇	77·265
郭正善	73·436
郭正誼	44·496
郭功曦	61·740
郭去咎	21·609
郭世干	48·545

人名	卷·頁
郭世玉	29·309
郭世華	61·598
郭世純	79·178
郭世隆	75·387
郭世揆	26·632
郭世繩	79·179
郭　古	61·769
郭可大	76·276
郭　石	36·427
郭占菼	78·618
郭占鰲	37·855
郭申錫	1·741
	1·742
郭四維	9·809
郭生璘	80·141
郭仕道	73·47
郭　令	71·469
郭印川	19·72
郭印瑚	36·597
郭立之	79·158
郭立芳	72·370
郭立彦	79·154
郭立基	9·693
郭必昌	79·172
郭必緒	79·185
郭　永	1·738
郭永泰	1·786
	6·306
郭永淦	76·196
郭永鎮	9·855
郭民望	37·845
郭民敬	16·425
郭民勵	74·382
	74·444
郭　阡(見郭圩)	
郭邦光	18·735
	42·463

郭邦城　61·583
郭邦重　61·731
郭邦泰　51·75
郭邦藩　61·574
郭式昌　76·74
郭　吉　61·588
郭吉曾　33·287
郭　圩　4·457
　21·601
郭芝英　76·299
郭在磐　5·242
　6·130
郭有良　76·196
郭有勇　13·147
郭有善　21·744
郭有筠　73·308
郭有璉　73·83
郭有薰　73·308
郭而六　79·344
郭存謙　1·854
　21·138
　23·620
郭成金　79·569
郭成龍（清永春）　79·356
郭成龍（清漢軍）　29·560
郭　光　38·719
郭光文　47·528
郭光宇　26·638
郭光亨　73·34
郭光笏　61·640
郭光啓　51·250
郭光裕　5·187
　10·371
郭光筵　78·628
郭　同　79·226
郭廷元　79·39
郭廷邦　77·643
郭廷杞　73·41
郭廷佐　32·136
郭廷作　77·434
郭廷珍　37·137
郭廷貞　1·788
郭廷訓　1·831
郭廷紱　73·322
郭廷欽　73·104
郭廷翕　4·460
郭廷禎　6·301
郭廷翥　4·460
郭廷睿　35·483
郭廷輝　61·361
郭廷賡　73·307
郭廷勳　36·28
郭廷禮　79·170
郭竹山　72·248
郭竹徵　22·252
　23·641
郭　休　73·48
郭延壽　77·123
　80·508
郭延魯　1·731
　37·546
　38·156
郭仲彬　1·763
　11·42
　11·117
郭任仁　12·274
郭向丙　10·143
郭行其　73·382
郭　全　39·202
郭合二　72·369
郭兆昌　74·208
郭兆珍　71·136
郭兆康　37·152
郭名崗　39·192

郭　充(元)	1・764
	14・109
	15・530
	16・413
郭　充(明)	38・718
郭充閭	72・207
郭次亨	48・581
郭汗杰	61・296
郭汝杞	32・613
郭汝宣	61・539
郭汝泰	61・766
郭汝章	29・307
郭汝森	12・504
郭汝開	73・39
郭汝賢(宋)	76・537
郭汝賢(明)	1・806
	9・25
郭汝龍	21・740
郭汝鶴	25・592
郭守訓	51・265
郭守諒	74・107
郭守璞	4・450
	21・395
郭守憲	37・807
郭守謙	51・288
郭　如	73・261
郭如圭	72・196
郭如岡	61・593
郭如泰	61・634
郭如核	26・593
郭如達	72・141
郭如楚	79・170
郭如儀	37・841
郭如衡	61・686
郭如闇	72・140
郭如璧	77・545
郭如蘭	80・53
郭如騫	31・58
郭　牟	19・580
	20・570
郭巡檢	24・530
郭　玘	30・301
	31・175
郭孝友	73・21
郭孝穆	2・109
郭　坊	72・378
郭志茂	5・247
郭志忠	1・795
	10・557
郭志空	32・659
郭志高	1・747
郭志淳	24・560
郭芳泉	34・266
郭芳華	34・222
郭克一	78・597
郭克奇	73・380
郭克剛	51・565
郭克敬	64・377
郭克勤	35・510
郭克齊	80・668
郭克璽	31・57
郭　材(清冠縣)	18・742
	42・469
郭　材(清德平)	5・380
郭　甫	73・72
郭　抃	73・246
郭呈輝	61・670
郭見龍	5・258
	32・632
郭　困	47・48
郭利行	73・103
郭佑賢	9・865
郭　位	73・62
郭佛臨	32・9

郭希洛	76·247
郭希莊	15·164
郭希閔	9·504
郭希貴	12·143
郭希顔	68·409
郭　言	21·612
郭　亨	34·470
郭沛霖	61·694
郭　汾(清古田)	77·578
郭　汾(清安福)	72·596
郭　完(元)	76·495
	78·109
郭　完(明恩縣)	11·94
郭　完(明霸州)	1·813
	35·60
郭宏化	72·589
郭宏宇	61·536
郭宏量	61·717
郭宏翔	61·720
郭宏猷	79·258
郭宏臧	73·83
郭宏德	73·53
郭良梓	74·383
郭良義	46·352
郭良輔	74·38
郭良璞	79·156
郭君聘	73·421
郭君會	78·267
郭君輔	72·505
郭孜仁	61·712
郭奉世	73·202
郭奉先	12·502
郭　武(清鉅野)	39·204
郭長㦸	8·717
郭長倩	4·196
	27·293
	29·3
郭長端	8·717
郭長齡	18·377
郭其昌	73·362
郭若愚	13·152
郭　英(元)	5·98
	10·382
郭　英(明)	39·298
郭英才	8·713
郭英元	11·87
郭英楷	72·372
郭英壽	71·142
郭　林(清泰和)	72·332
	73·407
郭來泰	73·105
郭來復	73·97
郭杭之	21·621
郭　東	7·303
	7·463
郭東山	4·152
	23·636
	24·510
	24·644
郭東維	72·356
	73·106
郭東嶽	12·334
郭東藩	4·199
	37·121
郭協衷	73·396
郭　郁(明)	1·796
郭　郁(清)	51·101
郭　奇	77·561
郭奇逢	80·493
	80·498
郭奇勳	13·142
郭叔興	73·39
郭尚友	21·355
郭尚品	78·615

名	卷・頁
郭尚純	35・190
郭尚賓	43・644
郭尚徵	21・146
郭尚謙	79・208
郭昌明	72・241
郭昌嗣	29・299
	29・576
郭　昇	46・321
郭明富	34・351
郭　昈	1・726
	5・54
郭　迪	72・199
郭忠順	76・538
郭　岡	61・568
郭垂嵩	39・308
郭知章	73・19
郭知微(宋單州)	38・216
郭知微(宋龍泉)	73・20
	73・45
郭知遜	21・384
郭季球	73・103
郭秉敦	77・716
郭秉衡	77・644
郭秉鑑	73・74
郭佳鎮	1・842
	16・430
郭　岳	79・215
郭　岱(明古田)	77・545
郭　岱(明番禺)	78・469
郭　岱(清)	12・329
郭　侃(元)	1・764
	1・765
	9・717
	27・284
	27・319
	27・791
	36・425
	39・783
	42・543
郭　侃(清)	39・763
郭　佺	72・260
郭　金	60・651
郭金友	51・669
郭金城	47・346
郭金鼎	39・684
郭金鏞	31・57
郭受吰	73・100
郭周孚	76・448
郭周藩	76・110
郭　郊	16・421
郭育才	21・637
郭育顯	72・176
郭性中	73・28
郭　法	38・225
郭　泌	37・848
郭　波	75・460
郭治秩	61・708
郭治清	61・583
郭宗文	75・421
郭宗泰	78・712
郭宗皋	4・106
	25・211
	26・591
	73・54
郭宗儀	73・441
郭宗磐	79・120
郭宗濂	79・352
郭定邦	51・670
郭定柱	19・71
郭宜直	13・102
郭　建	1・753
	15・527
	16・409
	18・446

21・124
郭建邦　7・382
郭建名　74・382
　74・448
郭建周　39・636
郭建崇　39・723
郭居仁　12・307
郭居易　22・251
郭居敬　80・504
郭居鼎　76・715
郭居賢　79・267
郭承汾　79・203
郭承謙　23・280
郭承讓　23・280
郭孟祥　73・437
郭春渠　73・67
郭春震　73・53
郭　珏　73・274
郭珂明　71・382
郭　玳　7・381
郭玳之　76・473
郭　柏　76・135
郭柏蒼　76・112
郭柏蔭　76・74
郭　咸　79・263
郭咸和　73・336
郭持平　73・52
　73・193
郭拱辰　75・643
　76・193
　77・199
郭　勁　73・21
郭貞一　76・256
　76・291
郭映田　42・395
郭映圻　42・394
郭映檝　42・394
郭星珊　9・536
　9・550
郭　昭　45・62
郭昭慶　72・179
　73・136
郭思宗　71・471
郭思柔　73・22
郭思愈　73・17
郭香亭　15・156
郭　修　23・278
郭　俣　36・424
郭皇畿　35・466
郭　俊　71・382
郭　郛　22・252
郭亮輔　10・463
郭　彥　77・561
郭彥正　61・497
郭彥明　61・498
郭彥常　72・376
郭彥貴　79・281
郭恒吉　72・679
郭　恬　37・554
郭　美　76・141
郭　炳　5・390
　12・499
郭炳南　11・96
郭洪捷　73・116
郭洪圖　14・379
郭洞陽　76・497
郭祖培　61・641
郭　祚　1・711
　16・397
　18・5
郭祚昌　13・144
郭祚熾　51・58
郭屏國　37・836
郭陟青　34・289

郭　泰(明) 73・26
郭　泰(清) 34・316
郭　珙 75・456
76・136
郭珠泉 34・248
郭　珩 9・815
郭起元 76・142
郭起隆 21・743
郭華長老 80・437
郭　恭 79・229
郭　桂 1・844
16・419
郭桂榮 38・290
郭　軒 75・419
77・503
郭連城(清上杭) 80・94
郭連城(清定南) 74・345
郭連城(清慶雲) 11・439
郭連科 9・258
9・427
郭連登 26・632
郭　配 30・392
郭振海 42・398
42・402
郭振清 39・313
郭振嵩 13・806
郭振樾 8・320
郭　捍 2・48
38・416
郭捍城 6・306
郭哲士 72・536
郭晉光 5・380
郭虔瓘 4・60
5・54
郭時茂 64・539
郭時亮 8・467
郭時憲 37・848
郭恩多 18・738
18・824
郭恩孚 21・634
郭恩敷 21・639
郭造卿 75・593
79・59
郭乘鵬 74・226
郭師惠 80・148
郭師弼 61・702
郭　航 4・206
5・55
6・178
23・646
24・534
郭逢年 73・423
郭逢辰 73・437
郭高泰 71・132
郭　悅 12・330
郭益堃 50・63
郭　浩 39・106
郭浩成 73・22
郭家泰 63・442
郭家麟 9・144
郭　容 1・850
27・793
郭祥鵬 77・362
郭書俊 21・425
郭書堂 15・158
郭展綎 76・292
郭　能 75・409
77・580
79・252
郭　純 14・110
16・436
郭　球 73・232
郭　琇 4・460
23・644

郭　堵 37·833
郭　逵 31·786
郭培芳 72·373
郭培武 27·818
郭　基(清侯官) 75·635
76·126
76·185
郭　基(清夏津) 9·815
郭　萃 80·113
郭乾暉 4·263
19·133
21·737
郭　埜 24·344
郭　梅 23·256
郭梅南 73·74
郭掄升 5·251
6·209
郭掄品 78·619
郭　常 58·259
郭常瑞 72·207
郭　晨 37·850
郭國祚 79·532
郭國章 12·129
郭　崐 21·499
郭　崙 10·387
10·462
郭　崇 18·31
郭崇封 74·445
郭崇垤 74·452
郭崇韜 42·367
郭符甲 79·201
郭　敏 1·849
郭敏則 72·505
郭敏道 73·93
郭敏磐 4·294
6·172
郭　偉 79·269
郭偉生 78·735
郭偉勣 4·458
21·589
郭偉業 21·589
郭偉勳 14·743
郭　進(五代晉) 1·731
郭　進(明) 13·141
郭得時 79·551
郭得勝 9·852
郭得學 9·434
郭從朴 24·326
郭　敘 60·616
郭象恒 19·582
21·603
郭象儀 9·849
郭　翊 4·294
6·176
郭惟瑄 26·642
郭惟璡 26·733
郭惟賢 79·122
郭惟慶 26·642
郭　烱 76·242
郭清載 73·117
郭淑謙 39·332
郭寅日 76·338
郭啓魁 6·455
郭啓鑑 13·812
郭張文 80·608
郭隆業 72·535
郭隆詹 79·269
郭　貫 73·30
郭　紳 60·536
郭　紹 51·433
郭紹汀 21·465
郭紹汾 79·317
郭紹泰 42·397
郭紹淑 79·605

郭紹嵋 35・510
郭紹曾 25・102
25・133
25・150
郭紹德 4・362
郭　琪 78・236
郭　瑛 41・199
郭　琳(清商河) 9・423
郭　琳(清鉅野) 39・208
39・217
郭　琦 10・151
郭琦第 79・561
郭　琨 10・151
郭　琠 18・745
42・470
郭　琰 32・355
33・220
郭　琛 78・604
郭　超 76・339
郭達人 73・418
郭斯垕 77・39
郭萬春 39・708
郭萬柱 39・766
郭萬侯 4・373
39・177
郭萬象 61・554
郭萬程(明汶上) 37・773
郭萬程(明福清) 75・625
79・25
79・83
郭萬嘉 61・724
郭萬祼 72・634
郭葆瑩 77・574
郭敬守 72・342
郭敬業 79・258
郭敬敷 14・715
郭朝賢 37・771
郭朝黼 48・577
郭　植 75・605
77・547
郭　森 34・171
34・336
郭　棟 21・499
郭　惠 77・715
郭棗梨 78・624
郭　雲 5・159
43・611
郭雲洤 74・188
郭雲馭 5・380
郭雲渭 38・236
郭雲標 12・259
郭　雯 72・637
郭　揚 24・537
郭揚聲 76・307
77・627
郭　棠 71・481
郭　勗 71・133
郭　鼎(明冠縣) 18・728
42・457
郭　鼎(明龍泉) 73・28
郭鼎忠 73・57
郭鼎京 75・648
79・89
郭開英 61・606
郭開圖 72・534
郭遇后 21・743
郭遇卿 75・557
79・65
郭景二 79・338
郭景川 13・127
郭景仁 1・762
郭景申 42・394
郭景朱 5・380
郭景昌 1・773

郭景泰　73・433
郭景乾　15・162
郭景儀　13・389
郭景曜　13・423
郭　晼　2・106
　29・597
郭　勛　73・22
郭嵐曉　9・863
郭無爲　17・689
郭　智　79・154
郭順閔　73・379
郭　循　72・134
郭　舒　77・695
郭　欽(宋)　71・490
郭　欽(明)　73・30
郭　欽(魏)　21・548
郭欽瑞　72・336
郭　鈞(清歷城)　5・249
郭　鈞(清濰縣)　21・741
郭爲瑛　77・441
郭　敦　4・98
　38・705
郭敦質　79・597
郭　斌(清吉安)　72・195
郭　斌(清龍巖)　78・678
郭善民　41・211
郭粦琮　79・257
郭道洪　74・447
郭道鉞　74・452
郭道鋌　74・452
郭道濟　73・74
郭曾炘　76・78
郭　焻　79・179
郭　湘　73・442
郭　湍　78・149
郭　富　76・337
郭運昌　13・132
郭　裕　65・212
　73・240
郭祺增　7・189
郭　强　25・269
　25・300
郭登元　71・462
郭登奎　37・677
郭發沛　64・577
郭　瑞　74・380
郭　瑀　63・366
郭　瑗　18・745
　42・470
郭　瑄　38・236
郭瑄第　79・518
郭　載　73・70
郭　塏　43・603
郭聖桂　74・450
郭聖與　73・105
郭夢仙　43・115
郭夢星　21・617
郭夢得　76・285
郭夢惠　21・441
郭夢詹　79・167
郭夢樞　73・99
郭夢顔　39・73
郭夢疇　5・187
　10・382
郭夢齡　4・446
　21・439
郭　蒙　15・493
　15・579
郭幹平　78・599
郭蔭賢　80・144
郭　椿　44・406
郭　楠　79・110
郭楚金　72・505
郭榆壽　21・744

郭業翰　48・491
郭　暘　71・451
郭　嵩　73・103
郭　筠　17・511
郭與稟　73・65
郭傳真　74・341
郭傳球　74・341
郭　鈺　72・553
郭　鉢　13・145
郭　鉞　66・486
郭　鉉　78・692
郭會子　12・316
郭會極　32・136
郭　詩　26・596
郭　廉　7・93
郭　靖　37・418
郭　新　76・300
郭新福　51・457
郭　雍　75・604
郭　義　4・119
郭義重　78・163
郭煜文　8・714
郭　煒(明)　65・107
郭　煒(清)　79・176
郭　煥　37・680
郭煥章　72・503
郭　資　80・80
郭資治　49・470
郭　溥　61・501
郭滙若　50・119
郭　源　79・192
郭源昌　22・321
郭福盛　8・714
郭福順　80・506
郭殿拔　78・618
郭殿清　43・115
郭殿魁　34・282
郭殿選　78・618
郭殿擢　36・532
郭　隥　75・586
78・475
郭　經　22・326
郭經邦　51・671
郭經緯　72・473
郭綏之　4・458
郭壽山　8・418
郭聚升　13・349
郭聚廷　80・111
郭　蔚　75・639
郭　榜　76・323
郭爾玉　7・443
郭爾田　26・625
郭爾池　26・594
郭爾郊　4・229
19・615
郭爾鞏　26・624
郭　睿(明新昌)　63・546
郭　睿(明龍泉)　73・30
郭鳴高　78・609
郭鳴凰　73・169
郭鳴皐　53・413
郭　圖　80・114
郭種德　11・84
郭毓珊　36・748
郭　銑　21・741
郭鳳彩　13・132
郭鳳興　13・142
郭鳳簡　79・562
郭鳳藻　72・248
郭　誥　72・368
郭　廣　5・184
15・108
15・145
郭端科　73・378

郭　適　72·175
郭　鄰　1·802
郭　榮　7·152
郭榮六　79·337
郭榮亮　73·107
郭榮祖　29·4
郭榮壽　72·248
郭　漢　79·285
郭漢鼎　37·778
郭滿兒　74·266
郭　實　25·216
郭肇綸　77·549
郭　鼐(明夏津)　4·247
　9·809
郭　鼐(明朝邑)　1·823
　41·61
郭熊飛　21·427
郭緒鏞　74·393
郭　綱　79·89
郭維昌　23·653
郭維周　77·450
郭維城　19·618
郭維炲　47·571
郭維琨　79·572
郭維鈖　42·637
郭維新　13·234
郭維經　73·31
郭維領　5·355
　10·631
郭維寬　78·618
郭維翰　78·606
郭維藩(明)　77·584
郭維藩(清)　78·416
郭維礪　61·534
郭　綸　32·586
郭　綬　43·539
郭慧人　5·380
郭　瑾　61·499
郭　璡　75·364
郭　鞏　63·318
郭增光　1·817
　37·43
郭增岐　35·483
郭　邁　76·260
　76·316
郭　樞　79·229
郭標韶　73·98
郭輪香　73·101
郭　賢　79·253
郭賢誠　73·78
郭賢操　47·527
郭震唯　74·39
郭震樾　4·342
　37·780
郭　撰　2·59
　35·64
郭輝照　35·340
郭賜英　79·186
郭　暹　37·851
郭　嶢　78·248
郭德平　7·387
郭德乾　66·405
郭德溟　39·195
郭德賢　80·292
郭德震　10·82
郭德壎　72·468
郭德麟　76·538
郭德灝　73·442
郭衛城　51·57
郭徵明　6·555
　6·648
　17·598
郭　鋐　38·537
郭　餘　72·293

郭　魯　4・237
　31・824
郭魯藩　39・204
郭　諄　5・217
郭賡武　79・191
郭慶高　31・183
郭慶傳　72・489
郭慶福　36・733
郭　遵　73・96
郭潤畬　37・12
郭澄清　39・706
郭履謙　72・510
郭　層　71・133
郭選言　8・705
郭　璞　47・322
　58・267
　72・249
　72・696
郭璞庵　80・250
郭　靜　73・77
郭　璟　42・210
郭　璠　31・183
郭　璘　5・379
郭璘圭　79・245
郭　駰　64・329
郭　壇　4・453
　21・598
郭　翰　78・469
郭翰邦　25・596
郭樹芝　61・770
郭樹棻　34・231
郭樹棨　61・658
郭樹德　13・152
郭樸山　33・260
郭　樸　72・616
郭　霖　6・217
郭　曇　37・854
郭　勳　74・451
郭篤禮　8・719
郭興禮　37・419
郭學成　63・446
郭學業　31・288
　32・131
郭學濂　31・3
郭學灝　26・733
郭儒宗　50・115
郭　衡　80・141
郭　錡　13・135
郭　錢　74・70
郭錫公　42・394
郭錫嘏　27・161
郭　錦　21・611
郭　諶　5・216
郭　諫　26・596
郭　諮　1・742
　41・691
郭凝鼎　4・227
　37・773
郭　熺　77・724
郭　憲　80・143
郭　縝　76・567
　79・194
郭　縞　73・74
郭環進　79・281
郭　聰（明晉江）　79・153
郭　聰（明寧津）　11・146
　11・284
郭聯元　76・198
郭聯五　21・750
郭薰之　21・630
郭懋先　26・732
郭懋祚　72・349
郭懋隆　46・241
郭臨泗　40・570

郭擦獲　61·491
郭　徽　79·287
郭徽言　76·195
郭　鍾　79·284
郭鍾甲　73·311
郭鍾秀　61·575
郭鍾宦　73·82
郭襄之　4·451
21·449
郭應元　79·276
79·328
郭應奎　72·318
郭應祥　73·3
73·229
郭應隆　73·28
郭應詔　77·428
郭應登　1·806
13·101
郭應瑞　39·308
郭應聘　78·52
郭應魁　71·397
郭應銓　73·37
郭應衡　73·37
郭應龍　73·229
郭應寵　79·61
郭應響　75·613
79·11
郭應麟　71·459
郭　燦　21·404
郭鴻基　10·387
10·462
郭鴻嘉　4·372
38·229
郭鴻磐　35·138
郭　濤　47·336
郭　濬(明同安)　76·298
郭　濬(明晉江)　79·151
郭　濱　79·226
郭豁巖　21·515
郭　璹　39·193
郭　瓊(五代)　1·730
30·59
郭　瓊(明)　61·498
郭　瓊(清)　37·847
郭　璸　71·397
郭翹林　73·434
郭翹楚　30·307
郭藝林　10·163
郭覲辰　45·702
郭　藩(清文登)　29·300
郭　藩(清新城)　5·334
43·290
郭藩都　14·730
郭韞琪　72·541
郭韞輝　72·533
郭簡之　21·518
郭　鎮　1·843
16·424
郭　鎔　76·330
郭　翻　69·638
郭　巘　5·215
郭謹修　10·133
郭　麐　21·491
郭　勸　4·75
6·288
23·613
24·290
31·766
郭　蘇　73·72
郭　藻　72·144
郭攀桂　14·738
郭　璽(明城武)　4·123
39·57
郭　璽(明滋陽)　35·509

郭　黼　42・192
郭贊颺　74・107
郭　鏜　4・123
　11・82
郭　鏞　13・155
郭　鵬(五代)　73・136
郭　鵬(明宜春)　60・616
郭　鵬(明萬安)　73・53
郭鵬元　77・574
郭鵬起　21・655
郭鵬程　64・576
郭　鯤　14・124
郭燮陽　19・621
郭　瀠　79・227
郭繩祖　72・370
郭繯膠　22・264
　22・479
郭獻民　1・808
　13・495
郭獻琛　72・195
郭　譽　21・517
郭　鐢　41・150
郭　爖　74・451
郭　灌　72・136
郭　欄　14・733
郭　儼　72・186
郭　鐸　77・435
郭續汾　4・457
　21・599
郭　囊　37・119
郭巖隱　76・275
郭體然　80・148
郭　鑑　23・662
郭　顯　77・116
郭顯玫　73・418
郭顯度　23・254
郭　觀　1・772
郭　鑩　4・373
郭　讓　51・466

席

席大霽　80・533
席元榜　71・21
席成萬　71・89
席名語　62・656
席守魯　41・399
席孝先　71・97
席　芬　2・32
　32・587
席利佑　62・656
席利嵩　62・652
席　英　71・499
席法友　1・708
席　珍　77・42
席　泰　64・303
席　書　1・796
席　蒸　63・315
席　煊　71・66
席鳳絪　64・15
席榮彩　62・615
席榮鰲　62・664
席賢琴　62・600
席學光　62・652
席　颺　69・586

离

离峯子　29・499

唐

唐人龍　74・88
唐九成　14・397
唐士鳳　68・415
唐大章(明僊遊)　78・285
唐大章(明豐城)　68・215

唐上衡	9・737
唐之材	39・614
唐之岳	71・588
唐之皐	61・729
唐　丰	22・304
	22・639
唐天如	70・450
唐天嵩	71・563
唐元齡	46・402
	71・33
唐　友	71・444
唐曰俞	5・153
	6・406
唐　仁	74・401
唐仁永	78・291
唐仁孝	74・76
唐化存	23・264
唐　介	1・736
	8・313
	8・465
	77・728
唐文林	6・120
唐文華	1・793
	8・466
唐文莊	40・362
唐文傑	80・510
唐文煥	1・846
	16・433
	20・490
唐文燦	75・655
	75・672
	76・759
	77・717
唐文藻	45・639
唐以補	74・482
唐以煒	46・489
唐允中	1・855
	23・130
	23・622
唐允功	62・211
唐孔達	74・485
唐　玉	29・617
唐玉輝	14・698
	14・723
唐正芳	30・298
唐正韓	45・175
唐世大	18・347
唐世英	18・373
唐世柱	1・817
唐世健	19・116
唐世熊	1・780
唐世澤	22・300
	22・620
唐世謙	19・552
唐　本	39・80
唐可大(明安遠)	74・70
唐可大(明泰州)	6・302
唐占魁	71・64
唐　申	45・204
唐　永	4・51
	21・272
	23・630
唐永昌	72・645
唐永思	74・71
唐加元	74・74
唐　臣	1・794
唐有成	26・638
唐有光	26・624
唐有智	26・624
唐有爲(明南昌)	45・14
唐有爲(明福山)	26・624
唐成名	74・71
	74・73
唐成龍	64・389

唐光中	74・71
唐光雲	68・250
唐先坡	45・188
唐先裕	49・472
唐廷相(明全州)	1・790
	43・539
唐廷相(明鄆城)	40・126
	40・281
唐廷宿	71・125
唐廷聘	30・330
唐延曾	34・322
唐仲安	73・142
唐仲冕	33・823
唐行學	6・424
唐兆覲	19・116
唐旭常	70・590
唐名標	74・77
唐　次	21・549
唐汝舟	48・281
	49・526
唐守忠	4・371
	39・319
唐　安	7・208
唐均弼	74・70
唐孝本	76・353
唐志章	5・285
唐杏臺	80・245
唐伯元	80・163
唐伯逸	44・104
唐辛濟	48・545
唐良贊	70・484
唐良懿	45・563
唐君顯	36・605
唐長賓	4・12
	31・809
唐若時	31・2
唐　雨	78・303
唐昌齡	61・463
唐秉鈞	70・569
唐秉彝	2・34
	6・331
唐　侃	1・804
	12・95
唐金旭	68・228
唐金棟	68・233
唐享榮	70・608
唐　治(清清江)	65・255
唐　治(清樂安)	71・134
唐宗介	74・72
唐孟元	77・712
唐南金	79・425
唐柯三	37・4
唐　相	75・420
	77・502
唐咸和	35・491
唐括安禮	18・35
唐　貞	1・834
唐貞休	21・280
	23・612
	24・305
唐省凡	70・585
唐則寬	44・427
唐昭盛	62・677
唐思仁	5・153
唐恫惓	78・291
唐　洪	71・136
唐冠政	24・722
唐　泰(明長泰)	78・639
唐　泰(明閩縣)	75・588
	76・106
唐　泰(清)	72・644
唐　珪	1・809
	43・430
唐　珣	75・401

唐 起 19·85
唐起龍 77·121
唐 桂 22·289
22·577
唐 桓 60·717
唐 振 43·78
唐振采 12·330
唐時雍 78·92
唐時熙 79·407
唐時興 79·407
唐 釗 10·632
唐 卿 74·70
唐逢舜 27·300
唐 悅 19·45
唐書麒 45·137
唐書鑑 12·509
唐 陵 21·273
唐 恕 47·55
唐 彬 4·35
唐 爽 19·105
唐盛先 74·107
唐 堂 70·578
唐國英 57·537
唐國忠 74·266
唐國福 29·335
唐進東 21·672
唐得鵬 80·198
唐惟顯 74·501
唐 淳 52·344
唐 寅 77·357
唐啓泰 4·221
9·141
24·535
唐啓韻 71·65
唐堯臣 44·151
唐堯衷 79·403
唐堯欽 78·647
唐博遠 30·723
唐達先 75·678
76·762
唐斯盛 78·292
唐 蕚 47·332
唐朝彝 75·660
75·676
75·695
76·742
76·761
77·719
唐 雯 74·76
唐 揣 21·118
唐 鼎 72·553
唐開杰 74·71
唐開陶 2·43
唐景運 74·510
唐景龍 79·408
唐 詁 24·528
唐 詔 43·57
唐敦化 12·364
唐 童 79·227
唐善堂 69·565
唐曾銘 39·102
唐焻黎 79·396
唐瑞隆 74·71
唐 瑄 31·833
33·795
唐夢元 12·313
唐夢斧 79·412
唐夢庚 45·204
唐夢賚 4·290
5·284
6·351
唐蔭爵 78·391
唐 楷 74·71
唐虞讓 1·801

唐魁元　22・241
唐　鉞　22・229
唐　鉞　25・66
唐會祥　71・65
唐　詩　24・356
唐　誠　77・139
唐　詢　18・27
唐慎交　18・515
唐　愷　43・57
唐義問　1・734
15・524
18・33
45・327
46・597
唐　煥(明)　17・561
18・322
唐　煥(清)　2・111
唐煥功　77・378
唐　滏　61・666
唐　溶　43・99
唐福澈　74・274
唐　禎　39・792
42・545
唐　際　33・290
唐際盛(明)　78・96
唐際盛(清)　18・346
唐綏祖　2・20
唐嘉禾　28・160
唐嘉修　74・74
唐壽山　11・446
唐　楷　39・199
唐鳳樓　12・509
唐　誥　70・619
唐　賓　35・499
唐維明　37・813
唐維城　16・425
18・53
唐維瑾　70・623
唐　慧　27・54
唐　瑾(南北朝)　4・52
21・273
23・630
唐　瑾(清)　43・196
唐樞正　12・329
唐敷潤　26・178
唐　震　75・589
唐　稷　74・54
唐　儉　31・218
唐德義　61・365
唐　鋭　79・406
唐慶珊　34・256
唐慶璋　34・250
唐　毅　77・592
唐　豫　72・619
唐緝賢　61・521
唐　璘　75・507
77・527
唐樹棠　24・456
唐樸齋　74・499
唐　霔　74・74
唐積貴　62・651
唐學仁　78・390
唐學海　74・72
唐錫純　61・627
唐錫蕃　80・760
唐錫齡　39・288
唐錫鐸　61・627
唐　錦　41・693
唐　廩　47・408
唐　龍　1・820
唐　濾　75・487
唐　檀　45・4
46・302
唐　臨　21・283

21・757
唐　謨　47・334
唐　謙　78・695
唐謙益　46・187
唐　襄　74・75
唐應瑞　74・496
唐濟美　74・70
唐濟濂　74・71
唐鯉化　75・466
唐　霨　74・71
唐　鵬　37・47
唐　夔　80・13
唐寶光　4・362
30・329
唐寶鑑　79・369
唐　儼　21・272
唐　鐸　21・598
唐　鑑(清肥城)　33・824
唐　鑑(清濰縣)　21・672
唐　瓚　11・382
唐顯烈　48・506
唐顯悅　76・254
78・268
唐顯禧　46・251
唐　觀　62・685
唐靄瑞　69・603

旅

旅　卿　15・493

悟

悟　端　78・567
悟　窮　42・143

益

益世烈　7・373

凌

凌一綜　74・115
凌人鳳　74・112
凌天德　78・616
凌日章　74・114
凌曰本　74・126
凌文偉　67・467
凌　吉　74・259
凌光組　74・126
凌汝祥　74・19
凌安修　66・502
凌志棟　76・242
凌芳梅　74・133
凌述明　74・131
凌映升　67・489
凌冠才　74・111
凌　恭　66・506
凌　高　78・606
凌家棟　74・112
凌祥烜　66・513
凌　翀　74・278
凌章宏　67・467
凌　雲　76・241
凌雲端　74・23
凌雲翼　49・146
凌開蓮　67・489
凌翔鳳　60・510
凌道見　74・130
凌　筠　67・175
凌義渠　77・365
凌漢翀　75・427
凌　輝　78・604
凌德規　74・128
凌　璧　74・260

浦

浦之浩　25・17

25・34
浦曰楷　27・12
浦國均　25・53
浦　楫　15・538
16・426
18・61
浦　德　25・58
浦　鋐　4・216
25・6
25・17
浦　縉　25・32

涓

涓　子　7・211
15・612
74・49

浩

浩生不害　15・485

海

海　牙　60・548
海　心　57・526
海　印(元)　31・843
32・485
33・559
海　印(清)　79・302
79・642
海　球　57・524
海　湛　76・752
海　瑞　77・92
海　寬　43・133
海　瑩　78・328
海　澄　76・410
海禪師　77・477

涂

涂一榛　76・699
涂士珽　71・435
涂士達　67・130
涂士鳳　67・261
涂大功　62・431
涂大吕　71・469
涂大訒　71・492
涂大儁　71・491
涂大經　71・10
涂大濟　71・484
涂大觀　71・426
涂山峯　74・23
涂天佑　71・399
涂天信　62・480
涂天開　62・367
涂元祖　68・571
涂元琪　71・402
涂日烜　67・87
涂日章　67・131
涂日煋　67・170
涂日煥　45・623
涂日燿　67・172
67・442
涂曰言　67・83
涂丹成　62・565
涂文淞　45・368
涂文照　71・436
涂文煥　67・43
涂以軾　71・401
涂以輈　71・436
涂以轍　71・485
涂允仁　71・34
涂允昭　78・626
涂允寬　78・605
涂水清　66・534
涂　正　73・238
73・313
涂世延　71・382

涂世名　71·441
涂世茂　68·527
涂世忠　46·76
涂世聘　71·467
涂世暄　71·91
涂可軾　67·559
涂占祥　65·515
涂生可　71·490
涂仕禹　71·327
涂　白　71·491
涂令聞　45·89
涂立可　71·82
涂必松　68·576
涂必泫　44·405
涂必遷　51·28
涂永昌　67·404
涂永壽　71·436
涂永蕃　67·404
涂永錫　62·550
涂邦慶　71·461
涂成郁　67·209
涂光祚　71·442
涂光範　65·357
涂光鋘　65·497
涂光曙（清江西東鄉）　71·192
涂光曙（清江西新城）　71·461
涂光簀　65·480
涂光鍟　65·496
涂廷正　45·35
涂廷吉　65·507
涂廷佐　48·262
涂廷選　68·593
涂仲吉　76·254
76·697
76·742
涂自强　71·5
涂旭光　71·485
涂名臣　71·470
涂州守　69·390
涂　江　67·404
涂守鍔　51·88
涂安邦　45·134
涂　志　71·380
涂志均　71·484
涂志述　71·385
涂志誠　71·472
涂志遴　71·435
涂　芳（清江西新城）　71·461
71·473
涂　芳（清高安）　62·468
涂　西　71·426
涂　岑　67·186
涂　秀　68·485
涂伯昌　71·441
涂伯案　76·269
涂伯宩　76·645
涂希濂　65·515
涂　孚　46·231
涂　宏（明江西新城）　71·379
涂　宏（明進賢）　72·87
涂初春　69·472
涂武陞　44·484
涂　玠　65·350
涂玠生　67·394
涂　坤　65·354
涂英華　71·484
涂苞顯　65·489
涂　杰（明）　45·535
72·50
涂　杰（清）　62·331
涂述祖　68·549
涂述節　68·622
涂　協　71·484
涂尚志　80·519

涂尚忠 65・355
涂尚周 71・452
涂尚絅 71・460
涂尚璠 71・428
涂尚璵 71・484
涂　旺 67・359
涂昌珣 68・603
涂昌璘 68・586
涂忠信 67・309
涂　岫 45・308
涂季龍 67・377
涂金蘭 71・400
涂庚泰 74・349
涂宗孟 65・442
涂宗禹 67・106
涂宗蕃 71・444
涂宗謨 71・444
涂宗濬 44・239
涂建日 66・613
涂建可 71・490
涂建寯 67・319
涂居仁 45・306
涂　茹 45・122
涂　相 44・141
涂昭紱 48・218
涂　昪 68・78
涂修瑄 68・597
涂修璜 68・528
涂　俊 79・237
涂洪三 78・620
涂　祜 71・36
涂祖述 67・395
涂祖勳 67・411
涂祖瀾 67・75
涂　祚 45・259
涂祚櫃 65・496
涂泰來 67・551
涂泰程 62・285
涂　栻 65・479
涂　原 1・781
涂振楚 70・533
涂振新 67・158
涂致和(清奉新) 67・318
涂致和(清金谿) 70・611
涂　晉 71・399
涂　時 67・216
涂時瑞 71・468
涂逢炳 65・503
涂逢震 44・450
涂　烇 65・378
涂　浹 68・559
涂家傑 62・150
涂祥階 71・194
涂書府 65・515
涂純禧 62・563
涂　基 65・351
涂梅臣 78・449
涂　堅 77・191
涂國英 67・380
涂國祐 71・466
涂國鼎 71・372
涂　崧 67・95
涂象震 68・228
涂紹煃 46・336
72・57
涂　琳 67・178
涂斯邵 71・451
涂斯皇 71・492
涂葆甡 68・532
涂　敬(明江西新城) 71・447
涂　敬(明豐城) 68・128
涂朝敬 71・448
涂森玉 46・538
涂　楗 68・79

涂雲步　77・141
涂雲琳　78・627
涂雲雁　71・381
涂　棐　68・107
涂斐成　62・630
涂鼎松　71・485
涂鼎瑞　65・407
涂鼎鼐　65・347
涂景祚　71・383
涂喬遷　44・292
涂　順　71・377
涂　傑　66・540
涂　欽　71・413
涂爲經　46・249
涂爲僢　45・180
涂翔麟　66・580
涂甯先　65・405
涂運泰　71・444
涂　登　71・418
涂　幾　71・35
涂　瑞　71・419
涂載堃　66・532
涂夢桂　68・194
涂　鉉　68・161
涂　煜　44・406
涂　煥　71・466
涂渭生　71・34
涂　壽　68・484
涂　圖　71・84
涂鳳虞　66・525
涂鳳鳴　65・508
涂　廙　45・53
46・384
涂漢登　78・611
涂肇新　71・487
涂　綱　71・384
涂璁圃　67・446
涂　璋　44・422
涂　樑　71・399
涂賢彭　68・283
涂賢錫　68・612
涂質煥　68・485
涂德賢　71・490
涂　餗　67・3
涂　澂　71・377
涂澄瀛　45・691
涂樹業　67・327
涂學中　68・720
涂學波　62・309
涂學禹　71・471
涂學恆　71・435
涂學祖　71・461
涂學烜　71・416
涂學琪　71・429
涂錫盛　67・317
涂錫穀　67・72
涂錫機　67・446
涂錫禧　67・69
涂憲書　71・461
涂憲經　80・521
涂　璭　71・461
涂　壎　65・356
涂　檄　71・466
涂懋政　71・449
涂懋蘭　68・587
涂　儲　71・424
涂　爵　46・229
涂　謙(元)　62・32
涂　謙(明)　68・77
涂　膺　75・675
涂應昌　78・616
涂應奎　62・415
涂應森　67・191
涂應椿　71・485

涂應槐　71・399
涂應雷　68・36
涂鴻占　67・556
涂鴻儀　71・419
涂鴻澤　46・213
涂　濟　71・33
涂叢桂　68・562
涂攀桂　68・506
涂　疇　68・118
涂　瀗　71・378
涂蘭玉　46・446
涂獻庠　45・241
涂　瀹　71・465
涂繼先　62・532
涂　觀　68・77
涂　驥　71・380

浮

浮丘伯　15・569
　31・842
　34・475
浮邱公　71・360
浮邱伯　71・635
浮邱翁(見浮丘伯)

流

流涕道者　78・399

家

家鉉翁　76・463

窈

窈　然　77・731

宰

宰　予　4・2
　15・483
　35・600
宰殿元　5・340
宰質睢　35・637

朗

朗邦礽　57・87
朗邦祝　57・61

祥

祥　成　13・738
祥　宗　78・701
祥　恩　2・101
　7・389
　30・235

冥

冥　都　4・15
　32・373
　33・244

書

書　端　11・210

展

展天賜　16・452
展存祥　23・280
展汝霖　9・490
展　迪　25・649
　27・166
展　獲(見柳下惠)

陸

陸一峯　70・568
陸九思　70・575
陸九皋　70・459
陸九敘　70・575
陸九淵　52・401

	70・456
	71・351
陸九韶	70・455
陸九齡	53・199
	65・309
	70・455
陸于嘉	68・161
陸士修	47・323
陸上琳	77・400
陸久美	77・599
陸子彰	1・712
	18・7
陸天祚	47・344
陸元熙	78・391
陸元端	77・404
陸友仁	47・204
陸仁愷	8・472
陸文溢	30・133
陸文衡	75・404
陸　引	75・538
	77・461
陸玉麟	14・738
陸世勣	47・343
陸　吉	1・855
	23・130
	23・622
陸　亘	1・726
陸有常	7・76
	15・561
陸光誥	68・602
陸　羽	49・517
	51・683
	59・172
陸　里	1・787
	32・584
陸秀夫	78・563
陸伯良	70・58
陸希質	1・713
陸希濂	68・378
陸　沖	70・575
陸　完	76・721
	76・746
陸　宏	76・459
陸長源	76・460
陸　坦	71・504
陸　坤	18・52
陸其美	77・557
陸若濟	73・1
陸來宣	69・316
陸昆亨	76・259
	76・272
陸昕之	1・707
	16・397
	18・5
陸岫淩	73・417
陸　佶	76・351
陸　侹	76・351
陸庚遂	68・591
陸　泓	70・575
陸宗周	6・485
陸宗贇	14・706
陸建章	39・244
陸南至	1・840
	14・110
	16・430
陸厚諶	4・311
陸持之	52・403
	70・459
陸科詔	73・437
陸　勉	77・211
陸庭曜	4・263
陸炳萱	77・577
陸　祐	75・619
	76・134

陸祖庚 77・559
陸祖香 50・64
陸　起 73・201
陸華川 31・63
陸時通 68・131
陸時望 68・132
陸　釗 78・315
陸　洂 30・119
陸家璧 77・557
陸　通 31・185
陸　埜 4・200
25・36
陸　堅 43・538
陸　晙 77・462
陸　偉 43・195
陸　偁 1・772
75・370
陸　鈦 1・780
陸　康 1・697
陸　參 43・130
陸紹宗 77・599
陸紹贄 68・370
陸堯臣 52・387
陸萬垓 77・365
陸朝貴 61・463
陸　植 69・164
陸雲祥 2・107
24・251
陸斐章 68・378
陸循之 70・460
陸爲彩 68・492
陸道照 77・478
陸　游 76・209
陸運枏 68・515
陸費錫 2・43
12・441
陸　賀 70・459
陸登選 76・445
78・469
陸　瑜 1・774
陸夢祖 74・442
陸夢豹 68・134
陸夢龍 1・776
陸夢麟 68・133
陸　楠 75・479
陸　軾 2・72
32・1
陸　嵩 77・91
陸　筠 68・25
70・459
陸　鉰 75・374
陸　愷 78・479
陸焕之 70・460
陸　溥 2・33
32・588
陸經正 2・54
陸嘉穎 71・633
陸　模 70・635
陸　暢 51・125
陸毓珩 68・573
陸　僑 25・47
陸　廣 76・15
陸　廙 76・15
陸　演 16・415
陸維遠 75・446
陸檦之 70・460
陸徵瑞 70・507
陸履祥 10・311
陸履敬 68・367
陸　璥 61・457
陸　噩 77・600
陸樹德 1・770
陸　機 8・464
陸　儒 25・62

陸錦燧　10・311
陸龍成　1・711
　16・397
陸憲元　76・15
陸懋瑛　77・561
陸龜蒙　58・268
陸鍾宏　76・719
陸　襄　59・9
陸應川　68・201
陸　燦　1・785
陸　鴻　77・547
陸鴻漸　68・233
陸　濬　70・460
陸叢桂　31・803
陸　鎬　25・36
陸　燿　2・20
陸　藻　76・16
陸　蘊　75・477
　76・16
　78・480
陸騰鳳　2・92
　16・440
　18・81
陸懷玉　77・366
陸　獻　2・103
　25・88
陸麟之　70・460

陳

陳一元　75・498
　76・40
陳一中（明博山）　6・652
陳一中（明漳浦）　76・731
陳一民　71・133
陳一林　71・133
陳一洙　76・736
陳一泰　49・211
陳一章　70・105
陳一貫　75・557
　79・34
陳一敬　72・299
陳一凱　76・50
陳一策　79・277
陳一道（明晉江）　79・219
陳一道（明崇明）　43・194
陳一登　80・315
陳一新（宋）　79・311
陳一新（明）　75・501
　76・139
陳一經　78・620
陳一端　75・733
陳一薦　69・153
陳一韓　76・706
陳一鴻　70・204
陳一鵬（明）　62・235
陳一鵬（清）　39・683
陳一夔　70・526
陳一鰲　77・39
陳一鑑　60・208
陳二南　70・332
陳二興　6・182
陳　七　80・517
陳　人　77・199
陳人第　25・36
陳人登　25・18
陳人瑞　62・306
陳乂賓　77・23
陳九川　69・286
　76・722
　76・746
陳九功　45・526
陳九芝　34・256
　34・353
陳九州　67・312

陳九如　34・263
陳九府　79・396
陳九敘　78・723
陳九章　63・490
陳九鼎　78・515
陳九鳴　7・443
陳九韶　74・510
陳九德　76・693
　76・736
陳九疇(明奉新)　67・43
陳九疇(明曹州)　4・104
　37・831
陳九疇(明歷城)　5・118
陳九疇(清玉山)　50・290
陳九疇(清高安)　62・244
陳九衢　10・561
陳乃升　25・72
陳三元　19・81
陳三俊　70・554
陳三洲　45・309
陳三捷　4・229
　14・713
　42・956
陳三接　60・380
陳三策　12・104
陳三鳳　60・497
陳三謨　22・306
陳于玉　50・540
陳于有　60・386
陳于夏　20・536
陳于階　80・113
陳于熙　78・567
陳于徵　78・302
陳工亮　80・38
陳士元(元)　77・186
陳士元(清)　36・33
　36・40
陳士尹　47・537
陳士玉　78・517
陳士邦　73・419
陳士芝　79・187
陳士任　14・127
陳士名　75・713
陳士青　78・568
陳士英　79・336
陳士杰　2・16
陳士奇(明)　75・659
　75・671
　76・740
陳士奇(清)　74・347
陳士京　76・251
　76・269
陳士珂　79・429
陳士珍　80・604
陳士垓　47・414
陳士貢　75・622
　76・184
陳士彬　17・623
　19・328
陳士偉　60・242
陳士章　74・338
陳士清　43・111
陳士啓　1・774
　72・301
陳士超　60・274
陳士雅　11・447
　11・470
陳士凱　2・68
　37・565
陳士傑(清陽信)　43・73
陳士傑(清貴溪)　52・326
陳士欽　79・238
陳士鈞　77・498
陳士善　77・557

陳士鼒　71・208
陳士選　65・97
陳士勳　67・413
陳士興　5・292
陳士顒　75・720
陳士鼇　59・370
陳士麟　79・625
陳大中　21・723
陳大卞　78・236
陳大文　2・13
陳大田　79・247
陳大生　72・80
陳大成(明)　45・121
陳大成(清)　35・498
陳大年　78・300
陳大吅　62・196
陳大亨　78・253
陳大宏　71・383
陳大玠　79・136
　79・374
陳大來　75・720
陳大昜　80・441
陳大忠　80・43
陳大侃　80・542
陳大受(宋)　79・639
陳大受(清)　78・310
陳大炎　78・681
陳大珊　78・90
陳大恩　76・577
陳大訓(明)　38・541
陳大訓(清)　48・565
陳大祥　78・434
陳大通　51・332
陳大務　5・119
陳大梁　62・639
陳大琮　76・308
陳大堤　78・554
陳大勝　39・243
陳大斌　80・522
陳大道(明奉新)　67・388
陳大道(明新喻)　66・184
陳大楫　77・428
陳大業(清德縣)　8・628
陳大業(清澎湖)　80・665
陳大義　52・379
陳大猷(宋)　50・7
陳大猷(清曲阜)　35・678
陳大猷(清星子)　49・491
陳大猷(清龍巖)　78・694
陳大經(清無錫)　11・206
陳大經(清羅源)　77・475
陳大誥　8・629
陳大韶　74・173
陳大榮　62・423
陳大綱　66・588
陳大綬　47・93
陳大醇　50・524
陳大範　77・657
　79・257
陳大儀　80・541
陳大養　77・21
陳大勳　72・544
陳大儒(清瑞昌)　48・387
陳大儒(清歷城)　5・251
　6・168
陳大濩　78・509
陳大謨　80・440
陳大鴻　65・520
陳大鵬　6・183
陳大繡　47・94
陳才玉　51・543
陳才異　56・523
陳才煇　56・595
陳上陞　80・203

陳上國　76・344
陳上達　72・616
陳上善　45・334
　46・614
　68・725
陳上義　76・339
陳上賓　76・479
陳上璀　62・283
陳上選　78・424
陳上闕　51・633
陳上璧　74・452
陳上繡　66・348
陳　山　80・380
陳山斗　77・545
陳千齡　72・265
陳之可　58・149
陳之冲　26・633
陳之芬　65・514
陳之辰　2・82
　38・412
陳之邵　75・415
　75・582
　78・468
陳之枌　19・599
　32・452
　33・76
陳之昂　39・192
陳之垣　19・325
陳之亮　78・290
陳之美　77・180
陳之楹　19・606
陳之魁　72・364
陳之榛　70・112
陳之榻　56・505
陳之駒　80・186
陳之遵　22・289
　22・577
陳之潗　71・567
陳之緹　79・188
陳之璠　62・241
陳之龍　60・554
陳之蘭　69・397
陳小岞　78・599
陳子木　79・382
陳子友　73・71
陳子文(宋)　76・618
陳子文(明)　75・466
　76・136
陳子冲　79・31
陳子秀　51・532
陳子宏　72・183
陳子良　77・284
陳子明　71・132
陳子昂　71・135
陳子和　76・640
陳子炬　8・634
陳子春　38・293
陳子威(明)　72・494
陳子威(清)　75・471
陳子貞　44・287
陳子恒　1・765
　4・144
　25・567
陳子晉　71・133
陳子晟　75・530
　77・484
陳子彬　66・342
陳子常　78・290
陳子野　71・315
　72・3
陳子達　75・470
陳子敬　73・360
陳子欽　78・526
陳子餘　21・436

陳子瑋　36・27
陳子寧　72・84
陳子憲　72・84
陳子懿　21・447
陳王明　47・392
陳王春　76・326
陳王政　5・188
10・360
10・447
陳王信　5・334
陳王前(明)　41・749
陳王前(清)　34・440
陳王綸　78・672
陳王機　45・18
陳夫乞　44・5
46・1
62・5
陳天文　62・385
陳天玉　60・724
陳天立　78・514
陳天民　75・643
78・563
79・89
陳天成　62・348
陳天定　77・700
陳天保　47・232
陳天俍　78・544
陳天祐　1・755
陳天秩　43・442
陳天祥(元)　1・755
陳天祥(清)　73・321
陳天從　78・622
陳天達　75・695
76・761
78・727
陳天瑞(宋)　49・154
陳天瑞(明)　73・162
陳天資　75・672
陳天溱　78・617
陳天壽　24・715
陳天緒　74・234
陳天慶　77・394
陳天錫　76・409
77・372
陳　元(清江西新城)　71・456
陳　元(清壽光)　18・528
陳元三　6・653
陳元文　70・624
陳元本　6・653
陳元平　77・211
陳元生　54・591
陳元老　77・440
陳元臣　78・309
陳元成(清同安)　76・303
77・624
陳元成(清鉅野)　39・196
陳元任　76・169
陳元英　78・727
陳元炎(清長樂)　78・530
陳元炎(清晉江)　79・184
陳元泗　78・622
陳元珂　75・494
76・31
陳元封　78・364
陳元亮　62・27
陳元美　77・578
陳元祐(明)　75・497
陳元祐(清)　80・213
陳元泰　80・68
陳元珩　76・234
76・334
77・651
陳元桂　69・419
陳元晉　70・43

陳元倫　73・190
陳元盛(清長樂)　78・554
陳元盛(清單縣)　38・243
陳元康　42・939
陳元淳　70・395
陳元琛　62・227
陳元欽　70・584
陳元善(元)　77・691
陳元善(清)　70・328
陳元裕　76・430
陳元登　75・598
77・509
陳元裝　11・474
陳元慈　7・450
陳元煥　79・184
陳元輔　36・770
陳元澄　70・230
陳元燠　79・184
陳元憲　75・533
77・488
陳元徽　78・622
陳元鍾　77・510
陳元藻　78・160
陳元顯　77・353
陳元麟　76・710
陳　木　77・20
陳五昌　79・61
陳五美　19・325
陳五敬　72・663
陳五鼎　77・575
陳五器　79・63
陳不占　7・144
15・558
陳不伐　35・466
陳　太　71・187
陳友沅　68・399
陳友直　62・346
64・386
陳友定　75・609
陳友貢　77・22
陳友善　76・146
陳日光　75・518
78・509
陳日昌　77・574
陳日昇　74・449
陳日進　78・304
陳日新(清萬年)　60・319
陳日新(清新建)　46・80
陳曰秀　72・547
陳曰貞　30・683
陳曰俞　61・723
陳曰陛　62・392
陳曰唯　2・77
陳曰駰　53・47
陳曰錫　62・391
陳曰藩　39・708
陳　中　78・101
陳中復　76・463
78・131
陳中龍　60・414
陳中謙　80・203
陳中濬　79・533
陳中讜　80・188
陳壬三　70・306
陳　升　78・265
陳　仁(明)　78・148
陳　仁(清弋陽)　50・403
陳　仁(清古田)　77・575
陳　仁(清閩縣)　75・604
陳仁士　79・572
陳仁山　78・610
陳仁文　64・569
陳仁政　80・384
陳仁炳　62・473

陳仁淳　78・519
陳仁詔　78・568
陳仁榮　62・542
陳仁爵　72・510
陳仁濬　72・547
陳什敖　77・263
陳化成　76・343
　77・633
陳化醇　21・593
陳化龍　78・500
陳　介　70・480
陳介升　21・748
陳介吉　30・302
陳介眉　4・455
　21・719
陳介祺　21・615
陳介璋　4・452
　21・452
陳介錫　21・620
陳介闇　77・593
陳公元　48・249
陳公玉　75・530
陳公茂　36・140
陳公益　75・442
　76・10
　76・94
陳公庚　80・461
陳公漢　48・539
陳公琰　73・201
　73・285
陳公達（明清江）　65・78
陳公達（明羅源）　77・470
陳公善　80・436
陳公榮　75・514
　78・533
陳公璟　60・758
陳公燦　48・206
陳丹心　75・677
陳丹赤　75・616
　76・169
陳丹書　80・146
陳丹鳳　73・63
陳　乍　72・340
陳六奇　49・198
陳六經　62・428
陳六齡　78・725
陳　文（明日照）　31・280
陳　文（明吉水）　72・530
陳　文（明吉安）　72・134
陳　文（明汝州）　19・584
陳　文（明靖安）　1・854
　19・585
　19・632
　23・619
　65・394
陳　文（清僊遊）　78・330
陳　文（清銅山）　75・663
陳文七　79・290
陳文士　51・95
陳文之　30・693
陳文子　75・626
陳文生　77・669
陳文佑（見陳文祐）
陳文灼　78・617
陳文沛　75・519
　78・491
陳文叔　78・610
陳文炅　69・198
陳文忠　56・471
陳文珍　74・239
陳文昺　78・339
　78・368
陳文禹　75・520
　78・538

陳文亮　75・622
陳文旆　13・725
陳文炤　69・219
陳文祐　1・799
32・441
33・68
陳文倞　77・441
陳文浩　76・31
陳文彬　65・76
陳文偉　1・844
14・109
15・534
16・417
16・419
陳文淋　50・292
陳文琳　31・226
陳文森　76・487
陳文極　9・26
陳文傑　42・796
陳文焯　69・318
陳文瑞　76・290
陳文楷　70・611
陳文會　76・222
陳文試　75・519
78・490
陳文義(明)　71・465
陳文義(清)　77・553
陳文煥(明)　69・184
陳文煥(清上虞)　2・99
16・443
19・551
陳文煥(清安溪)　62・424
陳文煆　78・615
陳文翥　78・503
陳文蔚　51・145
53・201
陳文銓　77・570
陳文霄　80・246
陳文德(明)　79・425
陳文德(清)　78・553
陳文翰　62・429
陳文興　74・22
陳文學　2・85
陳文衡(明古田)　77・529
陳文衡(明鄱陽)　58・49
陳文衡(清金谿)　70・544
陳文衡(清龍巖)　61・474
78・675
陳文龍(宋)　71・353
71・627
78・61
78・532
陳文龍(清)　41・206
陳文燧(明陳州)　42・35
陳文燧(明臨川)　69・79
陳文濂　76・195
陳文憲　78・688
陳文爵　72・534
陳文燦(明)　78・469
陳文燦(清)　62・505
陳文禮　77・34
陳文鏞　77・513
陳文獻(明)　77・517
陳文獻(清)　80・668
陳文瀾　80・435
陳文顯　40・201
陳文麟　36・738
陳　亢　15・484
35・603
陳　方　72・134
陳方仲　73・328
陳方策　48・372
陳方蓮　61・742
陳方嗣　62・557

陳方器 71·133
陳 宀 26·2
陳斗月 68·349
陳斗質 51·305
陳心炳 78·518
陳 尹 80·604
陳以文 76·365
79·293
陳以見 75·559
78·408
陳以汧 71·493
陳以忠(元) 62·31
陳以忠(明) 1·799
32·441
33·68
陳以治 73·381
陳以思 49·72
陳以恪 19·598
陳以珪 76·695
陳以莊 76·489
陳以訓 69·209
陳以朝 50·536
陳以遠 44·403
陳以楨 36·37
陳以詩 19·605
陳以誠 65·338
陳以經 49·257
陳以綬 49·189
陳以德 69·209
陳以龍 75·647
77·522
陳允升(明) 63·556
陳允升(清) 80·330
陳允發 62·455
陳允衡 45·334
46·612
71·237
陳允錫 79·135
陳孔叶 76·704
77·715
陳孔志 76·705
77·712
陳孔卓 72·543
陳孔訓 60·430
陳孔道 25·182
26·127
陳孔頊 80·424
陳孔碩 75·569
76·119
77·212
陳孔濠 77·395
陳 玉(元) 20·548
陳 玉(明長樂) 78·494
陳 玉(明臨沂) 30·95
陳玉山 78·576
陳玉珍 71·192
陳玉信 43·262
陳玉陛 60·490
陳玉華 78·528
陳玉堂 78·567
陳玉章(明) 7·429
陳玉章(清) 79·356
陳玉森 49·431
陳玉蒼 41·215
陳玉銘 78·529
陳玉還 43·79
陳玉燦 80·191
陳玉璺 4·281
5·227
6·126
陳正巳 78·289
陳正中(明上海) 80·155
陳正中(明晉江) 79·220
陳正玄 79·239

陳正松 78・554
陳正春 80・656
陳正珪 80・432
陳正倫 72・441
陳正朔 79・185
陳正須 72・103
陳正鈡 45・574
陳正儀 63・567
陳正樂 77・532
陳正頤 50・206
陳正鐸 77・563
陳　功 76・52
陳去疾 75・579
76・105
陳甘雨 1・802
陳世元 76・176
陳世仁 42・229
陳世正 70・592
陳世光 63・551
陳世芳 70・89
陳世沛 74・132
陳世宏 68・721
陳世良 80・239
陳世垌 79・247
陳世昌(宋) 62・211
陳世昌(清都昌) 50・66
陳世昌(清齊東) 15・163
陳世佺 2・73
陳世春 15・137
陳世貞 78・628
陳世胄 76・366
77・663
陳世華 70・589
陳世連 79・426
陳世倬 47・445
陳世倌 2・8
8・468
陳世卿 80・371
陳世理 77・427
陳世埰 38・165
陳世庚 72・200
陳世祿 13・814
陳世瑜 67・455
陳世經 80・521
陳世銘 47・445
陳世榮 76・309
陳世綱 38・283
陳世德 78・592
陳世鋭 78・443
陳世儒 47・414
陳世澤 76・316
陳世爵 71・475
陳世濟 80・427
陳世燾 70・589
陳世職 80・542
陳世馨 49・379
陳世齡 62・383
陳世顯 78・148
陳世纓 77・437
陳　艾 79・87
陳古用 43・262
陳　本(明長樂) 78・561
陳　本(明南城) 71・269
陳　本(明順昌) 77・145
陳　本(清) 6・663
陳本初 77・257
陳本忠 64・578
陳本浣 48・359
陳本潤 77・137
陳本儒 1・813
35・61
陳可大 75・414
78・251
78・461

陳可良 49・466
陳可尚 77・338
陳可達 80・250
陳可遠 76・315
陳可經 17・662
陳可徵 75・631
79・80
陳可薦 14・366
陳丙炎 80・146
陳丕勳 5・342
10・133
陳　石 78・605
陳石鍾 79・276
79・563
陳石鐘(見陳石鍾)
陳石麟 70・82
陳右坡 74・242
陳布琅 68・374
陳　平 41・706
陳平西 74・242
陳平策 47・345
陳　占 19・313
陳占鰲 63・516
陳　旦(宋建陽) 76・395
陳　旦(宋懷安) 75・484
76・13
陳　旦(明) 63・547
陳且兼 60・280
陳　申(明) 75・589
76・94
陳　申(清) 11・460
陳　田 6・227
陳生弟 76・583
陳仕元 49・249
陳仕行 79・163
陳仕俊 80・609
陳仕彩 79・603
陳仕琛 51・99
陳仕雅 78・551
陳仕祿 75・674
陳仕端 78・547
陳仕樞 80・236
陳仕賢 75・557
79・7
陳仕潯 78・628
陳　令 76・692
77・705
陳　用(明莆田) 78・101
陳　用(明高安) 62・219
陳用仁 71・6
陳用光 71・419
陳用明 75・553
陳用渙 78・570
陳用賓(明) 79・121
陳用賓(清) 76・130
陳用衡 2・99
陳主直 31・332
陳主忠 4・230
31・335
32・6
陳　立(明) 71・524
陳　立(清恩縣) 4・386
11・15
11・92
陳　立(清崇仁) 70・236
陳立功 5・353
10・629
陳立本 21・726
陳立吉 70・305
陳立庠 77・571
陳立紀 63・457
陳立堂 39・445
陳立森 78・373
陳立禮 43・196

陳立攀　74·115
陳玄和　80·497
陳　宁　25·162
陳必元　80·208
陳必達(明)　58·219
陳必達(清)　70·610
陳必敬　76·319
　77·660
陳必智　74·178
陳必遂　77·530
陳必誠　50·390
陳必顯　43·538
陳　永(明泰和)　72·302
陳　永(明晉江)　79·207
陳　永(明溧水)　76·467
陳永中　72·357
陳永年(明)　73·203
陳永年(清)　2·71
　30·645
陳永英　62·491
陳永明　78·581
陳永居　80·508
陳永柱　36·175
陳永修　6·176
陳永泰　21·674
陳永華　76·355
陳永書　78·527
陳永逵　79·343
陳永盛　76·192
陳永清(清高安)　62·647
陳永清(清陽信)　43·107
陳永勝　45·256
陳永弼　79·266
陳永嘉　77·345
陳永彰　72·133
陳永暹　79·343
陳永儜　62·407
陳永齡　45·116
陳司可　79·426
陳民瞻　80·558
陳　阡　4·447
　21·443
陳孕虞　80·37
陳　台　79·212
陳台斗　77·532
陳幼登　63·331
陳幼學　60·241
陳匡生　76·166
陳匡國　60·39
陳邦允　70·393
陳邦光　77·622
陳邦材　77·641
陳邦典　80·558
陳邦科　62·74
陳邦俊(清同安)　76·310
陳邦俊(清建寧)　80·558
陳邦彥　80·50
陳邦紀　2·100
　16·441
　20·491
陳邦起　70·396
陳邦校　77·338
陳邦祥　72·332
陳邦梅　61·600
陳邦楝　80·536
陳邦雲　80·558
陳邦傑　80·610
陳邦詹　79·335
陳邦義　24·255
陳邦儀(明高安)　62·232
陳邦儀(明瑞昌)　48·317
陳邦瞻　62·88
陳邦顏　79·118
陳邦獻　51·397

陳邦耀 78·707
陳邦寶 76·240
76·327
陳邦麟 51·568
陳式金 77·558
陳 吉 70·286
陳吉士 63·564
陳吉老 78·247
陳吉甫 11·472
陳吉輔 80·208
陳 考 63·548
陳老滿 80·68
陳 芝 25·72
陳再虞 48·186
陳在中 79·263
陳在田 6·205
陳在鏜 74·319
陳百香 26·631
陳有仁 78·626
陳有功 4·274
5·227
陳有年 79·244
陳有芳 66·348
陳有助 78·622
陳有定 79·10
80·304
陳有奎 72·333
陳有祐 75·631
76·184
陳有祚 77·19
陳有振 47·459
陳有恩 53·144
陳有訓 39·445
陳有理 50·263
陳有章 13·112
陳有涵 78·557
陳有斐 79·239
陳有爲 77·721
陳有統 78·566
陳有蓄 30·745
陳有新 5·265
陳有猷 70·625
陳有福 71·521
陳有慶(清高安) 62·587
陳有慶(清濰縣) 21·462
陳有霖 75·621
78·550
陳有聲 75·514
78·524
陳有禮 78·599
陳存理 80·214
陳存禮 19·34
陳 成 79·206
陳成已 77·514
陳成父 77·294
77·473
陳成文 80·176
陳成美 80·236
陳成烈 78·566
陳至陛 77·465
陳 光 79·326
陳光大 11·433
陳光斗(清長樂) 78·539
陳光斗(清信豐) 73·447
陳光斗(清新昌) 64·39
陳光先 5·122
陳光村 77·156
陳光求 76·305
77·626
陳光宗 80·254
陳光炳 53·163
陳光祖 78·260
陳光華 78·92
陳光國 70·410

陳光崇 49・249
陳光紹 79・614
陳光朝 60・247
陳光揚 79・602
陳光湳 72・254
陳光渭 60・253
陳光弼 65・134
陳光發 77・249
陳光瑞(清永新) 73・183
陳光瑞(清高安) 62・268
陳光煥 77・531
陳光曙 70・402
陳光燭 53・164
陳光耀(清安邱) 20・121
陳光耀(清南安) 79・613
陳光繼 20・779
陳同書 77・369
陳年杜 74・244
陳朱垣 4・334
35・103
陳朱墀 35・133
陳　先(清高安) 62・539
陳　先(清瑞昌) 48・422
陳先得 72・269
陳先模 70・624
陳廷千 78・555
陳廷立 62・597
陳廷任 50・490
陳廷佐 76・323
77・648
陳廷辛 74・454
陳廷佾 58・591
陳廷相 69・547
陳廷信 70・291
陳廷華 20・782
陳廷桂(清萬年) 60・326
陳廷桂(清慶雲) 11・454
陳廷桂(清臨川) 69・252
陳廷振 76・234
76・328
陳廷袖 62・606
陳廷梧(清崇仁) 70・416
陳廷梧(清萬年) 60・270
陳廷梅 76・230
陳廷章 43・111
陳廷軼 62・494
陳廷焜 72・511
陳廷祺 62・668
陳廷弼 71・122
陳廷鈺 4・450
21・400
陳廷煁 76・166
76・199
陳廷煥 76・128
陳廷輔 30・320
陳廷銓 75・678
陳廷綬 70・293
陳廷璋 70・333
陳廷蕚 11・440
陳廷樞 80・330
陳廷選 38・572
陳廷檝 11・94
陳廷謨 18・67
32・24
陳廷禮 71・132
陳廷藻 70・538
陳廷鐘 60・749
陳廷鑣 77・559
陳延年 78・568
陳延祚 41・757
41・855
陳延恩 71・401
陳延禧 71・298
陳仲山 70・447

陳仲子　5・3
　7・198
　43・643
陳仲文　75・621
　78・541
陳仲完　75・515
　78・487
陳仲述　72・293
陳仲昜　68・309
陳仲祥　1・764
　15・531
　16・412
陳仲堅　75・456
陳仲進　75・515
　78・508
陳仲楨　61・718
陳仲微　62・21
陳仲飾　77・346
陳仲溱　75・596
　76・107
陳仲賢　49・222
陳仲舉　22・335
　23・665
陳仲爵　43・26
陳仲麟　77・40
陳　任(明錢塘)　75・428
　77・582
陳　任(明霞浦)　77・372
陳　任(清宜黄)　71・96
陳　任(清高安)　62・440
陳任賢(清福寧)　76・353
陳任賢(清霞浦)　77・374
陳价夫　75・595
　76・97
陳自仁　78・60
陳自明　69・654
陳自强　76・8
陳自新　77・296
　77・473
陳向榮　78・614
陳行因　77・525
陳行素　78・623
陳行章　80・234
陳　全　75・590
　78・524
陳全之　76・27
陳全泰　71・215
陳全國　2・71
　30・645
陳企韓　36・175
陳兆元　56・141
陳兆吉　30・119
陳兆先　79・214
陳兆行　78・728
陳兆昌　73・338
陳兆奎　58・72
陳兆泰　78・566
陳兆桐　34・255
陳兆崗　34・255
陳兆崙　76・210
陳兆森　78・396
陳兆鼎　70・263
陳兆祺　34・170
陳兆煥　78・522
陳兆榮(明)　76・137
陳兆榮(清)　39・345
陳兆熊　13・497
陳兆藩　76・200
陳兆翱　76・198
陳兆麟　8・420
陳兆鸞　4・449
　21・384
　23・643
陳　旭(宋)　47・559

陳　旭(明) 75·645
76·193
陳　名 78·734
陳名士 17·621
陳名世(明) 75·629
陳名世(清) 80·407
陳名祿 10·388
陳名魁 76·762
陳名輔 63·563
陳名賓 78·562
陳名儉 2·106
29·597
陳名熺 77·537
77·554
陳名蟠 77·374
陳衣德 76·141
77·494
陳亦言 77·543
79·267
陳州璽 14·743
陳　冲 80·534
陳次升 1·746
15·527
16·407
71·350
78·224
陳次公 71·221
陳　江 75·679
陳江之 79·327
陳池鳳 61·605
陳汝白 70·292
陳汝舟 70·237
陳汝守 19·108
陳汝亨 78·196
陳汝侗 21·810
陳汝庚 19·99
21·800
陳汝咸 75·715
陳汝俊 62·231
陳汝彥 9·445
陳汝恆 6·158
陳汝華 39·648
陳汝振 60·377
陳汝峯 70·544
陳汝秩 48·230
49·463
陳汝弼 4·428
26·601
26·729
陳汝楫(清長樂) 78·528
陳汝楫(清臨沂) 31·65
陳汝經 72·201
陳汝廣 71·95
陳汝奭 79·139
陳汝擎 70·494
陳汝霖 19·115
陳汝器 78·299
陳汝錡 62·226
陳汝聰 2·35
陳汝禮 19·93
陳汝麟 1·831
陳　宇(宋) 75·475
陳　宇(明) 77·354
陳守中(明) 47·438
陳守中(清) 71·455
陳守志 30·724
陳守和 72·375
陳守亮 26·8
陳守約 73·227
陳守泰 78·551
陳守訓(明) 64·513
陳守訓(清) 71·388
陳守敬 62·288
陳守鼎 62·400

陳守創　62·111
陳守詒　71·455
陳守愚　4·127
　42·744
陳守誠　71·387
陳守綱　13·813
陳守謙　38·218
　40·67
　40·157
陳守譽　71·455
陳　安(明長樂)　75·522
　78·538
陳　安(明晉江)　79·149
陳　安(明清江)　65·82
陳　安(明蓬萊)　25·58
陳　安(明新建)　45·479
陳安仁　72·370
陳安石　18·32
陳安民　79·513
陳安邦(清定陶)　41·408
陳安邦(清寧陽)　35·130
陳安策(清古田)　77·535
陳安策(清江西)　2·62
　7·386
陳　字　76·16
陳　艮　75·515
　78·486
陳如松　76·289
　77·616
陳如金　51·350
陳如晦　75·571
　78·475
陳如登　76·641
陳如綸(明高安)　62·225
陳如綸(明常熟)　75·408
　76·205
陳如鵬　78·685
陳　好　79·279
陳羽白　75·718
陳　址　75·592
　77·509
陳　均　77·581
陳均才　69·552
陳均壽　75·728
陳均濤　80·690
陳孝宗　76·326
陳孝威　69·380
陳孝則　79·140
陳孝逸　69·381
陳孝意　1·718
陳　志(明莆田)　78·124
陳　志(明益都)　17·671
　18·426
陳　志(明德州)　5·210
　8·604
陳志大(明)　31·334
　32·5
陳志大(清)　78·428
陳志成　76·225
陳志奇　26·646
陳志昂　58·148
陳志春　78·623
陳志高　79·434
陳志達　80·441
陳志皐　77·542
陳志鈞　62·672
陳志道　70·229
陳志廣　79·43
陳志遴　77·509
陳花狗　52·600
陳　芹　77·545
陳　芬(清瑞金)　74·232
陳　芬(清臨清)　14·746
陳　芳　76·220

	76・301
陳芳坑	77・662
陳芳谷	46・278
陳芳烈	77・523
陳芳楷	76・141
陳芳濂	77・340
陳芳叢	35・126
陳芳衢	72・338
陳克仁	4・330
	9・411
陳克永	80・486
陳克侯	75・423
	78・389
陳克恭	9・140
陳克盛	48・142
陳克雋	43・304
陳克纘	78・428
陳　材	77・494
陳甫一	78・630
陳　豆	37・139
陳　抒	37・672
陳步若	30・320
陳步岳	67・448
陳步雲(清定南)	74・348
陳步雲(清新昌)	64・28
陳步霄	74・346
陳步霨	74・331
陳肖儀	50・426
陳　見	72・369
陳見智	35・704
	36・139
陳見龍	76・467
	79・365
陳　足	79・237
陳　岐	43・124
陳　岠	30・745
陳　秀	76・709
陳秀元	48・401
陳秀峯	19・84
陳秀章	35・138
陳秀雲	9・426
陳秀實	37・837
	41・139
陳邱山	47・437
陳　佐(明)	75・723
陳　佐(清)	72・336
陳佐平	2・78
	30・64
陳佐廷	80・193
陳佑輦	46・276
陳　伸	55・550
陳　佃	14・365
陳作芹	74・387
陳作棟	64・556
陳作楫	71・485
陳伯之	41・127
陳伯友	4・114
	39・182
陳伯宜	77・377
陳伯春	79・252
陳伯貞	76・146
陳伯适	70・117
陳伯亮	75・626
陳伯宣(明)	65・473
陳伯宣(唐)	47・594
	48・306
陳伯屋	76・358
陳伯恭	75・6
陳伯原	72・374
陳伯容	78・605
陳伯温	77・689
陳伯富	50・374
陳伯嘉	75・512
	78・506

陳伯賢　74・492
陳伯震　78・483
陳伯諒　75・553
　79・17
陳伯霖　75・514
陳伯龍　37・847
陳位奎　79・170
陳位燦　51・353
陳　佛　79・32
陳佛尚　77・280
陳希友　75・631
　78・539
陳希文　76・470
陳希代　36・39
陳希坊　60・635
陳希良(元)　79・146
陳希良(清)　78・448
陳希城　60・638
陳希亮　1・742
　37・802
陳希祖　71・431
陳希造　78・247
陳希添　77・556
陳希程　7・448
陳希曾(清江西新城)　71・431
陳希曾(清城武)　9・697
陳希聖　72・3
陳希與　78・253
陳希銓　77・649
陳希韶　60・637
陳希瑾　80・433
陳希穎　75・474
陳希憲　60・718
陳希孺　30・682
陳希顏　74・450
陳希獻　73・264
陳希讜　75・443
陳希夔　5・212
　8・607
陳孚俊　78・558
陳孚慶　21・460
陳　甸　70・567
陳　言(字于庭)　78・114
陳　言(字宜昌)　78・104
陳　言(宋)　77・301
陳　言(明晉江)　79・192
陳言吉　67・138
　67・412
陳言敷　67・220
陳亨造　75・719
陳亨通　75・721
陳亨善　5・388
陳亨濟　48・358
陳　序　41・71
陳辛酉　51・326
陳　忱　72・533
陳快登　62・671
陳灶壽　70・339
陳况益　60・143
陳沖飛　78・284
陳　沂(宋)　78・283
陳　沂(明)　1・775
陳汶輝　75・672
　75・684
　75・717
　76・727
　76・757
　77・693
陳汶環　76・300
陳　沆　76・198
陳　完(明)　79・255
陳　完(戰國)　15・489
陳宋輔　77・301
陳宋霖　75・567

	76・347
	78・471
陳　宏(宋)	60・78
陳　宏(明晉江)	79・194
陳　宏(明海澄)	76・688
	77・695
陳宏孝	78・554
陳宏官	77・543
陳宏祖	77・563
陳宏烈	53・651
陳宏訓	11・450
陳宏規	77・681
陳宏策	47・466
陳宏猷	70・626
陳宏緒	45・566
	60・69
陳宏績	70・627
陳良友	70・488
陳良心	77・542
陳良材	62・81
陳良言	72・55
陳良知	30・697
	31・220
陳良珊	1・834
	39・793
	42・545
陳良相	20・500
陳良計	75・701
陳良祐	51・691
	62・694
陳良訓	72・55
陳良盛	70・287
陳良敬	72・348
陳良棟	50・275
陳良鼎	75・511
	78・407
陳良策(明)	75・624
	77・656
陳良策(清)	50・468
陳良善	48・404
陳良弼	11・474
陳良瑀	78・712
陳良楚	79・268
陳良節	79・253
陳良輔	30・697
	31・219
陳良幀	62・686
陳良箴	50・489
陳良璞	77・499
陳良璟	79・73
陳良翰(宋)	76・461
陳良翰(清)	11・447
陳良器	45・444
陳良謨(明)	35・59
陳良謨(清)	2・78
	40・193
陳良謙	77・373
陳良顯	64・363
陳　初	79・150
陳君平	71・227
陳君用	75・430
	75・683
	75・726
	76・464
	76・727
	77・120
陳君陸	80・610
陳君璋	70・211
陳改淑	80・669
陳　邵	4・171
	30・78
陳　劭	75・500
陳　孜	1・821
	32・24

陳奉茲　48・63
陳武牙　41・128
陳　青　76・317
陳青林　12・117
陳青蘅　70・607
陳　玠(宋)　76・685
　77・687
陳　玠(明)　15・566
　17・522
陳　表　78・662
陳表臣　75・540
　78・352
陳表言　73・184
陳長方　75・575
　76・117
　78・472
陳長契　72・369
陳長貞　21・749
陳長俊　73・101
陳長庠　73・84
陳長祚(明)　75・524
　78・497
陳長祚(清)　78・552
陳長恩　21・733
陳長喜　51・306
陳長勝　76・406
陳長燠　78・552
陳長適　72・371
陳　坦(明吉安)　72・225
陳　坦(明連江)　77・490
陳　坦(清)　67・279
陳坤載　72・531
陳　坡(明霞浦)　77・387
陳　坡(明懷安)　75・491
陳其才(明)　9・141
陳其才(清)　74・76
　74・108
陳其赤　70・283
陳其志　78・115
陳其昌　76・148
陳其珍　77・441
陳其省　59・521
陳其恕　51・255
陳其從　78・622
陳其達　60・428
陳其惠　77・499
陳其爲　43・280
陳其善　7・162
陳其道　73・162
陳其曾　62・545
陳其誠　66・487
陳其猷(明東明)　41・752
陳其猷(明諸城)　17・560
　20・504
陳其源　62・388
陳其緒　20・119
陳其綱　6・167
陳其撰　29・294
陳其魯　32・26
　38・695
陳其樂　52・101
陳其學　4・127
　25・7
　25・17
陳其謨　63・146
陳其禮　78・454
陳其藴　5・141
陳若沖　75・583
　79・57
陳若志　79・74
陳若芬　34・327
陳若拙　1・737
陳若莊　34・326
陳若海　77・200

陳若殿　80・225
陳若霖　76・51
陳茂烈　78・11
陳茂業　71・131
陳茂嗜　78・558
陳茂煥　79・247
陳茂槺　35・495
陳茂濂　73・202
陳茂豐　62・601
陳茂馨　75・724
陳茂齡　77・148
陳　苹　73・76
陳　英(宋)　77・341
陳　英(明莆田)　35・449
陳　英(明海陽)　76・469
陳　英(明海澄)　76・694
陳　英(明單縣)　38・219
陳　英(明新淦)　1・849
陳　英(清上杭)　80・132
陳　英(清永定)　80・222
陳英南　77・248
陳英俊　30・308
陳英煥　71・130
陳　苑　51・212
52・182
陳　枅　78・472
陳　林　74・352
陳　枚(清全州)　2・82
陳　枚(清昌樂)　4・408
19・93
21・801
陳來忠　2・113
23・136
陳來賀　60・380
陳來麟　80・397
陳　松　80・762
陳松溪　80・292
陳松齡　32・7
陳　杰(宋福清)　79・55
陳　杰(宋豐城)　68・351
陳　杰(明)　76・731
陳述芹　21・426
陳述章　35・138
陳述經　21・421
陳述賢　21・439
陳　東　75・641
78・561
陳東光　32・585
陳東注　80・96
陳東壁　49・47
陳　郁(宋)　70・252
陳　郁(唐)　78・287
陳郁文　80・250
陳　奇　34・439
79・153
陳奇才　69・388
陳奇六　80・521
陳奇可　75・657
75・673
76・693
76・737
陳奇英　40・37
40・223
陳奇銑　78・527
陳　拔　48・342
陳叔茂　50・326
陳叔剛　75・450
76・24
陳叔紹　75・450
陳叔揆　79・171
陳叔盥　79・53
陳　卓　74・242
陳尚志(清膠州)　22・305
22・641

陳尚志(清濰縣)　21・503
陳尚忠　50・114
陳尚恬　74・219
陳尚洙　78・546
陳尚庸　71・133
陳尚智　43・79
陳尚廉　43・79
陳尚遜　80・440
陳尚賓　77・521
陳尚範　60・509
陳尚謙　79・230
陳　旺　77・516
陳旺儒　80・137
陳　果(明泰和)　72・352
陳　果(明海陽)　77・140
陳杲卿　72・486
陳昆蘭　41・67
　43・209
陳昌文　76・290
　77・618
陳昌它　74・231
陳昌宗　5・364
陳昌祖　77・688
陳昌浩　74・349
陳昌朗　74・355
陳昌康　64・414
　64・537
陳昌期(宋)　77・579
陳昌期(明)　80・45
陳昌瑞　76・636
陳昌猷　70・285
陳昌齊　73・437
陳昌寮　77・577
陳昌燕　79・614
陳昌積　72・320
陳昌謨　77・537
陳昌齡　79・357
陳　昇(元)　70・514
陳　昇(宋)　73・4
陳　明(明歷城)　5・121
　6・165
陳　明(明懷安)　75・590
陳　明(清)　79・46
陳明吾　38・684
陳明昭　77・396
陳明保　70・341
陳明陞　79・245
陳明堂　80・719
陳明道　14・702
　42・945
陳明新　31・814
陳　易(宋永春)　79・326
陳　易(宋僊遊)　78・311
陳易簡　79・372
陳　昂(明南靖)　75・717
陳　昂(明莆田)　45・333
　46・607
　48・312
　78・172
陳　昂(清同安)　76・219
　76・300
陳　昂(清侯官)　76・201
陳昂明　70・394
陳昂泰　76・261
陳　旼　1・810
　9・138
陳　昉　47・557
陳　迪(宋)　36・140
陳　迪(明宣城)　1・773
　69・427
　69・647
陳　迪(明蓬萊)　25・16
陳　迪(明霞浦)　77・399
陳迪元　76・233

陳迪怡　21·655
陳迪恂　21·445
陳迪恪　21·446
陳迪鼎　78·568
陳迪誥　21·523
陳迪聰　21·508
陳迪耀　21·740
陳　忠(元成武)　39·101
陳　忠(元壽光)　4·236
15·565
17·509
18·507
陳　忠(明江西東鄉)　71·212
陳　忠(明莒縣)　30·697
31·219
陳　忠(清新昌)　63·579
陳　忠(清諸城)　20·557
陳忠言　73·163
陳忠義　78·571
79·69
陳忠禮　49·484
陳　岩　4·223
9·810
陳知本　6·669
陳知柔　79·97
79·325
79·337
陳知微　1·732
陳　和　78·662
陳和悌　58·100
陳和鳴　77·574
陳季同　76·81
陳季斌　36·769
陳秉正　79·168
陳秉均　36·37
陳秉直　2·48
陳秉忠　1·793
8·466
陳秉和　36·43
36·133
陳秉祥　43·105
陳秉試　73·14
陳秉義(清同安)　76·327
陳秉義(清崇義)　74·454
陳秉德　72·377
陳秉謨　77·490
陳秉鐸　70·397
陳秉讓　60·82
陳佶甫　78·543
陳　岳(宋)　75·442
陳　岳(唐)　72·179
73·228
73·308
陳岱立　48·502
陳　侃　80·384
陳　侁　76·132
78·471
陳佩玉　70·584
陳佩韋　79·334
陳佩璋　11·471
11·472
陳　阜　21·529
陳所有　78·112
陳所志　74·468
陳所見　71·132
陳所問　21·350
23·639
陳所敏(明金谿)　70·529
陳所敏(明萬年)　60·210
陳所聘　66·618
陳所聞(明文安)　1·853
23·619
陳所聞(明萬年)　60·209
陳所聞(清)　80·315

陳所學 6·642
陳金城 77·589
陳金泉 76·583
陳金鉞 76·297
陳金鑑 35·115
陳　采(元) 76·500
陳　采(明) 1·786
陳采昭 51·601
陳　受(元) 51·272
陳　受(明) 74·266
陳受多 71·444
陳受漣 74·208
陳受頤 78·467
79·369
陳念本 6·639
陳念祖(清長樂) 78·518
陳念祖(清侯官) 76·115
陳念德 17·656
19·35
陳周臣 21·738
陳周誥 36·30
36·127
陳周璜 38·296
陳周禮 36·30
陳　京(明) 75·493
陳　京(清) 76·144
陳　庚 79·279
陳庚煥 76·127
78·476
陳於王 79·285
陳性用 48·570
陳性善 70·291
陳性學 75·379
陳　炌 69·74
陳　法 40·288
陳　泮 77·47
陳　泓 36·138
陳治平 80·234
陳治安 75·681
陳治滋 76·45
陳治燦 76·262
陳　宗(明) 42·227
陳　宗(清) 50·320
陳宗大 58·208
陳宗仁 21·328
陳宗文 72·378
陳宗召 79·57
陳宗回 77·486
陳宗武 78·428
陳宗周 63·167
陳宗孟 77·333
陳宗珍 79·601
陳宗海 60·726
陳宗祥 78·575
陳宗梅 80·738
陳宗堯 79·162
陳宗超(明) 42·618
陳宗超(清) 76·334
陳宗達 72·341
陳宗惠 80·248
陳宗舜 72·490
73·171
陳宗善 36·140
陳宗道(宋長汀) 80·36
陳宗道(宋南豐) 71·516
陳宗祿 73·190
陳宗虞 44·288
陳宗愈 75·714
陳宗廣 80·248
陳宗賢 19·84
陳宗億 77·425
陳宗德 12·142
陳宗慶 70·552
陳宗器 67·257

陳宗諫	77・283
陳宗霜	80・755
陳宗禮(宋)	71・353
	71・516
	74・460
陳宗禮(明)	67・19
陳宗顔	77・373
陳宗衢	79・265
陳　定	31・823
陳定成	72・547
陳定國	77・141
陳定圖	80・439
陳定濤	76・196
陳　宜	72・308
陳宜昌	53・498
陳宜慶	60・586
陳官俊	4・445
	21・412
陳　宓	78・7
陳　郊	75・589
	76・95
陳　祈	80・647
陳祈猷	76・233
	76・332
陳　建(明)	75・428
陳　建(清)	32・397
	33・273
陳建沆	79・210
陳建勳	76・230
陳居仁(宋)	75・399
	76・461
	78・23
陳居仁(清)	78・565
陳居祿	78・294
陳承恩	11・91
陳承羔	49・392
陳承裘	76・52
陳承誥	70・321
陳承蕙	74・244
陳承興	78・548
陳承穎	78・577
陳承禮	77・517
陳孟珂	5・189
	10・629
陳孟貞	77・702
陳孟泰	74・274
陳孟珪	74・242
陳孟華	60・239
陳孟浩	73・233
	73・302
陳孟隆	38・682
陳孟温	80・526
	80・589
陳孟福	51・306
陳孟潔	72・303
陳孟龍	77・343
陳奏球	79・259
陳奏詔	80・234
陳奏績	47・446
陳　春(宋長樂)	75・514
陳　春(宋諸城)	17・501
	20・555
陳春光	34・255
陳春英	75・677
陳春波	76・65
	77・290
陳春官	78・486
陳春華	77・270
陳春樹	78・565
陳春瀛	78・521
陳　珂	75・371
陳　珪	70・539
陳　珊	74・276
陳　垣	51・608

陳　政(元)　38・296
陳　政(明)　64・184
陳　政(清)　70・89
陳政齊　73・397
陳荆協　78・308
陳　革(元)　71・231
陳　革(宋)　79・58
陳荀會　14・374
17・617
陳南仲　69・301
陳南來　69・556
陳南金　78・617
陳南箕　72・669
陳南鳳　74・115
陳南賓　22・229
陳　柯　75・465
76・32
陳　相　39・148
陳相臣　34・269
陳相廷　14・145
陳相俊　34・283
陳　咸　21・109
陳咸政　80・186
陳咸韶　69・623
陳威鳳　21・720
陳　研　79・142
陳　奎(明南昌)　44・133
陳　奎(明侯官)　75・496
76・44
陳　奎(清弋陽)　50・406
陳　奎(清龍巖)　78・708
陳奎遠　14・143
陳奎輝　78・538
陳　夅　60・4
陳　拯　62・42
陳　貞　62・378
陳　省　75・522
78・491
陳省躬　44・37
45・426
陳　郢　79・595
陳　昺　62・34
陳則之　75・640
76・200
陳則采　76・217
76・282
陳則清　75・460
陳則賢　78・619
陳則賡　76・248
76・299
76・325
陳　映　76・16
78・507
陳映斗　19・123
陳映微　69・588
陳星光　19・121
陳星垣　80・538
陳星照　6・640
陳星煒　21・811
陳星聚　77・590
80・599
80・603
陳星燦　6・669
陳星斕　19・123
21・808
陳昭文　62・672
陳昭度　75・415
78・280
78・462
陳　思　48・320
陳思文　80・201
陳思正　53・581
陳思任　70・306
陳思江　48・401

陳思孝　19・598
陳思明　70・299
陳思珊　49・227
陳思貞　19・604
陳思恭　29・304
陳思敬　76・327
陳思順　75・493
陳思齊　78・727
陳思寧　73・436
陳思選　77・492
陳思燏　51・34
陳思謨　75・423
　78・389
陳思謙(元)　36・454
陳思謙(宋)　77・686
陳思謙(清)　50・475
陳思濟　39・782
　42・543
陳思讓(五代)　6・287
陳思讓(清)　50・392
陳品南　49・345
陳品楠　77・395
陳　峋　53・23
陳　矩(明)　79・255
陳　矩(清)　47・283
陳　秬　49・418
陳　种　72・530
陳科捷　76・241
陳科榮　78・576
陳　重　60・533
　61・157
陳重印　79・610
陳重光　72・336
陳重莘　58・277
陳重琳　76・315
陳重器　66・253
陳重鐸　58・546
陳　俌　78・685
　78・728
陳　修(宋)　75・583
　76・93
陳　修(明弋陽)　50・359
陳　修(明上饒)　1・785
　51・175
陳　修(明政和)　77・30
陳　修(清古田)　77・570
陳　修(清晉江)　79・196
陳修德　8・334
陳保泰　79・170
陳保極　79・331
陳保鋆　43・450
陳　信　71・212
陳信甫　76・747
陳信南　8・625
陳信惠　79・266
陳禹昌　77・223
陳禹泰　80・47
陳禹甯　80・47
陳侯薦　80・294
陳　俊(明同安)　76・321
　77・649
陳　俊(明邵武)　77・179
陳　俊(明莆田)　78・30
陳　俊(清古田)　77・570
陳　俊(清莒縣)　30・737
陳　俊(清銅山)　75・662
陳　俊(清臨清)　14・746
陳　俊(漢)　1・691
　10・226
　10・504
　15・517
　20・481
陳俊秀　80・441
陳俊英　38・419

陳俊彥　76・573
陳俊卿　75・357
　76・464
　78・19
陳俊偕　80・522
陳俊登　63・333
陳　盾　78・629
陳　衎　75・599
　76・97
陳　待　77・30
陳　衍　46・338
陳衍增　34・255
陳　律(宋)　77・47
陳　律(清)　77・226
陳　俞　43・110
陳俞侯　79・180
陳　郛　76・382
　76・426
陳食花　18・81
陳　勉(明寧都)　74・149
陳　勉(明臨川)　69・171
陳　奐　76・729
陳　亮(宋)　53・200
陳　亮(明長樂)　75・587
　78・524
陳　亮(明金華)　1・816
陳　亮(明晉江)　79・150
陳亮世　79・190
　79・400
　79・523
陳亮采　1・852
　23・616
　24・283
陳　度　47・525
陳彥回　78・63
陳彥佐　72・562
陳彥洙　62・372
陳彥恭　78・18
陳彥開　77・189
陳彥弼(宋)　76・538
陳彥弼(清)　75・630
　77・493
陳彥强　72・285
陳彥慶　30・732
陳　庠　38・234
陳弈品　77・274
陳奕廷　74・255
陳　竑　73・202
　73・286
陳　音　78・33
陳恒遜　79・153
陳恆慶　21・461
陳恆還　43・124
陳　恪(明)　80・403
陳　恪(清)　19・310
陳　美　46・45
陳　炳　73・401
陳炳南　76・202
陳炳奎　70・327
陳炳涔　76・703
陳炳章　49・50
陳炳榮　69・469
陳炳輝　65・515
陳　洪(宋)　76・464
　79・500
陳　洪(明)　73・108
陳　洪(清邵武)　77・181
陳　洪(清福安)　77・438
陳洪力　74・242
陳洪元　62・267
陳洪斗　80・714
陳洪庭　48・340
陳洪書(清宜黃)　71・14
陳洪書(清晉江)　79・259

陳洪梧　70・112
陳洪進　78・323
陳洪淡　62・263
陳洪照　78・612
陳洪猷　17・575
18・323
陳洪璉　78・622
陳洪圖(明)　79・408
陳洪圖(清)　78・622
陳洪潢　78・552
陳洪範　50・386
陳洪勳　71・137
陳洪諫　4・278
5・369
8・610
陳洪濛　69・193
陳洪謨　62・620
陳洪謐　79・132
陳洪璧　79・281
陳洪疇　78・627
陳　洙(宋建陽)　76・403
陳　洙(宋建甌)　76・430
陳　洙(明)　75・523
78・496
陳　洽　76・312
陳洵仁　78・524
陳洛書　2・43
陳洋謨　63・512
陳　洲　78・681
陳　宣　9・420
陳　宮　42・255
陳　冠　44・133
陳冠世　79・189
陳冠俊　30・120
陳冠鼎　30・120
陳　扃　76・430
陳祐德　78・541
陳　祖　75・515
78・508
陳祖生　75・728
陳祖仲　80・248
陳祖武　80・51
陳祖念　77・517
陳祖法　15・137
陳祖孟　77・341
陳祖勝　64・398
陳祖蔭　6・201
陳祖虞　76・745
陳祖新　76・103
陳祖廣　68・573
陳祖綬　64・610
陳祖德　78・625
陳祖耀　74・340
陳祝升　21・386
陳　祚(明)　75・365
陳　祚(清)　77・590
陳祚熙　4・363
30・744
31・220
陳　衵(元)　70・289
陳　衵(清)　50・421
陳衵成　39・661
陳　胥　36・475
陳　勇　50・374
陳勇山　69・552
陳　約　76・703
陳　紀(宋)　77・332
陳　紀(明余姚)　42・228
陳　紀(明沙縣)　80・398
陳　紀(明松溪)　77・23
陳　紀(明南昌)　44・114
陳　紀(明南豐)　71・527
陳　紀(明閩縣)　75・455
陳　紀(明甌寧)　76・373

76・441
陳　紀(清定南)　74・338
陳　紀(清南昌)　45・73
陳　紀(清廣饒)　14・378
14・441
陳　紀(漢)　8・464
陳　耕　49・171
陳　耘　26・328
陳馬生　75・701
76・764
陳馬成　77・378
陳馬顯　78・425
陳　泰(明光澤)　77・176
77・219
陳　泰(明邵武)　1・772
陳　泰(明睢州)　1・807
陳　泰(明銅山)　76・250
76・270
陳　泰(清)　70・537
陳泰來(宋)　1・740
陳泰來(明)　64・260
陳泰星　80・254
陳泰貴　74・421
陳泰瑚　78・544
陳泰樽　46・269
陳　珪　73・30
陳　珙　78・263
79・363
陳　珠(明)　25・84
陳　珠(清)　70・225
陳珠琇　77・397
陳　珣　77・671
陳　珩　78・564
陳素軒　79・344
陳素履　70・234
陳素藴　78・611
陳起乾　50・494
陳起蛟　78・193
陳起鳳　2・42
陳起龍　2・84
陳起鯤　70・111
陳耆公　78・655
陳　埒　6・664
陳耿垚　42・800
陳　耽　4・202
7・477
陳華俊　70・386
陳華國　19・330
陳　恭　77・235
陳　莊　27・1
陳　真(明高安)　62・37
陳　真(明將樂)　80・454
陳真佛　75・734
78・717
陳真泰　76・239
76・319
陳真晟　76・690
76・743
77・708
78・714
78・721
79・253
陳真應　80・422
陳　桂　42・3
陳桂林　76・195
陳桂昌　14・740
陳桂明　80・108
陳桂洲　79・459
陳　桓　77・30
陳桓子　15・514
陳桓璧　77・121
陳　桐　10・313
陳　栴　11・444
11・470

陳 桁 75・643
陳 栒 30・731
陳 格 75・667
陳 軒 76・370
陳連洲 6・654
陳連雲 78・690
陳連壽 70・339
陳連標 77・193
陳連爵 76・181
陳 栗 44・120
78・719
陳 原 78・628
陳原一 74・170
陳原吉 78・727
陳原祐 76・438
陳原震 75・675
陳 烈(宋) 75・475
76・119
78・470
陳 烈(明建甌) 76・443
陳 烈(明南昌) 45・124
陳 烈(明益都) 17・563
18・343
陳 烈(清山陰) 2・78
40・199
陳 烈(清瑞金) 74・239
陳烈揚 74・128
陳 振 71・136
陳振清 39・345
陳振揚 79・167
陳振翰 38・247
陳振龍 78・551
陳振應 78・565
陳 哲(明夏津) 9・808
陳 哲(明懷安) 76・202
陳致中 72・687
陳致和 71・123
陳致恭 19・323
陳晉昌 78・542
陳晉恩 71・400
陳晉翁 71・126
陳晉釪 36・37
陳時正 19・41
陳時用 74・321
陳時見 42・346
陳時表 77・435
陳時昇 77・23
陳時明 38・709
陳時念 77・146
陳時宣 19・99
陳時夏(清長樂) 78・544
陳時夏(清昌樂) 19・42
陳時敏 79・560
陳時望 43・194
陳時雍 76・767
陳時慶 19・41
陳時霖 47・83
陳時舉 70・623
陳眙芑 21・727
陳 恩(明清江) 65・302
陳 恩(明靖安) 65・474
陳 恩(明廣饒) 14・362
陳恩普 14・744
陳恩壽(清山陰) 6・229
11・44
陳恩壽(清宛平) 27・13
34・147
陳豈庸 74・322
陳 峨 43・96
陳 峯 70・634
陳峻峯 21・526
陳剛中 75・510
78・404
陳特立 67・12

陳　秠　49・436
陳　笏　70・584
陳倚道　64・317
　64・580
陳　俶　48・97
陳倫炯　76・219
　76・301
陳　倌　29・277
陳　健(明)　76・283
　77・606
陳　健(清)　40・580
陳健德　62・268
陳射斗　77・533
陳　皋　76・315
陳　師　45・360
陳師尹　77・127
陳師孔　2・52
　9・27
陳師旦　76・693
陳師凱　50・8
陳師道　1・739
　12・94
　39・214
　41・219
陳師錫　76・371
　76・531
陳師鎬　76・196
陳烏弟　76・580
陳卿高　52・610
陳卿雲(清南安)　79・606
陳卿雲(清冠縣)　18・738
　18・827
陳逢元　73・85
陳逢成　78・578
陳逢年　62・539
陳逢時　76・224
　76・303
陳逢盛　70・86
陳逢寅　75・514
　78・507
陳逢堯　77・402
陳逢森　77・395
陳留武　2・39
　8・468
　14・694
　23・626
　24・252
陳訏謨　75・525
　78・512
陳　訓　80・759
陳訓經　10・44
陳　高(元)　75・650
　76・209
　77・477
　78・396
陳　高(宋)　78・280
陳　高(清清江)　65・129
陳　高(清陽信)　43・113
陳高山　64・571
陳高春　78・304
陳高策　78・617
陳高翔　79・137
陳高選　48・206
陳席珍　80・550
陳　旅　78・108
　79・289
陳　悟　23・457
陳　益　62・219
陳益修(清無棣)　13・157
陳益修(清濟寧)　4・349
陳　烓　76・28
陳烜奎　79・455
陳　涇(清宜春)　60・626
陳　涇(清靖安)　65・408

陳　涓　76・107
陳浩然　79・89
陳　海　43・91
陳海梅　76・104
陳海祺　50・526
陳　浸　79・357
陳家添　79・619
陳家儀　49・467
陳家樹　30・326
陳家學　60・69
陳家麟　78・534
陳　容(宋)　75・514
78・508
陳　容(漢)　1・695
42・247
陳　朗　78・627
陳扆銘　4・348
39・183
39・215
陳扆誦　39・183
陳　祥　62・46
陳祥光　78・614
陳祥甫　70・281
71・128
陳祥雲　79・335
陳祥道　75・574
78・412
陳祥暐　21・739
陳祥霖　71・129
陳祥麟　78・90
陳　書(清長樂)　78・499
陳　書(清侯官)　76・113
陳書元　79・171
陳書遇　62・450
陳書馨　78・549
陳展儒　74・242
陳　陶　45・323
46・588
58・268
68・723
77・119
陳　恕(宋)　44・41
45・427
陳　恕(清)　31・805
陳　通　78・569
陳通方　75・578
76・93
陳通炳　48・373
陳通然　48・412
陳　能　28・498
陳能鑑　71・136
陳　琡　78・535
陳　純(明)　80・32
陳　純(清)　2・113
23・132
陳純文　64・595
陳　納　80・518
陳　球(宋)　79・140
陳　球(漢)　1・696
陳理齋　30・137
陳琇瑩　76・114
陳　琅(清閩清)　78・430
陳　琅(清濰縣)　21・392
陳　規(宋安邱)　4・80
15・549
17・490
陳　規(宋崇仁)　70・247
陳規昌　62・280
陳規和　62・117
陳　逵(宋)　75・442
75・537
77・460
陳　逵(明)　31・799
陳培元　80・536

陳培誠　36・16
陳執中(宋)　1・745
15・525
18・26
44・44
45・438
陳執中(唐)　75・618
76・184
陳執蒲　21・725
陳　基　80・53
陳基虞　76・288
77・615
陳基賢　76・261
陳基櫝　74・435
陳萊九　14・143
陳黄中　76・211
陳黄瑞　72・193
陳菉塘　13・138
陳　乾　60・152
陳埜僊　5・100
陳　彬　78・310
陳梧慶　76・103
陳梅宗　80・294
陳　桷　75・356
陳　梓　76・435
陳　桾　6・480
陳　敔　76・449
陳　堅(明奉新)　67・255
陳　堅(明福清)　79・16
陳　堅(清)　73・439
陳　盛(清吉水)　72・496
陳　盛(清龍巖)　78・712
陳盛世　78・557
陳盛任　67・455
陳盛習　75・727
陳盛韶　76・411
陳捷陞　79・608
陳接和　80・253
陳　掞　77・380
陳　堂　77・356
陳　常(民國)　42・394
陳　常(清)　67・189
陳常夏　75・718
76・314
77・721
79・273
陳常恩　11・92
陳　昺　30・743
陳　冕　2・85
58・56
陳　畦　49・501
陳國有　80・542
陳國求　80・509
陳國初　77・434
77・450
陳國直　62・399
陳國昌　80・557
陳國典　80・213
陳國珍　57・413
陳國政　77・549
陳國相(明)　29・74
29・572
陳國相(清)　35・148
陳國柱(清漢陽)　76・353
陳國柱(清臨清)　14・714
陳國是　75・469
76・34
陳國昭　46・21
陳國祚　2・82
38・415
陳國泰(清上饒)　51・571
陳國泰(清永春)　79・352
陳國琊　74・325
陳國華　71・130

陳國笏 46・529
陳國萃 75・701
76・764
陳國章 79・604
陳國紳 80・238
陳國琦 75・633
76・174
陳國琠 76・702
陳國達 73・437
陳國棟 76・229
陳國瑞(清吉水) 72・509
陳國瑞(清湖北) 36・578
陳國瑞(清濰縣) 21・801
陳國楨 77・85
陳國銓 76・167
陳國標 80・440
陳國霖 43・113
陳國璵 77・117
陳國謨 29・545
陳　焌 31・835
陳　崧 78・526
陳崧年 71・444
陳崧甫 21・521
陳　崐 76・387
陳崐山 80・668
陳　崙 74・237
陳　崇(明) 75・490
76・138
陳　崇(唐) 47・555
陳崇岳 20・120
陳崇砥 76・161
陳崇復 49・478
陳崇祿 49・476
陳崇德 75・518
78・489
陳崇禮 43・195
陳　第 75・535
77・507
陳　敏 76・409
陳敏士 80・53
陳敏政 75・406
76・204
77・529
陳敏學 50・377
陳　偕 75・620
77・467
陳偕經 71・80
陳偕燦 71・53
76・211
陳　偉(明高安) 62・365
陳　偉(明聊城) 38・535
陳　偉(清) 72・96
陳偉烈 50・55
陳偉哲 12・389
陳偉望 79・45
陳偉傑 12・389
陳　倆 75・421
80・382
80・441
陳　進 78・322
陳得安 79・48
陳得朋 36・36
36・133
陳得姚 77・337
陳得高 51・201
陳得祥 32・650
陳得標 80・17
陳從易 77・208
79・94
陳從政 36・140
陳從教 79・42
陳從堯 79・285
陳從善(明) 66・443
陳從善(清) 42・587

陳從渭 55・192
陳從義 75・632
79・84
陳從潮 77・442
77・452
陳 敘 78・153
陳敘疇 80・179
陳欲潤 79・256
陳 週 75・642
陳象山(清永定) 80・292
陳象山(清定南) 74・347
陳象沛 4・433
陳象校 70・394
陳象渭 62・147
陳象樞(清崇仁) 70・201
陳象樞(清濰縣) 21・422
陳 逸 80・610
陳 袞 71・378
陳袞臣 49・388
陳袞臣 73・350
陳 庸 79・342
陳庸謨 72・375
陳康年 79・140
陳康伯 50・341
52・422
74・521
陳 章 70・103
陳章士 65・297
陳章五 19・409
陳章炳 50・37
陳章洪 47・281
陳章許 74・22
陳章應 1・843
16・415
陳翊昌 76・180
陳惟功 80・690
陳惟剛 78・258
陳惟清 11・88
陳惟敬 70・579
陳惟裕 75・517
陳惟賢 70・79
陳 烱 35・677
陳烿燮 47・353
70・295
陳 焌 71・131
陳 清(元) 32・37
陳 清(明大同) 41・220
陳 清(明益都) 15・553
17・518
18・305
陳 清(明順昌) 77・146
陳 清(清) 72・657
陳清江 78・417
陳清言 7・195
陳清泰 9・143
陳清遠 69・656
陳清源 11・84
陳清福 74・380
陳清德 79・605
陳清選 78・287
陳 添 77・337
陳添祐 77・139
陳添團 52・601
陳添顔 52・626
陳 淇 36・140
陳淑卿 78・730
陳淑選 76・332
陳 淮 72・663
陳 淦 2・59
35・65
陳 淳(宋) 75・729
77・683
陳 淳(清) 50・299
陳 滓 1・743

11・42
78・58
陳　淙　40・13
40・184
陳深遠　78・623
陳寅明　38・230
陳寅亮　39・83
陳啓文　79・232
陳啓行　62・686
陳啓沃　8・617
陳啓良　76・222
陳啓明　77・493
陳啓泰　13・131
陳啓喆　30・682
陳啓棠　9・144
陳啓賢　74・226
陳啓賡　79・418
陳啓龕　79・418
陳　尉　71・361
陳　階　34・471
陳　陽　73・206
73・290
陳陽長　79・40
陳陽和　79・38
陳陽盈　77・386
陳陽泰　76・239
陳　隆(明連江)　75・533
77・486
陳　隆(明廣昌)　74・496
陳隆亨　77・554
陳隆運　77・576
陳貫英　12・386
陳貫城　4・298
陳　紱　78・507
陳　紳(明上饒)　51・187
陳　紳(明南平)　77・84
陳　紳(明興安)　74・523
陳紳吉　21・651
陳細蘭　51・331
陳　紹　70・403
陳紹元　73・304
陳紹芳(清同安)　76・230
76・340
陳紹芳(清晉江)　79・277
陳紹宗　77・19
陳紹庭　30・302
陳紹祚　67・473
陳紹烈　73・86
陳紹登　14・730
陳紹猷　73・381
陳紹蕃　58・102
陳紹魯　72・653
陳紹濂　77・475
陳紹曦　62・387
陳紹夔　73・204
陳　琴　80・433
陳　琪(明建甌)　76・437
陳　琪(明晉江)　79・195
陳琪山　80・294
陳　瑛(明東平)　31・782
陳　瑛(明莆田)　78・156
陳　瑛(明晉江)　1・775
12・96
陳　瑛(明龍溪)　77・706
陳　瑛(清)　62・281
陳　琳(明平和)　75・700
陳　琳(明莆田)　78・40
陳　琦(宋)　65・70
陳　琦(明)　77・426
陳　琦(清長樂)　2・82
78・515
陳　琦(清新昌)　63・443
陳　琥　75・444
76・134

陳　琮(明)　74・259
陳　琮(清)　77・547
陳琮文　64・408
陳　琁　77・149
陳　琯　77・336
陳　琛　79・110
陳　堯　70・209
陳堯佐　62・371
陳堯若　77・511
陳堯則　78・248
陳堯俞　77・189
陳堯咨　1・736
37・546
38・158
39・140
陳堯莢　73・404
陳堯書　78・519
陳堯道　78・290
陳堯與　77・379
77・441
陳堯輔　1・855
23・621
陳堯震　75・489
陳堯舉　71・517
陳　超　78・565
陳超元　79・358
陳超宗　74・322
陳超祚　77・532
陳超陵　76・129
陳超萬　14・386
陳超然　78・613
陳　塤　70・289
陳賁典　72・101
陳　喆　77・210
陳　喜　11・454
陳彭年　71・226
陳彭壽　77・208
陳　達(明日照)　4・246
15・594
31・284
32・131
陳　達(明閩縣)　75・459
陳達行　77・442
陳　塳　75・682
陳斯泰　76・262
陳斯堂　80・728
陳萬式　64・520
陳萬年　76・400
陳萬兆　70・443
陳萬言　7・380
陳萬青　80・604
陳萬松　79・424
陳萬春　78・528
陳萬倚　70・418
陳萬粟　80・228
陳萬策(清晉江)　79・136
79・387
79・458
陳萬策(清歷城)　6・184
陳萬祺　77・523
陳萬幾　58・212
陳萬魁　4・300
陳萬福　46・232
陳萬選　60・275
陳萬寶　79・397
陳蕚芬　78・558
陳敬止　65・301
陳敬仲　15・513
陳敬求　75・633
79・63
陳敬伯　78・279
陳敬宗　36・594
陳敬衷　76・471
陳朝用　74・170

陳朝老　77・27
陳朝泰　30・323
陳朝章　80・150
陳朝策　77・379
陳朝傑　62・667
陳朝楨　77・558
陳朝鋈　76・27
陳朝璋(明)　69・223
陳朝璋(清)　79・401
陳朝樞　80・236
陳朝錦　77・497
陳朝錠　75・459
陳朝⿰贊力　62・339
陳　葵(宋)　75・439
76・117
陳　葵(明)　1・825
38・161
陳　楧　30・746
陳　植(宋)　75・667
75・683
76・756
陳　植(清)　19・121
21・811
陳　森　11・443
11・470
陳森槐　70・299
陳　棟(明進賢)　44・175
72・46
陳　棟(明寶坻)　1・832
陳　棟(清金谿)　70・635
陳　棟(清臨清)　4・389
14・729
陳棲梧　37・711
陳棕榮　22・330
陳　極　69・535
陳　惠　77・696
陳惠若　77・548
陳惠興　80・292
陳惠疇(清永定)　80・179
陳惠疇(清金谿)　70・538
陳　雁　80・247
陳雄飛　68・306
陳　雲(清古田)　77・556
陳　雲(清永春)　79・352
陳雲初　76・326
陳雲屏　50・440
陳雲章　72・91
76・471
陳雲琴　36・173
陳雲鶴　77・349
陳雲鷺　77・343
陳揚祖　78・568
陳　雅　79・150
陳　棐(明)　42・368
陳　棐(清)　4・372
38・240
陳　勗(明單縣)　38・222
陳　勗(明寧德)　77・336
陳　勗(清)　80・225
陳　最(宋)　77・419
77・448
陳　最(明)　79・48
陳　晛　49・519
75・640
76・198
陳貽楨　21・754
陳貽謀　78・542
陳　鼎(明永清)　32・24
陳　鼎(明同安)　76・339
77・712
陳　鼎(明南豐)　71・531
陳　鼎(明菏澤)　37・831
陳　鼎(明萬年)　60・307
陳　鼎(明鄢陵)　32・26

陳　鼎(明蓬萊) 4·105
25·6
25·16
陳　鼎(唐) 75·580
79·56
陳鼎一 80·242
陳鼎凰 72·536
陳鼎龍 61·597
陳　開 78·237
陳開周 76·141
陳開泰 80·756
陳開峻 79·428
陳開基 36·45
陳開第 70·268
陳開運 80·310
陳開潤 71·49
陳開燦 74·239
陳晶俚 51·344
陳　遇 67·150
陳遇春 76·169
陳　晗 77·717
陳景元 48·279
71·344
陳景沆 19·409
陳景坡 70·540
陳景春 48·443
陳景星 30·64
陳景思 50·395
79·15
陳景亮 76·51
陳景洋 36·37
陳景華 71·280
陳景琇 2·41
陳景著 75·590
陳景乾 34·265
陳景隆 75·517
78·489
陳景温 79·265
陳景渭 36·37
陳景源 37·556
陳景肅 75·668
75·683
75·716
76·726
76·756
陳景賢 21·671
陳景範 79·45
陳景魏 79·145
79·311
陳景瀛 19·408
陳　貴(明) 1·849
25·216
陳　貴(清) 18·379
陳貴保 70·415
陳貴連 77·204
陳貴誼 75·549
79·6
陳　勛 1·837
16·416
18·51
陳　凱 40·42
陳凱亮 21·674
陳　嵐 77·199
陳無逸 74·242
陳智廣 79·376
陳智籙 79·376
陳　喬 44·35
46·18
72·125
73·237
73·311
陳喬材 79·351
陳喬楠 69·556
陳喬樅 76·88

陳喬檜　77・536
陳　策(明吴江)　41・62
陳　策(明青城)　4・224
　43・444
陳　策(明進賢)　72・86
陳　策(清)　79・534
　80・603
陳策登　71・331
陳策鑚　74・452
陳傲雪　80・211
陳　傅(明萬年)　60・374
陳　傅(明閩縣)　75・450
　76・25
陳傅生　80・668
陳傅良　75・399
　77・443
陳　順　80・521
陳順和　26・626
陳順禮　77・402
　77・446
陳　傑　78・89
陳傑永　51・92
陳傑榮　51・102
陳御飛　76・326
　77・650
陳　復　75・485
　76・138
陳復升　78・511
陳復祥　80・728
陳復熙　80・499
陳　循　72・300
陳須無　7・143
　15・514
陳　舒　77・716
陳　鈍　75・611
　76・168
陳　欽(宋)　36・140
陳　欽(清)　4・284
　6・148
陳欽福　71・539
陳欽銘　76・78
陳欽憲　75・733
陳欽藺　65・298
陳　鈞(宋)　64・329
陳　鈞(明建甌)　76・456
陳　鈞(明羅源)　77・473
陳鈞廷　32・8
陳鈞亭　80・250
陳爲研　78・565
陳爲鼎　74・325
陳爲溥　67・472
陳舜申　75・576
　77・482
陳舜仝　65・398
陳舜忠　80・47
陳舜俞　62・693
陳舜道　60・627
陳舜誥　68・527
陳舜錫　17・608
　19・554
陳勝元　76・345
陳勝通　80・384
陳然昌　60・635
陳　詠(唐)　76・755
　77・672
陳　詠(清)　14・709
陳　詔(明)　79・121
陳　詔(清)　2・61
　36・434
陳　敦　7・477
陳敦質　79・207
陳敦履　79・254
陳敦豫　79・195
陳敦璧　48・372

陳　斌(清莆田)　78・208
陳　斌(清餘姚)　36・432
陳斌三　80・508
陳　善(宋新昌)　64・606
陳　善(宋羅源)　77・455
陳　善(明弋陽)　50・384
陳　善(明巴縣)　1・777
陳　善(明長汀)　80・13
陳　善(明堂邑)　38・706
陳　善(清莒縣)　30・747
陳　善(清晉江)　79・181
陳　善(清菏澤)　36・47
陳　善(清崇仁)　70・327
陳　善(清萬安)　73・112
陳　善(清惠安)　77・589
陳　善(清臨川)　69・247
陳善行　80・760
陳善安　76・390
陳善章　72・359
陳善富　74・400
陳　翔　78・534
陳　普　77・294
陳普侯　79・86
陳普賜　79・230
陳奠邦　80・597
陳尊八　80・508
陳　道(元)　80・397
陳　道(明)　72・351
陳　道(清江西新城)　71・409
陳　道(清浮梁)　47・226
陳道生　77・276
陳道安　7・150
陳道作　78・568
陳道亨　45・547
　60・21
陳道法　77・22
陳道修　80・750
陳道原　29・317
陳道晉　29・318
陳道基　76・278
　79・116
陳道潛　78・100
陳道潤　58・195
陳道顯　78・270
陳　曾(元)　72・341
陳　曾(清)　58・210
陳曾萊　77・519
陳曾遠　77・465
陳　焯　71・629
陳　焯　75・591
　76・199
陳　湜　77・688
陳　湯　4・23
　35・458
陳湯敬　79・35
陳渭英　80・28
陳渭陽　76・317
陳　淵(宋)　80・392
　80・484
陳　淵(明)　73・293
陳　淵(唐)　76・364
陳滋源　77・496
陳滋榮　74・129
陳溈昌　80・48
陳　渥　36・140
陳富春　77・373
陳　寓　77・335
陳　甯　79・152
陳運增　62・673
陳棨仁　76・363
陳裕坤　53・51
陳裕輝　36・34
陳　祿　4・128
陳祿慶　64・579

陳　畫 70·465
陳　弼(明) 75·729
陳　弼(清) 62·282
陳弼心 76·227
76·338
陳弼亮 39·99
陳　巽 48·21
49·417
陳巽言 60·577
陳　賀 31·171
陳　登(宋) 75·444
陳　登(明) 75·589
78·524
陳　登(清) 77·493
陳登科 80·669
陳登捷 76·225
76·305
陳登雲(清弋陽) 50·425
陳登雲(清定陶) 41·405
陳登雲(清福州) 77·71
陳登標 78·537
陳登龍 76·99
陳登瀛(清江西東鄉) 71·217
陳登瀛(清福清) 75·638
陳登瀛(清慶雲) 11·439
陳登鼇 78·694
陳　發(明) 71·131
陳　發(清) 71·48
陳發高 48·251
陳發祥 4·385
陳發曾 75·643
76·201
陳發新 62·428
陳發賢 51·457
陳　絢 48·100
陳　瑚(明) 41·151
陳　瑚(清) 70·391
70·436
陳勣嘉 77·396
陳　瑞 60·33
陳瑞青 60·150
陳瑞和 51·342
陳瑞映 76·332
陳瑞教 52·607
陳瑞堂 50·484
陳瑞清 67·339
陳瑞圖 50·391
陳瑞霖(清同安) 76·317
陳瑞霖(清政和) 77·35
陳瑞龍 76·253
陳　瑀 79·364
陳　瑜 43·538
陳　瑄(明合肥) 1·766
37·559
42·941
陳　瑄(明鉛山) 53·112
陳　瑄(明新昌) 64·183
陳　遘 1·743
陳載春 5·119
陳載熙 79·157
陳　塤 77·434
陳遠致 80·607
陳遠盛 70·86
陳遠新 62·276
陳遠義 62·523
陳　塏 75·475
76·22
76·134
陳聖章 78·305
陳聖道 76·712
陳聖銑 60·489
陳聖鎔 77·20
陳　勤 30·233
陳勤宣 77·533

陳蓮峯 31·63
陳夢元 78·438
陳夢良 78·475
陳夢林 76·765
陳夢松 65·439
陳夢琉 25·19
陳夢烈 78·263
陳夢球 76·292
76·314
陳夢梅 25·61
陳夢琛 25·18
25·23
陳夢瑋 25·19
25·37
陳夢瑞 41·215
陳夢雷 76·97
陳夢熊(清同安) 76·327
陳夢熊(清侯官) 76·66
陳夢態 21·391
陳夢龍(明) 75·497
76·139
陳夢龍(清) 58·114
陳夢璧 25·61
陳夢鶴(明益都) 4·199
17·533
18·310
陳夢鶴(明進賢) 72·84
陳夢麟(明) 77·92
陳夢麟(清) 78·469
陳 蓬 77·405
陳蓬瀛 76·335
陳 蒲 39·75
陳 菠 4·158
14·365
17·546
陳 蒙 71·353
陳蒙吉 37·556
陳蔭昌 13·112
陳蔭榕 19·402
陳 蒓 78·540
陳 蒸 80·597
陳 椿(明松溪) 77·15
陳 椿(明閩縣) 76·195
陳椿元 80·731
陳椿壽 79·382
陳 楠(元) 70·129
陳 楠(明) 75·403
陳楠老 77·47
陳楚傑 71·135
陳 楷(清昌樂) 21·810
陳 楷(清南平) 77·133
陳 楫 71·381
陳 軾(宋) 69·129
陳 軾(清) 75·600
76·107
陳 輅 70·570
陳 匯 73·323
陳 雷 78·628
陳 粲(宋) 75·586
陳 粲(唐) 75·640
陳 睦 74·157
陳 鄙 78·311
陳 暘 75·574
78·412
陳 暐 14·692
42·941
陳 愚 63·9
陳 煦 78·615
陳 暄 77·19
陳 暉 76·152
陳園林 78·623
陳嗣光 77·346
陳嗣良(清秀水) 8·472
陳嗣良(清宛平) 32·2

陳嗣曾　46・316
陳嵩齡　70・91
陳嵩巖　78・565
陳　圓　49・500
陳　稜　1・719
陳　節　79・160
陳節亨　38・577
陳與存　33・699
　35・488
陳與冏　76・114
陳與桂　79・280
　79・433
陳　傳　77・22
陳傳毛　62・608
陳傳奎　21・454
陳傳侯　78・623
陳傳琳　51・79
陳傳弼　21・627
陳傳學　80・759
陳傳曜　73・368
陳　魁　72・349
陳魁士　62・543
陳魁宇　75・564
　79・14
陳魁梧　77・434
陳魁學　72・377
陳魁襟　78・555
陳　鉞(明)　78・147
　78・265
陳　鉞(清湖口)　48・502
陳　鉞(清僊遊)　78・330
陳　鈿　19・598
陳　鍘　4・310
　31・804
陳　鉉　62・349
陳　會(字民聚)　79・208
陳　會(明晉江)　79・255
陳　會(明豐城)　68・358
陳　會(清)　75・680
陳會曾　39・88
陳會溥　64・414
陳　頌　49・336
陳試元　73・163
陳詩禮　80・235
陳　誠(字嵐秋)　77・539
陳　誠(字雖愚)　77・577
陳　誠(明大田)　80・496
陳　誠(明吉水)　72・438
陳　誠(明光澤)　77・275
陳誠諒　76・235
陳　詳(五代)　79・225
陳　詳(明)　80・77
陳　詡　75・578
　76・93
陳　廉(明忻州)　26・7
陳　廉(明福清)　75・644
　79・59
陳　廉(清泰和)　72・355
陳　廉(清連江)　77・498
陳　廉(清鄆城)　40・288
陳　靖(宋)　78・15
陳　靖(漢)　50・373
　59・89
陳　新(元)　72・272
陳　新(明)　77・426
陳新炎　77・398
陳新槐　78・725
陳　雍(明萬安)　73・104
陳　雍(明龍巖)　78・688
　78・726
陳雍剛　12・386
陳　愫　80・582
陳　愷　60・257
陳　義(明宜賓)　73・6

陳　義(明樂安)　71·121
陳義三　70·427
陳義安　78·680
陳義明　70·320
陳義煥　78·622
陳義熾　78·622
陳　慈　43·540
陳　烇　80·550
陳　煜　17·539
陳　煒(宋)　78·73
陳　煒(明)　75·450
　76·26
陳煒德　62·411
陳　煥(宋建陽)　76·384
　77·139
陳　煥(宋福州)　68·306
陳　煥(清萬年)　60·287
陳　煥(清新建)　46·510
陳煥章(元)　73·189
陳煥章(清)　71·134
陳煥煜　47·282
陳煥盤　80·292
陳　煇　78·557
陳　溥(明)　71·122
陳　溥(清江西新城)　71·420
陳　溥(清慶雲)　11·472
陳　源(明長汀)　80·52
陳　源(明南昌)　45·10
　71·499
陳　源(明僊遊)　78·267
陳源長　43·287
陳源清　77·333
陳　滏　76·328
陳　溶　11·471
陳福山　76·281
　76·312
陳福祥　78·625
陳福魁　6·201
陳福慶　39·759
陳　肅(宋)　71·260
陳　肅(明萬安)　73·71
陳　肅(明閩縣)　76·135
陳殿元　13·157
陳殿甲　5·248
　6·173
陳殿勳　8·713
陳殿颺　18·574
陳殿櫳　79·178
陳際平　72·470
陳際成　79·630
陳際昌(清上饒)　51·637
陳際昌(清滕縣)　36·486
陳際飛　80·534
陳際泰　50·552
　69·331
　71·355
　71·628
　72·384
　73·406
　80·164
陳際盛　33·240
陳際祿　62·582
陳際會　70·260
陳際熙　76·190
陳障川　76·317
陳　預　2·14
陳預九　77·432
陳　遜　76·547
陳　經(宋海澄)　76·687
　77·689
陳　經(宋福安)　77·421
陳　經(明益都)　4·126
　15·555
　17·524

	18・307
陳　經(明番禺)	76・471
陳　經(明臨武)	1・799
陳　經(清大田)	80・501
陳　經(清侯官)	76・158
陳經文	74・484
陳經正	5・389
陳經邦	78・54
陳經綸	60・355
陳綏之(清閩清)	78・417
陳綏之(清濰縣)	21・625
陳　璉(明南昌)	44・134
陳　璉(明連城)	80・677
陳　璉(明瑞昌)	48・405
陳　碧	60・90
陳碧川	62・76
陳　瑭	44・134
陳　瑫	49・255
陳　瑤	61・456
陳　髦	80・466
陳　嘉	75・552
	79・32
陳嘉文	74・60
陳嘉言(宋)	76・13
	77・357
陳嘉言(明西安)	1・852
	23・617
	24・245
陳嘉言(明金谿)	70・621
陳嘉言(明宜春)	60・657
陳嘉言(明鄒平)	5・141
	13・759
陳嘉言(明樂安)	71・122
陳嘉言(清安仁)	60・75
陳嘉言(清吴縣)	16・451
陳嘉亨	77・145
陳嘉杰	59・511
陳嘉思	60・251
陳嘉泰	80・247
陳嘉訓	58・23
陳嘉章	79・399
陳嘉瑋	77・384
陳嘉瑞	48・546
陳嘉禎	72・349
陳嘉穀	73・307
陳嘉賓	6・169
陳嘉樂	4・305
	5・250
陳嘉謨(明永春)	79・314
陳嘉謨(明吉安)	72・176
陳嘉謨(明南豐)	71・542
陳嘉謨(明廣昌)	74・463
陳嘉謨(清沂州)	4・363
陳嘉謨(清邵武)	77・192
陳嘉謨(清峽江)	73・315
陳嘉璧	70・229
陳　翥	76・104
陳　穀	76・288
	77・606
陳　壽(明婺源)	54・117
陳　壽(明新淦)	73・205
陳　壽(明隨州)	1・774
陳壽元	26・582
陳壽昌	71・285
陳壽恬	70・321
陳壽琨	76・181
陳壽喆	78・531
陳壽祺(民國)	34・265
	34・273
陳壽祺(清)	76・87
陳壽嵩	79・632
陳壽愷	5・69
陳壽臧	78・531
陳壽徵	78・177

陳聚復　62・653
陳　尊　74・321
陳　慕　49・436
陳蔡鰲　75・662
陳　熙(宋)　67・15
陳　熙(明)　78・696
陳熙高　79・188
陳熙載　70・262
陳蔚清　78・603
陳　兢　76・685
　77・681
陳　嘏　78・589
　79・263
陳　榛　57・455
陳　槙(宋)　79・309
陳　槙(明)　77・521
陳　槙(清)　79・370
陳　榕　77・544
陳　輔(明萬安)　73・52
陳　輔(明廣昌)　74・478
陳　輔(清)　70・116
陳輔臣　46・283
陳輔堯　22・231
陳碩煒　56・426
陳爾延　6・449
陳爾高　47・392
陳爾輝　51・299
陳霆萬　2・98
　16・445
陳　鳶　76・702
　77・716
陳　戩　77・10
陳蜚英　70・200
陳　翡　80・200
陳　睿　78・596
陳睿思　76・292
陳睿謨　76・469
陳對颺　52・347
陳　曄(宋)　75・513
　76・16
　78・507
陳　曄(明)　77・706
陳聞炳　62・164
陳鳴石　78・538
陳鳴佐　37・727
陳鳴昌　76・129
陳鳴佩　76・293
陳鳴周　79・241
陳鳴庚　80・214
陳鳴春　80・13
陳鳴珂　4・248
陳鳴秋　76・151
陳鳴球(明)　75・668
陳鳴球(清)　48・147
陳鳴堈　77・339
陳鳴熙　79・162
陳鳴鳳　76・190
陳鳴霄　78・546
陳鳴鶴　75・595
陳鳴鑾　79・177
陳嘛哩　80・55
陳毓元　63・380
陳毓芹　8・632
陳毓坤　34・263
陳毓奇　51・310
陳毓桓　75・681
陳毓賢　75・520
　78・490
陳毓藻　36・46
陳僖子　15・618
陳　鉽　78・208
陳　銓(明松溪)　77・20
陳　銓(明漳浦)　76・744
陳　銘(宋)　50・182

陳　銘(明武寧)　49・163
陳　銘(明長樂)　78・508
陳　遯　76・106
陳　鳳　73・335
陳鳳文　20・119
陳鳳年　11・460
陳鳳高　76・229
陳鳳梧　72・313
陳鳳喬　20・119
陳鳳翔　2・4
　70・106
陳鳳翥　70・243
陳鳳鳴　79・85
陳鳳漼　67・84
陳鳳漩　67・321
陳鳳墀　70・241
陳鳳儀　6・179
陳鳳翰　21・433
陳鳳舉　77・511
陳鳳瀶　67・323
陳鳳騰　49・300
陳　誌　12・114
陳　誥(清侯官)　76・63
陳　誥(清詔安)　75・681
陳　誥(清臨清)　14・744
陳　誨　76・423
陳　說　63・546
陳　塾　58・151
陳　廣(明古田)　77・560
陳　廣(明寧德)　77・354
陳　廣(清萬年)　60・277
陳　廣(清漳平)　78・728
陳廣益　12・492
陳廣基　39・324
陳廣然　14・740
陳　韶(明)　77・582
陳　韶(清古田)　77・574
陳　韶(清永定)　80・251
陳　端(明)　43・194
陳　端(清)　2・109
　22・239
陳端二　78・620
陳端玉　80・247
陳端孫　77・386
陳端現　77・437
陳　適　75・607
　77・499
陳齊永　2・43
陳齊仲　76・312
陳齊松　62・486
陳齊洛　62・673
陳齊鵲　78・203
陳精輝　78・628
陳　粹　75・439
陳粹然　80・54
陳　榮(明長樂)　14・110
　16・431
陳　榮(明建甌)　76・449
陳　榮(明南靖)　75・723
陳　榮(明寧德)　77・348
陳　榮(明興安)　74・536
陳榮柱　80・546
陳榮泉　21・690
陳榮洗　23・439
陳榮祖　76・285
　77・606
陳榮道　80・293
陳榮瑞　76・234
陳榮璋　80・252
陳榮賦　56・551
陳榮選　76・286
　77・606
陳榮勳　80・254
陳　熼　20・500

陳　漢(明) 75・486
陳　漢(清) 2・55
13・496
陳漢臣 78・525
陳漢章 78・526
陳漢隆 72・344
陳漸逵(明) 42・44
陳漸逵(清) 35・126
陳　滾 45・224
陳　寨 79・291
陳　寬(宋) 79・58
陳　寬(明) 79・230
陳　寬(清) 14・695
15・137
陳　賓(明上海) 26・645
陳　賓(明晉江) 79・231
陳賓寅 77・540
陳　寧 77・346
陳　實 77・377
陳　肇 23・437
23・456
陳肇元 62・264
陳肇芳 80・605
陳肇英 77・497
陳肇波 77・497
陳肇奎 77・148
陳肇貞 56・663
陳肇恭 79・429
陳肇復 77・493
陳肇新 30・109
陳　鼐(民國) 36・737
陳　鼐(明) 76・122
陳　綽 77・441
77・451
陳　綱(宋) 76・275
76・462
77・605
陳　綱(明上饒) 51・218
陳　綱(明松溪) 77・23
陳　綱(清) 76・570
陳維圻 36・36
陳維坽 36・40
陳維春 44・312
陳維垣 70・591
陳維貞 77・707
陳維屏 78・207
陳維恭 72・59
陳維卿 70・439
陳維雄 80・47
陳維裕 78・489
陳維煥 48・380
陳維德 75・414
78・467
陳維衡 76・326
陳維澣 39・313
陳維嶽 43・204
陳維謙 72・59
陳維藩 21・667
陳綿韻 61・657
陳　綸(明南平) 77・83
陳　綸(明廣饒) 14・362
17・515
陳　綸(清) 14・744
陳綬金 76・181
陳　瑾(清黄岡) 75・383
陳　瑾(清樂陵) 9・65
陳　璜(明晉江) 79・285
陳　璜(明福清) 79・49
陳　璜(明漳浦) 76・728
陳　璜(明龍溪) 77・704
陳　璋(明) 80・69
陳　璋(清) 51・693
陳駟門 25・133
陳　駒 71・444

陳　增(明)　77・434
陳　增(清)　77・368
陳增芳　71・469
陳增慶　76・144
陳　墀(明閩縣)　75・459
76・26
陳　墀(明膠州)　22・264
22・479
陳　墀(清)　35・232
陳蕙芳　77・574
陳邁質　76・232
陳　蕃　1・697
15・517
16・394
陳　樞(明永安)　80・441
陳　樞(明歷城)　5・119
陳　樊　19・117
陳　賚　78・568
陳賚典　72・79
陳　輖　5・110
陳　賢　78・142
陳賢書　61・737
陳賢孺　48・282
陳　遷(明海澄)　76・689
陳　遷(明僊遊)　78・255
陳遷鵬　79・423
陳遷鶴　79・135
79・386
79・623
陳　醇　21・151
35・452
陳醇儒　48・387
陳　震(宋)　76・464
79・143
陳　震(清)　39・83
陳霈疇　80・293
陳　撝　69・651
陳　輝(明)　75・589
76・195
陳　輝(清)　76・709
陳輝世　80・504
陳　賜　76・437
陳　賙　76・457
陳　嚚　74・71
陳獎芳　76・332
陳　嶠　59・352
60・263
陳　範(宋)　76・384
陳　範(清長樂)　78・526
陳　範(清莒縣)　30・688
31・224
陳　範(清德化)　48・99
陳　箴(明)　80・307
陳　箴(清)　77・725
陳儁聲　76・479
陳　儉　77・488
陳　億　50・209
陳　儀(明)　76・700
陳　儀(清)　70・592
陳儀鳳　50・468
陳　德　72・374
陳德一　75・584
77・506
陳德文(元)　50・533
陳德文(清)　19・119
陳德允　55・631
陳德先　77・380
陳德亨　79・604
陳德沂　77・432
77・450
80・128
陳德英　79・426
陳德林　36・507
陳德宗　75・626

78·542
陳德珊 47·402
陳德昭 41·407
陳德思 19·105
陳德球 74·137
陳德瑛 47·402
陳德普 51·267
陳德誠 73·356
陳德雍 65·265
陳德鳴 77·363
陳德慧 78·566
陳德輝 71·185
陳德豫 75·576
77·506
陳德燕 78·554
陳德諭 1·795
陳德懋 75·491
陳德興 8·635
陳 徵(元) 49·438
陳 徵(明) 75·715
陳徵芝 76·158
陳 徹 79·236
陳 鋭 1·767
陳 魯 75·623
陳 潁 36·33
36·126
36·127
陳調元 4·445
21·380
23·642
陳 諒 75·409
77·580
78·254
陳 談 78·491
陳 褒 77·296
陳 慶(明) 15·595
17·520
18·368
陳 慶(清) 70·489
陳慶三 21·748
陳慶年 78·539
陳慶交 76·192
陳慶洙 72·360
陳慶彬 36·44
陳慶堂 33·292
陳慶雲(清長汀) 80·29
陳慶雲(清高安) 62·204
陳慶善 80·190
陳慶齊 78·707
陳慶榮 70·323
陳慶錫 73·435
陳遵魯 71·131
陳遵毅 72·135
陳 熿 69·559
陳 瑩(清古田) 77·577
陳 瑩(清永春) 78·365
陳瑩中 74·395
陳 潔 79·236
陳 澍 78·611
陳澍雲 78·518
陳澍霖 78·556
陳潛中 78·243
陳潛生 71·134
陳潛雷 9·75
陳 潤(明) 4·152
陳 潤(清連江) 77·507
陳 潤(清連城) 80·689
陳 澔 50·7
陳潙潢 79·45
陳 澄 9·74
陳禩倫 80·254
陳履貞 79·243
79·514
陳履素 78·301

陳履益 77・369
陳層巒 77・547
陳 選(宋) 80・451
陳 選(清) 75・601
陳 豫 14・691
42・935
陳 樂 75・467
76・121
陳樂仙 77・446
陳樂叟 77・656
陳 緯(明) 74・260
陳 緯(清) 4・402
17・597
19・309
陳緣亨 74・234
陳畿楝 77・536
陳 璞 18・343
陳靜誠 72・100
陳 璟(宋) 75・529
77・482
陳 璟(清) 70・635
陳 璠 21・392
陳 璘 73・395
陳 璲 77・412
陳 璣(明連城) 80・753
陳 璣(明福清) 75・552
陳 璣(明寧德) 77・347
陳燕翼 75・501
76・41
陳擎吾 70・495
陳 薦 18・28
陳薪峩 77・472
陳 翰(明) 75・642
76・200
陳 翰(清) 71・289
陳翰一 80・589
陳翰臣 78・116
陳翰廷 62・95
陳翰誂 78・677
陳翰聲 21・622
陳翰爵 49・450
陳 樾 62・356
陳樹玉 78・293
陳樹基 70・535
陳樹森 50・228
陳樹楓 76・129
陳樹勳 78・437
陳 樸 79・142
79・309
陳樸軒 76・319
77・647
陳 機 79・265
陳奮庸 80・233
陳奮鵬 78・551
陳奮騰 79・427
陳 霖(元) 72・341
陳 霖(宋) 79・198
陳 霖(明) 75・551
79・32
陳 霖(清上高) 63・168
陳 霖(清浙江) 6・228
陳 霖(清閩縣) 75・472
76・141
陳 臻 15・485
陳 叡 69・612
70・445
陳曉梧 77・441
陳 還 76・292
陳 嶦 30・745
陳默昌 60・634
陳 勳 75・597
陳篤周 73・94
陳篤慶 77・451
陳 舉 7・154

陳 興(元) 40·139
40·529
陳 興(明) 72·472
陳興仁 71·301
陳興依 33·287
陳興宗 50·435
陳興國 79·189
陳興齊 62·439
陳興璜 77·200
陳學心 60·85
陳學孔(清莒縣) 30·727
陳學孔(清侯官) 76·155
陳學伊(明南安) 79·448
陳學伊(明侯官) 75·501
陳學易 77·434
陳學受 71·420
陳學海 2·86
11·44
陳學乾 77·269
陳學博 80·522
陳學御 73·446
陳學登 78·700
陳學源 79·212
79·580
陳學熙 64·414
陳學潛 79·561
陳學衡 78·567
陳學穎 78·502
陳學燧 78·555
陳學禮(元) 72·269
陳學禮(清) 74·113
陳學夔 35·63
75·503
76·126
陳學繼 50·28
陳學麟 75·496
76·139
陳 儒(明易州) 1·782
1·827
15·537
16·422
18·49
38·634
陳 儒(明南靖) 75·729
陳 儒(明高安) 62·82
陳 儒(明新昌) 63·553
陳儒祥 76·440
陳 衡(宋侯官) 75·479
76·119
陳 衡(宋龍溪) 77·681
陳 衡(明) 73·71
陳 鏌(明) 19·616
陳 鏌(清) 77·141
陳 錡 77·425
陳 錢 76·456
陳 錫 75·719
陳錫山 11·400
陳錫田 19·398
陳錫英 76·327
陳錫周(清安仁) 60·162
陳錫周(清德興) 58·673
陳錫恩 79·329
陳錫福 36·753
陳錫璋(民國) 36·764
陳錫璋(清長樂) 78·555
陳錫璋(清臨沂) 31·55
陳錫鎔 2·61
36·435
陳錫瀛 36·737
陳錫齡 51·448
陳 錕 2·56
9·142
32·454
33·78

	37・54
陳　錦(明)	76・736
陳　錦(清錦州)	2・5
陳　錦(清瀋陽)	75・382
陳錦臺	48・418
陳　穎	79・140
陳　謀	79・231
陳　諤(宋侯官)	76・134
陳　諤(宋龍溪)	77・687
陳　諫(明上杭)	80・112
陳　諫(明文登)	29・27
陳　諫(明曲阜)	36・138
陳　諭	6・482
陳　凝	43・196
陳　龍	63・414
陳龍可	79・172
陳龍光	78・270
陳龍池	76・169
陳龍復	79・198
	79・465
陳龍翔	78・724
陳龍輔	79・225
陳龍慶	80・669
陳龍藻	72・340
陳龍驤	43・62
陳　熺	50・399
陳熺昌	60・691
陳燚煌	74・279
陳　濂	78・285
陳　憲(元)	36・140
陳　憲(明萊陽)	27・74
陳　憲(明魚臺)	37・660
陳　憲(明萬安)	73・69
陳　憲(明餘干)	59・42
陳　憲(清)	13・335
陳憲汀	78・437
陳憲周	76・98
陳憲祖	2・36
	43・542
陳憲道	60・633
	60・709
陳憲曾	74・23
陳憲綱	47・362
陳　禧	80・533
陳　縝	75・537
	77・456
陳　駿(宋福安)	77・420
陳　駿(宋寧德)	77・294
	77・473
陳駿三	77・670
陳駿音	76・259
	76・271
陳駿聲	17・619
	19・328
陳　璨(明海陽)	61・455
陳　璨(明羅源)	77・474
陳　璵	80・386
陳　趨	78・530
陳　壎	76・220
	76・301
陳　聲	78・651
陳聲琚	78・547
陳聲遠(清安仁)	60・169
陳聲遠(清侯官)	75・636
	76・126
	76・185
陳聲遹	77・497
陳聰保	78・425
陳聯芳	75・522
	78・494
陳聯菲	79・344
陳聯蟬	77・397
陳　懋	19・115
陳懋功	80・236

陳懋本　50・329
陳懋存　35・113
陳懋昭　77・584
陳懋修(清萬安)　73・107
陳懋修(清齊河)　10・138
陳懋侯　76・60
陳懋袍　74・454
陳懋魁　51・326
陳懋寬　79・424
陳懋賞　70・338
陳懋德　40・548
陳懋覺　73・95
陳懋觀　75・521
78・510
陳　霞　77・200
陳霞蔚　76・50
陳　擴　78・566
陳　黻　21・738
陳　曙(五代)　45・324
46・616
陳　曙(清)　79・214
陳曙烜　70・496
陳　嶽　79・286
陳　獢　1・692
9・22
12・91
陳儲秀　79・154
79・446
陳徽猷(清古田)　77・573
陳徽猷(清安溪)　79・413
陳徽疇　79・423
陳　鍾(明吉安)　72・176
陳　鍾(明侯官)　75・494
陳　鍾(清)　78・554
陳鍾文　78・306
陳鍾斗　77・532
陳鍾玉　20・120
陳鍾炅　67・231
陳鍾典　79・272
陳鍾甡　67・425
陳鍾盛　69・225
陳鍾瑁　79・163
陳鍾瑞　80・252
陳鍾慶　76・103
陳鍾濂　78・556
陳鍾競　67・425
陳　爵　75・726
陳　謨(元)　72・487
陳　謨(宋)　79・101
陳　謨(明泰和)　72・276
74・47
陳　謨(明連江)　75・627
77・517
陳　謨(明進賢)　72・38
陳　謨(唐)　77・671
陳　謨(清)　10・390
陳　謙(明)　79・398
陳　謙(清)　2・107
23・625
24・287
陳謙老　77・13
陳謙善　76・358
陳　襄(宋)　75・474
76・15
78・563
陳　襄(清)　42・296
陳應乙　72・501
陳應元(明江浦)　1・776
陳應元(明進賢)　72・54
陳應元(清)　2・65
37・56
37・569
39・248
陳應斗　50・401

陳應用(見陳應角)
陳應辰 79·422
陳應虬 71·85
陳應角 75·530
77·483
陳應典 75·675
陳應采 72·90
陳應春(明) 75·523
78·496
陳應春(清) 80·226
陳應南 60·154
陳應奎(清德化) 78·608
陳應奎(清濰縣) 4·455
陳應桐 77·85
陳應球 78·623
陳應乾 39·177
陳應堂 79·454
陳應清 76·235
陳應運 78·573
陳應聘 4·451
21·444
陳應魁(明) 50·399
陳應魁(清) 78·361
陳應熙 76·441
陳應榜 73·193
陳應鳳 71·134
陳應駒 78·531
陳應標 80·188
陳應慶 65·347
陳應薦 43·440
43·489
43·490
陳應諧 48·367
陳應龍(宋) 77·341
陳應龍(明長汀) 80·16
陳應龍(明新昌) 63·415
陳應龍(清) 80·441
陳應鍾 80·14
陳應爵 80·400
陳應寶 62·26
陳應靁 79·398
陳齋公 79·642
陳　燦(唐) 79·86
陳　燦(清) 60·154
陳燦宸 2·32
陳燦堂 62·585
陳　鴻 75·595
76·200
陳鴻川 74·447
陳鴻任 77·554
陳鴻飛 21·748
陳鴻恩 77·56
陳鴻逵 19·122
陳鴻章 76·125
陳鴻猷 76·167
80·439
陳鴻翥 61·617
陳鴻漸 75·532
77·487
陳鴻緒 49·239
陳鴻舉 37·709
陳　濬(明峽江) 73·324
陳　濬(明惠安) 78·595
陳　濬(唐) 46·385
陳　濬(清安溪) 79·418
陳　濬(清閩縣) 76·59
陳濬義 72·545
陳濟時 80·236
陳　禮(明長樂) 78·564
陳　禮(明泰和) 72·301
陳　禮(清) 23·132
陳彌正 44·104
陳彌作 76·7
陳　翼 76·467

陳翼飛 75・691
75・717
陳翼鶚 2・64
陳　孺 69・137
71・154
陳　績(宋) 60・178
陳　績(清) 77・290
陳總龜 76・395
陳　瓊 77・208
陳瓊鹿 80・291
陳瓊瑩 79・356
陳　璸(明) 75・659
75・671
76・740
陳　璸(清) 75・390
77・586
陳　贄 80・533
陳　職(明) 31・813
陳　職(清) 77・576
陳　藝 77・121
陳　豐(宋晉江) 79・141
陳　豐(宋僊遊) 78・259
陳　豐(清) 77・181
陳顒奎 79・245
陳　賵 79・150
陳　簡 50・101
陳簡能 75・581
76・93
陳鎮九 5・251
陳鎮南 45・136
陳　鎧 80・45
陳　鎬 76・151
陳　鎰 4・151
14・702
42・946
陳　鯁 58・209
陳　鯉 77・168
陳颺言 78・535
陳　譁 45・563
陳　謹 75・593
76・32
陳　離 65・433
陳　顏(元) 72・541
陳　顏(明) 76・547
陳　燿 78・541
陳　璧(明太原) 1・777
1・782
14・692
42・936
陳　璧(明福清) 75・559
79・20
陳璧文 64・609
陳　彝(明青洲) 4・158
陳　彝(明南靖) 75・723
陳　彝(明益都) 17・533
陳彝商 32・136
陳　勸 79・345
陳　蘇 77・475
陳　藹 77・550
陳藹仁 80・183
陳　藻(宋) 75・576
79・2
陳　藻(明) 76・97
陳　蘊(清泰安) 33・303
陳　蘊(清臨沂) 31・62
陳蘊先 77・249
陳　璽(明連江) 77・488
陳　璽(明閩縣) 76・26
陳　璽(清) 50・538
陳翽鳳 78・531
陳關調 38・689
陳　疇(明) 1・796
陳　疇(清古田) 77・575
陳　疇(清長樂) 78・516

陳疇思　80・191
陳　韡　75・480
76・20
76・461
78・455
陳　韜(明大同)　1・850
27・5
陳　韜(明長樂)　78・535
陳　顗　75・620
76・192
陳　贊(宋)　77・371
77・432
陳　贊(清)　78・520
陳贊化　4・162
38・541
42・363
陳贊圖　76・196
陳贊謀　78・624
陳鏗詔　76・208
陳　鎧　70・526
陳　鏘　76・103
陳　鏞(唐)　75・579
陳　鏞(清)　80・293
陳　鏡　36・138
陳鏡江　76・131
陳　鵬　79・80
陳鵬年(清長沙)　77・289
陳鵬年(清湘潭)　2・3
陳鵬南(清永定)　80・192
陳鵬南(清同安)　76・293
76・317
77・504
80・608
陳鵬飛　38・163
陳鵬展　48・590
陳鵬遷　62・646
陳鵬鵠　80・187
陳騰海　80・251
陳騰雲　76・203
陳騰蛟　31・331
32・4
陳騰鳳　78・160
陳騰駒　80・193
陳騰鯤　76・317
陳騰鸞　78・112
陳　鯤(明)　31・790
陳　鯤(清)　50・467
陳　鱓　74・70
陳麒昌　71・443
陳韻珂　78・560
陳　懷　49・313
陳懷仁　4・380
11・84
陳懷英　63・413
陳懷忠　70・286
陳懷彥　72・468
陳懷真　36・138
陳懷清　30・327
陳懷節　19・48
陳懷經　64・185
陳懷濟　50・112
陳　爕　78・255
陳爕堂　76・361
陳　瀛　35・175
陳　濚(清古田)　77・537
陳　濚(清宜春)　60・623
陳　寵　1・691
陳　繩　76・109
陳　繪　72・663
陳　騮　78・526
陳　蘭　80・38
陳蘭芳　80・509
陳蘭泰　76・129
陳蘭祥　71・420

陳蘭疇 76・65
陳 酆 77・671
陳獻玉 43・517
陳獻可 19・604
陳獻赤 49・440
陳獻真 17・590
20・784
陳獻章 70・454
74・375
陳耀磻 76・318
陳 闡 76・460
78・257
陳 曦 60・70
陳鶚聯 78・530
陳巍崑 74・268
陳 籍 72・622
陳 籌 79・346
陳 譽 75・621
陳覺世 79・246
79・397
陳覺民 78・237
陳覺伯 75・607
78・534
陳 鐔(明宜春) 60・549
陳 鐔(明漳浦) 76・729
陳饒奴 58・143
陳 競 47・558
陳 夔 78・333
78・355
陳 灌 72・132
陳寶星 76・189
陳寶泉 72・547
陳寶訓 77・567
陳寶鼎 72・466
陳寶廉 76・161
陳寶瑤 6・217
陳寶賢 78・423
陳寶璐 76・52
陳寶應 75・6
76・1
陳寶鑰 79・134
陳 纁 50・225
陳繼之 78・63
陳繼文 79・206
陳繼芳 78・91
陳繼周 74・158
陳繼宗 63・175
陳繼思 75・628
76・184
陳繼泰 50・407
陳繼唐 47・451
陳繼第 64・338
陳繼道 60・694
陳繼湘 35・188
陳繼祿 34・266
陳繼虞 79・257
陳繼嗣 78・551
陳繼煇 80・751
陳繼源 75・536
77・492
陳繼銘 50・142
陳繼樟 34・174
陳繼賢 78・621
陳繼徵 16・430
18・66
陳繼豐 51・591
陳繼鎮 45・613
陳繼燮 40・36
陳 瓘 49・522
60・755
79・622
80・321
80・372
陳 權(宋) 79・265

陳　權(清)　64・44
陳　霸　79・532
陳霸先　75・606
　77・465
陳躍龍　50・505
陳　黯　76・243
　76・311
　79・542
陳　儼(宋)　76・382
陳　儼(明)　72・134
陳　儼(清)　77・87
陳　鐸(明)　70・220
陳　鐸(清定陶)　41・402
陳　鐸(清崇仁)　70・406
陳　鐸(清臨沂)　31・56
陳顧瀞　35・515
陳　鶴(宋)　78・135
陳　鶴(清)　60・354
陳鶴舫　14・139
陳　續　66・601
陳續聖　4・458
陳懿言　19・330
陳　鷗　79・268
陳　鑒　72・346
陳霽學　76・145
陳　巖　75・355
　80・520
　80・575
陳體白　80・441
陳　鑄　75・396
　78・130
　78・256
陳　鑑(明高安)　62・38
陳　鑑(明贛縣)　73・370
陳　鑑(清崇仁)　70・226
陳　鑑(清閩縣)　76・123
陳鑑堂　30・749
陳　亹　76・728
陳　瓚(宋)　78・62
　78・533
陳　瓚(明)　1・783
　23・614
　24・268
陳　顯　76・336
　77・635
陳顯元　62・566
陳顯仁　78・258
陳顯伯　77・458
陳顯英　62・589
陳顯達　72・350
陳顯福　70・341
陳顯際　1・850
陳顯爵　70・384
陳顯謨　79・282
陳顯彝　6・228
陳　籥　78・278
陳　麟(宋)　75・405
　76・203
　77・78
　80・383
　80・441
陳　麟(清萬年)　60・357
陳　麟(清龍巖)　78・674
陳麟祥　70・593
陳麟詩　70・326
陳　欒　38・160
陳　瓛(明晉江)　76・199
　79・281
陳　瓛(明龍巖)　78・661
陳　觀(明)　78・84
陳　觀(清)　71・388
陳觀光　64・397
陳觀泰　76・291
　77・620

陳觀潢　69・580
陳觀瀾(清長樂)　78・544
陳觀瀾(清瀘溪)　72・31
陳　鷺　71・444
陳　爨　75・564
陳爨生　1・820
陳　讓(明長樂)　75・518
78・509
陳　讓(明晉江)　79・115
陳　讓(清)　74・207
陳　灝(元)　36・140
陳　灝(明長樂)　75・516
78・487
陳　灝(明德化)　78・605
陳　鑰　77・21
陳纘韶　80・248
陳　驥　78・239
陳　鑼　77・426
陳　讚　25・161
陳　驤　78・542
陳鑽高　80・240
陳　讜(宋)　78・228
陳　讜(唐)　75・618
76・132
陳　鑾　14・373
17・603
陳　鸞(明)　50・27
陳　鸞(清)　80・130

陰

陰幼迪　67・204
陰幼達　67・203
陰幼遇　67・203
陰　廷　80・347
陰秉淵　33・814
陰秉暘　1・833
陰宜登　80・360
陰　炤　67・542
陰祖善　80・359
陰啓旦　80・341
陰雲漢　80・357
陰道元　80・366
陰維標　80・345
陰慶溥　33・799
陰　積　80・345
陰興雍　80・345
陰應夢　67・14
陰應節　2・54
13・496
陰　鎰　67・243
陰　璽　1・797

陶

陶一貫　49・458
陶卜昌　70・560
陶人杰　71・445
陶人羣　77・210
陶士貞　25・55
陶士倧　2・42
10・566
陶士榮　70・601
陶士遴　45・265
陶大順　75・378
陶天忠　73・327
陶元士　29・545
陶元照　71・250
陶五福　60・302
陶　仁　71・245
陶仁傑　71・238
陶仁慶　71・235
陶公達　44・32
46・381
陶　丹　71・238
陶文彥　80・760

陶文疇　72・59
陶以銓　42・202
陶以禮　72・96
陶孔肩　49・459
陶　玉　60・377
陶正士　29・230
陶占魁　49・47
陶　成(明)　1・797
陶　成(清)　71・240
陶光泰　58・197
陶　回　63・205
陶竹雅　48・446
陶延齡　43・65
陶　江　6・450
陶汝弼　7・381
陶　安　44・120
陶　圻　9・138
　49・5
陶　秀　71・267
陶邱洪　5・18
陶希聖　29・229
　29・553
陶　沔　35・682
　38・156
　61・748
陶　汰　46・35
陶良德　5・212
　8・642
陶其愫　71・279
陶　英　18・272
陶直夫　58・30
陶　尚　18・533
陶尚德　49・416
陶昌儉　46・171
陶明通　72・98
陶　易　4・430
　29・231
　29・545
陶　忠　31・827
陶季直　15・521
　76・460
陶　侃　48・3
　50・8
　58・3
　65・305
　73・268
陶金訓　71・244
陶金諧　71・243
陶　性　4・200
　10・40
　25・61
陶宗器　76・439
陶建中　45・257
陶承學　75・374
陶春梅　72・235
陶　珍　71・329
陶威鳳　29・554
陶　拱　44・286
陶思渠　77・402
陶思敬　64・13
陶思賢　71・242
陶　信　46・245
陶　泉　7・380
陶亶仲　75・363
陶　亮　71・448
陶洪昭　2・69
　7・389
　37・570
陶華亭　34・264
陶振中　34・261
陶振宗　32・2
陶振封　12・393
陶致煒　25・9
陶　峴　48・111

陶 唐 49·445
陶唐氏 41·379
陶朗先 1·771
陶 祥 57·536
陶 埜 49·145
陶 勖 1·834
陶崇化 29·228
陶崇章 39·297
陶崇道 24·248
陶 偉 49·421
陶象珮 29·236
陶麻子 30·678
陶 清 71·267
陶 淑 71·279
陶淑巳 2·38
10·42
21·148
33·696
陶淑度 13·150
陶 淡 48·277
陶紹緒 2·113
6·121
18·83
23·135
陶 琰 75·371
陶 琊 46·178
陶萬達 45·601
陶 敞 29·523
陶 昜 39·792
42·545
陶景元 10·83
陶勛黿 45·131
陶 復 71·264
陶復亨 64·330
陶欽民 49·95
陶欽皋 49·9
陶欽夔 49·7
陶 善 58·349
陶焜午 71·250
陶 湘 35·715
36·35
陶運化 29·538
陶運龢 38·165
陶 登 1·792
15·32
15·134
陶夢桂 72·35
陶節夫 58·10
陶 傳 29·565
陶 鉞 29·24
陶 鉉 72·85
陶 福 1·807
陶福廷 46·206
陶 禎 45·155
陶 碧 79·286
陶鳴玉 46·531
陶 銓(清臺灣) 80·611
陶 銓(清鄱陽) 58·199
陶鳳儀 13·150
陶 誌 49·465
陶 榮 49·68
陶 漢 25·71
陶 標 71·337
陶賢受 71·316
陶虢璿 49·2
陶 廠 28·505
陶賡颺 46·177
陶 慶 59·578
陶 潛 48·11
49·409
50·135
63·179
64·170
72·696

陶　臻　50·67
58·6
陶學樞　71·239
陶錫祺　6·122
7·390
11·44
14·696
陶　龍　59·305
陶聯桂　49·109
陶懋璣　43·433
陶　輿　50·80
58·85
陶　謙　1·693
陶應斗　63·176
陶應舜　72·86
陶應澄　67·495
陶應龍　46·507
陶濬宣　76·363
陶　瞻　50·67
58·85
陶　璽　29·69
陶贊仲　71·229
陶　巍　39·193
陶繼祖　28·703
29·537
陶觀梅　49·113
74·443
陶　衢　46·195

姬

姬大明　32·391
33·267
姬文尹　1·814
姬文印　36·430
姬衍莊　32·422
33·300
姬振鐸　41·379
姬敬止　4·371
41·217
姬毓齡　34·309
姬鶴齡　14·735

通

通元禪師(五代)　79·639
通元禪師(宋)　63·194
通　忍　73·118
通　柚　74·253
通　師　38·294
通　訣　24·581
通　庸　76·263
通　甯　74·143
通遠仙翁　76·365
通　誠　77·526
通慧禪師　63·191

能

能　和　21·836
能　持　77·137

桑

桑丕承　17·633
18·523
桑延禧　31·834
桑　河　18·526
桑　春　4·181
桑思德　18·521
桑振宗　18·518
桑惟喬　49·527
桑　喬　48·312
桑　蓁　1·835
39·803
42·547
桑會春　18·500
桑溟田　45·351

桑鳳岐　18・515
桑鳳蛟　17・607
　18・500
桑維之　11・87
桑維城　18・524
桑鴻謨　18・552

務

務　欽　78・328

孫

孫一成　29・753
孫一脈　30・100
孫一謙　75・536
　77・492
孫九齡　19・620
　23・655
孫乃斌　7・455
孫三傑　4・162
　14・367
　17・570
孫三錫　14・371
　17・585
孫士久　14・377
孫士汝　54・590
孫士長　14・377
孫士奇　14・377
孫士貞　14・377
孫士傑　29・278
孫士銓　70・302
孫士端　57・428
孫士遴　76・168
孫士諤　39・92
孫士瀾　79・322
孫大成　76・559
孫大林　56・43
孫大勇　5・359
孫大都　80・16
孫大華　48・130
孫大恩　30・326
孫大雅　75・429
　78・468
孫大椿　47・352
孫大楞　55・57
孫大煓　56・68
孫大興　56・648
孫大儒　7・439
孫大黨　57・502
孫大鶴　57・37
孫才傑　8・16
孫之彥　14・125
孫之恆　10・267
孫之峻　45・91
孫之庾　36・483
孫之梁　36・522
孫之普　39・772
　42・570
孫之鳳　73・264
孫之緒　36・521
孫之獬　5・281
　6・347
　6・567
　6・666
孫之騫　6・427
孫子憲　68・715
孫王馮　13・131
孫天石　56・659
孫天民(元)　5・99
孫天民(清)　72・10
孫天成　13・791
孫天祥　79・365
孫天鳳　68・490
孫天璋　33・594
孫天賜　14・740

孫天爵　35・499
孫　元　31・788
孫元吉　9・425
孫元亨　27・106
　27・163
孫元長　30・297
　31・183
孫元英　76・156
孫元昌　6・576
　6・656
　17・581
孫元相（明）　31・279
孫元相（清）　20・777
孫元清　18・579
孫元量　73・21
孫元道　26・132
孫元衡　2・81
　38・640
　43・199
孫不二　25・684
　27・618
孫友于　22・283
　22・557
孫友清　18・741
　42・468
孫友閔　6・451
孫友聞　22・310
孫止孝　5・121
孫少府　43・537
孫日光　62・662
孫日彰　7・23
　7・212
孫曰良　68・60
孫曰恭　68・360
孫曰聰　21・541
孫曰齋　43・619
孫曰勷　7・446
孫中涵　43・98
孫中實　37・136
孫　升　80・31
孫升長　25・44
孫升居　51・317
孫　仁　73・204
孫　什　10・636
孫化愚　36・549
孫化鳳　6・491
孫化麟　13・790
孫公復　27・116
孫公僑　25・314
孫　丹　76・559
孫文玉　40・578
孫文光　9・399
孫文明　18・348
孫文柔　68・17
孫文祥　77・393
孫文盛　29・639
孫文敏　18・357
孫文彩　32・405
　33・279
孫文密　18・377
孫文順　42・257
孫文聖　62・554
孫文煒　55・580
孫文煥　54・554
孫文銓　77・509
孫文質　57・534
孫文興　56・20
孫文錫　77・490
孫文澤　5・134
　13・759
孫文燦　5・291
　6・480
孫文瀛　34・250
孫文繡　2・101

	16・442
	20・491
孫亢宗	19・562
孫方夏	7・438
孫以仁	25・18
孫以成	7・175
孫以約	25・263
	25・420
孫以寧	6・658
孫允吉	7・194
孫允武	39・205
孫允奇	35・133
孫允祚	45・193
孫允賢	72・559
孫予初	68・52
孫予韓	38・241
孫孔述	73・354
孫　玉(元)	27・434
	28・16
孫　玉(明)	7・428
孫玉成	30・693
孫玉明	43・262
孫玉庭	4・345
孫玉桓	21・745
孫玉堂	18・571
孫玉常	17・657
	19・578
孫玉潤	30・735
孫玉樹	23・255
孫玉璿	30・681
孫玉麒	76・563
孫玉蘭	15・158
孫正修	43・71
孫世求	19・599
孫世柱	6・671
孫世祐	68・141
孫世偲	7・436
孫世清	32・144
孫世朝	62・460
孫世棟	21・149
孫世祿	14・136
孫世榮	12・399
孫世賓	31・831
孫世寧	5・188
孫世璜	46・250
孫世錦	58・558
孫世澤	43・636
孫世禧	21・679
孫世儼	7・422
孫古美	38・409
孫　本	5・134
	13・754
孫本汝	54・470
孫本孚	55・188
孫本侃	57・407
孫本政	57・407
孫本倬	57・407
孫本棣	9・256
孫本揩	9・419
孫本源	54・470
孫本遜	57・393
孫本賢	57・425
孫本儀	57・406
孫本曙	54・470
孫可大	24・547
孫可成	13・155
孫可特	14・220
	17・510
孫可達	9・397
孫可銘	9・280
孫可誦	30・105
孫丙章	72・24
孫丕烈	76・241
孫丕振(明)	40・135

孫光梓　57·407
孫光第　26·127
孫光遠　62·609
孫光榮　54·470
孫光輝　5·144
　6·342
　6·557
　6·643
孫同文　10·53
　10·159
　10·285
孫　辿　26·589
孫朱𡨚　80·615
孫廷桂　7·388
孫廷峨　43·101
孫廷瑞　80·71
孫廷槐　79·199
孫廷銓　4·392
　6·543
　17·583
孫廷樞　6·663
孫廷錫　6·572
　6·637
孫廷禮　47·142
孫廷鐸　4·403
　6·553
　6·647
　17·600
孫伏伽　4·54
孫　延　24·355
　43·194
孫延長　5·193
　10·628
孫延洞　27·85
孫延宗　7·440
孫延祚　43·447
孫延脈　30·298
孫延署　42·398
　42·402
孫延策　42·398
　42·402
孫延壽　6·575
　6·655
孫延籌　25·535
孫仲采　21·740
孫仲德　28·213
　28·382
孫仰岐　30·319
孫自成　5·119
孫自務　4·409
　17·639
　19·562
孫自然　32·587
孫　全(元)　5·99
　10·632
孫　全(明)　24·549
孫全謀(清長汀)　80·295
孫全謀(清龍溪)　76·222
　76·303
孫企宗　80·200
孫企賢　15·551
　17·513
　20·499
孫兆元　76·555
孫兆坤　23·440
孫兆萃　23·440
孫兆勳　7·140
　17·644
孫兆禧　23·655
孫　旬　4·130
　25·630
　27·78
　27·209
孫　汲　61·87

	65・311
孫汝彦	4・323
	9・401
孫汝津	20・108
孫汝舫	30・329
孫汝潔	78・425
孫守田	43・296
孫守業	32・586
孫守謙	1・823
	37・807
孫　安	13・150
孫安邦(清益都)	18・336
孫安邦(清朝城)	42・398
孫安庭	33・797
孫　收	39・74
孫如洵	1・779
孫如桂	28・224
孫如琳	61・715
孫如楫	31・802
	35・348
孫如僅	4・347
孫如龍	75・679
孫如蘭	27・84
孫　孝	1・788
孫孝源	6・455
孫志仁	9・725
孫志孔	26・179
孫志武	6・576
	6・656
孫志銓	9・430
孫志鑫	72・373
孫　芷	6・668
孫　芳(明)	14・123
孫　芳(清)	4・352
孫克己	6・406
孫克孝	77・55
孫克昌	4・417
	17・655
	18・524
孫克恭	54・273
孫克義	7・194
孫杏林	11・293
孫　甫	31・836
	34・472
孫步班	7・455
孫步瀛	7・435
孫　佐(明山陰)	43・194
孫　佐(明清江)	65・86
孫　佑	21・323
孫作書	26・179
孫作賓	42・402
孫作羹	48・503
孫伯堅	69・164
孫伯温	68・10
孫伯龍	35・338
孫伯顔	74・148
孫　位	30・718
孫希伊	20・782
孫希發	9・447
孫希廉	30・730
孫希雍	5・307
孫希賢	4・236
	39・711
孫希奭	14・372
	17・622
孫希夔	74・363
孫　沔(宋)	18・27
孫　沔(明)	37・660
孫　沖	1・739
	12・93
孫　汶	22・284
	22・561
孫　沁	6・622
孫　流	6・489

孫　宏　30・335
孫宏茂　58・355
孫宏品　51・277
孫宏祖　5・222
孫宏喆　14・372
　17・593
孫宏敬(見孫弘敬)
孫良炳　2・57
　2・87
　6・228
　35・451
　39・809
孫　忌　23・283
孫　邵　4・32
　21・114
　21・271
孫奉之　14・141
孫奉伯　4・136
　30・697
孫奉和　5・289
孫奉璋　10・151
孫　玨　75・486
　76・138
孫　武　7・136
　15・579
孫　青　37・38
　37・115
孫　玠　42・268
　42・374
孫　表　37・119
孫　琉　4・158
孫長河　14・739
孫長順(清平涼)　7・391
孫長順(清鹽山)　43・24
孫長慶　25・128
孫長孺　74・145
孫　坪　20・789
孫　坦　5・291
孫其湘　12・143
孫若忻　24・771
孫若淵　39・77
孫若羣　4・278
　6・354
孫茂杭　55・649
孫茂棟　56・548
孫茂槐　4・427
　27・97
孫　英(明招遠)　25・596
孫　英(明觀城)　42・105
孫枝芳　22・231
孫枝秀　19・571
孫枝楠　70・298
孫來賀　42・397
孫　松　30・727
孫松樓　72・543
孫述曾　14・734
孫東元　55・626
孫東華　42・794
孫東蘭　35・185
孫　郁　65・82
孫叔方　24・532
孫叔通　73・20
孫叔琛　10・157
孫叔達　27・141
孫叔遇　73・42
孫叔然　14・116
　15・571
孫叔詒　5・223
　31・805
孫叔諧　31・804
　35・334
孫叔謙　4・435
　21・804
孫叔謹　77・678

孫肯堂 7・176
孫　卓 72・148
孫卓三 47・318
孫尚敏 24・716
孫尚禮 41・202
孫　果 18・524
孫　杲 5・135
孫　昌(明榆次) 30・61
孫　昌(明豐城) 68・70
孫昌承 72・603
孫昌祚 17・585
18・577
孫昌泰 14・732
孫昌純 6・449
孫昌裔 75・500
孫昌緒 13・148
孫昌鵬 56・284
孫昌齡 1・851
28・668
孫昌鸞 57・215
孫　昇 6・400
孫　明(明) 13・409
孫　明(清) 72・338
孫明吉 9・813
孫明德 11・461
孫明禮 19・329
孫　昂 19・599
孫　忠(明牟平) 28・19
孫　忠(明鄒平) 5・134
13・756
孫忠誨 48・141
孫知微 78・248
孫和相 17・639
20・777
孫季思 56・449
孫秉均 6・467
孫秉岳 20・784
孫秉治 35・325
孫秉樞 43・445
孫秉彝 25・267
25・310
孫　佳 39・84
孫　佶 37・554
孫　侗 26・644
孫　金 68・519
孫念祖 36・515
孫朋交 21・685
孫　周 77・415
孫京玉 9・565
孫　庚 37・122
孫育麟 13・416
孫怡堂 18・552
孫怡壽 35・327
孫　炎 4・171
孫法祖(明) 9・141
38・717
孫法祖(清) 12・336
孫法組 34・270
孫法魁 34・281
孫　沾 31・834
孫泮林 11・293
孫　波 19・619
孫　治(明清江) 65・84
孫　治(明嶧縣) 7・428
孫治國(明) 5・157
43・580
孫治國(清) 22・239
孫宗元 6・351
孫宗昌 6・577
6・657
孫宗炎 24・723
孫宗烍 2・61
36・436
孫宗渭 41・190

孫宗溥　41・190
孫宜振　10・133
孫宜隆　10・133
孫官雲　6・147
孫建白　39・308
孫建邦　42・397
孫建宗　4・267
　5・222
孫建泰　7・440
孫建偉　28・218
孫建策　6・157
孫居相　1・834
　11・43
　11・124
　11・125
孫承科　5・212
　8・640
孫承紱　23・281
孫承榮(明長洲)　1・778
　12・96
孫承榮(明瑞昌)　48・321
孫承漢　34・288
孫承慶　5・194
　10・630
孫承謀　76・572
孫承瀚　7・502
孫孟和　4・126
　9・394
　9・477
孫孟舉　9・394
孫春洋　55・366
孫　珏　14・709
孫　珂　4・151
　26・591
孫珀齡　6・348
孫　珉　5・184
　15・107
　15・142
孫垣靄　20・110
孫　政　77・414
孫　柱(清文登)　29・309
孫　柱(清閩清)　78・426
孫　奎(明臨沂)　30・96
孫　奎(明瀘溪)　72・3
孫奎杰　28・206
　28・404
孫奎熙　28・216
孫奎燕　28・161
孫拱極　77・511
孫　拯　43・614
孫貞發　6・426
孫　昺(明榆林)　1・798
　8・316
孫　昺(明德興)　58・567
孫映泰　42・308
孫星衍　2・21
　8・470
孫星徽　6・578
　6・658
孫昭先　77・676
孫昭煥　24・720
孫思仁　71・95
孫思恭(宋)　4・178
孫思恭(清)　27・172
孫思墉　51・317
孫思履　28・196
孫峙嶧　37・158
孫重光　13・117
孫保廷　36・177
孫俊侯　34・223
孫俊寀　12・319
孫　衍　2・36
　43・542
孫衍慶　37・679

孫俞盛　4・380
孫胤奇　43・192
孫　亮　75・4
孫亮杓　13・403
孫庭楷　75・676
孫　彥　24・341
　24・567
孫彥方　79・266
孫　奕(宋吉安)　72・182
孫　奕(宋閩縣)　75・436
孫帝臣　40・170
孫恒基　20・564
孫　恪　4・149
　5・135
　13・754
孫　炳　75・625
　76・184
孫炳昨　20・116
孫炳瑜　20・116
孫炳震　20・119
孫　炤　21・740
孫　洪　19・623
　23・635
孫洪玳　54・470
孫洪祥　54・470
孫洪琉　57・475
孫洪舜　74・69
孫洪瑞　42・588
孫洪滙　54・470
孫洪鎔　54・469
孫洪瓛　56・297
孫　洙(宋)　15・526
孫　洙(清)　13・731
孫　洵　69・142
孫冠甲　42・400
　42・402
孫冠英(清掖縣)　24・722
孫冠英(清淄川)　6・469
孫冠英(清朝城)　42・402
孫祐岐　2・31
孫祖壽　14・401
孫祖德　4・79
　19・25
　21・308
　23・632
孫祚昌　2・100
　16・443
　20・491
孫　既　4・234
　15・565
　30・687
　31・218
孫紀雲　4・305
　6・150
孫　泰　1・811
孫　玧　31・796
　35・311
　35・389
孫　素　68・351
孫　起　26・635
孫起梠　78・623
孫起鳳　56・490
孫起綸　17・610
　19・556
孫起獻　15・154
孫華斗　57・393
孫華林　34・298
孫華封　6・462
孫華亭　30・132
孫華梁　56・423
孫　莢　9・859
孫莊孫　13・399
孫　荷　10・148
孫　莘　6・668

孫桂馥 4·456
孫桂馨 35·179
孫　栝 7·422
孫連鳳 21·541
孫夏彝 79·340
孫原貞 58·315
75·365
孫原燦 55·105
孫振玉 36·31
孫振東 14·377
孫振宗 35·183
孫振都 27·158
孫振基 1·848
16·430
25·162
25·184
26·9
孫振圖 35·331
35·391
35·397
孫振豪 76·571
孫振聲 37·5
孫振藻 14·736
孫晉亨 43·117
孫　桌 73·36
孫　時 40·72
40·154
孫時蛟 56·475
孫　晟 4·208
15·560
20·551
48·307
孫　啤 58·351
孫　峻 16·421
孫笏廷 6·476
孫　健 1·833
18·692

42·431
42·510
孫　遜 4·193
38·533
孫　卿 74·70
孫逢吉(宋) 47·337
73·22
孫逢吉(明) 48·316
孫逢年 73·24
孫逢辰 73·23
孫逢來 36·735
孫逢泰 8·329
孫逢隆 36·733
孫逢聰 77·352
孫　訒 17·662
20·108
孫高蔭 37·5
孫席珍 6·487
孫效祖 27·543
28·174
孫唐卿(見張唐卿)
孫　旂 15·620
17·694
孫益德 4·233
14·117
15·565
孫　浩(明利津) 4·151
孫　浩(明尉氏) 30·233
孫　浩(明諸城) 15·551
17·512
20·499
孫　海 4·143
27·300
27·346
28·16
孫家棟 4·402
17·597

孫家翰 14·124
孫書元 28·197
孫恕田 38·277
孫　紘 22·229
23·621
孫紘世 73·357
孫　邕 5·20
孫琠曾 24·565
孫教鸞 26·188
孫培元 24·552
孫培益 37·12
孫培曾 24·528
孫培祺 23·268
孫培蘭 36·498
孫　勒 41·208
孫　乾 18·485
19·89
21·271
23·630
孫乾一 41·208
孫乾元 19·606
孫　敕 23·439
孫　掄 35·348
孫　冕(宋) 73·221
孫　冕(明) 47·505
孫國杞 20·777
孫國佐 5·290
6·480
孫國貞 62·633
孫國棟 5·158
43·602
孫國楨 14·301
36·14
孫國賓 17·636
20·113
孫國賢 62·684
孫國顯 38·227
孫崇坫 6·662
孫崇垣 6·620
6·640
孫崇祖 61·540
孫崇基 6·640
孫崇實 32·453
33·77
孫崇壇 6·639
孫符貴 36·767
孫　敏 58·403
孫　偉(元) 27·146
孫　偉(明) 65·85
孫　進(宋) 5·67
孫　進(明) 32·630
孫得玉 21·668
孫從祖 36·521
孫從善 5·185
15·106
15·151
孫象坤 38·164
38·357
孫象賢 68·376
孫　康 30·391
孫康周 4·217
17·568
孫翊昌 6·577
6·656
孫率祖 36·483
孫惟大 29·22
孫惟中 19·618
19·643
23·652
27·353
27·441
28·18
孫惟信 49·522
孫惟謙 23·653

24・543
孫　清(明陝州)　40・40
40・229
孫　清(明睢寧)　30・233
31・140
孫清凈　32・483
33・560
孫清峯　8・719
孫清盛　30・327
孫添詒　36・524
孫淇瑞　55・223
孫淑璐　6・671
孫　淮　78・428
孫　淦　21・632
孫　淙　23・260
孫　梁　7・422
孫　涵　36・491
孫涵毓　31・817
35・335
孫　寀　30・687
31・223
孫啓浚　39・640
孫啓詵　5・343
10・146
孫　隆　1・839
7・77
16・415
孫　貫　68・489
孫貫一　5・307
孫　紹(宋)　79・48
孫　紹(明廣昌)　74・476
孫　紹(明寧都)　74・170
孫紹文　18・427
孫紹仲　5・365
孫紹宗　7・430
孫紹祖　56・324
孫紹曾　15・138
15・222
孫　琪　27・434
28・15
28・411
28・420
孫　瑛　8・334
孫　琳　30・328
孫　琦　21・540
孫琰齡　6・384
6・565
孫　琮　19・605
孫　琛　49・481
孫　琚　72・4
孫　堪　28・161
孫　越(宋)　34・465
孫　越(清)　35・139
孫超羣　5・274
13・774
孫　期　4・8
4・11
4・169
4・170
39・51
39・69
41・126
孫萬備　4・430
27・538
27・608
28・37
28・392
孫萬壽　5・39
43・606
孫葆田　21・803
孫葆光　32・7
孫葆初　72・372
孫　敬　19・555
孫敬祀　35・333

孫敬曾 24・546
孫敬爵 6・450
孫　葯 6・421
孫朝宗 77・140
孫朝重 25・178
26・105
孫朝陽 79・346
孫朝肅 1・811
孫朝選 47・540
孫朝讓 76・465
孫　森(明) 1・793
8・466
孫　森(清) 18・741
孫　棟(明) 7・173
孫　棟(清) 10・148
孫　棣 4・304
6・220
孫軼羣 13・811
孫惠吉 6・466
孫惠鮮 18・581
孫覃喜 6・491
孫覃禮 6・664
孫雲逵 14・386
孫雲鳳 60・146
孫雲錦(清上饒) 51・595
孫雲錦(清濟陽) 10・381
孫雲龍 4・337
42・788
孫揚宗 79・171
孫揚聲 4・438
25・646
27・97
27・157
孫　揆 4・207
38・564
孫　斐 37・551
孫貽哲 39・737
孫　鼎(明) 72・175
孫　鼎(清) 13・794
孫鼎玉 18・379
孫鼎昌 6・577
6・657
孫開先 76・473
孫開泰 5・371
8・643
孫開寅 8・626
孫開機 8・626
孫　遇 4・147
26・590
孫遇力 5・266
32・606
孫景昌 6・551
6・645
孫景堃 20・788
孫景曾(清安邱) 19・565
孫景曾(清淄川) 5・293
孫景嵩 10・393
孫景耀 72・34
孫貴純 35・173
孫喬林 39・307
孫　傅 32・365
33・230
孫　復(宋) 31・811
32・336
33・203
33・561
34・474
34・487
孫　復(明) 48・25
孫復美 7・421
孫復綬 43・633
孫　鈁 7・196
孫爲善 56・636
孫爲檢 20・792

孫　詠　28・55
孫敦化　12・503
孫　斌　4・244
42・98
孫善全　6・639
孫善述(清貴州)　14・696
18・698
孫善述(清費縣)　30・303
孫善實　4・346
孫善繼　24・519
孫道隆　40・337
孫　焕　20・790
孫　湛　78・441
孫湛吾　6・344
孫　湘　60・44
孫　温　27・48
孫淵光　75・679
孫運中　56・152
56・397
孫補闕　41・211
孫裕福　41・409
孫裕德　5・309
43・621
孫　禄(明棲霞)　4・147
25・261
25・418
孫　禄(明臨沂)　30・96
孫遐齡　27・167
孫登雲　5・157
43・580
孫登龍　74・148
孫　發　68・10
孫發秀　72・369
孫發祥(清泰和)　72・365
孫發祥(清滕縣)　36・519
孫發曾　77・511
孫發榮　72・364
孫　絡　6・640
17・646
孫　瑚　20・531
孫　瑞(宋上杭令)　80・150
孫　瑞(宋南豐)　71・516
孫瑞珍　4・346
孫瑞齡　36・177
孫　瑜(宋)　4・177
21・122
38・158
孫　瑜(明)　29・70
孫聖和　13・150
孫　勤　23・439
孫夢豸　19・623
23・638
孫夢桂　4・279
5・337
10・118
孫夢桃　4・433
孫夢卿　4・264
孫夢麟　35・341
孫夢觀　76・462
孫　幹　6・366
孫蔭孫　13・400
孫　楷　9・698
孫輅相　20・777
孫　虞　15・568
17・457
20・537
孫嗣奇　35・133
孫嗣康　77・384
孫署珂　10・151
孫　嵩　4・244
15・583
17・462
孫　稔　6・441
孫　節　4・239

25・648
27・162
孫傳游 33・821
孫愈振 7・425
孫愈賢 1・832
孫頌清 2・56
7・391
9・143
25・89
孫　誠 73・5
孫　該 4・185
孫　廉 42・228
孫裔昌 13・375
孫裔蕃 13・388
孫　靖 74・160
孫靖遠（清無棣） 13・138
孫靖遠（清嶧縣） 7・454
孫新吉 7・421
孫　愷 9・435
孫愷元 27・811
孫　義 32・131
孫義訓 29・82
孫　煥 19・572
孫　溱 37・154
孫　福（元） 5・82
13・722
13・752
孫　福（清） 10・367
孫福成 38・223
孫福坤 28・56
孫福海 4・433
孫　禎 42・988
孫殿桂 18・377
孫際昌 7・192
孫　預 12・195
孫　遜（明） 28・498
孫　遜（清） 22・325
孫　經 7・445
孫經世 73・362
孫　璉（宋） 74・358
孫　璉（明） 5・135
孫　璉（清） 9・432
孫壽山（民國） 34・267
孫壽山（清） 28・229
孫壽朋 9・889
孫　構 4・79
孫輔臣 74・149
孫　碩 5・135
13・754
孫愿忠 35・190
孫爾令 17・592
20・101
孫爾周 11・391
孫爾起 13・135
孫爾振 5・182
10・121
孫　需 58・328
孫鳴玘 27・90
孫鳴鶴 18・524
孫圖南（清掖縣） 24・559
孫圖南（清許州） 76・353
孫　毓（宋） 23・632
孫　毓（明） 9・393
孫毓址 7・434
孫毓汶 4・348
孫毓茂 35・487
35・563
孫毓桂 38・575
孫毓唐 7・432
孫毓晙 7・436
孫毓清 6・668
孫毓瑞 13・811
孫毓瑗 6・639
孫毓虞 7・423

孫毓湘　4・351
孫毓漢　4・354
孫毓瑩　14・737
孫毓璧　30・133
孫僧化　4・261
15・611
30・751
孫　僎　24・539
孫　鋋　38・546
孫　銓(清昆山)　43・23
孫　銓(清膠州)　22・311
孫　銓(清諸城)　20・557
孫　銘(民國)　30・735
孫　銘(明)　5・135
孫　銘(清)　39・92
孫銘書　6・457
孫　鳳　29・72
孫鳳果　10・141
孫鳳翔　4・447
21・453
孫鳳輝　79・330
孫　誥　23・438
孫廣淮　36・734
孫廣運　23・255
孫廣濱　36・733
孫　韶　47・72
孫　適　60・744
孫　榮(明山陽)　1・854
19・584
23・619
孫　榮(明安遠)　74・107
孫　榮(清棲霞)　25・489
孫　榮(清諸城)　20・780
孫榮甲　42・402
孫榮祖(元)　1・762
37・548
孫榮祖(清)　36・521
孫榮曾　22・311
孫榮瑗　56・373
孫榮輅　12・337
孫榮獻　38・279
孫漳如　19・617
孫演文　10・165
孫　搴　4・191
15・575
17・696
孫　賓　1・826
9・24
41・282
孫賓利　76・744
孫賓來　30・692
孫寧基　9・430
孫　實　27・429
27・539
28・8
孫肇全　7・445
孫肇恭　7・437
孫肇僖　7・435
孫肇興　4・375
38・543
孫　緒(明安定)　9・25
孫　緒(明沂水)　32・42
孫　緒(明泰安)　33・263
孫緒錕　42・402
孫　綱　13・111
孫維城　4・111
孫維貞　25・267
25・310
孫維倫　13・151
孫維宸　5・222
孫維統　14・706
孫維詩　26・181
孫維誠　26・635
孫維演　30・687

31・223
孫維壁 37・11
孫綿之 10・151
孫　綸(明禹城) 10・558
孫　綸(明諸城) 17・547
20・556
孫　綸(清) 14・733
孫綸祚 13・424
孫綬璋 27・172
孫　瑾 25・267
25・310
孫　璋(明) 30・297
31・182
孫　璋(清菏澤) 37・850
孫　璋(清掖縣) 6・120
24・559
孫　穀 7・153
7・164
17・601
孫穀詒 36・522
孫　蕙 4・278
5・286
6・353
孫　邁 17・623
19・328
孫　蕃 1・816
孫蕃禧 55・168
孫　賢 27・300
孫　磊 41・204
孫　奭 4・176
15・526
30・638
31・767
孫　震(明博山) 6・543
17・575
孫　震(明濟源) 42・3
孫　撝 4・213
37・828
39・146
41・135
孫輝祖 5・389
孫輝國 78・428
孫　賦 77・426
孫　嶔 26・117
孫　嶙 5・349
10・377
孫墨林 10・160
孫　稹 27・428
孫　範(明) 29・23
孫　範(清) 31・224
孫　篇 23・270
孫　億 61・88
孫　質 4・177
孫德茂 55・639
孫德昌 5・189
10・626
孫德信 18・356
孫德欽 56・550
孫德淵 1・748
1・753
11・42
18・38
36・425
孫德璋 24・718
孫德懋 13・811
孫德禮 26・132
孫德驤 30・312
孫盤柱 34・179
孫　魴 45・52
46・386
孫　調 77・379
孫　諒 30・327
孫　諄 6・405
孫　褎 68・343

孫　慶(元)　5·74
孫　慶(明)　1·792
10·309
孫慶長　25·131
孫慶雲　26·132
孫慶榮　15·158
孫慶齡　9·143
孫養氣　22·324
孫養廉　2·76
孫養樸　13·759
孫遵西　37·11
孫濳修　25·520
孫潤之　27·137
孫　澄　17·622
18·539
孫　寯　9·28
孫履祥　40·548
孫　緦　74·146
孫　樂(清萊陽)　27·159
孫　樂(清嶧縣)　7·433
孫樂春　34·319
孫　璘　21·327
孫　駪　77·342
孫　樾(明)　68·192
孫　樾(清)　26·129
孫樹芝　37·814
孫樹苓　12·493
12·496
孫樹棠　6·473
孫橘堂　28·45
孫　整　14·362
15·566
17·515
孫殫修　30·110
孫　曉　58·424
孫　嶼　7·379
孫　默　24·335
孫積榮　26·634
孫　勳　77·363
孫篤先　27·170
孫舉海　68·217
孫興元　36·605
孫興壽　77·95
孫興寬　27·165
孫興禮　74·169
孫　學　40·117
孫學詩　38·684
孫學稼　76·107
孫儒忠　14·366
17·566
孫錫成　9·277
孫錫朋　9·425
孫錫運　37·159
孫錫輅　4·359
孫錫㟲　6·462
孫錫蕃　2·54
13·496
孫錫慶　19·310
孫　錦　72·26
孫錦裳　21·782
孫　錠　19·616
孫　獬　7·153
7·164
孫　謀　45·88
孫　諤(宋)　77·177
孫　諤(清)　7·422
孫　諝　77·547
孫龍化　18·357
孫龍章　51·256
孫羲伯　68·344
孫　燧　1·777
75·371
孫澤世　30·110
孫澤盛　4·225

	23・647
	24・535
孫澤遠	5・274
孫憲武	37・5
孫寰海	28・189
孫　駿	39・249
孫駿昌	28・56
孫　環	37・808
孫聯禧	14・743
孫皤淮	39・293
孫皤溪	39・296
孫皤谿	5・279
孫擴圖	4・350
孫　勵	73・402
	74・166
孫徽五	56・107
孫　謙(明萊陽)	27・93
孫　謙(明朝城)	42・280
孫　謙(南朝梁)	4・136
	15・544
	30・673
	31・217
孫　襄	79・401
孫應元	9・64
孫應珏	55・121
孫應珍	55・106
孫應奎(明洛陽)	1・787
	32・584
	36・426
孫應奎(明餘姚)	1・775
孫應祖師	76・365
孫應康	42・110
孫應淇	56・52
孫應琮	55・121
孫應運	5・274
孫應溪	14・123
	17・565
孫應龍(宋)	77・342
孫應龍(明)	48・567
孫應麒	5・380
孫燦文	57・177
孫鴻恩(民國)	6・665
孫鴻恩(清)	42・399
孫鴻基	39・697
孫鴻圖	6・453
孫濟東	6・469
孫濟奎	6・456
孫濟秦	6・487
孫　濯	28・176
孫濰溥	20・531
孫　禮(元)	29・19
孫　禮(明)	40・115
孫　禮(漢)	17・692
孫　禮(魏)	1・698
	8・464
孫禮軒	18・568
孫禮輿	75・585
	79・48
孫翼鳳	77・371
孫孺子	37・175
孫孺衡	36・523
孫　騏	80・758
孫翹江	77・213
孫　覲	31・822
	33・571
孫覲光(清昌邑)	19・620
孫覲光(清諸城)	20・790
孫豐春	10・247
孫　鎮(明)	24・556
孫　鎮(清費縣)	30・303
	31・183
孫　鎮(清嶧縣)	7・454
孫　鎰	27・166
孫　臏	7・137

	15・579
	19・583
	31・744
孫　爌	13・764
孫　燿	68・171
孫彝誥	4・471
孫　縋	6・640
孫璝美	36・535
孫　藴	12・297
孫藴韜	2・111
	22・236
	23・627
孫攀月	14・737
孫攀桂	12・315
孫　轍	69・616
孫　璽(明青城)	43・438
孫　璽(明鄒平)	5・135
孫　嚴	35・114
孫　鏄	19・625
孫　鏜	4・217
	30・676
	31・220
孫　鏞(明)	40・169
孫　鏞(清)	12・315
	12・365
孫鏡蓉	9・422
孫　鵬(明文登)	29・70
孫　鵬(明鄒平)	5・135
孫　鵬(明鳳翔)	41・696
孫　鵬(清)	38・249
孫　騰	27・168
孫騰光	55・69
孫　鯨	13・130
孫　識	9・393
	9・475
	9・563
孫　勷	4・277
	5・371
	8・346
	8・613
孫　贇	27・434
	28・16
孫　蠃	73・24
孫懷印	36・37
孫懷洙	7・174
孫懷慜	7・433
孫懷積	31・825
孫懷璧	30・682
孫　瀛	48・141
孫　繩(明)	5・142
	13・790
孫　繩(清)	4・402
	7・163
孫繩武(明即墨)	23・642
孫繩武(明婺源)	54・128
孫繩祖(清陵縣)	8・418
孫繩祖(清婺源)	55・451
孫馨祖	61・645
孫　蘭(明)	73・344
孫　蘭(清)	71・87
孫獻珍	7・425
孫獻恪	7・431
孫耀先	37・417
孫耀宗	61・722
孫　巍	28・214
孫　覺	75・397
孫　鐩	73・36
孫寶仁	6・572
	6・637
孫寶仍	6・572
	6・637
	17・600
孫寶侗	4・392
	6・573

	6・637
孫寶怡	28・201
孫寶晉	24・759
孫寶孫	74・149
孫寶傳	6・563
孫寶儒	6・658
孫　繼	4・277
	5・371
	6・653
	8・610
孫繼元	27・150
	29・754
	29・807
孫繼昌	35・112
孫繼宗(明)	5・135
孫繼宗(清)	30・320
孫繼陛	40・25
	40・190
孫繼善	14・726
	42・967
孫繼慶	4・144
孫繼翰	9・405
孫　鰲	62・540
孫　馨	1・741
	37・802
	38・158
孫酆東	40・171
孫　儼(宋)	68・556
孫　儼(明)	68・75
孫　鐸	4・86
	11・80
	36・452
孫鶴年	75・680
孫鶴亭	20・790
孫鶴翎	31・824
孫鶴齡	23・280
孫續祖	4・280
	5・222
孫　覿	69・646
	71・116
	73・270
孫　霽	6・546
孫體乾	33・587
	33・699
孫　鑑(明)	5・144
孫　鑑(清)	42・990
孫　巒	7・444
孫　瓚(明棲霞)	25・267
	25・308
孫　瓚(明壽張)	42・752
孫　顯	32・37
	30・474
孫顯祖(清蓬萊)	25・51
孫顯祖(清嶧縣)	7・430
孫顯堂	23・441
孫顯瑞	14・128
孫　巘	7・431
孫麟貴	73・337
孫麟瑞	24・553
孫麟閣	37・159
孫　觀(清)	72・13
孫　觀(魏)	4・31
	15・519
	21・115
	31・746
	32・346
	33・212
孫觀泰	42・293
	42・347
孫觀海	23・279
孫靈暉	5・38
	43・259
	43・574
孫靈樞	37・171

孫　讓(清連江)　77・511
孫　讓(清無棣)　13・147
孫鷹揚　23・440
孫灝如　43・22
孫　纘　42・265
　　42・411
孫纘宗　54・122
孫　讜　30・303
　　31・182

純

純只海　18・40
純　悦　77・597

納

納蘭胡魯剌　37・803

十一畫

球

球　玉　61・768

理

理　信　19・164

堵

堵廷棻　2・31
　　6・120
堵　昇　1・833
　　11・42
堵維垣　77・92
堵　嶷　2・83
堵應鐖　42・14

教

教　化　7・376

著

著邱公　30・635

萊

萊　子　26・1
萊　朱　41・125
萊　章　7・159

勒

勒士敏　41・220

黄

黄一良　79・510
黄一桂(明)　79・506
黄一桂(清長樂)　78・529
黄一桂(清萬年)　60・269
黄一桂(清贛縣)　73・358
黄一魁　80・693
黄一鳳(明峽江)　73・302
黄一鳳(明新喻)　66・254
黄一龍　76・689
黄一爵　73・415
黄二勳　71・433
黄二嚴　70・381
黄七翁　80・169
黄人駒　78・436
黄人驥　71・395
黄九林　80・755
黄九齡　66・535
黄九衢　72・490
黄乃清　78・373
黄乃模　78・452
黄三祝　52・250
黄三陽　76・393
黄三喜　52・256
黄三鳳　54・515
黄三蘭　60・506
黄于淵　72・472
黄　士　79・179

黃士元　71・128
黃士玌　71・274
黃士光　71・44
黃士芸　71・568
黃士宏　68・491
黃士珍　79・214
黃士珪　56・429
黃士特　75・537
　77・460
黃士彬　76・362
黃士凰　38・244
黃士敬　77・650
黃士遇　80・536
黃士景　66・605
黃士傑　78・652
黃士尊　76・201
黃士鳳　79・608
黃士穀　38・558
黃士磊　77・724
黃士毅　78・7
黃士舉　77・514
黃士錦(清南豐)　71・612
黃士錦(清晉江)　79・248
黃士龍　59・100
黃士鰲　80・47
黃士續　63・38
黃大中　23・645
黃大文(清萊陽)　27・171
黃大文(清滋陽)　36・437
黃大本　79・393
黃大任　79・394
黃大佑　71・557
黃大亨　74・37
黃大旼　79・609
黃大受　68・219
黃大恩　53・416
黃大純　77・352
黃大捷　71・473
黃大欽　54・525
黃大富　54・601
黃大節(明南安)　79・505
黃大節(明信豐)　73・412
黃大廉　78・93
黃大猷　74・43
黃大賓　69・241
黃大綸　71・452
黃大駉　45・241
黃大德　71・46
黃大勳　74・525
黃大臨(宋)　47・335
　73・1
黃大臨(清)　79・287
黃大鏞　74・337
黃大鵬　76・404
黃大穌　78・394
黃才敏　79・157
黃上功　71・566
黃上春　77・404
黃上軒　74・41
黃上球　77・230
黃上遇　45・233
黃　山　62・44
黃千里　76・409
黃千能　68・349
黃　川　52・279
黃及時　79・599
黃久約　4・86
　31・772
　37・803
　40・3
　40・178
黃之佖　66・303
黃之俊　65・105
黃之晉　73・407

黄之菁　79・609
黄之凰　72・140
黄之雋　75・390
黄之禄　79・179
黄之瑞　37・566
黄之楩　66・220
黄之蔚　40・288
黄之翰　80・538
黄之輯　57・293
黄之瓊　55・155
黄之衢　80・193
黄小同　58・194
黄子中　79・265
　79・625
黄子仁　71・125
黄子花　18・515
黄子尚　47・257
黄子明　71・451
黄子威　72・38
黄子信　78・639
黄子美　4・160
　35・698
黄子屏　36・765
黄子野　76・200
黄子敦　79・598
黄子游　76・541
黄子幹　36・744
黄子稜　76・414
黄子澄　61・285
黄天申　79・158
黄天民　80・237
黄天谷　78・459
黄天秩　73・437
黄天祥　71・415
黄天棟　74・113
黄天策　73・432
黄天瑞　77・721
黄天暘　79・503
黄天壽　58・159
黄天箕　78・514
黄天慶　70・292
黄天爵　79・446
黄　元(明)　77・93
黄　元(清)　55・387
黄元之　67・11
黄元甲　79・429
黄元吉(元)　45・370
黄元吉(清金谿)　70・572
黄元吉(清廣昌)　74・509
黄元成　73・291
黄元志　76・623
黄元谷　62・613
黄元和　12・248
黄元承　54・319
黄元春　70・529
黄元拯　59・373
黄元俊　13・731
黄元度　80・535
黄元美　62・637
黄元埈　76・708
黄元高　79・401
黄元傑　70・389
黄元御　4・459
黄元善　73・98
黄元湘　57・292
黄元淵　75・722
　77・690
黄元業　71・473
黄元僊　45・31
　46・463
黄元震　78・441
黄元輝　45・309
黄元勳　79・626
黄元龍　35・138

黄元鍾　76・240
黄元謙　79・466
黄元爕　71・88
黄元檳　51・701
黄元齡(明安義)　66・498
黄元齡(明建昌)　51・67
黄元耀　71・462
黄元鐸　71・396
黄五先　67・423
黄五倫　73・255
黄太和　76・208
黄友均　54・528
黄友蘇　61・309
黄日昇　72・238
黄日恆　73・62
黄日祚　79・273
黄日紀　76・246
　76・316
黄日華(清上高)　63・82
黄日華(清瑞金)　74・234
黄日悅　64・565
黄日登　79・531
黄日照　77・161
黄日新(宋)　70・462
黄日新(明)　63・25
黄日新(清)　77・472
黄日煥　80・185
黄日輝　76・261
黄日曜　73・439
黄曰又　12・202
黄曰圩　19・104
黄曰河　47・447
黄曰恒　73・434
黄曰洙　65・284
黄曰紀　19・82
黄曰道　62・473
黄曰義　2・62
黄曰壽　19・86
黄曰壎　58・175
黄曰謹　76・699
　76・736
黄曰鯤　19・114
黄曰鱗　19・82
黄　中(元)　73・230
黄　中(宋)　77・174
黄　中(明古田)　77・544
黄　中(明南平)　77・124
黄　中(明郴州)　73・6
黄　中(明崇仁)　70・58
黄　中(清)　71・86
黄中一　71・246
黄中久　79・513
黄中元　80・115
黄中立(宋)　76・409
黄中立(明)　80・141
黄中立(清)　67・325
黄中色(明長垣)　41・817
黄中色(明滕縣)　4・159
　36・464
黄中交　77・141
黄中官　50・503
黄中祉　79・422
黄中彥　74・489
黄中美(宋)　77・173
黄中美(清)　77・345
黄中栻　45・261
黄中球　79・274
黄中理　80・226
黄中庸　78・257
黄中植　45・262
黄中雅　74・500
黄中傑　44・499
黄中尊　71・452
黄中楠　45・90

黃中熇　79・519
黃中澄　72・9
黃中澮　74・471
黃中謨　44・498
黃中靈　72・26
黃　升(宋)　80・55
黃　升(清)　79・600
黃　仁　71・322
黃仁山　73・207
黃仁泰　76・583
黃仁祥　72・196
黃仁章　80・255
黃仁惠　79・36
黃仁壽　72・348
黃仁榮(宋)　76・525
黃仁榮(明)　44・183
黃仁覽　45・350
　72・699
黃什保　70・340
黃化清　65・519
黃　介　44・49
黃介中　65・224
黃公甫(明長汀)　80・31
黃公甫(明長樂)　75・518
　78・509
黃公度　78・23
黃公紹　77・188
黃公槐　78・336
　78・376
黃公懋　78・626
黃公麟　77・340
黃　匀　79・553
黃　丹　52・301
黃丹桂　70・539
黃丹鳳　70・417
黃六有　76・198
黃六鴻　2・70
　64・236
黃　文　56・268
黃文元(清宜黃)　71・13
黃文元(清霞浦)　77・376
黃文中　78・680
黃文正(明)　78・487
黃文正(清)　71・480
黃文甲　80・249
黃文史　78・639
黃文光　46・151
黃文年　4・379
黃文沅　73・432
黃文汾　73・423
黃文林　74・422
黃文卓　73・447
黃文昌　71・511
黃文明　37・417
黃文忠　57・414
黃文佺　73・432
黃文政　75・516
黃文奎　77・545
黃文則　71・394
黃文星(明南昌)　44・376
黃文星(明潛山)　76・350
黃文昭　57・517
黃文炳(明同安)　76・287
黃文炳(明莆田)　78・94
黃文炳(明新昌)　63・560
黃文炳(清)　71・496
黃文炤　76・297
黃文珪　55・513
黃文晟　71・511
黃文乘　80・44
黃文豹　70・526
黃文海　71・543
黃文通　77・193
黃文梯　80・402

黄文常 73・440
黄文進 51・621
黄文訪 80・424
黄文琦 77・438
黄文達 55・501
黄文棟 80・46
黄文棣 49・246
黄文傑 74・414
黄文欽 78・737
黄文勝 74・329
黄文詠 75・733
黄文富 71・130
黄文棨 69・280
黄文統 77・471
黄文遠 56・563
黄文雷 71・231
黄文暉 78・273
黄文魁 77・220
黄文會 75・624
76・184
黄文煒 71・268
黄文煥(明永福) 75・543
78・336
78・360
黄文煥(明新昌) 63・555
黄文煥(清) 39・187
黄文煇 78・370
黄文經 71・542
黄文豪 76・689
黄文標 79・248
黄文慶 57・345
黄文澍 73・424
黄文器 71・93
黄文學 70・504
黄文錦 45・240
黄文熾 75・698
黄文曙 50・541
黄文篋 48・391
黄文濤 55・409
黄文藺 77・718
黄文璧 50・97
黄文鵬 6・169
黄文瀚 57・510
黄　亢 76・565
黄亢宗 69・375
71・127
黄方遠 19・112
黄火繡 71・85
黄　尹 50・130
黄以和 73・264
黄以陞 77・718
黄以泰 70・625
黄以珪 79・609
黄以寧 78・440
黄以翼 79・326
黄　允 79・559
黄允中 14・746
黄允芳 76・353
76・445
黄允迪 73・435
黄允肅 79・458
黄允緝 53・581
黄　玉(明) 15・586
18・368
黄　玉(南唐) 74・378
74・419
黄玉波 78・431
黄玉泰 77・576
黄玉章 78・693
黄玉湖 77・262
黄玉輝 57・509
黄　末 77・266
黄　正 23・662
黄正元 77・463

黄正中　78・415
黄正仁　74・344
黄正仕　71・132
黄正佑　70・587
黄正位　72・241
黄正表　66・605
黄正和　70・336
黄正香　74・333
黄正陞　79・466
黄正華　74・355
黄正烈　74・339
黄正晃　77・265
黄正隆　74・352
黄正瑛　74・351
黄正達　51・503
黄正朝　66・605
黄正傳　80・557
黄正魁　74・353
黄正誥　74・343
黄正綱　77・463
黄正標　77・266
黄正誼　74・350
黄正應　74・354
黄正璘　74・331
黄功懋　75・467
黄去疾　77・186
黄世元　55・578
黄世本　53・60
黄世成　73・427
黄世回　60・500
黄世汶　74・455
黄世奇　71・474
黄世昌　67・420
黄世威　73・433
黄世宣　70・338
黄世華　78・360
黄世桐　56・494
黄世恩　36・739
黄世祥　71・450
黄世恕　57・180
黄世康　78・173
黄世清　4・221
　36・471
黄世琰　56・531
黄世萬　79・598
黄世廉　58・427
黄世蕃　56・518
黄世樞　77・534
黄世賢　56・479
黄世儀　65・137
黄世學　80・50
黄世顒　75・630
黄世馥　71・617
黄世權　55・579
黄　艾　78・73
黄　本(明吴川)　75・416
　78・468
黄　本(明樂安)　71・120
黄本迪　80・542
黄本粱　73・84
黄可道　59・149
黄　丙　12・509
黄丙炎　70・53
黄丙南　41・394
黄　左　71・591
黄　石　47・185
黄石孫　77・332
黄石麟　69・389
黄右均　73・436
黄北溪　80・724
黄占微　80・689
黄占獲　6・653
黄占鰲　73・429
黄　旦(宋浦城)　76・516

黃　旦(宋寧德) 77・353
黃　旦(明) 72・610
黃　旦(金) 27・302
黃甲元 70・114
黃甲佑 44・484
黃甲第 2・62
7・384
黃甲榜 70・232
黃由庚 76・433
黃四琦 74・337
黃四輔 74・353
黃　仕 31・279
黃仕忠 77・163
黃仕遠 80・650
黃仕賢 80・426
黃代元 2・44
8・320
黃用中(明清江) 65・254
黃用中(明閩縣) 75・592
76・193
黃用治 71・99
黃　立 77・160
黃立子 66・591
黃立方 74・489
黃立言(明) 74・470
黃立言(清) 19・103
黃立誠(清南昌) 45・280
黃立誠(清曹縣) 4・370
41・172
黃　玄 75・588
76・106
黃必昌(宋) 79・101
黃必昌(清) 80・558
黃必就 78・443
黃必登(明) 74・482
黃必登(清) 79・563
黃必義 51・661
黃必演 74・480
黃必顯 70・214
黃　永 79・148
黃永存 77・177
黃永年 74・511
黃永秀 29・836
黃永其 70・320
黃永厚 80・316
黃永泰(明) 78・391
黃永泰(清) 68・601
黃永禎 43・283
黃永壽 52・296
黃永圖 36・515
黃民俊 71・125
黃民譽 74・325
黃召棠 77・570
黃　弁 74・500
黃邦光(宋) 78・362
黃邦光(清) 74・111
黃邦直 72・208
黃邦俊 75・582
78・335
78・362
黃邦彥 70・595
黃邦庠 78・459
黃邦達 60・601
黃邦榮 70・596
黃　式 77・475
黃式度(清宜黃) 71・28
黃式度(清晉江) 79・180
黃　圭 65・273
66・276
黃吉生 71・451
黃吉顯 74・334
黃　臣 4・198
5・185
10・359

黃臣謨　70·425
黃再華　77·474
黃在中(清昌樂)　19·607
黃在中(清宜春)　60·559
黃在中(清莆田)　2·90
黃在厚　38·267
黃在鎔　78·430
黃百禄　55·147
黃有才　75·566
　76·302
　78·572
黃有仁　71·338
黃有光(明)　70·621
黃有光(清)　53·59
黃有貞　56·160
黃有秋　80·694
黃有恆　72·142
黃有華　50·91
黃有祺　57·507
黃有澄　78·426
黃有顔　80·695
黃而康　80·731
黃而輝　76·315
黃成章　74·343
黃成壽　80·424
黃成樂　77·84
黃夷簡　75·581
　76·93
黃　至　76·640
黃光旦　74·282
黃光甲　48·203
黃光甫　79·339
黃光昇(明)　79·113
　79·312
黃光昇(清)　78·418
黃光岳　63·32
黃光泗　76·578
黃光祖　74·23
黃光彬　77·498
黃光崐　79·563
黃光第(清昌樂)　19·126
黃光第(清膠州)　22·313
黃光裕　57·291
黃光照　70·336
黃光會　71·383
黃光試　47·416
黃光僊　56·428
黃光熊(清容縣)　43·25
黃光熊(清德化)　48·236
黃光翠　74·342
黃光標　74·115
黃光輝　57·293
黃光德　50·86
黃光錢　57·116
黃光燦　29·301
黃光燮　57·291
黃光鎬　57·141
黃光蘭　55·532
黃光耀　38·719
黃光霽　57·504
黃光靄　68·510
黃光鑰　57·292
黃因蓮　71·436
黃回青　79·234
黃朱曷　79·179
　79·519
黃先典　48·194
黃先宫　74·319
黃先覺(宋)　50·87
黃先覺(清)　69·542
黃廷介　13·101
黃廷式　78·450
黃廷圭　78·696
黃廷臣　69·210

黃廷言　26・8
黃廷昌　79・187
黃廷相　72・202
黃廷柱(清昌樂)　19・98
黃廷柱(清濟南)　5・247
　6・206
黃廷信　80・521
黃廷亮(清吉安)　72・141
黃廷亮(清金鄉)　37・155
黃廷高　80・704
黃廷竟　62・509
黃廷紱　70・120
黃廷紳　70・240
黃廷琳　61・369
黃廷裕　79・599
黃廷瑞　50・520
黃廷幹　47・241
黃廷楫　79・155
黃廷槐　71・342
黃廷榜　79・210
黃廷暢　73・445
黃廷綬　71・595
黃廷輝(明)　65・433
黃廷輝(清)　79・354
黃廷賡　72・29
黃廷謨　71・570
黃廷獻　2・28
　27・336
　27・806
　37・811
黃廷賓　69・203
黃廷讀　77・515
黃仲元　78・8
黃仲芳　76・438
黃仲昭　78・10
黃仲偉　76・312
　77・656
黃仲義　30・232
黃仲鞶　72・553
黃仲璿　76・747
黃　任　78・336
　78・364
　79・374
黃任智　48・264
黃　仰　79・220
黃伉生　72・204
黃自任　58・187
黃自求　78・353
黃自省　39・351
黃自然　76・435
黃自錦　73・422
黃　向　45・115
　46・224
黃行煥　49・246
黃　舟　80・557
黃兆泰　49・381
黃兆皋　70・621
黃兆鳳　47・286
黃兆麃　57・406
黃兆潤　55・445
黃兆龍　72・30
黃兆鷹　47・275
黃兆鸞　47・200
黃　旭　71・50
黃旭東　63・114
黃名世(明)　76・405
黃名世(清)　71・341
黃名芳　76・241
黃名香　76・247
黃名卿　71・382
黃名聲　79・565
黃　衣　74・482
黃衣真人　72・699
黃亦元　70・232

黄克仁　77・218
黄克言　29・332
黄克明　76・219
黄克忠　62・504
黄克晦　78・627
　79・373
黄克顯　63・34
黄克纘　1・770
　8・466
　79・122
黄　材　48・179
黄　杞　77・680
黄　甫　79・206
黄步青　78・417
黄步香　78・394
黄步梯　80・670
黄步雲　78・360
黄吴老　72・2
黄見三　78・520
黄見泰　75・642
　79・13
黄利通　77・189
黄　何　70・565
黄　佐　71・13
黄佐才　78・692
黄　佑　74・470
黄　伸　77・176
黄　作　69・575
黄作求　69・627
黄作牧　74・485
黄作渠　72・179
黄作賓　78・447
黄作霖　71・402
黄伯奇　61・90
黄伯固　80・452
黄伯埏　71・454
黄伯思　77・184
黄伯珪　77・230
黄伯琛　66・581
黄伯淵(元)　71・120
黄伯淵(明)　73・261
黄伯瑞　79・255
黄位中(清長樂)　78・548
黄位中(清南安)　79・615
黄位中(清貴溪)　52・318
黄位中(清閩清)　78・419
黄位斗　80・690
黄位霖　77・388
黄　希　71・34
黄希昇　76・386
黄希周(明吉水)　72・493
黄希周(明滕縣)　36・503
黄希信　64・521
黄希亮　70・559
黄希韶　78・177
黄希憲(明)　77・364
黄希憲(明分宜)　61・25
黄希憲(明金谿)　70・518
黄希轍　70・560
黄希灝　68・389
黄　兑　69・138
黄孚同　78・628
黄含章(清宜黄)　71・14
黄含章(清崇仁)　70・265
黄　迎　57・509
黄亨一　70・384
黄亨三　70・581
黄亨會　71・493
黄　序　77・470
黄　沔　78・258
黄　宏　71・376
黄宏珠　78・428
黄宏剛　72・250
　73・353

黃宏綱(見黃宏剛)
黃宏遷　74·321
黃宏讓　79·340
黃良俊　76·631
黃良孫　65·167
黃良弼　76·283
黃良楷　7·389
　14·300
　36·574
　65·155
黃良麐　27·550
　28·235
黃良儀　79·286
黃良檀　77·662
黃　初(明貴溪)　52·154
黃　初(明廣昌)　74·476
黃君俞　78·1
黃君錫　72·150
黃壯偉　74·451
黃壯圖　74·452
黃　玞　41·122
黃　玭　52·337
黃　武　50·84
黃武煌　80·48
黃　玠(明長汀)　80·45
黃　玠(明龍溪)　77·704
黃　表(明吉安)　72·135
黃　表(明連城)　80·676
黃　長　71·451
黃長茂　70·323
黃長進　79·530
　79·626
黃　坤(明)　50·57
黃　坤(清)　48·121
黃坤生　77·397
黃其信　47·267
黃其華　80·751
黃其晟　76·290
黃其曾　61·344
黃其瑚　61·412
黃其儀　79·245
黃其燦　78·433
黃其讓　71·134
黃若石　72·544
黃若恒　78·419
黃　茂　29·25
黃茂三　66·586
黃茂才　80·244
黃　英(清永春)　79·320
黃　英(清永泰)　78·366
黃　英(清吉安)　72·204
黃　英(清羅源)　77·463
黃英文　64·337
黃　直　70·469
黃直慶　49·463
黃來晨　36·600
黃來麟　36·599
黃　松　72·510
黃松年　14·112
黃松青　79·208
黃松賓　61·313
黃　杰　55·440
黃述祖　62·288
黃　東(宋)　78·472
黃　東(明)　75·622
　78·342
　78·368
黃東老　79·336
黃事忠　76·259
　76·272
黃協鼎　78·432
黃郁李　61·371
黃郁章　65·288
黃奇玨　54·595

黃奇英　74・452
黃抱奇　61・175
黃非熊　75・582
　78・338
　78・367
黃叔美　71・232
　72・3
黃叔瑛　80・540
黃叔琳　2・17
黃叔裕　57・523
黃叔鋐　68・230
黃叔樵　50・397
黃　卓(宋)　77・116
黃　卓(清)　71・276
黃卓誠　50・327
黃尚恩　73・418
黃尚悠　73・437
黃尚絅　79・241
黃尚達　74・324
黃尚賓　65・119
黃尚璨　35・151
黃尚寶　65・222
黃尚灝　73・442
黃果興　80・243
黃　杲　78・472
黃　昌(明金谿)　70・516
黃　昌(明建寧)　80・579
黃昌元　77・14
黃昌邦　73・426
黃昌年　36・482
黃昌修　49・479
黃昌衍　54・544
黃昌祖　66・386
黃昌基　70・501
黃昌國　74・132
黃昌萬　67・493
黃昌遇　77・588
黃昌圖　4・163
黃昌綺　57・500
黃昌輝　51・506
黃昌錫　74・347
黃昌儼　54・546
黃昌衢　55・285
黃　昇　76・730
黃　昕　41・212
黃　明(明)　79・194
黃　明(清)　79・180
黃明台　79・192
黃明定　66・615
黃明莊　77・523
黃明透　62・567
黃明善　65・253
黃明源　51・267
黃　易(明)　50・419
黃　易(清漳浦)　76・742
黃　易(清錢塘)　2・26
黃　昂　70・59
黃　炅　77・181
黃迪策　71・22
黃迪篘　71・43
黃　典(元)　49・455
黃　典(清)　78・526
黃　忠　77・249
黃忠明　52・244
黃　迥　55・502
黃　岡　80・543
黃岡竹　71・434
黃垂昆　76・317
黃垂燦　62・187
黃物備　79・158
黃　和　4・162
　7・503
　30・97
黃和七　66・568

黄和修　80・522
黄季方　73・262
黄季成　76・737
黄季恒　70・213
黄季倫　58・215
黄季瑞　75・464
黄秉元　76・261
黄秉中　2・76
黄秉珊　64・565
黄秉順　51・304
黄秉鉞　48・250
黄秉衡　79・287
黄秉蘭　77・716
黄佳兆　71・98
黄侍溱　79・425
黄　岳(五代)　75・606
77・298
黄　岳(明)　67・119
黄岳生　80・539
黄岳寀　76・338
黄岱宗　65・287
黄岱清　33・239
黄佩玉　12・129
黄　金　38・409
黄金元　80・129
黄金印　61・681
黄金冶　52・217
黄金昂　73・382
黄金和　59・468
黄金華(明)　72・491
黄金華(清)　50・76
黄金彪　70・307
黄金進　50・496
黄金得　6・230
黄金誥　71・487
黄金聲(清永定)　80・243
黄金聲(清貴溪)　52・320
黄金鐘　77・721
黄命官　63・569
黄　采(明)　1・811
黄　采(清)　71・225
黄念典　36・501
黄　朋　49・481
黄　周　76・396
77・188
黄周星　77・593
黄　京　77・680
黄育坤　80・255
黄育茹　79・246
黄　卷(明吉安)　72・193
黄　卷(明奉新)　67・256
黄　卷(明思州)　12・200
黄　卷(明連城)　80・742
黄　卷(明閩清)　78・451
黄　炎　52・212
黄炎昌　27・173
黄炎興　51・484
黄　沬　75・418
黄法常　9・889
黄法興　78・459
黄法甦　70・127
71・119
黄河光　79・322
黄河崑　2・49
33・696
48・486
黄河清(明南安)　79・446
黄河清(明壽州)　40・16
40・186
黄河清(清南豐)　71・618
黄河清(清都昌)　50・93
黄河清(清豐城)　68・245
黄河漣　74・447
黄河澄　71・63

黄河龍　80・131
黄　泗　75・553
　79・33
黄　注　73・420
黄　泳　77・500
黄　波　43・541
黄治圖　50・289
黄　宗　72・436
黄宗三　77・278
黄宗旦　78・589
黄宗任　79・241
黄宗杏　77・223
黄宗昌　4・117
　23・641
黄宗岱　78・428
黄宗祝　77・259
黄宗哲　71・288
黄宗皋　35・160
黄宗海　77・463
黄宗敬　25・103
黄宗揚　23・654
黄宗傑　77・231
黄宗載　68・53
黄宗義　71・123
黄宗鳳　35・184
黄宗魯　13・148
黄宗憲　77・268
黄宗瓊　76・125
黄宗彝　76・112
黄宗繼　77・717
黄宗顯　77・204
黄　定(宋永福)　75・542
　78・334
　78・352
黄　定(宋閩清)　78・440
黄定中　73・421
黄宜臣　72・208
黄　宙　79・99
黄宙瑚　68・514
黄官計　74・502
黄　祉　79・245
黄　建　74・504
黄建邦　53・576
黄建章　76・405
黄建極(明)　1・831
黄建極(清)　13・232
黄建業　38・272
黄建勳　78・386
黄居中　79・271
黄居仁　70・247
黄居敬　11・206
黄居貴　71・471
黄居鉞　72・102
黄居德　63・21
黄　旹　77・342
黄承元　61・360
黄承宗　4・228
　29・108
　29・569
黄承祐(清古田)　77・547
黄承祐(清南昌)　45・131
黄承基　73・421
黄承賓　66・572
黄承璋　78・427
黄承謨　80・109
黄孟舟　77・257
黄孟恭　53・250
黄孟海　78・451
黄孟淑　80・189
黄孟蛟　80・736
黄孟喬　50・531
黄孟樞　78・448
黄　嵗　75・443
　76・133

黄　春　50・385
黄春林　73・85
黄春煦(民國光州)　19・72
黄春煦(民國潢川)　15・140
黄　珏　49・447
黄　珍　74・451
黄　封　77・554
黄　垣(清清江)　65・132
黄　垣(清單縣)　38・241
　38・327
黄政修　76・494
黄政穟　77・725
黄　垓(元)　75・621
　77・470
黄　垓(清)　38・235
黄南金　79・506
黄南陔　80・550
黄　相(明昌平)　42・34
黄　相(明德化)　48・178
黄　相(金)　18・37
黄　相(清)　77・722
黄相明　47・578
黄　柱　27・297
　27・410
　27・535
　28・169
黄咸焜　74・344
黄咸煊　74・345
黄咸醇　74・332
黄咸賨　19・71
黄　奎　67・543
黄奎光　77・496
黄奎林　36・530
黄奎登　9・413
黄　貞　79・255
黄貞吉　72・185
黄貞仲　79・622
黄貞泰　23・645
黄貞晉　23・655
黄貞魁　72・372
黄貞麟　4・464
　23・644
黄則先　62・660
黄則花　79・618
黄映美　74・505
黄映梅　38・288
黄映蕙　38・288
黄星堂　61・700
黄星曉　52・246
黄　昴　77・145
黄昱修　64・400
黄　昭(元)　71・128
黄　昭(宋)　78・550
黄昭武　76・455
　77・202
黄昭道　1・790
　43・539
黄昭鑑　25・105
黄　胄　80・347
黄　思　68・104
黄思仁　80・680
黄思孔　45・35
黄思立　80・522
黄思近　79・449
黄思忠　80・522
黄思彥　2・98
黄思恩　74・496
黄思庸　63・114
黄思誠　80・696
黄思新　79・507
黄思彰　65・257
黄思賢　73・411
黄思範　55・640
黄思德　80・679

黄思憲　52・348
黄思謙　80・693
黄　盅　61・492
黄　品　77・353
黄品三　72・152
黄品魁　77・399
黄品霖　78・437
黄拜颺　72・208
黄　矩　70・463
黄矩孕　79・254
黄　香　1・696
黄香海　75・702
黄　科　80・188
黄科盛　63・174
黄重光　79・603
黄重賢　19・21
黄修紱　62・507
黄　信(明益都)　4・239
15・567
17・520
18・368
黄　信(明彭澤)　49・2
黄信中　59・38
黄禹錫　78・589
黄　俊(清金谿)　70・589
黄　俊(清定陶)　41・407
黄　俊(清惠安)　79・275
黄　俊(清贛縣)　73・359
黄俊苑　77・114
黄待顯　42・229
78・78
黄　衍　77・181
黄後貽　78・445
黄　俞　7・385
黄俞叔　76・331
黄　胐　68・168
黄　勉(明浮梁)　47・56
黄　勉(明廣昌)　74・477
黄　勉(唐)　58・283
黄　勉(清)　78・370
黄胤茂　19・572
黄亭樹　70・330
黄亮承　80・737
黄　度(宋)　75・399
黄　度(清)　80・534
黄　庭　78・411
黄庭訓　77・656
黄庭書　80・292
黄庭堅　1・736
47・354
49・398
51・126
61・88
61・750
66・647
67・613
73・270
黄庭琮　58・74
黄庭椿　45・120
黄庭經　78・419
黄庭銑　80・243
黄彦平　68・12
黄彦臣　77・678
黄彦琛　52・58
黄彦瑜　63・115
黄彦遠　70・476
黄彦暉　79・363
黄彦輔　68・12
黄彦璋　63・115
黄彦輝　76・347
78・135
黄彦澄　71・90
黄彦疇　77・414
黄弈志　79・609

黃　竑　68・346
黃　恪　77・361
黃　美(明)　63・15
黃　美(清)　75・632
78・341
78・386
黃　炳(宋)　72・130
黃　炳(清)　73・242
黃炳召　68・367
黃炳啓　68・229
黃炳燊　70・304
黃　烱　68・146
黃洪生　73・422
黃洪吉　70・635
黃洪祚　71・444
黃洪耀　70・338
黃　洧　76・205
76・434
黃　洙　71・381
黃　洽　75・479
76・18
79・5
黃洽特　79・591
黃洽選　79・520
黃　宣(宋)　78・69
黃　宣(明)　70・464
黃宣中　61・366
黃宣禮　71・458
黃宮本　71・396
黃宮柱　77・88
黃宮球　71・85
黃宮麟　63・128
黃　冠　79・264
黃冠能　70・401
黃冠道人　41・222
黃　祐　71・418
黃祖淩　80・732
黃祖淦　49・237
黃祖舜　75・547
79・4
黃祖絡　72・145
黃祖溶　49・243
黃祖經　72・145
黃祖榮　76・182
黃祖憲　71・134
黃祚昌　63・38
黃　陞　76・713
黃飛黃　71・238
黃飛遠　60・383
黃飛翰　69・267
黃飛鵬　77・497
黃約仲　78・110
黃　紀　69・181
黃紀拔　80・756
黃紀官(清永泰)　78・357
黃紀官(清閩清)　78・448
黃紀賢　1・855
23・129
23・622
黃泰階　76・578
黃泰職　50・60
黃　珪　75・478
76・17
黃　珙　61・456
黃　敖　70・78
黃起元　36・485
黃起有　78・117
黃起莘　77・116
黃起熊　78・340
黃起龍　78・158
黃起鯤　78・161
78・268
黃　都　57・503
黃都甯　77・192

黃　華(清同州)　6・448
黃　華(清萬載)　61・684
黃華年　65・133
黃華秀　76・288
　77・615
　79・451
黃華音　80・296
黃華國　79・609
黃華袠　77・181
黃　恭(明晉江)　79・226
黃　恭(明萬載)　61・497
黃　恭(明懷安)　75・627
黃　恭(清)　71・480
黃　莊　73・335
黃真四　69・572
黃桂芳　74・351
黃桂發　74・401
黃桂馥　58・187
黃　株　70・463
黃　軒　71・346
黃配元　71・119
黃原昌　80・578
黃　烈(宋)　76・540
黃　烈(清)　68・516
黃振玉　76・303
　77・628
黃振甲　56・211
黃振通　78・434
黃振清　37・417
黃振爲　72・7
黃振遠　66・604
黃振榮　55・503
黃振輝　79・596
黃振龍　76・118
黃　哲　1・800
黃晉良　75・600
　76・201
黃　時(明南昌)　45・122
黃　時(明廣昌)　74・478
黃時中　77・581
黃時幸　57・150
黃時拔　71・481
黃時忠　45・167
黃時清(明安溪)　79・394
黃時清(明晉江)　79・235
黃時遇　77・140
黃時璜　79・247
黃時錦　71・472
黃時懋　38・260
黃時濟　68・194
黃　晟(明石首)　77・362
黃　晟(明鄱陽)　58・218
黃　晄　77・620
黃　尋　70・479
黃　恩　54・258
黃恩甫　19・626
黃恩彤　4・331
　35・98
黃恩覃　14・735
黃恩鉽　80・751
黃恩霨　4・332
　35・121
黃　峻　71・396
黃峻峰　19・129
黃　剛　63・332
黃　秩　72・193
黃秩林　71・27
黃秩浤　71・63
黃秩模　71・54
黃秩韶　71・31
黃秩龍　71・63
黃　倩　79・266
黃值清　48・396
黃倬章　78・423

黄師寅　77·575
黄師雍　75·510
　78·406
黄師閶　4·332
黄師範　70·534
黄師憲　70·615
黄師顔　79·507
黄師夔　77·373
黄　徐　71·203
黄　釗(明南豐)　71·531
黄　釗(明浮梁)　47·70
黄　釗(清)　72·236
黄豹韡　79·605
黄　脩　77·458
黄　卿　4·153
　15·555
　17·523
　18·306
黄逢吉　60·525
黄逢春　79·239
黄逢時　79·607
黄逢超　78·568
黄逢聖　78·395
黄　訓　66·130
黄訓履　78·444
黄　衷　79·213
黄衷倫　66·515
黄　唐　75·444
　78·405
黄唐傳　76·5
黄唐髮　50·41
黄益三　74·519
黄益昌　70·394
黄益純　80·174
黄益韻　70·224
黄　烜(明)　68·489
黄　烜(清)　67·184
黄凌漢　63·126
黄浦清　70·507
黄　海(清莆田)　78·195
黄　海(清厦門)　76·228
黄　海(清婺源)　57·505
黄　浮　1·695
　7·342
黄　流(明)　73·249
　73·318
黄　流(清邵武)　77·189
黄　流(清清流)　80·331
黄　流(清婺源)　55·77
黄流光　50·524
黄流清　50·103
黄流瓚　50·48
黄　浚　71·127
黄家位　66·594
黄家旺　77·475
黄家珍　72·145
黄家炳　55·414
黄家珣　36·515
黄家帶　48·116
黄家紳　66·491
黄家焻　78·617
黄家瑞　36·472
黄家概　57·92
黄家駒　71·288
黄家儉　80·694
黄家璲　77·496
黄家樹　63·158
黄家禮(清安義)　66·504
黄家禮(清武寧)　49·369
黄　祥　66·512
黄祥雲　79·354
黄陶潛　76·361
黄　恕　74·329
黄　通　71·350

	77・188
黄通理	78・274
黄翀萬	80・728
黄孫茂	74・473
黄孫蕙	71・134
黄孫懋	4・331
	35・718
黄純熙	58・108
黄球觀	78・412
黄理和	44・555
黄理順	74・365
黄 珵	74・487
黄培任	71・394
黄培鈺	50・94
黄培榮	71・334
黄執中	75・412
	77・586
黄基承	80・429
黄基鑑	56・218
黄 菽	66・498
黄 乾	50・110
黄乾行	77・372
黄乾亨	78・64
黄乾臯	53・76
黄 彬(清南昌)	44・447
黄 彬(清信豐)	73・423
黄 彬(清晉江)	76・260
黄 彬(清崇仁)	70・287
黄 梧(清平和)	75・693
黄 梧(清江西新城)	71・433
黄梅岩	80・294
黄梓國	51・496
黄盛文	65・257
黄盛世	63・122
黄盛崑	74・132
黄雪梅	80・736
黄雪豐	80・766
黄雪馨	80・745
黄 捷	38・276
黄捷山	71・15
黄 堂(明内鄉)	1・816
	15・30
	15・134
	15・216
黄 堂(明安慶)	42・196
黄 堂(明通州)	40・13
	40・184
黄 堂(明臨清)	14・745
	42・948
黄 堂(清上高)	63・163
黄 堂(清瀘溪)	72・19
	77・289
黄堂玉	62・294
黄堂慶	72・627
黄 常	59・283
黄 晞	76・484
黄 冕(明)	6・479
黄 冕(清)	62・307
黄冕章	58・437
黄 異	49・501
黄國中	71・338
黄國仙	60・387
黄國用(明吉安)	72・136
黄國用(明豐城)	41・893
	68・107
黄國光	56・190
黄國英	80・609
	80・656
黄國定	59・160
黄國奎	40・13
	40・184
黄國重	80・551
黄國彦	79・159
黄國宦	74・136

黄國泰　71・570
黄國華(明)　68・105
黄國華(清)　62・520
黄國哲　75・664
黄國瑛　74・504
黄國琦　35・449
　64・229
黄國鼎　79・128
黄國楷　76・261
黄國靖　68・488
黄國塾　78・355
黄國賓(明安義)　66・616
黄國賓(明新喻)　66・187
黄國賓(明樂安)　71・121
黄國寧　77・265
黄國賢　79・163
黄國儀　79・260
黄國翰　40・496
黄國器　57・92
黄國勳　54・602
黄國舉　80・682
黄國興　74・421
黄國璨　40・169
黄國瀛　48・219
黄國瓚　71・453
黄　崑　73・385
黄崗竹　72・142
黄崇玉　36・615
黄崇秀　73・416
黄　符　70・548
黄悠孝　57・345
黄　偉(明)　76・282
　77・605
黄　偉(清金谿)　70・590
黄　偉(清婺源)　55・433
黄偉英　80・44
黄偉卿　70・577
黄偉章　70・628
黄偉猷　74・43
黄偉勷　80・50
黄　偁　71・199
黄　進　68・160
黄假玉　76・580
黄得官　72・151
黄得勝　51・363
黄得禮　68・11
黄從素　50・128
黄從運　80・48
黄從龍　53・390
黄　釪　77・132
黄　釧　77・426
　77・450
　79・389
黄象春　71・425
黄象珮　72・202
黄象新　75・664
黄　逸　79・141
黄袞孕　79・178
黄　袞　47・419
黄　康　80・679
黄　堃　73・397
黄　章(宋)　77・177
黄　章(清)　2・111
　22・236
黄章日　62・579
黄章足　62・570
黄章良　62・515
黄章震　45・309
黄　翊(元奉新)　67・355
黄　翊(元新建)　46・23
黄翊世　55・52
黄商楫　79・382
黄惟宏　66・324
黄　清(明弋陽)　50・371

黄　清(明宜黄)	71・5
黄　清(清)	73・437
黄清老	77・186
黄清泉	77・662
黄清起	51・191
黄淇彬	76・58
黄　淑	77・92
黄淑清	79・560
黄　淦	71・613
黄　淳	65・315
	68・544
黄淳中	79・169
黄　深	79・212
黄深源	76・578
黄　梁	67・251
黄　涵	70・404
黄　寅(宋)	77・185
黄　寅(清)	55・248
黄寅亮	75・716
黄寅曉	52・246
黄　宿	74・480
黄啓甲	55・341
黄啓生	63・23
黄啓昇	57・504
黄啓美	63・64
黄啓珠	74・391
黄啓祥	55・384
黄啓運	4・449
黄啓蒙	50・389
黄啓雷	63・134
黄啓誠	63・135
黄啓源	55・383
黄啓榮	55・424
黄啓漸	79・519
黄啓賢	70・347
黄啓興	55・321
黄　晝	45・297
黄　隆(明)	71・541
黄　隆(清)	79・177
	79・518
黄隆黨	78・432
黄　紱(清上高)	63・77
黄　紱(清南昌)	45・265
黄　紱(清廣昌)	74・509
黄紱祖	63・125
黄細予	72・29
黄　絅(明吉安)	72・150
黄　絅(明南城)	71・233
黄　紹(元)	69・421
黄　紹(清)	71・279
黄紹元	49・115
黄紹衣	78・449
黄紹彤	78・436
黄紹杰	73・61
黄紹奇	80・757
黄紹定	78・449
黄紹柏	71・462
黄紹庭	78・423
黄紹烈	69・165
黄紹惠	73・379
黄紹斌	71・454
黄紹煐	78・446
黄紹韓	78・444
黄　棉	13・726
黄　琦	70・599
黄　琢	72・552
黄　琥	68・103
黄　琰(明)	79・169
黄　琰(清長樂)	78・565
黄　琰(清單縣)	38・256
	38・303
黄　琮(宋莆田)	75・413
	76・205
	76・347

	77・361
	78・83
	78・452
黄　琮(宋龍巖)	78・659
黄　琮(明)	77・186
黄　琮(清)	78・603
黄　琬(明)	75・416
	78・462
黄　琬(漢)	1・697
	7・72
	15・516
	16・394
黄　琛(明永豐)	80・162
黄　琛(明將樂)	80・452
黄　琛(明廣昌)	74・477
黄堯彩	48・43
黄　堪	79・235
黄　超(清吉安)	72・195
黄　超(清定陶)	41・409
黄超叔	77・332
黄　喆	80・551
	80・584
黄　達(明晉江)	79・253
黄　達(明德平)	5・217
	8・705
黄達先	66・581
黄達桂	45・241
黄達璋	47・374
黄達鐸	47・250
黄壺石	76・493
黄期明	74・91
黄期銘	75・692
黄萬里	80・675
黄萬春	63・556
黄萬晟	73・368
黄萬頃	76・312
黄萬章	71・328
黄萬貴	80・713
黄萬德	80・709
黄葆年	26・586
	27・14
	42・390
	42・410
黄　敬	72・541
黄敬止	74・493
黄敬方	17・637
	19・578
黄敬理	45・121
黄敬熙	74・42
黄敬璣	4・349
	35・704
黄朝元	80・242
黄朝正(清高安)	62・404
黄朝正(清龍溪)	76・262
黄朝相	71・591
黄朝宣	63・98
黄朝勇	56・184
黄朝庸	50・91
黄朝陽	79・277
黄朝瑛	56・583
黄朝貴	48・219
黄朝弼	47・199
黄朝聘	70・545
黄朝楨	50・124
黄朝鉞	29・146
黄朝棍	56・635
黄朝緒	76・320
黄朝醇	56・531
黄朝選	60・553
黄朝勳	78・693
黄朝鍹	29・109
	29・572
黄朝灊	57・91
黄　悳	71・124

黄　棋　71・84
黄　楧　63・92
黄　楝(明)　7・380
黄　楝(清金谿)　70・627
黄　楝(清瀘溪)　72・13
黄　棆　77・453
黄　極(元)　71・124
黄　極(明海陽)　27・79
29・824
黄　極(明單縣)　38・224
黄　極(明廣昌)　74・495
黄　極(清)　71・472
黄　軫　76・320
黄　惠　78・364
黄惠堂　45・261
黄惠勝　79・437
黄惠蒼　73・444
黄雄飛　50・69
黄　雲(元)　65・431
69・421
黄　雲(清)　71・394
黄雲光　78・417
黄雲師　48・47
51・127
黄雲移　78・674
黄雲開　51・309
黄雲臺　76・478
黄雲閣　24・694
黄雲鳳　25・78
黄雲龍　78・575
黄　揆　75・542
78・352
黄雅崽　51・308
黄斐章　70・324
黄　棠　58・401
黄　昜　38・224
黄　晛　76・454
黄貽謀　35・189
黄　鼎(明)　72・491
黄　鼎(清)　57・503
黄鼎中　80・229
黄鼎象　79・580
黄鼎壽　45・132
黄鼎彜　63・27
黄　閏　73・410
黄開元　70・544
黄開先　80・582
黄開英　71・437
黄開治　76・405
黄開泰　75・677
黄開祿　47・539
黄開瑞　78・619
黄開椿　71・486
黄開勳　79・531
黄　遇　71・274
黄　景　63・12
黄景中　79・178
黄景文(宋)　73・403
黄景文(清)　47・239
黄景尹　73・434
黄景孕　79・173
黄景明(明)　79・174
黄景明(清)　78・444
黄景昉　79・271
黄景和　66・543
黄景章　1・797
黄景雲　76・570
黄景皐　73・434
黄景祺　55・391
黄景會　73・429
黄景詵　74・138
黄景煇　80・692
黄景熙　7・79
16・424

黄景榮　51・299
黄景賢　70・322
黄景醇　23・436
黄景禮　76・360
黄　貴　49・67
黄　凱　79・255
黄　嵋　71・281
黄　智　76・576
黄喬石　79・579
黄喬植　79・313
黄喬楝　79・313
黄　策　16・428
黄策賜　80・228
黄策麟　80・176
黄傅駪　71・63
黄傅驥　71・55
黄　順　71・122
黄順甫　50・440
黄　傑　76・285
77・609
黄　復　75・607
77・120
78・383
80・396
黄復本　43・627
黄復圭　60・86
黄　循　53・251
黄　鈐　32・455
33・79
42・589
黄　欽　71・491
黄欽傑　80・349
黄欽謀　80・48
黄爲貴　79・266
黄爲漢　79・185
黄　勝　76・385
黄勝義　80・48
黄勝寶　70・300
黄猶龍　12・509
黄　詔　80・716
黄詔鳳　80・205
黄　敦　78・424
黄　斌　80・676
黄斌卿　78・205
黄　童(明古田)　77・561
黄　童(明政和)　77・29
黄　善　50・141
黄善保　60・368
黄翔龍　57・406
黄翔鴻　55・503
黄翔廖　57・510
黄尊聖　63・173
黄　遒　77・347
黄　道　79・577
黄道月　74・444
黄道平　71・480
黄道生　69・389
黄道吉　42・35
黄道成　80・518
黄道亨　77・474
黄道來　71・451
黄道周　75・657
75・668
75・730
76・738
黄道南　46・267
黄道昶　79・282
黄道泰　79・275
黄道珪　2・90
黄道晉　78・181
黄道清　74・319
黄道淳　47・258
黄道隆　80・713
黄道奭　40・160

40・547
黄道開　71・348
黄道甯　71・397
黄道煥(明)　79・256
黄道煥(清)　46・194
黄道源　76・413
黄道熊　77・356
黄道懃　79・370
黄道瞻　79・122
黄　曾(清閩清)　78・436
黄　曾(清歷城)　5・231
黄曾榮　80・607
黄　焯(明南平)　77・81
黄　焯(明豐城)　68・197
黄　焜　76・642
黄　焰　71・125
黄　焲　77・84
黄焱興　80・740
黄　湛　71・466
黄　湘(清金谿)　70・603
黄　湘(清南城)　71・274
黄　湘(清萍鄉)　47・374
黄　湜　75・490
黄　温　70・212
黄　渙(宋光澤)　77・257
黄　渙(宋龍溪)　77・681
黄　渾　71・415
黄　寔　76・525
黄運亨　55・434
黄運昌　74・501
黄運啓　19・600
23・644
黄扉佶　29・550
黄　棨　77・185
黄　補　78・6
黄　裕　55・503
黄裕光　61・313
黄　祺　51・27
66・470
黄　禄　71・394
黄　弼　80・519
黄　登(宋吉水)　72・433
黄　登(宋南安)　79・279
79・625
黄　登(宋都昌)　50・106
黄登甲(清信豐)　73・425
黄登甲(清婺源)　55・424
黄登和　70・320
黄登俊　77・190
黄登穀　2・40
8・469
黄登墀　79・422
黄登儁　38・724
黄登鵬　80・723
黄登鯨　78・410
黄登瀛(清江西新城)　71・396
黄登瀛(清婺源)　57・292
黄登瀛(清廈門)　76・242
黄登鰲　58・169
黄登鷟　80・724
黄　發　79・139
黄　淼　76・454
黄　綖　36・486
黄絡祺　67・379
黄　瑜　50・382
黄馴大　52・310
黄　瑚　21・137
黄　瑊　76・516
黄　瑞　76・437
黄瑞玉　80・633
黄瑞芝　61・173
黄瑞辰　72・28
黄瑞祥　53・406
黄瑞節　72・608

黃瑞瑩　55・501
黃瑞麒　49・243
黃瑞蘭　60・506
黃瑞鶴　78・465
黃　瑀(宋)　75・440
76・7
78・480
79・362
黃　瑀(明)　1・803
33・588
33・687
黃　瑜(明)　71・264
黃　瑜(清江西新城)　71・427
黃　瑜(清金谿)　70・609
黃瑜潤　80・406
黃　瑗　43・539
黃　載(宋)　71・516
黃　載(明)　67・19
黃　遠(宋)　78・351
黃　遠(明)　71・215
黃遠富　54・469
黃遠榮　51・108
黃塏塘　80・255
黃聖田　77・576
黃聘三　78・409
黃夢吉　68・719
黃夢光　55・200
黃夢攸　77・432
黃夢林　46・528
黃夢松　79・455
黃夢炎　64・324
黃夢奎　74・483
黃夢祖　67・141
黃夢菊　70・543
黃夢琳　76・260
77・669
79・277
黃夢瑞　77・86
黃夢說　77・212
黃夢熊　78・434
黃夢龍　47・541
黃夢蘭　63・177
黃夢鶴　49・272
黃蓉第　55・502
黃　幹　49・526
58・680
74・547
75・567
76・11
76・414
77・421
77・451
77・593
77・728
78・472
黃　椿　79・153
黃　楠　48・549
黃　槐(宋)　77・417
黃　槐(清)　63・165
黃槐開　80・343
黃　楣　72・18
黃　甄　17・517
18・494
黃　虞(元)　49・455
黃　虞(清)　73・421
黃虞日　70・621
黃虞世　78・364
黃虞臣　68・190
黃虞稷　79・274
黃虞龍　79・257
黃　業　72・178
黃　愚(明)　41・82
黃　愚(漢)　19・7
黃　暉　66・482

黄　照　71・434
黄　跳　77・179
黄嗣節　70・556
黄嗣廉　76・527
黄　嵩　77・702
黄嵩元　78・433
黄嵩齡　74・506
黄　榘　73・232
黄　椠　7・80
黄　節　68・80
黄節三　71・337
黄節永　31・57
黄　傳　76・333
黄傳芳　71・63
黄傳枝　78・430
黄傳保　74・187
黄傳榮　71・63
黄傳瀛　36・745
黄　鈺　79・49
黄　鉦　1・807
71・7
黄　鉶　80・27
黄　鉞(明南安)　79・547
黄　鉞(明晉江)　79・210
黄　鉞(清晉江)　79・259
黄　鉞(清婺源)　55・413
黄　鉞(清閩清)　78・434
黄　會　69・170
黄詩訓　70・411
黄　誠(宋)　68・21
黄　誠(清)　80・520
黄誠初　71・36
黄　詡　9・737
黄　靖　72・185
黄新來　72・31
黄　雍(宋)　75・641
78・339
78・368
黄　雍(明)　50・419
黄　慎　71・632
73・278
76・260
76・417
77・289
黄慎行　71・50
黄義者　80・29
黄義和　70・336
黄義勇　69・306
黄　煒(清婺源)　57・149
黄　煒(清濰縣)　21・624
黄　煥　76・568
黄煥曾　62・192
黄煥新　63・122
黄煥彰　79・187
黄　煇　54・256
黄　漣　45・155
黄　溥　50・380
黄　源(明南安)　79・503
黄　源(明清流)　80・325
黄　源(明龍巖)　78・706
黄源大　75・457
黄源海　63・127
黄　滔　75・580
76・105
黄　溶(清光澤)　77・222
黄　溶(清鄆城)　40・164
黄　福(明昌邑)　4・97
19・596
19・623
19・627
23・633
黄　福(明蒲城)　76・568
黄　福(清)　71・395
黄　禎　15・577

17・527
黄禎孕　79・173
黄　肅　71・424
黄肅鋏　78・449
黄殿元　52・358
黄殿甲　80・191
黄殿宗　47・228
黄際良　79・354
黄際培　79・354
黄際鋒　78・417
黄　預　77・680
黄　經　72・135
黄經墉　58・175
黄綏訓　48・257
黄綏誥　48・72
黄　璉(明永春)　79・344
黄　璉(明莆田)　78・147
黄　璉(明廣昌)　74・478
黄碧輝　72・30
黄　瑤　80・406
黄　瑢　77・336
黄　嘉(宋)　47・419
黄　嘉(明)　79・502
黄嘉善(明即墨)　23・639
黄嘉善(明金谿)　70・576
黄嘉猷　79・205
黄嘉賓(清婺源)　57・406
黄嘉賓(清嘉祥)　37・413
黄嘉誼　46・272
黄嘉謀　80・250
黄嘉縉　71・442
黄嘉爵(明)　77・123
黄嘉爵(清)　79・180
黄嘉謨　72・194
黄嘉贇　71・491
黄　墉　63・41
黄　臺　47・342
黄　壽　71・267
黄壽生　78・101
黄壽春　72・29
黄壽萱　78・448
黄壽祺　57・149
黄壽徵　78・313
黄壽齡　71・436
黄聚奎　80・694
黄　熙(明)　75・517
75・623
78・541
黄　熙(清奉新)　67・447
黄　熙(清南豐)　71・554
黄　熙(清貴溪)　52・339
黄熙文　74・350
黄熙孕　79・176
黄熙乾　69・584
黄熙豐　77・21
黄熙纘　79・134
黄　榛　77・463
黄　榜(明弋陽)　50・389
黄　榜(明南康)　74・382
黄　榜(明烏程)　77・93
黄　榜(明贛縣)　73・344
黄　榜(清上饒)　51・554
黄　榜(清婺源)　57・180
黄榜書　76・459
黄　輔(宋)　76・362
77・668
黄　輔(晉)　62・6
黄輔世　55・10
黄輔國　76・527
黄　碩(宋建甌)　76・435
76・567
黄　碩(宋龍溪)　77・679
黄　碩(明)　78・329
黄碩卿　36・606

黄碩猷　73·446
黄　碣　75·606
　　76·164
黄爾漚　79·572
黄　蜚　44·362
黄　裴　79·181
黄對宸　80·737
黄　裳(宋南平)　77·76
黄　裳(宋寧德)　77·331
　　78·340
　　78·383
黄　裳(明)　77·38
黄　裳(清光澤)　77·267
黄　裳(清信豐)　73·433
黄　裳(清高安)　62·395
黄　曄　79·558
黄　睬　63·173
黄　聞　80·476
黄　閣　27·93
　　27·156
　　27·245
　　29·816
黄鳴岡　76·262
黄鳴俊　78·127
黄鳴喬　78·158
黄　圖　71·396
黄圖功　19·44
黄圖安　4·375
　　38·686
黄圖昌　7·504
　　30·97
黄圖南　78·365
黄圖彦　19·34
黄圖泰　52·309
黄圖海　50·62
黄　箎　38·275
黄毓光　63·77
黄　槩　77·687
黄　銅　75·610
　　78·534
黄　銖　76·567
黄　銑　74·324
黄　銓　75·635
　　77·555
黄　鳳(明南昌)　45·153
黄　鳳(明漳浦)　76·728
黄　鳳(明德化)　48·31
黄鳳來　78·567
黄鳳翊　79·237
黄鳳喈　70·586
黄鳳翔(明)　79·119
黄鳳翔(清上高)　63·169
黄鳳翔(清德化)　48·212
黄鳳鳴　64·413
黄鳳儀　78·614
　　79·374
黄鳳舉　80·519
黄鳳翺　72·203
黄鳳麟　51·121
　　66·642
黄　誥(明)　63·545
黄　誥(清)　57·55
黄　豪　79·609
黄　廣(明)　76·281
黄　廣(清)　80·747
黄廣居　77·512
黄端伯　71·440
　　71·629
黄端卿　68·398
黄端賡　79·245
黄　適　79·141
黄適袞　74·504
黄　齊　76·412
　　76·427

黃齊鼎　78・432
黃　榮(元)　77・692
黃　榮(明建昌)　51・23
黃　榮(明莆田)　78・87
黃　榮(明晉江)　79・151
黃　榮(清)　74・433
黃榮庚　78・536
黃榮祈　56・40
黃榮柘　50・38
黃榮祖(清江西新城)　71・434
黃榮祖(清高安)　62・422
黃榮桂　57・408
黃榮組　74・433
74・437
黃榮萬　48・264
黃榮暉　62・187
黃榮輝　57・179
黃榮暹　74・418
黃　犖　80・758
黃　熒　77・696
黃漢生　80・648
黃漢良　76・166
黃漢來　70・347
黃漢章　72・143
黃漢魁　77・203
黃　滢　78・453
黃　潒　78・198
黃　寬(元)　77・379
黃　寬(明江陰)　75・421
黃　寬(明崇仁)　70・211
黃賓松　80・244
黃　寧　76・135
黃　肇　71・30
黃肇功　79・354
黃肇垙　57・196
黃肇新　2・63
42・586
黃　鼐(清江西新城)　71・434
黃　鼐(清安義)　66・608
黃　頔　60・605
黃　維　49・420
黃維之　79・305
黃維岳　76・317
黃維周　79・354
黃維珪　79・241
黃維軒　66・544
黃維烈　44・500
黃維清　79・148
黃維祺　4・349
黃維楨　53・74
黃維準　39・296
黃維璟(明)　76・256
黃維璟(清)　79・627
黃維嶽　79・598
黃維瓊　79・238
黃維儼　79・429
黃　綸　63・544
黃綸恩　79・604
黃　綵　77・192
黃　綬　79・152
黃　瑾　75・601
78・363
黃　靚　72・553
黃懋官　78・123
黃　駜　79・576
黃　鞏　78・37
黃　鋆　19・72
黃增友　62・187
黃增偉　79・283
黃　蕡　76・516
黃蕙田　76・575
黃蕙森　36・484
黃　邁　79・578
黃　蕎　47・81

黃　樞(宋)　71・514
黃　樞(明)　44・194
黃　標　2・76
黃　輪　71・126
黃　賢　73・248
黃賢京　79・282
　79・626
黃賢菊　71・458
黃賢從　71・458
黃賢瑛　71・433
黃賢湖　71・244
黃賢璘　71・394
黃　震(宋)　76・515
黃　震(明)　74・490
黃　震(清)　55・249
黃震昌　66・485
　80・196
黃　霈　80・97
黃撥沙　75・644
　76・197
黃　輝(明建昌)　51・27
黃　輝(明樂安)　71・124
黃輝錦　73・86
黃　遲　76・260
黃　巇(明)　70・387
黃　巇(清)　57・426
黃　稹　78・403
黃　範　71・468
黃　儀(元)　76・416
黃　儀(明)　71・425
黃儀臣　80・54
黃質魯　39・313
黃　德(清同安)　66・208
黃　德(清江西新城)　71・453
黃德仁　73・437
黃德沖　38・285
黃德明　67・543
黃德堯　74・333
黃德斐　45・200
黃德温　73・410
黃德游　63・48
黃德渾　63・159
黃德裕　75・405
　76・203
　77・177
黃德巽　19・607
黃德巽　19・624
黃德嵩　79・259
黃德慎　55・40
黃德聚　37・418
黃德韶　74・512
黃德潤(明)　68・53
黃德潤(清)　68・526
黃德彝　19・624
黃德翼　48・206
黃　徵　4・199
黃　徹　75・643
　76・197
黃　銳　79・58
黃劍光　78・432
黃餘慶　66・484
黃調鼎　80・534
黃　諒　68・109
黃　誼　78・191
黃慶同　65・152
黃慶貞　79・173
黃慶星　79・172
黃慶雲　54・596
黃慶瑞　51・349
黃慶熙　76・580
黃　毅(宋)　47・336
黃　毅(清)　77・135
黃毅軒　78・706
黃養蒙　79・447

黄　遵　65・248
黄　澍(明)　75・487
黄　澍(清)　71・480
黄　潮　79・236
黄　潛　78・105
黄　潤(明分宜)　61・297
黄　潤(明晉江)　79・111
黄　潤(清)　19・40
黄潤中　79・174
黄潤芳　74・334
黄　澗　77・20
黄澂之　76・397
黄滕清　79・581
黄　潼　77・462
黄　潯　68・140
黄　澄(明南安)　79・445
黄　澄(明晉江)　79・235
黄澄秋　72・134
黄　寯　75・454
76・135
黄　履　18・29
黄履中　80・180
黄履安　78・434
黄履亨(清安福)　72・688
黄履亨(清都昌)　50・98
黄履亨(清崇仁)　70・324
黄履和　70・566
黄履翁　77・342
黄履謙　17・666
19・82
黄　選　74・495
黄選源　48・225
黄　遹　77・191
黄　豫　79・332
黄緝熙　70・340
黄　緯(明)　41・693
黄　緯(清)　79・533
黄　璞　75・580
76・105
78・98
黄　静　76・533
黄　璠　72・168
黄　璘　76・576
黄　璲　77・363
黄　璣　79・502
黄　薦(明)　19・620
23・662
黄　薦(清)　79・273
黄　翰(明)　68・169
黄　翰(清上高)　63・126
黄　翰(清閩清)　78・438
黄頤壽　45・131
黄樹邦　73・437
黄樹青　70・615
黄樹恩　78・425
黄樹棠　13・106
黄樹蕃　71・619
黄樹德(清都昌)　50・103
黄樹德(清廈門)　76・261
黄　樸　77・680
黄樸庵　61・762
黄樸園　80・291
黄　橋　71・132
黄樵仲　77・686
黄　歷　71・427
黄　曉　71・259
黄　暾(明)　78・415
黄　暾(清)　71・318
黄器重　65・94
黄嶰谷　47・125
黄　興(明)　79・531
黄　興(清)　74・263
黄興邦　76・413
黄興武　80・48

黃興林　57・333
黃興恩　63・100
黃興孫　70・254
黃　壆　73・211
黃　學　73・416
黃學元　73・174
黃學文　73・415
黃學行　78・592
黃學言　77・251
黃學宏　48・250
黃學茂　58・105
黃學泗　55・27
黃學洙(明)　79・285
黃學洙(清)　54・573
黃學海　70・622
黃學淶　55・305
黃學皐　77・686
黃學魁　58・581
黃學詩　48・94
黃學龍　46・52
黃學懃　2・70
30・234
黃　儒　75・614
78・334
78・384
黃　衡　76・541
黃衛瀛　63・164
黃錫功　51・646
黃錫光　74・335
黃錫芾　71・102
黃錫明　76・333
黃錫命　79・430
黃錫時　76・327
黃錫祺　71・50
黃錫禐　71・40
黃錫鵬　80・238
黃錫齡　68・434
黃　錦　76・493
黃錦春　71・445
黃　錝　80・142
黃　錧　77・383
黃　穎(宋莆田)　78・2
黃　穎(宋龍溪)　77・673
黃　穎(明)　79・231
黃穎恩　70・553
黃　諤　79・58
黃　諫　69・543
黃諫卿　78・159
黃　諷　75・474
76・1
黃　龍(清古田)　77・545
黃　龍(清永春)　77・289
79・319
黃　龍(清僊遊)　78・322
黃龍光　47・93
黃龍岡　39・203
黃龍俊　50・111
黃龍孫　56・518
黃龍御　78・610
黃羲世　55・310
黃　燆　1・822
31・319
32・1
黃　燧　50・452
黃　澤(元長安)　48・91
黃　澤(元建甌)　76・455
黃　澤(明)　75・446
76・24
黃澤沛　43・435
黃澤遠　47・419
黃　激　18・556
黃　濂　73・425
黃　憲(明萍鄉)　47・420
黃　憲(明廣昌)　74・478

黄憲文　78·612
黄憲典　72·201
黄憲通　51·672
黄憲暍　72·151
黄　隱　78·66
黄　縉　77·85
黄　駿　77·229
黄　璵　74·500
黄趨隆　80·214
黄戴元　80·351
黄戴玄　73·421
黄聲振　58·217
黄聲遠　60·494
黄聲翰　54·526
黄聲諧　54·151
黄　聰　72·530
黄聯斗　72·29
黄聯珪　78·433
黄藎卿　65·211
黄　懋　11·200
黄懋才　77·163
黄懋修　21·405
黄懋誠　76·457
黄　轅　56·598
黄　曙　71·61
黄　嶽　9·25
黄魏國　78·435
黄　輿　49·455
黄龜年　75·539
　78·331
　78·351
黄龜朋(宋邵武)　77·361
黄龜朋(宋德化)　78·610
黄　徽　77·184
黄徽孕　79·176
黄　鍔(宋)　75·586
黄　鍔(清)　80·463
黄　鍾(宋)　78·289
黄　鍾(明江西新城)　71·467
黄　鍾(明沙縣)　80·385
黄　鍾(明榆林)　7·383
黄　鍾(明蕪湖)　28·681
黄　鍾(清金門)　77·621
黄　鍾(清滕縣)　36·523
黄鍾秀　69·605
黄鍾音　80·205
黄鍾泰　72·207
黄鍾澤　77·385
黄　鍰　76·503
黄　鎡　63·61
黄爵滋　71·22
黄爵綬　71·25
黄爵樞　71·52
黄　講　78·167
黄　謨　75·656
黄　謙(宋光澤)　77·227
黄　謙(宋南安)　79·542
黄　謙(宋臨安)　76·409
黄　謙(明)　78·143
黄謙益　70·464
黄　襄　79·448
黄　褒　47·419
黄　應　79·375
黄應用　73·319
黄應辰　77·296
黄應昀　71·610
黄應朋　77·284
黄應春　77·85
黄應華　47·216
黄應浩　71·595
黄應祥　1·813
黄應琦　50·463
黄應超　62·416
黄應童　76·407

黄應蒙　17·567
黄應熙　80·387
黄應鳳(明)　77·188
黄應鳳(清)　64·577
黄應僔　62·410
黄應龍(宋)　71·231
黄應龍(明建甌)　76·443
黄應龍(明浮梁)　47·83
黄應龍(清)　70·583
黄應薰　49·321
黄應璧　71·322
黄應麟　57·190
黄　謨　78·144
黄　燦　79·564
黄鴻元　78·448
黄鴻章　79·607
黄鴻閑　50·472
黄鴻詔　57·350
黄鴻猷　54·240
黄　濤(宋閩清)　78·407
黄　濤(宋龍溪)　77·680
黄　濤(清同安)　76·297
黄　濤(清厦門)　76·260
黄　濟(元)　1·764
15·530
16·414
20·485
黄　濟(明)　73·420
黄濟川(清永定)　80·255
黄濟川(清南昌)　45·140
黄濟潤　48·415
黄濯纓　71·37
黄　禮(明晉江)　79·211
黄　禮(明陽曲)　1·791
43·192
黄檗禪師　76·364
黄　翼(清平和)　75·694
黄　翼(清婺源)　57·510
黄翼爲　78·519
黄翼登　79·511
黄翼傳　78·445
黄孺渾　72·151
黄　績　78·8
黄　璿　76·396
黄璿光　25·138
黄　瓊　1·696
黄翹龍　80·234
黄　櫄　77·690
黄轉售　54·500
黄　豐　79·325
黄豐來　78·305
黄豐德　52·306
黄題元　10·373
黄鵠翶　65·440
黄　穠　71·131
黄　簡　78·190
黄　簨　49·456
黄　鎮(元)　72·131
黄　鎮(清安義)　66·501
黄　鎮(清奉天)　2·55
13·496
黄鎮一　71·136
黄鎮元　1·841
14·299
16·434
黄鎮成　77·186
77·227
黄鎮岳　27·173
黄鎮標　60·638
黄鎮静　71·132
黄　鎬　75·486
76·35
黄鎔光　78·433
黄鯉翔　63·464

黄顏榮　75・583
　79・52
黄　璧(元)　61・490
黄　璧(明)　47・64
黄　璧(清南昌)　45・305
黄　璧(清新昌)　64・400
黄彝行　76・544
黄　藻　77・79
黄攀桂　76・406
黄　轍　76・527
黄麗中　9・143
　12・446
黄　願　77・673
黄　璽(明)　49・465
黄　璽(清)　39・90
黄　霦　69・146
黄　疇　74・476
黄疇若　68・14
黄羅百　70・334
黄贊禹　72・143
黄贊湯　72・143
黄贊襄　74・332
黄　鎧　1・807
黄　鏞　78・423
黄鏡堂　80・254
黄鏡湖　80・736
黄鵬文　27・138
黄鵬昇　79・609
黄鵬揚　79・333
黄鵬齡　19・135
黄騰高　47・213
黄騰蛟(清永定)　80・293
黄騰蛟(清單縣)　38・271
黄　贇　65・249
黄　麒　76・385
黄麒瑞　45・261
黄韻濤　70・507
黄　懷　79・238
黄懷人　76・721
黄懷祖　12・442
黄懷潛　12・494
黄　繹　80・682
黄　繡　65・85
黄　騮　70・544
黄騶應　65・285
黄　蘭　78・455
黄蘭芳　76・324
黄蘭森　36・483
黄　櫸　70・530
黄獻詢　73・85
黄獻龍　80・236
黄耀川　74・433
黄耀英　63・75
黄耀暐　74・402
黄　矗　73・433
黄　曦(宋)　72・2
黄　曦(清)　70・630
黄　巍　79・509
黄巍煥　80・751
黄　譽　78・144
黄譽嚴　73・436
黄　覺(宋)　76・564
黄　覺(清)　69・625
黄覺經　71・320
黄　鐻　63・132
黄鐘奏　70・538
黄鐘鳴　72・6
黄　夔(宋)　79・143
　79・500
黄　夔(明)　67・560
黄　瀾　78・102
黄　寶　71・126
黄寶晉　36・606
黄寶書　35・123

黄寶麟　63・76
黄　繼　40・282
黄繼文　80・225
黄繼芳(明分寧)　50・399
黄繼芳(明南安)　79・582
黄繼宗　79・230
黄繼祖(清崇仁)　70・339
黄繼祖(清嘉祥)　4・350
37・415
黄繼祚　76・444
黄繼冕　76・314
黄繼善　71・231
黄繼蓮　71・132
黄　權(元)　80・539
黄　權(宋)　77・191
黄鐵關　47・252
黄　鑊　79・241
黄　鐸(宋)　1・747
14・297
16・408
黄　鐸(明)　68・546
黄　鐸(清石城)　74・324
黄　鐸(清婺源)　55・409
黄　鶴(清宜黄)　71・44
黄　鶴(清婺源)　55・314
黄鶴來　80・543
黄鶴鳴　66・218
黄鶴騰　47・97
黄鶴齡(清都昌)　50・47
黄鶴齡(清婺源)　56・242
黄　囊　23・617
24・575
黄躔奎　70・577
黄　巖(清南安)　79・564
黄　巖(清蓬萊)　25・138
黄巖孫　78・593
黄體仁　1・847
黄體行　78・77
黄　鑑(宋)　76・565
黄　鑑(明)　74・499
黄　鶯　79・406
黄鶯來　76・98
黄　瓚(明吉水)　72・443
黄　瓚(明南安)　79・504
黄　瓚(明儀真)　1・769
黄　瓚(清)　77・249
黄　龕　75・582
77・508
黄　顯　71・396
黄顯俊　9・852
黄顯祖　71・396
黄顯高　78・432
黄　鏕　70・570
黄　麟(明)　45・153
黄　麟(清金谿)　70・543
74・443
黄　麟(清婺源)　56・402
黄麟祥　71・248
黄麟瑞　80・388
黄觀光(清金谿)　70・603
黄觀光(清晉江)　79・275
黄觀書　78・518
黄觀潮　78・556
黄觀營　78・555
黄觀蘭　71・68
黄　鼉　80・38
黄　讓　75・629
78・542
黄讓義　80・502
黄　灝(宋)　49・413
50・2
黄　灝(明)　61・353
黄　纘　36・507
黄　驥(明)　76・283

黃　爌(清)　2·97
　16·447
黃　驤　55·502
黃驤陛　76·254
　76·272
　78·312
黃　鑾　71·473
黃　驪　70·326
黃驪信　79·177
黃　鸞　80·746
黃　籲　49·418
　50·42

菅

菅長城　43·114
菅其善　43·112
菅懷理　5·197

梅

梅士鼐　48·501
梅大本　71·246
梅之珩　71·273
梅元標　71·246
梅方馨　48·572
梅以墀　48·503
梅本深　9·28
梅　白　62·624
梅存仁　54·204
梅廷雋　71·275
梅廷對　71·275
梅廷諧　71·339
梅廷謨　71·275
梅延年　71·271
梅汝鼎　43·25
梅守和　48·146
梅守德　1·782
　37·805
梅　芳　62·510
梅長盛　12·118
梅長隆　12·142
梅　枚　2·45
　71·240
梅　杰　71·250
梅郁堅　71·90
梅　金　71·30
梅音五　48·540
梅首先　48·257
梅炳洵　44·576
梅洞霄　78·328
梅　桂　65·435
梅時雨　44·185
梅淩雲　48·549
梅　崧　71·237
梅啓仁　45·257
梅啓照　44·557
梅啓熙　44·561
梅紹玉　71·13
梅雲程　71·245
梅雲騏　71·245
梅雲鵬　71·276
梅　鼎(宋南城)　71·230
梅　鼎(宋宣城)　48·601
梅　開　22·232
梅　遇　71·272
梅　傑　34·354
梅　渭　71·238
梅　椿　71·334
梅　愈　48·462
梅　福　45·347
　50·133
　64·169
　68·723
　72·696
　73·329

76・419
76・497
77・134
80・487
梅毓真　74・37
梅　瑾　76・621
梅蕊茂　80・546
梅　鋗(清)　75・388
梅　鋗(漢)　59・9
梅慶生　71・345
梅樹德　77・182
梅　錫　71・326
梅應明　76・638
梅獻俊　72・76
梅纘高　2・93
11・44

麥

麥子淳　2・66
37・54
麥丘邑人　7・21

梓

梓　慎　35・726
梓　慶　35・727

曹

曹一彬　47・257
曹一鈞　47・258
曹一鳳　17・537
18・53
曹一潾　5・203
曹一麟　17・536
曹士况　50・42
曹士珍　11・15
曹士俊　4・417
17・623
20・118
曹士桂　80・603
曹士陶　60・652
曹士能　40・130
40・300
曹士規　50・55
曹士勤　36・539
曹士龍　39・627
曹大元　11・287
曹大成　12・120
曹大任　2・54
36・14
曹大章　20・114
曹大啓　17・620
曹大猷　41・391
曹大賚　45・465
曹大觀　17・665
18・350
曹　川　47・123
曹久光　73・417
曹之烱　48・392
曹之樾　63・65
曹天和　47・180
曹天祐　47・83
曹天桂　8・418
曹天瑾　48・555
曹天錫　39・790
42・544
曹天憲　47・80
曹　元　42・586
曹元功　54・322
曹元用　4・89
曹元芳　76・645
曹元珪　26・4
曹元詢　17・662
19・565
曹元龍　19・578

曹　中　80・377
曹中魯　58・162
曹　升　4・175
曹化青　34・264
曹公捷　74・166
曹六興　45・659
曹文英　50・56
曹文沺　34・327
曹文海　19・122
曹文尉　50・102
曹文棣　2・113
23・134
29・598
曹文魁　39・96
曹文榜　55・560
曹文緯　49・13
曹文衡　46・477
曹文藻　60・643
曹文鐸　19・122
曹心傳　21・528
曹心廣　50・76
曹引晃　74・126
曹引宿　74・127
曹引鳳　74・127
曹以爟　41・389
曹允儒　78・696
曹　玉　37・413
曹玉書　66・348
曹玉輝　57・125
曹世允　11・15
11・92
曹世圻　34・282
曹世表　1・711
4・50
11・37
曹世昌　39・643
曹世治　74・111
曹世淦　57・312
曹世貴　1・763
曹世璜　74・127
曹世翰　73・423
曹世瓊　74・112
曹　本　36・457
曹本忠　73・432
曹本萃　48・558
曹可興　39・758
曹丕綸　14・137
曹申吉　4・414
曹四公　78・716
曹　仙　37・655
曹用中　57・209
曹立喜　48・444
曹必和　50・56
曹必聘　46・563
曹永吉　46・274
曹永祥　30・735
曹永章　62・402
曹永護　56・453
曹弘址　26・646
曹加鍠　48・339
曹邦輔　4・107
41・383
41・451
曹吉履　2・75
37・814
曹西樂　70・339
曹有成(清商河)　9・445
曹有成(清婺源)　57・125
曹有年　57・7
曹存仁　39・314
曹　成　7・72
曹成書　41・404
曹成章　74・113
曹光伯　78・737

曹光棟	42・596
曹光寓	48・364
曹光楷	33・82
曹　廷(宋)	60・234
曹　廷(清)	57・138
曹廷啓	54・492
曹廷槐	60・95
曹廷璋(清沂水)	32・37
曹廷璋(清婺源)	55・641
曹廷霖	2・79
曹廷環	56・636
曹廷璵	56・543
曹延俊	34・298
曹延炳	57・138
曹仲崑	35・182
曹仲雍	71・57
曹自守	4・155
曹自新	7・432
曹全晸	1・723
	6・285
曹合豐	48・545
曹兆元	56・555
曹兆晨	56・586
曹兆魁	56・552
曹　充	4・14
	36・481
曹汝舟	27・58
曹汝爲	14・379
曹汝蘭	63・22
曹守勳	41・64
曹宅安	2・97
	16・451
	18・82
	18・696
	19・4
	42・435
曹　安	16・418
曹安仁	25・82
曹安祚	36・172
曹安清	74・115
曹安瑞	36・30
曹如金	57・256
曹　玒	55・546
曹　均	41・389
曹孝友	23・281
曹志良	56・595
曹志明	63・90
曹志高	40・586
曹志福	56・555
曹志熙	56・591
曹芸緗	48・474
曹克聰	21・532
曹更新	41・390
曹　岐	23・617
	24・245
曹秀先	45・596
	72・250
曹秀柏	60・415
曹伯貞	35・107
曹伯洋	35・136
曹伯清	45・496
曹希仕	73・436
曹希植	22・230
曹希湯	43・128
曹孚中	21・442
曹迎凰	68・610
曹迎欽	56・543
曹　亨	1・811
曹　宏	42・743
曹　良	17・638
	19・558
曹君愛	48・496
曹君漳	78・735
曹孜學	54・500

曹長瑞　11・297
曹長孺　17・620
　18・371
曹　坤　18・739
曹其福　23・443
曹茂三　48・362
曹茂先　45・592
曹　英　42・741
曹　松(唐)　45・323
　46・586
曹　松(清)　48・205
曹旺如　50・130
曹　昆　71・334
曹昌言　46・343
曹　昇　21・549
曹　昕　18・729
　42・458
曹　明　73・410
曹　岡　32・37
曹秉德　48・580
曹佳和　4・282
　5・288
　6・453
曹岱華　76・155
曹　侃　10・556
曹　佾　18・27
曹佩綬　23・278
曹欣時　41・125
曹金祖　55・622
曹金標　57・256
曹　念　42・789
曹　沿　39・601
曹治先　76・390
曹宗文　55・613
曹宗建　58・233
曹宗洛　48・552
曹宗翰　24・706
曹宜光　73・421
曹　建　59・52
　60・223
曹建治　46・149
曹建封　77・55
曹建龍　73・346
曹居真　72・184
曹居業　45・632
曹承祖　45・608
　77・41
曹奏績　58・209
曹春林　56・363
曹　垣　77・369
曹柄樾　55・505
曹柏純　73・436
曹　奎　63・167
曹挺宗　80・50
曹貞吉　4・411
　17・609
　19・556
曹盼龍　48・540
曹星平　63・78
曹　昣　5・291
曹思珍　35・161
曹思授　60・237
曹香蕚　39・708
曹修古　76・424
曹禹疇　8・645
曹　勉　56・554
曹彥約　48・479
　50・15
曹彥純　50・26
曹庠業　45・633
曹施周　6・226
曹奕錦　57・312
曹恆生　67・552
曹恆安　40・580

曹恆祥	10・394
曹　恤	35・602
曹炳文	5・287
	6・477
曹炳南(長清小王莊)	34・286
曹炳南(長清曹莊)	34・253
曹炳南(清婺源)	56・363
曹宦榮	73・436
曹祖升	45・610
曹祖參	80・405
曹　泰	76・471
曹　珖	4・114
	17・555
	18・320
曹　珣	50・56
曹起淵	74・130
曹起潤	74・127
曹　華	1・723
	4・57
	9・140
	12・92
	30・59
	41・129
曹　桂	63・117
曹桂馧	20・106
曹　連	17・555
曹連升	34・271
曹連登	10・141
曹振甲	34・275
曹振南	34・224
曹振國	5・367
	8・327
曹振翻	43・97
曹振鷺	43・71
曹時可	54・503
曹時瑞	55・623
曹　晟	15・552
	17・514
	19・26
曹　倜	18・698
曹師恕(明)	54・496
曹師恕(清)	46・356
曹師曾	45・654
曹脩睦	76・424
	77・208
曹益厚	4・413
	17・637
	19・564
曹家甲	45・572
曹　祥	76・207
曹書秀	20・120
曹書潤	41・213
曹基申	48・492
曹乾注	78・735
曹　彬(民國)	34・257
曹　彬(宋)	18・31
曹常樂	72・247
曹　勗	78・735
曹國治	56・363
曹國柱	32・141
曹國屏	47・239
曹國璋	34・254
曹　崧	56・109
曹　崇	45・473
	51・26
曹崇朴	18・728
	42・457
曹　偉	60・195
曹　得	8・466
曹　章	31・833
	34・470
曹　竟	37・96
	39・196
曹　翊	48・476

曹望之　1・749
8・314
8・465
曹望齡　55・605
曹清如　50・77
曹　淇　46・426
曹淑貞　2・68
37・562
曹淑清　35・119
曹　淳　73・418
曹　涵　4・404
17・629
19・557
曹　寀　58・135
曹　密　22・230
曹啓明　2・72
31・320
32・1
曹啓瑞　61・704
曹隆貴　36・767
曹　參　1・684
7・66
15・506
16・391
36・417
37・543
曹　貫(元)　65・169
曹　貫(明)　13・407
曹貫之　48・419
曹　紳　32・586
曹　琛　37・413
曹達中　46・314
曹斯翰　74・128
曹萬清　6・184
曹　敬(明)　39・182
曹　敬(清)　27・173
曹敬洋　80・244
曹敬學　80・43
曹悳華　46・439
曹　植　7・134
31・351
曹　森　55・42
曹雲峰　9・276
曹　鼎　39・724
曹鼎玉　47・220
曹鼎遂　47・261
曹開貞　57・125
曹開祥　57・312
曹景郕　41・701
曹景和　56・563
曹景智　72・234
曹景濂　37・422
曹　凱　4・100
15・552
17・516
18・305
曹　傑　50・50
曹復植　17・587
20・107
曹爲珍　73・433
曹爲璋　73・429
曹　斌　37・669
曹善仁　48・399
曹善來　19・129
曹尊彝　20・109
曹道振　80・402
曹　曾　4・10
4・168
37・821
41・126
41・381
曹烁吉　17・616
20・113
曹　焜　63・121

曹　湛　19・557
曹　湘　14・731
曹登瀛　73・425
曹　瑋　1・744
　15・507
　16・404
　18・25
曹聖誥　78・734
曹蓮生　80・291
曹夢九　12・536
　36・14
曹夢洙　39・773
曹夢榴　56・600
曹夢鶴　48・473
曹　楷　14・705
曹　概　77・199
曹搢卿　23・268
曹　煦　41・400
曹　節　31・59
曹傳元　60・546
曹魁光　5・206
　8・345
曹　鉄　5・200
　34・66
曹愈昇　74・128
曹愈洪　74・129
曹愈陞　74・128
曹愈涵　74・129
曹愈彰　74・128
曹愈標　74・128
曹愈瓊　74・130
曹　會　20・117
曹會潾　36・30
曹　誠　41・61
曹煃年　49・490
曹　煜(明)　47・76
曹　煜(清金壇)　2・84
曹　煜(清清苑)　19・582
曹煊德　14・715
曹煇吉　17・623
　20・113
曹　溱　40・361
曹　源　79・91
曹　福(明鄱陽)　58・206
曹　福(明霞浦)　77・372
曹福田　55・453
曹際春　56・503
曹際飛　31・336
　32・6
曹　棨　47・238
曹　經　46・429
曹　碧　80・50
曹　嘉　1・700
　32・23
曹嘉言　76・636
曹　臺　48・438
曹　壽　68・359
曹壽德　74・235
曹　榕　15・138
　18・698
曹　輔　60・756
　80・375
曹闇先　46・175
曹　慐　22・229
曹鳴武　55・289
曹鳴喬　60・370
曹鳴遠　57・464
曹鳴鶴　55・565
曹毓泉　10・158
曹銜達　77・213
曹銓衡　17・569
　19・555
曹　銘　14・703
　42・949

曹鳳岡　24·706
曹鳳亭　36·218
曹鳳𪂋　5·249
曹鳳翥　73·445
曹　誦　39·96
曹齊雲　73·423
曹　漢　50·39
曹寬倫　60·374
曹　察　77·212
曹肇彤　55·18
曹肇新　55·633
曹　鼐　39·724
曹　熊　45·636
曹緒武　20·122
曹維新　47·169
曹維墉　39·761
曹維寧　43·27
曹維韓　2·86
曹　瑾　11·208
　　　　76·204
曹　璜　4·159
　　　　17·551
　　　　18·318
曹增重　73·416
曹增業　13·806
曹　墀　41·396
曹　檦　55·505
曹賢相　80·432
曹賢書　20·104
曹震光　48·415
曹　霖　19·562
曹　劇　35·633
曹德休　45·359
曹德凱　48·506
曹德溪　39·309
曹德謙　56·214
曹　鋭　55·441
曹　劍　73·423
曹調鼎　60·283
曹　褒　4·14
　　　　4·168
　　　　36·450
曹慶雲　24·547
曹慶蓉　40·583
曹澎彩　73·447
曹履泰(明)　76·350
曹履泰(清)　50·51
曹　選　55·626
曹豫峰　20·118
曹　緯　57·256
曹樹桐　34·256
曹　樸　34·351
曹融光　73·422
曹奮龍　80·49
曹　霖　50·124
曹勳祖　45·621
曹興宗　50·41
曹學和　46·518
曹學佺　75·613
　　　　76·39
　　　　78·396
曹學健　40·583
曹學彬　57·1
曹學清　74·128
曹學禮(明)　48·550
曹學禮(清)　80·201
曹　錫　71·11
曹錫田　20·108
曹錫鵬　61·771
曹錫寶　2·25
　　　　8·469
曹　鋼　46·231
曹錦榮　56·412
曹穎先　46·168

曹穎叔　75・396
曹　龍　80・386
曹龍樹　49・428
曹羲孺　18・347
曹　燧　26・9
曹　澣　19・562
曹　澤　54・221
曹憲臣　18・358
曹駿業　46・175
曹聯升　39・647
曹　藎　8・332
曹　嶷　26・589
　　　　27・427
曹　徽　31・352
曹徽光　74・129
曹鍊三　57・418
曹鍾彝　33・81
曹　鎡　48・563
曹襄陽　5・367
　　　　8・332
曹應柷　20・101
曹應科　31・798
曹應祥　57・418
曹應第　34・469
曹應詔　40・121
　　　　40・266
曹應登　34・469
曹應塤　17・567
　　　　20・118
曹應聘　36・486
曹應聲　19・568
曹　熑　80・46
曹鴻勛　4・447
　　　　21・455
曹鴻圖　34・336
曹　濬　39・601
曹濟芳　73・439
曹　璿　4・227
　　　　42・563
曹　覲　76・476
曹　藩　55・607
曹　攄　1・703
　　　　7・74
　　　　15・520
　　　　16・396
曹鎮東　20・120
曹　謹　80・603
曹謹爲　14・130
　　　　17・667
曹　藻　73・416
曹攀桂　50・72
曹　鵬　48・364
曹騰進　55・296
曹騰煥　55・294
曹繩相　46・520
曹繩柱　45・581
曹繩彬　46・159
曹繩植　46・423
曹繩蓀　46・533
曹　馨　80・129
曹　瀾　49・422
曹寶珩　48・371
曹躍淵　49・452
曹　鐶　20・110
曹鶴梅　19・122
曹體仁　1・799
曹　瓚　31・832
　　　　34・470
曹顯達　57・454
曹麟趾（清汶上）　35・106
曹麟趾（清定陶）　41・385
曹　纕　2・85
曹衢通　74・129

區

區大倫　41・695
　41・903
　41・907
區　瑞　60・308

堅

堅　晟　1・830

戚

戚子厚　29・333
戚世俊　25・176
戚可先　25・52
戚同文　4・253
　41・129
戚延允　29・297
戚延錫　25・165
戚延齡　29・94
　29・549
戚兆伯　27・550
　28・235
戚兆泰　26・121
戚良宰　25・165
戚尚義　35・112
戚尚質　29・297
戚　威　29・300
　29・576
戚　祥　25・4
　25・84
戚敃言　77・503
戚崇進　4・427
　29・147
　29・569
戚　雄　76・410
戚景通　25・9
戚舜臣　1・741
戚善勖　4・440
戚儆淳　29・545
戚　維　41・132
戚　綸　1・744
　4・76
　15・525
　16・404
　41・132
戚繼光　4・119
　25・10
　25・17
　75・431
　77・401
　78・584

帶

帶　孫　31・355

盛

盛士春　77・383
盛大業　49・269
盛子貞　23・255
盛天寅　77・384
盛元績　49・305
盛世麟　49・270
盛百二　2・35
　42・17
盛廷梅　51・526
盛廷贇　49・254
盛　均　79・303
盛　佐　42・228
盛明富　49・230
盛　忠　14・715
盛　周　1・828
　42・5
盛宗貢　49・211
盛宗齡　49・171

盛　柏　51·528
盛　禹　77·209
盛庭方　37·707
盛津頤　34·150
盛　昶　1·772
盛連明　15·152
盛　時（明）　59·158
盛　時（清武寧）　49·229
盛　時（清霞浦）　77·385
盛時臣　37·679
盛　祥　77·192
盛掄元　24·712
盛　接　77·402
盛國宜　73·163
盛　庸　1·784
8·465
59·433
盛　期　41·847
盛朝輔　77·287
盛朝瀾　68·586
盛朝麟　49·276
盛温如　68·292
盛夢齡　30·746
盛　詡　49·374
盛　福　77·383
盛際斯　49·176
盛熙明　45·331
46·605
盛　德（明汝州）　1·817
37·40
盛　德（明餘干）　59·41
盛德輝　49·257
盛賡瓚　49·280
盛　樂　49·201
盛　璟　49·252
盛學黄　49·325
盛學烹　49·360
盛　環　49·253
盛　璛　49·267
盛鍾靈　49·229
盛　謨　49·191
71·632
盛應合　49·255
盛應律　49·187
盛應期　1·767
盛彌延　49·262
盛彌科　49·213
盛彌俊　49·212
盛彌振　49·196
盛彌焜　49·259
盛彌灃　49·273
盛　顒　1·769
盛　璽　49·252
盛贊熙　13·335
盛　鏡　49·192
盛瀛濱　37·693
盛　蘭　49·253
盛　繼　77·372
盛繼周　59·455
盛　鼇　59·153

雪

雪　芝　76·263
76·366
雪　徑　79·300
雪　萍　71·366
雪　嵋　74·50
雪　蓑　18·430

接

接　恩　27·155
接　義　31·226

探

探馬赤　1·759

15・28
15・133

虛

虛　極　76・365

處

處　興　21・110

敝

敝無存　7・20
7・144

常

常三錫　29・95
常士傒　62・484
常士倬　62・444
常士僑　62・537
常大用　61・546
常之英　37・5
常天祚　22・236
常元素　29・223
常文進　27・484
28・43
常文傑　5・366
常文遴　27・484
28・43
常以銓　62・427
常允升　43・104
常世科　28・179
常世淦　27・610
28・185
28・396
常世翰　28・220
常世穎　18・526
常可度　37・666
常存信　37・674
常　年　28・229
常廷珪　16・429
18・55
常休明　1・727
37・801
41・59
常行科　7・173
17・565
常好善　37・683
常志峴　18・750
42・473
常克承　37・727
常克裕　37・685
常伯能　18・367
常　序　38・712
42・989
常奉璋　19・120
常　茂（明南昌）　45・377
常　茂（明臨淄）　7・161
常郁文　43・64
常　典　62・340
常　忠　27・409
27・804
常秉仁　27・805
常秉彝　32・444
33・70
常　岱　38・237
常佩紳　37・716
常　依　27・596
28・174
常金勷　18・748
18・831
常建圻　28・191
常建濱　28・200
常　挺　75・530
77・482
常　思　18・24

常思問　39・70
常　笈　79・296
79・638
常衍清　14・145
常　珪　10・39
常振隆　12・117
常　倬　27・597
28・35
常理基　28・202
常　冕　69・557
常　袞　30・136
75・354
常　康　27・443
28・21
常書一　13・149
常　紳　2・60
36・433
常琦運　28・199
常敬書　19・107
常遇先　30・131
常遇春　73・275
常景唐　42・403
常順子　21・727
常　裕　17・551
19・298
19・424
常瑞元　62・617
常　暉　6・287
常殿元　18・534
常銘盤　5・363
常維楨　61・466
常　儀　34・221
常　質　61・501
常　澄　41・696
常樂豐　19・84
常　儒　28・487
常憲夏　22・308
常巖立　38・237

眭

眭　弘　4・15
4・165
35・650
36・447

野

野　廬　38・681

閆

閆士綺　5・349
10・371
10・487
閆文奇　37・719
閆文超　37・719
閆允德　12・313
閆邦祚　31・833
閆兆祥　14・387
閆　枋　7・437
閆述冉　10・163
閆尚召　36・528
閆法參　15・155
閆俊烈　5・350
10・366
閆逢寅　33・301
閆補闕　37・683
閆毓陵　6・211
閆鴻禧　37・709

晦

晦山和尚　71・366
晦臺元鏡禪師　76・421

異

異禪師　63・195

蚳

蚳　黿　7·154
15·515

鄂

鄂千秋　15·493
鄂容安　2·10

婁

婁一均　2·60
36·144
婁九德　24·284
婁天祐　24·547
婁天章　72·183
婁世絜　72·543
婁仲實　73·261
婁兆恩　13·807
婁克襄　32·7
婁希仁　51·495
婁　忱　51·134
婁長清　9·417
婁法程　35·345
婁定遠　18·9
婁　玲　32·7
婁起莘　69·570
婁桂華　48·264
婁峻山　9·449
婁　浩　77·211
婁國棟　51·348
婁　敬　4·19
5·5
7·205
15·539
23·628
34·59
34·353
43·54
婁敬梅　69·539
婁雲翼　35·336
婁　斌　25·528
婁蓮塘　9·502
婁鈿金　51·264
婁　閣　9·416
9·502
婁鳳翥　6·175
婁德平　9·415
婁　鋒　48·221
婁　諒　51·156
婁　謙(明)　51·158
婁　謙(清)　44·502
婁　鑑　1·849
25·216
25·294

國

國二典　6·488
國文明　34·225
國成子高　15·513
國　坊　6·452
國　佐　7·201
國武子　15·514
國　坤　6·452
國宗舜　6·461
國莊子　15·513
國家榛　34·225
國　梅　6·452
國　盛　5·143
6·342
國象周　43·627
國萬春　34·220
國萬清　34·220
國筳林　34·266
國筌林　34·282

國　淵　4・30
14・115
15・542
18・485
國祿馭　18・568
國毓瑭　34・254
國歸父　7・135

啖

啖石老僧　80・170

眾

眾　仲　35・633

崔

崔一士　43・96
崔士治　4・418
17・659
20・789
崔士棨　1・794
崔士謙　5・30
崔大本　11・444
崔子忠　4・201
27・214
崔子約　11・77
崔天盛　12・493
崔元甫　27・56
崔元登　71・271
崔元暐　5・52
崔云公　34・310
崔不意　5・8
崔巨倫　1・710
5・29
崔　仁　4・417
17・627
18・372
崔仁懋　71・333
崔化南　11・306
崔　丹　27・170
崔文子　31・842
32・478
33・557
崔文仲　11・73
崔文奎　4・124
31・783
34・467
崔文亮　77・356
崔文渠　25・494
崔文錫　77・351
崔文韜　41・809
崔方馨　30・116
崔心廉　12・143
崔心德　12・143
崔允貞　11・447
崔允恭　27・143
崔孔嘉　48・505
崔孔碩　48・505
崔玉峰　7・389
崔玉崙　9・444
崔正源　48・506
崔世孔　76・623
崔世召　77・299
崔世安　21・501
崔　本　71・278
崔可訓　5・259
32・635
崔可臻　71・571
崔可觀　13・812
崔目連　18・3
崔　甲　74・162
崔　立　1・739
崔立楷　71・296
崔立德　23・438
崔玄亮　1・728

	15·523
	20·481
崔永年	27·173
崔永延	29·325
崔永幹	18·526
崔永壽	7·85
崔弘烈	7·386
崔邦亮	41·750
崔有忱	5·308
	43·615
崔有哲	23·662
崔成震	30·118
崔成霖	30·118
崔　光	4·47
	5·36
	9·806
	9·835
	18·249
崔光伯	15·522
	18·8
	21·118
	23·612
崔光明	30·682
崔光祖	40·563
崔光笏	11·434
崔光第	11·449
崔光祿	14·145
崔光篚	11·449
崔光篪	11·472
崔光韶	4·47
	9·806
	9·841
	15·522
	16·398
	18·7
	18·263
崔光璧	6·223
崔廷果	77·351
崔廷訓	30·114
崔廷楝	14·140
崔廷復	77·301
崔廷槐	4·199
	23·659
崔廷選	13·340
崔廷鎮	14·401
崔　休	4·48
	5·37
	11·76
	15·522
	16·397
	18·5
崔延壽	11·75
崔延慶	39·82
崔仲文	4·191
	5·38
	9·807
	11·77
崔仲方	5·31
崔仰宸	13·350
崔似駰	2·71
	30·645
崔　邠	4·58
崔　旭	11·434
	11·471
	11·520
崔州平	5·18
崔次恩	18·9
崔汝舟	12·494
崔汝聽	41·787
崔宇廣	71·237
崔　安	32·408
	33·281
崔安潛	5·51
崔　玘	10·154

崔孝芬　5・31
18・8
崔孝偉　5・31
崔志仁　22・249
崔克巳　31・826
34・469
崔克讓　24・642
崔　冏　5・37
崔　佑(明)　7・192
崔　佑(清)　30・116
崔　伸　14・730
崔伯謙　1・713
5・29
崔身發　9・633
崔含實　21・696
崔　忻　5・29
崔　沔　1・727
崔沖鶴　7・22
7・199
17・584
崔　宏(南北朝)　4・46
5・27
11・73
崔　宏(清)　13・234
崔宏度　5・30
崔宏遠　22・296
22・608
崔宏禮　1・723
崔長增　10・136
崔　劼　1・714
5・36
9・807
9・838
18・417
27・281
崔若諾　39・772
42・570
崔　林(三國)　4・29
5・20
11・72
崔　林(元)　27・51
崔　松　17・576
18・570
崔　杰　41・766
崔　杼　15・618
崔協恭　5・334
43・284
崔奇峯　25・93
崔叔瓚　5・29
崔尚禮　37・553
崔　昊　71・238
崔　昌　77・344
崔昌齡　7・209
崔　昇　2・30
6・120
崔　明　16・419
崔　昂　5・31
崔　旻　20・487
崔　炅　77・356
崔　迪　15・593
17・512
18・69
18・341
崔迪吉　4・379
崔知載　23・437
崔季珪　5・18
崔季真　45・354
46・548
崔季舒　5・32
崔　秉　5・28
崔秉文　17・657
19・22
崔秉鏡　77・338
崔岳宗　77・213

崔金鑑　14·141
崔周度　4·208
崔庚午　11·304
崔　炎　29·620
崔泮林　10·160
崔宗恒　25·534
崔宜春　17·544
18·314
崔　建　32·24
崔建忠　34·269
崔居易　22·288
22·575
崔居儉　11·79
崔承先　39·78
崔承宗　4·233
5·42
崔承謨　18·566
崔函三　11·293
崔　玿　42·798
崔　政　23·263
崔　相　76·201
崔　彧　4·262
5·37
11·117
15·611
18·444
崔　咸　4·59
崔　拱　78·590
崔　挺　1·712
5·30
23·612
24·263
崔思遠　25·465
崔保恭　15·615
17·673
18·428
崔信明　4·192
15·575
17·687
18·337
崔　俊　30·645
崔俊順　2·71
崔　衍　22·245
23·634
崔衍江　77·356
崔衍湄　77·344
崔　亮(明)　1·785
崔　亮(南北朝)　4·47
9·806
9·839
11·76
17·473
18·261
崔彦昭　4·60
崔彦俊　45·474
崔彦曾　5·52
崔彦穆　11·77
崔　洽　39·73
崔　洲　79·368
崔祖思　4·44
5·26
11·73
15·521
崔祖培　31·57
崔神慶　23·612
崔陟崑　11·474
崔　陞　4·147
崔　約　5·38
崔　珣(明東阿)　31·786
崔　珣(明堂邑)　38·714
崔　起　39·703
崔　華(清廣饒)　14·391
崔　華(清臨淄)　7·168
崔華林　18·575

崔 恭 1·851
23·615
24·279
崔 振 5·31
崔振東 14·137
崔振綱 5·333
43·292
崔 逞 5·37
11·74
崔師訓 77·365
崔唐臣 79·278
崔凌霄(明) 5·141
13·766
崔凌霄(清) 39·314
崔 浩 4·47
5·28
11·74
崔朗山 39·438
崔祥雲 7·196
崔陸莊 18·549
崔 能 5·51
32·619
崔執中 27·52
崔 郾 4·59
9·807
崔 堂 14·733
崔國祥 7·174
崔國輔 73·269
崔崇恩 40·583
崔 偉 22·286
22·567
崔 從 4·59
5·51
32·618
崔象坤 43·296
崔象珽 7·189
崔惟孝 27·540
28·169
崔隆宗 4·139
11·75
崔貫鼎 31·58
崔 琳 4·56
崔 琦 5·15
14·191
43·187
崔 琰 4·30
9·847
11·72
崔 琬 46·140
崔 彭 5·30
崔萬諧 71·562
崔 敬 1·756
8·465
18·46
崔敬邕 5·32
崔朝用 73·103
崔朝欽 77·345
崔 惠 79·198
崔雲祥 7·149
崔雲階 7·168
17·652
崔雲會 5·239
崔雲輝 5·246
6·214
崔 閑 49·500
崔景真 4·137
5·26
9·847
15·521
崔景儁 5·29
崔景徽 18·8
崔 尌 2·72
31·320
32·1

崔復信　13·807
崔　詠　14·725
　42·960
崔　斌(元)　1·760
崔　斌(唐)　11·78
崔善爲　4·55
崔道固　4·137
　9·842
　18·3
　18·481
崔道南　7·182
崔道融　75·649
　76·209
崔曾省　7·185
崔曾註　7·194
崔曾譽　7·169
崔　渙　5·52
崔　渡　43·131
崔富貴　37·855
崔　寔　5·14
崔運通　49·509
崔登鼇　42·756
崔　塤　2·87
　39·810
崔瑞卿　43·296
崔　瑗(清)　71·579
崔　瑗(漢)　5·14
　38·723
崔聘三　9·444
崔夢昌　39·333
崔蓬瀛　78·466
崔蔭田　12·492
崔　楷(北朝)　5·29
崔　楷(清)　22·319
崔　暘　11·449
崔路常　11·450
崔嗣統　22·300
　22·621
崔　圓　4·56
　11·79
　18·268
崔與之　74·147
崔傳瑞　9·448
崔　倰　5·38
崔　誕　18·1
崔　廓　5·42
崔慎五　36·747
崔慎由　5·51
崔義元　4·55
崔　猷　5·31
崔煥章　35·187
崔煥階　48·508
崔福泰　37·853
崔福貴　18·819
崔　羣　4·58
崔　愍　11·77
　18·8
崔　璉　11·438
崔嘉彦　49·520
崔嘉桓　27·812
崔　模(字叔軌)　5·29
崔　模(字思範)　15·588
崔　輔　22·263
　22·475
崔　碣　5·53
崔鳴鑾　7·196
崔　縱　77·344
崔稱嗣　27·54
崔毓桂　18·530
崔毓桐　18·549
崔僧淵　18·9
　18·265
崔　銑(明)　4·180
　14·400

崔　銑(清) 76・474
崔銘心 7・187
崔銘宸 71・562
崔銘善 11・436
崔鳳年 39・201
崔鳳沼 12・397
崔鳳桐 37・5
崔鳳舞 32・8
崔鳳藻 13・344
崔　說 5・30
崔　廣 7・198
崔廣田 23・255
崔　鄯 9・807
崔　榮 5・94
32・641
崔漾東 18・567
崔　演 1・819
37・551
崔　寬(明) 14・249
崔　寬(南北朝) 4・138
5・28
11・74
崔賓臣 74・323
崔肇師 15・559
崔　綱 13・425
崔維律 4・229
23・649
崔　璋 39・597
崔敷極 22・288
22・575
崔　賢 50・424
崔德荷 71・566
崔德新 71・542
崔徵璧 25・219
崔　毅 38・687
崔養重 11・433
崔遵度 4・194
崔　澍 23・660
崔慰祖 4・188
5・26
11・86
崔　緝 71・549
崔靜溪 36・772
崔　駰 5・13
崔　頤 5・37
11・22
崔頤正 1・747
23・125
崔　融 4・192
5・51
32・617
崔　磦 14・390
崔　曉 74・180
崔　嶼 22・259
崔學信 12・493
崔學海 11・287
崔學篤 7・162
崔儒秀 1・852
23・617
24・247
崔　衡 11・74
崔　諲 4・137
崔澤遠 30・730
崔禧祥 42・790
崔隱甫 4・56
11・23
崔　環 13・725
崔聯景 31・61
崔　懋 2・36
43・196
崔　儦 4・191
5・38
崔龜從 4・176
崔　徽 4・47

崇

過

第

第五琦　18・14
第五種　1・692
15・518
23・124
23・611
42・1

偰

偰玉立　45・465
偰列箎　44・74
46・26
偰伯寮遜　38・160

進

進道人　34・411

皎

皎　寂　77・359

得

得真祖師　78・731

從

從　化　73・118
從　允　79・297
從所蘊　11・92
從　諗　7・211
15・614

脱

脱　目　18・41
脱烈哥　7・375
脱　脱　47・339
脱　歡　1・765
22・228
23・614

魚

魚周詢　41・691
魚孫欽　21・660

斛

斛律平　18・9
斛　僖　72・130

祭

祭　彤　1・694

訥

訥蘭胡魯剌　1・752

許

許一元　67・131
許一有　56・533
許一伋　56・545
許一柯　57・6
許一信　56・180
許一敬　76・700
許十七郎　80・230
許卜年　43・636
許九官　5・158
43・602
許乃恩　2・108
13・108
24・308
許三行　5・159
43・612
許于陛　60・491
許于國　79・236
許士宏　72・14
許士拯　56・540
許士貞　2・54

13・223
許士進　18・694
42・433
許士雅　70・581
許士魁　56・30
許士準　9・694
許士經　77・364
許士駒　80・291
許　大　45・351
許大用　54・327
許大成　13・231
許大昆　50・61
許大忠　58・130
許大奎　18・546
許大集　55・626
許大標　78・416
許大興　57・147
許大齡　55・538
許上林　18・744
許上通　8・321
許　山　76・330
許山立　72・489
許之選　69・151
許之翰　41・391
許之瀛　67・223
許子材　72・4
許子良　75・406
許天球　54・221
許天琦　79・117
許天瑞　75・583
79・52
許天篪　72・488
許天錫　75・611
76・28
76・165
許天贈　76・466
許元思　57・483
許元烜　79・187
許元庸(見許元鏞)
許元章　67・331
許元輝　55・430
許元鏞　76・291
77・620
許元鐘　75・719
許　友　75・600
76・108
許友浚　74・372
許巨川　76・276
許巨坤　73・81
許曰都　43・644
許　中　59・270
許中立　69・571
許中和　47・421
許壬林　55・439
許　升　76・296
許　仁　76・349
許仁培　45・256
許化麟　9・813
許介熙　51・96
許公望　77・140
許月卿　54・310
許　文　71・490
許文秀　2・96
16・441
許文言　77・396
許文英　54・494
許文俊　75・718
75・722
許文烈　8・21
許文照　56・455
許文魁　8・21
8・640
許文福　54・479
許文謨　39・764

許文獻	80・195
許　尹	59・273
許以集	59・495
許以漣	39・726
許以溥	39・773
許以澄	39・726
許孔岐	77・396
許玉成	78・418
許玉麟	13・363
許　正	76・712
許正江	59・595
許功勝	9・850
許世守	74・59
許世秀	57・61
許世奇	45・246
許世昌	75・383
許世襄	56・537
許世贇	80・28
許可大	70・524
許占元	63・517
許占泰	64・288
許　由	7・456
許　生	4・11
	35・640
許仕達	75・365
許用舟	78・445
許用典	78・426
許用敬	5・198
許用賓	78・418
許印昌	31・228
許立勛	13・348
許必達(清奉新)	67・336
許必達(清澎湖)	80・664
許必鎧	48・197
許永苗	56・640
許永忠	77・620
許永科	55・1
許永壽	74・263
許邦才	4・198
	5・115
許邦珍	77・396
許式如	79・607
許吉爆	76・256
	76・270
許芝馨	78・419
許有瓊	71・454
許　成	35・244
許成名	4・199
	38・560
許光大	77・386
許光廷	60・499
許光亨	76・686
	76・756
許光岳(明南靖)	75・725
許光岳(明臨朐)	19・322
許光祚	14・383
許光卿	76・282
	77・616
許光組	67・454
許光紹	77・396
許光裕	41・891
許光業	17・567
	19・301
許光輝	6・481
許同書	69・166
許廷仁	67・563
許廷用(明金門)	76・281
	77・607
許廷用(明信豐)	73・412
許廷用(明堂邑)	38・719
許廷用(清)	38・543
許廷昌	55・621
許廷彥	79・363
許廷珪	79・570

許廷桂 76·230
許廷家 56·535
許廷策 57·67
許廷弼 21·500
許廷瑞 39·250
許廷楫 79·258
許廷煥 47·454
許廷輔 8·330
許廷銓 80·44
許廷璠 77·94
許廷諫 70·526
許廷讓 60·350
許延壽 39·179
許延鼐 50·71
許延緒 50·88
許延慶 23·438
許仲宣 4·67
6·287
15·546
17·689
18·419
21·119
許任奇 29·150
許　份 75·438
76·4
78·404
許自公 75·726
許自安 5·198
許全臨 2·111
19·586
23·626
許名揚 76·241
許　充 72·446
許州牧 14·126
17·616
許州政 14·126
許　汝 41·220
許汝翊 79·253
許汝魁 48·452
許守仁 39·804
許守忠 23·441
許守恩 1·813
許守智 5·368
8·331
許守策 9·811
許安仁(元) 6·339
許安仁(宋) 77·139
許　好 59·604
許好問 1·803
33·587
33·687
許　均 75·504
76·153
許志仁 78·434
許志尹 14·125
17·601
許志鴻 77·398
許芸亭 14·135
許克修 5·95
許克璉 78·431
許　材 77·656
許　甫 4·214
許　辰 79·545
許　抗 71·261
許　利 80·759
許佐翰 80·46
許　佑 33·701
許伯詡 76·276
許伯鳳 76·686
許伯鸞 76·686
77·682
許希孔 39·764
許希賢 75·628
許　豸 75·501

76・41
許　亨 55・240
許　忻 69・640
許　判 75・668
76・730
許判生 76・356
許　宏 76・492
許良臣 76・153
許良西 78・629
許良彬 76・714
許君實 59・601
許君擢 50・110
許　劭 45・317
46・573
許長灝 77・724
許　坦 75・456
許其名 74・14
許其進 4・162
38・541
許其誼 79・366
許其鏐 76・315
許　茂 67・314
許茂楛 55・543
許　英(明洛陽) 39・147
許　英(明寧陽) 35・100
許　苑 74・267
許　枚 71・453
許來音 75・720
許來儀(清崇仁) 70・298
許來儀(清濟陽) 10・391
許　棻 14・130
17・667
許松友 35・193
許松佶 61・469
許述華 73・102
許東光 38・572
許東望 4・155
38・537
許東程 79・257
許　奇 66・452
許奇遇 77・47
許叔達 67・12
許叔冀 18・13
18・15
許尚忠 6・567
6・666
17・582
許尚泰 56・162
許尚端 75・675
許尚賢 78・428
許　杲 18・19
許昌斗 80・548
許　昇 55・470
許　昕 23・617
24・244
許明佐 74・260
74・263
許　忠(唐) 76・423
許　忠(清) 76・300
許岡梧 80・233
許知言 75・621
78・439
許知新 79・159
許　牧 80・41
許秉初 36・40
許秉忠 18・544
許　岱 71・451
許　侃(明) 5・197
許　侃(清) 78・270
許佩璜 8・468
許　金 74・362
許金柱 9・861
許金策 9・848
許念敬 29・342

許　炎(南北朝)　46・575
許　炎(清)　77・657
許　法　77・641
許宗杰　57・144
許宗岳　79・413
許宗城　77・385
許宗彦　80・256
許宗常　78・411
許宗實　75・701
許宗輝　9・851
許宗慶　74・204
許宗翰　78・450
許宗鎰　79・117
許定升　2・42
許定玉　59・590
許定超　73・112
許定瑃　67・185
許定璠　67・180
許　建　79・349
許承芳　1・814
　7・379
許承家　32・586
許承傑　59・634
許承蒼　22・240
許承蒼　42・588
許承澎　76・292
　77・620
許孟奇　67・208
許孟卿　76・468
許春壽　56・160
許春榮　78・431
許春鶴　41・405
許　珂　73・46
許　珍　5・83
　32・622
許　珌　75・601
　76・107
許　城　71・456
許南彬　79・567
許　柱　47・453
許　拱　79・507
許拱辰　75・586
　79・57
許　眡　76・469
許　貞(清婺源)　55・239
許　貞(清漳州)　73・344
許貞幹　76・115
許省三　78・416
許則祖　59・430
許映奎　67・444
許　昭　78・445
許思周　70・569
許思衡　70・242
許　峒　5・355
許　信(明潮陽)　43・538
許　信(明臨朐)　17・512
　19・287
許俊升　14・396
許俊生　36・746
許　衎　76・312
許　衍　76・275
許　勉　4・246
許　亮　70・480
許庭梧　44・490
許庭椿　44・490
許彦餘　1・827
　39・147
許　庠　38・579
許　炳　76・709
許炳西　78・448
許炳章　75・678
許　洪　72・132
　72・490
許　宣　43・431

	43・499
許祖光	9・864
許祖鎬	78・419
許　盈	55・651
許　泰(明上蔡)	28・497
許　泰(明江都)	41・694
許泰儀	67・479
許　珹	32・148
許素祥	80・249
許起昆	2・54
	13・223
許起翔	55・639
許起運	9・813
許起碩	56・549
許　華	39・662
許華杰	48・215
許莪華	37・5
許桂芳	77・133
許　原	76・135
許振文	9・891
許振邦	56・440
許振礽	67・101
	67・435
許振荃	67・479
許振祜	67・334
許振超	80・205
許振祿	67・493
許振禕	67・103
	67・435
許振禩	67・435
許振禧	67・481
許振聲	14・141
許致和	32・144
許致愛	50・57
許時適	79・626
許　恩(明絳州)	1・813
	35・61
許　恩(明壽寧)	77・415
許恩榮	78・420
許剛建	78・433
許　臬	71・381
許師義	76・719
許師魯	75・678
許　祚	48・177
許　益	15・585
	17・510
	18・536
許益謙	78・374
許浩志	80・675
許　浤	45・83
許　宸	59・406
許宸華	6・473
許　通	18・739
許　逵	1・778
	9・24
	12・95
許逵翼	77・660
許　培	71・476
許執中	79・195
許　彬	35・84
許　梅	47・454
許　堅(宋)	45・366
許　堅(明)	67・117
許　盛	73・346
	76・346
	77・621
許　捷	62・241
許推和	55・557
許　堂(明)	38・536
許　堂(清)	80・200
許勖昮	76・283
許　國(明)	29・617
許　國(清)	78・415
許國光	31・827

許國杼　79・561
許國忠　13・726
許國相　2・37
　10・41
許國楨(字用卿)　56・440
許國楨(字次杶)　57・65
許國誠　79・164
許國賓　51・78
許　崙　76・262
　76・360
許崇俊　74・323
許崇泰　74・324
許崇乾　36・748
許崇謙　38・296
許悠遠　57・139
許悠煥　56・393
許悠源　56・181
許　進(明長山)　4・247
　5・159
　43・629
許　進(明靈寶)　1・772
許釣龍　75・682
許敘居　43・619
許　章　76・460
　78・257
許　商　1・685
　9・138
許惟訥　13・231
許清文　40・585
許清衡　79・335
許淑度　77・341
許淑顔　5・312
許　淳　1・711
許啓瑑　67・494
許　裀　59・595
許　將　1・738
　75・437
　76・3
　78・403
許陽春　41・394
許　隆　70・76
許隆遠　75・721
許參可　48・291
許　紳　5・356
許紹宗　38・574
許紹傅　66・220
許　琦　35・143
許　琰　76・315
許　琮(元)　5・83
　32・623
許　琮(清)　59・623
許　琬　71・381
許　博　41・388
許博學　38・566
許　期　73・116
許萬祿　42・773
許敬賢　40・333
許朝均　78・440
許朝保　10・42
許朝陽　76・345
　77・643
許森林　13・349
許厥猷　76・337
許　雲　76・716
許雲祥　78・621
許雲璡　57・378
許雲濤　38・686
　38・712
許雲鵬(明)　4・126
　38・708
許雲鵬(清)　78・416
許　鼎　76・153
許　開(明)　76・313
　77・657

許　開(清)　76・332
77・650
許開梁　60・316
許　遇　75・600
76・152
許遇春　13・427
許景芳　8・332
許景彥　14・387
許景陽(宋)　76・312
許景陽(明)　31・280
31・295
32・131
許景輝　80・673
許　貴　73・45
許貴登　78・554
許　智　76・744
76・764
許智璋　73・86
許順卿　57・378
許鉅簪　78・624
許　舜　39・179
許舜民　21・354
許　勝　28・484
許善護　1・727
11・39
許道濟　59・575
許道藩　71・23
許　遂　1・824
許遂元　76・493
78・469
許温其　76・247
許　淵　67・246
許滋良　50・61
許　渾　74・394
許　富　73・46
許　巽　78・253
許　媽　80・669
許　登(宋)　76・686
許　登(清)　71・457
許統懋　79・228
許　幾　1・737
52・52
許瑞聲　76・308
77・630
許瑞麟　78・438
許　瑗　59・432
許　載　47・409
許　遠　80・615
許聖朝　4・380
38・546
許　聘　67・431
許夢秋　78・421
許夢豹　39・715
許夢熊　75・426
許夢蘭　34・439
許夢麟　8・421
許蔭棠　63・309
64・382
許　楫　13・401
許　碏　77・358
許　當　77・579
79・264
許　路　4・153
38・537
許嗣國　2・39
8・468
許嗣慶　5・161
43・643
許嗣聰　5・159
43・611
許　魁　56・392
許魁武　9・633
許　新　78・422
許慎行　17・674

許慎堂　67·431
許　愷　43·195
許溥化　55·524
許滔三　77·417
許　福　76·299
　77·649
許福海　75·676
　76·745
許福基　80·668
許　肅　46·575
許殿元　72·534
許殿邦　49·88
許殿華　35·500
許殿弼　7·175
許　遜　45·348
　45·420
許　瑤　59·621
許嘉榮　1·792
　15·30
　15·134
　39·148
許嘉謨　57·515
許　穀　76·121
許熙朝　57·378
許蔚森　80·205
許　槤　2·110
　23·409
許　輔　5·100
　16·413
　18·41
許爾永　39·723
許爾昌　4·229
　39·695
許爾壽　39·721
許　摶　78·137
許鳴謙　67·479
許　銘　44·111
許鳳賓　79·164
許　誌　1·809
　43·429
　43·498
許　廣　39·725
許廣漢　37·31
　39·179
許廣勳　43·610
許　韶　71·54
許榮昌　2·74
　37·811
許　賓　76·152
許　綱　70·525
許維官　29·776
許維新　4·131
　38·712
許維翰(清萊陽)　27·161
許維翰(清廣饒)　14·383
許　綸　36·548
許　璜　71·322
許　璋　42·195
許　增　41·399
許增綬　67·232
許震鵬　80·440
許　稹　78·250
許　稷　78·105
　79·263
許　儉　75·620
　78·439
許德一　5·367
　8·328
許德成　8·327
許德初　56·282
許德昌　57·66
許德明　7·196
許德株　57·378
許德峻　7·187

許德庵　78・425
許德懌　57・402
許德懋　32・141
許衛楨　56・428
許　徵　57・378
許　鋭(宋)　78・414
許　鋭(明)　4・124
25・4
25・16
許　鉉　76・100
許調元　70・494
許賡年　76・494
許賡歌　41・411
許賡皡　76・491
許慶二　71・439
許慶春　56・368
許慶泉　55・421
許慶陽　56・285
許慶葵　57・98
許慶瑜　56・400
許養秀　2・34
2・36
43・204
許養高　2・54
許　遵　1・747
許潔齋　9・864
許　潛　75・672
76・730
許　潤　31・288
32・132
許澄清　57・239
許履仁　78・548
許　選　75・672
76・730
許樂三　77・651
許　璟　76・254
76・270
78・162
許翰文　55・221
許翰沖　80・666
許樹森　78・438
許　霓　38・579
許曉村　34・288
許　穆　51・184
77・38
許篤志　77・651
許興祖　59・575
許學衡　79・273
許　儔　46・610
許　衡　31・839
32・417
33・305
許　錫　59・278
許錦標　73・365
許　獬　76・313
77・654
許　諤　4・378
39・587
42・561
許　謂　59・147
許龍驤　8・21
許燃藜　55・339
許　澤　77・651
許　憲　7・380
許　靚　78・424
許　聲　72・494
許　聰　36・202
許聯光　79・244
許藏祕　45・294
許　懋　78・257
許闇章　37・701
許鍾會　77・649
許鍾璐　37・4
許　謙(明)　1・791

10・39
許　謙(清)　67・454
許謙吉　79・180
許應元　1・799
32・443
33・69
許應喈　44・490
許應聘　39・736
許應暄　78・622
許應龍　75・442
許鴻磐　4・352
許濟川　55・473
許濟舟　78・450
許　濚　76・298
許藜光　79・371
許　豐(清江西新城)　71・476
許　豐(清長洲)　9・736
許　壘　78・438
許鎮業　37・6
許鎮嵩　27・160
許　繕　4・224
14・712
許攀桂　76・304
76・340
77・641
許　麗　10・40
許　鏡　8・346
許騰蛟　73・402
許騰曜　77・650
許　鯤　75・718
75・722
許懷萬　77・649
許　爕　78・447
許　瀚　4・360
32・147
許繩祖　67・373
許蘭吉　74・268
許　酆　75・733
許獻昌　79・424
許獻珩　67・435
許獻琛　67・431
許獻瑞　67・435
許獻諏　77・96
許耀蛟　57・144
許耀鳳　55・372
許　譽　4・149
5・153
43・575
許繼志　39・714
42・557
許　權　76・312
許躍龍　41・394
許　爚　21・137
許鶴振　79・283
許懿善　76・156
許　鑒　75・410
77・581
許麟占　39・201
許麟勳　79・258
許　灝　73・438
許　讚　1・839
7・79
16・420

麻

麻中第　27・158
麻永年　72・142
麻廷璥　72・142
麻仲英　4・254
7・22
7・199
15・575
17・496
麻衣趙　22・321

麻如蘭　40·25
　40·190
麻希孟　7·22
　7·180
　15·584
　17·495
麻東輝　39·771
　42·570
麻　姑　15·112
　27·301
　27·612
　71·360
麻敬業　72·195

庾

庾肩吾　51·120
庾爰之　45·320
庾　賁　1·726
　35·57
庾　敳　7·347
庾　導　15·588
　17·679
　18·445

庯

庯　譚　4·10
　22·243
　23·656

康

康士珩　32·652
康士粹　40·360
康士賓　72·612
康士驥　39·85
康大壯　5·126
　32·631
康大和　78·122
康大猷　5·126
　32·631
康子文　72·379
康子敏　73·26
康天位　74·449
康天柱　74·446
康天詔　73·439
康天墀　77·366
　77·725
康元侯　77·722
康元雍　72·650
康元積　72·592
康元穗　72·592
康五瑞　72·596
康五瓚　72·597
康太和　79·373
康仁傑　79·263
康文禮　39·62
康引昌　72·653
康玉海　79·360
康　正　72·669
康世茂　72·653
康世軌　74·446
康世淳　15·146
康世輪　74·448
康世懷　39·321
康世顯　72·661
康丕揚　5·203
　8·342
康用光　72·321
康立初　18·516
康必達　72·598
康必壽　72·334
康永安　73·26
康永貞　6·383
康　亘　72·359
康廷禎　80·28

康延世　5・133
　32・600
康仲經　73・27
康旭明　72・583
康汝綱　5・264
　32・647
康汝礪　73・26
康安泰　73・399
康如淵　79・355
康志睦　16・400
　18・16
康克昌　72・652
康灼乾　8・323
康良材　72・319
康若生　72・621
康若泰　30・292
康若虛　37・35
康范生　72・614
康　枚　8・323
康　松　72・366
康尚文　76・546
康尚忠　72・374
康明魁　71・137
康　迪　73・28
康迪吉　5・126
　32・630
康金榜　8・419
康炎新　8・323
康宗訓　72・642
康定遇　72・688
康定蘧　72・637
康承祐　72・327
康星熹　5・264
康修己　26・118
康禹定　74・237
康　亮　76・316
康彥民　72・286
康彥孫　72・653
康彥登　75・595
康祖周　74・447
康　珠　72・362
康　莊　72・582
康時匡　72・669
康逢吉　19・129
康　宸　32・602
康家遜　6・373
康執權　77・383
康基田　2・21
康　梓　8・323
康　堅　8・324
康國泰　74・38
康國祥　73・33
康國琇　6・565
康　崐　78・210
康崇彥　72・359
康崇宣　40・515
康偉然　77・722
康　庶　77・726
康　庸　6・295
康旋吉　72・372
康惟昌　67・475
康淑身　40・320
康喜孫　72・689
康朝功　77・622
康惠民　1・796
康　雄　28・499
康雲龍　80・18
康景祐　72・621
康集廉　72・333
康集鳳　72・363
康集龍　72・359
康爲恂　72・367
康舜民　39・83
康　詔　80・45

康　敦　9・448
康　湛　8・321
康富龍　67・475
康　瑞(元)　73・25
康　瑞(清)　75・682
康瑞一　79・355
康夢吉　73・25
康夢相　72・348
康　廉　8・321
康廉采　4・276
康新民　72・592
康愷二　79・359
康　溥　8・321
16・436
康福瑞　79・355
康福壽　5・205
8・342
康綏猷　72・616
康　嘉　72・636
康　穀　72・329
康爾韞　76・290
康　曄　42・553
康鳴鳳　73・84
康　銑　80・27
康鳳聲　76・261
康　誥　80・34
康　漢　72・290
康　震　72・272
康德杲　72・353
康靜深　79・355
康　樵　8・323
康霖生　2・114
23・627
康學沂　72・598
康　憲　80・11
康　縉　72・280
康懋采　8・322
康懋德　79・347
康應麒　74・274
康應麟　72・653
康濟民　5・126
32・641
康　職　72・267
康韞燦　72・632
康　璧　39・566
42・553
康騰蛟　32・613
康懷英　4・61
康　瀜　5・204
8・343
康　鏜　72・611
康繼志　79・354
康　觀　73・27
康　灝　5・204
8・343
康　驥　72・310
康　鑾　80・26

鹿

鹿化彪　39・72
鹿　生　4・138
37・823
39・180
鹿令姑　37・461
鹿永鋐　26・604
鹿皮公　6・581
6・672
鹿同家　33・797
鹿廷瑛　26・600
鹿廷瑗　26・640
鹿廷瑄　4・441
26・601
鹿廷塗　26・614
鹿廷瓛　26・631

鹿兆甲　4·428
　26·600
鹿兆紳　26·600
鹿兆圖　4·428
　26·600
鹿兆賡　26·631
鹿兆蟾　26·630
鹿　圻　39·67
鹿伯鋆　26·733
鹿林松　26·642
鹿　旺　36·219
鹿　忠　26·623
鹿星垣　33·821
鹿　悆　4·50
　39·174
　41·380
鹿　森　31·839
　32·417
　33·306
鹿　愈　18·8
　37·823
鹿鳴燕　4·329
鹿維基　26·617
鹿維甯　26·641
鹿儀靖　26·732
鹿養德　36·525
鹿樂山　33·796
鹿樹連　26·733
鹿樹棠　26·634
鹿澤長　4·432
　26·618
鹿　燦　26·594
鹿夑長　26·643

章

章九齡　14·727
　42·969
章士雅　78·690
章士穎　78·677
章士懋　74·236
章大光　69·596
章大松　45·176
章大珠　77·381
章大倌　70·95
章大器　78·706
章久榮　62·570
章之岸　59·82
章之楧　73·392
章天孚　45·184
章天達　45·227
章元科　70·83
章元煒　71·274
章元璞　78·670
章友直　46·466
　76·565
章日闓　79·560
章化庸　66·266
章公量　59·162
章公弼　59·12
章　文(明仁和)　76·352
章　文(明進賢)　72·94
章　文(漢)　44·4
　46·223
章文炳　78·649
章文津　34·146
章文禄　57·3
章文瑗　70·91
章文粹　77·364
章文標　72·56
章文爆　78·617
章文藻　71·283
章允登　44·487
章允榜　44·403
章允儒　44·278

章玉森 45・639
章玉輅 9・142
章正平 72・22
章正岳 69・210
章世迪 45・196
章世貞 59・43
章世純 69・325
章世偉 66・205
章世槐 70・238
章世德(清池州) 77・94
章世德(清龍巖) 78・708
章 本 60・204
章可法 59・164
章仔鈞 76・423
76・510
章邦翰 44・278
章光斗 71・250
章光忠 56・113
章光岳 69・210
章光泰 71・299
章光銘 42・393
章廷烈 77・521
章 全 58・146
章全素 45・357
章全海 45・285
章全斌 45・258
章兆瑞 72・95
章如旦 59・98
章孝參 75・508
77・529
章志永 45・125
章志惠 67・441
章 甫(宋浦城) 76・528
章 甫(宋鄱陽) 58・214
章伯熙 51・524
章伯奮 75・425
章伯顔 69・646
章希穎 67・178
章 灯 53・623
章 沂 70・57
章 宏 2・80
39・150
章宏本 45・123
章 坤 78・680
章其志 72・86
章其焕 47・189
章 枝 46・611
章 述 78・720
章 迪 69・161
章 岵 76・425
章 岷 76・565
章 垂 78・628
章季澄 69・571
章秉忠 75・421
章秉銓 71・241
章依仁 72・102
章金溶 51・356
章 服 76・461
章 泮 71・337
章孟忠 66・367
章孟宣 58・206
章孟鉉 66・444
章 貞 2・96
16・441
章則鎬 44・483
章 星 72・87
章 昭 47・237
章炳蘭 29・346
章 炯 71・278
章洪輔 49・295
章貢雲 78・713
章華林 76・403
章華式 72・102
章桂林 76・408

章桐祥　71·462
章　格　75·368
章夏時　79·333
章時學　78·606
章時鸞　1·813
章　倬　16·418
　　　　20·486
章逢吉　78·712
章逢辰　70·299
章益振　72·108
章浩然　78·683
章　書　59·43
章　彬　45·154
章盛生　51·557
章　授　76·566
章國録　48·336
章　偉　71·322
章　進　22·343
章得象　76·517
章　衮　69·289
章　康　76·637
章康生　78·674
章望之　76·503
章惟高　66·440
章添喜　70·339
章淡如　44·564
章　寅　26·580
章啓榮　45·285
章紹聖　71·278
章　喆　66·439
章敬思　51·522
章敬端　51·523
章朝栻　77·512
章雲龍　72·61
章雲鵬　70·505
章　鼎　77·522
章景愷　71·429
章景襄　78·682
章傑男　60·320
章　復　58·36
章復弟　48·396
章　善　76·635
章善楷　66·448
章道洪　49·384
章道鴻　51·634
章曾蓑　45·138
章瑞坦　77·42
章　穀　59·33
章　葳　66·366
章　楷　27·795
章　嵩　59·161
章節夫　52·406
　　　　69·285
章愷五　79·345
章　慥　71·317
章　寀　76·518
章　溢　76·644
章　經　67·301
章　瑨　47·289
章碧江　78·711
章　壽　77·524
　　　　78·398
章壽彭　34·275
章奪魁　71·64
章　粹　1·743
　　　　11·42
　　　　76·532
章榮萬　71·301
章　漢(明)　72·85
章　漢(清)　76·563
章　潢　45·13
章維綱　51·654
章　綸(元)　59·91
章　綸(明)　21·135

章　綡　76・519
章　賜　76・546
章儀林　12・315
章儀和　2・73
章　諍　1・851
27・329
27・794
章　誼　76・538
章　潤　77・529
章　潘　59・157
章履仁　71・244
章履坦　66・457
章　頻　75・395
76・516
章　穆　58・136
章學洙　71・299
章學源　71・284
章學濂　71・280
章　衡　76・526
章　錦(明)　66・159
章　錦(清)　51・597
章　穎　66・50
章　寰　67・581
章　綷　76・519
章　懋　75・369
章　鍾　66・451
章應雷　58・32
章應韶　44・292
章　濱　71・271
章　馥　51・645
章　簡　75・422
77・586
章簡書　60・287
章　彝　16・417
19・2
章　黼　54・339
章　譽　71・630
章　斆　38・417
章寶綸　29・598
章　顯　76・397

商

商允濟　29・107
商可達　9・440
商成文　14・441
商至剛　35・143
商廷勳　43・113
商企翁　37・828
商企澤　37・843
商　玟　11・401
商長慶　14・389
商　典　14・705
42・952
商周祚　77・212
商　治　43・125
商　挺　4・87
10・239
18・749
31・839
37・827
41・135
42・472
商祖堯　29・69
商家梅　75・596
76・97
商　能　28・475
商　梅　79・62
商得芳　43・112
商　琦(元)　4・265
41・136
商　琦(清)　12・313
商　琥　37・828
41・135
商爲正　75・378

商　準　75・419
77・502
商際昌　43・79
商　瑤　5・64
商爾選　37・418
商　暠　41・382
商　誥　5・218
商　標　13・127
商　賚　43・60
商　億　6・291
商　衡　4・211
37・827
41・134
商　澤　4・4
35・602
商　瞿　4・3
35・601
商　顓　9・441
商繼先　12・316
商繼浩　12・334
商繼魯　5・264
32・646
商麟書　9・257
商　瓛　4・223
9・810

惟

惟　元　80・295
惟　勝　78・326
惟節禪師　79・638
惟　慎　79・298
惟　寵　79・639

粘

粘本盛　79・409
粘　燦　79・108
粘繼任　78・721

清

清　池　73・119
清　忠　78・327
清信和尚　29・513
清虚大師　26・188
清　遠　45・373
清源上人　79・300
清　澗　74・253
清　豁(宋)　79・297
清　豁(唐)　77・731
清豁禪師　79・435

淩

淩九政　47・171
淩三命　46・238
淩之調　46・428
淩光斗　80・762
淩守誠　49・4
淩志魁　7・381
淩志慧　49・74
淩其匯　46・162
淩　茂　10・156
淩秉鑑　10・460
淩　相　32・24
淩家緒　31・64
淩雲志　31・62
淩雲標　46・403
淩　策　1・744
15・525
16・403
18・25
淩註經　49・45
淩　準　31・65
淩廣赤　49・23
淩儒桐　5・343
10・151

淩鍾繼　49・111
淩應拔　49・130
淩應治　49・106
淩應臚　49・127
淩耀光　31・58
淩鶴鳴　49・31

渠

渠仲甯　36・553
渠邱公　30・634

淖

淖　齒　15・619

淦

淦君鼎　51・72
淦　奎　51・93
淦　泰　51・93
淦斯揚　51・95
淦　森　51・79

涼

涼　茂　4・136
　　37・101
　　39・174

淳

淳于天奉　26・122
淳于永　25・170
淳于岐　4・173
淳于亨　26・87
淳于恭　4・231
　　15・563
　　17・460
　　19・17
　　19・98
　　22・335
　　23・651
　　25・170
淳于晏　4・245
　　18・21
淳于朗　24・277
　　25・171
淳于越　15・582
　　25・170
　　26・85
淳于智　4・260
　　5・23
　　31・840
淳于髡　7・24
　　15・591
　　19・46
　　25・170
　　26・84
　　36・413
　　38・608
淳于意　4・258
　　7・23
　　7・208
　　15・610
淳于雍　4・235
　　25・171
　　26・103
淳于難　4・139
　　25・171
　　28・658

淡

淡　素　1・831

深

深　明　71・365

梁

梁一騰　80・68

梁九韶　80·114
梁工求　37·416
梁士俊　6·138
梁士彥　1·716
梁士傑　77·213
梁士鶴　18·565
梁大木　32·378
　33·248
梁大英　73·442
梁大政　73·7
梁大倪　51·353
梁大磐　79·422
梁大鯤　9·749
梁上國　78·500
梁之垣　4·201
　25·18
　25·34
梁之翰　32·380
　33·250
梁　弓　72·332
梁天佑　62·516
梁天爵　72·330
梁天衢　62·397
梁元吉　6·462
梁元傑　62·640
梁元榜　46·350
梁友惠　72·342
梁巨植　60·624
梁日華　60·561
梁日高　77·192
梁仁傑　41·847
梁公价　61·87
梁公護　79·625
梁丹元　79·599
梁丹銘　6·651
梁文曄　77·192
梁文縣　38·721
梁文爍　21·636
梁心一　37·727
梁心始　4·353
　37·415
梁心恒　37·423
梁以勝　50·293
梁以漢　62·108
梁以衡　80·759
梁以鍾　76·333
梁玉川　18·574
梁玉蕤　79·626
梁世傑　32·404
　33·278
梁世祿　32·401
　33·276
梁世德　5·311
　43·633
梁　本　29·618
梁本恭　4·381
　38·553
　38·630
梁可薦　11·399
梁丕基　13·136
梁石甫　9·144
梁石君　4·249
　7·198
梁立誠　46·271
梁永志　37·723
梁永修　39·336
梁永康　2·67
　18·697
　42·436
梁　式　18·731
　42·460
梁　吉　62·235
梁　芑　77·181
梁在德　80·137

梁　成　4·256
31·790
35·309
梁成大　76·9
梁光祖　66·361
梁光第　37·418
梁光漢　77·268
梁光輿　37·417
梁朱珍　6·286
梁廷珪　79·553
梁廷揆　14·113
梁廷弼　36·36
梁廷藩　35·488
梁　份　71·559
梁　似　22·304
22·636
梁兆枚　6·668
梁　安　31·782
梁安畿　62·445
梁安耀　62·517
梁　圻　9·694
梁志道　73·26
梁志凝　72·363
梁克玉　9·854
梁克家　75·398
79·97
梁　材(宋)　73·40
梁　材(明)　75·426
梁求宏　74·236
梁步雲　42·773
梁岐超　76·314
梁邱賀　4·7
15·569
17·457
20·537
梁邱臨　4·8
15·569
20·537
梁作暉　72·372
梁　宏　78·391
梁宏恭　72·375
梁　玠　40·157
梁　坰　79·363
梁其俊　50·260
梁　苑　42·276
梁　林　14·734
梁林喜　53·193
梁　奇　71·160
梁奇才　9·724
梁　果　76·205
梁昇萬　50·245
71·582
梁明化　7·84
梁　固　31·764
梁　迥　38·534
梁知先　5·268
13·770
梁和中　21·540
梁秉忠　25·50
梁佳植　60·553
梁　岳　73·22
梁宗孔　40·134
40·306
梁宗義　74·226
梁　宜　1·761
4·145
7·375
梁宜生　40·107
40·156
梁承業　32·42
梁承勳　41·393
梁承學　4·157
梁春芹　18·531
梁春暉　78·562

梁　珍　1・800
　　80・37
梁　政　79・501
梁　南　79・252
梁　柳　1・702
梁　柱　66・118
梁　奎　60・303
梁　貞　38・578
梁　昱　1・749
　　6・292
梁　信　38・685
梁衍祚　38・572
梁彦昌　31・765
梁彦通　31・765
梁　美　32・132
梁　炳　40・21
　　40・245
　　40・500
梁炳星　72・239
梁　洽　37・712
梁祖成　37・416
梁祖珍　6・623
梁　陞　37・692
梁　盈　31・798
　　34・467
梁　玒　72・377
梁　秦　79・365
梁　珪　78・525
梁起萬　77・519
梁華廷　27・171
梁　莘　77・192
梁　桂　80・46
梁　格　1・792
　　10・309
梁晉芬　77・190
梁時任　37・675
梁倚雲　62・394
梁師孟　77・191
梁衰倪　51・353
梁高山　71・193
梁　益　76・83
梁浩然　4・320
梁家郁　62・432
梁家駒　62・269
梁培公　12・142
梁培基　18・744
梁國材　71・155
梁國柱　37・785
梁國棟　1・781
梁國賓　79・521
梁　崑　49・464
梁崇廷　77・40
梁　偉　36・506
梁　進　8・465
梁章鉅　76・646
　　78・529
梁惟樞　2・27
　　8・467
梁清林　80・49
梁淑灝　40・313
梁　混　72・295
梁　寅　66・81
　　73・274
梁啓毓　62・669
梁啓謙　46・358
梁啓讓　46・438
梁紹素　77・285
梁　琦　26・107
梁　琢　77・185
梁　琮　72・333
梁萬斛　4・256
　　23・658
梁　萼　69・371
梁萼涵　4・425

29・346
梁朝挺　79・399
梁朝員　73・35
梁朝傑　40・361
梁　棟(宋)　73・42
梁　棟(明平陰)　35・385
梁　棟(明聊城)　38・535
梁棟材　37・425
梁雲扶　23・131
梁雲程　19・29
梁雲會　40・277
梁　揆　60・690
梁紫芳　79・493
梁鼎銘　72・145
梁景曾　6・474
梁　智　39・732
42・569
梁　喬　80・80
梁　策　1・847
梁　欽　72・333
梁欽彩　38・549
梁勝用　72・339
梁勝灝　28・714
梁　善　13・99
梁善政　4・229
31・820
32・368
33・232
35・450
梁善悟　32・390
33・266
梁道成　33・301
梁道熙　79・627
梁道凝　79・365
梁　湄　19・35
梁運昌　78・528
梁　弼　10・383
梁登明　69・656
梁瑞生　62・203
梁蓮峯　33・301
梁夢昇　1・736
8・313
梁夢龍　1・770
梁椿選　79・252
79・433
梁　路　27・164
梁　嵩　52・62
梁　頎　19・163
梁　試　6・364
梁　愷　7・405
梁煥升　26・133
梁　肅　37・416
梁肅公　19・34
梁殿榮　37・419
梁　棨　72・295
梁　璉　32・379
33・248
梁　聚　7・158
梁熙衡　78・367
梁　碩　72・442
梁爾壽　74・442
梁鳴謙　76・58
梁毓美　5・340
梁　銑　9・624
梁鳳相　62・388
梁鳳彩(清黄縣)　26・115
梁鳳彩(清商河)　9・422
梁鳳翔　23・625
24・289
梁廣美　33・560
梁　適　4・72
31・764
梁榮進　37・713
梁榮贊　53・151

梁　寬　38・718
梁維新　62・94
梁　穀　31・782
梁　震　72・336
梁震甲　33・211
梁　億　79・252
梁餘亭　33・258
梁諸沈　26・124
梁　諄　72・363
梁慶遇　18・550
梁慶緒　72・239
梁　潛　72・294
梁畿千　33・211
梁樹恒　18・743
梁　機　72・333
74・48
梁　勳　72・363
梁興玉　79・627
梁　學　73・158
梁學孔　25・270
25・301
梁學古　23・277
梁學敬　23・277
梁學曾　47・344
梁學瀚　76・408
梁儒珍　77・42
梁　衡　1・850
梁錫祜　19・72
梁錫誌　77・43
梁錫爵　65・509
梁錦鶴　60・717
梁　戴　80・55
梁懋功　62・581
梁懋松　62・581
梁懋梅　62・517
梁龜年　80・36
梁鍾傑　36・35
梁　謨　74・225
梁　謙　77・193
梁應庚　76・10
梁應暘　60・550
梁應賜　60・619
梁燦章　30・159
梁鴻庥　10・371
梁鴻翥　4・289
5・375
8・620
梁鴻緒　72・245
梁　濟　79・591
梁濟民　4・144
9・138
梁　禮　31・835
梁　翼　26・645
梁　燾　4・75
31・770
梁　璧　62・352
梁　藻　80・30
梁　璽　4・124
38・536
梁懷仁　79・268
梁　蘭　72・283
梁蘭滋　29・618
梁耀祖　80・113
梁　鶚　43・445
梁　鐃　58・666
59・629
梁　譯　69・534
梁寶常　7・389
梁　顥(見梁灝)
梁　顧　80・36
梁巖老　75・540
78・332
78・351
梁　鑑　27・166

梁觀福　79・606
梁　鱣　4・3
7・133
15・484
35・602
梁　灝　4・72
31・762
37・547
梁纘素　2・38
10・41
梁　驥　1・795
10・545

寇

寇仁秀　19・579
寇　化　24・288
寇民安　15・160
寇廷楓　77・270
寇兆行　11・461
寇希賢　11・461
寇　準　1・744
15・507
16・403
18・24
寇　瑊　69・159
寇夢虬　51・273
寇　源　9・140
寇興言　43・299
寇蘭亭　15・149

寂

寂　尚　80・295
寂　照　77・596
77・601
寂　德　47・479

宿

宿孔暐　24・558
宿　旦　24・559
宿　省　24・561
宿　度　23・638
24・516
宿清烈　39・762
宿鳳翀　24・556
宿鳳翑　24・573
宿鳳翥　24・564
宿漢倬　24・551
宿應麟　24・326
宿　燦　23・663
宿羅心　24・714
宿繩武　24・546

窑

窑　仙　71・363

密

密印禪師　80・437
密　佑　15・561
20・552
密　珍　30・95
密振元　30・128
密　訓　30・100
密雲路　4・359
30・117
密鴻印　30・117
密鴻錫　30・117
密覲光　30・117

扈

扈九常　7・194
扈三槐　7・174
7・192
扈大文　4・311
31・829
扈子賢　77・39

扈孔山 7・199

扈永通 4・127

41・149

扈邦直 1・795

扈有盛 7・175

扈廷美 7・174

7・192

扈　胤 7・161

扈振南 21・531

扈　海 75・713

扈國仁 7・161

扈　偉 7・174

扈嗣信 7・168

扈榮訓 13・345

扈　標 7・153

7・164

17・590

扈墨林 13・336

扈　德 7・208

扈德謙 48・263

扈顯祖 41・180

逮

逮　愿 51・721

逯

逯　山 5・335

逯中立 4・113

38・539

逯永錫 41・788

逯　佐 13・725

逯保信 4・371

逯振義 6・471

逯雲漢 39・296

逯精一 13・154

逯　選 5・229

逯學禮 37・414

逯　聰 32・627

尉

尉世傑 25・648

27・166

尉書升 30・725

尉　景 18・7

尉遲九成 14・743

尉遲勤 18・10

屠

屠乃勳 10・311

屠本畯 77・584

屠丙勳 6・449

屠　容 75・410

77・583

屠道彰 2・108

24・308

42・389

42・392

屠　湘 2・83

屠義炳 8・417

14・301

屠　毅 38・582

屠繼烈(清大興) 12・444

屠繼烈(清浙江) 27・810

張

張一元 5・138

13・760

張一中 41・159

張一化 5・178

43・265

張一仕 80・365

張一亨 5・138

13・760

張一良(明) 34・436

張一良(清)　56·560
張一奇　80·431
張一忠　14·122
　17·565
張一珏　56·641
張一恆　4·429
　26·98
張一飛　49·277
張一通　1·787
　11·284
　32·585
張一清(宋)　60·26
張一清(清宜春)　60·638
張一清(清博興)　14·131
張一敬　4·158
　42·271
　42·345
張一棟　75·690
　76·759
張一揆　70·587
張一傑　80·685
張一魁　77·210
張一漸　25·39
張一瑾　67·455
張一蕙　29·296
張一衡　72·367
張一龍　55·29
張一觀　60·730
張　二　20·560
張二南　14·378
張人策　27·161
張人龍　4·368
張人鵬　29·773
張九仞　15·151
張九成　12·307
　74·374
張九州　29·342
張九如　12·117
張九志　80·711
張九苞　42·270
張九重　9·63
張九叙　9·394
　9·478
張九逵　74·361
張九經　1·851
　28·668
張九輔　23·277
　23·663
張九歌　37·833
張九賢　5·119
張九齡　73·114
　73·405
張　力　41·784
　41·835
張乃純　43·448
張乃楠　39·722
張乃義　13·813
張三丰　15·617
　17·673
　18·429
　31·248
　31·296
張三成　11·438
張三明　55·529
張三省　41·400
張三策　17·604
　19·328
張三傑　42·56
　42·105
張三就　42·202
張三槐　67·447
張三鳳　14·362
張三綱　36·217
張三徵　4·281

5·325
43·282
張三錫　17·655
18·524
張干崖　61·490
張于芳　41·412
張于京　1·843
16·434
張于屏　77·202
張于陛　31·830
32·391
33·267
張于都　6·569
6·660
張于栻　45·308
張于階　38·242
張于臯　70·534
張于鉉　41·207
張工熙　23·282
張士元　53·528
張士中　48·388
張士田　4·330
張士任　70·532
張士行　1·794
張士良　75·692
76·760
張士坤　36·745
張士英(清永定)　80·290
張士英(清利津)　13·229
張士奇(清聊城)　38·573
張士奇(清無棣)　13·137
張士奇(清齊河)　10·129
張士旺　57·501
張士佶　12·507
78·586
張士珍　71·208
張士冑　71·472
張士修　55·551
張士保　4·454
24·567
張士美　13·391
張士珙　75·700
張士原　67·542
張士倡　70·565
張士捷　75·638
張士淇　76·625
張士淳　24·260
張士瑛　70·543
張士堯　2·95
16·445
張士達(明長樂)　75·646
78·564
張士達(明南城)　71·232
張士達(清)　61·357
張士榔　76·256
77·669
80·614
張士雲　36·745
張士傑　72·685
張士然　40·171
張士甯　71·160
張士裕　71·428
張士楷(明)　76·744
張士楷(清)　52·585
張士節　37·157
張士鉉　71·94
張士煃　72·361
張士遜　1·732
12·93
張士熙　4·146
30·697
張士睿　9·68
9·96
張士誌　2·70

	30・234
張士端	10・151
張士漸	71・485
張士賓	78・606
張士標	10・365
張士賢	60・206
張士箱	80・610
張士薰	59・49
張士謙	4・214
	14・361
	15・562
	17・507
張士鴻	5・339
	10・125
張士鵬	52・522
張士耀	69・554
張士鑑	30・726
張士麟	48・469
張士讓	11・24
張士驥	45・163
張士鸞	30・731
張大力	5・274
	13・784
張大文	76・572
張大心	67・280
張大本	2・104
	25・194
	26・576
張大可	1・772
張大田	80・245
張大生	42・403
張大用	27・49
張大民	80・541
張大有（明）	73・106
張大有（清）	12・142
張大成（清陝州）	2・53
張大成（清高安）	62・447
張大成（清萬年）	60・249
張大成（清齊東）	15・154
張大光	77・373
張大年	76・540
張大行	75・715
張大芹	74・391
張大武	16・431
張大來	47・256
張大欣	74・339
張大命	76・390
張大治	58・574
張大信	56・600
張大冠	70・576
張大倫	80・16
張大釗	56・41
張大祥	10・389
張大孫	80・551
張大彬	50・456
張大進	10・156
張大紳（清新昌）	64・562
張大紳（清興安）	74・533
張大備	79・412
張大傅	55・621
張大甄	77・381
張大業（明）	5・210
	8・604
張大業（清）	43・115
張大照	71・192
張大猷（明）	42・583
張大猷（清）	5・246
張大經（宋）	71・253
	73・2
	76・461
張大經（明）	36・461
張大模	58・555
張大熊	77・56
張大綸	36・526

張大賢　9・71
張大儉　6・219
張大樽　10・52
張大儒(明)　32・629
張大儒(清)　5・390
　12・499
張大衡　70・488
張大臨　39・194
張大謨　1・845
　16・427
　20・489
張大鴻　72・627
張大藩　16・426
　20・488
張大霧　56・225
張大蘇　10・52
　30・235
張大藻　60・358
張大鏞　77・189
張大鵬　80・210
張大瀛　4・299
　10・369
張大黨　77・203
張大潘(見張大藩)
張大觀　80・760
張才元　52・633
張才盛　77・577
張才望　23・349
張上林　62・203
張上智　9・413
張　山(明高密)　28・492
張　山(明陵縣)　5・205
　8・341
張山菊　37・417
張山筠　37・416
張山輝　60・258
張千載　72・192
　72・502
張久成　32・409
　33・282
張之甲　73・68
張之任　74・421
張之材　75・632
　76・174
張之杰　43・295
張之奇　71・425
張之岡　73・75
張之岱　56・367
張之彥　71・491
張之晉　54・532
張之晟　5・346
　15・147
張之剛　4・144
張之益　55・593
張之浚　2・72
　32・1
張之宿　73・80
張之琢　5・263
　32・645
張之堪　6・561
張之湛　48・244
張之蒙　55・288
張之誠　44・483
張之臺　71・450
張之銘　34・286
張之綱　76・492
張之維　24・557
張之賢　9・64
　9・92
張之翰(清福山)　26・638
張之翰(清齊河)　10・159
張之曉　9・73
張之錫　31・835
　35・341

張之燮　30・719
張之濬　26・124
張之豐　73・75
張之騰　71・69
張　弓　5・115
張巳百　9・72
張子才　80・340
張子立　25・173
26・91
張子成　77・393
張子芳　34・288
張子言　52・392
張子宏(明)　72・137
張子宏(清)　32・652
張子良　31・839
張子初　75・532
77・486
張子英　80・526
80・589
張子明　47・140
60・86
71・186
張子忠　64・427
張子定　65・79
張子迢　73・32
張子衍　18・38
張子恭　80・11
張子哲　9・429
張子峻　39・74
張子容　25・655
27・169
張子帶　31・834
張子冕　35・331
張子紘　75・645
76・194
張子博　64・330
張子敬　19・22
張子揚　39・196
張子喬　51・86
張子順(明)　5・209
8・604
張子順(清)　5・346
張子愷　73・32
張子埶　4・255
15・585
31・333
32・5
張子壎　13・129
張子徽　39・294
張子鶩　12・500
張天人　66・405
張天士　76・555
張天仁　49・168
張天申　53・533
張天池　9・635
張天英　56・572
張天春　79・226
張天柱　37・417
張天祥　44・526
張天棟　65・198
張天極　75・627
76・184
張天鈞　56・60
張天祿　77・99
張天瑞　4・198
張天愛　39・177
張天溥　64・513
張天經　5・344
15・166
張天壽　64・520
張天嘏　61・366
張天銓　77・387
張天鳳　76・624
張天維　76・760

張天質　5・183
　10・123
張天德　77・192
張天橋　73・447
張天衢　61・364
張天爵　66・454
張天翼　41・122
張天續　37・151
張天衢　80・240
張　元(明)　44・325
張　元(清淄川)　4・293
　5・290
　37・568
張　元(清婺源)　55・351
張　元(清臨沂)　31・59
張元一　12・492
張元化　70・622
張元吉(元)　45・153
張元吉(清)　55・435
張元竹　39・203
張元孝　7・192
張元佐　23・278
張元冲　9・67
張元英(明)　5・121
張元英(清奉新)　67・418
張元英(清膚施)　11・392
張元松　80・294
張元泮　55・309
張元春　45・498
張元相(明瑞昌)　48・379
張元相(明新建)　46・35
張元厚　6・459
張元信　74・232
張元亮　12・494
張元陛　56・136
張元泰(明)　70・528
張元泰(清)　19・319
張元敏　24・709
張元紳　78・172
張元鼎(清仁和)　76・354
張元鼎(清鎮原)　2・45
張元善(清金鄉)　37・139
張元善(清婺源)　54・605
張元烘　57・208
張元渭　56・634
張元弼　63・423
張元魁　30・233
　31・138
張元會　49・172
張元愷(宋)　72・552
張元愷(清奉新)　67・418
張元愷(清東平)　36・222
張元義　34・440
張元禎　44・122
張元羣　30・467
張元輔　70・620
張元瑾　61・244
張元儀　73・74
張元德(宋)　78・610
張元德(清)　60・500
張元徵　5・318
　43・281
張元慶　13・131
張元曉　73・97
張元興　33・700
張元龍(清婺源)　57・420
張元龍(清寧都)　74・175
張元濤　22・318
張元禮　1・765
　27・435
　28・17
張元鎮　4・366
　38・228
張元璽(明)　79・253

張元璽(清)　57・212
張元濚　45・271
張元耀　56・538
張五友　41・847
張五奇　66・618
張五典(明)　43・61
張五典(清)　70・626
張五美　17・567
　19・300
張五紘　67・447
張五綸　55・28
張太平　37・724
張太昇　37・457
張太和　42・801
張太素　72・444
張太進　34・304
張　友(元)　9・438
張　友(明)　28・492
張友仁(明)　25・46
張友仁(清)　22・303
　22・634
張友臣　39・246
張友直　43・294
張友信　80・357
張友桂　14・135
張友梅　12・493
張友智　80・711
張友諒(元)　5・96
　32・626
張友諒(清)　56・69
張友潮　57・63
張　巨　76・533
張巨川　72・650
張日中　71・290
張日升(明)　47・89
張日升(清)　79・610
張日芳　80・293
張日昺　52・321
張日益　76・287
　77・611
張日畬　37・160
張日焜　80・180
張日新(宋)　60・85
　70・479
　71・184
張日新(明長清)　5・202
　34・67
張日新(明浙江)　1・792
　15・40
　15・136
張日新(清)　64・409
張日暹　47・272
張日燦　54・572
張日韜　78・78
張曰升　14・131
　17・602
張曰玟　54・574
張曰彥　43・296
張曰桐　21・533
張曰振　64・12
張曰祥　43・109
張曰紳　61・192
張曰雲　10・389
張曰瑗　56・529
張曰瑤　80・200
張曰榜　61・273
張曰蘭　39・200
　39・418
張曰顯　71・95
張　中　54・117
張中元(清鄆城)　40・289
張中元(清遼東)　2・51
　12・97
張中允　40・547

張中宣 32·640
張中海 31·834
張中祥 78·368
張中復 33·694
張中發 4·255
5·149
張中瑚 27·173
張中煜 76·49
張中標 31·821
張中鴻 36·462
張中鵠 35·168
張中耀 9·428
張　午 6·453
張　壬 61·414
張升級 39·627
張升堂 18·738
張　仁(元) 5·78
張　仁(明六安) 1·819
37·552
張　仁(明偃城) 1·799
張　仁(明觀城) 42·105
張　仁(清) 10·151
張仁元 78·577
張仁桂 26·635
張仁萬 57·208
張仁義 15·590
17·680
張仁鎔 24·699
張化一 9·408
張化行 42·368
張化林 14·391
張化深 36·777
張化龍(清南安) 79·567
張化龍(清瑞金) 74·234
張化龍(清樂陵) 4·329
張化鵬(民國) 36·777
張化鵬(清永定) 80·233
張化鵬(清奉新) 67·447
張化鵬(清曹縣) 41·189
張　介 40·40
張介夫 70·585
張介正 5·336
10·126
張介田 38·281
張介禧 5·342
10·130
張分猷 39·339
張公直 4·255
5·100
43·643
張公珍 9·852
張公祿 19·134
張公輔 51·594
張公鉽 56·504
張公藝 4·233
42·786
42·812
42·813
42·814
張公藥 36·592
張公謹 1·725
張月川 80·290
張月亭 18·553
張月梅 70·638
張月鹿 80·190
張月欽 80·209
張月輪 42·793
張月攀 80·175
張勿我 19·600
21·781
張勿執 19·607
張勿遷 19·624
張勿競 19·605
張丹成 78·690

張丹桂　39·775
張六成　40·284
張六部　37·778
張六鰲　70·262
張　文(宋)　73·247
張　文(明青城)　4·240
　43·447
張　文(明洛陽)　1·805
張　文(明晉江)　79·235
張　文(明新喻)　66·149
張　文(明濟陽)　4·158
　5·186
　10·361
張　文(清萬年)　60·268
張　文(清婺源)　55·300
張文之　58·445
　59·429
張文元(清永定)　80·248
張文元(清萊蕪)　31·828
張文中　1·832
張文升　25·141
張文可　78·453
　78·468
張文田　9·432
張文吉　5·366
張文在　56·447
張文光　58·575
張文旭　56·552
張文收　4·262
張文芹　4·312
張文芳　4·256
　31·827
張文杜　63·374
張文灯　56·247
張文林　36·573
張文松　5·312
　43·632
張文郁　79·254
張文明(民國)　14·725
張文明(清高密)　23·251
張文明(清婺源)　56·225
張文迪　58·563
張文忠(字藎臣)　9·430
張文忠(弟文讓)　9·414
張文忠(明萬泉)　18·691
　42·430
張文忠(明蒙陰)　31·335
　32·6
張文采　48·195
張文珊　9·403
張文城　24·254
張文柱　1·835
　14·692
　42·937
張文奎　36·40
張文則　14·126
張文星　43·92
張文昱　77·209
張文昭(明晉江)　79·154
張文昭(明聊城)　4·123
　38·535
張文俊　14·122
　17·565
張文亭　35·123
張文炳(明)　23·647
　24·535
　24·662
張文炳(清邵武)　77·204
張文炳(清婺源)　56·604
張文炯　2·37
　43·205
張文炫　17·555
　19·555
張文洛　77·130

張文謨　58・545
張文燦(明)　37・124
張文燦(清博興)　14・132
張文燦(清蓬萊)　25・67
張文燦(清嶧縣)　7・445
張文翼　26・6
張文獻(明武寧)　49・252
張文獻(明建甌)　76・443
張文獻(明湖口)　48・523
張文耀　75・662
張文瀾　76・563
張文瓘　4・54
張文顯(明)　37・557
張文顯(清)　70・391
張文麟　43・294
張　亢(宋)　4・72
張　亢(晉)　7・179
張方平　1・738
15・511
16・406
張方良　37・691
張方泰　71・474
張方晉　5・386
張方俶　5・220
張方高　79・191
張方理　2・30
張　斗　1・785
張斗南　75・538
77・456
張心存　43・101
張心卓　31・56
張心禹　72・504
張心恒　8・421
張心泰　19・104
張心堦　5・263
32・646
張心廉　2・99
41・220
張心廣　14・387
張心潛　17・667
張心璧　31・60
張心嚴　72・70
張心鏡　27・122
張引鯤　80・248
張　丑　7・201
張以中　76・448
張以仁　77・53
張以化　71・235
張以申　71・136
張以安　53・31
張以字　49・342
張以沛　77・168
張以忠　18・521
張以宗　61・525
張以相　13・384
23・132
張以紳　48・358
張以翔　27・333
27・796
張以甯　77・543
張以裕　30・158
張以誠　25・316
張以標　7・423
張以龍　45・166
張以謙　51・607
張　允　1・825
張允中(明)　61・102
張允中(清)　30・718
張允升(清安義)　66・545
張允升(清朝城)　42・401
張允文　5・122
張允昌(清金谿)　70・608
張允昌(清定陶)　41・404
張允拮　27・162

張允貞　43·454
張允恭(明)　24·331
張允恭(清永定)　80·253
張允恭(清莒縣)　30·718
張允捷　25·635
　27·95
張允掄　4·163
　23·664
　25·656
　27·95
　27·170
　27·224
張允揚　5·176
　43·268
張允智　80·522
張允斌　9·812
張允發　47·181
張允楨　43·297
張允誠　19·136
張允肅　5·341
　10·154
張允慶　15·153
張允樸　43·303
張允憲　25·65
張允濟　4·139
　17·687
　19·89
　21·294
　23·631
　42·248
張允齡　27·106
　27·227
張予孜　5·386
張予定　5·386
　12·504
張予是　23·258
張孔昭　9·496
張孔思　14·363
　17·550
張孔修　80·552
張孔炤　30·744
　31·221
張孔孫　31·775
張孔教　24·329
　24·524
張孔燦　56·494
張　玉(明鄆城)　40·74
　40·154
張　玉(明順天)　32·24
張　玉(明漳浦)　76·728
　76·757
張　玉(清沙縣)　80·430
張　玉(清武城)　9·698
張玉山　49·366
張玉田　58·594
張玉成(清商河)　9·403
張玉成(清嘉祥)　37·419
張玉成(清齊東)　5·346
　15·165
張玉秀　13·150
張玉林　1·815
　42·576
張玉佩　58·535
張玉貞　50·451
張玉美　25·529
張玉振　19·622
張玉朗　36·746
張玉堂(明)　1·821
張玉堂(清)　80·248
張玉階　18·532
張玉瑛　78·371
張玉琯　53·622
張玉軫　72·366
張玉搢　10·154

張玉魁　11・291
張玉綸　17・587
張玉輝　51・623
張玉樹　2・112
　7・387
　16・452
　18・74
　22・240
張玉錫　70・437
張玉襄　37・151
張玉璸　11・452
張玉鎮　59・584
張未堂　55・350
張　正　76・300
張正川　80・236
張正己　5・390
　12・507
張正見　4・190
　11・86
　48・303
張正奇　60・357
張正迪　53・382
張正金　57・467
張正亮　61・725
張正望　43・204
張正森　77・273
張正景　68・525
張正傑　67・430
張正道　41・899
張正楓　56・91
張正綱　71・131
張正諒　24・762
張正誼　2・104
　25・219
　25・294
張正勳　7・388
　52・489
張正學　22・247
張正儒　56・499
張正聲　76・256
　76・269
張正曜　79・425
張正權　57・77
張正顯　58・559
張世永　39・327
張世臣　41・147
張世光　80・668
張世良　1・788
　6・301
張世坤　72・178
張世茂　72・200
張世奇　75・664
張世旺　57・215
張世昌　1・765
　23・126
　23・614
張世忠　38・535
　38・714
張世炘　18・565
張世法　14・378
　17・668
張世宜　75・493
張世居　5・355
張世則　4・130
　17・548
　20・502
張世思　4・353
張世俊　21・538
張世城　50・498
張世埈　60・583
張世華　43・610
張世烈　77・400
張世卿　30・95
張世清(明)　73・27

張世清(清)　18・505
張世涵　69・217
張世宷　78・342
　78・369
張世紳　5・245
張世琮　53・128
張世植　56・81
張世棟(民國)　12・493
張世棟(清)　61・132
張世傑　78・563
張世善　72・184
張世祺　5・227
張世瑞　32・401
　33・275
張世瑜　74・231
張世遠　69・594
張世義　36・682
張世溶　69・460
張世經　71・272
張世瑢　39・178
張世穀　71・429
張世榕　4・373
張世曄　60・709
張世塾　61・190
張世演　67・458
張世儀　55・586
張世德　71・219
張世緯　71・272
　74・442
張世憲(元)　66・284
張世憲(清)　56・533
張世燦　76・141
張世璿　50・464
張世麟　80・548
張　本(元)　77・116
　80・476
張　本(明江西新城)　71・377
張　本(明東阿)　4・98
　31・780
張　本(明萊陽)　27・60
張　本(明餘干)　59・41
　75・713
張　本(清長清)　34・326
張　本(清高唐)　39・645
張　本(清陵縣)　8・327
張　本　4・236
張本中　75・512
　78・506
張本仁　72・663
張本旦　55・131
張本院　57・110
張本義　62・543
張本榮　62・354
張本標　57・323
張本錕　57・411
張本錠　57・239
張本懋　74・531
張可大(明孝感)　25・145
張可大(明將樂)　80・460
張可大(清)　13・119
張可立　2・105
　75・564
　79・45
張可永　12・118
張可考　5・344
　15・147
張可仰　79・51
張可述　43・69
張可畏　39・197
張可信　19・128
張可洪　50・285
張可衿　57・200
張可庵　15・217
張可紳　43・298

張可敬 13·144
張可晴 54·557
張可聖 78·386
張可與 5·98
張可誠 60·394
張可壽 5·133
32·641
張可輔 43·638
張可賢 56·570
張可舉 13·119
張可權 80·535
張　丙(明) 71·263
張　丙(清) 11·88
張丙嚞 27·138
張左誠 9·420
張丕吉 4·352
37·414
張丕亨 2·68
37·568
張丕昌 6·140
張丕俊 12·496
張丕烈 61·312
張丕振 5·361
張丕基 37·708
張丕業 7·435
張丕經 30·747
張丕顯 36·492
張　石 37·418
張石室 53·188
張石聲 77·32
張石麟 4·380
38·716
張　布 31·826
張　平 4·68
15·546
17·483
19·286
張平保 56·45
張平進 11·292
張北恆 13·419
張占春 71·64
張占魁 42·394
張占鰲 30·722
張　旦 72·618
張　甲 58·445
張申祿 61·387
張申禧 61·405
張四教(清長清) 5·363
張四教(清泰安) 31·803
張四教(清萊蕪) 4·308
張四教(清壽光) 17·638
18·541
張四隅 9·25
張四箴 5·330
43·272
張四鑑 36·511
張　生 4·9
5·6
張　仕 73·324
張仕遜 77·211
張仕縉 77·180
張仕謙 71·128
張　仙(元) 25·602
張　仙(唐) 32·479
33·557
張仙公 31·296
張仙臣 36·737
張　仔 21·529
張令周 27·161
張令美 43·95
張令聞 13·136
張令粹 15·146
張令璜 4·306
18·695

	31·804
	42·434
張令儀	4·312
張令鐸	4·82
	5·57
	12·111
	43·55
張用中	74·380
張用星	7·455
張印坦	13·124
張　立(元)	4·95
	5·80
	34·60
張　立(民國)	34·284
張立人	9·414
張立三	71·477
張立元	49·319
張立中(明)	73·440
張立中(清)	61·471
張立仁	71·175
張立本	31·66
張立行	34·471
張立屏	11·296
張立道	32·410
	33·283
張玄贇	77·386
張必大	1·799
	43·192
張必正	19·33
張必京	72·685
張必科	11·387
張必振	43·440
張必達(明)	25·634
	27·82
張必達(清)	49·287
張必餘	56·148
張　永(明吉水)	72·478
張　永(明肥城)	33·589
	33·802
張　永(南朝宋)	1·705
張永年	16·426
張永昌(清邵武)	77·193
張永昌(清陽信)	43·125
張永明	64·380
張永和	14·377
	17·648
張永庚	2·42
	10·40
	10·564
張永耕	77·347
張永栻	74·416
張永桐	48·224
張永祥	80·200
張永堅	77·274
張永康	13·757
張永清(清利津)	13·234
張永清(清莘縣)	18·750
	42·474
張永清(清壽光)	18·516
張永清(清德化)	48·142
張永隆(明)	80·300
張永隆(清)	41·408
張永琬	43·617
張永貴	18·378
張永斌	74·352
張永善	10·390
張永富	18·525
張永瑗	4·280
	5·305
	43·588
張永誠	44·100
張永福	35·336
張永綏	48·140
張永壽	5·180

張永旗　4・319
張永璜　5・305
43・603
張永澤　36・782
張永爵　32・422
33・299
張永翼　74・339
張永璿　43・631
張永鏊　5・387
張永躋　6・372
張司直　47・351
59・71
張民望　2・86
11・44
張民感　17・543
張民綱　5・184
15・108
15・145
張弘剛　15・581
張弘道　12・226
張召卿　77・146
張孕美　24・556
張幼安　38・542
38・686
張幼巡　60・621
張幼楨　72・450
張　匡　37・96
張邦正　11・441
張邦光　77・145
張邦孚(清章邱)　5・263
32・644
張邦孚(清婺源)　55・73
張邦直　17・532
19・293
張邦彥　17・533
19・292
張邦泰　72・337
張邦達　48・370
張邦傑　5・73
張邦瑞　9・394
張邦維　71・469
張　式(宋)　76・425
76・520
78・256
張　式(清)　47・230
張式旭　4・390
14・715
張式春　13・153
張式南　7・176
張　吉(宋)　58・144
張　吉(明)　59・61
張吉士　5・385
張吉修　53・149
張吉峯　12・116
張圯受　52・137
張　芋　24・564
張　芝　13・134
張芝香　25・54
張芝祥　6・449
張　朴　5・380
張臣陶　6・468
張臣誥　60・711
張西圃　43・101
張西銘(明諸城)　17・544
20・566
張西銘(明濱州)　4・156
張　戌　43・113
張在乙　19・561
張在仁　39・287
張在戊　19・578
張在別　48・524
張在辛　4・412
17・616
19・568

張在琴　43·294
張在朝　9·422
張在豐　18·735
　42·464
張百亨　35·169
張百忍　39·339
張有元　80·539
　80·591
張有田　41·449
張有成　18·571
張有光　80·129
張有孚　17·586
張有尚　5·278
　13·789
張有泌　79·190
張有通　56·536
張有堂　6·654
張有達　56·537
張有爲　9·856
張有勝　79·396
張有瑜　56·553
張有福　59·518
張有穀　14·136
張有餘　74·540
張有慶　38·289
張有霔　5·312
　43·631
張有臻　43·631
張　而　79·161
張而絅　79·508
張　存(宋)　1·742
　18·26
　42·191
張　存(清)　77·153
張存之　41·79
張存中　54·48
張存仁(清遼東)　2·1
　75·382
張存仁(清膠州)　22·293
　22·593
張存心(明)　48·527
張存心(清)　36·487
張存先　35·183
張存智　5·112
張存誠(明)　77·92
張存誠(清)　71·217
張存義　76·441
張存儉　78·734
張存靜　8·717
張列文　61·549
張列象　70·554
張列宿　1·830
張　成　9·438
張成文　11·293
張成基　57·103
張成敘　55·279
張成章　80·175
張成瑜　55·55
張成楚　54·236
張成福　2·74
　37·816
　41·112
張成稷　55·291
張成餘　56·481
張成勳(民國)　14·398
張成勳(明)　5·180
　43·270
張成勳(清)　27·124
張成龍　9·62
張成憲　24·258
張成顯　78·693
張至發　5·148
　6·345
　6·361

張光斗(明)　77・145
張光斗(清)　73・69
張光考　49・25
張光廷　73・325
張光宇　5・181
　10・117
張光孝　77・385
張光甫　80・230
張光治　47・461
張光昱　49・315
張光亮　71・617
張光祖　4・279
　5・229
　6・125
張光祚　35・316
張光華　56・217
張光訓　42・111
張光球　77・443
張光逵　54・128
張光國(清永安)　80・441
張光國(清興安)　74・525
張光彩　70・611
張光啓(明建昌)　76・409
張光啓(明南城)　71・264
　80・151
張光啓(明章邱)　4・302
　5・133
　32・650
張光啓(清)　45・337
張光裕　67・462
張光祿　58・431
張光瑞(民國)　9・274
張光瑞(清)　7・437
張光椿　48・203
張光照　70・632
張光煒　56・367
張光漢　4・338
　36・495
張光緒　11・433
張光璁　77・399
張光瑩　73・320
張光勳　72・599
張光縉　2・58
　35・63
張光謙　11・471
張光燦　12・501
張光燮　72・684
張光璧　77・376
張光繼　26・106
張　同　73・171
張同升　39・63
張同居　5・140
　13・772
張同珏　35・324
張同符　35・328
　35・403
張同幃　33・303
張同聲　2・113
張回春　79・615
張　先　39・562
張先甲　5・308
　43・616
張先發　48・580
張廷化　36・549
張廷甲　37・727
張廷用　71・465
張廷光　45・255
張廷芳　79・194
張廷杰　58・239
張廷相(明)　70・522
張廷相(清文登)　29・314
張廷相(清婺源)　57・178
張廷柱　68・502
張廷奎　64・374

張廷拱　76・280
77・616
張廷修　57・325
張廷信　67・461
張廷彥　26・635
26・730
張廷珩　18・550
張廷桂　47・256
張廷烈　80・214
張廷悅　55・43
張廷宸　57・325
張廷球（清桐城）　78・699
張廷球（清瑞金）　74・230
張廷理　53・498
張廷庶　56・39
張廷寀　6・453
張廷組　58・432
張廷棟　77・707
張廷棣　13・156
張廷極　77・649
張廷揚　12・445
12・534
23・135
張廷貴　72・581
張廷凱　5・279
13・790
張廷傅　23・275
23・345
23・654
張廷善　9・854
張廷弼　26・8
張廷賀　36・513
張廷發　56・513
張廷瑞（元）　39・786
42・544
張廷瑞（清）　51・91
張廷楨　43・114
張廷槐　71・59
張廷試　74・366
張廷煌　79・188
張廷槁　55・93
張廷榜　77・707
張廷璜　7・442
張廷璡　29・831
張廷槿　56・515
張廷標　74・366
張廷撰　12・137
張廷儀（明）　47・83
張廷儀（清）　76・246
張廷徵　5・266
32・606
張廷鋐　51・227
張廷賡　80・40
張廷選　66・544
張廷翰　13・153
張廷機（清博興）　14・134
張廷機（清霑化）　13・390
張廷鍵　17・603
18・520
張廷龍　35・187
張廷謨（明）　5・182
10・118
張廷謨（清）　67・462
張廷璧　39・628
張廷蘊　1・731
張廷璽（明）　42・11
張廷璽（清）　30・707
張廷蟾　55・68
張廷韜　79・434
張廷蘭　23・276
張廷獻　38・682
張廷耀　55・608
張廷寶　4・330
張廷讚　70・578

張　竹　6・640
張竹苞　24・563
張延光　25・63
張延年　34・281
張延芳　5・265
　32・649
張延祀　53・446
張延庚　24・292
張延祚　30・703
張延通　43・300
張延登　4・132
　5・139
　13・762
張延嗣　30・679
張延齡（明）　9・410
張延齡（清）　33・80
張　仲　5・72
張仲友（宋）　73・246
張仲友（清武寧）　49・197
張仲友（清詔安）　75・679
張仲仁（元）　1・762
張仲仁（五代）　76・510
張仲芳　45・330
張仲叔　63・335
張仲金　32・640
張仲宣　5・62
張仲泰　37・781
張仲莪　5・292
　6・475
張仲賓（明古田）　77・531
張仲賓（明吉水）　72・530
張仲賢　34・312
張仲鑑　1・759
張　任（清高唐）　39・769
張　任（清蓬萊）　9・28
張任仁　74・435
張　价　25・78
張　伋　76・348
張仰先　80・546
張自立　9・696
張自明　71・230
張自金　78・385
張自修　6・465
張自烈　49・527
　60・579
　72・384
張自淳　78・662
張自涵　5・387
張自期　5・197
張自道　5・335
張自新　61・299
張自慎　4・200
　9・418
　32・658
張自熙　60・592
張自標　13・146
張自勳　60・581
張自蘭　78・304
張自觀　78・629
張行巳　52・173
張行成　5・360
張行信　4・85
　15・550
　18・38
　31・284
　32・130
張行素　10・364
張行恭　43・589
張行健　38・579
張行越　70・585
張行簡　4・84
　15・572
　31・286
　32・129

張　舟　52・541
張　全　6・397
張全忠　24・296
張全厚　14・734
張全義　4・62
張企程　1・787
　　32・585
張企誠　4・236
　　37・829
　　41・136
張兆仁　56・115
張兆行　5・335
張兆辰　10・366
張兆亨　5・325
　　43・280
張兆炬　57・123
張兆炌　57・503
張兆桐　45・282
張兆祥　56・302
張兆梓　45・282
張兆棟　4・447
　　21・448
張兆雲　14・375
　　17・622
張兆焜　56・160
張兆渭　13・147
張兆瑞　13・141
張兆楷　21・454
張兆煒　55・145
張兆溥　13・156
張兆源　13・155
張兆禎　41・152
張兆鳳(明)　80・17
張兆鳳(清)　77・503
　　78・454
張兆震　78・386
張兆慶　36・219
張兆燭　57・3
張兆蘭　61・299
張兆鸚　14・378
張兆觀　61・105
張夙行　24・556
張旭華　70・606
張　旨　1・747
　　23・613
張　名　24・578
張名松　74・274
張名珂　19・117
張名揚　72・361
張名鼎　55・515
張名弼　71・495
張名標　77・189
　　77・193
　　80・200
張名德　4・214
　　5・100
　　6・295
　　6・341
張名藩　25・173
　　26・93
張名彝　5・380
張名鏤　55・140
張亦盛　43・278
張　冲　78・661
張次房　69・297
張次禹　76・541
張次傑　80・131
張次璧　70・624
張次夔　75・398
　　76・540
張　江　71・241
張　汲　13・122
張汝元　22・251
張汝舟　80・247

張汝芳　1・751
　30・60
張汝虬　53・131
張汝作　80・248
張汝沅　4・328
張汝良　5・180
　43・270
張汝英　29・838
張汝雨　1・839
　7・80
　16・428
張汝明(宋建寧)　80・577
張汝明(宋浦城)　72・262
　72・581
　73・45
張汝性　29・822
張汝括　76・393
張汝亮　53・509
張汝美　19・134
張汝洪　74・232
張汝華　75・491
張汝桂　76・386
張汝桐　39・437
張汝卿　11・87
張汝乾　80・256
張汝梅　31・65
張汝清(清館陶)　4・381
張汝清(清臨清)　14・735
張汝淮　6・476
張汝琦　36・515
張汝棟　35・335
張汝鈞　13・738
張汝弼　6・153
張汝瑚　76・291
　77・620
　79・176
張汝楨　62・696
張汝楫　80・248
張汝誠　61・522
張汝源　6・486
張汝榮　53・622
張汝漢　11・441
張汝寬　29・829
張汝瑾　36・526
張汝賢　72・262
　73・45
張汝醇　47・96
張汝翰(清海陽)　29・814
張汝翰(清諸城)　20・791
張汝霖(明日照)　31・279
張汝霖(明黃縣)　25・181
　26・120
張汝霖(清永定)　80・290
張汝霖(清慶雲)　11・445
張汝錦　53・449
張汝嶸　27・171
張汝濟　1・809
張汝翼　22・250
張汝鎮　27・160
張汝蘊　5・130
　32・630
張汝瀛　4・328
張汝驊　53・21
張汝夔　14・129
　17・639
張宇初　52・203
　52・392
張宇清　52・392
張宇祴　60・735
張宇薦　79・547
張　守　75・397
張守化　79・208
張守分　35・181
張守長　13・127

張守典 21·535
張守忠 9·69
張守和(明) 1·803
33·588
33·687
張守和(清) 57·410
張守岱 4·318
張守炎 13·124
張守則 79·231
張守信 13·127
張守恂 13·127
張守宣 13·138
張守約(宋) 4·73
張守約(明) 1·806
43·20
張守約(清鉅野) 39·308
張守訓(清無棣) 13·137
張守訓(清樂陵) 9·73
張守敘 13·153
張守棟 13·138
張守爲 79·158
張守巽 36·526
張守蒙(明安邱) 19·571
張守蒙(明滕縣) 4·155
36·458
張守晸 48·208
張守豊 26·133
張守廉 13·149
張守銑 48·267
張守銘 48·261
張守賜 25·181
26·111
張守嶠 13·124
張守質 79·233
張守鋗 48·221
張守龍 13·138
張守謙 56·320
張守簡 79·232
張守鎮 37·5
張安上 4·141
14·109
43·56
張安仁 48·25
張安玉 38·291
張安石 71·627
張安行 4·246
張安和 21·531
張安修 77·342
張安廣 35·156
張安榮 8·325
張安履 72·629
張安豫 1·791
10·40
張聿瑎 6·653
張如旦 74·433
張如式 5·130
32·596
張如岳 73·97
張如阜 32·631
張如珠 6·470
張如桃 62·602
張如砥 5·91
32·624
張如時 74·434
張如晟 74·433
張如陵 6·466
張如梧 71·284
張如楝 80·212
張如皓 74·434
張如瑄 6·473
張如蘭 9·858
張好古 1·763
11·42
張　羽(明江西東鄉) 71·155

張　羽(明揚州)　77·209
張　羽(明德化)　48·114
張羽明　72·508
張羽翀　2·84
張羽紱　2·87
14·694
42·876
張羽鳳　5·177
43·264
張　巡　1·728
張　玘　42·156
張　圻　28·228
張　均　4·95
5·79
張均佐　73·92
張均海　66·118
張孝元　27·163
張孝先　5·335
43·285
張孝秀　48·302
張孝直　69·284
張孝思　75·361
張孝振　74·452
張忎賢　40·517
張　志　73·160
張志立　79·229
張志伊　80·246
張志江　4·329
張志芳(明)　1·805
43·20
張志芳(清)　51·361
張志宏(清黄縣)　26·107
張志宏(清滕縣)　36·511
張志良　47·561
張志奇　4·322
13·228
張志和　77·556
張志定　22·264
22·479
張志美　12·125
張志倫　26·124
張志高　51·339
張志純　31·843
32·481
33·558
張志參　62·595
張志越　79·211
張志超　62·606
張志達　80·711
張志棟　4·445
19·600
19·624
21·780
23·645
張志勝　62·605
張志善　17·512
19·13
張志翔　80·246
張志道　34·468
張志學(明崇德)　75·430
78·392
張志學(明樂陵)　9·60
張志禧　4·450
19·600
19·619
21·780
23·644
張志鍔　23·276
張志爵　70·532
張志顔　34·470
張志騰　79·229
張　芷　52·358
張　芹(明孝義)　1·844
16·423

張　芹(明新淦)　73・207
　73・282
張　芹(清)　5・344
張　芬　32・650
張芳林　34・271
張芳枝　58・609
張芳洲　18・533
張芳楫　66・541
張克文　73・211
張克忠　5・85
　13・747
張克亮　18・534
張克華　62・603
張克晟　24・561
張克剛　5・263
　32・646
張克家　13・131
張克祥　18・735
　42・464
張克庸　80・548
張克開　57・108
張克發　12・124
張克勤　80・214
張克寬(明)　1・795
　10・558
張克寬(清高安)　62・510
張克寬(清高密)　23・279
張克儉　37・118
張克儀　49・255
張克勵　13・384
張克勷　13・401
張　材(明安州)　21・135
張　材(明金谿)　70・525
張　杞(宋)　58・292
張　杞(清)　71・477
張　甫　47・202
張甫林　11・94
張吾瑾　2・89
張辰樓　39・338
張扶輿　17・630
　19・562
張扶鯤　35・115
張抑甲　43・616
張　求　13・136
張　步　17・691
張步月　42・794
張步斗　42・776
張步虛　52・492
張步雲　64・419
張步雍　48・509
張　肖　13・725
張　里　58・422
張吴彰　45・84
張見元　58・452
張見龍(清宜春)　60・563
張見龍(清高唐)　39・684
張見龍(清廣饒)　14・299
張見龍(清寧津)　11・295
張　虬　42・64
張吟修　13・798
張吹篪　80・211
張吹壎　80・232
張　岐　18・539
張利民　75・501
　76・41
張　秀　5・248
張秀士　80・548
張秀升(清魚臺)　37・725
張秀升(清鄱陽)　58・198
張秀岐　78・727
張秀華(清新昌)　63・469
張秀華(清德安)　47・581
張秀峰　34・275
張秀崑　28・223

張秀環　13・796
張我弓　9・66
張我鼎　4・379
張　佐　37・804
張佐治　75・689
　76・759
張佐清　13・144
張　佑(清安福)　72・628
張　佑(清博山)　4・418
　6・564
　17・632
張　佃　39・73
張作振　18・545
張作哲　6・374
　6・452
張作葵　26・636
張作愜　55・469
張作善　57・432
張作聖　18・534
張作猷　80・206
張作模　39・195
張作賓(清淄川)　5・290
　6・484
張作賓(清新昌)　64・552
張作翰　5・290
　6・482
張作藩　63・483
張作礪　2・104
　25・569
張伯玉(元)　1・762
張伯玉(宋)　76・488
張伯行　2・26
　75・389
張伯全　64・567
張伯虎　76・360
　77・663
張伯忠　35・141
張伯俊　39・436
張伯恭　72・618
張伯振　19・436
張伯朗　36・620
張伯葵　56・319
張伯庸　76・728
張伯裕　17・513
　20・499
張伯强　52・174
張伯誠　50・551
張伯瑲　73・46
張伯熉　56・226
張伯穎　72・438
張伯龍(明)　25・19
　25・63
張伯龍(清)　80・221
張伯顔　77・361
張　位(明)　45・527
張　位(清)　6・571
　6・661
張位卿　40・584
張位賢　77・378
張近堂　14・140
張　希　73・233
張希文(元)　64・332
張希文(清)　80・668
張希平(元)　72・504
張希平(清)　5・319
　43・282
張希召　14・222
張希有　21・513
張希志　7・440
張希周(清金谿)　59・631
張希周(清夏津)　9・891
張希泰　11・299
張希哲　1・810
　43・431

張希敏　32・148
張希參　17・566
　18・514
張希紹　77・432
張希達　11・432
張希閔　5・194
　10・632
張希曾　5・312
張希淵　80・763
張希賢(明)　56・470
張希賢(清)　80・213
張希稷　14・222
　17・537
張希舉　44・170
張希儒　43・130
張希駿　5・319
　43・289
張希顔　47・333
張希顯　80・27
張　豸　76・540
張豸生　47・242
張　孚(元)　1・758
張　孚(明)　79・59
張　孚(唐)　1・726
張含之　38・646
張含周　62・186
張含輝　24・333
張　彤　70・524
張彤功　5・309
　43・618
張彤英　74・336
張彤弴　74・338
張彤標　42・147
張迎芳　2・83
　32・450
　33・75
張　亨(元)　13・753
張　亨(清)　80・72
張亨嘉　76・79
張序賓　80・251
張　忻(明)　37・413
張　忻(清)　23・642
　24・521
張　忭　25・607
　27・46
張　泠　37・416
張　汪　79・195
張　沅(清宜春)　60・647
張　沅(清膠州)　22・307
張　沛　76・443
張沛恩　23・274
張沛漢　13・152
張沛瀾　63・433
張　沔　76・519
張　汭　43・304
張　沂　12・398
張沂春　37・168
張沂南　43・107
張　汾　30・133
張　汸　44・370
張完臣　5・386
張　宏(元)　5・73
張　宏(宋益都)　4・70
　15・545
　17・483
　18・278
張　宏(宋鄱陽)　58・203
　59・162
張　宏(宋臨川)　69・312
張　宏(明)　7・383
張　宏(清)　71・324
張宏吉　28・666
張宏宙　64・559
張宏栻　77・351

張宏道　50・494
張宏弼　13・382
張宏遠　55・625
張宏猷　2・96
14・299
16・440
張宏經　13・410
張宏模　5・366
張宏圖(宋)　75・585
79・55
張宏圖(清)　53・454
張宏綱　76・331
77・648
張宏範　23・662
張宏範　4・472
22・263
22・477
張宏德　25・635
27・91
27・244
張宏毅　68・36
張宏勳　72・663
張宏襟　1・803
張宏瀛　57・83
張　良　34・353
張良玉　5・226
6・205
張良材　76・165
張良拔　63・440
張良采　38・253
張良保　79・228
張良員　49・252
張良彬　74・341
張良得　41・802
張良舒　50・286
張良弼(元)　25・3
36・546
張良弼(明陳留)　1・841
16・420
張良弼(明歷城)　5・107
張良弼(清長安)　77・366
張良弼(清萬安)　73・101
張良弼(清歷城)　5・226
6・205
張良喬　80・337
張良態　73・445
張良興　49・168
張良寶　79・152
張良讚　66・510
張初旭　4・401
17・592
19・308
張君彥　57・124
張君棟　24・702
張君弼　4・301
5・247
6・198
張君鈺　13・812
張君實　32・484
33・559
張君錫　13・807
張君謨　13・811
張壯輿　17・624
19・562
張　邵　20・123
張邵瑔　17・585
18・512
張邵棟(見張邵瑔)
張　孜　39・100
張奉先　38・277
張奉欽　35・492
張奉箴　72・537
張青生　76・640
張青萍　9・419

張青雲(清玉山)　50・263
張青雲(清新城)　43・300
張青瑤　31・58
張青選　63・315
張　玠　35・514
張　表(明日照)　31・279
張　表(明平和)　75・685
張　玧　72・445
張長弓　80・294
張長世　64・544
張長安　4・12
37・96
張長松　4・443
張長貴　32・645
張長齡　6・182
張　坦(明)　42・289
42・298
張　坦(清東平)　31・831
張　坦(清泰安)　32・378
33・248
張　坦(清單縣)　38・244
張坦士　18・515
張　坰　58・397
張　幸　18・4
27・280
27・313
27・781
張亞山　78・350
張亞夫　1・753
16・411
張亞恒　19・565
張其太　9・434
張其仁　19・615
19・646
19・648
張其文　72・470
張其玉　43・448
43・503
張其功　26・128
張其光　77・367
張其孝　5・200
34・64
張其志　76・622
張其完　72・201
張其玠　53・371
張其苞　14・731
張其杰　78・364
張其抱　4・378
39・588
42・558
張其忠　5・200
34・64
張其思　76・622
張其烈　39・695
張其恕　8・629
張其旌　54・532
張其策　22・342
張其順　26・120
張其煜　7・424
張其綱(明)　4・241
17・563
18・369
張其綱(清)　59・139
張其瑾　1・824
張其蕙　11・307
張其撰　13・119
張其勳　7・383
張其曜　77・367
張其鑣　74・339
張　若　14・736
張若化　76・255
76・272
76・741
張若本　2・36

	35・723
	43・205
張若仲	76・255
	76・741
張若谷(宋)	80・372
	80・441
張若谷(清)	7・386
張若拙	8・713
張若春	9・445
張若彩	9・428
張若陽	11・289
張若蒸	9・415
張若愚	5・306
	43・602
張若魯	9・407
張若獬	22・258
張若斂	22・299
	22・617
張若翼	80・206
張　茂(明)	78・595
張　茂(清金谿)	70・546
張　茂(清城武)	39・72
張茂才	7・447
張茂英	19・324
張茂直	35・459
張茂春	14・714
張茂修	63・106
張茂卿	66・381
張茂棻	9・418
張茂異	72・190
張茂節	38・666
張茂頤	66・200
張茂穎	66・187
張茂蘭	4・153
	5・124
	32・594
張　苗	76・312
	77・656
張　英	17・566
	19・295
張英傑	64・397
張英銀	56・647
張英鋒	55・475
張英藻	58・539
張　直(唐)	4・234
張　直(清)	60・294
張直講	1・849
張　林	5・91
	32・641
張來泰	38・248
張來陽	37・165
張來憲	43・638
張　松(明)	5・138
	13・757
張　松(清文登)	29・150
張　松(清陝西)	2・95
	16・448
張松使	9・408
張松柏	70・341
張松謀	6・652
張松齡	78・180
張　杰	25・20
	25・43
張　述(明海豐)	14・111
	16・436
張　述(明萬安)	73・72
張述中	80・237
張述孔	2・59
	35・64
張述增	40・228
張　東	24・576
張東川	18・737
張東光	17・560
	19・325

張東魯　2・33
張東瀛　14・710
張東觀　14・743
張　雨(明)　73・55
張　雨(漢)　42・802
張雨枚　45・139
張雨亭　35・501
張　協　7・179
15・583
張協中　14・743
張協忠　58・452
張　郁　5・96
6・202
張　奇　9・393
9・476
張奇功　24・294
張奇逢　32・452
33・76
張奇策(明鄒平)　5・140
13・765
張奇策(明觀城)　4・225
42・106
42・177
張奇傑　75・675
張奇潔　4・304
6・211
張　披　45・150
張叔明　4・252
35・350
35・682
張叔夜　1・735
18・30
53・385
張叔倫　31・66
張叔豫　73・142
張叔鎧　65・112
73・199
張　岐　58・47
張肯堂　75・381
張　卓　80・246
張虎臣　10・370
張　尚(明)　45・511
張　尚(清)　75・383
張尚鼒　36・619
張尚修　72・649
張尚乘　43・541
張尚清　80・256
張尚棟　56・250
張尚義　15・153
張尚綸　56・34
張尚賢　2・101
18・695
42・434
張尚鼐　36・613
張尚錕　61・376
張尚錞　61・372
張尚禮(明)　76・553
張尚禮(清)　61・341
張尚驥　61・434
張　旺　79・227
張旺科　57・410
張具錦　75・697
76・764
張　果　19・106
張　昌　36・472
38・297
張昌文　74・350
張昌志　74・392
張昌貴　48・445
張昌齡　76・489
張　昪(元平周)　1・755
張　昪(元建陽)　76・404
77・152
張　昪(明南城)　71・256

張　昇(明陽曲)　42・195
張　昇(清)　80・198
張昇彦　80・669
張　昕　68・513
張昕照　6・460
張　明(明浦城)　76・550
張　明(明海澄)　76・706
張　明(清)　31・60
張明之　52・176
張明廷　17・668
張明旭　32・410
　33・283
張明典　43・448
張明居　80・247
張明珄　56・555
張明珠　5・310
　43・624
張明桂　39・93
張明峻　38・276
張明倫(明)　48・93
張明倫(清)　35・156
張明高　66・396
張明棣　56・492
張明順　71・191
張明道　73・447
張明遠　49・311
張明義　9・431
張明經　8・635
張明賢　11・306
張明德(清夏津)　9・865
張明德(清萬載)　61・565
張明徵　55・563
張　易　24・555
　24・576
張　昂(金)　6・292
張　昂(清)　4・390
　14・724
張　旻(明)　15・566
　31・288
張　昉　4・92
張　炅　32・40
張炅然　5・176
　43・268
張　迪　10・638
張迪哲　52・393
　78・564
張　固(明新建)　46・412
張　固(明新喻)　66・135
張　固(清)　72・385
張　忠(元)　73・259
張　忠(明)　79・149
張　忠(金)　43・259
張　忠(晉)　31・843
　32・411
　33・294
張忠陛　38・229
張　岵　59・84
張　岸　13・414
張岸登　22・303
　22・633
張　岫　4・314
　33・836
張　岭　23・277
張垂統　25・650
　27・162
張知白　1・744
　15・525
　18・25
張知伸　57・102
張知謇　1・724
　8・311
　8・464
張乖崖　39・216
張　和　66・100

張和厚 80・247
張和純 13・816
張季忠 52・174
張季和 74・397
張秉中 73・230
張秉文 1・776
張秉均 38・282
張秉忠 32・644
張秉和 80・134
張秉乾 5・360
張秉庸 10・381
張秉壺 78・123
張秉軸 6・468
張秉鈞 10・390
張秉鉉 48・116
張秉義 22・279
22・539
張秉煥 49・141
張秉銛 78・451
張秉銓 76・162
張秉粹 13・229
張秉綸 6・466
張秉慧 74・365
張秉魯 32・588
張秉機 61・150
張秉禮 13・803
張秉權 6・467
張 佳 20・545
張 佶(明) 66・376
張 佶(清) 6・562
張岱甫 5・360
張 侗(明) 44・115
張 侗(清) 4・411
17・609
20・545
張 侃 63・444
張侃卿 64・561
張侃然 20・121
張 佺 35・323
張 佩(明) 73・226
張 佩(清泰安) 32・408
33・281
張 佩(清菏澤) 4・370
37・843
張 佩(清膠州) 22・330
張佩良 13・154
張佩紉 13・161
張佩縈 13・165
張佩蘭 15・566
20・555
張依本 74・422
張依渠 10・362
張依淡 74・433
74・437
張依智 10・394
張 所 4・79
15・548
17・490
18・289
48・310
張所存 31・829
32・359
33・222
張所好 14・369
17・574
張所志(清遼東) 75・387
張所志(清觀城) 42・181
張所受 79・366
張所修 25・192
26・567
張所聞 9・438
張所蘊 5・205
8・345
張 金 13・154

張金友　76・292
張金丙　78・619
張金城　57・419
張金堂　41・190
張金第　14・144
張金琳　41・210
張金鼎　78・544
張金堡　80・190
張金源　54・294
張金墉　36・734
張金銘　76・447
張金墀(民國)　9・851
張金墀(清)　48・264
張金蕚　39・768
張金聲　34・287
張金鎔　52・214
張金璧　44・554
張金藻　35・168
張金鐸　9・889
張金鑑(清建寧)　80・546
張金鑑(清貴溪)　52・214
張命長　17・605
張　采　4・200
張受才　61・453
張受道　31・285
　32・131
張受勤　71・63
　71・88
張受禧　59・49
張念尹　40・544
張念祖　76・472
張肢完　55・229
張周仁　40・284
張周民　75・696
張周勉　61・726
張　京(清平原)　5・385
張　京(清順天)　16・453
張京業　5・248
張京翰　80・685
張京謨　49・147
張　庚(明南宮)　30・62
張　庚(明曹縣)　41・149
張於芳　13・127
張於荃　13・122
張於莪　13・147
張於菏　13・147
張於藜　13・155
張於蘅　13・149
張於蘭　13・155
張育秀　49・274
張　性(元)　70・550
張　性(清)　21・506
張性宗　80・255
張性梓　35・477
張　怡(清長樂)　78・545
張　怡(清廣豐)　53・351
張　炘　80・727
張　炎　50・378
　74・523
張　法　70・485
張河杰　55・263
張河森　56・360
張河圖　9・423
張　泧　72・682
張　泗　77・551
張　泮　14・696
張泮苓　36・777
張　泌(宋)　76・519
張　泌(清)　40・256
張　泳　77・421
　77・451
張　沼　1・727
張治功　71・549
張治安　80・94

張治具　79・120
張治樞　79・163
張治曉　72・373
張　宗　1・694
15・518
20・481
張宗仁　5・216
張宗孔　36・466
張宗本　39・300
張宗光　27・815
43・302
張宗旭(清平陰)　35・333
張宗旭(清長山)　43・627
張宗岐　73・31
張宗沂　41・701
張宗英　24・557
張宗昌　24・702
張宗周　73・46
張宗華　80・433
張宗連　72・440
張宗烜　58・668
張宗純　5・312
43・638
張宗紋　43・639
張宗緎　43・639
張宗敞　35・348
張宗舜　73・39
張宗弼　72・351
張宗碩　43・639
張宗摶　72・497
張宗誥　6・461
張宗榮　35・341
張宗魯　28・216
張宗器　73・92
張宗儒　57・411
張宗衡　4・116
14・713
42・953
張宗澤　58・590
張宗應　79・227
張宗顏　80・255
張宗鐸　53・135
張宗囊　77・35
張定邦　10・54
張定祖　58・592
張定遠　78・358
張定龍　62・205
張定麟　52・342
張　宜　76・119
張宜科　77・399
張宜塽　26・733
張官雲　34・176
張　宓　5・73
張肩孟　78・351
張　祉　53・191
張建之　21・745
張建臣　18・522
張建明　77・379
張建封　4・57
張建南　9・71
張建瓴　2・94
7・89
16・453
29・598
張建烈(清古田)　77・555
張建烈(清鑲紅旗)　39・807
張建翎　44・563
張建績　13・495
張居山　49・190
張居午　49・263
張居仁　1・826
張居珍　19・302
張居柳　49・232
張居敬　15・153

張居認　74・420
張居簡　71・135
張　弧　53・447
張　弦　5・388
張　沼　53・315
張始元　53・409
張始均　11・75
張承化　12・492
張承光　71・238
張承奉　1・753
16・409
19・2
張承宗　43・295
張承祖　15・149
張承烈　20・110
張承恩　13・145
張承組　68・514
張承詔　61・10
張承祿　76・247
張承業　5・188
10・360
張承賜　2・46
張承翰　72・443
張承寵　31・794
35・310
張　孟　7・209
張孟中　75・611
76・165
張孟水　43・109
張孟玫　77・187
張孟琢　37・171
張孟善　7・376
張孟賢　80・741
張孟儀　22・239
張函三　7・186
張　春(明同州)　1・829
38・408
38・683
38・731
張　春(明新喻)　66・86
張　春(明寧陽)　35・189
張春泉　25・69
張春庭　48・154
張春奭　13・425
張春滋　35・350
張春照　13・426
張春熙　13・378
張春橋　9・859
張　珏　54・476
張　珍(清昌樂)　19・104
張　珍(清無棣)　13・142
張　珍(清婺源)　56・321
張　玿　49・152
張　型　9・431
張封晉　24・721
張　政　72・633
張政原　79・312
張　荄　76・318
張南任　79・531
張南英　79・567
張南金(宋)　74・358
張南金(清)　33・254
張南峯　51・100
張　相(明貴溪)　52・101
張　相(明新昌)　63・543
張相重　47・456
張相漢　4・313
31・837
34・472
34・473
張　柏(明)　24・351
張　柏(清)　78・546
張柏公　5・354
10・634

張柏恒　4·413
17·663
20·108
張　柱(明壽光)　4·156
17·533
18·495
張　柱(明臨朐)　17·539
19·294
張　軌　4·50
5·19
5·40
6·338
張迺沙　6·642
張咸五　11·449
張咸平　35·344
張咸池　7·150
張　威(清)　80·685
張　威(隋)　17·696
18·10
張　奎　18·27
張奎光(字聚五)　5·247
6·206
張奎光(字燦如)　5·226
6·205
張奎高　22·279
22·540
張奎祥　23·248
張奎輝　79·567
張奎選　9·26
張持中　30·111
張持永　72·492
張持衡　5·312
43·638
張　拱(明)　75·697
張　拱(清)　43·117
張拱辰(宋)　74·358
張拱辰(明)　37·665
張拱辰(清)　63·587
張拱洸　56·427
張拱陶　58·265
張拱璧　18·551
張挺之　41·212
張挺秀　64·584
張　貞(明)　24·344
張　貞(清)　4·412
17·610
19·553
張貞生　72·177
72·384
張貞明　17·566
18·569
張貞佩　72·232
張貞度　76·457
張貞觀　1·838
16·427
18·66
張　省　73·440
張是振　27·160
張是鴻　27·161
張則久　17·623
19·328
張映斗(清金谿)　70·622
張映斗(清無棣)　13·121
13·212
張映台　13·120
張映辰　67·392
張映房　13·134
張映奎(清無棣)　13·121
張映奎(清慶雲)　11·450
張映宿　73·63
張映蛟　4·324
16·453
張映傅　13·155
張映漢　4·315

張映盤 72・692
張映緯 13・134
張映薇 74・77
張映衡 13・121
張映蕭 52・474
張星元 40・583
張星中 76・579
張星仁 67・142
張星南 76・580
張星泉 37・712
張星象 77・548
張星景 67・71
張星瑚 67・417
張星源 39・409
張星壽 34・284
張星龍 67・565
張星徽 76・316
77・657
張星鍔 77・591
張星藜 77・574
張　昱(元) 72・189
張　昱(明) 75・410
77・583
張　昭(宋) 4・193
張　昭(明奉新) 67・20
張　昭(明晉江) 79・148
張　昭(明蒲臺) 4・148
張　昭(明德興) 58・346
張昭善 72・508
張昭遠 11・453
13・125
張昭德 34・287
張昭潛 4・454
21・626
張昭麟 52・322
張　畊 36・502
張　思 18・288
21・121
張思山 36・500
張思仁 5・153
張思本 43・296
張思永 53・552
張思式 32・612
張思孝 31・64
張思明 5・187
10・370
張思信 5・101
張思勉 2・108
24・297
張思恬 5・346
15・146
張思恭 5・193
10・630
張思桂 13・118
13・191
張思振 5・346
15・146
張思倫 45・284
張思訓 15・155
張思祥 34・282
張思勗 27・130
張思問 48・482
張思渠 43・445
張思敬 43・279
張思曾 77・31
張思廉 5・344
張思選 22・235
張思襄 56・539
張思鏜 51・172
張思躋 43・627
張品中 55・474
張　峒 13・392
張拜颺(清貴溪) 52・340
張拜颺(清新昌) 63・461

張香海	4·439
	25·110
	25·127
張　秭	30·745
張秋試	19·325
張　科	48·454
張　重	73·66
張重華	12·502
張重啓	27·109
張重陽	58·263
張重弼	24·557
張重暉	27·100
張重廉	26·186
張重慶	34·345
張重潤	4·427
	27·228
張重輿	17·631
	19·558
張重曜	25·629
	25·651
	27·163
張　俅	59·28
張修尹	1·855
	23·131
張修吉	14·222
	17·545
張修長	58·548
張修東	74·434
張修華	74·434
張修業	9·633
張修福	74·433
張修德	7·81
	16·432
張　保	23·258
張保花	18·518
張保華	12·492
張　信(元)	27·55
張　信(明弋陽)	50·488
張　信(明掖縣)	4·241
	23·653
	24·542
張　信(明淄川)	5·152
張　信(明婺源)	54·481
張　信(明福清)	79·49
張　信(明壽光)	18·507
張信昌	36·202
張信恒	20·114
張信真	15·617
	17·673
張信從	48·224
張皇寵	80·223
張　泉(明)	16·417
	19·2
張　泉(清)	4·324
	13·122
張　禹(後漢)	1·692
張　禹(漢)	11·85
張禹玉	27·249
張禹門(清武寧)	49·263
張禹門(清濟陽)	10·383
張禹忠	71·136
張禹珪	1·740
張帥成	64·400
張　俊(元)	1·756
	15·529
	16·414
	18·46
張　俊(宋)	11·23
張　俊(明益都)	17·513
張　俊(明濱州)	4·223
張俊英(明邵武)	77·192
張俊英(明新泰)	31·837
張俊卿	12·492
張俊國	12·330

張　衎　52·174
71·336
張待問　1·736
43·536
張　衍　20·545
張衍重　4·325
張衍度　13·123
張衍基　42·394
張衍統　9·405
張衍福　13·127
張衍壽　4·325
13·123
張衍熙　13·123
張衍學　27·153
張衍譜　35·324
張後覺　4·180
張敘典　43·97
張爰翔　23·258
23·345
張負圖　8·327
張勉學(明膠州)　22·247
張勉學(明羅源)　77·465
張胤振　43·277
張胤隆　42·308
張亮玉　70·532
張亮采　26·110
張　度(宋)　77·208
張　度(明)　79·148
張　度(清)　2·109
張庭虎　55·191
張庭桂　35·477
張庭瑜　35·472
張庭樺　35·472
張　彥(明)　42·299
張　彥(清)　74·232
張彥士　4·372
25·161
41·384
41·452
張彥方　59·408
張彥芳　17·556
18·321
張彥求　80·251
張彥孚　50·259
張彥良　58·343
張彥悅　76·412
張彥祥　77·153
張彥清　76·505
張彥啓　9·60
張彥聖　59·103
張彥傳　77·385
張彥輔　52·391
張彥僔　77·376
張彥銘　80·341
張彥增　43·68
張彥儔　77·381
張彥衡　9·397
張彥龍　40·83
40·165
張　庠(宋)　73·170
張　庠(明)　73·417
張弈玢　67·454
張奕隆　70·424
張　恒(元)　69·420
張　恒(清)　9·814
張恆謙　36·613
張恢圖　9·855
張　恬(清昌樂)　19·38
張　恬(清嶧縣)　7·435
7·445
張恬熙　70·503
張　恂　12·309
張恂厚　14·734
張　恪(明)　4·199

	42・105
	42・144
張　恪(清)	2・94
	14・112
	16・454
張　美(宋)	11・79
張　美(明平和)	75・709
張　美(明安化)	1・842
	16・429
	19・3
張美玉	43・84
張美生	48・395
張美和	65・185
	73・232
張美皋	80・238
張姜福	74・355
張　炳(元)	10・363
	10・441
張　炳(宋)	76・639
張　炳(清婺源)	56・137
張　炳(清臨清)	14・733
張炳文	49・33
張炳然	63・473
張炳暉	71・299
張炳照	57・326
張炳蔚	64・587
張　烔(清東平)	31・835
張　烔(清浦城)	76・561
張　炫	78・291
張　炤(元)	4・92
	5・79
	11・24
	18・46
張　炤(明)	25・26
張　炤(清)	55・475
張　咨	9・393
張　洪(明安福)	72・579
張　洪(明堂邑)	38・687
張　洪(明朝城)	42・352
張洪昌	5・380
張洪珏	5・380
張洪烈	77・159
張洪鈞(清單縣)	38・229
張洪鈞(清臨淄)	6・456
張洪道	14・732
張洪熙	27・141
張洪謀	13・156
張　洧	56・555
張　洞(宋)	1・739
	12・93
張　洞(明)	43・59
張　洞(清無棣)	13・136
張　洞(清濟陽)	10・381
張洞宣	71・635
張洞宸	40・246
	42・63
	42・107
張　洎	5・71
張　洤	22・293
	22・595
張　洽(宋南昌)	45・53
張　洽(宋清江)	65・51
	71・352
	78・474
張　洽(清)	22・269
	22・503
	23・645
張洽聞	13・146
張　洵	13・122
張洛河	9・409
張洛會	34・351
張　津(明)	76・410
張　津(清)	5・248
	6・208

張津南　9・438
張　宣(明)　73・49
張　宣(清長清)　19・47
張　宣(清宜黄)　71・97
張　宣(清章邱)　32・646
張宣猷　37・562
張　冠　5・336
　10・119
張冠三　9・437
張冠五　36・658
張冠英(清掖縣)　24・724
張冠英(清歷城)　6・219
張冠軍　5・260
　32・638
張冠卿　5・153
張冠賢　14・141
張　祜(明)　52・448
張　祜(唐)　11・86
張　祐(元)　8・346
　11・24
張　祐(宋)　50・531
張　祐(金)　31・772
　34・466
張　祐(南北朝)　4・137
張祖成　64・417
張祖守　73・31
張祖武　5・332
　43・291
張祖述　24・564
張祖明　68・514
張祖庚　5・330
　43・293
張祖信　4・214
　5・101
　32・600
張祖炳　73・31
張祖培　17・622
　18・540
張祖植　61・354
張祖順　61・448
張祖煥　61・329
張祖殿　4・298
　43・299
張祖嘉　52・384
張祖誥　17・622
張祖燁　73・39
張祖漢　77・213
張祖衡　57・475
張祖謨　18・541
張神武　46・43
張神峯　69・655
張祝萬　45・244
張　祚　42・76
　42・107
張祚雲　55・634
張祚霙　54・603
張　陟　60・45
張　陞　21・134
　23・622
　24・534
張飛虎　76・761
張飛卿　9・57
張飛熊　53・282
張紅梅　74・349
張　級　5・342
　10・130
　10・235
張　紀　38・715
張紀麟　19・122
張耕田　41・212
張秦爵　67・474
張　泰(明江西新城)　71・450
張　泰(明新昌)　63・545
張　泰(明肅甯)　1・813

張　泰(明德州)　5・212
8・642
張　泰(明諸城)　17・526
20・566
張　泰(清)　22・288
22・576
張泰交　2・19
張泰孚　5・286
張泰亨　4・92
張泰來(明)　5・149
6・363
張泰來(清)　46・420
68・387
張泰定　71・504
張泰恒　6・412
張泰峯　80・247
張泰訒　55・66
張泰象　6・382
張泰運　5・245
張泰瑞(清永定)　80・237
張泰瑞(清淄川)　5・294
6・412
張　珪　70・600
張珖燦　47・401
張　珩(明)　44・220
張　珩(清夏津)　43・117
張　珩(清陽信)　9・855
張　珮　32・645
張　珣(清莒縣)　30・718
31・223
張　珣(清霑化)　13・381
張　敖　58・282
張　珞　30・744
31・227
張　珝　14・254
張素我　45・85
張素修　13・790
張起元　12・492
張起言　53・480
張起南　80・193
張起珪　55・101
張起校　57・470
張起理　56・124
張起然　57・204
張起煥　57・205
張起鳳　80・223
張起興　55・648
張起濤　50・393
張起巖　4・90
5・91
25・188
26・562
32・592
張起鸞　56・56
張都懽　57・411
張恐玷　35・334
35・395
張　埩　23・263
張耿光　80・255
張　華(晉)　76・459
張　華(清蓬萊)　25・53
張　華(清德化)　48・195
張　華(清歷城)　5・250
6・209
張華玉　51・328
張華廷　30・694
張華佩　11・92
張華居　80・247
張華亭　35・164
張華桐　18・549
張華原　1・713
張華峰　41・406
張華堂(清長清)　34・312
張華堂(清昌樂)　19・104

張華標　9・848
張華濱　78・448
張華齡　31・793
張　恭（明沔陽）　22・229
張　恭（明招遠）　25・581
張　恭（明朝城）　42・345
張恭安　27・160
張恭祖　38・559
張恭綬　6・220
張　荷　4・196
15・584
17・496
18・556
張莘田　36・577
張莘卿　30・675
31・281
31・299
32・129
32・179
張真子　25・686
29・843
29・860
張真講　25・569
張　栻（宋）　59・173
張　栻（清）　5・386
張　桂（元）　57・442
張　桂（宋）　69・158
張　桂（清）　30・130
張桂友　53・189
張桂芳　36・764
張桂林（清商河）　9・200
張桂林（清慶雲）　11・446
張桂林（清嶧縣）　7・423
張桂祜　40・22
40・189
張桂嶺　39・766
張桂翹　5・176
43・269
張桂叢　36・31
張　桓　47・73
張桐雲　13・157
張桐輝　37・707
張　梃　71・234
張　梴　23・272
張　桃　9・419
張　根（宋）　58・285
張　根（清）　8・327
張　軏　42・575
張　連（明）　1・843
16・418
張　連（清文登）　29・337
張　連（清金門）　77・663
張連元　51・324
張連古　76・360
張連坡　40・585
張連城　11・461
張連茹　13・156
張連甡　18・544
張連棟　63・517
張連登（清咸陽）　2・92
16・445
18・72
張連登（清臨邑）　12・397
張　栗　31・792
張栗臣　80・255
張脊行　22・308
張　烈（南北朝）　4・48
7・200
15・588
18・266
張　烈（清）　78・712
張振三　14・379
張振玉　78・562
張振北　10・389

張振甲(清陵縣)　8・422
張振甲(清婺源)　55・315
張振伊　80・204
張振名　80・28
張振江　37・419
張振秀　4・221
　14・712
　42・953
張振武　37・725
張振東　15・167
張振祚　43・287
張振高　21・532
張振海　70・501
張振家　57・412
張振清　42・800
張振期　44・564
張振榮　2・62
　7・390
張振魯　42・110
張振錡　34・287
張振聲(民國)　34・249
張振聲(清)　55・187
張振鷺　31・59
張　哲(明蒲城)　1・849
張　哲(明漳浦)　76・728
張　哲(清)　9・75
張致遠　75・398
　80・379
張致慶　6・450
張　晉(明)　72・177
張　晉(清安邱)　17・636
　19・573
張　晉(清高苑)　2・95
　16・451
張晉元　49・493
張晉本　7・423
張晉亨　1・760
張虔威　11・78
張　時(明清江)　65・90
張　時(明蒙陰)　4・149
　15・553
　31・323
　31・329
　32・3
張時孜　47・341
張時英　70・565
張時和　70・599
張時科　80・45
張時泰　52・537
張時逢　56・514
張時敏　73・10
張時敘　48・378
張時傑　80・556
張時爲　59・64
張時斌　35・128
張時鉦　56・427
張時聰　76・186
張時謹　30・61
　72・322
張時獻　71・271
張財龕　51・512
張　晟　4・152
張晏之　1・714
　4・51
張　恩(明上杭)　80・84
張　恩(明南城)　71・267
張　恩(明臨潼)　13・727
張恩崇　9・855
張恩煦　26・643
張恩溥　37・417
張　峻　72・449
張特立　4・179
　41・733
張特英　70・509

張特舉 26·116
張垂經 39·188
張乘甲 18·741
張乘龍 41·208
張　秩 72·612
張　俁 2·84
張　倬(清青城) 43·443
43·517
張　倬(清新昌) 64·609
張　倫(明黃縣) 25·172
26·90
張　倫(明壽光) 18·507
張倫至 76·646
張　倣 36·487
張　臬 72·97
張　健(明) 18·507
張　健(清) 52·582
張健朋 41·195
張健剛 26·633
張　皋 71·590
張皋聞 13·136
張師赤 2·100
16·450
20·493
34·438
張師禹 76·618
張師訓 53·172
張師載(明) 1·852
23·616
24·282
張師載(清城武) 39·83
張師載(清儀封) 2·3
張師雍 5·130
32·630
張師漢 76·766
張　釗 66·255
張卿弼 45·31
50·395
張逢吉 61·340
張逢辰 37·694
張逢時 9·429
張逢恩 80·137
張逢巽 9·261
張逢源 60·410
張　留 76·107
張　泚 14·737
張　訓(明) 52·459
張　訓(清) 74·417
張訓詁 15·158
張　訒 12·504
張衷恪 13·388
張高生 76·230
76·342
張高達 55·33
張唐卿(一作孫唐卿) 4·195
15·565
17·494
18·289
張竝陽 56·501
張　旆 5·200
34·62
張　旂(一作旗) 5·199
34·62
張　旅 49·388
張　悌 13·391
張　悛 76·214
76·281
張　敉 47·350
張　益 68·171
張益州 19·329
張益冑 77·647
張益香 48·222
張益庵 30·718
張益聞 13·144

張益慶 42·989
張兼美 72·556
張　烒 37·418
張烒丹 77·549
張　烶 5·219
張　凋 77·394
張　涇(明) 42·201
張　涇(金) 35·108
張　涓 10·123
張　泂 27·120
張　浩(明) 1·823
37·807
張　浩(清) 31·336
32·6
張浩淪 52·249
張浩然 5·317
43·273
張　海(明閩縣) 76·29
張　海(明德州) 4·123
5·207
8·602
張海文 34·226
張海清 13·126
張　浚 59·172
75·356
張浚英 34·472
張　宸 77·139
張家相 62·546
張家森(清建寧) 80·522
張家森(清高密) 23·281
張家瑞 30·233
張家楷 52·545
張家模 52·487
張家駒 71·286
張家謨 64·588
張宴之 11·77
張　容 24·714
張　祥(元) 77·212
張　祥(明) 72·446
張　祥(清婺源) 57·72
張　祥(清歷城) 6·183
張祥枚 30·730
張祥和 11·439
張祥雲 30·747
張祥瓚 74·354
張　書 13·726
張書曰 27·173
張書升 2·73
張書田 15·162
張書行 59·86
張書訓 11·292
張書帶 15·154
張書紳(明城武) 39·60
張書紳(明陽信) 43·60
張書紳(拱斗子) 50·469
張書紳(清膠州) 4·471
張書紳(清臨邑) 12·391
張書紳(號華亭) 50·514
張書瑞 34·270
張書璧 18·344
張書繡 72·681
張書麟 2·55
張展鵬 80·711
張　陵 56·269
張陳武 28·706
張　恕(明涇陽) 43·188
張　恕(明霸州) 1·835
張恕琳 24·766
張恕勳 80·213
張　脋 80·372
張能恭 77·190
張　翀(宋) 75·514
78·484
張　翀(明) 25·172

	26・89
張　翀(清濰縣)	21・621
張　翀(清麗水)	75・422
張翀霄	10・47
張　罡	77・208
張務振	6・471
張務培	6・465
張務經	6・466
張　紘	1・834
	39・797
	42・546
張　純(明信豐)	73・420
張　純(明樂安)	71・121
張純一	71・194
張純仁	50・396
張　紞	31・825
張　硄	18・427
張　球	50・447
張　理(元)	65・171
張　理(明)	71・156
張　理(清)	13・131
張　現	5・225
張　琇	35・123
張琇連	70・628
張規德	67・557
張　埴	72・487
張逵素	9・69
張　教	35・466
張　培	32・404
	33・279
張培之	6・612
	6・650
張培元(清昌樂)	19・136
張培元(清濟陽)	10・380
張培旭	33・225
張培基(清都昌)	50・40
張培基(清博興)	14・129
	17・667
張培壆	57・164
張　堉(清貴溪)	52・242
張　堉(清鄒平)	13・796
張堉初	6・613
	6・639
張堉春	47・372
張執中(明)	1・822
	31・279
張執中(清)	17・666
	20・788
張　基(明)	79・229
張　基(清婺源)	55・195
張　基(清齊河)	5・340
張基梧	67・556
張基瑞	67・474
張基擴	9・888
張基讓	41・211
張　著	34・52
張　菊	36・487
張　萃	21・127
張　萍	12・502
張乾威	4・52
張乾澍	53・114
張乾闇	80・711
張　彬(清夏津)	9・892
張　彬(清閩縣)	76・143
張　梧(清平陰)	4・311
	31・802
	35・313
張　梧(清蓬萊)	25・102
張　梅	31・56
張梓生	12・140
張梯元	63・483
張梯雲	13・137
張　敔(明)	58・403
張　敔(清)	4・293

	6・167
	34・354
張　勔	75・585
	78・335
	78・362
張　爽	9・814
張　盛	35・59
張盛文	78・734
張盛美	4・133
	36・470
張盛釗	54・590
張盛容	37・165
張盛基	18・524
張盛銷	55・101
張盛銘	2・78
	40・195
張盛榮	51・339
張盛橋	56・555
張盛環	56・42
張盛鎰	55・8
張盛鑠	55・9
張捷登	73・433
張捷魁	72・339
張捷選	78・624
張　頂	69・611
張掄升	14・441
張　掞(宋)	4・77
	5・61
	15・527
	16・403
	18・33
	23・613
	24・243
張　掞(清)	13・232
張　彪(明)	11・381
張　彪(清)	34・225
張　堂(明)	10・309
張　堂(清)	20・103
張　常	30・717
	31・221
張常通	6・505
張常勝	39・308
張　野	48・277
張　問	1・733
張問士	73・292
張問之	11・433
張問仁(明)	79・162
張問仁(清)	29・335
張問存	80・682
張問明(明分宜)	61・106
張問明(明鉛山)	52・462
張問明(明壽光)	17・556
	18・497
張問明(明寧都)	74・171
張問達(明涇陽)	21・138
張問達(明黄縣)	25・182
	26・127
張問達(明將樂)	80・476
張問達(清)	49・312
張　晦	1・758
張　冕(明)	79・116
張　冕(清)	77・187
張　晙	13・136
張　異	31・824
張國士(清永定)	80・233
張國士(清靈壽)	1・784
	2・28
	23・615
	24・272
	37・811
張國才	80・233
張國文	80・539
	80・590
張國田	26・133

張國光　73・307
張國均　71・262
張國忠　30・127
張國宗　70・527
張國珍　32・658
張國柱(明平原)　5・220
張國柱(明遼東)　36・431
張國柱(清安福)　72・676
張國柱(清遼東)　77・98
張國彥　12・115
張國洺　76・110
張國泰　6・446
　36・435
張國華　66・604
張國卿　1・844
　16・435
張國梧　70・636
張國瑛　77・345
張國琢　10・138
張國植　35・343
張國傑　43・109
張國瑞　45・6
張國瑜　2・59
張國椿　72・238
張國楠　47・367
張國楨　15・169
張國輔　25・163
　26・12
張國榮　74・344
張國賓　10・367
張國綱(明)　45・158
張國綱(金)　1・752
張國維　1・768
張國綸　77・381
張國標(明)　36・511
張國標(清)　80・686
張國儁　4・226
　27・535
　28・163
張國選　64・551
張國興　57・132
張國衡　71・245
張國謙　79・158
張國寶　75・664
張國籌　5・132
　32・610
張國權　74・324
張國鑰　47・92
張唯一　13・394
張　崧(元)　51・22
張　崧(明)　72・610
張　崧(清)　4・430
　28・33
　28・391
張　崖　43・92
張　崑(清長清)　5・360
張　崑(清龍巖)　78・690
張　崙　76・109
張　崇　76・439
張崇功　1・805
　43・19
張崇杭　64・412
張崇階　71・432
張崇傑　7・75
張崇道　1・764
　15・530
　16・412
　20・484
張崇福　64・394
張崇墉　64・543
張崇德(清奉新)　67・461
張崇德(清萬載)　61・578
張崇勳　52・488
張笙傳　80・223

張　第(明茌平)　21·771
張　第(明諸城)　20·566
張　敏(元)　4·236
31·823
張　敏(明同安)　76·337
77·636
張　敏(明黄縣)　4·238
25·171
26·103
張　敏(明詔安)　75·673
張　敏(明廣平)　35·724
張敏行　9·430
張敏教　25·217
張　偲　44·219
張　偉(明)　11·433
張　偉(清平原)　12·500
張　偉(清掖縣)　4·451
24·529
張偉朋　41·395
張偉翎　41·404
張　進(宋)　35·719
張　進(明江西新城)　71·465
張　進(明高安)　62·354
張　進(明鉅野)　39·298
張進昇　15·161
張進德　35·187
張進諫　24·568
張得成　5·159
43·611
張得禄　48·585
張從令　38·719
張從政　80·610
張從諫　27·47
張從龍　14·746
張從禮　29·822
張鈞月　70·639
張欲仁　13·141
張　彩　36·482
張　覓　79·149
張象升　2·43
張象坤　48·337
張象津　4·289
5·329
43·290
張象健　53·318
張象乾　13·802
張象篆　20·777
張象魏　53·264
張象鵬　20·777
張　逸　13·118
張　訢　77·282
張庶聞　24·722
張　麻　23·258
張　庸(清城武)　39·73
張　庸(清婺源)　55·226
張康岳　23·257
張　旍　5·200
34·62
張　堃(清安邱)　20·109
張　堃(清婺源)　55·474
張　章　31·350
張　翊(南唐)　72·249
73·192
張　翊(清)　23·251
張翊昌　39·89
張翊嶙　35·344
張商佐　70·461
張　望　49·193
張　率　69·162
張　惟　1·849
張惟一　14·255
張惟方　75·690
張惟正　78·312
張惟吉　20·567

張惟尚　51・583
張惟易　23・129
張惟政　80・247
張惟相　42・345
張惟修　17・590
　20・561
張惟康(明永福)　75・543
　78・334
　78・354
張惟康(明晉江)　79・153
張惟蕃　20・564
張惟賢　37・415
張惟養　5・344
　15・109
　15・143
張惟興　24・546
張　焖(明)　22・264
　22・478
張　焖(清)　26・122
張焖生　5・386
張　清(宋)　77・191
張　清(明)　54・206
張清世　71・199
張清言　57・124
張清茂　56・219
張清泉　13・472
張清泰　5・278
　13・794
張清晏　18・545
張清浩　57・239
張清滿　57・411
張清翰　41・793
張清蘭　9・420
張　添　76・328
張添茂　55・654
張添保　76・619
張添權　49・255
張　淇(清無棣)　13・144
張　淇(清費縣)　30・320
張淑士　71・215
張淑元　76・718
張淑光　43・497
張淑旺　4・330
　13・145
張淑俊　2・46
張淑振　77・383
張淑渠　4・351
張淑程　18・543
張淑淵　39・186
張淑勵　1・786
張淑濤　6・490
張淑藝　43・284
張　淏　38・216
張　淮　39・183
張　淦　25・540
張　淳(明桐城)　76・466
張　淳(明遷安)　9・25
張　淳(清)　22・270
　22・503
張　淯　5・360
張　淡(宋)　76・208
張　淡(明)　64・559
張　深(明)　50・536
　74・527
張　深(清)　64・366
張　涵(清弋陽)　50・426
張　涵(清滕縣)　36・524
張　涵(清臨沂)　31・55
張　寅(明太倉)　39・802
　42・547
張　寅(明安福)　72・586
張　寅(清)　56・396
張寅威　23・270
張寅清　13・148

張　宿　58・435
張宿雉　73・293
張宿耀　22・287
22・571
張　启　34・435
張启元　1・814
36・427
73・31
張启月　55・38
張启心　56・262
張启水　13・813
張启正　5・329
43・283
張启先　22・299
22・617
張启坊　64・23
張启作　67・476
張启明(清湖口)　48・509
張启明(清婺源)　56・251
張启庚　67・95
張启宗　66・188
張启建　78・339
78・368
張启恬　57・18
張启泰　4・276
5・298
43・581
張启時　49・86
張启豹　57・326
張启通　78・336
78・363
張启務　64・584
張启梧　63・311
張启琫　80・667
張启琮　63・311
64・360
張启瑞　53・79
張启椿　57・26
張启愚　28・34
張启照　43・116
張启睿　78・336
78・363
張启銓　55・39
張启魯　78・342
78・369
張启澎　55・98
張启濂　64・40
張启檀　13・805
張启燦　48・569
張　焄　29・830
張　階　13・155
張陽純　77・141
張隆泰　9・273
張隆貴　80・711
張隆騰　78・621
張習典　56・573
張　翌　31・277
張貫錢　71・193
張　紱(宋)　65・244
張　紱(明)　77・139
張　紱(清)　6・385
張紱麟　5・334
43・285
張　組　55・141
張組修　5・353
10・371
張　紳(明商河)　9・393
張　紳(明鉛山)　53・6
張　紳(明寧津)　11・305
張　紳(明膠州)　4・121
22・259
張　紳(明濟南)　4・201
5・113
張　紳(清建寧)　77・291

	80・535
張　紳(清淄川)	5・290
張　紳(清婺源)	57・184
張　絅	72・454
張　紹(元)	69・159
張　紹(明平陰)	35・311
張　紹(明婺源)	54・203
張紹文	14・727
	42・969
張紹斗	80・46
張紹先	76・415
張紹芳(明)	41・83
張紹芳(清)	56・567
張紹宗	55・632
張紹南	58・588
張紹祖(清商河)	9・402
張紹祖(清霞浦)	77・378
張紹栻	1・839
	7・83
	16・435
張紹唐	43・125
張紹培	45・284
張紹渠(明)	61・536
張紹渠(清萬安)	73・84
張紹渠(清鉛山)	52・470
張紹琨	53・55
張紹曾	37・847
張紹登	71・293
張紹遠	13・148
張紹楫	50・508
張紹緒	71・575
張紹慶	79・511
張紹璣	49・367
張紹謙	71・271
張紹齡	17・591
張　琪(元)	13・117
張　琪(宋)	4・235
張　琪(清)	24・575
張琪年	78・373
張　瑛(宋)	72・502
張　瑛(明)	76・465
張　瑛(晉)	18・1
張　瑛(清永泰)	78・371
張　瑛(清安福)	72・595
張　瑛(清金谿)	70・491
張　琳(明)	76・547
張琳初(清)	20・784
張　琦(清平原)	5・385
張　琦(清吳江)	2・86
	13・735
張　琦(清潁州)	76・472
張　琢(明)	25・25
張　琢(清曲阜)	36・39
張　琢(清益都)	18・424
張琢璽	2・111
	22・236
張　琥	60・87
張　琨	58・354
張　琠	43・497
張　琮(明咸寧)	42・213
張　琮(明蓬萊)	25・26
張　琮(清)	30・110
張　琯(宋)	60・612
張　琯(清新城)	5・330
	43・285
張　琯(清新泰)	31・800
	34・471
張　琬(宋)	52・55
張　琬(明)	58・35
張　琬(清)	13・156
張　琛(明)	77・35
張　琛(清夏津)	9・849
張　琛(清婺源)	55・599
張　琛(清膠州)	22・307

張　奝　55・551
張堯中　80・191
張堯文　73・212
張堯封　6・545
張堯輔　1・822
31・279
張堪仰　40・545
張　超　42・737
張超萬　35・140
張超榕　78・430
張賁垣　76・324
張賁恒　79・241
張　博　44・403
張博文　9・393
張博成　57・103
張　彭　77・285
張彭年　17・666
張彭修　13・798
張彭祖　15・494
張彭齡(民國)　24・713
張彭齡(清)　43・131
張報堂　71・192
張　達(元)　71・315
張　達(宋)　75・667
張　達(明)　72・311
張達源　49・297
張達觀　80・337
張斯立　5・96
32・624
張斯和　5・96
32・601
張斯政　66・585
張萬公　4・84
31・773
43・536
張萬年　75・604
張萬里　75・625
張萬青　2・32
32・587
張萬祥　12・495
張萬書　5・346
15・164
張萬進　18・20
張萬鼎　72・542
張萬程　5・140
13・766
張萬傑　14・738
張萬善　1・809
張萬禎　15・164
張萬綬(清高安)　62・546
張萬綬(清鄒平)　5・277
13・773
張萬粹　48・585
張萬寧　9・402
9・442
張萬選(清鄒平)　5・273
13・772
張萬選(清湖口)　48・509
張萬鍾(明)　5・140
13・766
張萬鍾(清)　2・84
張萬燾　42・296
張萼林　13・147
張萼桐　13・146
張萼峯　13・156
張董書　42・401
張葆儼　40・228
張　敬(元)　72・540
張　敬(明平原)　5・218
張　敬(明政和)　77・30
張　敬(明益都)　15・577
17・515
18・341
張　敬(明淄川)　5・148

	6・343
	6・398
張　敬(明新淦)	73・224
	73・309
張　敬(清)	53・347
張敬承	14・711
張敬恒	7・423
張敬倉	31・61
張敬堂	80・507
張敬祿	72・685
張敬衡	24・755
張敬輿	19・562
張敬齋	6・198
張　萱(明)	77・39
張　萱(清)	78・654
張朝元	13・129
張朝臣(明)	74・397
張朝臣(清)	15・162
張朝佐	67・458
張朝宗	43・286
張朝柱	32・143
張朝卿	5・184
	15・108
	15・145
張朝祥	67・454
張朝國	70・489
張朝寀	4・278
	5・318
	43・281
張朝棟	26・123
張朝綎	76・291
	77・618
張朝聘	80・239
張朝臺	55・205
張朝綱	76・290
	77・617
張朝綬	31・227
張朝樑	69・468
張朝衡	12・107
張朝龍	80・17
張朝謙	18・559
張惠涵	42・292
張植楨	79・615
張　森(清益都)	18・358
張　森(清無棣)	13・149
張　森(清鄱陽)	58・192
張　棟(明建甌)	76・472
張　棟(明萬載)	61・512
張　棟(明臨朐)	19・323
張　棟(清)	70・622
張棟梁	42・795
張　棣	17・656
	18・525
張　惠(元)	1・754
	18・46
張　惠(明平南)	77・38
張　惠(明晉江)	79・150
張　惠(明寧海)	27・443
	27・294
	28・20
張　惠(明德州)	4・149
	5・206
	8・602
張惠猷	78・375
張　雄(明通許)	42・214
	42・372
張　雄(明萊陽)	25・649
	27・166
張　雄(清)	75・728
	77・719
張雄飛	4・87
	30・94
張　雲	72・147
	72・502

張雲冲　79・160
張雲岫　13・151
張雲亭(清魚臺)　37・692
張雲亭(清慶雲)　11・473
張雲珩　35・181
張雲祥　41・408
張雲章　36・511
張雲嵐　11・451
張雲路　79・186
張雲漢　35・62
張雲嶠　6・162
張雲龍(明)　1・825
　38・161
張雲龍(清)　39・644
張雲鴻　71・457
張雲翼(清浦城)　76・641
張雲翼(清堂邑)　38・695
張雲鶚　52・375
張雲霽　25・217
　25・294
張雲衢　74・349
張雲驤　18・529
張　雯　20・546
　37・567
張揚洪　56・117
張揚桂　57・156
張揚烈　12・494
張　援　41・154
張　揆(宋)　4・178
　5・61
　21・121
張　揆(晉)　50・547
張　斐　23・635
　24・515
張斐求　13・806
張斐然　5・364
張　敞(清)　60・347
張　敞(漢)　1・687
　23・610
　37・31
　37・544
　39・138
張貽珍　13・156
張貽哲　10・67
張貽琯　13・124
張貽謀　10・52
張　鼎(民國)　10・391
張　鼎(明)　43・429
張鼎文　4・310
張鼎甲　5・308
張鼎臣　43・103
張鼎星　73・86
張鼎涓　79・457
張鼎焯　80・191
張鼎輔　2・50
　12・99
張鼎銘　11・450
張煚然　23・259
張　開　77・187
張開祚　55・527
張　閑　39・92
張　閔　32・131
張　遇　73・320
張遇留　34・470
張遇節　35・487
張　景(明江西新城)　71・426
張　景(明汝陽)　7・380
張　景(明招遠)　4・238
　25・596
張景山　39・296
張景元　5・389
張景休　72・259
張景良　73・142
張景昌　6・219

張景明　21・700
張景炎　9・420
張景春　11・85
張景厚　51・409
張景恂　72・679
張景陞　6・482
張景華　4・126
張景真　77・446
張景員　50・435
張景庵　28・179
張景琳　36・780
張景貴　15・162
張景聖　9・855
張景魁　30・691
張景義　4・457
張景儀　21・506
張景桑　5・274
　13・771
張景謙　58・360
張景瀚　49・327
張景鐸　80・224
張景巖　31・836
　32・414
　33・296
張　晼　13・400
　24・259
張喈鳳　72・629
張　貴(元博興)　4・246
　14・120
　14・215
　14・247
　15・530
　17・510
張　貴(元新城)　4・246
　43・259
張　貴(明建陽)　76・390
張　貴(明臨淄)　75・411
　77・583
張　貴(金)　5・71
張貴良　54・294
張貴德　71・120
張　敷　12・506
張　勛　16・421
張　喦　33・837
張　畢　24・721
張　尌　76・465
張凱奏　70・635
張買奴　4・175
　5・19
　5・41
張　嵐　5・111
張嵐奇　9・404
張　嵋　2・34
　6・325
　6・329
張無咎　24・523
張無故　4・9
　37・96
張　智(元)　27・435
張　智(明建陽)　76・385
張　智(明萍鄉)　47・421
張　智(明萬安)　73・72
張　智(明順昌)　77・144
張喬松　66・180
張　傅　18・25
張　順(宋)　72・340
張　順(金)　4・211
　5・70
張順魁　30・721
張　傑(元)　4・143
　5・93
張　傑(宋)　77・162
張　傑(明鄒平)　5・138
張　傑(明臨清)　14・702

42・948
張　傑(清) 9・444
張　集(明) 1・839
14・109
16・422
張　集(清) 25・79
張集浩 73・436
張　雋 6・199
張　復 76・486
張復光 23・441
張復亨 4・235
張復初(元) 22・245
張復初(清) 72・145
張復振 41・869
張復興 32・394
33・270
張　循 27・272
張須陀(山東通志作須陁) 1・717
15・523
張舒詠 80・291
張　鈇 18・730
42・459
張鉅英 39・196
張鉅環 15・147
張　欽 44・130
張　鈞 47・87
張　畲 12・509
張爲仁 4・321
13・205
張爲均 27・159
張爲和 15・152
張爲政 25・42
26・98
張爲相 74・447
張爲亭 78・431
張爲鈞 77・95
張爲煥 74・442
張爲經 4・388
14・707
張爲璁 24・425
張爲霖 58・411
張爲鑊 2・35
張舜中 72・540
張舜民(宋) 15・525
18・29
張舜民(明) 17・542
18・510
張舜臣 5・131
32・596
張　勝 29・295
張勝飛 11・81
張勝集 70・604
張　然 39・735
張　詠 4・72
40・99
40・172
張詒鑑 80・251
張　就 4・13
張敦仁 19・312
張敦化 40・548
張敦恆 26・125
張敦素 31・805
35・315
張敦書 76・426
張敦義 80・578
張敦頤 54・198
張敦臨 26・118
張敦禮 15・524
20・484
張敦欒 55・631
張　斌(明金谿) 69・233
71・117
張　斌(明齊東) 42・140
張　斌(清婺源) 55・368

張　斌(清閩清)　78·431
張　棄　30·232
張惺如　36·515
張愌如　38·694
張　善(明蒲城)　76·548
張　善(明壽光)　18·536
張善恆　20·108
張善培　70·605
張善魁　7·450
張善義　39·245
張　翔(明)　38·219
張　翔(清)　21·426
張翔鵬　67·306
張翔麟　57·419
張普錫　76·635
張尊美　50·459
張尊簠　30·728
張　道　48·451
張道一　16·433
18·55
張道心　4·372
張道古　7·156
15·560
17·479
張道存　32·613
張道成　80·55
張道先　42·141
張道來　38·283
張道昌　55·422
張道明　71·136
張道南　9·61
張道益　72·488
張道祥　31·843
張道通　17·673
32·47
張道情　38·578
38·718
張道復　42·794
張道遠　13·414
張道誠　57·166
張道源(宋安溪)　79·437
張道源(宋博山)　6·581
6·672
張道範　32·647
張道澄　9·76
張道凝　57·326
張道藩　55·227
張道鏞　36·733
張遂初　20·794
張　曾　39·775
張曾祜　13·155
張曾裕　2·98
16·444
張曾靄　22·285
22·563
張　焴　73·139
張　焯　45·231
張焯奎　80·763
張　焜(清永泰)　78·372
張　焜(清南昌)　2·90
44·393
張焜圭　61·591
張　湛　36·487
張湖村　80·241
張　湘(宋永新)　73·165
張　湘(宋德興)　58·340
張　湘(清)　31·62
張　渤(明)　72·619
張　渤(清)　13·135
張　湜(明)　79·626
張　湜(清)　5·388
張　温　57·488
張渭璜　80·208
張　淵(元)　49·185

張　淵(宋永新)　73・139
張　淵(宋永福)　75・540
78・335
78・352
張　淵(明)　73・420
張　淵(清)　10・393
張淵深　12・502
張淵微　71・423
張淵潚　72・671
張　渡　40・272
張渡瀛　43・304
張游卿　4・12
37・96
張　滋　77・400
張　富　37・661
張富貴　9・412
張富業　49・336
張富經　77・367
張富學　49・377
張　甯(元)　77・582
張　甯(明見張寧)
張　甯(唐)　49・397
張　運　52・5
58・271
張運長　33・699
張運南　60・639
張運謨　60・601
張　棨　61・148
張　裕(明)　1・843
16・421
張　裕(清)　37・153
張裕昆　9・402
9・442
張裕堂　80・241
張裕善　10・150
張裕牒　30・748
張祺恆　20・105
張祿圖　64・347
張祿徵　5・318
43・275
張　遐　45・316
46・571
59・51
張　弼(宋)　78・280
張　弼(清)　4・451
24・341
24・531
張　强　80・198
張　巽　78・592
張巽進　79・169
張　賀(明新建)　46・316
張　賀(明龍溪)　76・694
77・704
張　登(宋)　71・219
張　登(明新建)　46・230
張　登(明臨川)　69・230
張　登(明魏縣)　14・110
16・430
張　登(明濟南)　77・139
張登科　51・455
張登泰(明)　40・135
40・307
張登泰(清)　80・247
張登高　4・127
張登雲　35・108
張登解　79・217
張登愷　6・613
張登輿　60・165
60・171
張登鰲　43・121
張登麟　43・77
張發祥　77・204
張發楨　57・75
張發源　13・157

張發龍　77・600
張　綖　5・342
　10・131
張　馴　4・10
　4・16
　4・170
　41・381
張　瑚(清新喻)　66・205
張　瑚(清臨清)　14・708
張　瑅　26・119
張　瑆　24・563
張　瑞　11・302
張瑞之　13・425
張瑞午　30・62
　77・210
張瑞吉　77・148
張瑞年　4・300
張瑞廷　9・272
張瑞芬　34・150
張瑞珏　78・358
張瑞俊　78・342
　78・355
張瑞清　80・247
張瑞福　31・824
　32・388
　33・265
張瑞鳴　59・105
張瑞圖　71・477
張瑞徵　4・427
　27・171
　27・103
　27・227
張瑞麒　32・387
　33・264
張瑞麟　31・824
張　瑀(明分宜)　61・90
張　瑀(明臨川)　69・212
張　瑜　58・393
張瑜芳　54・591
張　瑗(清宜黄)　71・53
張　瑗(清莒縣)　30・717
張　瑗(清掖縣)　24・721
張　瑗(清嘉祥)　37・415
張　瑍　54・326
張　遨　9・865
張　瑄(明江浦)　75・367
張　瑄(明洛陽)　15・37
　15・135
張　瑄(明高唐)　39・578
　42・554
張　瑄(明餘干)　77・583
張　瑄(清高唐)　39・722
張　瑄(清章邱)　32・645
張　瑄(清蒙陰)　32・4
張　載(晉)　4・185
　7・178
張　載(漢)　44・12
　45・400
張載道　58・408
張載徵　25・628
　27・91
　27・156
　27・213
張　遠(清侯官)　75・603
　76・108
張　遠(清新喻)　66・301
張遠遊　7・24
張　瞉　49・215
張聖君　78・458
張聖治　77・576
張聖恩(清上猶)　74・434
張聖恩(清廣饒)　14・373
張聖純　37・720
張聖諒　80・255

張聘三　7・424
張聘夫　55・275
　75・420
　77・503
張　蓁　11・446
張　著　33・296
張勤文　27・162
張勤望　2・102
張蓮芬　36・685
張蓮溪　9・447
張夢元(清天津)　76・475
　79・368
張夢元(清齊河)　10・242
張夢仁　9・73
張夢斗　7・383
張夢白　5・258
　32・634
張夢李　5・262
　32・612
張夢庚　18・732
張夢拯　59・76
張夢祥　49・2
張夢琦　73・303
張夢蛟　5・344
　15・106
　15・108
　15・143
張夢祺　25・354
張夢雷　27・543
　28・175
張夢煥　43・109
張夢禎　26・128
張夢霆　63・486
張夢僧　39・628
張夢龍　71・477
張夢鯉　4・128
　25・624
　27・72
　27・207
張夢鯨　5・183
　15・108
　15・142
　15・214
　15・222
張夢麟　42・272
張夢鸞　34・347
張　蒼　41・707
張　蒲　72・464
張蒞政　11・443
張蓉後　9・860
張幹臣　31・65
張蔭圻　2・95
　16・448
　18・81
　43・205
張蔭松　37・168
張蔭孫　10・53
張蔭壽　76・578
張　椿(明金谿)　70・525
　72・4
張　椿(明南直)　1・787
　13・723
張椿榮　72・601
張椿齡(清利津)　13・363
張椿齡(清壽光)　18・567
張　楠(字文臺)　70・599
張　楠(字西林)　70・538
張楚平　42・577
張　楷(清長垣)　2・47
張　楷(清昌樂)　17・668
　19・83
張　楷(清河内)　2・56
　9・142
張　楷(清膠州)　22・309

張　楷(清臨桂)　32・155
張楊溙　56・657
張　楫(清淄川)　5・292
張　楫(清樂陵)　9・61
張　楫(清歷城)　5・250
　6・208
張　楞　70・554
張　楩　69・573
張槐徵　22・299
　22・617
張　楓　21・742
張　棩　58・421
張棩枚　5・385
張　軾　38・548
張輈文　40・228
　43・497
張　輅　7・84
張甄陶　76・86
張竪文　70・629
張　嵲　13・803
張　嵱　71・321
張　粲　46・558
張虞言　6・574
　6・639
　22・239
張虞熙　6・556
　6・649
　37・566
張　業　72・609
張業禮　9・71
張當世　63・439
張當居　39・213
張　睦　75・355
　75・649
張　暐(宋)　27・47
張　暐(金)　4・84
　6・293
　15・550
　18・38
　31・284
　32・129
張　愚(民國)　34・252
張　愚(明)　38・407
　38・611
張　愚(清寧陽)　35・173
張　愚(清臨沂)　31・58
張　煦(宋)　1・741
　41・60
張　煦(清)　2・43
張　暉(五代)　1・731
　30・59
張　暉(明)　61・453
張　暉(唐)　77・191
張暉吉　24・544
張　照(明南豐)　71・535
張　照(明婺源)　57・449
張　照(明德興)　58・422
張照南　35・491
張照遠　6・184
張園亭　37・150
張嗣古　60・585
張嗣平　5・333
　43・291
張嗣成　52・389
張嗣光　61・443
張嗣旭　61・174
張嗣芳　10・147
張嗣宗　35・320
張嗣峈　5・279
　13・791
張嗣修　73・275
張嗣倫　17・560
張嗣彪　58・421
張嗣隆　5・342

	10・130
張嗣載	61・328
張嗣誠	25・625
	27・81
	27・210
張嗣詵	5・176
	43・268
張嗣蕃	10・132
張嗣興	5・342
	10・133
張嗣謨	25・627
	27・81
	27・170
	27・210
張　嵊	66・531
張　嵩	4・309
	31・803
張嵩生	80・295
張　衛	52・193
張　筞	9・64
張　雉	22・327
張　氳	45・353
張　稠	9・720
張　筠(民國)	12・399
張　筠(清)	22・319
張筱珊	57・215
張　節	42・199
張與三	10・53
張與材	52・388
張與純	71・131
張傳元	35・141
張　魁(明新淦)	73・203
	73・289
張　魁(明樂平)	34・439
張　魁(清)	80・205
張　鈺(明)	80・145
張　鈺(清)	25・68
張　鉞(明平度)	4・156
	23・637
張　鉞(明安仁)	60・11
張　鉞(清武寧)	49・321
張　鉞(清鉅野)	39・202
張鉏柄	78・398
張　會	1・819
	37・551
張會元	10・367
張會岳	23・257
張會宗	79・160
張會寬	15・170
張　愛	80・134
張　頌	12・506
張　凫	25・623
	27・70
張肆三(清壽光)	18・553
張肆三(清齊河)	10・53
張遙茂	68・437
張　詩	40・548
張詩福	51・307
張詩曉	51・462
張　誠(明安仁)	60・6
張　誠(明建寧)	80・578
張　誠(明高唐)	42・569
張　誠(清泰安)	32・401
	33・276
張　誠(清高安)	62・441
張誠一	24・547
張誠修	5・277
	13・788
張誠榜	9・410
張誠基	4・345
	37・142
張誠敷	48・547
張　詵	76・525
張　詢(明)	1・828

	38・406
張　詢(清)	6・388
張　詡(明來安)	10・558
張　詡(明鄒平)	5・138
張　詡(明蓬萊)	25・18
張　廉(明)	11・145
	11・283
張　廉(清)	80・514
張　靖(明)	4・266
張　靖(清)	55・636
張　新(明太倉)	1・791
	43・190
張　新(明羅源)	77・471
張新建	80・247
張新修	19・312
張新詔	24・520
張新歡	59・508
張　雍	4・77
	5・57
	8・341
	8・601
	8・696
張　愫	4・454
	24・537
	24・653
張　慎(明)	78・596
張　慎(清)	37・713
張慎行	2・72
張慎言	1・824
	41・64
張慎思	5・352
	10・385
張慎徽	5・352
	10・385
張　愷(元)	58・260
張　愷(明)	1・800
張　慥	72・651
張　義	77・204
張義中	49・232
張義龍	39・198
張義燃	57・385
張慈星	76・390
張　煜(金)	30・405
張　煜(清長山)	5・298
	43・637
張　煜(清婺源)	54・584
張　煜(清贛榆)	2・38
	15・35
	15・136
張　煒(明)	76・96
張　煒(清)	75・505
	76・109
張　煌(明)	42・200
張　煌(清)	80・711
張煌言	76・252
	76・271
	77・668
張　煥(明)	4・129
	17・540
	18・313
張　煥(清)	51・531
張煥之	27・142
張煥邦	25・137
張煥廷	57・73
張煥辰	12・382
張煥祚	25・103
	25・137
張煥然(明高唐)	39・713
張煥然(明浮梁)	47・175
張煥璧	49・332
張　煇	29・619
張　資(宋)	64・244
張　資(明)	77・410
張資壽	73・104

張　漣(明)　32・46
張　漣(清廣饒)　14・376
張　漣(清滕縣)　36・498
張　溥(明武寧)　49・255
張　溥(明曹縣)　37・837
　41・139
張　溥(清)　37・849
張　源　27・161
張源行　57・411
張源坡　56・271
張源遠　51・359
張源德　1・731
　11・40
張源壇　57・411
張源懃　80・645
張　準(明昆山)　76・468
張　準(明德化)　48・33
張溟鯤　70・629
張　福(民國)　10・497
張　福(明)　1・853
　23・618
張福昌　12・123
張福衍　75・720
　77・720
張福祚　77・190
張福振　10・132
張福堂　21・699
張福隆　30・752
張福嗣　5・259
　32・633
張福榮　11・296
張福臻　4・132
　23・242
　23・641
　41・696
張　禋　22・288
　22・576
張禔耒　23・346
張　肅(宋)　37・115
張　肅(明)　72・696
張肅雍　15・160
　24・261
張肅雝(見張肅雍)
張殿甲(清齊河)　10・52
張殿甲(清嶧縣)　7・434
張殿臣　40・585
張殿如　37・5
張殿珍　72・361
張殿華　30・681
張殿卿　30・119
張殿魁　10・243
張殿誠　36・776
張殿選　33・290
張殿舉　26・108
張殿璽　43・131
張際亨　43・78
張際春　40・583
張際亮　71・633
　76・362
　77・291
　77・401
　80・536
張際飛　80・247
張際泰　64・553
張際唐　39・758
張際盛(清金谿)　70・628
張際盛(清晉江)　79・259
張際康　7・434
張際隆　13・803
張際虞　80・534
張　遜(宋)　4・68
　39・560
　42・552
張　遜(明無錫)　76・348

張　遜(明臨朐)　19・324
張　經(明侯官)　75・491
　76・37
張　經(明新喻)　66・169
張　經(清分宜)　61・244
張　經(清婺源)　55・425
張經世　5・344
　15・109
　15・166
張經邦　76・99
張經綸　38・239
張經濟(清奉新)　67・219
張經濟(清濟陽)　10・371
張經麒　56・537
張綏祖　9・402
張綏瑞　70・635
張彙選　26・8
張　霌　20・777
張　璈　1・835
張　瑹　13・806
張　瑨　27・537
　28・167
張　璉(明)　15・533
張　璉(清)　67・558
張　嫈　13・145
張　瑤(明上猶)　74・402
張　瑤(明蓬萊)　4・217
　25・8
　25・19
張髦士　13・372
張　嘉(明吉水)　72・490
張　嘉(明繁峙)　42・192
張　嘉(清)　5・308
　43・587
張嘉才　30・743
張嘉允　66・384
張嘉禾　58・262
張嘉吉　32・26
張嘉珠　12・136
張嘉祥　72・203
張嘉幹　8・333
張嘉義　57・180
張嘉猷(明)　49・172
張嘉猷(清)　74・451
張嘉穀　67・158
張嘉賓(清青州)　17・606
　19・327
張嘉賓(清信豐)　73・432
張嘉謨(明城固)　1・817
張嘉謨(明博興)　14・123
　17・565
張　翥(元)　60・67
　60・179
張　翥(清)　45・74
張翥南　27・164
張　墉　4・278
　13・772
張　壽(明永寧)　79・284
張　壽(明宛平)　1・829
　38・682
張　壽(漢)　39・51
張壽山　10・473
　10・498
張壽世　24・716
張壽昌　5・389
　12・505
張壽明　71・236
張壽峒　77・40
張壽彪　72・200
張壽祺　65・114
　73・200
張壽頤　22・297
　22・610
張　聚　80・460

張聚秀　5·219
張　熙　22·261
　22·466
　23·650
張熙之　72·349
張熙堂　14·142
張　蔚　77·472
張　模(明)　43·104
張　模(清)　55·125
張　樇　73·139
張　榜(明)　70·578
張　榜(清)　78·690
張　輔(明)　1·843
　16·416
張　輔(晉)　1·702
張　輔(清)　57·419
張輔世　14·132
張輔清　13·149
張　酺　1·694
張　碩　77·282
張碩抱　11·388
張爾木　40·110
　40·254
張爾玉　59·153
張爾功　14·363
張爾宇　4·451
　24·340
　24·567
張爾岐　4·288
　5·348
　10·360
　10·449
　10·458
　10·491
張爾忠　4·133
　21·363
　23·641
張爾牧　4·451
　24·566
張爾奎　5·273
　13·772
張爾祜　70·564
張爾純　31·60
張爾堈　41·388
張爾崇　5·348
　10·376
張爾貫　72·678
張爾廉　13·380
張爾毅　52·337
張爾翼　23·245
張　霆　73·58
張裴度　35·137
張　睿　17·627
　18·521
張睿植　30·746
張對喜　71·191
張對墀　76·315
　77·657
張聞典　9·411
張　鳴　56·91
張鳴大　5·160
　43·630
張鳴岐　78·410
張鳴岡　73·59
張鳴桐　41·449
張鳴高　80·246
張鳴盛　76·579
張鳴琮　35·177
張鳴瑞　63·385
張鳴鳳(明,字岐山)　42·291
張鳴鳳(明清平)　4·104
張鳴鳳(清宜黄)　71·69
張鳴鳳(清信豐)　73·426
張鳴謙(清昌樂)　19·128

張鳴彝(清金鄉)　37·146
張鳴鐸(清靜海)　2·35
6·446
32·455
33·79
張鳴鶴　17·541
18·313
張圖城　38·292
張圖南(明)　12·170
張圖南(清)　54·251
張　篪　32·630
張毓价　24·702
張毓秀(明)　31·843
張毓秀(清)　70·587
張毓松　80·255
張毓珍(清長清)　5·366
張毓珍(清鄆城)　40·203
張毓陞　34·270
張毓泰　5·140
5·273
13·770
張毓莪　14·139
張毓乾　5·140
13·766
張毓傑　24·703
張毓塘　30·234
張毓椿　9·446
張毓蕙　26·107
張毓瑩　21·641
張毓謙　5·140
13·766
張毓蘭　20·109
張　僖(明)　80·184
張　僖(清)　21·463
張　僊　47·84
張僧皓　7·22
18·482
張　僎　4·226
17·559
18·570
張　銖　76·461
張　銓(明)　22·230
張　銓(清平原)　5·388
張　銓(清奉新)　67·339
張　銓(清夏津)　9·852
張　銘(明金谿)　70·621
張　銘(明膠州)　22·251
張　銘(清古田)　77·542
張　銘(清南城)　71·279
張　銘(清夏津)　9·860
張　銘(清黄縣)　26·123
張銘西　12·495
張銘紳　77·67
張銘鼎　12·496
張銘盤　12·496
張銀兒　32·583
張　鳳(明宜春)　1·820
30·61
60·537
張　鳳(明浮梁)　47·320
張　鳳(明舜城)　1·851
28·662
張　鳳(明壽光)　18·579
張鳳毛　63·482
張鳳化　22·262
22·472
張鳳池(清商河)　9·404
張鳳池(清陽穀)　12·313
張鳳羽　12·105
12·115
張鳳岐(明)　9·64
張鳳岐(清)　29·619
張鳳表　77·648
張鳳苞　80·477

張鳳春　11・291
張鳳彩(明)　1・801
張鳳彩(清)　64・587
張鳳陽　72・453
張鳳翔(清堂邑)　4・375
38・543
38・686
張鳳翔(清德興)　58・610
張鳳翔(清歸安)　11・393
張鳳瑞　43・65
張鳳翥(清安溪)　79・422
張鳳翥(清奉新)　67・418
張鳳翥(清武寧)　49・238
張鳳翥(清掖縣)　24・552
張鳳翥(清霑化)　13・414
張鳳閣　21・698
張鳳鳴　34・271
張鳳舞　11・439
張鳳儀(明)　9・141
張鳳儀(清)　2・6
張鳳徵　76・330
77・647
張鳳翬　37・692
張鳳翼(明日照)　15・40
15・136
張鳳翼(明堂邑)　4・227
38・565
38・617
38・717
張鳳翽　33・260
張　誥　55・474
張　說(唐)　73・405
張　說(漢)　15・493
37・653
張　塾　30・719
張　廣　9・812
張廣大　12・315
張廣仁　77・396
張廣平　50・500
張廣奇　62・534
張廣忠　43・85
張廣思　43・132
張廣理　71・614
張廣瑯　71・613
張廣韶　35・323
張廣德　55・207
張廣勳　43・85
張廣璽　35・324
張廣懿　43・112
張　塵　71・347
張　端(明)　1・792
10・309
張　端(明將樂)　80・486
張　端(明嘉善)　76・468
張　端(清)　4・445
23・642
24・521
張端午　2・69
張端季　57・213
張端亮　21・146
張端泰　13・131
張端楷　55・183
張端溪　11・440
張　適　59・79
張適駿　70・623
張　齊(民國)　24・706
張　齊(明)　5・105
張齊卿　64・511
張齊雄　48・395
張齊聖　78・271
張齊賢　4・66
15・507
16・403
18・24

	37・826
	41・130
	41・724
張　頖	59・139
張鄰斗	17・579
	19・577
張　粹	50・550
張　榮(元)	4・93
	5・72
張　榮(明太原)	24・577
張　榮(明江西新城)	71・495
張　榮(明南平)	77・83
張　榮(明清流)	80・302
張　榮(清永泰)	78・357
張　榮(清恩縣)	11・94
張　榮(清陽穀)	12・335
張榮芬	30・607
	30・695
張榮我	80・294
張榮來	53・70
張榮昉	47・286
張榮祖	80・711
張榮華	14・399
張榮掄	26・112
張榮冕	80・546
張榮壽	57・212
張榮聚	80・504
張榮實	22・228
張榮燮	71・444
張漢東	14・138
張漢宗	24・315
張漢章	39・286
張漢陽	42・63
	42・107
張漢超	14・731
張漢傑	18・695
	42・434
張漢源	10・81
張漢榮	21・689
張漢濯	12・315
張演升	10・165
張　寬(元章邱)	5・91
	7・173
張　寬(元新喻)	66・116
張　寬(明平和)	75・685
張　寬(明南靖)	75・723
張　寬(明晉江)	79・150
張　寬(清)	18・524
張　賓(明堂邑)	38・719
張　賓(明單縣)	4・123
	38・222
張　賓(明德州)	5・207
	8・602
張　賓(清)	31・289
張　寧(元)	76・545
張　寧(宋)	72・168
張　寧(明)	1・834
	11・43
張寧蘊	22・297
	22・610
張　實(宋)	77・446
張　實(明)	30・715
	31・226
張實居	4・290
	5・140
	13・773
張肇奎	57・193
張肇祚	5・201
	34・66
張肇基(清宜春)	60・651
張肇基(清婺源)	56・133
張肇揚	30・706
張肇鳳	5・265
	32・649

張肇瀾　76・580
張肇麟　15・169
張　翢　4・103
　5・105
張　熊　58・350
張　緒(明)　73・291
張　緒(清)　24・253
張緒孟　5・264
　32・648
張緒倫　4・162
　17・573
張綺蘭　9・421
　9・489
張　綽　77・704
張　綱(明吳縣)　40・8
　40・182
張　綱(明長清)　5・198
　34・61
張　綱(明棲霞)　25・261
張　綱(明寧德)　77・347
張　綱(清浮梁)　47・224
張　綱(清魚臺)　37・712
張　維(宋)　75・405
　76・203
　77・76
張　維(清)　12・539
張維孝　39・714
張維忠　32・45
張維垣(清固原)　2・88
　14・694
張維垣(清歷城)　5・228
　6・125
張維修　80・736
張維炳　4・145
　37・548
張維洛　13・343
張維乾　32・382
　33・251
張維堅　37・169
張維清(清無棣)　13・155
張維清(清歷城)　6・182
張維極　48・552
張維祺　4・466
　22・282
　22・553
　38・296
張維楨　38・584
張維新　1・833
　18・692
　42・431
　42・510
張維實　77・145
張維樞　79・128
張維賢　4・350
張維機　79・172
張維儒　20・786
張維嶽(民國)　13・348
張維嶽(明)　58・423
張維鎬　22・306
　22・645
張維騮　61・315
張維籓　75・698
張　綿　6・412
張　綸(明汶上)　4・182
張　綸(明黄縣)　4・153
張　綸(明惠安)　78・596
張　綸(明臨朐)　11・399
張　綸(清)　75・633
　76・174
　76・199
張　綬(宋)　58・338
張　綬(明)　25・596
張　綬(清)　47・444
張綬組　67・177

張　鞾　77・189
張慧照　13・343
張　瑾　76・472
張　璜　13・117
張　璀　76・291
張　璋　37・5
張　璄　78・335
　　78・355
張璇光　76・339
　　77・636
張　墩　73・324
張　增　77・213
張增祜　9・257
張增善　78・353
張穀璧　58・541
張　慤　21・585
張　蕙(明)　5・218
張　蕙(清)　43・634
張蕙圃　18・543
張蕙孫　10・53
張蕙堂　12・382
張　蕁　40・100
　　40・173
張槿榮　36・737
張　樞(宋)　47・361
張　樞(清)　63・435
張　標(明)　17・529
　　18・495
張　標(清宜春)　60・560
張　標(清夏津)　9・856
張　敷(明)　1・794
張　敷(清堂邑)　38・696
張　敷(清單縣)　38・292
張敷華　72・568
張敷齡　22・236
張　輗(明忻州)　18・691
　　42・430
張　輗(明單縣)　38・219
張　賢(明山西)　43・432
張　賢(明祥符)　13・99
　　38・161
張賢書　59・106
張賢傑　61・516
張賢登　72・102
張　遷　1・692
張　奭　72・129
張　奫　1・716
　　11・78
張　震(宋婺源)　54・79
張　震(宋新喻)　66・356
張　震(明朝城)　42・314
張　震(明濟陽)　5・188
張　震(清)　25・263
　　25・422
張震東　36・524
張震南　9・73
張震魁　6・185
張　霄　79・512
張霄漢　80・241
張　撰　35・65
　　80・191
張　輝(明)　1・791
　　43・188
張　輝(清)　5・266
張　輝　25・171
　　26・88
張輝山　41・205
張輝翼　48・219
張　暴　6・398
張　賜　79・231
張　遲　5・216
張　嶢　79・230
張　嶠　35・319
張　範　21・127

張範英　34·222
張範東　10·366
張　儁　26·8
張　儉　4·27
　37·98
　39·173
張　儀(元)　5·78
張　儀(明)　42·214
張儀羽　79·434
張儀村　12·391
張　質(宋)　4·68
　39·561
　42·552
張　質(明)　72·375
張　德(元)　35·483
張　德(明)　77·15
張　德(清)　24·552
張德一(清陽信)　43·129
張德一(清齊河)　10·52
　10·155
張德三　78·625
張德大　45·224
張德元　34·343
張德成　26·6
張德芳　58·223
張德迎　58·592
張德昇　32·583
張德春　76·721
張德政　1·725
張德俊　37·816
張德紀　19·574
張德恭　73·98
張德配　31·841
張德高　1·812
　35·447
張德純　29·345
張德基　17·649
張德勳　9·431
張德賁　5·385
張德傑　13·418
張德鈗　19·565
張德善　31·65
張德焱　24·697
　24·712
張德湛　43·287
張德温　31·224
張德遠　43·108
張德新　4·146
　14·297
　15·530
張德溶　74·366
張德福　52·591
張德經　17·651
　19·574
張德銘　20·122
張德廣　73·192
張德綱　19·579
張德輝　1·760
張德篆　58·537
張德潤　58·426
張德熹　75·556
　79·35
張德謙(清分宜)　61·146
張德謙(清平原)　5·385
張德麟　6·215
張徵九　38·253
張　徹(五代)　57·534
張　徹(明)　73·203
　73·288
張　徹(唐)　11·89
張　徹(清)　5·366
張　衜　75·538
　77·458
張　鋐　5·365

張餘慶(清莒縣)　30・708
張餘慶(清單縣)　38・283
張　魯(宋)　27・47
張　魯(明)　5・137
13・755
張魯得　16・434
19・3
張魯瞻　30・121
張　調(清長山)　5・309
43・617
張　調(清恩縣)　11・88
張調元　5・183
15・111
15・152
張調明　80・236
張調陽　31・826
張調鼎　5・350
10・377
張調網　31・826
張　諒　76・489
張　熟　70・522
張　褒　30・705
張　賡(明)　79・169
張　賡(唐)　78・395
張賡烈　38・255
張賡謨　38・254
張　麃　72・588
張　慶　1・787
32・584
37・421
37・450
張慶元　10・389
張慶平　14・743
張慶甲　43・284
張慶甫　60・713
張慶受　77・192
張慶治　54・579
張慶桐　34・282
張慶祥　78・694
張慶能　56・135
張慶崑　51・329
張慶曾　77・193
張慶滋　56・367
張慶發　56・136
張慶榮　74・132
張慶餘　60・235
張慶澍　36・752
張慶霖　36・738
張慶蘭　14・743
張慶麟　5・318
43・286
張　憤　10・149
張　養　76・227
76・716
張養正　70・565
張養志(明陳州)　1・824
41・63
張養志(明壽光)　17・576
18・570
張養浩(元)　4・90
5・96
31・338
32・9
32・590
38・681
38・729
張養浩(清)　41・185
張養晦　36・469
張養蒙　74・358
張養德　6・448
張養靜　36・513
張養體　17・603
18・516
張遵芳　10・395

張遵琯　13・789
張遵義　27・48
張遵頤　37・569
張遵憲　72・577
張　瑩　75・580
　77・508
張　潔　71・127
張　潛　9・401
張　澍(明)　37・554
　54・217
張　澍(清)　9・694
張澍恩　77・46
張　潭　5・102
張　澐　24・561
　71・288
張　潛(宋)　58・563
張　潛(明)　75・452
張　潛(清)　60・557
張潛夫　79・133
張潛心　12・121
張　潤　43・449
張潤培　80・160
張　澗　58・431
張　澂　69・644
張　潼　21・639
張　澈　75・709
張　潯　44・486
張潯江　37・167
張　澄(明安邱)　19・571
張　澄(明長清)　5・203
　34・68
張　澄(明金谿)　70・524
張　澄(清弋陽)　50・421
張　澄(清平原)　5・389
張　澄(清商河)　9・431
張　澄(清鄱陽)　58・234
張　潑　9・58
　9・88
張履泗　35・502
張履翁　73・156
張履益　77・200
張履祥(明)　80・13
張履祥(清)　63・484
張履孫　58・557
張履端　55・185
張　彈　54・509
張選臣　80・255
張　駕　80・321
張　翬(宋)　73・157
張　翬(明)　24・551
張遹孫　10・53
張　樂　69・606
張樂菩　14・139
張　緝(元)　4・236
　22・245
　23・652
張　緝(魏)　1・700
　32・23
張　畿　77・476
張　璥(清平原)　12・506
張　璥(清陽信)　43・92
張靜遠　74・240
張　璟(明)　71・450
張　璟(清)　30・109
張　璠　24・245
張　璘(清長汀)　80・47
張　璘(清婺源)　55・595
張　璚　25・163
　26・14
張　璣(明江西新城)　71・415
張　璣(明莒縣)　30・715
　31・226
張　璣(明鄒平)　5・138
張　璣(明齊東)　5・184

	15・107
	15・144
張擇行	4・78
	15・548
	17・486
	18・287
張　壇	77・703
張燕宏	80・239
張燕翼	22・288
	22・576
張薇垣	2・56
張薦紳	64・585
張薦馨	63・455
張　翰(宋)	77・342
	77・473
張　翰(明)	15・552
	17・516
張翰冲	79・171
張翰英	70・585
張　頤	11・81
張樹甲	29・287
張樹屏	21・724
張樹桂	14・738
張樹梓	6・459
張樹葵	35・485
張樹棠	72・601
張樹楨	13・124
張樹銘	13・368
張樹德(民國)	14・745
張樹德(清)	5・328
	43・300
張樹勳	50・430
張樹權	13・127
張　樸	6・292
	58・287
張　橓	19・296
張　機(明武寧)	49・166
張　機(明長汀)	80・16
張　輻	73・318
張　輶	2・102
	30・63
張　翮	77・453
張奮庸	73・318
張　霖(清金鄉)	37・130
張　霖(清新城,見張麟)	
張　霖(清嶧縣)	4・341
張　霑	13・136
張　叡	78・300
張　曉(明)	4・132
	6・548
	6・643
	17・558
張　曉(清浦城)	76・635
張　曉(清霑化)	13・376
張曉峰	43・100
張曉峯	37・419
張曉榆	14・387
張嘻初	17・659
	20・781
張　曇	5・249
張　暻(清無棣)	13・154
張　暻(清廣豐)	53・445
張暻樞	2・38
	10・41
張還午	10・379
	10・467
張還初	45・380
張還真	14・130
	17・667
張還葛	10・390
張還鍾	10・380
	10・468
張　默(明金谿)	70・525
張　默(明菏澤)	37・839

張　默(清)　11・84
張　黔　18・564
張　積　77・39
張積功　2・88
　14・695
張積勳　52・499
張　勳　1・831
張勳廷　19・398
張篤中　33・257
張篤敬　5・178
　43・264
張篤慶(清淄川)　4・292
　5・289
　6・389
張篤慶(清廣饒)　14・386
張興甲　37・152
張興任　32・646
張興芳　10・140
張興華　12・493
張興倫　32・604
張興留　4・310
張興温　34・351
張興渭　78・615
張興儒　32・647
張　學　1・847
張學文　19・124
張學甲　37・156
張學朱　9・856
張學孜　27・113
張學武　13・152
張學周　73・379
張學孟　5・220
張學浦　78・585
張學海(民國)　36・747
張學海(清江西新城)　71・462
張學海(清鄆城)　40・583
張學詩　5・193
　10・630
張學義　60・728
張學經　60・415
張學賢　77・404
張學舉　77・588
張學龍　54・48
張學韓　37・834
張學謙　59・369
張學鵬(清分宜)　61・136
張學鵬(清萬載)　61・741
張學齡　6・185
張　儒(明)　7・84
　16・422
張　儒(清)　77・199
張儒銘　35・128
張儒誠　18・739
　18・826
張　衡　73・47
張　衢　39・790
　42・544
張　錡(明章邱)　32・643
張　錡(明德興)　58・538
張　錫(五代)　1・730
　6・286
　12・93
　75・434
張　錫(宋)　41・690
張　錫(宋漢陽)　47・334
張　錫(明)　4・255
　31・295
　32・131
張錫九　58・179
張錫年　6・613
張錫祉　11・117
張錫貢　34・334
張錫智　20・120
張錫富　19・86

張錫祿　32・8
張錫綸　6・447
　39・812
張錫慶　34・338
張錫履　50・410
張錫疇　60・736
張錫齡　14・397
張錫麟　76・246
張　鋼　73・139
張　錦(明萬載)　61・765
張　錦(明朝城)　42・266
張　錦(明新城)　5・177
　43・263
張　錦(清莒縣)　30・728
張　錦(清浦城)　76・635
張　錦(清萍鄉)　47・377
張錦仁　80・234
張錦枝　49・116
張錦屏　55・84
張錦萊　53・92
張錦傳　69・398
張錦鑑　50・517
張　錚　32・409
　33・282
張　錞　80・13
張錧昌　56・511
張　鍵　13・120
張　録　4・105
　39・58
張穎建　22・297
　22・610
張謀淮　48・214
張誠修　13・798
張　凝(宋)　4・69
　11・452
　13・125
　18・24
張　凝(清)　17・585
　18・538
張龍光　78・449
張龍如　42・15
張龍岡　14・387
張龍壽　80・711
張龍標　15・151
張龍驤　2・82
　38・413
張　爆(明)　78・340
　78・369
張　爆(清)　52・465
張燠然　63・457
張　熾(宋)　73・189
張　熾(清)　53・72
張　燧　6・640
張　燈　47・82
張　潞　73・139
張澧中　2・15
張　澤(明莆田)　37・558
張　澤(明萊陽)　25・655
　27・169
張　澤(明閩縣)　75・457
張　澤(清)　51・593
張澤仁　13・125
張澤永　5・246
張澤遠　5・353
張澤肅　79・614
張澤薌　70・340
張澹然　52・392
張　濂(明平和)　75・696
張　濂(明肥城)　33・589
　33・693
張　濂(明贛縣)　73・370
張　憲(宋東平)　53・195
張　憲(宋貴溪)　52・222
張　憲(明晉江)　79・229

張　憲(明閩縣)	23・619
張　憲(明德興)	58・326
張　憲(明餘干)	59・137
張　憲(清)	71・473
張憲可	79・164
張憲武	11・440
張憲明	52・463
張憲翔	4・128
	17・536
	18・312
張憲瑢	17・651
	20・787
張憲誥	20・782
張　寰(明崑山)	1・816
張　寰(明新建)	45・476
張　禧	15・580
	18・297
張　彋	53・447
張　瓕	21・426
張　縉(明)	77・139
張　縉(清長汀)	80・48
張　縉(清南昌)	45・84
張　縝	31・791
	35・312
張　闓	77・145
張駿飛	80・248
張　環(明垣曲)	1・812
	35・447
張　環(明棗强)	43・115
張　壎	51・548
張　聲(宋)	77・136
張　聲(清江西新城)	71・390
張　聲(清高安)	62・293
張聲遙	66・263
張聲聞	10・156
張　聰(明泗水)	36・199
張　聰(明海陽)	29・815
張　聰(清)	2・46
張聯台	25・23
張聯珂	61・112
張聯奎	14・735
	78・573
張聯星	6・572
	6・637
張聯珠	23・274
張聯盛	71・84
張聯軫	6・558
張聯溪	9・402
張聯箕	6・554
	6・648
	17・596
張聯鳳	61・374
張聯翼(清定陶)	41・401
張聯翼(清博山)	6・569
	6・659
	17・583
張藏英	1・730
	8・313
張　薰	8・328
張　舊	37・96
張　藎	14・731
張　樫	4・439
	27・538
	28・168
張　櫝(明江西新城)	71・369
張　櫝(明鉛山)	53・89
張　懋	75・623
	76・184
張懋功	71・250
張懋芝	66・306
張懋官(民國)	13・426
張懋官(清)	13・145
張懋能	67・55
張懋深	54・489

張懋煌　22·288
　22·574
張懋德　71·328
張懋學　37·458
張懋禮　66·615
張　臨　4·180
　5·85
　13·747
張臨奎　14·743
張臨莊　18·424
張臨溪　39·210
張臨慶　25·521
張　磻(宋)　75·537
　77·456
張　磻(清)　37·724
張　擴(宋)　58·301
張　擴(清)　62·491
張擢魁　34·211
張　黻　72·446
張曙蘭　45·84
張　嶺(明)　71·270
張　嶺(清)　37·707
張　嶽　5·388
張　騎　17·576
　18·570
張　顉　1·761
　35·724
張　颸　70·532
張　儲(明)　45·303
　46·559
張　儲(清)　13·135
張徽典　67·612
張徽猷　35·341
張鍊師　32·480
　33·560
張鍾炳　80·755
張鍾駿　9·855
張鍾嶽　27·142
張鍾瀛　66·257
張鎡昌　54·544
張　爵　76·549
張爵應　66·185
張　邈　31·746
　42·735
張　謨(明蒙陰)　31·329
　32·3
張　謨(明鉛山)　53·190
張　謨(清)　39·769
張　謙(元高唐)　39·569
張　謙(元濟南)　5·99
張　謙(宋)　77·160
張　謙(明肥城)　4·152
　33·589
　33·802
張　謙(明南昌)　44·90
張　謙(明臨川)　69·163
張　謙(明臨朐)　17·512
　19·287
張　謙(明觀城)　42·108
張　謙(清定陶)　41·392
張　謙(清新昌)　64·411
張　謙(清壽光)　18·522
張謙吉　65·484
張謙宜　4·469
　22·289
　22·578
　23·659
張　襄　70·487
張襄宸　9·416
張　應　1·708
張應甲　22·307
張應生　5·360
張應召(明泰安)　31·824
　32·388

33·265
張應召(明膠州) 4·266
22·335
張應台 71·86
張應吉 5·131
32·629
張應光 32·652
張應吾 1·810
43·430
43·500
70·523
張應辰(宋) 78·610
張應辰(清) 31·56
張應奎 43·131
張應星 76·284
77·611
張應泰(清陽信) 43·126
張應泰(清鉛山) 53·134
張應桂 22·269
22·500
23·643
張應連 56·517
張應宿(明) 32·601
張應宿(清) 60·494
張應琦 45·179
張應達 34·283
張應軫 25·163
26·13
張應雲 7·389
張應勝 69·462
張應詔 76·443
張應翔 2·41
8·26
8·471
14·696
30·64
張應道 73·403
張應運 22·258
張應祿(明章邱) 5·133
32·642
張應祿(明富平) 9·739
張應聘 39·92
張應雷 70·553
張應徵 19·626
張應遴 49·202
張應璠 54·543
張應翰 36·217
張應龍 62·369
張應燮 47·377
張應耀 18·519
張應鼇 53·510
張應麟 38·579
張　燦(明閬縣) 75·623
76·171
張　燦(明樂陵) 9·57
張燦之 10·164
張燦斗 35·140
張　燮 77·718
張燮和 13·156
張　鴻(清古田) 77·538
張　鴻(清無棣) 13·134
張鴻振 6·489
張鴻基 12·492
張鴻翥 60·631
張鴻賓 36·31
張鴻德 39·310
張鴻勳 23·255
張鴻儒 39·99
張鴻翼(明) 37·834
37·840
張鴻翼(清) 10·83
張　濤(清南昌) 44·485
張　濤(清鉛山) 53·141
張　濬(明黄縣) 25·173

26・91
張 濬(明閩縣) 75・453
76・135
張 濬(清) 9・815
張濬哲 5・247
6・165
張濬卿 34・287
張 瀇 30・717
31・221
張 濟 1・841
16・425
張濟川 15・158
張濟世 17・591
18・514
張濟武 63・489
張濟美 73・412
張濟堂 80・291
張濟廣 35・156
張 濱(清昌樂) 19・136
張 濱(清歷城) 6・182
張 濯 35・192
張蹇庵 70・641
張 禮(明石州) 1・839
14・109
15・534
16・419
張 禮(明壽光) 27・402
27・803
張 彌 53・314
張 翼(金) 10・84
張 翼(清) 39・83
張翼之 57・196
張翼先 55・368
張翼明 17・572
張翼飛(清順昌) 77・146
張翼飛(清齊東) 5・344
15・109
15・143
張翼軫 26・108
張翼新 79・167
張翼經 77・270
張翼舉 5・344
15・146
張翼翱 77・259
張翼鵬 80・366
張孺子 48・528
張 績 60・260
張騻林 52・543
張 瓊(宋) 4・82
張 瓊(清) 75・699
張瓊英 71・632
72・385
張 鼇 44・155
張 璸 11・439
11・458
張 翹 76・574
張 燾(宋德興) 58・293
張 燾(宋濮州) 4・142
21・122
23・613
張 燾(明) 44・197
77・92
張 燾(清宛平) 7・388
張 燾(清連江) 75・637
77・518
張 燾(清新城) 43・298
張 豐 21・423
張 瞻 15・589
張 顒 1・830
張 曠 42・152
張 曜 2・16
張曜吉 31・54
張 韞 66・253
張 穫 27・348

張馥蘭　9·416
張　篚　9·57
11·24
張　翶(明)　5·205
8·345
張　翶(金)　21·125
張歸弁　11·25
張歸厚　11·25
張歸真　18·523
張歸霸　1·732
11·25
23·613
張　鎮(宋)　52·408
張　鎮(清南昌)　45·271
張　鎮(清海豐)　4·323
張　鎮(清無棣)　13·138
張鎮之　34·288
張鎮魯　38·581
張　鎧(明)　38·224
張　鎧(清)　10·86
張　鎬(明)　43·539
張　鎬(唐)　4·57
張　鎰(宋)　7·372
張　鎰(明萬載)　61·507
張　鎰(明順天)　40·41
張　鎔　13·134
張　鯉(明平陰)　31·799
35·312
張　鯉(明膠州)　22·252
23·639
張　鯉(明臨清)　14·704
張颸芬　57·419
張　謹(元)　9·438
張　謹(明長清)　5·198
34·60
張　謹(明肥城)　31·783
33·589
33·802
張　謹(唐)　75·605
76·164
77·53
77·600
張離照　80·731
張　燿　80·16
張燿垣　77·575
張　鎏　32·651
張　璧(明莒縣)　30·679
張　璧(明萬載)　61·523
張　璧(明霞浦)　77·387
張　璧(清)　15·111
15·169
張璧秀　80·136
張　彝　4·49
11·75
張彝立　36·685
張彝訓　4·247
35·101
張織雲　56·69
張　藹　63·536
張藹吉　14·698
張藹如　36·536
張藹堂　37·13
張　藻(清滕縣)　36·502
張　藻(清歷城)　6·211
張蘂珠　43·125
張　蘊　6·290
張蘊道　9·74
張　麓　4·157
17·526
18·495
張　攀　4·228
17·578
張攀龍　42·793
張攀鼇　80·735

張麗元　37·166
張麗英　74·179
張麗泉　34·172
　34·282
張麗藻　14·385
張　璽　4·279
　5·274
　13·771
張翽雨　10·378
張　黼　66·138
張　蟾(明)　58·40
張　蟾(唐)　1·725
張　嚴　40·225
張　韜　78·322
張贊宗　76·314
張　鎧(明武功)　1·814
　36·426
張　鎧(明建陽)　76·390
張　鏞(清上饒)　51·603
張　鏞(清宜黄)　71·63
張　鏡(清峽江)　7·386
　73·294
張　鏡(清霞浦)　77·382
張鏡堂　14·391
張　鏐(清海豐)　4·327
　13·133
　13·194
張　鏐(清樂陵)　4·327
　14·695
張　鵬(明西安)　77·362
張　鵬(明安丘)　15·563
　17·522
張　鵬(明蒲城)　76·548
張　鵬(明霞浦)　77·383
張　鵬(唐)　58·283
張　鵬(清丹徒)　2·6
張　鵬(清陵縣)　8·334
張　鵬(清曹縣)　41·208
張　鵬(清婺源)　56·543
張鵬昇　2·30
張鵬南　9·60
張鵬飛　5·247
　6·207
張鵬翥　47·512
張鵬翰　22·235
張鵬翮　2·2
張鵬舉(明)　14·124
張鵬舉(清)　67·296
　67·421
張鵬翼(清連城)　80·684
張鵬翼(清廣豐)　53·456
張鵬衢　77·48
張　騰　13·408
張騰南　9·71
張騰蛟　36·516
張　鯤　1·804
　12·96
張　瀼　20·784
張　譓　35·470
張　譏　4·174
　11·85
張　贇　37·859
　41·220
張　旟　1·843
　15·532
　16·416
張　懷　41·61
張懷玉　40·170
張懷芝　36·751
張懷序　19·122
張懷珍　43·108
張懷信　41·296
張懷約　51·45
　66·507

張懷唐 12·397
張懷虛 39·347
張懷清 12·443
張懷智 39·97
張懷斌 36·752
張懷遠 59·615
張懷銘 56·616
張懷璣 35·510
張懷器 4·140
張懷龍 80·207
張　瀚 78·300
張　濯 17·632
張　瀛(明浦城) 76·568
張　瀛(明廈門) 76·256
張濙吉 30·133
張　寵 37·800
41·57
張　疆 75·508
77·528
張　繩 5·362
張繩武 75·679
張繩孫 72·534
張　繹 15·594
17·522
19·290
張繹武 43·298
張　馨 78·356
張　蘭(明曹縣) 41·74
張　蘭(明濟陽) 5·187
10·370
張蘭亭 20·120
張蘭堂 12·382
張蘭馨 41·199
張　櫸 72·183
張齡霞 4·296
5·357
張獻之 10·160
張獻廷 13·807
張獻策 17·607
18·371
張獻瑞 43·67
張獻猷 43·194
張耀芬 56·246
張耀采 4·161
張耀祖 10·140
張耀臺 10·570
張耀銘 8·634
張耀樞 42·399
張耀璧 2·95
16·449
張　蠙 11·86
張　鶚(明) 14·745
42·948
張　鶚(清) 6·451
張鶚祥 52·395
張　巍 40·16
40·186
張　翮 23·261
張　翻 4·271
5·387
12·505
張　籍(唐) 73·114
張　籍(清) 41·202
張　纂 77·170
張　釁 75·477
76·12
張　斆 73·204
73·289
張鐘岱 43·274
張　夔 6·340
張　瀾(明) 80·11
張　瀾(清) 43·117
張寶典 13·404
張寶紳 39·775

張寶善　43・109
張寶義　12・387
張寶賢(清昌樂)　19・109
張寶賢(清泰安)　33・261
張　繽　5・363
張　繼　37・679
張繼五　72・627
張繼孔(清青城)　43・449
　43・505
張繼孔(清瀋陽)　2・69
　30・62
張繼冉　12・333
張繼志　56・531
張繼芬　13・396
張繼芳(明博興)　14・120
　17・524
張繼芳(明膠州)　22・261
　22・466
張繼芳(清)　37・174
張繼良　9・145
張繼孟　21・140
張繼珂　72・639
張繼祖(元)　38・717
張繼祖(清)　27・161
張繼桂　76・282
　77・611
張繼倫　17・572
張繼雄　77・397
張繼臯　70・639
張繼善　12・495
張繼業　31・837
　35・350
張繼德　36・218
張繼灝　14・709
張鰲山　72・573
張　權(宋)　77・440
張　權(清)　55・156
張　覽　36・537
張　霸　4・167
張躍鯤　74・531
張儼然　5・177
　43・267
張　鏴　5・388
張　鐸(明永清)　1・821
　30・233
　43・539
張　鐸(明宜春)　60・705
張　鐸(明泰和)　72・315
張　鐸(清陽信)　43・122
張　鐸(清齊東)　5・346
　15・146
張　鐸(清寧陽)　35・185
張灃之　34・321
張　鶴　11・444
張鶴千　38・274
張鶴年(清高密)　23・264
張鶴年(清臨清)　14・733
張鶴琴　50・466
張鶴鳴(明建甌)　76・443
張鶴鳴(明潁川)　1・786
張鶴齡　20・115
張　續　31・839
　32・416
　33・305
張懿雲　62・441
張　鑒(明)　9・397
張　鑒(清)　32・651
張　霽　20・784
張霽雲　18・529
張　戳　38・251
張　巖　29・620
張體元　43・285
張體中　77・116
張體仁(明)　66・199

張體仁(清永定) 80・233
張體仁(清定陶) 41・404
張體仁(清無棣) 13・141
張體公(清) 78・699
張體公(清金鄉) 37・148
張體忠 32・407
33・280
張體鳳 35・139
張　籙 22・261
22・469
張　鑑(明成都) 76・466
張　鑑(明建昌) 51・15
66・464
張　鑑(明保定) 28・497
張　鑑(明峽江) 73・318
張　鑑(清) 27・113
張鑑湖 80・557
張　鑛 43・93
張　鑌 80・43
張　讀 79・97
79・379
張讀永 9・446
張讀相 9・446
張襲慶 22・309
張　瓚(明) 42・285
張　瓚(清長山) 43・607
張　瓚(清湘潭) 2・109
23・626
張　顯(宋宜黄) 71・82
張　顯(宋德興) 58・304
張　顯(明萬載) 61・722
張　顯(明新昌) 63・411
張　顯(明膠州) 22・247
張顯父 77・144
張顯臣 67・430
張顯成 20・562
張顯光 80・242
張顯甫 77・116
張顯宗 80・337
張顯達 67・583
張顯盟 45・84
張顯誠 71・486
張顯儒 19・302
張顯謨(清臨沂) 31・63
張顯謨(清饒平) 80・653
張　麟(清婺源) 54・554
張　麟(清新城) 4・302
5・331
43・272
張麟祥 35・335
張麟書 14・143
張麟瑛 24・335
張麟圖 31・66
張　欒(明萬載) 61・505
張　欒(明德興) 58・404
張　纕 13・389
張　瓛(明定州) 5・105
張　瓛(明蒲城) 76・548
張　觀(宋絳縣) 1・737
張　觀(宋福安) 77・420
77・449
張　觀(明龍溪) 77・704
張　觀(明龍巖) 78・661
張　觀(唐) 47・409
張觀化(清武寧) 49・300
張觀化(清鄱陽) 58・164
張觀林 80・132
張觀海(清永泰) 78・372
張觀海(清新昌) 64・41
張觀海(清甌寧) 2・61
36・433
張觀盛 78・619
張　靄 76・510
張鷺立 35・325

張　讓(明日照)　31・288
張　讓(明陵縣)　5・205
　8・342
張　讓(明諸城)　17・528
　20・500
張　灝(明)　76・256
　76・338
　77・661
　80・672
張　灝(清平原)　5・387
　12・507
張　灝(清鄒平)　5・279
　13・790
張灝九　78・374
張　鑰(明江西新城)　71・449
張　鑰(明忻州)　42・195
張　驥　1・768
　37・804
張　讚　58・143
張　驫　77・203
張　讜　11・75
張　鑾(明)　1・849
　25・216
張　鑾(清)　6・226
張　鸞(明平陰)　35・331
張　鸞(明吉水)　72・446
張　鸞(明長清)　34・205
張　鸞(清)　80・241
張鸞鳴　53・382

隋

隋人龍　13・731
隋人鵬　4・430
　27・118
　27・253
隋之秀　9・141
隋天應　25・268
　25・313
隋不矜　4・159
　17・552
　18・497
隋文信　27・56
隋文舉　12・117
隋允德　20・557
隋　玉　27・51
隋世昌　25・264
　25・429
　25・654
　27・144
　27・206
　29・815
隋世貴　26・633
隋　平　4・418
　20・545
隋仙姑　25・686
隋　安　27・144
隋聿修　14・388
隋克峻　18・544
隋伯元　27・50
隋良輔　17・526
　18・368
隋尚友　26・128
隋所居　17・559
　20・503
隋周士　48・180
隋俊喜　27・159
隋彥道　27・56
隋　浩　26・118
隋國恩　27・51
隋淑源　29・318
隋　琳　17・590
　20・503
隋葆琪　14・396
隋普題　14・396

隋鳴鳳 37·812
隋鳴霄 18·499
隋　銓 17·616
18·538
隋　榮 27·144
隋　演 27·50
隋維正 17·576
隋維烈 17·661
18·543
隋德仁 27·50
隋德義 27·51
隋　潮 4·223
25·645
27·155
隋藏珠 14·380
隋應兆 18·495
隋應載 18·495
隋鴻廷 27·172
隋藻鑑 14·396
隋　贇 4·148
隋獻書 14·381
隋　寶 23·126
23·613
25·653
27·50

陽

陽可幸 74·382
陽休之 1·714
陽汝貞 74·383
陽孝本 73·401
74·378
74·413
陽　岐 73·340
陽　球 39·780
42·542
陽敦盛 74·382
陽發志 73·399
陽　滎 1·689
陽敷盛 74·382
陽　膚 37·406
39·172
陽　嶠 1·725
8·464
陽　慶 7·208
陽　霖 46·139
陽麗天 73·363
陽　瓚 1·704
陽　驥 74·446

隗

隗文謨 32·645
隗良能 32·652

隆

隆文良 13·725
41·62
隆　英 4·150
隆尊賢 13·229
隆會雲 13·415
隆　濚 19·581
21·828

習

習孔教 72·137
習世賢 61·270
習成襄 73·305
習廷獻 61·241
習志和 73·326
習　是 65·276
習祖勤 61·407
習振翎 73·297
習家駒 61·263
習家騄 61·264

習梅燮　66・389
習　敏　61・121
習鼎聖　72・151
習開泰　73・251
習義章　66・414
習嘉言　66・131
習漢翀　73・311
習　簡　66・267
習鑿齒　61・748

参

参　唯　79・438

終

終　軍　4・20
5・10
32・614

紹

紹　安　79・639
紹　銑　78・598

巢

巢之梁　37・807
巢廷魁　61・564
巢　芳　63・531
巢　英　63・533
巢起岐　61・586
巢起崙　61・589
巢　勝　63・539
巢道人　74・439
巢暉祖　64・566
巢　筠　63・530
巢維新　64・589

十二畫

琴

琴　牢　35・603

堯

堯允和　1・795
10・551
堯學洵　74・75

塔

塔朮丁　21・128
塔出布　30・641
塔里赤　75・430
塔塔兒台　1・760
塔齊爾　18・44

項

項人標　80・715
項人龍　80・709
項大塾　54・589
項文薦　54・317
項世賢　59・628
項立本　2・53
項永榮　55・625
項　弘　80・752
項此舟　77・596
項光表　55・639
項先拔　65・529
項廷枚　52・348
項仲龍　80・728
項兆級　56・317
項　充　73・35
項守安　77・140
項守和　65・425

項如珂　80・728
項志德　75・554
　　79・17
項作璉　49・125
項良暹　56・668
項　部　49・114
項茂桁　55・528
項茂桷　56・557
項茂楷　55・627
項茂檟　56・512
項林皐　52・294
項　杰　65・413
項昌祉　80・739
項　旻　76・409
項　忠　79・153
項定方　80・739
項承爵　46・472
項俊昌　49・122
項炳南　65・427
項炳純　34・439
項振宗　73・36
項致祥　57・403
項時選　80・754
項　倬　73・30
項師昶　49・129
項　悦　75・407
　　76・205
項家達　49・430
項家聲　52・307
項純禮　52・133
　　74・525
項國修　56・233
項　渠　73・38
項啓迪　80・739
項葆楨　34・153
　　38・167
項朝璠　80・739
項　棐　73・30
項　貴　28・499
項　智　77・362
項　喬　77・364
項　欽　52・212
項　棨　73・38
項弼先　73・40
項　煦　65・504
項嘉樂　47・219
項榦椿　80・691
項鳴鳳　49・487
項鳳詔　65・515
項　誦　45・115
　　46・4
項賢良　49・479
項德輝　80・676
項　澄　75・553
　　79・32
項興元　80・757
項儒珍　56・228
項　錫　76・410
項應祥　76・410
項　璧　65・344
項　懷　80・729
項繼儒　49・85
項　鑑　57・402

越

越石父　7・21

超

超世傑　69・431
超　宏　79・641
超　拂　80・170
超　宦　73・118

博

博　文　2・105

27・810

彭

彭一卣　34・150
彭一鳴　72・615
彭一鵬　72・683
彭人教　72・367
彭人騏　72・511
72・537
彭　几　64・326
彭九願　72・581
彭九齡　30・647
39・812
彭三壽　63・378
彭士弘　72・150
彭士奇　72・183
彭士拔　71・553
彭士卓　76・349
彭士望　44・378
71・629
72・384
74・179
彭士桀　72・185
彭士遠　61・104
彭士模　61・707
彭士錦　75・636
彭士賨　72・636
彭　大　74・167
彭大仁　62・548
彭大成　60・506
彭大忻　72・236
彭大協　72・236
彭大怡　72・237
彭大科　61・9
彭大信　62・464
彭大起　67・552
彭大振　72・622
彭大健　62・468
彭大階　72・547
彭大雅(宋)　58・18
彭大雅(明)　72・190
彭大瑗　72・361
彭大猷(清高安)　62・590
彭大猷(清廈門)　76・228
76・340
彭大榮　60・348
彭大賓　43・208
彭大選　62・598
彭大儐　62・471
彭才尹　61・656
彭千里　73・160
彭及祖　62・545
彭之材　60・640
彭之俊　67・175
彭之淳　44・479
彭之惠　21・738
彭之雲　69・629
彭之崴　21・738
彭之龍　61・538
彭子安　71・318
71・332
彭子達　72・652
彭子斐　72・492
彭子獻　62・333
彭子瓚　62・418
彭井六　60・720
彭天祐　73・256
彭天祦　61・520
彭天順　73・22
彭天補　61・519
彭天魁　63・420
彭天資　61・723
彭天贊(明萬載)　61・723
彭天贊(明新昌)　64・516

彭元升　61・564
彭元亨　72・630
彭元定　62・161
彭元炳　72・677
彭元祚　65・116
彭元琉　44・470
彭元達　75・478
彭元裕　51・318
彭元巽　66・457
彭元瑋　44・446
彭元瑞　44・453
72・250
彭元會　70・498
彭元新　72・672
彭元僖　72・359
彭元瑅　44・438
彭元調　72・673
彭元璟　44・461
彭元鴻　72・625
彭元瓏　63・435
彭友直　72・579
彭友楨　60・411
彭日光　77・341
彭日起　72・614
彭口新　72・651
彭曰竣　72・204
彭曰魁　60・570
彭　中　66・154
彭中旭　70・582
彭化鳳　38・223
彭介福　52・257
彭公修　47・437
彭公提　76・408
彭六有　72・697
彭　文　72・619
彭文祁　72・243
彭文昇　66・592
彭文相　63・562
彭文咸　73・357
彭文亮　67・545
彭文恆　60・702
彭文炳(明)　4・226
30・99
彭文炳(清)　9・426
9・544
9・550
彭文部　74・229
彭文浩　72・679
彭文祥　72・204
彭文烪　30・99
彭文遠　73・37
彭文楠　72・208
彭文煒(清上元)　18・695
42・434
彭文煒(清萬年)　60・248
彭文煥(清安福)　72・662
彭文煥(清高安)　62・338
彭文賓　66・592
彭文熹　9・258
彭文燦　72・643
彭　方　50・5
彭斗山　13・736
36・436
42・593
66・494
彭斗仁　63・508
彭心一　72・538
彭以孝　72・671
彭以豸　73・34
彭以茂　73・32
彭以竺　6・141
彭以筐　61・725
彭以聖　72・594
彭以贊　72・193

彭允中　61・299
彭允升　60・89
彭允文　66・585
彭允壽　30・62
彭玉山　63・521
彭玉田　63・377
彭玉堂　63・512
彭玉琳　73・378
彭玉壺　71・512
彭玉森　72・626
彭玉雯　11・208
彭世汴　73・41
彭世奇　72・678
彭世昌(南唐)　60・743
彭世昌(清吉安)　72・144
彭世昌(清樂平)　59・331
彭世相　72・194
彭世亮　62・608
彭世泰　72・237
彭世瑛　60・218
　60・290
彭世朝　74・273
彭世嵩　73・106
彭世經　70・557
彭世鳳　72・693
彭世範　72・501
彭世懋　61・721
彭世濟　72・145
彭　艾　44・99
彭　本　67・372
彭本正　72・192
彭本鑾　61・713
彭可諒　73・368
彭可謙　2・82
　38・666
彭占祺　30・292
　31・172
彭占魁　63・519
彭甲聲　30・646
彭　仕　67・582
彭仕淵　71・439
彭仙桂　70・499
彭用光　72・248
彭用乾　76・281
　77・605
彭用章　70・337
彭　立　71・572
彭立巳　59・462
彭立仁　67・326
彭立道　50・55
彭立僖　73・98
彭永武　30・120
彭永英　77・378
彭永清　62・507
彭永達　60・301
彭永新　62・543
彭孕星　67・82
彭匡長　67・472
彭匡達　67・476
彭匡藻　67・471
彭邦望　44・504
彭邦經　44・507
彭邦賢　74・137
彭邦疇　44・513
彭　式　72・364
彭式玉　52・251
彭　圾　44・319
　78・720
彭地士　76・580
彭再明　48・575
彭在珖　72・510
彭在雲　72・26
彭百鍊　72・305
彭有謨　23・624

彭而述　66·203
彭而珩　65·104
彭而祥　72·674
彭存緒　67·477
彭成虎　48·532
彭成恩　71·478
彭成德　72·681
彭成儒　48·574
彭　光(明)　66·133
彭　光(清)　74·173
彭光辰　74·134
彭光燦　61·706
彭光曜　47·460
彭光藻　78·466
彭光灃　72·195
彭　吕　72·269
彭同升　72·673
彭先采　74·164
彭先儁　47·363
彭廷元　69·630
彭廷英　72·672
彭廷彦　70·625
彭廷華　45·167
彭廷訓　44·436
彭廷堅　30·60
彭廷餝　72·360
彭廷選　67·477
彭廷謨　44·437
彭廷簡　65·286
彭仲元　72·697
彭仲完　73·27
彭仲宣　52·144
彭仲恭　73·26
彭仲德　52·144
彭仲舉　64·325
彭　任　71·629
74·169
彭任熾　72·663
彭　份　44·320
彭　伉(晉)　45·349
彭　伉(唐)　60·603
彭自勗　7·78
16·416
彭自新　61·527
彭向瀅　72·669
彭　合　72·128
彭兆明　51·569
彭兆恩　60·506
彭兆逵　74·156
彭　旭(明)　73·29
彭　旭(清)　72·28
彭名世　72·139
彭交修　32·7
彭　池　61·714
彭汝方　47·129
58·86
彭汝玉　6·459
彭汝成　72·137
彭汝明　60·657
彭汝炳　59·469
彭汝弼　72·442
彭汝楠　78·82
彭汝賢　72·590
彭汝霖　47·18
彭汝器　72·608
彭汝興　73·41
彭汝礪(宋)　47·14
58·9
彭汝礪(明)　72·138
彭守己　37·558
彭守成　59·465
彭守約　72·619
彭安邦　72·359
彭如城　72·207

彭如鰲　72・29
彭如鑑　73・261
彭羽豐　47・451
彭　玕　72・125
彭志旺　67・339
　67・456
彭志炘　67・471
彭志定　67・459
彭志密　67・458
彭志軾　67・184
彭志燮　67・469
彭　岾　47・424
彭芳忠　72・362
彭克偁　44・534
彭克聖　61・385
彭克誠　74・174
彭　甫　78・88
彭求敏　67・326
彭岐魯　70・504
彭佐時　72・225
彭　佑　45・126
彭佑通　72・225
彭作楨　8・417
彭希旦　61・548
彭希賢　73・354
彭　序　72・135
彭　汪　61・546
彭沖霄　47・421
彭　沂　71・245
彭宏任　67・473
彭宏典　70・629
彭宏謨　67・226
彭宏譽　60・693
彭良文　67・468
彭良甫　65・252
彭良佐　67・466
彭良京　67・400
彭良桂　62・471
彭良弼　44・464
彭良楫　62・425
彭良裔　44・498
彭良輔　71・540
彭良聽　67・415
彭良騫　44・458
彭君甫　73・98
彭即達　61・243
彭武鋐　60・286
彭若谷　67・423
彭若雲　72・242
彭若霖　67・461
彭若臨　52・546
彭　茂　72・638
彭茂遠　72・241
彭英伯　73・70
彭英拔　61・604
彭英晉　61・664
彭英謨　70・504
彭直方　72・352
彭來逵(明)　72・620
彭來逵(清)　62・434
彭　松　64・16
彭　杰　72・410
彭協恭　67・333
彭奇萬　71・591
彭拔祖　67・458
彭叔度　72・431
彭叔夏　72・182
彭尚仁(明)　80・45
彭尚仁(清)　60・492
彭尚文　66・584
彭尚泰　60・492
彭尚卿　74・161
彭尚章　70・337
彭尚智　67・210

彭尚義　62・351
彭尚錦　72・205
彭　昊　79・412
彭　果　72・135
彭　昌　73・44
彭昌旺　66・609
彭明甫　61・516
彭昂祚　67・400
彭迪吉　58・657
彭典祚　67・476
彭忠念　61・308
彭　迥　72・206
彭　岳　58・657
彭　佺　74・156
彭佩芬　67・469
彭　侔　66・496
彭金傳　70・629
彭金綬　70・617
彭金鑾　40・362
彭周老　72・129
彭　京　72・583
彭　育　73・19
彭育彥　70・580
彭炬蓮　63・472
彭　泗　62・541
彭泗鼇　61・248
彭泳春　67・194
彭　治(明)　66・295
彭　治(清)　72・194
彭宗古　2・41
彭宗旺　72・139
彭宗孟　1・825
36・429
42・248
42・380
彭宗健　52・351
彭宗孫　47・253
彭定洋　59・468
彭定珠　60・571
彭定澤　59・330
彭定瀾　59・333
彭定麟　60・566
彭　宜　72・350
彭建修　70・535
彭　岦　67・174
彭始年　74・127
彭承祖　73・95
彭承恩　67・456
彭承嵩　73・41
彭承馨　73・40
彭孟郎　60・719
彭　珊　67・444
彭封國　74・393
彭　垣　2・77
彭　城　61・254
彭　政　72・195
彭南麟　73・96
彭相厚　64・603
彭柱韓　38・562
彭　勃　72・593
彭　奎　63・515
彭　持　61・164
彭貞古　61・547
彭星伯　72・377
彭昭賢　28・50
彭思永　72・126
彭思銓　67・461
彭思齊　63・532
彭　科　2・68
37・568
彭　修　73・38
彭修翼　5・157
43・597
彭信初　67・174

彭信祚　67・473
彭　俞(宋)　60・575
彭　俞(清)　66・603
彭勉循　72・698
彭　亮　71・568
彭庭堅　76・464
77・54
彭　彥　72・601
彭彥彬　72・440
彭彥堅　75・444
76・134
彭帝時　78・292
彭恒壽　67・496
彭　恪　72・128
彭炳文　72・176
彭炳榮　72・246
彭　炯　47・418
彭洪川　70・614
彭　洛　1・808
13・495
47・79
彭　洋　72・654
彭洋德　67・493
彭　宣　1・686
彭　冠　73・38
彭冠南　70・622
彭祖年　60・640
彭祖材　67・450
彭祖栻　67・452
彭祖梧　67・470
彭祖棟　67・175
彭祖椿　67・442
彭祖楠　67・420
彭祖壽　77・268
彭祖櫟　67・324
彭祖興　72・649
彭祖錕　62・329
彭祖纁　72・675
彭　昶　61・495
彭　飛　60・713
彭飛雄　72・153
彭紀發　73・82
彭泰吉　73・324
彭泰亨　72・676
彭　珥　75・414
78・454
彭　珣　72・241
彭起日　60・500
彭起岫　72・194
彭　華　72・609
彭華元　72・682
彭　真　73・65
彭桂生　60・379
彭　桓　72・679
彭　根　72・649
彭軒翥　60・251
彭原固　63・532
彭　烈(明)　72・134
彭　烈(清吉安)　72・195
彭　烈(清鉛山)　53・147
彭振佐　58・194
彭振逵　49・48
彭振瀾　49・119
彭　哲　67・468
彭　時　72・566
彭時清　42・588
彭時濟　72・136
彭時耀　64・573
彭恩紱　67・222
彭　峻　44・532
彭　剛　72・654
彭倫章　70・337
彭　健　47・463
彭　舫　60・648

彭兼善 67·491
彭　烜 72·332
彭凌霄 72·619
彭家麟 72·145
彭家驥 72·145
彭祥仲 67·390
彭　孫 80·673
彭孫遠 62·616
彭孫鼐 62·403
彭純一 72·680
彭純錫 70·630
彭琇良 63·442
彭　琉 14·691
42·935
72·608
彭　琅 72·684
彭　逵 76·487
彭　教 72·479
彭培桂 76·357
彭　埜 71·520
彭　彬(明) 66·402
彭　彬(清) 72·683
彭　梅(明) 42·237
彭　梅(清) 62·324
彭　梓 4·363
彭　斻 38·546
彭　爽 71·126
彭堂紱 47·463
彭國才 44·72
彭國光 48·39
彭國振 70·631
彭國瑞 63·509
彭國篆 74·175
彭　崑 72·368
彭崑齡 5·242
彭崇善 66·605
彭崇璋 66·589
彭敏祚 67·475
彭悠久 72·189
彭　偉(明掖縣) 24·524
彭　偉(明萬安) 73·75
彭　偉(明鄱陽) 58·218
彭進選 72·367
彭進龍 73·165
彭從虎 73·22
彭　翊 2·73
18·697
彭商老 72·129
彭　悱 73·39
彭惟成 72·139
彭惟孝 72·266
彭惟享 65·98
彭惟燿 72·615
彭惇敏 67·461
彭　清 71·530
彭　淑 5·92
6·124
彭　淦 45·96
彭　淳(宋) 72·127
彭　淳(清) 72·364
彭涵霖 47·391
彭啓玉 72·202
彭習恒 44·472
彭習祖 67·169
彭紹美 61·722
彭紹祖 67·459
彭紹謙 2·37
43·205
彭　琳 67·463
彭堯涓 72·194
彭堯輔 72·129
72·433
彭　越 37·95
39·202

41・380
彭越辠　62・676
彭　堣　44・323
彭　裁　61・176
彭　達(一作逵)　1・830
彭達治　72・642
彭斯尚　67・209
彭斯泮　72・363
彭斯盛　67・336
彭　期(宋)　72・130
彭　期(清)　71・558
彭萬里　60・96
彭萬祥　61・173
彭敬先　49・94
彭敬叔　4・214
5・98
32・600
彭敬淑　67・490
彭　葵　72・658
彭森杲　60・650
彭森幟　60・650
彭　棣　77・353
彭棣華　60・246
彭惠高　2・58
35・454
彭惠疇　64・312
彭雲鶴　5・242
6・132
彭　雯　72・27
彭揚廷　72・693
彭　援　67・469
彭　鼒　76・470
彭貽蓀　72・144
彭　鼎　67・459
彭鼎元　60・247
彭開生　59・605
彭　遇　67・477
彭遇泰　63・518
彭遇飈　30・99
彭景泰　78・701
彭景濂　72・194
彭景燦　60・213
彭凱南　72・630
彭智千　60・736
彭智祚　67・418
彭　程(元)　70・380
彭　程(明)　58・21
彭　程(清)　60・167
彭程九　39・636
彭程宏　60・665
彭程捷　59・69
彭程達　70・622
彭順邦　73・78
彭順晝　58・169
彭復初　72・608
彭　欽　2・28
37・811
彭　畬　55・520
彭舜榮　74・166
彭詠詩　67・339
彭　斌　35・510
彭善全　63・589
彭善謀　47・462
彭　道　72・135
彭道中　72・663
彭道南　77・338
彭道純　72・254
彭道琛　61・489
彭　煐　47・455
彭　焯　72・200
彭　湖(清奉新)　67・169
67・470
彭　湖(清湖口)　48・490
彭　湘　72・611

彭嘉寅　14・300
42・594
彭嘉緒　38・247
彭嘉謨　72・673
彭　臺(明南昌)　44・309
彭　臺(明萬安)　73・74
彭　壽(明平度)　23・432
彭　壽(明聊城)　38・536
彭壽祚　67・416
彭壽頤　61・660
彭　熙　47・456
彭構雲　60・742
彭奪超　76・345
77・643
彭　摶　67・130
彭圖南　60・353
彭毓岐　72・680
彭　僖　73・31
彭　銓　47・417
彭　銘(明)　72・185
彭　銘(清)　78・187
彭　鳳　61・231
彭鳳城　49・471
彭鳳庭　72・674
彭鳳翎　49・454
彭鳳儀　49・169
彭鳳翽　2・79
彭鳳蘭　67・333
彭鳳麟　67・420
彭　廣　72・585
彭　韶(明)　78・32
彭　韶(清)　72・692
彭端甫　67・166
彭　齊　72・180
72・485
彭　榮　67・372
彭榮仁　74・175
彭榮槐　48・475
彭榮誥　77・261
彭漢老　72・129
彭漢渶　74・137
彭賓林　72・169
彭　實　74・172
彭肇松　72・692
彭肇祚　67・403
彭綺文　62・674
彭　綱　65・83
彭維五　60・714
彭維祺　47・394
彭維聖　64・342
彭維舉　60・562
彭　璋(宋)　45・220
彭　璋(清)　72・363
彭增相　72・246
彭歐卜　73・99
彭賢賡　61・737
彭震龍　73・156
彭輝廷　9・433
彭輝雄　72・19
彭　億　75・440
彭　儀　64・394
彭質彥　73・263
彭德音　72・666
彭德理　72・196
彭德教　72・651
彭德謙　52・144
彭德麟　72・196
彭　誼(明莒州)　4・151
30・697
彭　誼(明廣東東莞)　1・775
彭慶增　73・81
彭慶鍾　72・143
彭　潮　67・463
彭　澐　62・305

彭　潛 74・152
彭　澄(明宜春) 60・550
彭　澄(明萬載) 61・508
彭履坦 72・337
彭履道 71・518
彭　選 58・265
彭選華 72・642
彭　豫 72・281
彭樂善 72・618
彭緝祚 67・466
彭璟良 63・437
彭樹馨 64・420
彭積義 74・160
彭　舉 72・190
彭舉正 47・360
彭舉祚 67・420
彭興宗 52・405
70・461
彭興震 9・264
彭興籛 9・278
彭學波 53・161
彭學恢 67・457
彭學釗 72・558
彭學恕 67・490
彭學翀 67・145
彭學超 60・282
彭學韓 72・628
彭學鑑 72・547
彭儒猛 72・471
彭　鏌 71・328
彭錫光 63・455
彭錫命 73・249
彭錫珖 48・472
彭錫純 38・580
彭錫璜 48・471
彭錫蘭 63・319
彭　錕 74・159
彭　辨 65・251
彭　龍 72・633
彭　燧 45・60
彭　澤 73・251
彭澤訓 53・399
彭澤濂 58・67
彭　濂 67・413
彭　縉 72・629
彭璪輝 72・244
彭　璬 47・290
彭　懋 44・158
77・140
彭龜年 65・43
彭鍾華 72・32
彭　謨 65・106
彭應成 61・723
彭應典 74・134
彭應春(清安福) 72・638
彭應春(清長寧) 74・135
彭應奎 59・377
彭應連 71・615
彭應時 72・138
彭應參 44・313
彭應琪 71・617
彭應雷 61・89
彭應樅 74・135
彭應調 45・206
彭應龍 80・18
彭應璧 72・190
彭應麟 77・210
彭燭明 61・315
彭　燮 72・29
彭鴻振 60・279
彭鴻逵 30・129
彭鴻猷 70・606
彭　濤(清奉新) 67・321
67・452

彭　濤(清瀘溪)　72・27
彭　濱　72・195
彭　禮(明)　72・569
彭　禮(清)　72・369
彭翼蒙　44・472
彭　鏊　79・369
彭　燾　72・639
彭　題　72・627
彭　蟠　72・616
彭　簪　72・609
彭簪古　61・547
彭鵝溪　72・241
彭　飈　72・370
彭離照　72・243
彭　璧　61・560
彭蘊瑃　67・456
彭麗生　67・334
彭　蟾　60・742
彭　韜　72・193
彭　鏞　65・277
彭鏡蓉　63・480
彭　鵬　78・182
彭騰蛟　67・302
彭　鯤(清金谿)　70・573
彭　鯤(清齊東)　5・344
15・109
15・151
彭鯤化(明汝陽)　1・818
37・43
彭鯤化(明萬年)　60・345
彭鯤躍　4・305
6・167
彭　懷　72・649
彭　瀚　67・316
67・413
彭　瀛(清奉新)　67・171
67・442
彭　瀛(清商河)　9・415
彭　瓏　72・609
彭　蘭　72・200
彭蘭堂　70・618
彭蘭琪　31・62
彭獻琨　67・457
彭　籍　47・149
彭　夔　60・550
彭繼炎　73・25
彭繼修　73・41
彭繼凱　61・284
彭繼賢　38・566
彭繼輝　36・27
彭繼魯　4・339
35・484
彭　權　70・334
彭　顥　61・506
彭　黯　72・573
彭　鐸　67・315
彭鶴鳴　59・608
彭　蠡(宋南豐)　71・514
彭　蠡(宋都昌)　50・3
彭　蠡(清)　67・315
彭懿中　67・192
彭　鑑　66・465
彭顯揚　77・274
彭顯謨　67・456
彭　麟　79・560
彭觀行　72・648
彭觀榜　73・81
彭觀瀾　67・459
彭　靄(明)　72・329
彭　靄(清)　35・489
彭　驥　77・348

達

達　印　29・509

達宗和尚　76・366
　77・665
達　聰　76・578
達　麟　76・574

斯

斯邦爵　73・361

葉

葉一材　77・140
葉一珪　50・512
葉一浤　16・447
葉一棟　46・432
葉一熸　49・224
葉二蘭　46・150
葉人元　50・462
葉九衢　44・122
葉三省　62・693
葉士佐　47・221
葉士美　75・457
葉士寬　59・591
葉士標　50・268
葉士騫　53・651
葉士讓　48・264
葉大可　30・64
　34・149
　37・422
葉大用　50・231
葉大有　78・232
葉大年　76・318
葉大受　50・507
葉大衍　53・478
葉大莊　76・48
葉大遒　76・48
葉大焯　76・48
葉大椿　53・368
葉大觀　77・475
葉上芝　50・307
葉上林　56・265
葉　山　60・199
葉千正　53・485
葉之材　50・404
葉之青　57・313
葉之茂　73・77
葉之棻　50・473
葉之鋐　45・696
　77・42
葉之榮　38・561
葉子仁　51・695
葉子儀　75・586
葉天申　51・303
葉天球　54・210
葉天榮　54・214
葉天爵　54・209
葉　元　52・76
葉元玉　80・325
葉元芳　74・442
葉元承　57・196
葉元祥　51・303
葉元凱(宋)　58・303
葉元凱(明)　1・821
　15・532
　32・24
葉元齡　76・299
葉友大　58・564
葉友荃　58・428
葉巨卿　78・204
葉日頤　49・146
葉中匏　50・538
葉仁基　57・76
葉仁傑　77・414
葉　仍　77・208
葉公亜　76・121
葉　丹　46・615

葉文英 76・158
葉文炳 76・433
76・506
葉文華 72・247
葉方恒 2・26
葉方菁 79・427
葉方絅 46・156
葉方榮 79・427
葉心一 76・711
葉心平 76・126
葉允元 74・62
葉允昌 76・349
葉玉芝 58・103
葉玉相 47・191
葉正邦 51・359
葉正芬 57・207
葉正春(清萬年) 60・269
葉正春(清婺源) 57・394
葉正華 57・394
葉正運 55・628
葉正嘉 56・508
葉正蕚 53・65
葉正蕃 54・138
葉甘茂 80・325
葉甘匏 80・302
葉世美 61・525
葉世遠 58・542
葉本和 49・73
葉　甲 78・118
葉申棻 76・46
葉申萬 76・47
葉申蔚 76・46
葉申薌 76・47
葉申藹 76・47
葉仕英 58・567
葉仕榮 55・423
葉仕儼 79・72
葉立志 78・262
葉立筀 45・631
葉玄臺 75・702
葉永茂 56・671
葉永亨 56・154
葉永治(清婺源) 57・57
葉永治(清歷城) 6・211
葉永亮 59・521
葉永魁 76・188
葉永雙 51・512
葉加顯 50・437
葉邦杰 53・612
葉邦章 78・624
葉　朴 52・93
葉有挺 77・409
葉有華 56・5
葉有蓬 53・353
葉有聲 75・408
76・205
葉而恭 53・280
葉存智 6・218
葉成舟 22・308
葉成章(明同安) 76・290
葉成章(明南平) 77・87
葉成鈞 58・101
葉成學 79・83
葉　光 75・447
76・135
葉光兆 54・516
葉光祀 38・562
葉光緒 49・351
葉先登 78・646
葉廷秀 4・117
葉廷相 72・203
葉廷珪 75・424
76・427
葉廷萃 75・628

	76・184
葉廷梅	76・316
葉廷揚	53・612
葉廷鼎	58・553
葉廷傑	57・69
葉廷裕	47・116
葉廷璋	57・238
葉廷賡	50・294
葉廷襄	76・582
葉廷燮	53・382
葉仲儼	58・342
葉　任	78・294
葉任旌	78・654
葉　份	54・92
葉向高	75・559
	79・8
葉向榮	72・498
葉后詔	76・249
	76・326
葉　全	58・565
葉兆青	73・429
葉汝楠	76・493
葉汝源	42・389
	42・393
葉守謙	54・530
葉　安	9・140
葉安節	76・527
葉如玉	80・499
葉如何	9・851
葉如乾	50・506
葉如庸	74・355
葉孝友	54・490
葉志勛	79・597
葉志道	58・533
葉　芸	80・499
葉　芬(清上饒)	51・704
葉　芬(清建寧)	80・557
葉芳椿	51・624
葉克明	78・700
	79・565
葉克泰	47・254
葉步蟾	79・631
葉呈芳	48・395
葉呈春	77・24
葉　秀	53・548
葉佑青	50・481
葉作梅	51・242
葉作霖	79・567
葉伯勝	77・414
葉伯熊	76・227
葉伯鋆	76・82
葉伯奮	76・227
葉希道	49・252
葉　迎	76・250
	76・325
葉沈翥	76・218
	76・293
葉宋英	69・614
葉　宏	47・113
葉宏廣	55・4
葉良表	58・425
葉良浩	51・358
葉良漸	76・137
葉良駒	75・635
	76・175
葉君富	75・733
葉　玭	78・640
葉　武	77・185
葉青雲	78・625
葉青選	53・610
葉長安	54・587
葉長虹	56・534
葉坤韜	49・255
葉其祥	65・496

葉其蒼　76・218
葉其虞　53・567
葉其嵩　53・546
葉其馨　56・394
葉　茂　5・197
葉茂芝　54・55
葉茂卿　57・452
葉茂然　74・268
葉茂遠　77・588
77・726
葉茂經　53・256
葉茂震　54・127
葉英祖　57・385
葉　林　1・788
13・725
葉枝楊　48・420
葉來杰　57・176
葉　杭　49・337
葉　杰　54・335
葉　奇　75・463
76・31
葉奇琅　56・306
葉尚華　72・242
葉尚殷　78・729
葉尚儀　55・647
葉尚璣　56・547
葉味道　76・380
葉昌秀　58・574
葉昌棠　76・625
葉　昇　59・577
葉明元　76・286
葉明樽　72・208
葉典學　45・80
葉　固　77・20
葉　忠(宋)　59・635
葉　忠(明)　14・298
16・417
50・239
葉知春　60・238
葉和光　72・207
葉和侃　45・630
葉季興　69・364
葉秉中　53・615
葉秉乾　76・336
葉秉槐　76・564
77・368
葉　金　47・379
葉金臺　53・368
葉金礪　54・499
葉　采　76・393
77・186
77・288
葉朋祖　70・341
葉　京　76・488
葉性孫　53・523
葉法善　45・354
葉　泳　49・220
葉宗元　71・29
葉宗本　77・22
葉宗良　58・566
葉宗訓　8・25
8・471
葉宗清　76・583
葉宗遠　77・162
葉　宜　77・83
葉　隶　76・529
葉承光　48・467
葉承宗　4・295
5・222
葉承恩　56・308
葉承朗　59・587
葉承祧　5・222
葉春及　75・429
78・454

葉春芳　77・585
葉春貴　51・323
葉春榮　50・454
葉春藩　50・388
葉春藻　50・424
葉封侯　76・718
葉茲塈　56・173
葉　柏　57・523
葉厚秀　77・553
葉　挺　50・416
葉映奎　50・414
葉　禺　76・463
葉　昭　49・482
葉昭鏞　56・125
葉思忠　52・193
葉思齊　50・406
葉　香　68・485
葉香遠　56・272
葉重華　1・781
葉　修　44・286
葉修昌　76・47
葉信童　79・580
葉俊常　53・612
葉逢陽　77・14
葉　亮　2・80
41・292
葉庭和　45・629
葉彥丙(見葉彥昞)
葉彥昞　77・38
77・209
葉奕章　76・315
葉炳林　56・327
葉炳莊　80・507
葉　洪　4・107
5・208
8・603
葉祖志　58・188
葉祖洽　72・106
葉祖珪　76・62
葉祖煥　50・494
葉　紀　77・20
葉　耕　58・148
葉　珠　79・364
葉珠飛　53・610
葉起鳳　74・268
葉　華(明婺源)　54・118
葉　華(明懷寧)　30・60
葉華芬　74・433
葉華萬　57・84
葉華舜　68・623
葉　莫　76・134
葉　桂　57・367
葉桂大　49・230
葉桂美　51・511
葉連榮　50・523
葉振甲　80・513
葉振生　53・611
葉振茂　50・504
葉振揚　76・321
葉振新　50・262
葉　時　76・461
葉時芳　80・315
葉時茂　76・302
葉時英　58・536
葉時雨　58・356
葉時泰　76・328
葉時敏　75・524
78・511
葉時敦　11・385
葉時登　77・415
葉時新　78・724
葉時艷　56・529
葉　峻　60・712
葉　剛　49・464

葉　倬　57·451
葉　健　57·451
葉　釗　68·125
葉逢春(清婺源)　57·148
葉逢春(清廣豐)　53·333
葉高登　80·426
葉高鳴　77·380
葉益蓀　79·42
葉家沛　55·441
葉家淑　55·177
葉祥霖　77·578
葉書屏　59·144
葉書紳　53·266
葉　恕(明浦城)　76·548
葉　恕(明樂平)　59·286
葉　珵　80·195
葉琇卿　78·713
葉培春　49·390
葉執宏　50·409
葉　菉　50·461
葉　彬　76·448
葉梅占　72·208
葉　桶　78·653
葉　爽　49·167
葉　盛　77·16
葉悊佐　77·459
葉　常　76·566
葉晨暉　77·549
葉　冕　58·41
葉國安　57·386
葉國沅　51·484
葉國定　57·172
葉國康　56·240
葉國銘　77·21
葉　崇　80·315
葉　敏　45·615
葉敏功　56·381
葉敏東　56·379
葉敏堯　57·386
葉敏開　56·380
葉敏横　57·386
葉進晟　79·62
葉從貴　77·413
葉康直　76·426
葉　章　77·23
葉惟華　49·159
葉惟淞　56·380
葉惟敬　58·222
葉清臣　1·745
　　18·26
葉清忠　79·428
葉清叟　49·437
葉　淇　76·720
葉淑廣　49·270
葉啓亮　79·532
葉啓蕤　76·249
　　76·325
葉張遇　58·400
葉陽子　7·191
葉紹先　11·204
葉紹棻　79·367
葉琴書　50·438
葉　瑛　76·199
葉　琛　58·669
葉期頤　79·524
　　80·631
葉萬冕　58·452
葉　葆　4·382
　　38·562
　　38·642
葉敬周　56·467
葉敬銓　36·685
葉朝奏　77·409
葉朝會　77·415

葉朝榮　75·578
　79·29
葉朝鎮　77·410
葉　森　77·383
葉棲鳳　2·97
　16·452
葉惠福　77·23
葉雄聲　77·599
葉雲老　77·56
葉雲會　49·225
葉揚芬　55·431
葉　棠　78·264
葉　鼎　50·402
葉鼎懋　50·503
葉　開　49·220
葉開芳　74·59
葉開樹　77·345
葉遇時　79·521
葉景仁　77·13
　77·54
葉景允　46·32
葉景先　59·46
葉景武　47·411
葉景淑　77·413
葉景隆　80·309
葉景新　57·55
葉　貴(明)　77·23
葉　貴(清)　49·352
葉貴美　51·445
葉智成　57·86
葉智杰　54·439
葉喬昇　49·256
葉　雋　77·16
葉　欽　58·407
葉爲章　79·524
葉舜民　60·202
葉　竦　69·178
葉善沂　72·245
葉善良　51·345
葉普亮　76·244
　76·312
葉普潤　42·405
葉　焜　9·744
葉　湘　77·369
葉　湜　76·485
葉滋森　76·48
葉富春　48·526
葉運豔　77·564
葉遐齡　76·633
葉發榮　74·280
葉　瑞　70·550
葉瑞圖　53·358
葉　瑜　75·674
葉　蓁(明)　48·465
葉　蓁(清德興)　58·543
葉　蓁(清歷城)　18·695
　42·434
葉　蓮　55·415
葉夢苓　76·110
葉夢虎　57·385
葉夢得(宋吴縣)　75·356
葉夢得(宋貴溪)　52·178
葉夢鼎　76·462
葉夢熊　75·426
葉夢鷹　49·262
葉夢鱲　76·454
葉献論　79·519
葉　蒸　44·195
葉楚光　53·610
葉　楷　53·452
葉　楩　49·154
葉虞仲　50·215
葉晴峯　76·316
葉　照　44·163

葉　璞　4・299
葉擎霄　73・178
葉　薦　75・421
　76・430
葉樹青　53・403
葉　默　76・426
葉　穆　76・729
葉　勳　56・91
葉興宗　76・581
葉學元　77・163
葉學朱　79・524
葉學金　57・386
葉學源　49・251
葉學寬　72・207
葉　儒　76・407
　76・639
葉　衡　58・342
葉錫輅　80・327
葉錫瑕　38・563
葉錫齡　38・562
葉錦屏　51・351
葉錦榮　53・287
葉　録　76・281
葉穎函　49・364
葉親光　46・270
葉　龍　76・246
葉　燧　50・409
葉營佩　74・403
葉　澣　50・549
葉憲祖　1・819
　37・549
葉聲遠　76・156
葉聯芳(明)　58・425
葉聯芳(清)　74・58
葉聯飛　58・408
葉　薫　53・483
葉懋崙　77・411
葉懋楠　77・411
葉　點　49・182
葉矯然　76・97
葉鍾瑛　76・317
葉鍾鳴　77・374
葉　爵　76・227
　76・338
葉應春　80・482
葉應祥　47・450
葉應榴　53・280
葉應震　59・47
葉應龍　76・301
葉　燦　10・39
葉鴻元　79・568
葉鴻照　57・154
葉　禮　53・654
葉翼俊　76・226
葉翼雲　76・226
　76・338
葉績誠　46・212
葉　翹(五代)　75・539
　78・351
葉　翹(清)　2・97
　16・441
　19・3
葉　檵　53・505
葉　顒　78・226
葉韞英　56・380
葉　鎮　77・148
葉藹曾　53・482
葉蘊山　47・577
葉　璽　61・515
葉　顗　78・246
葉贊玉　52・191
葉　鏜　51・177
葉　鏐　77・169
葉騰蛟　50・504

葉懷荆　76・248
葉　壤　57・489
葉　馨(明)　74・539
葉　馨(清上高)　63・171
葉　馨(清新建)　45・697
葉　蘭(元)　58・89
葉　蘭(清)　38・552
葉蘭生　76・180
葉蘭馨　77・50
葉獻論　79・410
葉繼祀　38・562
葉繼祥　58・566
葉繼梅　74・61
葉繼龍　25・192
　26・569
葉　顥　76・460
葉顧言　49・153
葉　鑑　58・347
葉　亹　75・672
葉瓚玉　52・191
　60・235
葉觀武　56・454
葉觀海　75・678
葉觀國　76・46
葉觀潮　76・50

萬

萬一之　45・159
萬一貫　72・591
萬一鳳　66・425
萬七道姑　78・328
萬人傑　44・161
萬人龍　45・172
萬于申　45・245
萬士元(清南昌)　41・174
萬士元(清新喻)　66・455
萬士俊　80・540
萬士煉　41・179
萬上遴　61・257
萬元吉　44・352
萬元臣　44・449
萬元亨　45・161
萬元昌　45・134
萬元明　45・224
萬元奎　47・511
萬元善　72・91
萬元熙　45・242
萬元勳　45・235
萬　木　46・36
萬不花　77・211
萬友正　77・589
萬日昇　46・209
萬曰亢　69・596
萬曰佳　46・535
萬曰棟　45・543
萬曰軾　49・170
萬曰福　53・97
萬曰齊　68・585
萬中儁　44・410
萬　化　68・560
萬化成　45・87
萬化光　45・103
萬介磬　46・200
萬六吉　44・359
萬文英　44・368
萬文林　36・736
萬文相　44・328
萬文勝　75・430
萬文煥　66・478
萬文蔚　44・368
萬方來　45・202
萬以敦　33・696
萬孔亮　45・224
萬玉珍　27・159

萬育宦　68・597
萬宗堯　72・101
萬宗義　72・44
萬宗蕙　45・191
萬宗澮　49・252
萬建崑　44・295
萬建章　44・296
萬姓蘇　68・234
萬承苓　44・438
萬承坡　44・477
萬承紀　44・509
萬承啓　45・249
萬承紹　7・388
44・508
萬承蒼　44・438
萬承箕　79・189
萬承縈　44・487
萬承綬　45・247
萬承緗　44・511
萬承彝　44・527
萬承贇　44・512
萬　珍(清進賢)　72・103
萬　珍(清彭澤)　49・86
萬封祝　45・162
萬　垣　45・22
萬　荆　45・67
萬荆二　45・201
萬　相　76・471
萬相宸　48・209
萬相縈　48・394
萬相賓　48・66
萬　貞　44・58
萬映川　48・101
萬思謙　44・153
萬重粹　44・448
萬俊可　72・97
萬恒升　34・270
萬恒祥　34・266
萬恒儒　34・266
萬飛鷹　44・525
萬　泰(清安義)　66・542
萬　泰(清南昌)　45・239
萬起鴻　50・94
萬　恭　1・768
44・172
萬　格　58・339
萬原吉　64・294
萬　殊　72・84
萬　振　45・351
萬時華　45・63
67・615
萬時敏　68・269
萬恩輔　71・334
萬高元　52・630
萬　浩　72・69
萬　祥(明南昌)　45・225
萬　祥(明進賢)　72・84
萬孫貽　45・258
萬　堵　59・159
萬國安　69・465
萬國宏　71・277
萬國英　45・126
萬國相　44・349
萬國宣　71・277
萬國棟　63・111
萬國欽　46・38
萬國甯(清瑞昌)　48・335
萬國甯(清豐城)　68・718
萬國經　60・94
萬國樞　45・303
萬國顯　66・588
萬國讓　46・469
萬　崇　71・270
萬崇謙　41・197

萬　敏　44・215
萬進忠　23・434
萬象辰　34・262
萬象春　1・770
35・59
萬象乾　71・346
萬象清　45・206
萬象新　45・140
萬　章　4・6
5・2
15・484
43・258
萬惟佐　45・177
萬惟杭　45・244
萬惟樞　41・170
萬惟樸　41・83
萬惟檀　41・166
萬惟濟　45・182
萬　清(元)　71・292
萬　清(清浙江)　47・354
萬　清(清鉛山)　53・21
萬寅昜　68・574
萬寅球　45・132
萬寅鉉　45・240
萬啓心　68・270
萬啓均　44・520
萬啓茂　68・518
萬啓英　44・549
萬啓昇　45・380
萬啓封　44・520
萬啓進　44・522
萬啓遜　44・521
萬啓暹　44・567
萬紹炳　79・286
萬　琦　14・728
萬斯蕃　68・505
萬　葉　72・86
萬敬宗　45・123
萬朝宗　68・267
萬朝爕　48・102
萬雲霞　66・222
萬開睿　44・217
萬景洙　5・355
10・631
萬景泋　44・507
萬景湘　72・208
萬景賀　45・228
萬景質　45・228
萬　貴　17・519
20・499
萬　傑　67・370
萬　復　45・103
萬勝山　45・201
萬勝巒　45・201
萬　善　76・349
萬奠中　69・561
萬　祺　44・117
萬發祥　66・336
73・407
萬夢晶　45・207
萬椿年　41・207
萬虞愷　44・159
萬嗣達　48・40
萬　罿　45・186
萬　節　72・584
萬　傳　59・136
60・343
萬愛民　41・159
萬　廉　52・459
萬新寬　27・164
萬　義(元)　72・83
萬　義(明)　67・35
萬　熣　44・134
萬　煜　71・269

萬　煒　44・337
萬　福　72・40
萬福浡　58・559
萬福朝　45・285
萬際昌　79・276
萬際璋　79・182
萬　臺　44・502
萬　碩　66・382
萬毓盼　41・200
萬鳳沼　32・404
33・278
萬鳳泉　32・404
33・278
萬鳳圖　41・206
萬鳳濟　32・404
33・278
萬　豪　50・115
萬齊菠　45・193
萬漢用　66・320
萬賓賡　68・497
萬　實(明南昌)　45・125
萬　實(明南城)　71・332
萬維壇　4・222
萬賢珍　45・130
萬黎獻　59・83
萬　儀　41・220
萬緜前　10・42
萬德昭　53・114
萬德鵬　77・502
萬　鋭　72・101
萬養禮　68・523
萬　潮　72・42
萬　選(清奉新)　67・563
萬　選(清南城)　71・278
萬　璳　45・19
萬興倫　44・401
萬興發　71・192
萬　鋼　44・102
萬　錦　68・377
萬熺華　66・616
萬　燝　44・281
萬　璔　43・90
萬　薰　53・87
萬　轅　45・701
萬　臨　48・444
萬　謨　69・575
萬應奎　44・326
萬應第　66・382
萬鴻圖　41・206
萬濟川　45・158
萬　翺　46・416
萬　鎧　22・304
22・636
萬　鎰　49・439
萬　鶡　44・349
萬　鏜　72・42
萬　鏕　72・81
萬　鵬　44・348
萬鵬程　1・803
33・588
33・690
萬纂善　64・364
萬　賓　47・510
萬繼殷　49・272
萬　儼　68・370
萬　霽　72・584
萬　覲　44・107
萬讓熊　48・240

葛

葛　二　31・225
葛上延　34・440
葛天申　52・396
葛天儀　49・281

葛　元　73・117
葛元祉　5・379
葛元喆　70・550
葛元德　70・551
葛少良　70・461
葛方拔　49・361
葛方掄　49・372
葛斗南　2・23
4・364
38・249
38・324
葛引生　5・214
8・704
葛允廉　74・62
葛仙翁　77・358
葛永礽　19・114
葛永恩　25・132
葛　臣(明)　1・840
14・216
16・422
葛　臣(晉)　7・24
葛　同　1・728
38・663
38・680
葛名儒　30・716
31・227
葛汝禮　5・213
8・606
葛守禮　4・106
5・213
葛如麟　5・215
葛克宅　39・202
葛克俊　39・192
葛利普　49・244
葛希璠　1・811
葛良範　52・190
葛枝挺　5・375
8・609
葛奇菽　68・493
葛昌園　49・351
葛昇平　23・255
葛　昕　5・215
葛周玉　42・625
葛泗山　12・142
葛宗逵　73・398
葛建榈　4・373
葛孟銘　14・736
葛　泉　38・161
葛　亮　38・249
葛炳煒　25・75
葛　洪　39・218
47・322
47・471
58・678
71・361
72・699
74・49
75・734
77・405
葛　洽　38・577
葛泰遴　62・568
葛華運　49・283
葛逢時　35・453
葛　浩　77・209
葛　琇　7・149
葛著存　23・281
葛敏修　72・180
葛敏樹　77・203
葛敏懷　23・613
葛從周　4・60
葛象儒　62・661
葛寅亮　75・380
76・644
葛　琮　7・374

葛覃楚　4·442
22·241
25·55
葛開衡　62·568
葛遇朝　1·821
30·644
葛　智(明掖縣)　24·344
葛　智(明德平)　5·213
葛　鈇　32·442
33·68
葛　楙　5·389
葛　煥　39·176
葛　經　19·597
葛僊公　80·74
葛調鼎　80·109
葛　賡　70·478
葛潤玉　45·673
葛　澲　72·192
葛　盧　22·226
葛　興　1·817
葛學習　10·373
葛　縈　1·808
葛　縉　19·599
葛　環　5·213
8·705
葛　嬰　15·579
葛應斗　39·177
葛齋師　31·59
葛鴻儀　42·402
葛豐玉　42·761
葛鎮東　23·281
葛　邃　68·378
葛鏡崖　49·282
葛騰翚　45·95
葛　旟　27·280
27·307
葛懷星　49·307
葛　曦　5·215
葛　護　41·209
葛繼孔　12·143
葛　讓　1·765
14·215
15·530
16·413

董

董一經　55·213
董一輪　56·395
董一德　56·285
董　乂　58·284
董三畏　47·343
董三策　69·588
董三齊　41·781
41·831
董三錫　78·364
董士玉　14·392
董士英(清婺源)　56·514
董士英(清德興)　58·551
董士忠　56·516
董士侃　77·404
董士桂　54·577
董士通　56·532
董士進　56·571
董士欽　30·748
董士標　71·142
董士儀　57·467
董士儐　27·162
董士錦　58·431
董士顯　58·598
董大田　54·537
董大年　9·145
董大純　80·543
董大智　34·349
董大醇　2·33

	13・734
董大鵬	54・166
董大鯤	55・3
董大靈	56・534
董大驤	55・10
董才浩	56・245
董上新	14・745
董子仁	59・293
董子行	75・408
	76・205
董子信	19・622
	23・663
董子洱	18・527
董子莊	4・148
	14・362
董天裕	42・771
董天錫	74・151
董元亨(宋)	1・742
	11・41
董元亨(明)	58・448
董元度	4・293
	5・383
	12・507
董元善	57・485
董元湘	54・281
董元福	31・834
董元學	5・119
董太字	58・176
董　友	27・321
	27・435
	28・14
	28・377
董友愈	50・542
董中鰲	10・140
董　升	57・2
董化貞	2・89
董化楨	38・415
董公偃	78・311
董文成	34・262
董文全	55・559
董文思	18・542
董文炳(元)	1・754
	15・528
	16・412
	18・44
	30・60
	75・430
董文炳(民國)	34・137
董文偉	42・754
董文彩	1・787
董文寀	32・585
董文鼎	56・466
董文魁	56・23
董文煊	58・605
董文德	34・126
	34・285
董文熄	58・578
董　方	77・622
董心印	25・66
董以鏞	27・163
董允正	5・381
董允茂	1・779
董允恩	25・11
董允康	58・577
董玉民	4・343
	35・510
董玉成(清長清)	34・309
董玉成(清婺源)	55・609
董玉琈	41・212
董　正	55・512
董正台	54・156
董正昌	56・535
董正昂	56・523
董正治	55・213

人名	卷·頁
董正官	77·367
董正唐	58·425
董世仁	54·514
董世功	43·604
董世昌	60·496
董世亮	55·592
董世傑	35·119
董世道	75·629
董世登	56·72
董世傳	55·477
董世源	55·572
董世僖	35·118
董世禧	55·290
董世護	55·649
董本仁	2·77
董本立	57·238
董本昆	55·532
董本照	54·468
董可成	29·544
董可威	18·319
董丕昌	34·266
董丕恩	34·153
董平章	76·145
董占魁	58·599
董占鰲	11·94
董　申(唐)	58·337
董　申(清)	24·547
董四民	48·129
董　永	12·119
	14·358
	15·564
	43·611
董永正	5·329
董永榮	56·629
董台庸	80·477
董　匡	61·452
董邦直	55·76
董邦和	56·627
董邦政	43·58
董邦超	56·151
董式珈	58·549
董式瑞	58·578
董　臣	37·720
董有光	58·356
董有章	58·156
董　成	55·375
董成謙	58·672
董光裕(明)	39·588
董光裕(清)	58·592
董光照	39·763
董光煥	58·598
董同心	30·731
董同寅	18·378
董朱衮	43·495
	43·516
董廷位	57·426
董廷梅	71·134
董廷望	56·465
董廷欽	76·32
董廷禄	58·596
董廷楫	14·134
董廷巖	56·660
董延楷	27·124
董仲一	50·551
董仲舒	4·164
	5·8
	8·599
	23·610
董任興	56·550
董　伉	18·370
董自成	58·355
董自宅	56·517
董全楨	58·442
董兆奎	77·97

董兆鳳(清陽信)　43・102
董兆鳳(清婺源)　55・91
董兆熊　55・16
董兆璜　56・95
董兆謙　56・76
董汝成　55・382
董汝昌　78・698
董汝楫　60・272
董汝瀚　17・528
　18・307
董守中　4・145
　23・614
董　艮　80・537
董如威　43・646
董如漪　43・496
董志舒　5・292
董志煇　55・448
董　芸　5・383
　12・507
董克長　14・142
董克忠　31・778
董步雲　7・389
董　伸　41・212
董作孚　28・31
董伯起　76・168
董伯華　77・730
　79・293
董伯益　48・404
董希天　58・431
董希舒　4・385
董希賢　30・687
　31・222
董　辛　36・176
董宏基　54・581
董宏學　71・132
董宏謨　54・603
董宏騫　56・567
董良史　71・119
　73・196
董良材　34・274
董良佐　50・189
董良性　11・399
董良法　40・585
董良柏　56・427
董良敬　77・12
董良幹　23・255
董良慶　50・538
董君授　71・131
董君藩　15・158
董　奉　76・208
　78・569
董長春　18・502
董長栻　36・175
董長祥　11・296
董長楷　36・174
董長榮　36・173
董長樞　36・175
董其成　35・129
董其昌　13・427
董其桁　55・25
董其振　41・401
董其楫　54・580
董其資　52・341
董茂庸　55・215
董英富　80・579
董　松　80・694
董　杭　58・572
董　尚　71・122
董尚行　58・391
董尚季　56・514
董尚定　58・358
董尚禄　55・652
董尚愈　51・315
董　昌　5・109

董昌炎　56・433
董昌祠　54・168
董昌真　54・533
董昌珵　54・255
董昌瑗　56・624
董昌裔　72・430
董昌瑩　55・69
董昌學　71・135
董昌錞　55・44
董昌禪　56・525
董昌璵　54・174
董昌燦　56・649
董昌瓘　56・66
董　旻　58・532
董迪鈞　54・407
董　忠　9・23
董和遠　58・555
董和煦　58・553
董和羹　50・229
董　侗　34・347
董佩衡　39・150
董阜民　58・402
董金榜　58・607
董京威　15・616
31・339
32・9
董泗泉　34・250
董泗清　34・287
董宗胤　78・654
董宗德　58・361
董宗顯　18・691
42・430
42・989
董定模　58・598
董定衡　58・593
董定濟　58・598
董定權　58・590
董建中　42・742
董建梅　34・351
董居仁　29・5
董居安　77・12
77・139
董居誼　69・144
董承孟　34・268
董孟從　56・556
董春捷　78・559
董　柯　36・179
董　威　71・127
董　厚　80・709
董　貞　5・187
10・370
董則葵　55・232
董則喻　1・817
董　映　32・602
董映奎(清泰和)　72・367
董映奎(清萬年)　60・241
董　昭(三國)　4・29
41・381
董　昭(清)　18・528
董思仟　5・383
董思安　78・321
79・218
董思泮　58・355
董思恭　17・620
18・560
董思敬(清平原)　5・382
董思敬(清諸城)　20・790
董思端　5・382
董思凝　5・382
董思懋　5・382
董思濟　58・570
董思儼　5・382
董　峋　2・79
董　种　1・698

董秋原 39・215
董　俊 1・851
23・615
24・279
董俊章 54・342
董衍祚 2・36
43・542
董彦修 55・432
董彦彬 55・377
董彦煇 55・392
董彦儒 55・222
董弈葉 58・414
董　恒 43・449
43・504
董炳章 78・521
董炳寅 55・428
董　洪 79・144
董　宣(明) 37・837
董　宣(漢) 1・697
15・517
16・393
21・110
董冠明 50・261
董冠卿 37・725
董祝令 5・365
董祚昌 41・208
董祚遠 29・109
29・575
董祚豊 29・538
董素書 18・582
董起予 54・141
董起庠 54・586
董起淇 55・138
董起煜 55・583
董起潛 71・142
董起龍 56・286
董起熾 56・609
董起磻 55・594
董　華 80・754
董華亮 57・103
董真卿 58・381
董桂山 55・361
董桂中 55・354
董桂芬 57・227
董桂苑 56・427
董桂林 55・347
董桂科 55・362
董桂洲 55・367
董桂森 54・279
董桂新 54・172
董桂煌 55・132
董桂臺 55・120
董桂敷 54・69
董　連 39・698
董連發 60・93
董　振 49・370
董振民 33・793
董振邦 58・554
董振秀 4・275
5・221
5・381
董振球 71・137
董振鐸 7・391
董振鼈 12・502
董時升 9・724
董時翀 71・124
董時望 71・124
董時清 55・579
董時福 50・255
董時僴 55・652
董時濯 56・515
董　俸 58・351
董　倫 4・97
11・81

11・126
董　倓 41・197
董　卿 1・807
董逢帥 78・552
董逢蒼 58・432
董　高 56・450
董效晉 36・765
董家珍 55・615
董家相 29・548
董家修 48・533
董家楨 55・452
董家麟 55・452
董祥暉 55・393
董書田 34・267
董　恕 9・68
董　純 4・336
36・173
董純修 55・448
董純纘 55・448
董　理(明東阿) 31・825
董　理(明新泰) 31・820
34・470
董培元 57・414
董培仁 54・337
董培成 57・392
董　基 4・112
23・639
24・518
董梯雲 56・170
董盛熯 59・493
董捧日 78・562
董　捷 56・497
董掄賢 5・265
32・649
董常泰 41・393
董國光 36・465
董國英 55・341
董國柱 27・536
28・163
董國舉 71・125
董國燦 47・185
董國瓚 5・361
董唯一 14・135
董　帷 57・427
董　符 18・526
董　偉 41・208
董　進(元即墨) 18・299
22・228
董　進(元高苑) 5・81
14・233
15・581
17・503
43・259
董得全 28・494
董　訥 4・268
5・381
董　訪 5・382
董惟城 12・248
董惟勤 55・115
董　清 54・518
董清鸞 29・507
董淑合 56・533
董淑昌 4・335
35・468
董　淦 55・449
董　淳 40・314
董　涵 2・77
42・392
42・414
董啓昌 71・133
董貫一 14・135
董細元 58・601
董　琦(宋) 58・398
董　琦(明恩縣) 11・83

董　琦(明陽信)　43・58
董　琰　71・120
董　琮(宋)　58・386
董　琮(明)　43・538
董萬儀　71・136
董萬鎰　12・143
董　敬　10・80
董敬書　49・364
董朝宗　43・447
董朝偉　55・78
董朝紱　55・102
董朝瑞　55・116
董朝勳　55・330
董　植　12・350
董　極　71・125
董　惠　71・126
董惠芝　55・367
董惠笙　55・372
董惠箕　55・144
董惠賓　54・469
董硯田　11・461
董厥修　4・159
董雲石　48・344
董雲從　71・140
董雲程　34・253
董雲集　59・492
董雲漢　56・396
董雲興　15・159
董　雱　2・107
24・290
董揆一　41・212
董睍璽　13・729
董　鼎　58・379
董開文　56・73
董遇春　5・221
董遇時　28・703
29・537
董　蛟　80・537
董　傅　5・383
董復安　58・218
董復亨　1・787
32・585
董　欽　55・588
董爲良　58・399
董敦逸　71・119
董　善　27・403
27・803
董翔鵬　71・125
董道東　27・549
28・234
董　焱　55・449
董温其　60・25
董　裕　71・118
董　尋　6・445
董登俊　72・497
董登雲　56・426
董發祥　43・495
董發帷　41・386
董　瑞　80・558
董瑞玉　30・133
董　瑄　5・261
32・639
董　聖　80・435
董夢程　58・386
董夢曾　9・618
董夢賢　60・385
董　蔭　76・366
77・665
董　椿　2・20
董楏照　56・252
董槐庭　35・490
董摶霄　1・756
18・45
39・145

董督正　34・282
董　嗣　25・655
董嗣樸　27・89
27・169
董嗣諶　27・89
董嵩生　60・387
董節槩　58・554
董節燈　58・586
董與乾　71・119
董與幾　58・340
董　修　71・119
董　鉞(宋)　58・339
董　鉞(明)　43・538
董愛元　56・515
董　誠(元)　43・437
董　誠(清玉山)　50・261
董　誠(清婺源)　54・574
董詮儒　55・168
董　慊　18・514
董　愹　19・622
董義嶺　34・351
董　煟　58・301
董煥陽　56・658
董煥燃　55・425
董　福　58・348
董福祥　19・80
董　禎　75・413
78・453
董殿揚　11・90
董　經　41・211
董瑤林　8・638
董嘉謨　1・822
31・320
32・1
董　睿　32・394
33・269
董毓英　36・178
董毓楠　18・530
董毓衡　34・305
董毓鎬　34・305
董　銖　58・375
董銘孝　14・397
董鳳舞　80・158
董　誠　17・566
18・514
董端忠　58・443
董榮光　58・608
董榮陞　57・414
董漢江　30・729
董　實　26・6
董肇基　56・285
董　隨　31・783
董　鼐(明)　1・854
22・229
23・621
董　鼐(清)　2・51
12・98
董　緒　71・124
董緒魁　56・134
董緒煥　55・114
董維成　30・717
董維城(明)　39・99
董維城(清)　58・362
董維嶽　57・461
董　璜　5・365
董　醇(清貴溪)　52・134
董　醇(清德興)　58・365
董德河　54・592
董德修　71・124
董德海　55・652
董德培　58・459
董德崇　58・577
董德超　50・277
董德彰　58・667

董德謹　58・575
董　徵　4・175
42・100
董　調　5・382
董賡壎　57・68
董賡颺　55・392
董養中　9・67
董養性(明)　71・127
董養性(清)　9・66
9・90
9・95
董養河　75・469
76・34
77・593
董潮青　55・324
董潮楫　57・71
董　潤(明)　71・124
董　潤(清)　80・537
董履謙　50・318
董　選　50・270
董樂依　58・562
董緯魁　55・344
董　璟　1・820
董　瓅　78・333
78・355
董　璘　80・30
董翰臣　18・571
董樹元　57・426
董樹立　41・200
董樹暢　56・285
董　樵　4・257
27・170
27・224
27・549
28・233
29・620
29・640
29・651
董　曉　24・548
董積躬(金青城)　4・143
32・440
33・67
43・437
董積躬(金濟南)　5・68
董勳銘　56・285
董篤鑑　57・272
董　興　17・513
20・555
董興之　55・539
董學安　37・691
董學易　28・49
董　儒　37・550
董錫華　48・390
董錫純　13・338
董錫章　55・452
董錫齡　9・142
董　錦　1・818
37・421
41・736
41・819
董錦章　24・719
24・764
董　穎　58・394
董　諮　18・576
董　燧(明樂安)　71・123
董　燧(明臨川)　76・467
董憲章(明)　12・328
董憲章(清)　56・396
董　璛　58・567
董聲應　58・213
董聯輝　77・55
董　檀　18・542
董臨莊　35・498

董　儲　4・140
17・497
董鍊金　55・335
董　謙　14・702
42・947
董謙亨　18・567
董應圭　76・468
董應崧　54・183
董應寅　56・92
董應雷　27・242
董應魁　43・638
董應瑢　50・500
董應舉　75・468
76・33
董應瀚　58・352
董　燦(明)　58・669
董　燦(清)　43・98
董燦祥　60・369
董鴻先　55・442
董鴻起　55・152
董鴻甹　55・126
董鴻超　56・104
董鴻旒　57・10
董鴻湖　57・33
董　濬(宋)　58・288
董　濬(清)　30・688
董　藩　18・560
董　欞　71・125
董韞瑜　56・433
董韞璋　54・282
董　鎮　25・647
27・162
董鎮華　43・104
董颺光　77・669
董　蘧　5・383
12・498
董　勸　58・546
董　蘇　77・20
董蟾秋　17・603
18・500
董　嚴　14・702
42・946
董　鏞　58・602
董鵬翱　2・42
36・435
董騰蛟　80・551
董懷沆　12・493
董懷泉　31・339
董獻材　80・537
董獻策　25・638
董　瀾　11・208
董繼志　30・321
董繼昇　1・761
35・306
董繼周　50・190
董繼曾　39・346
董繼勳　57・414
董鶴舒　68・718
董　巖　78・551
董鑑翁　59・576
董鑑道　8・623
董　穌　76・24

葆

葆光子　32・659
葆　真　43・132

朝

朝三省　12・198
朝悟大師　79・297

辜

辜　中　44・72
辜正焜　44・401

莘世珏　45・74
莘用琥　44・171
莘廷琚　45・278
莘兆廖　44・530
莘志會　79・161
莘良弼　44・290
莘長鐸　45・299
莘奇鵬　51・276
莘采旺　51・340
莘采燮　51・338
莘建功　45・105
莘　俊　69・538
　71・200
莘祐賢　44・216
莘梅林　45・134
莘敏道　79・501
莘朝薦　76・253
　76・362
　77・668
　80・614
莘爲福　45・106
莘瑞來　51・515
莘瑞蔡　51・298
莘瑞標　51・404
莘鳳居　51・587
莘　增　45・121
莘　顓　44・118
　60・18
莘　鵬　44・529

棲

棲　隱　45・365
棲霞山人　77・25
棲霞子　61・434
棲霞禪師　76・364
　79・297

惠

惠世溥　39・69
惠光先　2・77
　42・204
惠廷魁　15・138
惠國隆　17・606
　20・564
惠　崇　76・412
惠普恩　4・348
　38・267
惠　魁　79・640
惠寬大師　80・54
　80・764
惠　慶　2・107
　24・306
　37・813
惠　潤　2・70
　30・234
惠潤普　32・144
惠　澤　77・600
惠澤尊王　79・639
惠濟公　37・451

覃

覃志京　2・38
覃　彬　77・94

粟

粟毓美　2・4

棗

棗　祇　1・699
棗　據　1・702

殖

殖　綽　7・210

42・549

雲

雲生起 32・659
雲　光 32・660
雲英桂 14・743
42・958
雲波真人 57・526
雲菴慶禪師 76・421
雲福履 14・713
雲　濟 78・630

揚

揚　迪 44・15
45・406

揭

揭一桂 53・110
揭一懋 74・493
揭人蕁 71・563
揭世任 71・583
揭世名 80・479
揭世僖 71・579
揭廷紹 38・286
38・354
揭廷夔 71・620
揭延齡 53・257
揭仲恒 74・492
揭企新 69・624
揭守德 74・496
揭伯徽 68・345
揭希朋 74・489
揭　汯 68・356
揭　沇 53・222
揭沇篤 53・647
揭　表 74・508
揭其大 74・469
揭卓儒 69・624
揭　明 74・486
揭垂佩 71・599
揭垂奎 71・608
揭垂紳 71・599
揭金鑑 71・602
揭宗高 53・530
揭承烈 45・206
揭承堯 71・578
揭承煦 71・580
揭　軏 69・367
揭貞傳 69・541
揭　科 80・461
揭重熙 69・437
76・495
77・365
揭　恂 74・484
揭祐民 68・387
74・476
揭飛雄 68・346
揭衷熙 74・486
揭　悃 74・502
揭　容 74・484
揭純佑 74・491
揭　掄 53・535
揭　晨 74・508
揭崇翰 71・570
揭崇簡 71・555
揭章寀 53・600
揭　梁 74・495
揭　啓 71・534
揭啓宗 74・495
揭啓凰 71・614
揭斯祉 74・494
揭斯祚 71・575
揭斯禮 71・576
揭敬文 74・487

揭敬宗　74・494
揭　棣　74・496
揭循道　74・476
揭道孫　68・544
揭裕文　71・609
揭　暄　74・491
揭傒斯　49・401
52・411
61・752
68・352
71・352
揭　肅　74・494
揭殿賡　71・621
揭　稽　74・464
揭豫生　53・353
揭興琮　53・168
揭　縚　80・461
揭　聰　74・475
揭應喜　71・542
揭應瑞　69・320
揭　鴻　80・460
揭　璧　74・500
揭騰蛟　80・477
揭　寵　53・342
揭　夔　71・531
揭繼可　74・491

斐

斐有文　41・409

紫

紫衣大師　27・176
紫霞道士　27・619

最

最　樂　77・595

開

開應麟　39・201

閒

閒　谷　74・253

閔

閔一隺　80・197
閔士恒　45・164
閔文思　80・44
閔文振　47・86
閔文漢　7・443
閔允嘉　48・53
閔正芳　67・476
閔永源　45・235
閔圭庸　45・330
閔有功　47・88
閔光宗　67・476
閔廷言　45・52
46・383
閔廷耀　47・169
閔如松　47・168
閔　址　58・52
閔　佐　45・62
閔希聲　75・414
78・461
閔　汾　67・6
閔　松　48・150
閔京璜　65・506
閔於嘉　47・101
閔　炘　58・164
閔宗立　47・263
閔　奎　67・545
閔　貞　45・207
閔彥忠　58・206
閔馬父　35・634

閔　貢　30・298
閔　時　80・17
閔　逵　44・426
閔　乾　47・61
閔紹九　74・21
閔遇亨　80・37
閔爲緒　45・236
閔　椲　45・79
閔　損(字子騫)　4・2
5・1
31・337
32・9
35・600
41・813
閔傳魁　19・391
閔　鈺　58・185
閔　鉞(清奉新)　67・133
閔　鉞(清南昌)　45・90
閔　溶　75・432
閔　熙　58・262
閔廣維　30・329
閔　寬　47・61
閔賢環　45・197
閔德綬　45・268
閔德輝　47・159
閔　鋭　45・93
閔　魯　44・139
閔　遴　47・108
閔興治　36・491
閔興禮　19・329
閔聯芳　47・254
閔應銓　45・306
閔翼明　58・131
閔　鐄　45・89
閔　鶚　47・74
77・362
閔鶚元　2・22
閔繼心　19・402
閔繼立　19・402
閔繼言　7・450
閔繼和　19・409
閔繼恩　19・398
閔繼訓　58・158
閔　鑑　44・459
71・633
閔　觀　47・317
閔　驤　45・228

遇

遇　珍　24・514
26・4
遇昭武　25・162
遇國甯　26・4

景

景可模　14・394
景可輔　14・394
景　芳　41・385
景　君　21・111
景叔範(見景淑範)
景　時　73・3
景祥禪師　71・365
景淑範　1・821
30・644
景陽春　35・351
景雲禪師　71・364
景運熙　14・373
景維芳　14・394
景　範　4・65
5・56
13・744
43・574

跋

跋　干(見拓跋干)

貴

貴　師　77・406
貴　寶　8・472

單

單一鶚　54・439
單士修　56・267
單父令　23・245
單父酉　23・257
單父宰　23・270
單父琴　23・270
單文盛　69・182
　　77・39
單文淵　36・179
單文績　12・126
單去非　23・272
　　77・285
單世培　13・424
單可玉　23・273
單可垂　23・248
單可垚　23・251
單可虹　23・276
單可基　23・248
單可惠　23・272
單可慈　23・272
單可墉　23・258
單占鼇　26・116
單用賓　31・796
單立身　23・273
單永安　23・261
單永逸　23・275
　　23・662
單光國　54・260
單光榮　10・375
單廷苞　23・273
單廷林　56・4
單廷樞　55・430
單兆鯤　23・262
單　宇　69・167
單如爕　57・285
單志成　38・292
單芳宗　56・267
單克超　26・110
單步鴻　23・261
單作功　56・192
單作哲　23・266
單作霖　55・390
單　含　23・277
單良謨　70・608
單　坦　30・729
單若魯　23・269
　　23・643
單松筠　57・245
單　固　37・103
　　39・179
單肯堋　23・259
單季馭　23・276
單季馮　23・276
單金銘　14・744
單朋錫　23・262
單法才　23・277
單宗元　23・275
　　23・347
單承烈　57・261
單春成　57・363
單研寯　23・271
單貞毓　31・828
單昭仕　23・283
單昭清　23・264
單昭瑾　23・249
單思道　23・270
單祜梓　23・263
單祐治　23・267

姓名	卷·頁
單泰亨	57·420
單　恭	72·16
單振蒙	62·412
單　峨	23·256
單　倫	23·258
單　健	23·258
單倉龍	17·656
	18·525
單務孜	23·246
單務嘉	23·245
單培芝	57·261
單執禮	72·562
單黄鐘	23·259
單國玉	69·245
單國佐	56·13
單國彬	57·286
單崑玉	35·490
單　崇	4·226
	23·253
	23·351
	23·647
單從仁	7·445
單象庚	11·393
單　章	71·342
單翊熊	55·225
單　烺	4·466
	23·247
單啓泮	56·167
單啓祥	6·182
單啓瀛	57·111
單　琦	14·731
單琦傳	23·264
單雄信	41·779
單雲荃	23·259
單雲薦	23·259
單雲龍	18·523
單紫誥	23·273
單爲鈺	23·253
單爲霖	26·107
單爲濂	4·469
	23·276
單爲憲	4·470
	14·696
	23·253
單爲飈	23·254
單爲鏓	4·468
	23·267
單道人	32·485
	33·559
單　瑞	14·729
單瑞龍	76·353
單蔭葛	23·274
單　楷	23·275
單　嵲	23·269
單　煦	4·77
	5·62
單傳武	23·264
單傳真	23·261
單　鈺	11·291
單　鉊	23·271
單　義	36·497
單福傳	23·254
單經翰	4·227
	25·598
單　璉(山東通志作槤)	2·89
	9·618
單　模	23·275
單　輔	78·604
單　鼎	23·272
單鳴琴	36·607
單　銘	4·469
單鳳鳴	13·812
單　榮	57·286
單榮光	71·301

單　維　8・469
23・266
單維遲　56・1
單　璁　23・256
單　肅　77・211
單　稽　23・272
單德成　57・261
單　賡　23・246
單潤傳　23・281
單履咸　23・247
單履豫　23・270
單樹閣　23・283
單錫琅　55・497
單錫銓　55・261
單錫齡　57・261
單　憻　23・276
單懋勳　55・407
單襄棨　4・469
23・271
單襄霨　23・276
單鴻翥　57・261
單鴻疇　55・204
單禮經　23・279
單　颺　4・259
36・552
37・655
單　燽　23・247
單關熾　57・246
單疇書　4・461
23・242
23・646
單鵬翔　56・189
單　璐　23・268
單繼先　57・217
單　讓　69・623

喻

喻三元　68・207
喻三畏　76・472
喻士標　61・592
喻大奎　46・537
喻子文　45・176
喻子桂　45・183
喻子賢　61・533
喻　元　63・68
喻元組　67・494
喻元博　46・512
喻日煊　66・542
喻中鉅　45・97
喻升階　45・614
喻化辰　67・331
喻文偉　44・190
喻以正　45・158
喻以恕　49・16
喻正元　63・42
喻本義　63・53
喻必榮　67・454
喻　匡　44・523
喻有功　62・689
喻存素　45・194
喻成人　46・445
喻成萬　71・485
喻成龍　2・20
喻成憲　46・502
喻廷灼　47・462
喻廷縉　67・488
喻全易　45・303
喻全祺　45・66
喻　合　45・29
46・458
喻汝錦　62・503
喻　均　45・533
喻志恢　49・340
喻　芳　45・230
喻伯啓　67・116

喻希連　50・324
喻言慎　38・226
喻良弼　49・268
喻良熙　74・54
喻茂堅　68・135
喻英和　67・454
喻尚中　74・55
喻　昌　46・485
　　　　65・536
喻昌言　70・330
喻秉綬　44・561
喻依仁　45・75
喻　周　45・72
喻　炎　45・171
喻宗孝　45・185
喻宗崙　71・432
喻宗祺　45・253
喻宗楏　44・430
喻宗澤　45・641
喻春林　44・475
喻　珂　74・61
喻南嶽　45・507
喻　指　46・427
喻　炳　61・668
喻泰和　46・295
喻　珩　44・403
喻　華　46・261
喻連登　47・426
喻致知　45・538
喻致和　46・324
喻時和　46・95
喻　倫　72・83
喻逢華　44・491
喻堅白　67・488
喻　問　45・251
喻　畤　78・312
喻國仁　69・621
喻崇篪　46・169
喻從龍　44・433
喻　猛　44・11
　　　　45・399
喻　淳　61・455
喻達和　46・211
喻揚清　63・142
喻開一　50・244
喻貴甫　47・421
喻　傑　46・228
喻善元　70・334
喻　翔　45・261
喻道和　45・174
喻道致　45・233
喻　瑚　66・532
喻蒙亨　63・127
喻業華　62・595
喻　滉　45・51
　　　　46・384
喻　臺　44・523
喻臺臣　45・251
喻壽齡　67・471
喻端士　44・522
喻榮珩　45・274
喻增高　47・390
喻　樗　44・56
　　　　45・458
　　　　50・211
喻德昭　69・538
喻燕吉　46・536
喻　霖　45・229
喻　曉　13・100
喻　勳　7・384
喻學淮　46・282
喻學儒　49・190
喻　録　46・269
喻聲傳　46・289

喻　謙　46・143
喻應瑞　61・721
喻應楨　61・721
喻應魁　61・536
喻應夔　46・405
喻濟時　61・518
喻　歸　45・49
46・378
喻贊猷　49・344
喻　鵬　44・162
喻　燮　44・506
喻寶忠　71・390
喻繼衿　46・277
喻鶴松　61・768

喀

喀爾吉善　2・9

買

買　奴　15・496
18・432

黑

黑先覺　14・731
黑虎禪師　25・183
26・187
黑的兒　37・39
黑華陽　14・746
黑鳴鳳　4・387
14・707

無

無　了　78・215
79・296
無　比　78・629
無　可　79・640
無　外　45・370
無　住(元)　80・487
無　住(明)　32・660
無住本禪師　51・709
無空上人　80・55
無垢普隨禪師　76・498
無垢禪師　77・24
無　則　77・731
無　殷　45・365
無　著　76・365
79・302
無　爽　78・347
78・399
無　晦　78・629
無　等　79・638
無　碍(元)　75・682
無　碍(明)　72・700
無　際　78・349
78・400
無　疑　76・366
無　盡　74・181
無　緩　76・207
78・347
78・399
無　隱　77・730
無　邊　74・49
無　覺　78・400

智

智　玄　45・366
智　光　4・265
智孜禪師　80・55
智　果　73・118
智　依　76・752
智　修　12・532
智　亮　1・800
智海本逸禪師　76・207
智　深　29・505

智　閶 51·716
智　廣 78·326
智　整 29·506
智　覆 80·171
智　顯 57·524

嵇

嵇永仁 76·210
嵇承羣 2·43
嵇連魁 27·164
嵇曾筠 2·3
嵇　榮 17·508
20·548
嵇　璜 2·4

程

程一坤 55·641
程一鼎 55·632
程一圖 72·169
程一慶 55·541
程一濠 58·428
程九區 71·48
程九齡 30·234
程又泉 56·146
程士元 55·638
程士秀 55·167
程士佐 56·541
程士玩 57·34
程士采 55·421
程士泉 56·378
程士俊 14·139
程士彥 56·377
程士桂 56·92
程士彪 53·14
程士添 56·55
程士隆 56·302
程士超 58·577
程士敬 58·223
程士鉅 56·198
程士賀 57·7
程士楫 56·553
程士篳 57·168
程士徽 55·613
程士嚴 56·270
程士懷 56·145
程大中 59·597
程大圭 58·560
程大池 57·150
程大防 55·582
程大忻 56·529
程大林 55·418
程大昇 58·166
程大明 57·50
程大荷 56·557
程大財 57·11
程大章 57·110
程大淮 57·85
程大鉞 56·326
程大猷 58·167
程大源 56·192
程大翥 57·169
程大模(見程大謨)
程大銓 54·412
程大儒 58·429
程大謨(清孝感) 2·104
26·578
程大謨(清高安) 62·544
程上廉 57·233
程上選 58·598
程千里 50·218
程之正 76·744
程之吉(清浮梁) 47·161
程之吉(清婺源) 55·574
程之廷 57·385

程之炫	55・577
程之泰	57・45
程之浤	56・545
程之偉	57・113
程之敦	47・344
程之煌	57・56
程之銘	55・51
程之樞	56・544
程之璠	56・315
程之熾	55・96
程之鷁	45・338
程之繼	55・557
程之顯	58・658
程子侃	1・850
	27・4
程子春	57・417
程天才	57・173
程天松	56・589
程天定	55・568
程天貞	56・547
程天昭	58・668
程天瑞	58・340
程天澤	57・515
程天顯	58・575
程　元(宋)	76・485
程　元(清)	55・347
程元之	55・237
程元吉(明)	50・452
程元吉(清)	57・401
程元芳	56・213
程元起	71・283
程元梧	55・567
程元章	47・242
程元極	46・487
程元焰	56・372
程元瑞	55・169
程元遠	56・541
程元照	57・233
程元會	56・174
程元愷	54・288
程元輔	55・446
程元樞	56・481
程元勳	58・257
程元憲	56・12
程元謨	54・533
程元鎮	56・646
程友張	41・177
程巨淵	55・558
程日仙	57・290
程日宏	54・151
程日瑛	57・74
程日煋	47・192
程日寧	56・464
程曰圭	53・568
程曰任	46・171
程曰炘	57・418
程　中	52・456
程仁生	58・429
程仁甫	76・416
程仁春	57・272
程仁榮	55・463
程　介	56・446
程介圭	57・348
程公遠	75・426
程　文(元)	55・272
程　文(明江西東鄉)	71・158
程　文(明陽曲)	1・818
	37・421
程　文(明婺源)	54・89
程文升	19・397
程文斗	43・84
程文在	55・353
程文扦	56・135
程文江	56・601

程文武　57・149
程文郁　56・203
程文昂　56・208
程文炎　54・568
程文奎　56・320
程文俊　55・653
程文起　56・457
程文連　55・53
程文逑　55・47
程文烑　56・337
程文理　56・339
程文著　54・219
程文達　55・19
程文証　57・329
程文道(民國)　55・531
程文道(清)　56・605
程文運　55・320
程文遠　55・21
程文楷　55・165
程文蔚　19・404
程文廣　56・31
程文緒　55・51
程文璋　57・75
程文暹　55・94
程文範　58・81
程文遴　55・46
程文龍　55・566
程文憲　58・220
程文鍾　56・460
程文謨　11・397
程文邃　55・22
程文瓚　54・587
程方德　11・44
程尹耕　52・333
程以忠(明)　55・542
程以忠(清)　58・65
程允元　57・168
程允升　57・104
程允文　55・301
程允迪　37・135
程允漢　56・88
程允震　47・219
程允颺　53・13
程孔崇　57・105
程　玉　14・374
　　15・567
　　17・622
程玉崑　41・192
程正壆　57・153
程世甲　56・558
程世光　58・263
程世延　71・474
程世旺　51・318
程世典　58・357
程世炘　56・257
程世治　57・4
程世珍　56・254
程世俊(清婺源)　54・261
程世俊(清德興)　58・550
程世恂　77・148
程世炳　56・379
程世萍　57・290
程世盛　22・309
程世章　57・20
程世傑(清婺源城西)　56・149
程世傑(清婺源盤山)　56・51
程世瑄　53・28
程世璜　57・72
程世德　56・255
程世瑩　57・364
程世錢　62・427
程世鵬　78・392
程世懷　56・630
程世曦　55・655

程世實　51・317
程　本　55・375
程可久　54・203
程可正　80・68
程可紹　57・443
程可達　53・251
程占鰲　56・296
程甲化　16・442
　20・491
　78・181
程　申　56・337
程四達　58・210
程仕高　62・465
程仕簡　59・578
程用桂　55・184
程用時　57・40
程用援　57・175
程用鍾　57・25
程主中　58・575
程立忠　56・175
程立宧　57・108
程立發　56・605
程立猷　56・236
程立模　57・341
程必宏　47・228
程必達　54・333
程永洁　57・234
程永華　56・219
程永根　57・170
程永球　57・261
程永康　57・509
程永清　56・625
程永稜　57・177
程永傳　55・93
程永義　57・413
程永鋭　56・673
程永瀾　57・94
程永潤　54・412
程永燮　54・412
程永璧　58・557
程民是　60・37
程　弁　54・157
程　台　55・294
程邦彦　31・827
　35・332
程邦球　56・658
程邦啓　57・215
程邦弼　71・248
程邦衡　55・342
程邦憲(明)　55・582
程邦憲(清)　57・100
程邦燦　55・63
程　式(明)　71・345
程　式(清婺源城西)　55・334
程　式(清婺源高沙)　57・174
程式政　55・462
程式濂　55・404
程圭瑞　57・52
程吉祥　57・171
程再伊　58・53
程百里　14・743
程有才　55・587
程有仁　58・600
程有松　56・205
程有典　55・586
程有祉　55・165
程有俊　47・46
程有恆　58・426
程有炳　57・348
程有洲　57・36
程有道　57・291
程有德　56・567
程有鑣　56・377
程存謹　39・90

程成功　58・582
程成灼　56・546
程成標　55・18
程成諺　55・645
程成瓊　55・94
程成譽　65・254
程光文　71・341
程光吉　57・418
程光述　57・403
程光俅　56・278
程光祐　53・138
程光祖　56・69
程光森　57・348
程光詠　56・337
程光詔　55・166
程光煦　57・225
程光緯　56・53
程光藻　54・273
程光黼　55・465
程　先　55・135
程先民　47・157
程先貞　5・375
　8・608
程廷友　48・507
程廷仕　55・29
程廷孝　55・11
程廷材　53・121
程廷珙　47・73
程廷理　55・639
程廷冕　56・38
程廷極　53・22
程廷援　51・453
程廷槐　56・72
程廷煊　56・327
程廷煇　55・247
　56・231
程廷幹　57・454
程廷榜　55・88
程廷璋　57・245
程廷錫　51・589
程廷繼　56・568
程仲武　80・67
程仲賢　57・445
程任卿　55・547
程仰頤　57・271
程自超　54・566
程自邇　31・817
　35・318
程　伊(明)　45・10
程　伊(清)　58・430
程伊湄　2・50
　12・99
程　舟　58・398
程　全　4・209
　21・703
　23・647
程企朱　5・141
　13・765
程企和　57・246
程兆光　54・550
程兆科　51・273
程兆泰　55・216
程兆高　56・569
程兆祥　8・473
　43・434
程兆第　54・543
程兆寀　56・225
程兆達　56・112
程兆渭　57・172
程兆瑔　56・275
程兆鋆　57・415
程兆樞　56・288
程兆櫟　56・659
程兆禦　55・651

程兆燧 55・454
程兆濱 47・117
程兆護 56・625
程兆鐸 56・190
程兆麟 57・283
程名振 4・56
程名遠 19・135
程名儒 57・220
程　汝 54・512
程汝能 58・532
程汝陽 56・457
程汝霖 56・178
程汝爵 47・77
程汝夔 56・569
程汝繼 54・62
程　宇 55・615
程守志 36・46
程守謙 56・252
程安保 45・133
程安國 78・575
程安節 57・99
程安壽 23・432
程安慶 71・216
程如玉 57・320
程如亮 55・227
程如鎰 56・461
程如鯤 54・522
程　均(清婺源上溪頭) 57・159
程　均(清婺源曉湖) 55・420
程志成 54・496
程志高 47・273
程志書 57・16
程志章 56・147
程志隆 2・46
32・454
33・78
程志儆 59・518
程志遠 60・503
程志暉 56・267
程志魁 55・622
程志熙 55・128
程志學 53・36
程　芳 57・417
程克俊 47・30
程克鑑 56・487
程克顯 54・134
程　材 54・279
程步青 57・385
程步進 47・264
程　里 71・234
程　岐 53・27
程利秀 57・417
程秀民 76・466
程作舟 58・224
程作求 56・653
程作梅 43・96
程作楫 58・177
程作蕃 71・285
程作標 47・194
程作黻 39・315
程伯光 55・556
程伯羽 58・223
程伯昌 76・412
程伯宜 50・419
程伯連 51・359
程伯榮 75・506
程伯龍 56・652
程希文 50・257
程希洙 55・447
程希聖 12・495
程希榮 56・540
程希濂 57・273
程希灝 69・162
程含章 2・14

程亨嘉　55・544
程　沅　55・362
程宏信　55・85
程宏遂　57・466
程宏圖　47・45
程宏鍾　57・235
程　良(明葭州)　9・720
程　良(明樂平)　59・301
程良佐　55・223
程良書　57・515
程良球　30・644
程良謨　57・125
程青煒　57・161
程玜孫　56・584
程長祥　57・388
程　坪　56・328
程坤大　56・207
程坤岐　56・224
程若中　75・570
　　77・541
程若金　56・198
程若霖　55・176
程茂芹　59・610
程茂梓　56・8
程茂福　57・103
程茂養　56・11
程茂澤　57・10
程茂鏞　56・338
程英杰　57・258
程英華　58・105
程英照　57・473
程直方　54・44
程直仞　58・138
程　林　57・307
程林和　57・85
程林春　54・400
程林熾　56・340
程松茂　57・129
程松照　56・156
程松壽　57・323
程述姚　57・473
程東鳳　47・52
程郁文　59・434
程奇月　56・579
程奇鉽　56・5
程奇象　56・522
程奇琚　57・108
程奇焞　55・116
程奇謨　56・175
程奇鵬　55・647
程卓樑　71・18
程尚友　55・55
程尚孝　56・472
程尚志　55・349
程尚忠　55・80
程尚菖　55・216
程尚清　56・510
程尚絅　55・119
程尚智　54・525
程尚遂　56・575
程尚墒　80・160
程尚義(清婺源)　54・257
程尚義(清鄱陽)　58・184
程尚錦　57・44
程尚謙　6・457
程　昊　54・205
程昌言　54・336
程昌貢　55・58
程昌弼　18・32
程昌銀　56・65
程昌緒　56・473
程昌誼　55・280
程昌勳　55・233
程迪釗　57・233

程　典　55・382
程典勳　57・206
程　忠　57・280
程忠志　57・34
程忠廉　53・10
程　迥　58・680
程知節　4・55
　31・759
程和灼　56・415
程和時　57・348
程和培　57・349
程佩琳　54・269
程佩瑜　35・191
程所好　4・239
　17・572
　19・19
程所恕　59・604
程　金　57・488
程金芳　54・412
程金明　56・224
程金城　39・327
程金雋　56・213
程金聚　56・276
程金廣　56・295
程金鐸　14・714
程金顯　54・412
程受孚　43・105
程　朋　15・611
程京蕃　56・473
程怡炫　57・202
程　炎(宋)　58・399
程　炎(清)　52・530
程法乾　5・248
　6・171
程泮林　57・214
程宗大　55・541
程宗文　59・307
程宗札　56・91
程宗泰　56・169
程宗啓　56・227
程宗達　53・12
程宗曾　46・146
程宗富　55・591
程宗瑞　57・367
程宗楚　58・441
程宜春　55・446
程　祈　47・12
程建章　58・225
程承芝　56・520
程承芳　54・331
程承詔　56・230
程承諭　55・219
程孟獻　57・449
程奏公　78・343
　78・370
程春發　55・79
程　珏　56・110
程　垣(宋)　78・679
程　垣(清)　46・256
程垣堂　57・105
程南金　55・436
程南峰　56・619
程南雲　71・233
程相丁　55・397
程　柱　32・406
　33・280
程　奎　77・362
程奎光　58・406
程拱宸　78・124
程星會　51・600
程　昱(三國)　4・29
程　昱(宋)　47・37
程昱生　58・566
程思温　54・320

程思楢　56・324
程思旗　47・281
程　品　72・140
程　矩　58・60
程　信　1・775
程　泉　57・320
程侯富　51・357
程　逈　58・270
程待詔　56・4
程亮采　46・205
程奕銘　45・242
程奕錦　45・242
程美之　55・477
程美釗　57・367
程炳炎　57・393
程炳南　80・507
程炳雯　55・435
程炳然　58・80
程炳照　56・328
程炳璋　57・309
程炳勳　54・289
程　洵(宋)　54・39
程　洵(明)　55・561
程　洲　22・305
22・640
程津昃　57・183
程津暹　57・128
程　宣　54・205
程宣澤　54・319
程祖訓　55・444
程祖培　57・417
程祖植　56・326
程祖銘　56・195
程祖輝　57・389
程祖舉　58・537
程　祚(明樂平)　59・363
程　祚(明績溪)　42・237
程　昶(清貴溪)　52・349
程　昶(清婺源)　57・96
程盈科　56・351
程　約　57・486
程　泰　5・209
8・607
程泰仁　56・172
程泰信　57・515
程　珪　4・144
27・2
程　珙(宋)　58・380
程　珙(清)　55・467
程　珫　5・208
8・603
程　珦　73・114
程素期　2・33
13・731
程起化　58・591
程起全　56・648
程起林　57・402
程起松　57・160
程起相　54・545
程起勉　56・61
程起員　57・169
程起寀　55・653
程起源　57・200
程起養　55・133
程起鵬(清都昌)　50・76
程起鵬(清鄱陽)　58・162
程起鼇　58・232
程起麟　57・14
程　華　57・121
程華照　57・324
程　恭　43・538
程　莘　55・355
程栻章　47・212
程桂旺　56・146

程根林　57・323
程　軏　14・703
　42・963
程連三　14・144
程連城　39・327
程原德　54・125
程原憲　59・574
程　烈　56・440
程烈光　55・386
程　振　1・734
　59・211
程振元　55・454
程振珂　55・447
程振泰　58・540
程振家　56・94
程振基　57・141
程振梓　57・233
程振堂　55・212
程振閔　57・221
程振瑞　54・494
程振楷　56・327
程振聲　56・421
程振檢　56・441
程振燮　55・150
程振纓　57・188
程致中　58・402
程致祥　54・184
程晉錫　58・61
程時宇　56・47
程時芳　55・550
程時言　35・62
程時建　1・850
程時思　47・77
程時美　58・567
程時敏　38・560
程時象　56・192
程時登　59・345
程時綉　55・601
程時賢　65・499
程時懋　59・585
程時翼　70・42
程　峴　54・491
程剛中　48・444
程　倬　59・617
程倬雲　57・320
程　倫　12・196
程師孟　15・525
　18・28
　75・396
程師會　52・490
程高茂　56・74
程效曾　30・692
程　悅　57・199
程　益　4・96
　5・97
　32・626
程　滂　2・100
　16・440
　20・490
程　浩(清婺源延村)　56・108
程　浩(清婺源東溪頭)　55・9
程流綱　57・455
程　宸　54・159
程家杠　56・255
程家杞　56・377
程家相　77・283
程家瑛　59・454
程家焯　45・277
程家駒　55・447
程家駱　57・231
程家駿　71・287
程家騏　55・511
程家騮　55・447
程家寶　55・263

程祥齡　53・520
程　純　58・208
程邕之　4・245
　32・386
　33・262
程　琄　54・271
程琄同　58・594
程教之　19・131
程培元　57・334
程培基　55・455
程培達　54・290
程培勳　54・271
程培禮　71・27
程執中　54・185
程基蘭　53・30
程　萃　57・18
程　乾　59・297
程乾尚　57・178
程　埜　37・803
程　彬　57・308
程帶礪　52・357
程盛友　57・229
程雪庭　9・262
程雪堂　9・262
程　堂　47・170
程國仁　2・14
程國虎　56・37
程國治　57・330
程國珍　57・162
程國俊　56・124
程國泰　57・308
程國連　56・199
程國瑚　56・517
程國遠　56・144
程國楨　58・603
程國瑤　57・186
程國熖　56・109
程國樞　56・414
程國調　57・348
程國廩　57・214
程國鑑　46・252
程崇鎮　57・258
程得鵬　57・472
程從鈞　57・515
程彩先　56・129
程象升　47・198
程象乾　58・672
程　訥(明德州)　5・209
程　訥(明德興)　58・568
程　庾　56・355
程康年　55・232
程康國　59・620
程惟泰　50・517
程惟珠　55・647
程惟象　57・485
程惟遠　9・198
　9・397
程惟權　57・348
程烱城　57・128
程　烺　52・538
程　清　57・329
程清望　56・532
程清蘭　43・105
程添德　57・348
程淑炫　56・343
程淑時　54・497
程　淦　54・335
程　淳　60・222
程淙瑞　57・401
程梁壽　56・76
程涵輝　56・242
程　寅　54・156
程寅生　57・389
程啓忻　35・552

程啓訓　56・314
程啓魁　55・435
程啓鈺　56・646
程啓詵　55・157
程啓璜　58・543
程　紱　56・401
程　組　54・178
程　紳　14・364
15・557
17・529
程　紹　4・113
5・209
8・605
24・518
程紹楠　47・222
程紹魁　52・172
60・201
程紹頤　53・545
程　琪　71・423
程　瑛　50・307
程　琳(宋永寧軍)　1・745
15・508
16・405
18・26
程　琳(宋臨川)　69・152
程　琳(清)　47・247
程　琦　76・182
程琯孫　57・309
程　堦　57・357
程博文　59・265
程　喜　17・693
程　達(宋)　47・148
程　達(明)　65・102
程達先　46・204
程達道　57・445
程萬元　53・582
程萬里(明)　23・130
程萬里(清城武)　39・77
程萬里(清婺源溪頭)　55・365
程萬里(清婺源彰睦)　56・165
程萬恭　59・433
程萬善　39・62
程葆舒　58・388
程葆醇　56・204
程　朝　72・633
程朝宗　56・156
程朝陽　55・413
程朝馨　57・357
程　棋　56・96
程　森(清弋陽)　50・521
程　森(清婺源城西)　56・661
程　森(清婺源漳溪)　56・71
程森元　57・341
程森泰　59・521
程　棟　57・140
程棣照　54・189
程　極　57・499
程惠元　55・466
程惠民　4・149
程雲孫　56・239
程雲路　35・195
程雲溪　9・437
程雲漢(清商河)　9・417
程雲漢(清單縣)　38・280
程雲鵬　78・199
程雲麟　54・184
程　棠　55・552
程　鼎(宋)　57・436
程　鼎(清)　54・334
程鼎昌　55・429
程鼎新　57・443
程開純　56・213
程開紱　56・212
程開維　57・132

程開璞　47・284
程開興　57・151
程遇賓　53・566
程景芳　60・501
程景孟　35・193
程貴初　57・509
程無懩　55・550
程　策　58・179
程雋仙　55・333
程雋佳　56・83
程復心　54・45
程復初　54・205
程　鉅　57・307
程鉅夫　71・254
75・362
程欽泰　57・233
程猶龍　46・151
程　然　56・205
程　詠　55・233
程詔書　55・429
程　詒　55・146
程敦本　55・20
程敦復　55・434
程　斌　58・353
程　善　58・40
程翔雲　57・391
程　普　48・447
程道立　9・624
程道昌　47・560
程道南　55・213
程道卿　59・633
程道淵　59・309
程道撝　80・556
程　曾　45・4
46・131
程曾衿　54・588
程　焯　35・317
程　湘　55・519
程裕泰　54・384
程登吉　46・505
程登科　9・260
程登棠　55・161
程登槐　57・143
程發玉　57・230
程發良　57・192
程發軔　56・72
程發祥　9・857
程發彩　57・170
程發翯　55・152
程喬采　45・682
程　頊　57・456
程瑞全　56・429
程瑞鳴　58・608
程　瑀　47・31
程　敖　56・456
程　載　71・346
程聖培　47・575
程蓮照　55・215
程夢元　54・192
程夢伊　59・584
程夢良　6・448
36・47
程夢林　57・323
程夢報　53・177
程蓉照　54・190
程蒙恩　54・495
程楚翁　54・317
程　楷(明)　59・359
程　楷(清)　80・47
程楫才　55・447
程楙采　45・665
程　輅　71・490
程　愚(清婺源)　55・307
程　暄　58・240

程鳳文 62・651
程鳳岐 52・361
程鳳書 55・108
程鳳楷 60・400
程鳳魁 23・264
程　誥 59・297
程　廣 54・205
程廣富 56・114
程　端 18・727
42・456
程端容 54・224
程端蒙 58・373
程齊莊 56・397
程　鄰 47・8
程　榮 55・306
程榮光 71・249
程榮治 57・321
程榮春 54・287
77・367
程榮宦 57・370
程榮華 57・308
程榮淦 57・150
程榮貴 53・66
程榮照 55・431
程榮嵩 54・528
程榮樓 56・193
程　漢 53・431
程實之 58・377
程肇昇 57・307
程肇珠 55・164
程肇基 56・221
程肇祺 55・346
程肇舉 24・713
程緒曾 52・496
程　緋 54・278
程　綱 71・246
程維正 55・290
程維海 56・64
程維清 76・189
程維琯 56・529
程維幹 43・105
程維德 9・741
程維錦 54・584
程綿壽 57・340
程　綬 56・229
程　瑾 2・85
程　鋆 30・134
程增好 56・358
程增教 57・114
程增煌 59・469
程增輝 56・339
程蕙春 55・196
程　邁(宋) 75・397
程　邁(清) 30・721
程　蕃 76・386
程　樞 56・446
程　標(字品端) 54・186
程　標(字禮和) 55・12
程　遷 47・86
程　醇 58・341
程震元 78・271
程震甲 55・476
程震林 55・512
程震修 55・476
程震祥 55・148
程震堂 55・201
程震鼎 55・476
程震蕃 56・424
程震儉 55・476
程震儀 57・402
程震豐 55・476
程震璧 55・415
程輝祖 57・32
程賜榮 55・284

程　篁　60・281
程　質(元)　57・483
程　質(明)　57・447
程德仁　58・603
程德化　58・592
程德均　57・321
程德言　55・100
程德枰　56・174
程德基　51・566
程德揚　57・367
程德貽　71・483
程德椿　57・323
程德榮　38・291
38・321
程德賚　55・374
程德優　58・586
程鋐慎　56・295
程劍南　54・384
程　熟　32・585
程　褒　52・190
程慶鈞　56・370
程養文　55・293
程養全　58・306
程養嵩　55・4
程養德　55・2
程養澤　56・652
程瑩坤　54・471
程瑩煇　55・456
程瑩綬　57・246
程瑩饋　56・340
程　潭　43・96
程　澐　56・669
程潤身　39・347
程　潼　37・857
程履正　57・340
程履坦　36・39
程履晉　57・274
程履益　57・271
程履祥　60・505
程履豐　54・286
程　靜　59・286
程　熹　59・433
程　翰　57・161
程　頤　73・405
程　樹　58・181
程樹梅　55・247
程　檩　57・438
程　嶧　58・197
程　勳　71・415
程勳炳　54・471
程興鉞　57・308
程學伊　54・302
程學金　55・353
程學泗　78・201
程學華　57・192
程學堅　45・203
程學進　59・639
程學淦　59・453
程學博　1・811
程學萬　57・155
程學義　47・124
程學源　55・442
程學灝　50・316
程　儒(明廣豐)　53・244
程　儒(明潞安)　42・196
程錫圭　57・472
程錫庚　56・145
程錫紱　56・193
程錫爵　56・339
程　錦　56・569
程錦春　55・28
程錦泰　56・327
程錦渠　55・87
程錦喜　56・93

程錦愛　56・664
程錦榮　55・32
程錦濠　57・21
程　龍　55・272
程龍光　57・307
程　熺　56・356
程　熾　52・478
程澤芹　55・190
程　憲　54・204
程憲文　35・103
程憲昱　45・191
程　寰　77・283
程　縉　77・140
程縉光　56・219
程駿揚　53・583
程　璵　76・462
程聯奎　57・318
程聯標　57・232
程藍田　55・467
程　樫　55・437
程懋文　56・90
程懋生　57・187
程懋迎　57・57
程懋林　54・597
程懋連　57・80
程懋浤　4・388
　　14・707
程懋喜　55・219
程懋椿　55・510
程徽五　57・201
程徽熾　57・340
程鍊金　57・142
程鍾政　80・543
程鍾琈　56・301
程鍾齡　71・284
程鍾麟　54・277
程爵嘉　58・600
程　謙　49・130
程謙吉　58・430
程應元　54・217
程應申　59・279
程應台　56・59
程應坎　54・409
程應辰　78・525
程應華　55・635
程應梯　57・337
程應階　57・270
程應超　55・183
程應鈞　57・431
程應夢　57・453
程應魁　57・124
程應鳳　56・3
程應肇　55・350
程應趣　56・36
程應璠　76・253
　　76・271
程應龍　76・760
程應鴻　54・567
程應鵠　56・2
程應鵬　54・570
程應鶹　56・577
程應鶴　55・644
程應麟　57・232
程燦章　55・472
程燦策　33・224
程燦煌　57・199
程　燮　52・544
程　爀　71・257
程　鴻　56・209
程鴻文　56・591
程鴻吉　54・385
程鴻沛　56・166
程鴻春　54・469
程鴻淮　53・411

程鴻模　55・155
程鴻輔　55・422
程鴻澤　56・389
程濟美　56・355
程濰生　6・448
程　翼　71・329
程　績　54・278
程　燾　56・292
程藜照(清高安)　55・465
程藜照(清婺源)　54・353
程豐厚　19・72
程題雁　58・77
程　穡　57・367
程馥林　55・419
程雙元　57・3
程鎮藩　55・262
程　鎬　59・574
程璧煌　59・486
程藻芬　57・272
程藻芳　55・472
程黼光　56・99
程　贊　7・372
程鏓麟　55・260
程　鏡　49・328
程　鵬(元)　14・361
17・508
程　鵬(清南城)　71・341
程　鵬(清麻城)　77・591
程　鵬(清婺源)　56・29
程鵬里　48・355
程鵬摶(清古田)　77・559
程鵬摶(清新建)　46・354
程鵬翼　54・320
程騰昇　53・117
程鯤化　2・81
78・188
程懷義　56・237
程　瀚　53・145
程繩武　2・65
7・390
38・165
程馨年　56・439
程蘭臯　9・859
程蘭馨　55・467
程耀文　57・21
程耀廷　56・306
程耀衿　57・122
程耀祖　56・594
程耀通　57・328
程耀錦　57・82
程籍起　56・663
程繼貞　55・234
程繼洙　47・583
程繼浩　47・517
程　顥　72・249
73・405
74・46
74・374
程躍濤　56・592
程　鐸　54・353
程鶴輪　55・404
程　巖　52・466
程巖福　57・96
程　鑑　55・262
程　瓚(清高安)　55・30
程　瓚(清鄱陽)　58・194
程　顯　59・581
程顯中　50・306
程顯道　57・480
程顯榮　56・238
程顯潛　56・533
程　鑄　35・335
程　鑣　56・366
程　纓　46・531

程　觀　35・101
程觀泰　57・105
程觀瀾　60・396
　60・419
程　巙　52・476
程　鑫　56・379
程　灝　53・144
程　鑰　55・262
程　驤(唐)　31・836
　40・510
程　驤(清)　57・120
程鸞池　55・368
程鸞臺　54・285

犂

犂比公　30・634
犂　鉏　35・638
犂　彌　7・136

喬

喬大凱　4・344
　35・463
喬子忠　32・406
　33・280
喬天真　36・206
喬文郁　48・121
喬文蔚　23・248
喬方興　36・202
喬世臣　4・344
　35・463
喬立泰　12・509
喬永勤　12・396
喬光鋑　36・209
喬廷輔　35・479
喬　仲　41・136
喬　旭　27・161
喬守仁　27・121
喬克諶　6・651
喬壯受　2・51
　43・22
喬若雯　1・812
喬　岱　5・128
　32・627
喬　育　4・150
喬宗啓　31・798
喬建才　36・17
喬建合　41・413
喬桂森　4・471
喬　剛　21・135
　23・622
喬　通　14・703
　42・961
喬執中　1・739
喬　崑　42・12
喬　崙　7・383
喬從善　25・647
　27・166
喬萬濟　25・147
喬　鈅　5・250
　6・209
喬　欽　36・202
喬　嵩　43・538
喬　銘　76・469
喬鳳墀　23・260
喬　榮　9・865
喬　瑾　5・184
　15・107
　15・141
喬　遷　41・385
喬遷岐　1・790
　43・539
喬　儉　27・161
喬學詩　31・796
喬　嶽　6・173

喬應觀　36・219
喬　璽　41・694
喬　穩　5・123
　32・626

答

答里麻　1・756
　39・145

傅

傅一佐　63・141
傅一飛　52・519
傅一德　22・235
傅人杰　79・606
傅人翘　79・525
傅九苞　40・570
傅九思　40・168
傅九淵　63・54
傅三捷(明)　77・21
傅三捷(清)　35・334
　35・388
傅三登　80・722
傅士玉　53・455
傅士芳　80・683
傅士宏　13・419
傅士珍　2・85
　18・697
　18・816
　18・817
傅士奎　2・40
　8・24
　8・470
　32・588
　36・436
傅士珣　53・355
傅士銓　69・545
傅大川　62・167
傅大方　23・261
傅大地　53・469
傅大有　7・374
傅大全　19・581
傅大亨　27・541
　28・172
傅大型　53・579
傅大業(清金谿)　70・625
傅大業(清南豐)　71・551
傅大聲　78・262
傅上珍　51・489
傅上鈞　53・374
傅上鋪　53・369
傅上録　53・378
傅上錡　53・494
傅上鐮　53・638
傅子文　63・141
傅子桂　80・709
傅子雲　52・403
　70・457
　76・464
傅子榮　71・377
傅子韞　66・395
傅天奇　77・192
傅天和　74・264
傅天禄　53・88
傅天樞　77・523
傅天錦　71・244
傅天爵　25・40
傅天驥　79・544
傅　元　66・153
傅元吉　62・679
傅元求　62・315
傅元順　69・191
傅元澄　70・639
傅　友　62・355
傅日煇　53・48

傅日榮　51・631
傅曰秀　7・150
傅曰璁　23・250
傅曰翼　19・327
傅　仁　71・527
傅仁可　70・635
傅仁孚　79・545
傅仁堯　53・33
傅仁德　53・136
傅公謀　60・744
　61・229
傅公讓　15・550
　17・510
　18・304
傅六吉　71・553
傅文兆　70・553
傅文亨　53・633
傅文昭　71・328
傅文炳　53・439
傅文冠　62・361
傅文華　62・80
傅文根　78・568
傅文祥　51・614
傅文通　33・695
傅文彪　53・349
傅文聖　63・144
傅文煜　53・348
傅文煒　53・653
傅文蕖　22・328
傅文熥　72・5
傅文標　53・637
傅文震　53・506
傅文鍈　53・544
傅文龍(明)　79・456
傅文龍(清)　62・384
傅文燇　72・4
傅文憲　53・541
傅以鼎　38・579
傅以道　37・423
傅以漸　4・375
　38・542
　38・621
　38・638
傅以禮　76・211
傅允迪　67・309
傅允誠　4・379
傅玉良　66・127
傅玉潤　66・127
傅玉璘　70・581
傅玉瑕　5・335
傅玉聲　66・370
傅玉露　76・210
傅正方　39・296
傅正揆　4・380
　38・545
傅世烈(清奉天)　2・75
　41・65
傅世烈(清新喻)　66・206
傅世球　69・268
傅丙鑑　23・267
傅占衡　69・379
　71・358
傅甲生　72・31
傅申奇　39・196
傅由然　79・597
傅四美　62・393
傅仕謙　77・212
傅代言　72・7
傅代衍　62・592
傅代祿　62・460
傅代漳　62・474
傅代鐸　2・98
傅仙賓　71・346
傅冬陽　72・31

傅　立　58・306
傅立相　48・143
傅必高　66・544
傅　永　4・48
5・39
6・338
11・76
傅永綍　38・550
傅永圖　62・565
傅永慶　69・235
傅　弘　14・221
傅邦教　71・550
傅　共　78・289
傅有宷　71・338
傅而保　75・428
傅　成(元)　4・214
5・98
15・105
15・148
傅　成(明)　5・193
10・632
傅光宅　4・160
38・538
傅光球　51・632
傅曲江　45・268
傅同祿　41・203
傅屺瞻　31・64
傅先天　72・107
傅先覺　72・5
傅廷亮　70・616
傅廷桂　53・74
傅廷豹　22・305
22・642
傅廷訓(清東阿)　31・832
傅廷訓(清宜春)　60・691
傅廷彩　58・582
傅廷琦　6・145
傅廷詔　62・437
傅廷弼　18・554
傅廷猷　58・542
傅廷標　79・535
傅廷輝　38・627
38・650
傅廷勳　58・578
傅廷蘭　21・403
傅廷欞　13・137
傅廷獻　38・561
傅　伏　31・759
傅延耆　5・113
傅仲乾　58・670
傅仰泉　72・7
傅自立　65・246
傅自修　79・141
傅自得(宋南城)　71・230
傅自得(宋濟源)　79・97
傅　舟　65・279
傅全梅　77・276
傅　合　69・540
傅兆槐　70・532
傅米石　4・369
39・178
傅汝舟(宋)　71・315
71・332
71・423
72・2
傅汝舟(明)　75・591
76・106
傅汝江　53・632
傅汝祚　19・300
傅汝梅　80・611
傅汝掄　71・323
72・4
傅汝楫　75・591
傅汝僑　53・557

傅汝霖　72・27
傅汝謙　53・63
傅宇容　79・547
傅守分　5・216
傅守鈺　22・308
傅安民(宋)　72・96
傅安民(清)　5・368
　8・325
傅安潛　70・478
傅　祁　68・397
傅如壽　76・262
　76・366
傅好禮　1・773
傅　芳　8・329
傅克生　65・126
傅克欽　76・387
傅克寬　72・135
傅步青　62・659
傅步瀛　63・311
傅作舟(清廣豐)　53・596
傅作舟(清瀘溪)　72・13
傅作求　62・157
傅作楫　66・387
傅作義　80・754
傅作霖　71・593
傅伯成　75・418
　76・461
　77・500
　79・99
傅伯通　58・665
傅　位　69・318
傅　佇　78・259
傅希摯　1・770
傅希賢　62・565
傅希龍　78・238
傅　肜　72・18
傅　言　7・173
傅言什　62・527
傅亨元　53・162
傅　汶　78・261
傅完貞　38・616
傅　宏　69・244
傅宏京　12・104
傅宏宗　72・78
傅宏祖(明)　48・43
傅宏祖(清)　72・78
　72・98
傅宏烈　72・76
傅宏彪　53・362
傅宏鉅　79・235
傅良全　58・342
傅良弼(唐)　30・59
傅良弼(清)　53・279
傅良德　53・279
傅良橋　70・545
傅良諫　69・184
傅青箱　38・579
傅青嶧　4・471
　23・261
傅玠石　39・186
傅玢石　39・188
傅長江　53・615
傅　坤　72・31
傅若金　66・279
　73・273
傅尚行　61・365
傅尚義　61・367
傅昆怡　62・296
傅明應　62・365
傅　昂　70・529
傅忠波　52・616
傅忠恪　62・519
傅垂範　71・319
　71・447

傅知柔 78・259
78・695
傅和梅 48・145
傅秉昭 70・604
傅秉廉 53・29
傅秉衡 53・30
傅岱石 39・187
傅佩蘭 45・129
傅金門 72・8
傅金城 72・7
傅金銓 70・612
傅金範 79・568
傅周書 77・270
傅育岊 31・62
傅育德 78・681
傅育器 31・62
傅性純 72・6
傅宗茂 70・579
傅宗堯 38・580
傅宗臯 68・208
傅宗舉 72・11
傅定邦 63・515
傅定保 79・266
79・544
傅定遠 62・453
傅 穹 77・193
傅承祖 65・298
傅承勤 37・8
傅承賚 65・121
傅承璋 58・599
傅孟泥 63・159
傅孟春 62・60
傅孟素 66・367
傅奏功 79・597
傅奏啓 79・535
傅 珍 72・85
傅 珉 12・104
傅 荃 8・329
傅南錦 72・10
傅 相 63・118
傅相如 18・523
傅柏齡 71・340
傅拱明 41・164
傅星煜 70・498
傅 昭 66・410
傅思敬 38・638
傅思義 38・572
傅思德 37・5
傅香宗 53・62
傅秋喜 72・31
傅重華 53・115
傅 修(宋) 72・63
傅 修(清) 45・72
傅信之 1・833
傅衍雲 62・660
傅後湖 70・599
傅帝賚 79・597
傅 炳 78・694
傅炳鍠 79・571
傅 炯 72・42
傅 洪 52・540
傅洪都 12・105
傅 洋 71・345
72・34
傅宣化 41・400
傅宣惠 70・613
傅 冠 72・71
74・320
80・32
傅 珙 76・239
76・320
傅班聯 72・25
傅起瀛 53・512
傅 梃 71・229

傅　桃　63・157
傅夏器　79・548
傅　烈　79・143
　79・544
傅振邦　4・448
傅振鉉　70・564
傅致和　53・140
傅時中　72・96
傅峯言　62・680
傅　峻　71・572
傅倘爲　79・499
傅　倓　72・20
傅　皋　72・7
傅　訓　76・390
傅高陞　72・207
傅凌漢　62・456
傅　浚　79・445
傅宸楹　23・246
　23・645
　78・465
傅　宸　4・268
　5・318
　43・274
傅逵鴻　23・273
傅執中　72・96
傅　梅（明）　69・234
傅　梅（清）　76・397
傅　梯　70・479
傅掄秀　26・638
傅　野　71・227
　71・412
傅晚遲　79・582
傅　國　17・560
　19・303
　19・424
傅國用　62・425
傅國英　79・572
傅國珍（明）　76・386
傅國珍（清）　31・828
傅國俊　79・511
傅國植　62・389
傅國煌　62・440
傅國璧　1・802
　69・186
傅　崧　63・71
傅崇中　44・315
傅崇訓　14・136
傅　進　12・142
傅得一　45・368
傅得魁　53・633
傅從烈　52・609
傅　彩（清鉛山）　53・53
傅　彩（清瀘溪）　72・18
傅彩南　62・463
傅象晉　69・254
傅　訥　9・624
傅　康（宋）　75・410
　77・580
　79・145
傅　康（晉）　47・419
傅商弼　1・805
　43・19
傅商器　79・560
傅惟肖　79・498
傅惟清　80・131
傅　淳　45・264
傅　涵　69・395
傅　啓　78・303
傅啓仁　12・197
傅啓光　79・456
傅啓佑　30・101
傅啓沃　68・391
傅陽明　79・505
傅　隆　72・107

傅隆阿　16・449
　19・4
傅　習　72・40
傅紹宗　53・62
傅紹祖　62・322
傅紹賢　60・699
傅　瑛　49・161
傅瑛石　39・187
傅琳森　23・441
傅　琦　72・11
傅　琯　69・629
傅堯俞　4・74
　31・218
　31・768
傅斯忱　38・576
傅斯懌　4・382
　38・558
　38・660
傅敬和　18・7
傅朝臣　12・136
傅朝佑　69・88
傅雄署　68・529
傅雲瑞　58・578
傅雲龍　70・483
傅雲騰　72・10
傅　雱　65・60
傅　敞　21・309
　23・632
傅貽度　77・208
傅鼎銓　69・444
傅景堂　53・633
傅景堯　31・57
傅景鋐　53・466
傅景鐘　53・274
傅　凱　79・445
傅　智　79・502
傅喬年　30・236
傅　復　72・8
傅　鈞　13・149
傅爲邦　64・428
傅爲霖　79・562
傅爲礪　76・397
傅　評　23・275
傅　詠　4・466
　23・247
傅　詔　7・443
傅詔度　78・239
傅敦孝　23・272
傅善同　79・577
傅善瑤　47・576
傅善興　79・612
傅道重　12・199
傅道統　79・165
傅曾陟　23・259
傅淵季　79・525
傅運樞　19・394
傅　裕　32・355
　33・219
傅　弼　35・341
傅弼偉　62・524
傅　登　53・335
傅　瑞　79・605
傅夢泉　71・222
　71・406
傅夢弼　80・609
傅夢舉　43・304
傅　蒿　49・161
傅　蒙　78・283
傅椿年　72・107
傅楨瑞　52・577
傅　楫　75・424
　78・223
傅　概　52・518
傅豎眼　11・76

	17・474
	19・283
傅　匯	70・551
傅暉吉	58・437
傅暉嘉	69・400
傅嗣仲	80・142
傅　與	71・552
傅　鉞	15・566
	17・520
傅　誠	78・281
	79・363
傅誠友	39・316
傅亶初	23・269
傅稟初	23・256
傅新養	79・466
傅猷著	72・62
傅源植	50・118
傅福保	77・153
傅殿英	70・608
傅際霖	70・623
傅經邦	62・455
傅嘉善	6・222
	23・277
傅嘉體	70・552
傅　壽	76・282
	76・366
傅壽朋	63・84
傅壽彬	80・148
傅聚元	70・596
傅　熙	70・492
傅爾恒	38・539
傅爾德	39・184
傅爾謙	38・566
傅爾鼇	79・238
傅爾繩	39・190
傅鳴玉	67・230
傅鳴鳳	53・615
傅鳴巖	35・341
傅圖琳	62・557
傅圖籠	62・186
傅　箕	72・36
傅　銓(明)	75・713
傅　銓(清)	45・264
傅銓彥	68・364
傅銘恭	53・334
傅豪元	27・158
傅廣潤	62・356
傅　韶	73・147
傅精業	9・402
傅榮可	71・520
傅　潄	23・278
傅　寬(明)	38・578
傅　寬(漢)	15・579
傅賓鳳	8・466
傅　察	31・219
傅　實	68・110
傅實之	65・246
傅維杞	19・589
傅維弼	42・392
傅維麟	14・693
	42・938
傅　綸	38・638
傅　璜	72・12
傅增明	30・684
傅增榮	62・471
傅賚泗	62・412
傅賚頡	62・445
傅賚諷	62・449
傅暨眼	5・40
	6・338
傅賢章	66・119
傅　震	72・3
傅德言	62・589
傅德海	53・595

傅德新　53・596
傅德謙　72・478
傅衛廉　52・580
傅衛墀　53・74
傅　諏　46・258
傅諒友　78・287
傅賡安　38・563
傅慶初　23・257
　23・654
傅慶壽　13・420
傅遵業　62・137
傅　潮　66・144
傅履恒　19・71
傅履約　79・581
傅履階　79・507
傅　豫　4・466
　23・266
傅　璞　79・562
傅　璘　62・294
傅　甕　53・146
傅翰邦　63・523
傅翰表　79・507
傅翰章　34・319
　34・337
傅樹滋　10・310
傅樹蕃　23・272
傅　檝　79・577
傅　融　18・4
傅　霖(宋)　15・584
　17・495
　18・423
傅　霖(明金谿)　70・524
傅　霖(明貴溪)　1・816
　52・65
傅霖卿　43・295
傅霖森　49・460
傅　默　76・471
傅舉巖　72・91
傅　興(元)　7・173
傅　興(明)　62・382
傅學易　38・560
傅學周　72・17
傅儒忱　22・304
　22・637
傅　衡　7・161
　17・512
傅錫田　14・145
傅　錦　62・287
傅　錞　80・36
傅　錠　77・140
傅　諴　78・261
傅　諭　38・638
傅　諮　45・158
傅龍會　70・586
傅澤澐　23・625
　24・289
傅　縝　53・85
傅駿名　23・282
傅環芳　23・278
傅聯科　39・197
傅　藎　72・85
傅　曙　71・536
傅鍾秀　4・227
　23・253
　23・648
傅鍾靈　23・277
　23・654
傅　爵　62・687
　64・333
傅　謙　70・615
傅謙受　78・287
傅應兆　17・542
　19・294
傅應泰　79・564

傅應期　72・69
傅應軫　69・585
傅應禎　72・575
傅應嘉　79・531
傅　燮　65・161
傅　鴻　41・144
傅鴻飛　79・602
傅鴻紳　58・671
傅鴻詞　58・582
傅鴻濟　58・550
傅濬川　49・475
傅濟川　11・97
傅覲光　41・77
傅　顒　71・378
　　　　71・527
傅　鎮　76・215
　　　　76・277
傅鎮五　53・115
傅鎮中　70・565
傅鎮邦　2・45
　　　　32・449
　　　　33・74
傅鎮河　64・562
傅　鎔　76・394
傅攀龍　23・270
傅　顗　23・251
傅　鵬　65・224
傅鵬起　80・131
傅　夔　70・535
傅　瀚　66・62
傅繩勛　4・377
　　　　38・554
傅　鶚　66・160
傅　籌　80・459
傅寶忠　14・145
傅繼莒　15・159
傅繼勛　4・377
　　　　38・555
傅繼韓　23・247
傅　權(宋南城)　71・227
　　　　71・423
傅　權(宋僊遊)　78・287
傅躍金　70・505
傅　巖(元)　58・400
傅　巖(清建陽)　76・492
傅　巖(清豐城)　68・501
傅　顯(明侯官)　75・491
傅　顯(明鄒平)　5・136
傅顯功　70・538
傅顯裕　51・452
傅　欒　77・652
傅　鑰　76・245
　　　　76・313

雋

雋不疑　7・69
　　　　11・282
　　　　12・101
　　　　15・515
　　　　16・392

焦

焦士龍　38・322
焦日培　5・128
　　　　32・598
焦文泮　73・395
焦文俊　31・297
焦文炳　4・236
　　　　43・443
　　　　43・511
焦文傑　31・297
　　　　32・132
焦文舉　31・297
焦以潤　5・257

	32·638
焦　玉(明汶上)	4·222
焦　玉(明霞浦)	77·386
焦世榮	20·562
焦式沖	5·256
	32·637
焦式泰	5·263
	32·646
焦汝均	32·648
焦汝桂	32·651
焦汝益	5·256
	32·604
焦汝爲	5·256
	32·606
焦汝謙	32·648
焦守已	43·440
焦祁年	4·269
焦丞曾	32·612
焦步濂	23·437
焦希程	27·356
	27·799
焦宏年	32·636
焦　武	31·297
焦長庚	41·809
焦其仁	19·625
焦若霖	20·555
焦　杲	31·297
焦迪曾	32·613
焦　忠	5·86
焦　和	7·73
	17·692
焦秉貞	4·353
焦宗周	76·469
焦祈年	5·256
	32·635
焦建中	14·378
焦孟竹	2·94
	14·112
	16·454
焦　政	5·86
焦　相	15·38
	15·135
焦思蘭	26·129
焦重祿	32·648
焦　竑	4·198
	31·281
	31·286
	32·132
焦　桓	6·642
焦連捷	34·326
焦　振	32·649
焦　現	32·651
焦執中	14·378
焦梅清	14·398
焦掄元	26·119
焦敏中	38·217
	38·309
焦　庸	31·297
焦萬里	14·735
焦雲龍	4·286
焦復亨	22·290
	22·584
焦詵桂	23·442
焦詵曾	32·613
焦　靖	31·297
焦　煜	32·613
焦源清	8·467
焦綏祚	5·256
	32·634
焦爾厚	5·257
	32·636
焦爾啓	5·256
	32·605
焦毓棟	5·255

32・632
焦毓鼎 5・255
32・633
焦毓瑞 4・268
5・255
32・599
焦毓慶 4・295
5・256
32・601
焦　榮 4・143
43・437
焦榮祖 5・86
43・575
43・788
焦　寬 72・106
焦維垣 5・203
34・69
焦綰祚 5・256
32・611
焦　瑾(元) 43・443
焦　瑾(明) 15・552
17・514
20・499
焦墨林 29・598
焦養直 4・89
38・705
焦興廷 26・133
焦學范 17・568
20・500
焦　澤 42・195
焦澤久 19・615
焦應年 32・636
焦繽祚 5・256
32・611
焦繡谷 45・266
焦　馨 4・132
5・128
32・597
焦　顯 5・207
8・602

皓

皓星公 4・16
35・641

須

須用掄 1・838
16・435
18・60
須　震 15・30
15・133

舒

舒一清 65・505
舒一邃 65・399
舒九萬 49・347
舒大邦 58・305
舒大儒 65・476
舒大縉 65・521
舒子真 58・216
舒曰敬 44・318
舒仁民 65・528
舒仁遠 14・140
舒　化 69・75
舒化民 2・40
8・25
8・471
25・354
30・235
34・146
39・810
65・384
舒公平 65・517
舒公和 52・631

舒文昱　65・334
舒文輝　65・396
舒文瀾　58・562
舒以健　65・412
舒以愈　65・434
舒以綸　73・337
舒孔安　2・105
　27・810
舒本立　65・346
舒丙杜　65・502
舒　旦　72・61
舒　汀　75・494
　76・38
舒邦佐　65・391
舒邦彥　67・10
舒邦儒　59・44
舒式鏞　65・483
舒而太　58・576
舒光璧　65・424
舒同文　58・666
舒先行　65・350
舒廷英　65・433
舒廷彪　58・552
舒廷棟　49・358
舒廷錦　65・421
舒廷蘭　58・603
舒仲誠　61・452
舒　向　44・119
舒兆科　65・435
舒兆璧　58・434
舒　冲　50・405
舒　芬　47・326
　71・354
　72・63
　75・372
舒希泮　65・482
舒　宏(明)　47・318
舒　宏(清)　63・152
舒宏緒　62・233
舒其琯　65・401
舒　杲　53・218
舒　忠(明靖安)　65・336
舒　忠(明德興)　58・348
舒秉魯　14・137
舒采顧　65・361
舒　性(明)　45・68
舒　性(清)　65・410
舒　炂　65・514
舒定標　58・554
舒承卞　48・241
舒承烈　65・379
舒孟華　65・396
舒春芳(明)　58・124
　76・465
　77・364
舒春芳(清)　59・151
舒春陽　65・397
舒春暹　65・479
舒　柏　65・392
舒　昱　58・150
舒昭遠　58・422
舒　香　72・61
舒　胖　51・567
舒亮友　65・356
舒亮文　65・499
舒亮袞　65・353
舒亮褒　65・404
舒亮鵬　65・512
舒　彥　65・400
舒美王　49・264
舒　炳　72・89
舒祖承　65・411
舒　泰(元)　67・17
舒　泰(明婺源)　54・206

舒　泰(明新建)　46·145
舒恭行　65·485
舒恭受　65·386
舒　桓　65·499
舒振甲　65·360
舒振逵　50·402
舒　哲　50·240
舒致逢　65·482
舒時可　65·364
舒時浩　65·523
舒時義　65·480
舒　晟　60·7
舒　衷　65·411
舒　益　59·352
舒家駒　26·732
舒容華　80·70
舒　祥　59·158
舒　通　80·69
舒　翀　62·93
舒　彬　53·339
舒　冕　80·69
舒崇鏡　65·503
舒惟德　45·155
舒　清(明靖安)　65·396
舒　清(明德興)　58·323
舒啓鵬　65·484
舒　琥　65·342
舒斯辛　65·349
舒斯佶　65·402
舒萬化　1·840
14·110
16·436
50·232
舒　敬　65·335
舒森材　52·347
舒　椅　65·339
舒　棐　65·475
舒貴原　58·344
舒　程　67·246
舒順豪　49·292
舒復宗　71·120
舒　欽　65·497
舒　詔　72·108
舒道南　72·89
舒　遂　65·402
舒　富　74·441
舒　祺　45·57
舒　賀　58·282
舒　發　72·60
舒　瑞　50·187
舒瑞清　58·605
舒　聖　63·134
舒夢蓮　65·428
舒夢熊　50·501
舒夢蘭　50·143
65·413
舒　楠　67·16
舒　榆　65·498
舒業順　65·381
舒　暘　60·81
舒嗣隆　65·327
舒　煒　65·403
舒溥震　72·88
舒際昌　65·500
舒　嘉　65·343
舒慕芬　65·407
舒鳳章　58·587
舒鳳翔　65·496
舒　韶　65·516
舒榮祖　72·668
舒　寬　72·62
舒　綱　72·63
舒維忠　65·348
舒　綸　80·70

舒　閲 65・359
舒　儀 80・69
舒德光 52・307
舒德輝 65・527
舒調臭 65・349
舒慶雲 65・365
舒慶遠 65・429
舒慶圖 50・527
舒豫章 58・553
舒穆嚕 11・200
舒學宜 58・604
舒　鍈 49・229
舒錫慶 14・138
舒錦泰 65・525
舒龍潭 14・140
舒　濂 65・351
舒懋官 65・370
舒懋鉝 65・487
舒懋鍾 65・532
舒懋鎮 50・491
舒　謨 59・287
舒謙福 65・365
舒應龍 75・379
舒　翼 65・501
舒曜南 14・145
舒　翱 58・607
舒　鎮(明奉新) 67・246
舒　鎮(明靖安) 65・519
舒　顗 72・60
舒　懷 50・233
舒　櫸 65・392
67・15
舒　鑑 65・519
舒　鼇 58・357
舒麟炳 58・366
舒麟祥 65・524
舒　觀 65・521

鈔

鈔　秀 38・161

鈎

鈎弋夫人 15・613

鈕

鈕國典 9・736
鈕　勳 33・582
33・695

禽

禽　慶 19・43
23・657

爲

爲霖禪師 77・73

舜

舜 41・1

貂

貂　勃 7・155

鄔

鄔大烈 64・575
鄔之鳳 70・600
鄔元宗 45・425
鄔元彪 60・320
鄔正階 20・780
鄔世位 63・438
鄔世楨 63・574
鄔左升 50・542
鄔　旦 63・412
鄔有言 63・549
鄔有坦 64・607

鄔有望　63・421
鄔光大　64・349
鄔光國　62・185
鄔仰和　64・564
鄔尚志　64・389
鄔尚纓　64・392
鄔　孟　75・551
　79・11
鄔咸和　63・558
鄔思德　62・371
鄔　修　44・103
鄔通微　45・372
鄔　彬　62・484
鄔　虙　69・363
鄔崇上　63・564
鄔崇昇　64・339
鄔惟疆　63・550
鄔紹文　44・464
鄔　琛　62・191
鄔畬經　2・55
鄔遠福　49・289
鄔聖昭　70・608
鄔經邦　72・103
鄔　璉　64・187
鄔熙和　63・418
鄔鳴皋　60・363
鄔　箕　63・408
鄔增光　62・672
鄔　輝　63・569
鄔　閱　64・186
鄔　璚　64・183
鄔聯陞　63・525
　64・442
鄔應奎　62・417
鄔證泰　64・415
鄔耀祖　62・665

然

然　友　36・445
然　雲　10・166

鄒

鄒一枚　77・189
鄒二南　67・175
　67・442
鄒人元　67・427
鄒人敏　67・81
鄒人達　74・452
鄒人照　67・481
鄒人鳳　63・165
鄒人端　67・492
鄒士元　73・67
鄒士玉　74・452
鄒士可　46・444
鄒士扶　71・557
鄒士採　71・572
鄒士授　71・573
鄒士揚　71・573
鄒士楷　69・232
鄒士槽　69・242
鄒士錡　58・668
鄒士鐘　64・596
鄒大成　64・45
鄒大任　64・548
鄒大猷　80・519
　80・585
鄒大綬　68・717
鄒大勳　64・44
鄒大麟　71・114
鄒大觀　80・298
鄒上德　65・258
鄒　山　71・47
鄒之任　80・557

鄒之晉　72・13
鄒之璜　2・83
鄒子先　71・8
鄒子茂　71・478
鄒子温　26・108•
鄒子震　65・301
鄒王臣　64・605
鄒天玠　74・452
鄒天瑞　76・464
鄒天鑑　59・587
鄒　元　39・189
鄒元升　26・108
鄒元佐　71・93
鄒元忠　46・326
鄒元俊　70・227
鄒元祥　29・619
鄒元培　26・108
鄒元梅　72・556
鄒元瑛　71・98
鄒元標　11・474
51・127
72・417
73・406
74・108
74・178
鄒巨川　59・454
鄒日章　71・542
鄒日暉　60・133
鄒曰灼　39・190
鄒曰義　68・569
鄒曰魯　64・413
鄒中傑　62・188
鄒仁宇　40・201
鄒化行　70・636
鄒文士　80・143
鄒文良　67・465
鄒文炘　67・482
鄒文度　46・263
鄒文炳　67・482
鄒文華　71・94
鄒文鼎　72・508
鄒文遠　69・539
鄒文慧　76・487
鄒　斗　71・131
鄒以信　57・537
72・133
鄒以倫　80・301
鄒以常　67・209
鄒允中　27・817
鄒允松　64・40
鄒允昌　77・192
鄒孔賢　45・197
鄒玉柱　72・685
鄒玉泰　67・155
鄒玉華　72・692
鄒玉巹　67・319
鄒玉章　67・168
鄒玉藻　67・81
鄒正芳　46・334
鄒功烈　64・43
鄒世安　4・240
鄒世亨　63・318
鄒世堂　45・275
鄒世傳　72・620
鄒世聞　4・214
26・127
鄒世薦　63・509
鄒世濬　64・408
鄒世蘭　72・602
鄒本善　28・52
鄒丕烈　64・43
鄒石麟　38・563
鄒　用　64・375
鄒用昌　71・37

鄒用保　71・93
鄒用章　71・8
鄒立模　68・437
鄒必恭　67・107
鄒永年　71・4
鄒永馥　26・615
鄒民則　63・51
鄒孕孝　69・432
鄒幼亨　73・231
鄒匡明　72・619
鄒式金　77・575
鄒有一　68・527
鄒有忠　74・187
鄒有瑞　74・187
鄒有嘉　71・94
鄒有臨　71・84
鄒成之　80・557
鄒成功　26・132
鄒成東　80・53
鄒光用　67・353
鄒光旺　48・496
鄒光明　50・439
鄒光烈　64・43
鄒光弼　69・199
鄒光澤　77・193
鄒廷芳　67・398
鄒廷取　74・238
鄒廷泗　74・238
鄒廷華　63・550
鄒廷楝　67・379
鄒廷樸　62・402
鄒廷燮　49・489
鄒伍臻　60・732
鄒全德　67・247
鄒兆睹　71・65
鄒　充　43・190
鄒次陳　71・34
鄒汝檀　39・189
鄒守益　63・183
　72・604
鄒守愚　78・50
鄒安道　69・362
鄒如英　74・238
鄒　均　71・612
鄒孝行　25・302
鄒志明　72・634
鄒志原　39・190
鄒芹兆　50・513
鄒克先　62・189
鄒步亮　67・465
鄒　秀　80・313
鄒佐廷　48・398
鄒作楨　64・42
鄒伯陽　76・455
鄒伯輝　67・542
鄒伯顔　4・143
　39・568
鄒近仁　58・383
鄒希孟　71・611
鄒希純　70・585
鄒希賢　76・444
鄒希謙　72・628
鄒　谷　4・87
　15・550
　17・503
　20・498
　30・60
　37・803
鄒迎會　72・693
鄒　宏　72・141
鄒　良（廣饒縣志作長）　4・150
　14・362
　71・121
　77・212

鄒　武	77・211
鄒長倩	5・10
鄒長康	72・656
鄒茂昌	67・495
鄒英賢	71・135
鄒東魯	28・18
鄒郁文	48・376
鄒拔祖	63・375
鄒拔萃	80・478
鄒非熊	71・10
鄒尚志	2・56
	43・432
鄒尚質	74・241
鄒昊三	72・4
鄒昌洙	26・632
鄒昌祺	71・552
鄒　昉	46・442
鄒忠進	62・585
鄒知新	27・12
鄒和鼎	67・372
鄒季友	58・387
鄒秉生	67・182
鄒秉鈞	67・353
鄒秉魁	67・189
鄒秉綬	28・52
鄒　岳	71・348
鄒金麗	48・508
鄒　京	67・251
鄒　炌	71・587
鄒宗信	71・130
鄒宗善	80・89
鄒宗夔	27・526
	27・538
	28・168
鄒　定	67・11
鄒定本	70・565
鄒定詔	72・638
鄒定誥	72・655
鄒定謨	72・597
鄒　宜	72・634
鄒孟卿	59・97
鄒孟達	65・279
鄒孟爵	73・199
鄒　垣	67・539
鄒　相	67・482
鄒柳塘	62・558
鄒　奎	46・232
鄒奎映	64・51
鄒　貞	62・349
鄒映斗	70・554
鄒　昭	72・673
鄒思貞	72・649
鄒思賢	48・541
鄒　矩	71・36
鄒　俊	51・77
鄒　衍	5・3
	7・205
	32・607
鄒衍泗	72・9
鄒衍珩	35・164
鄒　亮	72・197
鄒度珙	46・417
	49・403
鄒美苓	62・612
鄒美春	67・257
鄒炳然	63・521
鄒洪義	59・106
鄒洪學	63・425
鄒祖頊	77・258
鄒　級	44・134
鄒泰和	67・206
鄒泰棟	72・674
鄒　珣	67・118
鄒起茂	64・574

鄒　垺　71·599
鄒　華　67·407
鄒莊貴　48·401
鄒桂榮　63·479
鄒振岳　4·285
　6·478
鄒振聲　63·479
鄒振聯　71·84
鄒　致　64·385
鄒致和　62·49
鄒晉一　71·130
鄒時泰　80·301
鄒時豐　80·326
鄒時鐸　67·476
鄒恩名　64·398
　64·547
鄒　皋　71·545
鄒逢吉　1·839
　7·83
　16·435
　48·456
　52·414
鄒　烜　76·438
鄒凌霄　68·592
鄒　浩　50·347
鄒浩然　63·470
鄒　浣　71·327
鄒家相　74·241
鄒家禎　80·310
鄒家駿　63·466
鄒家燮　59·316
　71·632
鄒家騏　63·481
鄒　祥(明)　5·207
　8·602
鄒　祥(清)　71·142
鄒祥發　72·29
鄒祥櫛　72·694
鄒書荆　70·402
鄒書紳　51·481
鄒純信　9·853
鄒　紞　69·193
鄒　球　72·596
鄒域層　72·674
鄒培若　26·643
鄒培恕　71·88
鄒基美　62·183
鄒　異　75·619
　78·541
鄒　國　48·330
鄒國珂　80·543
鄒國卿　80·301
鄒國基　26·186
鄒國棟　67·219
鄒國聘　49·467
鄒國鳳　67·449
鄒　崑　33·695
鄒崇孟　2·101
　7·90
　7·390
　36·575
鄒第泰　59·520
鄒　偉　72·201
鄒得魯　77·210
鄒　庸　73·262
鄒章紱　47·566
鄒惇禮　73·229
鄒　清　63·409
鄒淑孔　71·132
鄒　淡　72·241
鄒　深　73·249
鄒　啓　72·184
鄒啓元　66·352
鄒啓宣　80·543

鄒啓掄　73・442
鄒　陽　4・184
7・177
15・574
鄒隆逢　67・412
鄒習吾　80・548
鄒習章　64・546
鄒　瑛　72・676
鄒　琳　71・126
鄒　琦　70・576
鄒　琯　71・556
鄒　堮　67・353
鄒喜陽　49・254
鄒萬遐　62・485
鄒敬廷　49・475
鄒　極　71・3
鄒　軻　67・6
鄒　揚　68・21
鄒　棐　80・484
鄒貽善　72・617
鄒　暘　37・552
鄒景賢　71・69
鄒復宣　45・542
鄒復陽　67・249
鄒　循　72・493
鄒徧德　64・45
鄒舒宇　78・467
鄒詔賓　64・601
鄒敦厚　46・208
鄒　斌　69・304
鄒　善　1・780
72・574
鄒翔鳳　72・18
鄒奠邦　70・559
鄒道政　62・599
鄒道統　69・208
鄒道傳　74・241
鄒　焰　57・457
鄒　湛　1・701
12・91
鄒湘皋　4・384
鄒　甯　64・379
鄒登榮　47・573
鄒登學　63・560
鄒登龍　65・271
鄒　絢　78・604
鄒　瑞　72・645
鄒瑞鳳　50・500
鄒瑞蘭　63・486
鄒　瑄　65・220
鄒聖裔　22・329
鄒夢卜　77・556
鄒夢遇　59・353
鄒夢蓮　71・42
鄒　楚　80・319
鄒　軾　73・310
鄒　輅　67・7
鄒　暘(明新淦)　1・819
鄒　暘(明樂安)　71・127
鄒　照(清安福)　72・600
鄒　照(清南豐)　71・587
鄒嗣藩　62・86
鄒嵩南　67・95
鄒　椝　64・373
鄒魁明　51・30
51・75
鄒會奎　64・578
鄒　誠(宋)　76・462
鄒　誠(明)　62・45
鄒　詢　71・51
鄒　靖　74・223
鄒　新　62・293
鄒新第　6・464
鄒　義(明安福)　72・615

鄒　義(明奉新)　67・208
鄒煌典　48・253
鄒　煥　67・169
鄒　準(明)　46・404
鄒　準(清)　2・99
16・445
19・551
鄒　福　76・493
鄒殿瑞　80・329
鄒際菁　71・69
鄒壽椿　64・45
鄒　薖　68・289
鄒　熙(明)　76・438
鄒　熙(清)　72・626
鄒熙昌　67・412
鄒蔚祖　71・281
鄒摶萬　46・95
鄒睿賓　63・568
鄒鳴岐　51・586
鄒鳴陛　64・40
鄒鳴祥　64・431
鄒鳴鸞　71・134
鄒圖雲　71・273
鄒毓正　71・134
鄒毓祚　69・227
鄒　銓　49・428
鄒　銘　8・466
鄒　鳳　72・187
鄒鳳池　59・613
鄒　誨　73・233
鄒　說　73・260
鄒榮順　71・65
鄒　熒　4・324
鄒漢倬　74・43
鄒　漉　62・363
鄒　寬　58・665
鄒肇乾　71・86
鄒　熊　80・304
鄒維世　64・566
鄒維城　63・492
鄒維洛　71・566
鄒維連　64・196
64・209
鄒維瑚　64・560
鄒維新　15・566
30・743
31・219
鄒維璉　64・201
75・381
鄒維勳　80・307
鄒維燧　63・558
鄒　賢(明)　72・572
鄒　賢(清)　64・45
鄒賢曹　67・170
鄒賢驥　67・443
鄒　蝌　64・412
鄒墨池　20・111
鄒儀周　77・87
鄒德泳　72・575
鄒德涵　72・613
鄒德晶　67・482
鄒德溥　72・613
鄒　徵　70・259
鄒　餘　71・4
鄒　魯　41・61
鄒慶宗　71・69
鄒澄波　73・256
鄒慰明　64・580
鄒　緝　72・439
鄒　璲　2・52
9・28
鄒　翰　71・597
鄒翰生　63・336
鄒頤賢　5・207

8・603
鄒樹榮　45・106
鄒樹聲　63・478
鄒　嶧　74・11
鄒嶧麟　71・28
鄒　勳(明)　71・82
鄒　勳(清)　67・407
鄒學孟　71・36
鄒學海　71・546
鄒學鈞　72・602
鄒學聖　74・241
鄒學愈　67・323
鄒學詩　33・581
33・588
33・694
鄒　憲　71・560
鄒　駿　70・636
鄒懋官　64・301
鄒　謙　67・542
鄒膺皾　72・202
鄒應挺　67・401
鄒應祥　74・454
鄒應捷　67・407
鄒應期　69・211
鄒應璞　74・235
鄒應龍(宋)　80・1
鄒應龍(清)　60・683
鄒應禮　74・238
鄒　燦　63・441
鄒燦祥　72・624
鄒鴻翔　71・135
鄒鴻聲　26・110
鄒　瀛　72・501
鄒　濟　1・853
23・618
鄒濟仁　64・42
鄒　禮　62・685
鄒　豐　80・302
鄒麗中　4・369
39・178
鄒　鵬　64・42
鄒　旟　7・386
鄒　瀚　71・524
鄒繩鎬　72・640
鄒繩鏞　72・640
鄒蘭孫　67・16
鄒耀吾　80・241
鄒　瀾　62・352
鄒寶庚　12・492
13・497
鄒寶聲　12・493
鄒繼宗　62・336
鄒繼唐(明)　48・379
鄒繼唐(清)　74・454
鄒鰲昌　67・481
鄒　襲　5・104
鄒　麟　80・304
鄒觀龍　80・319
鄒觀夔　80・327

童

童一雄　80・749
童九棘　80・693
童三綱　80・744
童士位　51・433
童士輝　80・744
童大有　80・713
童大亨　80・679
童大章　80・680
童大勝　6・469
童大魁　62・518
童大猷　80・681
童大鐸　50・282
童才璠　80・716

童上策　80・703
童久仁　52・105
童之理　50・282
童元愷　45・135
童　升　4・235
35・509
童　仁　50・521
童文貞　76・455
童文傑　51・183
童　尹　6・307
童以忠　80・693
童以矜　80・426
童孔敘　80・696
童正心　80・684
童正瑜　80・722
童世菁　80・748
童世堅　80・677
童可大　74・541
童可久　80・692
童可交　80・739
童可耕　80・696
童可堯　80・695
童可舉　80・746
童丕勤　35・183
童　右　80・693
童永恕　80・677
童邦彥　42・5
童邦傑　80・678
童成大　76・454
童成六　52・336
童成達　62・391
童廷盛　50・491
童廷寅　80・743
童兆驥　47・193
童汝淹　22・230
童　玘　80・753
童志召　80・692
童志汲　80・708
童志德　80・679
童志熹　80・681
童克鐸　62・197
童作霖　51・477
童伯羽　76・485
童伯虞　71・228
童含山　79・255
童　良　50・314
童良仕　62・586
童良佐　58・238
童其勅　50・271
童茂成　80・746
童肯堂　76・317
童昌久　80・729
童明喜　74・533
童明道　58・99
童旻宗　80・727
童秉廉　74・528
童宗說　71・228
童居明　75・441
童承綸　76・444
童南友　59・455
童南玉　80・721
童厚之　4・205
童星輝　62・301
童星耀　47・408
童　昱　80・677
童思善　72・330
童秋發　51・337
童重器　76・328
童　恢　4・135
15・518
23・611
30・651
31・209
32・38

童美泰　51・631
童祖瞻　80・756
童陞宗　80・721
童　軒　58・43
58・320
童浚德　76・294
童家錦　80・749
童能元　80・721
童能靈　80・684
童孫燦　80・748
童紋宗　80・727
童乾震　79・219
童得慶　80・753
童　猛　76・476
童　翊　40・2
40・177
童添盛　51・638
童啓勳　67・448
童　參　76・454
童紹箕　50・411
童爲政　52・178
童登高　58・237
童登殿　74・524
童　發　58・284
童　瑗　80・692
童夢南　80・749
童　蒙　71・331
童携玉　18・695
42・434
童會伍　62・406
童煥林　52・319
童際昌　14・740
童　經　76・455
童　熙　71・412
童毓中　47・461
童毓英　44・538
童　僧　76・435
童滎南　80・743
童　綽　80・713
童　瑾　77・193
童賜瑚　80・754
童履和　62・653
童選青　80・734
童樹義　52・329
童積超　80・687
童積喜　80・740
童積森　80・728
童積斌　80・734
童積誠　80・727
童學聖　80・747
童錫極　59・601
童應斗　50・281
童鴻齡　67・448
童　璽　80・676
童蘭生　58・99
童體元　80・679
童體行　80・693
童體和　80・708
童　鏕　52・380
童瓛宗　80・728
童灝宗　80・727

惲

惲　敬　58・278

善

善　卷　38・292
40・98
40・172
善音仙女　73・117
善　道　7・23
7・212
15・616
17・673

善　温　29·499
善　緣　77·525
　78·570

普

普心和尚　21·832
普足禪師　79·435
普　明(宋)　78·630
普　明(晉)　15·614
　43·132
普　明(唐)　47·473
普明祖師　74·276
普　和　15·617
　31·339
　32·19
　34·476
普　恒　2·54
普　華　77·360
普　庵　45·377
普　善　22·322
普　誠　74·50
普爾泰　2·46
普　稱　69·653
普　濟　77·524
普顔不花(元色目)　22·228
　23·614
普顔不花(元蒙古)　1·756
　12·114
　15·562
　16·414
　18·41
普顔帖木兒　4·214

道

道　一　45·361
　61·756
　76·419
道　成　15·617
　17·674
　18·429
道　岑　79·297
道　英　78·598
道明禪師　63·193
道　和　31·339
　32·10
道　忞　17·674
　18·430
道　宗　78·570
道　昭　79·297
道　泰　11·203
道　虔　63·195
道　脩　77·417
道悟禪師　76·498
道　通　76·208
道　盛　45·391
道　常　45·387
道　深　80·595
道　隆　77·360
道　圓　7·23
　7·212
道詮禪師　63·194
道　詢　78·598
道霈禪師　76·501
道　養　79·298
道　潛　79·299
　79·640
道　臻　77·595
道　徽　78·629

曾

曾一元　71·140
曾一志　72·365
曾一侗　1·810
　9·141

曾一陵 80・52
曾一貫 77・182
曾一貴 74・128
曾一甌 76・351
曾人翰 78・538
曾人龍 75・692
曾九思 76・642
曾又生 71・140
曾三英 72・487
73・258
73・308
曾三異(宋萬安) 73・102
曾三異(宋新淦) 72・432
73・258
73・308
曾三復 72・432
73・197
73・286
曾三聘 72・432
73・196
73・286
曾于拱 72・323
曾于乾 72・321
曾士先 74・246
曾士全 80・29
曾士迪 75・630
76・184
曾士彥 76・470
曾士堯 71・502
曾士與 72・488
曾士贄 74・173
曾士賢 77・402
曾大升 75・502
曾大有 78・266
曾大成 72・596
曾大來 72・152
曾大奇 72・327
曾大旺 62・373
曾大焜 47・564
曾大猷 73・105
曾大器 74・154
曾大齡 72・107
曾上璋 77・555
曾之可 72・456
曾之佐 74・126
曾之典 72・634
曾之斌 72・17
曾之傳 72・494
曾子秀 80・539
曾子良 70・549
曾子依 74・416
曾子貞 72・149
曾子修 71・175
曾子恕 72・189
曾子發 43・453
曾子愚 72・225
曾子誠 50・472
曾子駉 78・513
曾子毅 80・191
曾　丰 14・359
71・122
曾天允 72・481
曾天回 72・226
曾天復 72・482
曾天寶 73・329
曾天鑑 79・190
曾　元 31・169
37・405
39・171
曾元宇 80・590
曾元杰 63・81
曾元海 76・53
曾元彩 71・83
曾元章 77・641

曾元順　50・302
曾元勝　71・215
曾元裕　18・17
曾元蔭　77・574
曾元當　72・242
曾元勳　74・174
曾元衡　74・176
曾元隱　72・183
曾友茂　78・292
曾友龍　71・518
曾友謙　72・542
曾日光　68・633
曾日茂　74・52
曾日宣　70・627
曾日理　44・463
曾日琇　44・463
曾日瑛　44・462
曾日襄　80・632
曾曰俞　71・554
曾曰都　71・554
曾曰唯　6・305
曾曰琥　65・116
曾　升　75・607
　　　　76・165
曾仁武　80・546
曾化龍　79・131
曾公芑　73・259
曾公亮　79・94
曾公袞　74・145
曾六寅　71・46
曾六德　76・554
曾文辿　61・760
　　　　74・177
曾文英　67・411
曾文迪　74・51
曾文相　77・193
曾文昭　72・126
曾文祜　73・309
曾文彩　77・266
曾文淑　80・432
曾文照　73・201
　　　　73・283
曾文蔚　72・190
曾文漪　71・576
曾文德　80・165
曾文舉　31・288
　　　　32・131
曾方廷　60・336
曾斗龍　71・126
曾以文　72・272
曾允福　76・225
　　　　76・306
曾玉宇　72・242
曾玉音　80・633
曾玉書　73・111
曾玉潤　72・186
曾正本　69・275
曾正浩　67・75
曾正誼　72・244
曾功達　51・487
曾甘霖　72・371
曾世良　52・254
曾世英　74・177
曾世忠　72・329
曾世袞　76・253
　　　　76・272
曾世傳　80・522
曾世璋　74・267
曾世藹　72・537
曾可升　72・242
曾可文　80・244
曾可立　68・183
曾可傳　79・240
曾可漁　72・137

曾丙良　72·30
曾　布　15·526
18·29
69·50
71·507
曾旦初　69·368
曾　申　30·258
31·169
35·640
37·405
39·171
曾仕方　71·131
曾仕攸　72·226
曾仕和　74·498
曾　仔　73·65
曾令典　18·699
曾用虎　79·145
曾立羣　49·72
曾必恭　80·242
曾必進　74·175
曾永章　74·52
曾邦奇　74·496
曾邦旻　74·51
曾邦寅　74·272
曾邦棟　71·553
曾邦暉　74·262
曾邦翰　76·236
曾邦橋　71·553
曾圭玉　76·720
曾　西　31·170
37·406
39·172
曾西元　78·608
曾西谷　69·573
曾有孚　71·552
曾有朋　70·623
曾有富　71·521
曾存仁(明)　72·453
曾存仁(清)　79·572
曾　光(宋)　68·25
曾　光(明)　71·529
曾光斗　77·549
曾光庭　72·431
曾光祖　72·582
曾光連　74·273
曾光國　70·596
曾光詒　74·273
曾光綬　74·272
曾光錦　72·359
曾光璧　49·120
曾光贊　52·253
曾同亨　71·628
72·415
曾　先　80·43
曾先之　72·434
曾先春　72·13
曾先慎　73·407
74·169
曾廷枚　71·247
曾廷杭　71·134
曾廷崙　68·566
曾廷標　79·246
曾廷翰　10·310
曾廷樗　71·280
曾廷獻　71·565
曾延棟　71·587
曾仲章　72·375
曾仲魁　79·153
曾　任　74·488
曾自明　71·120
曾自展　74·133
曾向陽　73·395
曾名選　74·175
曾冲子　71·520

曾汝召　72・326
　74・259
曾汝良　73・256
曾汝宫　74・267
曾汝愚　71・528
曾汝檀　78・722
曾汝藻　74・270
曾宇琦　69・208
曾守吾　79・239
曾守約(宋)　74・358
曾守約(清)　62・600
曾守師　71・555
曾守誠　51・618
曾守學　71・555
曾安中　72・262
曾安强　72・262
曾安辭　72・262
曾如春　69・185
曾如海　69・208
　76・349
曾如敬　72・85
曾如璇　71・132
曾如驥　72・268
曾羽中　70・570
曾孝序　1・746
　15・526
　16・408
　18・30
　79・197
曾孝純　79・205
曾孝廣　79・140
曾孝寬　1・738
　79・95
曾孝藴　79・96
曾志沂　78・612
曾志統　73・324
曾志濂　53・139
曾芽儀　53・82
曾克秦　74・226
曾克偉　72・296
曾　抑　71・514
曾秀挺　52・547
曾　佐　74・479
曾作舟　44・536
曾伯昂　72・272
曾伯宗　71・176
曾伯舜　74・174
曾伯興　80・532
　80・585
曾希和　71・131
曾希祖　69・563
曾希恭　72・542
曾　兑　71・515
曾亨應　69・435
　70・483
曾　忭　72・320
曾灼先　77・539
曾沖子　69・161
　70・549
曾　宏　72・458
曾宏仕　37・316
曾宏迪　73・229
曾宏建　49・74
曾宏遇　72・496
曾宏緒　44・424
曾宏毅　37・313
曾良弼　79・249
曾君意　74・21
曾　劭　71・243
曾奉先　74・145
曾青雲　73・100
　73・116
曾長清　71・300
曾　坦　76・261

曾其恕　72·371
曾　英　78·205
曾英挺　53·59
曾英謀　71·137
曾　直　72·449
　74·395
曾　松(宋)　73·354
　76·415
曾　松(明)　75·700
曾　述　49·135
曾述經　72·207
曾　奇　75·696
曾叔卿　71·331
　71·504
曾尚立　74·52
曾尚進　71·561
曾尚淇　37·317
曾尚渭　37·317
曾尚渟　37·317
曾尚溥　37·317
曾尚溶　37·314
曾尚增　5·232
曾尚鐈　74·52
曾尚賓　73·442
曾具瞻　71·534
曾　昊　48·426
曾昌進　77·532
曾明昌　43·90
曾明烈　43·90
曾明訓　80·615
曾易占　71·503
曾易明　69·654
　70·639
曾易簡　71·503
曾　昂　72·448
曾　忠(明)　74·161
曾　忠(清)　74·268
曾忠朝　62·593
曾忠斌　75·699
曾和應(元)　74·414
曾和應(明)　69·437
曾季昌　73·263
曾季輔　73·229
曾季貍　69·359
　71·512
曾秉正　44·91
曾秉豫　71·561
曾　岳　70·588
曾　侗　80·384
曾　佩　69·180
曾采蘭　72·244
曾念篘　74·37
曾性順　72·373
曾性滙　71·614
曾　炎　71·511
曾　注　75·690
曾治鳳　79·144
曾宗光　72·364
曾宗相　74·130
曾宗高　74·126
曾宗欽　74·126
曾宗傳　74·126
曾定訓　71·132
曾定巽　69·546
曾定榜　72·246
曾宜春　72·284
曾宜勉　61·459
曾宜高　61·463
曾　宓　74·495
曾承祐　37·316
曾承祖　71·137
曾承詒　74·130
曾承業　37·313
曾孟良　72·330

曾孟俊　69・166
曾　春　62・684
曾春壽　73・25
曾　珏(宋)　72・266
曾　珏(清)　53・73
曾政行　72・203
曾　忠　69・418
　71・510
曾南奮　78・680
曾　相　72・445
曾　柏　74・160
曾柬之　70・43
曾挺立　72・193
曾貞域　72・194
曾貞震　37・317
曾貞豫　37・314
曾則兆　80・542
曾映微　71・219
曾　星　71・143
曾星昇　62・438
曾昭周　80・255
曾昭瑞　4・384
曾昭嗣　37・315
曾思孔　71・540
曾　耑　72・128
曾迴旭　52・249
曾拜埕　69・600
曾重登　78・608
曾　泉　72・303
曾　追　72・312
曾　俊　71・122
曾衍作　72・364
曾衍枚　40・289
曾衍東　37・416
曾衍宗　80・53
曾衍琳　72・247
曾衍樞　37・317
曾衍樠　37・314
　37・460
曾　律　71・616
曾　勉　77・182
曾逢震　75・576
　76・118
曾逢龍　74・157
曾庭蘭(明)　72・553
曾庭蘭(清)　72・548
曾　彦　72・311
曾彦文　72・510
曾彦彬　72・470
曾　庠　71・508
曾　恬　71・510
　79・97
曾　恪　73・79
曾美孕　71・134
曾　炳　79・257
曾炳璋　72・367
曾洪立　71・259
曾洪祉　72・16
曾　洙　71・334
曾宣玉　74・188
曾　祜　69・627
曾祜芳　73・83
曾祖訓　77・593
曾　紆　69・356
　71・508
曾約朋　74・503
曾　紀　72・472
曾紀忠　74・14
曾紀連　37・314
曾紀瑚　37・314
　37・416
曾紀煒　72・254
曾　耕　72・273
曾泰燕　72・362

曾　珪(明)　72・327
曾　珪(清)　73・309
曾珙章　49・84
曾　珮　72・200
曾起鱗　61・682
曾　華　30・258
31・169
37・406
39・171
曾恭甫　73・46
曾　莘　71・135
72・263
曾真保　77・179
曾　栻　69・433
曾　桓　43・97
曾原一　74・167
曾　振　72・37
曾振宗　74・260
曾致堯　71・502
曾致舜　71・129
曾時亮　69・429
曾時望　73・92
曾　造　71・513
曾乘蛟　53・59
曾　秘　76・275
曾倫訓　74・176
曾師丹　71・125
曾師度　74・172
曾師道　74・173
曾殷六　77・278
曾逢吉　49・102
曾逢震(見曾逄震)
曾　訓　79・226
曾　高　72・555
曾效南　52・247
曾　悟　69・417
71・510
曾　益(明)　69・432
曾　益(清光澤)　77・230
曾　益(清金谿)　70・568
曾益其　74・172
曾益昭　71・555
曾益眾　71・554
曾益謙　77・560
曾　烒　71・248
曾家英　73・384
曾家熤　74・434
曾家熉　74・435
曾家禧　78・549
曾書雲　49・122
曾展宗　72・28
曾　恕　76・568
曾　耼　72・319
曾　紘　71・510
曾　純　74・171
曾　球　75・714
曾　培　14・301
21・154
曾　乾　74・269
曾乾度　73・228
73・300
曾彬叔　72・561
曾　梧　74・477
曾　梯　72・556
曾　堅　70・550
曾捷宗　74・257
曾異撰　75・599
76・107
79・272
曾國英　71・135
曾國棟　71・87
曾國詰　76・356
曾國鼒　74・12
曾　唯(宋)　71・518

曾　唯(清)　60・173
曾　崑　72・373
曾崇仁　74・273
曾崇俊　75・688
曾崇實　74・174
曾崇範　72・180
曾敏才　72・368
曾敏傳　74・260
曾　偕　71・509
曾售瑾　72・206
曾從政　74・51
曾從賞　72・353
曾從龍　79・101
曾　敍　23・135
曾象乾　72・326
曾　逸　77・704
曾　庸　74・160
曾望宏　72・311
曾惟粲　71・124
曾　眷　77・387
曾清茂　47・428
曾淑度　72・24
曾淑薰　72・24
曾　淮　62・186
曾　淦　77・403
曾　寅　65・123
曾啓明　71・92
曾啓泰　50・499
曾啓塤　14・301
37・571
曾　逮　73・335
曾　隆　80・385
曾　参　7・247
15・482
30・258
30・638
31・54
35・597
37・403
39・171
曾　貫(元)　72・272
曾　貫(明南豐)　71・525
曾　貫(明龍泉)　73・28
曾紹龍　80・17
曾　琦　72・436
曾堯䄙　73・93
曾　超　71・568
曾達鳳　80・291
曾萬中　72・506
曾萬璞　62・393
曾敬中　74・154
曾敬修　74・131
曾敬授　60・99
曾敬傳　74・272
曾敬瑤　74・130
曾　戟　72・268
曾朝英　76・261
曾朝發　70・511
曾朝瀾　53・102
曾葵謙　66・348
曾　植(宋)　79・142
曾　植(明)　73・291
曾　森　76・545
曾　棟　1・781
12・97
69・221
曾　極　69・357
71・512
曾　軻　80・348
曾雲龍　72・169
曾　鼎(元)　72・341
曾　鼎(清)　71・347
曾鼎鉉　73・79
曾　開　73・350

曾開成　71·134
曾遇春　67·236
曾　景　29·341
曾景南　58·217
曾景修　78·143
曾貴寬　72·699
曾　喬　80·362
曾　集　73·335
曾　臯　72·177
曾循理　71·125
曾　鈞　72·43
曾爲晃　74·273
曾爲溢　74·272
曾爲濂　74·270
曾爲濬　74·270
曾舜隣　73·227
曾猶龍　78·616
曾　註　79·198
曾　詠　71·130
曾就義　74·155
曾敦兮　47·542
曾敦立　75·700
曾　斌　75·508
　　　　77·529
曾翔龍　71·535
曾道泰　71·576
曾道誠　51·410
曾道榮　51·316
曾遂甫　71·553
曾遂盛　49·87
曾淵子　69·156
　　　　70·479
　　　　71·518
曾　補　71·575
曾　裕(宋)　72·263
曾　裕(明)　72·327
曾　祺　75·690
曾嫣庇　76·358
曾賀孫　79·143
曾　幾　51·686
　　　　73·351
曾　瑟　62·315
曾　頊　80·16
曾　瑞　71·133
曾瑞芹　74·436
曾遠安　73·105
曾遠榮　73·105
曾蓮炬　76·317
曾蔓麟　79·569
曾蒙簡　72·309
曾　椿(明平和)　75·700
曾　椿(明廣昌)　74·481
曾楚卿　78·126
曾　槐　74·358
曾　楙　73·332
曾　暘　74·499
曾　暉　73·261
曾嗣宗　74·159
曾　筠　69·437
曾　節　70·62
曾節泰　72·207
曾節球　71·592
曾與珣　72·244
曾傳文　30·327
曾傳經　19·398
曾傳錫　37·317
曾傳鎮　37·314
曾　魁　79·208
曾　愈　74·173
曾　會　79·94
曾　誕　79·264
曾義山　63·113
曾　猷　71·533
曾　煒(元)　72·503

曾　煒(明)　69・575
曾　煒(清)　72・509
曾　煇　71・619
曾　滙　78・620
曾源昌　76・245
　76・315
曾　準　73・350
曾福才　50・479
曾福謙　76・363
曾　禎　71・128
曾　褘　72・351
曾際盛　60・570
曾際虞　60・565
曾　遜　49・10
曾綉峰　73・428
曾嘉楷　80・39
曾　暴　71・504
曾聞允　23・434
曾聞迪　37・316
曾聞勇　72・334
曾聞進　37・316
曾聞達　37・313
曾聞道　37・316
曾鳴山　70・508
曾鳴珩　62・594
曾鳴熙　71・130
曾毓芝　40・548
曾毓海　40・360
曾毓墫　37・314
曾毓鏞　37・418
曾毓鐔　37・418
曾　銑　1・770
　78・463
曾　鳳　72・147
曾鳳韶　72・149
曾鳳儀　72・342
曾鳳颸　66・345
曾廣芳　37・314
曾廣莆　37・315
　37・419
曾廣運　43・25
曾廣翰　65・253
曾彰彩　74・161
曾　韶　77・232
曾粹中　72・505
曾榮祖　70・449
曾榮冕　72・153
曾榮遇　71・583
曾榮暹　72・547
曾榮爵　74・398
曾榮瀚　70・609
曾　漢　74・52
曾漢雲　73・326
曾　漸(宋)　71・262
曾　漸(明)　72・5
曾　漯　71・542
曾　肇　69・54
　71・505
　80・31
曾　熊　72・511
曾維振　74・325
曾維倫　71・123
曾維祺　72・511
曾維勤　74・259
曾維翰　73・368
曾　璋　75・690
曾　鞏　1・734
　69・46
　71・504
　75・396
曾　遷　65・191
曾醇化　70・486
曾　震(宋)　72・528
曾　震(清)　73・116

曾　輝(明永豐)　74・180
曾　輝(明彭澤)　49・123
曾賜昌　72・458
曾　儉　71・530
曾質粹　37・312
曾德巡　77・267
曾德財　47・542
曾德裕　49・79
曾　魯(明)　73・224
73・280
曾　魯(清)　71・587
曾魯山　73・335
曾調元　71・208
曾　誼　71・260
72・1
曾　慶　72・348
曾慶道　72・272
曾慶源　37・315
曾遵永　73・105
曾　潭　71・536
曾慰考　49・133
曾選達　29・598
曾選遇　49・27
曾　翬　1・774
72・307
曾　樂　73・208
曾　璟　66・568
曾　據　46・569
曾　機　72・551
曾奮春　76・157
曾　穆　70・584
曾　篚　72・429
曾舉仕　74・52
曾舉鴻　74・52
曾興仁　72・245
曾興宗　74・147
曾興烈　37・314
曾興瑞　74・434
曾興輔　62・583
曾學瘞　71・298
曾學銓　67・412
曾學韓　62・595
曾學繡　62・404
曾學鑄　74・126
曾　鍈(清長汀)　80・43
曾　鍈(清南城)　71・242
曾錫華　69・407
曾穎茂　71・263
曾穎瑞　71・314
曾謀績　47・428
曾　龍　74・533
曾　糙　79・265
曾　燠　45・338
71・282
曾　澤　62・678
曾　憲　71・525
曾憲祏　37・315
曾壁澐　74・173
曾聲宏　71・95
曾聲和　74・280
曾聲越　74・280
曾聯甲　74・12
曾聯第　74・37
曾檀四　70・343
曾懋達　74・264
曾懋蔚　77・532
曾　點　4・1
31・169
35・601
37・403
39・171
曾　輿　47・3
曾　徽　72・263
曾　謙　59・76

曾應文 65·225
曾應良 74·52
曾應坤 74·178
曾應拔 74·127
曾應昌 80·208
曾應星 69·245
曾應泰 80·13
曾應翔 71·537
曾應運 74·123
曾應槩 76·701
曾應瑞 69·222
曾應鳳 77·377
77·387
曾應徵 74·155
曾應遴 74·155
曾應選(清長寧) 74·130
曾應選(清泰和) 72·333
曾應龍 74·170
曾應寰 77·266
曾應壎 74·130
曾應檄 73·264
曾應觀 74·222
曾　燦 74·169
曾鴻穎 74·172
曾鴻麟 71·558
曾濱賢 62·665
曾　禮 71·125
曾　覲 72·655
曾豐典 15·154
曾豐泰 15·154
曾　轍 72·356
曾　礪 4·182
43·60
曾　鏞 53·118
曾鵬程 74·416
曾　韻 72·28
曾　懷 79·96
曾懷可 72·351
曾懷清 72·30
曾　瀚 71·530
曾瀛洲 71·130
曾　蘭 80·37
曾獻忠 71·176
曾獻謨 65·436
曾　覺 79·141
曾寶善 52·586
曾繼升 9·410
曾繼英 43·93
曾繼南 72·237
曾繼美 43·93
曾繼祖 37·313
曾繼烈 74·52
曾繼勳 70·617
曾　鰲 69·256
曾　櫻 24·272
73·313
76·250
76·270
77·668
80·154
曾　爛 77·182
曾鶴翕 74·52
曾鶴寅 74·51
曾鶴翹 74·52
曾鶴齡 71·353
72·301
曾　巖 72·261
曾體仁 77·669
曾　鑄 76·328
曾　顯 72·315
曾　籥 72·320
曾麟祥 77·576
曾觀沂 72·511
曾　靄 80·53

勞

勞于經　43・69
勞于藩　43・69
勞之莊　43・75
勞天培　43・69
勞天寵　43・94
勞本鶚　43・97
勞可訓　43・81
勞可嘉　43・80
勞永嘉　1・779
勞　岈　43・95
勞　坦　43・100
勞　封　43・100
勞恒咸　43・80
勞恒震　43・80
勞　峨　43・70
勞翊廷　43・101
勞翊安　43・73
勞翊宸　43・74
勞　堪　48・36
勞貴德　43・71
勞　嵲　43・95
勞　鉞　48・29
勞福田　43・75
勞熙春　43・106
勞爾業　43・96
勞爾輝　43・70
勞　嶂　43・70
勞鳳翥　43・95
勞　嶙　43・69
勞樹棠　43・64
勞禧長　43・83
勞　嶠　43・94
勞謙光　43・108
勞應節　43・115
勞　濟　48・94
勞　巘　43・69

馮

馮一經　38・683
馮九岳　39・327
馮又興　17・630
18・331
馮三接　1・790
43・540
馮于城　48・425
馮士元　64・335
馮士成　32・41
馮士份　19・304
馮士鈞　48・190
馮士標　17・586
18・458
19・307
馮士衡　4・159
17・568
18・323
19・303
馮士鑄　5・260
32・636
馮大業　53・454
馮大會　12・396
馮　才　12・120
馮上瓊　77・117
馮之圖　71・629
馮子尚　70・585
馮子咸　4・181
17・548
19・296
馮子矜　18・525
馮子敬　12・395
馮子履　17・545
19・295
馮元亨　74・15

馮元邁　2・68
37・568
馮　友　14・250
馮巨梧　71・64
馮中興　25・525
馮升甲　43・76
馮丹桂　11・398
馮文英　40・543
馮文盛　1・840
16・429
64・296
馮文濤　76・458
馮文顯　36・174
馮方郭　5・251
6・209
馮方鄴　5・242
6・128
馮允中　77・185
馮允信　35・141
馮允恭　19・395
馮玉亮　32・7
馮正春　76・390
馮去非　50・6
馮去疾　50・26
馮甘霖　9・399
馮世盛　49・96
馮世裕　72・102
馮世儉　50・113
馮世謹　17・625
20・558
馮可參　2・70
77・180
馮仕煥　77・377
馮　仝　5・244
6・135
馮用清　6・463
馮　立　1・687
7・334
馮永才　71・96
馮永固　1・802
馮永振　77・588
馮永煥　73・395
馮永福　71・444
馮在泮　50・66
馮有翼　79・241
馮成業　13・146
馮　扦　50・43
馮光浙　75・428
76・207
馮光第　20・104
馮廷櫆　4・292
5・370
8・612
馮延卿　21・701
馮延箴　77・170
馮仲瑞　39・199
馮伊蔚　13・143
馮似玠　41・177
馮　行　71・417
馮兆捷　71・201
馮兆祺　63・427
馮兆瑞　63・562
馮兆樣　60・319
馮兆賢　53・63
馮名世　42・296
馮汝經　38・236
馮汝騤　18・75
馮守仁　14・249
17・542
馮守邦　39・327
馮守謙　30・330
馮守禮　1・803
馮安卿　63・343
馮安國　77・152

馮志禹　14・130
馮芸圃　18・748
馮克儒　17・541
　18・342
馮李報　37・839
馮作謀　9・435
馮伯達　71・363
馮　沛(清廣豐)　53・536
馮　沛(清德州)　5・370
　8・611
馮　良　28・494
馮君擢　5・288
　6・452
　6・463
馮　孜　77・209
馮　玥　12・498
馮茂槐　39・200
馮英達　51・32
馮　苾　19・127
馮　杰　32・586
馮　東　47・259
馮東溪　19・403
馮協一　4・393
　17・607
　18・330
　19・311
馮　昂　7・380
馮忠惠　80・462
馮秉仁　5・234
馮秉忠　25・314
馮秉清　47・99
馮佳璧　77・356
馮佩珩　50・78
馮　金　31・279
馮　采　53・259
馮　京　18・28
馮　怡　12・108
馮治運　17・576
　18・512
馮建鎬　18・378
馮承基　78・530
馮　紡　18・736
　42・464
馮　玳　12・498
馮　珍　17・516
　19・289
馮垣登　64・264
馮　垍　18・492
馮　柏　71・441
馮柱雄　76・493
馮映宿　70・636
馮　昱　4・150
馮修岐　19・45
馮保崙　28・55
馮保興　64・569
馮　信(清)　11・87
馮　信(漢)　7・24
馮帝臣　51・658
馮炳南　39・429
馮　宣(明建甌)　76・477
馮　宣(明陝西)　1・809
馮　宣(清)　20・778
馮　室　20・790
馮　泰　32・404
　33・279
馮泰來　77・165
馮　珣　4・161
　17・564
　18・319
　19・300
馮　班　2・19
馮起震　4・266
　17・564
　18・344

馮　都	64・582
馮　華	1・825
	40・12
	40・244
馮華嵋	18・541
馮真卿	80・520
	80・539
	80・593
馮桂增	4・415
	19・330
馮振鴻	2・68
	37・569
馮時近	50・540
馮時英	5・130
	32・600
馮時雍	24・267
馮恩培	32・2
馮扆郎	73・247
馮　祥	71・175
馮祥聘	2・37
	10・40
馮祥興	74・183
馮恕敏	33・303
馮　通(明)	36・202
馮　通(清)	8・334
馮　逡	1・688
	11・37
馮　紞	17・693
馮　堉	2・92
馮執中	1・807
馮　著	41・197
馮盛明	1・803
馮野王	1・689
	15・516
	16・392
	20・480
馮國臣	63・555
馮國昇	40・213
馮國柄	76・354
馮國彥	63・565
馮國逸	47・155
馮國禎	19・129
馮崑山	48・252
馮象芳	48・209
馮象賢	19・399
馮　章	5・193
	10・632
馮惟一	70・209
馮惟重	17・529
	19・291
馮惟健	4・198
	15・577
	17・528
	18・450
	19・290
馮惟敏	4・199
	17・529
	18・452
	19・291
馮惟訥	4・199
	17・530
	18・453
	19・292
馮　愉	12・138
馮清宇	33・259
馮　渠	71・370
馮淑清	8・5
	8・620
	9・142
馮啓宗	19・113
馮　隆	77・193
馮紹立	78・390
馮紹京	9・889
馮巢閣	39・194

馮　琦(明)　4・111
17・548
18・453
19・297
馮　琦(清)　71・488
馮　琨　1・846
馮　琰　19・303
馮　琬　63・529
馮　達　4・367
馮萬化　40・543
馮葆田　13・149
馮　棟　11・205
馮　椅　50・4
馮　棣　18・550
馮雲會　12・108
馮雲龍　7・385
馮雲曙　12・120
馮雲鵬　36・36
馮雲鵷　2・58
35・452
36・14
馮　鼎　47・177
馮鼎高　76・156
78・516
馮景夏　2・112
22・238
馮景熹　53・272
馮　貴　77・585
馮貴吉　64・334
馮　智　18・523
馮　喬　76・204
馮順德　80・526
80・589
馮　傑(明益都)　17・520
18・367
馮　傑(明涿州)　1・835
1・844
14・692
16・418
20・487
42・937
馮　傑(清)　9・432
馮爲德　39・342
馮舜田　1・822
31・277
31・302
32・181
馮舜漁　1・839
7・80
16・424
馮　詠　70・556
74・108
馮詠周　19・120
馮道安　18・553
馮　焜　53・569
馮湘南　19・104
馮　渤　18・524
馮温堂　7・196
馮運升　77・211
馮運武　19・128
馮運泰　38・665
馮　裕　4・147
15・554
17・523
18・450
19・290
馮登府　76・211
馮　瑁　9・26
馮　瑞　25・526
馮　瑗　17・554
19・299
馮　瑄　32・26
馮夢得　77・78
80・452

馮夢陽　17·606
　19·327
馮夢鷗　70·600
馮　椿　50·95
馮　楫　12·500
馮魁五　19·84
馮　誠　47·58
馮誠憲　30·128
馮　愹　12·138
馮　義　19·15
馮　煖　7·202
馮　煥　71·154
馮　煊　2·72
馮　溥　4·393
　17·591
　18·325
　19·308
馮　源(明)　80·759
馮　源(清)　4·419
　20·533
馮　肅　63·532
馮經世　11·443
馮嘉會(明)　1·833
　18·693
　42·432
　42·512
馮嘉會(清)　4·379
　38·544
馮嘉謨　9·444
馮嘉瓚　74·215
馮　聚　41·115
馮　熙　19·131
馮　監　80·200
馮爾昌　4·399
　20·105
馮鳴崗　39·194
馮鳴崙　39·205
馮毓嶺　34·269
馮　廣　1·844
　16·418
　20·486
馮端榮　75·550
　79·31
馮　榮(清商河)　9·432
馮　榮(清廣豐)　53·558
馮　賓　4·9
　35·639
馮賓予　70·582
馮　熊　1·702
　11·37
馮維本　18·575
馮　樓　70·577
馮賜元　40·543
馮德馨　4·347
馮　鋐　14·709
　77·213
馮賡調　5·354
馮賡颺　2·103
　26·21
馮　慶　41·115
　41·132
馮　潮　2·61
　36·435
馮澄世　76·256
馮履謙　2·99
馮　穀　79·405
馮　燕　53·571
馮　穆　40·281
馮　興　32·8
馮學古　9·853
馮錫介　39·294
馮　錧　1·784
　18·354
馮　諶　70·556

馮　燧　53・570
馮　澥　39・216
馮　寰　13・126
馮　壁　41・132
馮　縉　76・111
馮聯松　32・652
馮　謙(清金谿)　70・556
馮　謙(清嘉祥)　37・423
馮應晉　12・127
馮應軫　11・444
馮應渭　13・122
馮應漢　11・435
馮應麟　5・234
　6・129
馮　譔　30・61
馮　濤　70・572
馮　翼　4・146
　41・136
馮翼翁　71・199
　73・140
馮鎮南　19・86
馮　鎧　1・829
　38・682
馮　謹　19・21
馮　鏞　53・253
馮　鏡　64・515
馮懷恩　19・84
馮繩祖　37・416
馮　繝　19・120
馮寶麟　40・543
馮繼科　76・410
馮繼照　6・454
馮　續　4・123
　19・623
　23・635
馮　瓚(宋)　4・140
　5・57
馮　瓚(明)　19・303
馮　顯　1・704
馮顯寧　73・39
馮麟瑞　19・120
馮觀國　63・188

湛

湛文汪　73・385
湛若水　72・250
湛　俞　75・640
　76・198
湛　賁　60・603
湛然明　73・358
湛僧智　65・4
　73・201

湯

湯一元　72・347
湯一敬　60・345
湯九經　71・540
湯于陛(見楊于陛)
湯士安　60・83
湯士浩　53・419
湯大正　71・556
湯大坊　71・582
湯大埛　48・216
湯大瑜　71・566
湯大禧　71・560
湯之祚　80・46
湯之翰　29・304
湯子欽　60・309
湯中允　35・489
　35・725
湯　文　27・404
　27・804
湯文瓚　35・568
湯正仲　65・299

湯世培　6·121
　71·605
湯世寧　42·238
湯世德　30·235
湯永誠　71·559
湯永寬　71·560
湯永輝　34·295
湯民貞　71·549
湯民新　60·708
湯民熙　60·618
湯邦杰　69·469
湯邦德　49·155
湯邦翰　71·536
湯有立　70·621
湯有年　71·574
湯廷竹　71·578
湯廷魁　60·727
湯廷耀　59·103
湯仲敬　72·375
湯自新　67·118
湯自愿　59·100
湯行素　71·615
湯合浦　34·288
湯兆麟　80·14
湯　江　53·365
湯汝佐　69·577
湯守敬　57·444
湯志堯　80·39
湯志錫　53·499
湯志鎮　53·642
湯志鎬　53·570
湯秀琦　69·390
湯　作　71·529
湯　沂　76·628
湯　宏　73·174
湯良佐　71·537
湯長卿　68·399
湯其升　71·550
湯其仁　71·562
湯其舒　50·268
湯茂峒　43·299
湯來賁　71·550
湯來賀　71·549
湯來賡　71·550
湯　杰　80·46
湯明善　1·855
　23·622
湯咏長　80·54
湯　和　75·431
湯秉彝　73·29
湯侗存　40·255
湯　采　73·184
湯　周　71·513
湯　宗　73·360
湯建爵　47·450
湯承寵　22·231
湯春林　52·634
湯　相　78·696
湯　拱　74·184
湯　昭　41·122
湯思恭　1·798
　34·45
湯彦海　47·569
湯彦清　77·191
湯奕雋　71·585
湯奕濬　71·578
湯炳堃　6·448
湯炳輝　47·461
湯　炤　53·566
湯洪先　71·539
湯洪啓　74·226
湯　洽　71·537
湯祖相　80·319
湯祚禮　47·541

湯莘叟　80・337
湯　桂　71・529
湯　夏　60・16
湯時中　73・103
湯時順　70・621
湯　恩　77・93
湯　造　71・565
湯　倓　71・567
湯逢源　80・466
湯家相　71・617
湯書田　18・549
湯執中　49・155
湯　冕　80・12
湯　第　73・190
湯惟學　60・19
湯　清　73・147
湯添儁　68・622
湯啓業　26・9
湯紹中　71・543
湯斯祚　71・575
湯雲松　71・607
湯　棐　72・203
湯開遠　69・94
湯順懌　71・528
湯　鈐　53・308
湯　斌　50・540
湯道熙　69・627
湯道衡　1・781
　　12・96
湯道燦　71・557
湯　運　71・560
湯夢觀　47・360
湯　椿　71・608
湯椿年　71・574
湯　楨　35・480
湯　煥　53・545
湯　經　60・32
湯　璉　74・224
湯嘉賓　73・184
湯　熙　45・475
湯毓曾　35・494
湯鳳儀　74・136
湯　塾　59・45
湯廣淵　71・587
湯　榮　77・191
湯　漢　60・4
　　60・49
　　75・360
湯維岳　69・239
湯維新　40・111
　　40・255
湯　賚　80・556
湯賢才　71・480
湯賢華　71・480
湯　震　9・812
湯箴衛　76・411
　　77・367
湯　德　77・551
湯德明　73・77
　　73・161
湯　盤(元)　45・118
　　46・28
湯　盤(明)　76・467
湯　鉉　7・91
湯豫誠　2・24
　　2・52
　　8・468
　　13・105
湯緝統　69・237
湯薦馨　61・629
湯樹梅　80・604
湯　霖(元)　67・559
　　68・529
湯　霖(明)　72・631

湯　舉　61・615
湯學詩　60・698
湯學鳳　72・232
湯　衡　74・204
湯　錡　77・555
湯　燝　71・563
湯　憲　40・272
湯儲璠　69・403
湯應科　76・760
湯應雲　50・490
湯應暘　60・88
湯　藩　71・604
湯瞻淇　53・511
湯　蘧　71・564
湯　蘭　71・528
湯譽光　61・649
湯　儼　71・569
湯顯相　71・591
湯顯祖　69・326
　　　　71・355
湯　巘　74・224
湯　鸞　80・482

温

温大受　73・443
温大章　77・397
温子昇　4・190
　　　　37・858
　　　　41・127
　　　　41・815
温天榮　66・457
温天德　79・226
温元瀅　74・162
温中舒　18・740
温仁之　73・79
温文桂　2・109
温玉衡　78・609
温可第　10・383
温成翁　79・211
温先徽　74・322
温廷掄　78・609
温廷輔　74・325
温廷選　78・608
温延紹　73・79
温自明　74・155
温行時　43・99
温汝兆　74・322
温　安　31・824
　　　　33・591
　　　　33・794
温如玉(明長洲)　22・335
温如玉(明鄖陽)　1・778
温如璋　76・691
温志達　74・21
温克敦　74・172
温　邑　72・95
温亨開　73・79
温宏名　74・323
温　良　79・267
温其中　13・422
温其傳　74・326
温　明　80・80
温明先　25・597
温明登　79・173
温秉悦　73・96
温受益　74・372
温周廷　73・99
温　革　78・591
温　泉　72・326
温彦三　78・613
温彦博　11・23
温　恢　1・700
温宫員　74・178
温泰湖　80・148

温都爾　1・764
15・529
16・413
18・41
温華嶽　73・79
温　恭　79・253
温高修　78・613
温浩然　73・79
温　純　1・841
16・425
温　琇　79・364
温　菖　74・161
温　萃　38・685
温　乾　38・688
温國用　48・139
温國奇　74・154
温國典　72・87
温國信　74・321
温從甯　74・91
温貫儒　73・103
温　紱　72・340
温　琮　75・368
温超宏　74・322
温朝陽　74・323
温朝縉　74・322
温朝嶽　74・321
温雲從　78・622
温景葵　1・790
43・539
温貴璇　74・325
温舜華　78・607
温道善　73・100
温富章　74・323
温運華　74・392
温聖典　80・72
温夢良　80・89
温夢祥　80・137
温嘉謨　9・437
温熙登　74・158
温　碩　79・257
温　鋌　74・316
温榮三　80・509
温綬章　4・441
温　儀　80・460
温德中　74・165
温德科　18・745
温潤芳　80・509
温燕　8・329
温樹棻　80・107
温　霦　25・581
温興始　43・70
温興習　14・387
温　憲　8・623
温鍾洛　9・145
温應星　67・110
温應捷　74・171
温應崇　74・164
温應摶　74・172
温　濡　25・577
温　濟　80・130
温　璽　38・560
温　顯　79・270

淵

淵　源　9・76

游

游九功　76・379
游九言　75・409
76・379
77・580
游于熊　54・148
游士選　71・136
游士璠　55・597

游大登 80・245
游大勳 54・323
游大懋 69・397
游大麟 50・518
游上華 80・244
游上國 77・500
游之光 54・222
游之科 57・497
游王廷 69・220
游天庭 75・656
游　元 69・285
游元伯 70・219
游元英 51・398
游元舉 55・554
游少游 71・511
游日章 78・155
游日隆 77・474
游文信 77・86
游文植 54・508
游文熊 77・499
游方震 68・248
游引亮 64・572
游以淮 72・363
游允達 68・222
游玉虹 72・202
游玉堂 72・186
游世遠 69・549
游本釗 56・32
游仕魁 55・571
游　永 56・11
游永康 57・41
游再得 54・54
游百川 4・318
游有倫 54・106
游有常 54・220
游存正 57・445
游成功 54・144
游光化 71・137
游光鼎 55・608
游光溥 78・566
游光寵 72・364
游光繹 77・374
78・502
游廷林 55・177
游廷受 57・489
游廷柏 75・559
游廷選 71・136
游份儒 54・529
游兆琛 57・102
游兆鯤 71・329
游　旭 57・495
游次公 76・394
76・488
游池生 56・570
游安貧 77・373
游志遜 51・184
游芸軒 80・255
游芳遠 57・445
游克敬 57・486
游　位 63・108
游希獻 70・386
游　亨 56・482
游　汶 75・650
76・209
游宏道 44・76
游　武 70・222
游青樟 57・207
游茂洪 70・35
游松壽 51・478
游述孔 72・366
游東昇 69・383
游尚寶 77・468
游旺級 80・243
游旺標 80・245

游旺選　80・243
游　明　68・94
75・367
76・348
游明根　1・708
游岩壽　56・450
游季勳　1・811
35・59
游　秉　77・500
游金垣　33・254
游金照　77・56
游金駱　75・663
游金闕　75・663
游朋孚　54・233
游於詩　71・354
游　炎　57・450
游　泮　54・218
游定國　77・462
游　宜　76・744
游居敬　77・82
游承泰　77・165
游承啓　56・27
游春蘭　77・522
游春霽　9・141
游　珂　69・550
游　城　51・425
游是彥　56・542
游侶開　77・471
游　衍　71・127
游　炯　77・374
游　洪　72・557
游　宣　75・533
77・487
游祖謙　56・575
游泰亨　57・448
游華甫　68・490
游恭紹　57・333
游　原　77・556
游　烈　77・188
游時祺　77・514
游　倪　76・486
游翁山　52・523
游高登　80・245
游悅易　56・452
游悅開　54・223
游凌翰　69・560
游家駱　72・370
游　恕　57・446
游翀奎　55・585
游國良　54・147
游國春　63・177
游崇功　78・208
78・469
游崇光　75・662
游添桂　57・35
游寇卿　79・27
游啓運　2・60
36・431
游啓賢　56・464
游　琯　55・286
游　達　71・136
游朝佐　71・122
游朝宗　57・488
游朝階　80・223
游　棆　51・609
游　酢　76・374
游雄輝　54・335
游揚先　56・481
游　開　76・395
游　閎　71・125
游程門　71・134
游　復　76・374
游爲光　56・502
游爲龍　69・247

游舜美 55·566
游 斌 63·146
游 裕 69·396
游祿勉 80·514
游登第 77·472
游 遠 71·127
游蓮開 77·466
游夢祥 62·431
游蓬萊 41·398
游 楫 72·196
游會錡 56·617
游 詹 51·213
游新佑 16·426
游義生 75·531
77·485
游義肅 75·419
76·384
77·500
游 煥 51·641
游福基 51·312
游 遜 54·118
游 瑨 77·394
游 璉 75·533
游 壽 56·449
游 輔 78·136
游爾長 55·288
游廣珩 63·541
游韶組 77·466
游 端 48·28
游漢龍 32·586
54·102
游 瀅 51·478
游肇紀 54·483
游肇楫 51·681
游 璜 56·225
游 醇 76·374
游震得 54·50
游 輝 62·46
游 暹 57·488
游範桀 48·224
游 僊 57·533
游 質 51·214
游 德 77·399
游德敬 55·525
游衛玉 51·479
游 潛 68·125
游 璞 77·373
游 璣 56·446
游 操 76·394
游 興 75·489
游 儒 42·618
游錫珍 55·451
游 龍(清婺源) 55·295
游 龍(清霞浦) 77·384
游龍升 54·511
游憲章 54·481
游聯登 80·245
游 藏 51·680
游謨烈 62·292
游謙益 80·245
游應斗 70·210
游應乾(明) 54·94
游應乾(清) 63·119
游應運 77·30
游應魁 56·531
游 藝 76·397
游簡言 76·454
游 鏞 51·575
游鵬搏 63·109
游覺民 51·414
游寶德 77·403
游 鑒 56·300
游顯達 54·124

寒

寒　朗　4・10
4・25
11・37
36・451
41・57
寒巖慧升禪師　76・498
寒巖隱升禪師　79・639

富

富中琰　79・275
富允諧　79・276
富可濟　79・207
富　明　8・471
富明安　2・11
富春子　58・260
59・627
富　弼　1・744
15・509
16・404
18・26
富察琦(見蒲察琦)
富德庸　5・93
富鴻基　79・135

寓

寓　谷　45・391

甯

甯一玉　80・484
80・521
甯一敏　80・541
甯　乃　47・148
甯才華　51・647
甯之茭　5・259
32・634
甯之瑚　35・111
甯之鳳　4・334
35・92
甯之藩　80・537
甯之鐸　35・111
甯之鸞　35・109
甯天章　35・116
甯天瑞(清章邱)　5・259
32・612
甯天瑞(清寧陽)　35・127
甯天肅　35・166
甯元猷　35・150
甯文德　80・248
甯允濟　35・109
甯予慶　1・853
23・618
24・250
甯孔儒　35・150
甯世平　35・173
甯世佺　35・174
甯世基　35・110
甯世乾　35・158
甯世塘　35・182
甯世質　35・110
甯　仙　35・129
甯立純　35・158
甯永忠　80・520
甯永禕　5・265
32・644
甯邦位　80・549
甯光先　5・130
32・597
甯廷聘　70・425
甯自學　5・261
32・639
甯汝寔　35・110
甯汝嵩　35・110

甯汝環 21・710
23・649
甯汝翼 35・182
甯志榮 5・265
甯 秀 25・82
甯伯洛 35・118
甯良銓 80・547
甯青甲 35・140
甯若愚 63・430
甯 直 4・150
36・503
甯岱峯 35・166
甯金聲 51・634
甯 河 1・793
8・466
甯宗佩 80・521
甯 荃 80・557
甯思桂 80・547
甯思憲 80・537
甯美廷 80・550
甯炳文 13・335
甯 洵 47・13
甯 屏 35・195
甯 烈 77・85
甯時鳳 47・130
甯恩綬 35・125
甯 教 80・551
甯 彬 64・412
甯梅齡 35・110
甯梓華 35・147
甯 堅 77・186
甯 戚 5・1
7・158
15・506
23・628
甯國珍(清永年) 2・19
甯國珍(清蘭谿) 2・70
30・234
31・135
甯 崐 80・551
甯 訥 35・111
甯 紳 80・542
甯葆惺 35・121
甯朝亮 16・445
19・551
甯雲程 4・336
35・104
甯雲鵬 4・431
25・43
甯雲鶴 35・162
甯貴雲 23・443
甯順和 80・295
甯 傑 34・184
甯 善 77・86
甯 渤 35・120
甯 湝 35・159
甯裕炯 35・110
甯裕煌 35・110
甯遠岫 35・116
甯 雷 35・166
甯嵩麟 35・149
甯傳容 35・174
甯傳書 71・300
甯傳鈞 35・115
甯傳敦 35・162
甯傳璫 35・164
甯傳鎬 35・186
甯傳斅 35・137
甯傳櫺 35・120
甯傳灝 35・196
甯 廉 35・125
甯 義 25・207
甯榜高 72・698
甯毓典 35・155

甯毓敏 35・151
甯鳳貞 80・521
甯粹然 5・196
甯　璇 6・359
甯　賡 58・247
甯賡常 47・3
甯養氣 2・48
34・437
甯　霦(清建寧) 80・552
甯　霦(清寧陽) 35・150
甯曉亭 12・394
甯穆堂 80・546
甯興元 42・394
甯　儒 80・556
甯衞聘 35・147
甯錦陸 35・149
甯錦陞 35・154
甯　憲 4・337
35・104
甯聯璔 35・158
甯櫺齡 35・109
甯鴻恩 80・522
甯鴻儒 35・150
甯豐勳 74・76
甯繼光 13・335
甯繼陞 35・120
甯繼楨 35・125
甯繼騊 35・166
甯繼範 35・138
甯繼瀛 35・140
甯繼騫 35・166
甯　鰲 4・336
35・104
甯欞齡 35・109

尋

尋方瀚 37・146
尋邦凝 37・136
尋衍樽 37・169
尋紹益 37・149
尋紹舞 37・137
尋遇春 37・157
尋騰鳳 37・155

强

强尚質 58・221
强　健 40・217
强靜源 37・707

費

費之宣 53・28
費元祿 52・536
費元衡 29・679
費本良 49・400
費行簡 58・223
費克謙 5・122
費　宏 52・441
71・353
費　直 4・8
23・432
23・656
24・554
38・155
費秉乾 48・249
費映環 52・462
費度密 80・295
費振宗 48・249
費　寀 52・447
費堯年 52・451
費道寧 75・643
76・193
費曾謀 52・558
費　瑄 52・438
費　誠 77・140

費煒之 52·536
費嘉樹 60·568
費　增 35·450
費　震 58·35
費慶遠 18·8
費　播 53·7
費學鐶 53·29
費錫琮 80·166
費懋中 52·460
費懋文 52·461
費懋甫 52·559
費懋賢 52·461
費懋樂 52·461
費懋謙 52·535
費鍊華 49·334
費應魁 52·622
費　鎮 53·7
費彝昭 53·105
費鸞書 32·145

疎

疎　受 7·247

疏

疏　廣 4·15
4·166
7·247
7·472
30·74

賀

賀一松 72·226
賀士昌 73·167
賀士龍 73·169
賀之琦 14·727
賀王昌 7·384
14·694
賀　元 15·616
30·333
34·476
賀元齡 27·537
28·166
賀日達 73·167
賀中男 73·171
賀文良 12·495
賀允中 72·383
賀玉昌 39·808
賀世采 73·147
賀世封 72·141
賀世榜 47·457
賀世駿 72·598
78·466
賀　甲 31·792
賀永齡 27·537
28·166
賀　弁 73·165
賀邦楨 47·347
賀吉昌 73·159
賀廷安 73·187
賀廷桂 73·184
賀廷栴 73·184
賀延壽 5·89
10·440
賀仲英 73·156
賀仲善 73·170
賀仲軾 1·781
12·97
賀自鏡 1·850
27·4
賀守約 73·165
賀安國 72·613
賀如標 14·733
賀如璧 47·456
賀志美 73·182

賀克昌 7·420
賀旲生 73·176
賀見升 47·428
賀 沅 80·161
賀 沚 72·176
賀 沂 72·136
賀良弼 72·614
賀長齡 2·15
賀松亭 19·391
賀拔岳 11·23
賀昌期 14·735
賀育瑚 73·184
賀育瑞 73·159
賀 祉 4·93
15·581
17·505
18·303
22·228
賀建樞 73·185
賀 革 73·192
賀 柟 73·175
賀奎章 73·173
賀 是 73·178
賀昭棣 36·742
賀美二 73·182
賀美六 73·182
賀祖嗣 58·39
賀 泰 73·156
賀泰生 73·178
賀泰行 72·651
賀時清 73·177
賀垂裳 73·177
賀 俁 5·368
8·324
賀逢吉 40·201
賀 祥 5·89
賀基昌 2·97
16·442
19·4
賀處元 72·700
賀崇禧 6·139
賀 偉 73·191
賀康載 73·153
賀 淳 73·179
賀 深 73·147
賀習曾 35·127
賀 賁 32·585
賀萬祖 72·671
賀朝任 73·179
賀揚庭 4·86
18·38
37·827
41·134
賀貽孫 73·178
賀遇春 38·161
賀景祿 27·541
28·20
賀 復 5·89
賀欽才 72·153
賀 鈞 72·176
賀 善 73·170
賀善來 73·178
賀登選 58·55
賀遘生 73·175
賀當世 14·729
賀靖國 73·176
賀殿福 9·850
賀嘉林 72·243
賀嘉紋 73·185
賀 壽 27·407
賀熙衡 72·685
賀對廷 19·410
賀鳴祥 73·172
賀 鳳 27·407

27・804
賀鳳生　73・176
賀鳳池　72・204
賀　篚　30・691
賀廣齡　27・511
28・173
賀　齊　59・90
76・459
賀榮祚　9・813
賀　寬　73・148
賀肇鵬　73・177
賀賢林　72・698
賀德倫　18・20
賀德焻　72・242
賀德瀚　2・80
賀　澄　73・173
賀　璠　6・448
賀　擇　72・668
賀錦旒　72・193
賀　禧　47・351
賀　縉　73・149
賀　壎　28・46
賀　懋　14・702
42・946
賀穉圭　73・177
賀應保　73・166
賀　鏤　73・149
賀繩前　27・537
28・165
賀　瓌　4・62
賀蘭進明　18・14
賀　覺　73・177
賀　瓚　73・164

發

發千獄　38・719

十三畫

瑞

瑞　森　2・78
40・201
瑞發禪師　77・666

載

載之邵　72・581
載陽子　73・266

鄢

鄢一宸　45・238
鄢九梧　80・544
鄢三琨　73・367
鄢大年　68・371
鄢中孚　71・299
鄢文雲　62・498
鄢以崑　51・308
鄢以嵐　51・599
鄢玉庭　49・182
鄢正亨　78・340
78・369
鄢正畿　75・616
78・340
78・384
鄢正薊　75・616
78・341
78・385
鄢正衡　78・341
78・385
鄢必興　78・356
鄢至善　68・46
鄢廷誨　75・615
78・334

	78・384
鄢　圻	71・285
鄢　見	68・547
鄢宏略	45・232
鄢茂才	78・336
	78・363
鄢茂林	78・369
鄢　松	80・534
鄢　炌	78・339
	78・368
鄢泓弓	78・340
	78・370
鄢　郢	71・427
鄢　俊	78・340
	78・384
鄢乘龍	78・417
鄢　高	68・181
鄢　梓	80・534
鄢　軼	80・544
鄢鼎臣	68・218
鄢欽之	68・526
鄢詔糈	68・606
鄢祿欽	68・523
鄢福岐	68・499
鄢韶成	78・421
鄢調元	78・360
鄢懋功	73・62
鄢　識	78・349
	78・396
鄢耀珍	80・545

聖

聖　保	78・218

蓋

蓋子厚	14・123
蓋太祥	43・116
蓋　公	4・249
	7・200
	23・657
蓋方泌	4・326
蓋允恭	6・449
蓋世福	14・127
	17・602
蓋世勳	27・149
蓋仙翁	7・211
蓋君玉	37・412
蓋　苗	1・755
	1・762
	14・702
	15・528
	38・160
	42・961
蓋咸成	27・164
蓋　威	27・155
蓋重熙	13・340
蓋洵彥	27・153
蓋時敏	42・998
蓋　祥	14・123
蓋　通	27・47
蓋　進	36・556
蓋　鈛	14・123
蓋象軾	13・341
蓋象轍	13・341
蓋　梁	5・205
	8・344
	8・605
蓋紹曾	27・135
蓋　傑	27・166
蓋道先	17・635
	19・20
蓋　瑞	25・645
	27・155
蓋爾佐	13・341

蓋爾佑 13·341
蓋爾佶 13·341
蓋爾倬 13·340
蓋寬饒 36·448
蓋　瑾 26·16
蓋　儁 35·673
蓋　鏻 4·330

蓮

蓮　菴 24·581

靳

靳八公 34·69
靳文銳 4·381
38·551
38·626
靳文鍾 38·550
靳永相 32·630
靳芳蘭 41·762
靳良弼 35·58
靳其貞 31·833
靳尚才 31·841
靳　明 31·778
34·435
靳春泰 4·386
38·553
38·628
靳　昱 2·75
41·66
靳　皇 48·601
靳　堂 31·820
35·348
靳　清 5·121
靳雲鵬 37·4
靳雲鶚 37·5
靳雲鶴 37·5
靳登泰 38·554
靳　滙 11·299
靳殿甲 9·858
靳　輔 2·2
靳　睿 5·215
靳維熙 30·648
靳綏熙 38·583
靳養蒙 74·63
靳樹聲 2·72
32·2
靳學顔 4·107
靳懷德 4·78
8·313
8·465
37·802
39·561
42·552

夢

夢　日 63·199

蒯

蒯　恩 7·261
7·481
蒯　通 7·206
17·676
蒯遐齡 4·455
蒯　幹 21·627
蒯　蘭 21·600
蒯　鰲 49·519
蒯麟生 21·524

蒲

蒲生池 6·380
蒲生汶 4·241
5·152
6·344
蒲立德 6·484

蒲立勳　76・226
　76・306
蒲仲昭　79・266
蒲兆昌　6・364
蒲衣道者　74・49
蒲松齡　4・292
　5・290
　6・392
蒲昌迪　40・193
蒲念祖　6・372
蒲堯仁　75・549
　79・23
蒲　瑞　6・352
蒲漣珍　6・468
蒲　箬　6・393
蒲毓秀　6・488
蒲　槃　6・489
蒲察婁室　27・345
　27・789
蒲察琦(一作富察琦)　4・211
　43・56
蒲察蒲查　1・754
　21・124
　23・613
蒲魯渾　6・295
蒲　鏞　76・466

蒙

蒙一端　74・56
蒙古綱　1・748
　1・750
　15・527
　16・410
　18・36
蒙光德　11・292
蒙　哥　1・759
蒙　孫　7・158
蒙　遜　74・259

幹

幹勒忠　36・424

椿

椿　齡　2・73

楚

楚之珩　72・201
楚邦舉　37・855
楚春齡　23・255
楚　浩　6・216
楚惟善　42・257
楚斯燔　72・204
楚登鼇　6・156
楚　煙　37・836
楚　熙　77・730
楚鳳苞　37・836
楚　寧　9・448
楚　樟　42・359
楚　儼　40・33
　40・220

楊

楊一文　18・527
楊一正　2・85
楊一桂　44・188
楊一璡　62・246
楊一龍　61・727
楊一謨　75・627
楊一鯉　44・324
楊二和　72・40
楊人傑　52・473
楊人龍　45・77
楊九敘　25・201
楊九韶　39・309

楊乃驊　15·156
楊三益(宋)　49·181
楊三益(清)　80·689
楊三就　50·102
楊于先　79·178
楊于廷　20·566
楊于庭　1·821
　30·234
楊于陛(一作湯于陛)　1·804
　12·97
楊于時　74·244
楊于效　74·252
楊于國　1·818
　37·44
楊于濤　74·187
楊于觀　74·220
楊士仁　79·240
楊士玉　23·627
楊士宏　65·277
楊士武　59·590
楊士英(明)　75·400
楊士英(清)　8·331
楊士奇　74·178
　72·291
楊士卓　35·185
楊士信　62·364
楊士美　76·487
楊士珗　74·231
楊士珣　78·585
　79·70
楊士訓(宋漳浦,見楊仕訓)
楊士琰　10·151
楊士達　70·492
楊士運　77·161
楊士發　58·606
楊士瑞　37·726
楊士聖　46·152
楊士瑤　70·559
楊士瑾　18·500
楊士錦　70·424
楊士龍　77·670
楊士聰　4·256
楊士豁　79·143
楊士瀛　75·644
　76·195
楊士鼇　30·311
楊大牙　80·522
楊大中(清玉山)　50·318
楊大中(清歷城)　4·274
　5·230
楊大功　32·136
楊大本　6·125
楊大生　31·830
　32·393
　33·269
楊大立　4·274
　5·230
楊大成　74·216
楊大任　31·54
楊大武(明招遠)　25·585
楊大武(明南平)　77·87
楊大忠　10·143
楊大受　25·74
楊大剛　34·349
楊大紡　70·594
楊大紳　5·230
楊大朝　62·375
楊大凱　4·274
　5·230
楊大焯(清江西新城)　71·475
楊大焯(清魚臺)　37·710
楊大甯　37·710
楊大業　45·335
楊大鳳　71·388

楊大誥 71・384
楊大韶 77・87
80・461
楊大賓 76・124
楊大德 32・134
楊大勳 5・230
楊大興 13・813
楊大鴻 75・676
楊大觀 4・444
25・64
楊之炎 43・100
楊之相 60・689
楊之華 70・234
楊之盛 53・537
楊之琦 10・310
楊之復 13・380
楊之翰 37・555
楊子充 75・554
楊子克 79・34
楊子東 14・251
楊子彥 71・485
楊子恭 72・555
楊子桐 77・526
楊子將 60・760
61・442
楊子鳳 1・795
1・840
14・110
16・433
楊王堂 18・503
楊天民 1・825
1・845
16・428
20・489
42・248
42・382
楊天成 36・219
楊天庇 77・643
楊天奇 5・229
楊天昌 74・234
楊天香 76・234
楊天宰 77・718
楊天祿 6・171
楊天蔭 6・203
楊天與 72・271
楊天壽 53・65
楊天爵 69・655
楊天爌 66・589
楊天麟 66・589
楊无咎 65・261
楊　元 6・204
楊元正 72・489
楊元吉 42・794
楊元珊 74・188
楊元挺 78・543
楊元帥 26・4
楊元琇 71・432
楊元瑛 80・604
楊元錫 79・272
楊元龍 38・245
楊元爕 71・401
楊元藻 71・388
楊元霌 77・163
楊太伯 4・168
5・15
楊太沖 46・56
楊太華 5・187
10・364
楊　友 79・140
楊巨鯨 39・573
42・557
楊少陽 79・265
楊日升 41・698
71・382

楊日采　79·160
楊日炳　68·498
楊日梃　80·719
楊日鼎　71·470
楊日傑　71·475
楊日暄　77·523
楊日煌　51·251
楊日煇　51·467
楊日曜　71·472
楊日嚴　1·732
楊日騰　71·456
楊曰安　34·349
楊曰泰　77·32
楊曰唯　74·233
楊曰鼎　77·32
楊曰瑞　77·32
楊曰廉　18·554
楊曰鯤　61·62
楊　中　72·488
楊中山　9·448
楊中立　78·695
　　79·266
楊中孚　33·288
楊中啓　22·230
楊中槐　80·709
楊中興　9·443
楊升亮　80·722
楊升階　13·144
楊升雲　72·270
楊　仁　69·405
楊仁山　58·30
楊仁迪　7·386
楊仁風　1·763
　　38·159
楊仁壽　77·600
楊仁愿　72·327
楊　化　70·267
楊　介　72·273
楊　公　1·765
　　16·414
楊公彥　27·317
楊月丹　51·345
楊丹桂　79·606
楊六廬　79·258
楊文用　60·711
楊文永　76·405
楊文光　5·246
楊文芳　40·193
楊文林　51·566
楊文杰　28·214
楊文郁　5·90
　　10·359
　　10·437
楊文明(明)　44·187
楊文明(清)　74·216
楊文周　60·594
楊文茲　74·400
楊文思(北史作文恩)　1·718
楊文修　19·128
楊文信　25·527
楊文彥　19·397
楊文炳　19·409
楊文華　37·808
楊文卿　1·780
楊文乾　2·74
　　37·812
楊文彬　74·171
楊文盛　60·682
楊文彩　74·163
楊文逸　76·509
楊文梁　7·450
楊文鼎　66·590
楊文遠　51·550
楊文嵩　77·548

楊文蔚　43・633
楊文愿　70・638
楊文銓　77・559
楊文端　75・421
楊文榮　76・354
楊文賓　45・226
楊文緒　5・311
　43・633
楊文輝　18・542
楊文德　59・627
楊文徵　74・172
楊文潤　60・712
楊文熹　2・62
　2・70
　7・386
　30・235
楊文燮　72・627
楊文瀾　30・120
楊文鐸　77・32
楊文顯　14・727
　42・969
楊　方　73・406
　80・8
楊方立　74・222
楊方江　78・465
楊方英　74・216
楊方彥　74・231
楊方盛　80・761
楊方晨　74・220
楊方壽　77・494
楊方興　2・2
楊　斗(清瑞金)　74・206
楊　斗(清廬陵)　30・645
楊　引　72・554
楊引祚　27・807
楊以元　37・138
楊以正　60・587
楊以旦　74・213
楊以成　50・532
楊以任　74・185
楊以位　74・185
楊以忠　45・120
楊以倫　72・481
楊以兼　74・207
楊以淩　74・213
楊以倆　74・206
楊以傑　74・184
楊以湲　71・389
楊以誠　60・538
楊以綱　37・158
楊以增　4・377
　38・554
　38・653
楊以澐　71・389
楊以叡　74・213
楊以儼　74・214
楊　允　5・95
楊允一　71・461
楊允孚　72・488
楊允和　13・813
楊孔登　70・485
楊玉成　11・439
楊玉相(清牟平)　28・44
楊玉相(清濰縣)　4・458
　21・513
楊玉書　62・295
楊玉暉　80・38
楊玉璇　76・747
楊玉德　13・152
楊玉潤　1・792
　15・34
　15・134
楊玉鑑　62・295
楊玉麟　70・347

楊正心　31・64
楊正英　61・543
楊正容　66・510
楊正機　66・537
楊正鰲　53・293
楊甘雨　13・223
楊世文　21・731
楊世用　74・163
楊世永　79・219
楊世芳　32・44
楊世英　65・228
楊世昌　68・506
楊世奎　29・301
楊世基　14・741
楊世清　62・96
楊世傑　72・106
楊世焜　32・405
　33・279
楊世甯　1・762
　37・549
楊世登　74・451
楊世篘　51・497
楊世瑤　59・605
楊世鳳　14・704
　42・950
楊世鋭　65・145
楊世選　22・304
　22・638
楊世熺　32・359
　33・223
楊本中　25・73
楊本立(元)　74・203
楊本立(明)　71・465
楊本立(清)　70・507
楊本巖　72・148
楊可久　22・245
　23・634
楊可則　40・165
楊可經　13・727
楊可儷　74・224
楊丕基　4・436
　25・134
楊石渠　68・272
楊平選　60・667
楊占元　9・264
楊占魁　9・408
楊占鰲　62・296
楊　旦　76・440
楊旦明　74・454
楊甲先　66・590
楊　申　65・308
　66・100
楊四聰　18・519
楊仕訓　75・422
　75・667
　76・727
　76・756
　77・580
　78・388
楊仕進　36・492
楊仕紳　74・530
楊仕達　72・663
楊仕猷　73・431
楊仙朝　5・56
楊仙齡　39・834
楊令問　78・656
楊令儀　43・448
楊用中　14・744
楊用安　70・449
楊用翔　70・566
楊用道　12・194
楊用霖　76・167
楊冬田　53・551
楊　立(明同安)　76・352

楊　立(明南昌)　44・132
楊立月　50・63
楊立本　43・131
楊立逵　51・232
楊立參　51・596
楊立達　36・741
楊立榮　36・768
楊立豫　51・455
楊必名　77・148
楊必芳　51・225
楊必亨　75・635
楊必修　50・89
楊必祐　79・282
楊必進　72・413
楊必貴　70・64
楊永元　74・228
楊永昊　74・211
楊永昇　74・195
楊永祚　77・578
楊永朝　16・447
楊永植　74・214
楊永澤　30・105
楊永譽　74・536
楊民獻　72・555
楊　加　71・190
楊孕第　71・122
楊幼倫　74・170
楊　匡　1・690
楊邦乂　72・499
楊邦彥　72・671
楊邦基　18・37
楊邦弼　76・515
楊邦瑀　18・347
楊邦幹　37・856
楊邦輔　77・70
楊邦憲　17・558
18・322
楊式坊　65・289
楊式金　37・176
楊郏硯　10・637
楊吉立　43・294
楊　地　53・597
楊　芊　2・87
14・694
楊芝華　52・584
楊　亘　76・490
楊西狩　44・409
72・61
楊在恒　52・356
楊在軒　58・89
楊在堯　78・287
楊百朋　76・444
楊有涵　65・134
楊有量　48・186
楊有魁　51・312
楊　存　72・429
楊存義　74・193
楊存禮　77・584
楊成生　72・532
楊　成(明)　42・741
楊　成(清)　30・104
楊成云　15・589
楊成林　25・136
楊成蔭　78・708
楊成賢　77・23
楊成龍　2・35
2・97
8・469
16・450
楊至質　65・312
楊光斗　49・329
楊光地　79・532
楊光奉　74・243
楊光奇　40・125

	40・287
楊光祖	62・608
楊光祚	59・588
楊光桐	34・261
楊光朝	74・530
楊光裕	39・616
楊光祿	37・158
楊光瑜	38・563
楊光遠	17・698
	18・22
楊光溥	4・151
	15・576
	32・45
楊光輔	15・572
	30・649
楊光潢	74・242
楊光樾	23・281
楊光衡	10・312
楊光澤	4・152
楊光縉	17・622
	18・538
楊同春	1・832
楊　帆	80・557
楊　屺	31・822
	33・590
	33・793
楊年鏞	28・46
楊先敬	70・594
楊先朝	4・233
楊先椿	66・503
楊廷玉	22・325
楊廷芳	77・501
楊廷秀	5・342
	10・130
楊廷坤	65・266
楊廷英	44・446
楊廷尚	77・512
楊廷相(明)	79・161
楊廷相(清)	17・638
楊廷荿	78・674
楊廷理	80・597
楊廷萬	59・611
楊廷貴	48・245
楊廷嵋	43・638
楊廷爲	73・428
楊廷湘	43・438
楊廷發	74・226
楊廷幹	23・274
楊廷嘉	59・326
楊廷蕖	59・609
楊廷樑	77・375
楊廷範	43・130
楊廷翰	10・459
楊廷器	80・345
楊廷錦	37・720
楊廷鴻	65・224
楊廷簡	13・143
楊廷勷	79・276
楊廷繡	70・322
楊廷讃	80・53
楊廷麟	65・214
	73・277
楊延俊	2・50
	33・698
楊延慶	23・279
楊仲宏	50・225
楊仲春	32・25
楊仲愈	76・113
楊仲徽	4・146
	15・531
	16・413
	19・2
楊　任	2・73
	32・2

楊仰曾　76·494
楊仰澄　80·441
楊自明　70·427
楊自治　47·342
楊自唐　45·335
楊行道　71·207
72·83
楊行遙　68·722
楊　舟(元)　72·552
楊　舟(清)　70·306
楊企崑　48·242
楊兆年　74·214
楊兆盱　74·221
楊兆奎　48·493
楊兆涑　74·217
楊兆隆　74·211
楊兆敬　74·251
楊兆魁　38·283
楊兆誠　74·212
楊兆煜　4·386
38·575
38·625
38·652
楊兆煥　21·631
楊兆煊　13·132
楊兆嶀　74·215
楊兆鳳　74·215
楊兆璜　77·189
楊兆億　2·90
楊兆嶧　74·219
楊兆嶦　74·219
楊兆勳　22·312
楊兆鯤　23·642
楊兆臚　41·396
楊　邠　4·64
18·734
42·462
楊旭東　34·252
楊旬瑛　79·134
楊名世(清政和)　77·36
楊名世(清德州)　5·375
8·614
楊名江　6·226
楊名時　1·791
43·192
楊名馨　38·233
楊州鶴(明)　1·850
11·447
27·4
楊州鶴(清)　68·373
楊　汲　79·139
楊汝允　44·188
楊汝立　44·188
楊汝良　70·80
楊汝南　75·409
77·580
77·680
楊汝超　62·446
楊汝欽　76·413
楊汝爲　77·34
楊汝弼　36·487
楊汝楨　13·727
楊汝楫(清安仁)　60·173
楊汝楫(清滕縣)　36·489
楊汝犖　62·457
楊汝輔　44·187
楊汝綏　10·311
楊汝謙　20·564
楊守身　30·297
31·183
楊守良　47·399
楊守忠　7·302
7·462
楊守起　9·865

楊守道　37・50
楊守祿　25・270
　25・301
楊守愷　79・581
楊安國　4・177
　15・547
　17・486
楊安堃　30・325
楊字奇　30・105
楊　收　48・112
楊如沂　65・129
楊如源　65・130
楊如魯　25・582
楊如龍　68・389
楊如蘭　38・577
楊孝定　76・618
楊孝風　30・320
楊　志　76・687
　77・361
楊志元　72・202
楊志申　80・631
楊志光　80・247
楊志安　58・193
楊志洵　4・466
　23・249
楊志堅　69・351
楊志敏　22・281
　22・548
楊志清　23・248
楊志棠　45・193
楊志僑　62・130
楊志學　1・852
　23・616
　24・282
楊志聰　22・281
　22・549
楊志瀚　37・156
楊　芾(宋)　72・528
楊　芾(清)　50・102
楊　芬　19・324
楊　芳(清金谿)　70・536
楊　芳(清肥城)　11・399
楊　芳(清南安)　79・565
楊　芳(清臨朐)　19・329
楊芳聲　76・353
楊克仁　51・327
楊克秀　34・306
楊克明　36・196
楊克敏　19・136
楊克勝　51・637
楊克勤　5・354
　10・634
楊克裔　78・431
楊克慎　10・387
楊克麒　51・660
楊克讓　75・395
楊杏材　61・191
楊　杞(宋)　72・500
楊　杞(明)　37・840
楊酉林　11・90
楊　扶　73・224
楊　抗(宋)　51・182
楊　抗(明)　23・650
楊步瀛(清昌樂)　19・106
楊步瀛(清廣豐)　53・414
楊步蘭　69・472
楊步麟　70・96
楊呈璧　70・426
楊見持　61・313
楊　秀　48・574
楊秀亯　66・489
楊秀倖　66・504
楊秀樾　34・263
楊秀凝　66・529

楊秀巖　6・461
楊　何　4・7
　5・6
楊佐文　77・56
楊　伾　72・126
　72・428
楊作育　36・209
楊作哲　10・387
　10・460
楊作楫　24・271
楊作質　43・454
楊作霖　10・152
楊伯元　80・690
楊伯仁　1・751
楊伯成　76・448
楊伯安(宋)　79・252
楊伯安(明)　76・448
楊伯禹　74・266
楊伯起　24・642
楊伯淵　1・748
　18・37
楊伯鈺　11・295
楊伯瀛　18・549
楊　位　22・231
楊位中　30・120
楊近仁　80・45
楊余霖　77・55
楊希旦　80・451
楊希恭　17・653
楊希閔　76・211
楊希聖　36・746
楊希震(明)　71・426
楊希震(清)　31・62
楊希魯　65・127
楊希憲　79・231
楊　彤　15・516
　20・480
楊言訥　28・45
楊　亨　53・39
楊　辛　14・248
　15・551
　17・512
楊　沛　1・700
楊　沂　76・467
楊　宏　30・105
楊宏才　79・264
楊宏中　75・481
　76・19
楊宏立　31・63
楊宏俊　2・23
楊宏備　44・325
楊宏道　4・255
　5・86
　13・867
　18・447
楊宏勳　32・647
楊　良　80・516
楊良臣　23・637
楊良松　74・452
楊良梓　74・454
楊初三　30・132
楊君重　18・575
楊君烈　5・71
楊壯果　28・36
楊　武(明岐山)　1・788
　6・299
楊　武(明漳浦)　76・729
楊武晃　51・486
楊武鎬　51・562
楊武齡　51・593
楊青藜　4・457
　19・582
　21・481
楊　玠　23・646

楊　表　77・705
楊表凡　66・588
楊長世　74・215
楊長佐　61・471
楊長治　24・560
楊長清　77・165
楊長孺　72・433
75・359
楊其休　4・113
43・440
43・492
楊其岑　74・241
楊其武　70・547
楊其華　24・717
楊其煥　28・48
楊其善　60・685
楊其義　68・333
楊其寬　74・221
楊其謨　68・253
楊若楓　28・186
楊　茂(明松溪)　77・20
楊　茂(明宜賓)　24・575
楊　茂(明隴西)　12・195
楊茂元　1・777
楊茂材　24・699
楊茂埜　72・562
楊茂開　25・113
楊茂豫　44・575
楊茂藻　77・494
楊　英(明)　80・352
楊　英(清江西新城)　71・456
楊　英(清金谿)　70・603
楊　茀　45・156
楊枝丰　74・236
楊枝卣　74・230
楊枝建　2・104
楊枝衍　74・218
楊枝亮　74・231
楊枝斑　74・208
楊枝桂　30・298
31・183
楊枝牲　74・215
楊枝菁　73・163
楊枝雲　74・221
楊枝遠　74・218
楊枝經　74・220
楊枝錦　74・231
楊來谷　66・612
楊來復　59・155
楊來祿　39・761
楊松年　13・144
楊　杰(清三韓)　2・36
43・542
楊　杰(清江西新城)　71・476
楊東升　11・292
楊東圃　18・574
楊東堂　37・692
楊郁齋　66・623
楊奇烈　2・29
22・236
23・624
24・273
30・62
楊奇逢(清牟平)　27・543
28・175
楊奇逢(清奉天)　2・60
36・432
楊　叔　39・138
楊叔器　75・493
76・38
楊叔懌　76・159
楊肯構　66・578
楊　卓　72・280
楊尚義　60・626

楊尚鑾　71・430
楊　果　1・821
28・666
30・233
31・134
楊昌吉　66・590
楊昌祖　66・575
楊昌裔　66・501
楊昌潮　74・239
楊　昕　1・841
15・532
16・417
楊明中　71・191
楊明祖　72・31
楊明質　74・177
楊　易　76・456
楊　旻　71・539
楊　炅　19・619
楊　迪(吴見揚迪)
楊　迪(宋)　80・451
楊典三　80・597
楊　忠　77・93
楊忠立　51・613
楊忠誥　28・51
楊　岾　32・147
楊　知　43・129
楊　和(明仁和)　76・469
楊　和(明固安)　15・537
16・419
18・61
楊和鳴　76・178
楊　季　77・486
楊季安　72・584
楊季雅　78・329
楊季衡　45・299
65・299
楊　秉　1・693
楊秉芸　74・445
楊秉奇　45・256
楊秉忠　76・233
楊秉紀　77・85
楊秉華　74・446
楊秉哲　11・303
楊秉機　76・249
76・325
77・660
楊秉憲　79・598
楊秉蘭　74・447
楊秉鑑　10・372
楊佳檀　5・340
楊　佶　66・484
楊岳東　28・38
楊岳春　36・39
楊岳齡　5・248
6・198
楊　岱　80・200
楊　佩(明泰和)　72・348
楊　佩(明陽穀)　12・308
楊佩訓　79・160
楊依斗　2・57
9・143
30・64
楊金芳　39・759
楊金利　77・578
楊金笏　71・476
楊金宰　51・627
楊金淦　36・745
楊金鍔　18・567
楊金鱗　76・261
楊受廷　5・242
6・133
楊服彩　70・557
楊　京　22・233
23・650

楊　郊 76・529
楊於陵 51・122
66・645
楊於溪 5・248
6・171
楊性龍 51・650
楊炘岐 77・394
楊　法 13・153
楊法九 24・581
楊　河 2・76
楊注東 4・299
楊治寧 39・663
楊治凝 4・384
楊宗岱 74・367
楊宗官 23・278
楊宗振 4・349
楊宗敘 79・234
楊宗舜 77・36
楊宗淵 76・361
楊宗瑴 62・460
楊宗翰 37・563
楊宗儒 17・579
楊宗澤 79・457
楊　定 50・532
楊定邦 65・223
楊定國 4・414
17・607
18・355
楊　宜 1・854
21・136
23・619
楊宜生 48・392
楊　郎 79・289
楊　建 30・104
楊建功 62・577
楊建平 14・379
楊建圻 10・388
楊建芳 39・64
楊建泰 14・391
楊建章 19・131
楊居中 72・91
楊居梓 71・468
楊居曾 71・468
楊居義 71・496
楊居耀 71・496
楊迨升 70・223
楊　承 66・610
楊承父 36・429
楊承茂 45・242
楊承杰 11・394
楊承信 18・23
楊承祖 77・681
楊承恩(明) 5・119
楊承恩(清) 44・576
楊承翁 70・51
楊承訓 45・255
楊承業 41・112
楊承緒 43・450
楊承勳 43・450
楊孟洪 79・152
楊孟祥 44・575
楊孟雅 74・225
楊孟獻 79・177
楊　春(元) 24・515
楊　春(明) 37・47
楊春東 70・63
楊春和 45・694
楊春條 76・234
楊春喈 6・447
7・389
楊春塘 18・530
楊春幹 49・356
楊春雷 37・683
楊春榮 36・772

楊春震　74・211
楊　珂　78・656
楊　珍(元)　5・90
楊　珍(清商河)　9・406
楊　珍(清慶雲)　11・471
楊　珍(清蘭山)　4・361
　30・105
楊　珊　30・104
楊珊和　46・207
楊　垚　76・456
楊　垣　74・365
楊　城　71・427
楊　政　72・441
楊　垓　78・652
楊南宗　79・240
楊　柄　79・101
楊柄中　47・455
楊　相(明泰和)　72・298
楊　相(明蒲州)　1・783
　16・425
　18・50
楊相如　44・31
　45・424
楊相孫　79・146
楊柏材　61・251
楊　柳　45・73
楊迺武　70・487
楊挺秀　37・39
楊挺高　37・120
楊　貞　44・410
楊貞吉　70・499
楊貞祥　18・535
楊省吾　11・302
楊　昞　32・134
楊映昭　60・364
楊映泰　80・710
楊映涵　65・256
楊映槐　47・450
楊　昱　42・197
　80・8
楊昭述　76・527
楊思本　71・425
楊思立　70・380
楊思永　38・560
楊思孝　43・540
楊思奎　71・461
楊思省　71・456
楊思庠　71・467
楊思智　41・749
楊思義　11・381
楊　峒　4・409
　18・350
楊拜庚　62・661
楊拜賡　70・493
楊适裔　18・522
楊秋石　15・170
楊　科　22・230
楊修田　13・123
楊修齡　71・456
楊　保　31・778
楊保彝　38・582
楊　信(元)　26・5
楊　信(清)　39・295
楊信民　31・277
楊信恆　45・222
楊　俊　9・850
楊俊三　80・751
楊俊逸　73・63
楊　烓　45・86
楊　胐　75・438
　76・5
楊　奐　18・749
　42・472
楊胤賢　42・657

楊　亮　51・399
楊庭桂　36・209
楊庭樺　36・209
楊庭鏞　76・493
楊彦平　70・332
楊彦伯　73・228
楊彦貞　70・62
楊彦實　72・356
楊彦錞　2・84
楊　音　7・70
15・518
16・393
楊恆孖　30・104
楊　恢　18・563
楊　美(元)　72・273
楊　美(宋)　1・743
16・403
21・120
23・613
楊美奐　70・485
楊　炳(明)　1・812
35・448
35・556
楊　炳(清)　71・443
楊炳泰　19・119
楊炳興　80・739
楊　炯(明)　80・424
楊　炯(清)　77・31
楊洪業　38・245
楊洪謨(清昌邑)　19・604
楊洪謨(清崇仁)　70・301
楊　洛　18・375
楊　津　78・329
楊宣之　2・45
34・145
楊冠林　80・441
楊冠軍　39・769
楊　祜(元)　36・202
楊　祜(明)　1・824
楊　祖　70・64
楊祖仁　51・432
楊祖德　21・656
楊祖憲　2・108
24・302
楊祖敦　70・560
楊　祚　36・196
37・549
楊　眉　61・639
楊　飛　48・322
楊　盈　5・126
32・627
楊勇魁　15・171
楊　泰(明)　78・643
楊　泰(清)　30・646
楊泰階　13・134
楊　珪　5・90
楊　珠　72・479
楊　珽　18・346
楊　珩　41・221
楊　珮　4・227
楊珮晶　74・38
楊　珣　78・453
楊素蘊　41・697
楊素觀　66・583
楊　起　76・569
楊起元(明南城)　71・354
楊起元(明欒城)　23・616
24・282
楊起予　72・280
楊起威　18・543
楊起泰　35・493
楊起益　59・467
楊起盛　31・228
楊起鳳(清福山)　26・625

楊起鳳(清嶧縣)　7・285
　7・428
楊起熊　80・748
楊起震　5・165
　43・265
楊起蘭　46・191
楊起麟　76・228
楊　貢　71・120
楊　耿　75・668
　76・763
楊　華　76・303
　77・624
楊華珪　71・143
楊華嵩　53・141
楊華騰　53・103
楊恭任　80・544
楊恭叔　76・489
楊　莪　6・410
楊　桂　72・486
楊桂芳　65・276
楊桂林　22・286
　22・567
楊桂森　77・95
楊　桓　4・90
　35・460
　39・146
楊連三　12・116
楊連升　27・546
　28・182
楊連玉　9・72
楊連岱　36・780
楊　烈(明)　73・251
楊　烈(金)　10・362
楊　振　39・764
楊振之　9・443
楊振文　80・644
楊振邦　62・476
楊振先(明)　59・599
楊振先(清)　9・68
楊振科　12・388
楊振基　39・764
楊振業　45・335
楊振綱(清古田)　75・509
　77・534
楊振綱(清鎮遠)　76・479
楊振德　66・582
楊致和　37・137
楊晉亨　76・490
楊晉春　5・361
楊晉卿　66・497
楊晉孫　73・229
楊虔誠　77・730
楊　時　77・100
　80・321
　80・443
楊時秀　80・13
楊時挺　74・233
楊時泰　80・710
楊時華　16・434
　20・490
楊時清　18・516
楊時習　68・69
楊時喬　51・158
楊時瑞　35・514
楊時薦　2・81
　38・411
楊時懋　28・193
楊時繼　50・459
楊　峻　72・39
楊剛中　42・881
楊　乘　4・213
　5・100
　6・178
　12・114

楊　倚　76・514
楊　倬　76・515
楊　倫　43・444
楊倫興　50・439
楊　倜　30・132
楊　健(明青城)　43・438
楊　健(明建甌)　76・450
楊　健(明淄川)　6・342
楊　健(清)　2・15
楊師言　13・148
楊師厚　1・730
　41・59
楊師亮　22・337
楊師游　61・123
楊師銘　13・151
楊　釜　78・646
楊　豹　39・203
楊卿直　60・650
楊逢郁　53・403
楊逢春(明)　76・214
　76・276
楊逢春(清)　50・126
楊　訓　76・532
楊　記　70・215
楊高爆　80・720
楊　旂　13・155
楊悅來　71・301
楊　益(明)　14・726
　42・946
楊　益(唐)　58・661
　74・177
楊益才　70・636
楊益介　46・477
楊益芬　80・27
楊兼忠　76・334
楊凌雲　13・135
楊凌飆　77・188
楊　浩(明)　4・101
楊　浩(清齊河)　5・342
　10・127
楊　浩(清滕縣)　36・528
楊　浩(清慶雲)　11・450
楊　海(明定陶)　41・382
楊　海(明泰和)　72・321
楊　浣　13・153
　13・192
楊　浚(元)　62・215
楊　浚(清)　76・113
楊家琛　13・145
楊　祥　1・825
　42・194
　42・370
楊祥臨　18・543
楊　書　39・82
楊展抱　74・235
楊　恕　77・579
楊恕祺　34・353
楊　通(元)　39・837
楊　通(明)　75・713
楊　通(清)　30・104
楊通久　4・349
楊　能　1・827
楊　紘　76・515
楊純剛　43・103
楊純源　36・208
楊　球　72・266
楊　琅　78・146
楊　培　23・264
楊培之　4・391
楊培本　70・494
　71・191
楊培梓　37・175
楊培深　13・145
楊培禧　13・155

楊　添　75·678
楊添命　72·226
楊添禎　31·826
楊　淞　51·67
66·509
楊淑時　31·54
楊　淮(清)　37·130
楊　淮(漢)　37·34
楊　涵　18·424
20·571
楊　寅　69·398
楊寅生　25·42
楊寅冬　72·326
楊寅牧　70·592
楊寅秋　72·325
楊寅翁　79·265
楊宿麟　24·579
楊啓芳　1·807
楊啓霖　70·530
楊啓燿　39·629
楊　晝　12·135
楊陽春　79·237
楊　隆　72·543
楊　參　75·723
楊參逢　49·295
楊紳世　17·649
20·779
楊　紹　77·703
楊紹典　18·553
楊紹和　4·383
38·557
38·656
楊紹金　72·239
楊紹基　18·333
楊紹陽　79·614
楊紹寬　77·149
楊紹震　41·752
楊　瑛　76·477
楊　琦(明)　21·369
23·641
楊　琦(清)　68·568
楊　琮　43·448
楊　琯　10·40
楊　琬　23·654
楊　琛　78·689
楊　琚　72·310
楊堯臣　23·435
楊堯熾　72·203
楊　堪　5·193
10·628
楊　越　6·469
楊　超　76·221
楊賁亨　58·259
楊　達　25·163
楊達卿　76·455
楊期演　76·249
76·325
77·660
楊萬山　74·225
楊萬占　80·750
楊萬里(宋)　71·351
72·474
73·115
73·271
74·395
楊萬里(清)　71·325
楊萬言　73·362
楊萬昇　80·709
楊萬春(明)　80·153
楊萬春(清淄川)　6·355
楊萬春(清陽信)　43·129
楊萬清　41·406
楊萬祺　37·832
楊萬廉　79·168

楊萬慶 18・551
楊葆元 76・190
楊葆昌 6・201
楊敬廷 6・212
楊敬軒 9・441
楊朝正 2・81
楊朝祥 77・670
楊朝梧 51・512
楊朝章 70・223
楊朝聘 51・591
楊朝幹 76・313
楊朝縉 76・487
楊朝瑾 39・720
楊　葵 76・491
楊　植(明) 1・838
16・427
18・66
楊　植(清) 18・578
楊　楝(宋青城) 4・142
楊　楝(宋眉州) 75・359
楊　楝(清) 4・391
楊棲鳴 7・85
楊棲鳳 4・385
楊　惠(元) 40・5
40・179
40・243
楊　惠(明禹城) 5・194
10・633
楊　惠(明洛陽) 1・820
30・233
楊惠元 76・100
楊雲服 44・441
楊雲亭 42・793
楊雲笙 73・241
楊雲彩 18・501
楊雲章 14・738
楊雲開 50・202
楊雲漢 41・67
楊　棐 76・441
楊　斐(明) 5・191
10・626
楊　斐(清) 53・12
楊紫生 69・578
楊　量 76・493
楊鼎臣 59・583
楊　閏 72・505
楊開世 25・584
楊開甲 62・641
楊開先 9・398
楊開芳 80・710
楊開春 80・709
楊開科 80・710
楊開泰(明) 37・832
楊開泰(清) 14・391
楊閎泰 5・301
43・635
楊遇用 61・531
楊遇吉 23・654
楊遇春(清淄川) 6・429
楊遇春(清新建) 46・513
楊　景 74・528
楊景元 42・739
楊景仁 80・740
楊景申 79・398
楊景行 72・270
楊景辰 79・171
楊景昌 77・539
楊景素 2・12
楊景華(明) 74・204
楊景華(清) 12・335
楊景陸 79・543
楊景隆 79・252
楊景衡 75・364
楊　貴(元) 24・313

楊　貴(明)　39・791
楊貴郁　60・100
楊貴珍　33・285
楊　智(明)　79・444
楊　智(清)　39・203
楊　喬　79・234
楊喬岳　77・718
楊喬椿　76・217
　76・282
楊　備　76・515
楊順恭　27・54
楊　傑　70・224
楊傑二　70・600
楊御蕃　23・623
　30・98
楊　復(宋)　77・295
　77・420
　77・451
楊　復(明)　39・182
楊復亨(元)　72・272
楊復亨(明)　1・843
　16・436
　19・3
楊復亨(清)　25・67
楊復初　70・577
楊復基　6・469
楊復謙　25・68
楊循虔　38・263
　38・339
楊循禮　37・39
楊鉅源　65・151
楊　鈖　71・476
楊　欽　80・731
楊欽安　39・664
楊欽錫　34・173
楊欽讚　80・46
楊　鈞(元)　65・265
楊　鈞(明)　43・540
楊　爲　30・643
楊　舜　76・281
楊勝森　74・225
楊　評　62・374
楊敦仁　80・450
楊敦默　79・233
楊　斌　37・686
楊　愔(北齊清河)　23・664
楊　愔(南北朝新泰)　31・843
　34・475
楊善行　42・402
楊善會　1・718
　9・758
　11・38
楊　羨　73・196
楊普惠　77・23
楊尊祖　31・57
楊道夫　76・505
楊道恆　79・257
楊道真　7・302
　7・462
楊道真君　80・487
楊道會　79・119
楊道寬　79・237
楊道賓　79・125
楊道縝　25・578
楊道儁　78・681
楊曾眷　70・415
楊湛然　1・821
　1・823
　30・643
　37・807
楊　湘　71・389
楊　渤　79・150
楊　湜　18・45
楊　温(元陽穀)　12・308

15・530
16・413
楊　温(元蔭縣)　1・758
14・215
楊　渭　21・638
楊　渙　72・309
楊　滋　32・409
33・282
楊富春　6・213
楊富崙　52・472
楊運昌　61・691
楊補之　45・298
楊　裕(元)　36・196
36・202
楊　裕(明)　79・171
楊裕軒　36・501
楊裕藻　36・603
楊　祺(元)　36・196
楊　祺(明)　77・718
楊遐齡　16・452
楊　弼　15・588
17・679
18・445
楊登山　34・263
楊登峯　13・138
楊登魁　11・292
楊登臺　80・726
楊登儁　48・180
楊登璐　80・686
楊　發　75・355
楊發秀　71・132
楊發泗　80・724
楊　統　5・311
楊統正　42・397
楊　塡　42・400
楊　瑒　72・442
楊　瑋　73・171
楊瑞祥　17・619
20・554
楊瑞溥　62・506
楊瑞鳳　78・314
楊瑞霖　12・315
楊瑞嶺　40・504
40・568
楊瑞麟　19・134
楊　瑄(明)　68・404
楊　瑄(清)　5・230
楊　載　76・567
楊載鳴　72・320
楊　蓁　61・540
楊夢斗　75・607
78・533
楊夢吉　80・93
楊夢珠　80・682
楊夢衮　43・441
楊夢縉　43・442
楊夢齡　22・304
22・638
楊夢麟(清金谿)　70・501
楊夢麟(清齊河)　10・83
楊　蒼　77・362
楊蔭增　10・163
楊　椿　48・524
楊　楷　66・644
楊　楫(宋)　77・431
楊　楫(明)　1・817
37・42
楊　槐　9・441
楊　楙(宋晉江,見楊懋)
楊搢珽　17・575
楊　損　18・18
楊照烱　42・401
楊嗣堯　68・489
楊嗣慶　72・668

楊　嵩(明)　43・195
楊　嵩(清益都)　32・454
　33・78
楊　嵩(清壽光)　17・655
　18・519
楊筠松　65・299
　73・403
楊與立　76・486
　76・505
楊　魁　46・601
楊魁春　30・104
楊　鉉　13・130
楊　愈　21・679
楊會星　74・245
楊會寅　29・836
楊　誠　79・49
楊　詡　36・202
楊　廉(明)　49・401
　68・314
楊　廉(清)　80・688
楊新發　51・457
楊愫臣　66・607
楊慎修　70・609
楊　愷(明)　8・466
楊　愷(清)　10・277
楊　義　1・829
　38・409
楊義山　2・19
楊　羨　65・57
楊猷才　48・138
楊猷得　70・398
楊猷淮　70・398
楊　慈　78・101
楊　煙　66・501
楊　煃　13・735
楊　煜(清清江)　65・258
楊　煜(清滕縣)　36・534
楊　煥(明金谿)　70・525
楊　煥(明寧都)　74・155
楊煥之　66・579
楊煥文　58・204
楊　資　61・496
楊　溥(明江西新城)　71・449
楊　溥(明松溪)　77・22
楊　源(明)　68・407
楊　源(清)　77・384
楊源清　19・87
楊源翰　18・522
楊　準　72・270
楊　福(明)　51・187
楊　福(清)　80・688
楊福五　77・97
楊福長　43・615
楊福林　52・600
楊福豫　61・193
楊殿元　8・19
　8・640
楊殿甲　19・136
楊殿臣　74・241
楊殿梓　65・142
楊際芳　36・604
楊際華(清閩縣)　47・352
楊際華(清歷城)　6・141
楊際會　78・681
楊際熙　47・415
楊際澐　4・408
　20・105
楊　經　63・536
楊　瑨　37・557
楊　璉(明)　68・314
楊　璉(清)　76・142
楊嘉材　60・623
楊嘉言　9・67
楊嘉和　61・538

楊嘉祚　72・326
楊嘉浣　13・155
楊嘉瑞　73・155
　73・347
楊嘉楨　60・684
楊嘉照　12・365
楊嘉會　34・331
楊嘉猷　12・197
楊嘉禎　72・375
楊壽夫　76・471
　76・489
楊壽章　28・199
楊壽楠　65・139
楊壽彝　48・564
楊聚也　73・384
楊　熙　20・792
楊榛三　30・132
楊　榜　13・154
楊榜元　80・750
楊輔世　72・486
楊　監　23・638
楊　愿　65・164
　66・226
楊爾修　9・64
楊爾陶　13・117
楊爾康　80・740
楊對廷　5・254
　6・213
楊聞中　51・191
楊　暟　44・139
楊鳴春　30・103
楊圖南　12・142
楊種圻　24・332
楊毓生　21・144
　23・625
　24・293
楊毓林　10・393
楊毓泗　37・9
楊毓春　38・559
楊毓琦　6・176
楊　僖　4・145
　5・91
　10・363
　43・537
楊　銓　68・136
楊　銘　46・236
楊　鉶　62・220
楊　鳳(明日照)　4・247
　31・287
　32・132
楊　鳳(明安義)　66・467
楊　鳳(明新昌)　63・543
楊　鳳(清)　39・91
楊鳳玉　14・699
楊鳳林　11・94
楊鳳庭　34・313
楊鳳喈　80・751
楊鳳鳴(清淄川)　6・461
楊鳳鳴(清臨川)　69・600
楊鳳騰　77・495
楊膏先　31・827
楊膏亮　31・827
楊膏朗　31・827
楊廣仁　51・184
楊廣茂　52・257
楊廣燦　36・772
楊端本　2・93
　7・36
　7・86
　16・442
楊端義　79・149
楊齊宣　76・460
楊粹夫　11・433
　11・473

楊粹中　1・742
楊鄭白　2・67
58・454
楊　榮(宋)　40・81
40・169
楊　榮(明建甌)　76・436
楊　榮(明南安)　79・513
楊　榮(明蒙陰)　31・337
32・8
楊　熥　2・36
43・204
楊　漢　80・34
楊漢舉　62・601
楊　潢　73・256
楊漸鴻　4・440
楊　寬(明沂水)　32・42
楊　寬(明涿州)　1・800
楊　賓　80・743
楊肇基(明)　4・120
30・98
楊肇基(清)　77・643
楊肇敏　43・451
楊　隨　70・588
楊鼐望　28・39
楊　熊　49・94
楊　綱(清無棣)　13・120
楊　綱(清齊河)　10・145
楊　維　77・136
楊維矩　68・498
楊維梁　22・282
22・550
楊維喬　4・428
27・464
28・25
楊維楹　22・311
楊維熊　75・643
楊維翮　37・145
39・296
楊維韜　68・563
楊維鏞　61・582
楊維鑑　61・569
楊　綸(清)　5・365
楊　綸(隋)　36・421
楊　綸(漢)　41・710
楊　綠　74・220
楊綠綬　2・80
41・291
楊慧生　17・620
18・578
楊慧吾　69・583
楊　璋　5・230
6・203
楊　璇　1・692
12・91
楊　增　42・398
楊增盛　43・128
楊增瑛　65・197
楊增輝　13・110
楊　慤　41・130
楊蕙芳　1・789
6・306
楊　蕃(明)　30・102
楊　蕃(清)　17・599
20・534
楊樞孫　77・200
楊　標　65・99
楊　敷　79・229
楊　賢(明松溪)　77・13
楊　賢(明濟寧)　4・155
楊磊運　35・233
楊　震(清)　11・95
楊　震(漢)　1・698
23・610
39・214

楊霄健 66・597
楊輝英 80・191
楊賜儒 80・709
楊　賙 43・540
楊　嶙 50・437
楊　稷 78・657
楊　範(明) 79・199
楊　範(清) 78・689
楊　儉 1・807
30・233
楊　億 50・331
50・548
76・513
楊　儀 9・505
楊德九 51・668
楊德升 39・733
楊德仁 33・835
楊德成 35・124
楊德孚 74・39
楊德言 5・246
6・205
楊德旺 51・592
楊德周(明鄞縣) 39・803
楊德周(明寧波) 75・412
77・586
楊德政 14・713
42・956
楊德修 18・524
楊德亮 5・248
6・207
楊德華 36・201
楊德彪 51・219
楊德温 53・598
楊德淵 51・498
楊德裕 30・105
楊德新 10・163
楊德鄰 43・98
楊德樸 36・197
楊德懿 30・105
31・55
楊　徵 76・442
楊　徹 75・552
79・33
楊鈷泰 6・207
楊　鋒 80・732
楊賡謨 65・288
楊慶琛 76・72
楊慶楠 10・280
楊　遴 70・580
楊　遵(明浦城) 76・568
楊　遵(明鄱陽) 58・263
楊瑩鍾 78・649
楊　澎 71・388
楊　潤(明) 62・35
楊　潤(清) 6・226
楊潤之 10・39
楊潤老 50・534
楊潤身 12・492
楊　澈 4・68
6・287
15・526
15・589
17・680
18・30
21・295
23・631
76・382
76・512
楊　潾 6・170
楊　慰 30・104
楊履正 79・101
楊履芳 72・332
楊履亨 70・329
楊履泰 63・153

楊履圜 77・712
楊　選 5・127
32・629
楊　翬 65・190
楊璣睿 70・424
楊擇魁 36・765
楊　薦 71・454
楊頤翁 79・253
楊樹功 76・234
楊樹桂 27・173
楊樹烈 73・216
楊樹基 25・43
25・125
25・149
楊樹棠 80・750
楊樹滋 71・64
楊樹溶 70・330
楊　樵 79・638
楊　機 11・37
楊曉春 5・244
6・141
楊　勳 61・558
楊　舉 29・296
楊　興(明) 79・228
楊　興(清) 32・371
33・235
楊興宗 78・72
楊興祖 26・119
楊興家 6・200
楊興福 51・470
楊興禮 15・161
楊學文 72・649
楊學李 72・696
楊學思 39・769
楊學曾 61・269
楊學淵 8・474
楊學遠 70・399
楊學經 74・542
楊學愿 74・277
楊學鏻 68・591
楊儒臣 78・465
楊　儐 2・52
9・28
楊　翱 70・103
楊　衡(明) 77・209
楊　衡(唐) 49・513
楊　錫 80・732
楊錫九 19・109
楊錫紱 2・1
65・29
楊錫楨 32・645
楊錫輅 60・600
楊錫綬 65・136
楊錫璜 79・171
楊　錦(明益都) 17・535
18・311
楊　錦(明崇仁) 70・220
楊　錦(清) 13・130
楊錦春 51・285
楊錦斌 51・283
楊錦鳳 51・284
楊　穎 13・134
楊　獬 66・112
楊　諫 71・440
74・475
楊龍泉(清寧都) 74・164
楊龍泉(清歷城) 6・170
楊龍偉 71・155
72・36
楊龍雲 6・212
楊龍標 77・512
楊　燧 74・159
楊　澤(明天台) 77・362
楊　澤(明西安) 7・380

楊澤蕙　36・732
楊　濂　52・82
楊　憲　19・128
楊　縉(明貴溪)　52・78
楊　縉(明壽張)　42・746
楊　環(明)　32・642
楊　環(清)　80・762
楊聲振　37・706
楊　聰　43・429
楊聯芳　75・731
　　77・698
楊聯階　10・157
　　10・279
楊聯堦(見楊聯階)
楊聯榜　80・14
楊聯蕚　39・672
楊　薰　44・138
楊蔪鴻　25・113
楊　檄　71・485
楊　懋(宋)　75・422
　　78・388
　　79・142
楊　懋(清)　80・710
楊懋文　2・72
　　32・26
楊懋忠　36・547
楊懋恬　65・147
楊懋珩　65・144
楊懋德　70・532
楊懋識　68・533
楊　黻　72・441
楊曙江　48・504
楊　嶽　72・490
楊　點　80・48
楊　簣　76・53
　　80・689
楊　輿　79・105
楊　徽(見楊仲徽)
楊徽之　48・308
　　49・520
　　76・511
楊　鍾　72・508
楊鍾英　78・649
楊鍾嶽　77・496
楊鍾瀏　77・519
楊　鎡　1・797
楊　謙(明吉水)　72・436
楊　謙(明聞喜)　1・826
　　16・420
　　20・487
楊　謙(清)　62・561
楊謙吉　76・560
楊應元　74・153
楊應芊　79・252
楊應和　71・441
楊應奎(明招遠)　25・582
楊應奎(明益都)　4・153
　　15・556
　　17・524
　　18・306
楊應奎(清)　60・150
楊應炫　71・485
楊應時(明招遠)　25・582
楊應時(明慶雲)　11・454
楊應射　71・485
楊應卿　78・656
楊應祥　68・717
楊應球　79・216
楊應乾　21・631
楊應梅　60・173
楊應宿　70・576
楊應啓　66・584
楊應葵　79・189
楊應雲　70・216

楊應詔　76・487
楊應登　65・272
楊應廉　72・131
楊應鳳　77・552
楊應選　80・647
楊應曉　78・454
楊應錫　5・351
10・372
楊應蘭　71・442
楊應麟　71・456
楊　譢　70・559
楊　燦(明)　65・80
73・199
楊　燦(清邵武)　77・181
楊　燦(清瑞金)　74・221
楊　燦(清廣豐)　53・597
楊鴻才　78・374
楊鴻烈　20・99
楊鴻基　6・469
楊鴻舉　77・204
楊鴻儒　39・725
楊鴻績　62・404
楊　濤(清長泰)　78・652
楊　濤(清泰和)　72・366
楊　濟(清宛平)　26・23
楊　濟(清新淦)　73・219
楊　濱　80・763
楊翼臣　36・739
楊　璹　46・402
楊　瓊　1・739
楊翹生　38・246
楊　覲　65・230
楊覲光　25・577
25・592
楊　豐(清利津)　13・364
楊　豐(清鉛山)　53・128
楊叢華　10・478
楊瞿來　79・129
楊曠平　72・650
楊曜宗　79・267
楊　蟠　76・488
楊蟠峯　43・88
楊　簡　52・403
楊簡章　48・600
楊　鏈　66・600
楊燿東　23・274
楊蘇臣　62・249
楊　蘊　20・534
楊蘊華　45・135
楊攀桂　6・153
楊　壐　42・397
楊　黼　36・499
楊羅峯　61・685
楊贊襄　68・271
楊　鏗　27・290
28・665
楊　鏞　28・664
楊　鵬　32・42
楊鵬南(清長樂)　78・536
楊鵬南(清鄒平)　13・800
楊鵬翔　60・667
楊　麒　51・189
78・463
楊懷元　51・351
楊懷玉　62・236
楊懷修　70・609
楊　瀚　80・537
楊　瀠　14・391
楊繩武　44・309
楊繩桂　66・597
楊　馨　5・342
楊　蘭　4・247
37・425
楊蘭芳　11・117

楊蘭臺　58・526
楊獻春　66・594
楊獻恒　18・370
楊獻章　43・447
楊獻策　75・602
　79・63
楊獻樸　39・195
楊耀林　37・14
楊耀東　19・106
楊耀墀　14・725
楊耀衡　73・263
楊　巍　4・107
　13・201
楊　譽　27・796
楊灌勺　40・327
楊　瀾　80・42
楊寶田　13・156
楊寶筠　18・568
楊繼文　1・806
　13・100
　43・26
楊繼生　75・420
　77・502
楊繼芳(清南和)　2・48
楊繼芳(清廈門)　76・221
楊繼卿　78・672
楊繼盛　1・845
　15・536
　16・423
　20・488
楊繼雲　7・388
楊繼登　74・325
楊繼韶　62・93
楊繼寬　66・512
楊繼熊　66・490
楊繼謨　70・637
楊　權　44・150
楊　儼　36・506
楊　鐸　23・279
楊　爟　80・439
楊鶴鳴　76・159
楊鶴齡(清清流)　80・316
楊鶴齡(清臨沂)　31・58
楊續時　2・49
　33・697
楊聽政　72・658
楊　護　70・474
楊　瓚(明莆田)　78・85
楊　瓚(明壽張)　42・741
楊　瓚(隋)　36・420
楊顯祖　62・480
楊顯桂　80・720
楊顯謨　63・158
楊　鑣(字文聯)　65・296
楊　鑣(字次黄)　65・125
楊　麟　70・571
楊　纓　77・26
楊　瓛　43・538
楊　觀　79・501
楊觀光(明)　25・577
楊觀光(清)　17・622
　18・519
楊觀爵　77・56
楊靈芝　21・533
楊　讓　76・448
楊　鷹　66・591
楊　鸞　17・520

甄

甄子然　23・252
甄文齡　10・82
甄延祚　10・143
　10・288
甄　宇　4・15

	4・169
	15・569
	17・462
甄　沛	4・129
	37・663
甄奇翠	10・140
甄叔懷	47・474
甄忠珠	37・682
甄　垌	18・376
甄南齡	37・702
甄洪廣	10・135
甄洪聲	10・134
甄陶之	52・155
甄偉璧	1・817
甄朝舉	30・309
甄棲真	4・263
	38・293
甄景聖	37・700
甄勣成	10・82
甄夢齡	9・861
甄　實	11・432
甄敷猷	10・138
甄　磊	10・140
甄　馥	14・376

賈

賈人元	62・638
賈三近	4・109
	7・283
	7・498
賈三策	13・373
賈士端	41・401
賈大正	30・329
賈大勳	13・812
賈上進	26・96
賈之祿	34・316
賈之遴	43・634
賈天俊	14・139
賈元超	62・560
賈元弼	62・555
賈元龍	18・3
賈　友	5・89
賈曰宸	10・137
賈曰鋁	5・279
	13・794
賈仁元	1・786
賈仁甫	42・343
賈化醇	10・51
賈公策	33・239
賈　文	30・135
	34・476
賈文太	11・460
賈文燽	7・288
	7・420
賈允升	4・424
	26・100
賈正明	13・111
賈世忠	42・309
賈世貞	42・321
賈世康	42・12
賈可用	13・813
賈可禮	13・807
賈生才	11・443
賈立綱	14・142
賈永貞	13・808
賈永寧	10・54
賈有年	14・135
賈成公	30・333
賈成功	9・435
賈成田	37・706
賈成都	39・75
賈成霖	6・155
賈　至	38・155
賈光大	1・807

賈　同　4・177
7・179
12・93
15・546
17・494
賈先春　1・794
賈　廷　10・54
賈延齡　6・211
賈汝式　43・626
賈守巡　27・816
賈如愚　42・306
賈如魯　42・271
賈志通　61・451
賈　芹　13・392
賈克建　35・343
賈步雲　14・143
賈希夷　6・124
10・47
賈亨晉　4・328
賈　汧　37・708
賈宏祚　2・19
賈良田　36・662
賈青田　37・705
賈若瑚　2・53
9・28
賈苞如　6・460
賈直言　1・726
賈東山　1・843
16・422
18・57
賈廼筵　10・53
賈廼魯　10・83
賈　郁　75・473
賈奇聞　43・127
賈昌田　14・381
賈昌朝　41・690
賈　昉　14・128
賈和國　14・139
賈秉禮　38・288
賈周南　14・138
賈　炎　5・248
賈宗正　30・61
賈宗江　35・485
42・652
賈宗政　1・820
賈宗漢　14・393
賈宗魯　7・281
7・497
賈定遠　62・477
賈春霖　10・367
賈　玲　10・55
賈　茲　13・401
賈持謙　18・556
賈則智　1・849
27・3
賈　昭　5・185
10・363
賈思同　4・174
15・571
18・8
18・555
賈思伯　4・174
15・571
17・475
18・490
賈思敬　7・436
賈　信　62・39
賈衍慶　40・582
賈　恪　7・441
賈美珍　10・139
賈美章　32・409
33・282
賈美煥　32・407
33・281

賈前知 41・396
賈前席 9・141
賈祝三 34・288
賈飛鵬 62・139
賈泰興 14・142
賈　珣 30・748
賈　耽 14・691
賈真儒 9・719
9・828
賈　梃 7・287
7・428
7・453
賈振升 43・105
賈振宗 26・121
賈振基 6・167
賈振琨 7・151
賈振瀛 30・752
賈　訓 41・399
賈效儒 9・415
賈凌雲 10・53
賈　浩 7・425
7・437
賈浩川 37・702
賈　琅 10・47
賈　教 62・610
賈培元 13・804
賈培昆 29・332
賈培榮 32・408
33・282
賈執琇 19・393
賈國華 5・250
6・204
賈國璵 44・403
賈　崇 69・638
賈進忠 5・181
43・268
賈象占 13・801
賈逸祖 53・201
賈　訪 7・497
賈紹清 13・146
賈　琰 6・166
10・51
10・154
賈　琮（清） 14・125
17・602
賈　琮（漢） 4・135
38・533
賈　琚 37・722
賈　賁 1・727
38・156
賈　敬 24・343
賈　棟 1・759
8・315
賈雲來 7・386
賈雲祥 39・75
賈　雯 14・127
17・602
賈紫照 13・381
賈閏甫 5・45
賈　貴 14・726
42・966
賈復元 2・35
43・541
賈　循 1・721
賈舜田 24・516
賈舜年 42・291
賈敦孝 10・83
賈敦實 4・139
41・721
賈敦頤 4・139
37・825
41・129
41・721
賈　斌 4・148

9・397
賈道用 75・427
賈　馴 5・89
13・749
賈　瑚 10・55
賈夢龍 7・283
7・453
7・498
賈　楨 4・425
賈　槐 5・121
10・122
賈嗣照 10・59
賈傳芳 1・855
16・433
18・59
22・232
23・621
賈　鉉 4・85
36・424
賈　會 13・388
賈　煜 26・122
賈壽年 10・52
賈壽朋 10・54
賈毓桐 39・317
賈毓祥 4・131
23・640
24・575
賈　銓 1・768
賈廣栒 9・429
賈漢策 4・276
5・337
10・119
15・143
賈漢誼 22・236
賈　熊 73・347
賈　綱 13・392
賈維楷 5・305
43・596
賈維新 14・740
賈　慧 7・442
賈　璋 1・847
26・8
賈　璇 5・247
6・167
10・155
賈　蕃 41・691
賈董倜 14・132
賈　樞 9・395
9・479
賈輝山 6・141
賈　鋭 2・69
30・62
賈　魯 1・755
賈　諒 4・147
7・280
7・496
賈　潤 7・279
7・495
賈　澄(明辰州) 1・804
12・94
賈　澄(明掖縣) 23・638
24・516
賈樂同 33・226
賈　穀 13・391
賈翰清 13・810
賈學曾 14・715
賈錫男 26・97
賈　錠 76・464
賈　館 38・223
賈聲槐 4・327
賈聲聞 41・392
賈應春 1・779
賈應墀 1・818
12・199

	12・354
	37・421
賈應寵	35・514
	35・714
	36・36
賈濟川	62・329
賈　瓓	35・389
賈　鯉	73・348
賈　壐	30・737
賈　靄	5・191
	10・626
賈翽梧	14・388
賈鵬程	47・457
賈　鯨	73・347
賈獻珍	62・324
賈耀登	62・200
賈　顯	43・432
賈　讓	37・678

雷

雷一龍	37・770
雷一龍	37・770
雷乃發	68・391
雷三益	80・304
雷士宏	31・835
雷之霖	80・320
雷子堅	1・853
	23・618
雷元松	45・79
雷元昭	44・531
雷化龍	80・303
雷化鱗	68・220
雷六御	70・583
雷文海	71・615
雷文模	71・606
雷玉案	53・151
雷可權	45・241
雷仕旃	76・440
雷仕檀	76・441
雷立端	68・512
雷必超	68・524
雷　弘	41・293
雷邦燦	72・239
雷吉生	76・438
雷有終	1・739
雷至剛	49・323
雷光贊	62・399
雷同升	80・303
雷同聲	80・760
雷廷顯	71・82
雷行章	80・310
雷兆梅	46・253
雷名揚	73・399
雷次宗	45・30
	46・459
	48・300
雷羽上	80・346
雷孝友	64・178
雷志雄	49・323
雷　作	64・292
雷伯宗	76・492
雷　孚	64・177
雷亨坤	7・453
雷　良	80・315
雷良翰	80・330
雷其澄	45・253
雷英勝	69・464
雷　杭	76・477
雷　述	68・121
雷雨霖	12・506
雷　協	80・336
雷尚樸	49・288
雷秉煇	45・310
雷　佩	59・138

雷金科　76・456
雷金榜　9・863
雷金聲　11・15
　11・92
雷　沸　68・563
雷宜中　68・399
雷宙寬　80・302
雷春鳴　65・508
雷　奎　63・330
雷思齊　52・410
雷保源　36・743
雷　度　69・613
　71・167
雷炳珂　46・531
雷　宣　53・108
雷起龍　51・23
　66・497
雷華玉　48・426
雷華萬　62・677
雷軒成　80・122
雷振遠　9・848
雷振綱　50・287
雷時中　76・493
雷時震　72・108
雷　峻　80・353
雷悦智　65・490
雷悦賢　65・490
雷浮庭　62・667
雷　純　44・471
雷　逵　68・159
雷　崙　76・475
雷得昌　80・310
雷逸清　72・83
雷章儀　48・269
雷清琦　68・567
雷添祥　80・308
雷添喜　53・176
雷　寅　62・262
雷啓東　1・843
　15・534
　16・420
雷啓泮　49・472
雷　紳　80・325
雷紹理　45・259
雷紹榮　45・263
雷　暎　68・123
雷景行　80・329
雷景鳳　71・193
雷　曾　68・238
雷　發　74・70
雷　瑄　80・309
雷　填　76・438
雷夢麟　72・44
雷　雹(明恩縣)　11・1
　11・92
雷　雹(明寧化)　80・356
雷　稔　80・310
雷　誠　68・61
雷　義　58・115
　61・437
雷　煥　45・292
　45・406
　58・116
雷肅之　45・50
雷　境　76・456
雷壽南　48・327
雷榜榮　77・97
雷　監　80・302
　80・320
雷鳴春(清奉新)　67・472
雷鳴春(清鉛山)　53・159
雷鳴春(清鄱陽)　58・170
雷鳴豫　72・103
雷　鉽　68・238

雷榮元 52 · 623
雷　瀿 51 · 46
雷維垣 72 · 103
雷維霈 71 · 598
雷維翰 52 · 503
雷　璁 43 · 196
雷稽古 4 · 157
11 · 82
雷德宏 77 · 394
雷德潤 76 · 486
雷　鋐 53 · 202
雷　慶 80 · 302
雷　潛 76 · 477
雷　璲 68 · 556
雷　機 76 · 435
雷　衡 64 · 509
雷龍濟 76 · 477
雷駿鳴 80 · 351
雷駿聲 79 · 618
雷應時 9 · 26
雷　燦 76 · 477
雷　燮 76 · 441
雷　濟 73 · 360
雷　禮 68 · 142
雷禮門 80 · 314
雷繽祚 1 · 781
8 · 467
12 · 97
雷　豐 71 · 262
雷　鯉 76 · 493
雷　燿 68 · 255
雷鏐孫 11 · 92
雷覺民 76 · 454
雷　鐩 76 · 439
雷躍龍 72 · 89
雷　觀 68 · 22
80 · 336
雷纘緒 27 · 546
28 · 183

裘

裘士朴 46 · 148
裘元淦 46 · 355
裘元復 46 · 173
裘元善 46 · 357
裘曰修 45 · 602
裘曰德 46 · 349
裘允鉦 46 · 238
裘仕榮 71 · 469
裘廷柱 77 · 271
裘行簡 45 · 624
裘伯玉 77 · 273
裘良怡 80 · 761
裘君宏 46 · 423
裘君弼 45 · 575
裘君夔 46 · 513
裘建業 46 · 214
裘　奏 45 · 578
裘思芹 46 · 163
裘　重 46 · 157
裘　衍 46 · 327
裘　訓 46 · 257
裘凌雲 46 · 259
裘　琅 46 · 153
裘紹箕 77 · 226
裘萬頃 46 · 310
裘　棟 46 · 172
裘　遇 46 · 245
裘　僔 46 · 89
裘榮甲 45 · 657
裘增壽 45 · 628
裘　錦 46 · 184
裘憲璟 77 · 261
裘憲璘 77 · 262

裘應時　46・514
裘　翮　46・499
裘　鵬　2・33
13・731
13・733
裘　獻　71・448
裘獻章　46・94
裘鶴齡　46・198
裘　麟　46・435

訾

訾汝道　4・236
5・95
10・126

虞

虞　人　7・144
虞之臣　42・395
虞元亮　77・199
虞太微　52・517
虞太熙　52・517
虞日嚴　60・268
虞文明　60・498
虞　正　60・376
虞令儀　60・321
虞有光　30・101
虞光祥　72・196
虞廷奎　60・498
虞廷碩　76・489
虞　延　41・708
虞　汲　69・646
70・255
虞汝貴　68・565
虞汝襄　30・122
虞邱進　4・43
虞位賓　48・251
虞　金　76・385
虞　放　41・708
虞　昺　1・702
37・801
41・58
虞思敬　58・166
虞　俊　39・148
虞時昌　76・413
虞　訥　59・598
虞　庸　60・264
虞　寄　75・648
76・209
虞紹忠　76・386
虞景熹　77・193
虞　策　18・29
虞　集　60・758
61・441
61・751
70・11
71・352
71・499
虞欽彩　60・347
虞道慶　42・193
虞瑞圖　77・190
虞　溥　4・172
37・104
39・179
虞　肅　52・455
虞際昌　18・695
42・434
虞　愿　75・394
虞　槃　70・55
虞　韶　76・489
虞　綽　51・122
虞德隆　1・844
16・431
虞曉遠　60・322
虞　鎬(明)　1・836

虞　鎬(清)　27・815
虞　翻　73・268

業

業諦彌實　41・385

愚

愚　公　7・22
7・197

暗

暗都剌　76・464

照

照中禪師　77・25
照　明　80・616
照　乘　76・752
照　通　57・525
照　祿　10・166

路

路九篇　7・180
路三貴　9・445
路士郁　14・702
42・945
路大傑　50・462
路子厚　33・796
路元禧　20・783
路　中　1・818
路中貞　35・108
路　印　1・684
4・202
7・21
7・67
16・392
路文洽　9・417
路文經　7・22
路以周　4・429
路以鍈　6・653
路允修　4・344
37・775
路允釐　4・342
37・776
路去病　4・139
14・701
18・727
42・456
路世楨　37・772
路本樹　9・412
路可由　4・128
41・150
路可貞　34・255
路立峯　15・163
路永貴　9・445
路邦臣　9・429
路有和　36・179
路有章　9・401
路存智　17・578
路光岱　37・779
路同齡　14・143
路廷照　9・411
路仲信　18・730
42・459
42・943
路江清　9・413
路汝瀛(臨清縣志作路如瀛)　1・835
14・693
路守桐　9・446
路作睿　6・491
路伯達　20・486
路希周　6・491
路其俊　9・431
路茂蓀　32・145
路松年　37・780

路　旺　9·441
路秉直　9·440
路秉倫　9·440
路周道　37·785
路法孟　9·409
路法常　18·730
42·459
42·944
路　泌　18·733
42·462
路宗經　9·413
路居業　9·413
路　相　50·488
路思令　4·49
14·701
18·733
42·461
42·943
路思略　18·730
42·459
42·943
路保德　9·444
路衍祜　37·776
路衍淳　37·777
路衍豫　37·780
路亮采　9·198
9·420
路恃慶　4·50
14·701
18·729
42·256
42·458
42·943
路冠甲　9·407
路　陞　1·802
34·436
路　振　1·739
路振東　9·402
路振飛　75·682
76·251
76·272
79·290
路時中　9·404
路展勳　32·135
路　通　14·702
42·945
路　邕　4·138
18·733
42·461
42·944
路　逵　1·762
17·510
31·277
路　隋　4·58
路　達　14·361
15·531
路斯道　17·639
20·781
路　敬　7·192
路敬亭　6·150
路敬淳　4·175
14·701
42·960
路敬潛　4·176
42·960
路　雄　18·730
42·459
42·944
路　雲　11·146
11·284
路雲衢　9·420
路鼎璋　79·286
路景略　14·701
18·730

42・459
42・944
路　斌　43・627
路　絇　9・431
路登雲　14・125
17・584
路　瑞　5・193
10・630
路　蓁(見路瑧)
路　誠　34・325
路福祥　9・279
路　羣　18・730
42・459
路　瑧　7・173
17・526
路　隨　18・733
42・462
路　綸　7・199
路　磐　35・147
路　慶　1・822
31・277
路興東　9・402
9・442
路營基　9・426
路　應　73・114
路應魁　50・492
路　璧　72・565
75・368
路　鯨　9・419
路寶堂　9・417
路　鰲　9・412
路　鐸　1・750
路顯俊　18・730
42・459

園

園　客　41・221

圓

圓伊興琇　71・365
圓　明(元)　29・505
圓　明(明)　6・505
圓　通(宋)　78・630
圓　通(明)　24・582
圓　實　79・302
圓　澄　6・505
圓覺禪師　71・637

筦

筦　路　4・15
17・458

奧

奧屯忠孝　27・318
奧來君　36・222

微

微　子　36・558

鉉

鉉丕衙　33・287

愈

愈　文　76・729

會

會　師　47・478

愛

愛星阿　2・112
14・695
22・241
27・809

鄵

鄵　單　4・4
35・602

詹

詹一淏　71・134
詹一滐　66・593
詹一濱　55・644
詹一麟　54・122
詹一觀　56・531
詹又談　56・113
詹三祝　56・554
詹三錫　56・501
詹士春　55・590
詹士敏　47・156
詹士淇　57・205
詹士淳　56・332
詹士澄　57・263
詹士龍（明）　53・215
詹士龍（清）　78・408
詹大杓　78・309
詹大華　57・363
詹大悅　54・512
詹大通　71・135
詹大盛　57・105
詹大順　51・707
詹大驊　56・308
詹大驥　57・130
詹之吉　55・418
詹之柱　53・27
詹之桂　56・507
詹之錞　53・65
詹之龍　55・621
詹之燦　57・354
詹之鐘　53・653
詹子威　78・441
詹天成　53・481
詹天佑　54・299
詹天松　56・331
詹天清　51・447
詹天爵　56・415
詹天顏　80・202
詹天寵　57・496
詹元甲　56・226
詹元生　56・98
詹元吉（宋）　71・126
詹元吉（清婺源虹關）　57・104
詹元吉（清婺源慶源）　57・254
詹元秉　55・508
詹元泰　57・108
詹元榦　54・551
詹元檀　55・162
詹元鎬　56・564
詹五桂　56・565
詹日昌　54・516
詹日暄　56・508
詹日煒　55・160
詹日煥　56・507
詹曰文　57・14
詹曰正　50・327
詹曰昌　50・249
詹曰俞　53・557
詹曰莊　50・319
詹仁傑　57・311
詹　介　50・58
詹　文　58・41
詹文忱　57・351
詹文長　55・197
詹文昇　57・507
詹文定　56・58
詹文奎　56・467
詹文珪　78・440
詹文海　56・328

詹文階 56・335
詹文貴 57・310
詹文煒 56・441
詹文蔚 55・507
詹文銜 57・310
詹文銑 57・310
詹文鋒 57・311
詹文潤 57・385
詹文錫 54・577
詹文錟 55・242
詹文鍊 56・336
詹文鎮 57・310
詹文鎰 54・334
詹斗望 53・352
詹心維 55・148
詹尹吉 55・291
詹以和 50・531
詹允盛 56・420
詹允臧 55・367
詹允彰 57・376
詹允讓 57・254
詹玉檀 57・164
詹　正 58・147
詹甘棠 80・208
詹世文 56・658
詹世昌 57・357
詹世高 55・642
詹世凰 56・653
詹世勛 55・522
詹世欽 56・405
詹世鈴 56・276
詹世鸞 56・253
詹　本(宋) 76・454
詹　本(清) 56・85
詹可茂 56・509
詹丕遠 50・160
詹仕顯 77・190
77・191
詹代楠 49・442
詹令烜 71・128
詹必亮 56・280
詹必勝 54・305
詹永希 56・220
詹永言 56・27
詹永祥 57・254
詹永康 56・566
詹永清 57・252
詹永達 77・726
詹永樟 56・236
詹永機 57・85
詹永麟 53・82
詹民俊 55・655
詹邦中 57・376
詹邦庭 57・252
詹邦基 56・597
詹邦傑 56・217
詹式琦 76・584
詹吉士 71・136
詹考祥 55・359
詹有煇 56・564
詹有輝 56・216
詹有禮 56・216
詹成文 71・131
詹成兆 57・377
詹至中 56・11
詹光宇 51・348
詹光佐 50・292
詹光明 71・130
詹光祖 56・505
詹光華 56・275
詹光國 55・521
詹光詔 47・196
詹光裕 55・44
詹光溥 56・431

詹光熙　53・138
詹光輔　57・37
詹　同　54・81
詹廷孝　56・360
詹廷芳　57・8
詹廷枝　56・609
詹廷相　52・475
詹廷柏　57・106
詹廷珪　55・453
詹廷彬　55・205
詹廷淑　56・543
詹廷琛　57・152
詹廷極　53・130
詹廷墉　56・328
詹廷模　57・375
詹廷銓　55・253
詹廷廣　57・12
詹廷標　56・258
詹廷選　50・113
詹廷禮　57・101
詹廷鑐　56・216
詹延椿　56・242
詹　仰　58・279
詹仰庇　78・627
79・118
79・373
79・389
詹仰賢　47・271
詹仰憲　79・391
詹兆祀　55・130
詹兆和　57・530
詹兆恒　53・392
76・470
詹兆璜　57・124
詹兆鵬　54・323
詹兆鑌　56・667
詹多榮　56・361
詹交遠　55・252
詹亦嘉　54・344
詹池淑　79・434
詹汝秀　55・252
詹汝金　55・508
詹汝萃　53・636
詹汝瑛　67・583
詹汝貴　54・562
詹汝震　57・499
詹如驊　57・175
詹志茂　55・20
詹秀波　67・583
詹　佐　54・548
詹作珊　55・264
詹伯物　77・413
詹伯勝　54・498
詹伯麒　55・277
詹希原　55・273
詹　谷　59・162
詹豸繡　47・94
詹宏志　56・294
詹宏貴　55・554
詹宏禮　57・107
詹　良　55・506
詹良獻　58・244
詹　初　54・195
詹君賢　53・312
詹　武　71・127
詹武虎　54・601
詹坦貞　57・182
詹其德　70・625
詹若章　55・84
詹若魯　56・87
詹　英　57・157
詹　苞　78・681
詹林寧　76・640
詹事講　4・159

14・367
71・118
詹　奇　76・640
詹奇英　50・115
詹叔善　50・217
詹叔羲　50・222
詹尚時　55・596
詹尚培　56・45
詹尚寬　55・597
詹尚熊　55・650
詹尚德　47・234
詹　昊　58・63
詹昌坤　57・265
詹昌期　57・254
詹昌璧　56・336
詹　昇　52・22
詹明訓　56・257
詹明章　71・358
76・711
詹　易　66・480
詹　迪　71・131
詹固維　56・431
詹　忠　56・417
詹岫山　57・14
詹秉國　56・500
詹　佳　57・377
詹佩蘭　52・585
詹　依　55・70
詹金宏　55・547
詹金龍　55・550
詹念餘　57・27
詹周伸　50・401
詹　怡　57・58
詹　泮　50・239
詹宗禮　56・468
詹宗顯　55・546
詹　定　57・351
詹宜奎　57・352
詹宜炳　56・274
詹宜倫　73・337
詹宜燦　56・274
詹建栻　56・641
詹承恩(清婺源慶源)　56・553
詹承恩(清婺源環川)　56・274
詹　春　57・355
詹　珍　57・25
詹　珊　47・82
詹　垣　56・335
詹　城　55・637
詹南祥　56・255
詹　奎(清婺源慶源)　55・508
詹　奎(清婺源環川)　56・272
詹奎章　78・462
詹　星　58・232
詹星煌　54・595
詹昴元　54・583
詹思聖　56・331
詹思潤　56・242
詹思濱　57・69
詹　信　57・352
詹彥英　57・264
詹奕壛　58・180
詹恒池　57・263
詹恒高　80・128
詹恒淇　55・243
詹恒溥　57・311
詹炳亨　51・642
詹　洪　71・504
詹洪基　75・511
78・408
詹洪鼎　79・391
詹　洧　78・610
79・384
詹　洲　54・222

詹祖漢　55·184
詹祝銓　57·224
詹　泰　55·396
詹泰圭　57·53
詹泰交　57·224
詹泰溶　57·115
詹泰濳　55·172
詹泰瀚　55·255
詹　珪　58·47
　　76·466
詹珥卿　56·644
詹　珠　56·273
詹　珮　70·537
詹起仁　57·203
詹起洵　56·419
詹起添　56·79
詹起傅　57·59
詹起鎔　57·355
詹起鏡　57·355
詹起鵬　55·360
詹起鑾　57·355
詹華保　57·351
詹恭望　72·371
詹真純　57·252
詹真鑑　57·374
詹桂芬　55·509
詹連城　54·250
詹　烈　54·191
詹振瑚　56·79
詹晉鵠　72·371
詹晉鶚　72·363
詹時升　76·383
詹時芳　50·276
詹時松　57·114
詹時雨　58·55
詹時和　55·257
詹時鈺　55·600
詹時穖　56·336
詹晃祖　56·32
詹　恩　50·183
詹　剛　57·216
詹　倬　56·509
詹　健　55·540
詹逢光　55·507
詹逢康　55·507
詹逢暐　57·61
詹逢煥　56·331
詹逢標　57·356
詹逢曙　57·509
詹　高　57·110
詹高炯　57·252
詹高燦　57·252
詹益棠　57·310
詹益榜　57·204
詹　浩(清婺源)　55·509
詹　浩(清鉛山)　52·486
詹家振　53·560
詹家駿　55·507
詹　陵　59·356
詹　逵　71·133
詹　培　56·643
詹執璞　55·331
詹　萊　75·417
　　78·464
詹　彬(明)　79·406
詹　彬(清)　55·506
詹　堅　66·502
詹問渠　50·237
詹國治　56·97
詹國祥　56·628
詹國棟　67·474
詹國賓　56·206
詹國濟　56·622
詹國穩　57·252

詹國顯　70・581
詹　崑　52・533
詹　崇　71・121
詹崇樸　71・124
詹敏鑑　56・335
詹進輝　56・336
詹　週　71・122
詹　章　57・255
詹翊謀　50・241
詹惟修　55・277
詹惟康　56・52
詹惟聖　2・41
詹惟賢　50・129
詹添中　66・576
詹添虎　57・516
詹添麟　56・295
詹　深　57・132
詹　寅　79・219
詹啓甲　55・135
詹啓柱　57・13
詹啓奎　54・330
詹啓敖　56・365
詹啓勝　56・191
詹啓榮　54・545
詹隆光　56・148
詹隆杭　56・173
詹隆梓　56・149
詹隆楨　56・283
詹隆榜　56・143
詹隆標　56・263
詹隆儒　57・433
詹隆櫝　57・428
詹紹安　78・450
詹紹榮　54・517
詹紹慶　54・136
詹琪芬　71・122
詹　琦　57・197
詹　琲　79・431
詹喜俊　57・356
詹喜珙　57・431
詹喜浩　57・263
詹喜添　57・356
詹喜達　57・263
詹喜煥　56・331
詹喜福　57・111
詹喜銘　56・416
詹斯圻　55・506
詹斯坤　56・336
詹斯珮　57・211
詹萬珍　55・195
詹萬玲　57・88
詹萬科　57・204
詹萬桃　55・52
詹萬榜　55・65
詹萬德　56・25
詹萬鎮　57・356
詹朝宗　76・405
詹朝恩　71・132
詹朝麟　58・172
詹森泰　57・377
詹軫元　55・645
詹軫光　54・61
詹惠明　54・477
詹雲程　71・127
詹揚烈　55・78
詹　鼎　54・434
詹開文　56・419
詹景行　58・208
詹景瑞　55・553
詹　凱　71・127
詹　智　56・565
詹智鐸　56・618
詹　復　53・195
詹復四　71・130

詹鉅滋 57・152
詹欽本 56・289
詹　鈞 55・509
詹爲楷 71・134
詹勝洸 55・91
詹勝洵 56・74
詹詒懋 57・109
詹敦仁 78・314
詹　道 71・123
詹道人 79・639
詹道行 71・128
詹道傳 69・365
詹　渭(明) 54・121
詹　渭(清) 78・440
詹　淵 57・2
詹運章 71・136
詹登相 66・536
詹　瑞(明) 71・127
詹　瑞(清) 54・338
詹瑞棟 54・579
詹瑞雲 57・130
詹瑞增 57・235
詹載采 59・282
詹　遠 54・596
詹夢甲 55・509
詹夢枚 53・116
詹夢蓮 55・454
詹蔭梧 56・293
詹楚先 53・71
詹槐芬 47・102
詹　軾 50・231
詹裘源 57・153
詹　暉 57・189
詹嗣煌 56・88
詹　靖 79・405
詹新盛 57・63
詹新隆 71・136
詹新貴 57・316
詹新藹 57・8
詹　雍 57・352
詹義淵 57・204
詹　煉 55・506
詹　煜 47・320
詹煌恩 50・61
詹煥光 57・253
詹溎生 57・254
詹　源 79・109
79・389
詹福生 56・559
詹禎林 79・391
詹殿榮 57・476
詹殿擢 78・572
詹際昌 57・257
詹經材 73・82
詹綏安 57・188
詹　穀 56・312
詹聚文 55・634
詹　熙 56・172
詹　榜 56・258
詹　槼 77・447
詹爾達 71・121
詹爾選 71・118
詹鳴初 57・36
詹毓銡 55・129
詹毓錀 57・12
詹　銓(清婺源慶源) 56・432
詹　銓(清婺源環川) 55・203
詹銓貴 54・407
詹　銘(明) 53・112
詹　銘(清) 49・495
詹　鳳 56・507
詹鳳翔 71・127
詹廣條 57・108
詹廣棐 57・55

詹應城　57・501
詹應陳　53・645
詹應乾　56・467
詹應湯　57・376
詹應運　78・408
詹應焜　55・29
詹應墀　56・241
詹　鴻　56・417
詹鴻光　57・252
詹鴻恩　57・354
詹鴻猷　78・441
詹　濡　55・253
詹覲光　78・423
詹雙弁　54・605
詹　鎮　52・487
詹鎮川　57・469
詹　鎬　77・434
詹　璧　66・505
詹璧人　78・694
詹蘂榜　55・211
詹　璽　52・77
詹　鏞　53・240
詹鵬先　54・323
詹　瀚　50・171
詹　瀛　55・194
詹寵儒　50・111
詹繩祖　55・604
詹耀祖　56・549
詹懸生　57・255
詹瀹秀　57・375
詹　灃　55・403
詹體仁　76・504
詹　鑑　57・447
詹靈書　55・302

解

解入室　13・380
解入聖　13・380
解三藏　41・798
解大本　39・188
解大有　13・410
解大經　13・410
解大簡　39・189
解子元　72・503
解子玉　72・488
解子愚　9・27
解　元　72・471
解元才　2・39
　10・310
解化龍　25・30
解以忠　72・531
解孔訓　39・177
解四端　13・387
解有才　25・66
解延年(明)　4・150
　25・262
　25・417
解延年(漢)　4・13
解汝修　39・295
解汝楫　39・188
解守全　39・325
解如桐　31・797
解　坊　39・194
解希楊　39・347
解　系　4・36
　5・22
　10・362
解　忻　11・448
解　灼　39・200
解茂英　6・470
解　易　72・559
解　育　5・23
　10・362
解貞讓　72・535

解星科 39・311
解　修 30・58
解祖謨 72・534
解振瀛 39・195
解　悅 72・535
解書林 11・459
解啓衷 1・851
28・673
解紹修 6・457
解　瑛 39・193
解越千 19・396
解萬清 39・201
解朝夫 72・530
解　開 72・490
解運衢 72・468
解　結 5・23
10・362
解夢斗 72・486
解　蒙 72・552
解　暉 72・471
解經邦 1・815
7・381
解嘉德 72・509
解鳴謙 11・436
11・449
解　銑 18・535
解鳳岡 11・449
解　榮 72・491
解榮世 72・467
解　綸 72・438
解德斐 26・187
解　潛 74・375
解豫天 39・198
解學烒 39・188
解錫祿 39・315
解　禧 72・433
解　縉 47・356
72・398
73・115
73・276
73・406
74・395
解鍾祚 6・463
解鍾祥 6・462
解應辰 72・487
解　韜 72・463
解麒祥 6・457
解　觀 72・488

詩

詩蒙額 42・18

誠

誠　臻 6・673

廉

廉一桂 35・349
廉公謌 4・141
38・714
廉　忱 77・209
廉明遠 35・336
廉　政 1・844
16・418
廉峻峰 4・312
廉家植 58・189
廉　復 4・254
5・63
32・590
廉　靖 58・129
廉鳳沼 10・42
廉　潔 4・5
35・603
廉　顯 12・330

靖

靖允讓 31・57
靖四方 38・665
靖康功 31・56
靖道謨 76・210
靖　幹 7・445

雍

雍門子狄 7・145
雍門周 7・208
36・413
雍　廩 7・143

慎

慎　到 7・24
7・200
15・573
15・587

義

義　中 75・708
76・751
77・730
義　存 79・638
義禿梁 23・663
義　英 79・296
義　高 78・570

羨

羨門子 31・184

豢

豢龍氏 41・379

慈

慈霑上人 27・175

溥

溥　珙 78・242

源

源　雄 1・718
源　潭 76・208

準

準　泰 2・10

塗

塗公駷 62・334
塗斗鎮 65・339
塗幼醇 65・326
塗近正 62・214
塗　淮 65・336
塗紹周 62・266
塗景鋐 62・466
塗鈞福 62・478
塗　淵 65・431
塗　鉉 65・518
塗　源 62・348
塗福錦 62・458
塗樹芳 62・527
塗應麟 62・306
塗　鏜 65・340
塗耀祖 62・580
塗顯祖 62・459

褚

褚士登 18・525
褚　大 4・14
7・249
7・476
30・75
褚化鰲 7・285

	7・428
褚文炎	7・441
褚本經	43・102
褚本選	43・112
褚成京	7・436
	7・445
褚成炎	7・436
褚成壐	7・455
褚光釗	7・500
褚光鈔	7・503
褚光鉉	7・289
	7・429
褚光銑	7・503
褚光翰	7・503
褚光鏌	7・503
褚廷極	7・430
褚廷樞	7・453
褚廷霖	7・421
褚安民	7・436
褚伯玉	77・359
褚　昕	37・140
褚明律	7・432
褚明陞	7・445
褚明哲	7・422
褚明峻	7・436
褚明晰	7・436
褚明淵	62・189
褚明遷	7・455
褚明龍	7・446
褚明寰	7・435
褚修己	43・111
褚　華	44・115
褚莊持	7・435
褚真樸	43・127
褚盛明	24・258
褚達德	62・456
褚達禮	62・452
褚雲翔	5・354
	10・634
褚景周	21・520
褚景絆	62・681
褚景綃	62・306
褚景繐	62・675
褚　登	78・466
褚遠俏	62・503
褚遠淳	62・591
褚慎絅	7・433
褚毓瑾	5・355
	10・634
褚鳳毛	7・422
褚鳳年	43・87
褚鳳巢	5・355
褚德培	7・286
	7・499
褚德壎	7・288
	7・421
褚學廉	43・100
褚　懋	39・335
褚懋浚	7・429
褚懋濬	7・289
	7・441
褚鴻基	19・427
褚　寶	1・843
	15・537
	16・422

福

福　昌	42・588
福　宗	61・764
福　紹	2・110
	23・414
福　甯	2・13
福　蔭	77・42

辟

辟閭渾　4·204
　18·1
辟　彊　7·134

經

經世文　69·194

十四畫

碧

碧天禪師　76·499
碧桃道人　79·293

趙

趙一貫　1·822
　15·534
　31·277
趙一琴　23·250
趙一經　22·251
趙一德　46·22
趙一鶴　14·744
趙人文　67·213
趙人同　77·590
趙人偉　65·509
趙人傑　72·185
趙九鼎　77·493
趙三立　67·263
　67·400
趙三復　27·49
趙于京　4·279
　5·228
趙于灃　40·326
趙士甲　50·65
趙士礽　52·419
趙士亨　79·280
趙士完　24·572
　24·574
趙士良　27·53
趙士和　8·7
　8·644
趙士亮　24·524
趙士彥　10·137
趙士恭　27·52
趙士莞　45·169
趙士健　30·689
趙士冕　24·557
趙士康　72·615
趙士喆　4·256
　21·793
　23·658
　24·572
　24·656
　27·549
　28·233
　29·620
趙士揚　38·715
趙士祺　67·490
趙士祿　34·295
趙士寬　4·221
　23·649
　24·535
　24·644
趙士薦　29·809
趙士龍　74·402
趙士儴　76·495
趙士疇　45·80
趙士驊　27·156
趙士驥(明)　25·620
　27·95
　27·156
　27·243

趙士驥(清)　13・231
趙士驤　27・156
趙大中　19・102
趙大年　29・853
趙大忠　27・59
趙大勇　39・649
趙大振　6・204
趙大倫　9・721
　9・830
趙大景　5・180
　43・270
趙大猷　41・74
趙大淮　2・42
　2・50
趙大經(清博興)　14・141
趙大經(清德州)　8・6
　8・620
趙大鯤　67・168
　67・424
趙万邦　4・355
趙山人　45・294
趙山亭　5・384
　12・498
趙千里　1・846
　16・437
　20・490
趙之旦　38・255
趙之柱　32・418
　33・306
趙之俊　56・341
趙之屏　5・358
趙之常　43・95
趙之琴　27・163
趙之鼎　30・678
趙之誠　38・233
趙之璉　77・212
趙之隨　4・279
　5・299
　43・583
趙之儉　19・136
趙之謙　76・211
趙之璿　41・190
趙之豐　43・644
趙之璽　13・809
趙之瓏　41・198
趙之蘭　19・137
趙之鶴　2・64
趙之鑾　14・734
趙子木　77・208
趙子方　46・558
趙子昇　61・296
趙子章　78・386
趙子湘　34・282
趙子瑞　34・272
趙子源　34・273
趙子璟　28・37
趙子嶼　72・247
趙子潚　75・398
趙子轅　28・225
趙王槐　2・35
　8・318
趙天雷　34・70
趙天賜　2・93
　16・454
　18・82
　19・552
趙天錫　18・690
　42・429
　42・502
趙天龍　43・106
趙天麟　4・197
　31・816
趙元有　79・201
趙元拔　52・248

趙元昌 32・379

33・249

趙元忠 6・462

趙元美 6・560

趙元第 19・76

趙元從 38・559

趙元章 25・133

趙元淑 1・717

8・311

趙元輝 65・521

趙元爵 5・376

8・614

趙木彬 77・55

趙五人 14・736

趙五倫 13・234

趙不迂 51・689

趙不侉 72・561

趙不玭 70・287

趙不逷 53・87

趙不羣 1・736

21・123

32・583

趙不廣 79・141

趙不慢 79・144

趙不黯 62・16

趙友士 76・490

趙友奎 56・165

趙友信 19・44

趙友堦 57・193

趙日永 34・469

趙日崇 79・162

趙日新 79・160

趙日躋 43・608

趙 中(明鄆城) 40・117

40・157

趙 中(明懷寧) 61・451

趙中立 35・137

趙中孚 38・285

趙中忱 11・285

趙中直 30・309

趙中和 34・268

趙中嶲 77・42

趙升㟲 19・45

趙升祚 13・390

趙升智 19・130

趙升獻 19・121

趙 仁 4・121

27・300

27・437

28・17

趙仁二 72・602

趙介如 47・149

趙介福 2・75

27・157

29・820

41・66

趙公旦 59・35

趙公迴 79・141

趙公峴 77・139

趙公雲 73・159

趙公輔 12・128

趙月塘 27・173

趙丹城 13・347

趙丹魁 13・364

趙六書 18・352

趙 文(宋) 72・182

趙 文(明) 44・128

趙文在 28・40

趙文成 32・605

趙文同 65・337

80・153

趙文林 6・210

趙文松 43・625

趙文昌 4・144

	5·92
	34·43
趙文昇	80·533
趙文治	55·495
趙文炳(明)	1·791
	43·190
趙文炳(清)	18·568
趙文烔	37·773
趙文孫	78·468
	79·280
趙文菊	32·7
趙文棟	14·132
趙文㫰	4·472
	22·274
	22·521
	23·644
趙文照	55·495
趙文魁	13·127
趙文煃	35·144
趙文煒	39·642
趙文蔚	61·261
趙文鳳	35·133
趙文豪	10·44
趙文廣	29·342
趙文德	5·161
	43·630
趙文燿	25·620
	27·72
	27·239
趙文獻	13·127
趙方廷	39·346
趙方伊	31·55
趙方松	6·658
趙方城	37·418
趙方醇	10·150
趙方曙	31·800
	35·348
趙方曦	35·331
趙　斗	50·460
趙斗南	72·244
趙心峙	35·131
趙心海	34·275
趙以夫	75·514
	77·208
	78·484
趙以成	76·151
趙以林	13·347
趙以信	48·574
趙以恭	19·95
趙以祥	77·530
趙以欽	27·147
趙以鐇	27·107
	27·229
趙　允	75·415
	78·468
趙允才	5·376
	8·642
趙允升	5·311
	43·610
趙允昌	19·27
趙允迪	39·737
趙允則	30·122
趙允桓	20·780
趙允振	5·336
	4·295
	10·47
	10·119
	10·121
	10·232
	10·233
趙允弼	31·354
趙允義	14·725
	42·954
趙允嶽	52·349

趙允攀　27・460
28・23
趙孔亮　5・309
43・617
趙孔超　5・301
43・586
趙孔魁　5・309
43・618
趙孔德　5・301
43・586
趙孔曜　38・723
趙　玉(元)　1・760
32・441
33・67
趙　玉(明平涼)　13・494
趙　玉(明遷安)　1・834
39・792
42・545
趙　玉(清)　10・393
趙玉田　40・580
趙玉珂　10・139
趙玉選　14・144
趙玉藻(清掖縣)　24・566
趙玉藻(清費縣)　30・303
趙玉齡　6・663
趙未彤　27・129
趙　正(明閩清)　75・511
78・407
趙　正(明臨邑)　5・198
趙正川　26・133
趙世安　78・390
趙世孝　34・265
趙世芳　76・226
76・306
趙世貞　31・279
趙世美　72・650
趙世卿　4・110
5・116
趙世浚　48・243
趙世賢　12・197
趙世徵　79・168
趙世顯　75・596
76・96
趙古濟　45・222
趙本東　42・799
趙本治　72・498
趙本煐　12・129
趙本義　43・106
趙本源　19・121
趙本漢　72・467
趙本潭　9・449
趙可中　39・190
趙可化　40・314
趙可承　17・630
19・27
趙可訓　14・145
趙可章　19・31
趙可與　72・589
趙可煜　19・31
趙可懷　1・816
趙丕業　6・571
6・661
趙石渠　37・677
趙　平　42・800
趙北辰　15・159
趙占梅　14・732
趙申季　2・17
35・63
趙由仁　71・585
趙由汴　71・237
趙由青　71・594
趙由坤　71・594
趙由拔　71・599
趙由忠　71・585

趙由侶　65・207
趙由俊　71・592
趙由恢　72・639
趙由俠　71・594
趙由俶　71・589
趙由植　71・598
趙由貽　72・670
趙由煌　71・591
趙由僖　71・577
趙由儀　49・404
71・579
趙由儕　71・519
趙生光　72・152
趙白璧　22・259
趙令衿　80・31
趙令資　72・671
趙令顯　72・633
趙　用　75・631
77・521
趙印千　9・424
趙印川　4・415
6・667
趙印光　5・159
43・612
趙印昌　24・330
24・530
趙立本　19・113
趙立志　13・364
趙立彪　72・80
趙必伸　38・243
趙必岊　71・517
趙必林　56・277
趙必敘　30・235
趙必愿(宋餘干)　59・20
75・360
趙必愿(宋歷城)　4・142
趙必曄　79・279
趙必觀　38・239
趙永吉　4・348
37・131
趙永言　4・384
趙永和　5・280
趙永泉　27・53
趙永津　27・53
趙永祚　13・729
趙永清　26・121
趙永禄(明洛陽)　9・25
趙永禄(明萊蕪)　4・246
31・826
趙永禄(清)　39・200
趙永福　34・348
趙永禎　1・804
12・94
趙永嘉　79・292
趙民善　2・111
22・235
23・627
趙幼襄　72・190
72・670
趙　匡　17・700
趙邦元　65・380
趙邦佐　46・501
趙邦彦　31・816
趙邦清　1・814
36・429
趙邦魁　67・389
趙　圭　27・166
75・431
趙芝雲　30・713
趙西晉　12・503
趙在田(清鄆城)　40・291
趙在田(清閩縣)　76・100
趙在酉　33・822
趙在奎　14・715

趙有文 27·59
趙有明 12·130
趙有和 39·737
趙有恬 26·129
趙有華 48·545
趙有愷 26·123
趙存誠 6·541
16·429
18·58
趙 成 71·611
趙成美 31·830
34·469
趙成章 10·386
趙 至 38·717
趙至瑗 61·427
趙至德 19·22
趙光大 40·24
40·190
趙光斗 40·200
趙光抃 48·41
趙光岳 67·421
趙光祚 42·294
趙光烈 20·108
趙光普 40·160
趙光裕 37·807
趙光遠 18·728
42·457
趙光榮(清禹城) 5·354
10·634
趙光榮(清神木) 2·105
趙光輝 51·552
趙光臻 37·721
趙光臨 19·114
趙 同 30·752
趙同言 5·200
34·63
趙同美 16·446
20·492
趙 屼 18·33
趙廷臣(明) 63·554
趙廷臣(清) 75·383
趙廷芸 14·142
趙廷芳(民國) 13·338
趙廷芳(明) 40·134
40·306
趙廷芳(清) 14·737
趙廷伯 50·45
趙廷玠 67·457
趙廷松 77·363
趙廷旺 67·476
趙廷柱 13·813
趙廷奎 14·743
趙廷珪 57·247
趙廷訓 14·142
趙廷球 56·165
趙廷棟 15·162
趙廷雲 72·616
趙廷楷 67·168
趙廷楣 61·333
趙廷鈺 36·523
趙廷権 32·410
33·283
趙廷樞 5·340
趙廷標 80·197
趙廷樑 72·495
趙廷撰 5·340
趙廷徵 17·657
19·22
趙廷謙 63·148
趙廷瓚 39·90
趙延溥 28·42
趙延綬 26·102
趙延慶 1·827
39·149

趙仲華　67・457
趙仲將　5・41
趙　任(明)　22・259
趙　任(清)　8・10
　8・625
趙自化　4・263
　5・67
　12・140
趙自超　67・298
趙行志　16・432
　18・66
趙　全　19・124
趙全慶　71・596
趙旭亭　8・713
趙充庭　22・290
　22・583
趙充美　19・31
趙州牧　5・212
　8・607
趙　池　4・130
　17・545
　19・7
趙汝舟　67・172
趙汝佟　79・144
趙汝枚　45・177
趙汝固　77・482
趙汝春　67・183
趙汝秋　45・237
趙汝泰　63・464
趙汝倣　79・143
趙汝僙　72・36
　72・99
趙汝淑　4・440
　25・103
趙汝智　38・230
趙汝弼(明)　76・348
趙汝弼(清)　18・334
趙汝愚　59・12
　75・399
趙汝暨　45・462
趙汝靚　59・57
趙汝毅　18・747
趙汝濊　52・456
趙汝顔　45・166
趙汝鵬　12・390
趙汝騰　75・507
　77・528
趙守存　30・682
趙守經　22・330
趙安世　1・752
　1・763
　37・803
趙安石　39・565
趙聿修　46・284
趙如范　5・371
　8・642
趙如陸　5・371
趙　玖　5・383
趙　均　76・475
　77・97
趙均保　69・422
趙志俊　13・794
趙志宣　72・52
趙志祖　67・311
趙志剛　74・258
趙志道　64・574
趙志標　74・419
趙芹香　19・135
趙　芬　11・88
趙克任　14・129
趙克昌　67・490
趙克忠　13・793
趙克念(明冠縣)　18・728
　42・457

趙克念(明寧晋) 22·231
趙克恭 30·684
趙克雷 5·366
趙克端 27·308
趙克鋭 41·159
趙克縉 38·249
趙克讓 1·761
35·100
趙 杞 1·759
趙杞材 61·169
趙甫雋 79·146
趙吾麟 13·386
趙辰生 63·119
趙扶南 19·122
趙 抃 1·745
15·511
16·406
18·28
58·681
73·114
趙步雲(清定陶) 41·396
趙步雲(清益都) 18·335
趙步雲(清萊陽) 27·173
趙肖煛 22·300
22·623
趙見庚 5·221
12·533
趙見圖 18·694
42·433
趙 岐 15·587
17·677
趙利珍 4·162
36·514
趙 秀(清蓬萊) 29·621
趙 秀(清膠州) 22·308
趙秀三 36·754
趙秀嶺 8·634
趙 佐 22·262
22·471
趙 佑 50·337
趙作人 19·100
趙作耳 6·555
6·649
趙作舟 4·429
27·109
趙作材 14·145
趙作肱 6·560
17·600
趙作肅 6·561
趙作霖(清海陽) 29·835
趙作霖(清壽光) 17·610
18·538
趙作憲 19·130
趙作羹 6·572
6·637
趙伯里 71·540
趙伯昌 20·789
趙伯易 79·142
趙伯奎 74·268
趙伯深 12·119
72·630
趙伯靖 71·513
趙 位 72·673
趙希文(明) 72·696
趙希文(清) 13·156
趙希抃(明三河) 1·802
34·437
趙希抃(明建甌) 76·493
趙希抃(清) 27·547
28·184
趙希佚 77·683
趙希直 79·266
趙希侒 75·409
77·580

	77・683
趙希泊	73・406
趙希柱	71・550
趙希禹	12・116
趙希俶	71・558
趙希陸	71・555
趙希陳	71・556
趙希乾	71・543
趙希清	19・137
趙希階	71・555
趙希程	71・543
趙希循	66・241
趙希普	62・213
趙希雍	19・100
趙希溱	77・690
趙希暇	20・105
趙希端	19・130
趙希潤	59・147
趙希懌	75・358
趙希璵	80・366
趙希謙	19・48
趙希獻	20・119
趙希夔	1・828
趙希衢	54・199
趙孚楠	65・496
趙　彤	28・230
趙　系	22・330
趙　亨	6・479
趙　沄	43・539
趙　沂	75・601
	76・174
趙　沆(明)	43・90
趙　沆(清)	32・380
	33・250
趙　完	5・185
	15・106
	15・142
趙完璧	22・250
趙宏文	31・800
	32・357
	33・221
趙宏智(見趙弘智)	
趙宏智	1・729
趙宏鈞	22・301
	22・626
趙　良	33・564
趙良生	80・200
	80・761
趙良金	54・80
趙良型	9・736
趙良淳	59・95
趙良煐	56・299
趙良弼	4・265
趙良煇	55・215
趙良輔	4・311
	31・822
	34・471
趙良儉	14・378
趙良璧	78・412
趙良驂	71・521
趙君祥	10・143
趙君輔	39・339
趙　孜	41・62
趙　玭	1・731
趙青達	67・419
趙青壇	18・746
	42・471
趙　玢	9・697
趙　玟	19・31
趙長任	38・245
趙長江	36・657
趙長安	39・766
趙長發	38・243
趙長翰	77・555

趙迪之　73·2
趙　忠　13·424
趙　岩　38·718
趙知希　2·85
趙　秊　22·307
趙　秉　34·468
趙秉正　22·235
趙秉孜　79·449
趙秉忠(明建甌)　76·490
趙秉忠(明益都)　4·132
17·554
18·319
19·427
趙秉貞　45·501
趙秉倫　4·125
25·4
25·16
趙秉常　25·59
趙秉鈞　41·703
趙秉煦　71·618
趙秉煌　71·612
趙秉樞　14·727
42·957
趙秉禮(清昌樂)　19·31
趙秉禮(清新昌)　64·35
趙　岱(明)　31·797
35·311
趙　岱(清)　79·274
趙佩琰　31·835
趙欣璞　19·121
趙金元　18·744
趙金昆　6·392
趙金柱　12·503
趙金堦　14·714
趙金漳　34·340
趙金鏞　35·192
趙受益　5·76
趙念曾　5·373
8·617
趙服五　34·268
趙　京　71·543
趙庚夫　78·108
趙性夫　76·19
趙性幾　40·287
趙　怡　8·626
趙　炎(唐)　45·294
46·549
趙　炎(清)　29·766
趙　炎(漢)　1·697
16·395
趙法孟　12·383
趙河清　9·849
趙宗元　67·411
趙宗文　32·370
33·234
趙宗旦　36·422
趙宗歧　30·113
趙宗强　72·697
趙宗壽　24·722
趙宗愿　11·199
趙宗誼　77·528
趙宗器　45·87
趙宗穆　30·113
趙宗彊　72·182
趙宗讓　23·262
趙　定　12·140
趙宜文　71·524
趙宜芰　71·616
趙宜桂　71·592
趙宜培　72·678
趙宜喜　71·596
趙宜遠　56·447
趙宜槐　71·611
趙宜煒　71·598

趙宜管　69・544
趙宜魏　71・619
趙宜霦　71・600
趙宜勷　71・595
趙宜鏷　71・596
趙建松　6・622
趙建郁　79・269
趙建章　19・106
趙建極　1・781
23・615
24・272
趙居貞　15・524
18・14
23・612
趙承宗　14・374
17・621
趙承祖　67・372
趙承華　18・735
42・463
趙承烈　76・176
趙承德　42・354
趙孟正　76・235
趙孟旦　71・567
趙孟申　71・579
趙孟玖　65・247
趙孟班　33・253
趙孟浩　71・577
趙孟清　71・576
趙孟頫　1・757
趙孟澤　76・235
趙孟濟　65・205
趙春盛　6・566
6・665
趙春福　67・72
趙　珂　14・109
16・417
趙　珃　36・498
趙　城　2・25
8・468
趙　荊　73・2
趙　柟　38・688
趙　柏　19・19
趙　軌　1・716
趙奎林　25・493
趙持侃　64・380
趙　挺　67・419
趙挺之　8・313
8・465
15・548
17・690
20・497
趙　貞　71・618
趙　昰　75・14
趙映南　71・618
趙映乘　80・157
趙映清　52・333
趙映階　30・133
趙　昱　1・700
4・231
趙思孔　72・611
趙思本　11・432
趙思作　46・533
趙思敏　25・35
趙思詘　46・253
趙思順　65・76
趙思誠(宋)　79・288
趙思誠(明)　23・617
24・291
趙思睿　13・383
37・810
趙思齊　31・830
趙思懿　75・442
趙　峑　38・286
趙重煦　5・384

趙禹揆　18・746
　42・470
趙　衍　31・350
趙衍序　2・45
趙衍和　27・133
趙衍俊　35・351
趙衍勳　18・374
趙後素　8・625
趙　俞　2・80
　41・291
趙勉周　67・313
趙　亮（明）　11・400
趙　亮（清）　71・594
趙亮采（明）　4・238
　5・182
　10・117
　34・354
趙亮采（清）　18・746
　42・471
趙庭玉　14・360
趙　彥（明）　1・770
趙　彥（漢）　4・258
　15・541
趙彥可　1・835
　14・691
　42・935
趙彥若　1・736
　6・289
　15・548
趙彥倍　72・129
趙彥侯　76・9
趙彥剛　76・135
趙彥深　1・714
趙彥慧　79・625
趙彥衡　76・747
趙彥彌　77・688
趙彥韞　77・688
趙　恒　79・115
趙恆祚　13・376
趙恆煜　5・245
　6・203
趙恆顯　12・334
趙　恢　75・532
　77・485
趙　恮　6・639
趙恪修　10・153
趙美梓　14・129
　17・667
趙　炳（元）　1・757
趙　炳（明）　65・345
趙　炳（漢）　78・346
　78・398
　78・456
趙炳旭　61・351
趙炳然　72・600
趙　咨　1・694
　7・342
趙洪年　10・43
趙洪魁　34・310
趙　宣　30・721
趙冠九　5・249
　6・208
趙　祐　6・575
　6・655
　6・671
趙　祓　61・335
趙祖仝　45・56
　46・468
趙　袓　42・277
趙　郡　71・535
趙飛熊　42・296
趙飛鵬　75・679
趙　勇　75・663
趙紃夫　75・443

	76・133
趙　泰	76・407
趙泰甡	4・465
	22・270
	22・504
	23・645
趙泰臨	22・270
	22・505
趙　珠	38・286
趙　珫	79・105
趙　珣	78・210
趙班璽	4・392
趙　起	32・586
趙起田	33・567
趙起杲	27・122
趙起鳳(明)	58・223
趙起鳳(清)	5・371
	8・609
趙起震	32・381
	33・250
趙起魯	32・345
	33・210
趙　貢(元)	1・761
趙　貢(漢)	1・689
	15・516
	16・392
	20・480
趙耿光	64・510
趙　華	4・323
趙華林	26・102
趙華庭	37・711
趙華琳	24・539
趙　莘	4・430
	27・114
趙　真	77・502
趙　栻	41・75
	41・188
趙桂嶺	8・636
趙　桐	27・238
趙桐芳	15・149
趙　格(明)	72・594
趙　格(金)	25・608
	27・48
趙校文	34・307
趙栩然	40・496
	40・507
趙軒波	76・101
趙連士	41・803
趙連升	12・386
趙連城	79・371
趙連科	34・261
趙連會	12・386
趙連語	34・286
趙連壁(清安邱)	20・100
趙連壁(清鉅野)	39・297
趙原陽	72・699
趙振東	10・53
趙振倫	43・632
趙振極	41・172
趙振業	4・401
	6・549
	6・644
趙振漢	34・253
趙振緒	20・778
趙振興	19・101
趙振鐸	14・138
趙　哲(明吉水)	72・491
趙　哲(明餘干)	59・40
趙致和	67・99
趙致原	19・130
趙致遠	27・49
趙晉涵	71・609
趙時中(明)	5・102
趙時中(清)	5・373

趙時和　5・219
趙時侔　67・14
趙時春　1・781
　8・466
　13・427
趙時彥　35・306
趙時晉　5・219
趙時通　77・208
趙時啓　38・244
趙時弼　22・263
　22・475
趙時聘　35・130
趙時鉞　80・151
趙時雍　14・727
　42・969
趙時煥　77・361
　79・144
趙時顯　35・130
趙峰隼　8・13
　8・630
趙　牲　24・545
趙　笏　11・297
趙　倩　38・244
趙師尹　47・505
趙師世　72・580
趙師旦　27・344
　27・787
趙師民　4・177
　7・179
　15・576
　17・485
　18・31
趙師拱　71・521
趙師彥　9・404
趙師碁　72・631
趙師聖　71・539
趙師楷　77・677
趙師榞　73・4
趙師賓　71・552
趙師嶠　71・513
趙師範　9・404
趙師璟　71・555
趙師龍(宋)　77・208
趙師龍(清)　74・14
趙師權　71・527
趙逢恩　67・325
趙逢源　79・367
趙　唐　4・235
　5・63
　35・509
趙　部　25・649
　27・162
趙　悅　25・35
趙　烒　32・135
趙　涝　19・30
趙　浩(明)　27・166
趙　浩(清)　32・611
趙海涵　11・84
趙海豐　6・468
趙　浴　32・381
　33・251
趙　涗　33・283
趙家琳　4・443
趙家魁　63・135
趙家聲　38・277
趙家璧　72・246
趙家麟　15・168
趙　容　35・60
趙　朗　21・118
趙扆揚　50・49
趙祥星　2・6
趙書元　10・142
趙書林(清文登)　29・323
趙書林(清泰安)　33・292

人名	卷·頁
趙書奎	26 · 102
趙　通(元)	5 · 83
	32 · 623
趙　通(明)	27 · 330
	27 · 287
	27 · 795
趙能風	74 · 130
趙　純	14 · 250
	17 · 542
趙純修	45 · 160
趙　琅	11 · 88
趙　埴	29 · 817
	29 · 868
趙培基	9 · 436
趙培源	11 · 292
趙培蘭	26 · 108
趙執信	4 · 412
	6 · 573
	6 · 638
	17 · 612
趙執端	6 · 574
	6 · 638
趙執穀	6 · 578
	6 · 657
趙執璲	6 · 562
趙　埭	16 · 453
	19 · 552
趙萩清	34 · 272
趙乾健	41 · 181
趙梧岡	8 · 466
趙　梓	19 · 31
趙盛南	15 · 160
趙盛洙	14 · 714
趙　常(宋)	27 · 165
趙　常(明安福)	72 · 632
趙　常(明晉江)	79 · 253
趙　野	5 · 93
趙野多	19 · 44
趙　冕	19 · 137
趙國安	32 · 395
	33 · 271
趙國佐	4 · 334
	35 · 467
趙國英	20 · 785
趙國周	32 · 7
趙國治	32 · 396
	33 · 271
趙國華(明)	44 · 292
趙國華(清)	8 · 472
	14 · 300
趙國輔	29 · 808
趙國鉍	6 · 639
趙國興	5 · 153
趙國點	55 · 558
趙國麟	4 · 306
	31 · 806
	32 · 343
	33 · 208
趙　崙	27 · 106
	27 · 250
趙　崇	27 · 107
趙崇竝	51 · 126
趙崇祉	77 · 482
趙崇俟	71 · 514
趙崇洸	54 · 578
趙崇儌	77 · 482
趙崇械	53 · 219
趙崇鉘	71 · 515
趙崇廕	62 · 18
趙崇榞	53 · 219
	58 · 273
趙崇嶓	71 · 515
趙崇德	7 · 209
趙崇憲	59 · 17

趙敏功　28・700
　36・574
趙　偉　1・837
　15・532
　16・416
　18・51
趙進美　4・410
　6・552
　6・646
　17・582
趙得祿　22・239
趙從大　41・182
趙從僖　71・619
趙從龍　22・249
趙從璧　20・780
趙　象　9・25
趙象曾　5・309
　43・618
趙象鵬　43・627
趙　訢　30・728
趙庶明　45・462
趙庶煒　20・119
趙　庾　1・745
　16・407
趙康侯　40・161
趙康爵　40・579
趙　堃　28・229
趙　倮　19・396
趙惟屏　13・391
趙惟崐　29・689
　39・249
　71・612
趙惟煥　71・618
趙惟興　44・160
趙惇叙　37・838
趙　悰　79・142
趙　清(清泰安)　32・422
　33・300
趙　清(清諸城)　4・417
　17・609
　20・561
趙清之　43・133
趙清汝　30・130
趙清芳　15・155
趙清翰　8・418
趙清溓　31・31
趙淑抃　30・110
趙淑身　33・255
趙　淮　5・212
　8・603
趙　淳　43・538
趙　深(清武城)　9・695
趙　深(清莒縣)　30・680
趙　深(清臨清)　14・715
趙啓思　25・638
趙　奊　14・729
趙　逯　4・180
　31・813
趙參魯　75・379
趙貫台　35・315
趙鄉薦　17・538
　19・7
趙　紳　4・122
　5・102
趙紹虞　14・715
趙馭遠　9・405
趙　琪(民國)　24・697
趙　琪(明)　11・146
　11・283
趙　琳　24・557
趙　琥　59・80
趙　琤　39・200
趙　琬　6・289
趙　琛　5・291

	6・475
趙　堪	37・774
趙　超	19・14
趙　博	75・423
	78・389
趙　彭	1・703
趙彭孫	4・431
	27・132
趙彭籛	9・142
	43・208
趙斯堃	13・809
趙　萬	78・692
趙萬化	41・175
趙萬邦（明）	41・163
趙萬邦（清）	30・103
趙萬年	77・421
	77・449
趙萬祥	12・510
趙萬堃	34・288
趙萬選	14・144
趙萬璧	34・286
趙敬先	19・134
趙敬和	19・108
趙敬周	19・134
趙敬賓	6・548
	6・643
趙敬賞	19・107
趙敬襄	67・90
	71・633
趙敬簡	6・543
	17・532
趙朝佐	49・350
趙朝賓	43・113
趙　葵	75・359
趙　植（金）	25・608
	27・48
	27・344
趙　植（清）	29・821
趙　森	2・79
趙　棟	5・311
趙惠霖	67・177
趙硯香	72・628
趙雄飛	39・564
	39・819
趙　雲	11・91
趙雲阿	57・482
趙雲奇	9・425
趙雲翔	31・794
	35・310
	35・386
趙雲瑞	12・383
趙雲龍（宋）	59・163
趙雲龍（明）	25・648
	27・162
趙雲鵬	30・64
趙揮塵	34・257
趙　棠	4・263
	41・222
趙　鼎（宋）	6・445
趙　鼎（宋解州）	77・728
趙鼎昌	32・394
	33・270
趙開元	67・70
趙開成	22・259
趙景述	6・664
趙景星	25・642
	27・89
趙景原	19・100
趙景純	76・135
	78・453
趙景望	12・313
趙景鸞	1・824
	41・61
趙　晼	19・100

趙貴興　67・175
趙　蛟　1・820
13・495
趙　智　13・390
趙順乾　63・133
趙傑士　14・136
趙　傚　22・250
趙　復(明晉江)　79・281
趙　復(明鄞縣)　1・840
14・297
15・531
16・415
趙　鈇　7・379
趙欽菴　19・108
趙欽舜　11・215
趙欽湯　24・246
趙　鈞　19・127
趙鈞宇　67・440
趙鈞彤　27・230
趙爲獻　7・187
趙舜年　77・537
趙舜彥　64・587
趙勝章　45・136
趙然明　54・117
趙　詷　43・116
趙敦誠　27・136
趙　裒　24・537
趙善佐　77・185
趙善長　72・242
趙善述　5・373
趙善旿　77・682
趙善封　77・682
趙善俊　77・177
趙善恭　77・178
趙善鄘　52・455
趙善郜　52・455
趙善堅　60・547
趙善嵩　75・418
77・500
趙善鳴　72・177
趙善稼　73・3
趙善慶　5・373
8・616
趙善譩　75・418
77・500
趙善應　59・133
趙善矑(見趙善臚)
趙善臚　75・418
77・501
趙道隆　77・363
趙遂掄　23・265
23・658
趙　曾　4・437
27・128
27・171
27・256
趙　焜　4・380
18・736
42・465
42・520
趙　焞　5・218
趙　湘(清南豐)　71・610
趙　湘(清寧陽)　35・125
趙　淵(宋)　4・209
38・717
趙　淵(明)　5・184
15・107
15・144
趙　淵(清)　37・783
趙　渢　4・196
31・816
趙　滋　1・747
趙滋仁　19・86
趙滋田　19・79

趙滋鳳 19・136
趙　渾 76・731
趙　富 37・718
趙甯宇 29・107
趙甯靜(見趙寧靜)
趙運亨 6・483
趙運青 24・565
趙運昌 22・264
22・479
趙　裕 4・300
5・299
43・614
趙裕順 19・86
趙裕瀚 41・188
趙　祿 14・122
17・541
趙　遐 27・307
趙　弼(明吉水) 72・480
趙　弼(明南平) 77・116
趙　强 5・116
趙　賀 16・403
18・31
趙登三 34・305
趙登雲 18・424
趙登勝 51・442
趙發祥 51・647
趙　瑋 4・300
5・383
24・299
趙瑞吉 5・336
10・60
趙瑞星 5・338
趙瑞晉 5・336
10・120
10・260
趙瑞嵐 10・51
10・153
趙　瑜 13・230
趙　瑗(明山陽) 33・566
趙　瑗(明昌樂) 19・44
趙　瑄 71・345
趙聖文 32・368
33・232
趙　嵩 27・251
趙　蓁 13・364
趙夢卜 41・771
趙夢白 2・70
趙夢祐 30・96
趙夢瑞 11・294
趙　楠 45・156
趙楚齡 42・519
趙　楷(宋) 31・354
趙　楷(明) 31・782
趙　楫 1・845
16・426
20・488
趙匯錦 9・423
趙　睢 6・671
趙　暘 50・335
趙煦堂 19・395
趙　暄(清平原) 5・384
趙　暄(清昌樂) 17・617
19・31
趙嗣晉 2・79
趙嗣涯 69・152
趙嗣詔 70・206
趙　節(清建永) 7・386
趙　節(清膠州) 22・296
22・606
趙與有 71・564
趙與芮 75・14
趙與汧 72・623
趙與明 71・272
趙與岡 80・366

趙與旹　65・73
趙與柱　50・504
趙與恆　71・564
趙與琇　76・463
趙與堂　80・366
趙與訪　71・519
趙與萬　71・583
趙與植　71・516
趙與翔　71・591
趙與登　72・697
趙與綜　71・578
趙與龍　71・572
趙與縉　71・566
趙與鴻　71・568
趙與蘪　71・578
趙　僅　27・47
趙傳質　40・579
趙像之　62・15
　64・292
趙魁南　67・173
趙　鈺(明)　12・136
趙　鈺(清汶上)　37・783
趙　鈺(清嘉祥)　37・419
趙　鉞(明)　76・137
　80・11
趙　鉞(清平原)　5・383
趙　鉞(清博興)　14・140
趙　鉉　25・619
　27・65
趙　誠　16・418
　19・2
趙誠品　36・489
趙　廓　8・625
趙　新(清天津)　8・471
　13・737
　34・146
　37・813
趙　新(清長汀)　80・37
趙　新(清侯官)　76・78
趙新緒　28・211
趙　雍　75・531
　77・485
趙慎修　4・157
　22・250
　23・638
趙　義(明)　42・109
趙　義(清)　19・391
趙義政　5・380
趙　慈　6・639
趙　煜　76・8
趙　煌　43・623
趙　煥　4・109
　23・638
　24・517
趙　資　27・469
　28・30
趙溱源　26・131
趙漣清　33・292
趙　溥　72・651
趙源澍　13・798
趙　溶　2・69
　37・570
趙　祺　38・714
趙　福　5・76
　6・440
趙殿元　35・193
趙殿甲　14・384
趙殿奎　23・254
趙殿試　51・617
趙際昌　13・383
趙際明　34・471
趙遜顏　61・364
趙　綉　77・517
趙綏之　19・130

趙　璉(明連江)　77・485
趙　璉(明福安)　77・447
趙　璉(清)　27・167
趙　瑢(明)　35・60
趙　瑢(清)　37・779
趙　嘉　19・41
趙嘉客　75・682
趙嘉猷　30・61
趙嘉肇　31・55
趙　壽　27・166
趙壽春　5・309
趙　雷　19・31
趙　熙(明政和)　76・635
趙　熙(明浦城)　77・30
趙熙庾　22・292
22・592
趙熙靖　76・470
趙　構　39・213
趙　槢　67・400
趙　輔(元)　38・714
趙　輔(明朝城)　42・316
42・387
趙　輔(明鳳陽)　1・784
趙輔宸　37・701
趙碩來　80・155
趙爾圻　72・150
趙爾超　20・563
趙爾巽　24・711
33・307
趙爾臨　24・701
趙爾璽　72・465
趙　鳶　14・146
趙　嶺　6・639
趙鳴岐　67・154
趙鳴珂　80・550
趙鳴喬　31・800
趙鳴鈐　61・107
趙鳴鳳　64・571
趙鳴鐸　61・310
趙鳴鸞(清南豐)　71・588
趙鳴鸞(清泰安)　31・803
趙　嶐　27・102
趙　管　35・335
趙毓芝(清奉新)　67・165
67・422
趙毓芝(清滕縣)　36・601
趙毓相　35・337
趙毓俊　39・190
趙毓駒　2・61
8・319
36・435
趙毓藩　5・311
43・633
趙　僴　26・113
趙僧巖　4・251
15・615
趙　槩　1・737
15・510
16・405
18・27
趙　僎　22・259
趙　鉽　17・596
19・43
趙　銑　37・783
趙　銓(明吉安)　72・248
趙　銓(明壽光)　17・514
18・492
趙　銓(清南豐)　71・611
趙　銓(清陵縣)　5・367
8・326
趙銓衡　42・276
趙　銘　72・624
趙　領　6・671
趙　鳳　1・730

趙鳳來　17・577
　19・14
趙廣成　34・273
趙廣業　19・130
趙廣澤　34・224
趙端頤　69・306
趙鄰幾　4・194
　31・815
趙　榮(元)　61・89
趙　榮(明)　75・451
　76・25
趙榮甲　12・386
趙榮春　33・238
趙榮祖　78・695
趙榮朝　12・495
趙榮幹　12・491
趙漢章　19・114
趙　漴　72・639
趙寧靜　71・583
　80・167
趙　實　23・351
　39・809
趙肇昌　32・393
　33・269
趙隣幾(見趙鄰幾)
趙　鼐　7・162
　17・521
趙　緒　29・756
趙維信　18・741
　42・468
趙維屏　18・496
趙維卿　1・788
　13・725
趙維魚　5・183
　10・123
趙維清　4・382
趙維畬　13・343
趙維瑞　27・153
趙維新(明)　4・181
趙維新(清)　32・40
趙維曉　34・267
趙維藩　63・569
趙　瑾　13・232
趙　璜　1・769
　72・571
趙　璋　9・416
趙鞏之　79・266
趙摯興　5・68
趙　增　4・334
　37・775
趙　蕃　50・218
趙敷政　65・348
趙　震(明)　14・726
趙　震(漢)　5・10
　13・743
趙震昇　29・347
趙　範　76・734
趙範侗　10・148
趙範俶　10・154
趙　德　45・31
　46・312
　67・541
趙德文　31・353
趙德明　49・251
趙德剛　75・459
趙德琛　29・322
趙德廣　43・129
趙德璋　71・614
趙德毅　14・134
趙德潤　30・113
趙德濙　71・606
趙德澤　22・318
趙德懋(明)　77・706
趙德懋(清)　30・113

趙德彝	1・740
	30・59
趙徵吉	27・544
	27・609
	28・176
	28・394
趙　銳(明)	72・193
趙　銳(清汶上)	4・342
	37・779
趙　銳(清壽光)	18・515
趙　鋐	5・117
趙　鈉	11・286
趙　課	6・546
趙　論	30・718
趙　廡	65・498
趙　賡	67・422
趙賡禹	61・300
趙賡唐	14・143
趙　慶	27・166
趙慶發	68・524
趙慶霄	27・172
趙遵時	36・513
趙　澍	72・590
趙　澐	1・790
趙　潤	41・80
趙潤芳	67・102
趙潾卿	22・282
	22・552
趙澄源	19・103
趙樂二	65・435
趙　璣(清分宜)	61・384
趙　璣(清安福)	72・635
趙　璣(清壽光)	18・539
趙　憙	1・690
	8・463
趙　燕	72・656
趙樹屏	38・257
	41・198
趙樹棠	13・810
趙樹滋	27・110
	29・756
趙樹箴	31・56
趙　樸(金)	27・48
趙　樸(清)	8・627
趙　橧	67・555
趙整之	17・668
	19・86
趙　奮	75・497
趙　霖	52・299
趙　嶦	38・285
趙　興	28・493
趙興祖	5・309
	43・610
趙　學	17・547
趙學拙	51・218
趙學洙	23・262
趙學鈁	72・88
趙學義	19・114
趙學源	72・677
趙　錡	37・783
趙錫九	42・394
趙錫仁	2・34
	6・329
趙錫朋	14・716
趙錫胤	73・16
趙錫恩	70・493
趙錫釗	33・284
趙錫球	65・426
趙錫徿	27・98
趙錫章	14・716
趙錫寅	61・274
趙錫程	33・258
趙錫蒲	18・737
	18・822

	42・465
	42・522
	43・210
趙錫蝦	40・582
趙錫疇	61・256
趙錫蘭	61・280
趙錫齡(清分宜)	61・147
趙錫齡(清長清)	34・332
趙錫齡(清昌樂)	19・95
趙錫驥	33・284
趙　錦(明分宜)	61・232
趙　錦(明祥符)	16・417
	19・2
趙錦椿	77・56
趙　錞	25・134
趙諫臣	37・685
趙龍田	12・505
趙　燃	5・218
趙燃藜	63・165
趙　澤	27・53
趙澤因	37・781
趙澤芳	6・563
趙　澥	30・132
趙　濂	61・102
趙　禧	17・547
	18・369
趙　隱	4・51
	5・19
	5・41
趙駿聲	13・419
趙　璨	27・125
趙　壎(明)	66・286
趙　壎(清)	37・782
趙聯甲(清齊河)	10・55
趙聯甲(清膠州)	22・291
	22・586
趙　韓	19・19
趙　檝	5・245
趙　檜	27・48
趙臨庚	19・128
趙臨莊	19・114
趙磻老	58・271
趙擢彤	27・171
趙曙雲	52・302
趙　嶷	72・190
趙　矯	75・630
趙鍾華	8・641
趙鍾騂	40・582
趙鍾駿	36・496
趙鍾驥	40・583
趙　應	79・150
趙應昌	42・203
趙應奎	5・116
趙應祥	72・199
趙應達	61・268
趙應鈞	72・466
趙應聘	32・132
趙應際	77・545
趙應選	64・235
趙應錞	72・467
趙應旟	44・307
趙　燦(清聊城)	38・552
趙　燦(清博興)	14・125
	17・596
趙燦理	32・409
	33・282
趙　燮(清海陽)	29・827
趙　燮(清銅山)	35・515
趙鴻升	31・64
趙鴻恩	19・390
趙鴻勛	12・383
趙鴻賓	12・383
趙鴻儀	34・224
趙鴻德	34・274

趙鴻儒 34·263
趙　濤 24·574
24·676
27·549
28·234
趙　濬 31·222
趙濬初 5·117
趙　濟 71·525
趙濟美 6·569
6·660
趙　禮(明) 1·854
22·229
23·620
趙　禮(明南豐) 71·526
趙　翼(北魏) 1·713
23·612
趙　翼(清) 76·260
76·362
趙　璿(明沙河) 30·687
趙　璿(明昌樂) 17·527
19·30
趙　璿(明歷城) 5·104
趙　瓊 19·44
趙　鏊 71·574
趙　燾 22·268
22·496
23·643
趙覲光 5·301
43·613
趙　簡 5·197
趙雙峯 18·549
趙　鎛 1·794
趙　鎬 30·233
趙　鎔 9·56
趙　燿 4·130
23·639
24·517
趙　彝 47·340
趙　璧(元) 4·145
趙　璧(明侯官) 75·627
76·184
趙　璧(明萊陽) 27·163
27·214
趙　璧(明掖縣) 23·637
24·556
趙　璧(明單縣) 38·220
趙　璧(明閩縣) 75·615
76·165
趙　璧(明歷城) 5·106
趙　璧(清) 19·622
趙璧城 43·98
趙　繕 14·702
42·947
趙蘇門 27·128
趙攀麟 9·141
趙　壐(明南豐) 71·535
趙　壐(明觀城) 42·109
趙　鏜 15·612
17·671
18·426
趙　鏓 72·39
趙　鏞(清南豐) 71·605
趙　鏞(清淄川) 6·487
趙鏡華 14·740
趙鏡蓉 14·724
趙鵬年 10·158
趙鵬凌 19·128
趙鵬程(明) 4·201
25·620
27·84
趙鵬程(清) 34·220
趙　騰 11·72
趙　鯤 4·157
42·744

趙懷玉 77・708
趙懷慎 4・242
22・262
22・471
23・653
趙懷德 19・84
趙懷禮 22・263
22・477
趙　瀚 27・549
28・234
趙瀟原 19・86
趙　瀛 1・787
32・584
趙瀛洲 10・82
趙　寵 5・49
8・705
趙繩祖 41・162
趙　蘭 40・82
40・165
40・507
趙蘭生 43・624
趙蘭香 19・102
趙蘭階 29・348
趙獻忠 39・246
趙鶚薦 17・535
19・7
趙　犨 4・60
15・545
趙寶珍 8・422
趙寶善 30・120
趙繼本 5・104
趙繼先 26・133
趙繼芳 9・447
趙繼武 46・149
趙繼英 76・468
趙繼忠 32・132
趙繼美 6・568
6・659
趙繼鼎 75・404
趙繼瑞 51・544
趙繼煥 35・188
趙繼勳(明) 32・132
趙繼勳(清) 30・122
趙繼興 5・264
32・647
趙　鰲 29・596
29・646
趙　儼(明) 22・253
趙　儼(清) 72・625
趙　鐸 12・313
趙鶴立 20・105
趙鶴年 39・765
趙鶴皋 20・116
趙鶴翀 5・340
10・134
趙鶴翔 5・340
趙鶴齡 15・149
趙續海 31・295
趙懿訓 17・619
趙　巖(明) 4・240
趙　巖(清) 14・716
趙體元 18・552
趙　鑄 37・779
趙　鑑(明) 4・124
15・553
17・520
18・494
趙　鑑(金) 4・142
5・69
18・38
27・317
27・788
32・621
趙鑑三 10・164

趙鑑遠　15・146
趙籥南　65・409
趙　麟　1・821
15・531
30・642
趙麟瑞　42・321
趙觀本　76・400
趙觀光　77・199
趙　讓(明)　31・824
33・590
33・793
趙　鑰(清平原)　5・383
趙　鑰(清萊陽)　27・106
趙　驥　63・570
趙驥祥　22・300
22・621
趙鸞掖　24・319

嘉

嘉　熙　73・7
嘉　謨　78・699
79・366

赫

赫連韜　76・743
赫達色　2・50
12・98

臺

臺文昭　20・792
臺鳳儀　41・409
臺瞻斗　4・403
17・595
20・533

壽

壽呂勳　43・210
壽　安　52・414
壽　長　79・298

綦

綦　才　24・329
24・528
綦元伯　23・262
綦元敏　23・263
綦公直　4・212
14・360
15・561
17・505
綦毋潛　73・356
綦母君　4・15
綦成德　13・344
綦汝珍　23・257
綦汝楫　23・269
綦汝濬　13・341
綦志遠　23・666
24・581
綦　芷　23・256
綦更生　21・582
綦　泰　4・246
14・297
14・361
15・530
16・412
27・322
綦　莪　23・256
綦連猛　1・715
綦　紋　23・259
綦崇禮　4・81
21・310
23・239
23・350
23・659
綦揆世　23・253

綦　銓　24·562
綦　僑　1·707
綦瀚亭　13·345

慕

慕曰鐔　25·135
慕思越　25·525
慕　信　25·407
慕容白曜　1·711
15·522
16·397
18·4
慕容紹宗　18·6
慕容超　18·464
慕容德　18·460
慕維德　4·424
25·124
25·148

蔣

蔣一正　6·652
蔣一桂　30·102
蔣乙照　11·445
蔣三省　14·739
蔣士俊　38·578
蔣士萃　4·386
38·560
蔣士隆　72·350
蔣士銓　45·337
52·524
58·277
59·174
71·631
蔣士邁　25·519
蔣大慶　33·253
蔣大鏞　11·209
11·393
蔣　山　25·59
蔣之元　18·510
蔣之竹　78·557
蔣之奇　47·354
蔣之順　52·622
蔣子昭　1·828
38·409
蔣子龍　76·167
蔣天民　73·24
蔣天寅　43·204
蔣天鈞　6·662
蔣天鈐　6·662
蔣天樞　18·351
蔣天篤　30·109
蔣天寵　63·430
蔣元彥　2·96
14·299
16·440
蔣元善　73·252
蔣少游　4·262
14·117
15·575
17·670
蔣日盛　51·654
蔣日寬　68·496
蔣曰忻　51·705
蔣中桂　40·171
蔣仁瑞　77·287
蔣今長　6·662
蔣今懿　6·671
蔣文京　36·16
蔣文起　80·684
蔣文臺　77·394
蔣文樞　79·228
蔣以忠　75·417
78·464
蔣孔煬　79·153

蔣玉珂　18・532
蔣玉珍　2・106
29・684
蔣正春　80・754
蔣世奇　70・625
蔣世莪　52・539
蔣四一　53・407
蔣仕安　25・38
蔣立紀　72・359
蔣永申　4・313
蔣永迪　78・705
蔣永洪　80・746
蔣式玗　6・448
蔣式增　78・721
蔣有秋　78・263
蔣有開　73・11
蔣有祿　50・282
蔣存勵　80・750
蔣光昌　76・722
蔣光波　80・503
蔣光祖　53・354
蔣光嵋　9・853
蔣光龍　52・561
蔣因培（清常熟）　2・63
32・456
32・458
33・79
37・55
蔣因培（清廣豐）　53・619
蔣　先　30・95
蔣廷治　53・619
蔣廷堅　79・161
蔣廷璧　60・360
蔣仲實　80・496
蔣向榮　11・460
蔣行義　78・511
蔣兆元　68・376
蔣兆盛　53・546
蔣汝升　53・383
蔣汝瑚　68・202
蔣聿修　36・30
蔣如苹　17・564
18・323
蔣　孝　38・578
蔣志堅　36・39
蔣志章　52・512
蔣志遠　72・377
蔣志澐　52・569
蔣　芾　71・351
蔣　芳（明）　16・417
19・2
蔣　芳（清南昌）　45・312
蔣　芳（清惠民）　4・327
蔣芳辰　11・441
蔣芳鏞　76・289
79・511
蔣克昌　6・658
蔣克家　1・832
蔣伯良　76・390
76・472
80・496
蔣伯瑛　53・553
蔣希孔　4・247
35・466
蔣希舜　32・25
蔣　沛　76・353
蔣　沂　78・289
蔣　沆　4・140
23・631
蔣宏抱　25・69
蔣宏傑　53・467
蔣妙領　48・191
蔣奉書　4・328
蔣　玭　53・270

蔣武烈 43·538
蔣長壽 68·571
蔣　茂 31·824
32·388
33·264
蔣英俊 43·72
蔣　林 77·210
蔣　杰 68·214
蔣郁文 80·500
蔣奇鏄 14·365
蔣奇鐘 14·365
17·565
蔣尚思 2·40
2·45
8·469
蔣明重 37·851
蔣　易 76·396
蔣　昂 9·24
蔣　迪 75·504
蔣知重 53·106
蔣知節 52·542
蔣知廉 14·695
蔣知讓 52·479
蔣佺昌 6·661
蔣受俞 80·754
蔣京誦 72·243
蔣　於 4·440
25·449
25·495
蔣宗周 80·499
蔣宗魯 11·462
蔣定超 72·245
蔣定謙 72·362
蔣建瀛 39·345
蔣承光 25·25
蔣承恩 25·26
蔣　孟 29·295
蔣孟育 75·717
76·282
77·618
蔣春芳(明) 17·550
18·316
蔣春芳(清) 10·284
蔣　珂 53·322
蔣封岐 6·621
蔣　垣 75·502
76·153
78·539
蔣茵沛 10·42
蔣　貞 1·834
39·791
42·544
蔣　昺 4·123
蔣昺立 72·359
蔣思源 76·199
蔣　科 76·466
蔣俊士 72·362
蔣律武 52·501
蔣敘倫 74·443
蔣　亮 38·548
蔣彥忠 45·468
蔣奕湛 77·401
蔣　恒 53·457
蔣炳烜 78·391
蔣　宣 75·632
76·185
蔣祖仁 37·9
蔣祝明 58·589
蔣起奎 79·321
蔣起煥 53·540
蔣　桂 37·716
蔣連雲 68·496
蔣振芳 78·728
蔣時行 25·26

蔣時芬　78・728
蔣時謨　47・342
蔣時馨　78・723
蔣　晟　75・504
　76・64
蔣　倫　80・508
蔣悌生　77・379
蔣陳錫　2・7
蔣　通　2・73
蔣培初　38・572
蔣培祚　38・541
蔣　堅　53・97
蔣國柱　2・5
蔣國梁　76・261
蔣國幹　6・662
蔣　崑　66・343
蔣崇徽　79・215
蔣敏生　79・258
蔣敏完　73・27
蔣　偉　42・580
蔣　翎　78・678
蔣康國(宋)　75・576
　77・541
蔣康國(明)　25・27
蔣　清(唐)　4・206
　23・646
蔣　清(清)　2・98
蔣　淑　25・133
蔣啓秀　77・554
蔣啓發(清鉛山)　53・35
蔣啓發(清豐城)　68・495
蔣紹元　80・751
蔣　琯　43・107
蔣　貰　73・17
蔣　喜　58・449
蔣朝紳　53・567
蔣　棋　15・135
蔣　惠　58・37
蔣雲望　52・247
蔣　曧　53・524
蔣景千　53・468
蔣　貴(明南靖)　75・727
蔣　貴(明蓬萊)　25・39
蔣　傅　53・211
蔣　欽　14・725
　42・966
蔣欽緒　4・56
　23・631
蔣　密　6・662
蔣善慶　60・348
蔣　道　80・435
蔣　祺　17・541
　18・343
蔣遠發　2・74
　37・812
蔣　搢　72・359
蔣　暘　4・154
　14・363
　15・555
　17・525
蔣　誠　74・361
蔣　詡　1・687
蔣　資　1・816
蔣羣芳　48・219
蔣殿楨　53・369
蔣際酉　79・285
蔣嘉訓　40・36
　40・223
蔣臺鼎　38・236
蔣　壽　59・600
蔣慕莘　58・195
蔣蔡春　79・254
蔣　模　53・469
蔣　輔　78・661

蔣嗚玉　2・28
蔣　槼　73・17
蔣　銘　74・361
蔣　鳳(明)　1・839
　7・78
　16・417
蔣　鳳(清)　80・502
蔣　誥　76・61
蔣粹翁　77・53
蔣　滎　60・380
蔣　熊　25・24
蔣維藩　2・94
　14・111
　16・442
蔣　綸　2・85
　18・696
　42・435
蔣　璜　53・325
蔣　增　31・227
蔣　蕚　14・376
蔣　賢　1・847
蔣　輝　77・211
　77・362
蔣德超　66・345
蔣德潤　14・391
蔣德璟　79・131
蔣慶文　7・389
蔣慶第　21・153
蔣慶篪　7・390
蔣潔章　9・145
　9・569
　15・140
蔣緣善　48・219
蔣　璞　6・570
　6・661
　17・633
蔣　璣　80・759
蔣　熹　79・272
蔣壇岐　6・621
蔣　機　68・193
蔣　熺　76・300
蔣臨照　11・455
蔣　謙　53・317
蔣應東　78・626
蔣應恒　25・270
　25・301
蔣燦亭　35・139
蔣鴻音　30・130
蔣鴻瑞　4・443
　25・51
蔣　濟　45・121
蔣　濙　51・186
　74・523
　75・401
蔣　瓊　16・419
蔣覲昌　6・662
蔣離明　43・66
蔣燿奎　11・451
蔣　雝　78・280
蔣　衡　76・447
　76・647
蔣　藻　78・545
蔣　疇　79・444
蔣　穩　75・408
　76・207
蔣　鵬　6・662
蔣騰蛟　58・585
蔣懷忠　76・322
蔣　瀛　36・16
蔣耀東　43・65
蔣耀祖　60・519
蔣耀章　14・396
蔣　夔　53・307
蔣寶善　30・124

蔣繼宗 25・24
蔣繼洙 36・42
36・129
蔣繼祖 25・48
蔣繼勳 79・232
蔣　權 14・378
14・441
蔣巖高 78・516
蔣　瓚(字君器) 39・732
42・569
蔣　瓚(翼城知縣) 39・581

蔡

蔡一洵 28・27
蔡一桂 79・208
蔡一熊 1・820
蔡二七 67・577
蔡人杰 64・331
蔡人驥 64・48
蔡士成 70・626
蔡士光 63・559
蔡士芳 27・543
28・24
蔡士哲 76・316
蔡士傑 45・278
蔡士發 74・273
蔡士箕 80・16
蔡大士 23・279
蔡大廷 23・267
蔡大烈 63・505
蔡上功 67・492
蔡上林 63・518
蔡上翔 70・557
蔡　山 64・307
蔡之祥 44・400
蔡子安 64・395
蔡子倫 77・651
蔡子敏 72・375
蔡子愛 75・664
蔡王貴 80・142
蔡天任 76・247
蔡天奇 47・319
蔡天俊 74・420
蔡天祐 1・777
蔡天祥(元) 6・202
6・445
蔡天祥(宋) 59・135
蔡天球 62・509
蔡　元 79・433
蔡元方 80・458
蔡元用 77・583
蔡元成 79・187
蔡元初 48・570
蔡元定 76・377
77・71
蔡元相 50・388
蔡元陞 73・365
蔡元偉 79・114
蔡元鼎 76・743
76・763
蔡元導 69・352
蔡元潤 64・511
蔡少霞 31・843
34・475
蔡日光 77・720
蔡日昇 74・212
蔡日炳 52・320
蔡日新 63・319
蔡曰津 7・139
蔡公時 80・517
蔡公掄 67・401
蔡公謙 67・259
蔡　文 77・697
蔡文郁 64・517

蔡文淯　70・600
蔡文盛　12・111
蔡文第　64・334
蔡文琳　80・476
蔡文斌　47・176
蔡文魁　48・32
蔡文鳳　66・603
蔡文增　35・471
蔡文震　64・12
　64・518
蔡文範　64・190
蔡文穆　63・423
蔡文簡　63・558
蔡方平　75・673
蔡心泰(清奉新)　67・192
蔡心泰(清靖安)　65・538
蔡以文　67・468
蔡以俊　75・642
　79・87
蔡以謙　67・386
蔡允文　48・400
蔡孔易　48・562
蔡孔炘　48・492
蔡玉珂　21・748
蔡玉祥　73・365
蔡玉衡　21・748
蔡正笏　44・489
蔡正楷　51・579
蔡　功　75・662
蔡甘光　77・657
蔡世宏　77・300
蔡世治　74・417
蔡世承　74・402
蔡世炳　74・422
蔡世敕　74・381
蔡世棟　74・417
蔡世遠　77・477
蔡世鈸　50・203
蔡世徵　77・663
蔡世勳　74・417
蔡世鏌　50・253
蔡世憲　74・382
蔡世禮　50・460
蔡旦才　67・550
蔡由祥　77・397
蔡仕岎(宣統山東通志作蔡仕岄)　2・68
　37・565
　79・136
蔡仕伯　70・129
蔡仕岳　79・274
蔡用之　64・175
蔡用明　76・287
　77・611
蔡立敬　79・169
蔡立愛　79・168
蔡必大　64・510
蔡必荄　79・247
蔡必得　75・664
蔡司霑　77・719
蔡民望(明晉江)　79・156
蔡民望(明新昌)　63・556
蔡幼學　75・358
蔡匡潮　48・199
蔡芝芬　76・579
蔡在新　76・201
蔡有福　59・585
蔡有鄰　31・319
　32・1
蔡有衡　70・495
蔡而烷　76・742
蔡存省　79・157
蔡存畏　79・253
蔡存遠　79・268
蔡成章　70・326

蔡　光　63・544
蔡光任　80・669
蔡光親　75・426
蔡廷甲　18・695
　42・434
蔡廷臣　48・38
蔡廷材　56・656
蔡廷序　47・580
蔡廷栲　56・79
蔡廷琜　2・57
　41・65
蔡廷萬　80・609
蔡廷棟(見蔡廷琜)
蔡廷弼　48・55
蔡廷魁　79・191
　79・524
蔡廷輔　48・54
蔡廷璧　80・441
蔡廷蘭　80・664
蔡廷鑣　76・560
蔡延世　71・261
蔡延昭　71・291
蔡延慶　18・33
　23・632
蔡　仲　78・70
蔡仲舒　64・323
蔡仲實　79・240
蔡任鵠　79・185
蔡价藩　48・244
蔡兆行　67・414
蔡兆圻　52・208
蔡兆基　52・320
蔡兆祺　64・601
蔡兆鳳　29・619
蔡兆豐　70・533
蔡旭初　77・266
蔡　充　71・260
　71・503
蔡次岳　75・679
蔡次傳　79・144
蔡　池　10・383
蔡汝揆　64・329
蔡守愚　76・279
　77・614
蔡如川　79・161
蔡如松　77・689
蔡如金　79・291
　79・638
蔡均安　74・383
蔡孝恭　69・612
蔡志行　74・171
蔡志奇　74・415
蔡志重　79・246
蔡志掄　74・399
蔡志學　64・293
蔡　芸　67・177
蔡　芬　48・559
蔡芳林　77・652
蔡克昌　76・241
蔡呈韶　67・165
蔡秀鍾　76・331
　77・648
蔡　佐　48・52
蔡　伸(宋)　78・240
蔡　伸(清)　60・149
蔡伯俙　75・583
　79・56
蔡位祿　63・458
蔡希上　74・397
蔡希仁　1・848
蔡希旦　76・338
　77・635
蔡希舜　74・414
蔡希德　8・394

蔡　沆　76・380
蔡　沈　49・525
　　　76・380
蔡宏正　74・398
蔡宏祚　74・415
蔡　良　74・273
蔡良棟　79・245
蔡良翰　70・632
蔡初孫　51・362
蔡君澤　78・655
蔡劻國　63・385
蔡　青(宋)　76・745
蔡　青(清)　63・456
蔡其仁　59・466
蔡其亨　58・190
蔡其棨　59・439
蔡其驃　59・441
蔡若相　67・412
蔡若柱　67・401
蔡若桂　67・449
　　　67・546
蔡若楷　67・410
蔡茂華　63・526
蔡茂福　59・590
蔡英魁　6・182
蔡林岳　79・520
蔡　杭　76・381
蔡協吉　79・181
蔡尚才　67・146
　　　67・408
蔡尚葵　63・441
蔡　杲　76・737
蔡昌訓　74・416
蔡昌謙　74・416
蔡明遠　58・143
蔡明選　74・386
蔡明濬　79・292
蔡　和　79・100
　　　79・543
蔡和昭　64・560
蔡秉公　44・420
蔡秉寬　67・319
蔡　侃　79・129
蔡侃賢　64・299
蔡　金　76・470
蔡　受　74・164
蔡受益　7・376
蔡念功　67・167
蔡念成　47・499
蔡肱明　79・201
蔡周輔　35・510
蔡京望　63・561
蔡　郊　64・243
蔡　怛　79・141
蔡法度　41・128
蔡泗德　79・287
蔡　沼　79・263
蔡宗士　71・451
蔡宗禹　76・737
蔡宗道　77・656
蔡宗瑚　77・585
蔡宗德　76・283
　　　77・608
蔡宗龍　48・536
蔡宗襄　4・453
　　　21・486
蔡定遠　79・181
蔡居中　74・378
蔡居厚　69・134
蔡承祐　78・469
蔡承烈　67・157
蔡承景　67・168
蔡承錫　79・176
蔡承禧　69・127

蔡承縉 67·482
蔡承謙 80·54
蔡承濱 67·273
蔡承纓 67·487
蔡孟堅 63·530
蔡孟瞻 64·302
蔡奏功 67·318
67·408
蔡春溶 77·712
蔡珍煥 45·618
蔡 兹 79·326
蔡 枏(宋) 71·228
71·513
蔡 枏(明) 76·693
蔡 柏(宋) 80·476
蔡 柏(清) 41·201
蔡咸亨 48·137
蔡 挺 1·743
蔡挺卿 76·330
蔡貞姬 34·476
蔡 昱 67·359
蔡思中 1·762
蔡思充 75·691
76·759
蔡思克 76·737
蔡思彥 52·315
蔡思組 64·34
蔡思雍 79·159
蔡思齊 24·357
蔡思聰 59·467
蔡秋泉 23·255
蔡科元 52·292
蔡保禎 75·674
蔡 俊 48·189
蔡俊傑 74·422
蔡恆科 45·272
蔡恆純 74·384
蔡恆琪 45·130
蔡 恢 74·379
蔡恂如 68·307
蔡 炳 78·571
蔡炳南 67·476
蔡洪璧 76·248
蔡洪藻 70·506
蔡 洸 78·230
蔡 洛 78·651
蔡冠卿 71·260
71·503
蔡 祐 79·109
蔡 祚 76·323
蔡祚週 79·371
80·198
蔡癸發 63·523
蔡約祖 70·495
蔡泰琳 74·402
蔡 珪 21·125
蔡埒朝 48·416
蔡 桂 45·90
蔡 桐 25·90
蔡桐枝 67·194
蔡 格 76·380
蔡連登 27·163
蔡 烈 77·709
蔡振中 32·142
蔡振生 64·345
蔡振先 76·727
蔡振羽 48·351
蔡振宜 51·426
蔡 時 64·253
蔡時光 79·179
蔡時教 48·346
蔡時鼎 76·735
蔡時輔 68·565
蔡時慶 70·599

蔡時衡　45・239
蔡員盛　74・265
蔡恩洪　25・65
蔡秩儀　70・629
蔡　倬　67・451
蔡　釗　1・829
蔡逢源　21・682
蔡　高　77・361
78・249
蔡　浩(明)　77・702
蔡　浩(清)　48・489
蔡浩然　65・71
蔡　海　75・611
76・171
蔡宸升　79・185
79・522
蔡家衎　74・418
蔡家琬　72・250
蔡家貴　51・648
蔡　容　76・98
蔡祥勉　64・432
蔡祥源　74・415
蔡孫勝　70・584
蔡孫蕤　64・601
蔡孫薦　64・395
64・526
蔡純盂　64・570
蔡純樸　64・558
蔡　邕　31・838
34・474
蔡　培　2・105
28・699
蔡培華　80・664
蔡　萊　44・348
蔡黃裳　76・409
79・139
蔡乾釜　77・707
蔡　埜　64・334
蔡　彬(明)　74・380
蔡　彬(清)　75・422
蔡　梅(明南昌)　45・300
蔡　梅(明閩縣)　75・622
蔡　梅(清)　63・487
蔡盛恩　46・88
蔡雯升　79・274
蔡　常　44・529
蔡晞仁　25・190
蔡國士　70・564
蔡國用　70・472
蔡國光　76・256
76・291
77・618
蔡國珍　67・36
75・377
蔡國柄　79・121
蔡國華　48・572
蔡國禎　76・701
蔡國藩　70・563
蔡　崑　64・14
蔡進祿　57・321
蔡敘功　67・472
蔡象蚪　64・381
蔡象逵　67・170
蔡象暄　67・414
蔡象煌　67・491
蔡象頤　67・327
蔡象衡　67・169
蔡象顯　45・302
蔡象灝　67・472
蔡康功　67・487
蔡惟溥　79・149
蔡　清　75・730
蔡清芬　67・181
蔡清誥　4・385

	42・403
蔡清穆	72・543
蔡　淇	29・345
蔡　淳	77・692
蔡　深	59・356
蔡　梁	48・393
蔡　密	44・162
蔡啓文	63・586
蔡啓沃	64・405
蔡啓昌	79・613
蔡啓昀	77・95
蔡紹光	76・470
蔡紹英	76・324
	77・649
蔡　瑛	77・703
蔡　琳	48・248
蔡　琨	78・646
蔡　超	74・399
蔡　喆	75・363
蔡　敬	73・31
蔡朝宗	74・43
蔡　植	80・50
蔡　森	63・522
蔡　惠	79・281
蔡雲翰	74・360
蔡揚先	48・444
蔡　鼎	76・255
	79・195
蔡鼎臣	76・321
	77・656
蔡景峰	35・501
蔡景榕	77・343
蔡景潞	4・304
	6・220
蔡　貴	63・419
蔡貴易	76・285
	77・608
蔡嵐芳	23・256
蔡喬林	35・474
	38・296
蔡喬衍	78・386
蔡　復	79・53
蔡復一	76・279
	77・612
蔡復初	75・586
蔡復陽	74・532
蔡　欽	73・26
蔡　斌	63・526
蔡善興	64・559
蔡道士	28・496
蔡道憲	79・201
蔡　曾(宋)	64・328
蔡　曾(清)	67・190
蔡　焰	67・389
蔡湖麟	48・559
蔡　淵	76・379
蔡　溉	67・316
蔡　運(明南康)	74・379
蔡　運(明星子)	49・457
蔡運鍾	70・631
蔡　祺	74・400
蔡　祿	75・662
蔡　弼(元)	64・331
蔡　弼(明)	41・156
蔡登庸	47・467
蔡登淵	77・726
蔡登瀛	58・158
蔡　發	76・374
蔡發甲	2・108
	24・301
	30・235
蔡　結	77・717
蔡統先	80・50
蔡　瑗	77・689

蔡　塤　9·61
蔡　蓁　74·422
蔡夢臣　23·432
　23·652
蔡夢詔　63·496
蔡夢說　78·665
蔡夢齊　1·850
　27·4
蔡夢熊(清南平)　77·128
蔡夢熊(清南城)　71·285
蔡夢蘭　77·397
蔡夢麟　71·284
蔡夢驤　71·329
蔡　蒲　62·186
蔡　蒙　63·549
蔡蒙叟　75·581
　76·93
蔡　蒸　67·187
蔡　楠　77·706
蔡楷先　60·400
蔡　楙　78·60
　78·246
蔡　輅　50·325
蔡暉吉　74·519
蔡　照　22·302
　22·629
蔡嗣宗　75·413
　78·453
蔡嗣銓　79·193
蔡嗣襄　79·273
蔡　嵩　64·509
蔡催慶　76·261
　80·652
蔡魁丙　79·259
蔡愛棠　71·342
蔡　誠　63·552
蔡　詢　51·26
蔡　煥(明)　76·281
　77·610
蔡　煥(清奉新)　67·414
蔡　煥(清新昌)　63·445
蔡煥邦　48·415
蔡煥章　79·190
蔡　溥　76·743
蔡　源　72·268
蔡福堃　64·47
蔡福緣　58·261
蔡殿鰲　48·507
蔡際可　41·164
蔡際春　70·576
蔡　經　71·360
蔡　璉　58·71
蔡嘉佺　45·695
蔡　熙　29·619
蔡熙成　70·539
蔡　蔚　45·65
蔡　模　76·381
蔡輔國　63·500
蔡霆發　79·225
　79·576
蔡睿才　67·566
蔡管叁　70·617
蔡毓志　48·105
蔡毓薰　23·281
蔡　銘　78·640
蔡鳳翀　48·484
蔡鳳彩　64·424
蔡鳳儀　63·381
　63·466
蔡鳳藻　63·462
蔡韶清　74·386
蔡端若　70·625
蔡　齊　4·70
　15·508

	16・405
	20・482
	21・121
	23・632
	39・143
蔡　鄰	23・432
蔡　榮(元)	7・279
	7・495
蔡　榮(清)	23・275
蔡榮桂	63・483
蔡　滎	64・178
蔡　寬	63・551
蔡寬夫	39・216
蔡賓興	79・187
蔡肇慶	75・673
蔡維坤	76・626
蔡維柱	5・264
	32・647
蔡維嶽	43・431
蔡　綬	44・489
蔡　綰	1・747
	23・613
蔡　璜	48・553
蔡增堂	48・265
蔡增欽	48・260
蔡增勤	79・352
蔡增鎔	48・292
蔡　樞(宋)	78・240
蔡　樞(清)	9・736
蔡賢徵	79・241
蔡　霈	63・452
蔡輝祖	70・539
蔡賜瀛	70・534
蔡億久	77・148
蔡億長	77・153
蔡　德	77・715
蔡德成	77・652
蔡德純	51・502
蔡德進	75・411
	77・584
蔡德備	48・398
蔡德湛	48・416
蔡德輝	76・246
	76・316
蔡德徵	76・360
蔡德懋	68・513
蔡徵藩	76・66
蔡　劍	63・5
	64・171
蔡　諒	76・403
蔡賡良	77・498
蔡慶旺	79・176
蔡慶璜	79・253
蔡毅中	60・196
蔡養恬	31・837
	35・350
蔡　遴	74・380
蔡　瑩	51・358
蔡　澍	4・403
	17・627
蔡　潮(明)	75・371
蔡　潮(清)	48・542
蔡　潤(明)	49・421
蔡　潤(清)	48・356
蔡潤宗	79・254
蔡潤澤	76・308
蔡彈五	78・711
蔡樂才	63・581
蔡　緯(明)	48・282
蔡　緯(清)	63・498
蔡　熹	2・94
	7・89
	16・453
蔡　薦	44・67

蔡　橋　77・648
蔡積玉　79・259
蔡　興　44・149
蔡興仁　51・234
蔡興邦　75・663
蔡興虬　63・576
蔡興宗　67・448
蔡　學　63・550
蔡學川　64・239
蔡學頤　2・81
蔡　衡　60・81
蔡錫之　63・474
蔡錫疇　48・417
蔡　錕　52・138
蔡　錦　64・295
蔡　穎　63・470
蔡　諲　64・326
蔡龍登　79・603
蔡　燠　67・483
蔡燧生　63・578
蔡憲功　67・423
蔡憲陞　45・164
蔡憲卿　70・495
蔡憲曾　76・331
蔡憲謨　68・334
蔡憲蘭　45・181
蔡禧臻　67・184
蔡駿功　67・451
蔡　薰　60・59
蔡　檔　78・258
蔡　懋　74・62
蔡懋才　67・412
蔡懋賢　76・282
　　77・616
蔡懋德　1・779
蔡　鍾　79・314
蔡鍾有　76・288
蔡謙光　76・313
　　77・657
蔡　謚　48・239
蔡　襄　75・396
　　78・16
　　78・219
　　80・321
蔡應松　64・426
蔡應胄　79・231
蔡應科　77・697
蔡應彪　2・32
　　32・587
蔡應漸　78・268
蔡應龍(明)　63・555
蔡應龍(清)　59・434
蔡應麟　79・164
蔡　燦(清新昌)　63・450
蔡　燦(清榮成)　29・620
蔡鴻才　67・449
蔡鴻基　78・653
蔡鴻儀　48・401
蔡　濤　63・318
蔡濬川　67・184
蔡濟才　67・236
蔡孺敏　63・533
蔡璿孕　79・214
蔡　藩　12・194
蔡韞輝　79・244
蔡簡書　70・504
蔡　鎮(明)　67・389
蔡　鎮(清)　76・193
蔡　璧(元)　74・414
蔡　璧(清)　75・429
蔡　藻　48・254
蔡攀龍　76・302
　　77・623
蔡　贄　44・337

蔡　鏞　23・261
蔡　鵬　46・203
蔡騰蛟　64・302
蔡　勷　67・164
蔡　瀚　79・152
蔡繡裳　70・629
蔡　騶　70・538
蔡　馨　45・202
蔡獻臣　76・287
77・609
蔡獻君　70・631
蔡　耀　44・477
蔡耀文　45・167
蔡耀坤　80・670
蔡寶仁　63・487
蔡寶善　63・486
蔡繼中　60・285
蔡繼文　48・238
蔡繼先　41・150
蔡繼祖　79・185
蔡　權　76・381
蔡　儼　79・225
蔡　鐵　64・346
蔡體仁　63・421
蔡　鑑　63・538
蔡　顯　4・222
23・622
24・534
蔡顯功　67・170
蔡觀慧　79・227
蔡　讓　52・75
蔡驥良　76・315

蔚

蔚　資　41・143

厲

厲必中　4・229
13・113
31・282
32・134
厲汝行　31・282
32・133
厲　甯　31・297
厲　愿　31・309
32・134
厲　叢　30・682
厲歸真　45・354
46・552

碩

碩　巴　2・8

爾

爾朱弼　18・6

臧

臧大啓　57・185
臧上考　56・650
臧天生　56・34
臧元圻　56・98
臧元塾　56・598
臧元壎　56・657
臧　五　17・526
20・555
臧太初　11・285
臧文仲　35・620
臧允德　20・510
臧未甄　4・233
30・672
臧用誠　56・246
臧　吉　19・20
臧在泗　20・786
臧在莘　20・772
臧光桂　56・44

臧廷珍　55·379
臧廷鳳　47·52
臧廷璋　56·435
臧任先　56·16
臧汝明　20·558
臧克文　39·710
臧　虎　4·239
臧　忠　57·238
臧和美　35·477
臧　岳　38·561
臧法高　20·786
臧宗憲　56·559
臧承曾　20·772
臧　珊　20·772
臧奎勳　20·786
臧思忠　30·101
臧　盾　4·46
15·565
30·671
31·217
臧哀伯　35·620
臧彥秀　35·511
臧彥勳　35·483
臧　洪　1·695
7·73
15·516
16·394
42·245
臧宣叔　35·620
臧祚鞏　20·772
臧　紘（見臧孫紘）
臧紉九　30·738
臧泰文　56·48
臧　珣　20·511
臧起坤　56·660
臧起英　57·22
臧起巽　56·638
臧起震　56·655
臧軔清　56·671
臧振奇　17·625
臧振榮　4·402
17·599
20·511
臧　哲　4·122
15·551
17·512
20·499
臧逢世　30·743
51·121
臧孫紘　7·200
15·586
臧惟一　17·540
20·509
臧清越　57·21
臧清傑　55·92
臧清槐　57·359
臧　寅　30·678
臧啓模　17·659
20·792
臧　組　57·9
臧　琮　17·618
20·511
臧　厥　4·46
30·674
臧爲寶　9·736
臧　善　27·57
臧　煐　20·772
臧幾道　47·5
臧夢元　17·649
20·781
臧　節　20·556
臧新德　20·567
臧福意　57·413
臧嘉猷（唐）　44·31

	46・463
	72・98
臧嘉猷(清)	58・243
臧榜玉	56・537
臧爾令	17・569
	20・553
臧爾昌	20・563
臧爾壽	17・579
	20・553
臧爾勸	4・132
	17・553
	20・510
臧僖伯	35・620
臧　鳳	4・152
臧　榮	56・137
臧榮緒	4・251
	15・584
	30・670
	31・217
臧榮輝	55・264
臧維城	43・208
臧　綬	55・116
臧標玉	55・629
臧　肅	17・518
	19・26
臧　質	15・620
臧養熙	7・86
	16・442
臧　熹	4・41
	7・362
	15・543
	30・664
	31・217
臧錫金	57・22
臧錫珊	57・17
臧錫陽	57・32
臧凝之	30・668
臧　聰	55・338
臧應鎬	20・786
臧應鑣	17・666
	20・786
臧　燾	4・40
	15・564
	30・663
	31・216
臧　嚴	4・46
	15・575
	30・672
	31・217
臧懷恪	30・674
臧耀祖	56・649
臧　霸	15・519
	30・258

需

需禪師	78・215
	78・328

裴

裴士表	80・319
裴士儀	80・315
裴士諒	80・320
裴之雨	72・497
裴天佑	76・469
裴日皎	52・380
裴曰煥	25・30
裴仁軌	9・716
裴　化	52・235
裴式微	59・161
裴廷洛	72・465
裴廷桂	2・50
	2・114
	33・697
裴汝甲	80・327

裴汝申　80·325
裴汝宰　80·314
裴　伸　52·97
裴希度　1·829
裴叔義　1·707
裴　侃　35·724
　　65·81
裴宗錫　2·92
　　16·449
　　18·73
裴春榮　14·129
裴　珏　76·468
裴　政　35·682
裴厚我　72·243
裴　恬　5·337
　　10·61
裴　倩　49·396
裴高巘　72·245
裴部秩　72·204
裴　宰　52·313
裴　逡　75·618
　　77·515
裴　冕　76·465
裴　琮　80·329
裴　琛　80·315
裴　植　70·262
裴雲龍　14·738
裴雲衢　49·490
裴雅秀　52·360
裴敦復　6·445
裴善繼　21·597
裴　桀　76·193
裴登廷　34·273
裴夢霆　65·276
裴　粲　17·696
裴　鉉　1·786
裴　煜　69·127
裴　肅　1·718
　　11·39
裴　監　1·709
裴鳳來　18·579
裴　綸　1·774
裴德澤　52·62
裴慶霖　6·201
裴　潛　1·699
裴　璩　52·50
裴應珊　80·313
裴應章　80·297
裴應試　80·302
裴應徵　80·303
裴　鎰　80·313
裴　蘊　1·717
　　12·92
裴　識　1·723
裴懷珠　33·302
裴懷夢　12·496
裴耀卿　1·726
　　39·138
裴讓之　1·714
　　11·38

聞

聞天祥　71·294
聞曰足　62·479
聞而行　71·325
聞成忠　61·571
聞廷佐　61·736
聞克銘　62·478
聞斯達　61·729
聞遐齡　62·550
聞聖兼　48·571
聞聖道　48·526
聞　儀　61·580
聞　曦　71·326

間

間大肥　18·7
間丘明　7·20
　7·144
間邱邛　7·160
　15·515
間邱先生　7·197
　18·575
間邱卿　4·14
　35·641
間　茂　18·3

種

種　首　7·159
　15·515

管

管三生　71·81
管大紀　74·229
管大韶　5·193
　10·631
管大權　74·238
管之宏　74·240
管天申　53·253
管天晃　74·240
管天祥　69·257
管玉成　43·131
管正保　70·308
管正望　76·633
管　立　30·95
管立成　43·131
管永泰　74·240
管夷吾　7·157
　15·505
管廷輔　74·240
管廷綱　30·713
管廷獻　30·710
管廷鶚　4·355
　30·712
管仲祿　30·95
管坎十　74·238
管志甯　74·207
管　灼　20·792
管英奇　72·654
管尚謙　74·240
管　昇　42·988
管明耀　74·240
管泗海　38·287
管宗泰　53·311
管垣生　53·451
管　貞　1·815
　74·159
管宣通　71·85
管恩覃　23·249
管　鄘　23·261
管象晉　30·713
管象章　72·591
管象賢　53·374
管象頤　30·713
管淑涵　9·889
管　鉅　69·254
管翔麟　72·653
管　甯(見管寧)
管　統　15·519
管夢花　71·130
管　輅　4·259
　30·136
管　鈺　72·670
管　愷　69·387
管趙元　72·638
管嘉楨　23·244
管　穀　80·513
管　閣　69·246

管　僎　20・788
管　銓　69・584
管鳳鳴　1・824
管鳳儀　53・601
管鳳翹　74・240
管　寧　4・250
15・583
17・463
19・280
管盡善　39・734
管　璋　72・586
管慶恩　30・691
管敵英　53・582
管　默　30・716
31・228
管學汪　69・595
管學宣　72・597
管學榮　72・656
管學澄　53・532
管錫仁　7・92
管錫香　53・636
管錫侯　21・539
管聲和　53・636
管應宗　7・209
管翼聖　71・134
管　鎮　30・724
管懷德　30・95
管繪南　23・351
管　鑑　69・135
69・645

僖

僖負羈　37・800
41・125

僊

僊桐道人　41・222

僕

僕散安貞　1・753
18・39
僕散忠義　1・752
僕散渾坦　39・143

僧

僧子畝　45・365
僧　世　15・614
18・427
僧世霖　27・173
僧格林沁　39・243
僧備闔　76・207
僧　淵　15・589
僧　遠　15・615
僧　澤　57・526
僧　巖　21・815

銚

銚　期　1・696

雒

雒獻圖　22・305
22・643

廣

廣　元　80・522
廣　心　51・715
廣　恩　42・998
廣　悅　38・724
廣　蓮　30・754
廣　傳　76・753
廣　壽　2・24
8・468
廣　漩　79・300
廣　輪　79・301

廖

廖一鋭　74・226
廖人俊(元)　74・160
廖人俊(清)　73・364
廖人龍　67・287
廖九逵　67・476
廖又吕　67・467
廖三捷　67・459
廖士奇(明)　60・682
廖士奇(清)　9・28
廖士貞　48・134
廖士章　74・21
廖士琳　67・370
廖大珍　51・241
廖大琳　51・241
廖大魁　80・250
廖大鵬　51・234
廖上達　74・341
廖之豸　80・211
廖之瑱　67・464
廖子平　80・459
廖子孟　80・459
廖王臣　80・191
廖天明　67・35
廖天祥　45・330
廖天球　80・556
廖天瑞　78・733
廖天覺　75・409
77・162
77・580
廖元耀　74・267
廖五和　67・473
廖日瑄　77・406
廖曰明　74・22
廖　中　77・157
廖中孚　72・337
廖　仁　74・331
廖仁傑　77・160
廖仁端　77・164
廖仁體　74・267
廖仍孫　67・137
廖　介　48・192
廖文正　62・520
廖文英　71・87
廖文昌　80・397
廖文明　80・481
廖文政　74・51
廖文陛　80・461
廖文彬　80・485
廖文萬　80・204
廖文貴　41・115
41・139
廖文衡　70・302
廖以莊　67・161
廖以惠　80・245
廖以德　72・366
廖允洙　79・407
廖　玉　72・459
廖玉賢　74・354
廖　正　78・468
廖正一　80・459
廖正古　80・459
廖正光　48・248
廖正道　80・459
廖功立　62・683
廖功達　62・682
廖世官　67・475
廖世昭　75・591
廖世俊　74・336
廖世椿　74・344
廖世綬　67・189
廖世熺　67・324
廖本彝　67・562

廖丙七　77・203
廖生如　80・293
廖用賢　80・532
　80・587
廖　立　80・484
廖立孫　68・483
廖必亨　80・533
廖必達　80・503
廖永徽　67・247
廖永瀾　80・46
廖民瞻　73・104
廖匡圖　74・162
廖匡濟　74・165
廖邦介　67・125
廖邦明　74・52
廖邦傑　77・162
　77・209
廖邦僎　67・312
廖邦翰　67・257
廖吉士　67・585
廖有功　75・432
廖有則　80・462
廖有恆　2・64
廖有爲　62・193
廖　存　72・490
廖成亨　66・458
廖　光　80・458
廖光黼　80・328
廖同倫　80・208
廖回昭　79・425
廖先宏　74・267
廖廷佐　63・36
廖廷尚　67・459
廖廷新　60・697
廖廷標　60・731
廖廷褒　80・406
廖廷蘭　67・217
廖仲有　80・499
廖任隆　74・12
廖自强　74・75
廖行義　49・476
廖全仁　78・339
　78・370
廖充仙　74・269
廖汝驥　74・447
廖守修　67・176
廖安民　74・33
　74・52
廖安好　80・476
廖安祥　72・622
廖如篪　80・481
廖攻玉　72・510
廖均卿　74・51
廖孝先　80・465
廖志峯　66・352
廖芳春　67・229
廖克彬　80・145
廖　扶　80・485
廖　技　77・132
廖吴賓　72・473
廖伯憲　77・144
廖希先　67・464
廖希亮　63・336
廖希燠　67・563
廖希顏　80・68
廖孚吉　78・187
廖　彤　67・118
廖　汾　80・481
廖　宏　80・231
廖宏偉　67・54
廖良任　67・489
廖良綸　74・393
廖初昇　80・181
廖初登　80・213

廖君佐　78·734
廖長庚　67·314
廖其大　62·193
廖其修　62·649
廖　英　76·112
廖林崑　51·358
廖松舟　80·145
廖松青　78·365
廖叔政　79·143
廖尚諺　74·260
廖昌言　50·523
廖　昇（明）　74·257
廖　昇（清）　77·193
廖　旻　80·502
廖忠賢　74·107
廖岡陵　76·177
廖季翹　80·210
廖秉鈞　80·509
廖秉游　74·433
　74·437
廖秉綏　74·481
廖佳玟　80·331
廖佳桃　66·352
廖佳璜　80·331
廖佩文　80·291
廖金含　80·44
廖性之　62·59
廖宗德　80·51
廖居仕　80·465
廖居素　80·465
廖承芳　62·223
廖承彥　79·407
廖南彥　78·735
廖相望　74·452
廖相瑍　74·451
廖相瑋　74·444
廖　柏　72·530
廖厚廣　70·297
廖厚賢　70·297
廖　持　72·491
廖映暄　67·324
廖思明　80·543
廖思潤　74·266
廖思謬　74·91
廖思聰　80·522
廖科升　62·397
廖　泉　80·328
廖　禹　59·625
廖　俊（明新淦）　73·234
廖　俊（明樂安）　71·121
廖彥舉　80·539
　80·589
廖　前　80·458
廖炳泰　67·334
廖炳暘　73·255
廖炳瀓　67·179
廖　炤　80·476
廖　洪　61·480
　62·345
廖洪輝　74·75
廖　洸　80·466
廖　祜　67·219
廖陞發　80·146
廖飛鵬　76·240
廖　紀　48·31
廖　泰　78·331
　78·354
廖泰珍　48·101
廖泰蕙　74·272
廖泰震　72·658
廖泰濩　74·270
廖　莊　72·409
廖桐川　67·459
廖　連　71·283

廖連三	80・190
廖連孫	80・522
廖振軍	80・497
廖振瑚	67・309
廖振榮	50・280
廖振纓	67・309
廖　恩	80・481
廖　剛	77・157
	80・450
廖　倫	80・481
廖健溪	80・208
廖逢春	67・544
廖高鵬	77・146
廖益姑	80・595
廖益源	74・35
廖兼善	73・225
廖家鼎	80・556
廖家鳳	80・245
廖　恕	80・493
廖孫王	80・225
廖　純	62・298
廖　理	71・245
廖　琇	73・94
廖培芳	74・445
廖培基	67・331
廖執象	77・160
廖基松	67・189
廖　乾	74・260
廖乾恒	74・268
廖乾瓊	73・417
廖乾彝	74・267
廖　梯	78・89
廖　爽	74・165
廖　堂	80・290
廖國模	80・147
廖國翰	80・47
廖崇浚	45・90
廖　敏	49・419
廖　偃	74・157
廖偕亨	69・248
廖　進(明)	67・387
廖　進(清)	76・766
廖象春	67・544
廖象湖	80・209
廖　訢	80・476
廖惟銓	80・291
廖　淳(宋)	80・459
廖　淳(明)	80・325
廖淳名	62・310
廖　寅	51・263
廖啓鉉	67・309
廖紹定	74・52
廖紹祿	74・52
廖紹寵	74・52
廖　瑛(清永定)	80・177
廖　瑛(清南城)	27・810
	71・283
廖　琥	80・459
廖　琮	72・529
廖　琛	71・115
廖　賁	80・476
廖達源	67・467
廖斯玉	67・554
廖斯昺	67・473
廖斯亮	67・472
廖斯連	67・464
廖斯雲	61・697
廖斯耀	67・582
廖萬泰	67・372
廖葆真	67・185
廖敬德	80・229
廖　森	72・311
廖雲生	80・145
廖雲祥	80・213

廖雲翔 75・489
76・139
廖雲翰 80・47
廖雲龍 48・259
廖雲騰(明) 75・489
76・43
廖雲騰(清) 80・249
廖雲衢 51・649
廖　棠 80・466
廖　鼎 72・550
廖鼎新 65・225
廖開春 2・80
39・150
廖開泰 67・372
廖遇春 80・506
廖景和 80・476
廖景華 74・35
廖貴清 80・466
廖　傑(明) 74・266
廖　傑(清) 74・126
廖復之 80・578
廖復恩 80・205
廖循鑫 62・377
廖　欽 72・437
廖爲青 67・426
廖爲庸 67・101
廖爲淞 67・324
廖爲鋭 67・494
廖爲霖 67・156
廖爲儥 74・280
廖爲霦 67・317
廖爲鐸 67・489
廖勝檗 74・51
廖　斌 67・296
廖善一 78・735
廖翔雲 67・166
廖翔龍 67・173
廖道明 80・232
廖道清 80・232
廖　滋 77・170
廖　富 60・694
廖運芳 74・261
廖運秀 74・273
廖裕周 80・237
廖　瑀 58・663
74・51
74・177
廖　瑴 73・59
廖夢庚 67・266
廖夢魁 80・503
廖楠輝 80・213
廖　楫 67・544
廖　楓 80・190
廖　輊 70・72
廖　業 77・170
廖傳萬 80・246
廖　誠 75・623
76・192
廖　廉 67・415
廖　雍 80・44
廖義先 80・458
廖　煜 71・348
廖煒伾 79・415
廖漣清 77・130
廖　溶 78・469
78・677
廖　福 73・324
廖福京 80・179
廖福軒 77・151
廖福景 43・24
廖殿明 72・510
廖際遇 22・239
廖際楠 51・255
廖　遜(宋) 77・160

廖　謨(清)　67・470
廖　謙(宋)　72・561
廖　謙(明)　72・279
廖應元　80・147
廖應召　2・98
　16・443
廖應兆　71・355
廖應迪　67・135
廖應宣　72・329
廖應梅　74・27
廖應旌　48・119
廖應淮　71・291
　71・344
廖應鳴　74・450
廖應麒　70・118
廖　燦　77・40
廖燦傳　80・137
廖鴻荃　76・66
廖鴻章　80・185
廖鴻藻　76・67
廖禮忠　80・232
廖　簡　70・71
廖　鎮　77・170
廖藹堂　80・146
廖攀丹　80・221
廖　璽　72・628
廖贊臣　80・181
廖贊虞　74・75
廖　鵬　48・105
廖鵬舉　79・407
廖騰煃　80・463
廖懷清　80・175
廖　覺　80・245
廖鐄臣　80・176
廖　鐔　80・476
廖　瀾(明吉水)　72・529
廖　瀾(明奉新)　67・124
廖繼武　62・544
廖繼夔　80・499
廖躍雲　80・50
廖　鐸(明)　71・6
廖　鐸(清)　74・71
廖瓚第　79・407
廖顯玢　80・207
廖麟書　51・701
廖　觀　72・552
廖觀化　80・239
廖觀海　80・195
廖　驥　67・553

端

端木中允　40・590
端木萃　38・581
端木賜　15・482
　35・600
端　仔　80・522
端取友　7・382

齊

齊一經　4・130
　21・342
　23・639
齊八元　8・465
齊乃治　57・426
齊士亨　56・547
齊大引　72・90
齊大炎　55・471
齊大華　56・535
齊大鳴　45・82
齊之千　72・95
齊之振　58・540
齊之盛　57・389
齊之傒　56・433
齊之禮(宋)　50・395

齊之禮(清)　55・310
齊子安　5・100
齊元宏　54・588
齊元祚　55・419
齊元倫　56・518
齊元祥　56・579
齊元梅　55・56
齊元震　55・72
齊元錦　56・557
齊元麟　54・597
齊中澄　7・186
齊丹鳳　58・585
齊文郁　4・214
14・120
17・507
齊文嘉　72・87
齊文燦　56・432
齊文衢　56・557
齊以璜　72・90
齊以禮　72・88
齊功枚　57・184
齊功烈　55・238
齊功楠　55・500
齊世民　55・637
齊世臣　44・223
齊世伍　54・543
齊世拱　56・556
齊世莊　54・545
齊世盛　56・568
齊世祿　59・588
齊　可　31・297
齊　平　5・216
齊用卿　57・391
齊用儀　56・390
齊永清　55・316
齊邦典　4・224
齊邦彥　13・152
齊式丹　58・585
齊成泰　57・391
齊成璠　55・237
齊至道　55・470
齊光祿　30・682
齊廷高　51・668
齊廷勝　72・96
齊廷槐　59・107
齊廷義　58・607
齊廷輔　30・298
齊廷鳳　45・83
齊廷獻　57・186
齊廷麟　45・83
齊价人　76・259
77・669
齊兆成　56・614
齊兆任　56・635
齊兆珊　56・10
齊兆迥　56・651
齊兆瑞　55・26
齊兆傳　56・288
齊兆詵　57・202
齊兆準　59・606
齊兆儒　56・625
齊　州　55・387
齊汝卿　5・180
43・269
齊克昌　43・282
齊更新　31・333
32・4
齊見龍　30・298
齊佑文　55・312
齊作志　37・690
齊希文　1・751
35・57
齊希憲　55・604
齊沐清　35・165

齊宏仁　56・347
齊其芳　56・528
齊來臣　7・188
齊來同　7・195
齊　松　56・605
齊東震　7・163
　17・601
齊　郁　4・214
　14・120
　15・562
齊叔珺　55・113
齊尚志　58・449
齊昌緒　35・158
齊昌熾　56・391
齊迪光　57・391
齊秉武　34・257
齊秉節　4・95
　11・453
齊佳士　4・406
　7・167
　17・654
齊金誥　7・151
齊　庚　55・350
齊治平　55・230
齊宗德　2・67
　37・422
齊建讓　35・141
齊　炁　55・471
齊　柯　44・185
齊盼子(見盼子)
齊思仁　56・436
齊思誠　56・508
齊思賢　56・436
齊保基　37・723
齊　勉　4・148
齊彥芙　57・186
齊彥栘　55・229
齊彥球　57・391
齊彥盛　57・347
齊彥鈞　57・185
齊彥槐　54・265
齊彥詢　57・163
齊彥銘　57・471
齊彥璞　54・337
齊彥播　56・392
齊彥錢　56・197
齊彥濂　55・164
齊洪超　76・195
齊　華　55・419
齊　莊　75・598
齊桓公　7・134
齊振海　30・106
齊振聲　56・391
齊時鵾　56・82
齊恩聯　7・151
齊　剛　54・250
齊　高　5・217
齊家修　36・779
齊　翀　55・406
齊培元　21・437
齊　堅　43・127
齊國平　57・390
齊國琳　55・438
齊得一　4・234
　17・494
　20・496
齊　康　54・189
齊清如　56・185
齊淑成　55・183
齊淑松　55・68
齊淑笙　56・271
齊淑琠　55・131
齊淑詢　55・118
齊淑瑤　56・130

齊淑靂 56·437
齊　淦 56·391
齊陽生 56·536
齊　琦 58·345
齊敬熙 56·270
齊　雲 1·818
齊景運 41·412
齊景煉 56·503
齊景嶷 41·409
齊爲連 7·175
17·665
齊惲基 37·701
齊　普 75·416
78·462
齊普淵 57·494
齊運昌 55·471
齊　巽 76·168
齊登山 36·657
齊登高 43·104
齊登雲 55·471
齊登魁 4·329
齊登輔 6·542
16·440
18·77
齊登瀛 57·390
齊瑞藹 55·420
齊　瑂 19·35
齊夢龍 58·383
齊楷齡 5·340
齊頌清 57·390
齊　煥 9·697
齊煥然 43·79
齊福基 23·278
齊　駇 31·337
32·7
齊兢業 7·167
齊聞韶 36·550
齊聞樂 21·585
齊鳴鳳 57·6
齊銘泉 30·330
齊貌辨 7·201
36·411
齊　鳳 5·215
齊鳳奎 10·394
齊鳳輝 55·383
齊　粹 5·340
齊榮甲 57·327
齊榮顯 4·94
38·534
齊維家 58·547
齊維新 31·337
32·6
齊綿基 37·704
齊　樞 55·470
齊範蔭 55·553
齊德成 75·629
齊德欽 14·128
17·667
齊　慶 5·340
齊　澍 7·194
齊　翬 55·470
齊興隆 58·444
齊學海 56·125
齊學培 55·382
齊學組 57·390
齊學琫 55·264
齊學葦 57·187
齊學欽 56·392
齊學綼 55·228
齊學模 57·66
齊學綝 56·392
齊學機 56·347
齊學鍾 56·392
齊學濤 57·390

齊錫光　57・31
齊錫智　43・64
齊　憲　78・564
齊憲清　35・164
齊聯飛　58・589
齊擴基　37・705
齊　謙　7・148
齊應化　55・606
齊應時　57・149
齊應臯　55・612
齊應儀　55・593
齊應龍　21・500
齊應藻　55・613
齊應麟　7・162
　　17・565
齊雙進　59・335
齊蘇勒　2・3
齊蘊章　36・40
齊懷魯　14・123
齊獻可　19・590
齊　譽　44・152
齊　護　58・443
齊繼泉　55・637
齊躍龍　58・413
齊　鑑　45・305
齊　衢　56・139
齊　鑫　7・195
齊鷹揚　1・750
　　6・293

鄭

鄭一性　50・241
鄭一崧　79・367
　　80・762
鄭一楓　79・46
鄭一愷　48・187
鄭一德　69・583
鄭一龍　79・345
鄭一鵬　78・47
鄭一鶚　77・379
鄭一麟　51・421
鄭一鷟　56・485
鄭人傑　43・105
鄭人瑞(清長樂)　78・567
鄭人瑞(清興安)　74・529
鄭人懌　42・202
鄭九峯　7・175
　　17・665
鄭九敘　76・143
鄭又均　77・564
鄭三才　76・155
鄭三俊　47・328
　　75・380
鄭三陽　47・264
鄭士升　63・147
鄭士芳　4・305
　　6・167
鄭士昌　63・120
鄭士相　45・249
鄭士奎　75・468
鄭士亮　79・421
鄭士牲　50・267
鄭士純　70・593
鄭士乾　80・38
鄭士彬　8・327
鄭士彪　79・426
鄭士進　53・556
鄭士超(清大田)　80・507
鄭士超(清金谿)　70・607
鄭士喜　63・100
鄭士傑　43・107
鄭士廉　79・345
鄭士鳳　80・188
鄭士熊　79・421

鄭士薪　79・236
鄭士鏌　53・553
鄭士謨　51・402
鄭士鏜　79・432
鄭士懿　77・332
鄭大中　1・738
鄭大升　70・582
鄭大生　52・239
鄭大邦　50・227
鄭大同　78・124
鄭大年　79・355
鄭大壯　80・406
鄭大明　53・549
鄭大定　47・293
鄭大夏　78・612
鄭大進　2・27
鄭大階　50・264
鄭大琮　65・422
鄭大雅　74・529
鄭大福　55・213
鄭大賓　50・273
鄭大樟　55・153
鄭大璟　51・220
鄭大謨　76・157
鄭大鴻　57・122
鄭　才(清奉新)　67・379
鄭　才(清商河)　9・431
鄭才樸　18・526
鄭　山　46・36
鄭之才　70・577
鄭之文(明)　71・236
鄭之文(清)　4・389
　14・713
　42・958
鄭之玄　79・271
鄭之良　75・721
　77・721
鄭之俊　72・10
鄭之彥　37・135
鄭之洪　72・95
鄭之特　77・552
鄭之瑛　50・285
鄭之楨　72・95
鄭之僑　77・180
鄭之賢　77・180
鄭之鵬　11・97
鄭之瀚　50・228
鄭之蘭　53・125
鄭之鐘　6・447
鄭子江　75・719
　77・725
鄭子亨　77・471
鄭子茂　63・150
鄭子聃　1・751
　30・60
鄭天民　52・387
鄭天佐　79・37
鄭天佑　52・55
鄭天祉　51・194
鄭天祈　77・599
鄭天挺　75・627
鄭天祐(明)　76・200
　78・303
鄭天祐(清)　80・235
鄭天眷　51・224
鄭天開　9・441
鄭天榮　53・640
鄭天樞　2・38
　10・41
鄭天錫　75・621
　79・82
鄭天錦　76・154
　76・446
鄭天爵　76・491

鄭元吉	70・544
鄭元亨	53・437
鄭元美	79・348
鄭元堃	77・131
鄭元淡	78・618
鄭元啓	80・224
鄭元善	50・220
鄭元感	80・28
鄭元榜	51・648
鄭元韶	75・497
	76・139
鄭元勳	79・27
鄭元璧	78・504
鄭元鵬	63・143
鄭元瀾	51・561
鄭元麟(明)	79・270
鄭元麟(清)	53・380
鄭元灝	70・540
鄭　木	77・440
鄭少宗	7・436
鄭少連	78・287
鄭日休	75・466
	76・137
鄭日虎	45・237
鄭日奎	52・108
	74・547
鄭日陞	77・378
鄭日耿	79・426
鄭日高	47・265
鄭日益	80・188
鄭日新	77・387
鄭日臨	56・228
鄭曰庠	51・472
鄭　中	32・143
鄭中孚	43・194
鄭中衡	79・415
鄭壬祥	74・349
鄭　仁	77・348
鄭化南	27・143
鄭化賢	80・256
鄭化龍	80・252
鄭公玉	75・508
	77・529
鄭公敏	77・689
鄭公質	77・333
鄭公憶	74・375
鄭公顯	76・347
	77・675
鄭丹成	51・471
鄭丹顔	51・454
鄭文公	23・665
鄭文臣	48・149
鄭文先	38・414
鄭文英	80・486
鄭文杰	78・413
鄭文叔	79・291
鄭文昂	77・573
鄭文治	53・68
鄭文炳(明)	1・818
	37・421
鄭文炳(清上饒)	51・262
鄭文炳(清莆田)	78・200
鄭文彬	53・246
鄭文堂	77・573
鄭文偉	74・536
鄭文彩	70・606
鄭文達	51・473
鄭文棟	51・545
鄭文魁	51・625
鄭文翥	78・385
鄭文銓	56・583
鄭文滿	77・599
鄭文綸	51・527
鄭文遹	75・570

	76・83
鄭文霖	75・589
	78・561
鄭文學	52・598
鄭文賓	80・334
鄭方坤	2・102
	30・63
	76・154
	76・445
鄭方城	76・154
	76・445
鄭方泰	17・667
鄭心水	80・53
鄭以立	62・621
鄭以炳	25・569
鄭以偉	51・168
鄭以誠	76・439
鄭以增	70・540
鄭以鐸	62・611
鄭允成	78・538
鄭允修	36・509
鄭允培	51・427
鄭孔信	78・541
鄭孔禧	78・567
鄭　玉	78・150
鄭玉成	80・51
鄭玉美	17・668
鄭玉堂	78・625
鄭正官	51・535
鄭正學	78・269
鄭功楷	51・578
鄭功福	51・589
鄭功勳	79・366
鄭世威	75・521
	78・492
鄭世恭	76・102
鄭世倫	72・7
鄭世琇	72・364
鄭世源	77・451
鄭世綸	72・8
鄭世德	33・699
鄭世禮	51・420
鄭　札	1・805
	43・19
鄭可大	77・180
鄭可祀	54・559
鄭可衿	55・615
鄭可教	42・201
鄭可楝	62・583
鄭可復	78・290
鄭可學	78・8
	78・283
鄭可禧	54・568
鄭　丙	78・481
鄭平城	13・722
鄭北涯	71・69
鄭占春	25・219
鄭占魁	80・249
鄭　甲	32・143
鄭申之	75・513
	78・475
鄭申秀	76・688
鄭申卿	76・688
鄭由吾	78・617
鄭　史	60・603
鄭四國	9・60
鄭　生	53・539
鄭生老	76・580
鄭仕圻	50・288
鄭仕秀	78・307
鄭仕道	67・131
鄭仕鉈	78・628
鄭仕澄	79・87
鄭用時	11・204

鄭用慎　79・352
鄭用錫　80・599
鄭用鑑　80・599
鄭主敬　78・266
鄭立中(宋)　80・16
鄭立中(明)　63・137
鄭立恩　34・325
鄭立崑　53・59
鄭　玄　4・9
4・11
4・13
4・14
4・15
4・16
4・18
4・170
15・569
23・265
23・339
23・350
23・656
29・339
29・620
30・334
31・185
鄭必明　75・440
鄭必顯　75・487
鄭永大　80・210
鄭永年　78・625
鄭永清　11・97
鄭永淑　36・771
鄭民效　7・187
鄭民鑫　7・186
鄭　弘(後漢)　1・693
鄭　弘(漢)　4・22
35・72
鄭加瑞　53・171
鄭邦直　71・306
鄭邦佳　79・236
鄭邦珍　80・209
鄭邦俶　79・257
鄭邦祥　75・595
76・97
鄭邦偕　79・243
鄭邦偉　63・115
鄭邦堯　50・401
鄭邦魁　61・533
鄭邦福　51・166
鄭邦德　61・534
鄭芝秀　52・201
鄭芝虎　79・466
鄭再廉　62・353
鄭再興　51・422
鄭百穀　77・339
鄭有恭　32・146
鄭有第　50・459
鄭存詩　78・623
鄭　成　20・548
鄭成中　79・321
鄭成功　76・266
79・467
鄭成彪　78・546
鄭　光(宋)　75・734
鄭　光(唐)　18・17
鄭光斗　51・336
鄭光玌　51・679
鄭光拔　62・618
鄭光烈　77・127
鄭光純　51・640
鄭光策　76・123
78・715
鄭光裕　53・467
鄭光瑄　51・702
鄭光與　78・148

鄭光溥 6・548
6・643
17・529
鄭光漢 8・331
鄭光緒 80・233
鄭光縉 80・222
鄭 同(宋) 50・304
鄭 同(明) 75・453
鄭先友 35・501
鄭先民 2・85
鄭廷芬 78・107
78・288
鄭廷相 53・430
鄭廷珪(清安溪) 79・429
鄭廷珪(清長樂) 78・519
鄭廷彩 51・598
鄭廷琡 51・658
鄭廷植 53・528
鄭廷惠 80・27
鄭廷温 51・343
鄭廷楫 79・42
鄭廷榜 79・429
鄭廷鳳 50・312
鄭廷瑾 79・320
79・411
鄭廷蕃 54・547
鄭廷輝 51・659
鄭廷橋 51・338
鄭廷環 78・267
鄭廷孺 80・233
鄭 迄 78・628
鄭延任 4・222
14・713
鄭仲旻 62・391
鄭仲佾 76・390
鄭仲星 62・270
鄭仲謀 79・181
鄭仲夔 51・418
鄭任南 80・231
鄭任鑰 76・64
78・500
鄭 伉 70・454
鄭自陞 80・225
鄭似愚 9・74
鄭似錦 78・613
鄭行健 51・423
鄭全福 57・519
鄭合生 47・53
鄭兆奎 78・542
鄭兆湘 51・222
鄭兆綱 77・588
鄭兆駒 70・508
鄭兆蘭 51・449
鄭 旭 75・577
76・121
鄭 名 79・366
鄭亦鄒 76・710
鄭 州 62・503
鄭 冲 15・495
鄭 江 75・632
76・184
鄭 汲 15・31
15・134
鄭汝舟 78・93
鄭汝忠 5・267
鄭汝信 75・624
鄭汝華 80・518
鄭汝釗 70・579
鄭汝敬 53・419
鄭汝欽 53・330
鄭汝霖 78・365
鄭 汜 62・501
鄭守道 75・572
76・121

鄭守廉　76・103
鄭安世　62・622
鄭安國　14・110
　16・438
鄭宇明　79・272
鄭如璋　74・325
鄭如蕙　78・670
鄭如蘭　78・686
鄭羽侯　75・470
鄭羽儀　75・615
　76・165
鄭　均　4・26
鄭孝杰　51・241
鄭孝順　51・457
鄭志廷　51・425
鄭志科　63・138
鄭志海　49・168
鄭志暄　51・292
鄭志鰲　77・395
鄭　芸　78・152
鄭　芬　55・325
鄭　芳　73・381
鄭芳春　70・623
鄭克和　75・453
鄭克承　78・426
鄭克恭　75・497
鄭克剛　75・646
　79・89
鄭克容　79・327
鄭克敬　80・452
鄭克幅　78・618
鄭克智　79・337
鄭克贊　79・421
鄭　材　1・794
　1・830
鄭　杓　78・290
　78・360
鄭步堂　19・135
鄭步雲(清婺源)　56・607
鄭步雲(清壽光)　18・566
鄭吹笙　78・623
鄭　秀　69・248
鄭　佑　75・367
鄭作文　43・106
鄭作舟　70・609
鄭作求　70・609
鄭作相　51・546
鄭伯玉　78・106
鄭伯英　77・445
鄭伯和　75・458
鄭伯逵　75・631
　78・542
鄭伯淵　75・620
　77・470
鄭佛生　51・85
鄭希文　79・275
鄭希孝　5・178
　43・270
鄭希望　63・151
鄭希舜　53・437
鄭希稷　53・483
鄭希顏　75・581
　76・93
鄭　谷　60・606
鄭孚誠　78・546
鄭　言　77・180
鄭　序　75・516
　78・488
鄭　沐　77・387
鄭　沛　78・604
鄭　沆　53・434
鄭宏文　32・140
鄭宏南　74・403
鄭　良(唐)　47・587

鄭　良(清)　45·281
鄭良士　78·286
鄭良臣　75·444
　76·133
鄭良荷　78·565
鄭良彬　77·129
鄭良智　78·543
鄭良謀　47·278
鄭君老　77·383
鄭　武　63·101
鄭青山　51·595
鄭　玟　78·672
鄭長青　79·179
鄭長森　51·666
鄭長瑞　60·74
鄭長壽　51·699
鄭長慶　52·207
鄭　坦　63·121
鄭　坤　1·846
　16·423
　20·487
鄭其忠　77·549
鄭其清　77·559
鄭其鳳　78·553
鄭其駿　9·198
鄭若蓮　70·607
鄭若錦　74·530
鄭茂松　70·494
鄭　英　75·621
鄭　苓　53·258
鄭　直　14·375
鄭　枅　78·553
鄭枝枚　48·198
鄭　松(宋)　71·126
鄭　松(金)　1·753
　38·681
鄭松茂　63·157
鄭　杓　75·586
鄭　杰　76·110
鄭　述　78·144
鄭述祖　1·713
　23·612
　24·266
鄭東周　12·333
鄭東起　75·585
　79·58
鄭東陽　79·233
鄭　奇(明)　16·419
　20·487
鄭　奇(清)　53·546
鄭叔忱　78·532
鄭叔豹　75·582
　79·54
鄭叔熊　79·86
鄭虎臣　77·423
　77·449
鄭尚友　75·417
　78·464
鄭尚文　17·568
　20·560
鄭尚立　51·592
鄭尚志　79·334
鄭尚明　53·40
鄭尚華　49·253
鄭尚賓　56·649
鄭　杲　4·468
鄭　昌　35·71
鄭昌選　77·546
鄭昌齡(宋)　77·301
鄭昌齡(明)　70·565
鄭　昇(宋建甌)　76·433
鄭　昇(宋僊遊)　78·279
鄭　昇(明)　75·490
鄭　昇(清)　80·233

鄭　明　77・399
鄭明孝　5・340
鄭明拔　51・485
鄭明聘　63・157
鄭　昂　75・643
　76・193
鄭昂千　41・217
鄭　旼　76・545
鄭　昈(明)　75・533
　77・486
鄭　昈(唐)　1・729
　30・59
鄭迪庭　78・565
鄭　忠　77・353
鄭忠精　51・611
鄭忠謨　51・335
鄭垂青　78・312
鄭　物　52・54
鄭　和　77・703
鄭和邦　78・619
鄭和卿　71・336
鄭和愛　62・500
鄭和諫　62・400
鄭秉恆　51・618
鄭秉恬　63・44
鄭秉鈞　78・609
鄭秉銈　78・613
鄭秉醇　51・205
鄭秉衡　10・152
鄭　佶　52・54
鄭　岳(明長樂)　75・523
　78・496
鄭　岳(明莆田)　78・40
鄭　金　1・797
鄭金斗　78・623
鄭金生　76・408
鄭金城　79・341
鄭金聲　34・255
　34・352
鄭金鎰　36・39
鄭命成　80・178
鄭命章　80・231
鄭命新　80・177
鄭命嶷　80・209
鄭周父　7・143
鄭忽必烈　15・36
　15・133
鄭　郊(宋)　49・204
鄭　郊(明)　76・253
　76・362
　78・173
鄭　育　78・615
鄭育林　53・111
鄭性之　75・483
　76・21
　78・405
　78・483
鄭　炎　76・96
鄭　泗　78・614
鄭　泮　53・532
鄭宗圭　75・600
鄭宗哲　78・582
鄭宗堯(明)　50・190
鄭宗堯(清上饒)　51・335
鄭宗堯(清連江)　77・507
鄭宗期　53・640
鄭宗瑞　78・390
鄭宗遠　77・394
鄭宗聖　80・237
鄭宗煥　77・722
鄭宗僑　79・329
鄭宗維　77・39
鄭宗魯　73・254
鄭宗謨　55・415

鄭宗謙　78・513
鄭宗顯　72・342
鄭　定　75・588
76・94
78・524
鄭定謀　79・258
鄭　宜　80・176
鄭宜範　31・64
鄭　建　75・486
76・42
鄭居貞　75・589
76・168
鄭居津　75・650
鄭　承　79・209
鄭承祉　77・141
77・379
鄭孟倫　71・363
鄭春城　70・603
鄭　珏(明)　1・841
15・534
16・418
鄭　珏(清)　80・176
鄭　珂　47・167
鄭　珇　75・551
79・32
鄭南釗　70・635
鄭南野　78・628
鄭　相　80・225
鄭　柟　76・687
77・687
鄭　柳　51・278
鄭　要　76・692
鄭　柬　47・587
鄭　厚(宋)　78・98
78・288
鄭　厚(明)　80・174
鄭奎垣　57・273
鄭　郱　76・253
76・362
鄭貞嘉　78・567
鄭　昞　70・595
鄭映川　65・503
鄭映南　6・447
鄭　昭　75・642
78・425
鄭昭先　75・441
76・8
鄭昭甫　75・645
76・194
77・522
鄭昭叔　77・331
鄭昭祖　78・603
鄭昭起　78・567
鄭　畋　74・521
鄭思永　79・380
鄭思先　75・363
鄭思肖　75・608
77・483
鄭思忱　79・379
鄭思孟　50・46
鄭思敬　51・575
鄭思銓　79・359
鄭思權　78・546
鄭　昜　79・350
鄭　科　78・730
鄭　重(清建甌)　76・444
鄭　重(清鉛山)　53・155
鄭重光　78・274
鄭　俠(宋)　75・545
79・3
80・31
鄭　俠(清)　62・384
鄭　修　4・252
15・584

鄭保安 8·331
鄭信道 53·549
鄭　衍 15·581
鄭胤伯 30·401
鄭亮植 65·507
鄭彦初 75·645
76·194
鄭彦華 80·364
鄭恆淑 78·300
鄭　首 75·583
79·52
鄭　炳(清永定) 80·225
鄭　炳(清婺源) 56·222
鄭炳文 43·120
鄭炳良 53·439
鄭炳煒 35·488
鄭炳勳 51·590
鄭炳麟 27·137
鄭　烔(明) 75·455
鄭　烔(清) 79·323
鄭　洪(宋) 52·366
鄭　洪(明) 75·590
鄭洪緯 62·567
鄭　洞 62·253
鄭　洙 75·476
76·106
78·523
鄭洛英 76·110
鄭洛書 78·150
鄭宣化 77·210
鄭　冠 60·42
鄭　祜 17·509
鄭祖大 51·306
鄭祖義 51·340
鄭祖澤 55·450
鄭祖彝 80·209
鄭祖藍 51·456
鄭祝興 50·438
鄭祚元 51·527
鄭祚基 51·529
鄭祚遠 51·273
鄭　陞 79·393
鄭飛鳴 42·589
鄭飛鵬(清上饒) 51·556
鄭飛鵬(清臨川) 69·463
鄭　柔 75·667
76·763
鄭　紀 78·233
80·496
鄭紀略 12·204
40·200
鄭耕老 78·4
鄭　泰 37·675
鄭　珙 18·276
鄭　珞 75·447
76·106
76·138
鄭　起(民國) 80·509
鄭　起(宋) 77·506
鄭　起(清) 75·634
鄭起東 78·610
鄭起淇 53·481
鄭起槐 56·651
鄭起煒 56·36
鄭起錚 53·643
鄭起鼇 5·359
鄭起觀 50·316
鄭　華 1·800
鄭華書 30·733
鄭莊彦 79·314
鄭　莅 32·135
鄭桂秀 7·454
鄭　格 75·550
76·462

79・23
鄭　軏　53・426
鄭連升　11・446
鄭　烈　76・469
鄭烈懷　56・338
鄭　振　78・275
79・336
79・388
鄭振世　78・611
鄭振先　57・278
鄭振址　23・249
鄭振郁　78・621
鄭振華　29・301
鄭振圖　76・110
鄭振聲　54・286
鄭晉三　80・240
鄭虔符　18・13
鄭時化　75・629
79・78
鄭時用　51・221
鄭時敏　80・485
鄭時進　75・627
鄭時章　77・707
鄭時清　77・467
鄭時稔　56・643
鄭時澤　75・626
鄭時懋　59・574
鄭　晟　76・433
鄭　晃　76・646
78・514
鄭恩溥　9・257
鄭恩綸　35・470
鄭恩鋤　79・355
鄭　剛(明,知兗州)　1・811
鄭　剛(明齊東)　5・185
15・113
15・152
鄭　倫(明安仁)　60・5
鄭　倫(明晉州)　30・233
鄭　倫(清)　77・199
鄭　師(明廈門)　76・240
76・324
鄭　師(明霞浦)　77・393
鄭師尹　50・375
鄭師孟(宋寧德)　77・293
鄭師孟(宋德化)　78・615
鄭　釗　52・364
鄭逢辰　76・9
鄭逢達　39・203
鄭逢蘭　75・614
76・165
鄭　衷　77・705
鄭　高　58・452
鄭悅省　14・143
鄭益恩　23・252
23・646
鄭兼才　78・605
鄭　浙　53・228
鄭　浚　51・518
鄭家成　74・77
鄭家雋　57・273
鄭家瑞　57・190
鄭家蘭(清上饒)　51・208
鄭家蘭(清豐順)　77・213
鄭家麟(清婺源)　56・240
鄭家麟(清豐潤)　77・367
鄭宴清　76・196
鄭　祥　78・619
鄭祥茂　37・690
鄭書升　42・626
鄭書孝　7・175
17・665
鄭書佚　7・186
鄭書聲　60・285

鄭　陸　79・48
鄭　恕　45・97
鄭孫綬　80・191
鄭　純　60・64
鄭純一　79・286
鄭純斌　79・315
鄭純禮　75・525
　　78・514
鄭　理　69・574
鄭　培(清永定)　80・205
鄭　培(清侯官)　76・63
鄭　培(清興國)　74・10
鄭培元　43・101
鄭培光　54・400
鄭培根　57・86
鄭培德　51・453
鄭　基(清永定)　80・241
鄭　基(清侯官)　76・63
鄭基成　36・39
鄭黄燦　78・292
鄭　彬　77・193
鄭梅羹　48・207
鄭捷瑛　78・435
鄭處實　53・349
鄭　堂(清永定)　80・190
鄭　堂(清貴溪)　52・354
鄭　堂(清鉛山)　53・173
鄭常儉　53・181
鄭勗士　32・145
鄭問元　5・179
鄭問奇　5・179
鄭　冕(明昌黎)　16・416
鄭　冕(明樂平)　59・290
鄭　晚　79・225
鄭　國　4・4
　　35・603
鄭國文　69・226
鄭國光　51・222
鄭國佐(明)　77・476
鄭國佐(清)　76・450
鄭國俊　14・366
　　17・569
鄭國華　53・642
鄭國卿　80・189
鄭國祥　54・254
鄭國欽　75・725
鄭國寶　77・56
鄭崑貞　77・701
鄭　崇　4・23
　　23・239
　　23・629
鄭崇和　76・357
　　77・652
　　80・599
鄭崇信　62・660
鄭崇祺　62・658
鄭崇儉　1・778
鄭　敏　1・792
　　15・28
　　15・133
鄭　倘　76・463
鄭　偉　78・724
鄭進古　52・198
鄭得來　78・291
鄭得書　79・165
鄭得魁　80・205
鄭得瀟　76・245
　　76・297
鄭從吉　80・11
　　80・151
鄭從華　51・421
鄭欲大　79・508
鄭逸叟　78・729
鄭　庸　78・605

鄭　堃　51・458
鄭望之　51・684
鄭　袤　1・700
37・801
41・58
45・318
46・574
鄭惕之　77・550
鄭惕躬　70・604
鄭惟忠　1・721
鄭惟海　51・256
鄭惟瀾　51・253
鄭惇典(明宜黃)　71・37
鄭惇典(明侯官)　75・496
鄭剪飛　69・430
鄭　清(明泰和)　72・346
鄭　清(明僊遊)　78・301
鄭清才　78・350
78・396
鄭　淅　53・246
鄭　淑　78・286
鄭淑盛　51・665
鄭淑麟　51・279
鄭深道　77・710
鄭　涵　62・604
鄭　寅(宋)　75・541
78・243
78・353
鄭　寅(明)　72・698
鄭寅賓　57・232
鄭　宷　77・421
77・449
鄭啓元　57・5
鄭啓宇　51・610
鄭啓芳　79・509
鄭啓岐　79・352
鄭啓南　20・119
鄭　階　79・591
鄭陽春　70・633
鄭陽朗　79・351
鄭　隆　47・55
鄭習孔　5・380
鄭習儀　5・331
43・287
鄭　貫　31・830
鄭貫謨　70・504
鄭　絅　71・232
鄭紹元　51・343
鄭紹中　79・348
鄭紹淳　51・422
鄭紹鵬　78・275
鄭紹瀚　51・538
鄭紹瀛　51・540
鄭　琪　78・627
鄭　琳　75・455
76・136
鄭　琦　18・334
鄭　琰　75・595
鄭　琯　77・442
鄭堯成　80・30
鄭超邦　47・285
鄭超英　79・570
鄭報翥　48・211
鄭報轂　48・270
鄭達文　56・576
鄭斯立　62・335
鄭　萬　77・727
鄭萬尊　78・560
鄭萼達　80・610
鄭敬道　41・61
鄭敬賡　78・543
鄭敬濤　15・159
鄭蒂貴　51・580
鄭朝宗　15・572

鄭朝清　79・178
鄭朝鳳　77・466
鄭朝遴　79・214
鄭　精　35・495
鄭　植　76・53
鄭森恕　51・426
鄭森惠　51・240
鄭　棟(明)　60・206
鄭　棟(清)　80・182
鄭椒蕃　76・202
鄭　惠　51・400
鄭惠琇　78・609
鄭　雄　80・32
鄭　雲(明)　78・143
鄭　雲(清)　80・499
鄭雲翁　75・647
76・195
鄭雲堅　51・305
鄭雲龍　6・175
鄭雲鎬　75・627
鄭雲鎣　75・465
76・32
鄭揚明　80・404
鄭揚祖　80・433
鄭　雅(明上饒)　51・185
鄭　雅(明興安)　74・522
鄭　鼎　77・712
鄭鼎新　78・284
鄭開先　72・360
鄭開倫　78・558
鄭開基　5・329
43・293
鄭開淇　77・204
鄭開極　75・501
76・63
鄭開源　78・566
鄭　景　2・87
39・808
鄭景文　78・568
鄭景昌　51・651
鄭景周　77・372
鄭景洛　7・386
鄭景陶　76・196
鄭景乾　53・580
鄭景紹　47・266
鄭景燮　78・547
鄭貴濂　77・91
鄭　嵒　63・118
鄭　嵋　17・661
18・375
鄭喬松　70・494
鄭等明　73・404
鄭　順　1・801
34・435
鄭順老　53・123
鄭　傑　14・713
鄭　復　77・705
鄭復初　75・421
78・388
鄭循初　78・145
鄭舒泰　74・416
鄭鉅鑑　51・314
鄭　欽(清陽信)　43・106
鄭　欽(清樂陵)　9・68
鄭爲龍　22・238
鄭舜年　8・330
鄭勝雲　5・388
鄭　詒　47・493
鄭敦肅　78・568
鄭　善　42・44
鄭善夫　75・458
76・95
鄭善文　9・448
鄭善述　75・471

	76・153
鄭善果	1・718
	30・59
	47・593
鄭善明	51・610
鄭善綱	51・502
鄭善徵	60・76
鄭　翔	51・53
鄭　普	79・546
鄭　道	80・188
鄭道三	80・232
鄭道弘	80・53
鄭道昭	1・712
	18・5
	23・612
	24・264
	24・580
鄭道陞	51・526
鄭道源	62・617
鄭　遂	77・461
鄭曾子	79・280
鄭曾述	32・141
鄭湘蘭	69・404
鄭　湜(宋)	75・441
	76・7
鄭　湜(明浦江)	75・363
鄭　湜(明德化)	78・610
鄭湯臣	63・65
鄭　渭(明閩縣)	76・31
鄭　渭(明羅源)	77・467
鄭渭年	79・358
鄭　渾	1・699
	37・34
	37・546
鄭運甲	7・432
鄭運泰	7・431
鄭運清	63・173
鄭運撝	63・178
鄭　棨	77・717
鄭　祺	52・61
鄭　弼	1・761
鄭　强	47・335
	75・477
	76・134
鄭登第	55・450
鄭瑞泮	51・309
鄭瑞星	78・266
鄭瑞躬	80・239
鄭瑞通	51・349
鄭瑞圖	53・628
鄭瑞麒	76・53
鄭　瑜(清婺源)	54・162
鄭　瑜(清諸城)	20・533
鄭　瑗	78・110
鄭　瑄(明侯官)	75・466
	76・41
鄭　瑄(明閩清)	78・439
鄭　載	75・395
鄭　遠	78・272
鄭遠條	70・568
鄭聖述	9・487
鄭聖墉	77・191
鄭勤堂	4・371
	41・68
鄭蓮輝	55・450
鄭夢眉	70・482
鄭夢旂	78・302
鄭夢進	80・240
鄭夢登	78・623
鄭夢禎	75・558
	79・20
鄭夢嶙	79・352
鄭夢龍	47・46
鄭夢馨	79・318

鄭椿年　79·31
鄭楚勳　78·161
鄭楨文　56·572
鄭　軾　53·228
鄭當時　1·685
鄭　照　78·255
鄭　園　53·45
鄭畹蘭　72·367
鄭嗣昌　76·176
鄭嗣絪　70·596
鄭嗣僑　70·605
鄭　嵩　79·491
鄭嵩齡　70·604
鄭　筠　14·375
鄭　節　52·194
鄭與僑　4·354
鄭　僅　18·690
　　42·429
鄭魁萬　76·260
　　79·216
鄭　鉞　78·99
鄭鉉成　14·705
鄭　愈　78·515
鄭　會　52·201
鄭會騰　80·51
鄭愛春　79·353
鄭　誠　71·263
鄭誠中　77·725
鄭　靖　75·650
　　76·209
鄭　新　14·392
鄭新年　53·418
鄭新居　51·502
鄭新原　48·123
鄭新德　51·347
鄭新蘭　7·171
鄭　雍　2·43
鄭　愫　78·672
鄭慎思　40·581
鄭　愷(明)　75·589
鄭　愷(清)　69·259
鄭　猷　62·619
鄭煥光　79·335
鄭　溱　71·238
鄭　溥　79·350
鄭源彬　78·510
鄭　滌　77·348
鄭　滔　51·626
鄭溪清　12·492
鄭　滂　1·819
　　37·550
鄭　溶　76·136
鄭寖昌　1·802
　　34·437
鄭福謙　34·234
鄭殿甲　36·682
鄭際可　79·169
鄭際唐　76·63
鄭際雲　47·225
鄭際熙　76·63
鄭遜行　70·586
鄭　經　79·486
鄭經中　80·235
鄭經遠　78·730
鄭嘉義　56·92
鄭嘉銑　51·615
鄭嘉增　56·637
鄭嘉謨　78·552
鄭　穀　76·429
鄭　壽　79·198
鄭壽年　79·348
鄭聚東　32·444
　　33·70
鄭　慕　79·24

鄭慕宗 20・118
鄭熙觀 80・231
鄭蔚然 78・556
鄭　模 80・191
鄭　榕 78・517
鄭輔廷 72・367
鄭爾說 51・179
58・684
鄭　霆 43・453
鄭鳴岐 79・356
鄭鳴岡 2・114
鄭鳴珂 53・283
鄭鳴球 53・381
鄭　圖 20・564
鄭圖南 50・317
鄭毓本 35・472
鄭毓林 4・341
35・494
鄭毓季 79・285
鄭毓桓 35・501
鄭毓崙 14・141
鄭僖昌 6・576
6・640
6・656
鄭　僑 75・358
75・540
76・461
77・580
78・24
78・229
78・332
78・352
鄭　銈 7・171
鄭　銓(元) 72・374
鄭　銓(宋) 60・576
鄭　銓(清) 51・510
鄭　銘(明) 76・137
鄭　銘(清) 51・703
鄭　鳳(明邵武) 77・179
鄭　鳳(明僊遊) 78・301
鄭鳳書 47・245
鄭鳳儀 47・244
鄭鳳騰 47・196
鄭豪二 58・154
鄭　廣 55・185
鄭韶斗 51・528
鄭　燁 78・394
鄭焜觀 80・232
鄭榮忻 79・348
鄭　漢 1・826
77・400
鄭漢章 78・515
鄭漢陽 51・360
鄭　漳 1・846
75・460
76・30
鄭賓朱 80・188
鄭肇炬 51・609
鄭　綱 78・550
鄭維邦 1・803
33・588
33・688
鄭維克 53・467
鄭維周 43・109
鄭維城 53・245
鄭維恭 53・463
鄭維崑 80・28
鄭維嵩 28・697
鄭維新 77・204
鄭維墉 78・369
鄭維寬 53・467
鄭維翰 9・413
鄭維橋 80・241
鄭維嶽 79・549

鄭　瑾 1・743
鄭　璜(清高安) 62・396
鄭　璜(清浮梁) 47・186
鄭　璋 55・301
鄭　增 77・523
鄭　樞(清永定) 80・189
鄭　樞(清興安) 74・530
鄭敷亨 78・545
鄭　輪 78・604
鄭　賢 53・649
鄭　磊 75・602
鄭　霄 75・604
77・511
鄭　䨥 78・515
鄭　輝 80・191
鄭輝廷 62・609
鄭　賜 76・436
鄭賜中 80・192
鄭賜圖 80・178
鄭　暹(清費縣) 30・297
31・184
鄭　暹(清德化) 78・611
鄭　嶂 75・624
77・516
鄭　橥 75・646
78・564
鄭儀孫 76・486
鄭皞如 14・141
鄭德本 37・801
41・59
鄭德均 51・510
鄭德芳 77・478
鄭德孚 78・209
鄭德松 56・625
鄭德柱 79・355
鄭德彥 32・141
鄭德進 74・22
鄭德隅 57・1
鄭德鄰 39・786
42・544
鄭德輝 51・356
鄭　銳 9・68
鄭餘慶 75・459
鄭　褒 78・163
78・590
鄭　褎(宋,見鄭褒)
鄭　褎(宋寧德) 77・332
鄭賡吉 54・412
鄭慶萱 37・14
鄭慶雲 77・81
鄭　毅(明上饒) 51・188
鄭　毅(明興安) 74・523
鄭毅釗 32・135
鄭養初 51・639
鄭養潔 51・533
鄭遵儉 76・251
76・272
鄭遵謙 76・250
76・272
鄭　澍 32・138
鄭　澐 79・366
鄭　潛(元) 75・650
76・209
鄭　潛(明) 79・74
鄭　潛(清) 51・229
鄭履仁 52・549
鄭履吉 54・424
鄭履祥 47・143
鄭　選 47・87
鄭　漿(見鄭橥)
鄭　畿 77・553
鄭靜夫 75・627
鄭　璟 5・120
鄭樹壇 41・205

鄭　樵　77・401
77・443
78・98
78・281
鄭　輻　53・233
鄭歷鎮　51・486
鄭奮拭　79・329
鄭霖溥　76・146
鄭　臻(明)　7・439
鄭　臻(清)　51・320
鄭曉然　48・505
鄭　曇　5・189
10・629
鄭還古　18・445
鄭　默(晉)　1・701
鄭　默(清)　21・146
鄭積長　9・445
鄭　穆(宋長汀)　80・10
鄭　穆(宋侯官)　75・476
76・119
77・477
鄭　勳(宋)　78・248
鄭　勳(清)　78・560
鄭　興　14・725
42・966
鄭興良　53・517
鄭興校　34・305
鄭興恩　9・865
鄭興裔　75・357
鄭興寬　78・565
鄭興璆　53・516
鄭學林　51・335
鄭學信　14・144
鄭學張　80・209
鄭學廣　9・431
鄭學鋭　37・9
鄭錫文　75・518
78・489
鄭錫圭　56・287
鄭錫光　76・125
鄭錫躬　51・564
鄭錫僑　36・735
鄭錦璜　70・631
鄭錦標　62・658
鄭錦謨　70・634
鄭錦懷　70・627
鄭　録　75・644
76・194
鄭獨復　5・178
43・265
鄭　獬　1・745
15・525
16・406
74・146
鄭　誠　75・579
76・93
鄭凝遠　79・372
鄭　龍(明)　35・108
鄭　龍(清)　80・210
鄭　羲　1・710
24・667
鄭　憲(明長樂)　75・519
78・490
鄭　憲(明霞浦)　77・383
鄭憲昭　32・138
鄭禪寶　2・20
鄭　熼　47・588
鄭　闇　75・590
76・24
鄭　隱　75・580
79・56
鄭　環　75・646
79・89
鄭　壎　71・315

鄭　轂　76・486
鄭聯元　56・358
鄭聯第　55・450
鄭　懋　80・440
鄭懋官　80・210
鄭懋洵　75・469
鄭懋瓚　47・190
鄭臨波　51・641
鄭闈慶　52・318
鄭　嶸　71・266
鄭　鍔　76・94
鄭鍾陵　70・633
鄭鍾潮　77・382
鄭　鍰　51・524
鄭謙吉　54・282
鄭應元　47・265
鄭應坤　49・288
鄭應周　80・240
鄭應圖　80・237
鄭應龍　80・34
鄭應聲　47・592
鄭應瀛　76・99
鄭應驥　78・611
鄭　燮　2・110
21・147
鄭鴻逵　56・284
鄭鴻彬　74・355
鄭鴻進　79・353
鄭鴻遠　63・155
鄭鴻圖　77・373
鄭鴻儒　78・609
鄭　濬　53・374
鄭　濟　78・133
鄭賽保　71・445
鄭　禮(明堂邑)　38・719
鄭　禮(明澄城)　7・81
16・431
鄭　禮(清)　79・360
鄭　璿　76・174
鄭璿圃　53・187
鄭瓊森　77・397
鄭瓊詔　76・56
鄭　燾　41・209
鄭覲光　70・617
鄭　鎮　62・561
鄭　燿　76・351
鄭　藻　35・491
鄭蘊中　75・456
76・136
鄭　璽(清江川)　2・108
24・297
鄭　璽(清莒縣)　30・723
鄭　黼　77・447
鄭　闞　75・590
鄭　韜　49・261
鄭　鏗　80・485
鄭　鏞　77・538
鄭鵬程　76・144
鄭　騰　18・577
鄭騰雲　75・598
79・62
鄭　懷　53・226
鄭懷陔　79・573
鄭懷書　12・395
鄭懷魁　77・698
鄭　疆　78・506
鄭繩立　14・131
17・654
鄭　蘭　51・634
鄭蘭玉　47・241
鄭蘭芳　34・338
鄭　齡　50・381
鄭獻珍　50・236
鄭獻修　51・509

鄭獻翁　78・9
鄭獻章　62・683
鄭獻雲　62・680
鄭　耀　78・606
鄭　曦　70・570
鄭　鐘　75・633
　76・185
鄭　夔　51・416
鄭　瀾　78・408
鄭　竇　78・64
鄭繼成　34・257
鄭繼芳　1・789
　6・304
　16・429
　18・66
鄭繼宗　7・436
鄭繼僑　47・497
鄭　瓘　13・725
鄭　鰲　54・586
鄭歡喜　71・329
鄭　權　8・394
鄭　露　78・97
鄭　鐸　77・544
鄭　鏞　79・192
鄭鶴山　51・477
鄭續善　5・225
鄭　懿　1・707
鄭　籛　78・521
鄭　鑑(宋)　75・530
　77・505
鄭　鑑(明)　60・303
鄭　亹　80・53
鄭顯二　80・504
鄭　麟　77・250
鄭麟之　8・637
鄭麟瓚　77・165
鄭　觀　75・454
鄭觀生(清浮梁)　47・189
鄭觀生(清德化)　78・618
鄭鷺升　80・210
鄭　灝　55・159
鄭纘祖　76・362
　79・562
鄭　驤　50・163

榮

榮本仁　37・835
榮希光　19・137
榮良貴　4・240
　5・179
　43・269
榮金華　38・420
榮　華　5・180
榮　旂　4・4
　35・603
榮益山　11・296
榮啓期　35・194
榮　開　5・319
　43・274
榮　楫　12・127
榮爾奇　8・18
　8・640
榮爾期　4・295
榮　廣　4・16
　35・641
榮實穎　43・276
榮　譓　4・141
榮應旂　11・294
榮績程　11・292
榮　瓚　38・687

滿

滿中行　37・115
滿仲俊　6・459

滿來春　11・98
滿　迪　7・280
　7・496
滿秋石　36・508
滿華國　42・759
滿純仁　42・757
滿福周　4・149
　5・123
　32・626
滿德安　36・509
滿德坤　36・480
滿　奮　39・179
滿　寵　4・31
　37・101
　39・179
滿鐶基　36・537
滿　讓　37・412

漆

漆士鋋　64・391
漆士龍　63・560
漆大洪　62・649
漆大勳　64・380
漆才經　63・552
漆子桂　64・562
漆元中　64・295
漆日茵　63・459
漆日著　63・434
漆日章　63・469
漆日復　64・570
漆日煒　63・470
漆日蕖　63・476
漆公範　64・388
漆文昌　64・188
漆文煥　63・419
漆方懋　64・37
漆以杜　64・306
漆玉衡　63・481
漆世隆　62・392
漆本珍　65・342
漆占泰　65・495
漆成美　64・366
漆光煒　63・506
漆先甲　63・486
漆廷琦　65・530
漆均元　63・481
漆克美　63・498
漆扶助　64・315
漆步雲　63・451
漆作求　63・480
漆希范　62・33
漆希孟　62・196
漆沛然　63・458
漆　英　63・541
漆　林　63・446
漆　迪　63・437
漆宗器　63・551
漆承先　64・42
漆承恩　63・476
漆珂興　64・428
漆　柱　64・191
漆咸美　63・434
漆映星　47・414
漆品玉　64・48
漆修瑤　45・255
漆修綸　45・96
漆炳文　63・452
漆炳徵　64・553
漆祖欽　63・589
漆飛騰　63・588
漆振新　63・485
漆時霖　65・346
漆逢盛　63・317
漆　書　45・92

漆敏求　63・477
漆象曾　64・47
漆淳美　64・37
漆宿興　64・348
漆啓安　64・428
漆啓銑　64・14
漆啓霈　64・16
漆啓質　64・564
漆啓錡　63・444
漆啓鍵　63・589
漆紹文　2・23
64・238
漆紹祖　64・545
漆斯光　64・423
漆雲輅　45・97
漆雲騏　64・306
漆雲驤　63・447
漆揚光　63・564
漆開泰　64・549
漆　裕　65・363
漆　登　62・51
漆瑞美　63・457
64・321
漆　瑗　65・477
漆　瑄　44・487
漆　勤　63・541
漆　園　64・300
75・427
漆魁光　63・561
漆試美　64・424
漆　煒　63・549
漆　煌　63・548
漆煇光　63・513
漆嘉祉　64・233
漆　墉　63・384
63・484
漆銓美　64・588
漆　鳳　63・547
漆漢榮　64・246
漆維縉　65・434
漆綸文　63・440
漆德堅　63・483
漆　魯　63・544
漆調祚　64・341
漆緝文　63・441
漆樹本　64・36
漆　霖　64・35
漆學海　64・543
漆學緒　64・34
漆雕哆　4・4
35・602
漆雕徒父　4・4
35・602
漆雕開　4・3
漆　燧　63・316
漆聯奎　63・434
漆應台　64・47
漆應昌　65・434
漆燮元　63・485
漆贊綸　63・469
漆鵬升　63・504
漆勷祚　63・493
漆　夔　63・537
漆　顯　63・536
漆顯謈　65・401
漆　鑾　63・376

賓

賓須無　7・158

察

察　童　42・195

實

實　選　74・50

禚

禚逢春 6・199

暨

暨之採 52・528
暨之騏 77・33
暨　煇 53・42
暨興才 53・67

隨

隨　沇 37・680
隨漢章 37・676
隨　藎 37・725
隨　鷗 37・662

熊

熊一中 76・351
熊一定 68・117
熊一春 80・239
熊一粋 62・228
熊一湘 44・413
熊一瀟 44・412
熊卜偉 80・240
熊人霖 71・357
72・59
熊三如 66・540
熊三達 62・623
熊三槐 63・474
熊三寶 63・388
熊于南 67・211
熊士元 51・100
熊士伯 44・427
熊士林 70・617
熊士珍 80・543
熊士亮 51・112
熊士恆 67・406
熊士通 62・397
熊士逵 64・339
熊士琦 62・497
熊士愷 51・54
熊士騆 48・387
熊士鰲 48・193
熊士鑰 62・492
熊大川 63・475
熊大元 72・63
熊大有 49・453
熊大勇 63・516
熊大栻 45・79
熊大捷 71・14
熊大經 68・42
熊大樊 44・413
熊大賚 63・518
熊大緯 63・512
熊大槱 45・76
熊上珍 49・295
熊之卓 62・556
熊之書 44・480
熊之理 45・87
熊之瑆 45・257
熊之翰 68・230
熊子臣 64・190
熊子貞 66・589
熊子彥 46・246
熊子泰 70・214
熊子舒 62・316
熊天雲 64・376
熊天爵 38・696
熊　元 1・844
16・427
熊元文 45・307
熊元楷 71・555
熊元會 72・108
熊元聯 53・130

熊友誠　64・377
熊友驪　80・176
熊日昇　71・63
熊曰宏　44・308
熊曰華　46・433
熊曰鴻　45・61
熊曰懿　51・32
熊中文　62・151
熊中砥　62・134
熊中逵　62・313
熊中翔　62・291
熊中發　62・290
熊中簡　62・152
熊　仁　71・101
熊仁元　64・602
熊仁瞻　51・83
熊　化　65・208
熊仍赤　70・581
熊　介　68・46
熊公軾　64・365
熊文亨　73・433
熊文昌　67・283
熊文炳　62・386
熊文炤　52・219
熊文祥　71・326
熊文登　46・476
熊文楷　51・611
熊文蔚　62・311
熊文樋　51・650
熊文舉　46・414
熊文錦　48・182
熊文櫺　51・612
熊　方　68・346
熊方瓚　45・83
熊　心　62・273
熊尹臣　64・295
熊引年　64・493
熊以光　66・514
熊以淵　1・799
　32・441
　33・68
熊以誠　67・413
熊以煌　67・413
熊以衡　63・472
熊以寧　76・392
熊以鐸　67・407
熊　允　64・304
熊玉夫　62・515
熊玉全　67・557
熊玉磻　80・221
熊玉藻　63・387
熊　正　65・84
熊正英　68・501
熊正宗　80・210
熊正盛　68・581
熊正魯　62・186
熊世拔　63・504
熊世學　66・524
熊　本　58・7
熊本亨　67・386
熊本誠　67・20
熊占芳　63・515
熊占槐　63・519
熊占鰲　66・611
熊叶吉　62・498
熊叶夢　63・476
熊叨賚　68・502
熊　禾　76・381
熊仕鈺　68・624
熊立中　51・92
熊立有　80・549
熊立培　74・354
熊必榦　46・521
熊必瓊　46・157

熊司平　70・566
熊民中　70・571
熊邦俊　80・221
熊邦美　71・528
熊邦賢　66・525
熊吉選　48・380
熊耳源　66・493
熊臣忠　80・519
　80・585
熊有光　62・602
熊有翼　63・517
熊存瀚　52・574
熊成景　64・412
熊光大（清永定）　80・235
熊光大（清新昌）　64・542
熊光烈　63・522
熊光國　64・536
熊光組　74・354
熊光煒　80・177
熊光蕚　71・616
熊光選　73・446
熊光覲　80・235
熊先幹　49・375
熊廷用　78・468
熊廷芬　68・582
熊廷芳　67・470
熊廷珍　80・252
熊廷相（明高安）　62・92
熊廷相（明豐城）　75・417
熊廷基　66・531
熊廷弼（明）　44・256
熊廷弼（清）　70・580
熊廷瑋　64・541
熊廷聘　67・81
熊廷像　49・288
熊廷獻　71・57
熊仲春　62・664
熊仲堅　71・214
熊仲龍　2・77
　42・15
熊　任　64・344
熊任遠　62・398
熊自得　68・357
熊行之　70・636
熊合儀　64・359
熊企鳳　70・621
熊企麟　70・621
熊　兆（宋）　51・53
　66・508
熊　兆（明新建）　46・226
熊　兆（明德安）　47・506
熊　兆（清）　30・111
熊兆占　67・167
熊兆行　65・117
熊兆飛　47・244
熊兆棠　63・522
熊兆璜　60・100
熊兆魯　80・557
熊兆鎰　44・427
熊兆麟　71・25
熊邠畿　64・388
熊州俊　68・490
熊次蘭　66・578
熊　汲　44・156
　80・759
熊汝忠　62・619
熊汝扆　68・305
熊汝淮　65・529
熊汝達　72・44
熊汝誠　67・429
熊汝霖　76・351
熊汝器　44・192
熊宇奇　45・554
熊守先　80・522

熊守國　48・131
熊守廉　80・208
熊守福　80・522
熊守誼　67・470
熊守謨　67・452
熊守謙　67・453
熊守讓　52・254
熊安福　80・45
熊字鶴　68・369
熊如圭　76・406
熊如泌　62・323
熊如洵　62・169
熊如淵　68・558
熊如澍　62・168
熊赤五　62・689
熊均清　67・386
熊均權　72・62
熊　坊　62・97
熊志學　76・397
熊芳麟　68・435
熊　克　76・372
熊克六　68・437
熊克勝　44・552
熊　材　68・618
熊　甫　44・20
　45・418
熊抒崇　64・532
熊步月　62・594
熊步先　71・80
熊步青　72・102
熊步陞　63・523
熊步蟾　62・596
熊男良　79・623
熊　岐　68・379
熊利建　67・164
熊我蘇　47・349
熊　佐　44・129
熊　佑　4・151
　14・120
　17・519
熊攸福　71・615
熊作賓　68・590
熊希俊　45・390
熊希亮　66・535
熊希原　62・330
熊希達　67・406
熊希聖　66・586
熊迎龍　64・394
熊沐棠　63・487
熊宏夫　62・610
熊　良　65・348
熊良輔(元)　45・7
熊良輔(宋)　64・292
熊　岊　69・165
熊青雲　48・345
熊　坦　68・358
熊其相　45・199
熊　茂(明安義)　1・840
　14・110
　16・424
　66・483
熊　茂(明豐城)　68・361
熊茂林　63・383
熊茂松　62・85
熊英會　64・560
熊英濟　64・558
熊　苔　46・247
熊林春　63・485
熊　枚　52・480
熊來澍　68・565
熊東昇　67・413
熊東晃　67・453
熊東海　67・407
熊東章　66・623

熊東清　67・413
熊東湘　67・412
熊東富　67・473
熊雨翔　68・633
熊拔土　46・179
熊拔元　63・502
熊　卓　68・123
熊尚文(明)　68・205
熊尚文(清)　74・324
熊尚初　44・116
熊尚能　49・469
熊昌夢　45・311
熊昌楚　63・563
熊明可　59・175
熊明遇　72・58
　76・416
熊明遂　68・226
熊明弼　65・400
熊明墀　52・255
熊忠信　70・625
熊知至　76・398
熊　和　44・363
熊和貴　46・190
熊秉元　68・191
熊秉震　45・122
熊侃夫　63・564
熊　欣　46・380
熊金城　63・527
熊受孫　74・360
熊朋來　68・307
　75・428
熊　炌　62・364
熊　炎　68・352
熊治經　68・498
熊宗立　76・412
熊定求　62・277
熊定軌　62・457
熊定飛　62・302
熊定連　46・179
熊定猷　62・127
熊定謨　62・446
熊宜元　63・575
熊　春　80・176
熊春芳　70・502
熊春陽　65・406
熊春肇　62・470
熊　珂　44・194
熊　城　49・448
熊　莛　64・406
熊　相　62・48
熊相國　63・522
熊　奎(明)　71・58
熊　奎(清)　45・133
熊拱崇　63・506
熊貞浤　45・234
熊映斗　63・427
熊　昱　68・66
熊　昭　65・79
熊昭吉　64・355
熊昭然　62・499
熊昭應　80・175
熊秋芳　63・420
熊俊甫　46・469
熊衍文　35・337
熊庭相　51・104
熊彥明　59・635
熊彥迪　44・97
　75・410
　77・582
　78・391
熊彥信　44・101
熊彥詩　60・17
熊奕庶　70・585
熊恢宇　67・161

熊　恬　74・326
熊　恪　68・295
熊　炳　63・74
熊炳升　63・523
熊炳星　63・465
熊炳琦　37・4
熊炳離　64・309
熊　炤　44・161
熊　洪　46・503
熊洪政　46・244
熊洪業　63・472
熊　洛　44・156
熊宮璧　64・38
熊　祐　45・119
熊　祖　65・502
熊　祕　76・414
熊飛渭　44・414
熊　泰　45・526
熊起祿　68・578
熊起璋　68・577
熊貢忱　42・295
熊恭崇　64・363
熊　桂　45・499
熊桂林　70・503
熊　桓　71・94
熊　桐　80・230
熊配璋　51・403
熊　原　45・6
熊振鵬　66・609
熊致諒　80・12
熊時英　63・520
熊時景　63・463
熊　員　80・541
　　　　80・592
熊剛大　76・392
熊　特　44・350
熊　倬　71・47
熊健五　35・338
熊師說　62・348
熊師賢　68・358
熊　釗　72・37
熊逢盛　62・489
熊　高　80・539
熊效八　68・438
熊唐夫　63・421
熊唐鑑　64・399
熊　悅　45・67
熊益華　46・525
熊　浹　44・144
熊　浩　62・578
熊家光　67・164
熊家振　67・76
熊家璧　64・39
熊祥塾　48・389
熊通逵　48・250
熊　翀　64・320
熊孫蓮　80・189
熊孫龍　80・224
熊　球(清高安)　62・496
熊　球(清貴溪)　52・298
熊　埴　65・479
熊　逵　65・97
熊培元　42・202
　　　　68・223
熊培赤　68・490
熊執易　44・32
熊　彬(宋)　68・351
熊　彬(清)　66・543
熊梓垣　80・256
熊常銛　52・577
熊常錞　52・497
熊常鑄　52・587
熊國才　64・379
熊國光　48・253

熊國郁　47·571
熊國忠　63·553
熊國泰　48·203
熊國捷　67·582
熊國榮　63·418
熊國賓　80·189
熊國徵　44·361
熊國興　80·189
熊國權　80·522
熊崇衫　45·274
熊第聰　66·511
熊　敏　63·368
熊　偉　65·344
熊偉抱　80·176
熊進德　51·217
熊進龍　63·574
熊　皎　45·53
熊得凱　45·134
熊欲允　80·235
熊　象　45·222
熊象梓　67·493
熊　袞　45·152
　46·134
　76·400
熊康之　45·151
　46·133
熊惟義　72·88
熊惟學　44·219
熊清河　63·477
熊淑疇　51·92
熊梁梅　80·224
熊涵芳　63·507
熊啓光　45·76
　47·358
熊啓宇　44·351
熊啓昌　68·437
　76·583
熊啓華　46·509
熊啓培　46·500
熊啓謨　66·503
熊紹烈　67·390
熊　琴　68·570
熊　琳　70·633
熊　琦　44·169
熊　超　80·30
熊　博(唐)　76·403
熊　博(清)　48·381
熊　喜　49·470
熊　達　44·128
熊斯男　46·506
熊萬春　45·166
熊　葛　44·135
熊　敬　53·32
熊敬典　44·435
熊敬曾　63·466
熊　朝　59·99
熊朝陞　63·524
　64·431
熊朝弼　71·481
熊朝鏡　62·464
熊葵向　66·488
熊　森　67·180
　67·470
熊　棟　45·6
熊揚銓　68·584
熊　鼎(明)　1·776
　69·423
熊　鼎(清高安)　62·247
熊　鼎(清瑞昌)　48·383
熊鼎元　62·533
熊鼎和　62·2
熊鼎華　46·147
熊開元　70·472
熊開足　62·576

熊暉吉　64・353
熊　節　76・392
熊與和　46・464
熊魁凡　49・473
熊　鈺　46・233
熊　靖　46・29
熊新書　42・402
熊　雍　45・327
熊　煒　51・28
熊　煥　63・503
熊煥文　62・303
熊煥光　62・538
熊滙川　67・446
熊　源(明)　46・147
熊　源(清)　68・330
熊　滂　70・575
熊福桂　63・476
熊福梗　64・425
熊福榮　63・525
熊殿元　63・507
熊殿英　63・521
熊殿玲　63・516
熊殿槐　63・515
熊殿應　80・251
熊殿鎏　63・513
熊際泰　66・604
熊際遇　80・535
熊嘉謨　67・338
熊　翥　48・349
熊壽朋　64・420
熊　熙　76・393
熊熙材　53・18
熊　模　71・92
熊　輔　70・485
熊　幀　64・373
熊鳴夏　68・200
熊鳴盛　62・500
熊鳴臯　67・454
熊鳴鵠　44・20
46・377
熊毓琚　80・205
熊　僎　65・122
73・213
熊　銑　45・512
熊　銛　70・390
熊　銓(清上饒)　51・582
熊　銓(清貴州)　2・107
24・253
35・64
熊　銓(清靖安)　65・408
熊銓元　80・190
熊鳳陞　63・514
熊鳳翔　63・514
熊鳳儀　63・388
熊鳳翼　63・524
熊韶景　64・422
熊　榮　66・528
熊榮陞　63・519
熊榮旌　67・491
熊榮鈺　74・354
熊　漢　46・79
熊　潢　44・157
熊維西　64・522
熊維典　49・402
51・55
熊維卿　44・306
熊維寅　66・601
熊維瑄　64・569
熊維椿　63・426
熊維楨　74・345
熊維新　44・308
熊維寬　45・61
熊維慶　63・156
熊維澍　64・576

熊維樸　64・345
熊維顒　64・392
熊　蕃　76・398
熊賢俸　74・232
　　74・238
熊賢輝　71・95
熊　震　72・56
熊輝鳴　71・86
熊儀柬　68・256
熊德水　51・569
熊德明　51・67
熊德昭　67・116
熊德卿　66・610
熊德陽　51・15
熊德遠　67・429
熊德慎　45・632
熊徵瑞　48・266
熊劍化　68・211
熊魯伯　80・239
熊慶胄　76・380
熊慶笏　66・611
熊慶榮　63・526
熊養性　10・148
熊履廷　68・373
熊履和　80・183
熊　遹　76・383
　　76・428
　　77・139
熊　緈　80・290
熊　緗　45・273
熊　緯　45・123
　　80・32
熊緯崇　63・581
熊　璞　71・114
熊璟崇　64・363
熊擎柱　80・14
熊　翰　35・450
熊翰述　68・495
熊　頤　61・754
　　65・283
熊樹梅　63・478
熊輯瑞　63・591
熊奮渭　26・128
熊還崇　64・613
熊　默　45・49
　　46・378
熊舉磻　49・355
熊興麟　80・174
熊學中　64・554
熊學沅　62・303
熊學欣　63・317
熊學周　63・462
熊學烈　44・423
熊學淇　62・279
熊學淵　71・51
熊學煜　45・173
熊學淮　77・182
熊學熊　44・432
熊學賢　72・247
熊學濂　45・243
熊學鵬　44・442
熊學麟　45・188
熊學驥　44・488
熊　儐　49・413
熊儜泰　62・451
熊　鍈　63・410
熊錫光　64・40
熊錫祺　62・321
熊　鋼　63・534
熊錦攀　80・405
熊　龍　71・46
熊龍其　80・190
熊　燧　65・381
熊壁池　66・529

熊 縉 44・20
熊 駿 45・184
熊 璵 63・509
熊聯陞 63・510
熊懋瑚 62・420
熊懋塈 68・581
熊懋獎 68・256
熊懋勳 64・541
熊 曙 46・512
熊 儦 67・120
熊 徽 62・283
熊徽典 70・602
熊 鍊 72・38
熊鍾元 80・222
熊鍾漢 45・129
熊鍾麟 63・382
熊 爵 11・203
熊爵勳 66・505
熊謨泰 62・462
熊謙夫 45・302
熊 襄(宋) 64・245
熊 襄(南北朝) 46・380
熊應周 49・331
熊應旂 72・107
熊應期 48・406
熊應蒼 71・56
熊應璜 66・479
熊 燦 63・435
熊 燮 64・311
熊 鴻 45・29
熊濬源 63・484
64・493
熊濟用 62・624
熊 翼(清高安) 62・246
熊 翼(清瑞昌) 48・328
熊翼生 49・264
熊孺登 45・51
46・382
72・91
熊 曜 45・50
45・425
熊 翺(明) 70・387
熊 翺(清) 70・632
熊鎮邦 63・525
熊鎮瀾 49・329
熊鎮鼇 45・640
熊 鏌 65・107
熊 鎰 46・234
熊 謹 46・359
熊 璧 64・561
熊藴丞 13・369
熊藴輝 67・452
熊韜元 63・508
熊鏡心 45・106
熊 鵬 46・254
熊騰琢 64・558
熊騰錫 64・560
熊 贇 53・31
熊 韻 45・137
熊 懷 68・102
熊繩祖 63・433
熊 繡 68・114
熊 蘭 44・140
熊耀珩 45・232
熊耀魁 63・319
熊耀璣 45・168
熊 瀾 70・626
熊寶蘭 63・525
熊繼志 48・407
熊 驂 1・802
熊躍龍 64・530
熊 儼 65・122
熊鐵史 68・716
熊 鐸 45・239

熊鐸肇　62・409
熊　巖　63・448
熊　鑑　66・463
熊　瓚(明)　44・113
熊　瓚(清)　63・386
熊　顯(明)　68・717
熊　顯(清)　44・477
熊顯堂　67・337
熊顯曾　80・190
熊　馪　46・537
熊麟元　64・533
熊麟書　64・539
熊　纓　80・13
熊　觀　68・63
熊觀海(元)　45・220
熊觀海(清)　46・526
熊　讓　44・397
熊鷹揚　67・417
熊鷹翔　67・301
熊鷹翶　67・285
態胤豐　12・200

鄧

鄧一芝　72・7
鄧一舉　71・561
鄧九思　67・250
67・387
鄧九連　48・370
鄧于蘇　80・37
鄧士烜　71・482
鄧士楚　71・385
鄧士煥　71・482
鄧士錦　71・242
鄧士璵　72・533
鄧士轍　71・483
鄧士攜　71・340
鄧士鐸　71・276
鄧大中　60・601
鄧大林　72・626
鄧大昇　46・186
鄧大柱　71・459
鄧大儀　72・11
鄧大勳　53・414
鄧大嚴　71・459
鄧上衮　77・188
鄧　及　44・36
46・18
鄧之宣　74・234
鄧之榮　38・565
鄧之麟　72・13
鄧之驥　80・718
鄧子方　72・374
鄧子定　73・259
鄧子龍　68・412
鄧天一　14・398
鄧天士　47・346
鄧天民　72・17
鄧天章　72・15
鄧天階　72・34
鄧　元(宋)　68・27
鄧　元(清)　77・670
鄧元之　67・134
鄧元秀　73・254
鄧元昌　73・354
鄧元煐　71・397
鄧元瑞　38・562
鄧元資　71・401
鄧元輔(明)　62・364
鄧元輔(清)　80・246
鄧元勳　71・399
鄧元錫　71・407
鄧　五　80・16
鄧五得　72・653
鄧友誠　73・412

鄧友槱　71・280
鄧止邦　66・372
鄧日高　80・721
鄧日景　67・473
鄧日斌　67・393
鄧日鑑　73・324
鄧中立　72・15
鄧中和　22・249
　23・636
鄧仁瑞　70・508
鄧化日　72・8
鄧　公　30・638
鄧勿非　72・480
鄧　文　80・330
鄧文元　80・397
鄧文仁　46・532
鄧文仲　80・442
鄧文芳　71・398
鄧文昌　62・380
鄧文明(明沙縣)　80・431
鄧文明(明新建)　45・559
鄧文修　80・405
鄧文炳　71・400
鄧文起　77・41
鄧文湘　36・37
鄧文瑞　62・345
　66・355
鄧文會　67・545
鄧文煥　58・146
鄧文輝　77・56
鄧文錦　70・579
鄧文龍　70・611
鄧文熾(明)　80・319
鄧文熾(清)　71・343
鄧文鏗　80・380
鄧方國　50・420
鄧心淳　72・496
鄧以忠　47・217
鄧以和　66・170
鄧以道　73・28
鄧以發　39・310
鄧以誥　45・503
鄧以澄　47・439
鄧以謙　62・311
鄧以讚　46・322
鄧允純　71・270
鄧允燮　38・547
鄧予傑　62・487
鄧孔豁　49・256
鄧　玉　71・492
鄧玉鈞　72・22
鄧正言　78・624
鄧世松　62・575
鄧世昌　23・272
鄧世明　36・733
鄧世侃　71・459
鄧世昱　71・595
鄧世魁　80・681
鄧世賢　70・632
鄧　艾　1・700
鄧本政　65・341
鄧可人　72・10
鄧可茂　22・299
　22・618
鄧可權　80・403
鄧　石　70・480
鄧占鼇　72・17
鄧　旦　80・673
鄧甲芳　62・554
鄧甲蒼　62・554
鄧由高　71・567
鄧　生　71・347
鄧　仕　74・204
鄧仕炯　72・654

鄧仕道　48·382
鄧　令　27·797
鄧　立　71·331
鄧立中　66·384
鄧立正　66·384
鄧立廷　8·23
　8·640
鄧立德　62·372
鄧必玉　67·323
鄧必瑚　67·321
鄧　永　70·637
鄧永裕　66·198
鄧孕槐　78·607
　79·175
鄧　邦　38·560
鄧邦才　71·559
鄧邦佐　78·689
鄧邦宰　80·303
鄧邦鼎　67·310
鄧邦甯　77·177
鄧邦榮　68·224
鄧考甫　69·129
　71·291
　71·411
鄧　芝　72·23
鄧再馨　24·300
鄧在我　80·142
鄧在培　71·486
鄧有基　71·443
鄧有爲　80·723
鄧有榮　53·561
鄧有興　72·340
鄧存德　27·328
鄧光玉　5·348
　10·376
　10·448
鄧光岳　22·280
　22·544
鄧光薦　72·187
鄧吕望　71·567
鄧廷長　80·710
鄧廷法　23·273
鄧廷珸　22·263
　22·476
鄧廷相(明)　67·225
鄧廷相(清江西新城)　71·383
鄧廷相(清新淦)　73·219
鄧廷彬　71·316
鄧廷椿　67·337
鄧廷銓　71·52
鄧廷蘭　70·588
鄧廷鏸　71·26
鄧　竹　67·193
鄧仲甫　71·314
　71·490
鄧仲逢　72·545
鄧仲驥　71·236
鄧　任(明)　73·263
鄧　任(清)　71·631
鄧自申　67·93
鄧自楷　67·491
鄧自適　67·466
鄧向榮　80·10
　80·300
鄧兆桂　67·484
鄧兆渭　71·562
鄧兆椿　67·468
鄧兆魁　67·443
鄧兆熊　65·291
鄧兆豫　71·434
鄧兆勳　71·435
鄧兆馨　71·486
鄧兆齡　71·486
鄧旭勝　70·596

鄧名世　69・360
鄧次黄　67・453
鄧汝芬　66・372
鄧汝明　38・574
鄧汝相　71・531
鄧汝勤　38・577
鄧汝楫　72・642
鄧汝寬　72・17
鄧守岳　20・120
鄧守清　4・159
　38・539
鄧守漸　38・560
鄧　安　75・431
鄧　玘　70・530
鄧　圻　67・119
鄧　均　22・279
　22・540
鄧均一　71・262
鄧均受　67・20
鄧志偉　48・391
鄧志遠　67・349
鄧志學　71・425
鄧志謨　60・82
鄧克成　65・494
鄧克信　80・330
鄧　材　71・482
鄧步山　71・434
鄧步堂　70・498
鄧里仁　46・248
鄧里龔　46・518
鄧　秀　59・80
鄧秀實　77・257
鄧　佑(明)　71・8
鄧　佑(南唐)　73・228
　73・308
鄧作之　67・424
鄧作相　80・718
鄧作楝　44・556
鄧伯元　77・358
鄧伯言　73・262
鄧希禹(字繼禹)　67・250
鄧希禹(字繼陽)　67・258
鄧希禹(明沙縣)　80・388
鄧希顔　71・502
鄧　沅　71・514
鄧沐任　67・564
鄧良知　45・549
鄧良翰　70・130
鄧　玭　77・162
鄧玟光　74・322
鄧長枚　72・621
鄧長信　2・81
鄧長齡　67・468
鄧其文　70・87
　76・473
鄧其銓　71・482
鄧其寬　8・325
鄧茂生　71・231
鄧茂華　48・440
鄧　英　72・576
鄧　苑　65・281
鄧苞瑞　38・547
鄧　林(宋新淦)　73・229
鄧　林(宋福清)　75・584
　79・52
鄧　林(明泰昌)　78・734
鄧　林(明瑞昌)　48・438
鄧　林(清)　71・613
鄧林正　49・129
鄧林奇　45・124
鄧林春　67・491
鄧林祖　45・124
鄧林華　77・229
鄧林楨　71・445

鄧　枚　72·95
鄧來祚　71·588
鄧來鸞　71·9
鄧　松　80·557
鄧　虎　69·362
　70·249
鄧尚義　50·492
鄧　昇　80·758
鄧明志　77·147
鄧　炅　71·317
鄧迪吉　62·544
鄧　忠　67·334
鄧忠立　67·420
鄧忠銓　62·430
鄧忠頤　67·425
鄧　牧　71·570
鄧和梅　71·482
鄧和聯　63·112
鄧季筠　1·731
鄧　竺　71·451
鄧秉修　75·469
鄧秉恒　4·379
　38·544
鄧秉鈞　71·462
鄧秉豫　38·541
鄧秉謙　38·540
鄧　佶　73·228
鄧侃生　67·136
鄧佺士　67·393
鄧金文　78·609
鄧　周　72·620
鄧　京　71·425
鄧　性　2·93
　7·87
　16·443
　44·409
鄧　沾　71·449
鄧　泳　69·147
鄧宗俊　46·251
鄧宗堯　73·440
鄧宗傑　80·428
鄧宗璉　61·112
鄧　定　75·588
　76·94
鄧定邦　72·643
鄧官賢　71·38
鄧建章　67·453
鄧承載　1·819
鄧承黻　37·557
鄧春元　62·633
鄧春卿　80·30
鄧春樹　67·321
鄧　珏　67·183
　67·438
鄧　玾　71·468
鄧　珍　72·492
鄧　珊　72·249
鄧政和　72·640
鄧南金　67·124
鄧南臯　67·208
鄧　柞　80·383
鄧咸及　67·471
鄧咸遠　71·333
鄧奎生　72·621
鄧映紅　71·87
鄧星弁　80·320
鄧星橋　71·398
鄧思平　71·86
鄧思渺　77·231
鄧思銘　71·294
鄧思藻　70·568
鄧思瓘　71·361
鄧重封　62·645
鄧　保　71·451

鄧禹鈞　71·401
鄧　俊　71·294
鄧待柱　73·106
鄧胤之　44·23
　45·422
鄧　亮　67·453
鄧彥成　9·853
鄧恒甫　70·552
鄧恢先　72·11
鄧　炳　72·25
鄧炳契　38·577
鄧　洪(清安福)　72·640
鄧　洪(清南城)　71·276
鄧　洪(清新建)　46·268
鄧洪才　71·434
鄧洪先　71·471
鄧洪茂　71·398
鄧洪孫　72·639
鄧洪超　71·460
鄧洪廉　71·460
鄧洪壽　71·398
鄧洪誥　71·246
鄧　宣　46·518
鄧祖禹　72·18
鄧祖效　67·338
鄧祖隅　67·443
鄧祖瑚　67·484
鄧祖賢　74·359
鄧祖餤　67·496
鄧　約　71·465
鄧約禮　69·300
　71·262
鄧　耕　71·583
鄧珪玉　71·124
鄧　珙　75·455
　76·136
鄧起鳳　47·442
鄧　華　71·530
鄧華璧　71·131
鄧　栻　46·507
鄧　桂　73·250
鄧桂芳　73·112
鄧連岳　76·641
鄧原岳　75·594
　76·33
鄧　烈　70·480
鄧　時　70·264
鄧時通　77·275
鄧時康　71·323
鄧　晅　71·280
鄧　晏　46·304
鄧俶生　67·138
鄧　倫　71·36
鄧師好　78·618
鄧師貞　60·155
鄧　釗(清南城)　71·277
鄧　釗(清陵縣)　8·328
鄧　逖　77·552
鄧卿甫　67·388
鄧逢年　71·573
鄧逢合　72·194
鄧逢宸　71·556
鄧　烜　80·300
鄧凌遠　71·326
鄧凌漢　73·316
鄧　浩　76·109
鄧海孫　72·645
鄧家福　71·445
鄧祥甫　72·100
鄧書琴　12·503
鄧書雲　76·582
鄧書業　34·124
鄧　恕　65·95
鄧　通　49·152

鄧通儒 73·422
鄧　琎 80·306
鄧培荀 47·413
鄧培槐 73·236
鄧培經 60·700
鄧　基 72·28
鄧基哲 38·573
鄧基弼 67·478
鄧基聖 38·547
鄧基誠 67·438
鄧基顯 67·466
鄧　菉 71·247
鄧　桴 46·507
鄧　梓 67·17
鄧國材 73·250
鄧國和 74·226
鄧國球 33·699
鄧國楨 73·251
鄧國器 71·86
鄧國濤 45·273
鄧崇志 72·287
鄧崇德 63·482
鄧　符 73·256
鄧　敏 49·332
鄧敏文 71·520
鄧敏修 67·442
鄧偕生 67·393
鄧　從 67·468
鄧象晉 60·156
鄧　康 71·413
鄧惟端 80·135
鄧　淮 72·448
鄧寅春 71·398
鄧　啓 70·256
鄧啓元(清安溪) 79·388
鄧啓元(清德化) 78·611
79·277
79·375
鄧啓隆 72·593
鄧紹虞 53·17
鄧　瑛 67·152
67·393
鄧　琳 74·221
鄧琳枝 38·563
鄧　琬 44·23
鄧　賁 80·426
鄧達五 70·636
鄧達材 48·373
鄧斯示 72·14
鄧斯沂 61·607
鄧斯薦 80·400
鄧萬仞 80·142
鄧萬皆 80·200
80·762
鄧萬斛 1·845
16·419
20·487
鄧萬滄 62·511
鄧萬禧 45·231
鄧朝升 80·548
鄧朝縉 44·478
鄧　植 71·448
鄧植奇 71·459
鄧植義 71·466
鄧　棣 80·441
鄧雁齡 6·219
鄧　雲 47·413
鄧雲軿 71·64
鄧雲龍 67·255
鄧　雯 71·333
鄧　雩 70·476
鄧揚聲 69·656
鄧斐然 69·556
鄧紫衣 77·280

鄧紫緯　72・694
鄧　鼎　72・313
鄧景山　4・60
　15・523
　18・18
鄧景武　47・495
鄧景祥　71・336
　72・3
鄧　貴　72・444
鄧　遄　46・571
鄧順田　80・398
鄧　傑　77・193
鄧御夫　39・217
鄧舜日　72・5
鄧敦復　72・15
鄧斌士　74・372
鄧　善　46・225
鄧　羨　1・711
鄧遂青　78・615
鄧　焯　75・456
鄧　焜　80・423
鄧　渼　71・371
鄧　滋　67・225
鄧　甯　80・383
鄧　棨　71・255
鄧遐齡　67・468
鄧登高　51・303
鄧　瑀　48・379
鄧　瑜　1・784
　5・120
鄧　遠　71・228
鄧蓮溪　73・441
鄧夢文　72・668
鄧夢舟　45・98
鄧夢禹　77・258
鄧夢琴　47・118
鄧夢勳　74・393
鄧夢鯉　78・609
鄧　椿　67・355
　72・504
鄧　楠　78・612
鄧楚梗　62・669
鄧楷文　80・441
鄧　楨　69・629
鄧　想　78・628
鄧　榆　71・465
鄧　輈　70・249
鄧　賁　44・476
鄧　粲　44・24
　46・376
鄧嗣禹　47・384
鄧　筠　72・654
鄧會青　47・579
鄧愛濤　67・328
鄧　督　80・673
鄧試經　70・626
鄧　誠　78・661
鄧　義　71・369
鄧　煜　11・351
　11・438
鄧　煒　78・454
鄧　煊　71・460
鄧資深　72・28
鄧　肅　80・377
鄧殿華　52・631
鄧際可　61・734
鄧際昌　10・43
鄧經遠　67・162
鄧　綱　49・286
鄧　瑨　72・6
鄧壽山　67・478
鄧壽仁　67・334
鄧壽朋　71・399
鄧爾馳　71・64

鄧霆祐　51・117
鄧鳴瑞　72・27
鄧箕三　49・389
鄧毓元　27・544
　28・177
鄧毓麟　76・458
鄧毓靈　80・428
鄧　槩(明峽江)　73・290
鄧　槩(明新淦)　75・426
鄧　銓　67・560
鄧鳳泰　37・857
鄧鳳梧　77・203
鄧　誥　71・379
鄧　誨　60・180
鄧　廣　77・148
鄧　褒　71・416
鄧彰禹　67・309
鄧　韶　71・492
鄧　榮　46・267
鄧榮綬　73・251
鄧　漢　68・486
鄧漢公　77・262
鄧漢文　70・628
鄧肇卿　71・490
鄧肇嘉　2・106
　29・686
鄧維垣　71・332
鄧維城　67・330
　67・495
鄧維雄　65・531
鄧維甯　70・405
鄧維嵩　27・163
鄧　綰　18・29
鄧　標　71・466
鄧　輪　51・21
鄧　遷　75・463
　76・136
鄧　醇　71・483
鄧賜漢　45・191
鄧　篆　71・442
鄧　儉　71・527
鄧德秀　71・519
鄧德明　73・356
　74・377
鄧德宣　67・195
鄧德遇　46・21
鄧德誠　71・362
鄧　鋐　61・584
鄧　諒　70・480
鄧　熿　71・397
鄧潛之　44・22
　45・421
鄧潤甫　71・227
　71・367
鄧　澂　72・639
鄧　澄　71・370
鄧履中　46・414
鄧履亨　80・426
鄧履圓　45・552
鄧選成　62・631
鄧樂天　77・200
鄧　璠　62・7
鄧　璘　61・425
鄧　璲　4・222
　23・252
　23・647
鄧薦廷　72・684
鄧樹萱　71・483
鄧橫林　53・186
鄧　霖(元)　67・16
鄧　霖(清)　47・397
鄧穆清　70・509
鄧　興　67・359
鄧興仁　50・502

鄧興生　61·733
鄧學旭　71·88
鄧學詩　72·273
鄧學增　48·394
鄧學禮　73·254
鄧儒矩　71·442
鄧錤式　71·429
鄧錤雲　71·429
鄧　錫　71·380
鄧錫文　71·96
鄧錫周　67·237
鄧錫祝　47·398
鄧錫章　72·692
鄧錫祺　47·364
鄧錫祿　47·413
鄧錫銓　67·453
鄧錫璋　67·371
67·393
鄧錫璘　71·445
鄧錫禧　47·365
鄧錫禮　47·364
鄧　錞　61·618
鄧　熾　78·626
79·402
鄧熾昌　21·152
71·288
鄧　濂(明德化)　78·616
鄧　濂(明江西新城)　71·381
鄧憲英　75·427
鄧憲官　80·723
鄧憲章(明)　67·390
鄧憲章(清)　60·736
鄧禪福　77·146
鄧　熻　78·611
鄧　璵　74·359
鄧壎遠　71·318
鄧　聯　72·23
鄧　薰　78·611
鄧　懋　11·470
鄧　鍊　71·268
鄧鍾一　38·574
鄧鍾岳　4·376
38·548
38·648
鄧鍾嶠　74·326
鄧鍾蘭　71·482
鄧鍾巘　74·326
鄧　鍭　71·380
鄧　謙(明)　1·776
鄧　謙(清)　70·571
鄧謙亨　67·207
鄧應台　70·541
鄧應角　72·13
鄧應珍　80·710
鄧應祥　71·54
鄧應宿　62·239
鄧　禮　74·359
鄧　璿　71·37
鄧　鏊　71·471
鄧翹煥　62·489
鄧翹齡　67·327
鄧　嚞　71·460
鄧藩錫　1·812
78·698
鄧瞻崙　62·671
鄧謳疇　80·729
鄧　璽　72·682
鄧贊元　67·438
鄧　鏞　68·130
鄧鵬翥　22·331
鄧　瀛　80·102
鄧瀛洲　78·682
鄧　馨　42·595
鄧耀禹　47·397

鄧　鏻 11・448
11・470
鄧繼芳 71・539
鄧繼寵 61・716
鄧繼耀 61・542
鄧繼夔 67・192
鄧躋堂 12・382
鄧鶴齡 67・478
鄧覿瀾 67・468
鄧　霽 47・364
鄧　鑅 74・325
鄧　驛 80・380
鄧顯榮 50・495
鄧顯麒 67・22
鄧　觀(清南豐) 71・552
鄧　觀(清瀘溪) 72・18
鄧觀國 47・398
鄧觀瀾 67・442
鄧觀灝 47・398
鄧　驥 80・439
鄧　鸞 76・352

翟

翟一成 67・491
翟一煥 67・236
翟入道 6・568
6・659
翟大順 1・736
43・536
翟子英 1・764
15・531
16・412
翟元佐 6・559
翟元相 67・490
翟云升 4・453
24・665
翟中策 5・260
32・637
翟公碩 7・209
翟文簡 67・127
翟正坤 35・339
翟世琪 4・414
翟　艾 5・183
10・123
翟永常 43・274
翟　弁 1・812
35・60
翟光鄴 4・64
18・22
翟因培 6・560
翟因錡 6・560
翟先箴 6・473
翟先樹 6・457
翟先籙 6・456
翟延祉 6・569
6・660
翟汝文 1・745
15・526
16・407
20・483
翟守素 4・83
翟　安 43・538
翟志堯 9・420
翟　良 6・579
6・670
17・671
翟良田 38・282
翟其元 24・547
翟茂嗣 5・338
翟來旬 5・184
15・107
15・142
翟　杰 24・706
翟卓焱 6・394

翟昌甫 61・495
翟　昪 39・81
翟　迪 4・150
6・341
翟　牧 7・476
翟宗仁 12・308
翟建書 5・288
6・453
翟　珂 6・580
6・670
17・671
翟　茳 5・287
6・452
翟思誠 5・98
翟修來 11・94
翟衍濂 24・767
翟　勉 12・308
翟院深 4・264
17・670
18・426
19・134
21・736
翟華琳 9・417
翟　莊 48・275
49・499
翟崇崧 36・30
翟進宗 1・730
6・287
翟　章 61・720
翟　淦 5・287
6・453
80・597
翟習中 37・844
翟堯佐 2・78
38・162
38・317
翟　超 1・693
37・33
37・545
翟葆中 6・425
翟　棟 1・798
8・317
翟貽驊 24・723
翟鼎升 6・457
翟復卿 34・326
翟　鈞 24・720
翟普林 4・233
41・128
翟　湯 48・274
49・512
翟　晸 24・547
翟　煦 24・706
翟　義 1・688
翟溥福 30・697
翟際麟 14・133
翟熙工 24・319
24・755
翟熙敬 24・547
翟鳳翀 4・115
6・545
17・556
翟　齊 24・722
翟　漢 5・287
6・453
翟　潢 5・288
翟肇适 24・697
翟　蕃 6・570
6・660
翟震起 24・701
翟賡謨 9・402
9・447
翟養儒 10・84
翟豫年 6・371
6・410

6・570
6・660
17・613
翟興業　6・467
翟錫九　37・174
翟　凝　6・172
翟　璪　41・775
翟鴻儀　24・547
翟　濤　5・288
6・454
翟瓆玉　14・130
17・667
翟豐年　11・90
翟　翶　4・456
24・539
翟　駿　6・454
翟　翷　2・37
43・205
翟　燿　9・398
9・493
翟　鏞　24・751
翟　瀛　24・759
翟　瓚　4・122
19・623
23・637
翟顯榮　67・390
翟　灝　5・287
6・453
翟　鑾　17・521

綿

綿　駒　42・569

十五畫

慧

慧　炬　78・347
78・398
慧　空　77・72
77・596
慧空元模禪師(見慧空)
慧真佛　78・717
慧　能　30・333
慧　章　29・514
慧　圓　8・24
慧　靜　31・842
慧　覺　51・707

髮

髮　福　4・13
7・476

駟

駟先生　15・539
25・264
25・429
26・588

頡

頡詠霓　49・103

鞏

鞏世祿　35・189
鞏成政　5・180
43・270
鞏廷相　32・606
鞏延年　14・375
鞏延桂　5・264
32・647
鞏宗玉　17・681
20・570
30・715
31・226
鞏承先　14・390

鞏榮德　5・263
　32・645
鞏肇笏　43・296
鞏維清　14・132
鞏學湯　5・265
　32・606
鞏　錦　4・366
鞏　鎰　39・803
　42・547

穀

穀梁赤　4・6
　35・641

蔄

蔄　卿　4・10

樓

樓明鳳　76・331
樓建崑　51・670
樓　護　15・593
　25・589

樊

樊士秀　40・144
樊子蓋　1・716
樊　中　14・745
　42・989
樊中柟　43・644
樊化南　41・211
樊六雙　41・170
樊世寧　5・157
　43・597
樊本伸　72・102
樊民瞻　37・696
樊吉人　35・449
樊吉士　35・487
樊仲冕　72・101
樊兆程　44・285
　72・51
樊　守　8・318
　23・129
樊好禮　4・144
　9・138
　31・779
樊志道　9・26
樊克篤　34・303
樊作新　14・128
樊　宏　42・574
樊良樞　72・57
樊若輝　40・333
樊東啓　14・121
　17・548
樊叔厚　72・83
樊尚燝　72・55
樊昌時　72・70
樊昌鍔　45・117
樊明仲　72・70
樊明逵　77・591
　78・467
樊祉臻　37・695
樊春林　34・164
樊　城　68・196
樊　胡　71・345
樊昭禎　8・421
樊　炳　38・219
樊咨岳　41・215
樊　紀　75・407
　76・206
樊　珩　72・84
樊恭偉　45・39
樊振裔　12・129
樊　哲　9・728
樊時英　1・785

樊　圃　37・714
樊家肇　40・327
樊執敬　4・213
40・68
40・153
樊　崇　15・619
樊　袞　72・98
樊　絅　44・139
樊紹祚　37・770
樊超先　46・520
樊　敬　40・71
40・154
樊朝祖　72・94
樊　須　4・3
15・484
35・602
樊　楫　4・212
18・734
42・462
樊　愷　33・589
33・694
樊資深　73・157
樊　準　44・148
72・41
樊毓珍　43・102
樊毓琦　43・102
樊　廣　43・194
樊端可　73・171
樊實秀　46・239
樊實鏞　72・102
樊維翰　45・22
樊　瑾　45・299
樊　鋭　41・202
樊　噲　51・119
樊　積　72・83
樊學曾　40・158
樊龍昇　39・210
樊澤達　71・630
樊　轂　44・285
樊　懋　34・439
樊謙益　46・160
樊應科　5・121
樊鵬飛　41・206
樊獻科　75・375
樊繼祖　4・126
40・155

樟

樟不禪師　71・637

敷

敷倫泰　2・25
8・469

輪

輪　扁　7・208
15・610

歐

歐于哲　74・57
歐子復　74・59
歐可悌　74・60
歐立元　77・117
歐　安　42・284
歐志學　78・103
歐冶子　77・25
歐　良　71・231
歐宗湯　74・60
歐承玫　74・60
歐承祺　74・62
歐承統　74・59
歐　信　77・487
歐陽一敬　49・10
歐陽士星　74・271

歐陽士超 78・526
歐陽士鈞 72・331
歐陽大明 74・379
歐陽大勳 2・114
49・28
歐陽上泰 61・381
歐陽上恭 61・278
歐陽上惠 61・383
歐陽上惺 61・424
歐陽天明 72・644
歐陽天送 76・356
歐陽天赦 74・32
歐陽元 61・1
61・752
72・697
歐陽元量 66・318
歐陽友奇 72・374
歐陽中立 61・165
歐陽化龍 74・76
歐陽六孫 72・201
歐陽文 78・543
歐陽文炳 74・530
歐陽文偉 80・502
歐陽文詳 64・608
歐陽斗南 72・601
歐陽斗照 71・44
歐陽以忠 72・343
歐陽允 72・597
歐陽允曙 72・633
歐陽孔昌 72・621
歐陽玉鷗 72・666
歐陽正文 74・69
歐陽去佞 61・333
歐陽世釪 72・638
歐陽世德 72・246
歐陽札 74・529
歐陽旦 72・570
歐陽生 4・10
12・133
14・357
15・569
17・457
歐陽生東 74・75
歐陽主生 72・140
歐陽必進 72・589
歐陽永 72・435
歐陽永光 74・69
歐陽吉(明) 72・634
歐陽吉(清) 72・255
歐陽地餘 4・10
4・166
歐陽朴 66・393
歐陽西墅 72・650
歐陽成麟 31・62
歐陽光任 74・36
歐陽自强 61・167
歐陽向(清安遠) 74・76
歐陽向(清龍南) 74・264
歐陽兆言 71・86
歐陽兆叔 72・651
歐陽兆鷴 72・666
歐陽充鋏 72・333
歐陽汝顯 49・98
歐陽守道 72・174
歐陽安慶 72・676
歐陽旻 71・8
歐陽坎 72・637
歐陽志大 72・602
歐陽芬 71・12
歐陽芳 73・50
歐陽材 61・524
歐陽步青 74・76
歐陽見龍 74・86
歐陽岐 72・646

歐陽佐　77・666
歐陽希皋　73・41
歐陽希章　73・41
歐陽希遜　66・238
歐陽孚先　72・350
歐陽汶(明分宜)　61・91
歐陽汶(明萬載)　61・493
歐陽坦　49・111
歐陽直卿　78・136
歐陽枚　49・21
歐陽杰　72・694
歐陽尚　46・434
歐陽尚八　49・39
歐陽尚忠　72・542
歐陽尚誠　49・3
歐陽杲(宋)　73・160
歐陽杲(明)　58・220
歐陽昌邦　66・319
歐陽昕　74・77
歐陽明　72・538
歐陽明泗　49・131
歐陽易　72・617
歐陽易元(清吉安)　72・206
歐陽易元(清新建)　46・515
歐陽昂　72・582
歐陽旻　73・140
歐陽迪堅　57・58
歐陽忠(宋)　72・168
歐陽忠(清)　63・149
歐陽和　72・300
歐陽侊　75・577
　78・476
歐陽忞　72・180
歐陽怡　61・411
歐陽河　47・460
歐陽宗偉　72・650
歐陽宗衡　73・75
　73・116
歐陽春元　30・101
歐陽珏　72・366
歐陽珍　49・145
歐陽政儀　47・457
歐陽南　51・23
歐陽柱　72・334
歐陽持　46・588
　62・8
歐陽挺　80・669
歐陽貞　61・168
歐陽貞明　72・495
歐陽映　49・128
歐陽映奎　72・640
歐陽星　61・140
歐陽星燦　72・678
歐陽思　72・644
歐陽思釗　72・351
歐陽思善　71・52
　71・63
歐陽秬　79・558
歐陽秋　79・281
　79・626
歐陽重　72・136
歐陽修　1・745
　15・510
　16・406
　18・28
　72・113
　72・387
　73・114
歐陽弇　72・181
歐陽亭　72・369
歐陽亮(明)　61・111
歐陽亮(清)　61・378
歐陽彥　72・334
歐陽恂　72・587

歐陽恪 61·342
歐陽洪宗 72·201
歐陽宣 72·623
歐陽祐 76·351
歐陽祖駒 47·455
歐陽既俊 71·64
歐陽飛 70·90
歐陽珙 72·640
歐陽珖 72·663
歐陽珣 72·147
79·465
歐陽起初 74·91
歐陽恭 39·60
歐陽桂 46·530
歐陽桂芳 47·352
72·334
歐陽郴 72·126
歐陽連 66·348
歐陽原遜 74·19
歐陽烈(明) 72·323
歐陽烈(清東平) 31·838
歐陽烈(清高安) 62·250
歐陽振昌 74·353
歐陽振捷 74·272
歐陽振綱 74·273
歐陽哲 72·301
歐陽時 74·71
歐陽晟 49·125
歐陽晃 74·69
歐陽剛 49·5
歐陽倩 61·242
歐陽健 70·231
歐陽豹 72·193
歐陽託 72·187
歐陽訓 61·742
歐陽高 4·10
歐陽席 72·315
歐陽恕 61·494
歐陽通理 72·127
歐陽珅 74·33
歐陽務本 72·225
歐陽球生 72·596
歐陽理 72·592
歐陽現 49·79
歐陽基 72·626
歐陽乾元 72·322
歐陽彬(宋) 72·630
72·686
歐陽彬(清) 72·675
歐陽梧 72·632
歐陽梯 71·36
歐陽堅 72·579
歐陽晙 57·237
歐陽國瑞 72·208
歐陽國寶 72·236
歐陽崖 72·682
歐陽崑 72·636
歐陽崇信 72·599
歐陽動生 72·596
歐陽偃 72·180
歐陽進 61·266
歐陽衮 75·579
76·93
歐陽庸 72·647
歐陽堃 72·599
歐陽章 72·623
歐陽翊武 72·496
歐陽惇 61·252
歐陽淳 30·128
歐陽深 79·465
歐陽梁 71·248
歐陽涵 47·416
歐陽啓桐 61·725
歐陽貫 72·672

歐陽紹慶　72·321
歐陽巢　49·139
歐陽琪　72·624
歐陽瑓　74·107
歐陽堯慶　74·91
歐陽超崇　71·84
歐陽董　65·259
73·258
歐陽敬　61·257
歐陽朝　61·491
歐陽惠　74·32
歐陽雲　72·314
歐陽雲亭　33·291
歐陽雲階　72·675
歐陽棐　72·127
72·430
歐陽暎　74·9
歐陽鼎訓　71·87
歐陽開第　49·55
歐陽景哲　72·541
歐陽勛　77·284
歐陽凱　76·227
歐陽凱士　76·398
歐陽舒　49·82
歐陽鈇　72·181
歐陽欽　61·178
歐陽欽崇　49·108
歐陽就　62·190
歐陽斌　55·466
歐陽斌元　46·481
歐陽焯　2·96
14·299
16·442
歐陽淵師　45·190
歐陽滋　72·206
歐陽富　72·151
歐陽甯　72·586
歐陽塈　80·200
歐陽發　72·180
72·475
歐陽發新　78·620
歐陽瑚　74·41
歐陽瑞曾　79·531
歐陽瑞發　60·133
歐陽瑜（明）　72·607
歐陽瑜（清）　62·449
歐陽載　72·126
72·428
歐陽夢麟　71·12
歐陽椿　61·166
歐陽楚翁　52·393
歐陽裘　72·195
歐陽暉　72·333
歐陽嵩（明）　72·315
77·363
歐陽嵩（清）　30·128
歐陽鉉　73·31
歐陽詹　78·105
79·93
79·540
歐陽誠　61·170
歐陽詢　58·267
歐陽新　72·599
歐陽慎　72·142
歐陽義棟　54·469
歐陽煥（明）　61·500
歐陽煥（清）　22·242
歐陽煥旭　49·84
歐陽溥慶　72·623
歐陽源　72·293
歐陽瑤　49·36
歐陽壽　72·628
歐陽模　79·447
歐陽輔　72·538

歐陽曄(宋)　72・126
　72・428
歐陽曄(清)　56・330
歐陽鳴鳳　72・613
歐陽銓　62・529
歐陽銘　1・839
　7・77
　16・415
　72・290
歐陽鳳　72・640
歐陽誥　72・322
歐陽豪　72・170
歐陽塾　72・322
歐陽廣　72・428
歐陽韶　73・142
歐陽韶仁　61・739
歐陽端　72・634
歐陽齊　72・178
歐陽賓　66・103
歐陽肇奎　74・71
歐陽瑾　61・37
歐陽璋　72・675
歐陽樞　79・530
歐陽樞燦　72・678
歐陽賢　72・303
歐陽劇　72・681
歐陽賞　49・77
歐陽閱　72・319
歐陽遲　72・624
歐陽嶙　62・135
歐陽儀　72・126
歐陽德　72・318
　73・115
歐陽德隆　72・182
歐陽德榕　72・623
歐陽徹(宋)　70・271
歐陽徹(清)　61・328
歐陽鋐　47・415
歐陽憬　72・674
歐陽瑩　62・444
歐陽澐　72・152
歐陽璞　49・107
歐陽靜　49・51
歐陽璘　48・585
歐陽璣　62・528
歐陽霖　72・669
歐陽臻拔　74・38
歐陽曉(明)　72・669
歐陽曉(清)　72・602
歐陽篤才　72・525
歐陽興　77・91
歐陽衡(元)　72・552
歐陽衡(清)　72・142
歐陽錦　72・675
歐陽歙　4・10
　4・167
　14・357
　15・495
　15・570
　17・461
　43・55
歐陽燝生　72・599
歐陽璐　72・598
歐陽懋甫　74・70
歐陽徽柔　72・598
歐陽徽謙　72・659
歐陽應求　72・192
歐陽應炳　66・116
歐陽燦　71・99
歐陽鴻　72・675
歐陽鏊　49・137
歐陽燾　72・243
歐陽藝德　72・672
歐陽鵠　61・265

歐陽彝　72・181
歐陽麗　49・142
歐陽翽　74・74
歐陽鏡　61・331
歐陽鵬　72・329
歐陽瀚　75・419
77・501
歐陽瓌　66・358
歐陽鐘　61・240
歐陽繼梓　73・41
歐陽躋　61・255
歐陽鐸(明)　47・357
72・315
75・401
歐陽鐸(清)　72・622
歐陽鶴鳴　49・112
歐陽瓚　62・434
歐陽顯(明)　74・544
歐陽顯(清)　46・434
歐陽顯忠　72・671
歐陽顯嘉　72・445
歐陽麟　71・65
歐陽麟祖　72・233
歐陽纓　72・642
歐陽觀　72・126
72・428
歐陽觀瀚　47・406
歐陽觀灝　47・406
歐　琪　75・616
76・168
76・201
歐　復　23・634
歐舜雍　74・56
歐　輝　78・646
歐　慶　79・362
歐　寶　72・630
歐繼先　42・287

暨

暨　曼　7・152

醉

醉顛仙　45・376

撒

撒世元　11・459
撒吉思(一作薩奇蘇)　1・754
15・529
16・411
18・41
撒的里迷失　38・681
撒　金　11・294
撒膏林　11・472

噶

噶爾薩　14・693
42・856

墨

墨　元　19・46
墨　智　19・46

稽

稽承羣　32・455
32・457
33・79
37・814

稷

稷邱君　31・842
32・478
33・558

黎

黎人瑞　70・388

姓名	卷·頁
黎士宏	80·3
黎士高	45·258
黎士烜	66·222
黎士望	59·582
黎士雲	66·362
黎士毅	80·13
黎士顯	58·173
黎元卿	43·26
黎元寬	44·375
	71·357
黎中輔	71·163
黎仁甫	73·72
黎公弁	69·373
黎文元	66·570
黎文炳	48·407
黎文遠	80·28
黎文熙	66·331
黎文聰	80·361
黎方通	66·302
黎本疆	66·424
黎平還	62·623
黎　旦	70·396
黎立心	66·421
黎立武	65·312
	66·244
黎立禮	66·421
黎民安	70·481
黎民表	44·306
黎民牧	40·157
黎邦琰	41·287
黎有綱	80·26
黎有綸	80·26
黎成道	62·686
	64·510
黎光玠	66·304
黎廷瑞	58·214
黎仲吉	74·145
黎仲基	69·313
黎汝六	47·442
黎如淳	60·157
黎克挺	66·303
黎　秀	59·301
黎佐翰	67·471
黎伯仲	71·322
黎伯傑	71·155
黎伯煇	45·196
黎　近	69·374
黎角熉	45·258
黎宏烈	47·452
黎宏道	73·73
黎良德	45·336
黎　青	70·396
黎　坤	66·454
黎茂連	74·243
黎　來	25·191
黎東謨	45·235
黎　卓	65·188
黎　岱	73·404
黎金炬	63·383
黎金球	73·379
黎　周	70·389
黎宗楷	66·259
黎春華	50·433
黎　茵	66·305
黎　奎	73·102
黎　恬	65·81
黎洞天	47·478
黎　洛	14·695
黎宮文	45·257
黎祖功	44·376
黎祖壽	65·110
黎　珣	74·146
黎致遠	80·6
黎時中	77·707

黎國倫　66・588
黎國器　1・786
黎　崇　71・320
黎象輝　74・243
黎習義　64・561
黎達邦　73・106
黎達泗　73・80
黎朝波　67・460
黎朝欽　69・597
黎　植　66・414
黎　雲　73・234
黎雲德　71・216
黎　斐　66・451
黎　鼑　49・527
黎爲容　71・161
黎　勝　63・540
黎尊嘻　45・264
黎道炤　44・294
黎蓀植　66・208
黎　慎　65・280
黎　福　59・292
黎際隆　72・80
黎嘉芝　66・179
黎　鳳　66・149
黎鳳翔　14・123
黎　誥　45・189
黎端吉　73・403
黎維藩　70・629
黎　震　70・403
黎德充　59・303
黎遵三　44・478
黎　澄　59・302
黎　璟　72・446
黎翰翔　74・359
黎翰遠　80・46
黎樹培　69・605
黎興盛　67・460
黎衡甫　74・162
黎　錞　74・147
黎　龍　66・154
黎憲臣　44・285
黎環城　72・494
黎聲振　65・298
黎　擴　69・374
黎曙寅　71・162
黎　嶽　80・432
黎應郁　71・472
黎應物　66・321
黎　潛　73・72
黎　獻（明）　63・531
黎　獻（清）　50・430
黎獻臣　48・394
黎獻琛　66・305
黎　騫　65・196
黎繼武　73・102
黎　鼜　69・426

儀

儀　泰　23・244
儀　通　23・244
儀國祚　23・252
23・650
儀　智　4・98
23・240
23・634
儀　銘　23・240
23・635
儀澧源　23・279

德

德　于　71・638
德　友　32・482
33・559
德　光　74・50

德宏禪師　61・762
德　林(清晉江)　79・301
德　林(清歷城)　6・224
德　明　51・722
德　和　76・421
德　音　2・67
7・387
37・422
德　陞　51・334
德　萃　79・301
79・641
德　從　77・595
德　庵　77・477
德　瑞　80・171
德　賢　74・439
德　潛　78・215
德　懷　51・334
德　麟　77・388

徵

徵　瑞　2・20

盤

盤　庚　41・4

鋭

鋭　峯　79・438

虢

虢　珍　30・746

餘

餘禪師　76・498

滕

滕士修　19・122
滕大昂　56・668
滕大烝　56・611
滕大煇　56・635
滕大燔　56・628
滕大熾　55・73
滕之瑚　24・424
滕子玉　19・94
77・286
滕子楨　19・82
滕子駿　19・120
滕元炳　25・109
滕元烈　76・457
滕元鼎　26・645
滕元發　1・738
16・406
18・28
62・691
滕中正　15・545
18・491
21・297
23・631
滕世光　57・460
滕世昌　19・35
滕世禄　55・496
滕永祥(清大興)　2・69
30・63
滕永祥(清昌樂)　19・40
滕永禎　42・586
滕永賢　56・41
滕在甲　10・154
滕百善　54・128
滕光熙　9・860
滕廷颺　24・319
滕　延　4・134
15・541
19・89
23・629
滕延錫　25・40

	25・143
滕名楷	19・122
滕冲霄	42・203
滕守健	19・119
滕伯輪	76・442
滕希申	55・496
滕希甫	54・297
滕忻中	19・165
滕　沛	19・40
滕若愚	19・36
滕茂棠	55・564
滕叔繡	36・439
滕肯堂	19・136
滕尚秀	55・23
滕尚信	54・67
滕尚清	56・507
滕尚謙	56・638
滕昌枝	56・626
滕昌柏	55・25
滕昌校	56・669
滕昌桱	56・639
滕昌復	56・564
滕昌楨	56・47
滕昌楙	55・35
滕昌樋	56・630
滕昌樑	56・25
滕昌檀	56・10
滕宗訓	31・225
滕宗智	23・634
	24・515
滕宗道	74・360
滕　珍	55・154
滕　昭	75・366
滕昭甫	19・137
滕　胄	19・37
滕迴瀾	57・304
滕　胤	15・620
	17・469
	18・486
	19・13
滕　洙	54・115
滕　祐	76・440
滕　珙	54・42
滕起奎	57・92
滕起埈	56・168
滕起越	57・65
滕起賦	56・186
滕振清	19・124
滕　員	76・477
滕峻峰	19・45
滕　倪	72・249
滕浥龍	57・198
滕培元	19・107
滕　彖	30・94
滕處士	5・98
滕國相	19・82
滕國祥	4・438
	22・237
	23・628
	25・13
	25・20
	29・596
滕從龍	57・166
滕　康	76・439
滕啓壆	57・70
滕　隆	54・198
滕紹宗	26・645
滕　琦	17・635
	19・36
滕　琚	56・462
滕萬程	76・494
滕雲端	56・609
滕鼎升	57・110
滕鼎炎	57・419

滕開炳　57・304
滕開榮　57・80
滕景文　55・496
滕景曾　19・135
滕　傑　24・575
滕運定　54・349
滕　堞　54・317
滕　蓋　11・79
23・612
24・278
滕蔭棠　57・304
滕　鉦　54・478
滕　愷　55・270
滕煥燃　55・149
滕嘉祺　57・363
滕嘉瑞　56・401
滕　賓　74・46
滕肇元　17・657
滕肇錫　55・414
滕　綱　4・418
17・643
19・40
19・76
滕醇德　19・120
滕　霄　76・490
滕　撫　4・26
15・541
17・460
18・485
19・23
滕賡煥　56・479
滕賡讀　56・7
滕慶雯　19・107
滕慶榮　19・122
滕　璘　54・41
滕曇恭　45・150
46・133
滕錫朋　19・120
滕　謐　24・516
滕應袗　55・559
滕應詔　19・121
滕應綬　19・120
滕　禮　77・514
滕　鎰　54・478
滕懷仁　30・724
滕繼祖　24・578
滕　顯　27・144
滕　灝　55・568

魯

魯九臯　71・632
魯之命　73・185
魯之傳　73・154
魯之驥　71・444
魯小秦　71・272
魯日聰　71・458
魯　亡　71・428
魯文鵬　38・412
魯玉選　73・418
魯　丕　1・695
1・697
7・71
15・516
魯石公　35・727
魯　史　77・210
魯仕驥　71・417
魯仕驤　71・393
魯　仔　42・429
魯令彥　30・646
魯　卯　53・37
魯　立　71・428
魯邦材　71・479
71・582
魯　芝　71・401

魯有開　17・495
魯成龍　71・392
魯廷才　71・479
魯廷元　71・391
魯廷彦　1・847
魯廷蕙　73・191
魯廷襄　74・176
魯仲連　5・4
7・191
14・245
14・258
15・593
25・81
38・576
43・258
魯全福　30・729
魯汝亨　71・440
魯　圻　71・402
魯　志　59・70
魯克仁　18・732
42・474
魯克儉　18・732
42・461
魯男子　35・684
魯　伯　4・8
15・568
17・457
魯伯敬　71・458
魯希文　58・223
魯　宋　71・391
魯良橋　74・59
魯芮元　8・416
36・606
魯若川　73・189
魯英秀　71・479
魯東周　27・796
魯尚志　74・59
魯　昪　71・384
魯易原　71・479
魯　昂　71・479
魯垂紳　8・471
71・605
魯季文　65・242
魯秉樞　71・444
魯　京　71・386
魯泮芹　18・358
魯宗文　5・202
34・65
魯宗孔　5・381
魯宗道　17・484
魯宗賢　10・386
魯　官　71・444
魯建中　62・563
魯建東　62・309
魯貞嶷　73・186
魯　昱　74・178
魯　洙　71・480
魯　紀　71・479
魯　班　73・186
魯華祝　71・392
魯　恭　1・697
15・518
16・394
魯振基　5・358
魯時化　71・452
魯時凰　71・473
魯時貴　71・473
魯時鳳　71・473
魯　峻　4・12
39・179
魯　俶　71・478
魯師孔　75・488
魯　涜　71・391
魯家達　62・496

魯家鑑　62・561
魯　琇　71・428
魯　逵　71・400
魯國男　5・358
　34・67
魯國瑜　71・479
魯崇仁　77・139
魯從鈞　30・684
魯　淑　71・386
魯　淮　71・433
魯啓聖　71・493
魯紹連　52・108
魯紹曾　14・730
魯　琰　71・383
魯朝用　71・384
魯朝聘　71・384
魯朝選　71・473
魯雲鶴　62・637
魯　鼎　71・393
魯鼎梅　71・391
魯開宗　71・480
魯遇梅　71・479
魯　欽　4・121
　5・201
　34・65
魯曾煜　76・210
魯　游　71・433
魯運東　36・500
魯　裕　73・157
魯　瑗　71・416
魯嗣能　71・478
魯　源　71・391
魯殿元　34・221
魯　翥　71・479
魯壽昌　71・393
魯熙丙　75・498
　76・40
魯　聞　52・383
魯毓聖　71・415
魯　潢　71・390
魯維邦　71・486
魯維豹　62・563
魯維榔　62・492
魯維喬　71・485
魯維樞　71・491
魯　蕓　71・472
魯　震　72・184
魯　賜　1・687
　7・334
魯德勅　62・564
魯德滐　62・525
魯　慶　71・392
魯　遴　39・201
魯　潔　71・433
魯　噩　75・445
魯樹槐　71・444
魯　嶼　5・358
魯積行　30・733
魯　穆　75・364
魯學洵　71・601
魯學瀚　71・479
魯　澣　65・269
魯　璵　78・453
魯　點　62・282
魯　輿　71・480
魯應弟　30・716
魯　鴻　61・470
　71・359
　71・392
魯鵬程　62・638
魯懷文　30・681
魯　瀛　71・391
魯蘭枝　71・393
魯　寶　75・484

魯　繽　71・633
魯繼祖　17・653
　18・333
魯　鐸　1・821
　32・24
魯　麟　25・265
　25・418

劉

劉一元　72・200
劉一中　77・283
劉一企　78・561
劉一孚　17・536
　18・312
劉一治　43・93
劉一春　66・590
劉一相　4・131
　5・155
　43・577
劉一俊　42・309
劉一陽　73・97
劉一葵　62・376
劉一揆　70・630
劉一焜　44・247
劉一誠　13・427
劉一煜　44・247
劉一源　25・24
劉一榜　66・538
劉一鳳　66・570
劉一霖　47・97
劉一龍　14・370
劉一燝　44・247
劉一檜　78・647
劉一爙　45・159
劉一翺　70・620
劉一爌　44・254
劉一瀾　69・199
劉一鶴　38・719
劉一鑑　73・102
劉　乙(五代)　79・432
劉　乙(金)　9・397
劉乙然　60・503
劉乙燃　63・434
劉十顏鉄木兒　1・762
劉　丁　45・17
劉人俊　70・623
劉人啓　72・682
劉人傑(清大庾)　74・373
劉人傑(清新昌)　64・16
劉人龍　72・612
劉九臣　53・443
劉九江　4・233
　38・216
劉九思　59・620
劉九皋　47・427
劉九敍　21・670
劉九錫　74・237
劉九嶷　62・238
劉九穗　64・578
劉力夫　53・15
劉乃珠　71・616
劉又翬　80・48
劉三全　18・371
劉三宅　17・548
　18・497
劉三辰　62・451
劉三旺　66・592
劉三省　41・65
劉三畏　17・530
　19・26
劉三逈　62・553
劉三泰　62・552
劉三梧　62・579
劉三章　80・158

劉三陽 72·208
劉三揖 14·373
17·603
劉三策 58·97
劉三傑 72·543
劉三善 42·217
劉三樂 1·792
15·30
15·134
劉三錫(明吉安) 72·137
劉三錫(明廬陵) 79·364
劉三錫(清) 18·426
劉三錀 62·577
劉三擢 14·373
劉三鑑 72·598
劉　于 53·309
劉于昌 44·476
劉于浚 44·550
劉于貴 74·241
劉于潯 44·540
劉于燦 45·310
劉于鴻 45·202
劉士元(明) 64·513
劉士元(清曹縣) 41·218
劉士元(清寧海) 27·538
28·167
劉士吉 9·498
劉士芹 72·645
劉士材 48·445
劉士秀(明) 18·739
劉士秀(清) 6·210
劉士玫 5·340
劉士英(明) 31·280
劉士英(清) 72·207
劉士林 72·593
劉士奇 68·432
劉士忠 19·83
劉士珀 73·164
劉士柄 70·393
劉士俊(明) 39·70
劉士俊(清安福) 72·693
劉士俊(清嘉祥) 37·414
劉士俊(清臨川) 69·626
劉士勉 9·397
劉士彥 38·228
劉士美(清南昌) 45·389
劉士美(清歷城) 5·251
6·210
劉士冠 2·102
劉士莊 72·645
劉士浤 72·635
劉士恕 73·164
劉士通 73·76
劉士基 60·630
劉士棻 76·111
劉士國 60·406
劉士偉 2·111
19·586
23·626
劉士進(清長山) 43·632
劉士進(清閩清) 78·426
劉士寅 71·525
劉士超 78·427
劉士達 13·725
劉士傑(民國) 34·272
劉士傑(清單縣) 38·238
劉士傑(清閩清) 78·413
劉士斌 63·516
劉士登(明吉安) 72·140
劉士登(明霑化) 13·409
劉士楠 73·95
劉士會 64·514
劉士義(元) 4·144
劉士義(清) 68·437

劉士禎　73·60
劉士璉　21·799
劉士睿　78·441
劉士鳳　74·20
劉士豪　39·329
劉士賢　70·528
劉士璟　21·798
劉士縉　4·388
劉士聰　38·229
劉士韜　73·184
劉士鵬　60·138
劉士耀　9·501
劉士覺　72·226
劉士驥(明)　4·201
　5·189
　10·635
劉士驥(清)　78·415
劉大千　74·489
劉大木　13·135
劉大中　18·374
劉大文(清分宜)　61·401
劉大文(清新昌)　63·586
劉大方　73·258
劉大目　53·581
劉大用　30·234
　31·184
劉大有(元)　72·631
劉大有(清長山)　43·619
劉大有(清新化)　38·419
劉大成(清高唐)　39·721
劉大成(清新昌)　64·283
劉大吕　78·450
劉大同　72·241
劉大年(明)　74·473
劉大年(清吉水)　72·497
劉大年(清新昌)　63·459
劉大任(清南豐)　71·570
劉大任(清新昌)　63·467
劉大材　73·68
劉大伸　9·490
劉大亨　39·77
　39·82
劉大武　4·158
劉大英　64·22
劉大奇　74·415
劉大易　76·401
劉大受(清吉安)　72·242
劉大受(清閩侯)　76·160
劉大定　44·362
劉大省　9·414
劉大昺　73·184
劉大炳　72·205
劉大夏　1·767
　75·369
劉大振　72·640
劉大純　72·686
劉大琇　73·76
劉大常　74·489
劉大章(明)　17·533
　18·342
劉大章(清)　63·507
劉大紳　2·37
　16·452
　18·76
　26·579
　38·297
　41·66
　43·205
劉大智　47·402
劉大復(清定南)　74·342
劉大復(清興國)　74·37
劉大欽　80·133
劉大斌　74·397
劉大勤　43·608

劉大楨 72・536
劉大槐 72・623
劉大業 63・504
劉大魁 72・693
劉大義 79・344
劉大猷(明) 45・160
劉大猷(清新昌) 64・591
劉大猷(清閩清) 78・432
劉大源 18・516
劉大經 53・511
劉大輔 48・320
劉大肇 74・496
劉大鞏 74・480
劉大輝 72・206
劉大遺 79・157
劉大魯 72・662
劉大慶(明) 73・60
劉大慶(清) 2・111
22・236
劉大曈 61・579
劉大縉 72・544
劉大鴻 79・383
劉大鰲 66・482
劉才邵 72・128
劉上吉 24・549
劉上捷 74・128
劉千乘 32・132
劉　川 72・698
劉凡正 64・515
劉之久 37・414
劉之化 64・300
劉之玉 11・297
劉之光 21・588
劉之芳 9・447
劉之伯 73・105
劉之沂 14・122
14・183
劉之坤 9・857
劉之英(清新昌) 64・303
劉之英(清閩清) 78・418
劉之旺 14・730
劉之周 72・645
劉之亮 1・818
37・421
劉之彥 7・393
劉之烈 14・129
17・667
劉之宸 46・351
劉之培 9・857
劉之章 18・533
劉之清 46・186
劉之達 24・561
劉之葉 73・184
劉之棟 5・337
10・120
劉之蛟 1・799
劉之順 39・78
劉之傑 47・506
劉之裕 17・594
18・520
劉之塏 9・857
劉之蓀 5・274
劉之椿 72・685
劉之靖 72・681
劉之銓 66・574
劉之鳳 72・655
劉之遴 72・655
劉之澄 60・210
劉之審 72・187
劉之獬 72・597
劉之謙 80・91
劉之禮 43・128
劉之藩 73・179
劉之鵬 16・441

	18・77
	20・491
劉之驥	5・258
	32・632
劉子才	78・548
劉子平	5・17
劉子由	73・73
劉子立	62・224
劉子羽(宋)	77・728
劉子羽(明)	72・379
劉子汾	70・519
劉子壯	65・192
劉子武	65・344
劉子玠	78・439
	78・474
劉子昂	11・445
劉子和(宋)	49・523
劉子和(明)	72・610
劉子泳	72・529
劉子春	46・441
劉子持	72・207
劉子俊	72・147
劉子美	53・117
劉子華	16・415
	18・59
劉子殷	42・192
劉子展	38・574
劉子珵	20・121
劉子彬	36・659
劉子堅	72・375
劉子盛	63・425
劉子採	5・346
劉子虚	65・517
劉子敏	72・296
	75・407
	76・205
劉子清	19・122
劉子葵	76・259
	76・271
劉子椅	50・56
劉子勛	75・4
劉子欽	72・491
劉子翔	72・583
劉子淵	73・47
劉子遠	72・698
劉子椿(明)	46・141
劉子椿(清)	27・173
劉子鈿	73・369
劉子雍	58・223
劉子肅	44・118
劉子預	73・177
劉子經	38・564
劉子輔	72・149
劉子厲	72・587
劉子韶	72・531
劉子實	29・341
劉子慤	73・384
劉子輝	72・631
劉子儀	73・103
劉子澄	72・268
劉子樂	31・834
	32・395
	33・270
劉子薦	72・577
劉子寰	76・395
劉子禮	77・144
劉子鯉	72・676
劉子鐘	35・465
劉天斗	44・349
劉天用	70・624
劉天民	4・199
	5・107
劉天佑	32・624
劉天兌	73・55

劉天孚 18·690
42·429
劉天序 21·663
23·653
劉天和 1·767
劉天祐(元章邱) 5·84
劉天祐(元清江) 65·207
劉天祐(清) 70·397
劉天貢 74·27
劉天真 74·7
劉天秩 70·227
劉天培 73·220
劉天授 73·54
劉天庸 73·73
劉天眷(清單縣) 38·233
劉天眷(清新建) 46·425
劉天隆 71·341
劉天植(明) 79·242
劉天植(清) 9·694
劉天勝 66·586
劉天祿 43·110
劉天瑞 5·274
劉天資 20·786
劉天福 51·355
劉天壽 71·325
劉天熙 76·407
劉天璋 36·219
劉天駟 46·63
劉天霖 73·418
劉天澤 76·245
76·315
劉天爵 39·807
劉天騏 79·332
劉天寵 72·623
劉天麟 43·539
劉天驥 73·338
劉　元(元吉水) 72·434
劉　元(元鄒平) 13·867
劉　元(明) 77·209
劉　元(南北朝) 18·8
劉　元(清高唐) 39·734
劉　元(清壽張) 42·755
劉元士 77·434
劉元化 4·255
17·559
20·503
劉元介 39·189
劉元吉 14·385
劉元成(清南昌) 45·175
劉元成(清臺灣) 80·670
劉元佐(見劉玄佐)
劉元亨(元) 72·541
劉元亨(宋) 49·499
73·356
74·378
劉元良(清平原) 12·498
劉元良(清廣豐) 53·538
劉元英 39·67
劉元珍 73·190
劉元香 53·500
劉元修 39·194
劉元度 74·231
劉元首 74·38
劉元炤 19·316
劉元泰 39·98
劉元素 9·808
劉元振 4·94
5·77
劉元哲 31·333
32·5
劉元恩 47·376
劉元剛 72·486
劉元釗 45·67
劉元卿 72·606

劉元高 62·29
劉元浩 72·642
劉元宰 11·443
劉元祥 43·113
劉元孫 1·709
30·58
劉元基 53·372
劉元第 32·606
劉元章 77·435
劉元琦 2·31
劉元喜 29·823
劉元鼎 77·153
劉元順 24·714
劉元瑚 74·237
劉元瑜 18·27
劉元載 71·502
劉元煦 70·267
劉元暉 80·441
劉元愷(明) 53·527
劉元愷(清) 5·352
10·386
劉元福 14·740
劉元熙 70·98
劉元鳳 37·11
劉元賓 72·697
劉元熊 72·206
劉元綱 74·390
劉元慧 2·33
13·729
13·732
劉元標 19·622
劉元儀 46·524
劉元勳(清上饒) 51·680
劉元勳(清合州) 2·68
37·566
劉元勳(清崇仁) 70·228
劉元錫(清山西) 2·69
30·63
42·587
劉元錫(清永寧) 2·40
8·469
劉元錐 53·630
劉元錦 70·533
劉元龍 50·26
劉元聲 26·602
劉元鍾 78·617
劉元謨 72·503
劉元禮 4·94
5·78
劉元績 19·618
劉元鎬 44·402
劉元鏜 45·165
劉元鎮 45·306
劉元齡 47·375
劉元鐔 78·611
劉元儻 44·428
劉五公 10·145
劉五奇 78·451
劉五倫 78·610
劉五瑞 41·215
劉五經 41·395
劉支離 6·581
6·672
劉不息 4·130
35·461
劉不溢 1·824
41·63
劉不識 41·380
劉太和(清昌樂) 19·48
劉太和(清蒲州) 19·426
劉太素 41·386
劉太清(明) 41·399
41·452
劉太清(清) 62·116

劉友信 72·225
劉友桂 44·465
劉友益 73·141
劉友瞻 62·257
劉友蘭 24·544
劉巨川 35·476
劉巨淵 7·378
劉少仙 9·531
劉日久 72·652
劉日升(明吉安) 72·177
劉日升(明廬陵) 75·403
劉日升(清) 64·595
劉日价 73·357
劉日吾 72·648
劉日初 72·242
劉日杲 53·395
劉日佺 73·361
劉日炳 64·22
劉日華 72·200
劉日章 47·493
劉日隆 73·103
劉日葵 72·200
劉日開 76·640
劉日鈞 53·536
劉日新(宋) 72·648
劉日新(明) 27·542
28·24
劉日新(唐) 76·347
劉日熼 67·268
劉日曦 49·14
劉曰公 18·531
劉曰芬 72·647
劉曰材 44·178
劉曰和 29·305
劉曰貞 13·150
劉曰珩 62·83
劉曰桂 44·246
劉曰釗 9·863
劉曰梧 44·245
劉曰梅 60·213
劉曰淇 72·627
劉曰淑 44·255
劉曰琪 38·246
劉曰楝 70·228
劉曰貴 9·504
劉曰湘 46·530
劉曰甯 44·246
劉曰瑞 53·335
劉曰楨 32·410
33·283
劉曰暘 44·220
75·411
77·585
劉曰誠 13·145
劉曰義 4·436
25·517
25·545
劉曰榮 64·592
劉曰鼐 42·788
劉曰瑾 53·485
劉曰澄 73·324
劉曰璟 67·405
劉曰鋼 53·318
劉曰濱 67·458
劉曰璸 38·239
劉曰攀 53·499
劉曰囊 67·467
劉中立(宋) 72·168
劉中立(明) 5·188
10·627
劉中行(明) 42·13
劉中行(清) 9·400
劉中杞 73·185
劉中扶 70·342

劉中孚　72·435
劉中岳　79·428
劉中挺　77·413
劉中衍　70·526
劉中訓　18·564
劉中道　43·126
劉中敷　1·774
劉中磯　72·594
劉中藻　77·428
　77·450
劉壬源　67·134
劉　升　34·230
劉升之　36·782
劉　仁　71·575
劉仁之　1·710
　30·399
劉仁近　72·682
劉仁罕　38·716
劉仁軌　1·728
　15·523
　18·13
劉仁恩　1·718
劉仁堂　11·470
劉仁清　10·375
劉仁智　1·758
　43·537
劉仁傑(明)　60·203
劉仁傑(清)　51·431
劉仁欽　48·316
劉仁瑞　19·554
劉　化　74·482
劉化邦　63·503
劉化光　4·220
　5·116
劉化汝　62·610
劉化俊　10·374
劉　介　21·390
劉介壽　78·435
劉介禧　73·182
劉介齡　77·365
劉今尹　1·844
　16·436
劉今隆　60·635
劉公化　66·608
劉公言　18·346
劉公郁　50·100
劉公彥　17·501
　20·497
劉公津　43·63
劉公泰　62·353
劉公肅　36·781
劉月彩　58·558
劉丹生　62·236
劉丹鳳　46·198
劉　卞　4·36
　31·753
劉六成　49·348
劉　文(明巴陵)　1·796
劉　文(明平陰)　31·781
　35·309
劉　文(明河南)　38·682
劉　文(明新建)　46·225
劉　文(明龍泉)　73·26
劉　文(漢)　15·492
劉文才　42·753
劉文用　21·524
劉文成　14·131
劉文光(明)　62·52
劉文光(清)　72·246
劉文先(明)　31·288
　32·131
劉文先(清)　80·440
劉文芳　30·682
劉文岐　24·713

劉文伯　76・398
劉文明　37・556
劉文典　21・516
劉文京　30・733
劉文河　60・278
劉文奎　47・362
劉文科（明）　66・615
劉文科（清）　43・114
劉文恪　1・725
劉文炳（清恩縣）　11・96
劉文炳（清高安）　62・558
劉文炳（清崇仁）　70・346
劉文炳（清霞浦）　77・399
劉文起　40・547
劉文華　80・234
劉文莊　1・792
　10・309
劉文真　73・34
劉文桂　6・653
劉文連　57・92
劉文翃　20・109
劉文峯　42・403
劉文豹　80・14
劉文卿　74・466
劉文祥（民國）　80・205
劉文祥（清）　48・574
劉文萃　4・223
　25・266
　25・307
劉文彬（清大庾）　74・373
劉文彬（清歷城）　5・249
　6・208
劉文敏　72・605
劉文進　5・135
　13・755
劉文淇（清直隸）　2・105
　27・336
　27・805
劉文淇（清寧陽）　35・124
劉文琠　2・112
　22・241
劉文達　69・551
劉文極　80・46
劉文惠　77・504
劉文雅　72・682
劉文開　43・277
劉文詔（明）　72・588
　80・195
劉文詔（清）　51・616
劉文渤　72・652
劉文祿　60・721
劉文瑞　80・52
劉文遠　73・47
劉文暘　78・178
劉文煃　42・597
劉文煜　21・525
劉文煥（明）　42・576
劉文煥（清奉新）　67・479
劉文煥（清青城）　43・449
劉文煥（清高安）　62・629
劉文煥（清陽信）　43・131
劉文煥（清鉛山）　53・131
劉文源　73・180
劉文蔚　11・460
劉文演　70・586
劉文確　2・54
　13・224
劉文質（元）　44・71
　45・468
劉文質（宋）　21・120
劉文質（清）　72・238
劉文德　72・131
劉文衛　51・543
劉文鋐　14・126

	17・611
劉文潭	73・184
劉文選	38・227
劉文轂	61・689
劉文衡	72・201
劉文錡	14・130
劉文璵	53・631
劉文燦(清高唐)	39・632
劉文燦(清廣豐)	53・444
劉文曜(見劉文耀)	
劉文鎰	60・418
劉文鏘	53・473
劉文爍	72・683
劉文獻	72・644
劉文耀	4・182
	31・295
	32・133
劉文顯	13・150
劉文鑣	72・204
劉文鑾	53・320
劉　亢	76・546
劉　方(漢平原)	4・134
	5・15
劉　方(漢寧海)	27・298
	27・427
劉方玉	37・854
劉方至	4・454
	23・650
	24・537
劉方昆	39・200
劉方岫	38・289
劉方政	9・63
劉方度	71・599
劉方珙	39・189
劉方琦	39・189
劉方熙	72・511
劉方慧	21・504
劉方德	36・537
劉方興	72・454
劉心一	19・618
劉心矩	27・158
劉心德	31・336
	32・6
劉尹甫	38・295
劉以仁	38・289
劉以成	37・417
劉以身	72・612
劉以亨	73・38
劉以庚	72・190
劉以相	80・557
劉以修	75・427
	76・204
劉以敬	41・408
劉以森	72・150
劉以貴	4・453
	21・467
	23・659
劉以傑	53・536
劉以鄒	73・73
劉以楷	4・229
	9・811
劉以標	36・40
劉以學	53・650
劉以龍	51・104
劉　允(元)	1・761
	35・58
劉　允(明)	37・839
劉　允(清)	70・630
劉　允	23・630
劉允一	35・126
劉允元	72・620
劉允中(元)	72・559
劉允中(明高安)	62・42
劉允中(明龍泉)	73・26

劉允亨 18·553
劉允明 16·438
劉允迪 50·182
劉允恭(清鄆城) 40·271
劉允恭(清錦縣) 2·62
7·385
劉允桂 11·455
劉允浩 4·220
23·649
24·536
劉允基 43·297
劉允符 5·389
劉允銚 70·528
劉允銓 70·485
劉允德 5·379
劉允燦 33·806
劉允濟 1·729
16·400
18·14
劉孔中 5·297
43·612
劉孔文 45·224
劉孔吟 24·721
劉孔和 4·230
5·156
43·605
43·778
劉孔宗 79·104
劉孔昭 29·222
劉孔修 5·160
43·629
劉孔教 72·633
劉孔紹 4·440
劉孔祺 72·592
劉孔當 72·613
劉孔愚 73·146
劉孔暉 72·150
劉孔熠 25·268
25·312
劉孔懷 5·297
43·606
劉　玉(宋吉安) 72·126
劉　玉(宋南昌) 45·367
劉　玉(明) 73·51
劉玉才 18·533
劉玉光 74·162
劉玉甫 10·465
劉玉林 48·370
劉玉奇 9·72
劉玉明(明) 73·96
劉玉明(清) 31·64
劉玉佩(清昌樂) 19·118
劉玉佩(清壽張) 42·796
劉玉珩 19·103
劉玉通 24·703
劉玉堂 53·400
劉玉琳 10·142
劉玉琨 6·654
劉玉智 32·407
33·281
劉玉淵 74·51
劉玉鳴 30·695
劉玉璋 77·369
77·504
78·700
劉玉德 39·311
劉玉樹 78·450
劉玉衡 9·696
劉玉龍 76·260
劉玉聲 14·373
劉玉徽 72·679
劉玉耀 72·595
劉玉瓚 23·281
劉玉麟(清南豐) 71·611

劉玉麟(清菏澤) 4·364
37·846
42·4
劉玉麟(清德化) 78·617
劉 正(宋) 75·478
劉 正(明) 9·493
劉正己 6·152
劉正任 53·10
劉正亨 73·212
劉正林 39·147
劉正昭 72·203
劉正科 67·436
劉正時 67·436
劉正脈 35·510
劉正高 51·354
劉正康 50·120
劉正瑛 74·451
劉正遠 19·313
劉正傳 74·39
劉正衡 17·588
劉正謀 64·513
劉正耀 17·587
19·577
劉功成 63·386
劉 甘 64·602
劉世元 62·222
劉世文 78·427
劉世臣 73·35
劉世因 63·432
劉世芳(清江西新城) 71·487
劉世芳(清莒縣) 30·689
劉世佐 50·454
劉世豸 17·568
20·560
劉世亨 69·183
劉世宏 14·128
劉世英 17·621

劉世昌(清高安) 62·485
劉世昌(清贛縣) 73·375
劉世忠 80·540
劉世南 78·474
劉世科 61·530
劉世修 75·513
劉世彥 39·423
劉世昫 78·416
劉世華 60·578
劉世烈 72·671
劉世脩 78·561
劉世烆 78·430
劉世偉 43·90
劉世烺 73·98
劉世清 32·637
劉世琨 60·208
劉世揚(明彭澤) 49·82
劉世揚(明閩縣) 75·461
76·30
劉世揚(清) 56·117
劉世智 76·573
劉世傑(元) 15·590
17·681
19·26
21·648
劉世傑(清長寧) 74·136
劉世傑(清萬載) 61·731
劉世善 73·185
劉世普 72·242
劉世焜 78·430
劉世甯 73·217
劉世祿 11·438
劉世遠 19·129
劉世蔭 73·381
劉世楷 49·131
劉世旒 79·242
劉世燒 60·356

劉世煇　78・428
劉世福　29・639
劉世輔　63・570
劉世榮　72・657
劉世標　78・427
劉世德(清永新)　73・185
劉世德(清安福)　72・675
劉世賡　78・613
劉世熹　80・441
劉世勳　36・175
劉世興　78・415
劉世憲　50・270
劉世鍜　73・185
劉世豐　72・141
劉世燿　78・416
劉世纓　72・628
劉　本(明)　71・525
劉　本(漢)　26・327
劉本元　5・215
劉本用　72・589
劉本固　39・767
劉本怡　72・615
劉本泉　72・271
劉本善　15・161
劉本節　62・650
劉可久　27・802
劉可北　49・266
劉可法　32・606
劉可畏　11・98
劉可訓　16・431
　19・3
劉可瑞　37・704
劉可模　77・719
劉可遺　73・79
劉可德　72・153
劉　丙　72・571
劉丙南　13・793
劉左佩　67・332
劉　丕　25・58
　27・298
　27・426
劉丕玉　74・226
劉丕武　72・441
劉丕烈　64・610
劉丕顯(清東明)　41・810
劉丕顯(清新昌)　63・468
劉　石　73・164
劉　布　75・647
　78・564
劉布春　35・467
劉戊郎　70・335
劉　平(明)　29・537
劉　平(漢)　37・800
劉平伯　62・210
劉平章　63・458
劉北壬　13・138
劉占芬　52・580
劉占奎　10・139
劉占傑　39・296
劉占瑞　36・744
劉占魁(清鄆城)　40・361
劉占魁(清萬安)　73・81
劉　旦　1・832
劉甲元　67・430
劉甲池　9・859
劉甲東　13・801
劉甲庚　6・658
劉甲華　67・549
劉申祚　6・455
劉　田(明東阿)　4・153
　31・784
劉　田(明南陽)　32・585
劉四角　77・56
劉四科　5・196

劉四愚　73・46
劉四維　72・642
劉生夷　5・342
　10・127
劉生達　72・201
劉生昶　72・206
劉生節　73・185
劉生僎　73・366
劉仕成　63・561
劉仕表　74・487
劉仕昭　72・269
劉仕期　43・62
劉仕貆　72・583
劉仕漳　72・201
劉仕德　72・242
劉仕瞻　44・294
劉仕襘　49・68
劉　代　31・350
劉付俊　72・597
劉　仔　31・839
劉仔肩　58・215
劉仝世　31・839
劉仝祖　75・608
劉令猷　72・267
劉令德　73・105
劉　用(元)　19・91
　21・647
劉　用(清)　42・798
劉用行　79・500
劉用武　64・378
劉用貞　19・34
劉用恭　74・246
劉用康　20・122
劉用惠　64・386
劉用賓(元)　50・127
劉用賓(清)　78・554
劉用魯　18・563
劉用勵　72・602
劉　印　4・204
　24・513
劉主服　72・367
劉主敬　38・666
劉立之　65・6
　66・6
劉立庸　19・136
劉立德　65・59
　66・99
劉立謨　53・335
劉玄佐　1・721
　15・523
　18・18
劉必大　64・349
劉必成　77・423
劉必迪　70・400
劉必泰　78・201
劉必盛　5・332
　43・278
劉必紹　29・85
劉必達(清上饒)　51・426
劉必達(清吉水)　72・544
劉必瑞　73・3
劉必選　66・411
劉必耀　74・239
劉必顯(清沙縣)　80・432
劉必顯(清淄川)　4・248
　5・293
　6・482
劉必顯(清諸城)　4・401
　17・595
　20・528 桀
劉　永(明大庾)　74・361
劉　永(明灤州)　1・831
劉　永(清)　74・252
劉永之　65・175

73・276
劉永吉(明)　72・635
劉永吉(清)　13・790
劉永年　53・68
劉永松　76・198
劉永昌　6・488
劉永固　5・249
劉永和(明)　72・651
劉永和(清)　64・525
劉永定　26・632
劉永春　56・608
劉永柱　73・384
劉永祐　9・851
劉永祚(明)　53・436
劉永祚(清)　73・180
劉永泰(明)　27・156
劉永泰(清安福)　72・662
劉永泰(清臨邑)　5・357
劉永桂　39・82
劉永祥(明)　67・311
劉永祥(清)　21・749
劉永孫　50・240
劉永康　9・429
劉永清　29・618
劉永椿　43・76
劉永福(清東平)　13・224
劉永福(清壽光)　18・526
劉永嘉　71・95
劉永銓　2・40
2・97
8・469
16・451
劉永綵　73・168
劉永標　78・517
劉永儉　74・127
劉永慶　74・365
劉永樹　20・113
劉永錫　7・450
劉民信　70・532
劉民望　72・652
劉民範　19・77
劉弘仁　42・569
劉召祚　6・455
劉召棠　4・300
劉台所　38・291
劉幼發　60・592
劉匡固　73・186
劉匡國　73・185
劉邦吉　62・633
劉邦佐　19・302
劉邦昌　72・339
劉邦采　45・9
72・605
劉邦彥　24・562
劉邦美　72・187
劉邦智　21・710
劉邦然　36・172
劉邦善　19・85
劉邦慶　59・613
劉邦勳　76・643
劉邦憲(清安福)　72・689
劉邦憲(清新昌)　63・505
劉　式(宋)　49・520
65・58
66・90
劉　式(清)　14・132
劉式冉　18・533
劉式基　53・178
劉式緒　11・444
劉　迂　71・100
劉圭璿　72・684
劉　吉(宋)　67・14
劉　吉(清)　71・549
劉　吉(漢)　15・492

劉吉士(清永新)　73・186
劉吉士(清金谿)　70・581
劉吉臣　63・435
劉　圯　17・604
劉　地　53・316
劉共之　18・504
劉　芝　40・132
　40・304
劉　芑　71・4
劉　朴　72・490
劉臣良　39・302
劉　西　72・341
劉西園　11・291
劉在中(宋)　72・265
劉在中(清)　24・543
劉在玉　6・662
劉在京　71・544
劉在泮　72・200
劉在璣　63・484
劉百兆　50・495
劉百祿　8・635
劉有才　71・193
劉有成(清安福)　72・686
劉有成(清遼東)　2・96
　16・444
劉有光　72・683
劉有年　39・210
劉有志　72・694
劉有芳　50・490
劉有定(元金谿)　70・575
劉有定(元莆田)　78・100
劉有革　14・132
劉有恒　17・608
　19・553
劉有恆　51・445
劉有連　9・865
劉有容　73・164
劉有誠　1・783
　16・425
　18・49
　23・614
　24・269
劉有源(清)　4・338
　36・501
劉有源　18・319
　78・468
劉有儀　67・324
劉有德(清夏津)　9・864
劉有德(清湖口)　48・576
劉有選　67・492
劉有臨　73・71
劉有讓　19・108
劉而寅　60・625
劉而寬　60・680
劉而實　60・595
劉　存　75・648
　76・209
劉存仁　76・102
劉存芳　50・101
劉存祀　6・671
劉存高　73・27
劉存兼　50・62
劉存進　73・98
劉存煐　73・97
劉存德　76・277
劉存馨　50・127
劉　成(元)　21・646
劉　成(明)　23・432
劉　成(漢)　15・492
劉成玉　67・477
劉成功　9・412
劉成芳　78・435
劉成材　2・81
　38・411

劉成身　14・138
劉成亮　36・604
劉成美(清廣豐)　53・631
劉成美(清興國)　74・14
劉成釗　45・278
劉成訓　67・467
劉成章(清新昌)　63・591
劉成章(清閩清)　78・413
劉成傑　78・532
劉成德　71・135
劉成熠　67・475
劉成穆　73・234
劉至周　72・360
劉至魯　37・717
劉　光(元)　51・133
　74・527
劉　光(宋)　46・498
劉　光(清)　45・100
劉　光(漢)　15・492
劉光中　67・477
劉光文　25・568
劉光亡　70・586
劉光斗(清安福)　72・621
劉光斗(清海城)　2・101
劉光斗(清掖縣)　24・699
劉光先　42・15
劉光汝　73・185
劉光宇　38・295
劉光志　67・440
劉光秀　72・333
劉光伯　45・167
劉光表　53・473
劉光昌　59・159
劉光昇　34・436
劉光明　70・607
劉光泗　38・248
劉光衍　72・194
劉光亮　15・153
劉光洙　38・251
劉光祖(明安仁)　60・138
劉光祖(明黃縣)　26・129
劉光祖(清)　72・638
劉光彩　60・512
劉光淇　53・187
劉光期　1・726
　42・575
劉光葆　47・272
劉光軸　73・99
劉光雲　78・429
劉光鼎(民國)　37・5
劉光鼎(明)　79・199
劉光裕　64・284
劉光祺　2・39
　10・310
劉光瑜　52・548
劉光瑗　72・244
劉光遠(明)　72・687
劉光遠(清)　49・294
劉光照(清奉新)　67・326
劉光照(清建昌)　51・95
劉光煥　67・484
劉光瑤　72・196
劉光漢　35・147
劉光綬　60・730
劉光樞　73・174
劉光震　73・152
劉光德　67・459
劉光龍　78・439
劉光澤　5・141
劉光鍔　72・626
劉光濟　72・374
劉光藜　78・450
劉光璧　72・243
劉光寵　72・244

劉　早 22·251
劉　同 72·134
劉同升 72·384
74·47
劉同祥 9·421
劉同善 62·575
劉　岈 43·93
劉先庚 6·650
劉先春 70·523
劉先順 72·652
劉先登(民國) 10·392
劉先登(清) 76·293
劉先煥 65·383
劉先懋 73·99
劉廷元 62·268
劉廷式 15·526
48·309
劉廷芝 63·457
劉廷兆 73·160
劉廷芳 67·478
劉廷秀 31·830
劉廷佐 73·60
劉廷灼 77·441
77·451
劉廷英 58·186
劉廷直 72·581
劉廷枚 64·534
劉廷迴 72·594
劉廷炎 71·215
劉廷珍(清江西新城) 71·460
劉廷珍(清鄒平) 13·795
劉廷珍(清婺源) 57·237
劉廷玿 37·700
劉廷相 74·37
劉廷柱 77·141
劉廷俊 72·244
劉廷祐 35·137
劉廷珝 37·674
劉廷起 53·8
劉廷耿 78·426
劉廷桂 72·643
劉廷連 18·541
劉廷烈 8·335
劉廷笏 72·622
劉廷訓 2·93
7·86
16·440
劉廷梧 76·571
劉廷梅 44·168
劉廷瑛 77·289
劉廷琚 37·673
劉廷楝(明裕州) 42·13
劉廷楝(明瑞昌) 48·378
劉廷楝(清夏津) 9·852
劉廷楝(清萬載) 61·687
劉廷楝(清新昌) 63·502
劉廷楝(清閩清) 78·415
劉廷揚 71·287
劉廷策 72·609
劉廷復 74·174
劉廷焜 79·242
劉廷桀 20·102
劉廷瑞 64·38
劉廷瑗 71·610
劉廷楠 67·390
劉廷楫 78·450
劉廷嵩 78·415
劉廷煥 73·84
劉廷髦 27·173
劉廷熙 78·424
劉廷鳳 73·442
劉廷賓 64·413
劉廷實 70·622
劉廷璋 37·686

劉廷樞 80・91
劉廷標(明) 80・90
劉廷標(清) 64・23
劉廷輝 64・23
劉廷範 69・179
劉廷儀 1・837
15・536
16・422
18・52
劉廷選(明) 23・253
劉廷選(清) 50・497
劉廷翰 77・40
劉廷勳 73・256
劉廷舉 77・436
劉廷興 62・356
劉廷儒 80・51
劉廷諫 73・169
劉廷憲 76・290
77・618
劉廷璐 27・172
劉廷襄 44・326
劉廷燮 73・85
劉廷簠 72・589
劉廷贊 74・262
劉廷蘭 35・140
劉廷獻(清安福) 72・598
劉廷獻(清南昌) 45・78
劉廷獻(清鄆城) 40・314
劉廷賓 5・122
劉廷鸞 13・802
劉　竹 16・421
20・487
劉　休 15・492
劉休倩 31・352
劉休賓 15・543
17・678
18・444
19・46
19・626
劉伍葵 72・621
劉伍寬 4・293
5・246
劉延世 65・268
66・415
劉延生 25・130
劉延安 1・821
30・233
劉延坦 37・7
劉延型 35・185
劉延祚 39・91
劉延常 21・668
劉延紹 27・428
28・8
劉延祿 18・336
劉延德 13・810
劉延慶 18・31
劉仲元 13・867
劉仲芬 78・450
劉仲芳 18・540
劉仲良 9・71
劉仲武 50・82
劉仲洙 24・278
劉仲宣 72・697
劉仲哲 71・524
劉仲剛 1・821
30・642
劉仲清 72・583
劉仲啓 72・280
劉仲惺 11・452
劉仲温 47・356
劉仲誨 1・750
12・94
劉仲賢 50・83
劉仲質 61・5

劉仲聲　45・120

劉　任　32・40

劉任九　60・714

劉任治　72・585

劉　份　64・529

劉　仰　72・241

劉仰承　72・678

劉仰灝　10・52

　　　　10・155

劉　伉　15・494

劉　自　77・440

劉自平　32・647

劉自明　74・363

劉自越　72・333

劉自敬　9・697

劉自禧　45・268

劉自謙　45・96

劉　伊　72・208

劉　向　7・375

劉向晨　65・516

劉向惠　72・684

劉向榮(清吉安)　72・245

劉向榮(清南豐)　71・612

劉向藜(清安福)　72・677

劉向藜(清彭澤)　49・143

劉行九　18・546

劉行素　36・513

劉行恕　36・515

劉行澮　72・597

劉全仁　64・12

劉全周　63・557

劉全真　67・327

劉全祿　42・795

劉全福　42・792

劉　兆　4・172

　　　　6・164

　　　　31・810

劉兆文　25・624

　　　　27・80

劉兆杰　63・480

劉兆昌　9・864

劉兆明　4・362

劉兆衍　4・456

劉兆恆　80・440

劉兆桐　34・221

劉兆祥　19・109

劉兆基　76・125

劉兆荄　74・128

劉兆晞　43・95

劉兆衮　72・650

劉兆寅　35・139

劉兆紳　63・345

劉兆熊　67・405

劉兆龍　19・80

劉兆鯤　13・133

劉兆騶　14・735

劉兆蘭　9・853

劉兆露　62・396

劉　夙　78・4

劉旭珍　61・345

劉名世　71・10

劉名青　49・132

劉名卿　70・565

劉名烜　72・624

劉名琦　71・188

劉名遠　74・71

劉名煒　72・622

劉名標　22・234

　　　　23・627

劉衣錦　42・62

劉亦山　80・762

劉亦武　70・624

劉亦貢　64・390

劉亦莊　64・557

劉亦球　80·550
劉亦簡　64·558
劉　充　72·585
劉充符　12·499
劉充德　12·499
劉　并　80·337
劉冲修　79·150
劉次莊　73·270
劉　江　72·630
劉汝舟　76·534
劉汝芬　73·79
劉汝芳　74·442
劉汝忠　72·207
劉汝城　19·126
劉汝相　72·669
劉汝澎　36·216
劉汝梅　39·708
劉汝偉　74·229
劉汝康　37·834
劉汝宿　73·96
劉汝棠　60·221
　　60·312
劉汝順　65·96
劉汝鈖　13·784
劉汝爲　29·295
劉汝斌　11·441
劉汝渭　60·151
劉汝楠　76·313
劉汝鈺　11·459
劉汝遜　72·680
劉汝璉　30·102
劉汝僑　21·633
劉汝璋　17·527
　　18·369
劉汝魯　13·141
劉汝霖(清泰安)　33·291
劉汝霖(清陵縣)　8·333
劉汝霖(清聊城)　38·580
劉汝謂　73·7
劉汝懋　80·397
劉汝翼　5·70
　　13·746
劉汝翺　73·57
劉汝鏞　73·74
劉汝巖　37·10
劉　宇　31·349
劉宇昌　7·389
劉守貞　72·248
　　73·265
劉守昭　64·611
劉守恭　38·682
劉守真(見劉守貞)
劉守基　53·497
劉守琪　63·431
劉守曾　32·2
　　39·811
劉守誠　73·174
劉守緒　63·580
劉守意　63·432
劉守樸　64·604
劉守謙　76·423
　　76·509
劉宅仁　19·113
劉宅泰　80·51
劉　安(明祥符)　37·51
劉　安(明福安)　77·433
劉安世(宋大名)　74·374
劉安世(宋安福)　72·607
　　73·406
劉安東　9·415
劉安周　38·287
劉安祥　15·150
劉安國　2·19
劉安善　80·441

劉安瀾　72·621
劉冰鑑　72·679
劉艮輝　72·632
劉　异　75·436
劉异政　5·70
13·746
劉　阮　78·274
劉如玉　64·308
劉如古　42·34
劉如松(明)　20·107
劉如松(清萬載)　61·700
劉如松(清廣豐)　53·630
劉如昌　74·365
劉如岡　72·686
劉如金(清奉新)　67·483
劉如金(清新昌)　63·613
劉如星　72·698
劉如珩　63·614
劉如琇　72·671
劉如棆　4·229
17·578
劉如淵　73·80
劉如暘　73·162
劉如璜(清崇仁)　70·97
劉如璜(清魚臺)　37·675
劉如璧　70·110
劉好正　6·200
劉好德　19·44
劉好禮　1·762
11·81
15·530
30·641
劉丞直　73·332
劉　玘(明)　32·626
劉　玘(清)　19·309
劉戒華　42·795
劉　圿　72·635
劉　均　26·590
劉均信　17·659
劉　孝　39·571
42·555
劉孝寬　72·616
劉孝慶　5·25
59·91
劉　坊(清上杭)　80·33
80·91
劉　坊(清廣豐)　53·652
劉　志　15·491
劉志升　37·416
劉志仁　37·555
劉志方　62·40
劉志世　64·16
劉志光　68·614
劉志昂　38·242
劉志和　7·406
劉志相　25·178
26·105
劉志峰　78·429
劉志堅　23·666
劉志進　29·317
劉志訥　39·65
劉志清　68·484
劉志雲　72·697
劉志煦　72·678
劉志廓　73·182
劉志廉　32·410
33·282
劉志霖　72·183
劉志臻　80·358
劉志勳　78·438
劉志學(宋)　76·312
79·279
劉志學(明)　74·363
劉志凝　34·476

劉志襄　72・624
劉志權　34・320
劉　芙　72・185
劉　芷　2・49
34・438
劉　芹　71・620
劉　芬(清平原)　5・385
劉　芬(清無棣)　13・132
劉　芬(清新昌)　63・431
劉　芬(清新建)　46・350
劉　芳(北魏)　1・711
13・868
18・5
劉　芳(明大庾)　74・360
劉　芳(明奉新)　67・227
劉　芳(明陽穀)　12・308
劉芳芷　19・129
劉芳奇　37・683
劉芳秋　19・86
劉芳亭　72・255
劉芳奕　1・842
16・435
19・3
劉芳洲　26・643
劉芳珙　72・682
劉芳桂　60・358
劉芳達　72・580
劉芳遠(明)　19・43
劉芳遠(清)　70・85
劉芳聖　74・230
劉芳椿　72・636
劉芳槐　73・240
劉芳義　74・232
劉芳潤　72・182
劉芳聲(明金谿)　70・529
劉芳聲(明萬載)　61・542
劉芳聲(明濰縣)　4・230
21・717
23・650
劉芳聲(清魚臺)　37・667
劉芳聲(清遼陽)　2・39
8・467
劉芳聲(清嶧縣)　4・344
7・289
7・429
劉芳曙　19・565
劉芳藺　9・853
劉芳耀　67・370
劉芳躅　2・5
劉芳譽　1・816
劉芳灛　74・126
劉　克　68・294
劉克仁　49・70
劉克方　18・83
劉克光　78・567
劉克旭　35・149
劉克松　74・245
劉克昌(清奉新)　67・485
劉克昌(清洪洞)　6・210
劉克明　78・433
劉克貞　72・672
劉克恭　42・793
劉克莊　76・409
78・107
劉克祥　33・240
劉克恕　35・196
劉克敏　73・105
劉克達　10・473
劉克敬　41・136
劉克運　72・207
劉克詢　67・458
劉克慎　72・644
劉克遜　77・209
77・581

78・139
劉克蔚 30・720
劉克榮 35・157
劉克邁 72・143
劉克賢 67・465
劉克學 72・362
劉克諮 67・478
劉克聰 67・430
劉克謙(元) 37・38
劉克謙(民國) 13・338
劉克綢 35・148
劉克鏞 73・92
劉克纘 39・90
劉　杏 72・677
劉　杞 35・103
劉甫田 18・356
劉辰告 67・190
劉辰翁 72・188
73・115
劉辰駿 77・95
劉扶清 42・773
劉扶曦 36・485
劉求生 76・305
77・625
劉步丹 73・107
劉步庭 32・38
劉步駒 72・194
劉步鯨 39・307
劉步瀛 51・285
劉步驄 72・206
劉　呈 72・696
劉呈祥(清掖縣) 24・714
劉呈祥(清慶雲) 11・447
劉呈麟 39・735
劉吴龍 44・439
劉見八 72・205
劉見大 62・297
劉見龍 67・464
劉　昆 72・668
劉　岐 39・65
劉　秀 41・5
劉秀之 4・136
30・668
劉秀仁 74・244
劉秀世 41・400
劉秀袞 64・582
劉秀雲 72・533
劉秀瑜 74・244
劉秀實(明) 80・140
劉秀實(金) 19・91
劉　佐(明上杭) 80・83
劉　佐(明安福) 72・594
劉　佐(明進賢) 72・39
劉　佐(明德州) 5・209
8・604
劉佐平 18・532
劉佐沛 12・141
劉佐臨 2・79
39・113
劉　佑 2・86
39・804
劉佑明 18・370
劉佑梅 64・420
劉　攸 15・495
劉　伸 40・20
40・245
40・500
74・467
劉　佃 72・137
劉　作 72・128
劉作舟 78・418
劉作東 36・537
劉作周 72・658
劉作屏 78・420

劉作倫 64・396
劉作梅 19・164
劉作鼎 4・313
劉作聖 12・503
劉作楫 39・79
劉作楺 73・154
劉作模 53・631
劉作賓 72・677
劉作儀 40・360
劉作霖(清城武) 4・373
39・79
劉作霖(清閩清) 78・447
劉伯川(明泰和) 72・283
劉伯川(明廣豐) 53・213
劉伯文 72・501
劉伯正 59・57
劉伯舟 63・341
劉伯全 78・426
劉伯秀 44・131
劉伯亨 78・440
劉伯完 72・554
72・698
劉伯英 21・435
劉伯林 4・94
5・77
劉伯洋 72・185
劉伯純 9・861
劉伯符 72・436
劉伯琦 67・203
劉伯喬 70・599
劉伯淵 14・783
劉伯祿 73・346
劉伯鳳 78・427
劉伯綬 5・116
劉伯璋 67・203
劉伯槱 78・440
劉伯興 64・305
劉伯縉 5・116
劉伯謙(民國) 30・737
劉伯謙(清) 70・104
劉伯翼 53・247
劉伯蘊 4・450
21・434
劉伯麟 67・337
劉 伶 7・457
劉 位(明安福) 72・696
劉 位(明廣昌) 74・488
劉佛航 36・656
劉近環 72・241
劉希元 51・126
劉希孔 17・655
18・526
劉希匡 50・34
劉希伋 73・105
劉希向 67・267
劉希甫 72・622
劉希岳 77・729
劉希孟 17・547
劉希昱 73・96
劉希莊 6・460
劉希復 73・79
劉希曾(清平原) 4・298
12・503
劉希曾(清萬安) 73・84
劉希曾(清臨清) 14・746
劉希歐 19・617
劉希龍 17・524
19・555
劉希濂 47・538
劉希濱 60・691
劉希顏(民國) 14・740
劉希顏(明) 17・522
20・566
劉希夔 1・792

15・135
劉 孚 63・332
劉孚嘉 63・308
劉含章 73・107
劉 彤(明) 50・109
劉 彤(清掖縣) 24・527
劉 彤(清崇仁) 70・84
劉彤光 39・290
劉 迎 4・196
23・659
24・555
劉 言 72・168
劉言經 25・536
劉 亨(明吉安) 72・132
劉 亨(明鄭州) 80・151
劉 亨(清) 41・409
劉亨千 73・368
劉亨叔 44・66
劉序三 14・380
劉序周 6・668
劉 快 26・2
劉 灼 48・581
劉 汧 5・389
劉 沛 74・217
劉沛然(清新昌) 63・487
劉沛然(清閩清) 78・416
劉沖宣 61・520
劉 沂 65・286
劉沂春 75・525
78・499
劉 沆(宋) 73・136
劉 沆(清) 60・274
劉 沈 41・403
劉 完 73・68
劉 宏(明南豐) 71・526
劉 宏(明興國) 74・36
劉 宏(隋) 1・717
劉宏中(清奉新) 67・415
劉宏中(清單縣) 4・373
劉宏仁(明) 39・581
劉宏仁(清金谿) 70・581
劉宏仁(清廣豐) 53・443
劉宏甲 38・239
38・299
劉宏光 5・196
劉宏柏 67・463
劉宏信 80・48
劉宏美 67・310
劉宏宣 32・138
劉宏祚 45・125
劉宏晟 67・552
劉宏基 19・21
劉宏萊 72・687
劉宏集 49・292
劉宏道 63・420
劉宏載 67・144
劉宏緒 36・514
劉宏鍟 72・203
劉宏鍍 72・204
劉宏績 18・523
劉宏寶 79・125
劉 良 43・538
71・316
劉良才 80・211
劉良玉 45・73
劉良田 12・509
劉良臣 74・451
劉良卿 60・178
劉良球 74・236
劉良寅 71・619
劉良弼(明) 44・192
劉良弼(清) 18・580
劉良賓 72・226
劉良駒 71・606

劉良謨　53・364
劉良璧　77・503
劉良鐸　71・469
劉良驥　72・133
劉初麗　39・67
劉君芳　78・277
劉君典　72・352
劉君條　30・689
劉君益　79・338
劉君盟　79・338
劉君榮　35・188
劉君舉　71・519
74・491
劉　孜　1・777
73・49
劉孜佩　72・698
劉奉三　4・371
劉奉世　65・20
66・29
劉奉清　7・425
劉奉朝　63・620
劉奉詔　20・109
劉奉璧　24・545
劉　玭　72・584
劉　武　30・715
劉武昭　66・376
劉武孫　62・232
劉武貴　15・146
劉武聚　39・99
劉青芝(清高安)　62・299
劉青芝(清商河)　9・439
劉青再　72・642
劉青芳　62・528
劉青雲　49・93
劉　玠(宋)　75・568
劉　玠(明)　72・140
72・593
劉　玠(清)　32・43
劉　玢　64・545
劉　表　4・28
37・99
39・174
劉　玟　19・85
劉長生　23・666
24・580
27・616
劉長印　6・475
劉長年　73・111
劉長安　31・350
劉長杰　64・567
劉長和　6・222
劉長庚(清南豐)　71・601
劉長庚(清廣豐)　53・543
劉長庚(清寧津)　11・304
劉長春　34・321
劉長洲　12・382
劉長卿　50・547
59・171
劉長清　5・280
13・792
劉長勝　37・6
劉長富　36・174
劉長源　20・762
劉長壽　70・342
劉長慶　67・448
劉長興　9・441
劉長孺　1・743
劉坫吉　29・335
劉　坦　11・434
劉　坤　42・788
劉坤泰　45・136
劉坤瑞　74・38
劉　坰　20・761
劉　亞　72・628

劉其灼　80・608
劉其昌　11・471
劉其忠(明)　78・644
劉其忠(清)　19・119
劉其炳　78・429
劉其炤　50・498
劉其旃　19・575
劉其旋　4・413
17・640
19・564
劉其清　72・648
劉其斌　5・279
13・794
劉其渙　50・455
劉其遠　4・160
17・555
18・320
劉其煥　53・11
劉其禎　19・124
劉其醇　11・350
11・443
劉其鍾　71・618
劉其藻　44・436
劉其麟　39・631
劉若川　72・180
劉若沂　43・94
劉若枚　53・450
劉若金　75・412
77・586
劉若相　53・352
劉若柱　72・684
劉若虛　75・435
76・132
77・208
劉若廉　78・415
劉若藩　30・678
31・220
劉若蘧　4・357
32・40
劉茂中(見劉茂忠)
劉茂秀　30・719
31・224
劉茂林　64・440
劉茂松　18・582
劉茂忠　47・332
72・581
劉　英(明)　72・583
劉　英(清永安)　80・441
劉　英(清都昌)　50・122
劉英根　12・393
劉英魁　6・153
劉英聚　12・382
劉英鋒　78・429
劉英錡　34・222
劉苞麗　37・140
劉　直　38・718
劉直內　75・428
劉　林(明)　1・827
劉　林(清)　60・718
劉林甫　4・55
42・101
劉　杳　5・25
劉來泰　72・199
劉來甯　53・257
劉　松(明)　66・175
劉　松(唐)　60・742
劉　松(清)　77・182
劉松廷　12・131
劉松池　46・95
劉松林　70・342
劉松峯　41・207
劉松齡(清昌樂)　19・135
劉松齡(清新建)　46・283
劉　枋　19・102

劉枋洂 35・139
劉枋苞 35・120
劉枋格 35・119
劉枋榕 35・159
劉枋實 35・136
劉枋繡 35・175
劉　杰 72・186
劉述信 72・681
劉述倫 72・347
劉述堯 19・106
劉述巖 72・686
劉　東 5・129
32・609
劉東之 52・288
劉東甲 13・156
劉東成 64・49
64・595
劉東注 42・106
劉東魯(明掖縣) 24・530
劉東魯(明惠民) 12・120
劉事義 4・144
5・87
10・542
13・751
13・867
劉兩峯 73・358
劉兩湖 72・612
劉雨亭 4・391
劉協廷 35・174
劉協忠 14・144
劉協和 45・199
劉協泰 71・193
劉　郁 27・433
28・14
劉郁典 71・217
劉　奇(明) 44・216
劉　奇(清) 11・444
劉奇峯 18・567
劉奇遇 72・243
劉奇資 72・618
劉奇齡(清會稽) 37・54
劉奇齡(清滕縣) 36・520
劉拔俊 67・583
劉招孫 44・236
劉叔丙 72・648
劉叔宗 5・33
劉叔崧 72・133
劉叔智 79・146
劉叔榮 50・323
劉叔龕 72・177
劉　虎 35・96
劉尚仁 48・411
劉尚平 72・590
劉尚生 73・106
劉尚台 72・202
劉尚杜 67・475
劉尚忠 80・330
劉尚和 10・373
劉尚珍 50・453
劉尚貞 72・680
劉尚恬 72・679
劉尚琪 26・728
35・479
劉尚箕 72・652
劉尚樸 72・683
劉尚衡 72・621
劉尚爵 72・682
劉尚麟 72・203
劉　昊 73・71
劉　果 4・402
17・597
20・529
劉　杲 20・115
劉杲卿 21・581

	24・255
劉　昆(清)	31・831
	34・471
劉　昆(漢)	41・707
劉　昌(宋)	72・340
劉　昌(清昌邑)	19・619
劉　昌(清泰和)	72・361
劉　昌(漢)	15・492
劉昌士	73・10
劉昌印	30・301
	31・175
	31・182
劉昌言(民國)	36・740
劉昌言(宋)	79・442
劉昌杰	51・700
劉昌叔	72・698
劉昌雲	51・355
劉昌道	73・183
劉昌詩	65・271
劉昌壽	72・151
劉昌閣	51・495
劉昌誥	51・475
劉昌榮	30・303
劉昌緒	48・507
劉昌綸	51・261
劉昌蕃	60・666
劉昌録	72・226
劉昌贊	73・366
劉昌齡	25・130
劉　門	15・492
劉　昇(明永新)	73・145
劉　昇(明泰和)	72・344
劉　昇(清)	20・786
劉昇祚	1・842
	2・48
	16・435
	35・306
劉昇暘	61・488
劉　明(元)	58・248
劉　明(明)	31・825
	35・330
劉　明(清高唐)	39・759
劉　明(清閩清)	78・450
劉明泗	35・142
劉明祚	43・80
劉明普	51・584
	53・579
劉明道	72・341
劉明誠	8・421
劉明誥	74・454
劉明德	73・335
劉　昂(明)	74・33
劉　昂(金)	5・69
劉昂然	10・375
劉　炅	44・291
劉　迪	30・95
劉迪成	72・442
劉迪全	45・255
劉迪哲	72・491
劉迪簡	60・576
劉典瑞	72・368
劉　忠(元)	27・436
	28・424
劉　忠(明高安)	62・240
劉　忠(明掖縣)	24・344
劉　忠(明濮州)	4・122
劉　忠(清)	50・121
劉忠孝	4・384
	39・698
劉忠言	25・597
劉忠相	62・606
劉忠靠	62・666
劉忠慶	11・459
劉咏花	66・351

劉　岸　21·682
劉垂廣　72·653
劉垂寶　72·577
劉知先　6·467
劉知肅　78·446
劉　和　72·530
劉和鳴　72·245
劉季三　14·391
劉季友　30·399
劉季通　72·439
劉季純　72·636
劉季崇　44·115
劉季清　44·120
劉季裴　77·420
　77·449
劉季輝　73·108
劉季潯　67·328
劉季鑛　72·533
劉秉三　31·61
劉秉勺　67·464
劉秉中　70·531
劉秉印　14·129
劉秉周　67·415
劉秉信　67·460
劉秉素　18·582
劉秉烈　36·31
劉秉恕　23·613
劉秉敏　67·489
劉秉越　78·450
劉秉棟　45·267
劉秉鈞(元)　31·839
劉秉鈞(清)　71·588
劉秉渭　67·478
劉秉勤　72·619
劉秉搏　67·466
劉秉鉞　67·424
劉秉猷　45·266
劉秉福　67·472
劉秉臺　19·393
劉秉監　72·588
劉秉綿　45·256
劉秉彝　71·587
劉秉鑒　11·203
劉佳琦　73·218
劉　岳　72·650
劉岳申　72·488
劉岳頒　38·251
劉　岱(清定陶)　41·403
劉　岱(清高唐)　39·760
劉　岱(漢)　26·327
　26·588
　27·298
　27·427
　27·534
劉　侃(清沂水)　4·356
　32·39
劉　侃(清陽信)　43·128
劉　佺(元)　25·82
劉　佺(清)　43·132
劉佺齡　76·291
劉佩青　20·121
劉佩琪　53·40
劉依仁　41·808
劉　金　14·298
　16·419
劉金馬　5·355
劉金鼎　72·635
劉金銘　31·62
劉金綸　80·67
劉金聲　10·367
劉金礪　67·481
劉金鏞　10·465
劉金鐸　25·465
劉命清　69·391

劉　郚　37·800
41·57
劉受二　49·38
劉受祜　24·564
劉念拔　67·317
劉念典　80·389
劉念祖　72·246
劉　斺　1·741
37·802
41·60
65·17
66·21
劉　服　15·493
劉服在　72·636
劉　肥　15·491
劉周冕　72·662
劉　京(明)　73·41
劉　京(漢)　15·494
劉　庚(明)　17·545
劉　庚(清)　11·448
11·471
劉育侗　39·86
39·108
劉育德　19·564
劉　恫　43·100
劉　性(元)　72·131
劉　性(明)　71·447
劉性之　65·72
66·113
劉性仁　72·683
劉性同　76·348
劉性敏　47·515
劉怡泰　64·46
劉並秀　38·226
劉　炬　73·110
劉　炘(清昌樂)　19·134
劉　炘(清蒲城)　76·571
劉　炘(清嶧縣)　7·432
劉　炌　5·339
10·125
劉法成　9·497
劉法良　49·81
劉法順　38·242
劉法聖　9·864
劉法賢　49·116
劉法璟　10·375
劉　泗　77·436
劉　泮　37·676
劉泮源　74·346
劉　泌　59·35
劉　沼　21·506
劉　波　5·355
10·631
劉治定　72·643
劉　宗　80·301
劉宗元　64·286
劉宗仁　4·223
劉宗尹　34·439
劉宗孔　72·195
劉宗成　76·294
劉宗延　6·561
劉宗向　29·334
劉宗秀　7·429
劉宗周　9·413
劉宗炎　31·805
34·471
劉宗禹(明)　5·113
劉宗禹(清)　36·479
劉宗彥　34·257
劉宗泰　78·439
劉宗健　14·130
劉宗臯　9·432
劉宗高　47·572
劉宗海　14·390

劉宗著 41・403
劉宗梯 74・115
劉宗寅 80・759
劉宗堯(清高安) 62・513
劉宗堯(清掖縣) 24・550
劉宗裁 73・75
劉宗閔 72・692
劉宗舜 6・219
劉宗道 77・692
劉宗聖 72・677
劉宗誠 80・545
劉宗漢(明) 72・558
劉宗漢(清) 13・792
劉宗儒 45・12
劉宗諫 73・72
劉宗澤 78・440
劉宗濂 43・608
劉宗燦 43・603
劉宗濤 72・374
劉宗禮 1・801
34・436
劉宗觀 73・67
劉　定(宋) 58・29
劉　定(漢) 39・213
劉定之 73・143
劉定元 61・350
劉定邦 50・497
劉定名 63・309
劉定明 72・546
劉定侯 64・608
劉定泰 65・530
劉定國 44・336
劉定爵 67・303
劉宜載 73・67
劉官寶 53・92
劉　祉(元) 72・649
劉　祉(明) 72・133
劉　祉(漢) 41・380
劉　建 68・145
劉建中(清沙縣) 80・432
劉建中(清奉新) 67・188
劉建功 19・115
劉建安 23・260
劉建直 72・607
劉建莘 72・359
劉建隆 2・44
劉建業 34・288
劉建勳 19・115
劉居信 77・91
劉居敬 39・711
劉始昌 15・492
劉始達 19・122
劉承仁 73・80
劉承芳 76・233
劉承玟 74・131
劉承忠(元) 24・643
劉承忠(明) 1・796
劉承祉 29・619
劉承春 78・416
劉承祚 80・84
劉承烈 43・84
劉承恩(明) 74・469
劉承恩(清定陶) 41・396
劉承恩(清新昌) 63・310
64・548
劉承浩 78・429
劉承祧 14・725
42・955
劉承祥 68・240
劉承基 72・169
劉承乾(民國) 34・283
劉承乾(清) 47・277
劉承堯 41・396
劉承道 71・574

劉承弼　72・630
劉承楓　12・535
劉承業　76・218
　76・293
劉承遜　43・74
劉承熙(清曹縣)　41・181
劉承熙(清鉛山)　53・24
劉承誥　74・450
劉承寬(清大興)　12・205
　13・738
劉承寬(清安義)　66・526
劉承緒　49・362
劉承魯　13・799
劉承憲　72・638
劉承謨(清高密)　23・274
劉承謨(清贛縣)　73・384
劉承勷　13・812
劉承瀟　72・374
劉承繪　6・473
劉　孟　72・570
劉孟甲　39・66
劉孟虎　76・275
劉孟承　22・230
劉孟春(清南昌)　45・233
劉孟春(清慶雲)　11・471
劉孟逅　45・302
劉孟容　65・162
劉孟週　72・200
劉孟欽　46・617
　72・557
劉孟雷　72・176
劉孟節　15・584
劉孟雍　44・95
　45・471
劉函綱　21・441
劉　春(明吉安)　72・134
劉　春(明安溪)　79・383
劉　春(明富平)　18・691
　42・430
劉　春(明德安)　47・560
劉春生　67・485
劉春台　11・117
劉春表　67・145
劉春峯　38・284
劉春瑞　34・264
劉春煦　15・167
劉春暉　58・139
劉春臺　48・529
劉　珏　72・142
劉　珂(明安福)　72・568
　75・368
劉　珂(明魚臺)　37・660
劉　珂(明齊河)　4・223
　5・182
　10・121
劉　珂(清城武)　39・83
劉　珂(清博興)　14・142
劉　珍(明安福)　72・631
劉　珍(明南豐)　71・537
劉　珍(清吉安)　72・142
劉　珍(清章邱)　5・267
劉　珊(明)　40・33
　40・246
劉　珊(清)　72・674
劉型正　64・343
劉　城(明)　58・42
劉　城(清)　53・319
劉　政　73・31
劉政會　37・824
　41・715
劉　垢(宋)　76・392
劉　垢(明)　73・29
劉　荆　18・532
劉　荀　65・69

劉　胡　15·492
劉南山　59·156
劉南友　70·592
劉南立　72·264
劉南甫　72·478
劉南陽　73·47
劉南溟　64·582
劉　柯　49·516
劉　柄　70·259
劉　相(明)　32·627
劉　相(清)　5·310
　43·626
劉相臣　66·616
劉相吾　72·681
劉相弼　34·249
劉相煒　72·679
劉相輔　34·249
劉相儒　9·443
劉　柏　5·250
　6·209
劉柏齡　71·445
劉　柳　79·421
劉　勃(清)　77·720
劉　勃(漢)　31·349
劉軌思　12·134
劉　彧(元)　40·179
劉　彧(明)　15·593
　17·515
　18·305
劉　勑　5·121
劉柬之　72·178
劉　咸　72·302
劉厚元　72·682
劉　奎(宋)　72·267
劉　奎(明)　4·123
劉　奎(清高密)　23·349
劉　奎(清新昌)　63·309
劉奎齡　80·432
劉持中　4·214
　37·117
劉拱辰(金)　14·120
　15·576
　17·503
　19·38
劉拱辰(清)　50·60
劉拱宸　64·313
劉　挺　73·50
劉挺秀　38·224
劉　拯　75·543
　78·355
劉　貞(宋)　62·347
劉　貞(明昌樂)　17·514
　19·26
劉　貞(明萬載)　61·493
劉　貞(漢)　31·171
　31·350
劉貞吉　13·144
劉　昺　15·585
　18·576
劉昺珥　72·598
劉則久　4·373
　38·233
劉則旺　78·565
劉則晏　31·825
劉則唐　72·137
劉映洙　60·747
劉映輝　70·618
劉星伯　70·587
劉星源　14·383
劉星聚　72·673
劉星澄　72·692
劉星耀　70·527
劉星衢　67·460
劉　昱(明武城)　4·215

劉　昰(明彭澤)	49・5
劉　昭(元)	72・505
劉　昭(明吉水)	75・430
劉　昭(明吉安)	72・135
劉　昭(南北朝)	4・189
	5・26
	32・607
	39・558
	42・551
劉昭已	72・593
劉昭文	74・380
劉昭年	73・70
劉昭理	74・381
	74・444
劉昭雲	36・753
	36・766
劉昭諒	73・99
劉昭鏜	62・198
劉　界	20・760
劉　昀	20・761
劉思式	71・577
劉思臣	18・740
劉思光(明)	73・363
劉思光(清)	72・195
劉思廷	6・491
劉思忠	52・407
	71・512
劉思恭	18・378
劉思敬(元)	5・81
劉思敬(清)	65・319
劉思瑜	72・590
劉思誠(明山海衛)	1・797
劉思誠(明安福)	72・632
劉思義(元)	4・145
	37・38
劉思義(明禹城)	5・194
	10・636
劉思義(明新昌)	63・491
劉思誨	73・333
劉思榮	5・280
	13・793
劉思德	5・194
	10・632
劉思輯	59・75
劉思薰	35・489
劉思禮	77・139
劉思顏	1・818
	37・421
劉思騰	73・336
劉咬指	72・699
劉　峋	47・415
劉　香	23・655
劉秋桂	72・639
劉科臣	66・616
劉科實	73・183
劉　重	2・78
	13・496
劉重任	12・314
劉重殷	29・221
劉重照	18・544
劉重慶	4・201
	23・640
	24・510
劉重選	29・222
劉　便	15・492
	18・432
劉　修	73・21
劉修已	6・323
劉修德	1・760
劉　保	37・844
劉保艾	18・276
劉保棠	78・422
劉保楨	78・445
劉保鏞	34・261

劉　信(明安福)　72・698
劉　信(明南溪)　75・367
劉　信(明鄒平)　5・141
13・756
劉　信(明魏縣)　21・134
23・617
劉　信(金)　1・750
10・39
19・91
劉信成　72・675
劉信芳　64・581
劉信亭　19・126
劉信烈　2・89
9・725
劉信梅　80・232
劉信發　62・604
劉　泉(明)　72・573
劉　泉(清)　64・43
劉　禹(宋)　5・63
劉　禹(漢)　15・493
劉禹卿　39・72
劉禹謨　72・138
劉　迥　68・318
劉　俊(明光澤)　77・282
劉　俊(明博平)　4・223
劉　俊(明湖口)　48・482
劉　俊(明新鄉)　1・810
9・140
劉　俊(清安溪)　79・421
劉　俊(清奉新)　67・438
劉　俊(清歷城)　5・248
6・208
劉俊材　78・447
劉俊迪　53・452
劉俊德　19・573
劉　待　75・663
劉　衍　77・672
劉衍洙　5・384
劉衍剛　38・287
劉衍温　36・735
劉衍疇　72・244
劉　律　13・385
劉律本　73・100
劉後啓　74・23
劉　弇(宋)　72・607
劉　弇(唐)　49・516
劉　勉　72・472
劉勉三　69・543
劉勉之　76・374
劉　風　72・151
劉風起　80・533
劉風清　72・185
劉胤昌　19・637
劉　亮(晉)　1・701
12・91
劉　亮(清萬安)　73・112
劉　亮(清瑞金)　74・233
劉亮采　4・200
5・108
34・205
劉　度　41・151
劉庭式　4・245
5・62
20・482
32・640
劉庭老　72・648
劉庭蕙　76・736
劉庭蘭　76・736
劉彦士　70・576
劉彦杰　29・316
劉彦清　58・147
劉彦弼　72・648
劉彦登　73・140
劉彦煦　29・270

劉彥傳 73・378
劉彥誠 50・13
劉彥銘 64・293
劉彥德 63・340
劉 庠 1・734
劉庠麟 70・408
劉 奕 75・436
劉帝則 73・177
劉 恒(宋) 62・1
劉 恒(清昌樂) 17・586
19・19
劉 恒(清泰和) 72・334
劉恒迪 73・255
劉恒修 37・680
劉恒泰 61・474
劉 恆(明) 72・449
劉 恆(清) 19・134
劉恢祖 11・436
11・448
劉 恂 36・484
劉 恪 49・435
劉美華 36・744
劉美善 62・521
劉首占 69・465
劉首拔 72・141
劉首昂 72・185
72・651
劉 炳(宋) 73・335
76・379
劉 炳(明) 58・19
劉 炳(清文登) 32・450
33・75
劉 炳(清浮梁) 47・285
劉 炳(清閩清) 78・429
劉炳文 21・682
劉炳垣 63・479
劉炳南 67・338
劉炳恕 1・757
6・293
劉炳焜 60・176
劉炳椿 67・483
劉炳勳 18・554
劉炳藻 60・698
劉 炯(宋) 76・392
劉 炯(清) 21・755
劉炯然 37・684
劉 炲 21・360
劉 洪(民國) 78・423
劉 洪(明) 1・815
12・247
劉 洪(漢) 4・171
15・610
31・329
31・840
32・3
劉洪恩 29・92
劉洪倉 9・431
劉洪卿 53・646
劉洪基(明) 24・549
劉洪基(清) 15・139
劉洪道 18・293
劉洪範 72・582
劉洪霖 67・157
劉洪謨 44・312
72・56
劉 洹 72・200
劉 洧 5・251
6・210
劉 洞(南唐) 72・179
72・561
劉 洞(清) 5・278
13・780
劉洞誠 72・699
劉 洙 72・147

劉　派 27・76
劉　洽(宋) 72・581
劉　洽(清) 4・388
14・708
劉　洵(明高唐) 39・697
劉　洵(明鄆城) 40・119
40・265
劉　津 38・226
劉　宣 72・567
劉宣化 70・553
劉宣性 67・493
劉宣堂 64・40
劉宣清 67・162
劉宣琴 67・494
劉宣猷(清玉山) 50・270
劉宣猷(清新昌) 64・602
劉宣颺 11・471
劉　宬 78・140
劉　室 72・557
劉冠三 23・68
劉冠甲 34・219
劉冠英(清宜春) 60・685
劉冠英(清泰安) 33・238
劉冠南 72・138
劉冠寰 71・541
劉　祜(明武定) 4・240
12・120
劉　祜(明掖縣) 24・510
24・668
劉　祐(明) 23・638
劉　祐(漢) 1・694
劉祖年 52・539
劉祖陶 49・201
劉祖純 78・450
劉祖球 46・264
劉祖望 78・416
劉祖貴 72・225
劉祖蔭 78・432
劉祖端 78・418
劉祖澄 78・418
劉祖憲 78・409
劉祖謙 79・351
劉祚芹 64・527
劉祚芳 5・367
8・326
劉祚遠 17・596
劉祚鉞 63・572
劉祇德 72・662
劉屏藩(清雲南) 14・694
39・809
劉屏藩(清德化) 78・624
劉　陞 49・218
劉陞聯 78・436
劉飛健 60・424
劉飛鳳 71・113
劉飛翰 60・288
劉飛鵬 72・361
劉飛鸞 72・153
劉　勇 48・504
劉蚤譽 2・84
劉　柔 24・579
劉　彖 72・378
劉　約 4・152
31・783
劉　紀(明) 80・52
劉　紀(清) 72・208
劉　泰(元) 72・241
73・102
劉　泰(明) 7・379
劉　泰(清奉新) 67・449
劉　泰(清慶雲) 11・448
劉泰平 60・283
劉泰兆 74・159
劉泰江 74・129

劉泰亨 77·209
劉 珙 26·8
劉珙徵 65·128
劉 珖 27·102
劉珖洪 72·205
劉 珠 18·577
劉 珫 29·85
劉 珽 17·577
19·19
劉 珩 29·322
劉 珣(明城武) 39·98
劉 珣(明新會) 16·421
劉珣器 76·351
劉 琉 4·86
15·550
劉 珝 4·100
15·553
17·516
18·492
劉 素 12·197
劉起文 60·237
劉起交 25·650
劉起芬 44·455
劉起沛 38·245
劉起協 45·245
劉起厚 44·473
劉起教 45·180
劉起蛟 27·162
劉起湘 45·171
劉起鳳(清南豐) 71·592
劉起鳳(清興安) 74·540
劉起鳳(清贛縣) 73·364
劉起幟 72·151
劉起濳 12·329
劉起龍(宋) 65·326
劉起龍(清) 41·403
劉起瞻 60·644
劉 貢 43·57
劉貢鼎 72·363
劉貢璣 73·80
劉耆功 17·582
18·355
劉 華 73·78
劉華甫 68·76
劉華松 46·266
劉華科 60·382
劉華亭 4·385
39·678
劉華峰 14·144
劉華彬 51·246
劉華彪 51·459
劉華彩 51·260
劉華章 80·255
劉華楝 51·247
劉華彰 51·638
劉華選 19·389
劉華齡 10·149
劉 恭(宋) 71·336
劉 恭(明) 76·320
劉恭甫 60·178
劉 莊 1·833
18·693
42·431
42·511
劉莊鼎 72·639
劉荷開 72·207
劉 莘 58·39
劉 桂 37·775
劉桂平 73·70
劉桂芬 12·333
劉桂芳 63·318
劉桂林 76·405
劉桂祥 67·312
劉桂選 35·138

劉桂攀　72・680
劉　桓(明)　78・539
劉　桓(清昌樂)　19・99
劉　桓(清廣豐)　53・535
劉　桐(明永新)　73・149
劉　桐(明贊皇)　1・830
劉　桐(清昌樂)　19・83
劉　桐(清齊河)　10・148
劉　桐(清榮成)　29・619
劉桐峨　43・72
劉　格(元)　73・161
劉　格(宋)　62・341
劉　核　53・445
劉　根　15・492
劉根漢　49・85
劉　索(金)　1・750
　33・681
劉　索(清)　35・307
劉軒高　48・367
劉連玉　72・151
　72・670
劉連璲　37・700
劉　夏(明)　72・582
劉　夏(晉)　24・555
劉　砥　75・568
　78・474
劉砥柱　70・294
劉　原　31・777
　34・470
劉原芳　15・573
　31・329
　32・3
劉原炌　73・73
劉原祖　61・763
劉原弼　72・445
劉脊虛　65・395
　66・643

　67・2
劉　烈　77・96
　77・182
劉　振　70・39
劉振之　18・4
劉振古　48・388
劉振甲　13・803
劉振邦(民國)　37・4
劉振邦(清)　25・31
劉振先　17・610
　18・500
劉振廷　14・139
劉振仲　38・575
劉振昌　62・110
劉振南　31・60
劉振俊　72・644
劉振庭　19・121
劉振海　19・109
劉振緒　24・319
劉振興　42・403
劉振鐸　62・202
劉　哲(明安福)　72・585
劉　哲(明萬安)　73・71
劉致中　78・419
劉致和　52・389
劉致讓　64・47
劉晉錫　80・441
劉　時　73・171
劉時中(元)　5・99
劉時中(清)　19・599
劉時可　67・167
劉時省　73・410
劉時俊(明安義)　66・616
劉時俊(明昌樂)　17・577
　19・19
劉時彥　14・364
　17・529

劉時美 72·633
劉時通 73·337
劉時基 64·567
劉時習 71·223
71·376
劉時紹 72·185
劉 財 5·250
6·209
劉財茂 11·293
劉 晟(元) 60·265
劉 晟(明) 77·140
劉 晃 20·786
劉 晏 4·57
37·825
41·722
劉 哻(明高安) 62·50
劉 哻(明萬州) 77·93
劉 恩 31·30
劉恩子 14·132
劉恩序 73·78
劉恩培 72·239
劉恩澤 34·255
劉恩瀛 15·157
劉 峴 73·64
劉 峩(明) 79·383
劉 峩(清) 4·365
38·258
38·334
劉 峻(明) 73·64
劉 峻(南北朝) 4·190
5·24
18·443
劉剛中 80·519
80·583
劉剛仲 49·3
劉特生 48·442
劉乘六 72·204
劉乘雲 12·496
劉乘蓮 63·485
劉 秩(明安福) 72·585
劉 秩(明萬安) 73·49
劉 秩(明豐城) 68·51
劉 倬(宋) 60·202
劉 倬(清大庾) 74·366
劉 倬(清湖口) 48·565
劉倬明 14·127
劉 倫 1·826
41·285
劉倫正 72·593
劉倫重 72·631
劉倜世 64·531
劉 倓 18·542
劉 健(元) 77·581
劉 健(清) 45·81
劉師少 52·217
劉師文 65·245
劉師尹(宋侯官) 75·478
76·12
78·506
劉師尹(宋新昌) 64·179
劉師尹(明) 72·594
劉師古(宋) 50·99
劉師古(明) 4·227
劉師吉 26·595
劉師周 60·697
劉師孟 9·721
劉師皋 63·303
劉師殷 60·563
劉師道 41·732
劉師奭 72·672
劉師魯 24·328
劉師韓 70·301
劉 釗(宋) 50·84
劉 釗(清奉新) 67·332

劉　釗(清新昌)	64・49
劉　釗(清樂陵)	9・61
劉　釜	73・72
劉　脩	32・23
劉逢升	76・333
劉逢吉	72・244
劉逢年	14・382
	32・2
劉逢春	72・642
劉逢泰	72・647
劉逢時	67・457
劉逢盛	68・417
劉逢愷	72・323
劉逢源(明)	10・447
劉逢源(清)	13・800
劉　訏	4・252
	5・25
劉　訓	60・554
劉訓和	78・435
劉訓極	78・444
劉訓棠	78・450
劉訓畬	78・420
劉訓詮	78・420
劉訓嘉	78・421
劉訓熙	78・448
劉訓箴	78・437
劉訓儒	78・442
劉　訒	37・665
劉訒吉	64・611
劉　畝	76・492
劉　高(明南豐)	71・532
劉　高(明廣豐)	53・341
劉高山	76・342
	77・642
劉高仲	41・395
劉高陛	53・373
劉高培	72・142
劉高崇	77・643
劉高庸	64・519
劉高揚	74・272
劉高魁	73・428
	74・41
劉席民	37・550
劉席珍(清萬年)	60・359
劉席珍(清新昌)	64・38
劉唐天	51・652
劉唐程	72・246
劉唐穩	72・245
劉　旁	9・25
劉　悟	18・19
劉悟大	72・676
劉　悦	7・380
劉悦仁	72・676
劉悦泗	39・87
劉　益	72・443
劉益榮	72・603
劉　朔	75・425
	78・5
劉　烒	71・593
劉　烜(明安仁)	60・28
劉　烜(明南豐)	71・538
劉　烶	80・85
劉　烾	76・396
劉　浦	12・135
劉　浙(明青城)	4・224
劉　浙(明廣昌)	74・493
劉　涇	1・846
劉　浩(明)	39・99
劉　浩(清金門)	77・669
劉　浩(清海陽)	29・864
劉　浩(清浮梁)	47・229
劉　海	5・84
	32・624
劉海嶽	79・318

劉海蟾　27・273
劉　浴　5・264
　32・646
劉浣性　35・510
劉浤發　74・420
劉　浚(宋)　72・617
劉　浚(明安福)　72・696
劉　浚(明南昌)　45・160
劉浚甫　73・174
劉　宸　30・688
劉家升　72・508
劉家序　67・196
劉家炎　39・189
劉家珣　39・188
劉家琢　72・365
劉家棋　72・243
劉家瑞　39・187
劉家義　48・252
劉家駒(清江西新城)　71・435
劉家駒(清沙縣)　80・389
劉家範　4・372
劉家謀　76・112
劉家鎮　76・101
劉家鵬　66・576
劉家驥(清安福)　72・602
劉家驥(清高安)　62・330
劉容隨　38・291
劉　宰　74・362
劉宰金　38・563
劉　案　70・74
劉　朗　10・149
劉朗然　32・483
　33・558
劉　祥(明安福)　72・587
劉　祥(明長樂)　75・646
　78・564
劉　祥(南朝齊)　4・187
　30・670
劉　祥(清)　11・292
劉祥生　74・22
劉祥紱　13・149
劉祥雲　13・153
劉祥道　42・101
劉祥槐　74・421
劉祥緯　33・293
劉祥麟　11・300
劉　書(清丹徒)　2・111
　19・587
劉　書(清長汀)　80・50
劉書田　31・58
劉書林　11・91
劉書胤　40・47
　40・235
劉書梓　12・334
劉書雲　79・357
劉書畬　11・289
劉　陵　49・151
　51・2
劉　陶　72・137
劉陶成　63・568
劉陶祈　79・318
劉　恕　49・411
　62・11
劉　通(元)　4・95
　10・84
　10・121
　10・227
　10・264
劉　通(明諸城)　4・247
　17・568
　20・557
劉　通(明觀城令)　42・23
劉通善　62・515
劉　能　62・211

劉　翀	37・40
劉務秝	72・668
劉孫孫	68・484
劉　紘	72・588
劉　純(宋)	76・404
	77・212
劉　純(明惠民)	12・136
劉　純(明歷城)	5・102
劉　純(清武定)	15・111
	15・169
劉　純(清昌樂)	19・106
劉純一(清吉安)	72・143
劉純一(清昌樂)	19・108
劉純生	76・476
劉純修	19・87
劉純煒	17・639
	20・760
劉純福	53・632
劉純輝	53・64
劉純慶	30・98
劉純禮	12・382
劉　球(明)	72・578
劉　球(清)	51・226
劉球瑛	76・292
劉　理	72・671
劉理中	63・310
劉　現	77・419
劉　琅(清上杭)	71・630
劉　琅(清濰縣)	21・512
劉　埴	20・761
劉　域	37・723
劉　逵(宋)	76・275
劉　逵(明)	26・12
劉　逵(唐)	75・418
	77・500
劉　教	72・176
	72・493
	72・587
劉教昌	62・419
劉　培	67・479
劉培元	73・107
劉培秀	72・233
劉培英	72・597
劉培陽	2・54
	13・496
劉培裕	36・553
劉培溪	7・434
劉培碩	7・435
劉培顯	35・500
劉執中(明)	61・500
劉執中(清)	67・469
劉執忠	76・300
劉執持	71・626
劉執經	21・623
劉　基(三國)	4・32
	26・589
	27・299
	27・427
	27・539
	45・318
	46・572
劉　基(明)	63・183
劉基操	62・430
劉　菁	78・548
劉著堂	19・87
劉黄鍾	11・1
	11・83
劉菽園	13・150
劉乾德	19・42
劉　梺	72・287
劉　彬(清奉新)	67・338
劉　彬(清萬安)	73・81
劉　彬(漢)	33・835
劉彬華	72・373

劉梧喈　72·186
劉　梅　9·861
劉梅峯　39·201
　39·435
劉梅海　72·361
劉　梓(清廣豐)　53·357
劉　梓(清寧陽)　35·147
劉梓材　61·312
劉　敕　74·251
劉　盛(明)　5·206
　8·602
劉　盛(清)　72·169
劉盛年　17·635
　18·523
劉盛林　39·312
劉盛勳　73·108
劉捷元　62·643
劉掄元(清奉新)　67·477
劉掄元(清新昌)　64·492
劉掄元(清臨清)　14·746
劉掄升　21·632
劉採榮　47·351
劉授書　64·579
劉　掞　71·517
劉　彪　64·362
劉　堂　49·18
劉堂榮　48·400
劉　常(明長泰)　78·657
劉　常(明新昌)　63·410
劉　常(唐)　76·400
劉　常(漢)　15·493
劉常棣　6·451
劉野夫　15·616
　17·673
　18·428
劉問達　80·440
劉　晞　46·468
劉　冕　72·175
劉　國　15·492
劉國正　73·442
劉國杰　72·204
劉國治(清安福)　72·657
劉國治(清恩縣)　11·90
劉國相　44·237
劉國柱(清吉水)　72·535
劉國柱(清侯官)　76·127
劉國柱(清新昌)　64·285
劉國柱(清廣饒)　14·391
劉國泰　73·93
劉國華(清安福)　72·638
劉國華(清單縣)　38·230
劉國軒　80·6
劉國連　72·653
劉國珵　37·783
劉國琇　53·632
劉國章　60·714
劉國清　73·441
劉國琛　78·413
劉國棟(清安福)　72·685
劉國棟(清萬安)　73·76
劉國棟(清齊河)　10·83
劉國惠　72·204
劉國順　72·246
劉國傑　18·300
劉國斌　24·692
劉國瑞　80·758
劉國楨　2·39
　8·467
劉國會　1·810
　9·141
劉國賓　77·387
劉國璞(明)　73·79
劉國璞(清)　19·34
劉國翰　29·332

劉國機　28・14
劉國錦　72・255
劉國縉　21・797
劉國攀　78・418
劉國璽　75・682
劉國觀　71・610
劉　崧　72・277
73・115
74・46
劉崧高　53・449
劉　崑(明)　73・64
73・67
劉　崑(清)　44・397
劉崑玉　63・460
劉崑齡　38・270
38・352
劉　崇(明長汀)　80・16
劉　崇(明萬安)　73・72
劉　崇(清)　72・622
劉崇之　75・425
76・404
劉崇仁　78・415
劉崇明　35・153
劉崇侃　62・575
劉崇信　74・497
劉崇美　66・596
劉崇桂　62・409
劉崇晉　70・243
劉崇倫　70・329
劉崇高　62・521
劉崇晚　62・487
劉崇偉　73・93
劉崇堯　73・104
劉崇鼎　50・74
劉崇質　53・556
劉崇德　77・269
劉崇慶　53・346
劉崇齡　38・283
劉　過　72・266
劉　敏(明吉水)　72・472
劉　敏(明峽江)　73・327
劉　敏(清)　11・447
11・470
劉敏元　4・245
15・570
18・507
19・13
19・77
23・651
劉敏中　4・89
5・88
18・45
32・592
劉敏求　72・263
79・141
劉敏昌　62・256
劉敏聰　9・623
劉　偉(清長汀)　80・47
劉　偉(清濰縣)　4・449
21・387
劉偉瞻　35・122
劉　偘　63・114
劉　倆　1・747
14・109
劉進明　21・357
劉進忠　17・567
19・322
劉進曾　11・448
劉進寶(清山東)　73・347
劉進寶(清廣寧)　28・704
劉得由　74・9
劉得泰　45・132
劉得珠　49・371
劉得誠　38・283

劉從仁　32・448
　33・73
劉從古　72・190
劉從竹　75・621
劉從堯　5・217
劉從聖　13・156
劉從龍　78・181
劉從灝　73・79
劉　釪　72・568
　75・366
劉　敘　71・611
劉欲尹　19・619
劉欲植　72・208
劉　週　73・96
劉　象　77・362
劉象山　9・433
劉象升　80・48
劉象甫　12・125
劉象祖　69・617
劉象鼎　36・735
劉象賢　67・474
劉　猛　4・27
劉　寂　70・282
劉　馗　7・345
劉　訥　72・313
劉　訢　29・115
劉　康(明)　73・96
劉　康(後漢)　10・226
　10・504
劉　康(漢)　39・213
　41・380
劉康乂　1・729
　15・560
　16・400
　20・481
劉康夫　75・436
　76・117
劉鹿鳴　19・136
劉　章(宋)　72・128
劉　章(明昌樂)　17・518
　19・26
劉　章(明陸川)　76・352
劉　章(後漢齊哀王)　1・691
　15・494
劉　章(清)　59・84
劉　章(漢城陽景王)　7・134
　15・491
　30・636
劉章仁　80・634
劉章華　50・103
劉　翊　73・323
劉翊炘　35・193
劉望芹　72・360
劉望祖　79・420
劉望雲　74・20
劉　衮　73・146
劉惟思　72・182
劉惟善　72・370
劉惟遠　58・133
劉惟壽　66・412
劉惟廣　78・415
劉惟精　37・850
劉惟讚　73・79
劉　惇　4・260
　5・20
　72・249
劉眷爾　73・186
劉　烺　20・790
劉　清(明吉水)　72・443
劉　清(明壽張)　42・742
劉　清(明德化)　48・30
劉　清(清瑞金)　74・217
劉　清(清廣順)　2・24
　25・92

	37・817
	39・150
劉清之	53・199
	65・34
	66・71
	72・174
劉清夫	76・395
劉清江	39・302
	39・427
劉清泉(清長清)	34・293
劉清泉(清宜春)	60・652
劉清泰	31・57
劉清華(清安義)	66・614
劉清華(清寧津)	11・287
劉清浦	19・406
劉清貴	9・849
劉清甯	74・184
劉清源(清鄒平)	13・800
劉清源(清臨朐)	19・318
劉清選	34・221
劉清磵	70・537
劉添籌	53・187
劉　淇	10・632
劉淇泉	30・688
劉淑身(清博興)	14・138
劉淑身(清鉅野)	39・340
	39・434
劉淑昌	62・299
劉淑周	38・260
劉淑後	35・119
劉淑桐	35・192
劉淑唐	72・613
劉淑瑛	35・149
劉淑遠	47・461
劉淑隨	35・192
劉淑璨	35・149
劉淑瀛	35・185
劉　淛	72・351
劉　淮(清城武)	4・374
	39・59
劉　淮(清鉅野)	39・197
劉　淳	16・438
劉　淙	5・133
	32・601
劉　深(明)	75・715
劉　深(明吉水)	72・440
劉　深(清陵縣)	8・325
劉　深(清淄川)	5・286
	6・354
劉　深(清無棣)	13・143
劉　梁(明)	80・301
劉　梁(清)	67・457
劉　梁(漢)	4・184
	35・73
劉　涵	78・420
劉涵之	24・522
劉　寅(明大庾)	74・362
劉　寅(明壽張)	42・749
劉扈芸	60・282
劉　啓	73・159
劉啓元(明)	70・522
劉啓元(清)	31・835
劉啓先	29・77
劉啓位	74・127
劉啓秋	60・707
劉啓湛	74・40
劉啓禎	63・146
劉啓漢	1・798
	34・45
	34・74
劉啓熊	76・219
劉啓潤	30・679
劉啓澄	64・26
劉啓澤	21・778

劉啓濂 78・394
劉啓藩 64・46
劉將軍 1・703
劉將孫 72・183
73・25
劉將閭 15・491
劉階升 30・745
劉　陽 72・605
劉　隅 4・126
31・785
劉　隆(明吉安) 72・134
劉　隆(明武平) 80・69
劉　隆(明彭澤) 49・3
劉隆貞 48・207
劉隆盛 62・567
劉隆瑞 72・649
劉習玾 15・163
劉　參(清崇仁) 70・392
劉　參(清寧都) 74・173
劉　紱 73・242
劉組煥 20・760
劉　紳(元) 44・72
劉　紳(明昌樂) 15・567
17・526
19・18
劉　紳(明掖縣) 23・636
24・516
劉　紹(宋) 27・300
劉　紹(明江西新城) 71・424
劉　紹(明崇仁) 70・221
劉　紹(明寧鄉) 27・381
27・801
劉紹丙 80・117
劉紹先 72・190
劉紹向 78・439
劉紹豸 76・321
劉紹武 32・43
劉紹宜 78・438
劉紹軒 78・451
劉紹唐 80・47
劉紹寅 71・592
劉紹紱 32・146
劉紹曾 11・459
劉紹幾 78・419
劉紹聖 38・284
38・351
劉紹筠 36・502
劉紹義 38・284
劉紹瑨 71・596
劉紹綱 76・113
劉紹篁 73・80
劉紹錡 73・63
劉紹錦 71・593
劉紹禮 38・285
劉紹藜 64・36
劉紹寵 45・264
劉紹權 45・82
劉　馭 72・634
劉　琴 43・69
劉　琈 37・715
劉　珷 72・585
劉　琪(明) 72・590
劉　琪(清莒縣) 30・688
31・223
劉　琪(清陽信) 43・121
劉　瑛(明) 66・153
劉　瑛(清安福) 72・647
劉　瑛(清慶雲) 11・440
劉　琦 8・637
劉琦齡 79・184
劉　琢(清宜春) 60・695
劉　琢(清莒縣) 30・723
劉　琥 74・363
劉　琰(三國) 35・713

劉　琰(宋)　73・114
劉　琰(清泰安)　31・832
32・393
33・269
劉　琰(清陽穀)　12・253
12・310
12・361
12・362
劉　琮(元)　4・236
5・100
劉　琮(宋)　72・486
劉　琮(清掖縣)　24・558
劉　琮(清章邱)　5・267
劉琮玉　58・120
劉　琯(清章邱)　32・652
劉　琯(清膠州)　22・313
劉　琬　58・219
劉　琛(宋)　75・585
79・58
劉　琛(清安福)　72・628
劉　琛(清奉新)　67・339
劉　琛(清莒縣)　30・690
31・226
劉　琚　32・25
劉　堯　80・16
劉堯夫　69・299
70・461
劉堯孟　78・425
劉堯章　78・173
劉堪任　72・657
劉　超(明)　46・499
劉　超(晉)　4・203
30・78
劉超境　64・573
劉　賁　51・50
劉　喜　39・213
劉喜海　4・413
劉彭祿　38・257
劉彭離　31・349
劉彭齡　76・326
劉報玉　61・466
73・328
劉　達(明)　25・163
劉　達(清)　2・28
14・693
42・938
劉達人　48・395
劉達己　72・618
劉達夫　75・438
76・119
劉達文　71・334
劉達可　72・7
劉達旨　62・408
劉達泉　67・329
67・438
劉達桂　50・113
劉達僧　72・697
劉達觀　53・475
劉　壹　45・402
劉　堳　39・733
劉斯枘　45・238
劉斯勉　72・205
劉斯祚　71・612
劉斯陛　45・64
劉斯埭　44・329
劉斯組　46・345
劉斯琦　45・67
劉斯嵋　2・21
9・139
71・604
劉斯裕　71・601
劉斯睿　72・694
劉斯增　71・610
劉斯樞　45・174

劉斯禧　71・601
劉斯豐　6・564
劉期辰　66・603
劉萬里(宋)　73・102
劉萬里(明)　43・26
劉萬里(清)　78・426
劉萬青　72・683
劉萬金　40・584
劉萬春　43・105
劉萬秩　71・564
劉萬倉　34・345
劉萬頃　72・271
劉萬象　67・316
劉萬程　71・564
劉萬鳴　74・242
劉萬禩　74・58
劉葆宣　7・388
劉葆真　67・329
劉葆彝　76・479
劉　敬(明上杭)　80・128
劉　敬(明江陰)　47・341
劉　敬(明武進)　1・820
劉　敬(明陝州)　76・465
劉　敬(清南豐)　71・571
劉　敬(清崇仁)　70・84
劉敬元　67・205
劉敬心　72・618
劉敬和　1・725
　6・285
　13・722
　14・214
　15・524
　16・400
劉敬亭　18・552
劉敬宣　18・1
劉敬基　45・189
劉敬源　72・686
劉敬熙　74・391
劉朝先　48・220
劉朝任　48・387
劉朝英　50・114
劉朝昇　63・383
劉朝宗　2・97
　16・450
　37・569
　38・413
劉朝相　78・729
劉朝陽　67・370
劉朝棟(民國)　27・819
劉朝棟(清)　70・493
劉朝祿　74・497
劉朝瑄　78・437
劉朝聘　66・475
劉朝裔　70・398
劉朝噩　73・152
劉朝興　51・629
劉朝錡　73・111
劉朝獻　78・415
劉朝曦　78・419
劉悳熙　74・112
劉　葵　13・157
劉　棋　17・627
　19・20
劉植桂　60・323
劉植瑲　12・143
劉　森　73・179
劉森然　64・614
劉棼遠　62・290
劉　棟(明)　25・265
　25・418
劉　棟(清安邱)　17・657
　19・563
劉　棟(清昌樂)　19・105
劉　棬　79・412

劉軼政 19・11

劉惠恒 76・204

劉惠卿 72・559
72・697

劉惠然 72・694

劉惠疇 58・242

劉　雄(明) 76・337

劉　雄(漢) 1・690

劉　雲 15・492

劉雲青 53・407

劉雲峯 13・146

劉雲漢(清上饒) 51・505

劉雲漢(清臨清) 14・715

劉雲隨 38・275

劉雲慶 30・101

劉雲龍 72・140

劉雲濤 70・496

劉雲驃 9・695

劉雲衢 72・511

劉雲驤(清新昌) 63・460

劉雲驤(清壽光) 18・581

劉　雯(元) 72・577

劉　雯(清) 71・585

劉雯雲 9・426

劉　雱 70・530

劉　揮 11・438

劉　鎊 20・760

劉雅化 41・406

劉　棐 4・417
17・625
20・530

劉紫貴 72・545

劉　敞 1・737
65・9
66・12

劉　棠 78・679
78・722

劉掌翰 37・172

劉晴嵐 38・275

劉量溥 72・641

劉　鼎(元吉安) 72・132

劉　鼎(元章邱) 5・88
32・622

劉鼎元 67・330

劉鼎臣(宋) 72・264

劉鼎臣(清) 4・357
32・44

劉鼎勳 30・735

劉　戢 72・589

劉　開 49・507

劉開元 67・421

劉開文 4・295
5・275
13・777

劉開先 17・619
20・118

劉開金 73・375

劉開泰 28・38

劉開桂 63・475

劉開祥 71・565

劉開第 11・400

劉開雲 73・393

劉開聖 72・207

劉開業 38・255

劉開鉞 73・391

劉開煌 63・619

劉開煇 43・616

劉開源 35・167

劉開福 78・423

劉　閔 78・13

劉遇奇 72・178

劉遇明 19・619

劉遇庚 12・501

劉遇泰 38・225

劉遇顯　62·415
劉　景　39·763
劉景元　36·748
劉景石　5·88
　32·625
劉景平　30·110
劉景芬(清萬年)　60·392
劉景芬(清閩清)　78·417
劉景芳　39·99
劉景沂　5·199
　34·63
劉景忠　72·169
劉景和　22·236
劉景岱　9·621
劉景春(清安福)　72·657
劉景春(清昌樂)　19·123
劉景信　43·67
劉景洪　73·157
劉景泰　67·465
劉景雲(清泰和)　72·372
劉景雲(清臨淄)　7·182
　17·665
劉景渤　72·204
劉景瑗　76·645
劉景暘　61·588
劉景寬　50·454
劉景鐶　72·675
劉　貴(明禹城)　5·188
　10·633
劉　貴(明寧津)　11·283
劉貴一　73·440
劉貴生　12·388
劉貴祖　60·510
劉貴海　74·239
劉貴慶　12·387
劉　嵒　29·617
劉　嵂　4·418
　14·128
　17·632
劉　黑　15·492
劉黑馬　4·94
　5·77
劉黑塔　30·329
劉無名　21·745
劉　智(明)　4·151
劉　智(晉)　4·171
　5·21
　39·558
　42·550
劉　智(唐)　72·125
劉智芳　64·356
劉智勇　72·685
劉程之　48·298
劉程木　70·586
劉　喬(明)　73·49
劉　喬(南北朝)　72·581
劉喬松　72·635
劉　策(明魚臺)　37·679
劉　策(明惠民)　12·105
劉策先　4·359
劉　筈　36·422
劉　筌　31·817
劉　備　8·464
　42·542
劉　順(元)　36·476
劉　順(明)　77·447
劉順元　53·39
劉順清　43·104
劉　傑(元)　70·514
劉　傑(明)　5·120
劉　傑(清江蘇)　77·504
劉　傑(清泰和)　72·372
劉傑二　69·429
劉　皓　80·67

劉復仁　21·395
劉復旦　72·247
劉復芳　77·364
劉復亨(元惠民)　12·135
劉復亨(元齊河)　5·89
　10·121
劉復亨(清)　39·72
劉復初(明)　1·801
　32·355
　33·219
　34·474
劉復初(清)　19·34
劉復明　72·686
劉復治　27·172
劉復翁　72·189
劉復祥　74·129
　74·138
劉復魁　12·330
劉復誠　74·130
劉　循　74·478
劉循綱　39·190
劉鉅元　72·245
劉　鈐　72·646
劉　欽(宋吉水)　72·147
　72·501
劉　欽(宋建陽)　76·392
劉　欽(明)　64·600
劉　欽(清)　45·189
劉　欽(漢)　37·800
　41·57
劉欽佩　72·205
劉欽命　72·137
劉欽亮　78·436
劉欽鄰(見劉欽隣)
劉欽隣　64·282
　72·151
劉　鈞(宋)　73·335
劉　鈞(清)　11·438
劉鈞信　20·788
劉　銃　15·576
　17·522
　18·556
劉　逾　50·141
劉　爲　72·588
　75·413
　78·453
劉爲先　72·141
劉爲彬　30·687
　31·222
劉爲渠　72·184
劉爲琛　47·426
劉爲幹　39·68
　41·220
劉爲纁　45·83
劉舜善　72·133
劉舜韶　72·680
劉　勝(清金谿)　70·582
劉　勝(清新昌)　63·574
劉勝禹　80·541
劉　觚　72·344
劉詠熙　78·446
劉詠臧　72·603
劉詒淳　70·300
劉敦修　73·399
劉敦華　78·390
劉敦毓　46·255
劉　斌(元)　4·95
　5·81
劉　斌(明泗州)　28·496
劉　斌(明滋陽)　28·492
劉　斌(清上猶)　74·399
劉　斌(清奉新)　67·449
劉　斌(清瀘溪)　72·30
劉斌憲　17·595

20・549
劉　童 76・385
劉　惺 63・587
劉　愉 12・119
劉善夫 9・430
劉善化 60・378
劉善兆 74・324
劉善如 35・139
劉善明 4・44
17・678
18・3
18・440
21・116
劉善修 34・307
34・339
劉善勉 78・448
劉善萃 45・195
劉善源 78・410
劉善慶(明) 73・48
劉善慶(清) 18・533
劉善興 63・484
劉善謨 5・277
13・784
劉善謙 78・435
劉　翔(宋) 76・567
劉　翔(明吉安) 72・151
劉　翔(明南康) 74・380
74・444
劉　翔(明清江) 65・189
劉翔麟 38・563
劉普受 25・685
劉　尊 70・224
劉尊殷 75・636
76・185
劉尊禮 79・90
劉　道 8・466
73・52
劉道仲 47・578
劉道阱 48・232
劉道美 50・125
劉道華 70・517
劉道釗 27・437
劉道純 13・805
劉道乾 60・271
劉道崇 67・205
劉道章 72・489
劉道雯 49・89
劉道開 78・431
劉道景 66・612
劉道傅 72・153
劉道源(明) 34・476
劉道源(清) 13・804
劉道憐 7・364
劉道擴 72・205
劉遂清 4・62
6・286
12・93
21・642
劉　曾 72・609
劉曾遜 72・141
劉曾騄 40・201
劉　焯(清奉新) 67・328
67・437
劉　焯(清昌樂) 17・666
劉　焯(清南豐) 71・590
劉焜元 71・297
劉　馮 32・478
33・557
劉　渫 27・279
27・304
劉渫符 17・618
劉　湘(清無棣) 13・146
劉　湘(清新昌) 63・471
劉湘源 39・433

劉湘薌　10・163
劉　渤(明)　72・614
劉　渤(清)　14・379
　17・655
劉　湯　30・638
劉　温　5・215
劉　渭　60・276
劉　湍　72・579
劉　淵　1・847
　26・7
　25・157
劉淵甫　4・198
　18・556
劉　湟　6・175
劉　湲　67・251
劉　渙(宋筠州)　49・410
　62・10
劉　渙(宋閩縣)　75・438
　76・200
劉　湠　1・747
劉　渼　20・787
劉　滋　9・853
劉　渲　45・19
劉　湄(清魚臺)　37・689
劉　湄(清清平)　4・380
劉　富　4・239
　37・118
劉　寔　5・20
劉　甯　4・121
劉　運　73・167
劉運昌　39・87
劉運佳　76・360
劉運達　67・496
劉運興　37・845
劉　棨　4・403
　17・614
　20・529
劉　裕　15・580
劉裕顯　62・368
劉　禄　5・131
　32・596
劉禄臨　5・356
劉　遐　1・701
劉　弼　72・361
劉弼明　32・43
劉弼宸　70・614
劉弼寬　22・230
劉　强　15・492
劉　賀　39・216
劉　登　79・423
劉登俊　6・226
劉登桂　6・141
劉登峻　74・28
劉登第　25・65
劉登朝(明)　32・24
劉登朝(清)　66・574
劉登翰　35・237
劉登龍(清復州)　21・799
　23・651
劉登龍(清閩清)　78・431
劉登嶽　5・357
劉發玠　62・416
劉發華　72・622
劉發容　62・553
劉發祥(清單縣)　38・245
劉發祥(清壽張)　42・790
劉發純　62・130
劉發得　62・523
劉發葵　72・617
劉發蘭　46・257
劉發釁　72・206
劉　綎　44・226
　67・615
劉綎煜　20・530

劉　綎　30・128
劉　絢　53・532
劉　統　11・72
劉統芳　13・780
劉統勳　4・395
17・628
20・756
劉統錫　6・216
劉　勣　72・655
劉　瑋(清安福)　72・596
劉　瑋(清沂水)　32・43
劉　瑋(清瑞金)　74・217
劉　瑞(明)　63・546
劉　瑞(清武寧)　49・264
劉　瑞(清政和)　77・50
劉　瑞(清慶雲)　11・470
劉瑞甲　68・549
劉瑞芝　60・405
劉瑞貞　47・445
劉瑞基　11・9
11・83
劉瑞堂　19・134
劉瑞清　39・295
劉瑞塤　37・726
劉瑞麟　77・273
劉　瑀　31・778
劉　瑜(明南昌)　44・108
劉　瑜(明泰安)　32・388
33・265
劉　瑜(金)　4・235
劉　瑜(清)　45・230
劉　瑍　2・109
劉　瑄　35・336
劉瑄璋　39・735
劉　塒　20・761
劉　壈　20・546
劉　填　76・384
劉載永　74・112
劉載忠　13・802
劉載達　73・162
劉　塤(明)　72・649
劉　塤(清)　40・584
劉遠恆　73・111
劉遠猷　64・590
劉　塏　20・762
劉聖文　64・410
64・540
劉聖玉　9・437
劉聖振　76・141
劉聖訥　17・658
19・578
劉聖瑞(清吉安)　72・205
劉聖瑞(清高安)　62・193
劉聖與　72・248
劉聖濟　2・52
劉　戡　13・758
劉　蒜　11・21
劉　勤(清閩清)　78・445
劉　勤(清霑化)　13・395
劉勤國　72・599
劉蒔蘭　69・467
劉夢元　39・96
劉夢丹　67・195
劉夢正　39・64
劉夢生　71・124
劉夢材　72・242
劉夢松(明同安)　76・282
劉夢松(明陽信)　43・130
劉夢松(清)　62・405
劉夢亨　37・698
劉夢庚　19・108
劉夢祥　70・530
劉夢旒　14・123
劉夢瑞　11・441

劉夢蓮　50・95
劉夢椿　72・648
劉夢楫　11・434
劉夢詩　73・149
劉夢煜　76・333
劉夢說(宋)　72・189
劉夢說(清)　49・340
劉夢熊　72・671
劉夢潮　76・290
劉夢龍　76・321
劉夢鯉　78・426
劉夢蘧　11・448
劉夢騰　67・495
劉夢騶　76・313
劉夢齡(清同安)　76・291
劉夢齡(清夏津)　9・891
劉夢驌　39・64
　78・699
劉夢驥　39・90
劉　蒼　31・350
劉蓬頭　72・700
劉　蒙(宋宜黄)　71・10
劉　蒙(宋渤海)　4・254
　12・134
劉蒙正　72・607
劉幹正　64・297
劉　蔭　38・280
劉蔭泉　39・101
劉蔭棠　70・296
劉蔭榮　14・379
劉蔭樅　23・440
劉　蒸(明)　72・455
劉　蒸(清)　25・522
劉　椭　65・61
劉　楠　16・431
劉楚琳　60・309
劉楚蘭　72・272
劉　楷(明恩縣)　11・91
劉　楷(明膠州)　22・253
劉　楷(清昌樂)　19・136
劉　楷(清嘉祥)　37・419
劉　楨(三國)　4・185
　31・815
　35・73
劉　楨(明)　4・229
　17・578
劉　楨(清)　20・528
劉　楫(明)　76・457
劉　楫(清)　19・105
劉　楻　35・490
劉　楩　13・758
劉　楹　30・327
劉　軾(清東阿)　4・310
　31・838
劉　軾(清崇仁)　70・92
劉　甄　15・552
　17・514
劉雷奮　73・177
劉搢紳　64・46
劉　搏　21・115
劉　虞　4・28
　7・477
劉虞訓　39・192
劉　業　73・66
劉業廣　72・635
劉　暖　53・483
劉　煦(清金谿)　70・609
劉　煦(清寧津)　11・209
劉　煦(清慶雲)　11・448
　11・470
　11・471
劉　暉(明南昌)　44・136
劉　暉(明鐵嶺)　36・425
劉　暉(清)　38・269

38・337
38・361
劉暉曉　43・96
劉　照(元)　72・578
劉　照(明)　46・230
劉　照(金)　5・71
32・640
劉　照(清南豐)　71・597
劉　照(清侯官)　76・128
劉嗣矩　38・264
劉嗣瑞　37・8
劉嗣楷　38・280
劉嗣業　11・457
劉嗣燧　62・372
劉　嵩(明昌樂)　19・44
劉　嵩(明晉江)　79・267
劉嵩嶽　39・295
劉　筠　1・743
劉　節　74・361
劉節之　53・415
劉　傳　79・352
劉傳芳　64・29
劉傳銘　15・155
劉　魁(明泰和)　72・316
劉　魁(明高唐)　39・570
42・554
劉　魁(清高密)　23・349
劉　魁(清新昌)　64・30
劉魁發　21・518
劉　愆　73・67
劉　鉥　14・111
劉　鈺(明)　48・318
劉　鈺(清新昌)　64・42
劉　鈺(清德化)　78・617
劉　鉞(明)　76・465
劉　鉞(清)　41・773
劉鉥世　64・592
劉　鈐　36・42
劉愈昌　62・481
劉愈澄　64・546
劉　會　72・677
劉會平　4・299
15・150
劉愛山　72・649
劉愛修　67・478
劉　腹　71・530
劉試舉　39・149
劉　詩　77・213
劉　誠　50・27
劉誠之　65・70
66・113
劉　詵(元)　72・488
73・272
劉　詵(宋)　75・582
79・54
劉誕登　72・639
劉　詡　33・800
劉廉善　7・435
劉　裔　73・50
劉靖之　65・164
66・226
72・174
劉靖寰　2・107
24・252
劉新命　37・671
劉新國(清陽信)　4・320
43・91
劉新國(清無棣)　13・132
劉　雍(明平陽)　80・758
劉　雍(明昌樂)　17・525
19・26
劉　慎　19・35
劉慎友　37・853
劉慎言　40・588

劉慎思(清安福) 72・601
劉慎思(清慶雲) 11・472
劉慎諤 28・53
劉慎徽 60・644
劉 愷(明) 17・520
18・368
劉 愷(清) 5・274
5・278
13・777
劉 義(元) 42・765
劉 義(明) 15・553
17・515
20・499
劉 義(清) 5・309
劉義仲 49・435
劉義欣 18・1
劉豢龍 50・35
劉慈竹 72・557
劉煉世 64・526
劉 煜(清吉安) 72・202
劉 煜(清奉新) 67・163
劉 煜(清南豐) 71・607
劉 煒 78・408
劉 煌 53・259
劉 煥 72・437
劉煥中 67・489
劉煥光 78・410
劉煥烈 18・569
劉煥彩 72・205
劉煥章 46・29
劉煥瑛 72・666
劉煥新(清奉新) 67・459
劉煥新(清鄱陽) 58・106
劉 煊 77・190
劉 煇(宋) 47・324
53・1
劉 煇(清) 29・116

劉資厚 72・586
劉 溥(明) 5・177
43・262
劉 溥(清曲阜) 36・37
劉 溥(清曹縣) 41・215
劉 溥(清壽張) 42・797
劉 溥(清諸城) 20・784
劉溥洽 73・101
劉滙一 38・281
劉 源(元昌樂) 19・124
劉 源(元臨清) 14・702
42・945
劉 源(明) 28・495
劉 源(金) 4・143
14・691
42・940
劉 源(清沙縣) 80・427
劉 源(清滋陽) 35・475
劉 源(清滕縣) 36・550
劉源清 4・106
31・785
劉源深(元) 72・649
劉源深(清) 17・604
19・577
劉源淥 4・409
17・605
19・553
劉源湛 2・27
8・467
劉源際 73・106
劉源潆 72・683
劉源瀟 62・352
劉 滸 72・332
劉 滌 19・619
劉 準 1・805
43・18
劉滄崖 74・54

劉　滂　72・620
劉　福(元吉水)　72・503
劉　福(元吉安)　72・184
劉　福(明益都)　15・552
17・515
18・305
劉　福(明章邱)　32・627
劉　福(清)　39・685
劉福申　72・239
劉福田　12・398
劉福修　78・448
劉福基　5・280
13・793
劉福清　74・133
劉福寧　21・669
劉福增(民國)　19・131
劉福增(清)　18・381
劉福選　74・23
劉福興　14・375
劉福聲　27・159
劉福曜　67・324
劉福寶　67・338
劉　肅　2・84
劉殿邦　43・119
劉殿臣　14・144
劉殿林　31・65
劉殿章　27・159
劉殿輔　14・135
劉殿鏡　15・139
劉際午　38・286
劉際平　17・624
20・101
劉際旭　67・166
劉際昇　53・631
劉際雲　74・447
劉際舜　19・107
劉　遜(明安福)　72・569
劉　遜(明濟南)　6・124
40・47
40・235
劉　遜(清)　72・374
劉　綍　73・320
劉　經(明博興)　14・121
17・547
劉　經(明鄱陽)　58・207
劉　經(明寶坻)　13・100
劉　經(清)　63・578
劉經世(明)　17・577
19・19
劉經世(清)　60・252
劉經堂　19・102
劉經國　70・570
劉經裕　73・99
劉　瑨　43・107
劉　璉　58・94
劉　碧　60・271
劉　瑤(明永新)　73・173
劉　瑤(明安福)　72・595
劉瑤英　74・317
劉　髦　73・142
劉趙珪　80・508
劉嘉允　5・213
8・607
劉嘉屏　74・59
劉嘉栗　63・472
劉嘉晁　74・236
劉嘉健　58・141
劉嘉祥　50・474
劉嘉森　21・753
劉嘉遇　4・161
劉嘉運　73・101
劉嘉瑋　80・535
劉嘉幹　6・121
18・83

	23・135
劉嘉會	12・105
劉嘉猷(宋)	78・506
劉嘉猷(清永春)	79・357
劉嘉猷(清金谿)	70・489
	75・408
	76・205
劉嘉猷(清新昌)	63・312
劉嘉禎	12・115
劉嘉廣	74・217
劉嘉慶	64・571
劉嘉璠	64・577
劉嘉樹	63・465
劉嘉穎	21・754
劉嘉謀	63・312
劉嘉謨	43・271
劉嘉績	72・653
劉嘉譽	75・512
	78・474
劉　翥	29・294
劉翥鳳	80・130
劉　墉(清青州)	4・397
	17・642
	20・758
劉　墉(清貴州)	2・62
	7・385
劉　臺	72・579
劉　穀	72・287
	73・25
劉　壽	31・351
劉壽仁	74・70
	74・111
劉壽星	72・365
劉壽祥	66・569
劉壽椿	76・147
劉聚書	64・547
劉聚慶	72・204
劉慕雲	74・242
劉慕道	73・104
劉　熙	44・121
劉熙古	15・525
	18・24
劉熙平	29・106
劉熙春	21・693
劉熙泉	19・79
劉熙善	62・521
劉　蔚(明)	24・248
劉　蔚(清)	76・315
劉蔚林	45・91
劉蔚起	63・312
劉蔚堂	36・740
劉　榛	31・227
劉　模(清安福)	72・594
劉　模(清城武)	39・89
劉　輔	39・72
劉輔仁	76・733
劉輔世	65・138
劉輔清	8・421
劉輔曾	24・717
劉　愿	64・177
劉爾芊	17・649
	19・14
劉爾芍	19・126
劉爾牧	4・255
	31・791
劉爾淇	72・684
劉爾葵	19・21
劉爾雅	73・382
劉爾楨	7・438
劉爾楫	39・78
劉爾變	37・781
劉　摶(明)	73・66
劉　摶(晉)	1・703
	16・396

劉　戩(宋)　72·696
劉　戩(明)　72·569
劉　睿　73·70
劉　聞　72·608
劉閣英　80·233
劉閣輝　72·205
劉鳴羽　72·652
劉鳴岐(明)　79·351
劉鳴岐(清掖縣)　24·723
劉鳴岐(清僊遊)　78·305
劉鳴岐(清德縣)　8·422
劉鳴岡　39·96
劉鳴皋　12·497
劉鳴盛　12·497
劉鳴琴　4·303
　12·500
劉鳴霆(山東通志作劉鳴霖)　2·99
　16·444
　19·551
劉鳴閣　11·292
劉鳴謙　8·328
劉鳴雝　70·554
劉　圖　79·360
劉種桃　49·29
劉　箎　79·236
劉管城　11·455
劉管清　13·156
劉毓秀(清上猶)　74·399
劉毓秀(清上饒)　51·199
劉毓松　7·209
劉毓珍　79·366
劉毓奎(清寧陽)　35·148
劉毓奎(清臨沂)　30·122
劉毓泰　39·94
劉毓珩　13·157
劉毓桂(清壽光)　4·402
　17·594
　18·498
劉毓桂(清臨沂)　30·122
劉毓豹　41·67
劉毓祥　69·317
劉毓通　39·94
劉毓珺　23·278
劉毓傑　9·698
劉毓祺　51·233
劉毓瑞　4·342
　36·520
劉毓瑜　80·73
劉毓經　51·704
劉毓僖　39·68
劉毓慶　23·282
劉毓麟　21·536
劉　僊　58·156
劉　僩　73·137
劉　僑　80·67
劉　槩(宋)　4·254
　17·496
　18·575
　19·423
劉　槩(明)　4·147
劉　槃　35·103
劉　銖　17·699
　18·23
劉　銓(宋)　76·395
劉　銓(明)　70·552
劉　銓(清)　8·322
劉　銘(明松溪)　77·22
劉　銘(明龍泉)　73·27
劉　銘(清奉新)　67·334
劉　銘(清蓬萊)　25·29
劉銘泉　34·225
劉銘盤　35·347
劉　鳳(明)　29·78
劉　鳳(清)　36·438

劉鳳毛　21・359
劉鳳至　12・502
劉鳳岐　61・426
劉鳳苞　39・86
劉鳳林　18・530
劉鳳來(清東阿)　31・834
劉鳳來(清閩清)　78・419
劉鳳城　6・222
劉鳳庭　13・156
劉鳳起(清上饒)　51・427
劉鳳起(清永安)　80・440
劉鳳起(清新昌)　63・458
劉鳳祥　12・501
劉鳳朝　29・297
劉鳳喈　67・240
劉鳳詔　72・680
劉鳳翔　78・428
劉鳳閣　27・173
劉鳳鳴　72・628
劉鳳誥　2・18
　47・385
劉鳳儀　1・855
　23・128
　23・621
劉鳳德　43・65
劉鳳雛　5・308
　43・617
劉鳳藻　72・674
劉語銘　78・421
劉誨汝　53・630
劉　歊　5・25
劉　塾　18・542
劉　廣　74・8
劉廣生　25・302
劉廣居　72・362
劉廣華　73・104
劉廣恕　11・434
劉廣運　67・466
劉廣嗣　36・781
劉廣廈　72・190
劉廣福　66・545
劉廣衡　73・48
　75・365
劉廣聰　5・274
　13・777
劉廣濟　73・255
劉廣譽(明)　1・818
　37・43
劉廣譽(清)　37・670
劉彰美　39・100
劉韶光　43・299
劉　端(明永新)　73・165
劉　端(明南昌)　44・105
劉　端(清宜春)　60・641
劉　端(清侯官)　76・160
劉　端(清齊河)　5・338
　10・124
劉　端(清臨清)　14・726
　42・966
劉　端(漢)　15・491
劉端方　39・666
劉端琨　34・263
劉　適　72・670
劉齊煜　76・170
劉齊銜　76・57
劉齊瑾　72・685
劉齊賢　42・102
劉齊衢　76・146
劉　頖　72・446
劉　粹　21・327
劉　熇(明)　40・11
　40・184
劉　熇(清)　53・455
劉　榮(宋)　72・147

72・503
劉　榮(明永定) 80・173
劉　榮(明菏澤) 37・838
劉　榮(明餘干) 59・38
劉　榮(晉) 41・127
劉　榮(清安福) 72・658
劉　榮(清興國) 74・14
劉榮世 62・576
劉榮先 48・251
劉榮桂(清單縣) 38・286
劉榮桂(清新昌) 63・488
劉榮格 50・130
劉榮連 9・856
劉榮啓 38・282
劉榮景 62・430
劉榮遐 62・389
劉榮登 72・497
劉榮嗣 1・768
40・501
劉榮齋 9・534
劉榮璽 38・277
劉　漢(明) 39・580
42・555
劉　漢(清) 37・720
劉漢仕 73・105
劉漢式 27・98
劉漢臣 9・622
劉漢江 39・302
劉漢東 19・123
劉漢卿 15・157
劉漢符 19・19
劉漢章 53・499
劉漢傳 74・128
劉漢裔 26・129
劉漢儀 5・116
劉漢徵 18・540
劉漢儒 37・684
劉　漸 66・462
劉　漳 73・403
劉　演(宋) 64・329
劉　演(晉) 1・701
劉　寬(元) 30・291
30・362
劉　寬(明) 74・361
劉　寬(清南昌) 45・263
劉　寬(清單縣) 38・260
劉　寬(漢) 1・694
7・341
劉　賓 30・292
31・172
劉賓朝 72・610
劉　寧 14・120
14・248
17・519
劉　實(明安福) 72・565
劉　實(明信豐) 73・409
劉　實(明新泰) 31・837
34・472
43・124
劉　實(晉) 4・34
39・557
42・550
劉肇升 73・75
劉肇泰 73・75
劉肇衷 72・610
劉肇堉 36・216
劉肇堠 36・218
劉肇熙 73・75
劉肇履 73・106
劉肇禧 38・239
劉肇謙 73・75
劉肇麟 63・310
劉　鄠 4・61
15・545

17・479
劉盡忠　31・335
32・6
劉盡善　72・692
劉　隨　39・141
劉翠巖　24・720
劉　緒　5・107
劉緒祥　62・359
劉　綺　72・508
劉　綱(明禹城)　5・189
10・625
劉　綱(明泰和)　72・302
劉維人　43・116
劉維本　37・681
劉維四　19・114
劉維廷(民國)　36・46
劉維廷(清)　72・246
劉維旭　73・382
劉維坊　18・581
劉維東　18・381
劉維國　51・103
劉維焯　20・760
劉維祺(清武進)　2・71
30・645
劉維祺(清豐城)　68・722
劉維楨　2・84
劉維歷　5・153
劉維樞　80・551
劉維賢　40・46
40・234
劉維翰(清高密)　23・254
劉維翰(清萍鄉)　47・403
劉維翰(清僊遊)　78・272
劉維嶽(明)　39・60
劉維嶽(清)　53・288
劉維濟　78・425
劉維藩(清陵縣)　8・333
劉維藩(清無棣)　13・138
劉維鎬　19・87
劉　綸　73・158
劉綸炳　20・784
劉綬槐　63・345
劉　綜　1・732
劉　慧　12・308
劉慧斐　48・302
劉　瑾(元)　72・608
劉　瑾(宋)　73・137
劉　璜　35・489
劉　璋(民國)　14・145
劉　璋(明)　77・600
劉　璋(明安福)　72・594
劉　璋(明直隸)　42・194
劉　璋(明南平)　77・79
劉　璋(明衛輝)　1・855
23・127
23・621
劉　摯　1・745
4・70
15・511
16・407
18・29
31・769
劉摯倫　72・190
劉　墫　4・398
17・646
20・762
劉　增(清奉新)　67・479
劉　增(清諸城)　20・784
劉增文　78・429
劉增光　35・385
劉　慤　73・56
劉　輅　53・196
劉　蕁　64・612
劉　蕃　14・361

　　15·550
　　17·510
劉　樞　43·284
劉　樟　72·675
劉　樑　72·626
劉　敷　73·146
劉敷霖　39·327
劉　賢(明)　74·171
劉　賢(漢)　15·491
劉賢裕　47·201
劉　遷　5·113
劉　醇(清)　72·627
劉　醇(漢)　5·17
劉醇夫　72·509
劉　奭　12·138
劉　震(元吉水)　72·434
劉　震(元鄒平)　5·87
　　13·750
劉　震(明安福)　72·609
劉　震(明奉新)　67·117
劉　震(明長汀)　80·16
劉　震(明會昌)　74·63
劉　震(清昌樂)　17·656
　　19·35
劉　震(清萍鄉)　47·425
劉震序　53·451
劉震東　78·427
劉震岱　38·282
劉震春　76·331
劉震庠　53·350
劉震龍　78·179
劉霄漢　13·156
劉　霂　71·575
劉　霈　42·798
劉撫魯　15·145
劉撝謙　4·150
　　5·206
　　8·602
劉撰嘉　72·631
劉　輝　14·129
　　17·601
劉輝玉　72·676
劉輝祖(清新昌)　64·38
劉輝祖(清新建)　46·292
劉輝烈　42·773
劉輝壁　36·499
劉　賞　15·492
劉賜範　39·89
劉賜龍　76·397
劉賜駿　13·114
劉賜麟　4·301
劉　遲　41·721
劉墨林　11·300
劉　稷　74·55
劉稷生　72·621
劉稷孫　73·402
劉稼書　17·620
　　19·20
劉　範　63·547
劉篁音　72·361
劉　儁(明)　73·144
劉　儁(清)　45·181
劉　儉　47·63
劉　億　32·46
劉　儀　67·328
　　67·437
劉儀一　72·144
劉儀吉　72·687
劉儀芳　64·29
劉儀恕　2·51
　　12·97
劉　德　73·343
劉德仁(金)　9·76
劉德仁(清)　65·442

劉德正　64·389
劉德立　18·546
劉德光　70·388
劉德行　14·727
　42·969
劉德芳　2·72
　2·81
　32·1
劉德秀　68·27
劉德言　72·648
劉德昇　72·697
劉德忠　5·84
　32·624
劉德柱　74·398
劉德威　36·422
劉德重　72·356
劉德華　35·481
劉德烜　72·693
劉德菁　74·115
劉德彬　37·708
劉德堅　38·159
劉德崇　78·409
劉德超　36·770
劉德貴　73·395
劉德鈞　72·226
劉德普　39·707
劉德鈿　39·74
劉德溥　67·327
劉德福　12·387
劉德銘　69·422
劉德廣　45·75
劉德潤　74·359
劉德選　72·682
劉德操　63·467
劉德懋　73·100
劉德禮　72·582
劉德馨(清菏澤)　37·848
劉德馨(清廣豐)　53·510
劉德齡　72·680
劉　徵　8·317
劉徵孝　72·374
劉徵廉　72·330
劉　磐　20·122
劉磐漸　72·195
劉　銔　19·135
劉　鋭(明龍巖)　78·693
　78·733
劉　鋭(明蘄水)　74·442
劉　頜　76·403
劉號瑞　71·423
劉餘賓　73·379
劉　魯　72·625
劉魯川　74·241
劉魯生　4·156
　11·82
劉魯洙　32·43
劉魯檜　4·356
　30·103
劉　嵩　73·53
劉調栻　67·436
劉調鼎　70·287
劉　賡(元)　41·136
劉　賡(清)　44·410
劉賡廷　23·436
劉賡炫　17·608
　19·34
劉賡堂　19·115
劉賡勛　37·5
劉　慶(後漢)　11·21
劉　慶(清)　71·609
劉　慶(漢)　15·493
劉　慶(漢東平)　31·350
劉慶元　72·245
劉慶太　9·853

劉慶功 45・126
劉慶成 53・400
劉慶長 6・153
劉慶林 14・390
劉慶祥 35・485
劉慶凱 2・75
劉慶遠 67・335
劉慶壽 67・481
劉慶餘 51・284
劉慶麟 70・101
劉　毅(宋) 76・533
劉　毅(晉) 4・35
23・630
24・509
劉　毅(清單縣) 4・368
劉　毅(清壽張) 42・798
劉　毅(清滕縣) 38・355
劉　毅(漢) 15・495
劉毅志 14・373
17・599
劉養民 25・53
劉養志 31・228
劉養浩(宋) 74・526
劉養浩(清) 17・586
18・512
劉養晦 73・103
劉養訥 5・339
10・124
劉養德 25・22
劉遵憲 35・448
42・583
劉　潔 37・696
劉　澍(明) 5・129
劉　澍(清) 73・447
劉澍芳 35・126
劉　潮(明) 72・587
劉　潮(清宜春) 60・645
劉　潮(清廣豐) 53・602
劉　潓 21・528
劉　澐(明) 11・203
劉　澐(清南豐) 71・606
劉　澐(清單縣) 38・259
劉　潛(宋定陶) 6・290
25・87
41・399
劉　潛(宋南康) 49・507
劉　潛(明) 73・353
劉　潛(清) 72・625
劉　潤(明鄱陽) 58・261
劉　潤(明濰縣) 21・495
劉　潤(清) 80・54
劉潤之 23・282
劉潤生 36・511
劉潤身 36・28
劉潤祺 36・28
劉　澂 78・421
劉　潘 11・297
劉　潼 41・723
劉　澄(宋) 72・187
72・268
劉　澄(明) 15・37
15・135
劉　澄(清城武) 39・86
劉　澄(清南昌) 44・477
劉　澄(清魚臺) 37・671
劉　澄(清章邱) 32・604
劉　澄(清鄆城) 40・283
劉　澄(清歷城) 5・250
劉澄仕 38・230
劉澄甫 4・125
17・523
18・493
劉澄和 38・233
劉澄清 37・842

劉澄瀾 43·116

劉 寯 70·74

劉審交 1·731
17·688
18·22

劉 履 68·348

劉履中 67·465

劉履恒 67·335

劉 選 42·771

劉選錢 48·445

劉 緦 4·189
15·574
30·673
31·216
31·286
32·45
32·129

劉 翬 80·45

劉適來 72·654

劉樂善 19·102

劉 緯(元) 5·78

劉 緯(清) 5·222

劉 緩 5·26
39·559
42·551

劉 璞(明) 4·225
21·771
31·220

劉 璞(清) 29·322

劉璞生 73·187

劉 璠(五代) 15·524

劉 璠(明) 32·609

劉璠生 72·626

劉 璲 70·73

劉 璣(明) 14·703
42·947

劉 璣(金) 4·86
15·550
17·502
18·296
21·124

劉 熹(清) 53·457

劉 熹(漢) 27·46

劉 燕 15·492

劉 檠 9·447

劉檠柱 37·842

劉 翰(五代) 6·445

劉 翰(宋) 11·305

劉 翰(清) 72·637

劉翰文 71·246

劉翰兼 74·129

劉翰書 2·34
6·330
37·422

劉翰馨 74·131

劉樾茂 29·113

劉樾蓊 29·93

劉樾蕡 29·114

劉樾藻 29·114

劉 樹 19·41

劉樹文 38·286
38·321

劉樹桂 78·521

劉樹倫 30·708

劉樹堯 36·732

劉樹棠 35·471

劉樹業 78·417

劉 樸(明) 30·698

劉 樸(清) 72·598

劉 檝 72·490

劉 橘 4·301

劉 融 61·455

劉 勵 32·42

劉 霖(元) 72·384

72・608
劉　霖(明)　76・736
劉　霖(清南昌)　44・465
劉　霖(清萬年)　60・274
劉霖任　76・314
劉　霓　71・568
劉　臻(明)　9・449
劉　臻(清)　20・760
劉臻祉　72・677
劉　冀　80・576
劉冀時　60・417
劉冀程　60・219
60・259
60・404
劉　曉(明)　72・610
劉　曉(清)　49・16
63・572
劉曉嵐　38・267
劉曇净　31・222
劉　暾(晉)　4・36
23・630
24・513
劉　暾(清)　19・135
劉　嶧　43・69
劉積伋　72・356
劉穆之　4・40
15・543
30・665
31・217
劉　勳(明安福)　72・593
劉　勳(明莆田)　78・122
劉勳一　58・252
劉　舉　43・189
劉舉夔　74・186
劉　興(明)　28・492
劉　興(漢)　15・494
劉興玉(明)　7・140
劉興玉(清)　9・405
劉興白　8・467
劉興邦　76・310
劉興佐　38・247
劉興沛　34・287
劉興和　74・14
劉興居　27・279
31・349
劉興祖(元)　5・90
劉興祖(宋)　74・357
劉興祖(明)　4・237
5・120
13・752
劉興祖(南朝宋)　1・705
18・3
劉興華　18・373
劉興發　74・14
劉興瑚　74・38
劉興廉　73・366
劉興義　41・217
劉興福　34・249
劉興漢　2・59
35・63
劉興翰　72・597
劉興鑾　63・150
劉　學(明)　72・225
劉　學(清掖縣)　24・572
劉　學(清陽信)　43・68
劉學山　63・455
劉學朱　72・176
劉學志　18・531
劉學松　67・437
劉學所　80・47
劉學春　34・273
劉學亮　14・373
17・603
劉學洙　36・535

劉學宣 72·361
劉學祖 24·523
劉學海 64·551
劉學通 72·226
劉學渠(清惠民) 12·142
劉學渠(清廣豐) 53·405
劉學棘 67·469
劉學揚 72·208
劉學渤 13·230
劉學詩(明) 64·231
劉學詩(清) 67·299
劉學漣 67·440
劉學榮 60·143
劉學潮 70·506
劉學龍 39·88
劉學緊 48·485
劉學濤 72·681
劉學禮 73·30
劉學夔 39·88
劉學瀾 73·215
劉 儒(清) 11·472
劉 儒(漢) 1·694
4·27
18·732
42·461
劉儒琳 39·93
劉 儗 72·181
劉 衡(明) 41·140
劉 衡(清) 71·604
劉 衡(漢) 5·13
劉 錯(漢) 15·492
劉 錡 50·14
劉錢選 72·200
劉 錫 50·68
劉錫三 78·372
劉錫元 63·471
劉錫光 20·104
劉錫名(清南昌) 44·528
劉錫名(清新昌) 63·481
劉錫英 78·437
劉錫朋 39·185
劉錫堂 11·459
劉錫崑 45·139
劉錫銘 74·133
劉錫綸 37·13
劉錫綬 72·237
劉錫璋 80·442
劉錫穀 20·104
劉錫範 4·303
劉錫慶 46·264
劉錫爵 72·622
劉錫齡 35·125
劉 鋼 14·133
劉 錦 13·100
劉錦陛 60·730
劉錦堂 19·101
劉 錞 35·156
劉 録 58·48
劉 穎(明平原) 5·217
劉 穎(明壽光) 17·522
18·507
劉 穎(明臨川) 69·69
劉獨秀 72·610
劉 獬 72·265
劉 謣 72·270
劉 諭 72·444
劉 凝 71·559
74·443
劉凝泰 26·632
劉凝時 4·371
38·279
38·306
劉凝鼎 38·276
劉凝謙 38·281

劉　龍(明大庾)　74·362
劉　龍(明永春)　79·314
劉龍光　71·357
劉龍飛　38·293
劉龍錫　72·622
劉龍驤　13·395
劉羲仲　62·14
劉　熺　47·348
劉　燧　24·515
劉澣初　70·631
劉　澤(元)　15·531
17·510
19·26
劉　澤(明平陰)　31·781
35·309
劉　澤(明臨沂)　30·101
劉　澤(清)　6·226
劉　澤(漢)　15·491
劉澤民　60·548
劉澤芳　32·39
劉澤宏　39·89
劉澤浹　33·301
劉澤清　42·904
劉澤深　41·177
劉澤遠　29·537
劉　濂(明山東)　72·132
劉　濂(明臨清)　4·152
14·703
42·947
劉　潚　35·496
劉　憲(明)　59·41
劉　憲(清)　13·233
劉憲三　36·749
劉憲忠　36·766
劉憲章　37·850
劉憲德　17·649
19·573
劉　彊　7·322
18·432
劉隱山　72·356
劉　[illegible]　41·404
劉　彝(明)　73·78
劉　彝(清)　70·618
劉彝鼎　42·201
劉縉炤　20·530
劉　縚　5·26
39·558
42·551
劉璪輝　72·195
劉　環　41·134
劉　璦　6·204
劉　壎　71·519
劉聯芳　35·489
劉　懃　72·370
劉　藍　72·588
劉　藎(明)　61·495
劉　藎(清)　70·585
劉藎臣　18·516
劉　檟　32·24
劉　檟　22·230
劉　櫆　60·150
劉　檄　5·121
劉　檀(清昌樂)　19·113
劉　檀(清壽光)　18·542
劉　檀(清諸城)　20·786
劉　懋　76·377
劉懋大　45·234
劉懋采　67·484
劉懋煒　52·474
劉懋實　45·272
劉懋綵　73·97
劉懋賞　19·113
劉懋燕　72·656
劉懋鏜　51·268

劉臨琮　53·548
劉　霞　37·843
劉　擴　12·141
劉　擢　7·85
劉　豳　70·536
劉　黻(宋)　72·478
　74·375
劉　黻(明)　73·74
劉　黻(清)　49·100
劉　闃　4·75
　15·580
　21·644
　23·660
劉闇章　38·239
劉蹈仁　74·546
劉　嶽　50·109
劉　穗　64·343
劉　輿　7·357
劉　儲　67·216
劉儲鯤　29·244
劉龜年　65·61
　66·231
劉　鍇(明)　72·308
劉　鍇(清)　71·565
劉　鍾(明安福)　72·620
劉　鍾(明萬安)　73·96
劉鍾文　19·575
劉鍾芳　64·319
劉鍾秀(清慶雲)　11·449
劉鍾秀(清臨川)　69·577
劉鍾英　7·282
　7·497
劉鍾恒　39·335
　39·434
劉鍾運　69·655
劉鍾嵩　78·417
劉鍾樸　20·115
劉　鍑　18·582
劉鍑永　24·558
劉爵菢　72·365
劉　繇　26·327
　26·589
　27·298
　27·427
　27·534
劉　邈　15·495
劉　鯒　4·250
　23·265
　23·657
劉　講　9·27
劉謨勤　72·672
劉　謙(元)　12·135
劉　謙(宋)　38·716
劉　謙(明吉水)　72·440
劉　謙(明長汀)　80·11
劉　謙(明南豐)　71·537
劉　謙(明濰縣)　21·585
劉　謙(清)　73·63
劉謙萃　9·693
劉　謐　62·33
劉襄治　2·84
劉應元　72·663
劉應仁　73·422
劉應文　15·145
劉應斗　72·694
劉應田　4·454
　23·661
劉應兆　11·385
劉應旭　74·352
劉應安　63·314
劉應李　73·354
　76·381
劉應伸　53·513
劉應宋　15·165

劉應良　74・341
劉應明　73・74
劉應迪　70・527
劉應佺　73・418
劉應周　74・420
劉應京　73・413
劉應庚　10・149
劉應春　72・226
劉應秋　72・419
劉應卿　73・442
劉應宰　72・634
劉應祥　61・306
劉應通　72・640
劉應埰　67・449
劉應彩　74・27
劉應望　79・314
劉應清　53・445
劉應達　72・367
劉應期　73・57
劉應葆　64・528
劉應軫　77・433
劉應棠　67・548
劉應鼎　73・76
劉應遇　15・39
15・136
劉應欽　70・286
劉應湯　72・620
劉應渾　64・572
劉應運　70・623
劉應登　72・668
劉應瑞（明崇仁）　70・391
劉應瑞（明齊東）　15・145
劉應遠　72・676
劉應楨　70・599
劉應槐　51・698
劉應雷　73・58
劉應節　4・108
21・330
23・638
32・658
劉應誠　73・161
劉應竩　35・147
劉應嘉　64・407
64・532
劉應對　64・610
劉應鳳　72・668
劉應潢　64・397
劉應璋　78・313
劉應樞　65・207
劉應賢　73・72
劉應調　70・566
劉應選（明）　60・617
劉應選（清昌樂）　17・668
劉應選（清高唐）　39・638
劉應選（清萬載）　61・727
劉應熹　63・449
64・534
劉應薦　35・112
劉應儜　73・68
劉應龍（宋高安）　62・19
劉應龍（宋萍鄉）　47・382
63・182
劉應龍（清分宜）　61・314
劉應龍（清吉安）　72・194
劉應龍（清廣饒）　14・389
劉應濂　4・364
30・724
劉應謙　72・603
劉應麒　58・50
劉應寵　79・68
劉應儼　66・188
劉應麟（明）　77・445
劉應麟（清）　5・232
劉應鸞　67・543

	23·351
劉翼宸	39·84
劉　璹	63·542
劉　璿	5·213
劉　瓊	26·6
劉　鏊(明)	79·327
劉　鏊(清)	38·270
劉　翹	72·657
劉　燾(明天津)	75·376
劉　燾(明安福)	72·613
劉　燾(清)	58·234
劉藕正	64·516
劉藝林	11·473
劉覲光(清鉛山)	53·14
劉覲光(清廣豐)	53·258
劉覲顔	52·626
劉　題	9·856
劉瞻林	72·463
劉瞻雲	4·362
劉　瞟	14·716
劉　曠	1·718
	15·523
	30·638
	47·332
劉　蟠	4·83
	12·103
	18·23
劉鵠翔	75·462
劉　簡(清永新)	73·185
劉　簡(清利津)	13·234
劉　翱	76·414
劉　邊	76·489
劉　鎮(元)	50·127
劉　鎮(宋)	7·278
	7·494
	77·361
劉　鎮(明)	79·38
劉　鎮(清)	76·493
劉鎮東	10·157
劉鎮瑗	36·753
劉鎮賫	49·40
劉　鎧	14·131
劉　鎬	73·43
劉　鏞	19·102
劉　鎰(明)	1·787
	13·724
劉　鎰(清)	68·494
劉　鯉	15·495
劉颺廷	43·70
劉　顔	1·740
劉燿椿	4·407
	20·102
劉　鎏	53·321
劉　璧(元)	5·87
	13·750
劉　璧(明安福)	72·585
劉　璧(明金谿)	70·514
劉　璧(明萬安)	9·720
劉　璧(明壽光)	17·518
	18·494
劉璧星	41·785
	41·835
劉　彝(宋)	75·436
	76·3
劉　彝(明)	72·585
劉邋遢	45·375
劉　瓚(明)	32·42
劉　瓚(漢)	4·202
	5·16
	39·554
	42·549
劉　藻(宋)	76·83
劉　藻(清,見劉玉麟)	
劉藻鑑	60·202

劉　蘊　13・130
劉蘊燦　72・651
劉　麓　72・287
劉攀六　73・186
劉麗堂　73・82
劉　礪　75・568
78・474
劉　壐　71・542
劉　霦　71・564
劉　黼(宋)　72・174
劉　黼(清)　72・141
劉黼朝　61・667
劉灝濱　40・568
劉　髆　39・213
劉　贊(明)　1・803
33・576
33・588
33・687
劉　贊(清)　48・413
劉贊沛　12・122
劉贊岳　74・194
劉鏄成　63・555
劉　鎲　73・50
劉　鏡(宋)　78・592
劉　鏡(清)　25・530
劉　鵬(宋)　74・183
劉　鵬(明)　19・620
23・662
劉　鵬(清)　70・303
劉鵬起　70・622
劉鵬翕　21・725
劉鵬翥　17・578
19・571
劉鵬霄　78・613
劉騰雲　64・441
劉騰遠　70・579
劉騰霄　72・654
劉　勷　76・103
劉　麒(明)　75・447
劉　麒(唐)　67・3
劉韻珂　4・331
劉懷民　21・116
劉懷東　13・147
劉懷泗　18・357
劉懷珍　4・44
5・24
8・600
18・4
18・438
劉懷珊　35・159
劉懷奎　4・444
26・637
劉懷珠　35・161
劉懷恭　21・116
劉懷恕　41・751
41・849
劉懷舜　73・104
劉懷慰　4・137
5・25
8・600
劉懷錦　73・98
劉懷麟　10・394
劉　瀚(明)　73・302
劉　瀚(清同安)　76・293
劉　瀚(清城武)　39・83
劉　瀠　38・260
劉瀠符　19・26
劉　寵　4・135
26・327
26・588
27・298
27・426
28・3
32・582

劉寵錫　10・82
劉　疆　77・527
劉嬾窩　72・697
劉繪藻　35・478
劉　驊　53・23
劉　壤　20・785
劉　馨　67・469
劉馨朝　49・235
劉　蘭(唐)　17・697
18・482
23・660
劉　蘭(清)　76・316
劉蘭芳(清吉安)　72・239
劉蘭芳(清單縣)　38・276
劉蘭亭　72・255
劉　獻(明)　11・147
11・294
劉　獻(清)　67・469
劉獻公　9・497
劉獻廷　80・603
劉獻誠　42・793
劉耀周　48・385
劉耀垣　45・286
劉耀清　19・128
劉耀瓚　73・94
劉懸晛　72・640
劉　曦(明)　73・49
劉　曦(清)　21・617
劉　鶚　72・180
劉　巍　48・345
劉　敦(明安福)　72・618
劉　敦(明龍泉)　73・28
劉　鐘　32・139
劉鐘山　39・646
劉　譢　27・156
劉　夔　1・737
劉　灌　63・539
劉　瀾(明文登)　29・73
劉　瀾(明陳留)　12・196
劉　瀾(明會昌)　74・55
劉　瀹　32・627
劉寶三　19・79
劉寶元　47・429
劉寶玉　76・315
劉寶印　5・160
43・629
劉寶玨　72・625
劉寶泉　39・311
劉寶洙　38・261
劉寶鼎　4・303
12・508
劉寶璋　9・447
劉寶鏞　12・506
劉寶瓛　25・494
劉　繻　5・367
8・324
劉　繼　59・325
劉繼仁　1・809
劉繼文　14・130
17・654
劉繼先　12・136
劉繼坦　72・599
劉繼昌　41・404
劉繼周　66・582
劉繼美　72・620
劉繼祐　80・513
劉繼祖　74・279
劉繼華　72・670
劉繼善　30・131
劉繼遠　67・368
劉繼聖　4・452
21・393
劉繼輝　46・192
劉繼勵　23・257

劉繼勳　6·445
劉繼瞻　73·368
劉繼蘭　46·275
劉　鰲　70·75
劉　權　72·148
劉權之　2·18
劉櫻秀　52·625
劉　霸　28·428
劉　躍　72·189
劉躍上　72·689
劉躍龍　62·366
劉　囂　41·380
劉　儼(明)　72·410
劉　儼(清)　17·617
19·557
劉　鐸(明)　72·149
72·580
劉　鐸(清)　37·716
劉鐶之　4·398
17·652
20·759
劉　爚　75·406
76·203
76·377
80·758
劉鶴仙　9·527
劉鶴年　30·733
劉鶴翔(明)　75·592
劉鶴翔(清)　73·65
劉鶴齡　72·603
劉續祖　11·436
劉懿芝　78·413
劉懿辰　78·433
劉懿耕　78·436
劉懿珪　78·420
劉懿琳　78·448
劉懿琮　78·434
劉懿鈴　78·420
劉懿璜　78·420
劉懿慶　14·135
劉懿璠　78·420
劉　鑒　80·129
劉　霽　4·190
5·25
劉霽光　38·291
劉　瞿　44·434
劉　巖　64·359
劉體元　17·611
18·500
劉體仁　38·264
劉體君　48·135
劉體信(明)　63·559
劉體信(清)　38·263
劉體真　63·566
劉體道　64·230
劉體儀　72·656
劉體蘭　37·417
劉籙昌　39·661
劉　鑄(宋)　73·369
劉　鑄(明)　78·719
劉　鑄(清)　18·566
劉　鑑(宋)　73·161
劉　鑑(明文登)　27·300
29·31
劉　鑑(明建陽)　76·396
劉　鑑(清平原)　16·453
劉　鑑(清昌樂)　19·114
劉　鑑(清宜春)　60·708
劉鑑光　78·416
劉鑑賢　78·435
劉襲顯　77·262
劉　襲　71·540
劉　瓚(明清苑)　1·808
劉　瓚(明新鄉)　1·801

34・435
劉　瓚(晉)　5・23
劉　瓚(清)　41・410
劉　顯(宋)　72・429
劉　顯(明南昌)　44・209
劉　顯(明豐城)　68・61
劉　顯(清)　9・850
劉顯光　7・384
劉顯宗　1・787
32・584
劉顯科　5・215
劉顯祖　71・460
劉顯珪　24・703
劉顯莊　74・340
劉顯璋　62・390
劉顯璣　62・230
劉顯謨　67・460
劉　鑣　53・444
劉　麟(明安仁)　60・8
劉　麟(明滋陽)　35・561
劉　麟(唐)　67・3
劉　麟(清)　44・485
劉麟士　64・367
劉麟之　49・513
劉麟長　79・130
劉麟郊　18・567
劉麟昭　70・580
劉麟瑞(元)　71・520
劉麟瑞(清)　26・732
劉麟應　72・608
劉　纓(明吴縣)　1・814
36・426
劉　纓(明新淦)　73・206
73・290
75・369
劉　瓛　5・105
劉　觀(明)　31・824
劉　觀(明吉水)　72・478
劉　觀(清)　64・581
劉觀世　63・578
劉觀生　14・376
劉觀光　73・363
劉觀德　14・386
劉觀瀾　53・173
劉鹽梅　71・36
劉靈哲　5・24
劉　靄　71・579
劉　衢(明宜春)　60・549
劉　衢(明星子)　49・464
劉　讓(明長安)　41・61
劉　讓(明新昌)　63・413
劉讓興　63・485
劉　灝(清涇陽)　2・19
劉　灝(清新昌)　63・435
劉　鑰　74・441
劉　纘　13・407
劉　驥(宋)　79・264
劉　驥(明)　47・65
劉驥乘　52・291
劉　鑾　9・720
劉　驪　72・596
劉　鸞(明白水)　41・693
劉　鸞(明章邱)　32・643

請

請　士　7・158

諸

諸大木　80・513
諸邦正　11・205
諸邦貴　53・650
諸邦憲　53・251
諸企范　30・60
諸長吉　53・457

諸　忠　1・832
諸　祖　37・50
諸國均　52・532
諸國昌　53・9
諸葛廷材　79・252
　79・543
諸葛廷瑞　79・442
諸葛希孟　79・237
諸葛表　79・167
諸葛直清　79・500
諸葛尚　30・656
諸葛季文　79・542
諸葛京　30・697
諸葛珏　79・544
諸葛昺　77・669
　79・282
諸葛亮　4・28
　30・76
　30・652
　31・210
　32・39
　45・318
　46・572
諸葛恢　1・702
　4・37
　30・58
　30・79
　30・659
　31・215
諸葛恪　30・77
　31・215
諸葛泰　79・252
　79・545
諸葛琺　79・626
諸葛晉　79・501
諸葛晃　79・286
諸葛倬　76・255
　76・270
　79・273
諸葛悅　75・415
　78・468
諸葛爽　4・60
　15・545
　17・697
諸葛勗　30・90
諸葛寅　79・198
　79・465
諸葛隆　79・150
諸葛琦　79・148
諸葛琰　79・501
諸葛喬　30・76
諸葛誕　4・203
　30・77
　30・656
　31・214
諸葛瑾　4・31
　30・76
　30・657
　31・214
　32・41
諸葛靚　30・77
　31・215
諸葛樟　30・122
諸葛選　79・212
　79・582
諸葛璩　4・251
　30・90
　30・672
諸葛豐　15・540
　17・456
　20・494
　30・650
諸葛豐　4・22
諸葛瞻　4・29

	30・76
	30・655
	32・41
諸葛麟	79・211
	79・581
諸　焰	53・555
諸　鎮	2・102

談

談九疇	22・231
談天佑	2・25
談必昌	22・260
談必達	22・260
談必揚	22・257
談自省	18・693
	42・432
	42・514
談汝瑛	2・82
	35・64
談素敦	13・107
談國猷	62・378
談　望	48・361
談　嵩	48・361
談震采	22・257
談錫郊	74・366
談曙霞	8・715
談　嶸	46・448
談應福	48・385
談　鎔	39・807
談　觀	45・55

慶

慶　父	35・622
慶仙和尚	21・833
慶志禪師	79・299
慶　周	9・449
慶　封	15・618
慶　真	80・487
慶　恩	78・328
慶　順	14・697
慶　餘	76・498
	77・24
慶　禮	11・41

遵

遵僕禪師	77・405

瑩

瑩禪師	76・498

潛

潛文曙	67・237
潛　修	67・234
潛振遠	67・553
潛　翁	77・729
潛　溟	62・34

澓

澓中翁	4・165
	7・476

潘

潘一俊	56・94
潘一楠	56・180
潘一謀	71・457
潘一駿	71・457
潘一麟	48・568
潘人滉	53・464
潘人龍	48・334
潘九思	73・213
潘乃敬	15・158
潘了拳	80・295
潘于逵	60・556
潘士斗	60・591

潘士侃　60・679
潘士相　54・493
潘士洛　48・443
潘士淇　48・383
潘士淑　48・337
潘士琳　71・462
潘士聞　60・542
潘士標　57・384
潘士錦　79・522
潘士藻　54・53
潘士瀛　55・289
潘大用　53・250
潘大係　39・86
潘大沅　57・297
潘大京　54・143
潘大奎　53・450
潘大桂　57・498
潘大倫　39・98
潘大高　55・183
潘大盛　57・163
潘大進　55・618
潘大貫　56・203
潘大雅　63・126
潘大湛　55・189
潘大槐　57・497
潘大臺　53・254
潘大銛　57・298
潘大綱　63・83
潘大蕃　53・434
潘大璘　71・416
潘大穆　54・569
潘大鴻　57・423
潘大鐘　55・627
潘上致　54・586
潘之芬　32・605
潘之炳　53・250
潘之紀　55・489
潘之烈　57・384
潘之祥　54・103
潘之維　53・247
潘之駿　54・301
潘子直　74・358
潘子雨　5・115
潘子塲　62・423
潘子纘　79・426
潘天賚　56・99
潘天演　56・461
潘天賡　55・34
潘天寵　55・298
潘元在　57・296
潘元盛　60・754
潘元彪　56・4
潘元達　56・515
潘元棖　54・550
潘元植　57・94
潘元澄　55・156
潘元勳　55・433
潘元曠　55・632
潘元瀚　1・819
　37・553
潘五雲　9・68
潘友文　47・338
潘　巨　5・384
潘日新　55・488
潘　中(宋)　76・575
　77・386
潘　中(明)　1・853
　23・618
潘中立　71・430
潘內召　9・68
潘文元　55・421
潘文炎　55・129
潘文治　57・86
潘文星　55・579

潘文華　55・563
潘文堂　54・517
潘文國　78・565
潘文彩　27・337
　27・806
潘文康　74・135
潘文達　56・506
潘文雋　71・127
潘文焰　57・149
潘文瑞　55・381
潘文楚　56・482
潘文煜　54・542
潘文源　57・495
潘文鳳　76・353
潘文儁　57・461
潘文德　56・466
潘文燦　1・820
潘正唐　57・46
潘正開　79・518
潘正瑗　55・86
潘正試　48・573
潘世份　51・233
潘世沂　56・580
潘世唐　62・607
潘世鈞　54・583
潘世焜　57・474
潘世煌　57・302
潘世嘉　71・390
潘世澐　56・6
潘世譽　57・42
潘可久　9・67
潘丙吉　55・490
潘丙炎　55・491
潘丙翔　57・339
潘　旦　54・88
　77・210
潘　申　79・341
潘生榮　74・138
潘仕紳　63・18
潘立詩　57・296
潘立鳴　61・678
潘立榮　57・174
潘立標　57・146
潘必枚　53・410
潘必卿　49・184
潘永年　53・529
潘永秀　57・113
潘永基　1・709
潘永清　14・737
潘民表　11・45
潘　耒　76・210
　80・165
潘邦佑　56・470
潘邦珪　57・109
潘　吉　74・114
潘有本　63・41
潘有成　56・356
潘有光　57・122
潘有宜　56・81
潘有宥　55・187
潘有章　56・298
潘有寀　56・32
潘有璜　63・74
潘有積　56・389
潘有燦　56・322
潘有耀　57・166
潘而源　56・632
潘存仁　55・44
潘存員　57・428
潘存禘　57・78
潘存實　76・725
潘存靈　57・208
潘成彬　57・297
潘至善　76・546

潘光焘 56·180
潘光烈 55·37
潘光組 42·391
潘光裕 54·335
潘光餘 56·166
潘光興 54·344
潘光燦 56·349
潘光麗 56·349
潘光繡 55·57
潘先珍 49·434
潘廷玨 47·188
潘廷松 54·515
潘廷珍 57·300
潘廷柱 57·152
潘廷珪 54·336
潘廷珩 57·298
潘廷梅 71·478
潘廷槐 18·743
42·470
潘廷試 55·526
潘廷輔 57·59
潘廷選 56·672
潘廷勳 57·423
潘廷鎮 51·492
潘自祥 54·507
潘兆元(清上饒) 51·597
潘兆元(清婺源) 56·348
潘兆仁 57·432
潘兆吾 76·260
潘兆珪 2·104
25·194
26·577
潘兆祥 56·589
潘兆達 57·301
潘兆集 55·89
潘兆璜 60·723
潘兆遴 4·349
潘兆藩 55·247
潘兆鼇 57·247
潘兆麟 56·348
潘充本 49·472
潘　江 54·291
潘池元 49·271
潘汝龍 80·199
潘　宇 38·410
潘守蒸 37·6
潘守勳 37·6
潘安智 71·390
潘安禮 71·243
潘如瑗 63·136
潘如椿 56·572
潘如瓚 63·116
潘好儉 4·242
潘好禮 11·79
潘羽豐 56·665
潘　玖 17·576
18·510
潘志忠 5·56
潘志敏 55·324
潘志清 72·243
潘　芹 55·124
潘　芬 55·464
潘克莊 39·217
潘克唯 48·403
潘克溥 9·890
潘　杠 57·205
潘甫生 71·390
潘步元 77·378
潘步雲 42·293
潘見龍(清晉江) 79·244
潘見龍(清鉛山) 53·32
潘佑麟 54·596
潘作礪 57·297
潘希灯 53·625

潘希雲 53・420
潘希聖 77・394
潘希慧 49・196
潘希賢 56・353
潘　忻 23・434
潘　灼 55・6
潘沖靜 6・224
潘　沂 4・322
9・60
76・472
潘汴琅 9・28
潘宏言 12・294
潘宏運 60・754
潘良旦 48・318
潘良貴 42・3
42・12
潘　初 57・522
潘社丁 57・114
潘奉琮 71・457
潘　武 77・687
潘　玟 57・299
潘　坦 67・245
潘其慶 18・531
潘若江 57・302
潘若芹 39・346
潘若蕙 39・338
潘　茂 71・244
潘茂梓 53・484
潘茂森 54・557
潘　英 55・296
潘英略 71・432
潘林祚 78・585
79・71
潘松嶺 9・891
潘　杰 57・298
潘述祖 63・70
潘東暘 79・412
潘　虎 10・375
潘尚忠 34・335
潘尚孳 45・229
潘尚暄 71・433
潘尚誠 54・496
潘尚煌 71・457
潘尚遺 45・187
潘尚德 39・198
潘尚熿 71・457
潘昌煉 57・152
潘明柱 52・633
潘明祚 4・279
5・337
10・47
10・120
潘明乾 53・440
潘明達 53・249
潘明富 52・608
潘明曦 53・432
潘明顯 53・176
潘昂霄 4・197
5・99
潘　昉 75・443
76・118
78・486
潘季馴 1・767
潘秉堂 56・175
潘秉道 71・333
潘秉潤 55・216
潘岱登 71・237
潘金琦 53・61
潘金鎔 55・75
潘周伯 76・10
78・507
潘周南 55・181
潘炙賢 55・347
潘　府 75・416

78・463
潘怡興　20・115
潘　泗　60・677
潘宗佑　5・95
潘宗海　55・286
潘宗熑　51・357
潘　建　41・410
潘建勳　57・423
潘居鏊　53・444
潘承秀　76・493
潘承宗　55・301
潘承恂　36・174
潘承祐　45・324
46・590
75・473
76・423
潘承家　79・534
潘承勛　29・108
潘承裕　56・584
潘　珏　54・86
潘　珂　49・253
潘　珍　1・777
24・267
54・87
潘珍德　71・478
潘　珉　55・552
潘　荃　49・385
潘　柄　75・569
潘　相　56・617
潘厚本　49・504
潘厚璜　48・414
潘思忠　79・617
潘思恩　42・354
潘思道　77・210
潘思椝　75・392
潘矩健　37・8
潘矩楹　37・5
潘重炘　57・43
潘　修　47・359
潘修祐　53・453
潘修經　53・366
潘　俊　13・409
13・506
潘　奐　54・278
潘　亭　56・435
潘彥斌　57・299
潘音吕　49・369
潘　美　67・555
潘炳勳　57・405
潘　洪(明宿遷)　77・209
潘　洪(明婺源)　54・485
潘　洪(清)　57・302
潘　洙　76・635
潘　洲　55・400
潘　津　57・297
潘祖進　56・596
潘飛鴻　30・693
潘紀仲　53・508
潘紀恩　54・300
潘　泰(明)　11・147
11・294
潘　泰(清)　53・81
潘泰銓　48・547
潘　珪　53・239
潘　珹　55・159
潘起泳　57・43
潘起當　56・553
潘起榜　57・127
潘起鳳　71・478
潘起懷　56・550
潘　華　54・148
潘　桂　76・570
潘桂芳　77・716
潘桂林　56・204

潘連城　57・405
潘連清　15・160
潘原英　5・101
潘　烈　71・320
潘烈文　57・317
潘振光　56・353
潘振魯　57・466
潘振聲　78・566
潘　捐　79・30
潘　晉　13・111
潘晉晟　79・523
潘晉堂　53・369
潘晉臺　76・490
潘晉齡　79・521
潘時宜　53・243
潘時琮　39・409
潘時禧　51・656
潘　恩　23・614
　　　　24・268
潘恩藻　56・349
潘　剛　11・284
潘　健　76・477
潘師旦　11・118
潘師禹　56・551
潘師質　60・555
潘　卿　57・162
潘逢年　57・48
潘逢祀　57・6
潘逢岩　55・23
潘逢訓　55・123
潘逢盛　56・546
潘逢煒　57・299
潘逢福　55・84
潘逢聚　56・21
潘逢湊　56・2
潘逢熺　57・297
潘　訓　71・478
潘高陞　56・440
潘益齡　49・496
潘家宮　57・340
潘家琦　57・227
潘家瑞　56・197
潘家誦　57・209
潘　祥　57・109
潘書馨　54・153
潘陳善　55・636
潘　聃　51・195
潘　純　63・145
潘　培　55・335
潘基榮　56・425
潘　彬　55・214
潘　掄　53・117
潘　勖　7・346
潘國材　76・51
潘國珍　55・437
潘國重　21・350
潘國祥　57・301
潘國棠　55・409
潘國詔　11・392
潘國楨　55・198
潘國彰　57・300
潘國榮　56・441
潘國霖　54・190
潘國儒　57・68
潘崇信　47・563
潘崇桂　49・284
潘　第(字仲高)　54・163
潘　第(字殿掄)　55・399
潘敏中　5・99
潘　偃　47・411
潘從吉　17・578
　　　　20・112
潘從龍　79・593
潘　釴　15・536

16·423
18·52
54·216
潘旋吉 56·155
潘翊清 80·198
潘望年 79·361
潘惟一 63·22
潘惟英 49·482
潘惟粹 40·67
40·164
潘清太 79·431
潘清濤 9·852
潘添槐 52·253
潘淑正 1·817
潘　淳 46·398
潘　寅 55·429
潘啓允 48·531
潘啓東 74·133
潘啓洋 74·131
潘啓勝 48·568
潘啓瑞 48·575
潘啓禔 57·300
潘啓選 74·137
潘啓儒 54·538
潘啓聯 74·134
潘啓權 56·293
潘紹古 71·457
潘紹基 54·303
潘　琦 71·273
潘　瑄 39·100
潘堯舉 74·127
潘　賁 60·745
潘　達 56·349
潘　萼 54·151
潘敬業 54·587
潘敬簡 78·565
潘朝勳 57·295
潘　葵 47·154
潘　楝 57·345
潘　棣 57·301
潘　殖 76·504
潘雲谷 65·300
潘雲標 56·14
潘雲舉 35·168
潘　援 78·468
潘鼎珪 79·276
79·402
潘開元 57·298
潘開祥 56·166
潘開熾 54·335
潘開驥 54·333
潘　景 79·433
潘　貴 75·485
76·138
潘　蛟 49·218
潘　喬 55·399
潘喬齡 67·465
潘策勳 57·296
潘順良 57·60
潘　傑(明) 71·321
潘　傑(清) 54·278
潘集勳 55·489
潘　復 37·4
潘　舒 55·323
潘　欽 51·579
潘欽鉉 57·60
潘欽彝 56·349
潘　斌 57·300
潘尊達 55·283
潘　道 41·402
潘道南 54·261
潘道浙 53·569
潘道敏 79·351
潘道淮 53·571

潘榮生　55・211
潘　漢　42・18
潘　潢　54・90
　75・374
潘　滿　1・701
潘　寬　79・211
潘肇武　53・256
潘肇華　53・539
潘肇涖　53・316
潘肇勳　55・490
潘肇興　71・478
潘　綱　42・45
潘維水　18・530
潘維岳　79・159
潘維城　79・236
潘維信　5・365
潘維颺　32・587
　79・521
潘　璜　55・464
潘　璋　38・716
潘　標　54・142
潘　奭　51・697
潘震龍　48・364
潘震聲　54・303
潘　賜　76・546
潘德邦　51・319
潘德昇　56・502
潘德明　51・298
　51・362
潘德孫　56・559
潘德章　71・490
潘德富　56・294
潘德嘉　51・260
潘德銘　53・580
潘德齊　71・637
潘德遲　56・498
潘德馨　53・281
潘　鋐　14・110
潘餘馨　55・488
潘賡鍾　76・256
潘慶遠　55・296
潘　毅　7・280
　7・496
潘養德　56・123
潘遵南　55・186
潘　澍　55・218
潘澍霖　79・491
潘　潭　53・514
潘　潛　75・682
潘　潤(明)　53・304
潘　潤(清昌樂)　17・657
　19・35
潘　潤(清婺源)　57・340
潘澄洋　79・571
潘　選　54・488
潘　璘　57・382
潘璘登　48・348
潘燕瑞　74・134
潘　翰　55・331
潘頤龍　75・403
潘樹枏　75・428
潘　樵　48・339
潘縣花　61・662
潘興嗣　46・465
潘　學　79・338
潘學全　57・316
潘學宗　53・564
潘學恭　57・295
潘學淵　53・465
潘學詩　57・295
潘學優　57・301
潘　鏌　55・464
潘錫圭　55・221
潘錫萬　56・282

潘錫齡 30・694
潘　錦 51・571
潘錦江 48・557
潘　龍(明) 9・809
潘　龍(清德州) 5・377
8・642
潘　龍(清濟陽) 10・375
潘龍光 55・146
潘龍雨 67・465
潘澡新 57・382
潘　澤 57・301
潘憲曾 57・474
潘駿文 2・23
潘　璵 56・611
潘聯元(字耘經) 55・321
潘聯元(字雲隴) 56・413
潘聯秀 57・296
潘聯英 56・9
潘聯俸 56・209
潘聯彩 55・16
潘懋升 55・630
潘懋桂 55・188
潘懋璋 61・240
潘懋勳 55・408
潘　霞 71・457
潘曙登 48・336
潘　嶽 63・135
潘　徽 47・419
潘鍾秀 55・489
潘鍾烝 55・463
潘鍾齊 54・540
潘　謨 56・154
潘襄龍 55・316
潘應日 56・513
潘應春 48・219
潘應科 76・552
潘應俊 56・608
潘應陛 55・642
潘應倫 56・597
潘應高 53・426
潘應軫 71・338
潘應壽 55・646
潘應賓 4・352
潘應儒 56・664
潘應龍(明莆田) 78・159
潘應龍(明樂安) 71・125
潘燦治 55・490
潘　燮 57・299
潘燮勳 55・490
潘　鴻 53・285
潘鴻翔 54・156
潘鴻賓 57・295
潘鴻儀 79・335
潘鴻麒 56・354
潘　濤 63・175
潘　濬(清樂陵) 9・73
潘　濬(清嶧縣) 7・442
潘　濟(字景荀) 55・204
潘　濟(字復初) 54・283
潘　濼 57・298
潘　邃 73・233
73・302
潘　瓊 63・115
潘　鏊 54・491
潘翹生 71・273
潘覲光 55・180
潘　藩 71・299
潘　儻 49・169
潘　鎬 60・683
潘　鎰 54・208
潘　鯁 78・505
潘颺言 5・258
32・632
潘　燿 57・299

潘　藻(明)　79・165
潘　藻(清)　56・227
潘　霦　71・453
潘　鏞　55・487
潘鵬雲　4・322
9・61
潘　騰　56・356
潘　懷　58・146
潘　繪　71・478
潘　繡　71・458
潘蘭生　71・433
潘獻卿　38・410
潘　曦　55・291
潘鐘霈　57・474
潘寶元　56・209
潘寶琴　55・36
潘寶瑟　56・353
潘　騫　60・705
潘繼高　54・154
潘繼善　54・67
潘鶴年　57・430
潘鶴銜　55・461
潘鶴齡　57・361
潘體震　9・59
潘　鑑(明華亭)　27・380
27・801
潘　鑑(明婺源)　54・89
潘　巒　54・121
潘　顯　71・133
潘顯道　54・135
潘顯鴻　53・30
潘　巘　53・530
潘　麟　54・333
潘靈芝　79・287
79・434
潘　鸞　55・432

澄

澄　聲　80・616

審

審　晃　1・695
37・800
41・57

遲

遲九齡　24・550
遲乃光　27・539
28・168
遲士英　5・368
8・331
遲士智　8・331
遲大成　25・639
27・89
遲之英　26・632
遲曰震　2・64
遲允成　27・170
遲必昂　22・308
遲　忠　26・5
遲阜成　27・156
遲映雪　18・746
42・471
遲配乾　29・95
遲逢元　37・60
遲梅亭　11・296
遲國栻　11・298
遲崙源　19・318
遲殿魁　9・849
遲際泰　8・322
遲嘉楨　8・325
遲鳳翔　17・532
19・293
遲維坤　2・82

38・413
遲維城 75・405
遲應舉 25・649
27・162
遲　鴰 27・167
遲躍龍 26・624

豫

豫　山 2・102
豫　咸 18・699

樂

樂大護 80・402
樂文祥 80・603
樂文解 80・400
樂文鸞 71・132
樂正子長 23・666
樂正子春 31・170
37・406
39・172
樂正克 4・6
7・133
樂世垂 71・201
樂世勛 71・217
樂　史 70・191
71・32
樂　用 28・495
樂永年 71・210
樂　汎 71・176
樂臣公 23・283
樂廷槐 71・200
樂全德 71・215
樂如堯 80・509
樂如璋 80・400
樂均用 15・585
17・507
18・423
樂志謙 71・134
樂　秀 80・763
樂宏高 71・191
樂良能 71・156
樂怡堂 70・610
樂治心 80・404
樂　糾 72・374
樂春元 52・246
樂則昌 71・132
樂思聰 71・201
樂　哥 80・423
樂倫清 70・235
樂師夔 71・161
樂　邕 80・502
樂　高 71・216
樂　欬 4・5
35・603
樂　純 80・403
樂黃目 70・36
71・32
樂　崙 71・201
樂悠邦 71・193
樂　進 4・31
42・99
樂得英 70・217
樂從先 80・500
樂象明 72・357
樂斯盛 70・233
樂　朝 71・213
樂朝聘 71・193
樂　集 72・376
樂　鈞 69・401
樂　勝 71・208
樂　斌 77・132
樂　運 39・559
39・782
42・543

欒壽南　71・63
欒鳴殷　71・132
欒鳳儀　71・127
欒　肇　7・347
欒德法　80・425
欒　毅　6・283
欒徽聲　1・807
　69・459
欒應昌　71・160
欒應咸　45・65
欒　濟　79・373
　80・516
欒　衡　71・164
欒　鏜　46・405
欒　譜　71・215
欒　繩　80・432
欒繼同　45・542
欒　鑑　71・210
欒　護　69・177
欒　鑣　72・316
欒　麟　71・176

練

練大亨　73・238
練山甫　76・530
練子寧　73・238
　73・312
練曰錫　74・541
練　耒　76・485
練光琮　58・581
練廷玉　58・421
練廷相　80・67
練宗政　1・830
練　定　76・527
練　岦　77・78
練　逢　76・534
練　純　73・261
練蓉耀　58・440
練幹譽　76・427
練　僖　73・230
　73・301
練　謙　58・302
練　繪　76・503
練　纓　75・651
　78・563

緹

緹　縈　4・473
　7・218
　17・701

線

線　縉　2・74
　37・811

十六畫

駱

駱大附　5・339
　10・134
駱大俊　2・68
　2・88
　7・387
　9・617
　37・568
駱子驥　10・153
駱天閑　77・86
駱仁山　74・497
駱文啓　74・497
駱光宸　44・444
駱兆堂　5・339
駱亦至　76・260
駱希聖　10・153

駱明廷　10・155
駱　珍　5・339
10・124
駱厚麟　74・436
駱　軒　48・201
駱原濱　9・415
駱　敏(明湖口)　48・462
駱　敏(明廣昌)　74・478
駱夢螭　10・154
駱騣曾　76・470
駱應炳　48・70
駱騰衢　78・586
駱懷春　50・544
駱蘭章　74・131

操

操斗祥　47・48
操兆弼　47・201
操　安　47・61
操其心　47・207
操秉忠　58・252
操金孫　58・191
操時賢　41・695
47・86
操　琬　59・355
操貴持　47・316
操瀛洲　47・214
操　鑾　47・178

燕

燕日暄　47・507
燕公楠　51・8
燕文佐　73・99
燕文僎　73・62
燕斗南　45・100
燕以憖　73・105
燕可立　6・662
燕丕遠　14・396
燕只吉臺徹理　75・361
燕廷賢　28・221
燕　伋　4・5
35・603
燕兆祥　14・383
燕作霖　47・540
燕位坦　47・530
燕位珏　47・531
燕位垣　47・516
燕位達　47・516
燕位璋　47・498
燕位環　47・530
燕　林　14・715
燕帖木而　22・228
燕侯然　47・491
燕侯熙　47・576
燕　度　4・71
18・280
41・133
75・396
燕祖召　16・429
18・55
燕華雲　14・390
燕桂森　6・640
燕　笙　47・518
燕章誠　73・63
燕　瑛(宋)　4・71
18・280
41・134
燕　瑛(清)　45・268
燕　善　48・29
燕　肅　4・71
15・547
17・486
18・279
41・133

燕殿傑　14・387
燕鳳津　33・811
燕　榮　1・719
17・697
18・10
燕　寧　1・749
15・527
30・640
燕增元　2・94
14・112
16・451
燕　毅　44・548
燕澄源　47・532
燕履元　45・100
燕　頜　51・32
燕　濱　51・94
燕　鐸　47・565

薛

薛一堂(見薛一棠)
薛一棠　9・142
22・273
22・517
薛二經　79・49
薛人龍　79・258
薛人驥　80・131
薛三鼎　74・107
薛士中　79・51
薛士彥　76・736
76・760
薛士傑　36・478
薛士魁　30・725
薛士璉　79・71
薛士璣　79・46
薛士穎　80・758
薛大志　77・343
薛大鼎　1・725
11・379
薛之彬　2・39
10・309
薛之瑄　31・831
薛子義　78・655
薛天玉　78・271
薛天華　79・116
薛天深　79・220
薛天植　15・38
15・135
薛天璘　42・990
薛元芻　78・254
薛元鼎　78・138
78・260
薛元羲　52・389
薛元龜　78・262
薛仁山　9・259
薛仁溥　9・259
薛仁輔　59・634
薛公采　69・643
薛公應　77・347
薛文周　1・853
21・139
23・617
24・249
薛文熥　18・546
薛　方(明)　1・790
43・538
薛　方(漢)　4・249
7・198
15・583
17・457
薛心佑　33・560
薛孔洵　77・347
薛　正　1・836
9・827
薛正冠　78・650

薛世道　22・292
　22・590
薛世瑞　4・370
薛世溭　57・181
薛　丕　78・459
薛丕顯　19・41
薛石山　79・247
薛　平　1・722
　16・400
　18・16
薛令之　76・242
　76・311
　77・419
　77・448
薛半千　76・745
薛邦彥　56・197
薛光斗　2・31
薛光鴻　56・302
薛同術　39・148
薛　年　80・147
薛先維　80・110
薛廷表　71・394
薛廷宣　79・73
薛廷棟　2・35
薛廷寵　75・554
　79・7
薛延齡　26・133
薛仲佐　47・2
薛兆萬　38・272
薛名振　37・671
薛芳杜　77・444
薛　李　39・138
薛利和　78・66
　78・250
薛伯康　75・628
　79・76
薛近洙　4・182
　17・562
　18・344
薛近齊（明）　17・562
　18・369
薛近齊（清）　37・698
薛希包　22・302
　22・629
薛希瑄　22・274
　22・518
薛孚讓　80・123
薛　沙　76・243
　76・311
薛君淇　35・197
薛　武　75・407
　76・206
薛　坤　79・41
薛來朝　39・176
薛郁枝　56・421
薛郁政　57・395
薛虎子　1・710
薛昌朝　8・394
薛　昂　1・806
薛　忠　31・226
薛　岡　17・548
　18・423
薛季良　78・142
　78・253
薛　侃　1・824
　41・62
薛受益　9・70
　22・346
　23・251
　23・661
薛　京　75・668
　76・763
薛法文　30・327
薛法仲　39・325

薛宗鎧 76・410
薛孟琪 35・170
薛契璋 79・576
薛柱斗 11・379
薛映奎 35・511
薛　胄 1・717
薛　泉 79・50
薛　俊 77・502
薛　奕 78・58
78・245
薛炯垣 77・653
薛洽安 7・383
薛　宣 4・23
23・610
30・376
薛祗先 38・271
薛耕春 80・125
薛　珪 52・218
薛　珩 78・137
78・253
薛起受 78・584
79・69
薛起鳳 76・247
薛桂芳 80・130
薛桂齡 9・406
薛　桓 22・344
薛連元 57・395
薛　哥 26・3
薛原義 1・814
36・425
薛振元 74・76
薛振琦 74・75
薛時亨 56・379
薛　倫 1・790
43・541
薛師儀 76・335
77・653
薛衷和 80・149
薛　悌 4・136
薛　兼 7・354
薛孫仁 80・146
薛純儒 79・264
薛　理 4・122
5・102
薛培元 29・818
薛　菉 26・113
薛國政 6・564
薛國觀 24・292
薛　崇 1・723
薛　從 1・727
薛惟和 18・526
薛　隆 72・102
薛　琪 75・408
77・579
薛　琦 26・7
薛萬衍 77・600
薛敬孟 75・598
79・63
薛敬恕 6・465
薛敬業 74・77
薛敬賢 39・444
薛朝瑞 4・372
薛惠祖 78・653
薛揚清 19・588
薛景崙 6・654
薛景灝 6・614
薛貴瑯 77・340
薛　欽 79・59
薛舜俞 76・214
76・275
薛舜庸 75・410
76・214
76・275
77・580

薛尊賢　39・441
薛道見　37・417
薛道隆　14・134
薛　曾　75・556
薛　漑　49・522
薛　粢　22・261
22・466
薛　祿　4・118
22・245
23・660
薛　弼　75・398
薛登蓬　9・260
薛登龍　76・250
薛　瑞(明)　1・788
13・725
薛　瑞(清)　39・639
薛　瑄　1・780
薛夢雷　75・558
79・19
薛夢熊　78・262
薛　業　49・516
薛傳泗　36・749
薛　會　79・26
薛裔昌　37・131
薛　雍　75・674
薛　慎　1・798
34・44
薛　塽　27・167
27・226
薛熙載　77・342
薛輔世　17・648
18・561
薛鳴鸞　55・465
薛　銓　76・201
薛鳳祚　4・408
17・581
18・345
薛　漢　1・697
15・517
薛維敘　6・465
薛　駒　39・190
薛樓生　58・546
薛　樟　5・111
薛德先　79・330
薛慶崧　37・4
薛　憬　29・841
薛　澐　75・563
76・62
79・27
薛　璘　23・615
24・280
薛奮揚　78・374
薛　諮　37・34
薛　濂　22・261
22・466
23・650
薛　聰　1・706
薛懋修(見薛懋脩)
薛懋脩　17・653
18・351
薛　謙　14・702
42・946
薛應吉　80・129
薛應瑞　80・668
薛應騋　22・302
22・630
薛應齡　75・614
79・12
薛　燭　36・552
薛　鴻　80・146
薛鴻漸　39・189
薛　璿　23・251
薛　曜　22・252
薛　韞　9・75

薛　鎔　75・601
79・62
薛　蘭　42・194
薛繼功　14・740
薛　鑅　2・51
薛　巒　78・287
薛觀政　42・394
薛　鑾　9・26

薊

薊子訓　41・221

薄

薄英麟　13・338
薄官超　13・337
薄馭麟　4・341
36・178
薄瞻淇　13・338

蕭

蕭一槐　80・499
蕭一龍　65・316
66・362
蕭九成(清日照)　4・360
16・450
32・142
蕭九成(清南昌)　44・577
蕭九州　77・441
蕭九萬　44・113
蕭九湘　41・221
蕭九衢　77・434
蕭三汲　67・294
蕭于喬　72・378
蕭士芊　72・332
蕭士信　72・377
蕭士美　46・144
蕭士班　58・177
蕭士琦　62・422
蕭士登　32・388
33・265
蕭士瑋　72・327
蕭士魁　80・28
蕭士廉　9・815
蕭士維　74・449
蕭士璡　72・242
蕭士贇　74・163
蕭士驤　72・151
蕭大才　38・686
蕭大年　72・247
蕭大亨(明吉水)　72・416
蕭大亨(明泰安)　4・129
31・792
32・340
33・206
蕭大遇　61・363
蕭大漢　72・205
蕭大醇　80・545
蕭大圜　7・268
蕭大臨　73・247
蕭及千　67・455
蕭之俊　74・260
蕭之豹　80・176
蕭之敏　50・41
76・409
蕭子才　72・152
蕭子安(宋)　72・269
蕭子安(清)　10・481
蕭子良　7・270
蕭子昌　32・405
33・279
蕭子建　72・328
蕭子威　72・184
蕭子恪　7・263
30・89

蕭子隆　7·270
蕭子雲　7·263
30·89
73·269
蕭子智　72·200
蕭子蒼　72·267
蕭子暉　7·271
30·89
蕭子韶　72·225
蕭子範　7·269
30·89
蕭子懋　7·262
75·5
蕭子鵬　73·234
73·300
73·302
蕭子顯　7·263
30·89
蕭天祐　72·504
蕭天從　73·46
蕭　元　72·370
蕭元吉　62·172
蕭元岡　72·349
蕭元桂　76·388
蕭元章　60·391
蕭元湛　72·186
蕭元嘉　7·277
7·494
蕭元薦　72·199
蕭元環　73·99
蕭五徽　72·663
蕭不敏　72·199
蕭友善　72·132
蕭友蘭　45·200
蕭日章　72·371
蕭日煦　80·461
蕭日藻　62·181
蕭曰芳　34·180
蕭中行　73·77
蕭仁清　72·353
蕭仁蓮　72·205
蕭化基　72·126
蕭仍拔　60·725
蕭　介(明)　72·287
蕭　介(南北朝)　7·260
30·89
蕭介夫　72·264
蕭今柳　32·402
33·277
蕭公伯　72·378
蕭公餉　73·259
蕭　文　73·44
蕭文光　77·148
蕭文芳　30·61
蕭文甫　45·304
蕭文佐　73·73
蕭文苹　72·370
蕭文英　72·196
蕭文明　66·165
蕭文忠　70·600
蕭文華　72·196
蕭文浪　72·367
蕭文孫　72·131
蕭文清　72·137
蕭文琰　7·261
蕭文琬　72·502
蕭文蔚　26·600
蕭文韶　72·595
蕭文滾　72·136
蕭文璧　1·795
10·553
蕭文靈　9·891
蕭方智　75·5
蕭方駿　6·449

蕭方體 72・207
蕭　引 7・261
30・90
蕭引鳳 45・157
蕭以光 73・97
蕭以裕 65・103
蕭　允 7・260
30・90
蕭允儒 65・101
蕭孔仲 77・524
蕭　正 73・202
蕭正帶 62・592
蕭正發 72・185
蕭正模 80・478
蕭功健 72・186
蕭世奇 72・205
蕭世京 73・17
蕭世國 51・507
蕭世廉 7・266
蕭世榮 72・243
蕭世範 73・18
蕭世嶸 72・692
蕭本茂 72・311
蕭本相 74・273
蕭本鑑 45・182
蕭可宏 72・438
蕭可貞 72・202
蕭可棻 72・202
72・634
蕭可薦 72・139
蕭丕冐 37・839
蕭丕振 26・629
蕭丕顯 8・334
蕭平仲 7・272
蕭占元 73・321
蕭甲登 72・177
蕭　由 7・250
7・471
30・74
41・279
蕭由梧 73・77
蕭　史 45・346
蕭用道 72・296
蕭用謙 73・27
蕭立等 74・148
蕭必達 72・340
蕭必寶 62・592
蕭必顯 72・168
蕭永華 2・96
14・299
16・441
蕭永福 72・29
72・31
蕭弘樑 78・611
蕭邦佑 77・630
蕭邦俊 10・556
蕭邦泰 69・625
蕭邦脩 74・61
蕭邦現 72・199
蕭　吉(明) 52・372
蕭　吉(南北朝) 4・262
蕭吉先 72・190
蕭芝美 77・369
蕭在鎔 69・562
蕭　有 7・271
蕭　存 48・20
蕭存存 72・183
蕭至忠 7・276
7・493
蕭光浩 47・371
蕭光梧 47・460
蕭光國 72・246
蕭光裕 66・258
蕭同善 73・65

蕭　廷　72·321
蕭廷上　74·12
蕭廷瑋　80·208
蕭廷楨　64·414
蕭廷槐　5·243
6·181
43·543
蕭廷榜　72·362
蕭廷對　72·327
蕭廷鳴　73·172
蕭廷璠　80·240
蕭廷諫　5·389
蕭廷鰲　11·451
蕭廷驥　71·126
蕭　竹　80·598
蕭延賀　32·391
33·267
蕭仲印　5·389
12·498
蕭任權　73·395
蕭　价　73·18
蕭自成　72·285
蕭自開　73·60
蕭自愚　72·379
蕭行可　74·19
蕭　全　80·461
蕭兆柄　72·145
蕭名就　74·454
蕭名魁　72·356
蕭　衣　8·317
蕭　冲　72·346
蕭汝士　72·127
72·429
蕭汝舟　38·688
蕭汝爲　72·527
蕭汝甯　72·193
蕭汝資　72·340
蕭汝誦　12·506
蕭汝諧　72·127
72·429
蕭汝鸞　74·225
蕭安國　72·183
蕭艮宣　72·135
蕭　防　45·358
蕭如尹　25·163
26·13
蕭如祈　73·169
蕭志仁　72·182
蕭志清　72·225
蕭志學　74·38
蕭芸生　44·530
蕭芳滋　62·322
蕭芳霖　78·434
蕭克甲　40·289
蕭克良　73·208
蕭克翁　66·426
蕭克道　73·26
蕭　材　72·377
蕭　杞　61·488
蕭　里　76·348
77·686
蕭見田　72·368
蕭　岐　72·278
蕭　岑　7·272
蕭　秀　7·265
蕭秀三　72·362
蕭我深　62·506
蕭　佐　73·18
蕭作霖　80·222
蕭伯升　72·332
蕭伯辰(明峽江)　73·287
蕭伯辰(明清江)　65·80
蕭伯原　73·247
蕭伯輿　72·489

蕭近高　72・138
蕭近蘭　72・139
蕭希爵　72・656
蕭　孚　72・247
蕭含輝　80・232
蕭　彤　7・261
蕭　序　7・271
蕭汪之　21・115
蕭宋哲　72・369
蕭　宏　80・152
蕭宏量　72・272
蕭宏緒　65・280
蕭宏魯　72・136
蕭良有　72・139
蕭良肱　72・261
蕭君玉　72・260
蕭君甫　72・247
蕭君麟　72・363
蕭長瑞　74・391
蕭坦之　7・367
蕭　劼　4・430
　　26・604
蕭其祥　9・143
蕭茂芬　77・190
蕭　直　73・192
蕭枚卜　72・656
蕭來鳳　80・455
蕭來鸞　80・48
蕭協中　31・821
　　32・367
　　33・231
蕭　虎　43・269
蕭尚垂　74・452
　　74・455
蕭尚哲　9・853
蕭尚容　73・80
蕭尚寬　73・73
蕭尚賓　22・232
蕭昌遠　72・375
蕭昌齡　72・175
蕭　明　7・266
蕭明允　72・187
蕭明哲　72・269
　　80・465
蕭明峯　74・7
蕭明陳　45・192
蕭明遠　73・26
蕭明燦　80・615
蕭　迪　73・39
蕭　固(宋)　66・102
蕭　固(明)　73・44
蕭忠瑚　72・247
蕭忠經　74・451
蕭垂豈　50・273
　　71・582
蕭知節　72・130
蕭和鼎　73・48
蕭季卜　37・851
蕭秉忠　73・365
蕭秉鑒　39・201
蕭命官　72・140
蕭受益　72・552
蕭受祿　62・634
蕭念三　80・230
蕭　服　72・127
　　72・429
蕭　京　76・185
蕭　放　7・269
蕭　育　4・134
　　7・250
　　7・470
　　30・74
蕭育東　41・221
蕭怡昺　75・500

蕭　炘　71·613
蕭　法　31·833
32·392
33·268
蕭法何　72·460
蕭法明　77·136
蕭　注　66·106
蕭　泳　77·117
蕭治先　74·14
蕭宗禹　58·52
蕭宗濤　71·619
蕭　定　7·276
49·397
蕭定基　72·126
72·387
蕭宜春　72·358
蕭建功　73·229
73·301
蕭居仁　72·187
蕭承英　72·244
蕭承命　65·101
蕭承弼　34·248
蕭承露　66·300
蕭孟忠　73·47
蕭　珏　74·6
蕭南樞　76·308
77·629
蕭　柯　73·50
蕭　相(明吉安)　72·225
蕭　相(明安福)　72·619
蕭　咸　7·250
7·471
30·74
蕭持升　72·362
蕭拱辰　73·34
蕭省身　72·300
蕭則敷　72·372
蕭　映(宋)　66·101
蕭　映(南北朝)　7·264
蕭星拱　71·274
蕭　昱　1·855
23·128
23·621
蕭思話　1·704
7·257
7·482
18·2
蕭思鳳　72·359
蕭品章　73·112
蕭　俛　7·274
蕭　泉　71·126
蕭禹言　6·228
蕭俊士　9·27
蕭　衍　7·246
蕭　律　66·98
蕭　亮(明)　66·328
蕭　亮(清泰和)　72·370
蕭　亮(清興國)　74·28
蕭亮賢　80·241
蕭彥卓　74·36
蕭彥起　12·117
蕭彥魁　72·366
蕭　竑　75·414
78·461
蕭　美　72·359
蕭美成　73·20
蕭　炳　7·302
7·462
30·134
蕭炳南　72·373
蕭炳棟　50·296
蕭炳椿　50·207
蕭洪粱　72·246
蕭洪欽　72·245

蕭　洽　4・190
7・259
30・90
蕭　洵　72・184
72・490
蕭宮麟　47・405
蕭　祜　4・193
蕭　祐　30・94
蕭祖琛　63・470
蕭祚城　72・238
蕭　祗　7・267
11・22
蕭　昶　73・30
蕭　退　7・267
蕭飛鳳　72・554
蕭飛熊　60・728
蕭　紀　7・270
蕭泰來　66・275
蕭泰登　72・270
蕭　珩　70・581
蕭　珣　5・352
10・386
蕭起鳳　49・199
蕭　華　7・278
蕭華孫　72・341
蕭恭生　73・160
蕭真瑞　72・189
蕭桂芳　73・73
蕭連輝　72・238
蕭　原　77・153
蕭原吉　71・265
蕭　沓　7・272
蕭振睿　32・402
33・277
蕭振綱　74・45
蕭致修　72・363
蕭致祥　73・92
蕭　晉　72・341
蕭睎素　7・259
蕭　時　73・66
蕭時中　72・184
蕭時亨　5・369
8・608
蕭時效　73・58
蕭時震　40・13
40・185
蕭　晅　72・307
蕭　晃　72・226
蕭　特　7・264
蕭　倫　73・67
蕭　倣　7・275
蕭　豹　43・269
蕭逢辰　72・130
72・339
蕭　勍　26・641
蕭益先　72・356
蕭　兼　73・78
蕭凌霞　73・309
蕭　浩　73・206
蕭　海　72・529
蕭家茂　62・477
蕭家豹　64・576
蕭家愉　71・135
蕭家齊　62・595
蕭家德　62・519
蕭家瓏　72・246
蕭祥曜　72・320
蕭　珊　72・286
蕭　純(明)　73・167
蕭　純(清)　52・324
蕭　琅　1・719
14・297
15・523
16・399

18・11
蕭　規　66・425
蕭培元　2・28
蕭培畛　26・642
蕭培敦　26・642
蕭培暢　26・643
蕭培蕃　26・634
蕭　執　72・278
蕭　基　72・326
蕭　乾　7・265
76・460
蕭乾元　73・52
76・464
蕭　梅　37・137
蕭盛標　74・13
蕭　推　7・271
蕭　常(宋)　72・181
蕭　常(明)　73・48
蕭　晚　72・453
蕭異錦　72・245
蕭國英　77・404
蕭國治　72・511
蕭國柱　48・289
蕭國梁(見蕭國樑)
蕭國琛　72・186
蕭國樑　75・540
78・334
78・360
蕭國鎮　72・261
蕭　崑　80・453
蕭崇德　73・99
蕭崇遴　73・78
蕭　敏　74・151
蕭敏松　72・153
蕭敏道　77・584
蕭　偲　72・365
蕭得宗　74・9
蕭　從(宋)　66・111
蕭　從(清)　72・242
蕭從我　79・421
蕭從政　72・133
蕭敘辰　73・34
蕭悉達　7・267
蕭象烈　72・139
蕭　許　72・432
蕭　庾　73・360
蕭　庸　73・71
蕭望之　4・12
4・17
4・22
7・249
7・465
8・463
30・74
蕭惟兼　73・99
蕭惟清　80・461
蕭惟豫　4・291
5・369
8・610
蕭惟衡　73・380
蕭　清(明吉水)　72・473
蕭　清(明萬安)　73・73
蕭清芳　72・370
蕭清廉　72・363
蕭清端　72・363
蕭淩雲　72・207
蕭　淇　66・225
蕭　淦　62・175
蕭　淳(明)　1・831
蕭　淳(南北朝)　7・271
蕭　寅　77・211
蕭寅龍　40・547
蕭　密　7・261
蕭　啓　73・29

蕭啓文　74・267
蕭啓貞　72・360
蕭啓庠　74・257
蕭啓桐　72・365
蕭啓聖　71・143
蕭啓鳴　72・366
蕭啓鵬　73・106
蕭隆樞　72・360
蕭習成　73・384
蕭習舜　73・321
蕭　貫　1・733
　66・267
蕭貫釗　74・32
蕭　紹　66・89
蕭紹何　72・246
蕭　瑛(明堂邑)　38・714
蕭　瑛(明新喻)　66・341
蕭　琳(南北朝)　7・271
蕭　琳(清)　72・369
蕭　琦　72・458
蕭　琮　7・272
蕭　琛(明)　80・486
蕭　琛(南北朝)　7・258
　30・88
蕭　超　71・133
蕭超群　72・352
蕭達賢　71・130
蕭斯規　74・454
蕭萬翔　62・415
蕭葆孫　72・340
蕭　萱　80・28
蕭惠休　7・258
蕭惠宇　58・177
蕭惠明　7・258
蕭惠訓　7・258
蕭惠朗　7・258
蕭惠基　7・258
蕭惠開　7・257
蕭惠蒨　7・258
蕭雲從　74・447
蕭雲漢　72・373
蕭雲隨　74・34
蕭雲舉　44・103
蕭雲錦　72・244
蕭鼎臣　72・241
蕭　景(元)　72・272
蕭　景(南北朝)　7・264
蕭景明　73・27
蕭景訓　72・349
蕭景鼎　72・244
蕭景懋　77・691
蕭　貴　73・43
蕭貴攀　50・294
蕭　凱　12・135
蕭　賁　66・275
蕭無能　72・359
蕭程瑀　26・631
蕭程儼　26・603
蕭　策　72・193
蕭策奇　72・333
蕭傅楫　72・266
蕭集親　72・333
蕭　復　7・273
蕭復雲　70・601
蕭復傑　70・623
蕭復遠　70・556
蕭欽敦　72・353
蕭　鈞(南北朝)　7・262
蕭　鈞(清)　58・240
蕭舜華　72・350
蕭　飭　72・199
蕭　歆　7・270
蕭　斌(明)　72・241
蕭　斌(南朝宋)　1・704

	18・2
蕭　慨	7・267
蕭道士	25・686
蕭道成	7・245
蕭道逈	72・366
蕭道邇	72・332
蕭　湘(宋)	71・128
蕭　湘(清)	74・450
蕭　渤	72・127
蕭　淵(宋)	72・130
蕭　淵(明)	38・706
蕭　富	77・641
蕭運迪	72・194
蕭　祺	74・267
蕭　賀	66・99
蕭　結	72・125
蕭　統	7・265
蕭　瑀	7・272
	73・45
蕭　遘	7・275
蕭聖觀	72・341
蕭　勤	32・7
蕭夢圭	80・230
蕭　蒼	72・311
蕭　椿	72・138
	72・614
蕭楠華	62・647
蕭　楚	72・263
蕭雷龍	71・439
蕭　暘	73・53
蕭　暉	66・252
蕭　嵩(明掖縣典史)	24・257
蕭　嵩(明堂邑)	38・688
蕭　嵩(唐)	7・273
	18・13
蕭圓正	7・271
蕭圓肅	7・267
蕭　椝	32・456
	33・80
	71・284
蕭與賢	72・533
蕭與澄	8・623
蕭　魁	74・9
蕭魁堂	72・368
蕭魁斌	72・233
蕭遙欣	7・269
蕭　詧	7・246
蕭　誠	72・347
蕭　詮	7・271
蕭　該	7・272
蕭　廉	72・343
蕭　雍	73・72
蕭　愷	7・271
蕭　義	60・587
蕭　慈	80・486
蕭　煒(清吉安)	72・185
蕭　煒(清高安)	62・322
蕭　煌	26・634
蕭　煥(宋)	72・501
蕭　煥(明)	74・27
蕭　資	72・502
蕭溥智	50・295
蕭　源(明)	77・122
蕭　源(清)	26・632
蕭源之	7・257
蕭　福(明浦城)	76・568
蕭　福(明福清)	75・552
	79・32
蕭　禎	72・311
蕭殿邦	72・194
蕭殿彰	52・249
蕭際時	31・833
	32・393
	33・269

蕭　經　72・136
蕭　瑱　7・271
蕭　瑤　26・623
蕭嘉樹　72・545
蕭　穀　73・59
75・420
77・501
蕭熙楨　80・174
蕭　蔚　70・572
蕭鳴邦　65・92
蕭鳴佩　72・696
蕭鳴盛　76・386
蕭鳴渲　72・365
蕭鳴虞　42・34
蕭鳴鳳　72・363
蕭鳴曉　72・456
蕭鳴鸞　74・60
蕭僧珎　7・258
蕭　銓　7・272
蕭　餉　73・326
蕭　鳳　70・546
蕭鳳來　72・239
蕭鳳陽　73・31
蕭　廣　32・141
蕭　韶　73・30
蕭端巳　72・374
蕭端岳　72・321
蕭精華　72・153
蕭粹叔　72・486
蕭　漢　71・544
蕭漢中　72・374
蕭漢卿　72・268
蕭　寬(明吉水)　72・441
蕭　寬(明廬陵)　1・811
蕭　賓　74・264
蕭肇杲　74・447
蕭　緒　73・50
蕭　綱(明)　73・75
蕭　綱(南北朝)　7・246
75・5
蕭維仁　72・662
蕭維宣　39・218
蕭維週　80・49
蕭維超　39・189
蕭維禎　72・134
蕭維漢　21・692
蕭　綸　7・270
蕭　綜　7・271
蕭　璁　72・308
蕭　璋　76・471
蕭　增　66・418
蕭　慤　7・270
蕭　樟　73・149
蕭　敷　72・137
蕭賢祿　73・72
蕭　震　75・617
76・62
76・169
蕭震虜　77・180
蕭　撝　7・266
蕭　遲　73・29
蕭　頫　80・31
蕭　儀　71・129
蕭　質　65・89
蕭　德　72・186
蕭德言　4・54
7・276
7・493
蕭德諧　74・454
蕭德藻　75・584
78・414
蕭　徵　72・371
蕭　磐　75・510
78・404

蕭摩訶　7・266
7・492
30・88
蕭賡韶　72・197
蕭慶真　77・169
蕭潔頤　45・101
蕭　潤　72・366
蕭履謙　72・208
蕭　翬　73・21
73・34
蕭靜之　7・301
7・461
30・135
蕭　璚　65・188
蕭翰欽　73・81
蕭　樾　44・553
蕭樹猷　50・274
蕭樹勳　50・274
蕭樹鐸　47・427
蕭懋杰　78・603
蕭　整　30・82
蕭　勵　73・269
蕭　奮　4・14
35・456
蕭叡明　7・269
蕭器用　72・311
蕭興邦　77・628
蕭興賢　72・319
蕭學元　67・428
蕭學章　74・454
蕭學煌　72・196
蕭學瓊　72・367
蕭學儼　72・139
蕭儒林　32・383
33・252
蕭　衡（明）　73・29
蕭　衡（清萬安）　73・83
蕭　衡（清歷城）　4・304
6・149
蕭錫齡　62・202
蕭　錦　72・337
蕭錦標　74・41
蕭　穎　72・581
蕭穎士　7・277
蕭穎胄　7・262
蕭穎達　7・262
30・89
蕭　諶　72・271
蕭　諤　66・225
蕭凝詔　73・107
蕭　廩（明）　73・58
蕭　廩（唐）　7・275
蕭龍才　72・510
蕭　燧　66・38
蕭　澤　72・260
蕭憲武　80・233
蕭彝元　10・44
蕭　縉　72・454
蕭　環　72・586
蕭　轂　7・270
蕭聲清　61・387
蕭聲標　74・41
蕭闇章　72・359
蕭　嶷　7・262
蕭　鍊　48・111
蕭　鍇　5・352
10・386
蕭鍾英　77・190
蕭鍾岱　77・190
蕭　鎡　72・305
蕭　繇　4・134
蕭　瀰　66・363
蕭　謙　77・583
蕭謙善　67・455

蕭　襄　72・347
蕭　膺　75・579
76・105
蕭　應　72・342
蕭應白　72・195
蕭應昊　77・440
蕭應庚　72・204
蕭應宜　72・245
蕭應祜　72・245
蕭應桂　2・97
16・450
蕭應晟　74・387
蕭應醇　74・454
蕭應龍　77・203
蕭應鏞　58・237
蕭應灝　72・545
蕭燦桂　29・330
蕭鴻圖　71・282
蕭鴻銓　65・386
蕭　濟(南北朝)　4・174
7・493
30・88
蕭　濟(清)　72・369
蕭濟陵　72・365
蕭　翼(明)　73・144
蕭　翼(唐)　7・278
蕭燾夫　73・156
蕭　賾　7・245
蕭　彝　72・309
蕭彝翁　72・503
蕭　斛　21・760
蕭　韡　75・409
77・579
77・679
蕭羅忠　72・359
蕭　顗　76・504
蕭　贇　72・134
蕭贊明　73・60
蕭　鵬　71・269
蕭鵬程　38・687
蕭鵬舉　1・779
蕭騰芳　26・630
蕭騰鳳　79・159
蕭騰麟　73・328
蕭　韻　71・317
蕭韻和　74・41
蕭寵勳　72・185
蕭　繹　7・246
蕭　瓌　72・265
蕭獻廷　80・49
蕭　譽　18・693
42・432
蕭　鐔　73・71
蕭　夔　75・429
蕭寶義　75・5
蕭寶夤　1・709
7・267
蕭繼文　72・340
蕭繼善　62・379
蕭繼業　62・498
蕭　瓘　72・374
蕭　儼　72・125
73・135
蕭鶴齡　74・55
蕭　驎　7・271
蕭懿德　62・596
蕭　巖(明)　71・133
蕭　巖(清)　5・362
蕭　鑑(南北朝)　7・264
蕭　鑑(清)　74・66
蕭　瓚(南唐)　72・259
蕭　瓚(清吉安)　72・202
蕭　瓚(清吉安仕洲)　72・195
蕭　顯　77・425

77・450
蕭顯聞　72・274
蕭　麟(宋)　72・130
蕭　麟(明)　71・133
蕭觀禹　48・217
蕭觀遠　72・201
蕭　纘　73・50
蕭　鑾　74・230

翰

翰　源　77・92

薩

薩天錫　72・106
薩玉衡　76・99
薩奇蘇(見撒吉思)
薩承鈺　13・738
76・162
薩祖機　77・577
薩　琅　75・623
76・171
薩　琦　75・452
76・25
薩龍光　76・176
薩覺民　76・197
薩靈阿　14・695

橋

橋　玄　1・689
7・72
橋　庇　35・639

樵

樵　雲　77・732
樵　鈞　59・175

機

機　鋭　79・301

賴

賴一忠　80・225
賴一相　80・210
賴一鯉　80・173
賴　九　78・400
賴士垓　74・504
賴士聖　74・57
賴士璋　74・230
賴大賓　80・235
賴大鵬　72・473
賴上拔　74・271
賴上璞　80・291
賴之承　73・46
賴之美　73・70
賴之鳳　80・291
賴小大郎　80・43
賴子平　73・70
賴天香　80・231
賴天祚　80・348
賴天賦　75・445
賴天薦　73・430
賴　元　74・170
賴元昭　80・222
賴日昇　80・229
賴日常　80・49
賴日璠　67・471
賴仁山　80・255
賴月溪　80・236
賴文功　80・236
賴文俊　58・664
74・177
賴文豹　80・190
賴文進　80・237
賴斗元　80・233
賴尹宣　73・70
賴以立　67・96

賴以成　67・329
賴以德　80・188
賴允中　80・238
賴孔教　78・605
賴孔傳　74・73
賴孔謨　74・500
賴　玉　80・210
賴玉璧　80・290
賴正心　73・99
賴世功　67・329
賴世平　80・209
賴世甲　74・265
賴世芳　80・240
賴世貞　80・54
賴世崇　74・274
賴世隆　80・325
賴世傳　80・309
　　　　80・325
賴世榮　74・237
賴世勳　80・208
賴世勷　67・339
賴可大　80・209
賴可齊　80・240
賴仕達　80・232
賴仕龍　74・260
賴用賢　80・310
賴用錞　80・189
賴永元　74・325
賴永正　73・336
賴永瑞　67・492
賴匡周　80・290
賴匡德　67・173
賴邦彥　74・260
賴邦瑞　74・273
賴有中　78・733
賴有慶　67・194
賴有權　74・325
賴存禮　80・681
賴成簡　73・445
賴　光　78・620
賴光表　2・110
　　　　21・147
賴光珊　74・187
賴光瑜　74・187
賴光濟　80・236
賴光礪　80・234
賴　先　80・184
賴先知　75・644
　　　　76・197
賴廷華　75・698
賴廷揚(明)　75・697
賴廷揚(清)　80・251
賴廷櫓　79・158
賴廷簡　73・70
賴延泰　80・683
賴仰山　74・500
賴　全　74・61
賴兆元　80・440
賴兆昺　80・441
賴汝舟　73・398
賴汝威　74・381
賴汝挺　78・623
賴汝霖　80・253
賴汝謀　50・280
賴汝龍　80・234
賴汝濱　50・250
賴守中　68・170
賴安邦　80・688
賴如九　80・293
賴孝明　73・77
賴克明　80・242
賴克權　73・434
賴步烝　80・255
賴見田　80・246

賴虬龍　80・204
賴秀華　73・106
賴伯及　74・498
賴伯玉　73・70
賴伯瑜　73・70
賴余楫　80・440
賴余濟　78・613
賴希孔　80・210
賴希昌　80・173
賴希道　80・173
賴　宏　80・181
賴宏達　80・232
賴良佐　73・59
賴良相　74・260
賴良鳴　72・191
　　　　73・106
賴君選　80・136
賴青龍　75・662
賴　玠　80・228
賴長照　80・239
賴其瑛　78・614
賴其鳳　73・367
賴其勳　80・135
賴茂魁　80・233
賴　英　74・70
賴松庵　80・240
賴果庵　80・248
賴昌明　80・222
賴昌祚　80・174
賴昌煜　74・329
賴　明　80・205
賴明選　80・174
賴和祥　74・422
賴和羹　74・338
賴受文　80・178
賴周升　80・233
賴周顯　80・239
賴育寰　80・210
賴河清　80・241
賴宗益　73・404
賴建柏　74・386
賴始榮　74・135
賴承綬　74・354
賴　春　80・192
賴春輝　80・233
賴　珍　80・441
賴　垓　78・607
賴　相　80・46
賴相棟　74・388
賴　貞　74・58
賴　昭　80・240
賴思明　74・114
賴思智　80・134
賴思養　80・136
賴　修　80・176
賴修位　74・263
賴俊叔　73・70
賴待詔　74・517
賴彥珏　70・639
賴　恒　80・175
賴炳煌　80・233
賴炳熹　61・701
賴洪圖　80・222
賴　洽　80・173
賴　津　80・176
賴宣揚　74・261
賴　祐　73・378
賴祝奇　80・43
賴　陞　75・695
賴秦鍵　80・109
賴華宇　80・241
賴華祖　80・16
賴連茹　80・193
賴原裕　32・584

賴振起	26・638
賴　晉	74・517
賴時雍	74・269
賴時鳴	74・214
賴峻珊	80・253
賴師聖	80・223
賴高翔	74・222
賴席軒	80・235
賴竚達	74・264
賴　浩	74・498
賴　海	80・441
賴宴揚	74・257
賴逵揚	74・274
賴培元	80・233
賴　葵	80・47
賴　梅	68・174
賴梯雲	74・208
賴盛川	80・237
賴掄魁	74・187
賴　異	78・617
賴國香	80・233
賴國彥	80・233
賴國華	80・185
賴國楝	80・44
	80・51
賴進發	80・205
賴進德	73・47
賴從周	74・85
賴從善	80・326
賴惟旭	74・229
賴惟明	80・182
賴惟寀	74・229
賴惟覺	74・219
賴添貴	80・301
賴　淑	74・252
賴涼血	80・205
賴　寅	80・114
賴啓英	80・742
賴　瑛	74・462
賴超彥	80・683
賴期章	74・271
賴期選	74・271
賴期璧	74・271
賴萬春	80・230
賴萬錦	74・386
賴朝美	80・239
賴朝揚	74・273
賴朝聘	74・381
賴朝選	80・174
賴揚直	74・263
賴揖人	71・620
賴斐英	80・249
賴紫垣	80・224
賴　暑	78・621
賴　勗	74・325
賴最一	80・225
賴貽遠	80・238
賴鼎璣	80・225
賴鼎濬	78・621
賴開霖	80・254
賴遇揚	74・261
賴景祚	78・614
賴景雲	78・625
賴　貴	73・70
賴勝先	74・61
賴敦章	80・291
賴善優	74・236
賴道寄	80・350
賴渭龍	80・224
賴　渙	74・494
賴滋身	76・234
賴　富	80・232
賴運揚	67・102
賴裕茂	80・233

賴裕亭 80・242
賴祿孫 80・361
賴　巽 74・462
賴登泮 74・136
賴登道 74・136
賴聖偲 74・220
賴夢雷 74・184
賴　蓀 71・627
賴　虞 80・222
賴虞勳 80・214
賴　鉞 78・620
賴詩雲 78・374
賴　誠 50・303
賴新和 51・336
賴煥章 80・239
賴　源 78・617
賴福九 80・214
賴福清 74・259
賴肅穆 80・248
賴際可 80・225
賴際清 80・231
賴際嘉 80・238
賴經元 80・234
賴瑤瑞 78・624
賴嘉瑞 67・434
賴嘉謨 1・779
73・73
賴　穀 74・252
賴　壽 80・230
賴熙朝 80・53
賴蔚增 80・292
賴爾發 80・441
賴　銓 78・608
賴鳳吉 80・224
賴　豪 80・235
賴韶熙 74・237
賴榮柱 80・293
賴榮華 80・135
賴賓儀 80・235
賴維惠 80・252
賴維嶽 80・188
賴　璋 80・238
賴　標 74・271
賴　槱 74・391
賴德成 67・492
賴德良 80・230
賴德林 74・271
賴德厚 73・46
賴德謙 80・211
賴　慶 80・692
賴瑩玉 80・176
賴　潔 73・53
賴　緩 80・300
賴樹棠 80・293
賴　霖 80・173
賴積千 80・51
賴學伊 74・224
賴學皐 74・237
賴錫予 80・242
賴　錦 80・173
賴錦龍 51・610
賴　龍 74・482
賴龍書 80・248
賴應煥 67・434
賴應選 74・323
賴　嫌 78・605
賴　濤 80・440
賴　禮 74・380
賴總全 80・44
賴　瓊(明) 74・259
賴　瓊(清永定) 80・290
賴　瓊(清連城) 80・708
賴　蟠 74・385
賴鎮興 80・398

賴贊岐 74・279

賴鵬萬 80・234

賴騰千 80・233

賴　勷 74・319

賴懷仁 80・239

賴懷琳 80・231

賴繼文 73・70

賴繼善 73・70

賴繼謹 75・698

賴覽千 80・241

賴霽升 80・211

賴霽堂 80・177

賴麟亭 80・250

賴麟振 80・228

霍

霍士炯 37・174

霍士麟 10・149

霍大光 80・200

霍之琯 2・76

霍日暄 16・441

霍立桐 13・816

霍加福 38・223

霍　光 19・583

霍如梓 35・680

霍若班 5・354
10・634

霍秉忠 9・622

霍秉寅 9・858

霍法堯 9・862

霍　俊 9・812

霍彥威 18・21

霍連枝 43・448

霍書琦 9・854

霍　淞 5・221

霍　達 1・789
6・306

霍　童 77・358

霍　愉 38・222

霍　愷 10・637

霍毓祺 9・849

霍毓瓛 9・858

霍學先 43・440

霍　諝 21・112

霍　韜 38・236

霍　瀹 26・133

冀

冀九皋 17・519
18・341

冀九經 4・239
15・594
17・527

冀　元 10・152

冀克讓 10・84
10・254

冀河松 42・412

冀逢慶 18・373

冀彩嵐 14・736

冀紹芳 18・328

冀　琮 4・241
15・566
17・518
18・367

冀　鳳 43・538

冀　綸 25・227

冀　霖 4・388
14・707

冀懋忠 16・430
18・66

冀　鍊 4・182
17・532
18・309

冀耀祖 14・732

冀　闢　18・347
冀　瀾　14・739
冀　體　1・786

盧

盧一松　80・188
盧一桂　77・619
盧一梅　80・223
盧一誠　75・562
　79・26
盧一儒　5・354
　10・633
盧九一　5・354
　10・637
盧九皋(字載堂)　80・247
盧九皋(字鶴野)　80・245
盧乃璉　80・243
盧士亨　5・363
盧士奇　80・245
盧士宗　15・572
　17・488
　19・37
盧士洪　80・246
盧士倫　5・58
盧士琮　4・178
盧士暘　72・153
盧大川　74・385
盧大中　49・267
盧大本(明)　77・145
盧大本(清)　5・365
盧大作　74・383
盧大雅　52・393
盧大業　74・176
盧大賓　74・435
盧大舉　49・267
盧大濟　62・395
盧大璧　80・542
盧及芝　61・688
盧　勺　64・381
盧之塄　14・146
盧之鳳　49・294
盧子文　80・176
盧子成　25・83
盧子金　80・246
盧天成　78・394
盧天祐　76・284
　77・610
盧元俊　49・386
盧元培　11・388
盧元偉　74・388
盧元鉡　77・398
盧元璧　49・366
盧日旭　80・176
盧日型　80・225
盧日起　77・146
盧日就　80・173
盧日懋　72・9
盧曰德　38・302
盧中柱　80・240
盧中倫　8・638
盧升龍　72・10
盧仁甫　80・254
盧　化　80・185
盧化光　80・214
盧化熊　80・239
盧化鵬　63・465
盧化鰲　76・738
盧　公　78・349
　78・400
盧公祖師　78・459
盧月清　60・314
盧　文　80・221
　80・235
盧文秀　60・585

盧文郁　50·90
盧文祥　74·383
盧文彬　80·253
盧文偉　1·712
　18·6
盧文達　77·547
盧文魁　68·427
盧文煥　10·149
盧文溶　9·851
盧文誥　72·25
盧文燧　45·301
盧心安　72·15
盧心瑛　72·14
盧心瑾　72·15
盧以良　49·266
盧允中　72·6
盧允弘　77·380
盧允通　5·354
盧允肅　5·353
　10·635
盧孔秀　49·223
盧孔俊　72·242
盧玉堂　12·399
盧世芳　73·366
盧世昌　22·244
盧世亮　74·397
盧世傑　22·244
盧世豪　73·369
盧世漼　4·256
　5·208
　8·607
盧世榮　22·244
盧世勳　77·145
　77·447
盧可行　45·181
盧可昇　45·173
盧丙垣　25·132
盧丕顯　64·555
盧石崖　80·245
盧占暉　80·236
盧甲寅　39·767
盧由惠　49·259
盧由跡　49·194
盧生甫　2·80
　41·292
盧　仟　74·386
盧立功　62·119
盧永祥　10·499
　34·352
盧永遐　64·415
盧永壽　64·415
盧永綿　64·533
盧永綸　64·554
盧永興(清永定)　80·251
盧永興(清南昌)　45·177
盧存赤　80·211
盧成永　80·211
盧成金　77·631
盧　光　75·618
　76·164
盧光萬　80·221
盧光裕　77·377
盧光稠　73·45
　73·341
　74·165
　74·377
　74·418
盧光瑩　80·239
盧光澍　8·631
盧先覺　49·260
盧廷光　63·118
盧廷相　13·379
盧廷彥　34·223
盧廷推　80·181

盧廷瑛　77・146
盧廷選　78・157
盧廷器　17・542
　19・13
盧仲田　77・447
盧仲生　78・301
盧任翔　80・241
盧仰斗　80・214
盧　兆　77・160
盧兆明　49・312
盧兆熊　59・48
盧兆綸　8・631
盧兆鯨　49・316
盧名震　64・50
盧汝舟　74・357
盧汝賢　80・181
盧汝遷　39・633
盧汝鵾　73・212
盧守元　9・442
盧守仁　9・430
盧守約　9・141
盧守禮　9・430
盧安甫　63・334
盧好誠　17・655
　18・519
盧均楊　49・252
盧孝孫　52・149
　75・576
　76・118
盧孝儉　18・37
盧志棠　80・293
盧志鳳　77・518
盧克仁　78・656
盧克惠　9・851
盧甫立　77・145
盧辰樞　80・225
盧見田(清永定東鄉)　80・214
盧見田(清永定賴乾)　80・238
盧見曾　4・292
　5・372
　8・613
盧岐初　80・240
盧岐嶷　78・641
盧何生　71・524
盧作彬　80・253
盧希聖　80・290
盧　亨　9・394
盧　沂　75・540
盧宏先　73・75
盧宏達　49・270
盧宏道　49・274
盧良育　80・241
盧青植　80・246
盧　玟　63・509
盧　坤　80・235
盧坤椿　80・248
盧其清　77・664
盧其慎　31・66
盧若騰　76・338
　77・636
　80・614
　80・671
盧若驥　76・299
　77・619
盧　英(明)　33・589
　33・695
盧　英(清)　80・184
盧　林　64・449
盧　松　80・210
盧　杰　77・133
盧　述　74・166
盧雨鈺　80・254
盧尚文　61・655
盧　昌　27・155

盧昌宇　80・248
盧昌敬　74・136
盧昌輔　74・390
盧昌衡　1・718
盧明雪　62・684
盧明樹　63・149
盧昂顥　80・241
盧　迪　49・231
盧　忠　25・208
盧秉安　71・524
盧岳亭　80・253
盧岱雲　14・386
盧欣松　80・191
盧金魁　32・403
　33・277
盧金鏡　49・307
盧周臣　80・615
盧周南　61・692
盧於姚　80・222
盧　泗　77・162
盧泮輝　80・214
盧宗尹　72・14
盧宗臣　72・14
盧宗坊　9・442
盧宗振　72・13
盧宗哲　5・208
　8・604
盧宗淶　38・292
盧宗善　80・245
盧宗邁　74・357
盧宗蕃　72・10
盧建祺　77・550
盧承亨　80・244
盧承祖　74・390
盧承綸　2・103
　26・19
盧承瓚　2・82
盧奏平　80・189
盧春波　77・381
盧　珍　19・18
盧柏東　9・419
盧厚珠　73・80
盧　奎　77・184
盧奎元　26・585
盧拱辰　72・20
盧　貞(明)　52・368
盧　貞(唐)　52・363
盧星園　80・292
盧昭榮　80・182
盧修文　80・240
盧保塄　8・644
盧俊瑤　74・392
盧後慰　61・669
盧度世　1・706
盧彥群　80・176
盧彥輔　80・176
盧炳芳　74・77
盧炳魁　80・238
盧炳新　77・513
盧炳勳　78・652
盧　炤　43・603
盧洪科　74・388
盧洪造　74・391
盧洪彝　74・389
盧洪攀　74・389
盧宣城　67・472
盧宣順　48・140
盧宣煌　49・278
盧宣耀　49・231
盧冠軍　34・225
盧祖熺　80・189
盧　珽(唐)　14・691
　42・940
盧　珽(清)　72・9

盧　敖　20·570
盧　琉　72·10
盧　恭　1·797
盧　莪　12·508
盧振華　34·263
盧振揚　80·180
盧振源　10·367
盧　時　25·71
盧　恩　76·299
盧恩光(民國)　80·206
盧恩光(清)　80·254
盧　峻　80·223
盧特爲　77·581
盧　秩　73·204
73·289
9·494
盧　航　52·169
盧逢恩　63·511
盧席連　64·392
盧效靈　64·432
盧益亨　80·226
盧浡生　39·634
盧　浙　49·177
盧家元　77·88
盧家駒　77·591
盧祥輔　59·175
盧　通　74·171
盧　純　30·744
盧　逵　74·153
盧培英　34·250
盧培源　34·254
盧　搴　80·209
盧　菜　74·386
74·444
盧萃馨　80·253
盧　乾　80·246
盧乾亨　80·190
盧　彬　9·438
盧梅溪　80·249
盧掄升　80·239
盧　掞　4·76
盧國華　80·180
盧國桂　80·243
盧國順　80·239
盧國聖　80·247
盧崑良　80·240
盧進偉　32·405
33·279
盧從志　63·72
盧庸中　80·236
盧康玉　77·146
盧望榮　80·241
盧望瀾　80·240
盧　清(清永定)　80·185
盧　清(清霞浦)　77·384
盧淑泗　39·734
盧　淮　51·553
盧　寅　63·530
盧紹通　74·129
盧紹基　9·437
盧紹濂　80·247
盧　琳　49·363
盧　琦　78·593
79·363
80·32
盧　琮　22·244
盧超翔　80·206
盧賁揚　64·416
盧　達　49·174
盧萬足　11·291
盧萬椿　80·246
盧　敬　80·511
盧敬中　80·224
盧朝安　2·65

38・165
盧朝恩　80・240
盧朝偉　73・254
盧朝鼎　75・635
盧朝楫　80・222
盧惠菴　32・399
33・274
盧雲鵠　79・87
盧鼎盛　77・167
盧鼎瑞　73・83
盧開甲　80・241
盧景宣　72・249
盧喬年　5・390
12・499
盧　傑　9・397
盧　皓　75・640
78・579
盧　復　80・223
盧　欽(明)　76・396
盧　欽(魏)　1・700
盧舜元　74・165
盧舜日　77・168
盧　勝　73・247
盧評梅　51・668
盧童子　25・183
26・187
盧善揚　13・420
盧善寶　80・292
盧道安　80・246
盧道約　1・708
18・7
盧道悅　4・278
5・372
8・612
盧　焯　2・24
盧　湜　61・492
盧渭熊　74・231
盧　淵(北魏)　1・710
盧　淵(明)　45・472
盧　滋　73・204
73・289
盧運昌　4・276
5・367
8・321
盧運常　33・257
盧裕勵　80・200
盧　絳　44・36
49・153
60・653
61・283
盧　瑜　63・96
盧　瑄　4・240
31・824
33・590
33・794
盧聖存　2・49
33・697
盧夢吉　64・441
盧夢熊　80・193
盧夢麟　18・53
盧蒲就魁　15・514
盧蔭千　9・403
盧蔭文　8・622
盧蔭長　8・622
盧蔭惠　8・621
盧蔭溥　4・271
5・377
8・7
8・622
盧槐植　60・98
盧甄三　80・253
盧節齋　80・245
盧　傳　1・796
盧傳印　34・283

盧傳綸 34・222
盧傳薪 72・27
盧　魁 72・4
盧頌德 72・239
盧　詵 38・266
盧　慎 18・727
42・456
盧慎徽 80・293
盧慎懷 72・205
盧　煋 61・628
盧　煜 49・269
盧　源(明) 1・840
14・110
16・425
盧　源(清) 51・571
盧福山 80・292
盧福安 59・102
盧羣彰 80・206
盧殿人 80・177
盧殿榮 63・614
盧殿衡 63・381
盧遜華 75・685
盧　經 76・290
78・650
盧經邦 13・387
盧經閣 41・792
盧　紘 2・48
34・437
盧熙載 68・377
盧蔚猷 80・179
盧　榕 75・607
78・383
盧　碩 78・648
盧爾佑 80・246
盧爾洛 61・604
盧爾泰 61・692
盧　戩 5・184
15・107
15・144
盧鳴鳳(清武寧) 49・292
盧鳴鳳(清高安) 62・625
盧鳴鳳(清新昌) 64・441
盧　嶂 38・280
盧圖龍 49・225
盧　毓 41・58
盧毓奇 61・611
盧毓麟 80・254
盧毓靈 30・137
盧　銑 5・358
盧　銓(清永定) 80・186
盧　銓(清高唐) 39・725
盧鳳彩 63・513
盧鳳翽 8・635
盧廣盛 36・779
盧廣勝 34・268
盧廣豐 80・252
盧韶功 80・240
盧粹仁 62・609
盧榮耀 77・133
盧漢倬 33・256
盧賓選 74・373
盧　肇 60・604
61・158
61・195
63・179
65・306
盧肇煦 25・128
盧　熊 1・811
盧維屏 8・644
盧維禎 76・734
盧維翰 80・191
盧　綸(明) 39・148
盧　綸(唐) 58・268
盧　璜 49・276

盧標蘭　80・212
盧震行　80・209
盧撝謙　72・26
盧　億　1・730
盧　儀　80・293
盧德升　48・261
盧德芳　48・221
盧　磐　43・538
盧　盤　7・379
盧　鋒　51・577
盧　劍　63・520
盧慶長　77・378
盧慶雲　77・591
盧慶綸　8・626
盧　澍　77・380
盧　澐　51・443
盧潤三　77・149
盧澄元　80・236
盧澄清　77・557
盧履泰　64・440
盧　豫　2・110
21・145
23・627
盧樂戌　33・307
盧緯千　80・223
盧擇元　74・389
盧　翰　49・447
盧樹瀾　43・25
盧　嶧　64・404
盧　穆(明)　80・174
盧　穆(唐)　74・180
盧學哲　48・206
盧學輝　72・31
盧學鴻　72・22
盧學麟　72・30
盧　衡　60・688
盧錫九　80・208
盧錫圭　5・58
盧錫祜　60・693
盧錫晉　38・243
盧　錕　51・587
盧憲觀　2・69
30・63
盧　禪　74・49
盧　環　49・367
盧　聲　60・629
盧聲掄　80・191
盧聲聞　74・384
74・454
盧聲漢　80・253
盧聯桂　63・483
盧聯標　80・210
盧薰南　80・254
盧嶽英　80・225
80・239
盧　點　77・38
盧　爵　63・543
盧　邈　60・607
61・229
盧　謙(清萬載)　61・595
盧　謙(清德州)　5・372
盧應台　73・93
盧應特　49・278
盧應瑜　77・162
盧應楨(明長清)　34・225
盧應楨(明肥城,見盧應禎)
盧應禎　31・787
33・589
33・802
盧應龍　36・200
盧　鴻　74・149
盧鴻羽　73・382
盧鴻鼎　80・204
盧鴻道　80・244

盧　瓊　47・75
盧覲光　80・224
盧雙溪　80・236
盧鎮茂　74・391
盧鎮苑　74・387
盧鎮珏　74・388
盧鎮莘　74・388
盧　諿　72・28
盧　聸　78・591
盧藹吉　49・343
盧贈梅　51・232
盧　犖　51・32
盧　鵬　49・290
盧鵬飛　30・746
盧騰暉　80・293
盧　譚　77・727
盧　懷　4・247
9・810
盧懷岡　80・246
盧懷珍　51・537
盧懷峯　80・248
盧懷源　73・241
盧懷瀾　64・416
盧　獻　5・104
盧耀朝　63・163
盧鐃研　77・661
盧夔龍　72・10
73・15
盧　瀾　77・669
盧　寶　80・188
盧寶瀛　11・97
盧繼修　70・589
盧繼祥　78・428
盧　顛　25・60
盧　鑄　38・243
盧　鑑　1・815
12・248
盧顯光　80・236
盧麟盛　60・173
盧觀象　73・361
盧　驤　80・235

縣

縣　成　4・5
35・603
39・213
縣　亶　4・6
35・604

曉

曉宣禪師　77・72
曉　誠　76・366
曉　瑩　45・370

曇

曇　瑞(明)　74・181
曇　瑞(清)　72・700
曇　壽　6・581
6・672
曇　觀　15・615
30・753
31・247

戰

戰之葵　7・175
戰　正　23・256
23・347
23・652
戰廷芷　27・173
戰　旭　31・226
戰安平　19・137
戰希孟　30・733
戰培恒　26・133
戰國瀚　24・718

戰朝用　25・49
戰景清　26・133
戰欽中　30・716
　31・221
戰道情　26・188
戰維新　11・297
戰維寧　30・716
戰錫九　30・722
戰　翱　23・256
　23・653
戰麟祥　24・715

黔

黔　夫　7・159
　15・515
　36・415
黔　敖　7・191
黔　婁　35・682
　37・407
　39・217
黔婁子　5・5
　7・22
　7・197
　15・582
黔嬴禪師　61・764

穆

穆文暐　6・393
穆文熙　41・747
穆方苞　41・811
穆孔暉　4・180
　38・707
穆　生　4・164
　35・640
穆光允　5・118
穆光祖　74・364
穆　相　1・822
穆峰青　6・182
穆　脩　4・195
　31・815
　40・61
　40・164
穆陳實　41・737
　41・821
穆從墨　2・49
穆　深　5・117
穆朝慶　6・184
穆遇春　5・265
穆景漢　43・76
穆　策　38・721
穆登魁　6・184
穆　遠　5・118
穆爾謨　2・107
　23・625
　24・286
穆　端　4・235
　5・62
　32・601
穆榮光　24・718
穆　賓　4・254
　5・62
　32・649
　35・514
穆　維　22・240
穆慶之　33・820
穆　禮　27・313
　27・781
穆雙慶　6・185
穆　鐸　39・575
　42・555

篤

篤列圖　53・221

舉

舉　賡　8・631

興

興　光　27・310
興　昌　2・55
13・496

衡

衡　胡　4・7
15・569
30・743
衡　咸　4・8
衡虞衡　37・775

衞

衞一鳳　1・837
16・428
衞三省　24・247
衞曰儀　29・330
衞　心　7・80
16・424
衞　岑　42・202
衞　宏　4・11
4・13
4・18
4・168
7・476
衞良佐　78・465
衞　青　1・784
25・12
衞　玠　45・319
46・579
衞　英　1・785
衞　述　1・821
15・533
30・642
衞東泉　34・271
衞洪亮　10・383
10・459
衞哲治　2・29
24・275
衞時春　25・13
衞　浩　75・364
衞培鼎　5・238
6・125
衞聖疇　77・504
衞肇榮　35・516
衞　絧　7・321
衞　融　14・119
17・688
衞學純　68・427
衞學達　68・332
衞鵷鳴　61・473
衞　瓘　1・703
7・74
7・323
16・395

錢

錢一溥　9・720
9・828
錢一鶚　24・354
錢　乙　4・263
31・841
錢九思　30・62
錢三澤　9・852
錢于鄰　77・212
錢士炎　2・36
43・542
錢士琳　65・477
錢士魁　30・748
錢士廉　14・708

錢士賢 5 · 245
錢士璘 6 · 327
錢士鰲 77 · 365
錢大受 14 · 111
16 · 444
24 · 558
錢大琴 2 · 41
錢大復 1 · 847
錢大傳 47 · 268
錢大縉 65 · 494
錢天祉 65 · 295
錢天挺 65 · 103
錢中選 47 · 208
錢化城 6 · 672
錢　文 61 · 449
錢文敏 18 · 23
錢以莊 71 · 215
錢以振 13 · 739
錢以懋 46 · 562
錢允燦 18 · 729
42 · 458
錢正振 49 · 448
錢本和 72 · 552
錢用桂 18 · 743
錢用梅 18 · 747
42 · 472
錢永紀 17 · 665
錢邦偉 16 · 432
18 · 55
錢光泰 1 · 832
錢光漢 31 · 59
錢先貴 49 · 473
錢廷游 47 · 110
錢廷煦 2 · 67
錢廷熊 2 · 113
23 · 134
錢廷璜 6 · 661
錢兆昌 6 · 662
錢守俊 4 · 66
錢好德 72 · 528
錢好學 24 · 556
錢伯起 73 · 260
錢序瑚 49 · 478
錢灴炘 24 · 550
錢沛思 18 · 747
42 · 471
錢　宏 1 · 778
錢宏業 77 · 141
錢宏謨 32 · 586
錢　明 23 · 260
錢明逸 1 · 741
18 · 27
41 · 60
錢秉書 38 · 573
錢宗顯 79 · 363
錢承紀 6 · 661
錢相城 6 · 650
6 · 671
錢　柗 7 · 391
錢　厚 77 · 346
錢彥學 49 · 471
錢洪陽 66 · 377
錢祝祺 8 · 473
錢祚徵 4 · 221
23 · 648
24 · 535
24 · 646
24 · 675
錢烈勒 49 · 488
錢振崧 6 · 672
錢　時 52 · 408
錢時雍 65 · 199
錢　釗 80 · 590
錢　朗 45 · 355

錢　通　12・327
錢國佐　80・696
錢進學　23・638
　24・516
錢象乾　24・572
錢　啓　47・111
錢習禮　72・406
錢　紱　47・249
錢　瑛　72・553
錢堯俊　18・743
　42・469
錢博學　4・158
錢彭萊　6・672
錢達道　41・63
錢葆陛　6・672
錢　揆　41・219
錢景韜　48・506
錢道甯　77・139
錢淵龍　72・502
錢登良　77・578
錢　瑺　18・746
　42・471
錢　塏　74・442
錢夢龍　30・723
錢　楷　18・728
　42・457
　42・516
錢暘英　65・293
錢　鈺　2・7
錢　鉞　1・769
錢肅樂　75・651
　78・563
錢經濟　60・588
錢嘉倫　39・101
　77・141
錢　翥　43・538
錢　熙(宋)　79・558
錢　熙(明)　63・548
錢鳳鳴　30・125
錢　端　73・206
錢輝淇　18・747
　42・472
錢德洪　72・249
　72・697
錢德謙　79・500
錢徵銓　18・747
　42・471
錢　嶫　76・466
錢　勳　18・746
　42・471
錢篤軒　80・757
錢　澧　52・345
錢懋敬　49・468
錢　霞　18・695
　42・434
錢謙亨　66・335
錢　褒　79・576
錢應華　65・111
錢應增　79・212
錢　濟　18・727
　42・456
錢濟民　30・687
　31・223
錢簡兆　65・113
錢　瓚　2・85
錢　顗　27・343
　27・787
錢　馨　24・558
錢體鉉　18・742
錢　麟　21・149
錢鬱霄　76・497

鮑

鮑一參　47・163

鮑一復　47・102
鮑一箕　47・103
鮑元義　57・137
鮑化龍(清江西新城)　71・480
鮑化龍(清長山)　5・297
43・613
鮑　丹　34・455
鮑文芳　54・563
鮑文宏　47・100
鮑文淮　50・488
鮑文龍　77・581
鮑文縉　14・704
42・952
鮑立焜　7・446
鮑　永　1・692
7・334
鮑光璧　47・286
鮑廷惠　47・256
鮑如愈　47・171
鮑　宏　4・52
鮑良材　61・509
鮑良穩　55・603
鮑　劭　31・749
34・456
鮑東萊　35・483
鮑叔牙　15・505
鮑季祥　12・134
鮑金堂　36・46
鮑　治　39・148
鮑宗易　47・209
鮑宜翁　57・487
鮑承堪　77・93
鮑春桂　51・355
鮑　柱　29・76
鮑　昱　47・26
鮑　信　4・202
31・746
34・455
鮑彥敬　38・160
鮑彥聖　61・535
鮑洪瀾　16・447
鮑　宣　12・113
鮑宣安　43・538
鮑　祇　76・461
鮑華重　53・541
鮑振熙　55・457
鮑師昺　47・244
鮑師宣　47・218
鮑家驄　59・457
鮑　國　7・154
鮑偉名　14・736
鮑偉哲　14・743
鮑啓仁　61・738
鮑啓倫　61・619
鮑　琮　72・696
鮑　琚　47・30
鮑雲鳳　4・255
5・206
8・602
鮑開茂　4・275
5・297
43・581
43・796
鮑　遇　61・753
鮑　勛　4・202
31・749
34・456
鮑　統　47・290
鮑載成　47・254
鮑　蒙　80・43
鮑椿齡　61・731
鮑　照　4・187
7・486
鮑　愷　77・364

鮑　遜　77・361
鮑鳳仞　14・299
16・440
鮑粹然　80・150
鮑　靚　4・260
鮑德西　56・357
鮑德性　55・43
鮑樹銘　37・5
鮑　興　4・237
13・753
鮑應崙　51・465
鮑　雙　47・188
鮑夔生　73・407
鮑　鐸　2・72

獨

獨　吉　27・317
獨吉義　18・35
獨孤及　71・349
71・627
獨孤善　1・715
獨孤樂善　72・303
獨孤繼郁　45・124
獨　覺　77・524

諶

諶一桂　46・176
諶大傑　45・170
諶之芳　62・362
諶元春　80・234
諶文翁　45・172
諶立德　67・441
諶　母　45・347
諶吉臣　44・369
諶光彩　67・562
諶廷詔　44・216
諶仲信　71・520
諶名臣　44・390
諶汝楫　62・184
諶守貞　62・654
諶守炯　62・618
諶守陶　62・200
諶克貞　67・243
諶克昴　62・575
諶克俊　62・495
諶克漯　62・623
諶　重　44・11
45・398
諶　祜　71・517
諶象賢　67・143
諶康侯　67・474
諶惟政　63・341
諶紹洪　45・73
諶達章　45・139
諶道行　45・58
諶嘉訓　67・561
諶鳴鳳　45・130
諶賢甫　44・68
諶賤生　77・178
諶　曉　45・223
諶學成　60・642
諶鴻模　62・183
諶　禮　44・11
46・375

鄺

鄺世才　5・187
10・363
鄺青山　74・141
鄺昌貴　74・115
鄺明連　74・14
鄺佳詔　74・126
鄺承明　74・127
鄺開嵩　74・127

鄺運昌　74・128
鄺際瀛　74・111
鄺　埶　5・352
10・386
鄺銓謙　74・136
鄺榮渭　74・137
鄺　録　5・352
10・386

辨

辨　文　45・383
辨和尚　15・617
17・673
18・429

龍

龍人俊　61・513
龍九錫　61・724
龍三汲　73・173
龍士通　61・510
龍士奮　72・494
龍之虬　73・177
龍之虹　73・177
龍牙和尚　71・364
龍升之　73・138
龍仁夫　73・140
龍仁仲　73・189
龍　文　72・308
龍文斗　72・510
龍文明　1・852
23・616
24・282
73・151
龍文炳　61・562
龍文鼎　72・244
龍文綉　73・164
龍以仁　61・515
龍以詔　61・501
龍以禮　61・489
龍允言　62・663
龍孔佐　73・173
龍世嶽　61・572
龍　田　7・434
龍永基　73・185
龍永慶　73・163
龍匡仁　61・715
龍吉昂　73・184
龍吉景　73・162
龍芝珂　73・163
龍有珠　73・168
龍存仁　77・361
龍　光(明)　72・452
龍　光(清)　76・210
龍光庭　72・435
龍同仁　73・165
龍兆禎　61・546
龍汝能　73・189
龍汝登　60・658
龍　芳　61・733
龍步池　60・511
龍邱萇　53・188
龍　伯　72・311
龍　沛　72・360
龍　玠　61・508
龍長蕃　61・576
龍雨黎　73・180
龍叔昭　72・376
龍尚茂　61・713
龍明遠　72・374
龍　況　73・165
龍宗武　72・349
龍宗皇　73・382
龍宗海　61・724
龍　居　72・343

龍　思　73・138
龍科寶　73・179
龍洪泰　61・719
龍　珝　73・159
龍起濤　72・355
龍振裕　72・538
龍振麟　73・182
龍　晉　72・445
龍時蜚　73・139
龍時舉　61・503
龍益舜　73・180
龍海見　2・52
43・22
龍納言　60・504
龍　球　73・169
龍國臣　61・511
龍國相　61・511
龍國重　61・510
龍國賢　61・511
龍崇志　73・182
龍啓魁　74・334
龍　琰　75・416
78・463
龍堯典　61・730
龍　越　76・348
龍喜齡　61・735
龍雲飛　61・589
龍雲從　72・183
73・170
龍雲章　74・332
龍爲光　36・468
龍　勝　31・337
32・8
龍　詔　73・186
龍　遂　73・151
龍　游　7・284
7・499
龍補袞　73・175
龍　媒　7・433
龍發揚　74・337
龍　淼　73・138
龍瑞濤　74・336
龍　瑗　61・507
龍　瑄　60・614
龍　雷　51・107
龍　鉞　73・186
龍　溥　73・138
龍殿鼎　72・334
龍嘉震　72・329
龍　榜　72・460
龍鳴台　72・190
龍鳴衡　72・201
龍圖躍　2・86
39・807
龍鳳祥　61・590
龍　說　72・295
龍廣寒　46・557
龍　賓　61・740
龍　璜　61・729
龍震翁　72・267
龍　遲　60・613
龍　儀　61・494
龍興毅　72・201
龍學宏　61・573
龍　駿　1・817
37・40
61・502
龍　嶺　36・496
龍應飛　61・667
龍應期　61・528
龍　燦　72・460
龍濟亨　61・714
龍霫年　61・726
龍　韜(明曲江)　75・416

78・462
79・409
龍　韜(明贛縣)　73・336
龍　鐔　61・493
龍　钃　73・138
龍體剛　73・178
龍　鱗　73・177
龍　驤　51・97

嬴

嬴　公　4・14
31・808

澮

澮臺滅明　4・2
30・258
31・170
35・601
37・405
39・171
39・216
45・316
46・567

禧

禧　果　18・579

閻

閻士安　1・759
閻士璉　43・625
閻士標　23・248
閻士選　77・210
閻士騏　5・216
閻大綬　2・91
閻子敬　36・735
36・764
閻元聲　41・392
閻化龍　14・135
閻公朝　25・591
閻文貴　38・688
閻文煥　2・38
15・136
閻世則　19・31
閻世繩　17・611
19・8
閻本良　29・619
閻丕績　23・252
閻占傑　13・424
閻立本　50・331
閻必仁　32・133
閻必納　19・38
閻永祿　19・39
閻邦甯　1・828
閻芝階　23・280
閻　臣　4・339
閻光灊　31・788
閻同玠　19・103
閻廷枚　14・135
閻廷佶　4・403
17・627
19・33
閻廷倩　17・633
19・38
閻廷倬　19・32
閻廷儆　19・48
閻廷獻　10・44
19・38
閻仲宇(明代州)　27・356
27・799
閻仲宇(明隴州)　1・782
14・692
42・935
閻仲宙　23・277
閻兆玠　19・117

閻兆琅　19・93
閻兆琛　19・112
閻兆琚　19・87
閻兆楷　19・83
閻兆檽　19・118
閻兆興　34・257
閻兆鵬　34・257
閻兆麟　8・473
19・118
閻旭齡　19・136
閻　江　14・363
閻汝梅　12・200
閻　志　25・580
閻芹由　23・244
閻芳階　23・263
閻芳譽　30・105
閻克用　74・495
閻沖虛　38・572
閻奉冬　31・834
閻若璩　76・210
閻東川　42・794
閻郁文　19・118
閻秉肅　14・132
閻秉醇　23・273
閻佩瑜　19・120
閻泮水　42・758
閻沼蘗　19・126
閻宗經　14・136
閻承謙　13・424
閻　珣　27・52
閻　荃　42・789
閻相文　37・5
閻相庚　19・103
閻相宸　19・118
閻思孝　31・319
32・1
閻思學　22・233
閻保榮　8・332
閻保慶　19・86
閻俊烈　4・275
閻　珠　8・335
閻華慶　19・128
閻　唐　14・703
42・948
閻培因　23・282
閻常留　8・718
閻　野　4・224
43・444
閻國課　14・122
17・565
閻得勝　36・202
閻從龍　14・135
閻　象　18・24
閻象台　27・802
閻　訥　22・231
閻惟一　23・265
閻惟楨　41・393
閻惟賢　23・267
閻清瀾　19・116
閻　琮　25・16
閻彭年　19・136
閻敬銘　2・15
閻朝海　42・774
閻朝貴　8・21
8・640
閻棟樑　25・109
閻　閎　4・126
14・703
42・962
閻程唐　25・83
閻　復　4・88
31・840
39・565
42・553

閻循中 17・641
19・39
閻循厚 19・33
閻循琦 4・396
17・639
19・9
閻循寬 19・45
閻循霦 4・405
17・641
19・27
閻循觀 4・409
17・648
19・10
21・799
閻　詠 4・196
39・563
42・553
閻　敦 25・579
閻　愉 17・617
19・32
閻湖蓴 19・104
閻湘茝 19・116
閻湘蕙 19・116
閻　祺 25・591
閻　慎 19・32
閻　溥 19・113
閻殿森 36・769
閻殿嵐 36・768
閻殿勤 36・763
閻經世 35・145
閻翥鵬 4・294
閻壽椿 8・717
閻爾梅 7・461
18・749
42・473
閻毓堂 19・114
閻毓塾 19・126
閻　銑 19・117
閻　銘 38・410
閻鳳桐 23・279
閻鳳梧 23・267
閻鳳閣 15・106
閻　寬 4・122
14・363
閻　鼐 1・844
16・417
20・486
閻賜真 26・112
閻　德 7・481
閻　鋭 5・380
閻調鼐 1・792
15・34
15・135
閻調羹 1・782
37・805
閻　談 1・803
33・588
33・692
閻賡韶 19・122
閻　選 23・265
閻篤忠 35・118
閻學尹 19・112
閻學朱 19・39
閻學孟 19・103
閻學信 19・118
閻學高 19・82
閻學涑 19・92
閻學海 4・396
17・663
19・92
28・701
閻學淳 17・651
19・91
閻學賜 19・39

閻學濂　19・82
閻學襄　19・122
閻學禮　19・40
閻　諫　17・572
19・29
閻澤匀　19・128
閻澤方　19・117
閻澤民　19・78
閻澤美　19・115
閻澤源　19・130
閻　禧　1・822
12・200
32・25
閻　縉　37・837
閻臨川　41・388
閻濬源　19・117
閻　濟　41・139
閻濟美　75・355
閻翼典　37・780
閻　職　15・618
閻　鎬　14・726
42・962
閻　藻　19・112
閻　懌　19・38
閻　羹　13・376
閻　寶　4・63
40・56
40・159
閻　儼　25・295
閻體正　42・791

隰

隰　朋　7・158
15・505

隱

隱　元　79・90

十七畫

璩

璩一鳳　53・236
璩一麟（明江西新城）　71・426
璩一麟（明廣豐）　53・235
璩光孚　71・381
璩光表　53・600
璩光岳　71・382
璩自璵　52・377
璩名題　53・599
璩　咏　52・133
璩金鰲　52・400
璩周岐　52・306
璩　祜　71・469
璩　紀　71・426
璩清璉　52・252
璩爲菴　74・475
璩　淵　71・378
璩誠若　52・321
璩維藻　71・483

環

環淵　7・24
7・200
15・573
15・587

戴

戴一圻　55・439
戴一英　70・591
戴一祥　70・600
戴一乾　63・550
戴一欽　55・644
戴九元　64・195

戴九岑　64・580
戴九萬　62・453
戴九錫　62・442
戴士奇　55・192
戴士俊　60・269
戴士冕　46・519
戴士達　72・203
戴士衡　78・81
戴大川　21・684
戴大旦　54・563
戴大早　56・509
戴大昌　55・359
戴大昂　55・8
戴大法　11・461
戴大烱　79・603
戴大啓　57・83
戴大賓(元)　72・148
戴大賓(明)　78・103
戴大翼　43・116
戴大鵬　55・105
戴之霈　68・240
戴之麟　54・585
戴天文　80・552
戴天申　56・513
戴天民　78・657
戴天定　80・648
戴天相　80・13
戴天柱　55・605
戴天寵　66・499
戴元方　55・527
戴元吉　57・373
戴元有　56・500
戴元赤　55・178
戴元佐　79・506
戴元侃　54・144
戴元威　7・81
　16・432
戴元品　55・647
戴元針　57・290
戴元祥　1・727
　11・39
戴元弼　5・350
　10・377
戴元瑞　57・212
戴元蓮　55・250
戴元魁　55・429
戴元詵　54・150
戴元標　55・391
戴元勳　55・468
戴元璯　57・114
戴元璽　55・178
戴五輯　70・606
戴友仁　56・368
戴友桂　57・373
戴少川　80・242
戴日聘　55・36
戴　中　73・204
　73・290
戴中才　14・143
戴中孚　19・78
戴中泌　57・379
戴中倫　14・143
戴內賁　73・99
戴　仁　57・167
戴公選　56・480
戴　文　55・417
戴文圭　55・468
戴文光　19・78
戴文仲　57・450
戴文灼　57・325
戴文昌　55・428
戴文炘　56・369
戴文宗　55・294
戴文相　73・164

戴文炳	55・469
戴文栩	70・590
戴文冕	56・369
戴文進	57・457
戴文斌	73・365
戴文焻	58・235
戴文煌	55・426
戴文輔	54・532
戴文暢	47・178
戴文銘	55・581
戴文誥	55・400
戴文緒	63・450
戴文鋆	57・325
戴文德	55・181
戴文衛	51・28
戴文翰	55・189
戴文聲	63・375
	63・449
戴　亢	75・463
	76・31
戴心亨	74・367
戴以忠	79・602
戴以讓	77・708
戴　玉	64・378
戴玉縉	2・41
戴玉藻	70・555
戴　正	58・34
戴功伻	57・381
戴世美	55・82
戴世宰	57・467
戴世祥	11・460
戴世笱	55・148
戴世遠	57・29
戴世傳	51・94
戴世熙	40・351
戴世寧	30・234
	31・184
戴世篆	54・259
戴本孝	55・606
戴本長	54・246
戴丙南	55・315
戴丕政	56・390
戴丕笙	56・181
戴丕鳳	56・389
戴丕鋭	56・582
戴丕鍹	56・19
戴石玉	72・608
戴叶芳	72・205
戴　田	18・742
戴仕振	70・625
戴仕衡	78・648
戴　用	73・50
戴用行	73・417
戴永春	56・623
戴永相	56・670
戴永時	55・631
戴永裕	57・290
戴永璞	77・40
戴永樸	78・465
戴　弁	47・57
戴邦本	70・590
戴邦任	57・111
戴邦法	55・566
戴邦建	55・380
戴邦寧	18・509
戴邦禮	55・562
戴式仕	57・324
戴式信	57・511
戴式溶	57・200
戴式藩	57・347
戴式鑑	57・120
戴有孚	73・150
戴有權	55・43
戴存心	5・343

	10・150
戴光林	57・83
戴光奎	54・562
戴光裕	55・22
戴光榮	55・74
戴同吉	78・646
戴　屺	2・113
	22・241
	37・422
戴　先	56・648
戴廷甲	55・441
戴廷芳	56・279
戴廷珍	57・82
戴廷棟	70・633
戴廷貴	56・139
戴廷鉅	54・510
戴廷詔	79・453
戴廷瑞	57・200
戴廷槐	56・369
戴廷璋	56・324
戴廷輝(清建昌)	51・96
戴廷輝(清婺源)	57・324
戴廷選	64・307
戴廷燃	57・380
戴廷壁	57・66
戴廷徽	76・410
戴延年	56・390
戴自然	70・621
戴兆生	56・587
戴名振	37・776
戴名標	73・76
戴汝棻	24・334
戴宇明	63・561
戴安禮	64・400
戴　祁	35・75
戴如芹	59・586
戴如星	40・138
戴如壽	59・606
戴　羽	47・587
戴均元	74・368
戴芳華	59・611
戴芳齡	19・129
戴克豊	80・242
戴克讓	63・132
戴　杏	55・468
戴杏馨	73・95
戴佐瀾	65・537
戴作霖(字冠陶)	55・383
戴作霖(字啓明)	57・158
戴伭球	50・489
戴希斌	47・255
戴希裕	57・325
戴希賢	58・151
戴　亨	56・162
戴亨象	56・556
戴亨遠	56・670
戴沛霖	55・329
戴　宏	4・134
	35・73
戴　良(元)	71・314
	71・521
戴　良(明)	19・46
	19・166
戴良瑋	73・80
戴良鳳	57・31
戴　初	32・24
戴　祀	55・645
戴君佐	23・663
戴君恩	1・783
	23・615
	24・271
戴　玠	73・75
	73・116
戴長蕃	77・564

戴　坤　22・238
戴其鍾　72・208
戴若沅　56・545
戴若湛　56・544
戴若湄　55・14
戴茂良　55・635
戴茂鼎　55・144
戴茂慶　56・637
戴　松　58・145
戴　杭　55・239
戴　杰　2・44
　8・416
戴述章　57・381
戴　奇　55・619
戴叔倫　58・268
　72・105
戴叔煥　79・618
戴尚宜　56・39
戴尚容　55・13
戴尚森　56・460
戴尚楝　56・575
戴尚儀　56・49
戴尚寯　55・35
戴　旺　56・280
戴昌期　57・121
戴昇平　55・414
戴　昕　34・470
戴明時　63・490
戴　昀　78・640
戴　委　47・65
　76・471
戴秉钧(清)　57・381
戴秉鈞(民國)　42・394
戴　佩　73・423
戴金聲　42・401
　42・415
戴京正　80・239
戴京曾　2・17
戴並峋　57・62
戴　炬　55・201
戴　炎(明)　18・691
　37・549
　42・430
戴　炎(清)　56・280
戴沾北　80・242
戴宗濂　73・157
戴宗韜　58・168
戴定國　79・607
戴居實　21・644
戴承烈　57・380
戴承創　46・353
戴承蒼　64・361
戴承榮　70・591
戴承霖　73・98
戴承儒　73・100
戴春元　57・201
戴春來　70・341
戴春咸　58・161
戴春泉　14・146
戴　珊　47・66
　75・369
戴　封　4・243
　35・72
戴　垣　55・499
戴　荃　73・422
戴南元　56・279
戴南鵬　55・62
戴　相(明長泰)　78・644
　79・172
戴　相(明高安)　62・378
戴皆春　55・528
戴　貞　5・101
戴貞松　57・291
戴貞昶　54・526

戴貞祥　56・654
戴貞遇　55・596
戴　盼　77・720
戴映袞　79・590
戴思孝　54・134
戴思訥　24・334
戴思遠　18・20
戴重光　63・101
戴　俛　78・178
戴侯焻　77・726
戴衍祥　56・368
戴勉中　56・610
戴亮軒　80・211
戴庭槐　78・647
戴　炳　80・47
戴炳彪　56・301
戴炳麟　55・473
戴洪節　57・89
戴洪疇　55・473
戴洪簿　55・185
戴　冠(明)　72・451
戴　冠(清)　75・678
戴祖仁　57・119
戴祖蔭　55・473
戴　祚　54・556
戴泰一　77・702
戴　珩　69・603
戴　珮　74・366
戴華實　57・380
戴　恭　57・447
戴　莘　70・540
戴真祥　79・577
戴真學　78・720
戴　桂　55・468
戴桂林　57・379
戴振先　54・230
戴振伸　56・177
戴振垣　56・368
戴振絛　54・344
戴振清　56・395
戴振遠　57・193
戴振僖　57・165
戴振鍈　56・620
戴振鏀　56・612
戴振熾　57・200
戴振鑠　57・401
戴　時　7・374
戴時宗　78・640
戴時新　79・534
戴時雍　47・84
戴　晏　79・577
戴　倓　5・350
　　10・365
戴　師　63・545
戴師愈　49・446
戴卿雲　57・153
戴逢旦　54・165
戴逢交　55・71
戴逢治　54・533
戴逢春　55・438
戴逢泰　55・306
戴逢原　56・246
戴逢梓　57・325
戴逢進　56・125
戴逢康　57・192
戴逢陽　57・106
戴　高　50・35
戴席珍　55・419
戴　浩　1・828
戴家仁　57・373
戴家基　80・28
戴家聲　57・154
戴祥菴　57・228
戴書田　70・616

戴　琇　76・692

76・730

戴　逵　23・350

45・320

戴培元　57・401

戴培綱　73・445

戴　莒　70・489

戴　乾　5・339

10・124

戴　軜　70・633

戴盛宏　56・47

戴盛琳　46・275

戴盛儆　56・25

戴盛義　66・594

戴盛奭　56・257

戴盛聰　2・27

戴盛懋　56・58

戴雪壽　55・581

戴捷榮　79・537

戴捷鯤　79・571

戴　冕(明)　41・142

戴　冕(清)　56・175

戴異功　63・495

戴國士　63・428

戴國正　56・505

戴國赤　63・568

戴國杉　40・352

戴國治　73・418

戴國珍　57・46

戴國恩　55・322

戴國盛　62・580

戴國棟　47・96

戴國瑞(清南安)　79・568

戴國瑞(清高安)　62・527

戴國寧　73・417

戴國璜　73・418

戴國範　40・581

戴國慶　47・158

戴崇初　57・203

戴崇柏　57・324

戴崇香　57・511

戴崇秩　57・216

戴崇森　57・422

戴崇概　57・177

戴崇邁　57・325

戴崇德　63・168

戴崇鍾　54・385

戴第元　45・338

74・367

戴　敏　54・204

戴　偉　40・120

40・156

40・266

戴得勝　45・127

戴從龍　57・511

戴訪逵　55・375

戴翊世　72・582

戴惟端　80・12

戴清朝　59・484

戴　寅　55・416

戴　寄　54・578

戴啓元　73・442

戴啓文　73・417

戴啓光　55・469

戴　紱(明)　72・242

戴　紱(清)　55・88

戴　紳(明長泰)　78・650

戴　紳(明金谿)　70・488

戴紹志　63・554

戴紹祖　63・572

戴　琳　71・33

戴　琥　47・61

戴琨輝　23・280

戴　琰　42・402

戴達元 55·469
戴葆元 57·511
戴　敬 57·55
戴朝用 70·525
戴朝宗 56·594
戴朝冠 57·127
戴朝陽 55·319
戴朝紳 56·56
戴朝寰 57·79
戴朝霞 57·107
戴　森(清建寧) 80·544
戴　森(清婺源) 56·283
戴　雲 79·376
戴雲官 73·358
戴雲華 55·161
戴揚休 55·338
戴揚輝 54·265
戴晴山 80·238
戴鼎元 56·223
戴鼎銘 55·225
戴景海 74·371
戴景堂 80·248
戴景程 14·143
戴蛟騰 55·306
戴　程 55·292
戴順允 55·228
戴順乩 56·390
戴順超 56·614
戴復古 47·355
49·401
71·352
71·627
73·115
73·272
77·288
戴　欽 78·178
戴　勝 42·280
戴　詠 80·45
戴善美 56·476
戴道亨 55·414
戴道章 70·581
戴　焴 54·479
戴湛恩 57·191
戴　祺 73·429
戴弼臣 70·635
戴嫣生 79·631
戴　瑞(清婺源) 55·343
戴　瑞(清壽昌) 2·32
32·587
戴遠登 50·499
戴遠廣 50·499
戴聖明 54·521
戴聖惠 24·559
戴夢申 79·500
戴夢桂 4·127
5·185
10·361
戴　蒼 73·422
戴　蓑 73·421
戴槐三 56·130
戴　暘 56·279
戴　嵲 78·653
戴與權 72·618
戴魁明 63·426
戴　誠 5·145
戴　新(明平度) 23·634
戴　新(明婺源) 56·463
戴新聰 80·230
戴慎典 56·20
戴慎徽 56·14
戴　煇 57·381
戴源修 73·412
戴　經 1·799
32·443

33・69
戴經臣　71・3
戴經鍍　55・178
戴　璉　47・69
戴　瑤　1・846
1・851
23・615
24・281
戴嘉明　62・432
戴嘉績　57・422
戴　壽　55・520
戴霆甲　55・437
戴蜚聲　79・616
戴鳴周　55・415
戴鳴春　57・122
戴鳴珂　55・186
戴鳴皋　80・255
戴鳴琴　56・249
戴　僖　73・144
戴　銑　54・87
戴鳳岡　56・281
戴鳳亭　39・336
戴鳳梧　56・281
戴鳳翔(清昌樂)　19・78
戴鳳翔(清南安)　79・609
戴鳳德　72・246
戴齊光　80・239
戴　愬　76・204
戴　榮　55・473
戴榮昌(清婺源長溪)　55・150
戴榮昌(清婺源桂巖)　57・75
戴榮祖　55・591
戴榮魁　57・72
戴漢超　70・624
戴漢僖　70・330
戴　寬　55・555
戴肇辰　2・102
戴　鼐　56・263
戴維周　55・238
戴維宗　20・787
戴維城　55・238
戴維華　48・258
戴維揚　56・7
戴維新　57・381
戴　綸　4・215
23・240
23・634
戴綸巾　56・602
戴　賢　18・739
戴賢樽　46・281
戴震川　56・540
戴震亨　78・269
戴震雷　78・269
戴　嶔　47・243
戴儀九　72・255
戴德志　55・601
戴德岐　57・98
戴德恒　72・369
戴德惠　55・611
戴德菘　56・207
戴德薪　57・131
戴德鍈　55・155
戴德錚　55・609
戴德鑑　56・46
戴德鑲　57・180
戴賡颺　63・81
戴　慶　75・719
戴慶生　56・18
戴慶廉　34・283
戴　瑩　57・81
戴　審　72・649
戴　璠　4・269
5・227
戴　璣　78・645

戴樹森　55·468
戴嶧陽　80·238
戴學元　55·379
戴學詩　55·184
戴學鵬　55·317
戴　儒　58·352
戴衡年　63·444
戴　鋏　4·353
戴　銶　78·651
戴錫光　54·259
戴錫泰　31·30
戴錫乾　70·624
戴錦翔　56·410
戴諦言　80·544
戴龍光　57·11
戴龍章　57·324
戴　熺　78·643
戴　燝　78·648
戴熾昌　57·136
戴憲明　1·847
　63·371
戴　禧　80·222
戴　壎　78·645
戴聲抗　56·87
戴聲宏　56·532
戴聲拱　56·82
戴聲楫　57·52
戴聲樞　56·615
戴聲撫　57·15
戴藉基　55·336
戴聯鑣　56·247
戴懋彬　54·280
戴　臨　59·365
戴儲文　34·466
戴儲芬　57·89
戴儲英　55·430
戴儲華　57·100
戴儲蓁　57·90
戴　膺　75·590
　79·59
戴應斗　55·598
戴應春　57·325
戴應華　73·436
戴應旌　73·442
戴應揚　1·815
　12·248
　54·230
戴應蛟　55·576
戴應魁　14·697
戴應嘉　56·606
戴應潛　63·473
戴應舉　73·412
戴應龍　55·78
戴應鸞　57·324
戴鴻逵　19·78
戴鴻雲　55·417
戴鴻翔　55·172
戴鴻瑞　57·380
戴鴻漸　55·238
戴鴻緒　54·177
戴鴻磐　19·79
戴鴻舉　19·79
戴鴻澤　55·416
戴鴻藻　54·331
戴　濬　75·553
　79·16
戴　禮(明)　73·144
戴　禮(清)　55·416
戴　翼　75·443
戴　璹　47·237
戴鯉昇　55·304
戴　燿　78·642
戴藻芬　57·325
戴　巖　80·50

戴　鐺　51・26
戴　鑌　48・137
戴騰芬　56・369
戴繩周　48・442
戴　騮　76・468
戴　耀　77・703
戴　護　55・518
戴　繼　4・127
41・148
戴　顯　47・176
戴顯二　74・475
戴顯承　64・414
戴顯章　55・469
戴　纓　1・793
8・466
戴衢亨　74・368
74・547
戴　灝　72・647
戴鸞翔　54・292
戴籲俊　57・380

鞠

鞠三錫　29・817
鞠元勳　30・721
鞠文奎　29・775
鞠世清　30・746
鞠光文　20・119
鞠光緒　39・763
鞠仲謀　21・298
23・244
75・418
77・500
鞠守福　26・112
鞠孝恭　27・436
28・17
鞠東山　29・752
鞠宗周　18・380
鞠　珍　15・566
17・519
19・321
鞠　珣　27・99
鞠　封　25・526
鞠思誠　29・21
鞠思謙　29・111
鞠思讓　4・228
29・99
鞠彥昌　29・20
鞠彥雲　26・33
鞠華叔　72・502
鞠　真　26・2
鞠真卿　23・244
鞠桂芳　29・620
鞠　恩　29・507
鞠宸樞　10・565
鞠　通　29・20
鞠　能　23・662
24・549
鞠捷昌　4・434
鞠　常　4・194
23・269
鞠朝聘　5・351
10・372
鞠　羡　24・534
鞠　鉞　4・224
27・300
29・67
鞠　愷　29・811
鞠殿甲　20・112
鞠殿華　4・400
20・112
鞠鳴秋　4・228
5・159
43・604
鞠廣慶　29・818

鞠德魁　29・276
鞠　樂　29・294
鞠　樸　2・95
　14・113
鞠　懊　29・812
鞠　濂　4・437
鞠懋嵩　62・507
鞠　藩　29・841

藍

藍大千　73・431
藍千秋　71・38
藍子明　74・30
藍子真　72・440
藍元琛　80・53
藍友五　73・441
藍文豹　47・319
藍文清　72・502
藍斗南　80・107
藍孔貞　77・568
藍玉田　73・395
藍正春　80・115
藍正黄　62・566
藍正輔　62・467
藍世瑞　72・506
藍本芳　80・148
藍　田(明)　4・199
　23・637
藍　田(清)　77・574
藍再茂　23・653
藍成鵬　74・380
藍　光　69・160
　75・362
　78・453
藍光苑　61・677
藍光宗　77・564
藍如玉　67・471
藍志純　80・17
藍志藎　32・2
藍芳威　47・97
藍芳揚　47・212
藍步青　62・314
藍　秀　41・154
藍近任　41・160
　41・225
藍近倫　41・174
藍近儀　41・184
藍沂華　7・91
　12・446
藍　玟　74・125
藍茂昌　62・187
藍昌後　8・468
藍佳遇　62・468
藍　侃　47・248
藍金章　47・262
藍采和　47・323
藍　京　47・213
藍　珏　61・514
藍　柏　80・136
藍思繼　23・653
藍炳芳　74・44
藍洪詔　62・566
藍　珩　74・115
藍　班　74・137
藍起鳳　46・165
藍起鵬　72・534
藍華封　73・428
藍　桂　80・99
藍倬默　77・552
藍倬勳　77・556
藍孫璿　77・535
藍常餘　62・631
藍第雲　74・531
藍　翎　74・125

藍　章　4・124
23・636
藍　淦　75・460
76・136
藍　深　4・464
23・644
藍啓延　23・646
藍啓肅　23・656
藍習傳　70・545
藍　琛　62・654
藍鼎元　76・362
80・615
藍　喦　2・72
32・1
藍復蓁　41・157
藍　斌　74・437
藍道行　22・345
23・664
藍　裕　62・440
藍　瑞(明河南)　16・421
18・59
藍　瑞(明曹縣)　41・148
41・227
藍　漣　75・603
76・108
藍際春　74・43
藍　綗　77・141
藍爾愷　47・206
藍毓俊　62・599
藍　銖　76・168
藍鳳儀　77・545
藍　彰　70・480
藍　潤　4・464
23・643
藍懋泰　62・574
藍懋烈　62・574
藍懋瑛　62・574
藍　爵　65・266
藍應桂　2・64
藍應襲　77・366
藍濟卿　75・494
藍縷道人　23・349
藍　馥　47・72
藍　璧　62・58
藍顯梓　74・91

韓

韓一右　43・439
43・489
43・505
韓一動　43・447
韓九功　10・81
韓九思　9・861
韓三接　31・319
32・1
韓士元　76・471
韓士升　14・127
17・602
韓士佳　17・655
18・524
韓士能　9・847
韓士聰　39・795
韓大秀　73・368
韓大峘　32・603
韓大勇　9・850
韓大甯　50・218
韓大愷　32・647
韓　上　53・524
韓　山　20・791
韓千秋　1・685
韓之良　5・193
10・631
韓之俊　5・255
32・598

韓之鏜　53·458
韓子廉　38·408
韓子齡　13·343
韓天申　13·155
韓天吉　60·499
韓天命　6·474
韓天祚　13·387
韓天驥　13·377
韓元平　5·353
　10·629
韓元仕　4·240
韓元吉　50·334
　51·687
　53·197
　76·461
韓元仲　56·457
韓元定　53·428
韓元炳　56·671
韓元掄　73·381
韓元樞　56·644
韓元燨　55·166
韓云朋　32·660
韓　五　5·185
　15·106
韓中焱　13·152
韓午錫　5·292
　6·474
韓升元　43·106
韓仁泰　37·802
韓　介　4·158
　7·162
　17·550
韓公揚　6·407
韓　文　5·215
韓文友　9·862
韓文成　43·64
韓文和　13·737
韓文珍　12·227
韓文朗　38·166
　40·202
韓文彬　9·848
韓文焞　1·788
　13·727
韓文義　30·320
韓文煊　2·31
韓文瀛　18·552
韓方正　34·252
韓允亮　6·425
韓允嘉　5·287
　6·352
韓玉權　8·638
韓世安(元陽信)　43·56
韓世安(元壽張)　42·740
韓世林　41·198
韓世忠　1·734
　38·159
　39·216
韓世魁　34·221
韓世德　32·7
韓世選　18·564
韓立文　13·151
韓立志　9·624
韓立乾　13·147
韓立晨　10·156
韓必光　17·539
韓必顯　17·545
韓永昌(明)　5·193
韓永昌(清)　13·121
韓永和　21·676
韓永清　17·656
　18·525
韓永裕　57·125
韓永祿　6·203
韓永慶　60·355

韓　弘　75・552
79・16
韓邦甯　23・433
韓式庚　34・262
韓吉泰　14・300
韓芝芳　35・129
韓　亘　60・251
韓西昌　9・448
韓在甲　6・460
韓有志　5・191
10・630
韓有臺　8・320
韓　成(元文登)　29・12
韓　成(元霑化)　4・144
13・494
韓　成(清長清)　34・224
韓　成(清膠州)　22・346
韓成甫　9・447
韓成基　9・737
韓光甫　59・38
韓光宸　21・680
韓光鼎　18・698
韓光裕　34・249
34・257
韓光嗣　18・21
韓光節　9・889
韓光德　21・148
韓同雲　19・579
韓廷九　9・433
韓廷芑　43・441
43・509
韓廷柱　2・62
7・384
韓廷揚　6・400
韓廷錫　75・600
76・107
韓竹淇　32・602
韓延壽　1・687
韓仲荆　20・106
韓仲暉　1・761
42・577
韓兆彬　56・35
韓兆龍　21・678
韓兆麗　35・186
韓名阡　57・126
韓名煥　56・576
韓名漢　19・624
韓名標　56・639
韓亦昌　10・53
韓充德　6・481
韓　冲　6・349
韓　池　35・148
韓汝成　25・49
韓汝孝　11・87
韓汝藻　41・397
韓守余　9・71
韓守忠　32・649
韓守恕　32・614
韓　玘　42・108
韓　均　1・711
15・522
18・7
韓志傑　41・192
韓志鵬　14・139
韓　芹　37・673
韓芳晨　10・156
韓克忠　4・122
39・56
韓克解　1・809
43・430
韓步鼇　21・608
韓呈祥　13・156
韓　秀　1・711
18・4

韓秀岐	21・490
韓　佑	13・117
韓作楫	20・117
韓伯瑞	31・834
韓希仁	23・129
韓希仲	9・435
韓希孟(明)	53・172
韓希孟(清)	6・227
韓希琦	9・694
韓希愈	59・367
韓希億	60・429
韓希龍	1・790
	43・540
韓　彤	37・720
韓　言	53・308
韓沛覃	41・207
韓　汶	6・382
韓　宏	1・702
韓宏文	60・492
韓宏度	2・71
	30・645
韓良士	5・262
韓良能	73・380
韓初命	23・639
	24・518
韓奉龍	43・274
韓長瀛	12・494
韓亞熊	29・598
韓其殖	60・289
韓其縉	6・471
韓其蘭	21・731
韓取善	6・343
韓茂材	6・419
韓茂柯	6・413
韓茂桂	6・408
韓茂棕	6・409
韓茂椿	5・292

	6・413
韓　苓	14・133
韓　范	69・619
韓來學	39・210
韓　松(元)	13・406
韓　松(清)	14・129
韓述祖	9・852
韓東作	39・759
韓　郁	52・558
韓　尚	37・695
韓尚炫	77・342
韓尚夏	5・259
	32・612
韓昌邦	5・353
	10・628
韓昌泰	30・325
韓昌緒	43・449
韓昌穀	10・633
韓　昪	38・223
韓　明	75・370
韓明善	24・546
韓　昂	7・173
	17・526
韓　典	21・652
韓　忠	26・187
韓忠彥	39・140
韓牧吉	6・425
韓　和	52・521
韓秉智	5・261
	32・648
韓秉嘉	77・582
韓岳揚	6・402
韓岱雲	19・573
韓金諾	14・399
韓庚長	5・287
	6・453
韓育英	5・377

8・642
韓　忬　5・248
6・170
韓　怡　42・606
韓法愈　16・434
18・67
韓　洋　6・210
韓　泞　6・437
韓　泳　20・107
韓宗彥　18・32
韓宗琦　53・431
韓宜檏　43・114
韓　建　18・18
韓建功　43・106
韓居禮　42・35
韓承宣　1・786
6・306
韓承紀　13・816
韓承烜　77・42
韓孟春　40・218
韓孟章　38・545
韓　契　11・389
韓　春　34・224
韓春田　6・469
韓　珏　4・309
31・807
韓　荆　43・57
韓　相　43・438
韓　奎(明蒲州)　12・200
韓　奎(明廣豐)　53・229
韓則淹　21・749
韓則游　21・700
韓映坤　6・481
韓昭宣　18・71
韓昭鏞　15・165
韓思文　6・401
韓思同　6・403
韓思武　5・151
6・398
韓思復　1・724
8・311
8・464
韓思鉅　57・448
韓修桐　73・359
韓修梅　73・366
韓修槐　73・375
韓　信　7・134
15・491
15・579
韓信同　77・296
韓　俊　17・515
18・492
韓庭芑　4・321
5・285
6・355
韓恆愷　35・491
韓　恢　38・682
韓　炳　59・156
韓炳衡　1・804
12・96
韓　烔　37・718
韓　洙　53・111
韓　宣　1・700
韓冠五　14・136
韓冠時　41・397
韓祖儼　73・382
韓　屏(宋)　60・185
韓　屏(明)　1・834
11・43
11・121
韓癸龍　56・490
韓　約　31・780
韓泰宧　73・381
韓　珪　1・761

	35 · 58
韓　玥	14 · 121
	15 · 553
	17 · 527
韓　華	56 · 520
韓連發	13 · 147
韓砥修	5 · 292
	6 · 489
韓振成	35 · 184
韓振緒	13 · 812
韓振綱	5 · 261
	27 · 395
	27 · 816
韓晉卿	4 · 141
	15 · 548
	17 · 492
韓峯起	2 · 59
	36 · 144
韓　剛	5 · 120
韓　甡	21 · 505
韓師曾	6 · 403
韓　釗(明)	6 · 408
韓　釗(清)	6 · 448
	43 · 24
韓卿揚	5 · 151
	6 · 381
韓逢庥	5 · 285
	6 · 425
	43 · 442
	43 · 515
韓逢隆	21 · 687
韓逢聖	43 · 442
韓　浩	1 · 747
	21 · 123
	23 · 613
韓　浚	6 · 345
韓家樹	31 · 58
韓　容	43 · 440
	43 · 491
	43 · 512
韓通甫	53 · 342
韓通儒	21 · 593
韓　理(清夏津)	9 · 813
韓　理(清淄川)	4 · 276
	6 · 349
韓理經	39 · 351
韓培正	7 · 449
	36 · 578
韓萃善	6 · 343
韓　彬	18 · 518
韓　彪	37 · 700
韓　勗	21 · 501
韓國祥	43 · 63
	43 · 64
韓國藩	77 · 210
韓國璽	4 · 382
韓　眾	77 · 358
韓　第	38 · 162
韓　敏	1 · 846
韓　偓	71 · 349
	75 · 649
	76 · 209
	79 · 621
韓　術	43 · 95
韓得文	7 · 449
韓得鍔	4 · 329
	43 · 113
韓從樸	35 · 120
韓康武	39 · 351
韓惟倫	1 · 816
韓清順	30 · 136
韓淩雲	36 · 175
韓寅秀	11 · 473
韓　紹	75 · 417

	78・464
韓紹武	11・94
韓巢嶼	32・422
	33・300
韓　琳	1・829
	6・305
	38・409
韓　琦	1・736
	6・289
	49・398
韓琦量	43・503
韓　琯	31・831
韓超倫	62・197
韓超然	7・162
韓超範	9・405
韓敬止	6・437
韓敬所	5・275
	13・780
韓敬曾	13・797
韓朝魁	74・44
韓朝選	58・586
韓　惠	35・560
韓惠兆	41・226
韓惠疇	18・542
韓厥田	4・282
	5・287
	6・477
韓厥立	6・488
韓厥初	9・445
韓厥湄	6・465
韓厥燃	9・435
韓　雲	32・393
	33・268
韓雲瑞	79・625
韓雲濤	11・44
韓遇安	43・98
韓遇春(清聊城)	38・573
韓遇春(清清水)	6・330
韓　景	22・229
韓景元(清鉅野)	39・200
韓景元(清鄒平)	13・813
韓景星	1・807
韓景域	18・567
韓景晦	75・713
韓景喬	43・93
韓景魁	9・860
韓　智	4・124
	35・465
	35・560
韓　傑	28・494
韓集雲	39・307
韓　復	5・176
韓　鈫	32・397
	33・272
韓善堂	34・332
韓　道	1・740
	30・59
韓道美	73・365
韓道揚	4・237
	5・151
韓道發	14・384
韓　温(元)	31・823
韓　温(明)	37・658
韓　湋	4・371
韓　甯	1・813
韓　補	50・169
韓　弼	6・398
韓登相	79・290
韓登鏊	38・293
韓登瀛	42・395
韓　瑚	21・667
韓瑞亭	18・529
韓　瑜	21・669
韓夢臣	72・132

韓夢昌 4·145
27·2
韓夢周 4·453
21·473
韓 楷 24·545
韓 楨 34·225
韓與祿 5·266
32·611
韓會温 18·531
韓 廉 56·448
韓義先 55·220
韓 煒 37·673
韓 煊 6·370
韓 溥 6·418
韓 源 5·281
6·347
韓 準(元沛縣) 75·362
76·23
韓 準(元蘭陵) 7·279
7·496
韓 準(明) 6·418
韓 準(唐) 35·682
韓 福(明陝西) 1·787
32·584
韓 福(明膠州) 22·247
23·634
韓 禎 5·123
32·626
韓 肅 5·217
韓經畬 14·401
韓嘉桂 25·268
25·312
韓慕膺 41·198
韓 熙 8·466
韓熙載 4·65
18·273
19·90
21·552
23·659
韓 模 13·142
韓蜚聲 52·484
韓鳴皋 78·392
韓毓秀 5·278
13·780
韓毓質 5·273
13·780
韓 鉽 24·563
韓 銓 4·311
31·822
韓銘剞 41·204
韓鳳飛 74·13
韓鳳舉 20·110
韓廣洋 6·581
6·673
韓 韶 1·691
32·438
33·65
韓 齊 43·438
韓齊鄰 19·568
韓 榮 43·56
韓 暨 1·699
9·22
12·91
韓 綱 53·229
韓維基 6·354
6·369
韓維翰 6·354
韓 駒 69·639
70·640
韓慤錫 5·290
6·474
韓 墀 34·471
韓 億 15·508
18·25

韓　質　9・140
韓德立　6・456
韓德超　12・316
韓　諒　59・39
韓養宏　9・814
韓　潛　6・412
韓履平　41・75
　41・189
韓翰池　53・409
韓樹柏　6・455
韓　頵　18・4
韓　篤　41・197
韓學書　6・402
韓學淵　53・326
韓錫祉　13・384
韓錫胙　2・42
　10・566
韓錫詔　34・274
韓　燧　21・667
韓　澤　5・62
韓　澮　4・225
　5・152
韓　潚　6・417
韓　憲　61・457
韓　鍹　5・262
　32・603
韓　謙　24・257
韓　襄　37・660
韓　膺　23・635
韓應元　5・120
韓應奎　17・567
　19・571
韓應恆　19・555
韓應祥　37・719
韓應琦　75・661
韓應魁　6・580
　6・670
韓應福　53・462
韓應麒　53・500
韓　濟　77・698
韓　禮　17・547
韓　翼　38・681
韓　贇　4・75
　5・61
　43・575
韓　藝　21・525
韓　覲　61・705
韓曜階　20・114
韓　鎬　21・592
韓颺臣　21・740
韓　謹　79・96
韓謹修　5・293
　6・474
韓　璧(元)　60・298
韓　璧(宋)　75・513
　78・506
韓蘊櫝　17・567
韓鵑修　6・471
韓　璽　24・569
韓　鏞(元)　4・92
　5・94
韓　鏞(明)　79・33
韓　鏞(清)　43・68
韓麒麟　1・706
韓懷方　18・552
韓繩武　1・795
　10・559
韓繩其　39・316
韓競秀　6・385
韓　瀾　6・408
韓寶鍔　13・378
韓寶鴻　26・643
韓繼思　13・156
韓繼祖　35・510

韓繼乾　39・322
韓繼達　56・455
韓鰲修　6・471
韓　權　4・236
韓　彲　37・672
韓　鑄　21・675
韓　鑑　21・495
韓麟第　5・264
　32・648
韓麟應　14・134
韓　觀　8・465
韓觀芹　42・112
韓觀國　53・391
韓靈珍　35・509
　35・673
韓鬱兕　39・336

檀

檀　子　7・159
　15・515
檀　祇　37・111
檀　超　4・187
　37・113
檀　斌　1・702
　4・203
　37・110
檀道濟　4・42
　37・112
　50・139
檀　韶　7・362
　37・111
檀　敷　4・27
　35・457
　39・179
檀憑之　4・204
　37・110
　39・180

轅　固　4・12
　4・164
　5・6
　7・135
　15・568
　25・260
　25・357
　26・327
　26・588
　43・258

臨

臨田祖師　73・118
臨祐禪師　76・207

闇

闇　公　71・366

闊

闊闊不花　1・754
闊闊出　27・308

獢

獢人瑚　28・222
獢人睿　28・198
獢天錫　28・211
獢仲南　28・214
獢長富　28・208
獢指南　28・198
獢維綱　28・216

黏

黏本盛　79・176
黏席珍　79・203
黏　細　79・227
黏敦軫　79・259
黏鍾巖　79・164

魏

魏一柱　72・8
魏一品　14・370
　17・576
魏一恭　78・91
魏一道　60・702
魏一鳳　39・248
魏一德　39・289
魏一龍　7・209
魏人彭　74・486
魏了翁　75・359
魏三畏　12・129
魏于桂　38・275
魏士冲　44・373
魏士宗　67・144
魏士起　10・160
魏士袞　78・672
魏士謙　78・689
魏大升　72・17
魏大方　14・138
魏大初　7・279
　7・495
魏大鏞　18・562
魏川德　46・183
魏　凡　75・584
　79・53
魏之令　17・576
　18・570
魏之佳　18・514
魏之京　17・603
魏之道　5・279
　13・794
魏之鼒　30・297
魏子仁　74・495
魏王樞　77・31
魏天壽　5・203
　34・69
魏　元　4・101
　42・359
魏元吉(宋)　71・635
魏元吉(明)　44・181
魏元祥　80・425
魏元琦　77・721
魏匹休　74・502
魏曰珪　44・325
魏曰梁　45・90
魏中立　4・214
　5・99
魏　仁　42・343
魏化麟　44・431
魏公壽　76・428
魏公濟　30・293
　31・173
魏　六　78・278
魏文江　19・621
魏文紳　80・437
魏文焲　75・556
　79・18
魏文瑞　78・719
魏文潢　72・14
魏文翰　2・87
　12・204
　39・704
　39・811
　40・198
魏方回　6・285
魏方泰　74・506
魏允恂　43・297
魏允熚　77・31
魏玉佩　12・296
魏玉珍　12・295
魏玉潤　36・684
魏正時　46・166

魏正業　67・480
魏正鴻　34・151
魏世達　27・800
魏世傑　74・161
魏世熙　76・443
魏　本　1・822
31・319
32・1
魏本唐　76・111
魏可式　36・30
36・126
魏　丕　18・690
42・429
魏丕承　5・373
8・616
魏　平　76・300
魏占魁　36・740
36・769
魏占離　76・458
魏　冉　41・379
魏立斗　74・497
魏立森　74・77
魏立端　12・131
魏必大　74・507
魏必昌　75・407
76・206
79・145
魏永安　44・432
魏永秋　80・316
魏永淦　39・331
魏永暄　39・347
魏永嘉　77・23
魏永璞　5・335
43・293
魏永鑑　34・347
魏　匡　34・440
魏邦屏　72・13
魏邦泰(明)　74・470
魏邦泰(清)　77・193
魏邦珣　22・234
魏邦達(清廣濟)　61・476
魏邦達(清瀘溪)　72・17
魏邦植　44・373
魏吉慶　12・143
魏　臣　72・619
魏在此　8・330
魏成李　80・48
魏光國　51・127
71・159
魏光輝　80・496
魏光選　72・15
魏光齡　72・16
魏光耀　39・190
魏先達　45・124
魏廷用　71・158
魏廷秀　67・387
魏廷楨　80・37
魏廷鑑　78・681
魏延之　21・611
魏仲安　35・167
魏仲良　44・112
魏　任　77・78
魏自勵　39・333
魏似范　31・835
魏似荆　31・801
魏行可　76・476
魏兆鳳　74・167
魏名大(明)　72・5
魏名大(清)　2・110
19・586
23・626
魏名魁　72・5
魏汝松　5・210
8・605

魏汝明　80·310
魏汝傑　80·315
魏汝翼　4·179
魏守謙　14·370
魏安行　59·275
魏如徵　40·310
魏　羽　54·196
魏孝友　76·476
魏孝庭　45·191
魏　花　5·60
魏克家　1·788
　13·726
魏呈潤　77·700
魏秀才　76·319
　77·660
魏秀仁　76·111
魏秀波　45·259
魏作霖　78·390
魏伯寧　68·492
魏希文　4·180
魏希武　19·330
魏希尚　2·49
　34·438
魏希亮　21·508
魏希舜　9·264
魏希徵　4·369
　40·157
魏谷才　75·406
　76·204
魏角泰　45·33
魏序周　21·505
魏　灼　76·478
魏　宏　76·426
魏良臣　76·443
魏良材　72·3
魏良政　46·320
魏良栻　39·422
魏良貴　45·513
魏良策　43·115
魏良弼　46·316
魏良槐　18·693
　42·432
魏良輔　45·513
魏良靜　74·171
魏良器　46·321
魏良勳　51·89
魏良韜　49·293
魏若虛　72·20
魏茂林　78·678
魏來田　18·503
魏來朋　21·590
魏來清　8·628
魏松保　74·324
魏　述　1·804
　12·94
魏東乙　10·135
魏　郁　77·78
魏　奇　72·9
魏肯搆　35·698
魏　卓　74·472
魏尚寅　36·741
魏　果　78·706
魏　昇(宋)　18·30
魏　昇(明)　78·276
魏明五　80·320
魏明昌　75·636
　79·85
魏　昉　77·189
魏　忠　29·520
魏忠傑　36·221
魏季偉　45·223
魏季蕃　45·157
魏秉鈺　5·269
　13·786

魏秉璋	80・442
魏秉彝	32・652
魏 侃	74・482
魏 京	62・210
魏 郊	13・227
魏 怡(明)	6・541
	16・422
	18・57
魏 怡(清)	74・505
魏 炎	30・297
	31・183
魏 河	34・436
魏 泌	4・309
	31・804
魏 宗	77・83
魏宗孝	77・395
魏宗純	80・423
魏宗欽	76・448
魏宗道	1・801
魏宗衡	74・502
魏宗瀛	77・395
魏定化	72・10
魏定國	74・507
魏承卜	39・308
魏孟堅	77・22
魏春泰	9・851
魏春華	44・474
魏春熙	39・707
魏 政	58・216
魏 相	4・20
	39・213
	41・380
魏相裔	80・28
魏迺勷	8・630
魏咸信	1・740
	37・802
魏 冒	76・473
魏映奎	67・173
魏映濂	71・206
魏星灼	47・223
魏思齊	39・198
魏 俊	39・184
魏勉旃	66・584
魏彥昭	1・808
	1・819
	37・551
魏恆祚	36・36
魏炳南	9・405
魏 陛	39・187
魏 陞	13・232
魏泰來	12・310
魏起山	41・209
魏起睿	39・185
	39・419
魏起鳳	39・199
魏起鵬	8・473
	44・565
魏起驊	76・131
魏起麟	39・188
魏 都	13・227
魏 華	6・455
魏華存	72・701
魏 恭	9・442
魏振南	15・167
魏振菖	12・130
魏振勳	12・140
魏振聲	12・333
魏振鷺	77・31
魏時光	44・373
	46・81
魏時亮	44・205
魏時敏	78・111
魏時雍	71・200
魏時應	44・310

	46・608
	76・410
魏殷臣	74・160
魏逢泰	43・74
魏　悦	74・504
魏涌濤	18・548
魏　浚	4・203
	31・818
魏家良	8・332
魏家葵	46・260
魏　祥	6・213
魏　書	74・167
魏陶瑾	45・17
魏　能	4・69
	31・764
	40・63
	40・159
魏能容	72・6
魏　純	23・265
魏純嘏	43・302
魏　埭	77・544
魏培楠	35・107
魏　基	14・124
魏基迪	51・471
魏　菁	74・500
魏　梓	31・58
魏雪仲	78・707
魏掞之	76・374
魏處直	4・148
魏國泰	76・221
	76・301
魏國珣	77・32
魏國梁	79・145
魏國輔	21・710
魏國需	46・425
魏崇基	72・23
魏崇寬	77・539
魏　偉	74・479
魏得福	80・676
魏得禮	80・306
魏從海	4・363
	32・138
魏從貴	2・72
	31・320
	32・1
魏章生	77・36
魏翊崙	36・754
魏翊韶	36・748
魏翊鸞	36・741
魏　煙	77・544
魏　焌	14・390
魏　淡	44・109
魏寅初	18・532
魏啓鶴	67・310
魏　紳	4・124
	35・693
魏　瑛	40・315
魏　琳	45・281
魏　琰	12・310
魏　琯	18・497
	19・46
魏　琛	39・297
魏　博	2・43
魏彭年	31・826
魏　萬（唐）	38・576
魏　萬（清）	77・727
魏敬中	77・401
	77・594
魏　朝	39・186
魏朝相	1・819
	37・553
魏朝紳	31・64
魏朝鑑	72・29
魏雲中	72・5

魏雲錦　35・156
魏揚輝　80・193
魏鼎新　31・804
魏開基　5・368
　8・333
魏景昉　12・131
魏景晫　12・131
　12・167
魏　舒　4・35
魏　欽　9・858
魏　勝　76・428
魏詠之　4・38
魏詔爵　22・262
　22・473
魏　斌　75・411
　77・583
魏道儒　74・73
魏　富　77・696
魏運世　74・511
魏運景　74・509
魏　棨　45・498
　75・371
　77・583
魏　裕　7・279
　7・496
魏　巽　74・505
魏　珵　4・242
　5・213
　8・642
魏勤脩　44・566
魏夢芳　77・36
魏夢燭　77・547
魏夢齡　9・416
魏　楠　72・15
魏雷鳴　80・437
魏照乘　37・44
魏　鈿　4・309
　31・806
魏　鈐　39・195
魏　該　31・754
魏廉善　40・584
魏　慥　74・506
魏煜如　13・730
　35・704
魏　煥　77・530
魏煥文　42・394
魏漣清　70・618
魏　溥　51・112
魏　源　51・10
魏殿成　77・395
魏殿奎　18・564
魏際瑞　74・164
魏經綸　31・61
魏嘉祚　4・343
　35・678
魏壽彤　8・636
魏爾秀　8・4
　8・5
　8・618
魏鳴朝　78・670
魏鳴鑾　39・347
魏　銓(清政和)　77・49
魏　銓(清瀘溪)　72・10
魏　銘　4・389
　9・849
　14・715
魏鳳闕　66・529
魏　塾　18・523
魏廣文　45・253
魏廣智　5・377
　8・643
魏　端　72・34
魏　寬　77・47
魏　綱　5・210

	8·603
魏　璜	67·480
魏　瑺	72·22
魏增斌	77·395
魏　醇	66·543
魏　震	74·506
魏撫璉	18·740
魏　儀	35·679
魏德深	1·719
魏　徵	42·366
魏徵士	72·105
魏　誼	5·101
	32·626
魏賡聖	71·161
魏慶之	76·396
魏慶雲	77·40
魏　毅	72·9
魏養化	39·196
魏　遵	4·224
	37·678
魏遵光	41·192
魏履恂	80·46
魏　翰	17·542
魏　默	45·497
	77·282
魏　勳	17·540
	19·294
魏　篤	39·285
	39·320
	39·420
	39·464
魏學坤	46·165
魏學信	6·200
魏學張	16·431
	18·68
魏學聖	9·278
魏學徵	72·13
魏學澄	12·140
魏儒正	14·142
魏儒成	9·263
魏錫祚	4·308
	31·805
魏　憲	76·496
	76·646
魏憲斌	44·408
魏　禧	71·500
	71·629
	72·384
	74·168
魏　薰(清利津)	13·349
魏　薰(清瀘溪)	72·28
魏　懋	76·430
魏懋中	72·9
魏懋績	77·86
魏鍾杰	77·570
魏　鎡	74·495
魏　謩	45·322
	46·585
魏　謙	80·513
魏謙善	67·479
魏　謐	33·588
	33·687
魏　應	4·12
魏應科	67·562
魏應美	74·472
魏應華	74·489
魏應桂	74·483
魏應梅	74·496
魏應章	44·374
魏應槐	74·489
魏應銘	77·553
魏鴻造	77·36
魏鴻猷	40·584
魏鴻樞	80·429

魏　濤　7·372
魏　濬　77·11
魏　濠　75·558
　79·35
魏　禮　74·169
魏禮焯　2·97
　10·310
　16·453
　19·4
魏翼廷　74·41
魏　璽　9·140
魏　鏘　77·22
魏　鍯　74·488
魏　鏞　77·49
魏鏡芙　78·682
魏鵬霄　5·368
　8·331
魏　譚　4·243
魏　瀚　76·198
魏　瀛　2·80
　21·151
魏　巍　8·617
魏寶麟　8·17
　8·644
魏　驂　44·208
魏　瓘　54·196
魏　霸　4·26
　37·821
　41·126
　41·380
魏　鐸　79·73
魏鶴齡　44·519
魏體明　75·557
　76·39
　79·19
魏體乾　7·80
　16·428
魏　鑑(明)　75·363
魏　鑑(清)　40·581
魏　麟　77·192
魏　驤　45·75
魏　鑾　39·323
魏　鸞　40·581

儲

儲正望　55·160
儲　用　76·409
　79·143
儲　存　34·474
儲光羲　4·193
　35·474
儲企范　1·762
　31·778
　34·468
儲　芬　56·359
儲　炳　71·619
儲　進　31·777
　34·466
儲　擢　79·143

鍾

鍾一元　77·363
鍾一魁　14·376
　17·621
鍾人文　74·9
鍾三聘　80·71
鍾于寶　74·33
鍾士元　58·538
鍾士奇　74·270
鍾士珍　74·32
鍾士俊　74·373
鍾士益　72·183
鍾大汀　73·385
鍾大延　46·556

鍾大宇　74・271
　74・280
鍾大受　2・41
　80・97
鍾大振　74・271
鍾大逵　74・271
鍾大霈　74・271
鍾大德　74・77
鍾大鵬　80・72
鍾才焯　74・27
鍾　山　74・107
鍾山華　80・73
鍾川暘　80・17
鍾久標　74・454
鍾子彥　73・381
鍾子鑑　17・527
　18・368
鍾天亶　61・680
鍾天爵　80・70
鍾元仁　80・74
鍾元良　73・365
鍾元亮　74・39
鍾元振　73・358
鍾元鼎　79・142
鍾元鉉　74・73
鍾元模　51・566
鍾元銘　74・71
鍾元德　80・37
鍾元錦　61・373
鍾元聲　74・73
鍾元識　74・263
鍾元讋　73・391
鍾巨海　74・340
鍾　仁　74・28
鍾仁緯　73・394
鍾化民　1・773
鍾公瑮　74・74
鍾文表　80・70
鍾文奎(明)　46・143
鍾文奎(清)　74・71
鍾文俊　80・12
鍾文偉　63・165
鍾文傑　80・12
鍾文運　74・398
鍾文蔚　62・677
鍾文稷　74・282
鍾文學　74・451
鍾　引　47・479
鍾允復　44・336
鍾孔仁　74・22
鍾玉田　76・197
鍾玉明　61・675
鍾正瑤　73・337
鍾世芳　74・39
鍾世明　80・459
鍾世清　74・36
鍾世翕　34・270
鍾世蓉　74・39
鍾本依　74・281
鍾丕顯　74・28
鍾由初　72・245
鍾四達　25・640
　27・156
鍾必顯　61・108
鍾永亨　74・224
鍾邦梧　73・391
鍾吉祈　74・230
鍾吉韶　74・234
鍾光斗　74・14
鍾光胤　12・309
　12・357
鍾光遴　74・40
鍾光選　74・40
鍾光顯　58・193

鍾　吕 74・217
鍾　先 72・200
鍾先春 58・659
鍾先烈 45・76
鍾　廷 12・324
鍾廷方 74・25
鍾廷瑛 6・167
鍾廷琦 60・589
鍾廷琮 6・167
鍾廷鳳 80・70
鍾廷榮 74・44
鍾廷璐 74・417
鍾兆元 58・575
鍾兆相 76・122
鍾名世 73・358
鍾名亮 74・342
鍾汝正 44・337
鍾汝茂 45・15
鍾聿大 18・373
鍾羽正 4・112
17・549
18・316
19・424
鍾羽教 18・344
鍾孝天 80・71
鍾　志 63・529
鍾克俊 74・266
鍾吾黨 12・277
鍾步种 58・193
鍾　秀(明) 17・532
18・342
鍾　秀(清) 74・257
鍾秀源 74・28
鍾秀靈 80・73
鍾　佃 74・258
鍾作霖 74・414
鍾希夔 80・70
鍾谷蘭 74・34
鍾　沂(明南昌) 44・179
76・470
鍾　沂(明會昌) 74・56
鍾　汶 36・549
鍾良則 74・186
鍾良猷 73・384
鍾良維 74・208
鍾　甬 45・8
68・725
鍾奉若 48・246
鍾　英(明) 17・563
18・343
鍾　英(清) 80・53
鍾英燦 74・75
鍾　奇 73・383
鍾奇勳 74・132
鍾叔宏 74・238
鍾虎翀 80・100
鍾尚文 72・362
鍾尚志 80・94
鍾味泉 74・36
鍾　昌 75・379
鍾昌明 74・12
鍾昌祚 36・516
鍾昌盛 74・34
鍾明德 76・94
鍾迪海 74・12
鍾　和 66・341
鍾和宇 80・68
鍾季玉 58・446
61・451
76・416
鍾秉用 74・219
鍾秉章 61・254
鍾秉會 45・64
鍾受之 36・483

鍾性樸　2・17
　72・459
鍾　怡　80・52
鍾　炌　61・24
鍾定邦　61・136
鍾建光　44・484
鍾建魁　44・486
鍾承守　74・225
鍾承欽　61・402
鍾承福　74・208
鍾承燮　74・226
鍾春卉　74・34
鍾　玹　80・37
鍾　型　36・532
鍾政揚　74・372
鍾　荃　80・72
鍾奎洛　31・62
鍾挺揚　74・131
鍾挺潤　74・135
鍾則珏　36・531
鍾映張　80・71
鍾星提　50・303
鍾　胄　74・8
鍾　信　74・35
鍾禹陳　74・242
鍾　亮　1・826
　41・281
鍾　度　74・32
鍾彥卿　72・374
鍾宣忭　74・33
鍾宣章　61・670
鍾祖蔭　80・72
鍾祖德　80・72
鍾陟升　74・273
鍾飛鵬　74・28
鍾　柔　74・255
鍾耆德　75・641
　76・198
鍾　華　77・283
鍾　莪　74・399
鍾振玉　66・410
鍾振超　74・283
鍾時發　14・376
鍾特立　74・419
鍾師唐　61・154
鍾師薦　44・336
鍾卿密　72・316
鍾高士　72・322
鍾高接　74・38
鍾高賢　74・421
鍾高賞　74・421
鍾益琭　74・280
鍾益驪　74・283
鍾凌雲　73・398
鍾家琦　80・48
鍾家鳳　73・354
鍾　祥　2・15
鍾祥林　80・17
鍾祥俊　73・397
鍾祥煦　74・13
鍾書雷　74・238
鍾　恕　74・256
鍾能仕　74・239
鍾　珴　14・736
鍾　培　73・393
鍾　掄　71・233
鍾　晨　45・57
鍾國延　74・228
鍾國烺　58・156
鍾國義　2・49
鍾國錦　74・21
鍾崇文　44・191
鍾崇价　73・392
鍾崇佑　73・387

鍾崇武	44・184
鍾崇保	73・340
鍾崇賢	74・239
鍾崇禮	74・259
鍾崇儼	73・340
	73・388
鍾敏叔	72・340
鍾從好	74・170
鍾章標	74・187
鍾章憲	74・372
鍾　寅	72・147
鍾啓昌	76・162
鍾啓峋	74・12
鍾啓泰	74・226
鍾　紹	75・416
	78・463
鍾紹安	74・11
	80・151
鍾紹京	73・331
	74・4
鍾紹棠	73・404
鍾　瑛(清新喻)	66・389
鍾　瑛(清贛縣)	73・385
鍾堯齡	80・71
鍾斯敬	61・673
鍾萬邦	73・417
鍾萬年	53・116
鍾萬先	48・415
鍾萬春	77・211
鍾萬洸	73・367
鍾萬善	74・256
鍾萬祿	1・782
	14・693
	61・460
鍾　朝	74・75
鍾朝佐	72・379
鍾朝密	74・226
鍾雲龍	74・72
鍾　揚	74・127
鍾　棐	73・401
	74・31
鍾　鼎	74・401
鍾鼎元	45・68
鍾鼎盛	74・422
鍾開濤	74・135
鍾景迪	74・35
鍾　傑	80・48
鍾集成	74・241
鍾　詠	47・380
鍾善政	74・382
鍾翔鵬	74・72
鍾道芹	44・484
鍾道素	74・241
鍾道謙	74・33
鍾　湘	74・281
	74・283
鍾　甯	36・478
鍾運泰	2・32
	32・587
鍾運蓮	74・455
鍾運鑫	73・397
鍾補袞	14・373
鍾瑞生	80・604
鍾瑞奇	74・75
鍾遠琴	74・454
鍾遠綏	74・34
鍾遠靈	74・454
鍾聖詔	36・479
鍾　蓮	80・15
鍾夢瀛	80・14
鍾夢麟(清莆田)	78・191
鍾夢麟(清興國)	74・27
鍾　蒨	45・324
	46・590

鍾睦庭　74・242
鍾　圓　74・26
鍾　與　72・344
鍾　傳　61・481
62・8
63・2
鍾傳材　74・389
鍾傳道　18・379
鍾魁倫　18・426
鍾　遙　74・235
鍾遙鳳　74・242
鍾　誠　59・426
鍾義芝　73・366
鍾　煇　53・36
鍾福純　74・344
鍾嘉祐　80・44
鍾嘉萬　74・230
鍾爾晙　36・533
鍾爾强　14・725
鍾鳴亨　74・9
鍾鳴時　74・205
鍾鳴盛　74・91
鍾鳴喤　74・42
鍾　毓　1・701
15・519
鍾毓川　60・734
鍾毓徽　74・20
鍾　鳳　80・69
鍾鳳騰　2・104
25・354
鍾　誌　75・645
76・193
鍾廣京　74・40
鍾廣高　74・40
鍾韶典　74・33
鍾　寧　74・264
鍾肇翊　74・37
鍾肇儀　74・229
鍾維清　36・497
鍾維綽　58・174
鍾維璠　53・96
鍾維嶽　4・391
鍾增泰　74・355
鍾　墀　36・491
鍾　賢(明南昌)　44・217
鍾　賢(明滕縣)　36・519
鍾　震　53・120
鍾震康　74・235
鍾黎獻　27・437
鍾德吉　19・392
鍾德昌　19・392
鍾　磐　74・25
鍾　頫　74・32
鍾賡起　2・97
16・450
19・4
鍾慶高　30・129
鍾慶崗　30・129
鍾　遴　74・39
鍾　選　60・273
鍾　豫　78・201
鍾樹森　13・497
鍾　輹　5・229
鍾　勳　5・229
6・203
鍾學可　12・258
鍾學進　61・368
鍾學照　73・391
鍾學遴　73・385
鍾　錫　13・725
鍾穎靈　80・73
鍾　諤　4・419
18・346
鍾龍佐　67・471

鍾澤施　58・192
鍾　濂　76・128
鍾　憲　74・362
鍾憲鼎　61・513
鍾　彝　45・80
鍾　聲(清萍鄉)　47・425
鍾　聲(清瑞金)　74・228
鍾聲和　74・342
鍾聲達　80・72
鍾聲聞　74・342
鍾聯孟　73・364
鍾聯輝　73・86
鍾懋容　74・22
鍾　轅　5・229
鍾嶽英　80・47
鍾嶽鳴　74・209
鍾龜齡　80・70
鍾徽鳴　74・216
鍾　謙　52・547
鍾應問　74・259
鍾　燦　74・21
鍾燦斗　74・13
鍾燦池　74・130
鍾　鴻　80・69
鍾鴻林　80・132
鍾鴻猷　73・359
鍾馥芳　74・422
鍾　鎮　46・30
鍾離子　7・191
鍾離元善　10・156
鍾離春　7・215
鍾離珍　10・84
　10・266
鍾離意　1・693
　35・447
　38・679
鍾離嘉　45・350
鍾　鯨　72・135
鍾　譔　74・204
鍾懷之　36・525
鍾寶三　80・100
鍾　瓘　74・47
鍾　權　74・417
鍾鶴齡　80・70
鍾體久　73・436
鍾體攸　45・131
鍾　瓚　73・379
　74・35
鍾顯定　74・23
鍾　觀　74・26
鍾籲雋　80・71

謝

謝一豸　74・479
謝一夔　45・482
謝人驊　79・47
謝九式　32・610
謝九晃　80・551
謝九經　74・480
謝九錫　8・12
　8・623
謝乃果　4・428
　26・602
謝乃實　26・601
謝于岐　73・404
謝于宣(清浦城)　76・641
謝于宣(清贛縣)　73・396
謝于教　74・154
謝士元　75・517
　78・488
謝士文　50・453
謝士廷　67・84
謝士昌　74・490
謝士章　74・154

謝士達 74・366
謝士鼎 80・726
謝士傅 78・690
謝士登 74・480
謝大年 71・219
謝大昺 74・38
謝大信 45・198
謝大鼎 77・513
謝大遠 80・542
謝大熊 80・716
謝大錫 78・469
78・675
謝上安 74・271
謝上琇 74・273
謝上進 72・508
謝上琨 74・260
謝上霽 80・744
謝　山 74・246
謝之光 74・132
謝之艮 49・524
66・646
謝之昇 74・274
謝之洛 78・708
謝之烈 80・543
謝之振 37・686
謝之遷 80・551
謝之藩 74・496
謝子才 80・532
80・586
謝子木 73・5
謝子雄 80・747
謝子順 45・221
謝子詔 74・154
謝子寬 73・38
謝子樟 74・402
謝子龍 78・594
謝子襄 73・203
73・288
謝　丰 76・490
謝王成 80・535
謝天民 76・430
謝天佑 71・122
謝天和 74・61
謝天定 80・551
謝天南 61・707
謝天相 74・61
謝天挺 78・689
謝天秩 79・328
謝天倫 74・66
謝天眷 37・697
謝天雄 77・394
謝天游 75・648
76・194
謝天樞(清侯官) 76・108
謝天樞(清龍泉) 73・40
謝天樛 78・674
謝天錫(明南豐) 71・543
謝天錫(明福清) 75・553
79・17
謝天翼 65・131
謝　元(明) 76・490
謝　元(晉) 1・702
謝元吉 73・432
謝元安 58・65
謝元忭 76・253
76・270
謝元忠 70・384
謝元珧 79・456
謝元常 79・244
謝元宿 73・446
謝元賀 74・205
謝元輔 74・57
謝元璇 74・246
謝元賞 74・205

謝元禮　71・222
謝不敏　74・34
謝友昇　80・521
謝日瞻　67・467
謝日爚　67・480
謝日顯　67・417
謝　中　14・297
　16・415
謝中孚　72・493
謝　升　73・414
謝升孫　71・231
謝升賢　78・284
謝仁特　72・546
謝仁源　74・346
謝仁壽　64・547
謝介夫　75・628
　79・65
謝公旦　70・44
謝公善　50・444
謝公漢　61・683
謝丹甫　77・378
謝文光　62・491
謝文林　11・301
謝文洊　71・551
謝文晏　80・708
謝文斌　11・292
謝文瑞　74・233
謝文節　76・1
謝文魁　80・754
謝文烇　72・627
謝文煥　73・435
謝文模　80・542
謝文龍　78・591
謝文寶　80・742
謝文瓘　39・142
謝文顯　62・411
謝方潤　12・316
謝斗佐　79・566
謝心田　63・486
謝尹奏　73・447
謝尹嘉　73・444
謝允一　72・700
謝允元　79・562
謝允吉　7・193
謝允謙　72・650
謝允懷　62・569
謝孔傳　74・206
謝玉瓊　72・699
謝　正　76・361
謝　功　74・34
謝功嚴　36・770
謝世仁　60・510
謝世孝　42・417
謝世英　70・572
謝世昌　78・313
謝世南(宋)　74・51
　74・177
謝世南(清)　78・554
謝世美　78・303
謝世烈　62・598
謝世煌　74・132
謝世溥　38・256
謝世壽　72・204
謝世德　62・563
謝世璧　62・603
謝本量　71・590
謝占熊　80・726
謝生翘　76・159
謝生蘭　72・614
謝仕龍　80・548
謝仕蘭　74・194
謝仙舉　79・412
謝用王　7・174
謝立吉　8・645

謝立京　74·137
謝立珺　74·137
謝立榮　70·614
謝必昌　72·132
謝必恭　80·680
謝必騰　72·498
謝必驤　61·423
謝永旭　74·126
謝永昌(宋)　80·539
謝永昌(明)　25·581
謝永春　30·159
　30·201
謝弘凱　75·700
謝台卿　79·163
謝邦協　80·521
謝邦基　80·688
謝邦超　80·731
謝邦鈞　80·737
謝邦韶　80·730
謝吉卿　79·163
謝再揚　72·498
謝在明　73·83
謝有大　79·161
謝有烔　53·561
謝有焀　53·654
謝有盛　70·625
謝有開　80·539
謝有蘭　70·572
謝存傑　30·132
謝成允　62·187
謝成寶　77·151
謝夷吾　1·693
　42·575
謝　光　74·475
謝光丕　80·752
謝光早　73·379
謝光紀　26·604
謝光華　70·323
謝光組　26·631
謝光琛　80·604
謝光照　80·735
謝光間　80·730
謝光綸　26·604
謝光德　68·626
謝光禧　68·615
謝　吕　80·726
謝廷玉　73·84
謝廷秀　62·481
謝廷柱　75·517
　80·484
謝廷恩　70·427
謝廷訓(明晉江)　79·161
謝廷訓(明會稽)　80·510
謝廷訓(清)　62·429
謝廷高　71·624
謝廷寀　70·520
謝廷策　5·210
　8·605
謝廷傑　45·675
謝廷瑞　75·519
　78·509
謝廷楨　80·604
謝廷諒　70·470
謝廷翰　80·679
謝廷樹　62·469
謝廷舉　77·363
謝廷憲　75·677
謝廷簡　80·532
　80·586
謝廷寶　78·712
謝廷爚　75·682
謝廷讚　70·471
謝仲初　61·755
謝仰高　74·43

謝全福　78・694
謝兆申　71・356
　74・512
　80・532
　80・587
謝兆亨　74・111
謝兆崑　74・132
謝兆蓉　70・494
謝兆熊　78・445
謝兆熹　80・520
謝兆麟(清長樂)　78・512
謝兆麟(清南昌)　45・182
謝　旭　74・419
謝亦驥　77・720
謝汝泮　78・525
謝汝梧　80・694
謝汝弼　80・742
謝汝聘　80・532
　80・586
謝汝韶　75・522
　78・495
謝汝賢　42・400
謝汝儀　75・374
謝汝霖　78・513
謝汝礪　80・695
謝宇位　73・430
謝守榮　80・678
謝　安　80・398
謝安時　77・52
謝安卿　68・583
謝安統　38・243
　38・326
謝安緒　38・229
謝如尚　4・162
謝如意　77・177
謝均仁　71・341
謝志文　80・731
謝志墉　72・625
謝志齊　80・754
謝　芳(明)　74・70
謝　芳(清)　74・27
謝克仁　80・585
謝克家　39・216
謝克章　77・133
謝克勤　43・24
謝克綏　73・399
謝克讓　73・396
謝　材　73・44
謝　岐　53・320
謝利樟　73・396
謝作霖　61・432
謝伯初　75・582
謝伯宗　61・311
謝伯宜　76・684
　77・679
謝伯珠　80・540
謝伯陽　77・383
謝伯景　79・263
謝身耘　71・582
謝希安　74・384
謝　豸　80・679
謝　孚　76・427
謝彤恩　42・394
謝彤詔　75・677
謝　言　76・456
謝　宏　79・383
謝宏凱　76・763
謝　良　76・457
謝良玉　30・157
謝良材　80・244
謝良治　77・578
謝良翰(明)　76・468
謝良翰(清)　41・171
謝君宇　73・419

謝君禹　50·423
謝君寅　73·438
謝君惠　80·460
謝君雋　74·264
謝君試　73·425
謝君煇　74·271
謝君穀　73·432
謝君寧　73·438
謝君輝　73·439
謝君禮　76·703
謝武烈　74·12
謝青鍾　78·608
謝長艮　74·212
謝長達　74·205
謝長壽　77·571
謝長震　74·186
謝　坤　77·47
謝其情　71·247
謝昔臣　73·403
謝若潮　78·682
謝　茂　73·4
謝茂希　74·419
謝茂楠　67·417
謝茂德　72·697
謝　英　80·535
謝英才　6·672
謝英五　73·431
謝英賢　6·653
謝枝崙　74·222
謝來王　7·181
謝來紱　72·615
謝松元　74·134
謝枋得　49·400
50·355
52·223
58·682
74·547
76·416
謝　杰　75·524
78·497
謝東陽　42·816
謝東輝　74·172
謝東蘭　80·548
謝協成　71·213
謝　郁　42·282
謝叔觀　50·107
謝　杲　78·562
謝　昌(明)　76·439
謝　昌(清信豐)　73·428
謝　昌(清樂安)　71·128
謝昌緒　25·193
謝昌霖　80·201
謝昌曦　70·343
謝　明　80·152
謝明之　76·684
77·682
謝明光　72·197
謝明教　73·430
謝明樓　62·642
謝明德　73·393
謝明鮑　62·642
謝　昂　42·237
謝垂經　70·538
謝牧之　26·620
謝　和　80·69
謝秉志　23·258
23·655
謝秉權　80·110
謝佳揚　80·604
謝岳東　26·635
謝　阜　76·490
謝欣同　62·653
謝　金　67·120
謝金鑾　76·127

77・96
謝命伯 80・718
謝命龍 2・81
38・412
謝念詒 26・634
謝周宣 70・304
謝周濟 62・193
謝京顯 74・230
謝　泌（宋上猶） 74・419
謝　泌（宋歙縣） 75・395
謝宗文 74・9
謝宗孔 73・41
謝宗本 76・127
謝宗京 74・484
謝宗善 76・127
謝宗澤 76・699
謝定之 50・532
謝定住 74・499
謝宜相 76・173
謝宜發 26・616
謝宜謙 26・640
謝祈出 78・628
謝　建（清信豐） 73・442
謝　建（清龍巖） 78・681
謝建安 64・565
謝建奇 80・718
謝建勳 77・204
謝始亨 72・483
謝承孔 77・384
謝承華 72・497
謝承袍 80・546
謝承紱 74・127
謝承詠 74・127
謝承爵 44・434
謝春芳 53・629
謝春洙 74・239
謝春暉 78・517
謝春榜 80・723
謝　珊 42・343
謝政焜 74・354
謝　荃 73・433
謝　相 70・518
謝柳東 38・276
謝　柱 80・365
謝　勑 69・431
謝挺秀 80・730
謝　貞 72・619
謝星煥 71・348
謝　昱 77・145
謝思木 78・696
謝思勉 77・192
謝思誠 73・399
謝思聰 48・503
謝重拔 74・218
謝重捷 74・221
謝重揚 74・216
謝重輝 4・292
5・372
8・611
謝重燦 79・188
謝修振 71・557
謝　俊（唐） 73・369
謝　俊（清） 80・548
謝　亮 72・634
謝亮采 72・152
謝庭芝 48・500
謝庭松 74・72
謝庭祿 79・215
謝庭颺 80・750
謝彥斌 80・520
80・575
謝　竑 74・267
謝　美 80・548
謝美生 22・233

謝炳照　58·113
謝　洪　78·288
謝　洞　79·227
謝　洙　2·35
謝　宣　75·635
謝宮錦　76·457
謝　祜　42·400
謝　祐(宋)　80·435
謝　祐(清)　76·361
謝祖郜　80·548
謝祖梯　76·472
謝祖潤　62·434
謝祖濂　71·619
謝陟明　73·401
謝陞華　80·249
謝　泰　14·706
42·958
42·990
謝　珪(元)　66·481
76·464
謝　珪(清)　79·286
謝起秀　80·719
謝起蓉　80·730
謝起蕃　80·730
謝起薰　80·730
謝華觀　79·344
謝桂芳　76·491
謝桂滋　67·196
謝連興　52·255
謝　逑　70·423
謝時泰　72·592
謝　晏　71·532
謝　恩　62·489
謝恩來　80·747
謝恩庸　80·730
謝恩詔　76·225
76·302
79·323
謝恩溥　70·571
謝恩鳳　80·730
謝恩慶　80·723
謝恩薦　74·385
謝剛忠　41·194
謝倫堂　62·417
謝倫誼　62·404
謝　息　35·56
謝師訓　36·524
謝師聖　71·518
謝師稷　75·358
77·175
謝師儀　80·533
謝師嚴　71·200
謝逢日　73·447
謝逢昌　12·389
謝逢春　18·528
謝逢晉　73·433
謝逢森　67·216
謝逢貴　73·446
謝家偉　67·468
謝家雲　72·169
謝家瑞　67·480
謝家楨　74·351
謝家鳳　62·269
謝家潮　78·438
謝家蘭(清崇仁)　70·338
謝家蘭(清臨川)　69·628
謝家寶　80·695
謝　袗　74·478
謝能讓　72·588
謝　純　76·490
謝　琅　50·410
謝　逵　77·178
謝乾道　74·204
謝　彬(明)　76·692

77・698
謝　彬(清)　50・437
謝　梓　67・254
謝梓齡　72・671
謝　堅　73・412
謝盛龍　73・366
謝掄元　64・589
謝　晙　78・686
謝國昌　80・540
謝國忠　77・670
謝國命　74・57
謝國治　80・687
謝國咸　80・730
謝國冠　73・438
謝國泰　80・755
謝國梓　74・59
謝國尊　73・446
謝國瑚　80・722
謝國賓　38・571
謝國維　71・566
謝國瀠　68・588
謝　崑　76・283
謝崇祐　73・81
謝進盛　80・730
謝得高　76・478
謝　逸　69・354
謝　衮(清連城)　80・749
謝　衮(清單縣)　38・257
謝庸熙　13・107
謝康侯　71・328
謝章華　71・54
謝章鋌　78・477
78・715
謝　望　80・520
80・575
謝望儼　79・509
謝惟申　74・229
謝惟材　42・290
謝惟勤　59・573
謝惟璧　74・216
謝　惇　80・526
80・539
謝清苓　78・553
謝添忠　74・23
謝　淑　73・34
謝　寅　51・217
謝寅琇　74・260
謝啓廷(明)　1・821
30・644
謝啓廷(清)　73・433
謝啓昆　74・387
謝啓亭(明,見謝啓廷)
謝啓彥　74・212
謝啓鈞　73・439
謝啓輝　80・546
謝　階　73・207
76・466
謝階樹　71・41
謝　紳　71・131
謝紹仁　77・285
謝紹周　73・392
謝紹鼎　78・527
謝紹璜　80・730
謝紹遷　73・419
謝　琨　73・444
謝　琰　4・444
26・629
謝　琛(明)　50・384
謝　琛(清)　79・352
謝　琚　75・487
76・43
謝堯仁　71・627
80・532
謝　越　73・413

謝　超　80·693
謝超萬　74·417
謝博緒　75·700
　76·764
謝斯仁　74·133
謝萬榴　73·369
謝　敬　48·461
謝敬詒　26·644
謝朝佐　76·443
謝朝迎　80·357
謝朝尚　80·357
謝朝沬　74·240
謝朝賓　74·267
謝　雲　22·239
謝雲和　78·694
謝雲華　71·26
謝雲從　80·532
謝揚仁　74·114
謝揚盞　62·642
謝紫芝　5·373
　8·617
謝貽燕　80·544
謝鼎登　80·539
謝開日　77·466
謝開書　80·734
謝開勳　73·381
謝景成　17·517
　20·563
謝景安(清安福)　72·595
謝景安(清邵武)　77·191
謝景周　13·809
謝景星　80·535
謝景珮　62·639
謝景賢　62·637
謝　脩　76·319
　76·684
　77·672
謝　傑　76·692
　77·704
謝雋杭　26·731
謝　皓　80·576
謝　復　46·603
謝復芜　72·495
謝復洪　45·260
謝復泰　74·273
謝欽迎　74·226
謝欽寶　36·509
謝爲橘　39·320
謝爲舉　73·440
謝猶龍　78·616
謝　詔　73·333
謝敦立　62·390
謝敦儼　62·422
謝　斌　74·450
謝善祥　80·685
謝善躋　80·722
謝　道　80·340
謝道和　74·131
謝道承　75·472
　76·45
謝　焜　6·173
謝富德　37·721
謝　弼(明)　80·195
謝　弼(漢)　4·27
　41·710
　42·357
謝登歧　80·548
謝　瑋　26·645
謝　瑀　75·511
　78·407
謝遠章　45·280
謝聖伊　80·549
　80·592
謝聖恩　80·726

謝聖階　53·571
謝聖揚　77·87
謝　聘　74·207
謝夢蘭　70·604
謝蓬山　30·683
謝楨得　50·450
謝　輅　24·536
謝　粲　5·373
謝虞賓　73·438
謝業盛　62·651
謝當璧　71·206
謝睦濟　62·569
謝　暄　63·538
謝嗣元　74·507
謝嵩齡　80·688
謝節孫　72·696
謝與棟　62·2
謝與源　76·351
謝傳貴　80·548
謝傳新　80·548
謝　魁(明連城)　80·679
謝　魁(明興國)　74·6
謝愈賢　72·504
謝誠安　80·521
謝新族　62·654
謝新壘　41·206
謝　雍　6·215
謝義臣　80·696
謝義韶　77·405
謝　煬　60·636
謝　煜　60·696
謝　煓　77·191
謝　煥　74·170
謝　源(宋)　69·139
謝　源(明)　43·429
謝　福　77·55
謝福寓　77·340
謝福源　41·194
謝福慶　80·540
謝禎祥　6·215
謝　肅　75·363
謝肅智　5·123
　32·628
謝殿傳　61·703
謝際泰(明)　41·165
謝際泰(清)　75·719
謝　璉(明永春)　79·340
謝　璉(明監利)　1·772
　23·623
謝　璉(明龍溪)　77·693
謝　瑭　50·467
謝　嘉　74·55
謝嘉芹　74·383
謝嘉淦　42·399
謝嘉銅　62·605
謝　墉　50·501
謝　藹　69·355
謝　熙　74·475
謝蔚起　73·433
謝　榛　4·197
　14·742
　42·949
謝　槤(明,見謝璉)
謝　輔　71·121
謝　睿　75·452
謝　曷　1·696
謝鳴珂　79·332
謝鳴盛　71·589
謝鳴謙　71·589
謝鳴鑾　80·535
謝圖南　76·275
謝　銓(清平度)　23·437
謝　銓(清建甌)　76·491
謝銘勳　77·539

謝鳳毛 72·94
謝鳳華 80·604
謝鳳藻 73·434
謝 詷 80·576
謝 竭 76·460
謝端黼 26·621
謝 適 74·213
謝榮兆 50·436
謝榮祖 1·818
37·549
謝榮書 80·726
謝榮琮 78·707
謝榮照 53·624
謝榮興 72·549
謝 漮 78·408
謝賓王 7·163
17·591
謝 寧 78·595
謝 肇 73·341
74·29
74·418
謝肇修 73·444
謝肇基 25·268
25·312
謝肇清 73·429
謝肇淛 75·522
78·495
謝肇楨 73·431
謝維斗 72·582
謝維周 74·241
謝維椿 78·357
謝 綬(明朝城) 4·124
42·360
謝 綬(明樂安) 71·118
謝 綬(清) 64·573
謝 瑾(明) 76·439
謝 瑾(清) 78·527
謝 鞏 79·276
謝 蕡 75·462
76·30
謝蕙芝 73·381
謝邁來 80·723
謝 蕃 38·244
謝 賢(明瑞金) 74·225
謝 賢(明鎮江) 9·26
謝 震(清南平) 77·133
謝 震(清信豐) 73·444
謝 震(清侯官) 76·91
78·476
謝賜亨 74·268
謝賜蒲 80·719
謝賜廩 74·267
謝儀一 78·674
謝德元(清平度) 4·456
謝德元(清金谿) 70·585
謝德生 80·755
謝德成 71·135
謝德圻 53·518
謝德宏 71·560
謝德健 71·563
謝德新 80·697
謝德溥 71·159
謝德潤(清寧津) 11·296
謝德潤(清龍巖) 78·690
謝德權 75·434
76·2
謝 磐 66·225
謝諾小 77·404
謝慶洲 80·731
謝 遴(清高安) 62·604
謝 遴(清魚臺) 37·670
謝 澐 30·203
謝 潛 80·10
謝 澈 76·429

謝　履　78・590
謝　罼　73・320
謝樂善　53・496
謝　緝　71・121
謝　翰　74・451
謝勵鄘　79・271
　　79・561
謝　勳　76・429
謝篤仁　77・149
謝舉廉　66・269
　　73・223
謝興榮　61・666
謝學連　60・317
謝學理　73・431
謝學崇　77・395
謝學祿　77・406
謝學廣　73・445
謝學遷　72・623
謝學禮　60・721
謝錫彤　79・418
謝錫易　74・122
謝錫佩　67・475
謝錫教　8・466
謝錫誥　67・480
謝錫燦　67・475
謝　錀　31・55
謝　錠　73・415
謝　穎　77・179
謝穎實　80・551
謝穎蘇　75・678
　　75・682
　　76・362
謝謀介　80・545
謝　諤　66・45
謝凝道　80・687
謝龍驤　80・755
謝　壅　48・465
謝　縉　73・431
謝　縝　1・844
　　16・417
謝駿臣　36・747
謝駿聲　12・189
謝聲聞　80・734
謝聲徽　80・738
謝聲濤　80・738
謝　聰　11・201
謝聯芳　70・331
謝聯桂　78・682
謝　藹　79・406
謝　櫝　42・274
謝　黻　80・576
謝　瞳　75・434
　　76・1
謝　蹈　80・521
謝　嶽　74・25
謝　徽　79・139
謝徽明　50・423
　　52・235
　　53・391
謝　鍠　2・96
　　16・448
謝謨潭　62・579
謝　謙（清苗栗）　80・604
謝　謙（清霞浦）　77・376
謝謙文　78・694
謝應元　80・388
謝應文　64・596
謝應奇　73・430
謝應虎　80・539
謝應昌　74・62
謝應祥　72・576
謝應梅　74・37
謝應第　74・62
謝應詔　74・161

謝應登 25・597
謝應魁 80・541
謝應誠 26・638
謝應誥 74・161
謝應熊 71・49
謝應樞 8・638
謝應嶽 72・454
謝應夔 47・418
謝應鵬 79・408
謝　燫 77・179
謝鴻波 78・435
謝鴻福 79・328
謝鴻圖 79・348
謝鴻禧 80・734
謝　濤 1・741
37・802
謝　濬 80・747
謝　濟 70・257
謝　璿 76・442
謝　燾 76・428
謝　藩 50・402
謝　簡 50・416
謝簡臣 80・718
謝　翱 76・644
77・424
77・449
謝鎮西 14・137
謝　璧 76・435
謝　璽 1・809
謝鵬程 73・446
謝　鯤 46・578
謝蘭生 70・266
謝蘭階 70・429
謝蘭瑞 62・640
謝蘭馪 70・412
謝鶫來 62・578
謝　耀 7・174
17・575
謝　曦 76・99
謝　譽(宋) 77・43
謝　譽(明) 1・842
16・420
19・2
謝　瀾 72・557
謝　寶 74・252
謝寶昕 77・169
謝寶善 70・595
謝寶醇 72・623
謝寶樹(民國) 42・395
謝寶樹(清金谿) 70・541
謝寶樹(清南昌) 45・311
謝繼科 70・522
謝繼魁 6・653
謝繼遷 24・520
謝躍天 73・445
謝鶴翎 74・10
謝鶴鳴 70・616
謝　瓚 79・229
謝　顯 72・589
謝顯謨 26・641
謝　麟(宋) 76・426
謝　麟(明建甌) 76・455
謝　麟(明高安) 62・350
謝麟書 62・421
謝　纓 80・693
謝靈通 50・550
謝靈運 49・511
50・139
63・206
謝　讓 30・158
謝　鑰 77・432
謝纘珩 53・601
謝　讚 73・361

襄

襄　楷　4・259
5・16
9・197
9・396
12・133

縻

縻　竺　1・691

應

應一相　65・478
應上苑　71・13
應丹詔　77・88
應用祥　71・92
應有實　71・83
應先杰　71・17
應先烈　71・16
應步階　51・513
應作舟　76・412
應　劭　1・691
19・2
應昌德　80・558
應　昇　71・45
應宗弼　71・64
應　是　71・45
應　昱　71・84
應　扂　71・112
應祖培　71・63
應華茂　58・540
應　軒　71・51
應時雨　78・565
應時鳴　51・266
應　衷　77・90
應純仁　38・412
應　球　71・91
應　乾　47・476
應　清　51・408
應清衢　77・121
應啓淮　45・127
應啓湘　45・127
應紹華　53・634
應朝卿　76・469
應雲漢　71・63
應智頊　61・479
應　順　1・692
應舜臣　52・3
應　善　58・147
應登垣　52・301
應韶光　71・88
應肇元　77・90
應儀奏　52・308
應　鋭　65・345
應學達　71・29
應錫洪　71・64
應錫康　71・64
應　櫝　1・770
應懋璜　77・85
應　礐　71・94
應鑾階　77・89

濮

濮陽瑾　35・61
濮　智　77・39

賽

賽玉紘　29・171
賽延任　29・75
賽延祺　29・76
賽枝大　4・438
29・177
賽　珠　29・174
賽從儉　29・75

賽　瑤　29・173
賽維藩　29・75
賽　璋　4・428
29・173

蹇

蹇　桶　32・7
蹇　諡　31・335
32・6

禮

禮　震　4・10
4・168
5・15

繆

繆一清　51・517
繆一鳳　77・427
繆九錫　51・466
繆士珦　77・437
繆之佑　74・271
繆之弼　70・87
繆小六　70・279
繆元會　50・469
繆元榜　50・511
繆元龍　77・432
繆日明　50・457
繆玉林　51・656
繆丙煌　51・663
繆甲初　51・662
繆　生　4・11
7・249
7・475
30・75
繆仕伸　51・515
繆必芳　51・661
繆邦玨　77・433
繆邦棟　77・433
77・450
繆光紳　50・482
繆光閣　50・480
繆光黻　50・390
繆仲蒖　77・446
繆守洪　50・443
繆伯琦　51・480
繆伯壽　51・661
繆君鼎　51・476
繆　坡　77・427
繆若霖　51・662
繆若鏡　51・656
繆昌言　74・333
繆昌緒　48・50
繆　泮　77・436
繆宗瑚　74・343
繆　胤　7・253
7・481
30・78
繆　施　7・481
繆奕老　77・445
繆　恂　37・688
繆洪慎　77・438
77・451
繆　烈　77・440
77・451
繆　倫　4・236
31・823
繆　悅　7・481
繆　斐　7・252
7・477
繆　瑜　74・256
繆　載　77・434
繆暉吉　76・474
繆嗣彤　50・412
繆嗣誠　50・436

繆　催　77・433
繆福寬　51・673
繆　璉　77・445
繆嘉行　80・201
繆爾珍　51・663
繆　銓　74・333
繆增仁　37・675
繆增智　37・705
繆　樗　15・534
繆　播　4・36
7・481
30・78
繆德綏　77・445
繆　徵　7・481
繆潤紱　10・43
14・698
15・139
27・812
43・25
繆潤黻(見繆潤紱)
繆　穆　70・251
繆錫祿　74・348
繆　燧　2・72
繆覲忠　51・515
繆　襲　4・185
7・252
7・480

十八畫

聶

聶三畏　5・159
43・611
聶大成　63・169
聶大年　69・370
聶大捷　62・597
聶大智　72・208
聶大勳　80・439
聶子述　71・262
聶天祐　1・751
37・37
聶元芳　80・441
聶元濟　68・131
聶　友　44・13
45・403
65・1
73・195
聶文顯　72・208
聶文麟　70・523
聶斗月　65・247
聶心印　19・405
聶心湯　73・212
聶以大　49・162
聶以道　72・435
聶予式　43・625
聶　玉　73・358
聶世稅　71・551
聶　仕(明清江)　65・86
聶　仕(明新淦)　73・255
聶仕美　60・501
聶用乂　68・64
聶永秀　48・438
聶永甯　80・550
聶邦晟　73・362
聶邦禮　70・497
聶光祖　80・546
聶光喜　80・550
聶廷珍　78・435
聶廷琳　60・401
聶廷瑞　60・400
聶廷銓　78・418
聶廷璸　60・399
聶　任　71・232

聶 全 6·340
聶汝礪 70·498
聶守軾 68·572
聶守顯 68·265
聶如忠 49·195
聶如珍 60·436
聶如斌 68·75
聶好謙 68·65
聶 芹 70·530
聶 芳 80·533
80·583
聶克峻 71·591
聶位中 60·275
聶希先 71·323
聶良杞 70·464
71·354
聶良洽 68·570
聶尚恆 65·105
73·213
聶 昌 69·413
聶 侃 74·476
聶 金 5·80
6·339
聶宗亮 70·583
聶宗望 32·398
33·273
聶建南 70·298
聶承統 43·625
聶孟常 47·569
聶 相 17·542
19·295
聶咸亨 5·308
43·616
聶挺傑 73·256
聶 修 71·585
聶修治 12·395
聶俊立 71·131
聶衍美 80·546
聶 庭 43·644
聶庭珠 60·218
聶庭儀 65·149
聶庭璧 70·519
聶洪謙 68·534
聶 珪 6·339
聶 珙 63·14
聶素貴 65·190
73·227
聶原履 78·434
聶晉元 60·291
聶師煥 48·338
聶 豹 75·373
聶家榮 80·547
80·550
聶盛泰 80·546
聶 曼 70·519
聶國珖 80·547
聶從政 6·340
聶惟春 60·402
聶惟鋌 70·527
聶淑儒 65·298
聶啓先 30·367
聶啓勇 31·828
32·390
33·267
聶紹閔 14·392
聶朝宗 37·701
聶朝散 1·752
15·528
聶 棟 71·590
聶雲峯 10·139
聶 棠 73·259
聶舜英 72·456
聶舜卿 60·207
聶道茂 65·161

73・221
聶運亨　60・362
聶瑞三　19・425
聶夢蘭　60・267
聶　鉉　65・77
聶　煒　63・30
聶際茂　4・305
43・610
聶　儆　80・439
聶　銖　71・315
聶鳳墀　70・298
聶　韶　70・494
聶　璜　65・91
聶標文　49・305
聶　震　5・154
43・575
聶慶恭　37・5
聶篤忠　80・439
聶興煥　61・726
聶澤遠　43・616
聶　聯　43・644
聶徽猷　65・297
聶謙亨　43・618
聶應科　63・20
聶應龍　72・194
聶　嚞　65・74
聶　蘄　70・528
聶鵬南　49・376
聶　瓘　70・387

藥

藥濟衆　1・796

轉

轉蓬仙　10・311

豐

豐　裕　72・651
豐　熙　75・650
76・209
76・721
76・746
77・729
豐　稷　76・494

叢

叢大爲　4・437
29・121
叢文峯　29・329
叢文彩　29・320
叢永吉　29・305
叢仲楫　29・64
叢伯楝　29・63
叢希棫　37・567
叢秉肅　29・248
叢　春　29・33
叢思宏　29・296
叢　淙　16・448
19・551
叢　祿　25・60
叢蔭坤　29・117
叢毓瑚　29・124
叢鳳翔　19・130
叢　實　29・16
叢實榮　29・32
叢儀鳳　29・123
叢　磐　29・57
叢　蘭　4・104
27・293
29・36
叢顯文　29・308

題

題世偉　35・339

瞿

瞿元肅　71・503
瞿　唐　1・841
　　16・419
瞿僔鶴　77・495

闞

闞之璠　80・210
闞　文　80・175
闞成章　39・148
闞廷卿　80・214
闞廷樞　80・210
闞廷諧　80・253
闞廷勷　80・253
闞守貞　80・235
闞伯益　46・401
闞尚倫　80・176
闞門慶忌　4・11
　　23・610
闞起鳳　80・245
闞華翰　80・291
闞　振　80・174
闞容光　80・234
闞容德　80・241
闞國楨　80・237
闞清華　80・251
闞寅恭　71・130
闞寅衷　80・222
闞善良　80・235
闞道成　80・239
闞聖宗　80・209
闞夢丹　80・248
闞傳桂　80・241
闞肅齋　80・214
闞殿甲　80・143
闞摶九　80・137
闞鳴山　80・215
闞　璜　80・136
闞　勳　80・251
闞　縫　71・128
闞　膺　67・210
闞應楨　80・176
闞翼遠　80・236
闞懷品　80・237
闞體元　80・293

曠

曠作成　72・192
曠若谷　72・183
曠秉旦　73・177
曠建汾　73・180
曠承乾　72・200
曠　遠　73・175
曠　溥　72・360
曠鳴凰　72・193
曠鳴鸞　72・139
曠　驥　72・138

顓

顓孫師　35・601

簡

簡大受　66・266
簡天祥　62・653
簡正理　66・114
簡世傑　65・324
　　72・35
簡　吉　62・511
簡光輝　62・533
簡廷仁　30・233
簡廷錦　80・249
簡兆先　80・222
簡　芳　63・14

簡　佐　66・156
簡伯英　66・444
簡伯鈞　66・444
簡其元　80・245
簡其文　80・247
簡其統　80・224
簡　迪　47・383
簡宗儀　12・197
簡居文　80・247
簡恭裕　80・247
簡得志　62・512
簡紹芳　66・295
簡　超　66・456
簡朝玉　80・247
簡貴朝　28・698
簡欽文　66・201
簡舜卿　72・169
簡載光　80・247
簡　廉　66・320
簡　源　66・116
簡歌聲　66・265
簡　搴　47・412
簡　霄　65・318
66・156
簡學思　80・247
簡懋爵　66・185
簡鴻賓　80・181
簡　禮　63・123
簡瞻璧　80・247
簡　贇　66・288
簡繼芳　47・411
簡　顯　66・294

雙

雙一水　35・489
雙以翰　35・480

邊

邊一椿　73・319
邊士冕　73・319
邊大防　73・309
邊大阼　73・304
邊大垣　73・304
邊子元　15・154
邊子申　15・159
邊文秀　34・274
邊玉清　43・115
邊正志　7・171
邊世枚　73・320
邊世鍠　73・304
邊仕忠　73・288
邊邦泰　73・322
邊在明　10・122
邊廷楫　34・274
邊長潤　73・320
邊來章　73・309
邊明盛　34・223
邊宗奭　15・152
邊建勳　34・223
邊承安　73・314
邊孟屯　80・431
邊祚光　73・296
邊祚洛　73・328
邊祚洋　73・297
邊祚游　73・297
邊祚福　73・325
邊　貢　4・197
5・106
邊振宗　43・108
邊啓崇　73・296
邊啓棟　73・311
邊　習　5・106
邊　葵　73・320

邊　遇　73・305
邊景昭　80・431
邊　傑　1・820
邊　甯　22・263
22・475
邊　瑀　13・382
邊　蓁　73・323
邊　節　5・106
邊　肅　4・78
41・132
邊鳳舉　4・233
邊漢章　40・131
40・303
邊維垣　75・403
邊　毅　73・283
邊　勳　73・309
邊　點　73・320
邊　鏞　73・294
邊繼善　7・195
邊繼登　73・327

曒

曒　峯　80・55

鎮

鎮　丙　77・365

鎦

鎦季嘉　45・467

顔

顔　丁　35・672
顔九碩　36・535
顔三秀　36・520
顔士正　72・634
顔士近　72・206
顔士爂　4・341
36・29
顔士瑋　47・439
顔士銀　36・37
顔士豪　40・361
顔士璋　4・337
36・44
36・130
顔士鋆　36・38
顔士錦　19・552
顔士鵰　13・800
顔大略　72・641
顔之推　4・191
30・88
30・281
35・673
顔之僕　4・5
35・603
顔之儀　4・52
30・88
35・659
顔子快　73・185
顔天相　50・234
顔天球　78・608
顔元孫　31・172
35・714
顔五郎　76・275
77・605
顔五經　16・452
顔太初　35・685
顔日榮　79・352
顔仁郁　78・604
顔公武　77・347
顔公衮　76・688
77・687
顔丹書　76・328
顔六奇　72・490
顔文威　36・176

顏文姜　6・674
顏文禡　76・329
顏允南　35・685
顏允臧　35・702
顏世用　4・236
　12・350
顏世業　79・287
顏世榮　36・28
顏世鐸　36・30
顏　丙　77・169
顏仕進　10・145
顏令行　72・652
顏令德　72・652
顏令譽　72・670
顏孕紹　4・220
　35・462
　35・681
顏邦佐　78・619
顏　吉　40・163
顏存信　35・677
顏成子　72・528
顏至仁　72・206
顏光行　7・448
顏光宇　72・682
顏光昌　35・704
顏光旿　77・366
顏光岳　36・190
顏光是　35・468
　35・704
顏光亮　79・355
顏光敏　4・338
　35・711
　36・119
顏光朝　35・678
顏光猷　4・334
　35・710
　36・119
顏光勳　50・277
顏光濬　43・542
顏光斆　4・335
　35・711
　36・120
顏同軒　79・352
顏　回　4・1
　35・456
　35・597
顏廷瑞　73・162
顏廷榘　79・313
顏延之　4・186
　30・87
　30・272
　35・658
顏仲亨　72・656
顏仲昌　35・708
顏守一　36・513
顏守耕　36・504
顏安上　30・291
顏安樂　4・15
　35・641
　36・481
顏孝初　79・332
顏志高　79・287
顏志超　53・55
顏志道　73・177
顏芳秋　72・338
顏見遠　4・205
　30・280
　35・659
顏　岐　41・219
顏秀奇　17・608
　19・567
顏我揚　80・663
顏　何　4・5
　35・603

顏　佐　72・52
顏伯珣　35・704
顏伯瑋　72・149
顏伯靴　35・686
顏伯璟　4・342
35・677
顏希孔　49・38
顏希深　2・25
8・469
顏希聖　5・373
8・615
顏　含　4・231
30・81
30・267
35・672
顏　辛(見顏幸)
顏　宏　76・330
77・647
顏良謀　79・335
顏良謨　79・330
顏青雲　76・309
顏　幸　4・4
35・602
顏茂欽　51・328
顏　協　4・190
35・673
30・88
30・280
顏奇宿　79・317
顏叔子　35・684
顏尚朝　79・350
顏杲卿　4・205
30・92
30・285
31・172
35・667
顏季明　31・172
顏秉孝　12・130
顏佳音　78・628
顏　岱　78・293
顏　庚　7・145
顏　宗　77・212
顏宗魯　78・613
顏承典　40・173
顏承章　6・184
顏承琦　12・492
顏承德　36・209
顏春卿　30・93
31・172
35・668
35・684
顏相時　30・92
35・713
顏拱極　71・201
顏則孔　4・225
顏昭甫　30・285
35・714
顏思忠　21・352
顏思魯　35・713
顏泉明　4・140
4・206
30・93
顏　衎　13・722
14・214
15・524
17・688
18・23
21・119
35・676
43・187
顏亮采　78・613
顏　祖　4・4
35・603
顏起浩　80・668

顏耆仲　77・675
顏　埈　72・100
顏華堂　35・499
顏真卿　4・206
8・308
8・312
8・464
30・93
30・287
31・172
49・515
顏振仲　77・683
顏振江　6・183
顏振宗　8・634
顏振軒　36・46
顏振傑　6・183
顏振祿　6・183
顏振聲　72・197
顏　晃　4・190
30・88
35・713
顏師古　4・175
30・91
30・284
31・171
35・661
顏師伯　30・278
顏師祖　21・621
顏師魯　75・424
77・673
顏逢甲　36・494
顏逢祺　36・551
顏　高　4・4
35・602
顏唐臣　76・685
77・688
顏悅道　1・846
16・429
20・489
顏益潤　79・171
顏　烶　72・86
顏　浹　7・375
顏　浩　72・147
顏容恭　79・327
顏容彬　79・171
顏容舒　79・159
顏容暄　76・737
顏理學　79・241
顏培天　47・369
顏培化　47・450
顏培瀛　76・417
顏　盛　30・259
35・672
顏晞哲　76・685
77・680
顏　異　1・685
顏國采　50・276
顏崇政　35・475
36・33
顏崇菉　36・40
顏崇湘　36・34
36・40
顏崇椴　36・35
顏崇槩　36・35
顏崇穀　36・35
顏崇溈　36・35
顏崇勳　38・555
顏崇檢　36・34
36・40
顏敏德　76・685
77・681
顏得慶　80・666
顏欲章　72・576
顏象龍　72・595

顔康成　35·716
顔　翊　49·410
顔惟貞　35·714
顔涿聚　7·20
顔　淳　36·176
顔　階　77·705
顔　隆　79·312
顔習孔　30·101
顔紹發　36·46
　36·124
顔紹緒　36·138
顔紹錫　35·687
顔紹嶟　36·33
　36·46
顔紹纘　35·712
顔　瑛　78·608
顔堯揆　79·317
顔　超　79·260
顔博文　4·264
顔斯立　72·502
顔斯謀　79·321
顔敬守　72·442
顔朝尹　72·87
顔　棫　79·332
顔　揚　76·313
　77·656
顔揚善　78·628
顔　斐　4·135
顔鼎鑑　72·685
顔開泰　79·355
顔景堉　36·38
顔景聖　6·201
顔無繇　4·1
　35·601
顔　備　72·85
顔　復　4·178
　35·708
顔復之　76·686
　77·690
顔鉅卿　79·339
顔　欽　35·707
顔爲邦　80·499
顔敦祥　76·331
　77·647
顔　竣　35·658
顔　曾　30·102
顔游秦　35·702
顔瑞祥　79·341
顔　瑜　4·213
　35·680
　40·67
　40·357
顔勤禮　30·285
　35·713
顔夢孩　79·317
顔　槐　72·692
顔嗣温　35·677
顔　傳　72·621
顔魁槐　79·162
顔　會　77·706
顔會易　72·616
顔　詡　35·676
　73·160
顔　慥　76·685
　77·685
顔　猷　79·237
顔　煒　53·74
顔　煌　47·368
顔　溥　72·84
顔福玉　4·414
　17·623
　19·567
顔　肅　11·399
顔殿邦　72·198

顔　戣	76・686
	77・681
顔　髦	35・672
顔　僎	79・287
顔　錋	79・350
顔鳳姿	79・178
顔鳳儀	61・699
顔榮敬	51・329
顔肇亮	35・705
顔肇維	35・705
顔　綮	77・670
顔　標	79・327
顔　槦	79・311
顔儀鳳	79・187
	79・328
顔　皡	72・492
顔　德	29・28
顔德倫	77・503
顔　褒	79・332
顔慶忠	79・329
顔慶魯	73・187
顔　毅	36・523
顔　潛	1・757
	15・529
	16・414
	18・45
顔潤廷	76・318
顔頤仲	77・675
顔樹德	47・404
顔　噲	4・5
	35・603
顔錫圭	73・185
顔錫均	36・31
	36・133
顔錫忠	36・46
顔錫敏	4・341
	36・29
顔錫惠	36・42
顔錫斌	13・805
顔錫爵（清平原）	12・501
顔錫爵（清廣饒）	14・384
顔錫鑑	36・31
顔　錀	73・166
顔龍光	79・321
顔　燧	72・94
顔　澤	79・350
顔懋价	33・699
	35・715
顔懋企	35・715
顔懋倫	35・714
顔懋恕	36・35
顔懋僑	4・339
	35・714
顔懋價	36・35
顔懋齡	36・35
顔　斶	5・2
	7・22
	7・198
	15・582
	43・258
顔鍾瑛	47・464
顔應祐	76・330
	77・647
顔應時	72・199
	73・166
顔鴻逵	79・333
顔翼之	72・652
顔　璹	79・321
顔　闔	35・682
顔　鎬	79・350
顔　籀（見顔師古）	
顔　鏞	72・100
顔騰之	30・280
顔懷孝	35・139

顏懷桓　36・39
顏懷純　36・178
顏懷愨　36・34
顏懷憲　36・40
顏懷禩　36・139
顏懷禮　36・38
顏　寶　77・702
顏寶森　72・603
顏繼祖　1・771
顏　鐸　73・166
顏　鑰　43・189

禰

禰　衡　4・184
5・17
8・703

十九畫

蘧

蘧振鏞　77・557
蘧　瑗　52・51

藺

藺守節　18・531
藺　芳　1・766
藺相如　61・747
藺剛中　4・217
5・204
8・343
藺　琦　5・213
藺超然　19・319
藺雲章　14・129
17・667
藺魁武　18・531
藺裔青　14・129
17・652
藺廣業　30・158
藺鍾華　14・128
17・654

蘇

蘇一圻　4・404
17・629
18・501
蘇一乾　77・531
蘇一道　79・375
蘇二由　80・223
蘇二美　80・222
蘇十萬　78・603
蘇九潤　79・582
蘇三樂　1・796
蘇于尚　53・82
蘇士仰　36・206
蘇士儀　38・695
蘇士潛　79・233
蘇大文　78・614
蘇大用　74・153
蘇大成　74・152
蘇大盛　78・706
蘇大瑛　77・551
蘇大璋　75・506
77・542
蘇　山　79・627
蘇之中　4・391
9・637
蘇之琨　80・404
蘇子奇　74・152
蘇王遇　2・60
蘇　元　78・705
蘇元行　6・370
蘇元甫　18・539
蘇元儁　80・434

蘇云昇 35・105
蘇云奎 35・184
蘇太宇 80・225
蘇友勝 51・311
蘇　升 79・326
蘇化龍 12・330
蘇六娘 79・294
蘇　文 39・595
42・569
蘇文本 75・410
77・581
蘇文昌 79・282
蘇文俊 51・584
蘇文蔚 17・681
蘇方鑑 80・245
蘇以義 70・599
蘇允重 35・136
蘇允恭 78・615
蘇　孔 77・541
蘇玉嶺 14・740
蘇未觀 76・326
蘇正笏 80・238
蘇正萊 18・431
29・513
蘇正綬 80・249
蘇世芸 60・724
蘇世章 49・325
蘇世諧 79・240
蘇　本 77・569
蘇本眉 13・383
蘇可大 35・499
蘇　丕 4・254
15・585
18・445
蘇石麟 77・588
蘇平世 32・147
蘇　田 32・132
蘇必昌 79・247
蘇　民 79・155
蘇民俊 76・695
蘇民望(明南安) 79・504
蘇民望(明博羅) 12・95
蘇民贍 12・105
蘇民懷 28・666
蘇邦榮 78・709
蘇芝田 77・399
蘇再武 22・305
22・641
蘇有芬 80・293
蘇有濟 76・345
蘇存沛 79・256
蘇存明 76・331
蘇存淑 79・256
蘇　成 35・488
蘇成性 4・228
38・715
蘇光彩 76・361
蘇光清 78・622
蘇光誨 76・298
蘇光譜 68・388
蘇廷玉 76・294
蘇廷惠 47・152
蘇廷瑞 11・286
蘇廷澍 80・214
蘇廷濬 80・181
蘇廷禮 9・644
蘇伏念 9・64
蘇延齡 80・254
蘇仲簡 76・489
蘇行祜 13・400
蘇行禮 13・400
蘇兆斗 31・821
蘇兆先 79・455
蘇兆珠 6・654

人名	卷・頁
蘇兆純	6・465
蘇兆登	4・324
	13・374
	13・500
蘇兆熊	58・253
蘇名山	32・147
蘇名傑	2・63
	12・248
	12・360
蘇名顯	7・391
	24・309
	33・81
蘇汝霖	70・489
蘇守一	79・168
蘇守初	45・388
蘇守貞	32・147
蘇克善	78・685
蘇步青	80・223
蘇呈祥	41・391
蘇作兑	78・618
蘇伯材	79・140
蘇伯厚	76・489
蘇伯卿	77・577
蘇希栻	79・450
蘇希軾	70・464
蘇希轍	13・726
蘇　亨	78・689
蘇　玭	76・312
蘇坤瑞	70・633
蘇若思	37・421
蘇茂杓	79・200
蘇茂相	79・127
蘇枝茂	41・391
蘇　松	32・652
蘇松堅	78・366
蘇松齡	79・632
蘇　杰(清太平)	34・149
蘇　杰(清金谿)	70・494
蘇雨望	32・187
蘇叔曾	18・509
蘇虎臣	79・533
蘇尚瑤	78・706
蘇味觀	79・374
蘇　明	25・157
	26・7
蘇秉慎	70・546
蘇秉德	76・717
蘇　侃	76・713
蘇金鉉	4・367
蘇念祖	22・274
	22・521
蘇庚新	79・257
蘇於令	41・387
蘇並日	80・225
蘇治清	9・417
蘇宗欽	80・244
蘇宗璽	79・155
蘇定國	40・350
蘇官懋	13・404
蘇　祉	79・189
	79・523
蘇建乾	27・543
	28・176
蘇孟暘	58・241
蘇　春	51・223
蘇春芳	79・512
蘇　珏	9・622
蘇　垚	76・412
蘇　茜	4・336
	35・470
蘇相德	76・241
蘇　威	1・718
蘇　昞	58・269
蘇則惠	79・617

蘇則曾　31・783
蘇　昭　77・91
蘇思恭　79・101
蘇思義　76・322
蘇　迴　4・388
蘇重熙　6・456
蘇禹珪　4・64
17・689
20・496
蘇　俊　4・387
9・641
蘇　庭　17・544
18・314
蘇　彥　32・134
蘇　庠　48・309
49・525
蘇恒儁　74・173
蘇　洹　76・490
蘇　洸　78・252
78・605
79・141
蘇　洵　73・405
蘇　洲　31・840
32・658
蘇　津　36・476
蘇祖泉　80・182
蘇眉山　80・434
蘇　勇　76・339
蘇　約　18・510
蘇紀明　9・429
蘇耘史　13・413
蘇　秦　7・204
15・587
蘇　起　1・804
43・17
蘇起達　49・291
蘇華老　77・467
蘇　莊　35・192
蘇　桂　76・281
蘇　桓　46・417
蘇振生　32・140
蘇振桂　68・525
蘇振揚　78・624
蘇　俠　9・640
蘇　衮　32・136
蘇唐卿　30・232
蘇凌雲　9・693
蘇浡然　32・24
蘇家謁　60・731
蘇祥瑞　74・224
蘇　著　78・685
蘇常吉　6・653
蘇國珍　79・244
蘇國華　70・591
蘇國瑋　79・201
蘇國翰(清金鄉)　37・154
蘇國翰(清金谿)　70・625
蘇國蘭　79・174
蘇國鑄　76・328
蘇　進　80・222
蘇進忠　38・687
蘇得福　11・295
蘇欲初　27・543
28・176
蘇　週　80・223
蘇　章(明)　59・27
蘇　章(漢)　19・43
蘇商霖　76・322
蘇　清　9・695
蘇添爵　70・618
蘇　淑　1・707
9・23
12・92
蘇涵淳　6・362

蘇寅賓　76・290
77・618
蘇　寀　1・740
38・158
蘇組榮　80・244
蘇　紳　76・273
蘇紹成　78・626
79・292
蘇紹惠　27・153
蘇　琳　4・151
蘇　琦　40・130
40・301
蘇　琰　79・170
蘇　琮　74・163
蘇萬祀　79・165
蘇萬春　22・258
蘇萬室　22・261
22・467
30・644
蘇萬傑　77・211
蘇萬强　11・291
蘇　敬　76・707
蘇敬生　32・137
蘇敬衡　13・374
蘇朝陽　79・509
蘇朝棟　53・61
蘇朝傳　79・285
蘇朝獻　53・185
蘇朝寶　80・245
蘇　森　76・619
蘇雲士　70・570
蘇雲山　9・447
蘇雲卿　45・329
46・597
蘇雲徵　58・107
蘇鼎實　79・195
蘇開泰　78・625
蘇開基　9・72
蘇　景　79・231
蘇景升　41・410
蘇景邵　77・554
蘇景禧　53・80
蘇　策　32・144
蘇復亨　79・582
蘇　欽　73・2
78・251
78・604
蘇　爲　77・208
蘇舜臣　79・165
蘇　竦　76・687
77・686
蘇道岸　80・245
蘇渭生　77・95
蘇運昌　70・536
蘇登輅　51・561
蘇　綎　4・389
9・644
9・693
蘇瑞書　76・295
蘇瑞堂　80・255
蘇瑞雲　38・290
蘇瑞楨　76・361
蘇夢暘　75・467
76・137
蘇夢熊　51・256
蘇夢儀　79・200
蘇夢龍　13・372
蘇夢燦　79・512
蘇　幹　1・728
蘇　軾　1・745
15・511
16・406
20・482
23・613

	40・101
	40・173
	47・323
	49・399
	49・522
	51・126
	58・679
	62・693
	67・613
	72・249
	73・114
	73・270
	73・405
	74・394
蘇雷鳴	7・148
蘇　照	76・489
蘇魁甲	80・204
蘇　鉦	76・456
蘇　頌	76・273
	79・95
蘇　肄	31・782
蘇　靖	14・702
	42・945
蘇新猷	78・614
蘇　溥	76・687
蘇源明	1・725
	31・838
	32・416
	33・305
蘇羣黎	18・500
蘇　墉	9・624
蘇聚庶	79・417
蘇　輔	9・694
蘇　賑	76・547
蘇鳴夏	76・262
蘇毓眉	13・397
蘇毓訓	35・167
蘇毓嵩	35・167
蘇毓嶧	35・179
蘇毓藻	35・187
蘇銘顯	15・137
蘇鳳鳴	4・415
蘇鳳儀	80・249
蘇　燁	78・258
蘇　隨	79・279
蘇維周	77・577
蘇維穀	79・579
蘇　璜(明)	38・715
蘇　璜(清金谿)	70・536
蘇　璜(清定陶)	41・387
蘇敷生	32・135
蘇震亨	76・323
蘇黎庶	80・512
蘇德良	80・249
蘇德宗	76・579
蘇德祥	17・496
蘇德載	77・528
蘇　徵	76・718
蘇　潮	78・652
蘇潛修	22・289
	22・577
蘇　潤(明)	22・258
蘇　潤(金)	36・476
蘇履吉	78・609
蘇　緘	76・336
	79・218
蘇靜驗	39・195
蘇樹李	9・695
蘇　霖(明)	31・329
	32・3
蘇　霖(清)	13・400
蘇　曇	79・532
蘇篤行	18・520
蘇篤志	79・605

蘇　興　1·788
6·298
蘇學里　78·628
蘇　龍　77·570
蘇龍彪　51·342
蘇憲卿　78·680
蘇　壎　79·185
蘇　檀　37·170
蘇懋祺　79·168
蘇鍾奇　78·372
蘇襄雲　9·642
9·693
蘇應台　70·580
蘇應芹　78·618
蘇應期　22·260
22·463
蘇　濬（明晉江）　79·122
蘇　濬（明膠州）　22·260
蘇　濟　9·695
蘇總龜　78·610
蘇　瓊　1·715
39·781
42·543
蘇翹楚　1·795
蘇　叢　22·258
23·637
蘇　鏞　76·448
蘇　翻　13·400
蘇　璧　80·253
蘇璧垣　80·190
蘇　轍　1·735
62·692
63·181
蘇騰鳳　11·302
蘇　寵　76·331
蘇　襄　35·173
蘇　齡　77·541
蘇　鐮　77·704
78·662
蘇　瀾　76·313
蘇　繼　18·495
蘇繼武　38·715
蘇　權　78·283
蘇　鐸　79·562
蘇　顯　74·173
蘇　觀　78·595
蘇纘廷　79·276

藻

藻　光　76·420

顛

顛　尼　29·844
顛倒李　25·685
27·176

麴

麴甘液　39·457

礮

礮　蔑　7·144

闞

闞尊三　13·150
闞　袨　32·621

闕

闕子原　77·349
闕少陽　12·387
闕世相　2·104
25·354
闕永和　12·387
闕守約　6·219
闕步霄　12·387

關呈麟　6·218
關春海　12·386
關崇諏　76·580
關敏文　65·288
關康之　46·582
關貽和　35·512
關登蟾　34·223
關　嶍　76·409

嚴

嚴一沆　61·175
嚴一桂　61·358
嚴一輝　61·331
嚴一躍　61·310
嚴九齡　66·418
嚴士林　63·87
嚴士槱　50·432
嚴士勳　50·519
嚴子容　72·371
嚴　元　65·251
嚴友安　67·490
嚴友禧　67·174
嚴曰璧　30·682
嚴中和　72·537
嚴升鋭　61·250
嚴升曉　61·253
嚴　仁　77·186
嚴仁泉　70·639
嚴公鉽　67·412
嚴文盛　72·372
嚴允肇　16·443
嚴可及　72·260
嚴可登　80·249
嚴仕光　72·549
嚴仙藜　77·727
嚴用甫　72·346
嚴用和　76·44
嚴必大　67·104
嚴　芑　67·186
嚴在昌　61·470
嚴有禧　2·107
　24·287
嚴而和　62·535
嚴而泰　62·536
嚴而莊　62·535
嚴　光（南朝陳）　75·618
　78·550
嚴　光（漢）　7·200
　15·587
　17·676
嚴光遠　76·719
嚴光漢　78·292
嚴廷中　27·15
嚴廷斗　67·325
　67·490
嚴廷典　67·87
嚴廷爕　67·171
嚴休復　18·17
嚴兆英　78·422
嚴兆惠　53·544
嚴亦洪　67·405
嚴亦慈　67·405
嚴守田　6·130
嚴守謨　77·279
嚴　安（清）　71·615
嚴　安（漢）　4·20
　15·574
　17·456
嚴　羽　77·186
嚴志洪　67·414
嚴克忠　61·103
嚴克相　67·405
嚴作新　70·572
嚴位初　67·495

嚴良勳　77・369
嚴君教(明清江)　70・526
嚴君教(明新喻)　66・198
嚴　來　78・552
嚴　松　52・405
69・303
嚴　述　73・106
嚴述祖　67・489
嚴述曾　67・480
嚴奇造　72・362
嚴奇論　72・364
嚴奇諄　72・364
嚴奇謨　72・369
嚴卓如　78・724
嚴昌搆　78・271
嚴　明　23・280
嚴　迪　77・380
嚴忠信　38・545
嚴忠嗣　5・76
34・60
嚴忠濟　5・75
34・59
嚴季模　72・340
嚴秉圭　61・375
嚴秉玠　61・246
嚴秉迪　61・382
嚴秉章　61・192
嚴秉瑑　61・141
嚴秉璉　61・182
嚴秉瓏　61・341
嚴　侗　30・721
嚴性一　72・362
嚴　宗　73・335
嚴宗定　61・244
嚴宗浩　67・405
嚴宗喆　61・122
嚴宗塤　61・242
嚴宗煃　61・260
嚴宗溥(清奉新)　67・407
嚴宗溥(清福清)　75・565
79・23
嚴宗嘉　61・114
嚴宗質　61・370
嚴宗樸　67・453
嚴宗儒　77・199
嚴宗璧　61・307
嚴承熾　58・178
嚴孟衡　61・7
嚴厚如　62・537
嚴厚進　62・536
嚴厚靠　62・536
嚴　拱　67・91
嚴挺之　1・727
嚴思恭　22・231
嚴思發　61・189
嚴思義　69・140
71・154
嚴思綬　71・317
嚴思濬　61・143
嚴俊章　67・324
嚴彥博　72・264
嚴音隆　72・371
嚴桓瑞　70・559
嚴致祥　73・100
嚴致堯　72・266
嚴時亨　66・240
嚴　峻　21・816
嚴師教　74・535
嚴師範　67・461
嚴　高　4・136
75・394
嚴　烜　75・485
76・42
嚴浚華　1・729

嚴書泰　4・298
　6・182
嚴書麟　6・154
嚴　通　75・599
　76・166
　79・13
嚴紋璽　70・568
嚴執中　72・261
嚴盛日　67・77
嚴盛旭　67・406
嚴盛昌　67・64
嚴盛昕　67・414
嚴盛和　67・413
嚴盛晟　67・373
嚴盛晶　67・451
嚴盛祺　67・430
嚴　彪　58・120
嚴問仁　67・325
嚴　鄂　72・266
嚴得泰　67・437
嚴象乾　38・232
嚴象琳　35・65
　53・271
嚴康元　72・267
嚴　望　1・686
嚴　淦(明)　78・145
嚴　淦(清)　61・280
嚴　寅(宋)　74・358
嚴　寅(清)　67・414
嚴隆勳　52・245
嚴　参　77・186
嚴組璋　4・285
　6・149
嚴紹武　52・345
嚴堯日　61・170
嚴堯臣　61・352
嚴堯武　61・239
嚴堯雲　61・239
嚴超英　77・192
嚴萬懷　80・440
嚴敬之　67・489
嚴敬亭　30・746
嚴敬熙　67・174
嚴植之　61・445
嚴惠相　67・412
嚴雲山　72・374
嚴雲台　61・354
嚴雲京　61・23
嚴雲炫　61・353
嚴雲渭　61・358
嚴雲會　61・356
嚴　開　79・579
嚴開昱　61・370
嚴開祖　61・30
嚴遇洪　67・422
嚴景愛　77・715
嚴復亨　72・342
嚴道洪　67・315
嚴曾業　2・55
嚴　滋　69・302
嚴寓寬　67・142
嚴　禄　76・204
嚴　巽　72・364
嚴聖久　78・428
嚴聖臣　67・561
嚴聖松　47・124
嚴聖海　47・274
嚴夢兩　78・514
嚴夢雲　53・480
嚴　粲　77・186
嚴　暕　72・264
嚴暉吉　67・90
　67・414
嚴　節　26・7

嚴義方　70・504
嚴　肅　72・268
嚴嘉賓　66・360
嚴嘉謀　66・360
嚴壽頤　67・188
嚴壽齡　67・183
嚴　銓　71・249
嚴端甫　70・622
嚴　榮　78・392
嚴漫孫　72・342
嚴寬洪　67・453
嚴　實　4・93
5・75
15・589
34・59
嚴　賢　77・22
嚴　震　72・261
嚴德峻　78・391
嚴　毅　75・407
76・205
嚴毅臣　67・312
嚴　潔　71・241
嚴　澂　77・210
嚴選英　80・238
嚴　頤　72・304
嚴錫予　67・168
嚴錫魁　33・288
嚴　聰　80・508
嚴　僬　73・94
嚴謨贊　67・495
嚴　禮　72・287
嚴　翼　67・430
嚴　豐　45・292
46・547
嚴　簡　71・477
嚴　謹　32・353
33・217
嚴飄香　78・313
嚴　顥　72・429
嚴　靄　72・367

羅

羅一理　72・70
羅一鳳　80・344
羅一璣　74・437
羅一龍　80・345
羅一鵬　72・633
羅九功　80・742
羅九有　33・594
羅九章　49・271
羅九遜　63・11
羅又遠　80・432
羅三秀　80・743
羅于宀　35・499
羅于紅　80・17
羅士友　72・175
72・487
羅士立　72・169
羅士成　76・477
羅士芳　78・623
羅士明　70・289
羅士昂　72・142
羅士柏　2・73
羅士信　4・205
5・47
羅士彥　72・353
羅士超　63・123
羅士雲　63・160
羅士裘　72・558
羅士暐　72・494
羅士賢　1・794
羅士毅　45・572
羅大才　41・286
羅大已　72・184

羅大任 68・225
羅大玘 44・195
羅大奎 44・220
羅大美 2・92
16・445
18・72
37・563
羅大振 72・202
羅大紘 72・421
羅大紳 72・681
羅大猷 44・395
羅大經 72・477
羅大儒 80・754
羅大謨 46・536
羅大濟 45・12
羅才淑 73・79
羅才徵 80・14
羅上行 72・128
羅上達 72・199
羅上楨 80・124
羅上義 72・187
羅之彥 80・753
羅之紀 62・19
63・7
羅子木 76・252
羅子昂 64・298
羅子恭 73・28
羅子發 72・502
羅子澄 72・488
羅子璘 72・151
羅子譽 42・207
羅天酉 64・180
羅天佑 80・133
羅天奎 74・382
羅天機 73・40
羅天覺 72・131
羅元玠 80・310
羅元象 80・141
羅元禎 58・48
羅元輔 67・326
羅元豫 48・573
羅元禧 73・107
羅　太 64・568
羅巨川 62・637
羅少安 72・544
羅日光 72・547
羅中山 72・194
羅中錦 71・610
羅　什 71・346
羅介宗 73・39
羅公良 80・685
羅文正 74・127
羅文佑 45・349
羅文宗 80・715
羅文美 46・233
羅文素 67・147
羅文逢 72・365
羅文祥 72・480
羅文通 68・542
羅文瑜 2・30
羅文節 72・131
羅文靖 44・197
77・365
羅文煥 72・546
羅文蔚 72・495
羅文鳳 80・715
羅文賢 54・577
羅文輝 72・148
羅文德 80・711
羅文舉 80・204
羅文憲 67・219
羅文藻 74・545
羅方祺 73・84
羅斗明 74・26

羅以明　72·554
羅以桂　73·338
羅以深　8·620
羅以椿　80·735
羅以靖　71·51
羅以謙　72·206
羅以豐　71·22
羅允升　49·377
羅允文　70·537
羅允成　64·367
羅允叔　67·215
　67·423
羅允侯　63·170
羅允哲　63·155
羅予度　48·283
羅孔裔　80·36
羅玉東　72·203
羅玉祥　73·349
羅玉書　80·738
羅玉榜　72·141
羅玉藻　72·194
羅正洪　67·420
羅世法　72·203
羅世清　13·376
羅世舜　47·443
羅世嗣　45·233
羅世慶　80·200
羅世錦　7·82
　16·434
羅世蘭　73·79
羅　本　63·162
羅丕績　72·530
羅石頭　4·205
　5·49
羅占元　80·432
羅仕登　62·373
羅用汲　67·460
羅用俊　72·310
羅用敬　44·285
羅用弼　79·365
羅用賓　62·640
羅印緯　47·393
羅　立　69·250
羅立敏　73·81
羅立森　73·84
羅必元　71·153
　72·62
　75·400
羅必達　72·366
羅必祿　66·458
羅永考　67·484
羅永年　67·487
羅永泮　67·474
羅永良　80·675
羅永旺　45·131
羅永佩　67·438
羅永信　67·452
羅永珮　67·322
羅永恭(明)　80·303
羅永恭(清)　67·477
羅永焙　73·83
羅永椿　67·480
羅永璧　67·159
羅民先　6·339
羅邦治　72·532
羅邦政　72·557
羅邦儲　72·494
羅　吉　65·491
羅再洪　59·83
羅有高　71·117
　74·222
羅有澤　57·39
羅存正　72·192
羅成立　71·132

羅　屺　79・374
羅光元　80・427
羅光孚　67・370
　67・391
羅光亨　67・546
羅光表　48・190
羅光春　46・421
羅光星　69・541
羅光恒　56・671
羅光國　73・186
羅光第　67・485
羅光復　72・459
羅光嘆　80・237
羅光德　65・478
羅光履　72・509
羅光翰　50・436
羅　回　72・493
羅廷秀　71・323
羅廷建　72・365
羅廷陞　72・367
羅廷桂　72・362
羅廷萱　72・367
羅廷欽　80・732
羅廷瑞　63・171
羅廷璋　2・100
　16・446
　20・492
羅伏龍　59・103
　66・341
羅仲矩　72・344
羅仲宣　6・396
羅仲湒　77・363
羅仲淵　72・541
羅仲聯　80・342
羅仲鑑　73・71
羅任信　49・271
羅伊利　1・708
羅向辰　75・426
羅行二　45・387
羅全略　72・130
羅企生　44・21
　46・7
羅兆階　74・488
羅兆鏘　51・548
羅兆麟　80・703
羅名弼　74・172
羅　衣　1・840
　16・433
羅衣絢　72・203
羅次丙　72・148
羅次蓮　72・202
羅　江　64・593
羅汝元　44・314
羅汝文　80・431
羅汝先　80・398
羅汝芳　1・828
　51・126
　71・116
　71・224
　71・629
　72・33
羅汝翊　66・298
羅汝順　71・337
羅汝循　66・541
羅汝翰　66・173
羅汝鑑　66・174
羅守志　71・90
羅守學　63・456
羅守謙　65・510
羅守鑑　72・329
羅　安　46・442
羅安邦　63・43
羅如邦　72・226
羅如松　72・199

羅如奎	80 · 433
羅如弼	80 · 425
羅如墉	72 · 149
羅好音	72 · 365
羅　玘	71 · 256
羅圻彥	77 · 135
羅　均	77 · 181
羅均友	62 · 217
羅孝先	6 · 339
羅志仁	65 · 273
	66 · 276
羅志任	66 · 425
羅志求	72 · 237
羅志信	72 · 371
羅志道	56 · 49
羅芬秋	72 · 510
羅　芳	72 · 369
羅芳諒	72 · 197
羅克名	67 · 440
羅克昌	2 · 106
	29 · 596
羅克明	72 · 87
羅克信	72 · 232
羅克恭	48 · 227
羅克恕	62 · 584
羅克晨	67 · 421
羅克偉	62 · 194
	62 · 318
羅克章	68 · 500
羅克朝	62 · 593
羅克開	73 · 24
羅克勤	72 · 232
羅克嶷	67 · 150
羅克禮	67 · 467
羅克藻	49 · 441
羅　材	16 · 425
羅　杞	66 · 273
羅　秀	32 · 41
羅秀千	72 · 370
羅作材	51 · 468
羅伯壽	72 · 267
羅佛童	76 · 477
羅近溪	74 · 178
羅希古	5 · 63
	6 · 338
羅希孟	1 · 820
	30 · 60
羅希道	6 · 338
羅希賢	72 · 50
羅　含	65 · 305
	73 · 268
羅含章	8 · 627
羅亨平	45 · 23
羅亨焯	73 · 397
羅亨富	76 · 580
羅　沖	73 · 19
羅　汾	80 · 432
羅　良(元)	80 · 1
羅　良(明)	73 · 57
羅　良(清)	71 · 324
羅良心	72 · 557
羅良弼	72 · 180
羅君拔	72 · 544
羅阿清	5 · 377
羅　邵	44 · 8
	46 · 4
羅奉椿	67 · 446
羅青雲	62 · 655
羅長康	60 · 676
羅長齡	80 · 738
羅坤泰	72 · 492
羅若海	77 · 340
羅茂才	80 · 51
羅　英(明)	72 · 543

羅　英(清)　80・731
羅英笈　80・399
羅英笏　80・398
羅英雅　80・432
羅英賢　80・429
羅英勳　80・432
羅　直　67・438
羅枝清　47・401
羅松兆　50・524
羅　拔　68・257
羅拔茹　80・751
羅　卓　80・178
羅尚友　47・410
羅尚仁　72・140
羅尚志　73・25
羅尚高　72・365
羅尚絅　59・83
羅尚賓　80・26
羅　明(明南平)　77・80
羅　明(明南昌)　45・122
羅　明(明崇仁)　70・69
羅明祖　80・388
羅明詁　72・238
羅　忠　73・39
羅知古　79・265
羅　牧　45・335
46・614
74・178
羅物華　63・542
羅　和　66・158
羅季騰　69・576
羅秉正　72・531
羅秉泰　71・93
羅秉珪　47・508
羅秉琇　46・341
羅秉極　64・571
羅秉順　62・549
羅秉傑　71・340
羅秉綉　45・231
羅秉漢　67・135
羅秉謙　70・601
羅秉彝　74・479
羅　岳　67・256
羅岳珪　79・190
羅佩蘭　67・158
羅金榜　48・507
羅采彰　80・743
羅受恩　80・237
羅念泰　67・167
羅　肱　63・6
羅　性(明)　72・279
羅　性(清)　67・318
羅　怡　67・325
羅河嶽　80・99
羅　泌　72・181
73・115
羅　治　45・61
羅宗良　72・132
羅宗鑣　72・544
羅　定　72・367
羅定典　71・326
羅定篆　73・80
羅官福　67・424
羅承亨　74・448
羅承珊　80・47
羅承縮　80・28
羅承勳　72・545
羅孟郊　45・153
46・137
羅孟春　80・141
羅孟穩　74・224
羅奏捷　73・80
羅春山　67・335
羅　珍　73・107

羅　珊　66·272
羅　城(明吉水)　72·543
羅　城(明高安)　62·370
羅　政　66·146
羅　荃　72·90
羅南星　2·104
25·219
25·295
25·297
羅　相　63·416
羅　彧　48·21
80·10
羅　奎　64·358
羅　拯　72·561
75·355
羅星輝　67·163
羅　畊　72·131
羅思忠　63·527
羅思舜　5·332
43·280
羅思義　63·562
羅　修　80·694
羅修齡　72·225
羅保世　63·477
羅　俊　72·309
羅俊臣　72·96
羅俊彥　71·625
羅俊恩　80·243
羅俊登　48·255
羅庭圭　72·147
羅庭煒　80·738
羅　彥　45·129
羅彥奇　80·733
羅彥洪　73·71
羅彥清　67·159
羅奕光　80·243
羅奕我　80·252
羅　恒　67·318
羅　恆　29·838
羅美材　71·314
羅　炳　80·314
羅炳奎　67·337
羅炳蔚　47·444
羅炤致　80·736
羅洪先　58·275
65·318
68·725
72·479
73·115
73·276
73·406
74·108
羅洪鈺　74·443
羅洪謨　67·421
羅　宣　80·428
羅　冠　71·238
羅祖彥　74·154
羅祖培　80·257
羅　祝　80·34
羅　泰　75·591
76·121
羅　珠　46·569
羅　珦　66·87
羅起英　74·175
羅起鳳　49·245
羅　華　71·278
羅桂祁　80·740
羅　軒　71·236
羅連三　72·371
羅連茂　64·572
羅原用　72·686
羅原知　66·392
羅　烈　76·348
80·10

羅振雲　72・144
羅挽風　72・247
羅致中　72・246
羅致遠　63・450
羅晉用　72・286
羅時寬　66・290
羅時儒　72・364
羅　晟　73・24
羅　倖　6・466
羅　倫　71・353
71・499
71・628
74・512
75・368
79・622
羅師臯　80・680
羅　卿　72・542
羅逢恒　80・249
羅逢舉　80・702
羅　訓　72・445
羅高建　73・93
羅席珍　62・650
羅席珠　48・293
羅效汞　73・79
羅　洞　9・64
羅　浩　80・48
羅　浤　48・198
羅浚明　72・206
羅　宸　80・36
羅朗逵　72・243
羅　袍(明)　60・620
羅　袍(唐)　71・350
羅　通(明吉水)　72・406
羅　通(明武寧)　49・223
羅培廉　80・748
羅培鑾　27・19
羅　堅　68・331
羅盛熙　77・398
羅　堂　68・495
羅　冕　67・452
羅國士　8・608
羅國英　21・583
羅國泰　60・336
羅國楨　72・101
羅　崇　72・202
羅崇本　72・305
羅崇奎　44・164
羅崇恩　40・133
40・305
羅崇嶽　72・135
羅敏奇　80・234
羅敏淵　73・48
羅進義　13・414
羅從彥　44・52
46・304
77・103
80・390
80・484
羅從繩　71・318
羅　鉽　80・398
羅　敘　75・416
78・463
羅　彩　76・413
羅　象　67・421
羅象仁　49・479
羅惟善　72・329
羅惟實　67・206
羅清憲　72・174
羅　寅　73・31
羅啓昌　67・454
羅啓盛　67・466
羅啓瑞　72・543
羅　紳　60・655
羅　細　63・170

羅細矇	57・318
羅　紼	72・187
羅紹祖	80・49
羅紹恩	80・48
羅紹倫	68・599
羅紹經	45・234
羅紹輝	45・171
羅　琳	67・332
羅　琛(明吉水)	72・480
羅　琛(明龍泉)	73・43
羅　堯	63・333
羅　越	80・428
羅　超	63・130
羅超曾	72・469
羅　博(見羅慱)	
羅博文	80・394
羅報文	80・728
羅達春	72・465
羅達觀	45・326
羅斯溥	67・460
羅萬有	74・479
羅萬封	80・424
羅萬象(明南昌)	44・317
羅萬象(明新昌)	64・339
羅萬象(清)	74・445
羅萬程	74・466
	75・426
羅萬善	63・422
羅萬藻	69・332
	71・355
	80・155
羅葆元	80・604
羅　敬(元)	72・340
羅　敬(明)	27・166
羅朝國	45・557
羅朝輔	80・684
羅　棟	68・203
羅　椅	72・131
羅　惠	68・390
羅　雄	80・205
羅雲漢	72・244
羅雲綉	47・511
羅棐恭	72・431
羅開亮	80・734
羅開勳	5・266
	32・607
羅景玉	66・427
羅景旭	72・359
羅景泐	72・330
羅景高	51・363
羅景淹	63・109
羅景試	63・150
羅　貴	72・362
羅無咎	64・331
羅無競	72・127
羅程書	63・473
羅　喬	72・177
羅順十	74・475
羅　傑	44・121
羅　復	44・186
羅復仁	72・397
羅復孫	72・189
羅　循	72・448
羅　鈇	71・321
羅欽文	80・257
羅欽立	80・343
羅欽忠	72・313
羅欽順	72・312
羅欽德	72・313
羅爲楝	70・615
羅舜明	80・742
羅　斌(明)	49・258
羅　斌(清)	67・491
羅　童	6・466

羅　善 72·587
羅善同 63·51
羅道珍 13·722
羅道傳 72·378
羅道範 67·258
羅　曾 72·131
羅　焜 45·284
羅　焞 80·705
羅運來 66·352
羅運增 49·244
羅　棨 71·629
74·505
羅　裕 63·102
羅裕漢 80·255
羅　弼 64·515
羅登元 77·384
羅　淼 44·33
46·17
72·258
73·45
羅　絢(明) 72·346
羅　絢(清) 80·432
羅　瑋 72·529
羅瑞登 80·735
羅瑞圖 63·69
羅瑞麟 72·465
羅載純 13·375
羅載章 80·257
羅聖楠 80·399
羅聘睿 73·94
羅夢元 43·23
羅夢昱 71·120
羅夢棫 66·319
羅夢鯤 67·182
羅蒙正 72·183
羅　椿 72·182
羅　楠 71·61
羅　楨 72·368
羅　輅 72·556
羅暘五 72·542
羅　愚 70·50
羅　照 73·93
羅　畸 80·402
羅嗣彥 70·595
羅傳埻 73·394
羅傳儒 80·755
羅魁邦 63·161
羅魁茂 72·226
羅　鈔 2·23
羅詹昂 73·30
羅詩瑞 73·392
羅　靖(宋) 57·536
羅　靖(南唐) 67·539
羅　新 72·663
羅義明 77·152
80·396
羅　煥 72·207
羅煥文 72·239
羅煥奎 67·373
羅煥章 67·586
羅福松 67·478
羅福陛 63·171
羅福廣 67·485
羅福慶 67·480
羅福潯 45·282
羅福謙 62·671
羅　肅 72·554
羅殿甲 7·189
羅際玉 48·152
羅　經(明上杭) 80·77
羅　經(明南豐) 44·126
羅　經(清南豐) 71·593
羅　經(清廈門) 76·261
羅　紘 80·36

羅　嘉　72・700
羅嘉言　5・187
10・371
羅嘉杰　80・100
羅嘉賓　71・551
羅壽興　80・747
羅　聚　72・369
羅　輔　72・351
羅輔明　71・338
羅爾瞻　80・715
羅　裳　66・357
羅　閨　79・149
羅　僥　44・117
羅　僑　72・411
羅　銓　71・241
羅鳳喈　65・438
羅鳳鳴　63・462
羅　韶　63・544
羅　端　13・411
羅　適　1・742
28・8
41・60
羅　愽　25・194
26・577
羅　榮　75・508
77・530
羅榮德　24・715
羅漢玉　67・469
羅漢和尚　76・752
羅　寬(明南城)　71・316
羅　寬(明寧都)　74・150
羅肇基　80・691
羅肇楨　74・114
羅　綺(清新昌)　63・488
羅　綺(清閩清)　78・409
羅維城　34・283
羅維南　72・558
羅維翰　67・158
羅維藩　72・130
羅　綸　67・459
羅　綬　13・408
羅　璜　73・104
羅　鞏　59・276
60・191
羅　蕃　44・410
羅賢九　71・85
羅輝藻　48・208
羅遲春　72・426
羅　儀　30・646
羅儀則　44・350
羅　質　44・140
羅德文　73・46
羅德芳　80・54
羅德訢　73・393
羅德滋　80・733
羅德輝　67・466
羅德龍　80・53
羅德耀　62・542
羅　鋐　72・535
羅　頴　46・498
羅調元　63・124
羅賡化　80・243
羅賡成　80・243
羅賡南　80・244
羅賡陶　72・203
羅慶同　72・556
羅慶源　66・277
羅慶福　67・454
羅　毅　64・593
羅養心　14・369
羅養義　12・334
羅遵生　44・22
羅遵求　80・432
羅熯著　74・126

羅　潮　71・83
羅　澄　67・203
羅澄鑑　68・428
羅審禮　73・19
羅履泰　72・175
羅　選　47・401
羅　璞　72・449
羅　璟　72・310
羅　璣　71・36
羅薦可　80・379
羅　曉　72・493
羅篤生　31・832
33・812
羅　舉　80・342
羅興仕　62・615
羅興邦　72・369
羅興杞　45・283
羅興栻　67・314
羅興烈　62・583
羅興梧　67・564
羅興漢　67・467
羅興錢　45・243
羅興禮　62・537
羅興鎮　45・190
羅興鵬　67・469
羅學仕　80・696
羅學泗　63・36
羅學洪　72・204
羅學敏　80・735
羅學鑣　80・735
羅儒珍　74・153
羅錫金　67・487
羅錫榮　72・201
羅　錦（明吉安）　72・193
羅　錦（明南城）　71・235
羅錦章　80・752
羅　穎　45・53
羅凝墨　76・637
羅龍光（清長汀）　80・44
羅龍光（清萬安）　73・116
羅憲中　67・312
羅憲汶　45・71
羅憲陛　72・57
羅憲凱　68・212
羅憲順　71・495
羅　隱　50・136
61・439
75・682
79・288
羅　縉（明新昌）　63・535
羅　縉（明歷城）　4・237
5・120
羅　駿　71・348
羅　聰　61・457
羅懋華　73・380
羅懋登　67・287
67・390
羅嶷徵　80・46
羅　點　70・3
羅　謙　77・193
羅膺福　67・477
羅　應　72・552
羅應秋　64・235
羅應雍　45・233
羅應賚　73・80
羅應熾　72・192
羅燦斗　72・195
羅　燮　67・448
羅　鴻　74・490
羅鴻恩　80・755
羅鴻圖　24・558
羅　濬　73・40
羅　瓊　75・423
78・389

羅　藪　47・419
羅　樵　70・49
羅　曠　71・84
羅　颺　72・242
羅　爌　71・239
羅　彝　47・381
羅攀桂　77・32
羅嚴莊　74・455
羅　韜(後唐)　72・258
羅　韜(清)　72・685
羅懷智　64・518
羅　燮　63・548
羅　瀛　67・335
羅繩祖　72・148
羅　繡　62・428
羅　獻　71・514
羅　鶚　71・8
羅　覺　73・17
羅寶元　48・197
羅繼宗(明南昌)　16・433
18・55
羅繼宗(明南城)　71・269
羅繼洪　72・463
羅　儼　71・233
羅　鶴　48・202
羅體仁　63・559
羅　鑑　70・196
羅　龕　71・278
羅　顯　80・424
羅　麟　67・485
羅麟俊　78・683
羅　觀　44・102
羅衢亨　50・438

鏡

鏡臺翁　79・372

譚

譚一召　74・363
譚士元　71・513
譚元吉　23・254
譚友麟　21・539
譚曰都　8・331
譚曰選　45・541
譚　文　48・292
譚以篪　19・396
譚孔教　31・827
譚玉峯　11・446
譚世溱　50・89
譚占元　21・724
譚申孝　34・331
譚申忠　34・329
譚由湘　71・579
譚　仙　71・361
譚吉璁　2・102
譚再生　5・286
6・357
譚在丙　21・597
譚成爻　20・567
譚光祜　71・605
譚光祖　50・114
譚光祥　71・600
譚光褕　71・600
譚廷颺　21・791
譚延美　4・83
42・256
譚　任　21・339
譚自昇　71・568
譚自榮　51・429
譚全播　74・165
74・377
74・418
譚　旭　46・433

譚汝通 21・507
譚汝霖 21・742
譚汝翼 11・88
譚安之 21・339
譚辰祖 71・131
譚作德 19・391
譚　青 71・525
譚　長(金,見譚處端)
譚　長(唐) 25・607
27・46
譚其任 31・821
譚其志 31・837
譚其彬 71・620
譚　苓 71・573
譚尚忠(明) 6・402
譚尚忠(清) 71・586
譚昌言 1・783
23・615
24・270
譚　易 71・576
譚金詔 4・284
6・147
譚命教 31・821
譚采言 72・13
譚受所 48・234
譚性教 31・799
譚承禮 26・646
譚　垣 74・261
77・41
譚　柟 40・270
譚拾子 7・154
譚貞應 71・558
譚昺煦 21・750
譚　俅 71・577
譚美玉 47・412
譚　炯 61・526
譚　洪 35・143
譚洪俊 71・133
譚祖同 71・609
譚祖勳 71・609
譚飛龍 61・726
譚　桂 44・286
譚原性 73・27
譚晉成 45・190
譚　峭 79・292
譚　倬 73・99
譚　訊 19・318
譚　浚 71・538
譚處端 27・301
27・616
譚國禎 46・54
譚國璜 46・341
譚　崇 21・694
譚從仁 71・545
譚象璵 72・690
譚　章 17・531
20・501
譚惟果 71・592
譚　清 74・361
譚清淳 72・4
譚　涓 71・544
譚　啓 75・379
譚　紹 72・167
譚紹先 73・160
譚堯舉 46・140
譚斯祐 6・372
譚萬二 71・521
譚　植 21・742
譚雲龍 21・741
譚　鼎 71・576
譚景和 21・684
譚　焜 44・503
譚　瑋 74・364
譚瑞壁 19・393

譚　轂　73・190
譚聖言　69・460
譚愈享　73・97
譚誠言　5・152
　6・364
譚　煒　46・285
譚　溥　19・623
　23・635
譚　源　73・202
譚　肅　42・742
譚際聖　71・583
譚經國　61・556
譚經祺　61・728
譚嘉材　61・544
譚嘉言　72・16
譚嘉棟　61・551
譚嘉猷　61・544
譚嘉憲　61・725
譚　綺　47・361
譚維鼎　76・349
譚維楨　6・654
譚　綸　71・7
　75・376
譚　璇　6・524
譚　震　74・361
譚德炎　71・35
譚德宗　61・718
譚　熜　61・715
譚　霖　71・611
譚興墀　50・125
譚學先　73・161
譚錫命　47・394
譚凝德　19・396
譚龍躍　45・231
譚　鍇　71・541
譚謨偉　21・742
譚　襄　2・34
　6・330
譚應斗　59・636
譚應昌　71・571
譚應明　71・542
譚應祿　21・537
譚應壁　50・542
譚　翼　74・360
譚　疇　45・196
譚　獻　76・211
譚獻易　46・188
譚　鐘　38・581
譚寶煥　71・127
譚　儼　71・576
譚　鑑　46・446
譚　觀　61・752
譚觀光　73・160

識

識　融　75・682

龐

龐天祥　7・377
龐天福　11・98
龐正傳　14・123
龐用信　31・60
龐永瑞　43・304
龐　伉　1・703
　27・280
　27・313
　27・780
龐志壯　18・521
龐作棟　72・465
龐招义　42・293
龐尚鵬　75・377
龐季安　72・502
龐秉興　36・778
龐　朋　11・299

龐　珙　72・507
龐振華　36・743
龐時行　72・510
龐時雍　4・115
　37・771
龐師古　37・826
　41・780
龐逢辰　30・133
龐　許　21・504
龐敬銘　14・142
龐　湘　9・419
龐際咸　11・304
龐際雲　11・288
龐　經　37・413
龐　瑽　75・426
龐　賢　1・802
龐　德　21・646
龐履直　11・118
龐樂文　21・532
龐樂述　21・697
龐　璟　42・230
龐樹聲　14・379
　17・655
龐興漢　9・278
龐　錤　9・410
龐　鎬　9・410
龐　籍　4・70
　15・509
　16・404
　18・27
　39・51
　53・195

懷

懷世昌　4・301
　5・245
　10・133
懷　祐　61・759
懷　晉　5・245
　10・152
懷恩沅　10・53
懷　堅　77・595
懷國政　5・342
　10・132
懷　暉　76・751
　79・296
懷　璉　77・731

類

類思高　32・5

繩

繩　武　2・73
　43・205

二十畫

騶

騶　忌　7・24
　7・159
　15・573
騶　衍　7・24
　15・573
騶無諸　75・3
騶　奭　7・24
　15・573

壤

壤駟赤　35・602

蘭

蘭第錫　2・4
蘭夢錫　25・582

酆

酆一相 68·195
76·349
酆文昭 4·457
21·690
酆宗斌 47·271
酆嵩壽 65·281
酆　慶 48·317
酆　聲 54·341
酆韞輝 68·521

黨

黨丕祿 2·111
19·586
23·626
黨財富 9·429
黨煥烈 5·249
黨殿一 8·713
黨　馨 4·225
17·544

籍

籍丘鉏 7·20
7·144
籍　褒 7·341

覺

覺山禪師 73·117
覺　光 76·262
覺羅長麟 2·12
覺羅景元 11·393
覺羅普爾泰 38·163
覺羅滿保 75·389
覺羅增齡 14·695

鐔

鐔鵬志 24·707

釋

釋嘉納 1·765
23·614

饒

饒一辛 74·510
饒士守 72·108
饒士快 60·507
饒士掄 60·292
饒士琦 60·287
饒士璋 60·408
饒大成 71·483
饒大俊 71·483
饒之道 70·451
饒之賢 70·405
饒子儀 69·293
饒天惠 73·235
饒天顯 77·258
饒　元 77·147
饒元英 71·286
饒元珙 72·76
饒元瑄 72·94
饒　介 58·261
69·365
饒文倚 45·274
饒文遠 74·492
饒文試 78·689
饒文漪 74·517
饒文學 60·367
饒以明 52·298
饒以興 80·398
饒允坡 72·95
饒孔德 74·518
饒玉川 69·471
饒世生 60·407
饒世昌 60·401

饒世浮　77・248
饒世經　71・384
饒　用　78・673
饒用文　72・84
饒卯君　49・76
饒立賢　70・332
饒匡時　72・95
饒有任　49・128
饒有德　74・62
饒先勝　71・339
饒廷直　71・290
72・2
饒廷俊　71・339
饒廷詗　49・114
饒廷楷　61・680
饒廷標　53・165
饒廷選　50・338
76・55
饒廷襄　78・687
饒延年　69・309
70・206
饒仲遜　73・254
饒自然　73・266
饒向榮　71・181
饒多增　36・736
饒汝楫　71・181
饒宇柟　72・87
饒宇栻　72・60
饒宇樸　72・95
饒　安　70・62
饒安虔　71・616
饒安鼎　71・582
饒志陞　71・318
饒　抃　71・412
饒秀遠　74・494
饒佑勝　72・89
饒　伸　72・54
饒伯員　77・153
饒　位　72・54
饒其金　72・548
饒其彥　80・72
饒其寅　72・560
饒　松　80・435
饒松峯　71・299
饒虎臣　76・462
饒尚友　72・16
饒　和　71・484
饒秉鑑　74・468
饒金南　71・486
饒育班　60・325
饒　炎　60・234
饒泳興　71・484
饒宗旦　71・399
饒宗孟　74・519
饒宗華　74・519
饒宗唐　71・299
饒宗菼　71・484
饒宗新　51・483
饒宗魯　69・536
71・167
饒孟榮　71・617
饒拱辰　71・403
饒　昺　69・549
饒思仁　51・464
饒思鄒　73・249
饒思聰　73・208
饒帝臣　70・577
饒首占　70・610
饒　炯　77・182
饒　宣　70・226
饒祖堯　69・148
饒　陞　71・544
饒華羲　72・103
饒恭士　70・581

饒　烈　69・286
饒時亨　69・570
饒　高　74・496
饒席上　73・438
饒　涖　70・211
饒書祥　76・478
饒　理　69・428
饒　教　71・206
饒培三　80・549
饒盛金　77・272
饒接于　80・522
饒　晞　71・267
饒國材　71・454
饒國岷　50・512
饒國柱　71・435
饒國嵋　50・542
饒　崙　72・50
饒崇秩　69・243
70・81
饒崇慈　72・27
饒崇嶽　73・262
饒　偘　69・370
饒萬民　72・11
饒萬楷　69・589
饒　植　72・95
饒　棣　72・101
饒　極　74・495
饒景華　72・86
饒景暘　72・54
饒景暐　72・53
饒景暉　72・53
饒景曜　72・53
饒順五　53・415
饒舒懷　49・478
饒爲春　71・299
饒然生　72・95
饒　竦　69・356
72・99
饒　焯　77・367
饒　焜　69・548
饒　登(明廣東)　1・851
27・797
饒　登(明廣昌)　74・484
饒登榮　77・267
饒絢春　71・435
饒瑞生　71・616
饒　瑄　69・315
饒夢吉　80・147
饒夢臣　71・215
饒夢銘　72・62
饒夢燕　2・66
37・54
饒夢夔　70・55
饒夢鶴　48・539
饒　幹　77・185
饒敭善　74・518
饒照離　70・332
饒嗣陸　71・218
饒際恩　70・634
饒　臺　48・466
饒壽慶　77・267
饒爾靖　71・403
饒　裳　72・85
饒毓清　70・607
饒鳳書　71・177
饒鳳詔　73・235
饒鳳翔　72・103
饒廣廩　77・228
饒肇徵　69・379
饒　鼐　1・809
饒質善　73・235
饒　魯　59・55
60・228
饒賡颺　50・477

饒慶萱　71·484
饒　駰　48·562
饒興宗　60·366
饒興堂　60·366
饒興楨　60·399
饒興遺　60·220
饒學坡　71·299
饒學昉　74·516
饒學曙　74·516
饒學馠　61·679
饒學曦　74·516
饒　衡　74·481
饒　彝　70·381
饒應子　69·154
　70·46
饒應泰　72·21
饒應蓮　60·507
饒應龍　69·155
　70·47
饒應麒　60·412
饒應麟　60·370
饒　禮　71·263
饒鵬程　71·617
饒騰萬　71·460
饒　寶　69·170
饒繼範　69·210
饒　顯　71·484
饒觀化　69·406
饒觀嵩　70·233

寶

寶　如　29·508
寶　相　45·377
寶霖和尚　78·401

騫

騫味道　18·13

竇

竇五龍　41·173
竇少展　10·82
竇仁宇　19·580
竇　卞　4·83
　37·826
　41·132
　41·732
竇心恆　35·151
竇成功　10·153
竇光迪　20·792
竇光遠　31·830
竇光鉞　20·763
竇光鼐　4·396
　17·640
　20·762
竇光彝　20·792
竇廷柱　43·131
竇廷桂　20·789
竇廷宰　17·604
　19·309
竇汝鉤　20·763
竇志仁　9·431
竇克順　38·579
竇作杞　19·314
竇作相　19·313
竇宏祚　17·625
　20·784
竇奉節　26·2
竇長清　10·138
竇長琰　20·502
竇來賓　10·153
竇　昂　20·501
竇連甲　10·139
竇時中　43·449
竇　倓　19·2

竇　益　4・232
31・822
竇　浩　9・412
竇　根　20・558
竇清哲　8・419
竇啓先　4・227
23・650
竇　琰　1・729
16・400
21・119
23・612
竇　棟　20・550
竇景燕　4・406
17・651
19・314
竇　欽(明齊東)　5・184
15・107
15・144
竇　欽(明諸城)　20・502
竇舜卿　1・746
15・527
16・407
竇　瑄　41・148
竇　墳　38・579
竇夢岐　14・139
竇　詵　20・781
竇銘東　19・398
竇鳳玉　10・137
竇　瑾　4・49
42・99
竇　鞏　18・19
竇　慶　17・523
19・322
竇　嬰　42・98
竇騰蛟　26・127

繼

繼　松　79・299
繼　達　22・321
23・667

二十一畫

權

權邦彥　1・738
權安節　48・23
權　威　1・727
權　皋　14・691
45・321
46・582
權萬紀　1・724
權德輿　73・269
權　衡　72・189
權　謹　16・416

酈

酈道約　1・707
24・305
酈　塤　12・248
酈　範　15・522
16・397

鐵

鐵木兒　71・142
鐵柱雲　73・37
鐵　保　2・14
鐵家珍　53・284
鐵　鉉　1・773
鐵壁道人　77・525
鐵關法樞禪師　76・499

鐸

鐸長老　68・715
鐸洛崙　8・473

顧

顧乃德 52·395
顧天徵 42·35
顧 元 78·265
顧元吉 53·331
顧元昇 53·587
顧元鈞 53·516
顧元善 53·587
顧元照 53·289
顧元勳 53·586
顧止安 72·700
顧曰琢 7·209
顧 升 67·359
顧文光 9·141
顧文彩 53·521
顧文鼎 74·237
顧文祿 50·261
顧文質 50·284
顧允元 76·470
顧孔昭 80·201
顧 玉 14·120
顧光祖 4·133
38·542
顧仲安 38·559
顧合璧 14·121
顧 芹 77·43
顧克基 10·155
顧扶綱 14·697
42·773
顧 汴 4·240
5·212
8·642
顧 良 18·740
顧良擎 14·373
顧 奉 45·316
顧青竹 53·418
顧長卿 78·109
顧長紱 51·33
顧其惠 14·131
顧 英 61·456
顧東方 36·178
顧 郕 42·25
顧昌運 2·85
顧明範 16·429
18·55
顧 昂 14·127
17·602
顧 迪 43·440
顧金詔 10·162
顧炎武 32·659
顧函紫 14·137
顧 珀 79·107
顧貞觀 76·210
顧 俊 36·425
顧亮輝 80·247
顧 庭 1·803
33·577
33·588
33·692
顧 恪 14·128
17·647
顧 美 79·227
顧炳文 80·199
顧飛熊 78·701
顧泰麟 53·519
顧恭信 50·295
顧連璧 14·121
14·181
17·536
顧原淑 79·228
顧 祥 80·151
顧 翀 77·364
顧菊生 53·290

顧　埜　51・76
顧　彬　53・524
顧野王　76・494
顧　彩　36・46
顧　庸　79・144
顧　章　1・849
顧翊朋　38・573
顧紹成　2・83
顧　瑛　38・535
顧　琮　14・726
42・968
顧萬象　14・123
顧雲龍　2・34
6・324
顧　棠　38・406
顧景星　76・209
顧黑子　79・289
顧　斌　79・170
顧　潛　2・53
顧　巽　1・774
顧　瑄　13・723
顧　遠　14・123
17・575
顧　楫　1・840
14・109
16・424
顧園林　37・854
顧嗣霖　36・179
顧　廉　14・132
顧嘉猷　53・587
顧　鋌　7・390
顧　榮　7・352
顧　察　2・42
10・566
顧　實　59・629
顧　標　16・420
顧德普　72・699
顧魯北　36・39
顧　調　19・582
顧　遵　14・127
顧澄清　7・176
顧　頤　4・225
14・122
14・182
17・554
顧錫疇　77・443
顧　諟　22・259
顧　臨　58・269
顧嶽華　53・492
顧　藺　1・788
6・300
顧　鐸　4・154
14・121
17・525
顧　巖　1・832
顧顯池　54・529

鶴

鶴　年　2・10

續

續　崖　51・720
續　議　30・291

二十二畫

籜

籜冠子　41・222

二十三畫

龔

龔一振　72・86

龔一翔　62·407
龔一發　76·142
龔一鵬　65·98
龔士鳳　77·263
龔大仕　62·643
龔大良　2·112
22·237
23·627
27·361
27·814
龔之琮　70·625
龔天育　70·628
龔元友　8·474
龔元玠　44·489
龔元卿　66·606
龔元照　45·264
龔　木　45·77
龔日升　44·67
龔日新　45·7
龔曰峩　63·590
龔文元　41·393
龔文臣　62·392
龔文亮　68·385
龔文煥　77·227
龔文選　70·622
龔以誠　69·538
龔　正(明)　77·340
龔　正(清)　45·85
龔世成　45·104
龔世益　45·221
龔世增　44·533
龔本青　70·591
龔　石　45·115
46·6
龔　央　77·173
龔仕忠　77·176
77·201
龔代蘭　62·652
龔令儀　45·101
龔用卿　75·593
龔立極　77·264
龔必俞　77·353
龔必第　79·178
龔圭田　24·706
龔老行　77·202
龔在忠　64·512
龔有元　77·233
龔成明　64·387
龔光室　77·278
龔廷棟　63·556
龔廷煌　9·142
龔廷賓　79·164
龔廷獻　70·524
龔仲泰　72·76
龔仲敏　1·818
37·421
龔仲賢　77·234
龔　仰　77·346
龔名芳　77·268
龔汝勤　7·380
龔守約　65·88
龔守愚　65·86
龔志先　53·184
龔步蟾　71·130
龔步瀛　45·81
龔　秀　35·330
35·382
龔秀章　45·82
龔　邱　77·201
龔作霖　63·422
龔伯和　65·78
龔　亨　65·90
龔沛然　63·590
龔　良　77·257

龔良田　24・706
龔其裕　76・45
龔茂良　76・461
　78・21
龔茂發　45・135
龔　奇　52・125
龔尚升　44・351
龔易圖　76・59
龔忠良　34・465
龔秉衡　44・505
龔　佶　44・197
龔周德　77・268
龔宗元　77・184
龔定之　77・178
龔定禮　62・652
龔　宜　77・191
龔居正　70・620
龔孟岱　77・269
龔孟夔　69・157
龔奏功　63・521
龔　垣　52・323
龔　奎　52・325
龔拱綸　45・135
龔挺霄　65・92
龔思達　70・621
龔　信　70・638
龔庭堅　63・590
龔彦昇　44・96
龔　炳(清安義)　66・531
龔　炳(清南昌)　44・417
龔　炯　79・267
龔　洽　38・686
龔起元　44・435
龔都美　71・127
龔　原　78・659
龔原峻　72・555
龔　烈　75・430
龔振秀　77・192
龔師禹　64・558
龔　亳　73・402
龔　郯　77・294
龔　浩　44・107
龔　海　44・107
龔　球　76・467
龔　菉　44・371
龔　晚　71・132
　71・355
龔國志　66・619
龔國英　45・183
龔國祥　68・47
龔國蛟　62・591
龔國輝　49・289
龔　敏　28・491
龔　翊　73・229
龔惟端　64・544
龔紹昌　2・59
　35・236
龔紹搏　65・252
龔　瑛　52・252
龔　琳　48・523
龔　琦　35・468
龔堯蕃　80・432
龔彭壽　74・184
龔　達　44・96
龔葆琛　36・576
龔朝璋　62・203
龔朝墀　77・190
龔　森　64・44
龔　極　77・173
龔雲松　63・626
龔雲彩　50・120
龔鼎臣　4・75
　12・253
　16・405

	18・28
	35・305
龔開翰	65・259
龔景相	66・616
龔景瑞	51・706
龔景瀚	76・49
龔　貴	76・549
龔貴巽	77・262
龔　順(宋)	72・106
龔　順(唐)	51・271
龔爲紳	52・215
龔敦仁	12・447
龔善選	65・221
龔　道	77・343
龔道立	76・466
龔道光	64・364
龔道源	46・312
龔　遂	1・686
	4・134
	9・22
	12・91
	36・171
	37・30
	37・544
	39・137
龔　禄	52・297
龔　强	9・438
龔　瑋	52・346
龔瑞理	52・239
龔　遠	77・191
龔夢晨	64・360
龔夢蘭	72・104
龔　幹	72・16
龔　蓀	44・403
龔楚延	52・297
龔楚貽	52・331
龔傳禮	70・631
龔　新	45・122
龔　雍	77・176
龔　慎	45・248
龔慎圖	76・147
龔慎儀	77・201
龔　煥	72・91
龔源吉	68・513
龔　肅	52・546
龔殿安	5・239
龔際春	63・557
龔經遠	13・108
龔　瑨	52・354
龔　壽	78・452
龔霆松	52・151
龔暢達	52・300
龔　鉽	44・527
龔鳳翔	63・526
龔　端	64・176
龔榮端	77・192
龔漢佐	45・221
龔肇元	63・317
龔肇洪	51・324
龔　璁	2・89
	9・620
龔震英	44・350
龔　徵	34・465
龔魯泉	66・544
龔　潁	72・449
龔　諒	1・794
龔　遴	66・345
龔澄元	45・64
龔履素	45・5
	46・303
龔　緯	77・176
龔　奮	4・17
龔臻大	44・428
龔學文	66・342

龔學模　52・338
龔學聲　52・143
龔　錡　76・477
龔　穎　77・201
龔　懋(宋)　77・160
龔　懋(清)　80・200
龔懋琪　45・92
龔懋墀　76・168
龔　輿　47・338
龔　膺　77・333
龔應賢　70・638
龔應鑛　45・195
龔應耀　45・310
龔應麟　63・451
龔鴻煇　45・280
龔　濬　44・474
龔濟甫　80・140
龔濱七　71・136
龔　馥　80・48
龔　謹　77・250
龔燿孫　76・178
龔藻堂　63・440
龔　敦(明邵武)　77・179
龔　敦(明鉛山)　52・520
龔　鐩　44・106
龔　夔　45・162
龔繼祖　52・370
龔繼彬　52・295
龔繼福　71・132
龔繼榮　36・174
龔儼宋　66・585
龔　鑑　1・797
龔麟桂　72・10
龔麟標　72・6
龔　鑾　45・68

襲

襲方印　5・263
32・646
襲自牧　32・605
襲　彪　5・131
32・642
襲　昺　4・200
5・132
32・609
襲　策　32・613

顯

顯應大師　79・437

麟

麟　盛　6・447

欒

欒一位　39・202
欒大道　22・262
22・470
欒巨金　25・23
欒允修　14・128
欒允謙　4・455
24・539
欒可則　6・563
欒丕建　9・892
欒　布　4・19
9・715
欒廷鈐　4・466
22・282
22・552
欒汝翼　1・764
14・109
15・530
16・413
欒　羽　37・810
欒克昌　14・127
欒克剛　22・244

欒克敬　22・244
欒　亨　26・623
欒枝茂　2・33
　13・731
欒松雲　23・261
欒郁翹　26・636
欒尚桂　6・672
欒　庚　22・315
欒　條　4・310
　31・805
　33・817
欒振清　35・484
欒　峩　25・532
欒　彬　22・244
欒　堅　25・488
欒國安　25・316
欒崇吉　1・746
　7・76
　15・525
　16・403
欒　翕　25・304
欒　惲　5・181
　10・117
欒　瑜　14・128
　17・627
欒　瑄　4・149
　22・247
　23・634
欒　僎　24・713
欒　鳳　38・577
欒鳳書　14・140
欒　誥　6・575
　6・655
　17・564
欒　墊　25・528
欒維翰　28・194
欒　濛　1・725
　12・92
欒鍾垚　13・740

二十四畫

觀

觀公和尚　30・334
　31・185

靈

靈祐禪師　77・405
靈神子　29・501
靈　嵐　38・294
靈源姑　21・819
靈　澈　80・55
靈應禪師　77・524

靄

靄　霞　12・196

讓

讓芝田　39・348

二十六畫

爨

爨　夏　35・637

二十九畫

鬱

鬱　醲　35・143